ERICH SCHMIDT VERLAG

Digitalisierte Verwaltung
Vernetztes E-Government

Herausgegeben von
Priv.-Doz. Dr. Margrit Seckelmann

Bearbeitet von
Prof. Dr. Marion Albers, Prof. Dr. Nadja Braun Binder,
Dr. Alfred G. Debus, Dr. Wolfgang Denkhaus,
Prof. Dr. Daniela Heinemann, Manuel J. Heinemann,
Dr. Thorsten Hennrich, Priv.-Doz. Dr. Tobias Herbst,
Melanie Horster, Prof. Dr. Constanze Janda,
Dr. Markus Kaulartz, Kai-Niklas Knüppel,
Prof. Dr. Dieter Kugelmann, Prof. Dr. Kai von Lewinski,
Prof. Dr. Jörn von Lucke, Prof. Dr. Andreas Mann,
Prof. Dr. Veith Mehde, Manuel Misgeld,
Prof. Dr. Ralf Müller-Terpitz, Dr. Conrad Neumann,
Priv.-Doz. Dr. Jakob Julius Nolte, Prof. Eike Richter,
Prof. Dr. Utz Schliesky, Dr. Sönke E. Schulz,
Dr. Stephan Schwarz, Priv.-Doz. Dr. Margrit Seckelmann,
Prof. Dr. Thorsten Siegel, Prof. Dr. Christoph Sorge,
Dr. Mike Weber, Maria Wilhelm, Markus Wojtczak

Begründet von
Prof. Dr. Frank Bieler und Prof. Dr. Gunnar Schwarting

2., völlig neu bearbeitete Auflage

ERICH SCHMIDT VERLAG

Bibliografische Information der Deutschen Nationalbibliothek
Die Deutsche Nationalbibliothek verzeichnet diese Publikation in der Deutschen Nationalbibliografie; detaillierte bibliografische Daten sind im Internet über http://dnb.d-nb.de abrufbar.

Weitere Informationen zu diesem Titel finden Sie im Internet unter
ESV.info/978-3-503-18139-1

1. Auflage 2007
2. Auflage 2019

Gedrucktes Werk: ISBN 978-3-503-18139-1
eBook: ISBN 978-3-503-18140-7

Dieses Papier erfüllt die Frankfurter Forderungen der Deutschen Nationalbibliothek und der Gesellschaft für das Buch bezüglich der Alterungsbeständigkeit und entspricht sowohl den strengen Bestimmungen der US Norm Ansi/Niso Z 39.48-1992 als auch der ISO-Norm 9706.

Gesetzt aus der 9/11 Stempel Garamond

Satz: multitext, Berlin
Druck und Bindung: Hubert & Co., Göttingen

Geleitwort

Aktenschränke auf und weg mit der Staubschicht analoger Verwaltungsarbeit!

Der Gang zur Behörde wurde schon immer als ein äußerst lästiger Termin wahrgenommen: zeitaufwändig, kompliziert und meist mit einem im besten Falle einigermaßen befriedigenden Ergebnis.

Man denkt an Asterix und Obelix, wie sie auf der Jagd nach dem richtigen „Passierschein A38“ von einem verschlafenen Beamten zur nächsten in ein Gespräch mit einer Kollegin vertieften Sachbearbeiterin hetzen, und man denkt an wochenlange Wartezeiten für einen Termin in den Bürgerämtern.

Diese Zeiten sollten nun aber langsam wirklich vorbei sein. Auch hier, wie in vielen Bereichen, kann die Digitalisierung helfen, das Leben der Menschen besser zu machen: Nicht in einer utopischen Vision, sondern im gelebten Alltag der Gegenwart und unmittelbaren Zukunft.

Denn natürlich muss technologischer Fortschritt auch dort hineinwirken, wo er dem Vorurteil nach am allerwenigsten hineinpasst: in die Verwaltung.

Sie ist der direkte Kontaktpunkt zwischen Bürgerinnen, Bürgern und dem Staat und wir müssen zugeben, dass letzterer in den vergangenen Jahren nicht gerade hochmotiviert war, seine Arbeitsweise für eine digitale Gesellschaft weiterzuentwickeln und zu optimieren.

Das muss, das wird sich nun ändern. Endlich.

Die Bundesregierung führt das digitale Bürgerportal ein, mit dem es künftig möglich sein wird, Anträge für Kinder- und Elterngeld sowie die An- und Abmeldung für Wohnsitze, Gewerbe und Kfz online zu erledigen und dessen Angebot kontinuierlich erweitert wird.

Die Bürgerinnen und Bürger werden viele Daten in Zukunft nur noch einmal an die Verwaltung geben müssen, es soll das „Once-Only-Prinzip“ gelten.

Und auch klar ist: Das Glück frisch gebackener Eltern, die stolz und glücklich ihr Neugeborenes aus der Klinik nach Hause gebracht haben, soll nicht durch die Aussicht auf stundenlanges Ausfüllen von Formularen getrübt werden. Das ist heute wirklich nicht mehr nötig.

Neben dem Bürgerportal wird eine E-Government-Agentur gemeinsame Standards und Pilotlösungen für unsere föderale Struktur in Deutschland schaffen und damit für die nötige Einheitlichkeit und das Ineinanderwirken der wichtigsten Zahnräder im Uhrwerk der Verwaltung sorgen. Ebenfalls ein wichtiger Schritt einer landesweit funktionierenden Verwaltung und die Ablösung eines vor-digitalen Flickenteppichs.

Dazu kommt, dass wir auch an einer vernünftigen Daten-Governance in unseren Behörden arbeiten. Die Daten müssen sicher sein, sie müssen sich im adäquaten Umfang zum richtigen Zweck zur rechten Zeit in den richtigen Händen befinden.

Und natürlich müssen unsere Beamtinnen und Beamten, die Menschen, die täglich mit diesen Daten umgehen, auch das nötige Wissen und die nötige Digitalkompetenz haben, um effektiv arbeiten zu können. Diese Kompetenz gilt es zu vermitteln.

Ich bin der festen Überzeugung, dass wir das wahre Potenzial unserer Verwaltungen viel zu lange in den Aktenschränken unter einer dicken Staubschicht begraben ungenutzt gelassen haben.

Ebenso überzeugt bin ich aber davon, dass wir nun endlich den spürbaren Willen auf allen politischen Ebenen haben, die Schränke aufzureißen, diese Staubschicht wegzufegen und unsere Verwaltungen zu echten Anlaufstellen weiterzuentwickeln, die auf technologischer Augenhöhe mit denen kommunizieren können, für die sie eigentlich auch da sein sollten: Für unsere Bürgerinnen und Bürger.

An die Arbeit!

Dorothee Bär, MdB
Staatsministerin
Beauftragte der Bundesregierung
für Digitalisierung

Vorwort

„e-Government – Der Weg ist länger als gedacht". Mit diesen Worten begann das Vorwort zur ersten Auflage dieses Handbuchs, das damals noch unter Zugrundelegung einer anderen Konzeption von *Frank Bieler* und *Gunnar Schwarting* unter dem Titel „e-Government. Perspektiven – Probleme – Lösungsansätze" herausgegeben wurde. Und weiter hieß es in dem Vorwort zu dem 2007 erschienenen Werk: „Noch vor wenigen Jahren waren die Prognosen für die Durchsetzung elektronischer Dienste, ob im Wirtschafts- oder Behördenverkehr, euphorisch. [...] Doch die tatsächliche Entwicklung ist anders verlaufen [...]."

Wie sieht es nunmehr, gut zehn Jahre nach Erscheinen der ersten Auflage unter dem neuen Paradigma der „Digitalisierung" aus? Der Begriff der „Digitalisierung" ist ubiquitär und hat den fast schon etwas antiquiert klingenden Begriff des „Electronic Government" bzw. „E-Government" abgelöst, den es – nicht zuletzt in den E-Government-Gesetzen des Bundes und der Länder – in der Rechtssprache natürlich nach wie vor gibt. Bei der Neukonzipierung wurde der Titel bewusst auf die aktuelle Diskussion bezogen, zugleich aber der Bezug auf Staat und Verwaltung beibehalten, wie er im Begriff des „e-Government" anklang, das jetzt – wie in der deutschen Rechtssprache inzwischen üblich – mit großem „E" geschrieben werden soll. Der Titel „Digitalisierte Verwaltung – Vernetztes E-Government" soll daher das gewandelte Verständnis zum Ausdruck bringen, zugleich aber die Fokussierung auf den öffentlichen Sektor beibehalten, der im Wort „Digitalisierung" allein nicht zu finden ist. Wie sich die Begriffe „Digitalisierung", „E-Government", „Smart Government" und „Algorithmic Regulation" zueinander verhalten, darüber informieren die einzelnen Beiträge dieses Handbuchs. Weitere beschäftigten sich mit Einzelfragen, etwa mit der Einbettung der digitalisierten Verwaltung in das Mehrebenensystem, mit Fragen des Datenschutzes in ebendiesem oder mit spezifischen Anwendungsfeldern wie dem Polizei- oder dem Sicherheitsrecht.

Dieses Handbuch wendet sich an Theoretiker[1] und Praktiker gleichermaßen. Das spiegelt sich auch in der Autorenzusammensetzung, bei der sich Wissenschaftler (Professoren und jüngere Forschende) und wissenschaftsgeleitete Praktiker (wie Richter, Rechtsanwälte, Datenschutzbeauftragte und Mitarbeiter von Ministerien, von Parlamenten und kommunalen Spitzenverbänden) zusammenfinden. Viele der Autoren sind vorwiegend in der Rechtswissenschaft zuhause, es haben sich aber auch – das Thema legt es nahe – Verwaltungsinformatiker, Verwaltungswissenschaftler, Ökonomen und Vertreter sozial- wie verhaltenswissenschaftlicher Zugänge beteiligt. Die meisten Autoren sind Deutsche, es finden sich an

1 Sofern hier und nachfolgend die mannliche Form verwendet wird, so ist – falls nicht anders gekennzeichnet – die weibliche mitgemeint.

einigen Stellen aber auch rechtsvergleichende Ausführungen, vor allem mit Blick auf die Schweiz. Bis auf die Herausgeberin und einen weiteren Autor finden sich keine personellen Kontinuitäten zur ersten Auflage von *Frank Bieler* und *Gunnar Schwarting*. Und auch die Beiträge von *Margrit Seckelmann* und *Andreas Mann* entsprechen nicht mehr denjenigen der ersten Auflage. Vielmehr wurden die Artikel im Rahmen eines neuen Konzepts und unter den Bedingungen der Jahre 2017/18 neu erarbeitet.

An dieser Stelle sind Worte des Dankes angebracht: Zunächst natürlich an Frau Staatsministerin *Dorothee Bär*, die als Beauftragte der Bundesregierung für Digitalisierung das Geleitwort für diesen Band übernommen hat. Danken möchte ich auch den Herausgebern der ersten Auflage, *Frank Bieler* und *Gunnar Schwarting*, die mich dem Erich Schmidt Verlag als neue Herausgeberin vorgeschlagen haben. Zu danken ist auch *Petra Gruner*, *Christine Hahn* und *Michael Mirschberger*. Last but not least geht ein herzlicher Dank für die kompetente Betreuung des Bandes von Seiten des Verlags an Frau *Renate Güpner-Krause*.

Speyer, im August 2018 — Margrit Seckelmann

Inhaltsübersicht

Teil I
E-Government, Open und Smart Government und Digitalisierung: Begriffe, Probleme und Chancen

Teil II
Organisation und E-Government-Gesetze

Teil III
Kommunikation und Verfahren

Teil IV
Datenschutz und Datensicherheit

Teil V
Einsatzfelder

Teil VI
Personal

Teil VII
Akzeptanz und Visionen

Inhaltsverzeichnis

Teil II
Organisation und E-Government-Gesetze

Teil III
Kommunikation und Verfahren

Teil V
Einsatzfelder

Teil VI
Personal

Teil VII
Akzeptanz und Visionen

Autorenverzeichnis[1]

Prof. Dr. **Marion Albers** ist Inhaberin des Lehrstuhls für Öffentliches Recht, Informations- und Kommunikationsrecht, Gesundheitsrecht und Rechtstheorie an der Universität Hamburg. Zuvor hatte sie den Lehrstuhl für Öffentliches Recht, Wirtschafts-, Informations-, Gesundheits- und Umweltrecht an der Universität Augsburg inne. Vor ihrer Universitätszeit war sie u. a. Wissenschaftliche Mitarbeiterin am Bundesverfassungsgericht. Ihre Forschungs- und Publikationsschwerpunkte liegen im Internet-, Informations- und Datenschutzrecht, im Polizei- und Nachrichtendienstrecht und im Biorecht.

Staatsministerin **Dorothee Bär**, MdB, ist Beauftragte der Bundesregierung für Digitalisierung. Sie ist seit 2002 Mitglied des Deutschen Bundestages. Von 2009 bis 2013 war sie Sprecherin der CDU/CSU-Bundestagsfraktion für Familie, Senioren, Frauen und Jugend und von Dezember 2013 bis März 2018 Parlamentarische Staatssekretärin beim Bundesminister für Verkehr und digitale Infrastruktur. Seit März 2018 ist sie Staatsministerin für Digitalisierung bei der Bundeskanzlerin.

Prof. Dr. **Nadja Braun Binder** ist Assistenzprofessorin für Öffentliches Recht unter besonderer Berücksichtigung europäischer Demokratiefragen an der Universität Zürich bzw. am Zentrum für Demokratie Aarau. Davor war sie unter anderem als Koordinatorin des Programmbereichs „Transformation des Staates in Zeiten der Digitalisierung“ am Deutschen Forschungsinstitut für öffentliche Verwaltung (Speyer) und als Leiterin der Sektion Recht sowie als Projektleiterin E-Voting in der Schweizerischen Bundeskanzlei tätig. Sie habilitierte sich 2017 an der Deutschen Universität für Verwaltungswissenschaften Speyer.

Dr. **Alfred G. Debus** ist stellvertretender Leiter der Stabsstelle für Digitalisierung im Ministerium für Inneres, Digitalisierung und Migration Baden-Württemberg, wo er zuvor für die Informationsfreiheit und den Datenschutz zuständig war. Früher war er Forschungsreferent am Deutschen Forschungsinstitut für öffentliche Verwaltung und wissenschaftlicher Mitarbeiter an der Deutschen Universität für Verwaltungswissenschaften Speyer.

Dr. **Wolfgang Denkhaus** ist Leiter des Referats für Angelegenheiten des Staatsministeriums der Finanzen, für Landesentwicklung und Heimat (StMFLH) in der Abteilung „Richtlinien der Politik I“ in der Bayerischen Staatskanzlei. Zuvor war er im StMFLH zuständig für das IT-Recht, insbesondere den Referentenentwurf zum Bayerischen E-Government-Gesetz und für die Begleitung des E-Government-Gesetzes des Bundes. Er ist Lehrbeauftragter für IT-Recht an der Technischen Universität München.

1 Stand: 31. 7. 2018

Prof. Dr. **Daniela Heinemann** ist Professorin für Verwaltungsrecht und Kommunalrecht an der Hochschule für Polizei und Verwaltung in Wiesbaden. Einer ihrer Forschungsschwerpunkte liegt im Bereich des E-Government und der Digitalisierung von Verwaltungsabläufen. Sie war zuvor Referatsleiterin im Ministerium für Wissenschaft, Weiterbildung und Kultur in Mainz. Während dieser Zeit hat sie sich vertieft mit dem Thema Transparenz auseinandergesetzt.

Manuel J. Heinemann ist Dezernent und Justitiar beim Landesamt für Finanzen in Koblenz. Er ist zudem als behördlicher Datenschutzbeauftragter und als behördlicher Beauftragter für Informationsfreiheit und Transparenz beim Landesamt für Finanzen bestellt. Er war zuvor langjährig als Fachanwalt für Arbeitsrecht und Insolvenzrecht, als Insolvenzverwalter und im Datenschutz tätig. Im Datenschutz ist er vom TÜV Rheinland als Datenschutzbeauftragter und als Datenschutzauditor zertifiziert. Während seiner Tätigkeit als Rechtsanwalt absolvierte er ein Studium im Verwaltungsmanagement zum Diplom-Kaufmann (FH). Seine Tätigkeitsschwerpunkte liegen im Datenschutz und in der Digitalisierung in der Verwaltung.

Dr. **Thorsten Hennrich** ist General Counsel und Head of Legal bei der PlusServer GmbH, einem führenden Anbieter von Managed Cloud Lösungen in Deutschland. Er promovierte zur Thematik von Cloud Computing und Datenschutz an der Universität Passau und ist Autor verschiedener Fachbeiträge zu IT-rechtlichen Fragestellungen. Von 2001 bis 2015 war er Geschäftsführer eines europaweit tätigen Rechenzentrums- und Cloud-Anbieters mit Sitz in Frankfurt am Main. Seit dem Jahr 2011 ist er in Frankfurt am Main zudem als Rechtsanwalt zugelassen und berät im Bereich des Informationstechnologie- und Datenschutzrechts.

Priv.-Doz. Dr. **Tobias Herbst** vertritt zur Zeit den Lehrstuhl für Öffentliches Recht, Informations- und Kommunikationsrecht, Gesundheitsrecht und Rechtstheorie an der Universität Hamburg. Davor hat er Lehrstuhlvertretungen an den Universitäten Augsburg und Bielefeld, der Goethe-Universität Frankfurt am Main, der Humboldt-Universität zu Berlin sowie den Universitäten Bremen, Bayreuth und Rostock wahrgenommen. Zu seinen jüngsten Veröffentlichungen zählen umfangreiche Kommentierungen zur EU-Datenschutzgrundverordnung (nunmehr in zweiter Auflage) und zum neuen Bundesdatenschutzgesetz in zwei Kommentaren.

Melanie Horster, MPA, ist als Diplom-Verwaltungswirtin bei der Landeshauptstadt Düsseldorf im Gleichstellungsbüro der Landeshauptstadt Düsseldorf tätig. Zusätzlich arbeitet sie als Dozentin für die Personalakademie der Landeshauptstadt Düsseldorf. Ihre Masterarbeit im Studiengang Öffentliches Management an der wirtschaftswissenschaftlichen Fakultät der Universität Kassel verfasste sie zum Thema „Die EU Datenschutz-Grundverordnung und ihre Auswirkungen auf das deutsche Datenschutzrecht“ und untersuchte dabei die konkreten Auswirkungen beispielhaft am Landesdatenschutzgesetz des Landes Nordrhein-Westfalen.

Prof. Dr. **Constanze Janda**, G. G. S. (Leuven), ist Inhaberin des Lehrstuhls für Sozialrecht und Verwaltungswissenschaft an der Deutschen Universität für Verwaltungswissenschaften Speyer. Ihre Forschungsschwerpunkte liegen im Recht der sozialen Sicherheit, insbesondere in der Gewährung von Sozialleistungen an Migrantinnen und Migranten. Sie beschäftigt sich in Forschung und Lehre jedoch auch mit Rechtsfragen des Arbeitsrechts, vor allem im europarechtlichen Kontext.

Dr. **Markus Kaulartz** ist Rechtsanwalt bei CMS Deutschland und hat sich auf IT-Recht sowie IT-Sicherheit und Datenschutz spezialisiert. Als ehemaliger Softwareentwickler verbindet er technisches und juristisches Know-how und berät daher an der Schnittstelle zwischen Technik, Wirtschaft und Recht. Er widmet sich insbesondere Rechtsfragen von Zukunftstechnologien und neuen Geschäftsmodellen, etwa im Bereich Industrie 4.0, FinTech, Internet of Things, Blockchain und Big Data.

Kai-Niklas Knüppel ist als Jurist wissenschaftlicher Mitarbeiter am Lehrstuhl für Öffentliches Recht, Recht der Wirtschaftsregulierung und Medien von Prof. Dr. Ralf Müller-Terpitz an der Universität Mannheim. Er promoviert dort zur datenschutzrechtlichen Einordnung kostenfreier Apps. Entsprechend liegt sein Forschungsschwerpunkt auf dem Datenschutzrecht.

Prof. Dr. **Dieter Kugelmann** ist Landesbeauftragter für den Datenschutz und die Informationsfreiheit Rheinland-Pfalz (seit Oktober 2015) und seit 2008 Universitätsprofessor für Öffentliches Recht, mit Schwerpunkt Polizeirecht einschließlich des internationalen Rechts und des Europarechts an der Deutschen Hochschule der Polizei in Münster. Er wirkte an zahlreichen Sachverständigenanhörungen von Parlamenten auf Landes- und Bundesebene mit. Er beteiligte sich zudem an vom BMBF geförderten Forschungsprojekten, insbesondere BaSiGo (Bausteine für die Sicherheit von Großveranstaltungen) und SiKomFan (Mehr Sicherheit im Fußball).

Prof. Dr. **Kai von Lewinski** ist seit 2014 Inhaber des Lehrstuhls für Öffentliches Recht, Medien- und Informationsrecht an der Universität Passau. An der Universität Passau ist er auch stellvertretender Sprecher des DFG-Graduiertenkollegs „Privatheit und Digitalisierung" sowie Transferbeauftragter. Vor seinem Wechsel nach Passau war er wissenschaftlicher Leiter bei der (Bundes-)Stiftung Datenschutz in Leipzig. Vor seiner Rückkehr an die Universität 2002 war er Rechtsanwalt in einer internationalen Rechtsanwaltskanzlei in Frankfurt und in Berlin mit zahlreichen Mandaten im Telekommunikations- und IT-Outsourcing-Bereich.

Prof. Dr. **Jörn von Lucke** ist Universitätsprofessor für Verwaltungs- und Wirtschaftsinformatik an der Zeppelin-Universität in Friedrichshafen und Direktor vom The Open Government Institute (TOGI). Seine aktuellen Forschungsschwerpunkte liegen in E-Government, Web 2.0, Open Government (offenes Regierungs- und Verwaltungshandeln), offenen Daten, offenen Haushaltsdaten, Open Budget 2.0, Open Government Collaboration, offener gesellschaftlicher Innovation und Smart Government (Internet der Dinge und Internet der Dienste im öffentlichen Sektor; Verwaltung 4.0). Zugleich vertritt er die Interessen der

Gesellschaft für Informatik e.V. im Rahmen der deutschen Aktivitäten zur Open Government Partnership.

Prof. Dr. **Andreas Mann** ist Inhaber des Lehrstuhls für Marketing am Fachbereich Wirtschaftswissenschaften der Universität Kassel. Er hat zahlreiche Veröffentlichungen in seinen Arbeits- und Forschungsgebieten (digitales) Dialogmarketing, Vertriebs- und Servicemanagement.

Prof. Dr. **Veith Mehde** ist Inhaber des Lehrstuhls für öffentliches Recht und Verwaltungswissenschaft an der juristischen Fakultät der Leibniz Universität Hannover. Zu seinen Forschungsinteressen gehören Verwaltungsreformvorhaben und ihr rechtlicher Rahmen. Seit 2007 ist er geschäftsführender Mitherausgeber der Zeitschrift „Verwaltung und Management".

Manuel Misgeld, Mag. rer. soc. oec., ist Forschungsreferent am Deutschen Forschungsinstitut für öffentliche Verwaltung in Speyer. Dort bearbeitet er das Projekt „Digital-transformationale Führung in der Netzwerkverwaltung". In seiner Promotion untersucht er, wie ein öffentlicher Mehrwert über eine digitale, partizipative Politikgestaltung im Kontext vertrackter Probleme entstehen kann. Abgesehen von E-Government beziehen sich seine Forschungsinteressen auf die Organisationstheorie und die Public Corporate Governance.

Prof. Dr. **Ralf Müller-Terpitz** ist seit 2013 Inhaber des Lehrstuhls für Öffentliches Recht, Recht der Wirtschaftsregulierung und Medien an der Universität Mannheim. Zuvor hatte er den Lehrstuhl für Staats- und Verwaltungsrecht sowie Wirtschaftsverwaltungs-, Medien- und Informationsrecht an der Universität Passau inne. 2009 wurde er zum Mitglied der Kommission zur Ermittlung der Konzentration im Medienbereich (KEK) berufen, deren Vorsitzender er von Oktober 2014 bis März 2017 war. Seine Forschungsschwerpunkte liegen auf dem Regulierungs- und Medienrecht.

Dr. **Conrad Neumann** ist Verwaltungsrichter in Sigmaringen. Im Rahmen seiner Promotion „Zugang zu Geodaten – neue Impulse für das Informationsverwaltungsrecht durch die INSPIRE-Richtlinie" bei Prof. Dr. Friedrich Schoch, Freiburg i.Br., beschäftigte er sich mit der Umsetzung der INSPIRE-Richtlinie 2007/2/EG in nationales Recht. Weitere Publikationen zum Thema Geodaten mit Bezügen zu den Themenkreisen Datenschutz, E-Government sowie Open Data folgten.

PD Dr. **Jakob Julius Nolte** ist Richter in Berlin. Im Rahmen seiner Habilitation beschäftigte er sich eingehend mit dem Verwaltungsprozessrecht. Später trat die Beschäftigung mit Themen der Digitalisierung und Datenschutz hinzu.

Prof. Dr. **Eike Richter** ist Professor für Öffentliches Recht, insbesondere Recht der Digitalisierung und IT-Sicherheitsrecht an der Hochschule der Akademie der Polizei Hamburg. Er leitete zuvor verschiedene Organisationseinheiten in der öffentlichen Verwaltung und begleitete vor allem im Bereich des E-Government und der Digitalisierung verschiedene, bundesweite und hamburgische Reformvorhaben, zum Teil in leitender Funktion. In der Leitstelle Digitale Stadt der Senatskanzlei der Freien und Hansestadt war er insbesondere für die Digitalisierungsstrategie des Senats und für Grundsatzfragen des Rechts der Digitalisierung zuständig.

Prof. Dr. **Utz Schliesky** ist Direktor des Schleswig-Holsteinischen Landtages und Vorstand des Lorenz-von-Stein-Instituts für Verwaltungswissenschaften an der Christian-Albrechts-Universität zu Kiel. Er habilitierte sich 2002 mit einer Arbeit über „Souveränität und Legitimität von Herrschaftsgewalt". Von 2003 bis 2005 war er Erster Beigeordneter und Stellvertretender Hauptgeschäftsführer des Deutschen Landkreistages in Berlin und Brüssel. Anschließend leitete er als Ministerialdirigent die Abteilung Verwaltungsmodernisierung im Finanzministerium des Landes Schleswig-Holstein, bevor er 2009 zum Landtagsdirektor ernannt wurde. Er hat zu zahlreichen staats-, verwaltungs- und wirtschaftsrechtlichen Fragestellungen publiziert und beschäftigt sich seit 15 Jahren mit den Rechtsfragen der Digitalisierung und des E-Government. Neben vielen anderen Ehrenämtern (u.a. Präsident der Schleswig-Holsteinischen Juristischen Gesellschaft e.V.) ist er Gründungsmitglied des Nationalen E-Government Zentrums.

Dr. **Sönke E. Schulz** ist seit Oktober 2016 Geschäftsführendes Vorstandsmitglied des Schleswig-Holsteinischen Landkreistages und freier Mitarbeiter am Lorenz-von-Stein-Institut für Verwaltungswissenschaften an der Christian-Albrechts-Universität zu Kiel. Zuvor (2015/2016) war er als Manager und Berater für die öffentliche Verwaltung bei der ÖPP Deutschland AG (Partnerschaften Deutschland), Berlin, tätig. Von 2007 bis 2015 verantwortete er am Lorenz-von-Stein-Institut für Verwaltungswissenschaften als Geschäftsführer Projekte zur Verwaltungsmodernisierung, zu Open und E-Government sowie zu netzpolitischen Themen. Er arbeitet an einer Habilitationsschrift zum Thema „Die Verwaltungsaufgabe – staatliche Aufgabenwahrnehmung im Wandel und dessen organisationsrechtliche Abbildung" und engagiert sich im Nationalen E-Government Zentrum, einem interdisziplinären Forschungsverbund aus Politik, Verwaltung, Wirtschaft und Wissenschaft.

Dr. **Stephan Schwarz**, MPA, ist stellv. Leiter der Abteilung Zentrale Administration der Bayerischen Staatsbibliothek sowie Leiter des Personalreferats. Er war an verschiedenen App-Entwicklungsprojekten der Bayerischen Staatsbibliothek beteiligt und hat sich in diesem Zusammenhang insbesondere mit den datenschutzrechtlich relevanten Fragestellungen rund um mobile Apps befasst.

Priv.-Doz. Dr. **Margrit Seckelmann**, M.A. ist Geschäftsführerin des Deutschen Forschungsinstituts für öffentliche Verwaltung (FÖV) in Speyer. Sie ist als habilitierte Juristin zugleich Privatdozentin an der Deutschen Universität für Verwaltungswissenschaften Speyer und hat bereits zwei Lehrstuhlvertretungen an den Universitäten Bochum und Bielefeld absolviert. Zu ihren letzten Publikationen gehören die Kommentierung zahlreicher Artikel der EU-Datenschutzgrundverordnung sowie Arbeiten über Body-Cams.

Prof. Dr. **Thorsten Siegel** ist 2013 Inhaber der Professur für Öffentliches Recht, insbesondere Verwaltungsrecht, an der Freien Universität Berlin. Er ist Verfasser zahlreicher Veröffentlichungen zum Vergaberecht und zur Digitalisierung (unter anderem zum vollautomatisierten Verwaltungsakt und zum neuen Portalverbund) sowie Mitherausgeber der Schriftenreihe „Beiträge zum Vergaberecht“ im Verlag Duncker & Humblot.

Prof. Dr. **Christoph Sorge** ist seit 2014 Inhaber der juris-Stiftungsprofessur für Rechtsinformatik und Co-Direktor des Instituts für Rechtsinformatik an der Universität des Saarlandes. Außerdem ist er assoziiertes Mitglied des CISPA – Helmholtz-Zentrum i. Gr. und Senior Fellow des Deutschen Forschungsinstituts für Öffentliche Verwaltung. Er leitet ein interdisziplinäres Lehrstuhlteam und ist Autor zahlreicher wissenschaftlicher Veröffentlichungen in der Informatik (IT-Sicherheit und technischer Datenschutz) sowie der Rechtswissenschaft (Datenschutzrecht, Recht der IT-Sicherheit und elektronischer Rechtsverkehr). Vor seiner aktuellen Tätigkeit war er als „Research Scientist“ bei den NEC Laboratories Europe und ab 2010 als Juniorprofessor für „Sicherheit in Netzwerken“ am Institut für Informatik der Universität Paderborn tätig.

Dr. **Mike Weber** ist stellvertretender Leiter des Kompetenzzentrums Öffentliche IT am Fraunhofer-Institut FOKUS. Seine Arbeitsschwerpunkte liegen im Bereich der Trend- und Zukunftsforschung zur Digitalisierung für den öffentlichen Sektor sowie in der verwaltungswissenschaftlichen Innovationsforschung. Vor diesem Hintergrund hat er sich in den letzten Jahren unter anderem mit Fragen der datengestützten Verwaltungsarbeit und mit neuen Möglichkeiten der Ebenen und Sektoren übergreifenden Zusammenarbeit auseinandergesetzt. Ferner geht er Lehraufträgen zu E-Government und quantitativen Methoden in Berlin und Kärnten nach.

Ass. iur. **Maria Wilhelm** ist Referentin der Stabsstelle Europa beim Landesbeauftragten für den Datenschutz und die Informationsfreiheit Baden-Württemberg in Stuttgart. Sie ist Honorardozentin im Europarecht an der Hochschule des Bundes im Fachbereich Finanzen. Zudem ist sie Doktorandin am Institut für Europäisches Verwaltungsrecht (EVR) der Westfälischen Wilhelms-Universität (WWU) Münster, wo sie zuvor als wissenschaftliche Mitarbeiterin tätig war. Zu ihren Publikationen zählen Beiträge im Bereich des europäischen Verwaltungsrechts und insbesondere des Datenschutzrechts.

Markus Wojtczak, M.A., ist Doktorand und wissenschaftlicher Mitarbeiter am Lehrstuhl für Personal, Führung und Entscheidung im öffentlichen Sektor an der Deutschen Universität für Verwaltungswissenschaften Speyer. Zuvor war er Forschungsreferent am Deutschen Forschungsinstitut für öffentliche Verwaltung (Speyer), wo er zur digital-transformationalen Führung in der Netzwerkverwaltung sowie zu E-Governance forschte. Zu seinen Forschungsschwerpunkten zählen Digitalisierung, Führung im öffentlichen Sektor und Online-Bürgerbeteiligungen.

Abkürzungsverzeichnis

a. A.	anderer Ansicht/anderer Auffassung
AfP	Archiv für Presserecht
AiB	Arbeitsrecht im Betrieb
amtl.	amtlich
Anm.	Anmerkung
AnwBl	Anwaltsblatt
AöR	Archiv des öffentlichen Rechts
ASOG	Allgemeines Gesetz zum Schutz der öffentlichen Sicherheit und Ordnung in Berlin
AuR	Arbeit und Recht
BayVBl.	Bayerische Verwaltungsblätter
BB	Betriebs-Berater
Bd.	Band
Beil.	Beilage
BGBl.	Bundesgesetzblatt
BT-Drs.	Bundestags-Drucksache
BVerfG	Bundesverfassungsgericht
BVerfGE	Entscheidungen des Bundesverfassungsgerichts, amtliche Sammlung
CB	Compliance Berater
CR	Computer und Recht
CRi	Computer Law Review international
DB	Der Betrieb (Zeitschrift)
ders.	derselbe
dies.	dieselbe(n)
DIVSI	Deutsches Institut für Vertrauen und Sicherheit im Internet
DÖV	Die Öffentliche Verwaltung
DSB	Datenschutz-Berater

DSGVO	EU-Datenschutzgrundverordnung
DStR	Deutsches Steuerrecht
DuD	Datenschutz und Datensicherheit
DV	Die Verwaltung (Zeitschrift)
DVBl	Deutsches Verwaltungsblatt
DV	Deutsche Verwaltungspraxis
ebd.	ebenda
Einf.	Einführung
Einl.	Einleitung
ejeg	The Electronic Journal of e-Government
EL	Ergänzungslieferung
EnWZ	Zeitschrift für das gesamte Recht der Energiewirtschaft
ErwGrd	Erwägungsgrund
EWerK	Energie- und Wettbewerbsrecht in der Kommunalen Wirtschaft
EU	Europäische Union
EuZA	Europäische Zeitschrift für Arbeitsrecht
EuZW	Europäische Zeitschrift für Wirtschaftsrecht
FAZ	Frankfurter Allgemeine Zeitung
Fn.	Fußnote
GA	Goltdammer's Archiv für Strafrecht
GewArch	Gewerbearchiv
GG	Grundgesetz
H.	Heft
Hrsg.	Herausgeber
hrsg.	herausgegeben
i.D.	im Druck
JBÖS	Jahrbuch Öffentliche Sicherheit
Jg.	Jahrgang
JURA	Juristische Ausbildung
JuS	Juristische Schulung
JZ	Juristenzeitung

K & R	Kommunikation & Recht
KJ	Kritische Justiz
KommP	KommunalPraxis
LT-Drs.	Landtags-Drucksache
M & K	Medien & Kommunikationswissenschaft
MMR	MultiMedia und Recht
NJ	Neue Justiz
NJW	Neue Juristische Wochenschrift
NStZ	Neue Zeitschrift für Strafrecht
NVwZ	Neue Zeitschrift für Verwaltungsrecht
NWB	Steuer- und Wirtschaftsrecht
NZBau	Neue Zeitschrift für Baurecht und Vergaberecht
öAT	Zeitschrift für das öffentliche Arbeits- und Tarifrecht
p.a.	per annum
PersV	Die Personalvertretung (Zeitschrift)
PinG	Privacy in Germany
RDV	Recht der Datenverarbeitung
RuP	Recht und Politik
StuW	Steuer und Wirtschaft, Zeitschrift für die gesamten Steuerwissenschaften
VBlBW	Verwaltungsblätter für Baden-Württemberg
VergabeR	Vergaberecht (Zeitschrift)
VerwArch	Verwaltungsarchiv
VM	Verwaltung & Management
vol.	volume (Band)
VuR	Verbraucher und Recht
VVDStRL	Veröffentlichungen der Vereinigung der Deutschen Staatsrechtslehrer
WPg	Die Wirtschaftsprüfung
VwVfG	Verwaltungsverfahrensgesetz
ZD	Zeitschrift für Datenschutz
ZG	Zeitschrift für Gesetzgebung

ZRP	Zeitschrift für Rechtspolitik
ZSE	Zeitschrift für Staats- und Europawissenschaften

Weitere Abkürzungen werden in den einzelnen Beiträgen aufgelöst. Ergänzend wird auf *Hildebert Kirchner*, Abkürzungsverzeichnis der Rechtssprache, 8. Aufl., Göttingen 2015 verwiesen.

Die Internetquellen befinden sich – wenn nicht anders angegeben – auf dem Stand vom 1. August 2018.

Einleitung

Dieses Handbuch analysiert den Rechtsrahmen, die weiteren Voraussetzungen und teilweise auch die Wirkungen digitalisierter Verwaltung. Dabei widmet es sich in seinem ersten Teil („E-Government, Open und Smart Government und Digitalisierung: Begriffe, Probleme und Chancen“) den aktuellen Konzepten digitalisierter Verwaltung, die keinesfalls nur mit einem modegeleiteten Austausch der „buzzwords“ einhergehen. So geht der Beitrag von *Wolfgang Denkhaus* („Vom E-Government zur Digitalisierung“) auf die Transformationsprozesse ein, die unter dem Topos der „Digitalisierung“ verhandelt werden und die – über das Electronic Government hinausgehend – die intelligente Vernetzung und digitale Abbildung gesellschaftlicher Phänomene und deren Rückwirkungen auf die Verwaltung umfassen. Das von *Jörn von Lucke* untersuchte Smart Government sattelt darauf auf: Wie kann man digitale (oder ‚virtuelle‘) Repräsentanzen ‚realer‘ Objekte in cyberphysische Systeme einbetten und steuern? *Kai von Lewinski* untersucht sodann anhand der Personenkennzeichen, wie der Staat die ‚reale‘ Datenstruktur im logischen Raum der Verwaltungsdatenbanksysteme nachbildet und wie sich die entsprechenden Rechtsbeziehungen zu gestalten haben.

Dass es Big Data Analytics nicht zum ‚Nulltarif‘ geben kann, zeigt der Beitrag von *Mike Weber*. Algorithmisierte Verwaltung im Zeichen von Big Data ist immer auch die ‚Kunst des richtigen Fragens‘, auch nach den jeweiligen Methoden und Vorverständnissen, die wir den an Big Data-Analysen gerichteten Erwartungen zugrunde legen. Ein anderer wichtiger Aspekt digitalisierter Öffentlichkeit und digitalisierter Staat-Bürger-Kommunikation ist die gesellschaftliche Erwartung eines möglichst transparenten Handelns des öffentlichen Sektors, mit dem sich *Manuel J. Heinemann* unter dem Titel „Transparenz und Open Government“ auseinandersetzt. Bedeutende Aspekte hierbei sind elektronisch unterstützte Partizipationsverfahren und e-Voting, die von *Nadja Braun Binder* im Einzelnen untersucht werden.

Der zweite Teil des vorliegenden Handbuchs widmet sich den organisatorischen und rechtlichen Rahmenbedingungen staatlichen Handelns unter den Bedingungen der Digitalisierung. Hierzu geht zunächst *Veith Mehde* auf den unionalen Rahmen von E-Government ein, bevor *Utz Schliesky* den bundesrechtlichen Rahmen und die Kooperationstatbestände analysiert. *Sönke E. Schulz* untersucht sodann den landesrechtlichen Rahmen von E-Government und *Eike Richter* die kommunale Ebene („Die digitale Stadt“), für die er auch Praxisbeispiele vorstellt.

In seinem dritten Teil befasst sich das Handbuch mit den Aspekten von Kommunikation und Verfahren unter den Bedingungen digitalisierter Verwaltung. Den Anfang macht der Beitrag von *Kerstin Wilhelm* zur rechtssicheren elektronischen Kommunikation. Daran schließt sich eine Untersuchung von *Nadja Braun*

Binder zu den Potentialen und rechtlichen Grenzen elektronischer vollautomatisierter Verwaltungsverfahren (einschließlich der E-Aktenführung und des ‚automatisierten' Erlasses von Verwaltungsakten) an. Wichtig ist nicht zuletzt der Aspekt der E-Vergabe, die *Thorsten Siegel* untersucht. Wie sich möglichst barrierefreie Kommunikation zwischen Staat und Bürger im Zeichen der EU-Behindertenrechtskonvention und anderer rechtlicher Rahmenbedingungen vollziehen kann, analysiert *Daniela Heinemann*. Und schließlich stellt *Jakob Julius Nolte die* Kommunikation mit den Verwaltungsgerichten vor, die sich immer stärker medienbruchfrei vollziehen soll.

Der vierte Teil des Handbuchs ist den Themen Datenschutz und Datensicherheit, insbesondere unter den Bedingungen der Datenschutz-Grundverordnung (DSGVO), gewidmet. *Tobias Herbst* erläutert diese und umreißt zugleich die offengelassenen Fragen. Ob und in welchem Rahmen die DSGVO als unionsrechtliche Regelung mit unmittelbarer Wirkung in den Mitgliedstaaten der Europäischen Union bundesrechtliche datenschutzrechtliche Spielräume gelassen hat und inwieweit diese durch das neugefasste Bundesdatenschutz genutzt wurden, analysiert *Melanie Horster. Dieter Kugelmann* fragt sodann, gerade auch vor dem Hintergrund seiner Tätigkeit als Landesbeauftragter für Datenschutz und Informationsfreiheit in Rheinland-Pfalz, nach den Möglichkeiten landesrechtlicher Akzentuierung („Anwendungsbereich und Spielräume der Landesdatenschutzgesetze"). Und schließlich erweitert *Christoph Sorge* den Blick vom Datenschutz auf die Frage der Datensicherheit („Sichere Informationstechnik").

Der fünfte Teil der vorliegenden Untersuchung ist konkreten Einsatzfeldern gewidmet. *Thorsten Hennrich* eröffnet diesen Teil mit einer Analyse der Möglichkeiten des Einsatzes von Cloud Computing durch die öffentliche Verwaltung. Sodann stellt *Alfred G. Debus* die Einsatzbedingungen wie die Potenziale und Risiken des Einsatzes sozialer Medien durch die öffentliche Verwaltung vor. Daran anknüpfend untersucht *Margrit Seckelmann* spezifische Einsatzformen von sozialen Medien durch die Polizei (wie die Twitter-Nutzung, Online-Streifen und die Facebook-Fahndung) sowie andere polizeiliche Instrumente, die die Möglichkeit vernetzter Kommunikation und/oder von Biometrieanalysetools nutzen (Trojaner, intelligente Videoüberwachung, Predictive Policing, Body-Cams und Fotodrohnen). Der Frage der sicherheitsbehördlichen Netzwerke ist sodann der Beitrag von *Marion Albers* gewidmet.

Wichtig ist in diesem Zusammenhang auch der Umgang mit Geodaten, den *Conrad E. Neumann* analysiert, und – darauf aufbauend – der Aspekt von Applikationen bzw. Apps, die derartige Funktionen nutzen (*Stephan Schwarz*). Schließlich untersuchen *Ralf Müller-Terpitz* und *Kai-Niklas Knüppel* den Bereich selbstregulativer Systeme im Zeichen der ‚Digitalisierung der Energiewende', die sogenannten Smart Grids.

Der Begriff der Verwaltung bezeichnet nicht nur eine Tätigkeit, das Verwalten, sondern auch eine Organisation. Und diese besteht nach wie vor aus Menschen, den Verwaltungsmitarbeitern. Der sechste Teil des vorliegenden Bandes ist daher dem Verwaltungspersonal gewidmet. Wie sehen die Bedingungen und Möglichkeiten elektronischer Personalaktenführung aus, fragt *Constanze Janda*. Und wie muss sich eine Verwaltung aufstellen, um den Bedingungen der Digitalisierung gerecht zu werden? Nach welchen Kriterien muss sie Personal rekrutieren – und wie kann sich Führung in der Netzwerkverwaltung gestalten? Das analysieren *Manuel Misgeld* und *Markus Wojtczak*.

Diese Fragen leiten über zu den prospektiven Aufsätzen, die im Mittelpunkt des sechsten und abschließenden Teils dieses Buchs stehen. Unter dem Oberbegriff „Akzeptanz und Visionen" werden zwei Aspekte vertieft: zum einen die Frage, welche mentalen Voraussetzungen dafür vorhanden sein bzw. geschaffen werden müssen, dass digitalisierte Verwaltung funktioniert. Dieses wird von *Andreas Mann* untersucht. Die andere Frage betrifft die Potenziale und Funktionserfordernisse des Einsatzes von Blockchain in der öffentlichen Verwaltung. Hiermit beschäftigt sich *Markus Kaulartz*.

Gerade beim letztgenannten Thema stellt sich die Frage, wie wir es beurteilen werden, wenn wir – so ist zu hoffen – in einer weiteren Auflage darauf zurückblicken werden.

Speyer, August 2018 Margrit Seckelmann

Teil I

E-Government, Open und Smart Government und Digitalisierung: Begriffe, Probleme und Chancen

Vom E-Government zur Digitalisierung

Wolfgang Denkhaus

A. Einleitung

Der digitale Wandel und seine Folgen zählen zu den aktuellen „Megathemen" in Politik und Medien, Wirtschaft, Wissenschaft und Verwaltung.[1] Mit dem Topos der „Digitalisierung" werden Transformationsprozesse beschrieben, die Wirtschaft und Gesellschaft tiefgreifend verändern. Digitalisierung steht, so lauten gängige Befunde, für „den bedeutendsten technologischen Aufbruch seit dem Beginn der Industrialisierung Ende des 18. Jahrhunderts".[2] Die sich vollziehende umfassende intelligente Vernetzung sowie die zunehmende Abbildung unserer Realität in maschinenlesbarer Sprache, lasse digitale Welt und reale Welt zusammenwachsen.[3] Dem digitalen Wandel werden große Chancen zugeschrieben, Wohlstand und Lebensqualität zu steigern und die Zukunftsfähigkeit der Volkswirtschaft zu sichern.[4] *1*

1 Für die Politik: *Europäische Kommission*, Digitale Agenda für Europa, Brüssel 2010; *Bundesregierung*, Digitale Agenda 2014 bis 2017, Berlin 2014; *Bundesministerium des Innern*, „Digitale Verwaltung 2020"; *IT-Planungsrat*, Nationale E-Government-Strategie, Fortschreibung 2015. Für Verwaltungs- und Verwaltungsrechtswissenschaft: *Mario Martini*, Transformation der Verwaltung durch Digitalisierung, DÖV 2017, S. 443–455, *Hans Peter Bull*, Der „vollständig automatisiert erlassene" Verwaltungsakt – Zur Begriffsbildung und rechtlichen Einhegung von „E-Government", DVBl 2017, S. 209–2017; *Christian Djeffal*, Das Internet der Dinge und die öffentliche Verwaltung – Auf dem Weg zum automatisierten Smart Government?, DVBl 2017, S. 808–816; *Martin Stegmüller*, Vollautomatische Verwaltungsakte – eine kritische Sicht auf § 24 I 3 und § 35a VwVfG, NVwZ 2018, S. 353–358; *Utz Schliesky/Christian Hoffmann*, Die Digitalisierung des Föderalismus, DÖV 2018, S. 193–198; *Lorenz Prell*, E-Government: Paradigmenwechsel in Verwaltung und Verwaltungsrecht, NVwZ 2018, S. 1255–1259; *Jan Ziekow*, Das Verwaltungsverfahrensrecht in der Digitalisierung der Verwaltung, NVwZ 2018, S. 1169–1172; *Ariane Berger*, Digitaler Plattformstaat oder dezentrale Verwaltung? Zu den Anforderungen an eine gute – digitale – Verwaltung, ZG 2018 (i. E.); *Wolfgang Denkhaus/Eike Richter/Lars Bostelmann*, EGovG/OZG Kommentar, 2018 (i. E.), Einl. EGovG, Rn. 1 ff. sowie die Beiträge in: *BertelsmannStiftung* (Hrsg.) Digitale Transformation der Verwaltung, Gütersloh 2017; *Hermann Hill/Dieter Kugelmann/Mario Martini* (Hrsg.), Perspektiven der digitalen Lebenswelt, Baden-Baden 2017; *Detlef Rätz / Michael Breidung/ Dagmar Lück-Schneider/Siegfried Kaiser/Erich Schweighofer* (Hrsg.), Digitale Transformation: Methoden, Kompetenzen und Technologien für die Verwaltung. Gemeinsame Fachtagung Verwaltungsinformatik (FTVI) und Fachtagung Rechtsinformatik (FTRI) 2016, Lecture Notes in Informatics (LNI) – Proceedings, Series of the Gesellschaft für Informatik (GI) Volume P-261, Bonn 2016; *Hermann Hill/Utz Schliesky* (Hrsg.), Auf dem Weg zum Digitalen Staat – ein besserer Staat?, Baden-Baden 2015; *Hermann Hill/ Mario Martini/Edgar Wagner* (Hrsg.), Digitale Lebenswelt gestalten, Baden-Baden 2015; *Hermann Hill* (Hrsg.), E-Transformation, Baden-Baden 2014.

2 *Sächsisches Staatsministerium für Wirtschaft Arbeit und Verkehr*, Sachsen Digital, 2016, S. 6.

3 *Hessische Landesregierung*, Strategie Digitales Hessen, S. 2.

4 *Bundesregierung* (Fn. 1), S. 2.

Digitalisierung wird dabei als Antwort auf sektorspezifische Herausforderungen z.B. im Bildungs- und Gesundheitswesen[5] ebenso begriffen, wie als Instrument zu Bewältigung gesellschaftlicher Querschnittsprobleme und Megatrends, wie etwa des demografischen Wandels oder des wachsenden Stadt-Land-Gefälles.[6]

2 Digitalisierung soll die Wettbewerbsfähigkeit der Wirtschaft erhöhen, die medizinische Versorgung verbessern und die Vereinbarkeit von Familie und Beruf erleichtern.[7] Digitale Systeme sollen die Verkehrsströme der Zukunft ebenso steuern, wie die Stromnetze. Sie sollen die Nutzung erneuerbarer Energien verbessern, unsere Fahrzeuge umweltfreundlicher machen und zur Umsetzung der Energiewende beitragen.[8] Durch den Einsatz digitaler Technologien sollen auch die Folgen der aktuellen Migrationsbewegungen und Flüchtlingskrisen[9] besser bewältigt und die innere und äußere Sicherheit bis hin zur Terrorismusabwehr effektiver als bisher gewährleistet werden.[10]

3 Trotz oder möglicherweise gerade wegen seiner mittlerweile nahezu inflationären Verwendung fällt eine hinreichend präzise Definition des Begriffes der „Digitalisierung“ keineswegs leicht. Im Sinne einer pragmatischen Annäherung kann mit „Digitalisierung“ ein Prozess beschrieben werden, der im Wesentlichen auf der intelligenten Vernetzung von Prozessketten und einer durchgängigen Erfassung, Aufbereitung, Analyse und Kommunikation von Daten beruht.[11] Auf Grundlage der nahezu kontinuierlichen informationstechnischen Erreichbarkeit von Personen (Smartphone), Maschinen (Industrie 4.0.), Objekten (Internet of Things) sowie Diensten (Internet of Services), Daten (Big Data) und Rechenleistung (Cloud Computing), haben sich in den letzten beiden Jahrzenten neue Formen der Kommunikation (Social Media), der Produktion und des Handels (e-Commerce) sowie der kollektiven Nutzung von Gütern und Dienstleistungen (Sharing, Streaming) entwickelt und etabliert.[12] In wenigen Jahren werden weltweit mehr als 30 Milliarden Geräte miteinander vernetzt sein. Die dabei ausgetausch-

5 Vgl. u.a. https://www.bmbf.de/de/digitalisierung-in-der-medizin-2897.html (zuletzt abgerufen 24. 05. 2018).

6 Vgl. https://www.bmi.bund.de/SharedDocs/Kurzmeldungen/DE/2017/03/siebte-sitzung-expertenrat-demografie.html (zuletzt abgerufen 24. 05. 2018).

7 Hierzu und zum Folgenden: *Bundesregierung* (Fn. 1), S. 2 ff.

8 https://www.bmwi.de/Redaktion/DE/Artikel/Energie/digitalisierung-der-energiewende.html (zuletzt abgerufen 24. 05. 2018).

9 https://www.bamf.de/SharedDocs/Meldungen/DE/2017/20170320-cebit.html (zuletzt abgerufen 24. 05. 2018).

10 http://www.bmi.bund.de/cybersicherheitsstrategie/ (zuletzt abgerufen 24. 05. 2018).

11 So *Hessische Landesregierung*, Strategie Digitales Hessen, Wiesbaden 2016, S. 2, https://www.digitalstrategie-hessen.de/img/Digitalstrategie_Hessen_2016_ver1.pdf (zuletzt abgerufen am 24. 05. 2018).

12 *Marco Brunzel*, „Reinermann reloaded“: Zur Aktualität der Verwaltungsinformatik in Zeiten fortschreitender Digitalisierung und Vernetzung, in: Jörn von Lucke/Klaus Lenk (Hrsg.), Verwaltung, Informationstechnik & Management. Festschrift für Heinrich Reinermann zum 80. Geburtstag, Baden-Baden 2017, S. 65–80, 65.

ten und mit neuen Analysemethoden erschlossenen Daten werden „zum Rohstoff einer neuen Ökonomie“ werden.[13] Die damit verbundenen Implikationen, auch für die öffentliche Verwaltung, lassen sich derzeit allenfalls in Ansätzen erkennen.[14]

B. Digitalisierung als Herausforderung an Politik und Verwaltung

Angesichts der Erwartung tiefgreifender gesellschaftlicher Transformationsprozesse und des tatsächlichen oder jedenfalls vermuteten Problemlösungspotentials des Einsatzes und der Vernetzung digitaler Systeme kann es nicht Wunder nehmen, dass sich, angefangen von der Europäischen Union, über den Bund und die Länder bis hin zu den Kommunen, Gebietskörperschaften auf allen Ebenen, mit Fragen der gemeinwohlverträglichen Gestaltung von Digitalisierungsprozessen befassen.[15]

I. Europäische Union

Die Europäische Kommission hat bereits im Jahr 2010 ihre „Digitale Agenda für Europa“[16] vorgelegt, welche die Potentiale der digitalen Wirtschaft für Bürger und Unternehmen in Europa besser erschließen soll. Neben dem konsequenten Breitbandausbau und der Neugestaltung des Telekommunikationssektors in der Union soll vor allem ein verbraucherfreundlicher *digitaler Binnenmarkt*[17] zur Erreichung der Ziele der EU-Agenda beitragen. 4

Auf der regulativen Ebene hat die Europäische Union unter anderem mit der eIDAS-Verordnung (EU) 910/2014 über elektronische Identifizierung und Vertrauensdienste im Binnenmarkt,[18] der Datenschutzgrundverordnung (EU) 2016/679 zum Schutz der Privatsphäre in einer digitalisierten Welt[19] und der Netz- und 5

13 *Hessische Landesregierung* (Fn. 11), S. 2.

14 *Hessische Landesregierung* (Fn. 11), S. 2.

15 Vgl. *Brunzel* (Fn. 12), S. 65; zum digitalen Wandel als „Staatsaufgabe“: *Martini* (Fn. 1), S. 443.

16 *Europäische Kommission* (Fn. 1). Zum unionalen Rahmen des E-Government siehe den Beitrag von *Mehde* in diesem Band (Kapitel 7).

17 Vgl. https://ec.europa.eu/commission/priorities/digital-single-market_de (zuletzt abgerufen 24. 05. 2018).

18 Hierzu: *Alexander Roßnagel*, Der Anwendungsvorrang der eIDAS-Verordnung: Welche Regelungen des deutschen Rechts sind weiterhin für elektronische Signaturen anwendbar?, MMR 2015, S. 359–364; *ders.*, Neue Regeln für sichere elektronische Transaktionen: Die EU-Verordnung über elektronische Identifizierung und Vertrauensdienste, NJW 2014, S. 3686–3692.

19 Zur DSGVO: *Peter Schantz,* Die Datenschutz-Grundverordnung – Beginn einer neuen Zeitrechnung im Datenschutzrecht, NJW 2016, S. 1841–1847; *Alexander Roßnagel*, in: Einleitung: Das künftige Datenschutzrecht nach Geltung der Datenschutz-Grundverordnung, in: ders. (Hrsg.), Europäische Datenschutz-Grundverordnung – Vorrang des Unionsrechts – Anwendbarkeit des nationalen Rechts, Baden-Baden 2016, S. 49–66; zur Umsetzung im BDSG: *Holger Greve*, Das neue Bundesdatenschutzgesetz, NVwZ 2017, S. 737–744.

Informationssicherheitsrichtlinie (EU) 2016/1148 zur Gewährleistung der Cybersicherheit von kritischen Infrastrukturen[20] sowie einer Vielzahl weiterer rechtlicher Initiativen und Maßnahmen Akzente gesetzt.[21]

II. Bund

6 Auf der Bundesebene hat der IT-Planungsrat im Jahr 2010 zur Verdeutlichung seines Auftrags gemäß Art. 91c GG eine Nationale E-Government-Strategie (NEGS) beschlossen und im Jahr 2015 fortgeschrieben.[22] Die Bundesregierung ist im Jahr 2014 mit einer thematisch breit gefächerten „Digitalen Agenda 2014 bis 2017" und dem Programm „Digitale Verwaltung 2020" des BMI gefolgt.[23] Die beschriebenen Ziel- und Maßnahmenbündel reichen vom Ausbau digitaler Infrastrukturen, über die digitale Wirtschaft, das digitale Arbeiten und die digitale Verwaltung bis hin zur Förderung digitaler Kompetenzen und digitaler Teilhabe. Weitere Themenfelder sind diverse Aspekte der digitalen Wissensgesellschaft in Bildung, Wissenschaft und Forschung, die Digitalisierung im Bereich von Kultur und Medien sowie die Gewährleistung von Datenschutz, Informationssicherheit und Verbraucherschutz in der digitalen Welt.[24]

Auf der normativen Ebene sind insbesondere das E-Government-Gesetz (2013) zur Förderung der elektronischen Verwaltung[25], das Informationssicherheitsgesetz (2015)[26], das NIS-Umsetzungsgesetz (2017)[27] zur Gewährleistung von IT-Sicherheit bei kritischen Infrastrukturen und in anderen Bereichen sowie das On-

---

20 Hierzu *Thorsten Witt/Philipp Freundenberg,* NIS-Richtlinie, CR 2016, S. 657–663; *Mareike Gehrmann/Paul Voigt,* Die europäische NIS-Richtlinie – Neue Vorgaben für die Netz- und IT-Sicherheit, ZD 2016, S. 355–358.

21 Überblick zum unionsrechtlichen Rahmen digitaler Verwaltung bei: *Wolfgang Denkhaus,* E-Government-Gesetzgebung in Bund und Ländern, ZG 2016, S. 120–153, 128 ff.

22 *IT-Planungsrat* (Fn. 1). Zum bundesrechtlichen Rahmen siehe den Beitrag von *Schliesky* in diesem Band (Kapitel 8).

23 *Bundesregierung* (Fn. 1), S. 2 ff.; *Bundesministerium des Innern* (Fn. 1).

24 *Bundesregierung* (Fn. 1), S. 2 ff.; der Legislaturbericht der Bundesregierung zu Digitalen Agenda 2014 bis 2017 ist abrufbar unter: http://www.bmi.bund.de/DE/Kontakt/Benutzerhinweise/PDF_Hilfe.html?nn=3316956 (zuletzt abgerufen am 24. 05. 2018).

25 BGBl. I S. 2749. Zum EGovG des Bundes: *Alexander Roßnagel,* Auf dem Weg zur elektronischen Verwaltung – Das E-Government-Gesetz, NJW 2013, S. 2710–2716; *Dirk Heckmann/Florian Albrecht,* Das Gesetz zur Förderung der elektronischen Verwaltung, ZRP 2013, S. 42–45; *Ulrich Ramsauer/Tobias Frische,* Das E-Government-Gesetz, NVwZ 2013, S. 1505–1514; *Ralf Müller-Terpitz/Alexandra Rauchhaus,* Das E-Government-Gesetz des Bundes – ein Schritt in Richtung „Verwaltung 2.0", MMR 2013, S. 10–16; *Christoph Habammer/Wolfgang Denkhaus,* Das E-Government-Gesetz des Bundes. Inhalt und erste Bewertung – Gelungener Rechtsrahmen für die elektronische Verwaltung?, MMR 2013, S. 358–362 sowie die Beiträge in *Matthias Kammer/Alfred Zapp* (Hrsg.), Das E-Government-Gesetz des Bundes, ISPRAT-Dossier, [Hamburg] 2013.

26 Vgl. *Rotraud Gitter/Alexander Meißner/Philipp Spauschus,* Das neue IT-Sicherheitsgesetz – IT-Sicherheit zwischen Digitalisierung und digitaler Abhängigkeit, ZD 2015, S. 512–516; *Gerrit Hornung,* Neue Pflichten für Betreiber kritischer Infrastrukturen: Das IT-Sicherheitsgesetz des Bundes, NJW 2015, S. 3334–3340.

27 BT-Drs. 18/11242.

line-Zugangsgesetz (2017)[28] zur Verbesserung des Zugangs zu und der Sicherheit von digitalen Verwaltungsleistungen auf allen Verwaltungsebenen hervorzuheben.

III. Länder und Kommunen

Im Zuge der E-Government-Gesetzgebung auf Bundesebene haben in der Folgezeit auch die Mehrzahl der Länder eigene Landes-E-Government-Gesetze entweder bereits beschlossen oder zumindest in Vorbereitung.[29] Die Landesgesetze decken neben dem Ziel der medienbruchfreien elektronischen Verwaltungskommunikation teilweise auch andere Themen, wie die IT-Sicherheit oder die elektronische Bürgerbeteiligung ab.[30] Neben und mit den gesetzgeberischen Maßnahmen sind nahezu alle Länder sowie eine wachsende Zahl von Kommunen auch mit im Einzelnen sehr unterschiedlich konzipierten Digitalisierungs- und/oder E-Government-Strategien auf den Plan getreten.[31] 7

C. Schritte auf dem Weg zur digitalen Verwaltung

In der Mehrzahl der aktuellen Digitalisierungsinitiativen nimmt der Ausbau des „E-Government" eine Schlüsselstellung ein.[32] Mit dem Begriff des „E-Government" wird nach der vom Gesetzgeber zwischenzeitlich aufgegriffenen sog. *Speyerer Definition* „die Abwicklung geschäftlicher Prozesse des Regierens und Verwaltens (Government) mit Hilfe von Informations- und Kommunikationstechniken über elektronische Medien" beschrieben.[33] Der Einsatz moderner Informations- und Kommunikationstechnologien soll die Leistungsfähigkeit und Effizienz der Verwaltung erhöhen und einen Beitrag zu Verwaltungsmodernisierung und Bürokratieabbau leisten.[34] Der Rückgriff auf moderne Informations- 8

28 Hierzu *Martini* (Fn. 1), S. 449 f.; *Schallbruch*, CR-online.de Blog vom 30. 12. 2016, http://www.cr-online.de/blog/2016/12/30/grundgesetzaenderung-mehr-macht-fuer-den-bund-bei-der-it/ (zuletzt abgerufen am 24. 05. 2018), zum OZG und Portalverbund s.a. Rn. 35 ff., 44 ff.

29 Zum landesrechtlichen Rahmen siehe die Beiträge *Schulz* und *Richter* in diesem Band (Kapitel 9 und 10); siehe auch *Benedikt Beckermann*, E-Government-Gesetzgebung im Vergleich, VM 2018, S. 167–175; *Denkhaus/Richter/Bostelmann* (Fn. 1), Einl. EGovG, Rn. 24 ff.

30 Im Einzelnen: *Denkhaus* (Fn. 21), S. 138 ff.; *Beckermann* (Fn. 29), S. 172 ff.

31 Z.B. *Hessische Landesregierung* (Fn. 11); *Sächsisches Staatsministerium für Wirtschaft Arbeit und Verkehr* (Fn. 2); *Landesregierung Nordrhein Westfalen*: NRW 4.0., 2016, https://www.land.nrw/sites/default/files/asset/document/digitaler_wandel_in_nrw_-_fortschrittsbericht_der_landesregierung.pdf (zuletzt abgerufen am 24. 05. 2018); *Bayerische Staatskanzlei*, Masterplan Bayern Digital 2.0., http://www.bayern.de/wp-content/uploads/2017/05/17-05-30-masterplan-bayern-digital_massnahmen_anlage-mrv_final.pdf (zuletzt abgerufen am 24. 05. 2018); *Landesregierung Schleswig-Holstein*, Digitalisierungsprogramm, https://digitalisierung.schleswig-holstein.de/ (zuletzt abgerufen 21.09.2018).

32 Vgl. z.B. *Bundesregierung* (Fn. 1), S. 18 ff.

33 *Jörn von Lucke/Heinrich Reinermann*, Speyerer Definition von E-Government, 2000, S. 1, abrufbar unter: foev.dhv-speyer.de/ruvii/Sp-EGov.pdf (zuletzt abgerufen am 24. 05. 2018).

34 BT-Drs. 17/11473, Begr., S. 1 f. und 4 ff., *Roßnagel* (Fn. 25), S. 2710 ff.; *Christian Bähr/Wolfgang Denkhaus*, Das Bayerische E-Government-Gesetz, BayVBl. 2016, S. 1–10.

und Kommunikationstechnologien zur Erfüllung von Verwaltungsaufgaben ist allerdings kein neues Phänomen.[35] Gleichwohl hat sich beim IT-Einsatz in der öffentlichen Verwaltung seit den Anfängen ein grundlegender quantitativer und qualitativer Wandel vollzogen, der auch rechtlich folgenreich ist. Dieser Prozess und seine rechtlichen Implikationen sollen im Folgenden an der typisierenden Unterscheidung von drei Phasen der Entwicklung des elektronischen Verwaltens nachgezeichnet werden: „IT-gestütztes Verwalten", „E-Government" und „Verwalten im digitalen Wandel".

I. Der Auf- und Ausbau des IT-gestützten Verwaltens

1. IT-gestütztes Verwalten: Rechenzentren, Verwaltungsnetze, EDV in den Amtsstuben

9 Der Einsatz von Informations- und Kommunikationstechnologien ist in der öffentlichen Verwaltung seit Jahrzehnten eine Selbstverständlichkeit.[36] Den Anfang machte der Aufbau von teils zentralen, teils dezentralen staatlichen, kommunalen und sonstigen, insbesondere universitären öffentlichen Rechenzentren seit den 1960er Jahren.[37] In den 1970er und 1980er Jahren entstanden größere Verbundsysteme in der DV, begleitet vom Aufbau von Verwaltungsnetzen, in Form von Regional- und Landesverwaltungsnetzen.[38] Eine gewisse Vorreiterrolle und Schrittmacherfunktion beim Ausbau des IT-gestützten Verwaltens übernehmen Fachverwaltungen mit einem hohen Grad an besonders „zahlenlastigen", standardisierten Massenverfahren, wie die Steuerverwaltung, die gesetzlichen Krankenkassen oder die gesetzlichen Rentenversicherungsträger.[39]

10 Mit der Entwicklung des Personal Computers hält die Verwaltungs-EDV auf breiter Front ihren Einzug auch in die Amtsstuben der Republik. Gerade auch hier wird dem IT-Einsatz jedoch in erster Linie eine Hilfsmittelfunktion bei der Abwicklung der nach wie vor papiergebundenen Verwaltungsabläufe zugeschrieben. Die rechtlich verbindliche Verwaltungskommunikation verbleibt verwaltungsintern in Form der papiergebundenen Aktenführung und verwaltungsextern in Form der ebenfalls papiergebundenen Antragstellung und Verbescheidung auf der analogen Ebenen.[40]

---

35 Vgl. *Hans Peter Bull*, Verwaltung durch Maschinen. Rechtsprobleme der Technisierung der Verwaltung, 2. Aufl., Köln/Berlin 1964.

36 Vgl. *Bull* (Fn. 35).

37 Vgl. *Hans Wülfrath*, Rechenzentren in Niedersachsen (Vorgeschichte u. Planung), FHOeffR 24 (1973), Nr. 794.

38 *Martin Wind*, Technisierte Behörden: Verwaltungsinformatisierung und -forschung im Zeitalter der Computernetze, Wiesbaden 1999.

39 Vgl. die Beiträge in *Heinrich Reinermann/Herbert Fiedler/Klaus Grimmer/Klaus Lenk* (Hrsg.), Organisation informationstechnisch gestützter öffentlicher Verwaltung, Berlin/Heidelberg/New York 1981.

40 Zu den rechtlichen und tatsächlichen Hindernissen für die elektronische Verfahrensdurchführung: *Heckmann/Albrecht* (Fn. 25), S. 42 f.; *dies.*, Das E-Government-Gesetz des Bundes als Motor der Verwaltungsmodernisierung, in: Kammer/Zapp (Hsrg.), Das E-Government-Gesetz des Bundes (Fn. 25), S. 51–75.

2. IT-Recht der öffentlichen Verwaltung als Datenschutzrecht und Verwaltungsprivatrecht

Art und Ausmaß der elektronischen Erfassung, Speicherung, Verarbeitung und 11
Weitergabe von Daten erreichten schon zu Beginn der 1970er Jahre einen Grad, der erste gesetzliche Regelungen auslöste. Zu nennen sind zunächst Datenverarbeitungs- und Rechenzentrumsgesetze (im Folgenden: DV- und RZ-Gesetze), die seit dem Jahr 1970 von der Mehrzahl der Länder eingeführt wurden.[41] Ihren Zielsetzungen entsprechend, waren die DV- und RZ-Gesetze als *Organisationsgesetze* ausgestaltet und auf die Ausgestaltung der staatlichen Binnenorganisation bzw. der Rechtsbeziehungen zwischen verschiedenen öffentlichen Einrichtungen beschränkt. Das Verwaltungsverfahren und die aktenmäßige Behördenorganisation wurden gerade nicht erfasst.[42]

Als rechtlich und praktisch deutlich folgenreicher, erwies sich das Aufkommen 12
der Datenschutzidee, die ebenfalls auf die Wende von den 1960er zu den 1970er Jahren fällt. Mit den Fortschritten der elektronischen Datenverarbeitung, gerade im Bereich der öffentlichen Verwaltung, wuchs das Bewusstsein für die damit einhergehenden Gefahren für die Privatsphäre der Bürger. Bereits im Jahr 1970 verabschiedete Hessen das weltweit erste Datenschutzgesetz.[43] Bis zum Anfang der achtziger Jahre folgten Datenschutzgesetze des Bundes und in allen übrigen Bundesländern. Seine verfassungsrechtliche Absicherung findet der Datenschutz schließlich mit dem Volkszählungsurteil im Jahre 1983.[44] Mit der EG-Datenschutzrichtlinie begann ab 1995 die schrittweise Verlagerung des Datenschutzrechts von der nationalen auf die europäische Ebene.[45]

Angesichts des Siegeszugs der Datenschutzidee kann das IT-Recht der öffent- 13
lichen Verwaltung bis zum Beginn des 21. Jahrhunderts weitgehend mit dem Datenschutzrecht der öffentlichen Verwaltung gleichgesetzt und im Übrigen als Beschaffungsproblem dem Verwaltungsprivatrecht zugeordnet werden.[46] In den Verwaltungsverfahrensgesetzen des Bundes und der Länder und im Fachrecht fin-

---

41 Am Anfang stand das Gesetz über die Organisation der elektronischen Datenverarbeitung im Freistaat Bayern (EDVG) vom 12. 10. 1970 (GVBl. 457, nicht mehr in Kraft). Derzeit noch geltende DV Gesetze sind: ADV-Zusammenarbeitsgesetz Baden Württemberg vom 18. 12. 1995 (GBl. S. 867); DV-VerbundG Hessen in der Fassung vom 04. 04. 2007 (GVBl. I S. 258); Datenverarbeitungszentrumsgesetz Mecklenburg-Vorpommern vom 01. 11. 2000 (GVOBl. M-V S. 522); ADV – Organisationsgesetz Nordrhein-Westfalen vom 09. 01. 1985 (GV. NW. S. 41).

42 *Denkhaus* (Fn. 21), S. 122.

43 Datenschutzgesetz vom 07. 10. 1970 (GVBl. S. 625).

44 BVerfG, NJW 1987, S. 2833 ff.

45 Richtlinie 95/46/EG des Europäischen Parlaments und des Rates vom 24. 10. 1995; diese wurde abgelöst durch die DSGVO 2016/679 vom 24. 05. 2016 (anzuwenden ab 25. 05. 2018). Zum Datenschutz eingehend Teil IV in diesem Band.

46 Vgl. zur IT-Beschaffung im Rahmen des e-Government: *Dirk Heckmann*, in: ders. (Hrsg.), juris PraxisKommentar Internetrecht, 5. Aufl., 2017, Kapitel 5. Zur E-Vergabe vgl. den Beitrag von Siegel in diesem Band [Kapitel 13].

den sich dagegen in der Regel noch keine IT-spezifischen Regelungen.[47] Insgesamt bleibt das Thema Verwaltungs-EDV damit bis zum Beginn der ersten Dekade des 21. Jahrhunderts ein Thema für die IT-Praktiker, Beschaffer und Datenschützer. Von einem eigenständigen Recht der elektronischen Verwaltung als Teilmaterie des allgemeinen Verwaltungsrechts kann noch keine Rede sein.[48]

II. E-Government und Verwaltungsmodernisierung

1. E-Government als „Leitbild und Projekt" zur Verwaltungsmodernisierung

14 Ein erster *Paradigmenwechsel* in der Diskussion um die Entwicklung der elektronischen Verwaltung und ihres Rechts ist mit dem Aufkommen des E-Government Begriffs als Leitbild und Projekt im Rahmen der Verwaltungsmodernisierungsdiskussion zu Beginn der 2000er Jahre verbunden.[49] Das mit dem Begriff E-Government verbundene Novum liegt zunächst in dessen *umfassender Ausrichtung*. Der Einsatz der IT wird nicht mehr auf bestimmte, punktuelle Hilfsfunktionen der Verwaltung beschränkt. Vielmehr sollen die modernen Informations- und Kommunikationstechnologien das gesamte Verwaltungshandeln und die umgebenden politischen Prozesse erfassen.[50]

15 Hinzu tritt ein *prozessorientierter Ansatz*. Der Einsatz der IT soll nicht mehr auf die bloße Unterstützung und Erleichterung weitgehend unveränderter „analoger" Verwaltungsabläufe beschränkt werden. Vielmehr sollen gerade umgekehrt alle Prozesse und Ressourcen der Verwaltungsarbeit auf allen Ebenen so (um-) gestaltet werden, dass die Möglichkeiten der Informationstechnik optimal ausgeschöpft werden können.[51] Dem korrespondiert der Übergang von einem *antrags- bzw. nachfrageorientierten* zu einem *„angebotsorientierten"* Dienstleistungsverständnis der öffentlichen Verwaltung. E-Government wird, ebenso wie e-Commerce, noch nicht dadurch verwirklicht, dass eine Behörde z.B. per E-Mail für Anträge des Nutzers erreichbar ist (vgl. § 3a Abs. 1 VwVfG, § 2 Abs. 1 EGovG).[52] Vielmehr muss die Verwaltung ihre Leistungsangebote proaktiv im Netz, ggfs. über hierzu

---

47 Vgl. *Ferdinand O. Kopp/Ulrich Ramsauer*, Verwaltungsverfahrensgesetz, Kommentar, 17. Aufl., München 2016, § 3a, Rn. 4 ff.

48 Zur Genese: *Denkhaus* (Fn. 21), S. 120 ff.

49 Vgl. *Fachausschuss Verwaltungsinformatik der Gesellschaft für Informatik e. V. und Fachbereichs 1 der Informationstechnischen Gesellschaft im VDE* (Hrsg.) (zitiert: *Gesellschaft für Informatik* e.V.), Memorandum Electronic Government, Bonn/Frankfurt 2000; S. 8 ff.; *von Lucke/Reinermann*, Speyerer Definition von E-Government (Fn. 33), S. 1. Zu den Bezügen zur Verwaltungsmodernisierung auch *Jörn von Lucke*, Deutschland auf dem Weg zum Smart Government, VM 2016, S. 171–186; *Tino Schuppan/Stefanie Köhl*, Verwaltung 4.0: Modernisierungsrelevant oder alter Wein in neuen Schläuchen?, VM 2016, S. 27–33.

50 *Gesellschaft für Informatik* e.V. (Fn. 45), S. 3 ff.

51 *Gesellschaft für Informatik* e.V. (Fn. 45), S. 6 und 8 ff. Auf der organisatorischen Ebene wird dies durch die Schaffung der Institution eines für die Verwaltungs-IT ressortübergreifend zuständigen *Chief Information Officers* (CIO) auf Bundes-, Landes- und z.T. auch Kommunalebene flankiert. Zur aktuellen Entwicklung siehe unten D. II. 2., Rn. 38 f.

52 Dies gilt auch dann, wenn die E-Mail (in Verbindung mit einer qeS) die Schriftform im Verwaltungsverfahren ersetzt (Art. 3a Abs. 2 Satz 2 VwVfG).

geeignete Portale, in nutzerfreundlicher, einfach abzuwickelnder und barrierefreier Form bereitstellen.[53]

Mit der E-Government-Diskussion verbunden ist auch eine Veränderung der *regulativen Perspektive* auf elektronisches Verwalten. Der Einsatz der Informations- und Kommunikationstechnologien wird nicht mehr, wie bisher, als mehr oder weniger „verwaltungsrechtsneutrales" Problem des Datenschutzes und des fiskalischen Handelns der öffentlichen Hand begriffen. Vielmehr geht mit e-Government, verstanden als umfassender *Reorganisationsprozess* der Verwaltung auch das Erfordernis einer Bestandsaufnahme und ggfs. auch Änderung jener rechtlichen Regelungen einher, die Verwaltungshandeln rechtsstaatlich disziplinieren und demokratisch legitimieren sollen.[54] *16*

2. Verfassungsrechtliche Verankerung in Art. 91c GG

Der Gesetzgeber hat die Impulse der E-Government-Diskussion in der ersten Dekade des 21. Jahrhunderts zunächst eher vorsichtig aufgegriffen. Auf der verfassungsrechtlichen Ebene zeigt sich dies an der Einführung des Art. 91c GG im Zuge Föderalismusreform II im Jahr 2009.[55] Die Norm schafft die verfassungsrechtliche Grundlage für die Zusammenarbeit von Bund und Ländern bei der Planung, der Errichtung und dem Betrieb der für ihre Aufgabenerfüllung benötigten informationstechnischen Systeme. Art. 91c GG soll eine koordinierte föderale IT-Koordinierung ermöglichen, den verfassungsrechtlich vorgegebenen Verwaltungsföderalismus aber gerade nicht in Frage zu stellen. Hierzu ermöglicht es Art. 91c GG Bund und Ländern insbesondere, die für die ebenenübergreifende Kommunikation zwingend erforderlichen Interoperabilitäts- und Sicherheitsstandards mittels Staatsvertrag festzulegen.[56] Zur Umsetzung haben Bund und Länder mit dem IT-Staatsvertrag[57] den IT-Planungsrat geschaffen, der erstmal eine einheitliche förderale IT-Standardisierung – in begrenztem Umfang – auch im Wege von qualifizierten Mehrheitsentscheidungen ermöglicht.[58] *17*

---

53 Zum Verhältnis von e-Government und eCommerce-Lösungen vgl. *Gesellschaft für Informatik* e.V. (Fn. 45), S. 8 ff.; siehe auch *von Lucke/Reinermann*, Speyerer Definition von E-Government (Fn. 33), S. 1. Zur Barrierefreiheit vgl. den Beitrag von *Daniela Heinemann* (Kapitel 14).

54 *Gesellschaft für Informatik* e.V. (Fn. 45), S. 8 und 33 f.

55 Zur Einführung des Art. 91c GG: *Martin Schallbruch/Markus Städler,* Neuregelung der Bund- Länder-Zusammenarbeit durch Art. 91c GG, CR 2009, S. 619–624. Zu den Änderungen des Art. 91c GG im Jahre 2017 s. Rn. 35 ff.

56 Vgl. *Peter Parycek/Utz Schliesky*, in: BertelsmannStiftung (Hrsg.), Digitale Transformation der Verwaltung (Fn. 1), S. 43–45, 44.

57 Vertrag über die Errichtung des IT-Planungsrats und über die Grundlagen der Zusammenarbeit beim Einsatz der Informationstechnologie in den Verwaltungen von Bund und Ländern – Vertrag zur Ausführung von Artikel 91c GG vom 01. 04. 2010.

58 Vgl. zur Reichweite der Zuständigkeiten und zum Entscheidungsverfahren im IT-Planungsrat: *Christoph Gröpl*, in: Theodor Maunz/Günter Dürig/Roman Herzog/Rupert Scholz/Matthias Herdegen/Hans H. Klein (Hrsg.), Grundgesetz, Kommentar, München, 68. EL München 2013, Art. 91c, Rn. 9 ff. und 18 ff.; *Sönke E. Schulz/Maximilian Tallich*, Rechtsnatur des IT-Staatsvertrages und seiner Beschlüsse, NVwZ 2010, S. 1338–1342.

3. Punktuelle Regelungen im Verwaltungsrecht

18 Auch im Verwaltungsrecht hat sich der Gesetzgeber zunächst auf punktuelle Neuregelungen im allgemeinen Verwaltungsrecht und im Fachrecht zu Zuständigkeits-, Verfahrens- und Formvorschriften beschränkt (z.B. §§ 3a, 37 Abs. 2 S. 1, 41 Abs. 2 S. 2 VwVfG, § 55a VwGO).[59] Exemplarisch zeigt sich die zunächst eher ambivalente Haltung des Gesetzgebers an der Einführung des § 3a VwVfG. Die Vorschrift umfasst zwar erstmals eine allgemeine Regelungen zur Schriftform ersetzenden elektronischen Verwaltungskommunikation (Abs. 2). Sie eröffnet der Verwaltung aber zugleich die Möglichkeit, ganz oder teilweise auf eine elektronische Kommunikation zu verzichten (Abs. 1).[60] Die eigentliche gesetzgeberische Umsetzung des umfassenden E-Government-Konzeptes durch den Bundesgesetzgeber erfolgte erst mit der Verabschiedung des E-Government-Gesetz des Bundes im Jahr 2013.[61]

4. E-Government-Gesetzgebung

19 Das E-Government Gesetz des Bundes und die in Folge verabschiedeten Landesgesetze beruhen auf einem veränderten regulativen Ansatz, wonach die modernen Informationstechnologien nur dann mit hinreichendem Nutzen für alle Beteiligten eingesetzt werden können, wenn im Rahmen des E-Governments die Prozessorganisation in der öffentlichen Verwaltung analysiert und rechtliche Regelungen und Verwaltungsprozesse wechselseitig aufeinander abgestimmt werden.[62]

Das eigentliche Novum der E-Government-Gesetze des Bundes und der Länder liegt damit in zunächst ihrer *umfassenden, prozessorientierten Konzeption*. Alle Schritte der internen und externen elektronischen Verwaltungskommunikation sollen grundsätzlich durchgängig, d.h. „medienbruchfrei“ elektronisch abgewickelt werden können. Hierfür schaffen die E-Government-Gesetze den gesetzlichen Rahmen. Sie fassen grundsätzlich alle relevanten Regelungen zur elektronischen Verwaltungskommunikation, im Verwaltungsverfahren, in der innerorganisatorischen und der zwischenbehördlichen Kommunikation in einer einheitlichen Regelung zusammen.[63]

20 Mit den E-Government-Gesetzen werden schrittweise auch die rechtlichen Rahmenbedingungen für den Übergang von einem *antrags- bzw. nachfrageorientier-*

---

59 *Denkhaus* (Fn. 21), S. 122 f. Zur elektronischen Kommunikation mit den Verwaltungsgerichten siehe auch den Beitrag von *Nolte* in diesem Band (Kapitel 15).

60 Vgl. *Kopp/Ramsauer*, § 3a VwVfG Rn. 14 ff., 6 ff.

61 BGBl. I S. 2749. Hierzu: *Roßnagel* (Fn. 25); *Heckmann/Albrecht* (Fn. 25); *Ramsauer/Frische* (Fn. 25); *Müller-Terpitz/Rauchhaus* (Fn. 25); *Habammer/Denkhaus* (Fn. 25) sowie die Beiträge in *Kammer/Zapp* (Hrsg.), Das E-Government-Gesetz des Bundes (Fn. 25).

62 Sächsischer Landtag Drs. 5/13651, Begr. S. 17 f; vgl. auch BT-Drs. 17/11473, S. 1 f, 20 f. Sächsischer Landtag Drs. 5/13651, Begr. S. 17 ff.; *Denkhaus* (Fn. 21), S. 122 f.

63 *Denkhaus* (Fn. 21), S. 122 f.; *Denkhaus/Richter/Bostelmann* (Fn. 1), Einl. EGovG, Rn. 14 ff.; siehe auch Beckermann (Fn. 29), S. 167 ff.; BT-Drs. 17/11473, S. 20 f.; *Ramsauer/Frische* (Fn. 25), S. 1505 f. Zur rechtssicheren elektronischen Kommunikation siehe auch den Beitrag von *Wilhelm* in diesem Band (Kapitel 11).

ten zu einem „angebotsorientierten“ Dienstleistungsverständnis der öffentlichen Verwaltung geschaffen.[64] Die Verwaltung muss ihre Leistungen nicht nur (wie bisher) auf Nachfrage bzw. Antrag des Bürgers in effizienter und effektiver Weise erbringen, sondern ihre Leistungsangebote möglichst vollständig und durchgängig in nutzerfreundlicher Weise online für den Bürger bereitstellen. Der Einstieg in ein angebotsorientiertes Konzept der Bereitstellung von Verwaltungsdiensten erfolgt mit den Landes-E-Government-Gesetzen.[65] Mit dem Onlinezugangsgesetz (OZG) von 2017 ist der Bundesgesetzgeber nachgezogen, der nunmehr die Behörden des Bundes und der Länder zu Online-Bereitstellung grundsätzlich aller Verwaltungsdienste verpflichtet.[66]

5. Zwischenbilanz

E-Government steht paradigmatisch für einen Transformationsprozess der öffentlichen Verwaltung. Das (praktisch nach wie vor nicht erreichte)[67] Ziel ist, die elektronische Kommunikation als Leitmedium der öffentlichen Verwaltung zu etablieren und alle internen und externen Prozesse der Verwaltungskommunikation von der Behördeninformation im Vorfeld des Verwaltungshandelns, über die elektronische Antragstellung und die elektronische Vorgangsbearbeitung und Archivierung im Rahmen der elektronischen Akte bis hin zum Bescheid durchgängig elektronisch abzuwickeln. Die IT ist nicht mehr bloßes Hilfsmittel, sondern verändert die Verwaltungsprozesse selbst sowohl verwaltungsintern, insbesondere durch die E-Akte, als auch im Verhältnis zum Bürger, z.B. im Rahmen des nutzerfreundlichen Angebots von Onlineverfahren. *21*

Mit diesen technisch-organisatorischen Änderungen einher geht ein fortschreitender Prozess der *Verrechtlichung* der elektronischen Verwaltung. Dieser Prozess erfasst das Verfassungsrecht (Art. 91c GG), ebenso wie das allgemeine und besondere Verwaltungsrecht. Er tritt im Verwaltungsrecht in der E-Government-Gesetzgebung des Bundes und der Länder am wohl deutlichsten hervor, ist aber *22*

---

64 S. o. Rn. 16. Zur bürgerseitigen Akzeptanz von E-Government vgl. den Beitrag von *Mann* in diesem Band (Kapitel 29).

65 Den Anfang machten Bayern mit Art. 4 und Art. 6 BayEGovG.

66 BT-Drs 18/12589, Art. 9; hierzu: näher Rn. 35ff. und 44ff.; siehe auch *Martini* (Fn. 1), S. 449; *Schallbruch*, CR-online.de Blog vom 07.06.2017, http://www.cr-online.de/blog/2017/06/07/neuer-gesetzlicher-rahmen-fuer-oeffentliche-it-grundgesetzaenderung-ozg-und-konsens-gesetz/ und *ders.* (Fn. 28).

67 Zum aktuellen Stand des e-Government: *Sirko Hunnius*, Stand und Perspektiven der Digitalisierung der Verwaltung, in: BertelsmannStiftung (Hrsg.), Digitale Transformation der Verwaltung (Fn. 1), S. 12ff.; *Schliesky/Hoffmann* (Fn. 1) S. 193ff.; *Prell* (Fn. 1), S. 1255ff.; *Ziekow* (Fn. 1). S. 1169ff.; *Berger* (Fn. 1); *Denkhaus/Richter/Bostelmann* (Fn. 1), Einl. EGovG, Rn. 1ff.; *Initiative D21/Institute for Public Information Management* (Hrsg.), eGovernment Monitor 2016, Nutzung und Akzeptanz digitaler Verwaltungsangebote – Deutschland, Österreich und Schweiz im Vergleich, Berlin 2016, S. 6ff.; sowie *Kompetenzzentrum Öffentliche IT/Fraunhofer FOKUS* (Hrsg.), E-Government in Deutschland: Vom Abstieg zum Aufstieg, Berlin 2015, S. 5 und 7ff.

keineswegs hierauf beschränkt.[68] Vielmehr wetteifern EU, Bund und Länder mit einer Vielzahl weiterer Gesetzgebungsinitiativen, u.a. zur IT-Sicherheit[69] , zur elektronischen Identifizierung[70] oder zum offenen Datenzugang.[71]

III. Verwaltung im digitalen Wandel

In den letzten Jahren hat die Diskussion um die „digitale Transformation der Verwaltung“ an Fahrt gewonnen.[72] Damit könnte sich ein neues Paradigma etablieren, das „E-Government“ als Leitbild für Verwaltungspraxis, Verwaltungswissenschaft und Verwaltungsrecht zumindest ergänzt, wenn nicht gar überlagert. Auf den ersten Blick scheinen die bisherige E-Government-Diskussion und die aktuelle Digitalisierungsdebatte allerdings eher fließend ineinander überzugehen.[73] Erklärtes Ziel des E-Government ist es ja bereits, alle in Betracht kommenden Verwaltungsprozesse möglichst umfassend zu digitalisieren, um so die Potentiale der Informations- und Kommunikationstechnologie zur Erfüllung von Verwaltungsaufgaben möglichst optimal zu erschließen.[74]

1. Verwaltung unter Bedingungen von Digitalisierung

23 Die bestehenden Gemeinsamkeiten und fließenden Übergänge sollten allerdings nicht darüber hinwegtäuschen, dass sich der Digitalisierungsbegriff konzeptionell deutlich von der E-Government-Diskussion unterscheidet. Der E-Government-Begriff ist seiner Genese nach ein Kind der Verwaltungsmodernisierungsdiskussion, ihrer spezifischen Erkenntnisinteressen und Fragestellungen.[75] Erkenntnisleitend ist eine *verwaltungszentrierte Perspektive*. Die Verwaltung bzw. der Verwaltungsgesetzgeber, als hierzu legitimierter Steuerungsakteur, soll die Potentiale der Informations- und Kommunikationstechnik nutzen, um selbst definierte Steuerungsziele zur Optimierung von Verwaltungsprozessen (z.B. in Bezug auf Effizienz, Effektivität, Legitimation oder Transparenz des Verwaltungshandelns) zu erreichen.[76]

---

68 Zu den Herausforderungen der Umsetzung des E-Government Gesetzes sowie dessen Potenzialen und des Status quo seiner Umsetzung siehe auch: *Jörg Becker/Marcel Heddier/Sara Hofmann et al.*, Analyse des Potenzials des E-Government-Gesetzes. Studie im Auftrag des Bundesministeriums des Innern, Münster 2014, https://negz.org/wp-content/uploads/2016/11/NEGZ_Potenzialanalyse_EGovG-Gesamtdokument_final-20141216.pdf (zuletzt abgerufen am 24.05.2018).

69 Vgl. *Meißner/Spauschus/Gitter* (Fn. 26); *Hornung* (Fn. 26).

70 Hierzu: *Roßnagel* (Fn. 15 [Anwendungsvorrang]); *ders.* (Fn. 15 [Neue Regeln]).

71 BT-Drs. 18/11614.

72 *Martini* (Fn. 1), S. 443 ff.; *Schliesky/Hoffmann* (Fn. 1) S. 193 ff.; *Prell* (Fn. 1), S. 1255 ff.; *Ziekow* (Fn. 1) S. 1169 ff.; *Berger* (Fn. 1); *Denkhaus/Richter/Bostelmann* (Fn. 1), Einl. EGovG, Rn. 1 ff. sowie die Beiträge in: *BertelsmannStiftung* (Hrsg.), Digitale Transformation der Verwaltung (Fn. 1); *Hill/Kugelmann/Martini* (Fn. 1); *Hill/Schliesky* (Fn. 1); *Hill/Martini/Wagner* (Fn. 1); *Hill* (Fn. 1).

73 *Schuppan/Köhl* (Fn. 49).

74 Vgl. zum Verhältnis von e-Government und Smart Government bzw. Verwaltung 4.0: *von Lucke* (Fn. 49), S. 171 ff.; *Schuppan/Köhl* (Fn. 49), S. 27 ff.

75 Vgl. *Gesellschaft für Informatik* e.V. (Fn. 45), S. 3 ff.

76 Vgl. *Gesellschaft für Informatik* e.V. (Fn. 45), S. 3 f.

Die aktuelle Digitalisierungsdiskussion setzt dagegen gerade nicht mehr primär bei der Verwaltung und deren Modernisierungsproblemen an. Digitalisierung wird vielmehr als ein umfassender gesellschaftlicher Transformationsprozess begriffen, in den zwangsläufig auch, aber eben nicht nur, die öffentliche Verwaltung eingebunden ist. Dem entspricht konzeptionell eine *Außenperspektive* auf das *Verwalten unter Bedingungen von Digitalisierung.*[77] Damit einher geht auch eine gewisse Relativierung der Steuerungsperspektive auf die Verwaltung und das Verwaltungsrecht. Die Verwaltung ist nicht mehr nur Initiator und Treiber von digitalen Transformationsprozessen, sondern (zugleich auch) in gesamtgesellschaftliche Digitalisierungsprozesse eingebunden, die in ihrer Gesamtheit staatlicher bzw. administrativer Steuerung nur begrenzt zugänglich sind. *24*

Dieser Perspektivverlagerung und -erweiterung korrespondiert auf der politischen und verwaltungspraktischen Ebene die Einbettung von E-Government-Konzepten in weiter gefasste Digitalisierungsstrategien und das damit verbundene Erfordernis der (konzeptionellen, personellen, organisatorischen, finanziellen und rechtlichen) Abstimmung von E-Government-Lösungen mit anderen Bausteinen digitaler Strategien, etwa in den Bereich IT-Sicherheit, IT-Infrastrukturen oder digitale Daseinsvorsorge (Bildung, Gesundheit, Verkehr, Energie etc.).[78] *25*

2. „Digitalisierung der Verwaltung": Neue Mittel und technische Instrumente

Aus der Perspektive einer Verwaltung im digitalen Wandel erweitert sich zunächst der Blick auf die möglichen *Mittel und technischen Instrumente* digitalen Verwaltens.

Im E-Government stehen in erster Linie verwaltungsspezifische, verwaltungsrechts- und datenschutzkonforme technische Lösungen im Focus. Typische Beispiele sind in Deutschland die *qualifizierte elektronische Signatur* (qeS), die Online-Ausweisfunktion (*eID Funktion*) des neuen Personalausweises oder die *De-Mail* im Sinne des De-Mail-Gesetzes *als Schriftformersatz*, BSI-zertifizierte technische Lösungen, z.B. für das rechtssichere ersetzende Scannen (*TR-Resiscan*) oder das rechtsichere Archivieren im Rahmen der elektronischen Aktenführung, aber auch Standardisierungsinitiativen des IT-Planungsrats sowie die Angebote spezialisierter IT-Anbieter für Fachverfahren im E-Government.[79] *26*

Mit dem digitalen Wandel gehen jedoch eine Vielzahl weiterer technischer Innovationen und „Disruptionen"[80] einher, etwa in Form von *Smart Data, Big Data,* *27*

---

77 Vgl. *Martini* (Fn. 1), S. 443 f.

78 Zum Stand der aktuellen Digitalisierungsstrategien siehe oben Rn. 2 und 3.

79 Vgl. zu den genannten technischen Verfahren und Standards. *Wolfgang Denkhaus/Klaus Geiger*, Bayerisches E-Government-Gesetz, München 2016, Art. 3, Rn. 22 ff.; Art. 7, Rn. 88 ff., Art. 8, Rn. 17 ff., 20 ff. Zu rechtssicheren Verwaltungskommunikation siehe den Beitrag von *Wilhelm* in diesem Band (Kapitel 11), zur E-Akte vgl. den Beitrag von *Braun Binder* (Kapitel 12, dort Abschnitt C).

80 Vgl. *Hermann Hill*, Die Passagiere tanzen auf der Titanic – während der Eisberg naht!, VM 2016, S. 3–13.

moderne Geodatendienste, Internet der Dienste, Internet der Dinge, Mobile Computing, Cloud Computing und *Mobile Apps, Social Media, Blockchain Technologien, ChatBots usw.*[81] Das Potential und die Chancen und Risiken dieser neuen Technologien als Mittel zur effektiveren, effizienteren, transparenteren oder nutzerfreundlicheren Erfüllung von Verwaltungsaufgaben sollten sorgfältig geprüft werden. Hier geeignete (experimentelle) Bedingungen sollten geschaffen werden, z.B. im Rahmen von *Experimentierklauseln*[82], *„Innovation Labs"*[83], *Modellkommunen*[84] oder anderen Instrumenten der *innovationsoffenen Verwaltung*.[85]

28 Bei der rechtliche Beurteilung der Potentiale und der Grenzen dieser Technologien müssen neben klassischen *Fragestellungen des Verwaltungsrechts* (Transparenz, rechtstaatliche Kontrolle, Legitimation) und des *Datenschutzrechts* gerade auch die *Geschäftsmodelle und Plattformstruktur großer Internetfirmen* (wie Google, Apple, Facebook, Amazon etc.) mit in den Blick genommen werden, auf deren technische Dienstleistungen die Verwaltung hier gegebenenfalls einlassen möchte. Die damit einhergehenden Fragen nach dem *Verhältnis von staatlicher Aufgabenerfüllung und Konzentration privater wirtschaftlicher Macht* auf digitalen Märkten, nach der Gewährleistung von *Datensouveränität*[86] und einer adäquaten Zuweisung von *Rechten an Nutzerdaten* und geeigneten Formen der *Regulierung persönlichkeitsrechtlich besonders sensitiver digitaler Märkte*[87] legen u.a. die Ein-

81 Zu den technischen Innovationen intelligent vernetzter Systeme *von Lucke* (Fn. 49), S. 171 ff. sowie den Beitrag von *dems.* im vorliegenden Band (Kapitel 2); zu aktuellen technologischen Trends siehe auch die Beiträge von *Roman Beck, Dennis Hilgers, Helmuth Krcmar, Robert Krimmer, Marian Margraf, Peter Parycek, Utz Schliesky und Tino Schuppan* in; BertelsmannStiftung (Hrsg.), Digitale Transformation der Verwaltung (Fn. 1). Zu Datenbanken siehe den Beitrag von von von *Lewinski* im vorliegenden Band (Kapitel 3); zu Big Data Analytics vgl. den Beitrag von *Weber* (Kapitel 4). Zu weiteren neuen Technologien siehe die Beiträge in Teil V dieses Bandes. Zu Geodatendiensten vgl. den Beitrag von *Neumann* in diesem Band (Kapitel 24); zur Blockchain-Technologie vgl. den Beitrag von *Kaulartz* in diesem Band (Kapitel 30).

82 z.B. § 9 EGovG Schleswig-Holstein, § 20 Sächsisches EGovG, Art. 10 Abs. 1 BayEGovG, hierzu *Denkhaus/Geiger*, Bayerisches E-Government-Gesetz (Fn. 79), Art. 10, Rn. 1 ff.

83 *Hermann Hill*, Innovation Labs – Neue Wege zu Innovation im öffentlichen Sektor, S. 49–501.

84 ttp://www.kommune21.de/meldung_25744_Modellkommune+Open+Government+gesucht.html.

85 Vgl. *Roman Beck/Dennis Hilgers/Tino Schuppan*, in: BertelsmannStiftung (Hrsg.), Digitale Transformation der Verwaltung (Fn. 1), S. 27–30 mit Vorschlägen u.a. zu „Digital Scouts", „eGovernment beta", „Rapid Prototyping"; siehe zur „offenen Verwaltung" auch: *Helmut Krcmar/Robert Krimmer*, Offene Verwaltung, in: BertelsmannStiftung (Hrsg.), Digitale Transformation der Verwaltung (Fn. 1), S. 32–33.

86 *Philipp-L. Krüger*, Datensouveränität und Digitalisierung, ZRP 2016, S. 190–192.

87 Die Regulierung digitaler Märkte hat regelmäßig einen ausgeprägten persönlichkeitsrechtlichen Bezug, nicht nur wenn es um die Speicherung von personenbezogenen Daten (wie bei der Vorratsdatenspeicherung, hierzu zuletzt Beschluss des OVG Köln vom 22.06.2017, 13 B 238/17), sondern auch wenn es um die Grenzziehung zwischen Meinungsfreiheit und effektivem Rechtschutz im Internet geht, wie zuletzt etwa beim Netzwerkdurchsetzungsgesetz (BT-Drs. 18/12356).

beziehung der Erkenntnisse der Wirtschaftsinformatik, des Informations- und Medienrechts und des Wirtschaftsverwaltungs- und des Wettbewerbsrechts nahe.[88] Umgekehrt weist die Thematik der Regulierung digitaler Märkte auf neue Verwaltungsaufgaben und Themenfelder jenseits der klassischen Fragestellungen der E-Government-Diskussion.[89]

3. „Verwaltung der Digitalisierung": Neue Aufgaben und Handlungsfelder

Die zweite, mit der Perspektive digitalen Wandels verbundene, Erweiterung bezieht sich auf die Aufgaben und Handlungsfelder der Verwaltung. E-Government zielt zwar bereits auf die medienbruchfreie Digitalisierung grundsätzlich aller Aufgabenbereiche der öffentlichen Verwaltung.[90] Besonders im Focus stehen gleichwohl gerade die „klassischen", besonders häufigen, für den Bürger in verschiedenen „Lebenslagen" besonders bedeutsamen Verwaltungsdienstleistungen.[91] *29*

Inzwischen erreicht die fortschreitende Digitalisierung und informationstechnische Vernetzung jedoch auch *öffentliche Basisinfrastrukturen*, wie die *Energieversorgung*, das *Verkehrssystem*, das *Gesundheitswesen* und die öffentlichen *Bildungseinrichtungen*.[92] Damit stehen Staat und Verwaltung entsprechend ihrer Gewährleistungs- und Gestaltungsverantwortung für das Funktionieren dieser Basisinfrastrukturen in der Verantwortung, sich auch in diesen Bereichen aktiv mit dem digitalen Wandel und den Möglichkeiten und Grenzen seiner gemeinwohlverträglichen Steuerung auseinander zu setzen.[93] *30*

Als für alle Bereiche digitalen Wandels relevante staatliche Querschnittsaufgabe erweist sich die Gewährleistung der *Funktionsfähigkeit und der Sicherheit digitaler Infrastrukturen*, einschließlich des Unterhalts und Ausbaus leistungsfähiger Breitbandnetze.[94] Weitere mögliche Handlungsfelder liegen in der Vermittlung *digitaler Kompetenzen*[95] und *digitaler Teilhabe*,[96] im Bereich der Förderung von *31*

---

88 Vgl. hierzu das Forschungsprojekt „Data Neutrality and Open Access: Zugang zu Daten in der digitalen Wirtschaft" der Universität Passau, http://www.datapolicies.uni-passau.de/forschung/ (zuletzt abgerufen am 24.05.2018).

89 Hierzu sogleich unter III. 3.

90 Dabei sollen digitale Technologien nicht nur zur effektiveren Erfüllung bestehender Aufgaben genutzt werden, sondern auch neue Partizipationsmöglichkeiten geschaffen werden, vgl. *Gesellschaft für Informatik* e.V. (Fn. 45), S. 3 ff.

91 Vgl. BT-Drs. 17/11473, S. 1 f. und 20 f.

92 *Brunzel* (Fn. 12), S. 65.

93 *Brunzel* (Fn. 12), S. 65.

94 *Martini* (Fn. 1), S. 446 f.; *Europäische Kommission* (Fn. 1), S. 5; *Bundesregierung* (Fn. 1), S. 8 ff. und 30 ff. Siehe auch den Beitrag von *Sorge* in diesem Band (Kapitel 19).

95 Vgl. *Parycek/Schliesky* (Fn. 56), S. 44.

96 Hierzu: *Alexander Roßnagel*, Zur Reichweite der staatlichen Verantwortung für Teilhabe in der digitalen Zeit, in: Michael Fehling/Utz Schliesky zusammen mit dem Deutschen Institut für Vertrauen und Sicherheit im Internet (DIVSI) (Hrsg.), Neue Macht- und Verantwortungsstrukturen in der digitalen Welt, Baden-Baden 2016, S. 71–93.

Forschung, Entwicklung und Innovation bei digitalen Technologien, im Bereich der *Wirtschaftsförderung* (Förderung von Industrie 4.0, Unterstützung der Entwicklung von neuen digitalen Geschäftsmodellen für KMU, Handwerk und Mittelstand, Förderung digitaler Startups etc.).[97]

4. Data Policies – Regulierung persönlichkeitsrechtlich sensitiver digitaler Märkte

32 Mit der globalen Digitalisierung der Märkte und der Vermarktung der Digitalisierung stellt sich auch die Frage nach geeigneten marktbezogenen „Data Policies". Der *Wettbewerb in digitalen Märkten* beruht maßgeblich auf dem exklusiven Zugang zu Nutzerdaten. Diese dienen einerseits als Quelle von Innovation und Wettbewerbsfähigkeit – andererseits bauen die Firmen damit ihre marktmächtige Stellung weiter aus.[98] Die damit einhergehenden nationalen und internationalen *Regulierungsfragen* erfordern zunächst ein genaueres Verständnis der Funktionsweisen digitaler Märkte, der Bedeutung von Nutzerdaten für Innovationen in der digitale Ökonomie, aber auch damit einhergehende Gefahren für den wirtschaftlichen Wettbewerb, wie für die betroffenen Nutzer als Marktteilnehmer und Inhaber von Persönlichkeitsrechten.[99]

D. Entwicklungstendenzen und Herausforderungen an das Recht der digitalen Verwaltung

33 Unter Bedingungen digitalen Wandels sieht sich die Verwaltung mit neuen rechtlichen Herausforderungen konfrontiert, die teilweise an die Rechtsfragen des E-Government anknüpfen, teilweise aber auch über diese hinausweisen. Hierzu zählen insbesondere Fragen nach adäquaten Organisations- und Kooperationsformen für digital vernetztes Verwalten,[100] nach der effektiven Weiterentwicklung digitaler Verwaltungsverfahren unter Nutzung neuer technologischer Möglichkeiten[101] und nach der effektiven Gewährleistung von Transparenz und offenen Regierungs- und Verwaltungshandeln.[102] Die Gewährleistung von IT-Sicherheit und der Schutz von Persönlichkeitsrechten erweisen sich dabei als übergreifende Ordnungskategorien eines entstehenden Rechts der elektronischen Verwaltung.[103]

---

97 Vgl. *Bundesregierung* (Fn. 1), S. 12 ff, S. 22 ff. und 26 ff.

98 Vgl. hierzu das Forschungsprojekt „Data Neutrality and Open Access: Zugang zu Daten in der digitalen Wirtschaft" der Universität Passau, http://www.datapolicies.uni-passau.de/forschung/ (zuletzt abgerufen am 24. 05. 2018).

99 S. o. Rn. 29.

100 *Martini* (Fn. 1), S. 447 ff.; vgl. auch die Beiträge von *Sirko Hunnius*, *Marian Margraf/Tino Schuppan*, und *Peter Parycek/Utz Schliesky*, in: BertelsmannStiftung (Hrsg.), Digitale Transformation der Verwaltung (Fn. 1), S. 12–23, 30–32 bzw. 43–45.

101 *Martini* (Fn. 1), S. 449 ff.; *ders. David Nink*, Wenn Maschinen entscheiden …, Persönlichkeitsschutz in vollautomatisierten Verwaltungsverfahren, NVwZ 2017, S. 681–682.

102 Vgl. hierzu die Beiträge von *M. J. Heinemann* und *Braun Binder* im vorliegenden Band.

103 Vgl. *Martini* (Fn. 1), S. 446 f.

I. Die Organisation der digitalen Verwaltung zwischen Ausdifferenzierung, Zentralisierung und Konzentration

Digitalisierung steht nicht zuletzt für einen umfassenden Reorganisationsprozess der Verwaltung. Der fortschreitenden fachlichen Ausdifferenzierung elektronischer Verwaltungsangebote korrespondiert organisatorisch eine nicht immer unproblematische Tendenz zur Zentralisierung und Konzentration von Verantwortlichkeiten im Bereich der IT. *34*

1. Zentralisierung: Das Beispiel der Reform der föderalen IT-Koordinierung gem. Art. 91c GG

Die Zentralisierungstendenzen in der digitalen Verwaltung treten exemplarisch im Rahmen der aktuellen Reform der föderalen IT-Koordinierung im Rahmen der Neuordnung der Bund-Länder-Finanzbeziehungen zu Tage. Auf Grundlage des neu geschaffenen Art. 91 Abs. 5 GG und des zeitgleich verabschiedeten Onlinezugangsgesetzes (OZG) sollen Bund und Länder (einschließlich der Kommunen) bis zum Jahr 2022 nicht nur alle Verwaltungsleistungen (auch) online bereitstellen, sondern diese auch über einen Portalverbund für die Bürger einheitlich zugänglich machen.[104] *35*

Mit der Novellierung des Art. 91c GG und dem zugehörigen einfachgesetzlichen Regelungen schafft der Verfassungsgesetzgeber weitreichende Kompetenzen des Bundes zur Errichtung eines ebenenübergreifenden Portalverbunds von Bund und Ländern und zur Normierung von IT-Sicherheits- und Kommunikationsstandards der Verwaltungen des Bundes, der Länder und der Kommunen.[105] *36*

Der Übergang vom eher lockeren Koordinierungsregime des bisherigen Art. 91c GG und des IT-Staatsvertrags zu einem eher zentralistischen Steuerungsmodell mag angesichts der bisherigen Defizite der Bund-Länder-Zusammenarbeit in der IT als nachvollziehbar erscheinen.[106] Zentralisierung von Kompetenzen garantiert alleine allerdings noch kein erfolgreiches E-Government. Dies zeigt sich nicht zuletzt an *37*

---

104 *Marco Herrmann/Karlheinz Stöber*, Das Onlinezugangsgesetz des Bundes, NVwZ 2017, S. 1401–1407; *Thorsten Siegel*, Auf dem Weg zum Portalverbund – Das neue Onlinezugangsgesetz, DÖV 2018, S. 185–192; *Mario Martini/Cornelius Wiesner*, Art. 91c Abs. 5 GG und das neue Zugangsregime zur digitalen Verwaltung – Quantensprung oder zu kurz gesprungen?, ZG 32 (2017), S. 193–227; *Schliesky/Hoffmann* (Fn. 1) S. 193 ff.; *Ziekow* (Fn. 1) S. 1169 ff.; *Berger* (Fn. 1); *Denkhaus/Richter/Bostelmann* (Fn. 1), Einl. EGovG, Rn. 62 ff. sowie Einl. OZG Rn. 1 ff.; zur Genese auch: *Martin Schallbruch*, Neuer gesetzlicher Rahmen für öffentliche IT – Grundgesetzänderung, OZG und KONSENS-Gesetz, CR-on-line.de Blog vom 07. 06. 2017, http://www.cr-online.de/blog/2017/06/07/neuer-gesetzlicher-rahmen-fuer-oeffentliche-it-grundgesetzaenderung-ozg-und-konsens-gesetz/ und *ders.* Grundgesetzänderung – mehr Macht für den Bund bei der IT?, CR-online.de Blog vom 30. 12. 2016, http://www.cr-online.de/blog/2016/12/30/grundgesetzaenderung-mehr-macht-fuer-den-bund-bei-der-it (beide zuletzt abgerufen am 25. 06. 2017).

105 Hierzu *Martini* (Fn. 1), S. 449 f. sowie die in Fn. 104 erwähnten Beiträge von *Schallbruch*.

106 Vgl. *Marian Margraf/Tino Schuppan*, Vernetzte Verwaltung, in: BertelsmannStiftung (Hrsg.), Digitale Transformation der Verwaltung (Fn. 1), S. 30–32, 31.

den bisherigen Aufschlägen des Bundes, etwa bei dem (zwischenzeitlich aufgegebenen) Projekt einer integrierten elektronischen Steuerverwaltung (FISCUS)[107] oder bei der immer wieder verzögerten Einführung der elektronischen Gesundheitskarte.[108]

38 Zielführender als ein einseitiges Plädoyer für zentrale oder dezentrale Lösungen dürfte ein flexibler Mix aus Elementen zentraler Steuerung zur flächendeckenden Gewährleistung von Mindeststandards und föderativem Wettbewerb um beste Lösungen sein.[109] Ob die aktuellen Reformen hierfür einen geeigneten Rechtsrahmen liefern, bleibt abzuwarten.[110]

2. Konzentration: Vom CIO zum CDO zum Digitalministerium?

39 Eine gewisse Konzentration von technischer Verantwortung für die Verwaltungs-IT bei zentralen Rechenzentren und/oder einem Chief Information Officer (CIO) ist schon angesichts der damit erzielbaren Skaleneffekte, aber auch unter Professionalisierungsgesichtspunkten unverzichtbar. Bisher ist die Zentralisierung der Verwaltungs-IT allerdings im Wesentlichen auf „fachneutrale" technische Funktionen, wie insbesondere die Bereitstellung und den Unterhalt digitaler Infrastrukturen (Rechenzentren, Netze, Portale, Basisdienste etc.) bzw. auf „fachneutrale" Standardisierungen, wie z.B. Kommunikations-, Interoperabilitäts- oder IT-Sicherheitsstandards beschränkt. Vergleichsweise neu ist der Gedanke, die zentrale IT-Verantwortung durch Zugriffsrechte auf die Fachebene (Personal, Haushalt, Organisation, Verfahren) zu erweitern, um auf diese Weise digitale Veränderungsprozess effektiver zu steuern.[111]

40 Mit der Einrichtung eines Chief Digital Officer (CDO) oder eines „Digitalisierungsministeriums"[112] könnte zwar eine gewisse politische Symbolkraft verbunden sein. Der damit verbundene „Übergriff auf die IT auf die übrige Verwaltung"

---

107 „Föderales Integriertes Standardisiertes Computer-Unterstütztes Steuersystem". Zu den Kosten und den Ergebnissen von FISCUS und der Nachfolgelösung KONSENS vgl. *Bundesrechnungshof*, Jahresbericht 2012, Kapitel 0802 Titel 632 01; zur Bund-Länder Zusammenarbeit in der Steuerverwaltung: *Markus Heintzen*, Das gemeinsame Konzept von Bund und Ländern zur Modernisierung des Besteuerungsverfahrens, DÖV 2015, S. 780–787.

108 Zum Einführung der elektronischen Gesundheitskarte vgl. *Stefan Bales/Matthias von Schwanenflügel*, Die elektronische Gesundheitskarte. Rechtliche Fragen und zukünftige Herausforderungen, NJW 2012, S. 2475–2479. Aktuell scheint das Schicksal der Gesundheitskarte weiter offen zu sein: https://www.deutschlandfunk.de/elektronische-gesundheitskarte-von-der-realitaet-ueberholt.862.de.html?dram:article_id=420395

109 So auch *Margraf/Schuppan* (Fn. 105), S. 31 f.

110 Die genauen Implikationen dieser Reformen auf den föderativen Verwaltungsaufbau der Bundesrepublik sind derzeit allerdings noch nicht abzuschätzen, zumal abzuwarten bleibt, in welcher Form der Bund von seinen neuen Rechtssetzungsmöglichkeiten im Verordnungswege Gebrauch macht.

111 Vgl. *Roman Beck/Helmut Krcmar*, in: BertelsmannStiftung (Hrsg.), Digitale Transformation der Verwaltung (Fn. 1), S. 42–43.

112 Vgl. *Beck/Krcmar* (Fn. 110), S. 42.

dürfte allerdings schon mit Blick auf das Ressortprinzip an Grenzen stoßen. Auch verwaltungspraktisch erscheint es voraussetzungsvoll neben IT-Kompetenzen auch umfassendes Fachwissen der betroffenen Sachbereiche in einer Einrichtung zu konzentrieren.[113] Soll gleichwohl z.B. ein CDO oder ein Digitalministerium institutionalisiert werden, dürfte es erfolgversprechender sein, dessen Aufgaben auf möglichst präzise definierte und abgrenzbare technologische Kernthemen, wie etwa die *Standardisierung* oder den *Breitbandausbau* oder andere (politisch zu definierende) digitale Kernthemen zu fokussieren, verbunden mit der zur Umsetzung erforderlichen Personal- und Finanzausstattung.[114] Auf der Ebene der Fachverfahren (und damit der Fachzuständigkeiten der Ressorts) dürften dagegen Anreizlösungen, etwa in Form des Angebots von Supportfunktionen oder punktueller Projektförderung, praktisch wirksamer und ressortschonender umsetzbar sein, als weitergehende Interventionsbefugnisse.[115]

II. Weiterentwicklung digitaler Verwaltungsangebote und Verwaltungsverfahren

1. Von der Ermöglichungs- zur „Aktivierungsfunktion" des Verwaltungsrechts

Mit den E-Government-Gesetzen des Bundes und der Länder hat das Recht der elektronischen Verwaltung zu einer eigenständigen einfachgesetzlichen Kodifikation gefunden. Das Leitmotiv der gesetzlichen Regelungen liegt zunächst primär auf der Ebene der *Ermöglichung* des elektronischen Verwaltens. Das E-Government-Gesetz des Bundes soll zwar Hindernisse für das E-Government beseitigen, aber keine konkreten Pflichten zum Angebot von E-Government-Diensten begründen.[116] Ähnliche Tendenzen zeigen sich auch im Fachrecht, etwa wenn in § 10 PAuswG a. F (bis 2017) die Nutzung der elektronischen Identifizierungsfunktion des Personalausweises durch den Bürger zwar ermöglicht, aber gerade nicht gesetzlich vorgegeben wurde.[117] *41*

Aktuell vollzieht sich jedoch ein Übergang von der bloßen Ermöglichungs- hin zu einer „Aktivierungsfunktion" des Rechts der elektronischen Verwaltung.[118] *42*

In einem ersten Schritt sind die Landesgesetzgeber im Rahmen ihrer Landes-E-Government-Gesetze auf breiter Front dazu übergegangen, nicht nur Hürden für das E-Government zu beseitigen, sondern auch Pflichten der Behörden zu

113 A.A. wohl *Beck/Krcmar* (Fn. 110), S. 42 f.

114 Zur Diskussion um ein Bundesdigitalministerium vgl. https://www.tagesschau.de/inland/digitalgipfel-101.html (zuletzt abgerufen 24. 05. 2018).

115 Vgl. zur Rolle des CIO im E-Government auch *Nadine Ogonek/Vanessa Greger/Robert Zepic/Michael Räckers/Jörg Becker/Helmut Krcmar*, Auf dem Weg zu einer innovativen Verwaltung: Rollen und Kompetenzen der Verwaltung im E-Government-Kontext, in: Detlef Rätz et. al. (Hrsg.), Digitale Transformation: Methoden, Kompetenzen und Technologien für die Verwaltung (Fn. 1), S. 13–24.

116 BT-Drs. 17/11473, S. 20 f.; vgl. *Ramsauer/Frische* (Fn. 25), S. 1505 f.

117 Vgl. *Martini* (Fn. 1), S. 450.

118 *Martini* (Fn. 1), S. 450.

e-Government-Angeboten zu normieren.[119] Der Bund hat nunmehr mit § 1 Onlinezugangsgesetz nachgezogen und verpflichtet alle Behörden des Bundes, der Länder und der Kommunen alle hierzu technisch geeigneten Verwaltungsdienste grundsätzlich auch online und über einen gemeinsamen Portalverbund von Bund und Ländern bereitzustellen.[120]

Darüber hinaus geht der Gesetzgeber inzwischen vereinzelt dazu über, auch den Bürger zur Nutzung elektronischer Verfahren zu verpflichten, wie z.B. teilweise im Steuerrecht.[121] In diese Richtung geht auch die aktuelle Änderung des § 10 Abs. 1 PAuswG, wonach die elektronische Identifizierungsfunktion des neuen Personalausweises künftig in den Voreinstellungen nicht mehr „ausgeschaltet", sondern „eingeschaltet" wird.[122]

43 Der Übergang von einer bloßen Ermöglichungs- zu einer Aktivierungsfunktion des Rechts der elektronischen Verwaltung dürfte für ein erfolgreiches E-Government schon deswegen unverzichtbar sein, weil es im Gegensatz zum e-Commerce an marktwirtschaftlichen Anreizmechanismen gerade fehlt. Als praktisch wohl wichtigstes und normativ weitgehend unproblematisches Instrument stellt sich die gesetzliche Verpflichtung der Behörden zur Bereitstellung von elektronischen Diensten dar.[123] Die weitergehende „Aktivierung" des Bürgers durch gesetzliche Pflichten zum E-Government unterliegt dagegen höheren verfassungsrechtlichen Anforderungen.[124] Ein staatlicher E-Government-Zwang kann zudem der Akzeptanz von E-Government abträglich sein.[125] Neben und vor einer „negativen Aktivierung" durch gesetzliche Pflichten sollten daher die Potentiale einer „positiven Aktivierung" des Bürgers, wie etwa das „E-Government Nudging", also positive Anreize zur Nutzung von Online-Angeboten[126] oder auch die Einräumung von *subjektiven Rechten* im E-Government[127] ausgeschöpft werden.

119 Vgl. *Denkhaus* (Fn. 21), S. 144, 147 und 149.

120 BT-Drs 18/12589, Art. 9; hierzu: *Martini* (Fn. 1), S. 449; *Schallbruch* (Fn. 28 und 66). Siehe auch die Rn. 35 ff. und 44 ff.

121 *Deckers/Fiethen*, MMR 2013, S. 158 ff.

122 Das Gesetz zur Förderung des elektronischen Identitätsnachweises, BT-Drs. 18/11279 hat am 02. 06. 2017 auch den Bundesrat passiert; zustimmend: *Martini* (Fn. 1), S. 449.

123 Vgl. *Denkhaus* (Fn. 21), S. 144, 147 und 149.

124 Zur grundsätzlichen verfassungsrechtlichen Zulässigkeit und den verfassungsrechtlichen Anforderungen an die Pflicht zur elektronischen Datenübermittlung im Steuerrecht vgl. FG Baden-Württemberg, U. v. 23. 03. 2016 – 7 K 3192/15; BFH, B. v. 17. 08. 2015 – I B 133/14;. BFH, U. v. 14. 03. 2012 – XI R 33/09.

125 Vgl. zur Problematik am Beispiel der eID Funktion: *Martini* (Fn. 1), S. 450. Zur Akzeptanz des E-Government siehe auch den Beitrag von *Mann* in diesem Band (Kapitel 29).

126 *Martini* (Fn. 1), S. 449.

127 Vgl. *Denkhaus* (Fn. 21), S. 144; *ders./Geiger*, Bayerisches E-Government-Gesetz (Fn. 79), Art 2, Rn. 1 ff.

2. Online Zugang zu digitalen Verwaltungsangeboten: Verwaltungsportale, Portalverbund, Single Gateway und einheitliche Servicekonten

Der Ausbau digitaler Verwaltungsangebote setzt, neben entsprechenden gesetzlichen Verpflichtungen der Behörden, auch adäquate, *nutzerfreundliche Angebotsformen* voraus. Die bloße elektronische Erreichbarkeit der Behörden bzw. die technische Möglichkeit einer elektronischen Antragstellung per E-Mail oder De-Mail ist für digitales Verwalten ebenso wenig ausreichend, wie die Möglichkeit der E-Mail Kommunikation für digitales Wirtschaften.[128] Inspiriert auch durch positive Erfahrungen in anderen EU-Mitgliedstaaten[129] haben viele Länder und Kommunen inzwischen zentrale Verwaltungsportale aufgebaut, über die vom Nutzer grundsätzlich alle Verwaltungsleistungen eines Landes bzw. einer Kommune abgerufen werden können.[130] Mittlerweile hat auch der Bund das Potential von Verwaltungsportalen erkannt. Er plant auf Grundlage der neu geschaffenen Kompetenz- und Rechtsgrundlage des Art. 91c Abs. 5 GG und des OZG den Aufbau eines eigenen und vor allem auch eines bundesweiten Portalverbunds, über den alle Verwaltungsleistungen von Bund, Ländern und Gemeinden für den Bürger „mit einem Klick“ oder jedenfalls „einigen wenigen Klicken“ erreichbar sein sollen. Auf EU-Ebene soll der *Single Digital Gateway* (SDG) hinzutreten.[131] 44

Unverzichtbare Mindestvoraussetzung für erfolgreiche Verwaltungsportale ist zunächst, dass tatsächlich alle wesentlichen Verwaltungsleistungen einer oder aller Gebietskörperschaften (Kommunen, Länder, Bund) über dieses Portal erreichbar sind.[132] Der Bürger muss also über das Portal alle wesentlichen Informationen erhalten können (*Informationsfunktion*). Weiter muss der Bürger aber auch in der Lage sein, die elektronischen Dienstleistungen auch tatsächlich online über das Portal in Anspruch zu nehmen, also Anträgeelektronisch zu stellen, Gebühren online zu begleichen und Bescheide (wenn gewünscht) über das Portal (bzw. ein Postfach im Portal) zu erhalten (*Transaktionsfunktion*). Um ein Verwaltungsportal als Transaktionsportal nutzen zu können, bedarf es einer Bürger- bzw. *Servicekontofunktion*.[133] Mit dem Begriff des „Bürgerkontos“ bzw. des „Servicekon- 45

128 Siehe oben C. II. 1, Rn. 15.

129 http://www.kommune21.de/meldung_19751_E-Government-Portal+gut+besucht.html.

130 Siehe als Praxisbeispiele für Bürgerkonten und Verwaltungsportale z.B. für Bayern: http://bayernid.buergerserviceportal.de/bayernid_redaktion-2.html und für Niedersachsen: http://www.mi.niedersachsen.de/themen/verwaltungsmodernisierung_organisation_landesverwaltung/electronic_government/projekte/buergerkonto/buergerkonto-126958.html (jeweils zuletzt abgerufen am 25. 06. 2017); zum praktischen Umsetzungsstand des Portalverbunds sie auch *Denkhaus/Richter/Bostelmann* (Fn. 1), Einl. OZG Rn. 38 ff.

131 Zum Portalverbund: http://www.it-planungsrat.de/DE/Projekte/Koordinierungsprojekte/Portalverbund/Portalverbund_node.html. Zum „SDG“: https://www.it-planungsrat.de/SharedDocs/Downloads/DE/Fachkongress/6FK2018/Tag2_RadB_SDG.pdf?__blob=publicationFile&v=3 (zuletzt abgerufen am 21. 09. 2018).

132 Siehe oben D. II. 1, Rn. 39 ff.

133 Vgl. hierzu: *Isabel John/Gabriele Saueressig/Johannes Heißenstein/Nicolas Pfeuffer*, Das Bürgerkonto, Möglichkeiten und Potentiale, 2. Aufl., München 2016.

tos“[134] wird eine von Banken- und Versicherungsportalen, aber auch von e-Commerce Plattformen wie *Amazon* oder *ebay* bekannte Möglichkeit beschrieben, sich einmalig mit bestimmten Stammdaten (Name, Adresse, Wohnort, etc.) für ein Nutzerkonto zu registrieren um dann in Zukunft über die Anmeldung im Nutzerkonto (ohne erneute *Stammdatenabfrage*) die Dienste des Portals in Anspruch nehmen zu können (z.B. einen Meldeantrag zu stellen).[135]

46 Die elektronische Bereitstellung grundsätzlich aller Verwaltungsleistungen stellt die öffentliche Verwaltung auf allen Ebenen vor erhebliche Herausforderungen. Neben technischen, organisatorischen, finanziellen und personellen Voraussetzungen müssen auch angemessene *rechtliche Rahmenbedingungen* geschaffen werden. Zunächst muss sichergestellt werden, dass die Behörden tatsächlich auf alle Verwaltungsebene ihre *Leistungen überhaupt online* anbieten, um sie dann in einem Folgeschritt *in ein zentrales Portal einzubinden.*[136] Hierfür wurden mit dem neuen Art. 91c Abs. 5 GG und dem, Onlinezugangsgesetz (OZG) die erforderlichen Voraussetzungen geschaffen.[137] Um eine *Service- oder Bürgerkontofunktion* rechtsverbindlich bereitzustellen, bedarf es des Weiteren aber auch hinreichend *vertrauenswürdiger,* aber zugleich auch *nutzerfreundlicher* elektronischer *Authentifizierungsverfahren.* Neben der *eID Funktion des nPA* hat Bayern als erstes Bundesland mit der Authega-Technologie ein weiteres vertrauenswürdiges Identifizierungsverfahren anerkannt, das im Interesse der Nutzerfreundlichkeit *ohne Lesegerät* auskommt und technisch auf der *ELSTER-Technologie* beruht. Schließlich müssen die technischen, organisatorischen und rechtlichen Voraussetzungen geschaffen werden, damit nach einer Identifizierung des Nutzers über das Portal nicht nur Anträge gestellt (Hinkanal), sondern auch Bescheide der Behörde übermittelt werden können (Rückkanal). Hierfür hat der Bund mit § 41 Abs. 2a VwVfG für das allgemeine Verwaltungsverfahren und § 37 Abs. 2a SBB X für das Sozialverfahren einerseits und § 122a für das Steuerverfahren andererseits besondere Regelungen geschaffen, die sich u.a. mit Blick auf die Anwendung der 3-Tages-Fiktion für die elektronische Bekanntgabe unterscheiden.[138]

---

134 Der Begriff des Servicekontos umfasst Bürgerkonten und Unternehmenskonten bzw. Konten für juristische Personen.

135 *John/Saueressig/Heißenstein/Pfeuffer* (Fn. 132), S. 15 ff.; *Denkhaus/Geiger,* Bayerisches E-Government-Gesetz (Fn. 79), Art. 3, Rn. 132 ff.

136 Der Bund war mit dem *EGovG Bund* noch vor einer derartigen Pflicht zurückgeschreckt. Das *EGovG Bund* in § 3 begründet lediglich Online-Informationspflichten über Dienste der Behörden. Beginnend mit Bayern (Art. 4 und Art. 6 BayEGovG) haben in den Folgejahren dann aber die Landesgesetzgeber ihre staatlichen und kommunalen Behörden zur elektronischen Bereitstellung ihrer Verwaltungsdienste verpflichtet. Mit § 1 OZG ist nun wieder der Bund einen Schritt weitergegangen, indem er die Behörden von Bund und Ländern verpflichtet ihre Dienste innerhalb von 5 Jahren elektronisch bereitzustellen und zugleich über einen Portalverbund von Bund und Ländern für die Nutzer verfügbar zu machen; vgl. *Schallbruch* (Fn. 28 und 66).

137 Siehe hierzu oben Rn. 35 ff sowie: *Herrmann/Stöber* (Fn. 104), S. 1401 ff.; *Siegel* (Fn. 104), S. 185 ff.; *Martini/Wiesner* (Fn. 104), S. 193 ff.

138 Hierzu eingehend: *Nadja Braun Binder* „Elektronische Bekanntgabe von Verwaltungsakten über Portale, NVwZ 2016, S. 342–347 sowie“ im vorliegenden Band. Bayern hat in Art. 6 Abs. 4 BayEGovG eine Regelung mit 3-Tages-Fiktion geschaffen, die an § 122a AO angelehnt ist.

3. Nutzung vorhandener Daten in Verwaltungsverfahren: „Once-Only“ oder doch „Only-Once“

Mit dem Aufkommen neuer Technologien der intelligenten Vernetzung erweitern sich auch die Möglichkeiten der Optimierung der elektronischen Abwicklung von Verwaltungsverfahren. Zur Steigerung der Effizienz und Effektivität elektronischer Verfahrensabwicklung bietet sich zunächst der *Zugriff auf bereits von der Verwaltung erhobene Datenbestände* an (Once-Only-Prinzip), durch den eine erneute Erhebung bereits vorhandener Daten bei den Beteiligten vermieden werden kann.[139] Der Verzicht auf Mehrfacherhebungen personenbezogener Daten, wie etwa persönlicher Stammdaten (Namen, Adresse, Wohnort) kann insbesondere auch dann von Interesse sein, wenn die Verwaltung eine Vielzahl von Leistungen und gebündelt über Servicekonten bzw. *Bürgerkonten*[140] und zentrale *Verwaltungsportale* anbietet.[141] 47

Das „Once-Only-Prinzip“ kann allerdings in ein Spannungsverhältnis zum Zweckbindungsgrundsatz (Art. 5 Abs. 1 lit b, Art 6 Abs. 4 DSGVO) geraten. Die DSGVO enthält mit dem Einwilligungsvorbehalt und der Beschränkung des Zweckbindungsgrundsatzes auf zweckinkompatible Weiterverarbeitungen jedoch Spielräume für den Zugriff auf bereits erhobene Datenbestände.[142] Bevor jedoch die rechtlichen Möglichkeiten zur Lockerung des Zweckbindungsgrundsatzes ausgeschöpft werden, sollten gerade auch aus juristischer Sicht *innovative technische Lösungen* in Betracht gezogen werden, die es dem *Bürger* ermöglichen, z.B. im Rahmen eines nur für ihn selbst zugänglichen *Bürger- oder Servicekontos*, auf einfache Weise in jedem Verfahren *jeweils selbst über die Bereitstellung seiner Daten* zu entscheiden.[143] 48

---

139 *Martini* (Fn. 1), S. 450f.

140 Vgl. die Studie von *John/Saueressig/Heißenstein/Pfeuffer* (Fn. 132).

141 Siehe als Praxisbeispiele für Bürgerkonten und Verwaltungsportale z.B. für Bayern: http://bayernid.buergerserviceportal.de/bayernid_redaktion-2.html und für Niedersachsen: http://www.mi.niedersachsen.de/themen/verwaltungsmodernisierung_organisation_landesverwaltung/electronic_government/projekte/buergerkonto/buergerkonto-126958.html (jeweils zuletzt abgerufen am 25.06.2017); zur „BayernID“ und „Bayernportal“ auch: *Denkhaus/Geiger*, Bayerisches E-Government-Gesetz (Fn. 79), Rn. 145ff.

142 *Martini* (Fn. 1), S. 451. Zur DSGVO siehe auch den Beitrag von *Herbst* in diesem Band (Kapitel 16).

143 Auf diesem Modell beruht z.B. das Bürgerkonto im Rahmen „Bürgerserviceportal“ der AKDB (Anstalt für Kommunale Datenverarbeitung in Bayern), dass der Freistaat Bayern als Grundlage für die bayernweite „BayernID“ verwendet. Die Stammdaten des Bürgers werden auf einem nur für den Bürger zugänglichen Bürgerkonto gespeichert. Der Bürger entscheidet bei jedem Fachverfahren (z.B. Ummeldung, KFZ Anmeldung) selbst, ob und welche Verfahren er freigibt. Ein Mehrfachzugriff der Behörden auf zentrale Datenbank ist gerade nicht erforderlich. Vgl. zum Bürgerkonto. *Denkhaus/Geiger*, Bayerisches E-Government-Gesetz (Fn. 79), Praxisleitfaden, Rn. 145ff.

4. Vollautomatisierte Verwaltungsverfahren

49 Noch weitergehend unausgelotet sind die Potentiale *vollautomatisierter Verwaltungsverfahren*.[144] Die Informations- und Kommunikationstechnik tritt hier nicht mehr nur als technisches Leitmedium „formal" an die Stelle der bisherigen papiergebundenen Kommunikation, sondern übernimmt auch sachlich-inhaltlich die eigentliche materielle Verwaltungsentscheidung.[145] Neben die „formelle Digitalisierung" tritt damit in vollautomatisierten Verfahren die „materielle Digitalisierung".[146]

50 Für vollautomatisierte Verwaltungsverfahren hat der Gesetzgeber mit Art. 35a VwVfG und den parallelen Neufassungen des § 155 Abs. IV AO und § 31a SGB X besondere Rechtsgrundlagen geschaffen. Dabei müssen auch die verwaltungsverfahrens- und datenschutzrechtlichen Anforderungen an automatisierte Verfahren beachtet werden. Vollautomatisierte Verfahren finden ihre rechtsstaatlichen Grenzen jedenfalls dort, wo Ermessens- und Beurteilungsspielräume bestehen.[147] Art. 22 DSGVO sieht hier Mindestgarantien, insbesondere ein besonderes Anhörungsverfahren, vor. Angesichts der Diskrimierungsanfälligkeit von Algorithmen stellt sich darüber hinaus jedoch auch die Frage nach geeigneten Formen der staatlichen Algorithmenkontrolle.[148]

III. Gewährleistung von Transparenz und Open Government

Trotz aller Fortschritte des „Smart Government"[149] liegen die Potentiale digitaler Technologien für die Verwaltung jedenfalls aus normativer Sicht weder allein, noch in erster Linie in Ersetzung menschlicher Entscheidungen durch eine „Herrschaft der Algorithmen". Vielmehr können und sollten die neuen technischen Möglichkeiten gerade auch zur effektiveren Gewährleistung von rechts-

---

144 *Martini* (Fn. 1), S. 452 f., *ders./Nink* (Fn. 101), S. 681 f.; *Nadja Braun Binder,* Weg frei für vollautomatisierte Verwaltungsverfahren in Deutschland, in: Jusletter IT 22.09. 2017, abrufbar unter http://jusletter-it.weblaw.ch/issues/2016/22-September-2016.html [10.08.2017]; *dies.*, Vollständig automatisierter Erlass eines Verwaltungsaktes und Bekanntgabe über Behördenportale, DÖV 2016, S. 891–898.

145 *Martini* (Fn. 1), S., 452 f., *ders./Nink* (Fn. 101), S. 681 f.

146 Zu den hiermit verbundenen Effizienz- und Effektivitätsgewinnen: *Heribert Schmitz/ Lorenz Prell,* Neues zum E-Government. Rechtsstaatliche Standards für E-Verwaltungsakt und E-Bekanntgabe im VwVfG, NVwZ 2016, S. 1273–1280, 1277; *Dirk Heckmann* in: ders. (Hrsg.), juris PraxisKommentar Internetrecht (Fn. 46), Kap. 5 Rn. 488.

147 Vgl. *Braun Binder,* Fn. 138; *dies.*, Vollautomatisierte Verwaltungsverfahren im allgemeinen Verwaltungsverfahrensrecht, NVwZ 2016, S. 960–965 sowie *dies.* im vorliegenden Band (Kapitel 12). Skeptisch mit Blick auf den Regulierungsbedarf: *Martin Stegmüller,* Vollautomatische Verwaltungsakte – eine kritische Sicht auf § 24 I 3 und § 35a VwVfG, NVwZ 2018, S. 353–358; dies. Kap. 12 in diesem Band; *Bull* (Fn. 1) S. 209 ff.; *Ariane Berger,* Der automatisierte Verwaltungsakt. Zu den Anforderungen an eine automatisierte Verwaltungsentscheidung am Beispiel des § 35a VwVfG, NVwZ 2018, S. 1260–1264; *Djeffal* (Fn. 1), S. 808 ff; *Ziekow* (Fn. 1), S. 1169; kritisch zur Neuregelung: *Stegmüller* (Fn. 1), S. 353 ff.

148 *Martini* (Fn. 1), S. 452, *ders./Nink* (Fn. 101), S. 681 f.

149 *von Lucke* (Fn. 49), S. 171 ff. sowie *ders.* im vorliegenden Band.

staatlicher Transparenz und demokratischer Legitimation des Verwaltungshandelns sowie für neue Formen der Bürgerbeteiligung im Rahmen von Open Government Konzepten genutzt werden.[150]

1. Bereitstellung von Open (Government) Data

Die Bereitstellung von *Open Data* bietet zudem die Möglichkeit für neue Geschäftsmodelle zur wirtschaftlichen Nutzung öffentlicher Datenbestände.[151] Mittlerweile verfügen die Union, der Bund und alle Bundesländer über eigene Open Government bzw. Open Data Portale.[152] Auch auf der rechtlichen Ebene haben der Bund und praktisch alle Bundesländer gesetzliche Regelungen zur Gewährleistung der Transparenz des Verwaltungshandelns geschaffen, sei es in Form von allgemeinen Auskunftsansprüchen[153], in Form der Gewährleistung von Informationsfreiheitsrechten oder durch gesetzliche Regelungen zur Errichtung von antragslos nutzbaren öffentlichen Transparenzregistern.[154] Auch im Bereich Open Data hat der Bundestag mit dem neuen § 12a EGovG die bundesgesetzliche Rechtsgrundlagen für „Offene Daten der Behörden der unmittelbaren Bundesverwaltung" beschlossen, denen landesgesetzliche Open-Data Regelungen folgen werden.[155] *51*

2. Elektronische Bürgerbeteiligung und e-Voting

Auch im Bereich der elektronischen Bürgerbeteiligung sind Fortschritte zu verzeichnen. Bund und Länder verfügen mittlerweile über elektronische Petitionsverfahren. Einzelne Länder, wie insbesondere Nordrhein-Westfalen haben auch eigene gesetzliche Regelungen zur elektronischen Bürgerbeteiligung im Verwaltungsverfahren geschaffen.[156] Möglichkeiten zur digitalen Partizipation sollten allerdings nicht nur bei der Beteiligung der Bürger an politisch-administrativen Entscheidungsprozessen in den Blick genommen werden, sondern gerade auch bei der Gestaltung der technischen Standards der nichtstaatlichen (beruflichen und privaten) gesellschaftlichen Kommunikationsinfrastruktur.[157] *52*

---

150 Vgl. hierzu im vorliegenden Band die Beiträge von *Braun Binder* (Kapitel 6) und *M. J. Heinemann* (Kapitel 5).

151 *Malte Bayer-Katzenberger*, Rechtsfragen des „Open Government Data" – Aktuelle Entwicklungen und Rechtsprechung zur Weiterverwendung von Informationen des Staates, DÖV 2014, 144–152.

152 Vgl. https://www.govdata.de/web/guest/daten.

153 Art 36 BayDSG; hierzu *Michael Will*, Kodifikation des allgemeinen Aufsichtsrechts im Bayerischen Datenschutzgesetz, BayVBl 2016, S. 613–621, 620.

154 Hierzu: *Johannes Caspar*, Informationsfreiheit, Transparenz und Datenschutz, DÖV 2013,S. 371–375; siehe zur Praxis der Umsetzung: http://www1.wdr.de/nachrichten/landespolitik/transparenzgesetz-102.html (zuletzt abgerufen 24. 05. 2018).

155 BT-Drs. 18/11614.

156 § 15 und 18 EGovG NRW, hierzu *Denkhaus* (Fn. 21), S. 149.

157 Hierzu: *Carsten Ochs/Philipp Richter/Markus Uhlmann*, Technikgestaltung demokratisieren – Partizipatives Privacy by Design: ZD-Aktuell 2016, 05424.

53 Technisch, wie rechtlich voraussetzungsvoll bleibt der Bereich des e-Voting. Der vom Bundesverfassungsgericht in einem Urteil zu Wahlcomputern formulierte Grundsatz der Öffentlichkeit der Wahl setzt die verfassungsrechtlichen Hürden für die Manipulationssicherheit und die allgemeine Nachvollziehbarkeit elektronischer Wahlvorgänge vergleichsweise hoch.[158] Bessere verfassungsrechtliche Chancen auf Verwirklichung, als der Wahlcomputer (als „elektronische Wahlkabine") dürfte das Online-Voting (also die „elektronischen Briefwahl") haben, da diese zur Erhöhung der Wahlbeteiligung und damit aus verfassungsrechtlicher Sicht zur Verwirklichung des Grundsatzes der Allgemeinheit der Wahl beitragen kann.[159] Gerade hier sind allerdings innovative technische Lösungen gefragt, die dem Grundsatz der Öffentlichkeit der Wahl, ebenso wie dem Grundsatz der Vertraulichkeit der Wahl angemessen Rechnung tragen.[160]

IV. IT-Sicherheit und Persönlichkeitsrechtsschutz als Determinanten des Rechts der elektronischen Verwaltung

Mit der Ausdifferenzierung der digitalen Verwaltung und ihres Rechtsrahmens stellt sich die Frage nach geeigneten Kategorien für eine übergreifende verwaltungsrechtliche Ordnungsbildung im Recht der elektronischen Verwaltung. Einen möglichen Ansatz bieten die Gewährleistung von IT-Sicherheit einerseits und des Schutzes von Persönlichkeitsrechten andererseits.[161]

1. IT-Sicherheit

54 Mit dem schrittweisen flächendeckenden Ausbau der digitalen Verwaltung erweist sich die Gewährleistung der IT-Sicherheit als eine hoheitliche Schlüssel- und Querschnittsaufgabe über alle Zuständigkeitsbereiche und Ebenen digitalen Verwaltens hinweg.[162] Vernetzte elektronische Verwaltungsinfrastrukturen sind nur so stark, wie ihr schwächster Knotenpunkt. Die Akzeptanz von digitalen Verwaltungsangeboten hängt wesentlich vom Vertrauen der Bürger in deren Sicherheit ab.[163]

2. Persönlichkeitsrechtsschutz

55 Eine mindestens ebenso große Herausforderung an Staat und Verwaltung liegt in der effektiven Gewährleistung von Persönlichkeitsrechten unter Bedingungen von Machtkonzentrationen auf digitalen Märkten,[164] Big Data und umfassender

158 BVerfGE 123, 39; NJW 2009, 2195.
159 Vgl. hierzu im vorliegenden Band den Beitrag von *Braun Binder* (Kapitel 6).
160 Vgl. ebd.
161 *Martini* (Fn. 1), S. 446 f.
162 Vgl. *Roman Beck/Utz Schliesky*, Sichere und vertrauenswürdige Verwaltung, in: BertelsmannStiftung (Hrsg.), Digitale Transformation der Verwaltung (Fn. 1), S. 36–37.
163 *Martini* (Fn. 1), S. 446 f.; *Beck/Schliesky* (Fn. 162), S. 36 f.
164 S. o. Rn. 32.

intelligenter Vernetzung.[165] Das bestehende Instrumentarium des Datenschutzrechts ist vor mehr als drei Jahrzehnten unter vollkommen anderen Bedingungen entstanden.[166] Die vorhandenen Instrumente sind daher kontinuierlich zu überprüfen, an gewandelte Bedingungen anzupassen und – wo erforderlich – auch durch neue Rechtsinstitute zu ergänzen.[167]

3. Verhältnis von IT-Sicherheit und Datenschutz

Das Verhältnis von IT-Sicherheit und Persönlichkeitsrechtsschutz ist durchaus 56
ambivalent. Einerseits ist Datenschutz im Verhältnis zu Dritten nur in sicheren Netzen möglich. Auch die technisch-organisatorischen Anforderungen an die Gewährleistung von Informationssicherheit ähneln jenen der Gewährleistung von Informationssicherheit.[168] Andererseits sind die normativen Zielsetzungen unterschiedlich und damit Zielkonflikte möglich. Die Gewährleistung der Sicherheit von kompletten digitalen Infrastrukturen geht über den Schutz personenbezogener Daten hinaus und kann gerade auch die Erfassung von personenbezogenen Daten, etwa im Rahmen der Protokollierung von IP-Adressen oder in Form der „Deep Packet Inspection“[169] notwendig machen.[170]

Ist damit einerseits der Ausgleich von IT-Sicherheit und Datenschutz ein zentra- 57
les Querschnittsanliegen digitaler Verwaltung, geht andererseits das Erfordernis des effektiven Persönlichkeitsrechtschutzes über die klassischen Instrumente des Datenschutzes hinaus. Die datenschutzrechtlichen Prinzipien der Datenminimierung (bisher Datenvermeidung und Datensparsamkeit), der Zweckbindungsgrundsatz, der Einwilligungs- und Gesetzesvorbehalt sowie das Transparenzprinzip und die Informationsrechte des Betroffenen blieben zwar auch für die digitale Verwaltung aktuell.[171]

4. Digitale Souveränität und Eigentumsrechte an Nutzerdaten

Angesichts von Big Data und intelligenter Vernetzung[172] dürften jedoch eine Wei- 58
terentwicklung des bisherigen Instrumentariums des Datenschutzes, etwa in Form der rechtlichen Verankerung des technischen Datenschutzes (Privacy by default/

165 Vgl. *Alexander Roßnagel*, Rechtsfragen eines Smart Data-Austauschs – Datengetriebene Kooperation in der Industrie, NJW 2017, S. 10–15. Zu den Potentialen eines Einsatzes in der Verwaltung siehe *Margraf/Schuppan* (Fn. 105). Zur sicheren Informationstechnik siehe auch den Beitrag von *Sorge* in diesem Band (Kapitel 19).

166 Siehe oben Rn. 12 und 13.

167 Vgl. *Martini* (Fn. 1), 446 f.; *Parycek/Schliesky* (Fn. 56), S. 44. Siehe auch die Beiträge in Teil IV in diesem Band.

168 Vgl. z.B. Art 8 Abs. 1 BayEGovG, der auf die technisch-organisatorischen Standards des BayDSG verweist.; hierzu *Bähr/Denkhaus* (Fn. 34), S. 8.

169 Zur „DPI“: https://www.heise.de/newsticker/meldung/IT-Sicherheit-Bundestag-erlaubt-Deep-Packet-Inspection-und-Netzsperren-3699426.html (zuletzt abgerufen 24. 05. 2018).

170 Zum Verhältnis von IT-Sicherheit und Datenschutz: *Michael Schmidl*, Aspekte des Rechts der IT-Sicherheit, NJW 2010, S. 476–481.

171 Vgl. *Martini* (Fn. 1), S. 446 f.

172 Zu Smart Data in der Industrie 4.0. *Roßnagel* (Fn. 163), S. 10 ff.

Privacy by design) dauerhaft unverzichtbar sein.[173] Darüber hinaus dürfte sich die Frage nach angemessenen Verfahren der staatlichen „Algorithmenkontrolle" nicht nur im automatisierten Verwaltungsverfahren,[174] sondern überall dort bestehen, wo automatisiert in „Internet der Dinge" personenbezogene Daten laufend und in großem Umfang erhoben und ausgewertet werden, wie etwa bei intelligenten Energiezählern oder intelligenten Mobilitätskonzepten.[175] Angesichts der hier bestehenden Herausforderungen sind schließlich rechtspolitisch auch ganz neue Institute des Persönlichkeitsrechtsschutzes zu diskutieren, wie z.B. die Anerkennung eines „Eigentumsrechts" an personenbezogenen Daten (Dateneigentum), z.B. in Anlehnung an das Urheberpersönlichkeitsrecht.[176]

E. Fazit und Ausblick

59 Die aktuelle Diskussion um die digitale Transformation der Verwaltung erfindet trotz der Verwendung zahlreicher modischer „Buzzwords" das Rad durchaus nicht vollständig neu. Sie knüpft in zentralen Bereichen an die E-Government Diskussion an und führt sie unter veränderten technologischen Rahmenbedingungen fort. Die Forderungen nach klaren strategischen Zielsetzungen, innovativen Konzepten, offenem Verwaltungshandeln, sicheren und vertrauenswürdigen Lösungen, einer ebenübergreifend angelegten IT-Architektur und IT-Steuerung sowie adäquaten rechtlichen Rahmenbedingungen prägen die aktuelle Diskussion um digitales Verwalten, ebenso wie die bisherige E-Government-Diskussion.[177]

60 Das Leitbild der Verwaltung im digitalen Wandel eröffnet allerdings erweiterte Perspektiven auf die Veränderung der Mittel und Instrumente, der Aufgaben und Handlungsfelder und der rechtlichen Rahmenbedingungen des Verwaltens unter Bedingungen von Digitalisierung. Die fachlichspezifische Diskussion um elektronisches Verwalten kann auf den gesamtgesellschaftlichen Digitalisierungsprozess eingestellt, enger focussierte E-Government-Konzepte und thematisch breiter angelegte Digitalisierungsstrategien können wechselseitig besser anschlussfähig gemacht werden. Hierin liegt – heuristisch und konzeptionell – der Wert des Digitalisierungsbegriffs.[178]

61 Der Auf- und Ausbau des E-Government bleibt allerdings gerade unter Bedingungen digitalen Wandels eine notwendige Voraussetzung für die effektive und

---

173 Hierzu *Ochs/Richter/Uhlmann* (Fn. 155).

174 Siehe oben Rn. 48 und 49.

175 Vgl. *Roßnagel* (Fn. 163), S. 10 ff.

176 Grundlegend: *Karl-Heinz Fezer*, Dateneigentum, MMR 2017, S. 1–3; *ders.*, Dateneigentum der Bürger – Ein originäres Immaterialgüterrecht sui generis an verhaltensgenerierten Informationsdaten der Bürger, ZD 2017, S. 99–105; vgl. auch *Krüger* (Fn. 86), S. 190 ff.

177 Vgl. die Beiträge in: BertelsmannStiftung (Hrsg.), Digitale Transformation der Verwaltung (Fn. 1) einerseits und im Memorandum Electronic Government der *Gesellschaft für Informatik* e.V. (Fn. 45) anderseits; sowie *von Lucke* (Fn. 49), S. 171 ff.; und *Schuppan/Köhl* (Fn. 49), S. 27 ff.

178 Siehe oben Rn. 22 ff.

effiziente Erfüllung öffentlicher Aufgaben. Klar definierte E-Government-Projekte und ein Benchmarksystem zur Beurteilung ihrer Fortschritte bleiben unverzichtbar, zumal der mit dem E-Government-Begriff verbundene Anspruch auf eine lückenlose „medienbruchfreie" digitale Durchführung grundsätzlich aller Verwaltungsprozesse nach wie vor nicht eingelöst ist.[179]

Unbeschadet der Potentiale digitalen Verwaltens sollte nicht aus dem Blick geraten, dass Verwaltung auch im digitalen Zeitalter immer auch auf nichtdigitale Voraussetzungen angewiesen bleibt. Die Möglichkeit der Online-Antragstellung über nutzerfreundliche und sichere Verwaltungsportale bringt für Bürger und Verwaltung letztlich wenig Ertrag, wenn sich die Antragsbearbeitung gleichwohl aufgrund von „analogen" Personalengpässen auf unbestimmte Zeit verzögert. Gerade auch für hochgradig automatisierte Verwaltungszweige bleibt eine gute Personal- und Finanzausstattung sowie laufende Fortbildungs- und Qualifizierungsmaßnahmen unverzichtbare Voraussetzung effektiver Aufgabenerfüllung.[180] *62*

Jede Strategie zur digitalen Transformation der Verwaltung setzt daher neben der Reflektion der Möglichkeiten, immer auch die Reflektion der Grenzen und Bedingtheiten digitaler Lösungen und des notwendigen Zusammenspiels von digitalen und nichtdigitalen Faktoren für erfolgreiches Verwalten voraus.

179 Zum aktuellen Stand des e-Government: *Sirko Hunnius*, Stand und Perspektiven der Digitalisierung der Verwaltung, in: BertelsmannStiftung (Hrsg.), Digitale Transformation der Verwaltung (Fn. 1), S. 12–23; *Initiative D21/Institute for Public Information Management* (Fn. 67) S. 6 ff.; sowie *Kompetenzzentrum Öffentliche IT/FOKUS* (Fn. 67), S. 5 und 7 ff.

180 Zu Personalfragen im E-Government siehe die Beiträge im Teil VI in diesem Band.

Smart Government

Jörn von Lucke

A. Einführung: Smart Government

Der technische Fortschritt bestimmt seit Jahrzehnten die Agenda zur Einführung von Informationstechnik im öffentlichen Sektor. Dominierten in den 1950ern und 1960ern noch die ersten Großrechner die so genannte „Automatisierte Datenverarbeitung" (ADV), setzten in den 1970ern, 1980ern und 1990ern modernere Systeme der „Elektronischen Datenverarbeitung" (EDV) sowie Personal Computer (PC) entscheidende Akzente. Mit den zunehmenden Möglichkeiten der Datenfernübertragung (DFÜ) entstanden parallel Datenübertragungsnetzwerke wie der Bildschirmtext (BTX, später Datex-J) in Deutschland, Minitel in Frankreich oder etwa das auf der TCP/IP-Suite basierende Internet in den USA. Für die Abwicklung der im Zusammenhang mit dem Regieren und Verwalten stehenden geschäftlichen Prozesse mit Hilfe von Informations- und Kommunikationstechnologien über elektronische Medien bürgerte sich in Deutschland seit dem Jahr 2000 der Begriff „Electronic Government" (E-Government) ein.[1] Dank Föderalismus, Ressortprinzip und kommunaler Selbstverwaltung variiert der Grad der Umsetzung zwischen Bund, Ländern und Kommunen sowie zwischen Ressorts und Politikfeldern. Der Nationale Normenkontrollrat sah trotz der vom Gesetzgeber verabschiedeten E-Government-Gesetze im Jahr 2015 noch erhebliche Umsetzungsdefizite.[2] *1*

Gesellschaftliche Medien (Social Media) und die zweite Generation der webbasierten Dienste prägen seit 2005 Überlegungen zu einem offenen Regierungs- und Verwaltungshandeln (Open Government). Allgemein wird „Open Government" vor allem als Sammelbegriff für IT-unterstützte Konzepte zur Öffnung von Staat und Verwaltung verstanden.[3] Politik und Verwaltung in Deutschland versuchen ihn seit 2010 jedoch auf „offene Verwaltungsdaten" (Open Government Data) zu reduzieren. Begründet wird dies mit fehlenden Stellen und Haushaltsmitteln für *2*

1 Vgl. *Jörn von Lucke/Heinrich Reinermann*, Speyerer Definition von Electronic Government, in: Heinrich Reinermann/Jörn von Lucke (Hrsg.), Electronic Government in Deutschland, Speyer 2002, S. 1–8.

2 *Nationaler Normenkontrollrat, Jens Fromm, Christian Welzel, Lutz Nentwig* und *Mike Weber*, E-Government in Deutschland – Vom Abstieg zum Aufstieg, Fraunhofer Institut FOKUS, Berlin 2015; online: https://www.normenkontrollrat.bund.de/Webs/NKR/Content/DE/Download/2015_11_12_gutachten_egov_2015. pdf%3F__blob%3DpublicationFile%26v%3D1.

3 *Fachgruppe Verwaltungsinformatik*, Memorandum zur Öffnung von Staat und Verwaltung (Open Government), Verwaltung & Management, 18. Jahrgang, Heft 6, Baden-Baden 2012, S. 333–335.

eine Umsetzung, die für die Umsetzung von E-Government und von anderen öffentlichen Aufgaben benötigt werden. Dies ändert sich ab 2015 langsam, insbesondere aber seit Dezember 2016 mit dem Beitritt Deutschlands zur Open Government Partnership und den sich daraus ergebenden Aktivitäten der Zivilgesellschaft.[4]

3 Dennoch trifft bereits mit enormer Wucht die nächste technische Entwicklungswelle auf den öffentlichen Sektor. Industrie und Wirtschaft, Politik und Verwaltung, Bürger und Gesellschaft werden mit smarten Objekten und cyberphysischen Systemen, mit dem Internet der Dinge und dem Internet der Dienste konfrontiert. Schlagworte wie „Industrie 4.0", „Verwaltung 4.0", „Smart Factory", „Smart City" und „Smart Government" wirkten 2015 noch wie Slogans und Leitbilder in eine digitalisierte Zukunft. Für Visionäre, gestaltungsorientierte Wissenschaftler, Stadt- und Raumplaner, IT-Berater und IT-Verkäufer bieten sie noch heute einen weiten Interpretations- und Gestaltungsraum. Die öffentliche Verwaltung in Deutschland ist dagegen noch überwiegend damit beschäftigt, die Grundlagen für E-Government zu legen. Vor diesem Hintergrund soll aufgezeigt werden, welche Begriffe, Leitbilder und Modelle sich hinter dem Anglizismus „Smart Government" verbergen und warum es für die öffentliche Verwaltung dennoch äußerst wichtig ist, sich frühzeitig mit den sich daraus ergebenden Szenarien, Umsetzungen, Veränderungen und Dystopien zu beschäftigen. Im Rahmen der zunehmenden Digitalisierung wirken diese schon längst auf den Lebensalltag. Durch ihre Potentiale zur Disruption werden sie zudem weiter an Bedeutung gewinnen.

I. „Smart" bedeutet „Intelligente Vernetzung"!

4 Vor einem Einstieg in die Begriffswelt von „Smart Government" muss zunächst der Blick auf den schillernden Begriff „smart" gerichtet werden, der vielfältig verwendet wird und dadurch charmante Missverständnisse erzeugen kann. Weltweit ist es gelungen, für die nächste Stufe der digitalen Vernetzung mit dem Anglizismus „smart" einen mittlerweile anerkannten Begriff zu finden. Im Kern geht es um die intelligente Vernetzung bestehender Objekte und Netzwerke, die mit erweiterter Funktionalität in IT-Systeme eingebettet werden und die eine virtuelle Identität erhalten, mit der kommuniziert werden kann. Bei solchen smarten, also intelligent vernetzten Objekten handelt es sich um erweiterte Dinge des Alltags, die zusätzlich mit Sensoren, Aktoren und einer Kommunikationseinheit ausgestattet werden. Über eine virtuelle Repräsentation im Internet werden sie eindeutig ansprechbar. Interagieren solche Objekte miteinander oder mit Menschen, so wird ihnen umgangssprachlich eine „gewisse Intelligenz" (Smartness) zugesprochen, selbst wenn Denkvermögen und Weisheit nicht vorliegen sollten.[5]

---

4 *Open Government Partnership*, https://www.opengovpartnership.org. *Arbeitskreis Open Government Partnership Deutschland*, https://opengovpartnership.de.

5 *Jörn von Lucke*, Smart Government – Wie uns die intelligente Vernetzung zum Leitbild „Verwaltung 4.0" und einem smarten Regierungs- und Verwaltungshandeln führt, Friedrichshafen 2015, S. 2.

Diese Dinge lassen sich in so genannte cyberphysische Systeme einbetten und steuern. Systeme aus intelligent vernetzten realen und virtuellen Objekten werden so zu sich selbst steuernden Ökosystemen, die Menschen nicht nur bei Information und Analyse unterstützen, sondern auch Automation und Steuerung eigenständig übernehmen. Beispielsweise kann ein Netzwerk aus vielen verteilten smarten Bojen im Meer nicht nur entstehende Tsunamiwellen erkennen, sondern auch die Bevölkerung im Zielgebiet der Monsterwellen per Notfall-SMS warnen und so über die Smartphones Menschenleben retten. Eine kleine technische Erweiterung setzt so ein gewaltiges Veränderungspotential frei.[6] 5

Technisch betrachtet bedeuten smarte Objekte und cyberphysische Systeme den Einstieg in das Internet der Dinge und das Internet der Dienste. Das Internet der Dinge sorgt über die Internet-Protokolle dafür, dass sich Objekte und Systeme von Personen, Programmen, Diensten und Datenpaketen über eine IP-Adresse eindeutig identifizieren, ansprechen, nutzen und gegebenenfalls steuern lassen. Das Internet der Dinge steht damit für die globale elektronische Vernetzung von Alltagsgegenständen und den direkten gegenseitigen Informationsaustausch von Objekten ohne menschliche Eingriffe im Sinne einer echten Kommunikation von Maschine zu Maschine. Im Internet der Dienste werden Dienste und Funktionalitäten als feingranulare Softwarekomponenten abgebildet und von Providern auf Anforderung über das Internet zur Verfügung gestellt. Web Services, Cloud Computing und standardisierte Schnittstellen ermöglichen dies. Die enge Verzahnung des Internets der Dienste mit dem Internet der Dinge beruht darauf, dass sich eine Reihe von realen Dingen, wie etwa Papier, bei mindestens gleichwertiger Funktionalität auch in virtuelle Dinge und webbasierte Dienste überführen und um ergänzende durchdachte Funktionen erweitern lassen.[7] 6

In Deutschland wird der Anglizismus „smart" bisher umgangssprachlich eher im Sinne von „Clever & Smart"[8] als „schnell, gewitzt und schlau", „geschickt, durchtrieben, pfiffig und findig" sowie „elegant, hübsch und schneidig" verwendet. In diesem Sinne verstehen Finanzminister und Kämmerer dies zunächst als „Aufforderung zum Einsparen". Das Adjektiv „smart" wird quasi als Auszeichnung verstanden. Diese Interpretationen bestimmten auch noch 2015 die Definitionen in Lexika, ohne Assoziationen in Richtung smarter Objekte zu erwähnen.[9] Dabei bietet es sich in Deutschland an, mit Blick auf die Initiative „Intelligente Vernetzung" der Bundesregierung,[10] die zunehmende Verbreitung der Begriffe 7

6 *Jörn von Lucke*, Smart Government – Intelligent vernetztes Regierungs- und Verwaltungshandeln, in: Hermann Hill/Dieter Kugelmann/Mario Martini (Hrsg.), Perspektiven der digitalen Lebenswelt, Speyer 2017, S. 99–123.

7 *von Lucke* (Fn. 6), S. 100.

8 „Clever & Smart" ist der deutschsprachige Titel einer in Deutschland in den 1970ern recht bekannten Comic-Serie von *Francisco Ibáñez*, die im spanischen Original den Titel „Mortadelo y Filemón" hat.

9 *Wiktionary 2011-15*, Eintrag „smart" und *von Lucke* (Fn. 5), S. 2.

10 *Initiative Intelligente Vernetzung*, http://www.bmwi.de/DE/Themen/Digitale Welt/initiative-intelligente-vernetzung.html.

„Smarte Fabrik“ und „Smart City“ sowie den BMBF-Wettbewerb „Zukunftsstadt“[11] bewusst eine Erweiterung des Begriffsverständnisses vorzunehmen. Konsequent soll daher der Begriff „smart“ in den folgenden Abschnitten im Sinne von und als Synonym für „intelligent vernetzt“ und eine „intelligente Vernetzung“ verstanden werden.

II. Vision: Von Industrie 4.0 zur Verwaltung 4.0

8 Die intelligente Vernetzung eröffnet Unternehmen neue Möglichkeiten für ihre Industrie- und Logistikprozesse. In Workshops, Whitepapern und Studien[12] haben acatech und die Forschungsunion auf die disruptive wie revolutionäre Wirkung von smarten oder intelligent vernetzten Objekten und deren Einbettung in cyberphysische Systeme für die Industrie und andere Bereiche hingewiesen. Sie sind der Meinung, dass es durch die Anwendung des Internets der Dinge und der Dienste in den industriellen Produktions- und Logistikprozessen zu vollkommen neuen und überlegeneren Produkten und Dienstleistungen kommen wird. Mit den Begriffen „Industrie 4.0“ und „vierte industrielle Revolution“ haben acatech und die Forschungsunion öffentlichkeitswirksam darauf aufmerksam gemacht, dass nach den bisherigen drei industriellen Revolutionssprüngen, die durch Wasser- und Dampfkraft, die elektrische Energie und die Digitalisierung ausgelöst wurden, mit dem Internet der Dinge und dem Internet der Dienste revolutionäre Veränderungen zu erwarten sind. Für die deutsche Maschinenbauindustrie und die deutsche Automobilbauindustrie sei es überlebenswichtig, diese neuen technischen Möglichkeiten frühzeitig zu beherrschen und sie in die eigenen Herstellungsprozesse, Produkte und Dienstleistungen zu integrieren. Ansonsten drohe die Gefahr, dass Konkurrenten sich dieser Technologien früher annehmen und innerhalb weniger Jahre die deutsche Industrie dauerhaft von den Absatzmärkten verdränge. Als Beispiele für Industrie 4.0 werden Werkzeugmaschinen genannt, die frühzeitig von sich aus Verschleiß und Schäden erkennen, darauf hinweisen und Ersatzteile automatisch beim Hersteller bestellen, so dass es kaum zu Ausfallzeiten kommt. Auch das autonome und vernetzte Fahrzeug mit Elektroantrieb wird in diesem Zusammenhang immer wieder erwähnt.[13]

---

11 Wettbewerb Zukunftsstadt, https://www.wettbewerb-zukunftsstadt.de.

12 *Acatech*, Cyber-Physical Systems – Innovationsmotor für Mobilität, Gesundheit, Energie und Produktion, acatech POSITION, Springer Verlag, Heidelberg 2011; *Acatech*, Deutschlands Zukunft als Produktionsstandort sichern – Umsetzungsempfehlungen für das Zukunftsprojekt Industrie 4.0, Abschlussbericht des Arbeitskreises Industrie 4.0, Frankfurt am Main 2012; *Eva Geisberger/Manfred Broy*, agendaCPS – Integrierte Forschungsagenda Cyber-Physical Systems, acatech Studie, acatech – Deutsche Akademie der Technikwissenschaften e.V., München/Garching 2012; *Forschungsunion/acatech*, Deutschlands Zukunft als Produktionsstandort sichern – Umsetzungsempfehlungen für das Zukunftsprojekt Industrie 4.0, Frankfurt am Main 2013.

13 *von Lucke* (Fn. 5), S. 5.

Gerade der mit Industrie 4.0 verbundene grundlegende Paradigmenwechsel wird für disruptive und damit auch revolutionäre Veränderungen sorgen: Hochautomatisiert lassen sich auch individualisierte Produkte mit einer Losgröße Eins in smarten Fabriken fertigen. Massenindividualisierung wird so bei niedrigen Durchlaufzeiten ermöglicht. Intelligente Produkte unterstützen aktiv die Produktionsprozesse. Aufträge steuern sich zum Teil selbst durch dynamische Wertschöpfungsketten und -netzwerke. Autonome, sich selbst organisierende Produktionseinheiten ersetzen vorgeplant betriebene Produktionssysteme. Assistenzsysteme unterstützen in der Arbeit. Individuelle Verfügbarkeitskalender treten anstelle einer starren Mitarbeiteranwesenheit. Eine Ad-hoc-Vernetzung auf Produktions- und Geschäftsebene wird so erst möglich. All dies stärkt die dezentrale wie dynamische Selbstorganisation und kann zur Auflösung von klassischen Branchengrenzen und Verbänden führen.[14] Aus diesen Gründen haben sich Industrie, Wirtschaft und Wissenschaft in Deutschland zusammengeschlossen, um im Rahmen der High-Tech-Initiative der Bundesregierung und vielen weiteren Förderprogrammen sich mit den Herausforderungen von Industrie 4.0 auseinanderzusetzen und gemeinsam tragfähige Lösungen zu entwickeln. *9*

Auch wenn dieser Veränderungsprozess in Deutschland noch langsam wirkt, sind doch die Wirkungen disruptiv. Radikale, disruptive Wirkungen bedeuten, dass die Funktionslogik eines Systems substantiell übertroffen und ganz im Sinne von Schumpeters kreativer Zerstörung vollständig durch ein neues System abgelöst wird. Werden die alten Wurzeln, Organisationen, Methoden und Prozesse nicht mehr benötigt, so ist dies verständlicherweise für die Betroffenen mit Unsicherheiten und Risiken verbunden. Sie werden sich im neuen System orientieren, einen Platz finden und sich mit diesem arrangieren müssen. Voraussichtlich wird dies nicht immer auf friedliche Art und zu aller Seiten Zufriedenheit erfolgen.[15] *10*

Industrielle Revolutionen setzen sich allerdings nicht schlagartig mit einem Ereignis sofort durch, sondern erfolgen evolutionär, also schrittweise, durch den zunehmenden Einsatz überlegener moderner Technik. Anders als etwa bei politischen Revolutionen gab es bei der ersten, der zweiten und der dritten industriellen Revolution keinen „Aufstand der Maschinen“. Mechanische Webstühle ersetzten mit zunehmender technischer Reife die bisherigen menschlichen Weber mit ihren handwerklichen Fähigkeiten. Webmaschinen erhöhten die Qualität der Produkte, die Produktivität der Arbeiter und senkten drastisch die Kosten für das Webererzeugnis. Revolutionär waren eher die Wirkungen der neuen Technologien und insbesondere die Folgen wie etwa die gewerbliche Massenproduktion sowie die sozialen und politischen Auswirkungen wie die Weberaufstände, die Landflucht in die Städte und das Anwachsen eines industriellen Proletariats. Auch der Übergang vom Pferd auf das Automobil als weiteres disruptives Beispiel erfolgte nicht von einem Tag auf den anderen, sondern ist seit 1888 ein schrittweiser Prozess. Eine *11*

14 *Jörn von Lucke*, Deutschland auf dem Weg zum Smart Government), Verwaltung & Management, 22. Jahrgang, Heft 4, Baden-Baden 2016, S. 171 186, S. 173 f.
15 *von Lucke* (Fn. 6), S. 172.

Revolution kann somit auch ein evolutionärer Prozess sein, der aber disruptive Auswirkungen hat.[16]

12 Für Staat und Verwaltung ist es wichtig, disruptive Entwicklungen frühzeitig zu erkennen, sie zu bewerten und sich mit neuen Ansätzen auf sie einzustellen, insbesondere, wo dies für Sicherheit, Ordnung und die Erfüllung öffentlicher Aufgaben erforderlich wird und vor allem die eigene Wirksamkeit verbessert. Mit Blick auf die Forschungsergebnisse zu „Industrie 4.0“ sollten sich staatliche Einrichtungen rasch mit smarten Objekten und cyberphysischen Systemen, mit dem Internet der Dinge und dem Internet der Dienste auseinandersetzen.

13 Wünschenswert wäre es sicherlich gewesen, sich bereits ab 2006 parallel und ergänzend zu den Aktivitäten von „Industrie 4.0“ ein auf denselben konzeptionellen Grundlagen aufsetzendes Konzept für die öffentliche Verwaltung zu erstellen und dieses „Verwaltung 4.0“ (im internationalen Kontext: „Government 4.0“ oder „Administration 4.0“) zu benennen. Staat und Verwaltung würden vom Veränderungsgeist und vom Schwung der Plattform Industrie 4.0 und den staatlichen Förderprogrammen für die Wirtschaft und Wissenschaft profitieren, der sich aus den Überlegungen zur vierten industriellen Revolution, den erfolgreichen Ansätzen einer smarten Fabrik und innovativen wie kritischen Gedanken zu „Arbeiten 4.0“ ableitet. Politische Impulse von Bundeskanzlerin, Ministerpräsidenten und Wirtschaftsministern hätten gleichermaßen Ausstrahlungskraft für Wirtschaft, Staat, Verwaltung und Gesellschaft gehabt.[17]

14 Die gelebte Realität in Deutschland sah jedoch anders aus. Da Staat und Verwaltung 2015 noch damit beschäftigt waren, schrittweise E-Government einzuführen, fehlten einerseits personelle und finanzielle Ressourcen für eine Beschäftigung mit weiteren Themen der Digitalisierung. Dies galt insbesondere für jene Forschungsfelder, die von Wissenschaft und Wirtschaft gerade erst erschlossen wurden. Andererseits erschien es Parteifunktionären, Redenschreibern und Beratern politisch opportun und pfiffig, politische Aktivitäten durch die Erweiterung „4.0“ aufzuwerten, damit Politiker vom Glanz der Marke „Industrie 4.0“ profitieren. Oft haben sie aber die dahinterliegenden Ansätze smarter Objekte und die disruptiven Wirkungen cyberphysischer Systeme nicht verstanden. Vielmehr ging es ihnen um die vierte Generation einer Software oder den vierten Anlauf eines politischen Programms (nrw 4.0, Bremen 4.0, IT-Planungsrat 4.0). Bedauerlicherweise tappten auch einige Forscher in diese Falle, die sich seit 2013 mit „Verwaltung 4.0“ und „Deutschland 4.0“ auseinandersetzten, sich die entsprechenden Wortmarken schützen ließen. Bei näherer Betrachtung wird deutlich, dass sie unter dem von ihnen vorgestellten ganzheitlichen Ansatz „Verwaltung 4.0“ eine kombinierte Einführung von Electronic Government und den Neuen Steuerungsmodellen in behördlichen Organisationen verstanden haben, ohne dabei angemes-

16 *von Lucke* (Fn. 6), S. 172 f.
17 *von Lucke* (Fn. 6), S. 176.

sen das Internet der Dinge und das Internet der Dienste zu berücksichtigen.[18] Der damalige Leiter des Kompetenzzentrum für Öffentliche IT (ÖFIT) kommentierte im Juni 2015 diese Entwicklung souverän pointiert: „Verwaltung 4.0, Industrie 4.0, Arbeit 4.0, Daseinsvorsorge 4.0, Öffentliche IT 1.0, Kommune 4.0, Wirtschaft 4.0, [...], Trend 4.0, Hype 4.0, Bingo 4.0".[19] Der Leitgedanke „Verwaltung 4.0" war damit beschädigt und ohne inhaltliche Auseinandersetzung mit den dahinterstehenden Konzepten im „Bullshit-Bingo der Verwaltungsmodernisierung" verbrannt. Als administratives Wortungetüm überzeugte der Begriff höchstens Technokraten, motivierte aber niemanden mehr zu einem ernsthaften Engagement.

B. Smart Government: Intelligent vernetztes Regierungs- und Verwaltungshandeln

International war der Anglizismus „Smart Government" im Sinne der Verwendung von smarten Objekten und cyberphysischen Systemen im öffentlichen Sektor bereits besetzt. 2009 entschloss sich beispielsweise das Emirat Dubai zur Errichtung des „Dubai Smart Government Department",[20] mit dem die Zuständigkeiten für das Gesamtangebot an Verwaltungsinformationen und elektronischen Verwaltungsleistungen neu gebündelt wurden. Bereits seit dem Jahr 2000 wurde im Smart Government Projekt mit smarten nachhaltigen Technologien für das städtische Umfeld („Smart City-Technologien") experimentiert, die in vielen staatlichen Bauvorhaben eine Rolle spielen sollen.[21] *15*

Der Begriff „Smart City" ist international betrachtet ebenfalls weit verbreitet. Im deutschsprachigen Raum wird er unterschiedlich verwendet. Oft geht es bei diesem Sammelbegriff um einen auf Informations- und Kommunikationstechnologien basierenden und ressourcenschonenden Gesamtansatz zur Gestaltung einer Stadt, um die Lebensqualität zu erhöhen, die Wettbewerbsfähigkeit der Wirtschaft zu stärken und die Zukunftsfähigkeit der Stadt zu steigern. Meist handelt es sich um eine Bündelung von Projekten in den Bereichen Energie, Mobilität, Gesundheit, Bildung, Stadtplanung und Governance. Smarte Objekte und cyberphysische Systeme spielen dabei eine zunehmend wichtigere Rolle. Viele große IT-Unternehmen setzen auf eigene Smart City-Programme, um ihre Produkte und Dienste im kommunalen Bereich anzubieten. Deutschsprachige Übersetzungen des Begriffs lauten „Morgenstadt" (Fraunhofer Gesellschaft) oder „Zukunftsstadt" (BMBF). Eine Übertragung dieser Überlegungen auf den ländlichen Raum (Smarte Region) und den Staat (Smart State und Smart Government) sind vorstellbar. *16*

---

18 *Frank Hogrebe/Wilfried Kruse*, Deutschland 4.0 – Industrie – Verwaltung – Standort – Wohlstand – Grundwerk zur „Verwaltung 4.0" als Partner von „Industrie 4.0" im Zeitalter des Internets der Dinge und Dienste, Frankfurt 2014.

19 *Jens Fromm*, Fromm gesagt zu Verwaltung x. 0, Behörden Spiegel Online – Newsletter E-Government, Informationstechnologie und Politik, Ausgabe 723, Bonn 2015, S. 8.

20 *Dubai Smart Government Department*: http://www.dsg.gov.ae.

21 *von Lucke* (Fn. 5), S. 3; vgl. zu Smart Cities auch den Beitrag von *Müller Terpitz* und *Knüppel* (Kapitel 26).

17 In Deutschland hatte der Begriff „Smart Government" bis 2015 keine Bedeutung erlangt. Dies liegt auch an einer in Staat und Verwaltung verbreiteten Abneigung gegen Anglizismen. Mittelfristig werden sich Regierungen und ihre Verwaltungen aus unterschiedlichen Erwägungen heraus mit einem eigenen Definitionsansatz dem Konstrukt „Smart Government" nähern müssen. Vor diesem Hintergrund präsentierten Forscher der Zeppelin Universität aus Friedrichshafen im September 2015 ihre Häfler Definition von Smart Government (als Friedrichshafener Arbeitsdefinition für den Einsatz in Lehre und Forschung). Diese setzt auf den Kerngedanken des Zukunftsprojekts Industrie 4.0 auf und überträgt diese ganz bewusst auf das gesamte Angebots- und Leistungsportfolio des öffentlichen Sektors:[22]

18 „Unter Smart Government soll die Abwicklung geschäftlicher Prozesse im Zusammenhang mit dem Regieren und Verwalten (Government) mit Hilfe von intelligent vernetzten Informations- und Kommunikationstechniken verstanden werden. Ein intelligent vernetztes Regierungs- und Verwaltungshandeln nutzt die Möglichkeiten intelligent vernetzter Objekte und cyberphysischer Systeme zur effizienten wie effektiven Erfüllung öffentlicher Aufgaben. Dies schließt das Leistungsportfolio von E-Government und Open Government einschließlich Big Data und Open Data mit ein. Im Kern geht es um ein nachhaltiges Regierungs- und Verwaltungshandeln im Zeitalter des Internets der Dinge und des Internets der Dienste, die technisch auf dem Internet der Systeme, dem Internet der Menschen und dem Internet der Daten aufsetzen. Diese Definition umfasst sowohl die lokale oder kommunale Ebene, die regionale oder Landesebene, die nationale oder Bundesebene sowie die supranationale und globale Ebene. Eingeschlossen ist somit der gesamte öffentliche Sektor, bestehend aus Legislative, Exekutive und Jurisdiktion sowie öffentliche Unternehmen."

19 An Hand von Abbildung 1 lässt sich die erforderliche Einbettung von intelligent vernetzten Objekten und cyberphysischen Systemen aufzeigen, damit sie Nutzen und Mehrwerte stiften können. Zugleich zeigt die Abbildung auf, dass das Internet der Dinge und das Internet der Dienste mit Blick auf die Anforderungen des öffentlichen Sektors noch zu gestalten sind. Aus dieser Definition leiteten die Forscher ein verständliches Leitbild für Smart Government ab:[23]

20 „Intelligente Objekte wie etwa smarte Brillen, smarte Fernseher, interaktive Leinwände und vernetzte Kleidungsstücke können in Ministerien, Behörden, Entscheidungsprozessen und Verfahrensabläufen sehr unterschiedliche Verwendung finden. Das gewaltigste Veränderungspotential liegt jedoch nicht im intelligenten

22 *von Lucke* (Fn. 5), S. 4.

23 *Jörn von Lucke/Florian Schumacher*, Whitepaper Verwaltung 4.0, internes Diskussionspapier E6, Friedrichshafen 2014, S. 10. *Jörn von Lucke/Florian Schumacher*, Erste Skizze zur Verwaltung 4.0: Neuartige Formen der Kooperation in der öffentlichen Verwaltung durch intelligente Objekte und cyberphysikalische Systeme, in: Erich Schweighofer/Franz Kummer/Walter Hötzendorfer (Hrsg.): Kooperation, Wien 2015, S. 219–226, S. 220–221. *von Lucke* (Fn. 5), S. 8.

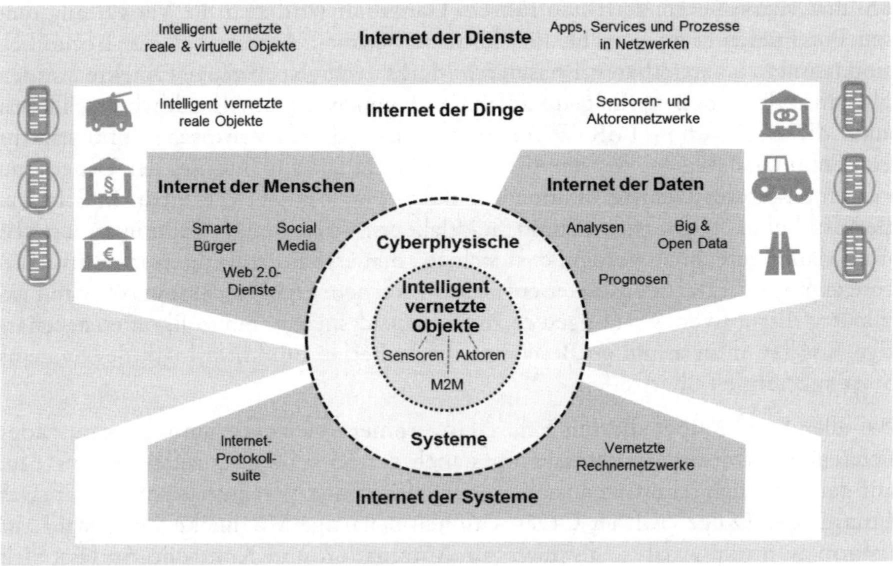

Abbildung 1: Smartes Verwaltungshandeln in einer smarten Verwaltung

Papier, sondern in dessen Überführung in ein intelligentes elektronisches Format. Die flächendeckende Einführung interoperabler elektronischer Akten- und Vorgangsbearbeitungssysteme verlagert Dokumente, Akten, Vorgänge und darauf aufsetzende Dienste in das Internet der Dinge und das Internet der Dienste. Zentrale Aufgaben der Informationsverarbeitung und Entscheidungsfindung lassen sich hochautomatisiert gestalten, ohne (dabei) menschliche Entscheidungsträger aus ihrer Verantwortung zu entlassen. Dies ermöglicht eine stärkere Massenbearbeitung von Einzelanträgen, Rechnungen und Genehmigungsprozessen. Intelligente Vorgänge unterstützen aktiv die Vorgangsbearbeitungsprozesse. Vorgänge steuern sich selbst durch Zuständigkeiten und dynamische Wertschöpfungsnetzwerke. Autonome, sich selbst organisierende Vorgangsbearbeitungssysteme mit Genehmigungsfiktion ersetzen die bewährte papierbasierte wie botenlastige Aktenhaltung. Portalbasierte einheitliche Ansprechpartner kümmern sich um das gesamte Anliegen der Bürger und Unternehmen, ohne diese mit administrativen Kenntnissen zu überfordern. Proaktive Verwaltungsleistungen und intelligente Bescheide ergänzen das Leistungsportfolio. All diese neuartigen kooperativen Ansätze stärken die dynamische Selbstorganisation und können zur Auflösung von klassischen Zuständigkeits- und Fachbereichsgrenzen führen."

Dieses Leitbild zeigt, dass sich aus der Anwendung des Internets der Dinge und 21
des Internets der Dienste neue Gestaltungsmöglichkeiten für Aufbau- und Ablauforganisation in Staat und Verwaltung eröffnen. Damit stehen Staaten und Kommunen in den kommenden Jahrzehnten vor der Gestaltungsaufgabe und Herausforderung zu prüfen, wo neuartige smarte Ansätze zu einem wirtschaftliche-

ren und sparsameren Verhalten führen. Dauerhaft wird sich die Verwaltung diesen Potentialen nicht verschließen können. Sensor-, Aktor- und Funktechniken sind bereits zu vertretbaren Preisen am Markt verfügbar. Smarte Objekte können über Mobilfunknetzwerke genutzt und gesteuert werden. Allmählich erschließen auch die preiswerten LoRaWAN-Netzwerke[24] die unterirdische Infrastruktur von Stadt und Region. Verständliche Fachliteratur zum Internet der Dinge und zum Internet der Dienste ist an jedem Bahnhofskiosk frei verfügbar. In Schulen, Berufsschulen, Universitäten und Stadtlaboren wird bereits experimentiert. Es muss damit gerechnet werden, dass sich aus den ersten Prototypen attraktive Lösungen kommerzieller Anbieter entwickeln werden. Die Verwaltung sollte mit radikalen, disruptiven Wirkungen rechnen, sobald smarte und vollkommen neuartige Ansätze in bestimmten Bereichen die bisherige Funktionslogik des Systems Staat substantiell übertreffen.

22 Bei aller Freude über die mit Smart Government verbundenen Chancen, Möglichkeiten und Einsparpotentiale muss auch der schmale Grat reflektiert werden, auf den man sich damit technisch, wirtschaftlich und gesellschaftlich begibt. Das Internet der Dinge eröffnet Organisationen neuartige Möglichkeiten sowohl zur Information und Analyse als auch zur Automation und Kontrolle. So lässt sich auf Basis von Sensordaten das Verhalten von Personen, Dingen, Diensten oder Daten weltweit durch Raum und Zeit verfolgen. Bewegungen von smarten Produkten und ihrer Interaktionen sind so jederzeit auswertbar. Zum Teil lässt dies Rückschlüsse auf Personen zu. Die visuelle Auswertung verfügbarer Sensordaten auf einem Display verbessert jede physische Umgebungs- und Situationswahrnehmung in Echtzeit. Die Aufmerksamkeit von Entscheidungsträgern kann durch eine leicht verständliche Aufbereitung und Visualisierung erhöht werden. Dies gilt auch für tiefgreifende computer- und sensorgetriebene Entscheidungsanalysen in schwierigen Planungs- und Entscheidungssituationen. Sorge besteht, wenn Entscheider dann dauerhaft das eigene Denken vernachlässigen. Datensammlungen im Internet der Dinge können auch zur Automation und Kontrolle verwendet werden. Auf Basis aktueller Sensordaten und Nutzereingaben lassen sich etwa Prozesse in geschlossenen Systemen optimieren und über Aktoren und Feedback-Mechanismen auch selbst steuern. Dies eröffnet Einsparmöglichkeiten etwa bei Verbrauch, Energiekosten und notwendigen erforderlichen Eingriffen. Konsequent weitergedacht führt dies zu komplexen autonomen Systemen, die in offenen Umgebungen mit großer Unsicherheit eingesetzt werden, in denen schnell sofortige und robuste Entscheidungen durch automatisierte Systeme erforderlich sind. Hier ist etwa an autonom fahrende Autos zu denken, die nicht nur öffentliche Mobilität und den öffentlichen Personennahverkehr neu definieren werden. Künftige Flotten solcher selbstfahrenden Taxen, wie sie US-amerika-

24 Das Long Range Wide Area Network (LoRaWAN) ist ein Low-Power-Wireless-Netzwerkprotokoll, das für die Kommunikation im Internet der Dinge mit hohen Reichweiten (>10 km) bei niedrigen Datenübertragungsraten (bis zu 50 Kilobit/s) und bis zu einem gewissen Grad auch mit unterirdischer Reichweite entwickelt wurde.

nische Konzerne derzeit bis zur Marktreife entwickeln, haben das Potential, in wenigen Jahren ganze Berufsgruppen wie etwa Taxifahrer und Busfahrer arbeitslos zu machen.[25]

Gerade im öffentlichen Sektor ist aber eine besondere Sensibilität geboten. Der Staat hat als Dienstherr eine Fürsorgepflicht für seine Beamten und eine soziale Verantwortung seinen Angestellten gegenüber. Auch die Bürger besitzen Rechte. So dürfen auf smarten Dingen aufsetzende öffentliche Informationssysteme und entscheidungsunterstützende Systeme nicht gegen die freiheitlich-demokratische Grundordnung verstoßen. Eine dauerhafte Überwachung und Unterdrückung von Menschen durch Computer ist nicht akzeptabel. Die gesetzlichen Vorgaben zum Datenschutz und zur IT-Sicherheit sind ganz besonders einzuhalten. Information, Analyse, Automation und Kontrolle über das Internet der Dinge und das Internet der Dienste sind innerhalb von Staat und Verwaltung dort zu begrenzen, wo sie die gewollten Lebenswelten, Arbeitswelten und Freiräume von Bürgern, Unternehmen, Beamten, Polizisten, Richtern, Angeklagten und anderen Betroffenen unverhältnismäßig einschränken oder gar Schäden oder Schlimmeres anrichten können.[26] *23*

I. Erste Szenarien zu Smart Government

Intelligent vernetzte Objekte und cyberphysische Systeme, das Internet der Dinge und das Internet der Dienste sind immer noch neue Konzepte der angewandten Informatik. Sie setzen zwar auf bestehenden technischen Errungenschaften auf, in ihren Auswirkungen werden sie aber Politik, Verwaltung, Wirtschaft und Gesellschaft erfassen und diese substantiell verändern. Viele Objekte des Alltags lassen sich mit Hilfe von ansprechbaren Prozessoren, Sensoren und Aktoren erweitern und neu gestalten. Insbesondere können die meisten papierbasierten Abläufe über elektronische Akten- und Vorgangsbearbeitungssysteme sehr viel effizienter aufgesetzt und abgewickelt werden. Aus dem Blickwinkel der Verwaltungsinformatik müssen die damit zusammenhängenden Möglichkeiten noch erschlossen werden. Die Forscher an der Zeppelin Universität haben mittlerweile einige Szenarien zu Smart Government erarbeitet, die das breite Gestaltungspotential veranschaulichen.[27] Die ausgewählten drei folgenden Szenarien zur smarten Feuerwehr, zu smarten Gerichten und zur smarten Bauverwaltung bieten als Skizzen einen ersten Überblick über Einsatzfelder, auf dem in Diskussionen, detaillierten Konzeptionen, Prototypentwicklungen und pilothaften Umsetzungen aufgesetzt werden kann. *24*

---

25 *von Lucke* (Fn. 6), S. 179.
26 *von Lucke* (Fn. 6), S. 179 f.
27 *von Lucke* (Fn. 5), S. 25 ff.

1. Smarte Feuerwehr[28]

25 Die Aufgabe von Freiwilliger Feuerwehr und Berufsfeuerwehr ist die Gefahrenabwehr für Leib, Leben und Sachwerte in Fällen von Bränden und Explosionen. Sie helfen auch bei Überschwemmungen, Unfällen und Einstürzen und kümmern sich um den vorbeugenden Brandschutz von Gebäuden. Zum Teil übernehmen sie auch Aufgaben der Rettungs- und Krankentransportdienste.

26 Intelligent vernetzte Objekte wie Rauchmelder, Smartphones, Überwachungskameras und Drohnen können die Arbeit der Feuerwehr unterstützen, etwa wenn Brandherde zu bekämpfen und Nachbargebäude zu überwachen sind. Die integrierten Sensoren erfassen bestimmte Zustände automatisch und melden diese gleich an die Leitzentrale. Smarte Brillen und Digitaldisplays in Feuerwehrhelmen versorgen Einsatzkräfte mit Zusatzinformationen und Vorhersagen, die ihnen Orientierung bieten, etwa bei der Suche nach der Brandmelderzentrale (BMZ) eines Gebäudes. So leisten sie wertvolle Unterstützung im Einsatz. Intelligente Kleidung kann in gefährlichen Situationen rasch warnen.

27 Die Feuerwehr 4.0 wird verstärkt auf cyberphysische Systeme wie etwa Brandschutzanlagen zur Steuerung von Einsatzkräften setzen. In Notfällen können Rettungshelfer und Ordnungskräfte direkt geortet und in Großschadenslagen aus der Ferne gesteuert werden. Intelligent vernetzte Assistenten unterstützen vor Ort. Herausfordernde und unvorhersehbare Einsätze lassen sich so besser vorbereiten. Autonome Roboter und Drohnen sind überall dort zu verwenden, wo der Einsatz für Menschen zu gefährlich ist.

28 Rettungskräfte und Feuerwehrleute profitieren von Touchpads und intelligent vernetzten Brillen, weil sie sich bereits auf der Fahrt an den Einsatzort auf ihren Einsatz und dessen Risiken vorbereiten können. Es gibt bereits Apps, die darüber informieren, wo ein befreiender Rettungsschnitt an einem verunglückten Kraftfahrzeug vorgenommen werden muss, um schnellstmöglich Menschenleben zu retten. Apps werten vorhandene Karten, Geoinformationssysteme, Datenbanken und Nachschlagewerke aus, selektieren relevante Informationen und erleichtern so die Planung und Entscheidungsfindung im Einsatz. Die richtige Informationsgrundlage kann Menschenleben retten.

2. Smarte Gerichte[29]

29 Die Rechtspflegeorgane sind für die Rechtsprechung zuständig. Richter verhandeln in Gerichten die Fälle mit Staatsanwaltschaften und Rechtsanwälten. Die Justizverwaltung schafft die sachlichen und personellen Voraussetzungen für eine geordnete Rechtspflege. Zugleich führt sie die Dienstaufsicht über die Organe der Rechtspflege, das Strafregister, die Handelsregister, die Grundbücher und den Strafvollzug mit seinen Gefängnissen und der Bewährungshilfe.

---

28 *von Lucke* (Fn. 5), S. 26.
29 *von Lucke* (Fn. 5), S. 27.

Intelligent vernetzte Objekte und cyberphysische Systeme werden überall dort Verwendung finden, wo sie Richtern, Staatsanwälten und Justizbeamten eine effizientere Wahrnehmung ihrer Aufgaben versprechen. Ein intelligent vernetztes Register oder Grundbuch informiert Berechtigte auf Wunsch proaktiv über Veränderungen, soweit solche Meldungen rechtlich zulässig sind. Elektronisch überwachbare Fußfesseln eignen sich bei harmlosen Straftätern für neuartige Formen des räumlich begrenzten Hausarrests. Verlässt ein Delinquent eine bestimmte Zone, wird ihm dies warnend signalisiert. Reagiert er nicht, wird die Verwaltung rasch aktiv. Dies entlastet den Strafvollzug personell und finanziell. Das Bewegungsverhalten von Personen im offenen Vollzug ließe sich alternativ mit smarten Armbändern, smarten Uhren und Smartphones verfolgen. Richter profitieren von smarten Richterarbeitsplätzen und vernetzten Fallakten, die bei neuen Sachständen automatisch aktualisiert und visuell verständlich aufbereitet werden. Intelligent vernetzte Cockpits erleichtern dem Gerichtspersonal, Gefängnispersonal und Bewährungshelfern durch aktuelle Informationsaufbereitung ihre Arbeit. Funktionieren kollaborative Fallakten und der elektronische Rechtsverkehr, ist eine ganz neue Form der Rechtsprechung vorstellbar. Richter, Staatsanwaltschaft und Rechtsanwälte hätten gleichzeitig Zugriff auf die Akte und könnten über sie gemeinsam an einem Vergleich oder an der Rechtsprechung arbeiten. Werden die Dokumente des Urteils und des Strafbefehls mit Zusatzinformationen erweitert, lassen sich Rechtsprechungsdatenbanken zeitnah aktualisieren und Prozesse des Strafvollzugs optimieren. Die konsequente Vernetzung erlaubt zudem einen grenzüberschreitenden Verbund elektronischer Handelsregister und Grundbücher in Wirtschaftsräumen und dem digitalen europäischen Binnenmarkt. *30*

3. Smarte Bauverwaltung

31 Straßen, Autobahnen, Eisenbahnen, Flüsse, Kanäle und Brücken sind zentrale Pfeiler der Verkehrsinfrastruktur eines Staates. Durch die tägliche Inanspruchnahme nutzen sie sich mit der Zeit ab. Daher müssen sie in regelmäßigen Abständen überprüft, gegebenenfalls überholt oder ersetzt werden. Sensoren vervollkommnen Verkehrsinfrastrukturen, indem diese automatisch über Inanspruchnahme und Zustand berichten. Mit Sensoren und Aktoren lassen sich auch öffentliche Gebäude zu smarten Häusern ausbauen, die autonom Jalousien, Licht, Heizung und Hausgeräte steuern.[30]

32 Tiefbauverwaltungen beseitigen erkannte Schäden an der Verkehrsinfrastruktur, um einen optimalen Verkehrsfluss zu ermöglichen. Sensorgenerierte Informationen zur Belastung von Straßen und Brücken helfen ihnen, den Infrastrukturzustand besser einzuschätzen. Direkte Angaben der Bürger und von Smartphones registrierte Starkvibrationen bei Autofahrten vereinfachen die frühzeitige Identifikation und Beseitigung von Straßenschäden. Des Weiteren sind Synergieeffekte der Kostenträger zu berücksichtigen. So können bei einer smarten Vernetzung der

30 *von Lucke* (Fn. 5), S. 31.

Gewerke, zum Beispiel im Fall von Straßenmodernisierungsarbeiten, parallel auch Leitungs- und Tiefbauarbeiten durchgeführt werden. Hochbauverwaltungen kümmern sich dagegen um den Zustand öffentlicher Gebäude, die sich durch Sensoren- und Aktorennetzwerke funktional erweitern und besser managen lassen. Im intelligent vernetzten Gebäude können dank cyberphysischer Systeme diverse manuelle Aufgaben automatisiert und Ressourcenverbrauche optimiert werden. Der elektronische Baurechtsverkehr eröffnet Chancen für Abläufe in technischen Rathäusern, um Bauanträge gemeinsam transparenter und effizienter zu bearbeiten. Großes Potential steckt in intelligenten Prüfbrillen für Bauabnahmen, wenn Prüfer Plan, Realität und einzuhaltende technische Standards in einem Blick haben.

33 Tunnel gelten sicherlich als neuralgische Punkte der Verkehrsinfrastruktur. Störungen durch Fehlfunktionen oder äußere Einwirkungen bedrohen nachhaltig die Funktionsfähigkeit der gesamten Infrastruktur. Zugleich besteht eine starke Gefährdung für alle Personen im Tunnel. Rettungsmaßnahmen müssen daher schnell und umfassend mit geeigneten Instrumenten durchgeführt werden. Vielfältige, robuste und redundant arbeitende Sensoren- und Aktorennetzwerke bieten die Möglichkeit, die Situationswahrnehmung deutlich zu verbessern und vor Ort die richtigen, rettenden Entscheidungen zu treffen.

II. Erste Umsetzungen in der Verwaltungspraxis

34 Der Gesetzgeber in Deutschland hat mit Wirkung zum 01.01.2017 mit dem neu eingeführten § 35a VwVfG den zentralen Smart Government-Gedanken eines vollautomatisierten Verwaltungsaktes aufgegriffen. Ausgangsbasis war eine Überarbeitung und Aktualisierung des Verwaltungsverfahrensrechts, die sich aus der Finanzverwaltung mit der bis 2022 anvisierten vollautomatisierten Bearbeitung von Steuererklärungen ergeben hatte. Die Verwaltungsverfahrensrechtsreferenten stellten im Rahmen ihrer Analyse von entscheidenden Systemen in der öffentlichen Verwaltung überraschend fest, dass etwa die Bescheide zur jährlichen Rentenerhöhungen seit Jahrzehnten bereits ausschließlich elektronisch erstellt und direkt versandt werden. Mit der Erweiterung des Verwaltungsverfahrensgesetzes um einen neuen § 35a sollte daher das Recht an die gelebte Rechtspraxis angepasst werden. Nach ausführlicher und abwägender Betrachtung bestand der Konsens einen vollautomatisierten Verwaltungsakt in Deutschland nur in engen Grenzen zuzulassen: „Ein Verwaltungsakt kann vollständig durch automatische Einrichtungen erlassen werden, sofern dies durch Rechtsvorschrift zugelassen ist und weder ein Ermessen noch ein Beurteilungsspielraum besteht." Für eine Umsetzung von entscheidenden Systemen ist künftig zunächst eine Rechtsvorschrift erforderlich, für die der Gesetzgeber zuständig ist. Zudem darf es in den zu entscheidenden Fällen weder einen Ermessens- noch einen Beurteilungsspielraum geben. Dies begrenzt die Einsatzmöglichkeiten. Im Prinzip eignen sich damit vor allem WENN-DANN-Fälle, bei denen eine vordefinierte Ausgangssituation gegeben und eingetroffen ist, so dass dann Folgeaktivitäten auf jeden Fall ergriffen und eine vordefinierte Verwaltungsleistung erbracht werden muss: WENN eine Steuererklärung fehlerfrei elektronisch eingereicht wurde und der Bürger laut Ge-

setz einer automatisierten Bearbeitung zugestimmt hat, DANN kann die Einkommenssteuerberechnung automatisiert mit dem vorhandenen Algorithmus durchgeführt und ein Bescheid erstellt werden.[31]

Die Gründe für eine forcierte Automatisierung in der Finanzsachbearbeitung liegen in der demographischen Entwicklung, in dem Fachkräftemangel, in den Pensionslasten, in der Verschuldung der öffentlichen Hand und in der Schuldenbremse. Frühzeitig wurde registriert, dass sich die Rahmenbedingungen für den öffentlichen Sektor in den nächsten Jahren verschlechtern werden. Der automatisierte Verwaltungsakt soll helfen, adäquate Antworten auf diese Herausforderungen zu finden. Einzelne Bundesländer setzen bereits auf Automatisierung und Stellenabbau. Neben der Masse an unkomplizierten Steuererklärungen bietet sich auch die Auszahlung des Betreuungsgeldes für eine maschinelle Erledigung an.[32] *35*

Smarte Objekte können Beamte aber auch im Einsatz unterstützen. Filmkameras helfen beispielsweise der Polizei im Einsatz, falls Eskalationen überraschend erfolgen und in unübersichtlichen Situationen Aufwiegler nicht sofort identifiziert oder festgenommen werden können. Digitalkameras hinterlegen Geokoordinaten und Zeitstempel, die vor Gericht verwertbar sind. Fliegende Drohnen liefern Stand- und Bewegtbilder zu Ereignissen aus der Luft. In die Polizistenuniform integrierte Kameras, so genannte Body-Cams, zeichnen Vorgänge aus der Perspektive des Polizisten auf. All dies dient einerseits dem Schutz der Polizisten, andererseits dem Schutz der Bürger vor Polizeigewalt. Sobald Polizisten die Aufnahme aktivieren, werden Ereignisse mit Bild und Ton digital gespeichert, die vor Gericht verwertet werden können. Täter und Provokateure lassen sich so eindeutig identifizieren. Weiterentwicklungen erlauben sogar eine rückwirkende Aufzeichnung. All dies sind Schritte zum Überwachungsstaat, weswegen eine sensible Entwicklung und datenschutzkonforme Lösungen hin zu smarten Kameras gesucht werden müssen. Bund und Länder haben den dazugehörigen Rechtsgestaltungsbedarf erkannt. Seit 2016 testen sie unterschiedliche Ansätze, die mittelfristig in den Regelbetrieb übernommen werden können.[33] *36*

Smarte Objekte erzeugen über ihre Sensoren nahezu laufend Sensordaten, die zur *37*
Nutzung und Weiterverwertung (durch cyberphysische Systeme) gespeichert und

---

31 *Nadja Braun-Binder*, Vollautomatisierte Verwaltungsverfahren im allgemeinen Verwaltungsverfahrensrecht? Der Gesetzesentwurf zur Modernisierung des Besteuerungsverfahrens als Vorbild für vollautomatisierte Verwaltungsverfahren nach dem VwVfG, NVwZ 2016, S. 960–965.

32 *von Lucke* (Fn. 6), S. 180.

33 *Margrit Seckelmann*, Body-Cams als „New Tools of Governance"?, in Jörn von Lucke/ Klaus Lenk (Hrsg.): Verwaltung, Informationstechnik & Management. Festschrift für Heinrich Reinermann zum 80. Geburtstag, Baden-Baden 2017, S. 291–303; vgl. auch den Beitrag von *Seckelmann* in diesem Handbuch (Kapitel 22). Übersicht der *Innenministerkonferenz* vom August 2016, http://www.innenministerkonferenz.de/IMK/DE/termine/to-beschluesse/2016-11-29_30/nummer%206%20anlage%20%C3%BCbersicht%20bodycam.pdf?__blob=publicationFile&v=2.

freigegeben werden können. Ein wichtiger Thementreiber in diesem Bereich ist die Wasser- und Schifffahrtsverwaltung des Bundes (WSV) im Geschäftsbereich des Bundesministeriums für Verkehr und digitale Infrastruktur. Über die preisgekrönte Plattform PegelOnline.de[34] stellt sie die aktuellen Wasserstände von Binnen- und Küstenpegeln der Wasserstraßen des Bundes (der letzten 30 Tage, ungeprüft und ohne Gewähr auf deren Genauigkeit) von den fachlich zuständigen Wasser- und Schifffahrtsämtern bzw. Direktionen als offene Daten bereit. Ergänzt wird dies durch Webservices. Gemäß der gesetzlichen Aufgabenteilung erschließen die Landeswasserverwaltungen die erhobenen Pegeldaten an den mehr als 1600 Landespegeln und ihre Hochwasservorhersagen über das länderübergreifende Hochwasserportal.[35] Auch der Deutsche Wetterdienst (DWD) verfügt über eine Vielzahl von Beobachtungs- und Messstationen, die in kürzester Zeit die sensorgenerierten Daten wie Temperatur, Wetterzustand, Windrichtung und -geschwindigkeit, Luftdruck, relative Luftfeuchtigkeit, Sichtweite, Gesamtbedeckungsgrad, Niederschlag und Sonnenscheindauer liefern. Derzeit werden im Rahmen der Grundversorgung für ausgewählte Stationen deren Sensordaten entgeltfrei bereitgestellt.[36]

38 Das Bundesministerium für Verkehr und digitale Infrastruktur hat auf diese Entwicklung bereits reagiert. Seit 2016 stellt es mit der mCloud einen Datenkatalog und eine Datenplattform zu offenen Daten über Klima und Wetter, Straßen, Wasserstraßen und Gewässer, Infrastruktur und Bahn bereit. Die mCloud soll in erster Linie Entwicklern in Unternehmen, Forschung und Verwaltung einen direkten Zugang zu offenen (Sensor-) Daten bieten und damit die Entwicklung neuer Ideen (und cyberphysischer Systeme) fördern.[37] Mit dem mFUND (Modernitätsfonds) stellt das Ministerium sogar 100 Mio. EUR für die Entwicklung überzeugender digitaler, datenbasierter Innovationen und Ideen für die Mobilität 4.0 zur Verfügung, um innovative Vordenker und Existenzgründer zu fördern.[38] All dies ergänzt die zahlreichen Bemühungen des Bundes und der Länder, die Entwicklung vom assistenzunterstützten Fahren zum vernetzten und autonom selbstfahrenden Automobil zu forcieren. Getrieben sind Politik und Automobilwirtschaft von der durchaus berechtigten Sorge, dass in künftigen Zeiten autonomer und vernetzter Fahrzeuge bestehende fossile Fahrzeugkonzepte nicht mehr wettbewerbsfähig sind und so ein zentrales Fundament für Stabilität und Wohlstand in der Bundesrepublik Deutschland wegbricht. Zugleich stellen künftige Flotten werbefinanzierter autonomer Taxen bestehende wie bewährte Konzepte des öffentlichen Personennahverkehrs, des Taxi- und des Speditionsgewerbes

---

34 PegelOnline: https://www.pegelonline.wsv.de.

35 *Länderübergreifendes Hochwasserportal*, http://www.hochwasserzentralen.de.

36 *Deutscher Wetterdienst*, http://www.dwd.de/DE/leistungen/beobachtung/beobachtung.html, http://www.dwd.de/DE/leistungen/gds/gds.html?nn=480258 und http://www.dwd.de/DE/klimaumwelt/cdc/cdc_node.html.

37 *mCloud*, https://www.mcloud.de.

38 *mFund* (Modernitätsfonds), http://www.bmvi.de/DE/Themen/Digitales/mFund/Foerderung/foerderung.html.

vollkommen in Frage. Nach einem ersten Todesfall in den USA wurde 2016 eine Ethik-Kommission zum automatisierten Fahren eingerichtet, um sich mit ethischen Fragestellungen rund um Algorithmen- und Computerentscheidungen im Straßenverkehr auseinanderzusetzen.[39]

Mit Blick auf die skizzierten Veränderungen ist es wichtig, sich nicht nur um technische Umsetzungen und um selbsttragende Geschäftsmodelle zu kümmern. Auch ein gesellschaftlicher Dialog über die Zukunft- der Arbeits- und Lebenswelt ist erforderlich. Das Bundesministerium für Arbeit und Soziales hat 2015 einen Dialogprozess initiiert, um mit Blick auf die Digitalisierung der Arbeitswelt und Industrie 4.0 einen Impuls zur gesellschaftlichen Gestaltung der Zukunft der Arbeit zu setzen. Obwohl der Anstoß zu diesem Dialog aus der Diskussion um Industrie 4.0 entsprang, stand die Digitalisierung der vergangenen zwanzig Jahre eher im Vordergrund. Für eine in der Sache angemessene und nicht nur oberflächige Auseinandersetzung mit smarten Objekten und cyberphysischen Systemen muss auf dem Diskussionsentwurf des „Weißbuchs Arbeiten 4.0“ vom November 2016 angesetzt werden. Trotz sieben bereits intensiv geführten Diskussionsrunden ist eine inhaltliche Vertiefung zu den Herausforderungen des Internets der Dinge und des Internets der Dienste in den kommenden Monaten weiter dringend angeraten.[40] *39*

C. Sorgen am Horizont: Dystopie einer smarten Politik

Der Einsatz von intelligent vernetzten Objekten und cyberphysischen Systemen im Rahmen des Verwaltungshandelns ist somit heute schon möglich. Primär geht es dabei um die Umsetzung von getroffenen politischen Entscheidungen. Sorge bereitet jedoch die Vorstellung des Einsatzes von intelligent vernetzten Objekten und cyberphysischen Systemen in den politischen Prozessen des Politikkreislaufes, also im Rahmen von Problemanalyse, Agendasetting, Meinungsbildung, Entscheidung und Evaluation. Sascha Novoselic hat in seiner Häfler Definition von Smart Politics diesen Bereich wie folgt dargelegt:[41] *40*

„Smart Politics meint im Kern die automatisierte Sammlung und Analyse von Informationen und Daten für die politische Willensbildung sowie die Möglichkeit der automatisierten Entscheidungs- und Ergebnisfindung. Die technische Inte- *41*

39 *BMVI*, Auftaktsitzung der Ethik-Kommission zum automatisierten Fahren, Berlin 2016. Online: https://www.bmvi.de/SharedDocs/DE/Pressemitteilungen/2016/157-dobrindt-ethikkommission.html.

40 Arbeiten 4.0: http://www.arbeitenviernull.de. *BMAS*, Weißbuch Arbeiten 4.0, Berlin 2016, online: http://www.bmas.de/SharedDocs/Downloads/DE/PDF-Publikationen/a883-weissbuch.pdf?__blob=publicationFile&v=4.

41 *Sascha Novoselic*, Smart Politics – Wie können computergestützte IT-Systeme und IT-Netze die politische Willensbildung und Entscheidungsfindung unterstützen?, in: Jörn von Lucke (Hrsg.), Smart Government – Intelligent vernetztes Regierungs- und Verwaltungshandeln in Zeiten des Internets der Dinge und des Internets der Dienste, Band 16, Friedrichshafen 2016, S. 82–95, 82.

gration von cyberphysischen Systemen, die Anwendung des Internets der Dinge, Internets der Dienste und softwarebasierte Prozesse ermöglichen die Durchführung und Nutzung."

42 Konkret bedeutet dies, dass künftig über das Internet jeder auf offene Daten und Sensordaten zugreifen kann und diese auch zur politischen Meinungsbildung Verwendung finden werden. Zweitens lassen sich auf jedes Problem hin smarte Agenten ansetzen. Dabei handelt es sich um intelligente und vernetzte Software-Agenten, Online-Bots oder Social Bots, die durch ihre Aktivitäten medialen Druck und große Unzufriedenheit über die aktuelle Problemlage erzeugen könnten, etwa über Facebook, Twitter oder Co. Drittens muss davon ausgegangen werden, dass „Agentenführer" smarte Agenten in Diskussions- und Gestaltungsprozesse einbringen und ihnen auf Basis von gesammelten und analysierten Daten zur politischen Willensbildung die Aufgabe geben, mit passenden Textbausteinen Einfluss auf den Gestaltungsprozess zu nehmen. Viertens könnten sie auch auf Meinungsführer mit gezielten Botschaften zugehen, um in ihrem Sinne deren Meinungsbildung zu beeinflussen. Smarte Agenten eignen sich in offenen Entscheidungsplattformen sogar zur Manipulation von Abstimmungen sowie nach der Umsetzung zur gezielten Erzeugung von Zufriedenheit oder Unzufriedenheit über smarte zustimmende, ablehnende oder gar destruktive Kommentare.

43 Solange solche smarten Werkzeuge in den Händen gutgesinnter Mitbürger liegen, die sich auf Basis ethischer Verpflichtungen einig sind, diese nicht zur Manipulation des politischen Tagesgeschäfts zu verwenden, eröffnen sich so einige Chancen. Neue Darstellungsmöglichkeiten etwa durch eine automatisierte Visualisierung und eine Datafizierung aller Lebensbereiche, neue Beteiligungs- und Partizipationschancen und neue Legitimationsformen sind hier beispielhaft zu nennen. Im Vordergrund stände dabei der Einsatz von smarten Agenten zur Überzeugung der Öffentlichkeit von der eigenen politischen Position. In der Realität einer offenen Gesellschaft gibt es jedoch nicht eine einzige Position, sondern viele Akteure mit noch mehr Meinungen und unterschiedlichen Lösungsvorschlägen, um die gemeinsam gestritten und gerungen wird. Einige Akteure werden sich dieser Methoden verweigern wollen. Andere setzten sie öffentlich und Dritte wiederum verdeckt ein. Prinzipiell muss davon ausgegangen werden, dass gerade nichttransparente Manipulationsversuche durch Social Bots das eigentliche Problem sind. Sorge bereiten neben Propagandabots insbesondere extremistische Bots, pöbelnd beleidigende Bots und fremdenfeindliche Bots. Impressumspflichten und Verbote werden an dieser Stelle allerdings nur wenig bewirken, solange sich mit Falschnachrichten und Fehlinterpretationen („Fake News"), Desinformationen und Gegenpropaganda außergewöhnliche (politische) Ziele erreichen lassen und Akteure außerhalb der Reichweite nationaler Sicherheitsbehörden agieren.[42] Berichte über Trollfabriken (wie etwa das Institut für Internetrecherche in

42 Vgl. Impulse von *Tabea Willke*, Zwischen Fake News und Social Bots – Bundestagswahl 2017, Podiumsdiskussion im Rahmen der CeBIT Global Conferences 2017, Hannover 2017.

St. Petersburg) in Russland mit ganzen Trollarmeen („Kremlbots", „Putinbots") zeigen, dass es immer wieder Ziele (wie etwa die Aufhebung der Sanktionen gegen Russland wegen des Einmarsches in die ukrainische Krim) gibt, die ein entsprechendes Engagement aus wirtschaftlichen, politischen oder militärischen Gründen (etwa gegen die Europäische Union oder die Bundesrepublik Deutschland) rechtfertigen.[43] Insofern ist eine inhaltliche Auseinandersetzung mit dem Phänomen „Social Bots" wichtig und erforderlich, um die Herausforderung für die Gesellschaft und die Innere Sicherheit zu erkennen und mit ihnen umgehen zu können. In diesem Zusammenhang sind auch die Warnungen der deutschen Sicherheitsbehörden im November 2016 zu sehen, die nach der US-Präsidentenwahl mit Manipulationsversuchen auf die Bundestagswahl 2017 rechnen und die Öffentlichkeit darauf vorbereiten.[44]

Die Dystopie einer smarten Politik ist in der Bundesrepublik Deutschland längst schon Realität geworden, ohne dass dies zunächst aufgefallen ist. Dank eines investigativen Journalismus und der nachrichtendienstlichen Aktivitäten des Verfassungsschutzes ist inzwischen ein Bewusstsein für diese Herausforderung entwickelt worden. Smart Politics und der Umgang mit smarten Agenten sollten in Konsequenz dieser Erkenntnisse zum inhaltlichen Bestandteil für moderne Medienkompetenz- und Bildungsangebote werden.[45] Politik und Verwaltung sind spätestens seit November 2016 vor möglichen Angriffen gewarnt. Erste fundierte Analysen werden ausgewertet. Tragfähige Lösungsvorschläge zur Erkennung und Minimierung smarter Manipulationsversuche auf die Tagespolitik liegen derzeit noch nicht vor. Hier muss die Lücke zwischen Rhetorik und Realität, zur Bewältigung der skizzierten Problemfelder, auch durch eine multi-, inter- und transdisziplinäre Forschungsgruppe rasch geschlossen werden. *44*

D. Forschungsagenda Smart Government

Forschungsagenden helfen neue Forschungsfelder systematisch zu erschließen. Sie geben einen Überblick über das sich abzeichnende und im Verbund zu erschließende Forschungsfeld. Für das intelligent vernetzte Regierungs- und Verwaltungshandeln wurde nach mehreren Workshops (unter anderem im Rahmen des Smart Government DACHLI Austausches) im Sommer 2016 eine erste For- *45*

43 *kbl/AP*, Russische Propaganda – Insiderin berichtet aus der Trollfabrik des Kreml, Spiegel Online, 29.05.2015. Online: http://www.spiegel.de/netzwelt/netzpolitik/russische-trollfabrik-eine-insiderin-berichtet-a-1036139.html; *Daria Sukharchuk*, Propaganda aus der Trollfabrik, Zeit Online, 09.07.2015; online: http://www.zeit.de/politik/ausland/2015-07/russland-trolle-enthuellung. *Julia Smirnova*, Hip, jung und gewissenlos – das sind Putins Trolle, Die Welt, 29.05.2016; online: https://www.welt.de/politik/ausland/article155772105/Hip-jung-und-gewissenlos-das-sind-Putins-Trolle.html.

44 *Hans-Georg Maaßen*, „Traum oder Albtraum? – Chancen und Risiken des digitalen Zeitalters", Rede bei der 6. Handelsblatt Jahrestagung Cybersecurity am 21.11.2016. Online: https://www.verfassungsschutz.de/de/oeffentlichkeitsarbeit/vortraege/rede-p-handelsblatt-jahrestagung-2016-11-21.

45 Vgl. Impulse von *Willke* (Fn. 42).

schungsagenda präsentiert. Sie konkretisiert die Forschungs- und Gestaltungsmöglichkeiten zum Internet der Dinge und zum Internet der Dienste für Staat und Verwaltung.[46]

46 Bevor jedoch auf die inhaltlichen Aspekte einzugehen ist, wird ein Plädoyer für Offenheit vorangestellt: Die Prinzipien eines offenen Regierungs- und Verwaltungshandelns (Open Government) fordern Verwaltungen dazu auf, sich durchaus offen an die Erschließung, Gestaltung und den Ausbau eines intelligent vernetzten Verwaltungshandelns zu machen. Strategische Offenheit bedeutet, sich ergebnisoffen mit allen relevanten Inhalten, Artefakten und Prozessen auseinanderzusetzen und ganz im Sinne offener Innovation Impulse von außen zuzulassen. Operative Offenheit ermuntert zu einem offenen Umgang mit Daten, Informationen und Wissen rund um smarte Objekte und cyberphysische Systeme. Technische Offenheit fordert Interoperabilität und die Verwendung von offenen Standards, von offenen Schnittstellen, von offener Hardware und von offenem Quellcode (Open Source Software) ein. In einem offenen Entwicklungsverbund könnte der Staat gemeinsam mit seinen Verwaltungen durch gegenseitige Impulse und neue Erkenntnisse mehr erreichen. Offene Forschungsdaten und der freie Zugang zu Forschungsergebnissen (Open Access) wirken stimulierend.[47]

47 Konkret sollte überlegt werden, ob nicht mit Unterstützung einer koordinierenden Stelle sämtliche generierten Sensordaten, die als nicht besonders schutzbedürftig eingestuft werden, als offene Daten deklariert und über die offenen Datenkataloge von Bund, Ländern und Kommunen erschlossen werden könnten. Offene Sensordaten muntern förmlich dazu auf, sich mit den Datenbeständen auseinanderzusetzen und diese für eigene Projekte zu nutzen. Zweitens sollte reflektiert werden, welche Formen von Informationsfreiheit 4.0 und Transparenz 4.0 durch intelligent vernetzte Objekte und cyberphysische Systeme geschaffen werden können und wo Grenzen zu ziehen sind. Mit Blick auf eine smarte Politik und ihre absehbaren Folgen muss zeitnah über Bürgerbeteiligung 4.0 gesprochen und die erforderlichen Grenzen für die offene Gesellschaft gezogen werden. Aus smarten Objekten und cyberphysischen Systemen ergeben sich neue Möglichkei-

---

46 *Jörn von Lucke*, Forschungsagenda Smart Government – Wie kann ein intelligent vernetztes Regierungs- und Verwaltungshandeln mit Hilfe von Wissenschaft und Forschung konkretisiert werden?, in: ders. (Hrsg.), Smart Government (Fn. 41) S. 159–176.

47 Siehe hierzu vertiefend: *Jörn von Lucke* (Hrsg.), Open Government, Entdeckung, Erkundung und Entwicklung 2.0: Open Government, Open Government Data und Open Budget 2.0, Berlin 2012, *Fachgruppe Verwaltungsinformatik und des Fachbereichs Informatik in Recht und öffentlicher Verwaltung der Gesellschaft für Informatik:* Memorandum zur Öffnung von Staat und Verwaltung (Open Government), Gesellschaft für Informatik – Fachgruppe Verwaltungsinformatik, Bonn 2012, online: http://fb-rvi.gi.de/fileadmin/gliederungen/fg-vi/FGVI-121016-GI-PositionspapierOpenGovernment.pdf; *Arbeitskreis Open Government Partnership Deutschland,* Zivilgesellschaftliche Empfehlungen für den nationalen Aktionsplan Open Government Partnership – 23. 03. 2017 – Kompakte Zusammenstellung für die Bundesregierung, Berlin 2017, online: https://opengovpartnership.de/files/2017/03/170323_Zivilgesellschaftliche_Empfehlungen_NAP_OGP.pdf.

ten und Formen für eine Zusammenarbeit 4.0. Gerade das Internet der Dienste wird neuartige Akten- und Vorgangsbearbeitungssysteme ermöglichen, so dass offene Prozesse, offene Prozessschnittstellen und Prozessbibliotheken zentrale Zukunftsthemen sein werden.

Im Sinne einer gestaltungsorientierten Forschung geht es zunächst um die inhaltliche Gestaltung neuartiger intelligent vernetzter Objekte: Welche Ansätze smarter Objekte eignen sich für den Einsatz im öffentlichen Sektor? Hierbei handelt es sich um mit Funkchips, Sensoren und Aktoren ausgestattete Objekte, die untereinander kommunizieren, Zustände wahrnehmen und begrenzt reagieren können. Zu denken ist etwa an smarte Akten, smarte Bescheide, smarte Urkunden und smarte Register, Reisepass und Personalausweis, aber auch smarte Prüfbrillen und smarte Überwachungsdrohnen. Dadurch eröffnen sie der öffentlichen Verwaltung neuartige Möglichkeiten zur Aufgabenerledigung, die zum Teil herkömmlichen Ansätzen in Geschwindigkeit, Qualität, Kosten und Ergebnis überlegen sind.[48] *48*

Die zweite zentrale Forschungsfrage lautet: Welche neuartigen vertrauenswürdigen und verlässlichen cyberphysische Systeme (CPS) sind für den öffentlichen Sektor zu konzipieren, zu bauen, zu vernetzen, zu steuern, zu kontrollieren und zu warten und wie kann dies realisiert werden? Über Sensornetze, Aktorennetze und Webdienste kann künftig im großen Umfang und über räumliche Entfernungen hinweg auf zahlreiche smarte Objekte zugegriffen werden. Dadurch wird es möglich, Frühwarn- und Steuerungssysteme mit überschaubarem Aufwand zu realisieren. Mit Blick auf die Breite und die Aufgabenvielfalt des öffentlichen Sektors sowie vorhandene Probleme und Herausforderungen gilt es neuartige CPS zu entwickeln, die durch bessere Information, hochwertige Datenanalyse, effiziente Automation und selbststeuernde Kontrolle erheblich zur effizienteren öffentlichen Aufgabenerledigung beitragen.[49] *49*

Drittens ist zu prüfen, welche bereits vorhandenen smarten Objekte wie etwa eine smarte Uhr, ein smartes Armband (Fitnesstracker), ein Smartphone, ein smartes Pad (Tablet), ein (smarter) Laptop, eine smarte Brille oder ein Smart-TV sich zur Aufgabenerfüllung in Staat und Verwaltung eignen. In diesem Zusammenhang geht es nicht nur um die Nutzung der bereitgestellten Standarddienste, die bereits im Auslieferungszustand zur Verfügung stehen. Durch das Herunterladen von weiteren Anwendungen (Apps) über den dazugehörigen Softwaremarkt (Appstore) sowie Software-Updates kann die Funktionalität dieser Objekte auch zu einem späteren Zeitpunkt erheblich erweitert werden.[50] *50*

Viertens ist zu prüfen, welche bereits vorhandenen cyberphysischen Systeme wie etwa Frühwarnsysteme sich auch für den Einsatz in Staat und Verwaltung eignen. Beispielsweise soll an dieser Stelle auf Katastrophenwarnsysteme wie die Landeserdbebendienste und Tsunami-Frühwarnsysteme hingewiesen werden. Katastro- *51*

48 *von Lucke* (Fn. 46), S. 160 f.
49 *Acatech* (Fn. 12 2011); *von Lucke* (Fn. 5), S. 32; *von Lucke* (Fn. 46), S. 162 f.
50 *von Lucke* (Fn. 5), S. 32; *von Lucke* (Fn. 46), S. 163.

phen- und Sicherheitsbehörden verfügen über zahlreiche Frühwarn- und Risikoanalysesysteme zur internen Verwendung, die der Öffentlichkeit in der Regel kaum bekannt und nur selten zugänglich sind. Gerade mit Blick auf die vorhandene Vielfalt macht eine regelmäßig vorzunehmende Verwendungsprüfung Sinn, denn der technische Fortschritt eröffnet hier zunehmend Gestaltungsfenster.[51]

52 Mit Blick auf die Aufgabenvielfalt des öffentlichen Sektors sind zudem zahlreiche Szenarien zu entwickeln, die ganz im Sinne der bereits vorliegenden Häfler Szenarien zu Feuerwehr 4.0, Gerichte 4.0, Finanzverwaltung 4.0, Standesamt 4.0, Landwirtschaft 4.0 und Bauverwaltung 4.0 zeigen, wie sich das Leitbild einer smarten Behörde rund um die öffentlichen Aufgaben unterschiedlich konkretisieren lässt.[52]

53 In Konsequenz dieser Überlegungen werden sich Bund, Länder und Kommunen in Zeiten des Internets der Dinge und des Internets der Dienste Gedanken zur Weiterentwicklung staatlicher IT-Architekturmodelle machen müssen. Für Gebietskörperschaften und staatliche Einrichtungen bedeutet dies, dass sie ihr Government Architecture Management mit Blick auf die neuen Möglichkeiten smarter Objekte und cyberphysischer Systeme fortschreiben müssen. Zugleich gilt es zu erarbeiten, welche IT-Architekturansätze sich hinter Schlagwörtern wie „Government IoT" (Staatliches Internet der Dinge; Internet der Dinge im staatlichen Raum), „Public IoT" (öffentliches Internet der Dinge; Internet der Dinge im öffentlichen Raum) sowie „Civic IoT" (Zivilgesellschaftliches Internet der Dinge; Internet der Dinge im zivilgesellschaftlichen Raum) verstecken. Dieselbe Frage stellt sich auch für das Internet der Dienste (Internet of Services) mit Blick auf die Schlagwörter „Government IoS", „Public IoS" und „Civic IoS".[53]

54 Aus einer juristischen Perspektive gilt es zunächst zu prüfen, ob es für Smart Government im Allgemeinen und den konkreten Einsatz eines intelligent vernetzten Objekts im öffentlichen Sektor im Besonderen sowie die darauf aufsetzenden cyberphysischen Systeme bereits eine ausreichende Rechtsgrundlage gibt und was diese zulässt. Daraus ergeben sich zugleich ethische Fragestellungen um mögliche Grenzen von sensorbasierten Datensammlungen, deren Auswertung und deren Verwertung. Daraus leiten sich auch Fragen der Legitimierung des Einsatzes von Smart Government-Systemen ab. Welche Folgen hat der Einsatz smarter Objekte und cyberphysischer Systeme für staatliche Zwecke, wenn diese mit jedem Software-Update neue, verbesserte und mächtigere Funktionen erhalten, an die bisher noch niemand gedacht hatte. Wird staatliche Kontrolle in Zeiten eines Internet der Dinge und Internet der Dienste neu definiert? Wer kontrolliert eigentlich staatliche Behörden, die sich dieser smarten Dinge und cyberphysischer

51 *von Lucke* (Fn. 5), S. 32; *von Lucke* (Fn. 46), S. 164.

52 *von Lucke* (Fn. 5), S. 25 ff.; *von Lucke* (Fn. 46), S. 164. Auch ein Szenario zu Polizei 4.0 liegt vor.

53 *von Lucke* (Fn. 46), S. 165 f. *Mike Weber/Klaus-Peter Eckert/Roman Konzack*, Public IOT – Das Internet der Dinge im öffentlichen Raum, Berlin 2016.

Systeme bedienen? Sind die Datenschutzbeauftragten dazu noch in der Lage? Wie wird künftig das rechtsstaatliche Gleichgewicht (Checks & Balances) gewährleistet? Wer übernimmt die Haftungsrisiken im Falle eines Missbrauchs smarter Objekte und cyberphysischer Systeme, der bisher nach den bestehenden Datenschutzregelungen zu ahnden wäre? Kann es sich ein Staat überhaupt leisten, sich mit diesen Fragestellungen nicht auseinander zu setzen?[54]

Mit Blick auf diese zahlreichen ungeklärten rechtlichen Fragestellungen gilt es den Rechtsgestaltungsbedarf durch den Gesetzgeber zu bestimmen und mit in der Sache förderlichen Vorschlägen zu konkretisieren. Als klassische Ausgangsbasis empfiehlt sich hier ein Normenscreening, um einen Überblick zu bekommen, in welchem Rahmen der Einsatz von smarten Objekten und cyberphysischen Systemen bereits geregelt ist. Aus diesen Aktivitäten lässt sich dann der konkrete Rechtsgestaltungsbedarf für Smart Government ableiten. So können die für eine vollständige Umsetzung noch zu erledigenden rechtlichen Grundlagen bestimmt werden.[55] Die Bundesregierung hat mittlerweile erste Regelungen wie etwa die „Verordnung zur Regelung des Betriebs von unbemannten Fluggeräten“ (Drohnen) beschlossen und das „Gesetz zum Automatisierten Fahren“ in das Gesetzgebungsverfahren eingebracht. *55*

Durch ein gezieltes Literaturstudium, Beobachtungen und Experteninterviews werden die Sozialwissenschaftler zu Erkenntnissen der empirischen Sozialforschung kommen, in welche Richtungen sich ein intelligent vernetztes Regierungs- und Verwaltungshandeln entwickeln kann. Dabei gilt es die Stärken und Schwächen sowie Chancen und Risiken zu berücksichtigen. Handlungsempfehlungen können so aus Sicht der Experten zusammengetragen werden. Zugleich geht es um Akzeptanz der Technologien und Veränderungen der Prozesse und Strukturen. Besonders wünschenswert wären Vorschläge zu einem bürgerorientierten Smart Government, das Bürger aktiv mitgestalten dürfen, sowie Beiträge zur Bewältigung des mit Smart Government verbundenen Kulturwandels.[56] *56*

Für eine erfolgreiche Umsetzung eines intelligent vernetzten Regierungs- und Verwaltungshandelns sind Vorgehensmodelle hilfreich. Diese fassen die erforderlichen Schritte einer Realisierung zusammen, zeigen Erfolgsfaktoren auf, weisen auf mögliche Fehlentwicklungen und Gefahren hin und versuchen so die Anzahl der Herausforderungen für alle Beteiligten zu begrenzen. Vorgehensmodelle eignen sich besonders für jene Vorhaben, zu deren Umsetzung bisher kaum Erfahrungen vorliegen.[57] *57*

Auch die Aus- und Weiterbildung für ein intelligent vernetztes Regierungs- und Verwaltungshandeln gilt es im Rahmen einer Forschungsagenda weiterzuentwickeln. So müssen die künftig für die Nutzung von smarten Objekten und *58*

54 *von Lucke* (Fn. 46), S. 167 f.
55 *von Lucke* (Fn. 46), S. 168.
56 *von Lucke* (Fn. 5), S. 33; *von Lucke* (Fn. 46), S. 170.
57 *von Lucke* (Fn. 46), S. 170.

cyberphysischen Systemen erforderlichen Kompetenzen bestimmt und über angemessene Fortbildungsformate vermittelt werden. Dies kann auch zu vollkommen neuen Berufsfeldern führen, die es für den Nachwuchs durch neue Ausbildungsangebote aufzubauen gilt.[58]

59 Ein Engagement und die Möglichkeiten zur Gestaltung hängen von den Akteuren in Wissenschaft, Wirtschaft und Verwaltung und deren Aktivitäten ab. Im deutschsprachigen Bereich sind derzeit vor allem The Open Government Institute (TOGI) an der Zeppelin Universität in Friedrichshafen (Univ.-Prof. Dr. von Lucke),[59] das Institut für Systemisches Management und Public Governance (IMP-HSG) an der Universität St Gallen (Univ.-Prof. Dr. Schedler),[60] das Alexander von Humboldt Institut für Internet und Gesellschaft (HIIG) in Berlin[61] (Univ.-Prof. Pernice) sowie das Fraunhofer Institut für Offene Kommunikationssysteme (FOKUS) in Berlin[62] die Thementreiber für Smart Government. Univ.-Prof. von Lucke koordiniert zudem den Austausch von Wissenschaft und Praxis über den Arbeitskreis DACHLI Smart Government.

E. Auf dem Weg zu einer intelligent vernetzten Verwaltung

60 Ansätze eines smarten Regierungs- und Verwaltungshandelns auf Grundlage einer intelligenten Vernetzung vorhandener und neuer Objekte eröffnen Staat und Verwaltung ganz neue Möglichkeiten. In ihrer Summe können diese zur weiteren Steigerung der Lebensqualität, zur Verbesserung der Standortqualität und zur Stärkung der Bürgerorientierung beitragen. Zugleich eröffnen sie neuartige Chancen zur Information und Analyse sowie zur Automation und Kontrolle, die teils positiv und teils negativ bewertet werden. Unabhängig von einer Umsetzung in Staat und Verwaltung werden smarte Technologien von Wissenschaft und Wirtschaft weltweit laufend weiterentwickelt, perfektioniert und marktfähig gemacht. Smarte Objekte und cyberphysische Systeme werden überall dort Verwendung finden, wo sie zu Innovationen führen, Mehrwerte schaffen, Effizienzsteigerungen bieten oder Kosten senken. Steigende Bandbreiten stärken vor allem das Internet als zentrale Kommunikationsplattform.[63] Smartphones haben sich beispielsweise in den vergangenen zehn Jahren bereits weltweit durchgesetzt. Smarte Uhren und Armbänder, Smarte Brillen und fliegende Drohnen wird ein ähnliches Verbreitungspotential zugetraut.

61 Allerdings können intelligent vernetzte Lösungsansätze zu disruptiven Veränderungen in Staat und Verwaltung führen. Dies gilt umso mehr, wenn die neuen Lösungen und Wertschöpfungsnetzwerke der bisherigen Aufgabenwahrnehmung

58 *von Lucke* (Fn. 46), S. 173 f.
59 *TOGI*, http://togi.zu.de und http://www.smartgovernment.de.
60 *IMP-HSG*, http://www.imp.unisg.ch.
61 *HIIG*, https://www.hiig.de.
62 *FOKUS*, https://www.fokus.fraunhofer.de/dps und http://oeffentliche-it.de.
63 *von Lucke* (Fn. 5), S. 35.

überlegen sein sollten. Bisher sind viele dieser Möglichkeiten in ihrer Breite und Tiefe sowie die damit verbundenen Veränderungen vielen Meinungsmultiplikatoren in Politik, Verwaltung, Wirtschaft, Wissenschaft und Publizistik weder bekannt noch bewusst. Dies wird sich ändern müssen, denn nur im gemeinsamen konstruktiven Dialog von Politik, Verwaltung, Wissenschaft, Wirtschaft und Zivilgesellschaft kann die inhaltliche Gestaltung von Smart Government erfolgreich angegangen und bewältigt werden.[64] Auf Grund der Vielfalt öffentlicher Aufgaben und denkbarer Eingriffsmöglichkeiten in Wirtschaft und Gesellschaft sollte sehr genau überlegt werden, wo Ministerien, Ämter und Verwaltungsmitarbeiter im Sinne von „Smart Government" mit welcher Form von Intelligenz auszustatten sind und wo zur Risikominimierung im öffentlichen Sektor bewusst Grenzen und Zuständigkeiten zu setzen sind.[65]

Vor diesen Herausforderungen stehen derzeit alle Staaten. Weltweit mag es Staaten *62*
geben, die sich mit einem anderen Demokratie- und Rechtsstaatverständnis dieser vierten Entwicklungsstufe intelligent vernetzter Objekte nähern und eigene, totalitäre Lösungsansätze entwickeln. Und es wird immer Unternehmen geben, die solche Systeme dann auch planen, implementieren und im staatlichen Auftrag betreiben werden. Mag ein Wettbewerb der Ideen und Umsetzungen noch so bereichernd wirken, smarte Technologien bleiben nur ein Mittel zum Zweck. Sie können zum Guten wie zum Schlechten verwendet werden. Überzeugende Lösungen werden sich jedoch am Markt durchsetzen und so nachhaltig die Pfade zur weiteren Entwicklung vorgeben. Insofern ist eine inhaltliche Auseinandersetzung mit dem Internet der Dinge und dem Internet der Dienste für öffentliche Aufgaben, mit intelligent vernetzten Objekten und cyberphysischen Systemen im öffentlichen Sektor dringend geboten. Ansonsten besteht die Gefahr, dass man ohne Kenntnisse und ohne Engagement keinerlei Gewicht besitzt und kaum Einfluss auf die Gestaltung entsprechender Informations- und Entscheidungssysteme nehmen kann. Stattdessen müssten sich Staat und Verwaltung dann mit anderswo gestalteten Lösungen begnügen, die ihren Anforderungen nur bedingt entsprechen und oft mit unbeabsichtigten Nebenwirkungen verbunden sind. Diese Erfahrungen macht man derzeit beispielsweise mit den „Smartphones". Daher empfiehlt sich eine schrittweise erfolgende, fundierte inhaltliche Auseinandersetzung mit den Potentialen ausgewählter intelligenter Objekte und cyberphysischer Systeme, mit ihren Chancen, Risiken, Grenzen und Herausforderungen sowie ein darauf aufsetzendes Arbeitsprogramm zur nutzbringenden wie eigenständigen Erschließung eines smarten Regierungs- und Verwaltungshandelns. Die öffentliche Verwaltung sollte dieses sich derzeit öffnende Zeitfenster zur digitalen Neugestaltung vieler Fachaufgaben und Abläufe und zum Aufbau einer intelligent vernetzten digitalen Verwaltungsinfrastruktur für die anstehenden Jahrzehnte dringend nutzen. Insofern gehört Smart Government in Parteiprogramme und Koalitionsver-

64 *von Lucke* (Fn. 5), S. 35; *von Lucke* (Fn. 46), S. 74.
65 *von Lucke* (Fn. 5), S. 9; *von Lucke* (Fn. 46), S. 32.

träge, in Gesetzgebungsverfahren, Haushaltspläne und Stellenpläne. Versiegen durch die vorhersehbare demographische Entwicklung erst einmal die finanziellen Ressourcen, wäre es für eine aktive Gestaltung mehr als viel zu spät.[66]

66 *von Lucke* (Fn. 5), S. 35 f.; *von Lucke* (Fn. 46), S. 74 f.

Datenbanken sowie Ordnungs- und Personenkennzeichen

Kai von Lewinski

A. Allgemeines

Datenbanken der Verwaltung werden in Deutschland vornehmlich unter datenschutzrechtlichen Vorzeichen diskutiert, v.a. unter dem Stichwort des Personenkennzeichens. Dies hat mit dem besonderen Stellenwert des Datenschutzes in der rechts- und datenpolitischen Debatte hierzulande zu tun, sicherlich auch mit der Vergangenheit zweier totalitärer Regime und ihrer „totalen Erfassung“ der Menschen. Allerdings ist eine Problemfokussierung auf die informationelle Selbstbestimmung verengt, denn solche Datenbankstrukturen – hier auch bezeichnet als „logischer Raum“[1] – rufen noch eine Reihe weiterer Fragen auf, die besonders dann relevant werden, wenn sie andere als personenbezogene Daten enthalten. Diese (und andere) Rechtsfragen von Datenbanken der Öffentlichen Hand werden zu einem großen Teil in den bestehenden Gesetzen noch nicht einmal adressiert (auch nicht vom EGovG!), so dass vielfach auf verfassungsrechtliche Wertungen zurückgegriffen werden muss. *1*

I. Geschichte und Entwicklung

Der moderne (Verwaltungs-)Staat ist auf die Erfassung des Landes, seiner Ressourcen und seiner Einwohner angewiesen. Anders kann er nicht planen, nicht seine Aufgaben erfüllen, und anders kann die Finanzverwaltung die für die Staatstätigkeit erforderlichen Mittel nicht erheben. So kann man das Entstehen des modernen Staats überhaupt mit dem Anlegen von Registern, mit der planmäßigen informationellen Erfassung der Gesellschaft gleichsetzen. Stützte er sich zu Beginn v.a. noch auch auf die informationelle Infrastruktur der Kirchen (Taufbücher usw.; in Schweden bis 1999!), hat er bald mit Konskriptionslisten im Wehrersatzwesen, mit der Ausbildung der Statistik und Aktenführung (als Kameralwissenschaften), zunehmend mit Steuerlisten und dann mit Einwohnerverzeichnissen einen eigenen, zunächst noch sehr heterogen strukturierten Informationsbestand aufgebaut. *2*

Solange Datenbanken lokal und bestenfalls regional organisiert waren, bildeten sich eine entsprechende Vielzahl und Vielgestalt von proprietären Strukturen heraus, was zu ebenfalls heterogenen Ordnungs-, Kennzeichen- und Adressierungs- *3*

---

1 Zu diesem Begriff, freilich auf einer abstrakteren Ebene, *Ludwig Wittgenstein*, Tractatus Logico-Philosophicus, 1. Aufl., London 1922; im Datenverarbeitungskontext *Kai von Lewinski*, Die Matrix des Datenschutzes, Tübingen 2014, S. 33–35; zu Raumvorstellungen und „Raum“ als transdisziplinärem Begriff zuletzt umfassend *Angelika Siehr*, Das Recht am öffentlichen Raum, Tübingen 2016.

systemen führte. – Die logischen Räume der Verwaltung blieben zunächst sehr kleinräumig.

4 Mit den wachsenden staatlichen Aufgaben wuchs (verwaltungsseitig) das Bedürfnis nach einem Zusammenwachsen und Zusammenschalten der Datenbestände und damit auch nach entsprechenden Austauschschnittstellen und einer übergreifenden Ordnung der Informationen. In Informationssammlungen müssen die Datensätze (Menschen, Orte, Güter usw.) eindeutig bezeichnet sein, wenn sie eine belastbare Entscheidungsgrundlage für die Verwaltung darstellen sollen. Lebenssachverhalte werden referenziert und adressierbar. Von der Post wurde von den 1920er Jahren an ein Selbstwähldienst mit Telefonnummern eingeführt, Mitte des 20. Jahrhunderts kamen in Deutschland Postleitzahlen auf. Die Daten der Deutschen sollten nach Plänen aus der NS-Zeit in einer nationalen Datenbank („Deutscher Turm") gespeichert werden[2]. In den 1960er und 1970er Jahren gab es Planungen für ein einheitliches Personenkennzeichen[3]; in der Bundesrepublik Deutschland konnte sich ein solches Personenkennzeichen wegen der beginnenden Datenschutzbesorgnisse in der Bevölkerung politisch nicht durchsetzen[4], in der DDR wurden sie Realität[5]. Aber auch ohne allgemeines Personenkennzeichen gehören Datenbanken und vielfältige Ordnungsnummern zum Alltag der Verwaltung.

Datenbanken spielen eine besondere Rolle bei den Sicherheitsbehörden (z.B. das Nachrichtendienstliche Informationssystem Nadis und das polizeiliche Informationssystem Inpol). Jedem Autohalter und -fahrer bekannt ist das Zentrale Verkehrs-Informationssystem des deutschen Kraftfahrt-Bundesamtes ZEVIS. Auch die Abgaben- und Sozial(versicherungs)verwaltung betreibt umfassende Datenbanken.

Als (bereichsspezifische) Personenkennzeichen können die Personalausweisnummer als (verkappter) Ersatz für die politisch beerdigte PKZ, die verschiedenen Steuernummern (ursprünglich eTIN, nun §§ 139a ff. AO) und die verschiedenen Sozialversicherungsnummern genannt werden, die neben natürlichen Personen v.a. auch Unternehmen und deren Betriebe und Betriebsstätten erfassen (Wirtschafts-Identifikationsnummer, § 139c AO; Betriebsnummer, §§ 18i–18n SGB IV).

---

2 *Götz Aly/Karl-Heinz Roth*, Die restlose Erfassung. Volkszählen, Identifizieren, Aussondern im Nationalsozialismus, überarbeitete Neuausgabe, Frankfurt am Main 2000, S. 44–48.

3 Überblick bei *Bundesministerium des Innern*, Personenkennzeichen – Meldewesen, Datenverarbeitung, Datenschutz (betrifft: Bd. 7) 1971, S. 9f.

4 Nachw. bei *Alfred-Theodor Kirchberg*, Personenkennzeichen – Ende der Privatsphäre, ZRP 1977, S. 137–139, 137.

5 *Holger Mühlbauer*, Kontinuitäten und Brüche in der Entwicklung des deutschen Einwohnermeldewesens, Frankfurt am Main u.a. 1995, S. 156–157; *Kai von Lewinski*, Datenschutzrecht in der DDR, in: Festgabe für Rosemarie Will, Berlin 2016, S. 576–590, 577.

II. Funktion und Einsatzfelder von Datenbanken der Öffentlichen Hand

5 Der Staat erfasst also die reale und soziale Wirklichkeit, um seine Aufgaben zu erfüllen; sie bildet sich – informatisch gesprochen – in ihm ab. Die riesige Informationsmenge muss, wenn sie handhabbar sein soll, geordnet und referenziert sein. Hierfür werden Ordnungsmerkmale vergeben, allgemein Identifikationsmerkmale genannt, bei Menschen Personenkennzeichen (PKZ).

1. Bürokratisches Abbild der Wirklichkeit

6 Die staatlichen Datenbanken sind also ein (reduziertes) Abbild und eine Rekonstruktion der Wirklichkeit. Es wird also in einem logischen Raum ein selektives Abbild der Wirklichkeit und damit ein administratives Bedeutungsraster geschaffen[6]. Dieses ist nicht beliebig, sondern von der staatlichen Aufgabe her konzipiert. Es sollen also diejenigen Aspekte des tatsächlichen Lebens abgespiegelt werden, mit denen sich der Staat befasst.

Das (ursprünglich staatlich verwaltete) Telefonnetz etwa spiegelt sich in seinem „Nummernraum" (vgl. § 3 Nr. 13c TKG). Die den Staat mit ihren Steuern tragenden Bürger sind die Gesamtheit der verschiedenen Steuernummern (§§ 139a ff. AO), die vom Staat getragenen Empfänger von Sozialleistungen bilden ebenfalls einen logischen Raum. In Geodaten ist Deutschland geographisch abgebildet.

2. Eindeutige Referenzierung der Datensätze

7 Für eine sinnvolle Arbeit mit solchen bürokratischen Datenbanken ist eine eindeutige Referenzierung der Datensätze unabdingbar (vgl. § 139b Abs. 1 AO). Uneindeutigkeiten der Benennung, wie sie insb. bei bürgerlichen Personen- und Ortsnamen verbreitet ist, müssen vermieden werden. Eine eindeutige Referenzierung ist die Voraussetzung für eine Verknüpfbarkeit und einen Datenaustausch[7], gerade bei verteilten Datenbankstrukturen, wie sie im Bundesstaat und auf der kommunalen Ebene anzutreffen sind.

8 Hierfür greifen diese Datenbanken üblicherweise nicht auf die soziale und alltagssprachliche Bezeichnung zurück, sondern verwenden eigene Kennzeichensysteme (Autokennzeichen, „geographisches Identifikationsmerkmal" [GID][8]), auch für Menschen (Personenkennzeichen, etwa die Personennamensdatei-Nummer [PND] im Bibliotheksbereich).

---

6 *Kai von Lewinski*, Rechte und Rechtspositionen an und in virtuellen Räumen – Recht an Adress- und Namensräumen, in: Hermann Hill/Utz Schliesky, Die Vermessung des virtuellen Raums, Baden-Baden 2012, S. 177–192, 179.

7 *Bundesministerium des Innern* (nachfolgend: *BMI*), Personenkennzeichen – Meldewesen, Datenverarbeitung, Datenschutz (betrifft: Bd. 7) 1971, S. 6 f.

8 Dazu *Klaus Dammann*, Datenschutzprobleme bei Planungs- und Entscheidungshilfesystemen, in: Wolfgang Kilian/Klaus Wilhelm Lenk/Wilhelm Steinmüller, Datenschutz (Beiträge zur juristischen Informatik 1), Frankfurt am Main 1973, S. 257, 264 f.

Personen werden primär durch ihren Namen (§ 12 BGB) bezeichnet, in den meisten Teilen der Welt strukturiert in Vor- und Familiennamen. Als Identifikationsmerkmal ist der (bürgerliche Vor- und Nach-)Name nicht optimal und eindeutig[9], auch nicht in Verknüpfung mit Geburtsdatum und Geburtsort. So werden die dreizehn häufigsten Nachnamen von 5 % der Bevölkerung getragen[10], Vornamen unterliegen Moden, auch wenn die Vielfalt in den letzten Jahren gewachsen ist. Auch gibt es „komplizierte" (ausländische, adlige, Künstler- und Höfe-)Namen, die sich nicht ohne weiteres in die allgemeine Ordnung von Vor- und Nachname fügen.[11]

III. Gefahren

9 Da Wissen Macht ist, sind staatliche Informationssammlungen eine Machtressource. Datenbanken müssen in einem gewaltenbegrenzenden Rechtsstaat daher eingehegt sein. Denn von ihnen gehen Gefahren auf zwei Ebenen aus: auf einer individuellen und einer gesellschaftlichen.

1. Individuelle Verdatung

10 In Bezug auf die Datensätze (und v. a. die darin repräsentierten sozialen Entitäten, juristische und natürliche Personen) sind unterschiedliche Funktionen zu unterscheiden.

11 Hier gibt es zunächst die Unterscheidungsfunktion. Aus und in den staatlichen Datenbeständen müssen unterschiedliche Datensätze voneinander unterschieden und jeweils richtig zugeordnet werden (können). Dass der Staat den jeweiligen Menschen, die jeweilige juristische Person, den jeweiligen Ort und den jeweiligen Gegenstand von anderen unterscheiden kann, ist die Voraussetzung für rationales (Verwaltungs-)Handeln überhaupt.

12 Daneben besteht eine Identifikationsfunktion, über die ein Datensatz aus der Datenbank mit einer real-existierenden Person oder einer anderen Entität verknüpft wird. Dies ist im Grundsatz nicht nur unproblematisch, sondern die Konsequenz daraus, dass wir zum Staat in einem rechtlichen Verhältnis stehen.

13 Schließlich gibt es noch eine Zuordnungsfunktion. Sie ermöglicht es, unterschiedliche (Verwaltungs-)Sachverhalte mit einer Person oder sonstigen Entität zu verknüpfen, innerhalb einer Datenbank oder datenbankübergreifend. Hieraus kann sich eine freiheitsbeschränkende Machtasymmetrie zugunsten des Staates ergeben. Denn durch die Zusammenführung von verschiedenen Datensätzen, die dann mehr Datenmacht vermittelt als ihre Summe, kann der Staat in eine Position gelangen, in der nicht mehr gesteuert und erkannt werden kann, was er wann und wie weiß. Im Datenschutzrecht wird dies als die „Gefahr des Persönlichkeitspro-

---

9 *Ulrich Seidel*, Datenbanken und Persönlichkeitsrecht, Köln 1972, S. 109.

10 *BMI* (Fn. 7), S. 6.

11 Vgl. *Monika Binas*, in: dies. (Hrsg.), Das Datennetz – Computer bedrohen die Freiheit, Heidelberg 1983, S. 13, 19.

fils“[12] bezeichnet (s.u. B. II. 2. c)aa)), die aber strukturell auch etwa gegenüber juristischen Personen bestehen kann, etwa im Steuerrecht.

Die Zuweisung von Personenkennzeichen – üblicherweise Folgen von Ziffern und ggf. auch Buchstaben – ist nicht notwendigerweise mit elektronischer Datenverarbeitung verbunden[13], wie etwa die Häftlingsnummern zeigen, die in den deutschen Konzentrationslagern Verwendung fanden, um die Häftlinge zu entpersonalisieren[14].

2. Codierung der Gesellschaft

Diese Gefahren bestehen nicht nur in Bezug auf den Einzelnen, sondern auch auf *14* die Gesellschaft insgesamt. In dem vom Volk her gedachten demokratischen System darf der Staat gegenüber der Gesellschaft ebenfalls kein informationelles Übergewicht erlangen. Hierbei kommt es nicht nur auf die Menge von Daten und den Grad ihrer Verknüpfung an, sondern auch auf die Relevanz von Datenbankstrukturen in der Informationsgesellschaft und insb. auf die Rück- und Wechselwirkungen zwischen logischem Raum der Verwaltung und gesellschaftlicher Wirklichkeit.

So ging das deutsche Personenstandsrecht bislang grundsätzlich (Ausn.: § 22 PStG) von der Existenz nur des männlichen und weiblichen Geschlechts aus. Der logische Raum der Standesämter war also heteronormal strukturiert, was über diese verwaltungsmäßige Zuschreibung auf die soziale Wirklichkeit des Betroffenen zurückwirkt, etwa dass er als Intersexueller hierin nicht abgebildet wurde[15].

IV. Datenbankenstrukturen als Rechtsproblem auch jenseits des Datenschutzes

Vorstehend wurde deutlich, dass Datenbanken und die sie strukturierenden Ord- *15* nungsmerkmale, insb. Personenkennzeichen, nicht ein isoliertes Datenschutzrechtsproblem sind. Vielmehr ist die Verdatung im logischen Raum unabhängig

---

12 *Tobias Herbst*, in: Herbert Auernhammer (Martin Eßer/Philipp Kramer/Kai von Lewinski), Datenschutz-Grundverordnung, Bundesdatenschutzgesetz und Nebengesetze. Praxiskommentar (DSGVO/BDSG), 5. Aufl. 2017, Art. 87 DSGVO, Rn. 5; *Astrid Auer-Reinsdorff/Joachim Jakobs/Niels Lepperhoff*, Vom Datum zum Dossier. Wie der Mensch mit seinen schutzlosen Daten in der Informationsgesellschaft ferngesteuert werden kann, Hannover 2011.

13 *Diethelm Klippel*, Der zivilrechtliche Schutz des Namens. Eine historische und dogmatische Untersuchung, Paderborn 1985, S. 484.

14 Es ist eine interessante (und keineswegs relativierend gemeinte) Fußnote der Geschichte, dass auch die in Spandau inhaftierten NS-Kriegsverbrecher nicht mit Namen, sondern nur mit ihrer Nummer angesprochen wurden (s. *Werner Thieme*, Das Deutsche Personenrecht, Berlin 2003, S. 124).

15 Dies wird sich in Folge der Intersexuellen-Entscheidung des BVerfG (Beschl. v. 10.10. 2017 – 1 BvR 2019/16) ändern (dazu umfassend *Annika Kiek*, Der Schutz individueller Identität als verfassungsrechtliche Aufgabe am Beispiel des geschlechtlichen Personenstands, 2019 (i.E.)).

von einem Personenbezug (und damit unabhängig von der Anwendbarkeit des Datenschutzrechts) wegen der Verschiebung der informationellen Machtgleichgewichte zugunsten des Staates problematisch. Je mehr die Bedeutung von logischen Räumen, wie sie durch die Daten(bank)strukturen der Verwaltung besteht, wächst, desto relevanter werden auch die Steuerungsmöglichkeiten, die in der Entscheidung über die Struktur und Strukturierung dieser logischen Räume liegen[16].

B. Rechtliche Problemfelder und einzelne Regelungen

16 Bei einem solchermaßen geweiteten Problemfokus können sich zahlreiche Rechtsfragen nun sowohl hinsichtlich der Datenbankstruktur (dem logischen Raum) wie auch dem Referenzierungssystem, insb. einem Personenkennzeichen, ergeben. Für deren Strukturierung ist an anderer Stelle[17] eine Sechsteilung vorgeschlagen worden. In Anlehnung hieran, aber auch teilweiser Abwandlung, soll nachstehende Gliederung zugrundegelegt werden:

- das Errichten eines logischen Raums (Schaffung) (I.)
- das Einrichten eines logischen Raums (Größe und Struktur) (II.)
- die Verortung innerhalb des logischen Raums (insb. Zuteilung von Nummern) (III.)
- Einsatz und Nutzung (IV.)
- die Öffnung des logischen Raums (V.)

I. Errichten eines logischen Raums

17 Gedanken sind frei, und so auch Strukturen zur Ordnung von Gedanken. Es liegt in der Natur menschlichen Denkens, die Vielfalt der Umwelt begrifflich oder auf sonst eine andere Art zu erfassen. Auch der Staat ist menschengemacht und erfasst seine Umwelt, insb. die Gesellschaft, konzeptionell ebenfalls auf diese Art und Weise.

Freilich ist die Errichtung von Datenbankstrukturen Verwaltungstätigkeit. Sie findet nicht in einem rechtsfreien Kontext statt, sondern muss wie alle staatliche Tätigkeit den grundgesetzlichen und einfachgesetzlichen Vorgaben genügen (Vorrang der Verfassung und des Rechts).

1. Gesetzesvorbehalt für Datenbankstrukturen

18 Aus dem Vorrang des Gesetzes folgt aber nicht ohne weiteres ein Vorbehalt des Gesetzes. Vielmehr muss sich ein solcher aus der Verfassung ergeben, entweder ausdrücklich oder implizit.

---

16 *von Lewinski* (Fn. 6), S. 178.
17 *von Lewinski* (Fn. 6), S. 180 f.

a) Kein allgemeiner Gesetzesvorbehalt

Das Errichten von logischen Räumen und Datenbankstrukturen ist Verwaltungsorganisation in einem weiten, über den klassischen institutionellen Sinn der Behördenerrichtung hinausgehenden Sinne. Allerdings gibt es keinen allgemeinen institutionellen verwaltungsorganisationsrechtlichen Gesetzesvorbehalt für die Errichtung von Behörden, wiewohl in den meisten Fällen eine gesetzliche Grundlage erforderlich ist, allerdings jeweils aus einem spezifischen Rechtsgrund[18]. Entsprechend besteht auch für die Errichtung logischer Räume und Datenbankstrukturen kein allgemeiner Gesetzesvorbehalt, wohl aber kann ein solcher bei einem entsprechenden Rechtsgrund vorliegen. *19*

b) Kein ausdrücklicher Gesetzesvorbehalt

Ausdrückliche Gesetzesvorbehalte auf Verfassungsebene für die Strukturierung von Verwaltungsinformation gibt es nicht. Einfachgesetzlich sind sie nur vereinzelt anzutreffen (z.B. § 147 Abs. 1 S. 1 SGB IV). Meist aber gibt es bloße materielle oder auch organisatorische Vorgaben (vgl. § 290 Abs. 2 SGB V). *20*

c) Grundrechtlicher Gesetzesvorbehalt?

Die Errichtung von logischen Räumen ist ein Verwaltungsinternum, jedenfalls kein unmittelbarer Eingriff in individuelle Grundrechte[19]. Anders als die Zuweisung von Personenkennzeichen (s.u. III.) und damit die Speicherung im System oder die tatsächliche Nutzung (Verarbeitung) der Datenbank (s.u. IV.) kommt eine subjektive Grundrechtsverletzung hier noch nicht in Frage[20]. *21*

Die Grundrechte erschöpfen sich aber nicht in ihrer abwehrrechtlichen Dimension, sondern ihnen werden auch objektivrechtliche Gehalte entnommen. An diesen muss sich auch schon die Errichtung von logischen Räumen messen lassen, nicht erst die konkrete Speicherung und Verarbeitung. So wäre ein Datenbankdesign, das (ausschließlich) auf eine umfassende Vollerfassung der Bevölkerung hin angelegt ist, mit den objektivrechtlichen Gehalten der „informationellen Selbstbestimmung" nicht in Einklang zu bringen[21]. Allerdings folgt hieraus noch kein Gesetzesvorbehalt, freilich kann sich ein solcher aus der Wesentlichkeitsrechtsprechung des Bundesverfassungsgerichts ergeben. *22*

---

18 *Kai von Lewinski*, Grundfragen des Verwaltungsorganisationsrechts, JA 2006, S. 517–522, 518 f.

19 *von Lewinski* (Fn. 6), S. 182.

20 Verfassungsprozessual mag allerdings (schon) durch die Errichtung eines logischen Datenbankraumes eine Verarbeitung (und damit ein Grundrechtseingriff) „unmittelbar" i.S.d. § 90 Abs. 1 BVerfGG bevorstehen, so dass insoweit eine auf die Zuweisung der PKZ und anschießende Verarbeitung vorgreifende Verfassungsbeschwerde zulässig ist. Gegen die Datenbank als Struktur ist allerdings Individualrechtsschutz nicht statthaft.

21 Allg. M., z.B. *Sven Polenz*, Verfassungsrechtliche Grundlagen des Datenschutzes, in: Wolfgang Kilian/Benno Heussen (Hrsg.), Computerrechts-Handbuch, 33. EL 2017, Teil 13, Rn. 20.

2. Kompetenzordnung

23 Da die Errichtung von logischen Räumen Staatstätigkeit der Verwaltung ist, richtet sie sich im Bundesstaat nach der Verwaltungskompetenzverteilung[22]. Soweit gesetzliche Regeln für Datenbanken und Personenkennzeichen existieren, ergeben sich nach den Gesetzgebungskompetenzen Vorgaben für das Verwaltungsverfahren und die Verwaltungsorganisation[23]. Insoweit kann der Bund kein umfassendes, für alle Verwaltungsbereiche verbindliches Personenkennzeichen einführen[24], erst recht keine umfassende Datenstruktur.

So ist etwa ein bundeseinheitliches Matrikelnummernsystem ausgeschlossen, da keine diesbezügliche Hochschulgesetzgebungs- und -verwaltungskompetenz des Bundes besteht[25].

24 (Nur) im Rahmen seiner Kompetenzen kann er aber Datenbankstrukturen (einschließlich einer PKZ) einführen, deren Nutzung durch andere Verwaltungsebenen dann aber gestatten (s.u.V.; zu datenschutzrechtlichen Grenzen s.u. II. 2. c)) und sie so über den eigenen Kompetenzbereich hinaus verbreiten. So haben bundeslandübergreifende logische Räume der Verwaltung und bundesweite Ordnungssysteme einen unitarisierenden Effekt, der am „ewigen" Bundesstaatsprinzip (Art. 20 Abs. 1 i.V.m. Art. 79 Abs. 3 GG) gemessen werden muss. Die Möglichkeiten und Grenzen von Bund-Länder-Datensystemen ergibt sich aus Art. 91c GG.

3. Leistungsdimension

25 Weder aus dem Staatszweck an sich noch aus dem Sozialstaatsprinzip folgt eine Pflicht zur Errichtung, zum Erhalt oder einem bestimmten Ausbau des logischen Raums. Der Staat muss bestimmte Leistungen erbringen, und für diese werden fast stets auch strukturierte Datenbestände erforderlich sein. Allerdings sind Datenbanken nur ein Mittel zum Zweck, das nicht von der Verfassung vorgegeben ist.

26 Dies ist auch nicht anders zu beurteilen, wenn man logische Räume der Verwaltung als Kritische Infrastruktur betrachtet. Zwar sind funktionierende Datenbanken im ausgebildeten und planenden Sozial- und Subventionsstaat unerlässlich. Aber auch hier schuldet der Staat nur einen bestimmten Erfolg, nicht eine konkrete Informationsstruktur. Lediglich eine Beobachtungspflicht von faktisch oder privat sich bildenden logischen Räumen und Codierungssystemen würde man rechtlich herleiten können.

---

22 Angedeutet bei BFH, Beschl. v. 20.12.2011 – II S 28/10 (PKH), BFH/NV 2012, S. 381, 383 (Rn. 24).

23 *von Lewinski* (Fn. 6), S. 181 f.

24 So schon *BMI* (Fn. 7), S. 16.

25 *von Lewinski* (Fn. 6), S. 181 f.

II. Einrichten eines logischen Raums

Von der Frage der Errichtung eines logischen Raums (s.o. I.) ist dessen Strukturierung zu unterscheiden, die hier in Anlehnung an das Verwaltungsorganisationsrecht „Einrichtung" genannt werden soll. Maßgeblich sind zum einen Sachgesetzlichkeiten und Zweckmäßigkeitserwägungen (1.). Die Struktur einer Datenbank der Verwaltung kann aber auch rechtsbeeinträchtigende, insb. hinsichtlich des Datenschutzes (s.u. 2. b) u. 2. c)) sowie diskriminierende Effekte zeitigen, insb. durch Exklusion und Inklusion (2. d)). *27*

1. Zweckmäßigkeit der Einrichtung

Welches Zeichensystem (Codierung) für die Strukturierung eines logischen Raums gewählt wird, ist rechtlich nicht vorgegeben. Allerdings ist eine ungeeignete Datenstruktur von vornherein unverhältnismäßig und wird auch mit dem Haushaltsgrundsatz der Wirtschaftlichkeit und Sparsamkeit (Art. 114 Abs. 2 S. 1 GG, § 6 HGrG, § 7 BHO) kollidieren. Ferner schreiben die E-Government-Gesetze eine Umsetzung von Standardisierungsbeschlüssen vor (für den Bund § 10 EGovG). *28*

a) Eindeutige Referenzierbarkeit

Aus der Logik der Massenverwaltung folgt zunächst, dass die Datensätze geordnet und nach unterschiedlichen Kriterien sortiert werden können müssen. Das Ordnungssystem muss so gestaltet sein, dass eine eindeutige Referenzierbarkeit möglich ist (vgl. § 139b Abs. 1 AO), wofür u.U. zusätzliche Unterscheidungsmerkmale vorgesehen sein können (vgl. § 139c Abs. 5a AO). *29*

> Biometrische Merkmale haben – abgesehen von großen Ähnlichkeiten bei Zwillingen – eine große Eindeutigkeit und sind deshalb grundsätzlich geeignete Personenkennzeichen[26].

b) Codierung

Insb. in den frühen Zeiten des EDV-Einsatzes in der Verwaltung stand auch der Kompressionsaspekt immer im Vordergrund[27]. Jedenfalls ist eine numerische Codierung in besonderem Maße computergerecht[28]. Dabei beschränkten sich „Ziffern" und „Zahlen" allerdings nicht auf nummerische Codierungen und auch nicht auf das Dezimalsystem. *30*

Nicht regelmäßig ausdrücklich vorgeschrieben sind Prüfziffern (Ausnahme aber etwa § 1 StIdV), bei Identifikatoren wie einer Personenkennziffer aber stets sinnvoll. *31*

---

26 *Thilo Weichert*, Die Wiederbelebung des Personenkennzeichens, RDV 2002, S. 170–177, 174 f.

27 Vgl. nur *BMI* (Fn. 7), S. 6 (mit dem Verweis auf eine Speicherplatzreduktion von über 90 %).

28 *BMI* (Fn. 7), S. 6.

c) Größe

32 Ein Namens- und Nummernraum muss sich an dem tatsächlichen und sozialen Phänomen, das dadurch abgebildet werden soll, orientieren. Insb. darf er nicht zu klein bemessen sein.

Eine nur fünfstellige numerische PKZ für die deutsche Bevölkerung wäre nicht geeignet, ein Volk von etwa 80 Mio. Einwohnern sinnvoll und ohne Dopplungen abzubilden. Eine neunstellige PKZ würde uns Deutsche (noch) abbilden, würde aber bei der nächsten größeren Geburten- oder Einwanderungswelle schon an seine konzeptionellen Grenzen stoßen.

d) Zeit

33 Nicht nur die Größe eines Datenraums will bedacht sein, sondern auch seine Dauerhaftigkeit. Wie jedes Verwaltungsinstruments bestimmt sich die zeitliche Dimension nach seinem Zweck.

Grundsätzlich sind auch temporäre Nummernsysteme denkbar, die allerdings für Daueraufgaben der Verwaltung nicht geeignet sind[29].

Ob es insoweit zweckmäßig war, dass das bundesdeutsche PKZ aus den 1970er Jahren nur für Geburtsjahrgänge bis zum Jahr 2105 (eigentlich sogar bis 2199) ausgelegt war[30], wird man unterschiedlich beurteilen können. Jedenfalls kann das Jahr 2000-Problem (Millennium-Bug)[31] hier Mahnung sein.

e) Übernahme bestehender Datenstrukturen

34 Oft errichtet der Staat nicht ein eigenes System, sondern übernimmt ein privates oder jedenfalls vorfindliches[32]. Soweit für die Datenbankstruktur keine „wesentliche Investition“ (§ 87a Abs. 1 S. 1 UrhG) erforderlich gewesen war, kann sie – freilich nicht aber der Inhalt – von dritter Seite übernommen (kopiert) werden.

35 Teilweise sieht das Recht aber auch ausdrücklich vor, dass logische Räume nicht zusammengeführt werden sollen.

Ein Beispiel – geregelt auf der Ebene des Personenkennzeichens – hierfür ist, dass die Krankenversicherungsnummer nicht mit der Rentenversicherungsnummer identisch sein darf (§ 290 Abs. 1 S. 4 SGB V). Wohl aber darf (unter weiteren Voraussetzungen) die Krankenversicherungsnummer auf der Rentenversicherungsnummer logisch und konzeptionell aufbauen (§ 290 Abs. 1 S. 5–7 SGB V).

36 Jedenfalls muss eine Entscheidung über Kompatibilität und Interoperabilität, über Identität von Datensätzen und Kennzeichen und über die Kongruenz von

29 Vgl. BFH, Beschl. v. 20. 12. 2011 – II S 28/10 (PKH), BFH/NV 2012, 381, 383 (Rn. 24).
30 Vgl. *BMI* (Fn. 7), S. 10.
31 Überblick bei *Siegfried Streitz*, in: Friedrich Graf von Westphalen/Theo Langheid/ders., Der Jahr-2000-Fehler, Köln 1999, S. 1 ff.
32 *von Lewinski* (Fn. 6), S. 182 f.

logischen Räumen getroffen werden. Auch müssen Verwechslungsgefahren bei System- und Ordnungswechseln ausgeschlossen sein.

> Die Krankenversicherungsnummer besteht deshalb aus einem unveränderlichen identifizierenden Teil und einem veränderlichen, um einen Krankenkassenwechsel des Versicherten abzubilden (§ 290 Abs. 1 S. 2 SGB V). Die Identifikationsmerkmale nach § 139a AO fangen nicht mit „1", „2" oder „3" an, um Verwechslungen mit anders strukturierten Steuernummern zu vermeiden.[33] Ausdrücklich vorgeschrieben war eine „Umordnung" der bis dahin nach DDR-PKZ geordneten Daten.[34]

2. Zuschnitt

Neben den Parametern, die im Wesentlichen auf Zweckmäßigkeitserwägungen beruhen, sind bei der Einrichtung noch weitere Entwurfsentscheidungen zu treffen. Durch sie wird bestimmt, welche Daten Bestandteil einer Datenbank werden und welche nicht Teil des logischen Raums werden (können). – Hier bewahrheitet sich die Sentenz von *Lawrence Lessig*: „Code is law."[35] *37*

Dies ist nicht nach dem datenschutzrechtlichen Paradigma der Datensparsamkeit zu lösen. Vielmehr handelt es sich vornehmlich um ein Persönlichkeitsrechts- und Diskriminierungsproblem, nämlich um die Entscheidungen über Inklusion und Exklusion. Maßstab ist zum einen v. a. die Erforderlichkeit und Geeignetheit für die Verwaltungsentscheidung(en), zum anderen macht das Verfassungsrecht Vorgaben, hier v. a. das Allgemeine Persönlichkeitsrecht (Art. 2 Abs. 1 GG) und die Diskriminierungsverbote (Art. 3 Abs. 2 u. 3 GG). *38*

a) Erforderlichkeit und Geeignetheit

Allgemein muss auch der Zuschnitt des logischen Raums für die Erfüllung der Verwaltungsaufgabe geeignet und erforderlich sein (beispielhaft etwa die Aufzählung in § 4 BMG). Dies ist eine allgemeine Anforderung an alles staatliche Tun, hat aber bei Datenbanksystemen speziell eine insoweit begrenzende Wirkung, als jedes Datenfeld erklärungs- und begründungsbedürftig ist. *39*

b) Namens- und Allgemeines Persönlichkeitsrecht

Aus dem Allgemeinen Persönlichkeitsrecht und v. a. auch dessen Konkretisierung im Namensrecht folgen Vorgaben v. a. für die Abbildung des Namens. *40*

---

33 *Kyra Mühlenharz*, Die Steueridentifikationsnummer, AO-StB 2010, S. 90, 90 f.

34 EinigungsV, Anlage I, Kap. II, Sachgebiet C., Abschn. III, amtl. Anm. (BGBl. II 1990 S. 889, 917). – S. aber die Möglichkeit der Weiterverwendung der DDR-PKZ für die Aufgaben der Stasiunterlagenbehörde (§ 2 Abs. 2 S. 1 Nr. 4 StUG) und zur Weitergabe an Gerichte und die Strafverfolgung (§ 2 Abs. 2 S. 2 StUG) (hierzu *Klaus Stoltenberg*, Zu den Änderungen des Stasi-Unterlagen-Gesetzes, DtZ 1994, S. 386–390).

35 *Lawrence Lessig*, Code and Other Laws of Cyberspace, 1999; *ders.* Code. Version 2.0, 2006.

Transliteration kann persönlichkeitsrechtsrelevant sein (Ersetzen eines Umlauts durch ein Vokal mit angehängtem „e“[36], Weglassen von Trema[37], Eindeutschen nicht-deutscher Buchstaben[38]). In Sonderkonstellationen kann auch das Umwandeln von Klein- in Großbuchstaben namens-, identitäts- und damit persönlichkeitsrechtsrelevant sein[39]. Die (Nicht-)Abkürzung des Adelsprädikats „von“ zu „v.“ dagegen ist (nach 1918) nicht persönlichkeitsrechtsrelevant, weil sie auf eine bloße Üblichkeit in den Ranglisten der preußischen Armee zurückgeht.

c) *Informationelle Selbstbestimmung*

41 Auch wenn das Design eines Datenverarbeitungssystems als solches noch nicht unter das Datenschutzrecht fällt – das tut erst die konkrete Datenverarbeitung –, müssen die datenschutzrechtlichen Vorgaben allerdings schon antizipiert werden (Privacy by Design). So kann die objektive Grundrechtsdimension der „informationellen Selbstbestimmung“ und der Schutz vor einer „Verdatung“ (s.o. A. III.) strukturelle Sicherungsmaßnahmen erfordern[40].

aa) Grenze des Persönlichkeitsprofils

42 Das Bundesverfassungsgericht hat schon sehr früh und eindeutig Persönlichkeitsprofile, wie sie beim Zusammenspielen unterschiedlicher Datenbanken befürchtet wurden, als nicht verfassungskonform bezeichnet[41]. Auch wenn es bis heute kein übergreifendes und allgemeines Nummerierungssystem in Deutschland gibt, sind doch für viele Teilbereiche Ordnungssysteme eingeführt worden. Jedenfalls darf es keine zwangsweise Registrierung und Katalogisierung der ganzen Persönlichkeit eines Menschen geben[42]. Der logische Raum der Verwaltungsdatenbanken muss also so konzipiert sein, dass Persönlichkeitsprofile ausgeschlossen sind.

Ob allerdings für eine Verknüpfung von Datenbeständen eine Ordnungsnummer in der Art eines Personenkennzeichens überhaupt erforderlich ist, wird teilweise bezweifelt[43]. Umgekehrt freilich sind Personenkennzeichen verfassungsrechtlich dann unproblematisch, wenn auf andere Art und Weise das Bil-

---

36 BVerwG, Urt. v. 09.09.1992 – 1 C 41/90, NJW 1993, S. 547, 548.
37 OLG München, Beschl. v. 14.09.2010 – 31 Wx 124/10, FGPrax 2010, S. 292, 292f.
38 OLG Hamburg, Beschl. v. 28.04.2014 – 2 W 11/11, FGPrax 2014, S. 280, 281.
39 VG Arnsberg, Urt. v. 20.04.2012 – 12 K 1126/11, StAZ 2012, S. 274, 275 („d’“). – Etwas Ähnliches mag für die bis zum II. Weltkrieg in Dresden prominente (Palais Kap-herr) Familie „Kap-herr“ gelten.
40 *von Lewinski* (Fn. 6), S. 182, mit Bezug auf BVerfG, Urt. v. 15.12.1983 – 1 BvR 209/83 u.a., BVerfGE 65, S. 1ff. – Volkszählung.
41 BVerfG, Beschl. v. 16.07.1969 – 1 BvL 19/63, BVerfGE 27, 1, 6 – Mikrozensus; BVerfG, Urt. v. 15.12.1983 – 1 BvR 209/83 u.a., BVerfGE 65, 1, 57 – Volkszählung.
42 BVerfG, Beschl. v. 16.07.1969 – 1 BvL 19/63, BVerfGE 27, S. 1, 6 – Mikrozensus.
43 *Adalbert Podlech*, in: Erhard Denninger/Wolfgang Hoffman-Riem/Hans-Peter Schneider/Ekkehard Stein (Hrsg.), Alternativkommentar Grundgesetz, 3. Aufl. 2001, Art. 2 Abs. 1 GG, Rn. 79 m. Fn. 115.

den von Persönlichkeitsprofilen ausgeschlossen ist[44]. – Jedenfalls wird die Schranke der Persönlichkeitsprofilbildung in der Praxis tendenziell für getrennte und verteilte Datenbanken sprechen.

bb) Sprechende und nicht-sprechende Codierung

Die datenschutzrechtliche Beurteilung der Verwendung von „sprechenden Kennungen“ (Ableitung aus Namen, Geburtsdatum oder Geschlecht usw.) ist ambivalent. Z.B. war die in den 1970er Jahren geplante bundeseinheitliche PKZ ausdrücklich als teil-sprechendes Personenkennzeichen konzipiert, weil sich aus ihr das Geburtsdatum und das Geschlecht ablesen ließ, was hinsichtlich der Memorierbarkeit sogar als Vorteil herausgestellt wurde[45]. Allerdings sind sprechende Kennzeichen wegen des zusätzlichen semantischen Gehalts ein Verstoß gegen das Gebot der Datensparsamkeit[46]. Umgekehrt kann gegen nicht-sprechende Kennzeichen eingewandt werden, sie würden die Subjektqualität des Betroffenen negieren[47]. So ordnet das Recht teilweise ausdrücklich nicht-sprechende Ordnungszeichen an (z.B. § 139a Abs. 1 S. 2 AO; § 16 Abs. 1 PaßG; § 2 Abs. 8, § 5 Abs. 8 PAuswG), teilweise lässt es sie zu (§ 147 Abs. 2 S. 1 Nr. 4 SGB IV hinsichtlich des Geschlechts). *43*

Ein – soweit ersichtlich – noch nicht beleuchteter Aspekt ist die Attraktivität bestimmter Kennzeichen und eine eventuelle Zweitbedeutung. So ist aus dem Telekommunikationsbereich der Wert von Vanity-Telefonnummern und Domainnamen bekannt, aus dem Bereich der Autozulassung das Wunschkennzeichen. Hier sind dann sogar Kollisionen mit Markenrechten Dritter möglich, die auch von der ein Kennzeichen zuweisenden Stellen womöglich berücksichtigt werden müssen. Und umgekehrt können Kennzeichen auch eine negative Sekundärbedeutung haben. Je nachdem, für wie wesentlich man Aberglauben persönlichkeitsrechtlich hält, mag die Ziffernfolge „666“ als die Zahl des Teufels[48] rechtlich relevant sein, was aber bei einem reinen Verwaltungsinternum keine rechtliche Bedeutung haben wird[49].

d) Diskriminierungsverbote

Aus der Verfassung und einfachgesetzlich aus dem Gleichbehandlungsrecht folgen Diskriminierungsverbote. Bestimmte Merkmale dürfen, weil sie für Verwaltungsentscheidungen unerheblich bleiben müssen, schon nicht in dem logischen Raum der Verwaltung enthalten sein. *44*

---

44 *Adalbert Podlech*, Verfassungsrechtliche Probleme öffentlicher Informationssysteme DVR 1972, S. 149, 156; *Weichert* (Fn. 25), S. 173.

45 *BMI* (Fn. 7), S. 10.

46 *Weichert* (Fn. 25), S. 175.

47 Hiergegen aber überzeugend BFH, Beschl. v. 20. 12. 2011 – II S 28/10 (PKH), BFH/NV 2012, S. 381, 389 (Rn. 90 f.).

48 Vgl. Offb. 13,18.

49 Vgl. BFH, Beschl. v. 20. 12. 2011 – II S 28/10 (PKH), BFH/NV 2012, S. 381, 390 (Rn. 92).

Ein Beispiel für ein solches Nicht-Merkmal ist die Rasse. Regelmäßig wegzulassen sind persönlichkeitsrechtsrelevante Merkmalen (z.B. politischen Zugehörigkeiten, Neigungen und Schwächen)[50]. Differenziert zu betrachten ist dies für die Religionszugehörigkeit und den Personenstand als amtliches Personenstandsmerkmal (mit der Folge etwa, dass hierüber ein bestimmter „Lebenswandel" einem Arbeitgeber bekannt wird, der etwa als kirchlicher Arbeitgeber hieran auch eine Kündigung festmachen kann). Ferner werden vom Recht teilweise an das Geschlecht ausdrückliche Folgerungen geknüpft (Mutterschutz, Frauenförderung).

3. Technisch-organisatorischer Datenschutz

45 Auch wenn das Datenschutzrecht vornehmlich auf die Regelung des einzelnen konkreten Verarbeitungsschritts ausgerichtet ist, enthält es doch seit jeher auch Vorgaben für die technisch-organisatorische Gestaltung von Datenverarbeitungsstrukturen (Art. 32 DSGVO; bislang § 9 BDSG a.F. mit Anlage). Für die Einrichtung eines logischen Raums durch Datenbankstrukturen spielt hier insb. die sog. File-Trennung (Nr. 8 der Anlage zu § 9 BDSG a.F.) eine Rolle, also die logische Separierung innerhalb der Datenbank entsprechend des Verarbeitungszusammenhangs und der Zweckbindung.

Hierzu findet sich eine Vielzahl von Bestimmungen: So müssen im Melderecht Ordnungsnummern auf interne Zwecke beschränkt bleiben (§ 4 Abs. 3 S. 2 BMG). Eine ähnliche Zweckbeschränkung kennt das Ausweisrecht hinsichtlich der Verwendung der Seriennummer des Personalausweises (§ 16, § 20 Abs. 3 PAuswG) und des Reisepasses (§ 18 Abs. 2 PaßG). Auch im Sozialrecht gibt es Zweckbindungen (§ 291 SGB V; speziell z.B. § 18f SGB IV), die sich in der Struktur des logischen Raums widerspiegeln müssen.

III. Einordnung in logischen Raum und Zuteilung von Kennzeichen

46 Die Einordnung in einen logischen Raum der Verwaltung ist grundsätzlich kein Verwaltungsakt, sondern Realakt[51]. Freilich ist nicht ausgeschlossen, dass diese Einordnung auf einem Verwaltungsakt beruhen kann.

47 Ob die Verortung Grundrechtsrelevanz hat, lässt sich nicht abstrakt bestimmen. Soweit die Einordnung in einen logischen Raum als Rechtsverhältnis zu qualifizieren ist oder Rechte und Pflichten mit sich bringt, ist dies zu freilich zu bejahen[52]. Auch kann unter dem Gesichtspunkt der individuellen Verdatung (s.o. A. III. 1.) eine grundrechtsrelevante Autonomiebeschränkung vorliegen. Ferner

---

50 BFH, Beschl. v. 20.12.2011 – II S 28/10 (PKH), BFH/NV 2012, S. 381, 389 (Rn. 86).

51 Zur Steuer-Identifikationsnummer nach § 139b AO BFH, Beschl. v. 20.12.2011 – II S 28/10 (PKH), BFH/NV 2012, S. 381, 382 (Rn. 17) m.w.N.; so (nun) auch *Gabriele Wiese*, in: Albert Beermann/Dietmar Gosch, Abgabenordnung/Finanzgerichtsordnung (AO), 118. EL 2015, § 139a AO, Rn. 14.

52 Allgemein *von Lewinski* (Fn. 6), S. 182.

kann die Gleichheit berührt sein. – In diesen Fällen bedarf es dann einer gesetzlichen Eingriffsermächtigung.

1. Einordnung und Nichteinordnung

So ist die Einordnung in den logischen Raum einer Verwaltungsdatenbank am Allgemeinen Gleichheitssatz zu messen. Werden alle Mitglieder einer Personengruppe gleichermaßen eingeordnet, ist das Gleichheitsgrundrecht nicht aufgerufen; die Nicht-Entziehbarkeit ist dann aber meist ein Freiheitsproblem (s.u. 2.). Ansonsten bedarf es eines nachvollziehbaren Grundes für die Einordnung von Ungleichem oder die Nichteinordnung von Gleichem. 48

Auch kann es sachliche oder jedenfalls überkommene Gründe für eine Nichteinordnung geben. So besaß etwa der Kölner Dom keine eigene Hausnummer im alten (stadtweiten) Kölner Hausnummernsystem, sondern war insoweit ein bloßer Annex zur (steuerpflichtigen) Küsterwohnung im Nordturm, weil das Hausnummernsystem ursprünglich als Grundlage für die Besteuerung diente. – Auch sind Kennzeichen und damit die Einordnung in einen logischen Raum bei Missbrauch verweigert worden[53].

2. Modus

Große Bedeutung für die Schwere eines dann an den Grundrechten zu messenden Eingriffs hat die Unterscheidung zwischen Selbst- oder Fremdverortung[54]. Hinsichtlich der eigenen Entscheidung des Betroffenen kann man zwischen dem Ob und Wie differenzieren. Auch wenn es stets auf die Umstände des Einzelfalls ankommen wird, kann man faustregelhaft sagen, dass bei einer freien Entscheidung über das Ob und das Wie ein Eingriff entweder schon nicht vorliegt oder jedenfalls weniger schwer wiegt, und dass anders herum eine Einordung ohne Einfluss auf das Ob und Wie in besonderem Maße gerechtfertigt werden muss. 49

Gerade im öffentlichen Bereich wird es nur wenige Bereiche einer Selbstzuweisung hinsichtlich des Ob und Wie geben, wie etwa bei Wunschkennzeichen für Autos. Anders als in anderen Ländern ist man hierbei in Deutschland allerdings an eine vorgegebene Syntax gebunden, in der Selbstzuweisung also auch nicht vollkommen frei.

Seinen bürgerlichen Namen kann man zwar nicht selbst aussuchen. Er beruht allerdings nicht auf staatlichen Vorgaben, sondern Personennamen basieren auf einer Fremdverortung im Namensraum[55], nämlich durch die Wahl des Vornamens durch die Eltern und den von diesen gewählten Familiennamen. Und hinsichtlich des Familiennamens sind die Wahlmöglichkeiten auf den Familiennamen beschränkt, während für den Vornamen zumindest die Grenze der

53 EuGH, Urt. v. 14.03.2013 – C-527/11, DStRE 2013, S. 1190 Rn. 30 (zu Art. 213 f. MehrwertsteuerRL 2006/112/EG).
54 *von Lewinski* (Fn. 6), S. 187.
55 *von Lewinski* (Fn. 6), S. 187.

Irreführung über das Geschlecht besteht. Geographische Orte haben regelmäßig eine amtliche Benennung.

50 Die Einordnung in einen logischen Raum durch die Verwaltung kann sogar Menschenwürderelevanz haben, wenn und weil man zum „bloßen Objekt" der Verwaltungsdatenverarbeitung gemacht würde.

Ein klassisches Beispiel aus der Geschichte für eine solche Degradierung war die Zwangseintragung der Vornamen „Israel" und „Sara" für Juden im Dritten Reich[56].

51 Solange und soweit eine Einordnung nur als bloßes Hilfsmittel begriffen wird, ist dies jedenfalls nicht der Fall[57].

3. Technisch-organisatorische Absicherung

52 Der Vorgang der Einordnung in den logischen Raum von Datenbanken der Verwaltung kann auch durch technisch-organisatorische Maßnahmen flankiert werden.

53 Denkbar ist etwa die organisatorische Trennung von Einordung (z.B. Vergabe von Kennzeichen) und Nutzung der Datenbank (vgl. z.B. § 290 Abs. 2 S. 2 SGB V). Teilweise ist die Benachrichtigung über die Vergabe von Kennzeichen ausdrücklich vorgeschrieben (§ 147 Abs. 3 SGB IV).

IV. Einsatz

54 Mit der Errichtung (I.) und Einrichtung (II.) eines logischen Raums in der Verwaltung und der Einordnung hierein (III.) ist allerdings noch nichts über die Erlaubtheit der Nutzung gesagt. Sie bestimmt sich nach den allgemeinen Regeln des Verwaltungsverfahrens, bei personenbezogenen Daten zusätzlich nach Datenschutzrecht.

1. Verwaltungsverfahrensrecht

55 Nach dem das Verwaltungsverfahren prägenden Amtsermittlungsgrundsatz (§ 24 VwVfG) hat die Verwaltung alle ihr zur Verfügung stehenden Mittel einzusetzen und Informationen auszuwerten. Dies schließt dann ohne weiteres und wahrscheinlich sogar vorrangig Verwaltungsdatenbanken ein. Die Datenbanken sind insoweit „Akten", und die darin gespeicherten Umstände müssen nach § 24 Abs. 2 VwVfG („alle für den Einzelfall bedeutsamen […] Umstände") sogar herangezogen werden.

---

56 § 2 Abs. 1 der Zweiten Verordnung zur Durchführung des Gesetzes über die Änderung von Familiennamen und Vornamen v. 17. 08. 1938 (RGBl I S. 1044).

57 So *BMI* (Fn. 7), S. 19 (zur PKZ).

2. Datenschutzrecht

Die personenbezogene Nutzung von allgemeinen Personenkennzeichen wird von der DSGVO der mitgliedstaatlichen Regelung überwiesen (Art. 87 S. 1 DSGVO; ähnlich schon Art. 8 Abs. 7 DSRL), die hierfür „geeignete Garantien für die Rechte und Freiheiten der betroffenen Person[en]" vorsehen müssen (Art. 87 S. 2 DSGVO). Allerdings bezieht sich diese Regelung nur auf „nationale Kennziffern und andere Kennzeichen von allgemeiner Bedeutung", so dass sektorielle Personenkennzeichen nicht hierunter fallen[58]. *56*

In Deutschland gibt es (bislang) keine Personenkennzeichen i.S.d. Art. 87 S. 2 DSGVO, so dass lediglich die allgemeinen Vorgaben des Datenschutzrechts gelten. Dies sind v.a. der Erforderlichkeitsgrundsatz und das Zweckbindungsprinzip. *57*

V. Öffnung des logischen Raums

Ob ein logischer Raum für Dritte – meist andere Behörden, aber auch Wirtschaft und Allgemeinheit – geöffnet werden muss oder kann, bestimmt sich nach Immaterialgüterrecht, der Amtsverschwiegenheit und bei personenbezogenen Daten wiederum dem Datenschutzrecht. *58*

1. Zugangsrestriktion

a) Datenbankschutz

Ein logischer Raum der Verwaltung wird herkömmlicherweise dadurch geschützt, dass die Verwendung von Personenkennzeichen rechtlich beschränkt wird. Gegenüber anderen Verwaltungen geschieht dies durch Verwendungsbeschränkungen (z.B. § 139b Abs. 2 S. 2 Nrn. 1–4 AO), allgemein durch eine Anordnung der Unwirksamkeit von Einwilligungen und Vereinbarungen (z.B. § 139b Abs. 2 S. 3 AO). Insoweit kommt es dann nicht (mehr) auf die umstrittene Frage[59] an, ob Art. 87a ff. UrhG auch für Datenbanken der öffentlichen Hand gilt oder ob sie als „amtliche Schrift" nach § 5 Abs. 2 UrhG grundsätzlich ausgenommen sind. *59*

Soweit eine Datenbank als logischer Raum durch rechtliche Regeln nicht hinreichend zu schützen ist, müssen Maßnahmen zur tatsächlichen Geheimhaltung ergriffen werden, was regelmäßig aber kein Problem sein wird, wenn sie nicht für die Öffentlichkeit bestimmt ist[60]. In informationstechnischer Hinsicht gelten für den Schutz des logischen Raums die Vorschriften des IT-Sicherheitsrechts. *60*

58 *Tobias Herbst*, in: Auernhammer (Fn. 5), Art. 87 DSGVO, Rn. 4.

59 Siehe nur *Thomas Dreier*, in: ders./Gernot Schulze, Urheberrechtsgesetz (UrhG), Kommentar, 5. Aufl., München 2015, § 87 UrhG, Rn. 2, § 87c UrhG, Rn. 1.

60 Insoweit besteht dann auch kein Informationsweiterverwendungsanspruch (§ 1 Abs. 2 Nr. 1 IWG).

b) Datensatzschutz

61 Der einzelne Datensatz als solcher wird regelmäßig keinen immaterialgüterrechtlichen Schutz genießen, schon mangels Erreichens der urheberrechtlichen Werkhöhe. Personenbezogene Daten freilich unterliegen den Bestimmungen des Datenschutzrechts, andere jedenfalls dem Amtsgeheimnis (§ 30 VwVfG).

aa) Datenschutz

62 Auch bei der Öffnung des logischen Raums, etwa mittels Schnittstellen, durch Zugriffsberechtigungen oder das Einstellen in Verbunddateien, ist datenschutzrechtlich eine Form der Übermittlung („Bereitstellung", Art. 4 Abs. 2 DSGVO), für die jeweils ein datenschutzrechtlicher Erlaubnistatbestand vorliegen muss.

bb) Geheimnisschutz

63 Amtliche Personenkennzeichen unterliegen im Zweifel dem Amtsgeheimnis[61]: Abgabenordnungsrechtliche Ordnungsnummern unterliegen dem Steuergeheimnis (§ 30 AO), Ordnungsnummern der Sozialversicherungsträger dem Sozialgeheimnis (§ 35 SGB I), Personalnummern im Öffentlichen Dienst dem Personalaktengeheimnis. Im Sinne des Informationszugangsrechts werden Personenkennzeichen stets personenbezogene Daten i.S.d. § 5 IFG (und entsprechender Landesgesetze) sein.

Wie auch hinsichtlich der Datenbank (s.o. a)) wird die Verwaltung die Kontrolle über die Daten über die Kontrolle des faktischen Zugangs bewerkstelligen können (z.B. Zugriffskontrolle auf den Host-Rechner[62]).

2. Zugangsermöglichung

64 In vielen Fällen wird die Verwaltung ihren logischen Raum der Datenbank nicht alleine nutzen, sondern ihn für andere Behörden, aber auch Dritte aus Wirtschaft und Gesellschaft öffnen. Auch ein Zugang für den Betroffenen ist denkbar.

a) Grenze der informationellen Amtshilfe

65 Eine Öffnung der Datenbank für andere Behörden wird regelmäßig ausgeschlossen sein, wenn und weil die darin enthaltenen Daten für deren Aufgabenerfüllung nicht erforderlich sind. Eine Ausnahme mag punktuell über die Amtshilfe begründbar sein oder die Führung als gemeinsame Datei.

b) Nichtdiskriminierung

66 Von dominierenden Systemen von Personenkennzeichen wird eine Sogwirkung auf andere Verwaltungszweige und auch die private Wirtschaft ausgehen[63]. Wenn eine Datenbankstruktur oder auch nur ein (Personen-)Kennzeichen sich über den

61 *Weichert* (Fn. 25), S. 174.
62 *von Lewinski* (Fn. 6), S. 185.
63 *BMI* (Fn. 7), S. 18: „Sachzwang".

eigentlichen Verwendungszusammenhang hinaus verbreitet hat, dann gelten die Maßstäbe der Nichtdiskriminierung (hinsichtlich der nachfragenden Nutzer). Um sich gleichwohl Steuerungs- und Entwicklungsmöglichkeiten zu erhalten, kann darüber nachgedacht werden, den logischen Raum als öffentliche Sache zu widmen[64].

c) Keine Datenportabilität zugunsten des Betroffenen

Das Recht auf Datenportabilität (Art. 20 DSGVO), das unter weiteren Voraussetzungen dem Betroffenen ein Recht auf Übermittlung der ihn betreffenden Daten gibt, ist auf die Öffentliche Hand nicht anwendbar (Art. 20 Abs. 3 S. 2 DSGVO). *67*

d) Recht an Kennzeichen

Seinem Regelungsansatz nach – und anders, als das Schlagwort der „informationellen Selbstbestimmung" nahelegt – ermöglicht das Datenschutzrecht „informationelle Fremdbeschränkung", gibt nämlich dem Betroffenen (nur) die Rechtsmacht, die Verarbeitung seiner Daten durch Dritte („Verantwortliche", „Verantwortliche Stelle") zu beschränken, teilweise sogar zu untersagen[65]. Jedenfalls gibt es nach vorherrschender Vorstellung im Datenschutzrecht kein „Recht an den eigenen Daten", also kein absolutes Recht. Diese Vorstellung ist für das Datenschutzrecht nach wie vor zutreffend[66]. *68*

Allerdings kann aus anderer Perspektive durchaus ein solches absolutes Recht bestehen. Entscheidend ist: Haben Personenkennzeichen auch eine Identitätsfunktion? Dann müssten sie von der Rechtsordnung entsprechend respektiert und geschützt werden. Eine analoge Anwendung von § 12 BGB auf Personenkennzeichen läge dann nahe[67]. Allerdings wird man richtigerweise zwischen Identifikationsfunktion und Identitätsfunktion unterscheiden müssen[68]. Während man der Anmaßung der „eigenen" PKZ mit dem Gedanken des § 12 BGB entgegentreten *69*

---

64 Parallelüberlegung zu dem IWG unterliegenden Informationen bei *Kai von Lewinski*, Veröffentlichungsverpflichtungen als proaktives Handeln zur Verwertung, in: Thomas Dreier/Veronika Fischer/Anne van Raay/Indra Spiecker gen. Döhmann, Informationen der öffentlichen Hand – Zugang und Nutzung, 2016, S. 437, 458.

65 Näher zu dieser Perspektive der Fremdbeschränkung *von Lewinski* (Fn. 1), S. 40–48.

66 H. M., insb. BVerfG, Urt. v. 15. 12. 1983 – 1 BvR 209/83 u. a., BVerfGE 65, S. 1, 43 f. – Volkzählung; *Spiros Simitis*, Arbeitnehmerdatenschutzgesetz – Realistische Erwartung oder ... Informationsordnung, NJW 1984, S. 398–405, 400; a. A. aber *Karl-Heinz Ladeur*, Datenschutz – vom Abwehrrecht zur planerischen Optimierung von Wissensnetzwerken, DuD 2000, S. 12–19, 18; früher noch z. B. *Herbert Meister*, Datenschutz im Zivilrecht, 2. Aufl. Gummersbach 1981, S. 117 ff.; zuletzt wieder *Benedikt Buchner*, Informationelle Selbstbestimmung im Zivilrecht, Tübingen 2006, S. 228 ff., u. *Wolfgang Kilian*, Strukturwandel der Privatheit. in: Hansjürgen Garstka/Wolfgang Coy (Hrsg.), Wovon – für wen – wozu? Systemdenken wider die Diktatur der Daten, Wilhelm Steinmüller zum Gedächtnis, Berlin 2014, S. 195–224, 204 ff.; s. a. *Jürgen Kühling/Alexander Elbracht*, Das Telekommunikationsrecht im Wandel – Eine erste Rechtsprechungsübersicht zum TKG 2004, DV 40 (2007), S. 545–582.

67 Ausdrücklich *Klippel* (Fn. 13), S. 484.

68 Diese Unterscheidung findet sich angedeutet bei *Klippel* (Fn. 13), S. 484.

können wird, ist das Nummernsystem, der Nummernraum regelmäßig so willkürlich und technisch bedingt gewählt, so dass es keine Identität verleiht.

70 Eine Parallele zeigt sich auch bei einem Blick auf die gesellschaftlich am weitesten verbreitete Nummer, nämlich Telefonnummern und Internetkennungen. Während es einen vielfältig und rechtlich auch unterschiedlich konstruierten Schutz der Nummer gegen Verwechslung und vielleicht auch Verlust gibt (Rufnummernportabilität, § 46 Abs. 3 TKG[69]; Vanity-Nummer[70]), kann nicht ernsthaft behauptet werden, dass aus der eigenen Telefonnummer ein Anspruch auf Erhalt des Telefonsystems folgt oder aus dem Innehaben eine E-Mail-Adresse der Fortbestand des Internets oder jedenfalls seines gegenwärtigen Adressierungssystems.

C. Logischer Raum der Verwaltungsdatenbanksysteme als offenes Regelungsfeld

71 Datenbanken der Öffentlichen Hand (logische Räume) und Personenkennzeichen sind bislang vornehmlich als datenschutzrechtliche Frage behandelt worden. Das hat die rechtliche Perspektive und die Diskussion verengt. Für die Verwaltungspraxis ergibt sich vor allem bei systemischer Betrachtung ein ganzer Fragenfächer, der teilweise auch schon gesetzlich geregelt, jedenfalls mit immaterialgüterrechtlichen, IT-sicherheitsrechtlichen und verfassungsrechtlichen Kategorien in den Griff bekommen werden kann.

72 Dass die Gesetzgeber in Bund und Ländern den Art. 87 DSGVO zum Anlass und Aufhänger nehmen, die Personenkennzeichen in den verschiedenen Bereichen umfassend und gesamthaft zu regeln, ist nicht zu erwarten. Aus rein europarechtlicher Perspektive besteht hierfür keine Notwendigkeit, weil in Deutschland keine Personenkennzeichen i.S.d. Art. 87 DSGVO bestehen.

73 Möglicherweise führt der insoweit fehlende Regelungsdruck aber auch dazu, dass der Komplex der Ordnungs- und Personenkennzeichen gesetzgeberisch etwas aus dem Blick gerät. Allerdings muss es im Informationsrecht auch kein Schaden sein, wenn der Gesetzgeber sich nicht zu hektischer Gesetzesproduktion gedrängt sieht, sondern sich damit begnügt, das ja nun durchaus schon über einhundert Jahre alte Phänomen Personenkennzeichen weiter zu beobachten und erst bei deutlichem Handlungsbedarf dann regelnd nachzusteuern.

74 Für die Verwaltungspraxis freilich ist die Unterregelung misslich. Jedenfalls zur Problemstrukturierung mag der vorstehende Abriss dann hilfreich sein.

---

69 In diese Richtung zuerst § 20 Abs. 2 S. 3 TKV 1997 („vom Anbieter unabhängiges dauerhaftes Nutzungsrecht"). – Ein rechtlicher Schutz der Telefonnummer gegenüber Dritten kann sich z.B. auch aus dem Wettbewerbsrecht ergeben (vgl. OLG Frankfurt am Main, Urt. v. 11.09.2008 – 6 U 197/07, GRUR-RR 2009, S. 65, 66 f.).

70 Z.B. *Annette Demmel/Jan Skrobotz*, Vergabe und Nutzung von Vanity-Nummern, MMR 1999, S. 74–80, 77 ff.; vgl. auch KG, Urt. v. 26.02.1980 – 5 U 2914/79, WRP 1980, S. 623, 624 – Jägernummer; ferner *Kai von Lewinski*, Regionale Top Level Domains, VerwArch. 2007, S. 473–499, 477.

Big Data Analytics

Mike Weber

Big Data hat eine erstaunliche Begriffskonjunktur durchlaufen. Bezeichnete der Begriff zunächst die Herausforderung, die wachsenden Datenmengen der Digitalisierung verarbeiten zu können, werden inzwischen unzählige kleinere und größere Lösungsansätze damit verbunden. Die schnelle Analyse großer Datenmengen schafft neue Möglichkeiten, die nicht zuletzt im Bereich der künstlichen Intelligenz zu viel beachteten Innovationschüben geführt haben. *Big Data* und *Big Data Analytics* werden daher in Anwendungskontexten weitgehend synonym verwendet. *1*

In der öffentlichen Diskussion ist die Auswertung großer Datenmengen höchst unterschiedlich konnotiert. Die Bandbreite reicht von einer schieren Notwendigkeit und zunehmend auch Selbstverständlichkeit bis hin zu Befürchtungen hinsichtlich des vollständigen Verlustes der Privatsphäre; von der Hoffnung auf Lösung nahezu aller Informationsverarbeitungsprobleme bis hin zur normativ, technisch oder methodisch begründeten Beschränkung auf hoch spezialisierte Nischenanwendungen. *2*

Um das Anwendungspotenzial für die öffentliche Verwaltung und den öffentlichen Sektor insgesamt abschätzen zu können, bedarf es zunächst einer grundlegenden Auseinandersetzung mit wesentlichen Konzepten. Auf dieser Basis lassen sich die Möglichkeiten und Risiken der Technologie genauer umreißen und damit die Einsatzmöglichkeiten bewerten. *3*

A. Grundlagen und Konzepte

Big Data Analytics gewinnt seine Bedeutung daraus, dass durch die Auswertung von Daten relevante Informationen identifiziert und die Wissensbasis für Entscheidungen und Handlungen erweitert werden kann. Dieser Prozess der menschlichen wie mechanischen Datenverarbeitung gestaltet sich alles andere als trivial. Ausgehend von einer kurzen Auseinandersetzung mit den wesentlichen Prinzipien lassen sich Erweiterungen des grundlegenden Ansatzes beschreiben, aus denen die aktuelle Bedeutung des Themenfeldes sichtbar wird. *4*

I. Was ist *Big Data*: Die V-Aspekte

Big Data bezeichnet dem Namen nach zunächst nichts weiter als große Datenmengen, *Big Data Analytics* entsprechend die Auswertung eben dieser Datenmengen.[1] Die Möglichkeiten, mit solchen Datenmengen umzugehen und sie in *5* bedarfsgerechten Zeiträumen auszuwerten, hängen maßgeblich von den technischen Möglichkeiten hab. Auch bei exponentiell steigender Speicher- und Rechenleistung bedarf es geeigneter Software, die etwa parallele Berechnungen ermöglicht und so die Bearbeitungsgeschwindigkeit erhöht. Für das Konzept von *Big Data* müssen also verschiedene technische und organisatorische Aspekte zusammenspielen. Die sich daraus ergebenden Charakteristika werden in der Literatur oftmals als V-Aspekte von *Big Data* bezeichnet. Die begriffliche Abgrenzung zu verwandten Konzepten ist dabei nicht immer trennscharf, zumal nicht immer alle Charakteristika in gleicher Weise adressiert sein müssen. Je nach Abgrenzung und Verständnis lassen sich so unterschiedlich viele V-Aspekte anführen, wobei Datenvolumen (*Volume*), Datenrate (*Velocity*) und Beschaffenheit (*Variety*) zur Beschreibung unerlässlich sind. Hier werden zudem noch die Datenqualität (*Veracity*) und der durch die Daten geschaffene Wert (*Value*) betrachtet.

6 Die zentrale Bedeutung großer *Datenvolumen* als ein Aspekt von *Big Data* ergibt sich bereits aus dem Begriff. Die Bedeutung von Daten ist in den vergangenen Jahrzehnten stetig gestiegen. Dieser Bedeutungszuwachs ergibt sich aus zwei ineinandergreifenden Seiten. Auf der einen Seite werden immer mehr digitale Daten produziert. Die Überführung zuvor analoger Datenbestände spielt dabei eine immer geringere Rolle. Vielmehr werden zunehmend originär digitale Daten generiert und in Teilen verfügbar gemacht. Finanztransaktionen, Maschinendaten in der Industrie 4.0, Log-Daten in der Logistik, Massendaten aus sozialen Netzwerken, Daten aus intelligenten Netzen, umwelt- und personenbezogene Sensordaten sind einige Treiber dieses um mehrere Zehnerpotenzen wachsenden Datenangebots. Auf der anderen Seite wurden neue technische Möglichkeiten entwickelt, mit diesen Datenmengen umzugehen.

7 Für den Umgang mit großen Datenmengen gibt es schon seit längerer Zeit etablierte Lösungen. Aus einer eher betrieblichen Sicht ist hier insbesondere der Bereich der *Business Intelligence*[2] (BI) zu nennen. Als einer der Vorläufer von *Big Data* werden unter diesem Begriff Bestrebungen zusammengefasst, die in einem Unternehmen vorhandenen sowie die gegebenenfalls ergänzend für das jeweilige Geschäftsfeld relevanten externen Daten zusammenzuführen und zu analysieren. Während BI-Analysen in der Regel aus einer homogenen Datenbank gewonnen werden, die sich mit einem (performanten) Rechner bearbeiten lässt, erfordert *Big Data* in der Regel eine verteilte Datenhaltung und die Verknüpfung von Rechnerleistung. Als einfache Näherung kann davon ausgegangen werden, dass erst dann

1 Zur grundlegenden Darstellung siehe etwa: *Dominik Klein/Phuoc Tran-Gia/Matthias Hartmann*, Big Data, Berlin/Heidelberg 2013, online abrufbar unter: https://www.gi.de/service/informatiklexikon/detailansicht/article/big-data.html [28. 05. 2018].

2 *Sebastian Polag*, Business Intelligence bei der AGAPLESION gAG, in: Péter Horváth/Uwe Michel (Hrsg.), Controller Agenda 2017. Trends und Best Practices, Stuttgart 2014, S. 239–248.

von *Big Data* gesprochen werden kann, wenn die Größe der Datenmengen ihre Analyse mit einem einzelnen Arbeitsplatz-PC verbietet.

Die *Datenrate*, also letztlich die Geschwindigkeit, mit der Daten gesammelt und ausgewertet werden können, betrifft die zweite zentrale technische Herausforderung von *Big Data*. Klassische Analysen erfordern zunächst eine strukturierte Erfassung, Bereinigung und Zusammenführung von Daten[3] in entsprechenden Datenbanken, bevor sie ausgewertet werden können. Jeder dieser Schritte ist mit bestimmten Latenzen verbunden, so dass zwischen der Formulierung der Fragestellung über die Datenerhebung und -auswertung bis hin zur Darstellung der relevanten Ergebnisse beträchtliche Zeiträume vergehen können.[4] *Big Data* kann demgegenüber mit Streamingdaten umgehen, die unmittelbar nach ihrer Erfassung bereits verarbeitet werden können. Die Implikationen dieser technologischen Entwicklung sind beträchtlich. Beruhen Auswertungen auf solchen Streamingdaten, die aus technischen, organisatorischen, rechtlichen oder anderen Gründen nicht gespeichert werden können, lassen sich die so gewonnenen Analyseergebnisse möglicherweise nachträglich nicht mehr nachvollziehen. Im Gegenzug stehen bereits weitgehende Auswertungen und damit möglicherweise relevante Informationen sehr zeitnah zur Verfügung. *8*

Die *Beschaffenheit* der Daten ist aus technischer Perspektive der dritte Schlüssel für die Realisierung von *Big Data*. Während klassische Analysen auf wohlstrukturierte, in der Regel in Tabellen gespeicherte und eindeutig interpretierbare Daten aufsetzen, die sich über *Identifier* mehr oder minder gut miteinander verbinden lassen, erlauben neue Technologien den Umgang mit unterschiedlichen Datenformaten und -typen. Dies bezeichnet einerseits einen Bedarf. Wenn beispielsweise Kundenwünsche durch die Auswertung von Daten aus sozialen Medien treffsicherer und schneller identifiziert werden sollen, dann bedarf es einer Auswertung unstrukturierter Daten wie einfachem Fließtext ebenso, wie von Bildern und Videos. Anderseits liegt hier bisher die größte und zugleich weithin ungelöste Herausforderung von *Big Data Analytics*. Jenseits bemerkenswerter Erfolge etwa in der Bilderkennung bereitet bereits die Auswertung eines einfachen Fließtextes beträchtliche Schwierigkeiten, denen allenfalls mit bestimmten Erfolgswahrscheinlichkeiten hinsichtlich der angemessenen Interpretation begegnet werden kann. *9*

Die *Datenqualität* und der durch die Daten geschaffene *Wert* bezeichnen zwei nicht-technische Aspekte, die in stark Chancen-orientierten Diskursen mitunter einseitig adressiert werden.[5] Durch die enorme Geschwindigkeit, mit der unter- *10*

---

3 *Klaus-Peter Eckert/Matthias Flügge/Stephan Gauch*, Open Data Analytics as a Service, Berlin 2014, S. 25–35.

4 *Matt Quinn/Chris Taylor*, Managing the Risks and Rewards of Big Data, in: Beñat Bilbao-Osorio/Soumitra Dutta/Bruno Lanvin (Hrsg.), The Global Information Technology Report 2014. Rewards and Risks of Big Data, Genf 2014, S. 61–66.

5 *Thomas H. Davenport*, Warum Big Data wichtig für Sie und Ihr Unternehmen ist, in: Péter Horváth/Uwe Michel (Hrsg.), Controller Agenda 2017. Trends und Best Practices, Stuttgart 2014, S. 37–58.

schiedliche Daten gemeinsam durch oftmals eingängig erscheinende Visualisierungen ausgewertet werden, geht die Bedeutung der zugrundeliegenden Datenqualität oftmals scheinbar verloren. Wie bereits bei einfachen statistischen Verfahren gilt, dass die Ergebnisse nicht besser sein können als die Qualität der Ausgangsdaten: „Müll rein – Müll raus".[6] Allenfalls steigt das Risiko, durch unangemessene Auswertungsschritte und Ergebnisdarstellungen aus potenziell interessanten Daten die relevanten Informationen nicht zu gewinnen oder sogar falsche Schlussfolgerungen zu ziehen. Entsprechend variiert der aus den Daten gewonnene Wert stark mit der Datenqualität und der technischen und theoriegeleiteten, methodischen Umsetzung. Nur, wenn diese grundlegenden Aspekte hinreichende und angemessene Berücksichtigung gefunden haben, können die Breite der Datenbasis und die Geschwindigkeit der Auswertung neuartige Mehrwerte schaffen.

II. Weiterentwicklungen und Auswertungsmöglichkeiten

11 Datenvolumen, Geschwindigkeit und insbesondere die Heterogenität der Daten erfordern Instrumente, die das „Meer der Daten"[7] respektive den „*Data Lake*"[8] strukturieren helfen. Die Verlinkung von Daten[9] über gemeinsame Eigenschaften bietet eine wertvolle Möglichkeit, die Daten zu strukturieren und mehr relevante Informationen in die Analyse aufzunehmen. Solche Zuordnungen können klassisch über die relevanten Untersuchungseinheiten wie Personen oder Organisationen erfolgen, können aber auch beispielsweise kleinräumig bestimmten geographischen Gebieten zugeordnet werden.

12 Auch so strukturierte Daten erfordern neue Formen der Auswertung. Während klassische Statistiken durch eindeutige Zuordnungen von aggregierten Zahlen zu einem wohldefinierten Kanon von Abbildungen[10] und durch uni-, bi- und multivariate Kennzahlen[11] die Daten auswerten, spielen bei *Big Data* Analysen andere Formen der Visualisierung eine größere Rolle.

13 Alternative Formen der Datenvisualisierung schaffen neuartige Möglichkeiten, auch komplexe Daten und ihre Zusammenhänge eingängig zu vermitteln. Zu-

6 *Jens Fromm/Stephan Gauch/Tristan Kaiser/Mike Weber*, ÖFIT-Trendschau: Innovationsfelder öffentlicher IT, Berlin 2013, S. 27.

7 *Fromm/Gauch/Kaiser/Weber* (Fn. 6), S. 26.

8 *Dan Woods*, Big Data Requires a Big, New Architecture, 2011, online abrufbar unter: https://www.forbes.com/sites/ciocentral/2011/07/21/big-data-requires-a-big-new-architecture/#1a4e763d1157 [28. 05. 2018].

9 Ein umfassendes Beispiel für verlinkte Daten findet sich bei: *Max Schmachtenberg/Christian Bizer/Anja Jentzsch/Richard Cyganiak*, Linking Open Data cloud diagram, 2014, online abrufbar unter: http://lod-cloud.net/ [28. 05. 2018].

10 S. etwa *Björn Rasch/Malte Friese/Wilhelm Hofmann/Ewald Naumann*, Quantitative Methoden 1, Einführung in die Statistik für Psychologen und Sozialwissenschaftler, 4. Aufl., Berlin 2014, S. 1–16.

11 S. etwa *Nicola Döring/Jürgen Bortz*, Forschungsmethoden und Evaluation in den Sozial- und Humanwissenschaften, 5. Aufl., Berlin 2015.

gleich bedeutet Sie jedoch ein beträchtliches Risiko, die statistische Abbildung so weit von ihrer empirischen Basis zu entkoppeln, dass sich die zu zeigenden Ergebnisse kaum mehr nachvollziehen lassen. Bereits die Visualisierung bietet also beträchtliche Beeinflussungsmöglichkeiten, die bei komplexeren Zusammenfassungen etwa in der Form von *Dash Boards* kaum mehr nachzuvollziehen sind.

Big Data Analysen erlauben ferner einen Blick in die Zukunft. Projektionen gegenwärtiger Entwicklungen in die meist nahe Zukunft zählen bereits zum Standardrepertoire statistischer Verfahren.[12] Solche Verfahren basieren auf theoretischen Annahmen, die durch statistische Analysen bestätigt und konkretisiert werden, um darauf aufbauend die absehbare Entwicklung vorzeichnen zu können. Technisch kommen *Big Data* Analysen leichter ohne die grundlegenden Theoriearbeiten aus, weil die Auswertungsalgorithmen stärker auf Mustererkennung ausgerichtet sind. Die zusätzlichen Prognosemöglichkeiten stehen einer immer schwierigeren Nachvollziehbarkeit der ursächlichen Wirkungen entgegen. *14*

Ähnlich verhält es sich mit dem zunehmenden Einsatz von *Big Data* in Anwendungen der künstlichen Intelligenz. Wesentliche Durchbrüche der vergangenen Jahre in diesem Forschungsfeld basieren auf der Verfügbarkeit und schnellen Auswertbarkeit von großen Datenmengen.[13] Smarte Assistenten in Smartphones und anderen Geräten wären ohne die Fortschritte im Bereich *Big Data* ebenso wenig denkbar, wie Fortschritte der Mustererkennung. Dies geht mit einem korrespondierenden Paradigmenwechsel in der Programmierung bei der Anwendung von Neuronalen Netzen[14] einher, bei denen nicht mehr feste Abläufe implementiert werden, sondern die Algorithmen selbstständig Lösungen finden sollen. Die zusätzliche Flexibilität führt zu einem beträchtlichen Bedeutungszuwachs von Daten, die als Training für maschinelles Lernen dienen, sowie zu einer Einschränkung der Nachvollziehbarkeit der Ergebnisfindung, weil die selbstlernenden Systeme laufend ihre Systemzustände ändern. *15*

B. Die Kunst des Fragens: Beschränkungen von *Big Data*

Als Wissensorganisationen haben öffentliche Verwaltungen ein ebenso großes Interesse an der zielgerichteten Verarbeitung von Daten wie die Politik oder Wirtschaftsunternehmen. Entsprechend verfügt der öffentliche Sektor bereits heute über große Datenschätze, wie etwa der zuletzt durchgeführten Zensus[15] sowie die auf gesetzlicher Grundlage regelmäßig durchgeführten Erhebungen der Statisti- *16*

12 S. etwa: *Fromm/Gauch/Kaiser/Weber* (Fn. 6).

13 *Jens Tiemann et al.*, Denkende Maschinen, in: Mike Weber (Hrsg.), ÖFIT-Trendschau: Öffentliche Informationstechnologie in der digitalisierten Gesellschaft. Berlin 2017, online abrufbar unter: http://www.oeffentliche-it.de/-/denkende-maschinen [28.05.2018].

14 *Dorian Grosch et al.*, Neuronale Netze, in: Mike Weber (Hrsg.), ÖFIT-Trendschau: Öffentliche Informationstechnologie in der digitalisierten Gesellschaft. Berlin 2017, online abrufbar unter: http://www.oeffentliche-it.de/-/neuronale-netze [28.05.2018].

15 *Statistisches Bundesamt* (Hrsg.), Das registergestützte Verfahren beim Zensus 2011, Wiesbaden 2011.

schen Ämter zeigen. Ebenso wie in anderen Anwendungsdomänen sieht sich die konkrete Umsetzung strukturellen Beschränkungen gegenüber, die für die Erfüllung öffentlicher Aufgaben eher restriktiver ausfallen, als dies bei der Mehrheit der übrigen Anwendungen der Fall ist. Entsprechend müssen die bereits bei der Charakterisierung von *Big Data* im vorangegangenen Kapitel skizzierten Anforderungen für die Verwendung im öffentlichen Sektor spezifiziert werden.

I. Von Daten zu Wissen

17 Für das Verständnis der Bedeutung von Daten ist die Differenz zwischen Daten, Informationen und Wissen unerlässlich.[16] Daten setzen sich aus veränderbaren Zeichenfolgen zusammen, denen noch keine Bedeutung inhärent ist. Daten lassen sich in beliebigem Umfang akkumulieren, sie sind objektiv, zweckfrei und frei übertragbar sowie prinzipiell in jedem gewünschten Detailgrad erfassbar. Daten, die für einen bestimmten Zweck ausgewählt wurden, werden durch Strukturierung, Kategorisierung und die Einordnung in einen Kontext zu Informationen. Informationen sind also mit Bedeutung versehene Daten und subjektiv interpretierbar.[17] „Wissen stützt sich auf Daten und Informationen, ist im Gegensatz zu diesen jedoch immer an Personen gebunden".[18]

18 Dieser basale Ausgangspunkt für die Betrachtung von Wissen und Wissensgenerierung lässt sich in seiner Bedeutung für die Anwendung von *Big Data* gar nicht überschätzen. Analyseverfahren haben eben nicht die Funktion, die *„nuggets of knowledge"*[19] aus dem Meer unstrukturierter Daten zu extrahieren. Da Wissen stets kontext- und in der Regel auch personengebunden ist, bedeutet Wissensgenerierung immer einen aktiven Konstruktionsprozess. Dieser lässt sich durch Formalisierung zwar transparent gestalten und die so gewonnen Erkenntnisse plausibilisieren, Wissen ergibt sich jedoch nicht deterministisch aus vorliegenden Daten.

19 Eine theorielose Auswertung in Kombination mit einer ausgeprägten Datengläubigkeit führt daher fast zwangsläufig zu einer Überschätzung der Möglichkeiten von *Big Data* Analysen. Auch für eine evidenzbasierte Politik und datengestütztes Verwaltungshandeln ergeben sich daraus Schlussfolgerungen. So bieten *Big Data* Analysen die Möglichkeit, den Mythos der Rationalität von organisationalen Entscheidungen[20] zu nähren. Bleiben die Erkenntnisse jedoch kontextgebunden, dann gilt für Politik und Verwaltung analog zu Wirtschaftsunternehmen:

---

16 *Helmut Willke*, Systemisches Wissensmanagement, Stuttgart 1998, S. 17.

17 *Stefan Meinsen*, Konstruktivistisches Wissensmanagement. Wie Wissensarbeiter ihre Arbeit organisieren, Weinheim 2003, S. 31–33.

18 *Klaus North*, Wissensorientierte Unternehmensführung. Wertschöpfung durch Wissen, Wiesbaden 2002, S. 40.

19 *Tom D. Stanley*, Wheat From Chaff: Meta-Analysis As Quantitive Literature Review, in: Journal of Economic Perspectives 15 (3) 2001, S. 131–150, 131.

20 *James G. March*, How Decisions Happen in Organizations, in: Human-Computer Interaction 6 (1991), S. 95–117, 110f.

„*Big-Data*-Auswertungen [...] sind weniger Informationsveranstaltungen als Arenen von Interpretations- und Verteilungskämpfen.“[21]

II. Gütekriterien der Datenauswertung

Der Kontextabhängigkeit von Erkenntnis begegnen wissenschaftliche Analysen durch die Anwendung von methodischen Grundsätzen. Zentrale Gütekriterien für die empirische Sozialforschung sind daher die Validität der verwendeten Daten sowie die Reliabilität des Vorgehens: die Daten müssen dasjenige empirische Phänomen wahrheitsgemäß erfassen, das damit auch wiedergegeben werden soll, und die Ergebnisse müssen sich bei erneuter Durchführung der Untersuchung reproduzieren lassen. Beide Kriterien lassen sich mit *Big Data* Technologien nicht immer gewährleisten. 20

Gleich drei Charakteristika von *Big Data* stehen in einem Spannungsfeld zu diesen gängigen Gütekriterien. Erstens steht die reine Menge der analysierten Daten einer Bewertung ihrer Geeignetheit entgegen. Statt die Validität der Daten vorab prüfen zu können, wird ihre Geeignetheit vielmehr ein Bestandteil der Datenanalyse selbst. Insbesondere Verfahren der Muster- und Anomalieerkennung zielen auf eine solche Analyse der Datenbestände. Zweitens erschwert die Berücksichtigung unstrukturierter Daten die Bewertung der Validität. Während sich bei wohlstrukturierten Datenbanken die Metadaten hinsichtlich Geeignetheit für die Fragestellung untersuchen lassen und bei vertieften Analysen die Passgenauigkeit der Daten zu den Metaangaben untersucht werden kann, entfällt diese Möglichkeit bei unstrukturierten Daten. Zugleich lässt sich beispielsweise der Eintrag in einem sozialen Netzwerk in verschiedenen Kontexten unterschiedlich operationalisieren. Eine Herausforderung, der sich qualitative Forschungsmethoden schon immer gegenübersehen, die angesichts der Datenmengen hier jedoch automatisiert und weitgehend ohne menschliche Kontrolle erfolgen muss. Drittens erschweren Interpretationsspielräume ebenso wie die Flüchtigkeit bestimmter Daten die Reproduzierbarkeit. Bei Einsatz selbstlernende Analysealgorithmen müsste zudem der Systemzustand zum Zeitpunkt der Auswertung festgehalten werden, um die Berechnungen wiederholen zu können. Werden die Daten nur im Arbeitsspeicher gehalten und durch nicht-deterministische Analyseverfahren ausgewertet, entsteht sonst eine *Black Box* der Datenanalyse. 21

Die methodologischen Implikationen der skizzierten Einschränkungen sind beträchtlich. Für *Big Data* Analysen im engeren Sinne können nur selten wissenschaftliche Gütekriterien proklamiert werden. Sie rekurrieren entsprechend weniger auf Erkenntnisgewinn, sondern vielmehr auf Angemessenheit der Ergebnisse. Entscheidend ist, wie schnell, effektiv und effizient ein bestimmtes, möglichst eng umrissenes Problem bearbeitet werden kann. Entsprechend bemisst sich die Qua- 22

21 *Stefanie Büchner/Stefan Kühl/Judith Muster*, Ironie der Digitalisierung. Weswegen Steuerungsphantasien zu kurz greifen, Bielefeld 2017, S. 2, online abrufbar unter: http://www.uni-bielefeld.de/soz/personen/kuehl/pdf/Working-Paper-13_2017-Buechner-Muster-Kuehl-2017-Ironie-der-Digitalisierung-mit-Literatur-03.07.17.pdf [28.05.2018].

lität von *Big Data* Analysen nicht so sehr am wissenschaftlichen Erkenntnisgewinn, sondern vielmehr an der „Kunst, die richtigen Fragen zu stellen“[22].

III. Aussagekraft der Ergebnisse

23 Für die Anwendung im öffentlichen Sektor ergeben sich daraus beträchtliche Einschränkungen, die es bei konkreten Vorhaben zu berücksichtigen gilt. Zwei Herausforderungen sind dabei herauszuheben, die sich auf die umfassende Modellierung bei politischen Entscheidungen[23] einerseits und die Individualisierbarkeit von Ergebnissen und Schlussfolgerungen bei Verwaltungsentscheidungen anderseits beziehen.

24 Bei politischen und Verwaltungsentscheidungen gilt es oftmals nicht nur die konkrete Auswirkung, sondern auch weitere, möglicherweise unintendierte Folgen in den Blick zu nehmen. Um solche Entscheidungen durch Datenauswertungen zu unterstützen, stehen die erforderlichen Daten zunehmend zur Verfügung. Die Datenverfügbarkeit kann schnell zu einer Überfrachtung der zur Erklärung erforderlichen Modelle führen: Statt die richtigen Fragen zu stellen, werden die Auswertungen so komplex, dass sie kaum mehr technisch und theoretisch handhabbar sind.[24] Die Anforderung einer umfassenden Abbildung empirischer Zusammenhänge steht so in einem Spannungsfeld zum Fragen nach konkreten Einzellösungen.

25 Das Spannungsfeld wird noch erweitert, wenn durch solche Auswertungen individualisierbare Antworten gewonnen werden sollen. Die Auswertungen sind dem Wesen nach statistische. Die Ergebnisse unterliegen entsprechend auch bei einer perfekten Umsetzung Fehlerwahrscheinlichkeiten, die etwa für individuelle Verwaltungsentscheidungen kaum akzeptabel sind. Zudem bedürfen solche Entscheidungen mit konkreten individuellen Folgen personenbezogener Daten für den einzelnen Fall. Die Möglichkeiten der Datenverwendung stoßen entsprechend schnell an Grenzen des Datenschutzes[25], die generell bei der Einbindung von Verwaltungsdaten mitzudenken sind.

---

22 *Klaus-Peter Eckert/Lutz Henckel/Petra Hoepner*, Big Data – ungehobene Schätze oder digitaler Albtraum, Berlin 2014, S. 18, online abrufbar unter: http://www.oeffentliche-it.de/documents/10181/14412/
Big+Data+ungehobene+Sch%C3 %A4tze+oder+digitaler+Albtraum [28. 05. 2018].

23 *Mike Weber*, Wissen sie denn nicht, was sie tun? Politische Steuerungsinformationen aus Big Data, in: Péter Horváth/Uwe Michel (Hrsg.), Controller Agenda 2017. Trends und Best Practices, Stuttgart 2014, S. 227–237.

24 *Bob Plumridge*, Warum Big-Data-Projekte scheitern, 2017, online abrufbar unter: http://www.bigdata-insider.de/warum-big-data-projekte-scheitern-a-602293/ [28. 05. 2018]

25 *Petra Hoepner*, Datenschutz und Technik: Ein Informationspapier, Berlin 2017, online abrufbar unter: http://www.oeffentliche-it.de/documents/10181/14412/Datenschutz+und+Technik+-+Ein+Informationspapier [28. 05. 2018].

C. Beispielhafte Anwendungsfelder im öffentlichen Sektor

Die kurze Darstellung der wesentlichen Grundlagen von *Big Data Analytics* hat bereits beträchtliche Potenziale und ebensolche Beschränkungen aufgezeigt. Darauf aufbauend lassen sich konkrete Anwendungsbespiele einer genaueren Betrachtung unterziehen. In der Literatur wird bereits eine Vielzahl von Anwendungsfällen diskutiert.[26] Die hier getroffene Auswahl erhebt keinerlei Anspruch auf Vollständigkeit, sondern versucht die Weite des Spektrums darzustellen. *26*

I. Wahlkampfunterstützung

Zweifelhaften Ruhm haben *Big Data* Analysen im öffentlichen Sektor durch ihren Einsatz im US-amerikanischen Wahlkampf erhalten. Während die Beeinflussung des Wahlverhaltens durch datengetriebene *Social Bots* breit diskutiert und von allen im Bundestag vertretenen Parteien abgelehnt wurde,[27] gilt Nutzung von *Big Data* Methoden für vorausgegangene US-Präsidentschaftswahlkämpfe bereits als klassischer Anwendungsfall.[28] *27*

Zunächst wurde für die *Swing-States* auf Wahlkreis-Ebene ermittelt, wie sich das Wechselwählerverhalten in der Vergangenheit entwickelt hat. In der nächsten Phase wurden auf Wahlkreisebene Korrelationen zwischen Wahlverhalten und vorliegenden soziodemographischen Daten bestimmt. Darauf aufbauend ließen sich statistische Profile typischer Wechselwähler modellieren. Rund 100 Merkmale gingen in dieses Modell ein, um mit Hilfe von vorausschauenden Analysemethoden das vermutliche Wahlverhalten zu prognostizieren. Diese statistische Abbildung des Wahlverhaltens diente als Basis für die gezielte Beeinflussung. Auf eigens eingerichteten Plattformen konnten Wahlkampfhelfer die Ergebnisse einsehen und in Online-Kursen ihre Umsetzung lernen. So konnten gezielt Wechselwähler angesprochen, relevante Themen identifiziert und Erfolgskriterien für den Dialog entwickelt werden. *28*

Jenseits von demokratietheoretischen Anschlussfragen, die sich daraus ergeben können, zeigt das Beispiel, wie bereits mit recht klassischen statistischen Methoden erfolgreich politische Kampagnen unterstützt werden können. Andersherum bieten Auswertungen von Meinungsarenen, wie sie etwa die sozialen Medien darstellen, die Möglichkeit der kontinuierlichen Ausrichtung der Politik an den dort *29*

26 S. für die öffentliche Verwaltung etwa: *Bundesrechenzentrum* [Österr.] (Hrsg.), Big Data in der öffentlichen Verwaltung, Wien 2015, online abrufbar unter: https://www.brz.gv.at/presse/newsletter/2015-03-30_Big_Data_in_der_oeffentlichen_Verwaltung_v1.2_pub.pdf [28. 05. 2018].

27 *Jan Dennis Gumz/Resa Mohabbat Kar et al.*, Social Bots, in: Mike Weber (Hrsg.), ÖFIT-Trendschau: Öffentliche Informationstechnologie in der digitalisierten Gesellschaft. Berlin 2017, online abrufbar unter: http://www.oeffentliche-it.de/-/social-bots [28. 05. 2018].

28 Etwa: *Harald Weiss*, Obama: Wahlsieg dank Big Data und Analytics, 2012, online abrufbar unter: http://www.silicon.de/41575201/obama-wahlsieg-dank-big-data-und-analytics/ [28. 05. 2018].

veröffentlichten Bedarfen. *Big Data* ermöglicht also gleichermaßen die Beeinflussung des politischen Willensbildungsprozesses wie die Beeinflussung politische Entscheidungen durch publizierte Meinungsäußerungen.

II. Polizeiarbeit

30 Die Anwendung von *Big Data* zur Verbrechensbekämpfung[29] wird aktuell besonders in Bayern und Nordrhein-Westfalen pilotiert. Bei allen Unterschieden im Detail, die etwa die ergänzend zu den der Polizei vorliegenden Daten herangezogenen Datenquellen betreffen, bleibt die Grundidee des Vorgehens identisch. Für möglichst kleinräumige Gebiete werden anhand der vorliegenden Daten Verbrechenswahrscheinlichkeiten bestimmt. Entsprechend dieser Wahrscheinlichkeiten sollen sich dann die Einsatzkräfte effizienter Steuern lassen und mögliche Verbrechen verhindert werden.

31 Die Analysen sehen sich grundsätzlichen Wirksamkeitsüberlegungen gegenüber, die für die Anwendung von *Big Data Analytics* im öffentlichen Sektor konstitutiv sind. So basieren die Auswertungen auf recht einfachen kriminologischen Theorien, die oft von der Annahme ausgehen, dass aus vergangenen Straftaten auf eine erhöhte Wahrscheinlichkeit für zukünftige Verbrechen geschlossen werden kann. So lässt sich beobachten, dass sich bestimmte Verbrechen in der gleichen Gegend oder bei gleichen Opfern innerhalb einer kurzen Zeitspanne wiederholen. Wenn solche Modelle eine hohe Prognosekraft entfalten, dann lassen sie sich auch dazu nutzen, die polizeiliche Einsatzplanung danach zu optimieren. Allerdings lassen sich bei gegebener Datenverfügbarkeit etwa durch die Auswertung von Lokalzeitungen und sozialen Medien auch Verhaltensanpassungen insbesondere bei organisierter Kriminalität nicht ausschließen.

32 Neben solchen eher hypothetischen Wirksamkeitseinschränkungen ergeben sich aus der Anwendung konkrete Fragen nach den gesellschaftspolitischen Implikationen. Je kleinräumiger die Auswertungen und je umfassender die herangezogenen Daten, desto eher sind Rückschlüsse auf einzelne Gruppen oder sogar Personen möglich. Dass die bei der Risikoabschätzung verwendeten Algorithmen vorurteilsfrei kategorisieren, lässt sich nur schwer sicherstellen, wie Untersuchungen in den USA zeigen.[30]

---

29 *Jens Tiemann et al.*, Vorhersagende Polizeiarbeit, in: Jens Fromm/Mike Weber (Hrsg.), ÖFIT-Trendschau: Öffentliche Informationstechnologie in der digitalisierten Gesellschaft. Berlin 2016, online abrufbar unter: http://www.oeffentliche-it.de/-/vorhersagende-polizeiarbeit [28. 05. 2018]; vgl. auch den Beitrag von *Seckelmann* im vorliegenden Band.

30 *Robert Brauneis/Ellen P. Goodman*, Algorithmic Transparency for the Smart City, 2017, online abrufbar unter: https://ssrn.com/abstract=3012499 [28. 05. 2018], S. 16–17.

III. Kulturverwaltung

Das sich *Big Data* auch in medial weniger bedachten Anwendungsfeldern einsetzen lässt, verdeutlicht das Beispiel der Kulturverwaltung.[31] Ein Beispiel liefert hier die Digitalisierung von Kulturbeständen durch Museen und Archive. Bei dieser Arbeit wird maßgeblich bestimmt, welche Kulturgüter überhaupt als digitale Abbildung zur Verfügung stehen und in welche künstlerischen und historischen Kontext sie eingebettet werden. Den zu vergebenden Metadaten kommt dabei eine herausragende Bedeutung zu, wenn die Objekte beispielsweise mit entsprechenden Entstehungszeiten und Orten versehen werden. *33*

Diese Arbeit, die zugleich über das digital zugängliche, digitale Kulturerbe mitentscheidet und so entsprechende *Big Data* Analysen in diesem Themenfeld in Zukunft mitbestimmt, ist mit einem beträchtlichen Aufwand verbunden, den nicht alle Kultureinrichtungen in gleicher Weise leisten können. Neben der Einbindung zivilgesellschaftlicher Akteure bieten auch *Big Data* Methoden und darauf aufbauende KI-Technologien eine Möglichkeit, diesen Prozess zu unterstützen. Die automatisierte Erkennung von Bild- und Tonmaterial ist hier beispielsweise zu nennen. *34*

IV. Grundschulplanung

Einen anderen Blick auf das Themenfeld bietet ein Anwendungsbeispiel im Bereich der Grundschulplanung, das angesichts der geringen technischen Anforderungen nur eingeschränkt als *Big Data* Projekt angesehen werden kann. Ausgehend von frei verfügbaren Geo- und Verwaltungsdaten wurde für den Berliner Bezirk Tempelhof-Schöneberg ein entsprechendes Tool entwickelt. Die Software erlaubt die spielerische Planung von Einzugsgebieten unter Optimierung bestimmter Kriterien wie etwa der Auslastung der einzelnen Schulen oder der Schulwege der gegenwärtigen und zukünftigen Schulkinder. Dabei können einzelne Einflussfaktoren entsprechend der Erfahrung der Verwaltungsmitarbeiter manuell justiert werden. „Die ‚*Black Box* des Optimierungsprozesses' wird so geöffnet und der Anwender durch das interaktive Design ein aktiver Teil der Optimierung".[32] *35*

In diesem Beispiel zeigen sich eine ganze Reihe von Erfolgskriterien für datengetriebene Verwaltungsentscheidungen. So muss die Entscheidungsunterstützung nachvollziehbar und möglichst beeinflussbar sein, die Ergebnisse erfordern eine angemessene, leicht verständliche Visualisierung und vor allem muss die verfolgte Fragestellung einfach und eindeutig sein. *36*

31 *Klaus-Peter Eckert/Peter Deussen*, Big Data – Big Deal?, in: Kultur und Management im Dialog Nr. 120 (2017), S. 5–8.

32 *Niels Reinhard*, Offene Daten in der Berliner Verwaltung, [Berlin] 2016, online abrufbar unter: https://codefor.de/blog/open-data-verwaltung-grundschuleinzugsgebiete.html [28. 05. 2018].

D. Big Data Analytics zwischen Anspruch und Wirklichkeit

37 Kaum eine Zeitdiagnose kommt heute ohne den Hinweis auf die Bedeutung der Daten in Zeiten der Digitalisierung aus. Zweifelsfrei bewirken Daten und datengetriebene Geschäftsmodelle beträchtliche Umwälzungen in Wirtschaft und Gesellschaft, die durch neue technische Lösungen ermöglicht werden. Vor diesem Hintergrund verwundert es kaum, wenn auch für die öffentliche Leistungserstellung in Politik und Verwaltung vergleichbare Veränderungen erwartet werden. Hoffnungen adressieren eine stärkere Evidenzbasierung politischer Entscheidungen ebenso, wie eine gerechtere und rationalere Entscheidungsfindung durch Verwaltungen. Solche Hoffnungen gehen oft genug mit Bedenken einher, dass der Staat bei fehlender Datenbasierung zunehmend privatwirtschaftlicher Konkurrenz in seiner Aufgabenerfüllung ausgesetzt ist.

38 Diese großen Zukunftsszenarien stehen in einem gewissen Kontrast zum gegenwärtigen Stand von *Big Data* in Staat und Verwaltung. Erfolgreiche Projekte zeichnen sich nicht notwendig durch hoch komplexe Modellierungen und performante Technik aus. Auch mit kleineren, wohlstrukturierten Datenmengen lassen sich nützliche, entscheidungsunterstützende Systeme entwickeln.

39 Vor diesem Hintergrund müssen auch die technischen Aspekte bewertet werden, die in diesem Beitrag nur am Rande anklingen konnten. Der Aufbau einer leistungsfähigen Infrastruktur kann schnell mit erheblichen Kosten verbunden sein. Zunächst gilt es daher zu klären, welche Infrastruktur konkret benötigt wird, um die interessierenden Fragestellungen bearbeiten zu können. Oft genug wird *Small Data Analytics* hinreichend sein.[33]

40 Datengläubigkeit erscheint als größtes Risiko für den zielführenden Einsatz der neuen Möglichkeiten. „Eine Realitätskonstruktion, in der die Welt kurzerhand mit der erfahrbaren Realität gleichgesetzt wird, stellt die entscheidende Verkürzung dar, auf deren Grundlage viele Operationen auf den großen Datenmengen („*Big Data*") stattfinden. *Data Mining* wird umstandslos als *Reality Mining* verstanden"[34].

41 Durch zwei technologische Entwicklungen erhält die Differenz von Daten und Realität respektive von Daten, Information und Wissen weitere Bedeutung: die datengetriebenen Erfolge in der künstlichen Intelligenz und die wachsenden Mengen von Kontextdaten durch das Internet der Dinge. Letzteres trägt dazu bei, dass die Hoheit über die eigenen Daten immer weniger gewährleistet werden kann, weil immer detailliertere Kontextdaten Rückschlüsse auf Einzelpersonen erlauben. Die digitale Repräsentation von Dingen verlängert so Digitalisierungs-

33 *Harald Pirker/Daniel Medimorec et al.*, Positionspapier zu Big Data in der öffentlichen Verwaltung, Wien 2016, online abrufbar unter: https://www.ref.gv.at/fileadmin/user_upload/Positionspapier_-_Big_Data_in_der_oeffentlichen_Verwaltung.pdf [28.05.2018], S. 37–49.

34 *Klaus Lenk*, Die neuen Instrumente der weltweiten digitalen Governance, VM 2016, S. 227–240, 230.

phänomene in die dingliche Welt. Methoden der künstlichen Intelligenz erlauben dann ihre schnelle Auswertung, wobei sich die in den Algorithmen abgebildeten Auswertungslogiken immer schlechter nachvollziehen lassen.

Das Zusammenspiel von Datensammlung und automatisierter Auswertung samt 42
Entscheidung lässt sich längst auch für Verwaltungsentscheidungen beobachten. Wenn die erlaubte Geschwindigkeit auf Autobahnen automatisch den Witterungs- und Verkehrsverhältnissen angepasst wird, werden Verwaltungsentscheidungen bereits von Algorithmen getroffen. Zugleich werden durch die Digitalisierung und Vernetzung von Verwaltungsdaten immer neue Analyse- und Automatisierungsmöglichkeiten erschlossen. Die Technik wird zum Berater und entfaltet die Norm entsprechender Rationalisierungs- und Legitimationserfordernisse. Auf Beratung und Analysen zu verzichten, führt spätestens dann in Erklärungsnotstand, wenn das Vorhaben scheitert.[35]

Technische Möglichkeiten, Datenverfügbarkeit und normative Erwartungen, die 43
sich daraus ergebenden Möglichkeiten auch zu nutzen, lassen eine zunehmende Verwendung in Politik und Verwaltung erwarten. Die dafür erforderlichen Konzepte liegen auch für übergreifende Anwendungsfelder wie etwa die Datenunterstützung des *Policy Cycles*[36] bereits vor. Ob dies zu einer rationaleren Politik und zu effektivem Verwaltungshandeln führt, hängt wesentlich von der Kunst ab, die richtigen Fragen zu stellen.

35 *Mike Weber*, Informierte Gründungsförderung, Wiesbaden 2012, S. 86.

36 *Johann Höchtl/Peter Parycek/Ralph Schöllhammer*, Big data in the policy cycle: Policy decision making in the digital era, in: Journal of Organizational Computing and Electronic Commerce 26 (2016), S. 147–169.

Transparenz und Open Government

Manuel J. Heinemann

A. Transparenz und Open Government

Transparenz und Open Government[1] stehen als Leitbegriffe für eine moderne, zukunftsorientierte Verwaltung.[2] Das wesentliche Ziel von Open Government ist es, *Daten*[3] *und Informationen*[4] aus dem öffentlichen Sektor der Allgemeinheit offen und voraussetzungslos zur Verfügung zu stellen und durch eine solche *Transparenz* der Allgemeinheit durch Nachvollziehbarkeit eine Teilhabe (*Partizipation*) und eine Zusammenarbeit (*Kollaboration*) an den Prozessen und Maßnahmen der Verwaltung zu ermöglichen. Open Government ist aber nicht nur ein Leitbegriff, der Leitlinien und Zielvorgaben vorgibt, sondern zugleich ein stetiger *Prozess* mit *konzeptionellem*[5] *Hintergrund*, dessen Umsetzung eine Vielzahl von Maßnahmen, 1

1 Zum Begriff bereits ausführlich: *Jörn von Lucke*, BBE-Newsletter 23/2013, S. 1–8, 1 f., der ausführt „dass der Begriff Open Government unter einer gewissen Unbestimmtheit leidet“, veröffentlicht auf: http://www.b-b-e.de/fileadmin/inhalte/aktuelles/2013/11/NL23_Gastbeitrag_Lucke.pdf. *Die Nationale E-Government-Strategie des IT-Planungsrates* (NEGS), Fortschreibung 2015, Stand 01.10.2015, S. 1–21, 21, veröffentlicht auf http://www.it-planungsrat.de/SharedDocs/Downloads/DE/NEGS/NEGS_Fortschreibung.pdf?__blob=publicationFile&, spricht insoweit von „unterschiedlichen Schwerpunkten“ und benennt beispielhaft: Transparenz (Open Data), Beteiligung (Partizipation) oder Zusammenarbeit (Kollaboration).

2 Das Schlagwort „Open Government“, das eine neue, transparente und auf Zusammenarbeit ausgelegte Verwaltungskultur einfordert, ist weltweit in aller Munde, so: www.bmi.bund.de/DE/Themen/Moderne-Verwaltung/Open-Government/open-government_node.html. Eine umfassende Literatur- und Internetrecherche zum Thema Open Government in Deutschland hat *Jana Drewing* erstellt: Open Government in Deutschland – Welche Ziele des Koalitionsvertrags hat die aktuelle Bundesregierung bis jetzt erreicht? in: Digitale Bibliothek – Offene Wissenschaft, Informationswissenschaftliche Schriftenreihe Nr. 2, Hannover 2016, S. 1–18.

3 Daten sind gemäß § 2 Ziff. 2 IWG eine Teilmenge von Aufzeichnungen; so auch: Entwurf zur Änderung des E-Government-Gesetzes vom 13.01.2017, S. 1–13, 6.

4 Information ist gemäß § 2 Ziff. 1 IWG jede Aufzeichnung, unabhängig von der Art ihrer Speicherung. Nachfolgend werden die Begriffe Daten und Informationen übergreifend für sämtliche Daten, Datensätze und Informationen verwendet. Dies erfolgt vor dem Hintergrund, dass die Informationsfreiheits- und Transparenzgesetze auf amtliche oder behördliche Informationen abstellen, Open Government aber einen umfassenden Ansatz verfolgt und beispielsweise auch Daten in Form von Rohdaten umfasst. Im Abschnitt Transparenz wird insoweit der Begriff „amtliche Information“ verwendet, um dem Bezug zu den Transparenzgesetzen Rechnung zu tragen.

5 Zum Teil wird insoweit auch die Formulierung „Konzept Open Government“ verwendet, so beispielsweise vom BMI beim Teilnahmeaufruf für das Pilotprojekt „Modellkommune Open Government“, veröffentlicht auf: https://www.bmi.bund.de/SharedDocs/

(Fortsetzung auf Seite 142)

Aspekten und Perspektiven umfasst.[6] Ausgangspunkt und Hintergrund sind die rasant fortschreitende Digitalisierung und die exponentielle technische Entwicklung. Sie bilden die Grundlage für eine unerschöpfliche Vielfalt an neuen Möglichkeiten zur Nutzung von Daten und Informationen, die in der Verwaltung in großer Menge vorhanden sind. Open Government umfasst damit als Oberbegriff die vorgenannten *drei Kernbereiche*[7] Transparenz, Partizipation und Kollaboration. Sie bilden die Grundsteine für zahlreiche Teilbereiche, Aspekte und weitere Bausteine von Open Government. Aufgrund der Dynaxität und der Vielzahl der Möglichkeiten und Ausprägungen von Open Government befindet sich die Entwicklung hier in vielen Bereichen noch in einem frühen Entwicklungsstadium. Open Government zielt auf eine *umfassende Mitwirkung*[8] ab und soll neben der Zukunftsfähigkeit der Gesellschaft und der Stärkung der Demokratie insbesondere auch die *Wirtschaft fördern*. Innovationen sollen bewirkt und gefördert und eine ökonomische Wertschöpfun/g erzielt werden. Aufgrund der stetigen gesellschaftlichen, politischen und technischen Weiterentwicklung ist Open Government kein auf einen Abschluss angelegter Prozess, sondern entwickelt sich *ohne natürlichen Endpunkt*.[9] Open Government ist die Grundlage für eine moderne Demokratie im Rahmen einer globalisierten und digitalisierten Gemeinschaft und eines modernen und zukunftsorientierten Verwaltungshandelns.[10]

Downloads/DE/Nachrichten/Kurzmeldungen/2017/teilnahmeaufruf-ogp-wettbewerb.pdf?__blob=publicationFile; vgl. auch *Sönke E. Schulz*, Aktuelle Entwicklungen im Informationszugangsrecht – erreicht „Open Data" den Gesetzgeber, VerwArch 2013, S. 327–343, 331, der Open Government unter weiterem Nachweis auf *Philipp Müller*, machiavelli.net: Strategie für unsere offene Welt, Bad Vilbel 2012, als ein Konzept offenen Staatshandelns bezeichnet.

6 *Schulz* (Fn. 5), S. 330 f.; vgl. auch *Wolfgang Zink*, in: „Open Government: Herausforderungen für eine moderne Verwaltung", Leitfragen zur Anhörung der Enquête-Kommission 16/2 „Bürgerbeteiligung" am 07.12.2012, 1–10, 1, (veröffentlicht auf: http://www.landtag. rlp.de/landtag/vorlagen/2-164-16.pdf), der Open Government als politischen Leitgedanken bezeichnet; *Margrit Seckelmann*, Wohin schwimmt die Demokratie?, „Liquid Democracy" auf dem Prüfstand, DÖV 2014, S. 1–10, 4.

7 Andere sprechen von **3 Säulen**, so z.B. *Christoph Gusy*, Informationsfreiheit – Öffentlichkeitsarbeit – Transparenz, JZ, 2014, S. 171–179, 177; *Johann Höchtl/Martin Kaltenböck/Peter Parycek/Judith Schossböck/Thomas Thurner*, Open Government Data: Potentiale, Risken und Hürden, Berlin 2011; oder von **3 Dimensionen**, so *Schulz* (Fn. 5), S. 331; *Reinbert Schauer*, Öffentliche Betriebswirtschaftslehre – Public Management, 3. Aufl., Wien 2015, der ausführt: „Drei Dimensionen (Säulen) prägen die Grundzüge des Open Government" (Kapitel 2.5. Open Government).

8 Vgl. *Bernhard Krabina/Brigitte Lutz*, Open-Government-Vorgehensmodell, Umsetzung von Open Government, Version 3.0, KDZ Zentrum für Verwaltungsforschung, Wien 2016, S. 1–77, 8, veröffentlicht auf: http://www.kdz.eu/de/open-government-vorgehensmodell, die **5 Phasen** unterscheiden.

9 Digitale Agenda 2014–2017 der *Bundesregierung*, S. 1, die von einem „nicht abschließenden Prozess" spricht, veröffentlicht auf: https://www.digitale-agenda.de/Content/DE/_Anlagen/2014/08/2014-08-20-digitale-agenda.pdf?__blob=publicationFile&v=6; *Zink* (Fn. 6), S. 5.

10 Vgl. www.bmi.bund.de/DE/Themen/Moderne-Verwaltung/Open-Government/open-government_node.html.

Nachfolgend wird zunächst der Kernbereich Transparenz betrachtet. Im Anschluss werden die weiteren Kernbereiche Partizipation und Kollaboration dargestellt und anschließend werden weitere Teilbereiche und Aspekte beleuchtet. Dabei erfolgt auch eine Verortung von Open Government im Rahmen der derzeitigen internationalen und europarechtlichen Hintergründe und Entwicklungen sowie ein Blick auf einzelne aktuelle Umsetzungen in der Praxis. Zum Abschluss erfolgen eine Gegenüberstellung von Vorteilen und Chancen sowie Risiken und Nachteilen mit einem Ausblick auf die zukünftige Entwicklung von Open Government. *2*

B. Transparenz

Transparenz bildet eine wesentliche Grundlage für ein Open Government. Einige sprechen sogar von einer *herausragenden Rolle innerhalb der drei Kernbereiche*.[11] „Eine demokratische Gesellschaft braucht mündige und gut informierte Bürgerinnen und Bürger", lautet der erste Satz des Referentenentwurfs zum Transparenzgesetz Rheinland-Pfalz[12], der die Zielrichtung von Transparenz vorgibt. Um dieses Ziel zu erreichen, braucht es Transparenz im Sinne von offenen, zugänglichen und nachvollziehbaren Daten und Informationen. Transparenz ist die zentrale Grundlage, um die Informationsinteressen und -bedürfnisse der Allgemeinheit zu erfüllen. Es steht außer Frage, dass die Verwaltung über eine sehr große Menge an Daten und Informationen verfügt[13], die einen hohen Nutzwert und ein erhebliches Wertschöpfungspotenzial haben. Transparenz ist das Gebot der Stunde.[14] *3*

Im Kern stehen sich bei der Transparenz *verschiedene Interessen und Beweggründe*, zum Teil diametral, gegenüber. Dabei steht das *Informationsinteresse* der Allgemeinheit auf der einen und das *Geheimhaltungsinteresse* sowie das *Interesse an einer ordnungsgemäßen und funktionsfähigen Verwaltung* auf der anderen Seite. Das Informationsinteresse umfasst das Informationsinteresse der Öffentlichkeit oder einer Personenmehrheit ebenso wie die Informationsinteressen Einzelner. Das Interesse an einer ordnungsgemäßen und funktionsfähigen Verwaltung liegt im Interesse des Staates selbst sowie der zugehörigen Bundesländer, aber auch im Interesse jeder einzelnen Behörde und sogar im Interesse der jeweiligen einzelnen Bediensteten. Ein Wesensmerkmal der Transparenz im rechtlichen *4*

11 *Schulz* (Fn. 5), S. 331.

12 Referentenentwurf Transparenzgesetz Rheinland-Pfalz vom 28.11.2014, veröffentlicht auf www.transparenzgesetz.rlp.de.

13 Die *Bundesregierung* führt dazu aus: „Durch die Verwaltung wird eine riesige Menge an Daten erhoben – seien es statistische Daten, Umweltdaten, Verkehrsdaten oder Geodaten.", vgl. http://www.bundesfinanzministerium.de/Content/DE/Standardartikel/Themen/Bundesvermoegen/Privatisierungs_und_Beteiligungspolitik/Beteiligungspolitik/Beteiligungsberichte/beteiligungsbericht-des-bundes-2016.pdf;jsessionid=ABD04901B5339BE23C1B74C08D639425?__blob=publicationFile&v=15.

14 So ausdrücklich das BMI auf: http://www.bmi.bund.de/DE/Themen/Moderne-Verwaltung/Open-Government/Regierungs-Verwaltungshandeln/regierungs-verwaltungshandeln_node.html.

Sinne ist es deshalb, einen *angemessenen Interessenausgleich* zwischen den gegenläufigen Interessen zu schaffen.[15] Open Government bedarf stets einer Ausgewogenheit und Balance im Rahmen und aufgrund der gesetzlichen Vorgaben. Transparenz gebietet es daher, zu bestimmen und in jedem Einzelfall zu prüfen, ob, wem, durch wen, wann und in welchem Umfang Zugang zu amtlichen Informationen zu gewähren ist. Denn „durchsichtig und transparent heißt jedoch nicht gläsern".[16] So dürfen beispielsweise eine ausufernde Neugier oder ein offensichtlicher Missbrauch die Gemeinwohlinteressen und die Interessen des Staates und seiner Einrichtungen nicht gefährden. Die Funktionsfähigkeit der Verwaltung muss durch Open Government gefördert, aber nicht gefährdet werden.

C. Hintergründe

5 Transparenz ist aufgrund der Digitalisierung und der Massendatenverarbeitung inzwischen ein vielzitierter Begriff geworden. In nahezu allen Bereichen, in denen Unklarheiten oder ein öffentliches Interesse an Offenlegung auftreten, wird Transparenz gefordert. Vom Dieselskandal bis hin zur Höhe von Managergehältern, von den Inhaltsstoffen in Lebensmitteln bis hin zu den Produktionsbedingungen. Bürger und Verbraucher begehren Daten, Informationen und Auskunft. Das Offenbaren von vermeintlichen Missständen und das „Anprangern" wird durch digitale Medien zusätzlich angeheizt. Transparenz im Sinne von Open Government bezieht sich dabei aber ausschließlich auf die Verwaltung, also amtliche Daten und Informationen. Sie ist insoweit abzugrenzen von der *Transparenz im zivilrechtlichen und gesellschaftspolitischen Sinne*, die beispielsweise in den Bereichen der aktuellen Diskussionen im Arbeitsrecht zur Schließung der Lohnlücke zwischen Gehältern von Männern und Frauen[17] oder bei der Höhe von Managergehältern, den Hintergrund bildet. Es gibt freilich Überschneidungen, wie zum Beispiel im Bereich des Vergaberechts, wo das Transparenzgebot schon seit langem ein anerkanntes Kriterium für eine ordnungsgemäße Vergabe ist.[18]

6 Das erste Bundesland, das ein Transparenzgesetz verabschiedet hat, war Hamburg. Das *Hamburgische Transparenzgesetz (HmbTG)* ist bereits am 06.10.2012 in Kraft getreten.[19] Die wesentliche Neuerung besteht in einem elektronischen Informationsregister, das als Transparenzplattform jedermann und jederzeit Zugang

---

15 Referentenentwurf Transparenzgesetz Rheinland-Pfalz vom 28.11.2014, veröffentlicht auf www.transparenzgesetz.rlp.de, S. 1 B.

16 Referentenentwurf Transparenzgesetz Rheinland-Pfalz vom 28.11.2014, veröffentlicht auf www.transparenzgesetz.rlp.de, S. 1 A.

17 Gesetz zur Förderung der Transparenz von Entgeltstrukturen (Entwurf), BT-Drucks. 18/11133 vom 13.02.2017, veröffentlicht auf: http://dipbt.bundestag.de/doc/btd/18/111/1811133.pdf.

18 *Nicola Ohrtmann*, in: Malte Müller-Wrede (Hrsg.), Kompendium des Vergaberechts, 2. Aufl., Köln 2013, S. 628, Rn. 22 sowie S. 631, Rn. 32; *Alexander Egger*, in: ebd., S. 1034 Rn. 29 sowie S. 1039 Rn. 49, jeweils m.w.N. auch zur Rechtsprechung. Zum Thema „E-Vergabe" vgl. auch den Beitrag von *Siegel* im vorliegenden Band (Kapitel 13).

19 Hamburgisches Transparenzgesetz (HmbTG), HmbGVBl. I Nr. 29/2012, S. 271.

zu den dort veröffentlichten amtlichen Informationen gewährt.[20] Damit hatten informationsinteressierte Personen erstmals in Deutschland die Möglichkeit, elektronisch über das Internet auf amtliche Informationen zugreifen zu können und zwar *ohne eine vorherige Anmeldung*. Der Zugriff war und ist damit weltweit, anonym, kostenfrei und jederzeit möglich.

Auch *Bremen* ist diesen Weg gegangen und betreibt seit 2015 ein Transparenzportal als Transparenzplattform im Internet[21]. Mit der am 08. 11. 2016 verabschiedeten Digitalisierungsstrategie werden auch in Bremen das Open Government und die Digitalisierung weiter vorangetrieben[22]. Ein Transparenzgesetz wie in Hamburg wurde allerdings bislang nicht verabschiedet. *7*

Das Hamburgische Transparenzgesetz diente Rheinland-Pfalz als Vorlage, um als erstes Flächenbundesland ein Transparenzgesetz zu verabschieden und ebenfalls eine elektronische Transparenzplattform einzurichten. Am *01. 01. 2016* ist das *Landestransparenzgesetz (LTranspG) in Rheinland-Pfalz* in Kraft getreten[23]. *8*

Auch in anderen Bundesländern, wie beispielsweise Bayern[24], Berlin[25], Hessen[26] und Nordrhein-Westfalen[27] wurden *Entwürfe für Transparenzgesetze* erarbeitet[28] oder entsprechende Anträge gestellt.[29] Es ist daher zu erwarten, dass *weitere Transparenzgesetze* in Kraft treten werden. Insbesondere sind in den Bundesländern elektronische Register bzw. Plattformen zu erwarten, die jederzeit einen offenen, anonymen und kostenfreien Zugang zu den dort hinterlegten amtlichen Informationen ermöglichen. *9*

Zum derzeitigen Stand liegt damit im Bereich Transparenz eine vergleichbare Rechtslage vor, wie sie bereits im Rahmen der Informationsfreiheitsgesetze seit *10*

---

20 www.transparenz.hamburg.de.

21 www.transparenz.bremen.de.

22 Verwaltung 4.0 – Digitalisierungsstrategie der Freien Hansestadt Bremen, veröffentlich auf www.senatspressestelle.bremen.de.

23 Landestransparenzgesetz (LTranspG), Gesetz- und Verordnungsblatt für das Land Rheinland-Pfalz Nr. 14/2015, S. 383.

24 Gesetzentwurf für ein Bayerisches Transparenzgesetz, LT Drucks Bayern 17/7550 vom 15. 07. 2015.

25 Gesetzentwurf für ein Berliner Transparenz- und Informationsfreiheitsgesetz (TransIFG), Berlin Drucks. 17/0456 vom 22. 08. 2012.

26 Gesetzentwurf für ein Hessisches Transparenzgesetz (HessTG), LT Drucks Hessen 19/2341 vom 14. 08. 2015.

27 Gesetzentwurf für ein Gesetz zur Verwirklichung von Transparenz und Informationsfreiheit im Land Nordrhein-Westfalen, LT Drucks Nordrhein-Westfalen 16/3248 vom 12. 06. 2013.

28 Auch Niedersachsen zeigt hier Bestrebungen (vgl. *Arne Semsrott*, Entwurf für Informationsfreiheitsgesetz in Niedersachsen: Landesregierung schwingt die Gebührenkeule, netzpolitik.org vom 01. 02. 2017, veröffentlich auf: https://netzpolitik.org/2017/entwurf-fuer-informationsfreiheitsgesetz-in-niedersachsen-landesregierung-schwingt-die-gebuehrenkeule/ mit weiteren Verlinkungen).

29 So beispielsweise in Thüringen: Antrag der Fraktionen DIE LINKE, der SPD und Bündnis 90/DIE GRÜNEN vom 11. 05. 2016, LT-Drs. Thüringen 6/2137.

einigen Jahren besteht. So sind in den Bundesländern Brandenburg (seit 1998), Berlin (seit 1999), Schleswig-Holstein (seit 2000) und in Nordrhein-Westfalen (seit 2002) Informationsfreiheitsgesetze in Kraft getreten. Die übrigen Bundesländer haben aus unterschiedlichen Beweggründen hingegen bislang keine Informationsfreiheitsgesetze verabschiedet. Der Bund hat im Rahmen seiner Annexkompetenz ein Bundesinformationsfreiheitsgesetz verabschiedet, welches am 01.01.2006 in Kraft getreten ist[30].

11 Im Informationsfreiheitsrecht gibt es bereits grundlegende Kommentierungen und maßgebliche Rechtsprechung[31]. Im Bereich der Transparenzgesetze steht die Kommentierung und Rechtsprechung noch am Anfang.[32]

D. Begriff der Transparenz und Abgrenzung zur Informationsfreiheit und zum Datenschutz

12 Transparenz ist eine weitergehende Ausprägung der Informationsfreiheit.[33] Für das Informationsinteresse des einzelnen Bürgers folgt das Recht auf Informationsfreiheit aus seinem Selbstbestimmungsrecht und dem *Recht auf informationelle Selbstbestimmung*. Dies hat das Bundesverfassungsgericht bereits im Jahr 1983 in der grundlegenden Entscheidung zum Volkszählungsgesetz festgestellt.[34] Für die Organe, Einrichtungen und sonstige Stellen der Europäischen Union ist der Grundsatz der Offenheit in *Art. 15 AEUV* verankert. Danach hat jeder Unionsbürger insbesondere das Recht auf Zugang zu Dokumenten der Organe, Einrichtungen und sonstigen Stellen, und die Organe, Einrichtungen oder sonstigen Stellen gewährleisten die Transparenz ihrer Tätigkeit.[35] Kröger führt zutreffend aus, dass damit das Prinzip der Öffentlichkeit der Dokumente der Gemeinschaftsor-

---

30 Gesetz zur Regelung des Zugangs zu Informationen des Bundes (IFG) vom 05.09.2005, BGBl. I 2005 S. 2722–2724.

31 *Friedrich Schoch*, Informationsfreiheitsgesetz – Kommentar, 2. Aufl., München 2016; *Sven Berger/Christoph Partsch/Jürgen Roth/Christopher Scheel*, Informationsfreiheitsgesetz – Kommentar, Köln 2013, jeweils mit zahlreichen Nachweisen zur Rechtsprechung.

32 Ein erster Kommentar zum Hamburgischen Transparenzgesetz wurde von *Asmus Maatsch* und *Christoph Schnabel* veröffentlicht. Für das Landestransparenzgesetz in Rheinland-Pfalz ist eine Kommentierung von *Daniela Heinemann* (Hrsg.) im Erscheinen für 2019 vorgesehen.

33 *Asmus Maatsch*, in: Das Hamburgische Transparenzgesetz – Kommentar (vgl. Fn. 32), 2015, § 1, Rn. 2 ff.; Handbuch zum europäischen Datenschutzrecht, S. 1–226; S. 84 ff.; veröffentlicht auf: http://fra.europa.eu/de/publication/2014/handbuch-zum-europischen-datenschutzrecht; vgl. auch: Rahmenvereinbarung zum „Open Government Pakt für NRW“, S. 1–10, S. 3, veröffentlicht auf: https://open.nrw/sites/default/files/asset/document/rahmenvereinbarung_zum_open_government_pakt_nrw.pdf.

34 BVerfG, Urteil vom 15.12.1983 – 1 BvR 209/83 – BVerfGE 65, 1–71 = NJW 1983, 419, 420.

35 Zum Recht auf Zugang zu Dokumenten der EU-Organe: *Frank Fellenberg/Ulrich Karpenstein*, in: Kölner Handbuch Verwaltungsverfahren, hrsg. von Konrad Redeker/Michael Uechtritz, 3. Aufl., Köln 2017, S. 52, Rn. 12.

gane im europäischen Primärrecht verankert und in den Rang eines verfassungsrechtlich verbürgten Freiheitsrechts erhoben wurde.[36] Im Rahmen des Eigenverwaltungsrechts der EU ist der Dokumentenzugang sowohl im EU-Primärrecht als auch im EU-Sekundärrecht weitreichend geregelt.[37] Die wesentliche Grundlage bildet hier die *Transparenzverordnung* vom 30. 05. 2001.[38] Sie enthält insbesondere in ihrem Erwägungsgrund (2)[39] grundlegende Ausführungen zum Transparenzgedanken, die auch über den Anwendungsbereich des Zugangs zu Dokumenten der Organe hinaus maßgebend sind.

Auch die *Grundrechtecharta* beinhaltet in *Art. 41 Abs. 2 b)* eine grundlegende Rechtsvorschrift zur Transparenz. Danach hat jede Person das Recht auf Zugang zu den sie betreffenden Akten freilich mit der Einschränkung der Vertraulichkeit und des Berufs- und Geschäftsgeheimnisses. *13*

Die Transparenzgesetze in Hamburg und in Rheinland-Pfalz sehen keine Legaldefinition von Transparenz vor. Transparenz wird vielmehr als Leitlinie normiert.[40] Allerdings gibt es in einigen Gesetzen, insbesondere in einigen Landesdatenschutzgesetzen, *Legaldefinitionen* für den Begriff Transparenz.[41] Danach bedeutet Transparenz, dass die Verfahrensweisen bei der Verarbeitung personenbezogener Daten vollständig, aktuell und in einer Weise dokumentiert sind, dass sie in zumutbarer Zeit nachvollzogen werden können. Der Transparenzbegriff im Rahmen von Open Government geht darüber hinaus und bezieht sich nicht allein auf die Verfahrensweisen und auf die Verarbeitung personenbezogener Daten. Die Anknüpfung an eine *Nachvollziehbarkeit* mutet auf den ersten Blick auch irreführend an, klingt sie doch nach Verständnis der Daten und Information. Auch die *Datenschutz-Grundverordnung* knüpft an eine Nachvollziehbarkeit an.[42] Transparenz bedeutet aber nicht, dass der Zugangsberechtigte die Daten und Informationen verstehen muss. Nachvollziehbarkeit im Sinne von Transparenz *14*

36 *Detlef Kröger*, in: Rechts-Handbuch zum E-Government, Köln 2005, S. 1–18, 1 unter weiterem Verweis auf Art. 40 der Charta der Grundrechte der Europäischen Union.

37 Zum Dokumentenzugang im Eigenverwaltungsrecht der EU ausführlich *Friedrich Schoch*, in: ders. Informationsfreiheitsgesetz – Kommentar (Fn. 31), Einl., Rn. 91–154.

38 Verordnung (EG) Nr. 1049/2001 vom 30. 05. 2001, ABl. EG L 145/2001, S. 43–48.

39 „Transparenz ermöglicht eine bessere Beteiligung der Bürger am Entscheidungsprozess und gewährleistet eine größere Legitimität, Effizienz und Verantwortung der Verwaltung gegenüber dem Bürger in einem demokratischen System. Transparenz trägt zur Stärkung der Grundsätze der Demokratie und der Achtung der Grundrechte bei, die in Artikel 6 des EU-Vertrags und in der Charta der Grundrechte der Europäischen Union verankert sind“, Verordnung (EG) Nr. 1049/2001 vom 30. 05. 2001, ABl. EG L 145/2001, S. 43–48, Erwägungsgrund (2).

40 § 1 Abs. 3 LDSG-RLP.

41 § 5 Abs. 2 Ziff. 6 BlnDSG; § 10 Abs. 2 Ziff. 6 DSG NRW; § 10 Abs. 2 Ziff. 6 BbgDSG; § 11 Abs. 2 Ziff. 6 DSV Schulwesen Brandenburg; vgl. aber auch: § 4 Abs. 2 Ziff. 6 VermVV; § 2 Abs. 2 Ziff. 6 SchuFV und § 9 Abs. 2 Ziff. 6 SchuVAbdrV. Alle vorgenannten Legaldefinitionen von Transparenz sind wortgleich jeweils in Abs. 2 Ziff. 6 enthalten.

42 Vgl. Art. 5 Abs. 1 DSGVO: Personenbezogene Daten müssen a) auf rechtmäßige Weise, nach Treu und Glauben und in einer für die betroffene Person nachvollziehbare Weise verarbeitet werden („Rechtmäßigkeit, Verarbeitung nach Treu und Glauben, Transparenz“.

bedeutet vielmehr das Sichtbar-Sein und das Sichtbar-Machen der Daten und Informationen.[43] Maßstab für die Möglichkeit der Nachvollziehbarkeit ist insoweit ein *objektiver und verständiger Informationsberechtigter*. Die *Vollständigkeit* und *Aktualität* ergibt sich mithin auch bereits aus den *Grundsätzen der ordnungsgemäßen Aktenführung*.[44]

15 Transparenz im Sinne von Open Government bedeutet auch mehr als der datenschutzrechtliche Blickwinkel, wonach Bürgerinnen und Bürger ersehen können müssen, welche öffentliche Stelle was, wann und zu welchem Zweck über den Betroffenen weiß.[45] Dieser personenbezogene Anknüpfungspunkt, der sowohl in den Datenschutzgesetzen als auch in den Informationsfreiheitsgesetzen seinen Niederschlag gefunden hat, wird durch die Transparenz erweitert und ausgedehnt. Zum einen erfordert Transparenz die Zugangsmöglichkeit für jedermann und nicht nur für Betroffene. Zum anderen basiert der *Kerngedanke der Transparenz* auf einem umfassenden und voraussetzungslosen Zugang zu allen amtlichen Informationen, soweit keine Bereichsausnahmen bestehen oder entgegenstehende Belange vorliegen.[46] Die Transparenzgesetze der Länder Hamburg und Rheinland-Pfalz sehen deshalb eine entsprechende Trennung zwischen der Möglichkeit des Zugangs zu amtlichen Informationen durch *Antragstellung* und der Möglichkeit des elektronischen Zugangs über die *Transparenzplattform* vor. Letztere steht letztlich jedermann weltweit offen. Er oder sie braucht nicht Bürger bzw. Bürgerin des Landes Hamburg oder Rheinland-Pfalz zu sein. Es ist noch nicht einmal erforderlich, dass er oder sie überhaupt Bürger bzw. Bürgerin der Bundesrepublik Deutschland ist. Da ein Zugriff auf die elektronisch hinterlegten Daten ohne Anmeldung praktisch von jedem Rechner auf der Welt möglich ist, geht die Transparenz insoweit weit über den bisherigen Zugang zu amtlichen Informationen hinaus.

---

43 *Eike Michael Frenzel*, in: Boris Paal/Daniel Pauly, Datenschutz-Grundverordnung – Kommentar, 2017, Art. 5, Rn. 22, mit Verweis auf Brandeis, S. 62 „Sunlight is said to be the best of disinfectants".

44 Zu den Grundsätzen der ordnungsgemäßen Aktenführung ausführlich: Anforderungen an die ordnungsgemäße Aktenführung, Eine Handreichung für Führungskräfte, Staatsarchiv Freie und Hansestadt Hamburg, veröffentlicht in: Der Archivar 66 (2013), S. 169–173 und auf: http://www.hamburg.de/contentblob/4248908/3fafe43598cf8ef25048cd7a570b3ac6/data/handreichung-fuek.pdf.

45 *Klaus Globig/Judith Hartig*, in: Judith Hartig/Helmut Klink/Judith Eiermann, Kommentar zum LDSG Rheinland-Pfalz, 1. Aufl., Wiesbaden 2009, § 1 Ziff. 3. unter Verweis auf BVerfG, NJW 1983, S. 419, 420.

46 Vgl. Referentenentwurf Transparenzgesetz Rheinland-Pfalz vom 28. 11. 2014, veröffentlicht auf www.transparenzgesetz.rlp.de, S. 1–83, 31.

E. Kulturwandel

Die technische Möglichkeit, jederzeit voraussetzungslos in elektronischer Form auf amtliche Informationen der Transparenzplattformen zugreifen zu können, bewirkt einen *Kulturwandel* in der Verwaltung.[47] 16

Andere sprechen auch von einem *Paradigmen- oder Regimewechsel*[48] oder einem *Systemwechsel*[49]. Die Verwaltung soll selbst nicht mehr als *passiver Adressat von Anfragen* und Auskunftsersuchen fungieren, sondern *aktiv und laufend* amtliche Informationen elektronisch zur Verfügung stellen und diese stets aktuell und vollständig halten. Dies ist freilich mit einem erheblichen Aufwand für die Verwaltungen verbunden. Die amtlichen Informationen müssen nicht nur auf ihre Veröffentlichungsfähigkeit hin überprüft und aufbereitet werden, sie sind auch stets auf ihre Aktualität und Vollständigkeit zu prüfen und entsprechend zu aktualisieren. Transparenz zielt also darauf ab, amtliche Informationen zu den Informationsinteressierten zu bringen. In diesem Wandel vom Amtsgeheimnis und vom Bild der verschlossenen Akten hin zur Bringschuld der offenen Zugänglichkeit von amtlichen Informationen in gängigen elektronischen Formaten, liegt der Kulturwandel. Vor dem Hintergrund der Entwicklung des *Akteneinsichtsrechts*[50] und der langjährigen *Arkantradition*[51] stellt die aktuelle Entwicklung eine historisch bedeutsame *Neuausrichtung* dar. 17

---

47 Referentenentwurf Transparenzgesetz Rheinland-Pfalz vom 28.11.2014, veröffentlicht auf www.transparenzgesetz.rlp.de, S. 1–83, 32; Rahmenvereinbarung über die Zusammenarbeit im Bereich des Open Government in Nordrhein-Westfalen „Open Government Pakt für NRW", S. 1–10, Präambel S. 4, veröffentlicht auf: https://open.nrw/sites/default/files/asset/document/rahmenvereinbarung_zum_open_government_pakt_nrw.pdf; Kulturwandel durch Open Data, Behörden Spiegel online [19.05.2011], veröffentlicht auf: http://www.behoerden-spiegel.de/icc/internet/nav/f68/broker.jsp?page=6&startmon=05&attr&uCon=84047765-9a70-0312-d2aa-47107b988f2e&startyear=2011&uTem=aaaaaaaa-aaaa-aaaa-bbbb-000000000011&pagesize=10&uMen=f6810068-1671-1111-be59-264f59a5fb42&_ic_print=true.; *Zink* (Fn. 6), S. 2.

48 *Mario Martini/Matthias Damm*, Auf dem Weg zum Open Government: Zum Regimewechsel im Geodatenrecht, DVBl 2013, S. 1–9, 1; *Oliver Jauch*, Das Hamburgische Transparenzgesetz (HmbTG) – Ein Paradigmenwechsel in der Informationsfreiheit, DVBl 2013, S. 16–24, 24 bezogen auf das Hamburgische Transparenzgesetz; *Jörn von Lucke* (Koordinator), Memorandum zur Öffnung von Staat und Verwaltung (Open Government), Positionspapier der Fachgruppe Verwaltungsinformatik und des Fachbereichs Informatik in Recht und öffentlicher Verwaltung der Gesellschaft für Informatik, Baden-Baden 2012, S. 1–5, S. 1.

49 So beispielsweise *Gerrit Hellmuth Stumpf*, Hamburgs Transparenzgesetz – Eine „Blaupause" für die moderne Informationsfreiheitsgesetzgebung?, VerwArch 2015, S. 499–527, S. 500.

50 Zur historischen Entwicklung des Akteneinsichtsrechts ausführlich: *Thomas Palm*, Akteneinsicht im öffentlichen Recht, Frankfurt u.a. 2002, S. 27 ff.

51 *Michael Fehling*, Freier Informationszugang zwischen öffentlichen und privaten Interessen, DVBl 2017, S. 79–88, 79, der zutreffend eine Abkehr von der Arkantradition anführt; ebenso: *Malte Beyer-Katzenberger*, Rechtsfragen des „Open Government Data"

(Fortsetzung auf Seite 150)

18 Der von Hamburg und Rheinland-Pfalz gewählte Weg ist entsprechend weitreichend und zielt bewusst auf die Erreichung dieses Kulturwandels ab. Es soll ein *Umdenken* sowohl auf Seiten der Informationsempfänger als auch auf Seiten der Verwaltung stattfinden. Ob die Verfügbarkeit von amtlichen Informationen und die Zugangsmöglichkeit zu ihnen in elektronischer Form auch tatsächlich zu einer besseren Bürgerinformation führen und ob Bürgerinnen und Bürger sich zukünftig in größerem Umfang an Staat und Politik beteiligen, ist dabei noch offen.

19 Transparenz ist insoweit ein wesentliches Element von Open Government. Sie bietet eine weitergehende Möglichkeit, um insbesondere die zukünftigen, technisch und elektronisch orientierten Generationen an den Prozessen der demokratischen Willensbildung und der Verwaltung zu beteiligen. Es müssen aber Wege gefunden werden, die sowohl eine Informationsflut auf den Transparenzportalen verhindern, schon jetzt finden sich auf der Transparenzplattform Hamburgs zehntausende Dokumente, als auch den Aufwand für die Verwaltung angemessen berücksichtigen. Hier werden in erster Linie *technische Lösungen* Einsatz finden müssen, wie beispielsweise Software, die automatisiert oder teilautomatisiert personenbezogene Daten unkenntlich macht oder, vergleichbare mit Backup-Systemen, Daten- und Informationsbestände abgleicht und automatisch aktualisiert.

F. Transparenz in der gesetzlichen Umsetzung

20 Aus den bereits in Kraft getretenen Transparenzgesetzen lassen sich *grundlegende Elemente* der Transparenz in der gesetzlichen Umsetzung entnehmen.

I. Gesetzeszweck

21 Die Transparenzgesetze bestimmen einen klaren gesetzlichen *Zweck*: Information durch die Gewährung von Zugang zu *amtlichen Informationen*[52] der Verwaltung.[53] Darüber hinaus soll die Informationsmöglichkeit dazu dienen, die demokratische Meinungs- und Willensbildung zu fördern.[54] Der Zugang zu den amtlichen Informationen soll dazu dienen, eine Kontrolle des staatlichen Handelns zu ermöglichen.[55] Den Informationsinteressierten werden damit nicht nur Möglichkeiten eröffnet, sondern auch Verantwortungen übertragen. Politische Ent-

---

– Aktuelle Entwicklungen und Rechtsprechung zur Weiterverwendung von Informationen des Staates, DÖV 2014, S. 144–152, 144; Umfassend zur Amtsverschwiegenheit und seiner historischen Entwicklung: *Tobias Linke*, Ministerielle Amtsverschwiegenheit vs. ressortbezogene Informationshoheit – Grundsätzliche Überlegungen aus Anlass des „Falls Friedrich", AöR 2016, S. 318–372, 335 ff.

52 Die Transparenzgesetze in Hamburg und Rheinland-Pfalz stellen auf amtliche Informationen ab. Ebenso die Informationsfreiheitsgesetze. Zutreffender ist aber auch die Einbeziehung von amtlichen Daten, denn die Begriffe Daten und Informationen sind nicht deckungsgleich; vgl. dazu auch die Ausführungen zu „Bezugsobjekt der Transparenz".

53 Vgl. § 1 Abs. 1 HmbTG; § 1 Abs. 1 LTranspG RLP.

54 § 1 Abs. 1 HmbTG; § 1 Abs. 2 LTranspG RLP.

55 § 1 Abs. 1 HmbTG; § 1 Abs. 2 LTranspG RLP.

scheidungen sollen nachvollziehbarer und die Möglichkeiten der demokratischen Teilhabe gefördert werden.[56]

II. Bezugsobjekt der Transparenz

Im Rahmen von Open Government ist *Adressat* der Transparenz die Verwaltung. 22
Die Transparenzgesetze in Hamburg und Rheinland-Pfalz richten sich entsprechend auf den Zugang zu amtlichen Informationen[57] bzw. behördlichen Informationen[58]. In Rheinland-Pfalz sind zudem Umweltinformationen ausdrücklich mit aufgenommen worden, weil das Landestransparenzgesetz für das Land Rheinland-Pfalz das Landesumweltinformationsgesetz RLP vom 19.10.2005 außer Kraft gesetzt hat.

Informationen sind alle Aufzeichnungen, unabhängig von der Art ihrer Speiche- 23
rung.[59] Amtliche Informationen sind alle dienstlichen Zwecken dienenden Aufzeichnungen.[60] Die Legaldefinitionen eröffnen einen sehr weitreichenden Begriff der amtlichen Information, was wiederum dem Zweck geschuldet ist, ein *umfassendes Informationsrecht* zu gewährleisten.[61] Die weite Begriffsdefinition beinhaltet damit zwei Aspekte: die Unabhängigkeit von Art und Inhalt der Angaben und die Unbeachtlichkeit des Speichermediums. Erfasst werden alle Arten von dienstlichen Aufzeichnungen, insbesondere Beschlüsse, Bescheide, Schriftsätze, Schreiben, Vermerke, Dienstanweisungen, Verwaltungsvorschriften, Berichte, Analysen, Gutachten, Stellungnahmen, Protokolle, Haushaltspläne, Stellenpläne, Organisationspläne, Geschäftsverteilungspläne, Aktenpläne, Verträge, Statistiken, Messergebnisse, Studien, Beobachtungen, Konzepte, etc. Die Art des Speichermediums umfasst neben schriftlichen Dokumenten in elektronischer oder in Papierform insbesondere auch Film- und Bildaufzeichnungen, Tonaufzeichnungen sowie sonstige elektronische Aufzeichnungen.

III. Beteiligte

Beteiligte sind der jeweils Informationsinteressierte auf der einen und die aus- 24
kunftspflichtige Stelle auf der anderen Seite. Dabei ist noch einmal hervorzuheben, dass *keine Einschränkung* dahingehend besteht, dass der Informationsinteressierte eine bestimmte Zugehörigkeit oder Staatsbürgerschaft haben muss. Das Hamburgische Transparenzgesetz bestimmt ausdrücklich, dass jede Person Anspruch auf Zugang zu Informationen hat,[62] und auch das Landestransparenzgesetz Rheinland-Pfalz benennt ausdrücklich natürliche Personen sowie juristische Personen des Privatrechts und nicht rechtsfähige Vereinigungen von Bürgerinnen

---

56 § 1 Abs. 2 LTranspG RLP.
57 § 1 Abs. 1 i.V.m. § 5 Abs. 1 und 2 LTranspG RLP.
58 § 1 Abs. 1 i.V.m. § 2 Abs. 3 HmbTG
59 § 2 Abs. 1 HmbTG; § 5 Abs. 1 LTranspG RLP.
60 § 5 Abs. 2 LTranspG RLP.
61 Vgl. § 1 Abs. 1 HmbTG.
62 § 1 Abs. 2 HmbTG.

und Bürgern als Anspruchsinhaber.[63] Im Gegenzug werden auch die auskunftspflichtigen Stellen entsprechend weit bestimmt: in Hamburg sind Behörden insbesondere alle Stellen im Sinne des § 1 Abs. 2 des Hamburgischen Verwaltungsverfahrensgesetzes vom 09. 11. 1977[64] und auch in Rheinland-Pfalz ist Behörde ebenfalls insbesondere jede Stelle im Sinne des § 2 des Landesverwaltungsverfahrensgesetzes.[65]

IV. Bereichsausnahmen

25 Die Transparenzgesetze eröffnen den vorgenannten weiten Adressatenkreis sowohl auf der Empfängerseite der Informationsinteressierten als auch auf der Seite der auskunftspflichtigen Stellen. Damit unterliegen grundsätzlich alle amtlichen Informationen der Transparenz. Es liegt aber auf der Hand, dass es *berechtigte Schutzinteressen und Gemeinwohlgründe* gibt, die eine Einschränkung der Transparenz gebieten. Die Gesetzgeber der Transparenzgesetze haben dieser Notwendigkeit auf zwei Ebenen Rechnung getragen: Zum einen wurden *Bereichsausnahmen* normiert, die bestimmte Behörden und Bereiche der Verwaltung aus dem Anwendungsbereich ausnehmen. In diesen Fällen besteht bereits dem Grunde nach kein Anspruch auf Zugang zu amtlichen Informationen. Zum anderen wurden *entgegenstehende Belange* normiert, die im Einzelfall einem dem Grunde nach bestehenden Informationsanspruch entgegenstehen.

26 Zu den Bereichsausnahmen gehören insbesondere:

- die Gerichte und die Strafverfolgungs- und Strafvollstreckungsbehörden, soweit sie als Organe der Rechtspflege oder in richterlicher Unabhängigkeit tätig werden.[66] Soweit sie Aufgaben der öffentlichen Verwaltung wahrnehmen sind die Transparenzvorschriften hingegen grundsätzlich auch auf sie anwendbar,
- die Landesrechnungshöfe,[67]
- der Landesverfassungsschutz,[68]
- die steuerrechtlichen Verfahren nach der Abgabenordnung[69]

und

- die öffentlich-rechtlichen Rundfunkanstalten soweit journalistisch-redaktionelle Informationen betroffen sind.[70] Soweit Aufgaben der öffentlichen Verwaltung wahrgenommen werden, sind die Transparenzvorschriften hingegen grundsätzlich anwendbar.

---

63 § 2 Abs. 1 LTranspG RLP.
64 § 2 Abs. 3 HmbTG.
65 § 3 Abs. 2 LTranspG RLP.
66 § 5 Nr. 1 HmbTG; § 3 Abs. 4 LTranspG RLP.
67 § 5 Nr. 2 HmbTG; § 3 Abs. 5 LTranspG RLP.
68 § 5 Nr. 3 HmbTG. In Rheinland-Pfalz ist der Verfassungsschutz unter entgegenstehenden öffentlichen Belangen normiert worden (§ 14 Abs. 1 Nr. 4 LTranspG RLP).
69 § 5 Nr. 4 HmbTG; § 3 Abs. 8 LTranspG RLP.
70 § 5 Nr. 6 HmbTG; § 3 Abs. 7 LTranspG RLP.

Die Transparenzgesetze enthalten weitere Bereichsausnahmen, die länderspezifisch ausgestaltet sind.[71] In Teilen ist dabei noch unklar, ob derart weitreichende Bereichsausnahmen mit dem Recht auf Informationsfreiheit vereinbar sind. Auch die Grenzziehung zwischen Informationsfreiheit auf der einen und der Freiheit von Wissenschaft, Forschung und Lehre auf der anderen Seite dürfte zu offenen Rechtsfragen führen, die im Zweifel einer gerichtlichen Klärung zugeführt werden.[72] *27*

V. Entgegenstehende Belange

Neben den Bereichsausnahmen können verschiedene Belange einem Informationszugang entgegenstehen. Diese Einschränkung des Rechts auf Informationsfreiheit ist notwendig, um die verschiedenen Interessen der Beteiligten und Betroffenen hinreichend zu berücksichtigen. Sie dienen dem Zweck der Transparenz, ein *ausgewogenes Verhältnis* zwischen den Interessen auch im Einzelfall zu ermöglichen. Die entgegenstehenden Belange sind wiederum von den Landesgesetzgebern in weiten Teilen übereinstimmend, aber dennoch mit länderspezifischen Abweichungen, ausgestaltet worden.[73] Dabei ist insbesondere zu berücksichtigen, dass entgegenstehende Belange sowohl als *zwingender Ausschlussgrund* normiert worden sind als auch einem *behördlichen Ermessen* durch einen Abwägungsprozess unterliegen können. *28*

1. Entgegenstehende öffentliche Belange

Es gibt zahlreiche öffentliche Belange, die einem Zugang zu amtlichen Informationen entgegenstehen können. Sowohl das Hamburgische Transparenzgesetz als auch das Landestransparenzgesetz Rheinland-Pfalz enthalten entsprechende Kataloge.[74] Zu den wesentlichen *schutzwürdigen öffentlichen Belangen* gehören die öffentliche Sicherheit, die Gefahrenabwehr, der Schutz von inter- und supranationalen Beziehungen, die IT-Sicherheit und der Schutz von strafrechtlichen Ermittlungs- oder Vollstreckungsverfahren sowie von anhängigen Gerichts-, Ordnungswidrigkeiten oder Disziplinarverfahren. Wer also beispielsweise Zugang zu Prozessakten eines laufenden Genehmigungsverfahrens begehrt oder Einsatzpläne für den Polizeieinsatz bei einer Großveranstaltung einsehen will, wird damit keinen Erfolg haben. *29*

2. Entgegenstehende Belange des behördlichen Entscheidungsprozesses

Auch der *Schutz der ordnungsgemäßen Verwaltung* ist zu berücksichtigen, um den Erfolg von Entscheidungen und behördlichen Maßnahmen nicht zu gefährden. In laufenden Verwaltungsverfahren und nicht abgeschlossenen Behördenvorgängen *30*

---

71 Vgl. § 5 HmbTG; § 3 LTranspG RLP.

72 Vgl. dazu die Reglung des § 16 Abs. 3 LTranspG RLP, die eine teilweise Bereichsausnahme für Wissenschaft, Forschung und Lehre normiert.

73 Vgl. §§ 6 und 7 HmbTG und §§ 14 bis 17 LTranspG RLP.

74 § 6 HmbTG; § 14 LTranspG RLP.

sind daher die Belange der behördlichen Entscheidungsprozesse besonders zu berücksichtigen.[75] Nur ein überwiegendes Informationsinteresse vermag hier einen Informationszugang im Einzelfall zu begründen.[76] Hierbei ist aber eine sorgfältige und umfassende Interessensabwägung durch die auskunftspflichtige Stelle erforderlich, um den behördlichen Entscheidungsprozess nicht zu gefährden.

3. Entgegenstehende Belange durch geistiges Eigentum, Betriebs- und Geschäftsgeheimnisse

31 Von besonderer praktischer Relevanz sind Informationen, die *geistiges Eigentum oder Betriebs- und Geschäftsgeheimnisse* betreffen[77]. Hierbei sind die rechtlich geschützten Belange des Berechtigten beim geistigen Eigentum bzw. des Unternehmers bei Betriebs- und Geschäftsgeheimnissen unbedingt zu berücksichtigen. In der Praxis befinden sich in der Verwaltung zahlreiche Informationen, die geistiges Eigentum Dritter oder Betriebs- und Geschäftsgeheimnisse darstellen.[78] So können insbesondere Sachverständigengutachten oder gutachterliche Stellungnahmen geistiges Eigentum des Verfassers sein. Und im Rahmen von Genehmigungsverfahren werden vielfach Unterlagen beigefügt, die Betriebs- oder Geschäftsgeheimnisse beinhalten. Das können hochsensible und geheime Informationen sein, indem ein Unternehmen beispielsweise Unterlagen zu einer neuen Technik vorlegt oder aufwendige Forschungsergebnisse zur Begründung anführt. Hier ist auf der Seite der Verwaltung eine besondere Vorsicht geboten, um auch Schadenersatzforderungen zu vermeiden. Dabei stellt sich freilich ein praktisches Problem: die Feststellung, ob und in welchem Umfang geistiges Eigentum oder Betriebs- und Geschäftsgeheimnisse betroffen sind, ist oftmals schwierig zu prüfen. In Hamburg hat man dieses Problem erkannt und im Transparenzgesetz geregelt, dass Betriebs- und Geschäftsgeheimnisse bei Angaben gegenüber Behörden zu kennzeichnen und getrennt vorzulegen sind.[79] In Rheinland-Pfalz muss der mögliche Betroffene auf Verlangen der Verwaltung eine Verletzung geistigen Eigentums oder eines Betriebs- oder Geschäftsgeheimnisses darlegen.[80]

32 Ein Zugang zu Informationen, die geistiges Eigentum oder Betriebs- und Geschäftsgeheimnisse enthalten, ist zu gewähren, wenn eine entsprechende Rechtsgrundlage vorliegt. Dies kann zum einen eine zwingende gesetzliche Vorschrift sein.[81] Zum anderen kann der Betroffene aber auch seine Einwilligung erklären.[82]

---

75 § 6 Abs. 2 Nr. 1 HmbTG; § 15 Abs. 1 LTranspG RLP.

76 Sowohl Hamburg als auch Rheinland-Pfalz haben die entgegenstehenden Belange des behördlichen Entscheidungsprozesses jeweils als „Soll"-Vorschrift gestaltet (§ 6 Abs. 2 Nr. 1 HmbTG; § 15 ABs. 1 LTranspG RLP).

77 § 7 HmbTG; § 16 Abs. 1 Nr. 1 LTranspG RLP.

78 § 7 Abs. 1 HmbTG enthält eine Legaldefinition für Betriebs- und Geschäftsgeheimnisse. Im Übrigen gelten die zivilrechtlichen Grundsätze entsprechend.

79 § 7 Abs. 3 Satz 1 HmbTG.

80 § 16 Abs. 2 Satz 3 LTranspG RLP.

81 § 16 Abs. 1 LTranspG RLP.

82 § 16 Abs. 1 LTranspG RLP.

Eine gesetzliche Grundlage liegt auch vor, wenn das Informationsinteresse das Interesse an der Geheimhaltung überwiegt.[83] Dem Betroffenen ist jedoch vorab Gelegenheit zur Stellungnahme zu gewähren.[84]

Entgegenstehendes geistiges Eigentum oder schutzwürdige Betriebs- und Geschäftsgeheimnisse führen in der Regel aber nur dazu, dass die betroffenen Informationen nicht zugänglich gemacht werden dürfen. Sie sind deshalb zu separieren oder unkenntlich zu machen. Der von Hamburg gewählte Weg der Kennzeichnung und getrennten Vorlage ist deshalb praktikabel. *33*

4. Entgegenstehende Belange des Datenschutzes

Datenschutzrechtliche Belange stellen einen weiteren wichtigen Aspekt beim Zugang zu amtlichen Informationen dar. Denn die amtlichen Informationen enthalten vielfach *personenbezogene Daten* im Sinne des Bundesdatenschutzgesetzes und der Landesdatenschutzgesetze und der seit dem 25. 05. 2018 geltenden Datenschutz-Grundverordnung. Entsprechend sehen die Transparenzgesetze in Hamburg und Rheinland-Pfalz ausdrückliche Regelungen zum Schutz personenbezogener Daten vor.[85] Personenbezogene Daten sind Einzelangaben über persönliche oder sachliche Verhältnisse einer bestimmten oder bestimmbaren natürlichen Person.[86] Soweit amtliche Informationen personenbezogene Daten beinhalten, bedarf es ebenso wie bei den Belangen des geistigen Eigentums oder der Betriebs- und Geschäftsgeheimnisse einer Rechtsgrundlage für den Informationszugang. Diese kann wiederum in einer Rechtsvorschrift liegen oder in der Einwilligung des Betroffenen. Und auch ein Überwiegen des Informationsinteresses kann als Zugangsgrund ausreichen, wenn schutzwürdige Belange des Betroffenen nicht entgegenstehen.[87] *34*

Vom Schutz *ausgenommen* sind personenbezogene Daten in Form von Name, Titel, akademischer Grad, Berufs- und Funktionsbezeichnung, Büroanschrift und Telekommunikationsdaten von Bearbeiterinnen und Bearbeitern soweit sie Ausdruck und Folge der amtlichen Tätigkeit sind.[88] Damit fallen insbesondere *Organigramme* und *Telefonverzeichnisse* mit entsprechenden Durchwahlen grundsätzlich nicht unter den Datenschutztatbestand der Transparenzgesetze und stellen keine entgegenstehenden Belange dar, die einem Informationszugang entgegenstehen. Es mag freilich in begründeten Fällen eine Ausnahme greifen, wenn beispielsweise die dienstlichen Kontaktdaten zu einer Gefährdung des Betroffenen oder zu einem *Missbrauch* der Daten führen. *35*

83 § 7 Abs. 2 HmbTG; § 16 Abs. 1 LTranspG RLP.
84 § 7 Abs. 4 HmbTG; § 16 Abs. 2 Satz 1 LTranspG RLP.
85 § 4 HmbTG; § 16 Abs. 1 Nr. 2 LTranspG RLP.
86 § 3 Abs. 1 BDSG.
87 § 4 HmbTG; § 16 Abs. 1 Nr. 2 LTranspG RLP.
88 § 4 Abs. 2 HmbTG; § 16 Abs. 4 LTranspG RLP.

36 Der Datenschutz wird aber auch gewahrt, wenn die personenbezogenen Daten *unkenntlich* gemacht oder sonst *unzugänglich* gemacht werden, beispielsweise durch Trennung von Aufzeichnungen.[89] In diesem Fall kann die informationspflichtige Stelle den Informationszugang gewähren, ohne datenschutzrechtliche Vorschriften zu verletzen. Aber Vorsicht, auch hier bedarf es wiederum einer entsprechend sorgfältigen Prüfung und Umsetzung, damit alle personenbezogenen Daten vollständig unkenntlich gemacht werden. Freilich droht hier weniger ein materieller Schaden als vielmehr eine *negative Außenwirkung* und ein entsprechender *Imageschaden* aufgrund der unprofessionellen Außenwahrnehmung.

5. Entgegenstehende Belange sonstiger Art

37 Amtliche Informationen, die dem *Statistikgeheimnis* unterliegen, sind nach dem Landestransparenzgesetz Rheinland-Pfalz ebenfalls vom Informationszugang ausgenommen. Dies ist konsequent, stellen doch Rechtsvorschriften zum Schutz von Statistikgeheimnissen vorrangige Regelungen dar. Entsprechend sieht das Hamburgische Transparenzgesetz vor, dass der Informationszugang eingeschränkt ist, soweit eine Weitergabe von amtlichen Informationen durch *höherrangiges Recht* oder *spezialgesetzliche Regelungen* verboten ist.[90] Auch das Landestransparenzgesetz in Rheinland-Pfalz enthält eine entsprechende Regelung.[91]

VI. Informationszugang auf Antrag

38 Der *Informationszugang auf Antrag* ist der Weg zu amtlichen Informationen, der bereits durch die Informationsfreiheitsgesetze eröffnet wird. Die Transparenzgesetze in Hamburg und Rheinland-Pfalz haben mit ihrem In-Kraft-Treten die jeweiligen Landesinformationsfreiheitsgesetze – in Rheinland-Pfalz zusätzlich auch das Landesumweltinformationsgesetz – außer Kraft gesetzt.[92] Die bisherigen Regelungen der Landesinformationsfreiheitsgesetze sind insoweit als Regelungen in die Transparenzgesetze eingeflossen.[93] Der Zugang zu amtlichen Informationen durch Antrag ist damit nach wie vor auch im Rahmen der Transparenzgesetze möglich und stellt eine Ausprägung der Informationsfreiheit dar, die allerdings ein entsprechend *aktives Tun* des Informationsinteressierten erfordert.

39 Der Antrag kann schriftlich oder mündlich gestellt werden.[94] Er kann selbstverständlich auch elektronisch gestellt werden.[95] Er bedarf keiner Begründung, muss

89 § 16 Abs. 1 LTranspG RLP sieht insoweit ausdrücklich vor, das Satz 1 Nr. 2 nicht gilt, wenn die transparenzpflichtige Stelle durch Unkenntlichmachung oder auf andere Weise den Schutz der personenbezogenen Daten wahrt.
90 § 9 Abs. 1 HmbTG.
91 § 2 Abs. 3 LTranspG RLP.
92 § 18 Abs. 3 HmbTG; § 30 Abs. 2 Nr. 1 und 2 LTranspG RLP.
93 Abschnitt 2 §§ 11 bis 13 HmbTG; Teil 3 §§ 11 bis 13 LTranspG RLP.
94 § 11 Abs. 1 HmbTG; § 11 Abs. 1 LTranspG RLP.
95 § 11 Abs. 1 HmbTG; § 11 Abs. 1 LTranspG RLP.

allerdings hinreichend bestimmt sein, damit die Informationen mitgeteilt werden können.[96] Die informationspflichtige Stelle hat hier aber eine gewisse Fürsorgefunktion und muss den Antragsteller bei Unklarheiten unterstützen.[97] Anders als in Hamburg verlangt Rheinland-Pfalz die Erkennbarkeit der *Identität* der Antragstellerin oder des Antragstellers.[98] Damit wird der *Grundgedanke der Anonymität* durchbrochen. Es erscheint fraglich, ob die Identität für einen Informationszugang auf Antrag ein zulässiges Kriterium ist. Der Verein Open Knowledge Foundation Deutschland e.V., der auch Betreiber der Internetseite www.transparenzklagen.de ist, hat insoweit am 20.12.2016 eine Verfassungsbeschwerde eingereicht. Es bleibt abzuwarten, wie das Bundesverfassungsgericht darüber entscheiden wird.

Auch der Informationszugang auf Antrag unterliegt mithin den Beschränkungen 40
durch Bereichsausnahmen und entgegenstehende Belange.

VII. Informationszugang über die jeweilige Transparenzplattform

Die elektronische Veröffentlichung amtlicher Informationen ist das *Herzstück der* 41
Transparenzgesetze in Hamburg und Rheinland-Pfalz. Die auskunftspflichtigen Stellen sind verpflichtet, die nach den Transparenzgesetzen zu veröffentlichenden amtlichen Informationen von sich aus, also *proaktiv*, auf der Plattform zugänglich zu machen.[99]

Das Informationsregister in Hamburg bzw. die Transparenzplattform in Rhein- 42
land-Pfalz sind elektronische Register, die allgemein zugänglich sind und deren Zugang *anonym* möglich ist.[100] Die zur Verfügung gestellten amtlichen Informationen sind in offenen und maschinenlesbaren Formaten zugänglich und mit Metadaten versehen. Sie sind in angemessenen Abständen zu aktualisieren.[101] Jedem Nutzer steht damit ein komfortabler und stetig wachsender Fundus an amtlichen Informationen zur Verfügung.

VIII. Kosten

Der Zugang zu den amtlichen Informationen auf den Transparenzplattformen ist 43
kostenfrei. Damit entfällt eine Hürde, die den ein oder anderen von einem Informationsbegehren bislang abgehalten haben mag. Aber auch beim Informationszugang auf Antrag dürfen die Kosten kein Hindernis sein. Deshalb sind Gebühren so zu bemessen, dass der Anspruch auf Informationszugang wirksam geltend gemacht werden kann.[102] Wird ein Antrag abgelehnt, werden keine Gebühren fäl-

96 § 11 Abs. 2 HmbTG; § 11 Abs. 2 LTranspG RLP.
97 § 11 Abs. 2 Satz 1 HmbTG; § 11 Abs. 2 Satz 2 LTranspG RLP.
98 § 11 Abs. 2 Satz 1 LTranspG RLP.
99 § 3 HmbTG; § 7 LTranspG RLP.
100 § 2 Abs. 6 HmbTG; §§ 6 ff. und § 10 Abs. 1 LTranspG RLP.
101 § 8 Abs. 4 LTranspG RLP.
102 § 24 Abs. 1 Satz 4 LTranspG RLP.

lig.[103] Und auch bei einer Einsichtnahme vor Ort und für die Erteilung mündlicher und einfacher schriftlicher Auskünfte werden keine Gebühren fällig.[104]

IX. Rechtsweg

44 Der Zugang zu amtlichen Informationen im Wege der Transparenz ist Teil der öffentlichen Verwaltung. Für Streitigkeiten ist damit der *Verwaltungsrechtsweg* eröffnet.[105]

G. Landesbeauftragte

45 Um die Einhaltung der Transparenzvorschriften zu gewährleisten, haben sowohl Hamburg als auch Rheinland-Pfalz eine bzw. einen *Landesbeauftragten für Informationsfreiheit* gesetzlich zwingend vorgesehen.[106] Ihre bzw. seine Aufgabe ist die Überwachung der Einhaltung der Bestimmungen der Transparenzgesetze aber auch die Information der Bürgerinnen und Bürger über die Informationsfreiheit und ihre Entwicklungen.[107] In beiden Ländern wurde die Informationsfreiheit mit dem Datenschutz verknüpft, so dass es jeweils nur einen Beauftragten für Datenschutz und Informationsfreiheit gibt. Die Informationen erfolgen insbesondere über die jeweiligen Internetpräsenzen der Landesbeauftragten für Datenschutz und Informationsfreiheit.[108]

H. Besondere Initiativen

46 Transparenz und Informationsfreiheit stoßen in der Öffentlichkeit auf breites Interesse. Vor diesem Hintergrund haben sich auch verschiedene *Initiativen* gegründet, die sich gezielt mit dem Zugang zu amtlichen Informationen befassen. Dazu gehören insbesondere die Initiative Frag-den-Staat[109] und das Portal Transparenzklagen.de.[110] Beide Initiativen sind Projekte der Open Knowledge Foundation Deutschland e. V.[111] und verfolgen das Ziel, Bürgerinnen und Bürger beim Zugang zu amtlichen Informationen zu unterstützen.

I. Missbrauch des Informationszugangs

47 Ein weiter und weitgehend uneingeschränkter Zugang zu amtlichen Informationen birgt leider auch die Möglichkeit des *Missbrauchs*. Durch Anträge und An-

---

103 § 24 Abs. 1 Satz 3 LTranspG RLP.
104 § 24 Abs. 1 Satz 2 LTranspG RLP.
105 § 22 LTranspG RLP.
106 § 14 HmbTG; § 19 LTranspG RLP.
107 § 14 Abs. 2 ff. HmbTg; § 19 Abs. 1 LTranspG RLP.
108 www.datenschutz-hamburg.de; www.datenschutz.rlp.de vgl. auch den Beitrag von *Kügelmann* in diesem Band.
109 www.fragdenstaat.de.
110 www.transparenzklagen.de.
111 Die Open Knowledge Foundation Deutschland ist ein gemeinnütziger Verein, der sich für offenes Wissen, offene Daten, Transparenz und Beteiligung einsetzt (www.oknf.de).

fragen können amtliche Informationen in einem Umfang begehrt werden, der einen hohen Aufwand sowohl in zeitlicher als auch in personeller Hinsicht zur Folge haben kann. Insbesondere vor dem Hintergrund, dass ein vermeintlich Informationsinteressierter weder einen Grund noch ein berechtigtes Interesse vorweisen muss, sind hier querulatorische und unsachliche Informationsbegehren nicht auszuschließen. Das ist mithin weder Zweck noch Zielrichtung von Transparenz und Open Government. Der Gesetzgeber in Rheinland-Pfalz hat dies bereits im Vorfeld erkannt und einen entsprechenden *Missbrauchstatbestand* als entgegenstehenden Belang normiert: Der Antrag auf Informationszugang ist abzulehnen, soweit und solange der Antrag *offensichtlich missbräuchlich* gestellt wurde.[112]

J. Open Government

Ausgehend von den eingangs genannten drei Kernbereichen, Transparenz, Parti- 48
zipation und Kollaboration werden nachfolgend die *Ziele* von Open Government und weitere *wesentliche Teilbereiche und Aspekte* dargestellt.

Dabei ist zu berücksichtigen, dass Open Government eng mit *parallelen Prozes-* 49
sen im Bereich der Digitalisierung verbunden ist. Dazu zählen insbesondere das *E-Government*[113], die *Informations- und Kommunikationstechnik (IKT)*[114], zu der auch die *IT-Sicherheit* gehört, aber auch der *Datenschutz*, als Rahmen zum Schutz personenbezogener Daten. Zukünftig wird in diesem Kanon auch die *artifizielle Intelligenz (AI)*[115] eine wesentliche Rolle spielen, denn auch in der Verwaltung spielen *Legal Tech*[116] und *Automatisierung* eine zunehmend wichtigere Rolle. Alle vorgenannten Leitbegriffe, Prozesse und Konzepte sind eng miteinander verknüpft und verzahnt. So ist beispielsweise weder Open Government noch E-Government ohne entsprechende IKT denkbar. Darüber hinaus besteht eine Einbettung der Prozesse und Maßnahmen in den internationalen, europäischen und nationalen Kontext. Der nationale Kontext unterteilt sich aufgrund des Fö-

112 § 14 Abs. 1 Nr. 12 LTranspG RLP.

113 Zum Begriff des E-Government: *Bernd W. Wirtz/Robert Piehler*, „E-Government", in: Bernd W. Wirtz (Hrsg.), E-Government – Grundlagen, Instrumente, Strategien, 1. Aufl., Wiesbaden 2010, S. 6 ff.; *Jana Drewisch*, Open Government in Deutschland – Welche Ziele des Koalitionsvertrags hat die aktuelle Bundesregierung bis jetzt erreicht? in: Digitale Bibliothek – Offene Wissenschaft, Informationswissenschaftliche Schriftenreihe Nr. 2, Hannover 2016, S. 1–18; kritisch *Utz Schliesky*, Die Zukunft der öffentlichen Verwaltung, DVP 2017, S. 90–98, 94, der die These aufstellt, das E-Government gehöre bislang in die Reihe der gescheiterten Reformbemühungen.

114 *Zink* (Fn. 6), S. 1, der eine zentrale Verbindung zwischen Open Government und den Mitteln der Informationstechnologie anführt.

115 Auch als künstliche Intelligenz (KI) bezeichnet.

116 Zum Begriff Legal Tech: *Martin Fries*, PayPal Law und Legal Tech – Was macht die Digitalisierung mit dem Privatrecht?, NJW 2016, S. 2860–2865 sowie *Stephan Breidenbach/Florian Glatz*, Rechtshandbuch Legal Tech, München 2018.

deralismus wiederum in die Bereiche des Bundes und der Länder. Im Ergebnis besteht *ein Netz aus Verknüpfungen* zwischen den vorgenannten *Strängen*[117], mit unterschiedlichen Auffächerungen und Verästelungen und entsprechenden Wechselwirkungen. Vereinfacht steht dabei ein *„o" für die Prozesse der Offenheit (Open)* (Open Government, Open Access, Open Science, Open Commerce, Open Innovation[118], Open Budget, etc.), ein *„e" (bzw. ein eingedeutschtes „E-") für die Prozesse der electronic* (E-Government, e-democracy, e-Access, e-Science, e-Commerce, etc.) und ein *„i" für die Prozesse der information* (Informations- und Kommunikations-Technologie, IT-Sicherheit, IT-Services (SaaS, HaaS, PaaS, XaaS), etc.) und zukünftig *„ai" für Prozesse der artificial intelligence.* Der Datenschutz steht insoweit übergreifend als Rahmen zum Schutz personenbezogener Daten. Auch und gerade vor diesem Hintergrund sind fach- und ebenenübergreifende Denk- und Handlungsweisen entscheidend, um die Ziele von Open Government und der parallelen Prozesse bzw. Stränge zu erreichen.

1. Ziele von Open Government

50 Open-Government soll das „Wissen" von Politik und Verwaltung für die Allgemeinheit verfügbar machen.[119] Es ist die *Grundlage für ein offenes Regierungs- und Verwaltungshandeln.*[120] Neben den Zielen der Transparenz, der Partizipation und der Kollaboration, die bereits aus den drei Kernbereichen folgen, zählen auch die Praktikabilität und Effektivität des Verwaltungshandelns zu den wesentlichen Zielen.[121] Im Kern verändert Open Government damit die Kommunikation und den Austausch von Daten und Informationen zwischen den Beteiligten.[122]

---

117 Die derzeitigen Hauptstränge Open Government, eGovernment, IKT, Datenschutz und AI sind nicht abschließend und unterliegen einer starken Weiterentwicklung. Gleiches gilt für die jeweiligen Kernbereiche und für die Teilstränge bzw. Teilbereiche.

118 Zu Open Innovation: *Ralf Daum*, Open Innovation als Teil der Verwaltungsmodernisierung, Bindeglied zwischen New Public Management und Open Government, innovative verwaltung 10/2012, S. 35–46.

119 So ausdrücklich die Nationale E-Government-Strategie des IT-Planungsrates (NEGS), Fortschreibung 2015, Stand 01. 10. 2015, S. 1–21, 21, veröffentlicht auf http://www.it-planungsrat.de/SharedDocs/Downloads/DE/NEGS/NEGS_Fortschreibung.pdf?__blob=publicationFile&.

120 So die Ziele von Open Data der Bundesregierung, im Rahmen der Digitalen Verwaltung 2020, veröffentlicht auf: http://www.verwaltung-innovativ.de/DE/E_Government/Open_Government/Open_Government_node.html.

121 Vgl. BMI im Teilnahmeaufruf zum Pilotprojekt „Modellkommune Open Government", veröffentlicht auf: https://www.bmi.bund.de/SharedDocs/Downloads/DE/Nachrichten/Kurzmeldungen/2017/teilnahmeaufruf-ogp-wettbewerb.pdf?__blob=publicationFile.

122 *Reichwein* führt zutreffend aus, dass der Weg von der Einweg-Kommunikation (Die Behörde informiert...) zum Web-basierten Dialog führt und sich die klassische Kommunikationsrichtung verändert (*Alfred Reichwein*, „Moderne Verwaltung", in: Torsten Fischer/Bernhard Frevel/Rainer Paulic/Wolfgang Pippke/Iris Wiesner (Hrsg.), Verwaltungsmanagement und Organisation, 3. Aufl., Frankfurt 2014, S. 23–65, 62).

Ein wesentliches Ziel ist dabei die *Wirtschaftsförderung*.[123] Durch neue Dienstleistungen und Innovationen sollen das *Wertschöpfungspotenzial* der Verwaltungsdaten und -informationen gehoben und *neue Arbeitsplätze* geschaffen werden. Die wirtschaftlichen Wertschöpfungsmöglichkeiten betont bereits die *PSI-Richtlinie* der Europäischen Union ausdrücklich[124]. Nach Art. 3 Abs. 1 und 2 soll die Weiterverwendung von Dokumenten nicht nur zu nicht-kommerziellen, sondern auch zu *kommerziellen Zwecken* gestattet werden.[125] Die Daten und Informationen der Verwaltung bilden eine breite und unerschöpfliche Grundlage für eine nahezu unbegrenzte Anzahl wirtschaftlicher Nutzungsmöglichkeiten. So können die Daten des Deutschen Wetterdienstes für Wettervorhersageanwendungen oder die Straßendaten für Kartendienste verwendet werden.[126] Analysedaten des Leitungswassers können für Qualitätsvergleiche genutzt werden[127] oder Daten aus dem Bildungsbereich können für die Auswahl von Bildungsmöglichkeiten genutzt werden.[128] Der Kreativität und der innovativen Schaffenskraft der Allgemeinheit sind hier keine Grenzen gesetzt. Open Government bildet vielmehr gerade eine Grundlage für mehr *Innovation*.[129] *51*

Die *ökonomischen Wirkungen* des Open Government sind von wesentlicher Bedeutung. Denn der Wert der Daten und Informationen, die in der Verwaltung verarbeitet werden, liegt weit über dem Nutzen für die Verwaltung selbst.[130] Die Europäische Kommission geht von einem Potenzial von *140 Mrd. Euro pro Jahr* aus.[131] Die Stadt Berlin sieht ein Potenzial von 20 bis 50 Millionen Euro allein für die Stadt Berlin.[132] Auch die Studien im Auftrag des Bundesarchivs der *52*

123 *Beyer-Katzenberger* (Fn. 51), S. 145; KAS Studie „Open Data – Die wichtigsten Fakten zu offenen Daten“, von *Pencho Kuzev*, Berlin 2016, veröffentlicht auf: http://www.kas.de/wf/doc/kas_44530-544-1-30.pdf?160315122244.

124 Richtlinie 2013/37/EU, ABl EU L 175 vom 27.06.2013, S. 1–8, Erwägungsgrund (3) und Richtlinie 2003/98/EG, ABl EU L345 vom 31.12.2003, S. 90–97 (PSI-Richtlinie), Erwägungsgrund (5).

125 Art. 3 Abs. 1 und 2 der Richtlinie 2013/37/EU vom 26.06.2013 sowie Art. 3 der Richtlinie 2003/98/EG vom 17.11.2003; vgl. auch: KAS Studie „Open Data – Die wichtigsten Fakten zu offenen Daten“ (Fn. 123).

126 *Beyer-Katzenberger* (Fn. 51), S. 145.

127 KAS Studie „Open Data – Die wichtigsten Fakten zu offenen Daten“ (Fn. 123), unter Anführung des Beispiels der Stadt Heilbronn.

128 KAS Studie „Open Data – Die wichtigsten Fakten zu offenen Daten“ (Fn. 123), unter Anführung des Portals Skills Route von Mime Consulting.

129 *Schulz* (Fn. 5), S. 331.

130 Studie der *Technologie Stiftung Berlin* „Digitales Gold – Nutzen und Wertschöpfung durch Open Data für Berlin“, von *Jens Preische*, Berlin 2014, S. 1–55, 4, veröffentlicht auf: https://www.technologiestiftung-berlin.de/fileadmin/daten/media/publikationen/140201_Studie_Digitales_Gold_Open_Data.pdf.

131 Gesetzentwurf zur Änderung des E-Government-Gesetzes vom 27.01.2017, BR-Drucks. 62/17 unter Bezugnahme auf: KAS Studie „Open Data – Die wichtigsten Fakten zu offenen Daten“ (Fn. 123).

132 *Technologie Stiftung Berlin/Preische* (Fn. 130), S. 4.

Schweiz[133] und der Unternehmensberatung McKinsey[134] sehen ein großes *Wertschöpfungspotenzial* und *erhebliche volkswirtschaftliche Effekte.*

53 Aber auch die aktive Beteiligung der Bürgerinnen und Bürger, zur *Stärkung der Demokratie*, ist ein Ziel von Open Government.[135] Die Verwirklichung einer offenen Verwaltung umfasst weitere Ziele und ist im Rahmen des konzeptionellen Ansatzes von Open Government und der Dynaxität des Prozesses nicht abschließend. Es geht nicht allein um den Zugang zu Daten und Informationen, sondern um eine Weiterentwicklung des Zusammenwirkens von öffentlichem und privatem Sektor.[136]

2. Gegenstand von Open Government

54 Gegenstand von Open Government ist das *Wissen*, welches insbesondere im öffentlichen Sektor in Form von Daten, Datensätzen und Informationen vorliegt.[137] Dieses Wissen gilt es zum Wohle der Allgemeinheit zu nutzen. Denn *Daten sind der Rohstoff des 21. Jahrhunderts.*[138] Das Wissen der Politik und der Verwaltung zeichnet sich nicht nur durch seine große Menge aus, sondern auch durch seine

---

133 Studie im Auftrag des Bundesarchivs der Schweiz von *Adelheid Bürgi-Schmelz* „Wirtschaftliche Auswirkungen von Open Government Data", 2013, S. 1–124, veröffentlicht auf: https://www.google.de/search?q=wirtschaftliche+Auswirkungen+open+government+data+schweiz&oq=wirtschaftliche+Auswirkungen+open+government+data+schweiz&aqs=chrome..69i57.8660j0j8&sourceid=chrome&ie=UTF-8, die sich ausführlich auch mit den wirtschaftshistorischen Hintergründen befasst.

134 *Michael Chui/Diana Farrell/Steve Van Kulken*, Generating Economic Value through Open Data, von, in Beyond Transparency, Chapter 13, veröffentlicht auf http://beyondtransparency.org/chapters/part-3/generating-economic-value-through-open-data/.

135 Grundlagenpapier des *Arbeitskreises Open Government Partnership Deutschland*, „Gemeinsam in die Zukunft – Deutschland in der Open Government Partnership", Version 1.0, Juli 2016, S. 1–24, 6, veröffentlicht auf https://opengovpartnership.de/dokumente/.

136 So das Grundlagenpapier des *Arbeitskreises Open Government Partnership Deutschland* (Fn. 135), das von einer konzeptionellen Weiterentwicklung des demokratischen Rechtsstaats unter Berücksichtigung neuer technologischer Möglichkeiten spricht.

137 Zum Begriff der Information ausführlich *Friedrich Schoch*, Informationsfreiheitsgesetz – Kommentar (Fn. 31), § 2 Rn. 13–40, der insbesondere auch zum wissenschaftlichen Informationsbegriff Bezug nimmt.

138 So ausdrücklich die Überschrift der Pressemitteilung des BMI zum Open Data Gesetz vom 25. 01. 2017 „Daten als Rohstoff der Zukunft", veröffentlicht auf: http://www.bmi.bund.de/SharedDocs/Pressemitteilungen/DE/2017/01/open-data-gesetz.html; so auch bereits *Angela Merkel* beim Besuch der Cebit 2016, vgl. FAZ vom 12. 03. 2016, veröffentlicht auf: http://www.faz.net/aktuell/wirtschaft/cebit/vor-der-cebit-merkel-daten-sind-die-rohstoffe-des-21-jahrhunderts-14120493.html. Und auch der Entwurf zur Änderung des E-Government vom 13. 01. 2017 bezeichnet Daten in digitaler Form als *„Treibstoff der Zukunft"* oder als *„das neue Öl"*. Das BMI spricht allerdings auch von *„Informationen als Rohstoff des 21. Jahrhunderts"* auf: http://www.bmi.bund.de/DE/Nachrichten/Dossiers/OpenData/opendata_node.html woraus noch einmal erkennbar wird, dass Daten und Informationen gleichermaßen von Open Government umfasst werden.

Verlässlichkeit, seine *Integrität*, seine *Vertraulichkeit* und seine *Verfügbarkeit*. Gerade im Zeitalter zunehmender Verunsicherung und steigender Verbreitung falschen Wissens bildet die Verwaltung eine verlässliche Quelle für Daten und Informationen. Das Wissen der Verwaltung zeichnet sich zudem dadurch aus, dass es bereits generiert worden ist. Die Daten und Informationen werden zudem stetig weiterentwickelt. Täglich werden in allen Bereichen der Verwaltung neue Daten erhoben und Informationen erzeugt. Dieses Wissen der Politik und der Verwaltung wurde und wird mit Geldern der Allgemeinheit, nämlich im Wesentlichen mit Steuergeldern finanziert[139], so dass finanzielle Erwägungen einer offenen Zugänglichkeit dem Grunde nach nicht entgegenstehen.

Aus juristischer Sicht handelt es sich bei den Daten und Informationen der Verwaltung im Regelfall um *öffentliche Sachen*.[140] Der Begriff der öffentlichen Sachen folgt dabei nicht allein dem zivilrechtlichen Sachbegriff des § 90 BGB.[141] So sind auch das offene Meer, der Luftraum oder elektrische Energie öffentliche Sachen.[142] Maßgeblich ist, dass die Daten und Informationen gewidmet und Gegenstand einer öffentlichen Aufgabenerfüllung sind.[143] Sofern dem Zugang zu Daten und Informationen also eine Widmung zugrunde liegt und die Zugänglichmachung Teil der öffentlichen Aufgabenerfüllung ist, handelt es sich bei den betroffenen Daten und Informationen um öffentliche Sachen. *55*

3. Adressaten des Open Government

Als *Adressat* des Open Government steht auf der einen Seite der öffentliche Sektor (public sector), also in erster Linie die Politik und die Verwaltung als Erzeuger, Träger und Bewahrer von Wissen, Daten und Informationen. Auf der anderen Seite steht die Öffentlichkeit bzw. Allgemeinheit als Zugangsberechtigter und Zielgruppe. Die Allgemeinheit umfasst dabei alle Bürgerinnen und Bürger, aber auch Unternehmen, Verbände und Vereinigungen. Damit werden insbesondere auch Initiativen, Aktivisten, Medienvertreter, Blogger und Interessenvertreter als Zugangsberechtigte und Zielgruppe umfasst. Es bestehen keine Einschränkungen dahingehend, welche Zwecke und Absichten mit dem Informationszugang verfolgt werden. Seitens der Adressaten können private Zwecke ebenso verfolgt werden wie kommerzielle und übergreifende Zwecke oder aber gemeinnützige Zwecke. Die Grenzen findet die Verwendung von Wissen hier freilich in den gesetzlichen Vorgaben und Schutzvorschriften. Insbesondere eine strafbare oder ver- *56*

---

139 Vgl. *Beyer-Katzenberger* (Fn. 51), S. 150, der ausführt, dass „die Kosten der Erfüllung dieses öffentlichen Auftrags durch den Steuerzahler bereits gedeckt sind“.

140 *Mario Martini/Matthias Damm*, Auf dem Weg zum Open Government: Zum Regimewechsel im Geodatenrecht, DVBl 2013, S. 1–9, 6; *Christian Heise*, in: KAS Studie „Open Data – Die wichtigsten Fakten zu offenen Daten“ (Fn. 123), S. 3, der Daten die Eigenschaften öffentlicher Güter zuspricht.

141 *Martini/Damm* (Fn. 140), S. 6.

142 *Martini/Damm* (Fn. 140), S. 6.

143 *Martini/Damm* (Fn. 140), S. 6 m.w.N.

fassungswidrige Verwendung ist damit unzulässig. Die im Rahmen der Transparenz dargestellten Bereichsausnahmen und entgegenstehenden Belange sind hier zu berücksichtigen.

4. Die Kernbereiche des Open Government

57 Ebenso wie zwischen Open Government und den parallelen Prozessen E-Government, IKT, Datenschutz und künstlicher Intelligenz bestehen auch zwischen und zu den Kernbereichen enge *Verknüpfungen und Verzahnungen.* Und auch die nachfolgenden Teilbereiche stehen zueinander in enger Verknüpfung und Wechselwirkung.[144] Das Open Government steht damit als Leitbild übergreifend für den Gesamtprozess der Schaffung und Gestaltung einer offenen Verwaltung mit all seinen Kern- und Teilbereichen, Bausteinen und Aspekten.

a) Transparenz

58 Der Kernbereich *Transparenz* wurde bereit eingehend erörtert, so dass auf die Ausführungen zur Transparenz verwiesen wird. Die nachfolgenden Teilbereiche, die internationalen und europäischen Hintergründe, die praktischen Umsetzungen, die Vor- und Nachteile, die Risiken und Chancen sowie der Ausblick umfassen mithin alle drei Kernbereiche und beziehen sich insoweit auch auf die Transparenz.

b) Partizipation

59 Partizipation bedeutet die *Teilhabe der Allgemeinheit* an den Prozessen und Maßnahmen der Verwaltung.[145] Eine offene Verwaltung, insbesondere ein offener Zugang zu Daten und Informationen, geht vor allem mit dem Ziel einher, Bürgerinnen und Bürger zu beteiligen.[146] „Open Government, das heißt nicht nur, Daten

---

144 Nach *Bernhard Krabina/Brigitte Lutz*, Open-Government-Vorgehensmodell, Umsetzung von Open Government, Version 3.0, KDZ Zentrum für Verwaltungsforschung, Wien 2016, S. 1–77, S. 9, veröffentlicht auf: http://www.kdz.eu/de/open-government-vorgehensmodell (unter Verweis auf *Jörn von Lucke*: Open Government Collaboration, Friedrichshafen 2012) gibt es beispielsweise verschiedene Abgrenzungsversuche zwischen den häufig nicht genau definierten Begriffen Partizipation und Kollaboration.

145 *Schulz* (Fn. 5), S. 332; *Katharina Große*, KAS Studie „Open Data – Die wichtigsten Fakten zu offenen Daten“ (Fn. 123), S. 2; *Jörn von Lucke*, Öffnung von Staat und Verwaltung, Gutachten für die Deutsche Telekom AG zur T-City Friedrichshafen, Version vom 09. 05. 2010, *Jörn von Lucke*/Deutsche Telekom Institute for Connected Cities/ Zeppelin University gGmbH, 2010, wobei der Begriff „Partizipation 2.0“ verwendet wird, S. 1–34, 3, veröffentlicht auf: https://www.zu.de/info-de/institute/togi/assets/pdf/JvL-100509-Open_Government-V2.pdf; vgl. auch: Rahmenvereinbarung zum „Open Government Pakt für NRW“, S. 1–10, S. 4, veröffentlicht auf: https://open.nrw/sites/default/files/asset/document/rahmenvereinbarung_zum_open_government_pakt_nrw.pdf.

146 Ausführlich: *Jens Klessmann/Martin G. Löhe/Lena-Sophie Müller*, in: Digitale Teilhabe, Papier des Kompetenzzentrum Öffentliche IT und des Fraunhofer-Institut für Offene Kommunikation FOKUS (Hrsg.), 1. Aufl., Berlin 2014, S. 1–29, veröffentlicht auf https://www.oeffentliche-it.de/documents/10181/14412/Digitale+Teilhabe.

bereitzustellen, sondern auch offen zu sein für Gespräche und Diskussionen", beschreibt die Open Government-Strategie des Landes Nordrhein-Westfalen den Prozess zutreffend.[147] Die Gesellschaft und ihre Bürgerinnen und Bürger aber auch Unternehmen und Vereinigungen verfügen über ein breit gefächertes Wissen, regionale Kenntnisse und Erfahrungen sowie über spezielles Fachwissen und Know-how. Eine *aktive Einbindung* in die Verwaltungsprozesse im Rahmen einer Beteiligung und digitalen Beteiligung am Verwaltungshandeln ist daher erklärtes Ziel von Open Government.[148] So entstehen *Win-Win-Situationen und Synergieeffekte* zum Wohle und Nutzen aller Beteiligten. Bürgerinnen und Bürger sollen sich nicht nur informieren, sondern aktiv mitmachen, kommunizieren, diskutieren und ihre Meinungen äußern. Damit verfolgt Open Government letztlich einen ureigenen Ansatz der Demokratie. Einige sprechen deshalb auch von einer neuen *„digitalen Agora"*[149]. Durch Vernetzung und Rückkopplung kann der Dialog zwischen Bürgern, Politik und Verwaltung verbessert werden,[150] denn Beteiligung und Information hängen eng miteinander zusammen.[151]

Es gibt verschiedene Wege und Möglichkeiten einer Beteiligung, die auch als *„E-Partizipation"*, „digitale Teilhabe" oder „elektronische Bürgerbeteiligung" bezeichnet werden.[152] Dazu zählen beispielsweise *Bürgerkonsultationen* oder *E-Petitionen*.[153] Aber auch *Bürgerhaushalte*, *Bürgerdialoge* oder *Bürgergutachten*.[154] Zukünftig werden weitere Beteiligungsformen entstehen, da Beteiligungsverfahren die repräsentative Form der Demokratie ergänzen und eine starke Einbindung der Allgemeinheit in Prozesse und Abläufe ermöglichen.[155] Je intensiver die Beteiligung ist, desto mehr können sich aber auch die Kontrolle und die Machtverhältnisse zwischen den Beteiligten verschieben.[156] *60*

---

147 https://open.nrw/de/content/eckpunkte-der-strategie.

148 Vgl. *Klessmann/Löhe/Müller* (Fn. 146).

149 *Schulz* (Fn. 5), S. 331 m.w.N.; *Matthias Kammer/Marie-Therese Huppertz/Horst Westerfeld* (Hrsg.), Vom Open Government zur Digitalen Agora, Die Zukunft offener Interaktionen und sozialer Netzwerke im Zusammenspiel von Politik Verwaltung, Bürgern und Wirtschaft, ISPRAT Whitepaper, veröffentlich auf http://www.isprat.net/fileadmin/downloads/publikationen/Whitepaper_Open%20Government_Digitale_Agora_formatiert_v039.pdf.

150 *von Lucke* (Fn. 1), S. 1 f.; *Andreas Nold*, Feedback und Bürgernähe durch Bürgerdialog 2.0, der ausdrücklich ausführt: „Mehr Partizipation schafft mehr Vertrauen", innovative verwaltung, S. 39–40, 39.

151 *Ulrich Maly*, Grundlagen für ergebnisorientierte Bürgerbeteiligung, Information, Kommunikation und Partizipation müssen im Dreiklang stehen, in: innovative Verwaltung, 2012, Heft 11, Heft 7–8/2012, S. 14–16, 14, der auch zutreffend ausführt, dass Partizipation die Basis der politischen Legitimation ist.

152 Ausführlich: *Klessmann/Löhe/Müller* (Fn. 146). Zu weiteren wissenschaftlichen Ansätzen von Online-Partizipation auch *Harald Hofmann*, Kooperative Promotionen – Neues Projekt der FHöV-NRW, DVP 2016, S. 359–362.

153 *Seckelmann* (Fn. 5), S. 4; *Schulz* (Fn. 5), S. 332.

154 *Klessmann/Löhe/Müller* (Fn. 146), S. 16 f.

155 *Klessmann/Löhe/Müller* (Fn. 146), S. 8.

156 *Klessmann/Löhe/Müller* (Fn. 146), S. 8.

61 Die Teilhabe ist im Ansatz vergleichbar mit der *Mitbestimmung* im Personalvertretungs- und Betriebsverfassungsrecht. Auch die Beteiligung im arbeits- und dienstrechtlichen Sinne unterscheidet verschiedene Arten und Ausprägungen, die von der einfachen Information über Beteiligungen bis hin zur Mitbestimmung in Form einer echten Zustimmung reichen.[157] Bei der Partizipation im Sinne des Open Government lassen sich ebenfalls verschiedene Arten mit unterschiedlicher Beteiligungstiefe feststellen. So ist eine Abstufung über eine reine *Information* als erster Stufe, eine *Konsultation* als zweiter Stufe, einem transparenten *Diskurs* auf dritter Stufe bis hin zu einer *Abstimmung* vierte Stufe abgrenzbar.[158] Die Entwicklung ist hier noch nicht abgeschlossen und unterliegt sowohl den technischen und organisatorischen Möglichkeiten als auch der gesellschaftlichen Akzeptanz. Auch neue Wege stehen hier offen. Besonders weitreichend ist beispielsweise die Bestimmung *§ 10 Abs. 2 HmbTG*, wonach Verträge so zu schließen sind, dass sie frühestens einen Monat nach Veröffentlichung wirksam werden und die Behörde innerhalb dieser Frist vom Vertrag zurücktreten kann. Stumpf spricht insoweit zutreffend von einer „einmaligen Neuerung".[159]

c) Kollaboration

62 Das Wissen und die Kenntnisse der Bevölkerung sollen über die Partizipation hinaus aber auch gezielt genutzt werden, um eine *Zusammenarbeit* zwischen den Beteiligten zu fördern.[160] Die Bürgerinnen und Bürger sollen sich aktiv an Problemlösungen beteiligen und Vorschläge machen. Neben den Bürgerinnen und Bürgern sind aber auch Vereinigungen, Verbände und Unternehmen angesprochen und aufgefordert als Teil des Open Government-Prozesses mitzuwirken und neue Möglichkeiten des Verwaltungshandelns zu eröffnen und mitzugestalten. Eine solche *Kollaboration* soll beispielsweise durch *E-Partizipationsverfahren* oder gemeinsame Veranstaltungen erfolgen.[161] Aber auch durch Bürgerengagement in Form von *Micro-Engagement* und *Crowdsourcing* bieten sich neue Möglichkeiten der Zusammenarbeit und des Zusammenwirkens zwischen Bürgerin-

157 Vgl. §§ 74 ff. BetrVG, §§ 66 ff. BPersVG sowie die Bestimmungen zur Mitbestimmung und Mitwirkung in den Personalvertretungsgesetzen der Länder.

158 Vgl. *Klessmann/Löhe/Müller* (Fn. 146), S. 8 ff.

159 *Stumpf* (Fn. 49), S. 506; vgl. auch *Fehling* (Fn. 51), S. 87, der die Regelung des § 10 Abs. 2 HmbTG als revolutionär bezeichnet.

160 *Bernhard Krabina/Brigitte Lutz*, Open-Government-Vorgehensmodell, Umsetzung von Open Government, Version 3.0, KDZ Zentrum für Verwaltungsforschung, Wien 2016, S. 1–77, 9, veröffentlicht auf: veröffentlicht auf: http://www.kdz.eu/de/open-government-vorgehensmodell; *Reinbert Schauer*, Öffentliche Betriebswirtschaftslehre – Public Management, 3. Aufl., Wien 2015, der zutreffend ausführt, dass auf „das Wissen und die Kreativität von Dritten" zurückgegegriffen werden soll (Kapitel 2.5 Open Government (3) Kooperation).

161 http://www.bmi.bund.de/DE/Themen/Moderne-Verwaltung/Open-Government/Regierungs-Verwaltungshandeln/regierungs-verwaltungshandeln_node.html.

nen und Bürgern, Unternehmen, Verbänden und der Verwaltung.[162] Der Bund ist bestrebt, die Zusammenarbeit von Verwaltung und Zivilgesellschaft durch Public-Community-Partnerships auszubauen und Wirtschaft und Wissenschaft durch gemeinsame Workshops und Konferenzen einzubinden.[163] Nicht vergessen werden darf dabei auch die Verwaltung selbst, denn auch *innerhalb der Verwaltung* bieten sich neue Möglichkeiten der Zusammenarbeit, beispielsweise durch den behördeninternen Einsatz von Wikis zur *Fortschreibung von Verwaltungsvorschriften*[164] oder der *Nutzung zentraler Datenbestände* zum effizienteren Zugriff.

5. Teilbereiche und Aspekte des Open Government

63 Ausgehend von dem *Memorandum „Transparency and Open Government"* des seinerzeitigen US-Präsidenten Barack Obama aus dem Jahr 2009, das die Kernbereiche Transparenz, Partizipation und Kollaboration ausdrücklich hervorhebt, haben sich verschiedene Teilbereiche und Aspekte des Open Government herausgebildet.[165] Dazu zählen insbesondere

- der Austausch von Daten und Informationen innerhalb der Verwaltung;
- die Offenlegung von Vermögensverhältnissen der Verwaltung;
- die Korruptionsbekämpfung;
- die Bewältigung von politischen und gesellschaftlichen Herausforderungen;
- die Rechenschaftslegung der Verwaltung;
- die Kontrolle der Verwaltung

und

- Open Data

64 Die Teilbereiche sind, wie ausgeführt, nicht abschließend und unterliegen der weiteren politischen, gesellschaftlichen und technischen Entwicklung. Ferner bestehen die genannten *weitreichenden Wechselwirkungen und Überschneidungen* zwischen den Teilbereichen, aber auch zwischen den Teilbereichen und den Kernbereichen, wie beispielsweise zwischen Transparenz und Offenlegung von Vermögensverhältnissen der Verwaltung. Ebenso wie für die Kernbereiche finden sich auch für die Teilbereiche und ihre Aspekte unterschiedliche Formulierungen und Begriffe. So sprechen einige beispielsweise statt von Elementen nur von Aspekten oder Begründungslinien.[166] Auch die Abgrenzung zu den Zielen von Open Government ist fließend. Im Ergebnis herrscht aber, soweit ersichtlich,

162 *Ulrike Hinz/Nora Wegener/Mike Weber/Jens Fromm*, Digitales Bürgerliches Engagement, 1. Aufl., Berlin 2014, S. 1–22, 12, veröffentlicht auf https://unser-quartier.de/wp-content/uploads/2014/09/2014-09-18-Digitales-Buergerschaftliches-Engagement.pdf.

163 BMI in: Nationaler Aktionsplan der Bundesregierung zur Umsetzung der Open-Data-Charta der G8, S. 1–20, S. 5 f.; veröffentlicht auf: https://www.bmi.bund.de/SharedDocs/Downloads/DE/Broschueren/2014/aktionsplan-open-data.pdf?__blob=publicationFile.

164 *Schulz* (Fn. 5), S. 332 m.w.N.

165 Vgl. dazu auch: *Schulz* (Fn. 5), S. 331.

166 *Beyer-Katzenberger* (Fn. 51), S. 144, der „vier Begründungslinien" aufführt.

Einigkeit darüber, dass Open Government ein herausfordernder und komplexer Prozess ist, dessen Kern- und Teilbereiche weitreichend, dynamisch und nicht abschließend sind. Derzeit lassen sich insbesondere die folgenden Teilbereiche abgrenzen:

a) Austausch von Daten und Informationen innerhalb der Verwaltung

65 Daten und Informationen, die allen Verwaltungen zur Verfügung stehen, vereinfachen und beschleunigen Verfahren innerhalb der Verwaltung und führen im Ergebnis zu *besseren Entscheidungen*.[167] Bereits die Transparenzverordnung vom 30. 05. 2001 hebt hervor, dass Transparenz eine größere *Effizienz der Verwaltung* gewährleistet.[168] Durch – auch für die Verwaltung – offen zugängliche Daten und Informationen können *Synergieeffekte*[169] erzielt und Doppelerhebungen vermieden werden.[170] Die Datenqualität steigt, *Verwaltungsprozesse werden beschleunigt* und *Fehler können schneller korrigiert oder vermieden* werden.[171] Open Government bildet dadurch eine Grundlage für eine effektivere und effizientere Verwaltung, die wiederum zu mehr Zufriedenheit bei den Bediensteten aber auch bei den Bürgerinnen und Bürgern führt.

b) Offenlegung von Vermögensverhältnissen der Verwaltung

66 Die Offenlegung von Vermögensverhältnissen stellt einen weiteren Teilaspekt von Open Government dar. Dazu gehört auch die Offenlegung von Beteiligungsverhältnissen. Entsprechend werden, in der Regel jährlich, Beteiligungsberichte veröffentlicht, die über die Beteiligung öffentlicher Stellen an privatrechtlichen Unternehmen berichten.[172]

---

167 http://www.bmi.bund.de/DE/Themen/Moderne-Verwaltung/Open-Government/Regierungs-Verwaltungshandeln/regierungs-verwaltungshandeln_node.html.

168 Verordnung (EG) Nr. 1049/2001 vom 30. 05. 2001, ABl. EG L 145/2001, S. 43–48, Erwägungsgrund (2).

169 Digitale Agenda 2014–2017 der Bundesregierung, S. 4, dort heißt es: „Die Digitalisierung bietet große Potenziale und ermöglicht Synergien", veröffentlicht auf: https://www.digitale-agenda.de/Content/DE/_Anlagen/2014/08/2014-08-20-digitale-agenda.pdf?__blob=publicationFile&v=6.

170 *Beyer-Katzenberger* (Fn. 51), S. 145; KAS Studie „Open Data – Die wichtigsten Fakten zu offenen Daten" (Fn. 123).

171 KAS Studie „Open Data – Die wichtigsten Fakten zu offenen Daten" (Fn. 123).

172 Vgl. statt aller: *Beteiligungsbericht des Bundes 2016*, veröffentlicht auf: http://www.bundesfinanzministerium.de/Content/DE/Standardartikel/Themen/Bundesvermoegen/Privatisierungs_und_Beteiligungspolitik/Beteiligungspolitik/Beteiligungsberichte/beteiligungsbericht-des-bundes-2016.pdf;jsessionid=ABD04901B5339BE23C1B74C08D639425?__blob=publicationFile&v=15;
Beteiligungsbericht Nordrhein-Westfalen 2015, veröffentlicht auf: https://www.finanzverwaltung.nrw.de/sites/default/files/asset/document/beteiligungsbericht_2015.pdf.
Beteiligungsbericht 2015 Rheinland-Pfalz, veröffentlicht auf: https://fm.rlp.de/fileadmin/fm/PDF-Datei/Finanzen/Beteiligungen_des_Landes/Beteiligungsbericht_2015.pdf.

c) Korruptionsbekämpfung

Open Government soll die *Korruptionsprävention* fördern und ermöglichen.[173] 67
Bereits im Jahr 2012 stellte der Arbeitskreis Open Government Partnership Deutschland eine Studie unter anderem zur Korruptionsbekämpfung im Rahmen von Open Government vor.[174] Danach liegt der größte Handlungsbedarf bei der Korruptionsbekämpfung in der strafrechtlichen Verfolgung von *Amtsmissbrauch*.[175] Im Rahmen der Studie wurden 1.007 Bürgerinnen und Bürger telefonisch befragt.[176] 95 % der Befragten waren strafrechtliche Konsequenzen für Amtsträger, die ihre Position missbrauchen wichtig, und 94 % der Befragten sahen Regelungen und Maßnahmen zur Korruptionsbekämpfung in Politik und Verwaltung als wichtig an.[177] 91 % der Befragten waren Informationen über das Ausmaß von Korruption, Amtsmissbrauch und persönlicher Vorteilsnahme wichtig.[178] Die technischen Möglichkeiten zur Analyse großer Datenmengen, aber auch die Transparenz von Politik und Verwaltung, bieten neue und stetig bessere Möglichkeiten, Korruption frühzeitig aufzudecken und zu verhindern. Insbesondere eine *Verschleierung von Korruptionshandlungen* wird durch Transparenz und Massendatenverarbeitung schwerer.[179] Sowohl die Verwaltung als auch der Gesetzgeber haben diese Möglichkeiten bereits erkannt und aufgegriffen. So wurde jüngst ein Entwurf des Bundesministeriums für Wirtschaft und Energie zur Einführung eines *Wettbewerbsregisters* vorgelegt, der insbesondere auch auf die Vermeidung und Verringerung von Wirtschaftsdelikten im Zusammenhang mit Korruption steht.[180]

d) Bewältigung von politischen und gesellschaftlichen Herausforderungen

Eine offene Verwaltung führt dazu, dass insbesondere über die Partizipation und 68
die Kollaboration mit Bürgerinnen und Bürgern, Unternehmen und Verbänden

---

173 http://www.bmi.bund.de/DE/Themen/Moderne-Verwaltung/Open-Government/Regierungs-Verwaltungshandeln/regierungs-verwaltungshandeln_node.html; *Zink* (Fn. 6), S. 2.

174 Studie des *Arbeitskreises Open Government Partnership Deutschland* „Open Government – Demokratie neu erleben – Ergebnisse und Analysen einer repräsentativen Befragung – Februar 2012“, veröffentlicht auf: http://cdn.prepublish.org/img/ogp/2012-02-27_Studie_OpenGoverment.pdf.

175 *Arbeitskreis Open Government Partnership Deutschland* (Fn. 174).

176 Die Datenerhebung und -auswertung erfolgte durch die TNS Emnid Medien- und Sozialforschung GmbH. Die Analyse der Ergebnisse erfolgte durch den Arbeitskreis Open Government Partnership Deutschland.

177 *Arbeitskreis Open Government Partnership Deutschland* (Fn. 174).

178 *Arbeitskreis Open Government Partnership Deutschland* (Fn. 174).

179 Vgl. *Ines Mergel*, „Korruptionsbekämpfung in Echtzeit“, blog government2020.de – Das Staatsmodernisierungsblog des Behörden Spiegel, 07.02.2017, veröffentlicht auf: http://www.government2020.de/blog/?p=1783#more-1783.

180 Referentenentwurf des Bundesministeriums für Wirtschaft und Energie – Entwurf eines Gesetzes zur Einführung eines Wettbewerbsregisters vom 20.02.2017, veröffentlicht auf: https://www.bmwi.de/Redaktion/DE/Downloads/E/entwurf-eines-gesetzes-zur-einfuehrung-eines-wettbewerbsregisters.pdf?__blob=publicationFile&v=6.

politische und gesellschaftliche Herausforderungen besser bewältigt werden können.[181] Open Government kann und soll somit zu einer *Stärkung der gemeinschaftlichen Belange* beitragen.[182] Insbesondere Transparenz trägt zu einer *Stärkung der Demokratie* bei.[183] Und in Zeiten, in denen globale Sicherheitsrisiken, Terror und Internetkriminalität zunehmen, ist eine starke Demokratie mehr denn je gefordert. Zu den aktuellen politischen und gesellschaftlichen Herausforderungen gehören auch der Umgang mit Fake News und Hate Speech[184]. Hier bietet Open Government ebenfalls gute Möglichkeiten durch *integre und aktuelle Daten und Informationen* gegenzusteuern und eine *verlässliche Informationsquelle* für die Allgemeinheit zu bilden.

e) Rechenschaftslegung der Verwaltung

69 Die *Rechenschaftslegung* erfolgt in engem Zusammenhang mit dem Kernbereich Transparenz.[185] Sie gehört zu den Forderungen einer modernen Kommunikationsgesellschaft.[186] Die Rechenschaftslegung umfasst in Anlehnung an die zivilrechtlichen Auskunfts- und Rechenschaftspflichten der § 666 BGB und § 259 BGB die Information und auf Verlangen auch die Auskunft über den Stand des Vorgangs und seiner Ausführung. Die Verwaltung ist verpflichtet, dem Berechtigten eine geordnete Zusammenstellung der maßgeblichen Daten und Informationen zugänglich zu machen. Eine umfassende *Rechenschaftspflicht*, wie sie in anderen Bereichen bereits normiert ist[187], folgt daraus derzeit aber noch nicht. Die derzeitigen Rechenschaftspflichten der Verwaltung bestehen in erster Linie gegenüber den Aufsichtsbehörden, den Parlamenten und den Rechnungshöfen. Allerdings kann eine zunehmende Offenlegung von Informationen hier zu einer „quasi"-Rechenschaftspflicht gegenüber der Allgemeinheit führen.

f) Kontrolle der Verwaltung

70 Durch einen offenen und voraussetzungslosen Zugang zu Daten und Informationen wird eine *Kontrolle der Verwaltung* gefördert und in weit größerem Maße

181 *Beyer-Katzenberger* (Fn. 51), S. 145.
182 *Schulz* (Fn. 5), S. 331
183 Verordnung (EG) Nr. 1049/2001 vom 30.05.2001, ABl. EG L 145/2001, S. 43– 48, Erwägungsgrund (2).
184 Vgl. das Gesetz zur Verbesserung der Rechtsdurchsetzung in sozialen Netzwerken (Netzwerkdurchsetzungsgesetz – NetzDG) 01.09.2017, BGBl I. 2017, S. 3352; vgl. dazu den Beitrag von *Seckelmann* im vorliegenden Band (Kapitel 22).
185 Vgl. BMI im Teilnahmeaufruf für das Pilotprojekt „Modellkommune Open Government", veröffentlicht auf: https://www.bmi.bund.de/SharedDocs/Downloads/DE/Nachrichten/Kurzmeldungen/2017/teilnahmeaufruf-ogp-wettbewerb.pdf?__blob=publicationFile.
186 *Stumpf* (Fn. 49), S. 500; *Mario Martini/Matthias Damm*, Auf dem Weg zum Open Government: Zum Regimewechsel im Geodatenrecht, DVBl 2013, S. 1–9.
187 Art. 5 Abs. 2 Datenschutz-Grundverordnung – Verordnung (EU) 2016/679 vom 27.04.2016, ABl. EU L 119, 2016, S. 1–86.

ermöglicht, als dies bisher der Fall war.[188] Open Government ermöglicht eine weitgehende Einsichtnahme der Allgemeinheit, um aktiv Verwaltungshandeln nachvollziehen und überprüfen zu können. Die Allgemeinheit wird in die Lage versetzt als eine Art Aufsichtsrat und Kontrollgremium zu fungieren. Diese Möglichkeit darf freilich nicht dazu führen, dass eigennützigen oder missbräuchlichen Gestaltungen Tür und Tor geöffnet wird. Offensichtlich rechtsmissbräuchliche „Kontrollen" sind unzulässig.

g) Open Data

Ein weiterer wesentlicher Teilbereich von Open Government ist die *Offenheit der Daten (Open Data)*. Der Begriff Open Data bedeutet, dass Daten und Informationen jeder Person voraussetzungslos und uneingeschränkt zugänglich sind und frei verwendet und verbreitet werden können.[189] Die Verwaltung stellt damit *Massendaten*, sogenannte *Big Data*[190], als „Data as a Service" zur Verfügung. Open Data umfasst dabei sowohl die Rohdaten wie beispielsweise Tabellen oder Daten aus Datenbanken als auch aufbereitete Daten in Form von Text- oder Bildmaterial.[191] Ebenso ist unerheblich, aus welchen Bereichen die Daten und Informationen stammen. Zu den wesentlichen Bereichen gehören Verkehrsdaten, Geodaten[192], Daten aus Wissenschaft und Forschung, Daten aus dem Bildungsbereich, aus dem Bereich Gesundheit, dem Finanzwesen und der Landwirtschaft sowie Wetterdaten und Umweltdaten.[193] Um eine optimale Nutzung zu gewährleisten wurden von der *Sunlight Foundation 10 Prinzipien* zur Veröffentlichung von offenen Daten entwickelt.[194] Neben der Vollständigkeit, der Aktualität und der Zugänglichkeit gehören zu den Prinzipien auch die Erhebung bei der Primärquelle, die Maschinenlesbarkeit, die Diskriminierungsfreiheit und die Verwendung offe- *71*

188 *Fehling* (Fn. 51), S. 80.

189 BMI in: Nationaler Aktionsplan der Bundesregierung zur Umsetzung der Open-Data-Charta der G8, S. 1–20, S. 5 f.; veröffentlicht auf: https://www.bmi.bund.de/SharedDocs/Downloads/DE/Broschueren/2014/aktionsplan-open-data.pdf?__blob=publicationFile; KAS Studie „Open Data – Die wichtigsten Fakten zu offenen Daten" (Fn. 123).

190 Ausführlich zu Big Data: *Klaus-Peter Eckert/Lutz Henckel/Petra Hoepner*, in: Big Data – ungehobene Schätze oder digitaler Albtraum, ein Papier des Kompetenzzentrums Öffentliche IT und des Fraunhofer Institut für Offene Kommunikationssysteme FOKUS (Hrsg.), 1. Aufl., Berlin 2014, S. 1–18, veröffentlicht auf: https://www.oeffentliche-it.de/documents/10181/14412/Big+Data+ungehobene+Sch%C3%A4tze+oder+digitaler+Albtraum mit Verweis auf den Ursprung des Begriffs Big Data bei *Gartner* in: Gartner Says Solving ‚Big Data' Challenge Involves More Than Just Managing Volumes of Data.

191 Vgl. KAS „Open Data – Die wichtigsten Fakten zu offenen Daten" (Fn. 123).

192 Dazu der Beitrag von *Neumann* in diesem Band (Kapitel 24).

193 KAS Studie „Open Data – Die wichtigsten Fakten zu offenen Daten" (Fn. 123)

194 *Bernhard Krabina/Brigitte Lutz*, Open-Government-Vorgehensmodell, Umsetzung von Open Government, Version 3.0, KDZ Zentrum für Verwaltungsforschung, Wien 2016, S. 1–77, S. 27, veröffentlicht auf: veröffentlicht auf: http://www.kdz.eu/de/open-government-vorgehensmodell, mit weiteren Nachweisen; KAS Studie „Open Data – Die wichtigsten Fakten zu offenen Daten" (Fn. 123).

ner Standards, um insbesondere freie und kostenlose Software zum Zugang einsetzen zu können. Ferner gehören die Lizensierung, die Dauerhaftigkeit und die Nutzungskosten zu den 10 Prinzipien.

72 Open Data betrifft alle drei Kernbereiche des Open Government. So können offene Daten die Transparenz erhöhen und beispielsweise aufzeigen, wie Haushaltsmittel verwendet werden.[195] Ohne offene Daten wäre Transparenz nur sehr eingeschränkt möglich.[196] Ebenso fördert Open Data aus den vorgenannten Gründen die Partizipation und auch die Kollaboration. Entscheidend ist dabei eine größtmögliche und optimale *Interoperabilität* als Voraussetzung der Nutzung, insbesondere der Wiederverwendbarkeit. Hier bietet das *5-Stern-Modell von Tim Berners-Lee* eine gute Orientierungshilfe, um zu überprüfen, ob und wie Daten und Informationen weiterverarbeitet werden können.[197]

6. Internationale Entwicklung

73 Das Thema Open Government ist mithin auch unter dem Blickwinkel der internationalen Entwicklung zu betrachten, denn es gibt entsprechende *multilaterale Initiativen* und auch in anderen Ländern wird das Open Government vorangetrieben. Hier ist die *Initiative Open Government Partnership (OGP)* vorrangig und weltweit aktiv.[198]

74 Ein Meilenstein auf dem Weg zum Open Government ist das bereits erwähnte *Memorandum „Transparency and Open Government"* des seinerzeitigen US-Präsidenten Barack Obama aus dem Jahr 2009.[199] Das Memorandum benennt die wesentlichen Elemente des Open Government: Transparenz – Government should be transparent, Partizipation – Government should be participatory, und Kooperation – Government should be collaborative. Durch das Memorandum hat die Forderung nach „Open Government Data" eine völlig neue Dynamik erhalten.[200]

---

195 Open Data Plattform der Stadt Berlin, Glossar, veröffentlicht auf: https://daten.berlin.de/glossar; *Eckert/Hencke/Hoepner* (Fn. 190), S. 12.

196 A.A. die Stadt Berlin auf ihrer Open Data Plattform, Glossar, die ausführt, dass „Transparenz auch ohne Open Data denkbar ist", veröffentlicht auf: https://daten.berlin.de/glossar.

197 *Tim Berners-Lee* ist der Begründer des WWW und Direktor des W3C-Konsortiums; zum 5-Sterne-Modell: *Martin Kaltenböck/Thomas Thurner* (Hrsg.), OGD Weissbuch Österreich, 2011, 6.3 Open-Data-5-Stern-Modell von Tim Berners-Lee; *Sarah Wallbrecht*, Open Data im Geomarketing, Verfügbarkeit und Einsatzzwecke, Hochschule Karlsruhe Technik und Wirtschaft, veröffentlicht auf: https://www.hs-karlsruhe.de/fileadmin/hska/IMM/2_Studiengaenge/Bachlor/GIM/1_Geoinformationsmanagement/Dokumente/Abschlussarbeiten/BA_Thesis-Wallbrecht_0616_GIM.pdf.

198 www.opengovpartnership.org.

199 Memorandum on Transparency and Open Government, January 21, 2009, Memorandum for the Heads of Executive Departments and Agencies, Federal Register Vol. 74 No. 15, 4685 veröffentlicht auf: https://www.archives.gov/files/cui/documents/2009-WH-memo-on-transparency-and-open-government.pdf.

200 *Beyer-Katzenberger* (Fn. 51), S. 144.

Neben der Open Government Partnership haben die *G8-Staaten* im Juni 2013 auf dem G8-Gipfel in Lough Erne eine *Open-Data-Charta* beschlossen.[201] Die Charta beinhaltet *5 Prinzipien* Open Data by Default, Quality and Quantity, Usable by All, Releasing Data for Improved Governance und Releasing Data for Innovation.[202] Im Juni 2015 wurde die *„International Open Data Charter“* verabschiedet, die nunmehr *6 Prinzipien* beinhaltet: (1.) Open by Default, (2.) Timely and Comprehensive, (3.) Accessible and Usable, (4.) Comparable and Interoperable, (5.) for Improved Governance and Citizen Engagement und (6.) for Inclusive Development and Innovation.[203] 75

Die Bundesregierung hat im September 2014 einen *nationalen Aktionsplan* zur Umsetzung der Open-Data-Charta der G8 Staaten beschlossen.[204] Dessen vorrangiges Ziel ist es, für Bund, Länder und Kommunen ein Open-Data-Portal bereitzustellen. Mit dem *Portal GovData.de* wurde die Umsetzung bereits begonnen.[205] 76

7. Europarechtliche Grundlagen

Auf europäischer Ebene liegen die rechtlichen Grundlagen für ein Open Government in der Richtlinie 2003/98/EG vom 17.11.2003, welche die Weiterverwendung von Informationen des öffentlichen Sektors regelt.[206] Aufgrund der englischen Bezeichnung als Directive on the re-use of public sector information wird die Richtlinie auch als *PSI-Richtlinie* bezeichnet.[207] Der deutsche Gesetzgeber hat die Richtlinie mit dem *Informationsweiterverwendungsgesetz* vom 13.12.2006 in nationales Recht umgesetzt.[208] Im Jahr 2013 wurde die PSI-Richtlinie überprüft und durch die neue PSI-Richtlinie 2013/37/EU ersetzt.[209] 77

---

201 Veröffentlicht unter: https://www.gov.uk/government/publications/open-data-charter/g8-open-data-charter-and-technical-annex.

202 https://www.gov.uk/government/publications/open-data-charter/g8-open-data-charter-and-technical-annex.

203 http://opendatacharter.net/principles/.

204 *BMI*, Nationaler Aktionsplan der Bundesregierung zur Umsetzung der Open-Data-Charta der G8, S. 1–20, veröffentlicht auf: https://www.bmi.bund.de/SharedDocs/Downloads/DE/Broschueren/2014/aktionsplan-open-data.pdf?__blob=publicationFile.

205 Siehe dazu die Vereinbarung des Bundes und der Länder zum gemeinsamen Betrieb von „GovData – Das Datenportal für Deutschland“ (Verwaltungsvereinbarung GovData), veröffentlicht auf: https://www.govdata.de/documents/10156/18448/Verwaltungsvereinbarung_GovData_finale+Fassung.pdf/a12e7cfb-91fc-4570-9a07-ed420e524c93.

206 Amtsblatt EU, L 345 vom 31.12.2003, 90, 96. Richtlinie 2003/98/EG über die Weiterverwendung von Informationen des öffentlichen Sektors, veröffentlich auf http://www.eur-lex.europa.eu.

207 *Beyer-Katzenberger* (Fn. 51), S. 152 mit weiteren Ausführungen zur Rechtsgrundlage im Rahmen der Binnenmarktkompetenz des früheren Art. 95 EG-Vertrag (jetzt Art. 114 AEUV) und zum Anwendungsbereich der Richtlinie.

208 Gesetz über die Weiterverwendung von Informationen öffentlicher Stellen (Informationsweiterverwendungsgesetz – IWG) vom 13.12.2006, BGBl. I 2006, S. 2913; siehe dazu auch *Heiko Richter*, Zur Weiterverwendung von Informationen der öffentlichen Hand: BVerwG klärt erstmals grundsätzliche Anwendungsvoraussetzungen des IWG, NVwZ 2016, S. 1143–1146.

209 Amtsblatt der EU, L 175 vom 27.06.2013, 1, 8, Richtlinie 2013/37/EU zur Änderung der Richtlinie 2003/98/EG über die Weiterverwendung von Informationen des öffentlichen Sektors, veröffentlich auf http://www.eur-lex.europa.eu.

78 Neben den PSI-Richtlinien verfolgt auch die EU eine Strategie zur Förderung und Verbreitung der Informations- und Kommunikationstechnik. Diese Strategie in Form einer *Digitalen Agenda* wird laufend fortentwickelt und ist unter der Bezeichnung *„Digital Single Market – Digital Economy & Society"* offen zugänglich.[210] Die Strategie ist mithin übergreifend angelegt und nicht nur für die Verwaltung, sondern für die Wirtschaft und die Gesellschaft gleichermaßen grundlegend. Die EU ist insoweit auch ein Vorreiter im Bereich Open Government, insbesondere im Bereich Zugang zu Daten und Informationen im Wege von Transparenz.

8. Aktuelle gesetzliche Entwicklungen

79 Neben dem Informationsfreiheitsgesetz und dem Informationsweiterverwendungsgesetz hat der Bund am 25. 07. 2013 des Gesetz zur Förderung der elektronischen Verwaltung (*E-Government-Gesetz*) verabschiedet.[211] Aufgrund des nationalen Aktionsplans der Bundesregierung zur Umsetzung der Open-Data-Charta der G8-Staaten hat die Bundesregierung am 13. 01. 2017 den Entwurf eines Ersten Gesetzes zur Änderung des E-Government-Gesetzes vorgelegt, um eine weitere Rechtsgrundlage für ein Open Government in Form eines Open-Data-Zugangs, zu schaffen.[212] Die Bezeichnung als *Open-Data-Gesetz* ist insoweit irreführend, als kein neues Gesetz geschaffen wurde, sondern das bereits bestehende E-Government-Gesetz um die Bestimmung „§ 12a Offene Daten der Behörden der unmittelbaren Bundesverwaltung" ergänzt wurde.[213]

80 Es ist davon auszugehen, dass im Zuge des Open Government weitere Gesetze und Gesetzesänderungen erfolgen werden und zwar sowohl auf Bundesebene als auch auf Ebene der Bundesländer.[214] So sehen schon jetzt einige E-Government-Gesetze die Weiterentwicklung von Open Government ausdrücklich vor.[215]

81 Dabei ist auch von wesentlicher Bedeutung, dass Deutschland die Grundlage für eine Zusammenarbeit der Verwaltung im Bereich der informationstechnischen Systeme auch ausdrücklich im Grundgesetz verankert hat. *Artikel 91c GG*, der durch Änderung des Grundgesetzes am 29. 07. 2009, eingefügt und im jahr 2017 um einen

---

210 https://ec.europa.eu/digital-single-market/.

211 Gesetz zur Förderung der elektronischen Verwaltung (E-Government-Gesetz – EGovG) vom 25. 07. 2013, BGBl. I 2013 S. 2749, veröffentlich auf: https://www.gesetze-im-internet.de/bundesrecht/egovg/gesamt.pdf.

212 Gesetzentwurf der Bundesregierung vom 13. 01. 2017: Entwurf eines Ersten Gesetzes zur Änderung des E-Government-Gesetzes, veröffentlich auf: https://www.bmi.bund.de/SharedDocs/Downloads/DE/Gesetzestexte/Entwuerfe/entwurf-open-data-gesetz.pdf?__blob=publicationFile.

213 E-Government-Gesetz vom 25. 07. 2013 (BGBl. I S. 2749), das zuletzt durch Art. 1 des Gesetzes vom 05. 07. 2017 (BGBl. I S. 2206) geändert worden ist.

214 Der Bund hat sich bei den Verhandlungen zum Länderfinanzausgleich entsprechende Erklärungen und Zugeständnisse der Länder geben lassen, vgl.: *Tobias Knobloch*, Open-Data-Gesetz – was nun?, Behörden Spiegel, März 2017, S. 36.

215 § 21 Abs. 4 Ziff. 3 und § 22 Abs. 3 Ziff. 4 EGovG NRW; § 17 Abs. 3 Ziff. 3 EGovG M-V.

Abs. 5 ergänzt worden ist, bestimmt, dass Bund und Länder bei der Planung, Errichtung und dem Betrieb der für ihre Aufgabenerfüllung benötigten informationstechnischen Systeme zusammenwirken. Der Bund errichtet zur Verbindung der informationstechnischen Netze des Bundes und der Länder ein Verbindungsnetz (Art. 91c Abs. 4 Satz 1 GG). Diese verfassungsrechtliche Verankerung ist zu begrüßen und unterstreicht die Bedeutung der Informationstechnik als Grundlage für die zukünftige Wissensgesellschaft.[216]

9. Praktische Umsetzungen und Entwicklungen des Open Government in Deutschland

Bereits im September 2014 hat die Bundesregierung ein Regierungsprogramm *„Digitale Verwaltung 2020"* vorgestellt.[217] Zu den wesentlichen Umsetzungen gehören das *Datenportal GovData*, die *Modellkommunen* und *digitale Dialoge*. Aber auch *Entwicklertage* und *Wettbewerbe stehen als Beispiele* für Bausteine des Open Government.[218] Und auch die unter Federführung des *IT-Planungsrates* umgesetzten Projekte und Maßnahmen gehören zum Open Government.[219] Zu den bereits abgeschlossenen Projekten gehören beispielsweise die *digitalen Register* im Bereich Gewerbe, Kfz-Wesen und Geodaten. Aber auch die Einführung eines *Metadatenstandards* für die deutschen Open Data Portale.[220] *82*

a) Das Datenportal GovData

GovData ist das zentrale Datenportal für staatliche Informationen in Deutschland. Es bietet als ebenenübergreifendes Portal seit 2015 eine zentrale Zugangsmöglichkeit zu Daten und Informationen der Verwaltung über das Internet.[221] Betrieben wird es von der Geschäfts- und Koordinierungsstelle GovData mit Sitz in Hamburg.[222] Die rechtliche Grundlage für den Betrieb ist eine *Verwaltungs-* *83*

---

216 „Deutschland ist damit einer der ersten Staaten, die Strukturregelungen für Informationstechnik mit Verfassungsrang ausstatten", so der IT-Planungsrat unter der Rubrik „Rechtliche Grundlagen", veröffentlicht auf: http://www.it-planungsrat.de/DE/ITPlanungsrat/RechtlicheGrundlagen/rechtliche_grundlagen_node.html;jsessionid=8E5D41F86CB72A03F518B09AD5D8E657.2_cid331.

217 Regierungsprogramm „Digitale Verwaltung 2020" veröffentlicht unter: http://www.bmi.bund.de/SharedDocs/Downloads/DE/Broschueren/2014/regierungsprogramm-digitale-verwaltung-2020.html;jsessionid=BA53C084FF8346DFBA43179B956E0064.2_cid287?nn=3316324.

218 BMI in: Nationaler Aktionsplan der Bundesregierung zur Umsetzung der Open-Data-Charta der G8, S. 1–20, S. 13.; veröffentlicht auf: https://www.bmi.bund.de/SharedDocs/Downloads/DE/Broschueren/2014/aktionsplan-open-data.pdf?__blob=publicationFile.

219 Die bereits abgeschlossenen Projekte und Maßnahmen sind veröffentlicht auf: http://www.it-planungsrat.de/DE/Projekte/AbgeschlosseneProjekte/abgeschlosseneProjekte_node.html.

220 http://www.it-planungsrat.de/DE/Projekte/Steuerungsprojekte/Metadatenstandard/metadatenstandard.html.

221 https://www.govdata.de.

222 https://www.govdata.de/web/guest/hilfe.

vereinbarung[223], der neben dem Bund die Länder Baden-Württemberg, Berlin, Brandenburg, Hamburg, Mecklenburg-Vorpommern, Nordrhein-Westfalen, Rheinland-Pfalz, Sachsen und Schleswig-Holstein beigetreten sind.[224] Auf dem Portal sind derzeit *mehr als 17.000 Daten und Datensätze* veröffentlicht, die über eine Suchfunktion und nach Kategorien gefiltert werden können. Es handelt sich um Daten und Datensätze des Bundes, der Länder und der Kommunen. Des Weiteren finden sich auf dem Portal Gesetze und Gesetzesentwürfe zum Open Government sowie Leitfäden und Handbücher, Strategiepapiere und Studien.[225] Auch technische Hintergrundinformationen sind dort veröffentlicht, beispielsweise das *Metadatenschema* „Open Government Data Deutschland".[226]

b) Die Modellkommunen

84 Im Rahmen des E-Government wurde bereits im Jahr 2014 ein Pilotvorhaben *„Modellkommune E-Government"* vom BMI und den kommunalen Spitzenverbänden ins Leben gerufen.[227] Die teilnehmenden Kommunen waren der Landkreis Cochem-Zell, die Stadt Düren, die Stadt Gütersloh, die Stadt Halle (Saale), der Landkreis Heidekreis, die Stadt Norderstedt, der Landkreis Ortenaukreis sowie eine Bewerbergemeinschaft Ibbenbüren bestehend aus 9 Städten und Gemeinden und einem kommunalen Zweckverband.[228] Aufgrund der positiven Erfahrungen hat das BMI gemeinsam mit den kommunalen Spitzenverbänden am 13. 02. 2017 hat ein weiteres Pilotprojekt *„Modellkommune Open Government"* gestartet.[229] Das Projekt erfolgt vor dem Hintergrund der Teilnahme Deutschlands an der *Open Government Partnership*.[230] Das Modellprojekt ist ein Teil des Open Government Konzeptes der Bundesregierung und verfolgt das Ziel, die Praktikabilität und Effektivität von Open Government auf kommunaler Ebene aufzuzeigen.[231] Das Projekt endet im Frühjahr 2019. Die Förderung besteht in finanziellen

---

223 Vereinbarung des Bundes und der Länder zum gemeinsamen Betrieb von „GovData – Das Datenportal für Deutschland (Verwaltungsvereinbarung GovData)", veröffentlicht auf: https://www.govdata.de/documents/10156/18448/Verwaltungsvereinbarung_GovData_finale+Fassung.pdf/a12e7cfb-91fc-4570-9a07-ed420e524c93.

224 https://www.govdata.de/web/guest/hilfe. Bremen beteiligt sich an der Finanzierung, ist aber der Verwaltungsvereinbarung selbst nicht beigetreten.

225 https://www.govdata.de/web/guest/open-government.

226 https://www.govdata.de/web/guest/open-government.

227 http://www.verwaltung-innovativ.de/DE/E_Government/Modellkommune_E_Gov/modellkommune_e_gov_node.html. Auf der Seite können auch die Ergebnisse des Modellvorhabens nachgelesen werden.

228 http://www.verwaltung-innovativ.de/DE/E_Government/Modellkommune_E_Gov/modellkommune_e_gov_node.html.

229 http://www.bmi.bund.de/SharedDocs/Kurzmeldungen/DE/2017/02/start-ogp-wettbewerb.html.

230 http://www.bmi.bund.de/SharedDocs/Kurzmeldungen/DE/2017/02/start-ogp-wettbewerb.html.

231 So das BMI im Teilnahmeaufruf für das Pilotprojekt „Modellkommune Open Government", veröffentlicht auf: https://www.bmi.bund.de/SharedDocs/Downloads/DE/Nachrichten/Kurzmeldungen/2017/teilnahmeaufruf-ogp-wettbewerb.pdf?__blob=publicationFile.

Projektmitteln in Höhe von 50.000,00 Euro zur Verwendung für Personalkosten, Beratungsleistungen und Programmierleistungen.[232]

c) Digitale Strategien und digitale Dialoge

Ein wesentliches Element im Rahmen der praktischen Umsetzung des Open Government ist die Berücksichtigung der zukünftigen Entwicklungen, vor allem im technischen aber auch im gesellschaftlichen Bereich. Dies bedingt ein konzeptionelles und strategisches Vorgehen. In vielen Bereichen des öffentlichen Sektors finden sich daher bereits *digitale Strategien*[233]. Darüber hinaus finden *digitale Dialoge*[234] zwischen den Beteiligten, insbesondere zwischen der Verwaltung und den Bürgerinnen und Bürgern und der Verwaltung und Unternehmen statt. Hier besteht aber noch ein weiter Handlungs- und Umsetzungsbedarf. Für die deutsche Wirtschaft beispielsweise hat das Bundesministerium für Wirtschaft und Energie auf der Basis eines Monitoring-Reports von TNS Infratest in Kooperation mit dem ZEW Mannheim bereits einen *Wirtschaftsindex DIGITAL* geschaffen, um den Digitalisierungsgrad zu messen.[235] *85*

d) Weitere Portale

Es gibt inzwischen eine Vielzahl von Portalen[236], die sich mit den Themen Open Government, Transparenz und Open Data befassen. Neben dem zentralen Portal GovData haben mehrere Bundesländer und zahlreiche Kommunen *Portale* in Betrieb genommen und online gestellt.[237] Auch auf europäischer Ebene und auf internationaler Ebene gibt es eine große Vielzahl von Informationsplattformen und Portalen. So betreibt beispielsweise auch die Europäische Kommission ein *europäisches Datenportal*.[238] Eine vollständige Auflistung aller Portale ist aufgrund der Vielzahl kaum noch möglich. *86*

---

232 https://www.bmi.bund.de/SharedDocs/Downloads/DE/Nachrichten/Kurzmeldungen/2017/teilnahmeaufruf-ogp-wettbewerb.pdf?__blob=publicationFile.

233 Z.B.: Digitale Strategie 2025 des BMWI; Strategie Digitales Hessen; Leitlinien digital.niedersachsen; Zukunftsstrategie Bayern Digital.

234 Zum Beispiel: Digitale Wirtschaft NRW unter www.digitalewirtschaft.nrw.de und Digitaler Dialog RLP unter SM.

235 http://www.tns-infratest.com/WissensForum/studien/pdf/bmwi/kantar-tns-monitoring-report-2016-langfassung.pdf.

236 Portale sind nach *von Lucke*, der auf den Speyerer Ansatz verweist, leicht bedienbare, sichere und personalisierbare Zugangssysteme, mit deren Hilfe Anwender mit Rücksicht auf die jeweiligen Zugriffsberechtigungen einen Zugang zu Informationen, Anwendungen, Prozessen und Personen erhalten, die auf den durch das Portal erschlossenen Systemen verfügbar sind (*Jörn von Lucke*, Portale und Hochleistungsportale im E-Government in: Bernd W. Wirtz [Hrsg.], E-Government – Grundlagen, Instrumente, Strategien, 1. Aufl., Wiesbaden 2010, S. 117–131, 117 m.w.N.).

237 Unter anderem: Bayern (https://opendata.bayern.de); Berlin (https://daten.berlin.de); Nordrhein-Westfalen (https://open.nrw/de/dat_kat); Rheinland-Pfalz (https://portal.rlp.de); Sachsen (http://opendata.sachsen.de/).

238 Europäisches Datenportal, veröffentlich auf: https://www.europeandataportal.eu/de/homepage.

K. Vorteile und Chancen – Risiken und Nachteile

87 Bereits frühzeitig wurden die Vor- und Nachteile einer Digitalisierung der Verwaltung diskutiert.[239] Das Open Government bietet eine Vielzahl von Vorteilen und Chancen. Aber die Risiken und Nachteile müssen ebenso berücksichtigt und erwogen werden.

I. Vorteile und Chancen

88 Bei den Vorteilen und Chancen ist die *Schaffung von Arbeitsplätzen* durch die kommerzielle Nutzung von Daten und Informationen des öffentlichen Sektors hervorzuheben. Diese Wertschöpfungsmöglichkeit, die sich aus der wirtschaftlichen Nutzbarmachung und den innovativen Möglichkeiten ergibt, zählt zu den wesentlichen Vorteilen von Open Government. Durch Open Government und Transparenz werden nicht nur Kosten verringert, sondern auch zusätzliche Einnahmen generiert.[240] Der volkswirtschaftliche Nutzen ist bereits jetzt beträchtlich. Die deutsche IKT-Branche trägt heute mit knapp *85 Milliarden Euro* Umsatz p.a. bereits mehr zur gewerblichen Wertschöpfung bei als traditionelle Branchen wie Maschinen- oder der Automobilbau.[241]

89 Neben den wirtschaftlichen Vorteilen und dem enormen Wertschöpfungspotenzial bietet Open Government aufgrund der zunehmenden Digitalisierung und Vernetzung aber die *historisch einmalige Möglichkeit*, einen sehr großen Teil der Allgemeinheit in einfacher, kostengünstiger und schneller Form an politischen Entscheidungen und der Verwaltungsarbeit teilhaben zu lassen. Diese Teilhabe in Form der oben beschriebenen Partizipation und Kollaboration mit dem Potenzial und Ziel einer umfassenden Mitwirkung, beschränkt sich nicht mehr auf eine bloße Stimmabgabe bei Wahlen oder Beschwerden bei Missständen, sondern führt zu einer wesentlich umfassenderen Einbindung und zu aktiven Handlungen.

90 Auch die dynamische Ausgestaltung und der konzeptionelle Ansatz bieten erhebliche Vorteile und Chancen. Die Allgemeinheit erwartet eine moderne Verwaltung in der Form, dass Kommunikationsmittel und -wege auf aktuellem Stand der Technik möglich sind. Ein *24/7-Zugang* über elektronische Medien ist in vielen Bereichen selbstverständlich. Sehr weitreichende Berücksichtigung finden diese Anforderungen der Allgemeinheit bereits in der Datenschutz-Grundverordnung,

---

239 So bereits *Zink* (Fn. 6), S. 6f. zu Vor- und Nachteilen von „E-Government"; ausführlich auch: *Jörn von Lucke*, in: „Open Government – Öffnung von Staat und Verwaltung – Gutachten für die Deutsche Telekom AG zur T-City Friedrichshafen – Version vom 09.05.2010, veröffentlicht auf: https://www.zu.de/institute/togi/assets/pdf/JvL-100509-Open_Government-V2.pdf.

240 „Unsicherheit und Intransparenz bedingen höhere Kosten", so bereits *Alexander Schmid*, Verwaltung 2030 – Wie sich E-Government weiter entwickeln lässt, in: Bernd W. Wirtz (Hrsg.), E-Government – Grundlagen, Instrumente, Strategien, 1. Aufl., Wiesbaden 2010, S. 577–583, 577.

241 Digitale Agenda 2014–2017, der Bundesrepublik Deutschland, S. 1–36, 5, veröffentlicht auf: https://www.digitale-agenda.de/Content/DE/_Anlagen/2014/08/2014-08-20-digitale-agenda.pdf?__blob=publicationFile&v=6.

die beispielsweise ein sogenanntes „*One-Stop-Shop*“ Prinzip[242] beinhaltet und die Verwendung *standardisierter Bildsymbole*[243] als leicht wahrnehmbare, verständliche und klar nachvollziehbare Form von Information verankert. Ob freilich ein Großteil der Verwaltungsinformation in Form von Icons, Piktogrammen oder anderen Bildsymbolen darstellbar ist, muss abgewartet werden.[244]

Im Rahmen der dynamischen Weiterentwicklung bietet Open Government darüber hinaus den Vorteil, zukünftige technische Mittel, einzubinden. Hier ist ein starkes Wachstum im Bereich des sogenannten *Legal Tech* erwarten. Denn Legal Tech spielt auch in der Verwaltung eine zunehmende Rolle und bietet die Möglichkeit einer optimalen Verknüfpung mit den Kernbereichen des Open Government. Insbesondere die Auswertung und Analyse der öffentlich verfügbaren Daten sollte auch in der Verwaltung erfolgen. Allerdings bedarf es dazu zum einen der entsprechenden Mittel, insbesondere fachlich qualifizierten Personals, zum anderen sind viele Fachverfahren für derartige Big-Data-Anwendungen noch nicht vorbereitet.[245] 91

Und besonders die *demokratische Konzeption* von Open Government ist ein maßgeblicher Vorteil und eine wesentliche Chance: Open Government trägt zur Stärkung der Grundsätze der Demokratie und der Achtung der Grundrechte, die im Grundgesetz und in der Charta der Grundrechte der Europäischen Union verankert sind, bei.[246] 92

II. Risiken und Nachteile

Neben den Vorteilen und Chancen birgt Open Government aber auch Risiken und Nachteile. Dabei sind vor allem die *hohen Kosten* zu bedenken, die für die technische und organisatorische Umsetzung erforderlich sind. Auch die Aufrechterhaltung und stetige Erweiterung der notwendigen Ressourcen ist kostenintensiv. Neben entsprechenden *Personalmitteln* bedarf es hier einer *funktionierenden und sicheren IT-Infrastruktur* zum Betrieb von Plattformen, von Datenbanken und sonstigen technischen Mitteln zur Kommunikation. Vor dem Hintergrund zunehmender Anforderungen an die IT-Sicherheit aber auch vor dem Hintergrund eines schnell wachsenden Datenvolumens ist hier mit steigenden Kosten zu rechnen. 93

242 Art. 47 und Art. 55 DSGVO; vgl. dazu die Erläuterungen von *Daniel A. Pauly* (zu Art. 47 DSGVO) und *Barbara Körffer* (zu Art. 55 DSGVO), in: Paal/Pauly (Hrsg.), Datenschutz-Grundverordnung (Fn. 43), Art. 47, Rn. 13 und Art. 55, Rn. 1; *Torsten Fischer*, in: Rainer Paulic (Hrsg.) Verwaltungsmanagement und Organisation, 3. Aufl., Frankfurt a.M. 2014.

243 Art. 12 Abs. 7 DSGVO.

244 Nach *Boris P. Paal*, in: Paal/Pauly, Datenschutz-Grundverordnung (Fn. 43), Art. 12 Rn. 76 ist die Entwicklung von Bildsymbolen i.S.v. Art. 12 Abs. 7 DSGVO eine Aufgabe der Kommission.

245 So zutreffend *Eckert/Henckel/Hoepner* (Fn. 190), S. 15 f.

246 So bereits die zitierte Verordnung (EG) Nr. 1049/2001 vom 30.05.2001, ABl. EG L 145/2001, S. 43–48, Erwägungsgrund (2); vgl. auch den Beitrag von *Braun Binder* im vorliegenden Band (Kapitel 6).

94 Es darf auch nicht vergessen werden, dass die Daten und Informationen *praktisch nutzbar* sein müssen. Durch das exponentielle Wachstum an Daten und Informationen droht hier die Gefahr, riesige *„Datenfriedhöfe“* zu schaffen. Bereits jetzt finden sich auf den Portalen und Plattformen des öffentlichen Sektors zehntausende von Datensätzen und Dokumenten. Ein entsprechend gutes *Datenmanagement* und eine praktikable und effiziente *Nutzbarkeit* sind hier unabdingbar. Dabei sind insbesondere die genannten Prinzipien zu Open Data aber auch tatsächliche Nutzungsmöglichkeiten, wie beispielsweise eine *Barrierefreiheit*, zu berücksichtigen.

95 Zu den Risiken gehört aber auch der mögliche *Verlust staatlicher Macht*. Die Gesellschaft entwickelt sich zu einer Gesellschaft, die „always on“ ist.[247] Die Allgegenwärtigkeit von Vernetzung in sozialen Medien und der permanente Austausch von Informationen führen zu neuen Kommunikationsweisen aber auch zu neuen Formen der Meinungsbildung. Wenn beispielsweise Marc Zuckerberg etwas auf *facebook* kundgibt, hat das den Charakter einer Regierungserklärung und erreicht 1,9 Milliarden Mitglieder.[248] Die Forderung, Internetplattformen und die dahinterstehenden weltweit tätigen Konzerne *stärker zu regulieren* wird seit längerem diskutiert.[249] In diesem Zusammenhang steht auch das Risiko, durch zu viel Information den Ablauf und die Prozesse in der Verwaltung zu hemmen. Denn je mehr Daten und Informationen zugänglich sind, desto mehr Anfragen aber auch Forderungen können gestellt werden. Dies ist freilich ein *Dilemma* von Open Government und Transparenz: Ohne zugängliche Daten und Informationen sind Transparenz, Partizipation und Kollaboration in den beschriebenen Ausprägungen nicht möglich. Zu viel Transparenz, Partizipation und Kollaboration führt aber zu einer Bindung von Ressourcen in der Verwaltung und damit zu einem Hemmschuh. Es muss deshalb stets das Ziel von Gesetzgebung, Verwaltung und Rechtsprechung sein, hier ein *ausgewogenes Interessenverhältnis* zu gestalten.

---

247 *Zink* (Fn. 6), S. 1, der bereits 2012 „always on“ als Lebensrealität vieler Menschen erkannte.

248 *Marcel Rosenbach*, „Zähmt Facebook! – Warum die Politik Internetplattformen stärker regulieren muss“, DER SPIEGEL 11/2017 vom 11.03.2017, Seite 8, der ausführt: „Die Manifeste von Zuckerberg an die 1,9 Milliarden Mitglieder des Netzwerks haben den Charakter von Regierungserklärungen. Und längst setzt er an den demokratisch gewählten Regierungen vorbei eigene Regeln. Die Gemeinschaftsstandards, die er vorgibt, sind sein Grundgesetz.“.

249 Aktuell: *Rosenbach* (Fn. 247), S. 8, der fordert: „Wir brauchen eine umfassende Regulierung der Plattformen“ und „Holt euch den Rechtsstaat zurück!“; zuvor bereits: *Sigmar Gabriel*, FAZ online vom 15.05.2014 „Gabriel kündigt Konsequenzen aus dem Google-Urteil an“, veröffentlicht auf: http://www.faz.net/aktuell/feuilleton/debatten/die-digital-debatte/sigmar-gabriel-fordert-staerkere-regulierung-von-internet-konzernen-12941759.html.

Die „*Öffnung der Aktenschränke der Verwaltung*“[250] führt auch zu *Haftungsfragen*.[251] So können beispielsweise die Weitergabe von Betriebs- und Geschäftsgeheimnissen oder die Verletzung des Datenschutzes Schadenersatzansprüche begründen. Man denke nur an Betriebs- und Geschäftsgeheimnisse, die der Verwaltung im Rahmen von Genehmigungen mitgeteilt werden oder an Gesundheitsdaten oder gar geschützte Identitäten bei Privatpersonen. Werden diese vertraulichen Daten und Informationen rechtswidrig und schuldhaft zugänglich gemacht, entstehen Haftungs- und *Schadenersatzansprüche der Betroffenen*. Dabei spielt es keine Rolle, ob der Informationszugang unentgeltlich erfolgt. Denn eine unentgeltliche Tätigkeit führt nicht automatisch zu einer Haftungserleichterung oder gar -freistellung.[252] Allerdings kann die Haftung ausgeschlossen werden.[253] Die Verwaltung ist deshalb gut beraten, bei der Zugänglichmachung von Daten und Informationen, über eine Haftung nachzudenken und entsprechend rechtswirksame Haftungsausschlüsse vorzusehen. Dies insbesondere vor dem Hintergrund, dass *eine Veröffentlichung von Informationen unumkehrbar ist*.[254] Dabei ist allerdings zu bedenken, dass die Bereitschaft von Unternehmen, Daten und Informationen mitzuteilen abnehmen wird, wenn das Risiko einer Weitergabe an Dritte besteht.[255] Die Daten und Informationen sollten daher jedenfalls sorgfältig geprüft werden. Betriebs- und Geschäftsgeheimnisse oder personenbezogene Daten müssen *im Zweifel unkenntlich* gemacht werden. Das bedingt im Einzelfall einen erheblichen Personalaufwand. *96*

Anknüpfend an das Risiko der Weitergabe von Betriebs- und Geschäftsgeheimnissen an unberechtigte Dritte spielt das geistige Eigentum für Unternehmen aber auch für Privatpersonen eine wichtige Rolle. Eine Ausweitung des Open Government ist deshalb stets auch vor dem Hintergrund des *Schutzes von geistigem Eigentum* zu bemessen. Hier sind insbesondere die Risiken von Urheberrechtsverletzungen und der Abfluss von Know-how zu berücksichtigen.[256] Dabei zeigt *97*

250 *Stumpf* (Fn. 49), S. 526 mit Verweis auf die Originalquelle: Die Welt, Onlineausgabe vom 01. 10. 2014: „Hamburg öffnet die Aktenschränke – Internetportal offiziell gestartet“

251 BMI in: Nationaler Aktionsplan der Bundesregierung zur Umsetzung der Open-Data-Charta der G8, S. 1–20, S. 7; veröffentlicht auf: https://www.bmi.bund.de/SharedDocs/Downloads/DE/Broschueren/2014/aktionsplan-open-data.pdf?__blob=publicationFile

252 *Martini/Damm* (Fn. 186), S. 8 m.w.N.

253 *Martini/Damm* (Fn. 186), S. 8 unter zutreffendem Hinweis auf die Grenze der institutionellen Garantie des Staatshaftungsrechts.

254 *Friedrich Schoch*, Amtliche Publikumsinformation zwischen staatlichem Schutzauftrag und Staatshaftung. Das Verbraucherinformationsrecht als Modell der amtlichen Publikumsinformation, NJW 2012, S. 2844–2850, 2844.

255 So zutreffend: *Fehling* (Fn. 51), S. 80; *Henning Berger/Benjamin Schirmer*, Informationsfreiheit und Finanzaufsicht – Fragen zum Informationszugang im „Single Supervisory Mechanism, SSM“, DVBl 2015, S. 608– 616.

256 Vgl. dazu *Christoph Degenhart*, „Legalisierter Eigentumsraub“, NJW 2017, S. 7 der sogar von einem Trend zu „einer Sozialisierung geistigen Eigentums“ spricht, aber auch zutreffend ausführt, dass der Schutz geistigen Eigentums für eine Wissensgesellschaft wichtig ist.

sich freilich wiederum ein gewisses *Dilemma*, denn vielfach bestehen erhebliche Entwicklungsmöglichkeiten und Wertschöpfungspotenziale, wenn Unternehmen gerade auf dem Know-how anderer Unternehmen aufsetzen und dieses zum Wohle der Allgemeinheit weiterentwickeln.[257] Es stellt sich deshalb die Frage, ob eine Abwägung zwischen dem Geheimhaltungsinteresse des Einzelnen und dem Veröffentlichungs- und Informationsinteresse der Allgemeinheit hier zulässig ist. Eine gesetzliche Regelung wäre an dieser Stelle zu begrüßen.

98 Und auch in der Verwaltung kann es zu *Wettbewerb und Konkurrenzdenken* kommen, wenn eine Kommune die erheblichen Vorteile und Chancen von Open Government besser nutzt als beispielsweise eine Nachbarkommune.[258] Auch hier müssen Instrumente und Regelungen entwickelt und umgesetzt werden, die einen Interessensausgleich ermöglichen.

99 Schließlich besteht das Risiko, *Teile der Allgemeinheit auszuschließen oder gar auszugrenzen*. Gerade Bürgerinnen und Bürger, denen ein Zugang aus technischen oder persönlichen Gründen nicht oder nur eingeschränkt möglich ist, dürfen nicht vergessen werden. Nicht nur ein flächendeckender Ausbau der Verbindungsnetze, sondern auch Information und Know-how müssen hier vermittelt und Barrieren beseitigt werden.

L. Ausblick

100 Die Entwicklung und das Vorantreiben von Open Government und seiner Kernbereiche Transparenz, Partizipation und Kollaboration befinden sich in einer sehr dynamischen Phase. Insbesondere vor dem Hintergrund der exponentiell wachsenden technischen Möglichkeiten, den Möglichkeiten der wirtschaftlichen Nutzung und des angestrebten Kulturwandels in der Allgemeinheit ist eine starke Weiterentwicklung und schnellere Verbreitung offen zugänglicher Daten und Informationen zu erwarten. Das Wissen des öffentlichen Sektors bietet *nahezu unbegrenzte Nutzungsmöglichkeiten*.

101 Das Ziel einer *umfassenden und kontinuierlichen Mitwirkung* von Bürgerinnen und Bürgern, Unternehmen, Verbänden, Vereinigungen, Initiativen und Medien bedarf allerdings noch weitreichender Umsetzungsmaßnahmen. Es wird noch einige Zeit dauern, bis ein *Open Data Ecosystem* entstanden ist, dass durch allgemein anerkannte Grundsätze der Transparenz, der Partizipation und der Kollaboration geprägt ist.[259] Neben den enormen Kosten- unddem erheblichen Verwaltungsaufwand stellt auch die *föderale Struktur* in Deutschland dabei eine besondere Herausforderung dar.[260] Denn eine Vielzahl von Daten und Informa-

257 Vgl. *Fehling* (Fn. 51), S. 88.
258 *Eckert/Henckel/Hoepner* (Fn. 190), S. 12 f. mit Beispielen.
259 KAS Studie „Open Data – Die wichtigsten Fakten zu offenen Daten" (Fn. 123), zum Begriff Open Data Ecosystem.
260 *Schliesky* (Fn. 113), S. 93, der im föderalen Prinzip eine „Dauerherausforderung" für die öffentliche Verwaltung sieht; KAS Studie „Open Data – Die wichtigsten Fakten zu offenen Daten" (Fn. 123).

tionen wird *dezentral* vorgehalten, insbesondere in den vielen Kommunen. Eine Zusammenführung und ebenenübergreifende Nutzung unterliegt sowohl rechtlichen als auch technischen und organisatorischen Schwierigkeiten. Denn derzeit sind Open Government und Transparenz ebenso wie E-Government und Informationsfreiheit in Bund, Ländern und Kommunen *unterschiedlich weit umgesetzt.*[261] Diese „*Zersplitterung*" gilt es, zu beseitigen und als Herausforderung anzunehmen. Dies gilt umso mehr als aufgrund der globalen Ausrichtung auch *einheitliche Standards* nicht nur europaweit, sondern weltweit notwendig sind, um einen *größtmöglichen Nutzen* aus den technischen Möglichkeiten und dem digitalen Fortschritt zu ziehen.

261 *Schulz* (Fn. 5), S. 337.

Elektronisch unterstützte Partizipationsverfahren und e-Voting

*Nadja Braun Binder**

A. Einleitung

Mit dem Aufkommen, der Verbreitung und der Weiterentwicklung des Internets verändern sich die *Rahmenbedingungen der* (repräsentativen) *Demokratie*. Seit rund 20 Jahren begleitet die Wissenschaft diese Veränderungen und konstatiert sowohl Chancen als auch Risiken. Das Internet, so die Hoffnung rund um die Jahrtausendwende, führe zu einer Stärkung der Demokratie,[1] etwa indem die Netzöffentlichkeit neue Dimensionen der Kommunikation eröffne,[2] oder weil das Internet aufgrund seines „bottom-up"-Charakters die deliberative Demokratie befördere.[3] Mit der elektronischen Stimmabgabe im Rahmen von politischen Wahlen wird außerdem die Hoffnung auf eine Erhöhung der Wahlbeteiligung verbunden.[4] Gleichzeitig werden Probleme benannt. Dazu gehört die Angst vor einer Fragmentierung der Gesellschaft bzw. einer digitalen Spaltung,[5] oder vor Wahlmanipulationen und der Verletzung des Wahlgeheimnisses bei Internetwahlen.[6] 1

* Die in diesem Beitrag angeführten Internetquellen wurden zuletzt am 27.04.2017 abgerufen.

1 *Alexander Siedschlag/Alexander Bilgeri/Dorothea Lamatsch*, Elektronische Demokratie und virtuelles Regieren, in: dies. (Hrsg.), Kursbuch Internet und Politik, Band 1/2001, Opladen 2001, S. 9–20, 10 f. m.w.N.

2 Vgl. etwa *Stefan Marschall*, Netzöffentlichkeit – eine demokratische Alternative?, in: Winand Gellner/Fritz von Korff (Hrsg.), Demokratie und Internet, Baden-Baden 1998, S. 43–54, 47 ff.

3 *Benjamin R. Barber*, Which Technology for which Democracy? Which Democracy for which Technology?, in: Bernd Holznagel/Andreas Grünwald/Anika Hanßmann (Hrsg.), Elektronische Demokratie. Bürgerbeteiligung per Internet zwischen Wissenschaft und Praxis, München 2001, S. 210–217, 214.

4 Vgl. *Martin Will*, Internetwahlen. Verfassungsrechtliche Möglichkeiten und Grenzen, Stuttgart/München/Hannover/Berlin/Weimar/Dresden 2002, S. 18 m.w.N. Zurückhaltend mit Blick auf das Potenzial zu einer Erhöhung der Wahlbeteiligung aufgrund von e-Voting: *Anika Hanßmann*, Möglichkeiten und Grenzen von Internetwahlen, Baden-Baden 2004, S. 212; *Dieter Otten*, Wählen wie im Schlaraffenland? – Erfahrungen der Forschungsgruppe Internetwahlen mit dem Internet als Wahlmedium, in: Bernd Holznagel/Andreas Grünwald/Anika Hanßmann (Hrsg.), Elektronische Demokratie. Bürgerbeteiligung per Internet zwischen Wissenschaft und Praxis, München 2001, S. 73–85, 84.

5 *Christina Holtz-Bacha*, Fragmentierung der Gesellschaft durch das Internet?, in: Winand Gellner/Fritz von Korff (Hrsg.), Demokratie und Internet, Baden-Baden 1998, S. 219–226, 226; *Gunnar Bender/Norbert Taubken*, Unternehmerische Verantwortung in der Internet-Gesellschaft, in: Alexander Siedschlag/Alexander Bilgeri/Dorothea Lamatsch (Hrsg.), Kursbuch Internet und Politik, Band 1/2001, Opladen 2001, S. 47–55, 49 f.

6 *Hubertus Buchstein*, Online-Wahlen und das Wahlgeheimnis, in: ders./Harald Neymanns (Hrsg.), Online-Wahlen, Opladen 2002, S. 51–70, 55 ff.

2 Unabhängig davon, ob das Internet in den letzten 20 Jahren tatsächlich zu mehr oder weniger Demokratie beigetragen hat, stellt sich die Frage, welche *Formen der elektronischen (online-)Partizipation* überhaupt existieren. Dieser Frage sind die folgenden Ausführungen gewidmet. Dabei liegt der Schwerpunkt auf in Deutschland zugänglichen Verfahren. Als erstes werden die in diesem Kapitel behandelten Verfahren präzisiert (B). Daran anschließend werden elektronisch unterstützte Partizipationsverfahren auf der einen Seite (C) und e-Voting auf der anderen Seite (D) thematisiert. Den Abschluss bildet ein Fazit (E).

B. Verfahren

3 Beteiligung und Partizipation sind Schlagworte, die sowohl im Zusammenhang mit *Entscheidungen der Exekutive* als auch mit *Entscheidungen der Legislative* fallen. Das Begriffsverständnis ist dabei mannigfaltig.[7] Unter Partizipation werden unterschiedliche Möglichkeiten der Einbeziehung der Bürgerinnen und Bürger in staatliche Tätigkeiten verstanden, die von der *reinen Information* zu geplanten Vorhaben über eine *Mitsprache* bei der Entscheidungsvorbereitung bis hin zur *Mitentscheidung* reichen können. Betroffen sind die *kommunale Ebene, die Landes- und die Bundesebene,* aber auch *die Ebene der EU*. Dieses sehr weite Spektrum an Handlungsmöglichkeiten der Bürgerinnen und Bürger ist für die folgenden Ausführungen in zweierlei Hinsicht einzuhegen: Einerseits sind die Ausführungen auf diejenigen Verfahren zu konzentrieren, die elektronisch unterstützt bzw. online durchgeführt werden (I.). Andererseits ist der Rahmen derjenigen Partizipationsverfahren abzustecken, die unter Aspekten der Digitalisierung von besonderem Interesse sind (II.). Wo nicht explizit anders vermerkt, werden die Ausdrücke „Beteiligung" bzw. „Bürgerbeteiligung" und „Partizipation" in diesem Beitrag synonym verwendet.[8]

I. Elektronisch unterstützte bzw. online durchgeführte Partizipationsverfahren

4 Die Geschichte der elektronischen Unterstützung der Kommunikationsbeziehungen zwischen Staat und Bürgerinnen und Bürgern reicht weit zurück. Bereits in der zweiten Hälfte des 19. Jahrhunderts wird beispielsweise über *elektronische Wahlmaschinen* diskutiert.[9] Das Aufkommen des Internets führt zu ersten Über-

7 Vgl. nur *Kathrin Voss*, Internet & Partizipation – Einleitung, in: dies. (Hrsg.), Internet und Partizipation: Bottom-up oder Top-down? Politische Beteiligungsmöglichkeiten im Internet, Wiesbaden 2014, S. 9–23, 9 ff.

8 Dies wird nicht von allen Autoren so gehandhabt. Vgl. nur etwa *Jakob Tischer*, Bürgerbeteiligung und demokratische Legitimation, Baden-Baden 2017, S. 20 f., der unter „Bürgerbeteiligung i.e.S." weniger intensive Mitwirkungsformen und unter „Partizipation" intensivere Formen der Mitwirkung erfasst.

9 *Robert Krimmer*, The Evolution of E-voting: Why Voting Technology is Used and How it Affects Democracy, TUT Press: Tallinn 2012, S. 21.

legungen zum Einsatz von *Internetwahlen* in den 1980er Jahren.[10] Das *Web 2.0* (auch „Social Web“) eröffnet weitere Möglichkeiten im Kommunikationsgefüge zwischen Staat und Bürgerinnen und Bürgern.[11] Heute wird ein Großteil der Partizipationsverfahren elektronisch unterstützt, und sei es auch nur durch die Ankündigung einer Beteiligungsmöglichkeit im Internet. Nicht alle diese elektronischen Unterstützungsfunktionen sollen hier behandelt werden. In diesem Beitrag konzentrieren sich die Ausführungen auf diejenigen Verfahren, in denen der eigentliche Beteiligungsakt – also etwa die Stimmabgabe beim e-Voting oder die Eingabe und Bewertung von Ideen und Vorschlägen bei informellen Konsultationsverfahren – online durchgeführt wird. Es geht also um Verfahren, die eine *IKT-gestützte Kommunikation oder Interaktion zwischen Staat und Bürgerinnen und Bürgern* ermöglichen („Online Bürgerbeteiligung“).[12] Mithin werden reine Informationsdienstleistungen im Internet oder die Bereitstellung von Open Government Data hier ausgeklammert.

II. Kategorien von Partizipationsverfahren

Bürgerbeteiligung und Partizipation können nach dem Ausmaß der Einflussmög- 5
lichkeiten der Bürgerinnen und Bürger auf das Verfahren, an dem sie partizipieren, in verschiedene *Intensitätsstufen* eingeteilt werden.[13] In Anlehnung an das Modell der International Association of Public Participation (IAP2) können fünf Stufen unterschieden werden.[14] Die Stufe eins bedeutet dabei die *Information* der Bürgerinnen und Bürger durch den Staat. Stufe zwei umfasst die *Konsultation* in Form einer reinen Wissensabfrage und Stufe drei eine weitergehende *Involvierung*, die bisweilen auch als formelle Konsultation bezeichnet wird.[15] Stufe vier umfasst alsdann die *Kollaboration* und Stufe fünf, als intensivste Form, die *Mitentscheidung*.

---

10 *Krimmer* (Fn. 9), S. 23 f.

11 Vgl. *Mario Martini/Saskia Fritzsche*, Kompendium Online-Bürgerbeteiligung. Rechtliche Rahmenbedingungen für kommunale Beteiligungsangebote im Internet, Stand 08.09.2015, abrufbar unter https://dopus.uni-speyer.de/frontdoor/index/index/docId/1540, S. 6. Zum Nutzen solcher Web 2.0 Services für Bürgerinnen und Bürger vgl. *Bernd W. Wirtz/Vincent Göttel/Marc-Julian Thomas/Paul F. Langer*, Bürgerorientierte Web 2.0-Services. Eine empirische Analyse aus Bürgersicht, Speyerer Forschungsberichte Nr. 287, Speyer 2016, abrufbar unter https://dopus.uni-speyer.de/frontdoor/index/index/docId/1267.

12 Vgl. auch die Abgrenzung bei *Martini/Fritzsche* (Fn. 11), S. 17.

13 Vgl. zum Beispiel die acht-stufige Einteilung bei *Sherry R. Arnstein*, A Ladder of Citizen Participation, JAIP Vol. 35, Nr. 4, Juli 1969, S. 216–224, auch abrufbar unter http://lithgow-schmidt.dk/sherry-arnstein/ladder-of-citizen-participation.html.

14 Vgl. IAP2's Public Participation Spectrum, abrufbar unter http://c.ymcdn.com/sites/www.iap2.org/resource/resmgr/foundations_course/IAP2_P2_Spectrum_FINAL.pdf. Vgl. auch *Martini/Fritzsche* (Fn. 11), S. 15.

15 Es kommt aber auch vor, dass in vierstufigen Modellen die Stufe zwei („Konsultation“) weiter untergliedert wird in formelle und informelle Konsultation, vgl. z.B. *Herbert Kubicek/Barbara Lippa/Hilmar Westholm*, Medienmix in der Bürgerbeteiligung: die Integration von Online-Elementen in Beteiligungsverfahren auf lokaler Ebene, Berlin 2009, S. 18 f.

Mit Blick auf die Digitalisierungsaspekte wird in diesem Beitrag das Hauptaugenmerk auf die Stufen zwei bis fünf gerichtet. Im Folgenden werden unter dem Titel „*Elektronisch unterstützte Partizipationsverfahren*" Verfahren der Stufen zwei bis vier behandelt (C). Unter dem Begriff „*e-Voting*" werden sodann Formen der (Mit-)Entscheidung erfasst (D).

6 Eine weitere Gruppierung von Beteiligungsverfahren besteht in einer Zweiteilung, je nachdem, ob die *Partizipation „von unten"* („bottom-up") ausgelöst wird, also seitens der Bürgerinnen und Bürger, oder „*von oben*" („top-down"), also von Politik und Verwaltung, organisiert wird.[16] Diese Zweiteilung erweist sich für die Zwecke der folgenden Ausführungen als hilfreich, indem die unter C behandelten „elektronisch unterstützten Partizipationsverfahren" weiter unterteilt werden. Als Elemente einer *top-down*-Partizipation werden *Verfahren der Konsultation, Involvierung und Kooperation* eingestuft (C. I). Als *bottom-up*-Beteiligung werden die *Petitionen* thematisiert (C. II). Die in D behandelten *e-Voting*-Verfahren in Deutschland sind wiederum als staatlich organisierte top-down-Partizipation zu betrachten.[17]

C. Elektronisch unterstützte Partizipationsverfahren

I. Top-down: Staatlich organisierte Konsultation, Involvierung und Kollaboration

1. Informelle Konsultation

7 Bei *informellen Konsultationen* handelt es sich um Verfahren, die *nicht ausdrücklich gesetzlich* vorgeschrieben und detailliert geregelt sind. Sie zielen darauf ab, einen Diskurs zwischen Bürgerinnen und Bürgern auf der einen Seite und der Politik oder der Verwaltung auf der anderen Seite herbeizuführen. Manchmal geht es darum, ein Stimmungsbild zu einem geplanten Vorhaben einzuholen, manchmal soll das Wissen der Betroffenen abgefragt werden, um dieses bei der inhaltlichen Projektgestaltung berücksichtigen zu können. Verschiedentlich geht es auch einfach darum, Ideen aus dem Kreis der Bevölkerung zu sammeln. Selbstverständlich dürfen solche Verfahren nicht gegen das geltende Recht verstoßen. So sind gegebenenfalls entsprechende Vorkehrungen zu treffen, um den datenschutzrechtlichen Anforderungen Rechnung zu tragen. Ferner kann aus dem Gebot eines einfachen, zweckmäßigen und zügigen Verwaltungsverfahrens (§ 10 Abs. 2 VwVfG bzw. die entsprechenden landesrechtlichen Bestimmungen) gefolgert werden, dass eine Beteiligung das Verfahren nicht über Gebühr verzögern darf.[18]

---

16 Vgl. *Kubicek/Lippa/Westholm* (Fn. 15), S. 18 f.

17 Vgl. auch die Grafik bei *Kubicek/Lippa/Westholm* (Fn. 15), S. 19. In der Schweiz ist e-Voting dagegen zumindest teilweise auch in die Kategorie „bottom-up" einzuordnen, da dort unter e-Voting auch elektronische Unterschriftensammlungen für Volksinitiativen und Referenden subsumiert werden, vgl. nur *Nadja Braun Binder*, Quoren und Fristen bei der elektronischen Unterschriftensammlung (e-Collecting), ZSR 2014 I, S. 539–557, 539 ff.

18 Vgl. auch *Martini/Fritzsche* (Fn. 11), S. 28.

Erste Formen informeller online-Partizipation sind in Deutschland im Rahmen von *Forschungsprojekten Ende der 1990er Jahre* festzustellen.[19] Dazu gehört etwa das Projekt „Geomed“ (Geographisches Mediationssystem), das u.a. ein Diskussionsforum zur Vorbereitung der regionalen Verkehrsplanung umfasste.[20] Als jüngere Beispiele auf Bundesebene sei auf verschiedene *Bürgerdialoge* der *Bundesregierung* und der *Bundeskanzlerin* hingewiesen. Dazu zählen z.B. der Bürgerdialog „Gut leben in Deutschland“ bei dem im Zeitraum von April bis Oktober 2015 die Menschen in Deutschland nach ihrem Verständnis von Lebensqualität befragt wurden,[21] oder der Bürgerdialog „GesprächsStoff: Ressourcenschonend leben“ des Bundesumweltministeriums, der ebenfalls im April 2015 begann und als Resultat einen Bürgerratschlag zur Ressourcenschonung hervorbrachte, der am 06.11.2015 der Bundesumweltministerin übergeben wurde.[22] Neben zeitlich befristeten online-Beteiligungsangeboten, existieren auch solche, die an keine festen Termine gebunden sind. So z.B. das Portal „Direkt zur Kanzlerin“. Das Portal bietet Gelegenheit, dem Bundespresseamt online Fragen zu stellen und Anliegen zu übermitteln.[23] Über Anliegen anderer Bürgerinnen und Bürger kann abgestimmt werden. Was mit den Beiträgen geschieht, die besonders viele Stimmen erhalten, bleibt allerdings offen. *8*

Zahlreiche informelle online-Partizipationsverfahren finden sich sodann auf *Landes- und kommunaler Ebene*. Verschiedene Internetseiten enthalten Zusammenstellungen solcher Beteiligungsmöglichkeiten.[24] Ein vollständiger Überblick über die online-Partizipationsangebote existiert allerdings nicht. Beispielhaft ist an dieser Stelle die *Ideenplattform* der Stadt Mannheim zu erwähnen, auf der Bürgerinnen und Bürger seit Juni 2016 ihre Vorschläge zur Stadtentwicklung einreichen und dafür Unterstützungsstimmen sammeln können. Erhält ein Vorschlag die Unterstützung von mindestens 100 Personen, wird er innerhalb der Stadtverwaltung „weiterbearbeitet“.[25] In welcher Form diese Bearbeitung geschieht, bleibt unklar. Die Stadt Mannheim deklariert das Angebot explizit als Dialog,[26] was zumindest die Erwartung weckt, dass auf eingereichte Vorschläge eine Information über deren weitere Behandlung folgt. *9*

---

19 Hinweise auf verschiedene Projekte finden sich z.B. bei *Herbert Kubicek,* Staatliche Beteiligungsangebote im Internet – ein Überblick, in: Kathrin Voss (Hrsg.), Internet und Partizipation: Bottom-up oder Top-down? Politische Beteiligungsmöglichkeiten im Internet, Wiesbaden 2014, S. 265–298, 277 f.

20 Vgl. https://www.irb.fraunhofer.de/bauforschung/baufolit/projekt/GeoMed-Geographisches-Mediationssystem-(=-Geographical-Mediation-System)/19960011.

21 https://buergerdialog.gut-leben-in-deutschland.de/DE/Home/home_node. Der abschließende Bericht ist abrufbar unter https://www.gut-leben-in-deutschland.de/static/LB/index.html.

22 Vgl. https://www.gespraechstoff-ressourcen.de/.

23 http://www.direktzu.de/kanzlerin/.

24 Vgl. z.B. http://www.mitarbeit.de/aktuelle_projekte.html; http://beteiligungskompass.org/article/index/study; https://www.politik.de/politikde/de/home/beteiligen.

25 https://ideenplattform-mannheim.de/mannheim/de/home/beteiligen.

26 https://ideenplattform-mannheim.de/mannheim/de/home/informieren#frage1.

Etwas breiter angelegt ist etwa das *Bürgerbeteiligungsportal* der Stadt Frankfurt, über welches Bürgerinnen und Bürger in Meinungsbildungs- und Entscheidungsprozesse einbezogen werden sollen.[27] Ähnlich wie die Stadt Mannheim bietet auch das Portal Frankfurts die Möglichkeit an, Ideen einzureichen oder eingereichte Ideen zu unterstützen. Finden sich innerhalb von acht Wochen mindestens 200 Personen, die eine Idee unterstützen, wird durch den Magistrat über die Idee entschieden und der Urheber oder die Urheberin sowie die Stadtverordneten erhalten einen Bericht darüber.[28] Die Stadt Frankfurt stellt daneben auch eigene Fragestellungen im Portal ein, zu denen die Bürgerinnen und Bürger sich äußern können. In einer bis Ende April 2017 laufenden Umfrage konnten beispielsweise Vorschläge für Standorte neuer öffentlicher Toiletten eingereicht werden.[29] Über einen Mängelmelder kann ferner auf Schäden an Straßen, defekte Ampeln oder defekte Straßenbeleuchtungen hingewiesen werden.[30]

Verschiedentlich werden auf kommunaler Ebene auch online *Bürgerhaushalte* durchgeführt.[31] Damit soll eine Partizipation in Fragen rund um die Verwendung öffentlicher Gelder ermöglicht werden. Häufig werden Bürgerhaushalte so durchgeführt, dass Eingaben sowohl online als auch in Papierform gemacht werden können.[32]

10 Einen Sonderfall innerhalb der informellen Konsultationsverfahren stellt die *frühe Öffentlichkeitsbeteiligung* dar.[33] Als Folge von „Stuttgart 21" wurde eine entsprechende Regelung in das Verwaltungsverfahrensgesetz aufgenommen (§ 25 Abs. 3 VwVfG).[34] Demnach sind die zuständigen Behörden verpflichtet, beim jeweiligen Träger eines Großvorhabens darauf hinzuwirken, dass dieser möglichst vor der Stellung eines konkreten Antrags eine Öffentlichkeitsbeteiligung durchführt (§ 25 Abs. 3 Satz 1 und 2 VwVfG). Dabei ist der betroffenen Öffentlichkeit Gelegenheit zur Äußerung und Erörterung einzuräumen (§ 25 Abs. 3 Satz 3 VwVfG). Die frühe Öffentlichkeitsbeteiligung selbst ist zwar als Obliegenheit ausgestaltet, könnte aber aufgrund der gesetzlichen Regelung auch als formelle

---

27 https://www.ffm.de/frankfurt/de/home.

28 https://www.ffm.de/frankfurt/de/home/news/single/id/965.

29 „Öffentliche Toiletten in Frankfurt", vgl. https://www.ffm.de/frankfurt/de/mapconsultation/49336/productInformation.

30 https://www.ffm.de/frankfurt/de/flawRep/43535.

31 Zur Entwicklung von Bürgerhaushalten in Deutschland vgl. *Martin Thormann*, Der Bürgerhaushalt und die digitale Demokratie, DÖV 2013, S. 325–335, 328. Eine (nicht abschließende) Zusammenstellung von Bürgerhaushalten findet sich unter https://www.buergerhaushalt.org/de/list.

32 Vgl. z.B. die Bürgerhaushalte in Stuttgart: https://www.buergerhaushalt-stuttgart.de/.

33 *Martini/Fritzsche* bezeichnen die frühe Öffentlichkeitsbeteiligung deshalb als „Hybrid" zwischen formeller und informeller Beteiligung, vgl. *dies.* (Fn. 11), S. 16.

34 Vgl. zum Regelungsbedarf aufgrund von Stuttgart 21 nur etwa *Reinhard Wulfhorst*, Konsequenzen aus „Stuttgart 21": Vorschläge zur Verbesserung der Bürgerbeteiligung, DÖV 2011, S. 581–590.

Konsultation eingestuft werden.[35] Allerdings geht die frühe Öffentlichkeitsbeteiligung in verschiedenen Aspekten weniger weit als förmliche Verfahren. So besteht hinsichtlich der Gestaltung des Beteiligungsverfahrens durch den Vorhabenträger (bzw. die Behörde) großer Spielraum.[36] Auch die Rechtsfolgen sind sehr offen gefasst. Beteiligungsbeiträge sind nicht verpflichtend zu berücksichtigen. Immerhin ist über das Ergebnis der frühen Öffentlichkeitsbeteiligung ein Bericht zu erstellen, der von der Behörde im Rahmen der Sachverhaltsermittlung im Verwaltungsverfahren zu berücksichtigen ist.[37] Ein Beteiligungsverzicht führt nicht zu einer Präklusion für das förmliche Beteiligungsverfahren und die Rechtmäßigkeit des Verfahrens wird durch eine unterlassene frühe Öffentlichkeitsbeteiligung nicht beeinträchtigt.[38] Im Rahmen der frühen Öffentlichkeitsbeteiligung kommt es i.d.R. zur Durchführung von Präsenzveranstaltungen. *Online-Elemente* werden lediglich *ergänzend* eingesetzt. Häufig dienen sie der *Vor- und Nachbereitung* der Präsenzveranstaltungen.[39]

2. Involvierung (formelle Konsultation)

Bei Verfahren auf der Stufe der *Involvierung* (auch: *formelle Konsultationsverfahren*) handelt es sich um solche, die gesetzlich vorgeschrieben sind. Solche Verfahren finden sich insbesondere im Bereich der *Raumordnung*, *Bauleitplanung* und *Planfeststellung*.[40] Die entsprechenden Gesetze enthalten Vorgaben zur konkreten Ausgestaltung der Beteiligung.[41] Eine reine online-Durchführung ist für keines der Verfahren vorgesehen. An ergänzenden elektronischen Unterstützungsmaßnahmen mangelt es aber nicht. So können z.B. Planentwürfe nach dem *Raumordnungsgesetz* und deren Begründung im Internet zugänglich gemacht und Stellungnahmen können per E-Mail eingereicht werden.[42] Im *Baugesetzbuch* ist explizit die ergänzende Nutzung von IKT vorgesehen. Gemäß § 4a Abs. 4 Satz 1 BauGB können bei der Öffentlichkeitsbeteiligung (wie auch bei der Behördenbeteiligung) „ergänzend elektronische Informationstechnologien genutzt werden". Damit soll die Transparenz der Verfahren erhöht werden. Eine ausschließlich elektronische Kommunikation ist aber nicht möglich.[43] Diese hier als „ergän- *11*

35 Zur Ausgestaltung als Obliegenheit vgl. nur *Dieter Kallerhoff*, in: Paul Stelkens/Heinz Joachim Bonk/Michael Sachs (Hrsg.), Verwaltungsverfahrensgesetz. Kommentar, 8. Aufl., München 2014, § 25 VwVfG Rn. 66.
36 *Kallerhoff* (Fn. 35), § 25 VwVfG Rn. 64.
37 *Kallerhoff* (Fn. 35), § 25 VwVfG Rn. 69.
38 *Kallerhoff* (Fn. 35), § 25 VwVfG Rn. 71.
39 *Kubicek* (Fn. 19), S. 281 f. mit Beispielen.
40 Vgl. auch *Martini/Fritzsche* (Fn. 11), S. 16.
41 Vgl. insbesondere § 10 ROG, § 3 BauGB, § 73 Abs. 4–6 VwVfG, § 9 UVPG, § 10 Abs. 3 BImSchG.
42 *Peter Runkel*, in: Willy Spannowski/ders./Konrad Goppel (Hrsg.), Raumordnungsgesetz. Kommentar, München 2010, § 10 Rn. 14 und 18.
43 *Ulrich Battis*, in: ders./Michael Krautzberger/Rolf-Peter Löhr, Baugesetzbuch. Kommentar, 13. Aufl., München 2016, § 4a Rn. 6 und § 3 Rn. 14.

zend" bezeichneten Möglichkeiten werden teilweise im Rahmen eines umfassenderen *Beteiligungsportals* angeboten. So etwa im Rahmen des Beteiligungsportals des Landes Schleswig-Holstein, über das sowohl informelle als auch förmliche Beteiligungen an Verfahren der Landesplanung und -entwicklung abgewickelt werden können. Unterlagen werden über dieses Portal elektronisch zur Verfügung gestellt und können direkt online kommentiert werden.[44]

3. Kollaboration

12 Im Rahmen von Kollaborationsverfahren geht es um mehr als um die Einreichung von Vorschlägen und Stellungnahmen seitens der Bürgerinnen und Bürger zu Projekten. In *gemeinsamer Arbeit* sollen konkrete Pläne entwickelt oder Lösungen gefunden werden. *Runde Tische, Planungswerkstätten* oder die Mitwirkung in *Beiräten* bzw. in der *Selbstverwaltung* sozialer Einrichtungen ermöglichen es Bürgerinnen und Bürgern mit Politik und Verwaltung zusammen zu arbeiten.[45] In der Regel werden die Kooperationsverfahren allerdings nicht ausschließlich online durchgeführt. Häufig finden sich aber mindestens *Begleitinformationen* dazu im *Internet*.[46] Denkbar sind auch unterstützende *interaktive Kooperationsformen*, beispielsweise die gemeinsame Bearbeitung eines Dokuments mittels EtherPad oder GoogleDocs oder auch die Beteiligung von Bürgerinnen und Bürgern, die nicht an einer Präsenzveranstaltung teilnehmen können, durch *Livestream*.[47]

II. Bottom-up: Zivilgesellschaftliche Partizipation

1. E-Petitionen

13 Als *online-Petition* (auch: E-Petition) ist die Möglichkeit der Einreichung einer Einzelpetition über das Internet zu verstehen.[48] In der Regel wird zu diesem Zweck ein entsprechendes Formular im Internet zur Verfügung gestellt. Wenn das Formular ausgefüllt ist, wird es abgeschickt und dem zuständigen Petitionsausschuss (im Falle von Petitionen an Parlamente) bzw. der zuständigen Verwaltungseinheit übermittelt. E-Petitionen an die Parlamente sind in allen Bundesländern sowie auf Bundesebene vorgesehen.[49] Einen Schritt weiter geht die Möglichkeit

---

44 https://bolapla-sh.de/verfahren/list.

45 *Kubicek* (Fn. 19), S. 268 ff.

46 Z.B. die Ankündigung einer Planungswerkstatt in Bremen, vgl. http://www.bremen.de/planungswerkstatt-45107275; ausführliche Informationen zur Durchführung verschiedener Bürgerpanels und einer Planungswerkstatt zur Stadtentwicklung in Landesberg, vgl. http://www.zukunftamlech.de/web.nsf/id/pa_buergerpanel.html. Vgl. auch *Kubicek* (Fn. 11), S. 275 f.

47 Vgl. z.B. Bürgerwerkstatt zum Transparenzgesetz in Rheinland-Pfalz („EinKlick – EinBlick"), vgl. https://transparenzgesetz.rlp.de/transparenzrlp/de/home/news/single/id/33. Vgl. auch *Martini/Fritzsche* (Fn. 11), S. 17.

48 Vgl. *Annette Guckelberger*, Aktuelle Entwicklungen des parlamentarischen Petitionswesens. Online-Petitionen, Öffentliche Petitionen, Landesrecht, Baden-Baden 2011, S. 11 f.

49 Vgl. Tabelle 1.

der sog. *öffentlichen Petition*. Die Petition kann ebenfalls im Internet formuliert werden. Im Unterschied zur erstgenannten Variante wird sie aber nicht unmittelbar eingereicht, sondern im Internet zugänglich gemacht. Der Name des Urhebers wird dabei ebenfalls veröffentlicht. Personen, die die Petition unterstützen wollen, haben im Internet sodann die Möglichkeit, die Petition *mitzuzeichnen*.[50] Kommen innerhalb einer bestimmten Frist genügend elektronische Unterstützungsbekundungen zusammen, wird i.d.R. *eine öffentliche Anhörung* zu der Petition im Petitionsausschuss durchgeführt.[51] Öffentliche E-Petitionen sind in Bremen, Rheinland-Pfalz, Schleswig-Holstein, Thüringen und auf Bundesebene möglich.[52] In Bremen und auf Bundesebene wird daneben ein *Forum* zur Verfügung gestellt, in dem das *Thema der Petition diskutiert* werden kann. Solche Foren stellen eine wesentliche Neuerung im Petitionswesen dar.[53] Sie sind in der analogen Welt nicht vorgesehen. Aber auch öffentliche Petitionen, die erst aufgrund von IKT bzw. im Zuge von E-Government möglich wurden, stellen eine genuine Entwicklung im Bereich der elektronisch unterstützten Partizipation dar.[54] Allerdings zeigen die Erfahrungen auf Bundesebene, dass mit der E-Petition die Gesamtzahl der jährlich beim Bundestag eingehenden Petitionen nicht beeinflusst wurde.[55] Auch die Möglichkeit der Internet-Diskussionen auf dem Petitionsportal des Deutschen Bundestages wird lediglich von wenigen aktiven Nutzerinnen und Nutzern der Plattform genutzt.[56]

Tabelle 1:
Übersicht Petitionssysteme in den Parlamenten auf Bundes- und Länderebene

Bundesland	E-Petition	Öffentliche Petition	Petitionsforum	Internetadresse
Baden-Württemberg	√			https://www.landtag-bw.de/home/der-landtag/petitionen/online-petition.html
Bayern	√			https://www.bayern.landtag.de/info-service/petitionen/petition-online-einreichen/

50 *Guckelberger* (Fn. 48), S. 44 ff.

51 Vgl. z.B. § 14a Abs. 7 Thüringer Gesetz über das Petitionswesen (ThürPetG) vom 15.05.2007 (GVBl. S. 57), geändert durch G. vom 06.03.2013 (GVBl. S. 59), wonach die Mitunterzeichnungsfrist bei öffentlichen Petitionen sechs Wochen beträgt. Kommt es innerhalb von sechs Wochen zur Mitunterzeichnung durch mindestens 1.500 Personen, wird eine öffentliche Anhörung durchgeführt (§ 16 ThürPetG).

52 Vgl. Tabelle 1.

53 *Ulrich Riehm/Knud Böhle/Ralf Lindner*, Elektronische Petitionssysteme, Studien des Büros für Technikfolgenabschätzung beim Deutschen Bundestag, Berlin 2013, online abrufbar unter https://www.tab-beim-bundestag.de/de/pdf/publikationen/buecher/riehm-etal-2013-146.pdf, S. 81, bezeichnen diese Foren denn auch als „eigentliche Innovation" im Petitionswesen.

54 *Hartmut Bauer*, Partizipation durch Petition, DÖV 2014, S. 453–464, 455; *Margrit Seckelmann*, Wohin schwimmt die Demokratie, DÖV 2014, S. 1–10, 3 f.

55 *Stephan Eisel*, E-Petitionen beim Deutschen Bundestag. Sinnvolles Angebot mit begrenzter Reichweite, ZParl 2016, S. 867–877, 870.

56 *Eisel* (Fn. 55), S. 873.

Bundesland	E-Petition	Öffentliche Petition	Petitionsforum	Internetadresse
Berlin	√			https://www.parlament-berlin.de/de/Das-Parlament/Petitionen/Online-Petition-Formular
Brandenburg	√			https://secure.service.brandenburg.de/intelliform/forms/landtag/mitgestalten/Petition/index
Bremen	√	√	√	https://petition.bremische-buergerschaft.de/
Hamburg	√			https://www.buergerschaft-hh.de/eingaben
Hessen	√			https://hessischer-landtag.de/content/formular-online-petition
Mecklenburg-Vorpommern	√			https://www.petition.landtag-mv.de/petition/elektronisch-uebermittelte-petition/
Niedersachsen	√			https://petition-landtag.niedersachsen.de/onlinepetition/
Nordrhein-Westfalen	√			https://www.landtag.nrw.de/portal/WWW/Webmaster/GB_I/I.3/Petitionen/onlinepetition.jsp
Rheinland-Pfalz	√	√		https://formular.derbuergerbeauftragte.rlp.de/icc/assisto/nav/e9d/e9d60c14-a450-fa21-ccea-97c6fcb2c451&uTem=c6a2ab86-608f-d216-0b60-987fcb2c4510
Saarland	√			https://www.landtag-saar.de/petitionen/online-petition
Sachsen	√			https://www.landtag.sachsen.de/de/mitgestalten/petition/onlinepetition.cshtml
Sachsen-Anhalt	√			http://www.landtag.sachsen-anhalt.de/mitgestalten/petition/online-petition/
Schleswig-Holstein	√	√		https://www.landtag.ltsh.de/petitionen/online-petition/neuepetition.html
Thüringen	√	√		https://petitionen-landtag.thueringen.de/
Bund	√	√	√	https://epetitionen.bundestag.de/epet/startseite.nc.html

Quelle: Eigene Zusammenstellung (Stand am 28. 04. 2017)

14 Das Petitionsrecht ist in Art. 17 GG verankert. Demnach hat jedermann „das Recht, sich einzeln oder in der Gemeinschaft mit anderen schriftlich mit Bitten oder Beschwerden an die zuständigen Stellen und an die Volksvertretung zu wenden“. Heute ist überwiegend anerkannt, dass die Anforderung der *Schriftform auch bei E-Petitionen und öffentlichen Petitionen im Internet gewahrt* wird. Für Petitionen, die sich an Behörden richten, ergibt sich dies auch aus § 3a VwVfG (bzw. entsprechenden landesrechtlichen Bestimmungen), wenn die Behörde einen elektronischen Zugang eröffnet hat.[57] Eine qualifizierte Signatur nach dem Signaturgesetz wird größtenteils nicht (mehr) als erforderlich betrachtet.[58]

2. Europäische Bürgerinitiative

Zu den in Deutschland zugänglichen bottom-up-Partizipationsverfahren ist auch die *Europäische Bürgerinitiative (EBI)* zu zählen. Diese ist ein in Art. 11 Abs. 4 des Vertrags über die Europäische Union (EUV) vorgesehenes, stark an direktdemokratische Verfahren angelehntes Instrument der politischen Teilhabe in der Europäischen Union.[59] Von ihr kann seit dem 01. 04. 2012 Gebrauch gemacht werden. Mit einer EBI kann die *Europäische Kommission* aufgefordert werden, einen *Rechtsakt in ihren Zuständigkeitsbereichen vorzuschlagen*. Die Kommission ist hierzu allerdings nicht verpflichtet. Für eine EBI müssen insgesamt eine Million gültige Unterstützungsbekundungen in einem Viertel aller EU-Mitgliedstaaten gesammelt werden.[60] Das sind heute sieben Mitgliedstaaten. Die Organisatoren haben ab dem Datum der Registrierung der geplanten Initiative durch die Kommission zwölf Monate Zeit, um Unterstützungsbekundungen zu sammeln. *15*

Die Unterzeichner können ihre Unterstützung *in Papierform oder online* bekunden. Vor der elektronischen Unterschriftensammlung muss für das Sammelsystem von einer zuständigen Behörde des Mitgliedstaats, in dem die gesammelten Daten gespeichert werden, eine Bescheinigung ausgestellt werden.[61] Ferner kann eine EBI mittels *fortgeschrittener elektronischer Signatur* unterzeichnet werden.[62] Diese Möglichkeit wurde bisher soweit ersichtlich jedoch nicht in Anspruch genommen. Der *online Unterschriftensammlung* kommt eine *wesentliche Bedeutung* zu. Rund 55 % der Unterstützungsbekundungen für die drei erfolgreichen *16*

57 *Hans H. Klein*, in: Theodor Maunz/Günter Dürig (Hrsg.), Grundgesetz-Kommentar Bd. III, Lfg. 63, München Oktober 2011, Art. 17, Rn. 63.

58 *Annette Guckelberger*, Neue Erscheinungsformen des Petitionsrechts, DÖV 2008, S. 85–94, 87; *Robert Uerpmann-Wittzack*, in: Ingo von Münch/Philip Kunig (Hrsg.), Grundgesetz. Kommentar, Bd. I, 6. Aufl., München 2012, Art. 17, Rn. 14 m.w.N.

59 Vgl. *Nadja Braun Binder*, Direkte Demokratie nach dem Vertrag von Lissabon?, in: Daniel Kübler/Nenad Stojanović (Hrsg.), Demokratie in der Europäischen Union, Zürich/Basel/Genf 2014, S. 129–140, 131 f., zur Entwicklung der EBI: *Bruno Kaufmann*, Direkte Demokratie auf der transnationalen Ebene. Zur Entstehungsgeschichte der Europäischen Bürgerinitiative, in: Lars P. Feld/Peter M. Huber/Otmar Jung/Christian Welzel/ Fabian Wittreck (Hrsg.), Jahrbuch für direkte Demokratie 2010, Baden-Baden 2011, S. 201–222.

60 Art. 11 Abs. 4 EUV und Art. 7 Abs. 1 Verordnung (EU) Nr. 211/2011 vom 16. 02. 2011 über die Bürgerinitiative, ABl. 2011 L 65/1 (EBI-VO). Vgl. zur EBI-VO: *Michael Tiedemann*, Die sekundärrechtliche Ausgestaltung der europäischen Bürgerinitiative durch die Verordnung (EU) Nr. 211/2011, NVwZ 2012, S. 80–85. Zu den inhaltlichen Schranken einer EBI vgl. *Lorenz Langer/Andreas Th. Müller*, Ius cogens und die Werte der Union, JöR 61 (2013), S. 229–292.

61 Art. 6 Abs. 1 EBI-VO.

62 Art. 5 Abs. 2 EBI-VO.

Initiativen „Right2Water", „Einer von uns" und „Stop Vivisection" wurden elektronisch gesammelt.[63]

D. E-Voting

17 Die intensivste Form der Beteiligung besteht in der Möglichkeit der verbindlichen (Mit-)Entscheidung. Diese Option wird hier unter dem Stichwort „e-Voting" behandelt. Unter e-Voting wird der *Einsatz von Software im Rahmen der Durchführung einer Wahl oder Abstimmung* (Volksentscheid) verstanden. Dabei werden sowohl die Stimmabgabe an Wahlcomputern im Wahllokal als auch die Stimmabgabe am heimischen PC und deren Übermittlung über das Internet („Internetwahlen") erfasst. In Anlehnung an die Definition des Europarates aus dem Jahr 2004[64] werden dabei als e-Voting nur diejenigen Vorgänge betrachtet, in denen IKT mindestens in der Phase der Stimmabgabe verwendet werden.[65] Eine elektronische Wählerregistrierung alleine oder einzig der Einsatz von IKT im Rahmen des Vorgangs der Stimmenauszählung werden nicht erfasst.[66]

18 Rund um die Jahrtausendwende war e-Voting, insbesondere im Sinne von *Internetwahlen*, in Deutschland ein breit diskutiertes Thema.[67] Deutschland war auch das erste europäische Land, in dem versuchsweise verbindliche Internetwahlen – anlässlich der Wahlen zum Studierendenparlament der Universität Osnabrück im Jahr 2000 – mit dem System „i-vote" durchgeführt wurden.[68] Weitere verbindliche Testeinsätze des Systems „i-vote", z.B. im Rahmen der Jugendgemeinderats-

63 Die Zahlen verteilen sich wie folgt: „Right2Water": ca. 80 % elektronische Unterschriften; „Einer von uns": ca. 30 % elektronische Unterschriften; „Stop Vivisection": ca. 60 % elektronische Unterschriften. Vgl. EU Commission, Report on the application of Regulation (EU) No 211/2011 on the citizens' initiative, 31.03.2015, COM(2015) 145 final, im Internet abrufbar unter http://ec.europa.eu/transparency/regdoc/rep/1/2015/EN/1-2015-145-EN-F1-1.PDF, S. 7.

64 Council of Europe, Committee of Ministers, Council of Europe Recommendation Rec(2004)11 on legal, operationl and technical standards for e-voting (Adopted by the Committee of Ministers on 30.09.2004 at the 898th meeting of the Ministers' Deputies), abrufbar unter https://wcd.coe.int/ViewDoc.jsp?id=778189.

65 Vgl. auch *Nadja Braun*, E-voting – worldwide developments, opportunities, risks and challenges, in: Council of Europe (Hrsg.): Reflections on the future of democracy in Europe, Council of Europe: Strassburg 2005, S. 115–119, 115.

66 Der Europarat hat allerdings unlängst seine Definition von e-Voting revidiert und versteht darunter nunmehr den Einsatz von IKT im Rahmen der Stimmabgabe und/oder bei der Stimmenauszählung. Vgl. Council of Europe, Recommendation CM/Rec(2017)5 on standards for e-voting (Adopted by the Committee of Ministers on 14 Jun 2017 at the 1289th meeting of the Ministers' Deputies), abrufbar unter https://search.coe.int/cm/Pages/result_details.aspx?ObjectID=090000168071c837.

67 Vgl. z.B. *Karl-Heinz Ladeur*, E-Voting – eine neue politische Institution für die Gesellschaft der Netzwerke? – Neues Leben für ein altes demokratisches Verfahren, in: Hanna Muralt Müller/Andreas Auer/Thomas Koller (Hrsg.), E-Voting, Tagungsband 2002 Informatik & Recht, Stämpfli: Bern 2003, S. 337–365, 337 m.w.N.

68 *Otten* (Fn. 4), S. 79ff.

wahl in Esslingen im Juli 2001, folgten.[69] Neben i-vote wurden auch andere Systeme getestet, allerdings nie im Rahmen von politischen Wahlen.[70]

Während e-Voting im Sinne von Internetwahlen anlässlich von politischen Wahlen in Deutschland also nie zum Einsatz kam, wurden *Wahlgeräte zur Stimmabgabe im Wahllokal*, gestützt auf die Rechtsgrundlage des § 35 BWahlG, tatsächlich genutzt. In Brandenburg, Hessen, Nordrhein-Westfalen, Rheinland-Pfalz und Sachsen-Anhalt wurden bei der Bundestagswahl 2005 Wahlcomputer des Herstellers Nedap eingesetzt.[71] Solche Geräte waren auch schon früher in einigen Bundesländern, auf kommunaler und Landesebene im Einsatz. Außerdem wurden sie bei der Europawahl seit 1999 und auch bei der Bundestagswahl 2002 angewendet.[72] Im Jahr 2008 sollte für die Wahl der Hamburger Bürgerschaft ein sog. *digitaler Wahlstift* zum Einsatz kommen. Dieser mit einer kleinen Kamera versehene Stift hätte digital erfasst, wo auf dem Stimmzettel das Kreuz gemacht wird.[73] Aufgrund von verfassungsrechtlichen Bedenken kam der Stift allerdings nicht zum Einsatz.[74] 19

Mit der *Entscheidung des Bundesverfassungsgerichts vom 03. 03. 2009*[75] fand der Einsatz von Wahlgeräten (Wahlcomputern) in Wahllokalen ein Ende. Das Bundesverfassungsgericht sieht vor allem den Grundsatz der Öffentlichkeit der Wahl gefährdet (Art. 38 Abs. 1 i.V.m. Art. 20 Abs. 1 und 2 GG). Nach diesem Grundsatz muss sich das Wahlvolk selbst zuverlässig von der Rechtmäßigkeit des Wahlakts überzeugen können.[76] Das war durch die Ausgestaltung der Nedap-Geräte nicht gewährleistet. Seit dem Urteil des Bundesverfassungsgerichts kommt § 35 BWahlG keine praktische Bedeutung zu.[77] Gleichwohl gehen die Bestrebungen zur Entwicklung verfassungskonformer Wahlgeräte weiter.[78] Dabei stellt vor allem das Kriterium der Öffentlichkeit der Wahl, wonach der Wähler selbst nachvollziehen können muss, ob seine abgegebene Stimme als Grundlage für die Auszählung unverfälscht erfasst wurde,[79] eine zentrale Hürde dar. In der Literatur wird allerdings in Frage gestellt, ob eine solche Anforderung überhaupt notwen- 20

69 Für eine Übersicht der Einsätze des Systems i-vote vgl. *Hanßmann* (Fn. 4), S. 50 ff.

70 Vgl. *Philipp Richter*, Wahlen im Internet rechtsgemäß gestalten, Baden-Baden 2012, S. 65 f.

71 *Richter* (Fn. 70), S. 56; *Martin Will*, Wahlcomputer und der verfassungsrechtliche Grundsatz der Öffentlichkeit der Wahl, NVwZ 2009, S. 700–702, 700.

72 *Richter* (Fn. 70), S. 56; *Will* (Fn. 71), S. 700.

73 Bürgerschaft der Freien und Hansestadt Hamburg, Plenarprotokoll vom 26. 04. 2006, Nr. 18/55, S. 2856 C.

74 *Will* (Fn. 71), S. 701.

75 BVerfGE 123, 39 ff.

76 BVerfGE 123, 39 (72).

77 *Johann Hahlen*, in: Wolfgang Schreiber (Hrsg.), BWahlG. Bundeswahlgesetz, Kommentar, 9. Aufl., Köln 2013, § 35 Rn. 2.

78 Vgl. für eine juristische Analyse verschiedener Umsetzungsvorschläge *Maria Henning-Schulz*, Transparente Demokratie. Verfassungsverträglichkeit elektronischer Wahlgeräte, Baden-Baden 2016, insbes. S. 183 ff. und 295 ff.

79 BVerfGE 123, 39 (72).

dig sei, um den verfassungsrechtlichen Anforderungen zu entsprechen. So wird etwa angeführt, dass das damit geforderte Systemvertrauen auch anderweitig vermittelt werden könne, etwa durch unabhängige Dritte.[80]

21 Mit Blick auf die verfassungskonforme Ausgestaltung von Internetwahlen sind weitere rechtliche Hürden zu nennen. So stellt sich grundsätzlich die Frage der Vereinbarkeit mit *Art. 38 Abs. 1 Satz 1 GG*.[81] Dabei spielt die Gefahr der Verletzung des Wahlgeheimnisses eine tragende Rolle. Dem Schutz des *Wahlgeheimnisses* dienen verschiedene Vorkehrungen im Wahllokal, so u.a. die Bereitstellung von Wahlkabinen (§ 50 BWO), Wahlurnen (§ 33 Abs. 1 Satz 2 BWahlG; § 51 BWO) und die Anforderung, dass die Stimmzettel gefaltet werden müssen (§ 33 Abs. 1 Satz 1 BWahlG).[82] Eine Durchbrechung des Wahlgeheimnisses ist nur ausnahmsweise erlaubt, z.B. wenn es für die Wahlteilnahme körperlich Behinderter unvermeidbar ist (§ 33 Abs. 2 BWahlG). Die im Wahllokal vorgesehenen Schutzmaßnahmen zugunsten des Wahlgeheimnisses sind außerhalb des Wahllokals nicht gegeben. Damit droht eine Beeinträchtigung dieses Wahlrechtsgrundsatzes, was einer generellen Einführung von Internetwahlen in Deutschland entgegenstehen könnte.[83]

22 Diese Diskrepanz existiert auch bei der *Briefwahl* (als Form der Distanzwahl). Das damit einhergehende Risiko einer Beeinträchtigung des Wahlgeheimnisses wird allerdings damit gerechtfertigt, dass die Briefwahl dazu beitrage, andere Wahlrechtsgrundsätze, insbesondere die *Allgemeinheit der Wahl*, zu verwirklichen.[84] Der Verzicht auf das Erfordernis eines besonderen Grundes zur Beantragung der Briefwahl durch den Gesetzgeber im Jahr 2008[85] und die Bestätigung der Verfassungsmäßigkeit dieser „Freigabe" der Briefwahl durch das Bundesverfassungsgericht im Jahr 2013[86], öffnen zumindest in der Literatur das Tor für neue Überlegungen mit Blick auf die Zulässigkeit von Internetwahlen.[87]

E. Fazit

23 Von den verschiedenen Beteiligungsverfahren sind die Verfahren der *informellen Konsultationen* jene, die den Behörden am meisten Gestaltungsspielraum eröff-

---

80 *Sönke E. Schulz*, Wahlen und Abstimmungen im digitalen Zeitalter, in: Utz Schliesky/ders./Friedrich Gottberg/Florian Kuhlmann (Hrsg.), Demokratie im digitalen Zeitalter, Baden-Baden 2016, S. 52–66, 57.

81 Vgl. z.B. *Richter* (Fn. 70), S. 83 ff. Für den Einsatz von e-Voting bei Sachabstimmungen gelten grundsätzlich dieselben Anforderungen, vgl. *Schulz* (Fn. 80), S. 63 f.

82 Vgl. zu den verschiedenen Vorkehrungen zur Wahrung des Wahlgeheimnisses im Wahllokal: *Nadja Braun*, Stimmgeheimnis, Bern 2006, S. 78 f. Zur Entwicklung des Grundsatzes der geheimein Stimmabgabe in Deutschland vgl. ebd., S. 58 ff. sowie S. 76–78.

83 *Braun* (Fn. 82), S. 80.

84 *Hahlen* (Fn. 77), § 36, Rn. 2.

85 Gesetz vom 17.03.2008, BGBl. I S. 394.

86 BVerfGE 134, 25.

87 Vgl. *Schulz* (Fn. 80), S. 59 ff. m.w.N.

nen. Für solche Verfahren haben sich inzwischen verschiedene Anwendungen etabliert. Dazu gehören immer häufiger auch fortwährende Beteiligungsmöglichkeiten, die es erlauben, z.B. Fragen oder Ideen einzureichen. Die *formellen Partizipationsverfahren* (Involvierung) und Verfahren der *Kollaboration* stellen dagegen auf eine gewisse Parallelität ab. Das Internet wird ergänzend zu Präsenzveranstaltungen bzw. zur papiergebundenen Kommunikation genutzt.

Aus rechtlicher Sicht nicht immer ganz einfach ist die Unterscheidung zwischen einzelnen Verfahren. Für die Bürgerinnen und Bürger ist die Bündelung verschiedener Verfahren im Rahmen von Portalen mit dem Vorteil verbunden, dass sie Informationen über ihre Mitwirkungsmöglichkeiten nur noch an einer Stelle erhalten und nicht auf verschiedenen Seiten zusammensuchen müssen. Allerdings *verwischen* damit teilweise die *Grenzen zwischen den einzelnen Verfahren*. Nicht immer ist auf den ersten Blick ersichtlich, ob es sich um ein gesetzlich vorgesehenes Partizipationsangebot handelt, das u.U. anderen Regeln folgt als informelle Verfahren. Das könnte insbesondere dann heikel werden, wenn die Nicht-Beteiligung Präklusionswirkung entfaltet. Dies muss beim entsprechenden Verfahren klar kenntlich gemacht werden. Solche Verfahren sollten zudem innerhalb von Portalen klar von anderen Verfahren abgegrenzt werden. *24*

Im Rahmen von Einzelpetitionen an das Bundesparlament und an die Landesparlamente ist die Möglichkeit der elektronischen Einreichung („*E-Petition*") zu einer festen Größe geworden. Demgegenüber ist die Möglichkeit der öffentlichen Petition noch weniger weit verbreitet. Auf EU-Ebene stellt die elektronische Unterzeichnungsmöglichkeit einer Europäischen Bürgerinitiative eine wichtige Form der Unterschriftensammlung dar. *25*

Mit Blick auf *e-Voting* in Deutschland ist festzuhalten, dass seit dem Urteil des Bundesverfassungsgerichts im Jahr 2009 eine Stagnation im praktischen Einsatz sowohl von Wahlgeräten als auch von Internetwahlen anlässlich von politischen Wahlen festzustellen ist. Dem steht allerdings eine rege Forschungstätigkeit zur Entwicklung verfassungskonformen e-Votings gegenüber.

Teil II
Organisation und E-Government-Gesetze

Der unionale Rahmen von E-Government

Veith Mehde

A. Ausgangslage

Das Verhältnis von EU und Mitgliedstaaten gestaltet sich in gewisser Weise parallel zu jenem von Bund und Ländern in Deutschland. Wie die Länder nach dem Grundgesetz sind die Mitgliedstaaten nach dem europäischen Vertragswerk für den Vollzug des Rechts zuständig, auch wenn dieses nicht von ihnen selbst, sondern auf der „höheren", also der Bundes- bzw. europäischen Ebene gesetzt wurde. Im Bundesstaat wird dies mit dem Begriff des Vollzugsföderalismus beschrieben. Das Bedürfnis für eine koordinierte Vorgehensweise im Bereich des Vollzugs der europäischen Regeln kann schon vor diesem Hintergrund nicht geringer sein, als dies im deutschen Bundesstaat der Fall ist. *1*

Die Anwendung einheitlicher Standards und die Interoperabilität haben darüber hinaus unmittelbare Auswirkungen auf das Funktionieren des Binnenmarkts.[1] Die Tatsache, dass die Mitgliedstaaten selbst zum Teil seit geraumer Zeit eigene Pläne im Bereich des E-Governments verwirklichen, führt tendenziell zu Schwierigkeiten bei deren Abstimmung und Vereinheitlichung bzw. der Vernetzung.[2] Einmal angefangene Vorhaben begründen eine Pfadabhängigkeit, die für die Umsetzung von Konzepten „aus einem Guss" eine erhebliche – und möglicherweise im Zeitablauf sogar größer werdende – Hypothek darstellt. Die Kommission gibt denn auch in ihrem eGovernment-Aktionsplan die Devise aus, „eine weitere Fragmentierung" zu „verhindern, um die Mobilität im Binnenmarkt zu erleichtern".[3] *2*

Die Zahl der offiziellen Dokumente und Rechtsakte der EU, die sich mit Fragen des E-Governments befassen, ist sehr groß. Nimmt man dann noch solche hinzu, die nicht schwerpunktmäßig darauf eingehen, aber dazu Bezüge haben, so wird die Situation geradezu unüberschaubar. Insofern kann im Folgenden nur versucht werden, besonders markante Ansätze zu identifizieren und einzuordnen. *3*

B. Faktische und rechtliche Handlungsmöglichkeiten der EU-Organe

Das Thema „E-Government" betrifft eine klassische Querschnittsmaterie.[4] Demgegenüber fußt die EU auf dem Grundsatz der begrenzten Einzelermächtigung (Art. 5 Abs. 1 S. 1 EUV). Da die EU auch sonst über keine entsprechende Zustän- *4*

---

1 Vgl. dazu den „EU-eGovernment-Aktionsplan 2016–2020", COM(2016) 179 final, S. 1.

2 Vgl. *Viviane Reding*, E-Government – eine europäische Perspektive, in: Bernd Wirtz (Hrsg.), E-Government – Grundlagen, Instrumente, Strategien, Wiesbaden 2010, S. 431–447, 437 f.

3 COM(2016) 179 final, S. 3; vgl. auch *Reding* (Fn. 2), S. 437 zur „Verringerung der Gefahr einer Zersplitterung".

4 Siehe auch den Beitrag von *Schulz* in diesem Band.

digkeit im Bereich der Verwaltung verfügt, fehlt im Ergebnis eine Kompetenzgrundlage für die sektorenübergreifende Umsetzung einer E-Government-Strategie.[5] Dies schließt aber Ansätze im Bereich der jeweiligen Zuständigkeiten nicht aus. Die Bemühungen um ein kohärentes Gesamtkonzept müssen in anderen Handlungsformen abgebildet werden.

I. Konkrete kompetenzrechtliche Situation

5 Typischerweise wird in Rechtsakten angezeigt, worauf diese „insbesondere" gestützt werden. Die Grundlage für die Richtlinie 2014/55/EU über die elektronische Rechnungsstellung bei öffentlichen Aufträgen (dazu noch D. I.) sahen Parlament und Rat „insbesondere" in Art. 114 AEUV.[6] Die Richtlinie 2014/24/EU zur öffentlichen Auftragsvergabe (dazu noch unten unter D. II.) wird in diesem Sinne auf Art. 53 Abs. 1, 62 und 114 AEUVgestützt.[7] Für die Richtlinie über Dienstleistungen im Binnenmarkt (dazu noch unter D. III.) wurde die Kompetenz seinerzeit aus Art. 47 Abs. 2 S. 1 und 3 sowie Art. 55 EGV hergeleitet.[8] Die Kommission hat ihren „Vorschlag für eine Verordnung des Europäischen Parlaments und des Rates über die Einrichtung eines zentralen digitalen Zugangstors zu Informationen, Verfahren Hilfs- und Problemlösungsdiensten und zur Änderung der Verordnung (EU) Nr. 1024/2012" auf die Art. 21 Abs. 2, 48, 114 Abs. 1 AEUV gestützt.[9] Damit nutzt die EU insbesondere die Binnenmarktrelevanz der entsprechenden Vorhaben – mit ihren einzelnen Ausprägungen – als Anknüpfungspunkt für Regeln, die im Kern die Verwaltungen und dabei deren Nutzung von E-Government betreffen.

6 Der Beschluss des Parlaments und des Rates „zur Einrichtung eines Programms über Interoperabilitätslösungen und gemeinsame Rahmen für europäische öffentliche Verwaltungen, Unternehmen und Bürger (Programm ISA^2) als Mittel zur Modernisierung des öffentlichen Sektors" stützt sich auf Art. 172 AEUV.[10] Im Anwendungsbereich des Zollkodex gibt es ein aufgrund einer Durchführungsverordnung der Kommission eingerichtetes EU-Portal für Unternehmen, über das ein Zugang zum Zollentscheidungssystem gewährt wird, welches wiederum von den Zollbehörden der Mitgliedstaaten für die Antragsbearbeitung und die weitere Bearbeitung der Entscheidungen zu nutzen ist.[11]

---

5 Vgl. *Manuel Baptista*, E-Government and State Reform: Policy Dilemmas for Europe, ejeg 3 (2005), S. 167–174, 172.

6 Richtlinie 2014/55/EU, ABl. L 133/1.

7 Richtlinie 2014/24/EU, ABl. L 94/65.

8 Richtlinie 2006/123/EG, ABl. 376/36.

9 COM(2017) 256 final, S. 12.

10 Beschluss (EU) 2015/2240, ABl. L 318/1.

11 Durchführungsverordnung (EU) 2017/2089 der Kommission über technische Modalitäten für die Entwicklung, Wartung und Nutzung elektronischer Systeme für den Austausch von Informationen und für die Speicherung dieser Informationen gemäß dem Zollkodex der Union, ABl. L 297/13, Art. 7 f.; zu der Entwicklung des E-Government in diesem Bereich vgl. *Kathrin Limbach*, E-Government in der Zollverwaltung der Europäischen Union, DVBl 2015, S. 547–554.

Diese Kompetenzgrundlagen zeigen sehr deutlich, dass die Rechtsetzung also von vornherein auf bestimmte Fachpolitiken beschränkt ist. Verbindliche Vorgaben, die aufgrund der Rechtsbindung der Mitgliedstaaten umgesetzt werden müssen, bleiben daher auch im Bereich des E-Government entsprechend vereinzelt. Ein E-Government-Konzept „aus einem Guss" lässt sich also nicht auf entsprechende formale Zuständigkeiten stützen, so dass die entsprechenden Planungen in nicht verbindlicher Weise auszugestalten sind. *7*

Die fehlenden Rechtsetzungsmöglichkeiten bringen es mit sich, dass, wie im Folgenden zu zeigen sein wird, die jeweilige Exekutive im Mitgliedstaat und im europäischen Institutionengefüge die Kommission die entscheidende Rolle einnimmt und dabei auf andere Mechanismen zurückgreift.[12] Letztere ist es, von der Initiativen ausgehen und die organisatorisch in der Lage ist, eine koordinierende Rolle einzunehmen, und die dabei die Kontinuität der Bemühungen sicherstellen kann. *8*

II. Programme/Soft Law

Die Organe der EU unternehmen vielfältige Anstrengungen, um im Einvernehmen mit den Mitgliedstaaten auch in jenen Bereichen die gewünschten Effekte auf das E-Government zu erzielen, für die keine adäquate Kompetenzgrundlage für verbindliche Rechtsetzung zur Verfügung steht.[13] Diese Vorhaben zielen, auch wenn keine Bindungswirkung von den jeweiligen Instrumenten ausgeht, auf die einheitliche Behandlung in den Mitgliedstaaten. Für die Mitgliedstaaten kann die Einsicht in die Sinnhaftigkeit, aber auch die Einbindung in die jeweiligen Arbeitszusammenhänge einen faktischen Zwang zur Mitwirkung bewirken. Entsprechende Vorgaben ohne eine Bindungswirkung im engeren Sinne kann man folglich als „soft law" bezeichnen. Die folgenden Ausführungen beschränken sich im Grundsatz auf die bei Fertigstellung des Beitrags noch aktuellen Programme.[14] *9*

---

12 Vgl. *Baptista* (Fn. 5), S. 172: „Although the EU has no competence over the government and public administration organisation of its Member States – and therefore no binding ‚policy' it this field – the European Commission has a ‚proto-policy', i.e. an ‚agenda' that it promotes both via other areas of competence, such as the internal market, and through programmes such as eEurope 2005, i2010, IDABC, and to a lesser extent, research/development programmes(...)".

13 Vgl. noch einmal *Baptista* (Fn. 5), S. 172.

14 Für eine Darstellung der Programme des ersten Jahrzehnts der 2000er Jahre vgl. *Lukas-Julius Hüwe*, E-Government in der EU: Eine Analyse am Beispiel öffentlicher Ausschreibungen, in: Tobias Kollmann/Ina Kayser (Hrsg.), Digitale Strategien in der Europäischen Union: Rahmenbedingungen und Entwicklungsmöglichkeiten, Wiesbaden 2011, S. 77–100, 79 ff.; siehe auch *Tobias Kollmann/Ina Kayser*, Die Europäische Union im digitalen Zeitalter – vom Entwicklungsland zum mobilen Kontinent?, in: ebd., S. 1–10, 1 f.; für *Reding* ([Fn. 2], S. 435) „kristallisierten" sich „(d)ie ersten politischen Ausrichtungen (...) in der E-Government-Erklärung heraus, die im November 2005 in Manchester anlässlich der europäischen E-Government-Ministerkonferenz unter britischer Ratspräsidentschaft herausgegeben wurde".

1. Erklärung von Tallinn

10 In einer im engeren Sinne politischen Perspektive ragt dabei die Erklärung von Tallinn heraus, in der die für E-Government zuständigen Minister der Mitgliedstaaten von EU und EFTA sich im Oktober 2017 zu bestimmten Vorhaben bekannt haben.[15] Dies war insofern naheliegend, weil Estland, das zu diesem Zeitpunkt die Ratspräsidentschaft innehatte, sich im Bereich des E-Governments ganz besonders profiliert hat. Vor dem Hintergrund der Kompetenzverteilung ist die Erklärung ausgestaltet als eine Art Selbstverpflichtung der von den Unterzeichnenden repräsentierten Länder, die zudem die Institutionen der EU auffordern, sich die in der Erklärung genannten „lines of policy action" zu eigen zu machen.[16]

2. Aktionspläne

11 Die Kommission bündelt die Vorhaben für die Weiterentwicklung des E-Governments in Aktionsplänen, die in der Form der Mitteilung ergehen.[17] Dabei wird jeweils eine Fünf-Jahres-Perspektive eingenommen (2006–2010, 2011–2015 und 2016 bis 2020). Der 2016 ergangene Aktionsplan trägt den (Unter-)Titel „Beschleunigung der Digitalisierung der öffentlichen Verwaltung".[18] Es handelt sich um „politische Instrumente", die „dazu beitragen" sollen, „die Modernisierung der öffentlichen Verwaltung in der gesamten Europäischen Union voranzutreiben".[19] Den vorangegangenen Aktionsplänen wird attestiert, „zur Kohärenz der nationalen E-Government-Strategien sowie zum Austausch bewährter Verfahren" beigetragen und „die Interoperabilität der Lösungen der einzelnen Mitgliedstaaten" gefördert zu haben.[20]

12 Die Kommission hat in Form einer Mitteilung als Annex 1 zum Europäischen Interoperabilitätsrahmen – Umsetzungsstrategie – auch einen „Aktionsplan für Interoperabilität" vorgelegt.[21] Darin werden insgesamt 22 Maßnahmen genannt, bestimmten Zielen und Schwerpunktbereichen zugeordnet sowie Zeitplan und Zuständigkeit festgehalten.[22] Er sollte nach Darstellung der Kommission „als Leitfaden für die Umsetzung des Europäischen Interoperabilitätsrahmens dienen".[23] Dass dieser Anspruch keinesfalls zwangsläufig auch eine tatsächlich effektive Umsetzung impliziert, scheint dann allerdings schon die weitere Erläuterung zu zeigen. Danach „betrifft" der Aktionsplan „Fragen in Bezug auf die Ermittlung robuster Mechanismen für die Lenkung der Interoperabilität auf nationaler

---

15 *Tallinn Declaration on eGovernment*, abrufbar unter: https://ec.europa.eu/digital-single-market/en/news/ministerial-declaration-egovernment-tallinn-declaration [10. 12. 2017].
16 *Tallinn Declaration on eGovernment* (Fn. 15), S. 4.
17 COM(2016) 179 final.
18 COM(2016) 179 final.
19 COM(2016) 179 final, S. 1.
20 COM(2016) 179 final, S. 1.
21 COM(2017) 134 final, Annex 1.
22 COM(2017) 134 final, Annex 1, S. 2 ff.
23 COM(2017) 134 final, S. 6.

und grenzüberschreitender Ebene, die Zusammenarbeit zwischen verschiedenen Organisationen, die Einbeziehung von Interessenträgern und die Sensibilisierung für die Vorteile der Interoperabilität“[24]. Die so charakterisierten Mechanismen sind also nicht bereits vorhanden, sondern ihre Ermittlung wird – relativiert durch einige weichzeichnende Formulierungen – erst noch avisiert.

Vor diesem Hintergrund ist die Bezeichnung als „Aktionsplan“ zwar gut verständlich, aber jedenfalls als optimistisch zu bezeichnen. Auch bei Zweifeln an dem – in alltagssprachlicher Terminologie – „bürokratisch“ erscheinenden Verfahren ist aber zu berücksichtigen, dass es in diesem Bereich eben keine einfachen Lösungen gibt. Die Koordination einer Vielzahl von Verwaltungen ohne eine entsprechende Zuständigkeit zur Setzung rechtsverbindlicher Standards ist auch mit einer anderen – vielleicht „zupackender“ erscheinenden – Herangehensweise nicht ohne weiteres zu erreichen. So findet sich in der Erklärung von Tallinn (dazu oben unter B. II. 1.) ein ausdrückliches Bekenntnis zum Aktionsplan 2016–2020, allerdings werden weitere Maßnahmen und eine Beschleunigung der Vorgehensweise eingefordert.[25] *13*

3. Strategien

Ebenfalls als Mitteilung hat die Kommission die „Strategie für einen digitalen Binnenmarkt für Europa“ veröffentlicht.[26] Sie beschreibt darin das große Potenzial der Informations- und Kommunikationstechnologie für die wirtschaftliche Entwicklung und stellt dem die Herausforderungen für die öffentliche Verwaltung gegenüber, „die eines abgestimmten Vorgehens auf EU-Ebene“ bedürften.[27] Die europäische Ebene biete „(i)n vielen Fällen (...) den richtigen Bezugsrahmen“, womit eine entsprechende Prioritätensetzung bei der Kommission begründet wird.[28] Die vorgeschlagenen Instrumente betreffen aber nur zu einem geringen Teil die Verwaltungen unmittelbar, da es sich in vielen Fällen um Rechtsetzung handelt, die in erster Linie auf das Verhalten von verschiedenen Akteuren im Binnenmarkt zielt.[29] Dass es letztlich um Regulierung geht, gilt sogar für das wohl am ehesten unmittelbar die Verwaltung betreffende Thema der „Reduzierung des Mehrwertsteuer-bedingten Verwaltungsaufwands und Abbau der Hindernisse bei Auslandsgeschäften“, da dabei offenbar in erster Linie an die Verwaltungen der Unternehmen gedacht ist.[30] *14*

Die Kommission hat sich auch zu bestimmten Umsetzungsstrategien bekannt, namentlich zu dem Europäischen Interoperabilitätsrahmen.[31] Die erste „Inter- *15*

24 COM(2017) 134 final, S. 6.
25 Tallinn Declaration on eGovernment (Fn. 15), S. 2 f.
26 COM(2015) 192 final.
27 COM(2015) 192 final, S. 3.
28 COM(2015) 192 final, S. 3.
29 COM(2015) 192 final, S. 4 ff.
30 COM(2015) 192 final, S. 9 f.
31 COM(2017) 134 final; siehe auch Annex 2.

operabilitätsstrategie für europäische öffentliche Dienste“ wurde im Jahr 2010 als Anhang 1 zur Mitteilung über die „Interoperabilisierung europäischer öffentlicher Dienste“ veröffentlicht.[32] Schon in der im Jahr 2010 erfolgten Grundlegung der Strategie wird die schwierige Rolle der Kommission deutlich herausgearbeitet, wenn in der Zusammenfassung aufgeführt ist, welche Aufgaben die Kommission erfüllen „wird“ und, dem gegenübergestellt, was die Mitgliedstaaten „sollten“.[33] Auch hier zeigt sich also das Problem, dass die dringend erforderliche Koordination nicht in rechtlich verbindlicher Weise erfolgen kann, sondern die Kommission bei ihren Anstrengungen letztlich auf den Goodwill vor Ort angewiesen ist. In der späteren Fassung der Strategie werden wiederum Leitlinien und Empfehlungen entwickelt, die sich an die verschiedenen Verwaltungen richten und diesen ausdrücklich „helfen“ sollen.[34]

III. Finanzielle Absicherung

16 Eine wichtige Ressource bei der Koordination der Programme von EU und Mitgliedstaaten sind die finanziellen Mittel, die aus dem EU-Haushalt zur Verfügung gestellt werden können.

17 Die Kommission will die Umsetzung des Interoperabilitätsrahmens einschließlich des damit verbundenen Aktionsplans „in erster Linie mithilfe des Programms ISA^2 unterstützen, fördern und überwachen“.[35] Es handelt sich dabei um ein Programm, das unmittelbar an das erste dieser Art, das Ende 2015 ausgelaufen ist, anknüpft und dabei den Tätigkeitsbereich durchaus auch ausweiten soll.[36] Der Beschluss von Parlament und Rat, der die Grundlage für das Programm ISA^2 bildet, listet detailliert die Kriterien auf, bei deren Vorliegen eine Förderung erfolgen kann.[37] Die Kommission, der auch hier in der Umsetzung die entscheidende Rolle zukommt, wird zur Aufstellung eines Arbeitsprogramms verpflichtet, das während der Geltungszeit des Beschlusses abgearbeitet werden kann.[38] Darüber hinaus stehen auch andere Finanzierungsinstrumente für einzelne Maßnahmen zur Verfügung.[39] Arbeiten am gemeinsamen Rahmen sowie an allgemeinen Instrumenten werden ebenfalls über ISA^2 finanziert, während die Nutzungen von den jeweiligen Verwaltungen zu finanzieren sind.[40] Insgesamt stehen für das Programm rund 131 Mio € zur Verfügung.[41]

32 KOM(2010) 744 endg.
33 KOM(2010) 744 endg., S. 12.
34 COM(2017) 134 final, S. 4; siehe auch Annex 2.
35 COM(2017) 134 final, S. 9.
36 Beschluss (EU) 2015/2240, ABl. L 318/1, Art. 1 Abs. 3, Erwägungsgrund 25.
37 Beschluss (EU) 2015/2240, ABl. L 318/1, Art. 6 f.
38 Beschluss (EU) 2015/2240, ABl. L 318/1, Art. 9
39 Aufzählung in COM(2017) 134 final, S. 9 f.
40 Beschluss (EU) 2015/2240, ABl. L 318/1, Art. 11.
41 Beschluss (EU) 2015/2240, ABl. L 318/1, Art. 17 Abs. 1.

Die Förderung durch ISA² betrifft gleichwohl nur einen Aspekt der Weiterentwicklung des E-Governments im Zusammenspiel von EU und Mitgliedstaaten. Daneben treten weitere Instrumente, mit deren Hilfe hier Fortschritte erzielt werden können. So kann etwa der Ausbau entsprechender Kapazitäten in den mitgliedstaatlichen Verwaltungen über die europäischen Struktur- und Investitionsfonds gefördert werden.[42] 18

Für die technischen Mittel, die man zur Aufrechterhaltung einer in den Mitgliedstaaten zu nutzenden interoperablen Infrastruktur benötigt, werden Haushaltsmittel bereitgestellt.[43] Dass die Bereitstellung von Geld für einen bestimmten Zweck allerdings nicht immer einen entsprechenden Erfolg garantiert, zeigt auch der auf den Binnenmarkt bezogene – also wohl nicht unmittelbar die Verwaltungen betreffende – Hinweis der Kommission, „(a)ngesichts der vergangenen Erfahrungen mit der Nichtausschöpfung der für Investitionen in IKT eingeplanten EU-Mittel" werde sie sich „gemeinsam mit der Europäischen Investitionsbank, Projektträgern und Mitgliedstaaten darum bemühen, dass alle verfügbaren Investitionsmittel vollständig genutzt werden, auch durch technische Unterstützung und die volle Ausnutzung von Synergien zwischen den verschiedenen Finanzierungsinstrumenten"[44]. 19

IV. Organisatorische Absicherung

Die Absicherung der eben beschriebenen koordinierenden Rolle der Kommission erfolgt durch die Abstimmung und sodann Bekanntmachung der jeweiligen Dokumente sowie durch regelmäßige Kontakte mit den entsprechenden Stellen der Mitgliedstaaten. Daneben werden eigene administrative Ressourcen geschaffen. In jedem Fall garantiert diese institutionelle Verankerung die Notwendigkeit, sich mit dem Thema regelmäßig auseinanderzusetzen. Darüber hinaus können Anreize für die Nutzung von bereitgestellten Instrumenten, die man ansonsten selbst und auf eigene Kosten erarbeiten müsste, gefunden werden. 20

Die Kommission hat in ihrem Aktionsplan angekündigt, dessen Umsetzung durch einen Lenkungsausschuss zu koordinieren – wenn auch nicht die einzelnen Maßnahmen durchführen zu lassen.[45] In Anbetracht der mit der Querschnittsaufgabe verbundenen Zuständigkeitszersplitterung besteht wohl keine andere Möglichkeit, als eine solche Struktur einzuführen, um die Träger der einzelnen Projekte an den Gesamtzusammenhang zu erinnern. Es lässt sich daher auch nicht verhindern, dass damit eine Verwaltung zur Koordination, möglicherweise auch zur Überwachung der Verwaltung eingeführt wird. 21

Auch bei dem vor allem als Finanzierungsinstrument bedeutsamen ISA² (dazu schon unter B. III.) wird neben der Beobachtungs-, Überwachungs- und Bewer- 22

42 Beschluss (EU) 2015/2240, ABl. L 318/1, Erwägungsgrund 40.
43 COM(2016) 179 final, S. 5.
44 COM(2015) 192 final, S. 21.
45 COM(2016) 179 final, S. 13.

tungsfunktion der Kommission auch ein Ausschuss eingerichtet, der die Kommission unterstützen soll.[46]

C. Ausgestaltungsnotwendigkeiten und -prinzipien

23 Die EU verfolgt mit ihren verschiedenen Ansätzen das Ziel eines funktionierenden E-Governments. Was dies genau bedeutet, lässt sich näher konkretisieren. Zu der oben angesprochenen formellen Seite – insbesondere der Zuständigkeitsfrage –, gibt es auch eine materielle. Letztlich handelt es sich dabei um Konkretisierungen des Ziels, das die Kommission in ihrer Umsetzungsstrategie zum Interoperabilitätsrahmen mit den Worten umschrieben hat, „(n)ationale öffentliche Dienste sollten über nationale Grenzen hinweg miteinander verknüpft werden, damit sie auf EU-Ebene einen Verbund mit ähnlichen Diensten bilden und so einen Beitrag zum digitalen Binnenmarkt leisten“[47]. Dazu gehören natürlich zahlreiche Aspekte, die man auf unterschiedlichen Abstraktionsebenen zusammenfassen könnte. Gleichwohl kristallisieren sich als Ausgangspunkt immer wieder bestimmte Regelungsziele heraus, die sich in verschiedenen Dokumenten und Rechtsakten als Bezugspunkte finden und die zudem in grundlegenden Stellungnahmen[48] wirksam werden. Im Folgenden sollen einige, als besonders zentral erscheinende Punkte aufgegriffen und hinsichtlich ihres Inhalts charakterisiert werden.

I. Interoperabilität

24 Traditionell ein großes Problem bei der elektronischen Verknüpfung verschiedener E-Government-Systeme ist die Tatsache, dass die jeweils zugrundeliegenden Ansätze und ihre konkrete Ausführung nicht miteinander kompatibel sind. Fehlt es an einer wie auch immer gearteten Abstimmung, so entwickeln sich die verschiedenen Systeme möglicherweise unabhängig voneinander weiter. Insofern ist es nicht überraschend, dass es wohl zu keinem anderen Grundsatz für die Weiterentwicklung des E-Governments von Seiten der EU und ihrer Organe eine so große Anzahl von Entscheidungen und Dokumenten gibt wie zum Thema „Interoperabilität“.

25 Laut einer Legaldefinition handelt es sich dabei um „die Fähigkeit verschiedener und unterschiedlicher Organisationen zur Interaktion zum beiderseitigen Nutzen und im Interesse gemeinsamer Ziele; dies schließt den Austausch von Informationen und Wissen zwischen den beteiligten Organisationen durch von ihnen unterstützte Geschäftsprozesse mittels Datenaustausch zwischen ihren jeweiligen IKT-Systemen ein“.[49] Die vollständige Interoperabilität wird beschrieben als die „Fähigkeit, auf drei verschiedenen Ebenen zu interoperieren: im Hinblick auf den Inhalt der Rechnung (Semantik), das verwendete Format oder die verwendete

46 Beschluss (EU) 2015/2240, ABl. L 318/1, Art. 12 f.
47 COM(2017) 134 final.
48 Vgl. etwa *Tallinn Declaration on eGovernment* (Fn. 15), S. 3 ff.
49 Beschluss (EU) 2015/2240, ABl. L 318/1, Art. 2 Nr. 1.

Sprache (Syntax) und die Methode der Übermittlung".[50] Daneben ist auch von „Interoperabilitätsschichten" die Rede, die gemeinsam für die „Governance integrierter öffentlicher Dienste" stehen, namentlich die rechtliche, die organisatorische, die semantische und die technische.[51] Im Kontext der Verstetigung des „Programms über Interoperabilitätslösungen" ist auch von der Formung einer „Interoperabilitätslandschaft" die Rede, „die die Interaktion zwischen europäischen öffentlichen Verwaltungen, Unternehmen und Bürgern fördert sowie grenz- oder sektorenübergreifende Interoperabilität sicherstellt, fördert und ermöglicht".[52]

In einer Reihe von Ministererklärungen ab 2005 wurde die Kommission aufgefordert, entsprechende Vorhaben umzusetzen.[53] Die Kommission nimmt für sich selbst in Anspruch, die erste Initiative zu diesem Thema bereits im Jahr 1999 ergriffen und die „Europäische Interoperabilitätsstrategie"[54] mit dem darin als Anhang enthaltenen „Interoperabilitätsrahmen" im Jahr 2010 veröffentlicht zu haben.[55] In diesem Dokument selbst wird allerdings auf noch deutlich weiter zurückliegende Initiativen hingewiesen.[56] Die Kommission hat also spätestens seit 2010 die Interoperabilität zu einem der zentralen Grundsätze für die Planung ihrer Initiativen erhoben.[57] Schon in jenem Jahr stand die Maßnahme für die Kommission im Kontext der Frage, wie das gesamte Potenzial der Informations- und Kommunikationstechnologie genutzt werden könnte, wobei aus ihrer Sicht bei einer Ausschöpfung dieses Potenzials „Europa bei der Bewältigung der dringendsten gesellschaftlichen Herausforderungen viel mehr Handlungsmöglichkeiten" eröffnet wären.[58] 26

Sie sieht auch „Einvernehmen zwischen den Mitgliedstaaten über die Grundanforderungen, die für die Interoperabilität erfüllt sein sollten".[59] Als Problem wird dabei nicht nur das Verhältnis der Mitgliedstaaten untereinander und mit der EU gesehen, sondern auch die Situation innerhalb der Verwaltungen der Mitgliedstaaten.[60] Das ist naheliegend, bedeutet doch eine heterogene E-Government-Landschaft innerhalb der Mitgliedstaaten auch ein Problem für die Koordination seitens der europäischen Ebene. 27

In der ausdrücklich als „Europäischer Interoperabilitätsrahmen – Umsetzungsstrategie" überschriebenen Mitteilung der Kommission wird ein „koordinierter Ansatz" für den öffentlichen Dienst, namentlich mit Blick auf Rechtsvorschriften, 28

50 Richtlinie 2014/55/EU, ABl. L 133/1, Erwägungsgrund 8.
51 COM(2017) 134 final, Annes 2, S. 21; vgl. auch KOM(2010) 744 endg., S. 23 ff.
52 Beschluss (EU) 2015/2240, ABl. L 318/1, Erwägungsgrund 27.
53 Vgl. die Aufzählung in Beschluss (EU) 2015/2240, ABl. L 318/1, Erwägungsgrund 1.
54 KOM(2010) 744 endg.
55 COM(2017) 134 final, S. 3.
56 KOM(2010) 744 endg., S. 5 ff.
57 COM(2016) 179 final, S. 4, 6.
58 KOM(2010) 744 endg., S. 3.
59 COM(2015) 192 final, S. 17.
60 COM(2017) 134 final, S. 4.

Geschäftsprozesse, Informationsverwaltung und IT-Systeme gefordert, da sich „(a)nderenfalls (...) die digitale Fragmentierung weiter verstärken" dürfte.[61] Wie schon erwähnt (oben B. II. 2.), ist Teil dieser Strategie auch ein Aktionsplan mit zahlreichen Einzelmaßnahmen.[62] In einem Annex 2 werden insgesamt 47 Empfehlungen[63] aufgeführt und zwölf den Europäischen Interoperabilitätsrahmen prägende Grundsätze entwickelt.[64] Die letzten drei betreffen die öffentliche Verwaltung und sind mit den Schlagworten „Verwaltungsvereinfachung", „Informationsbewahrung" und „Bewertung von Effektivität und Effizienz" gekennzeichnet.[65]

29 Die Pläne der Kommission setzen beim Zugang zu der Verwaltung an. Im Aktionsplan spricht sie von dem Ziel, „ein zentrales, digitales Zugangstor zu schaffen" (vgl. dazu noch unten unter II.).[66] Dahinter steht natürlich der Gedanke, dass ein einheitliches Formular auch die Möglichkeiten für grenzüberschreitende Wirtschaftstätigkeiten verbessert, insbesondere die Effizienz der entsprechenden Aktivitäten deutlich erhöht.[67]

30 Partiell wurden auch rechtlich verbindliche Vorgaben, die auf die Interoperabilität der jeweiligen Datenbanken zielen, verabschiedet.[68] Die Kommission nennt[69] hier etwa die Einrichtung von Insolvenzregistern, die in einer späteren Phase dann verknüpft werden sollen.[70] Hingewiesen wird auch auf die durch Richtlinie 2012/17/EU[71] verpflichtend ausgestaltete Interoperabilität der mitgliedstaatlichen Zentral-, Handels- und Gesellschaftsregister.[72] In der Richtlinie über die elektronische Rechnungsstellung bei öffentlichen Aufträgen wird das Bestehen unterschiedlicher Standards als ein Problem für den Marktzutritt und als ein Handelshemmnis dargestellt.[73] Im Kontext der Vorgaben zur elektronischen Identifizierung ist auch darauf hingewiesen worden, dass für die Anerkennung elektronischer Signaturen die Interoperabilität eine „Vorbedingung" darstellt.[74] Die Interoperabilität nationaler elektronischer Identifizierungssysteme wird ausdrücklich vorgeschrieben (Art. 12 der Verordnung).

---

61 COM(2017) 134 final, S. 2.
62 COM(2017) 134 final, Annex 1.
63 Die Kommission verweist darauf, dass im 2017 vorgelegten Rahmen die Zahl der Empfehlungen von 25 auf 47 steige und führt das auf neue Anforderungen wie auch auf die Tatsache zurück, dass mehr Wert auf die Anwendung in der Praxis gelegt werde (COM[2017] 134 final, S. 5).
64 COM(2017) 134 final, Annex 2.
65 COM(2017) 134 final, Annex 2, S. 19 f.
66 COM(2016) 179 final, S. 8.
67 COM(2016) 179 final, S. 8.
68 Vgl. COM(2016) 179 final, S. 8 ff.
69 COM(2016) 179 final, S. 9.
70 Verordnung (EU) 2015/848, ABl. L 141/19, Art. 25 ff.
71 ABl. L 156/1.
72 Beschluss (EU) 2015/2240, ABl. L 318/1, Erwägungsgrund 6.
73 Richtlinie 2014/55/EU, ABl. L 133/1, Erwägungsgrund 3.
74 Verordnung (EU) Nr. 910/2014, ABl. L 257/73, Erwägungsgrund 54.

Grundsätzlich bleibt es aber bei der Ankündigung von Plänen, die auf eine Unterstützung und Ermunterung der Mitgliedstaaten hinauslaufen. Es bleibt abzuwarten, inwieweit die Anreize und die Erkenntnis der Vorteile groß genug sind, um die Mitgliedstaaten zu entsprechenden Anstrengungen zu motivieren. Das gilt insbesondere vor dem Hintergrund, dass viele der Vorhaben Bereiche betreffen – die Kommission nennt in ihrem Aktionsprogramm Sozialversicherungsdaten, Arbeitsvermittlung und Gesundheitsdienste –,[75] die auch aus Sicht des Datenschutzes und damit auch aus Sicht der politisch Verantwortlichen als heikel angesehen werden dürften. Die Erfahrungen in Deutschland sprechen dafür, dass die Vereinheitlichung der Register eine sehr große Herausforderung darstellt. 31

Inwieweit die Bemühungen um gerade diesen Aspekt Erfolge gezeitigt haben, lässt sich schon deswegen schwer sagen, weil die Lage natürlich auch in den jeweiligen Mitgliedstaaten so außergewöhnlich komplex ist, dass es kaum eine realistische Möglichkeit gibt, die europäische Gesamtlage empirisch belastbar zu evaluieren. Leichter zu vergleichen sind demgegenüber die in den Mitgliedstaaten erarbeiteten Dokumente, namentlich die nationalen Interoperabilitätsrahmen. Es ist daher nicht überraschend, dass die Kommission als Einheit zur Informationsbeschaffung eine Beobachtungsstelle für die nationalen Interoperabilitätsrahmen eingerichtet hat.[76] Auf diese beruft sie sich bei der Angabe, die Angleichung von europäischen und nationalen Rahmen habe im Jahr 2014 im Durchschnitt 72 % betragen.[77] 32

II. Einheitlicher Zugang

Zu den Maßnahmen zur Förderung des digitalen Binnenmarkts gehören auch die Bemühungen um den einheitlichen Zugang zu Verwaltungsdienstleistungen.[78] Ein konkreter Vorschlag dazu ist von der Kommission im Mai 2017 vorgelegt worden.[79] Die Kommission spricht von der „Einrichtung eines zentralen digitalen Zugangstors“, welches „aus einer von der Kommission verwalteten gemeinsamen Nutzerschnittstelle“ besteht, „die in ein zentrales Portal integriert und mit den einschlägigen nationalen Websites und Websites der Union verknüpft ist“.[80] Sie möchte mit dem Vorschlag Unternehmen und Bürgern alle erforderlichen Informationen und auch die Nutzung der wichtigsten Verwaltungsverfahren ermög- 33

75 COM(2016) 179 final, S. 10 f.

76 Vgl. dazu COM(2017) 134 final, Annex 2, S. 23: „Ihr Hauptziel besteht darin, Informationen über NIF (nationale Interoperabilitätsrahmen, d. Verf.) und damit zusammenhängenden interoperabilitätsbezogene und digitale Strategien und politische Konzepte zur Verfügung zu stellen, um öffentlichen Verwaltungen dabei zu helfen, Erfahrungen auszutauschen und zu nutzen und um die Umsetzung des EIF (europäischer Interoperabilitätsrahmen, d. Verf.) auf einzelstaatlicher Ebene zu unterstützen“.

77 COM(2017) 134 final, S. 4.

78 COM(2017) 134 final, S. 5; COM(2017) 228 final, S. 22.

79 COM(2017) 256 final.

80 COM(2017) 256 final, S. 32, Art. 2 des Vorschlags (Überschrift sowie Nr. 1 S. 2).

lichen.[81] Avisiert wird dabei für bestimmte Verfahren die „vollständige Digitalisierung des ‚Frontoffice'", womit weder auf die Struktur des „Backoffice" noch auf die Inhalte der darin durchgeführten Verfahren Einfluss genommen werden soll.[82] Damit wird auch der Perspektive einer Verwendung dieses Grundsatzes für den grenzüberschreitenden Verkehr ein klarer Ansatzpunkt gegeben.[83]

III. Medienbruchfreiheit

34 Die Medienbruchfreiheit ist in vielerlei Hinsicht eine Selbstverständlichkeit bei der Entwicklung von Zielen für einen digitalen Binnenmarkt. Wenn man von „Interoperabilität" spricht, ist die Medienbruchfreiheit damit impliziert.[84] Insofern muss man wohl sagen, dass der Begriff selbst schon deswegen nicht im Mittelpunkt der ausdrücklichen Stellungnahmen und Rechtsetzungen steht. Die Bemühungen um die Förderung einer elektronischen Rechnung basieren aber zum Beispiel ganz wesentlich darauf. So wird diese in der entsprechenden Richtlinie definiert als „eine Rechnung, die in einem strukturierten elektronischen Format ausgestellt, übermittelt und empfangen wird, das ihre automatische und elektronische Verarbeitung ermöglicht"[85].

IV. Datenoffenheit/Transparenz

35 Die EU bekennt sich zu den Themen Datenoffenheit und Transparenz. Insbesondere geht es dabei darum, betroffenen Personen oder Unternehmen Zugang zu bei den Behörden erfassten Daten zu geben, wobei aber der Fokus auf den jeweiligen Betroffenen liegt.[86] Die Kommission selbst betreibt für ihre eigenen Daten ein offenes Datenportal.[87] Wenn im hier besprochenen Kontext von offenen Daten die Rede ist, besteht aber stets auch die Perspektive der Nutzung von maschinenlesbaren Daten nicht zuletzt für wirtschaftliche oder jedenfalls den Markt im weitesten Sinne betreffende Zwecke.[88] Die Kommission betont ausdrücklich „(d)as Recht eines jeden, offene Daten weiter zu verwenden".[89]

V. Cybersicherheit/Datenschutz

36 Die Kommission hat im Jahr 2013 gemeinsam mit der Hohen Vertreterin für Außen- und Sicherheitspolitik in einer Mitteilung eine „Cybersicherheitsstrategie

81 COM(2017) 256 final, S. 3; vgl. in diesem Kontext die Aussage von *Michaelene Cox*: „The hallmark of EU digital objectives is a citizen-centric model of e-Governance" (vgl. *dies.*, Conundrums in Benchmarking eGovernment Capabilities?, Perspectives on Evaluating European Usage and Transparency, ejeg 12 [2014], 170–177, 171).
82 COM(2017) 256 final, S. 8 f.
83 Vgl. COM(2017) 228 final, S. 22.
84 Vgl. etwa *Nicole Küchler-Stahn/Adrian Gelep*, Die elektronische Rechnungsverarbeitung in der öffentlichen Verwaltung, VM 21 (2015), S. 96–102, 101.
85 Richtlinie 2014/55/EU, ABl. L 133/1, Art. 2 Nr. 1.
86 COM(2016) 179 final, S. 3.
87 http://open-data.europa.eu.
88 Vgl. COM(2017) 134 final, Annex 2, S. 38.
89 COM(2017) 134 final, Annex 2, S. 39.

der Europäischen Union" vorgelegt.[90] Im Jahr 2014 erließen Parlament und Rat die Verordnung „über elektronische Identifizierung und Vertrauensdienste für elektronische Transaktionen im Binnenmarkt (...)".[91] In ihrer „Halbzeitüberprüfung der Strategie für einen digitalen Binnenmarkt" spricht die Kommission von der „Förderung eines vertrauenswürdigen Cyber-Ökosystems" und stellt dabei darauf ab, „dass unser vernetztes Umfeld stets nur so sicher ist wie sein schwächstes Glied".[92] Diesen Sicherheitsaspekt, der um die Anforderungen des Datenschutzes erweitert wird, sieht die Kommission als Instrument zur Vertrauensbildung und damit als Teil ihrer Strategie zur Schaffung eines digitalen Binnenmarktes.[93] Auch Parlament und Rat sprechen in einem gemeinsamen Beschluss zur Interoperabilität davon, dass „die Grundsätze der Sicherheit, des Schutzes der Privatsphäre und des Schutzes persönlicher Daten durchweg einzuhalten" seien.[94] In der Umsetzungsstrategie zum Europäischen Interoperabilitätsrahmen verlangt die Kommission von öffentlichen Verwaltungen, „zur vollständigen Absicherung ihrer Infrastruktur und Bausteine den Konzepten des ‚eingebauten Datenschutzes' und der ‚eingebauten Sicherheit'" zu folgen.[95]

Der Datenschutz ist vor allem durch die Datenschutzgrundverordnung auf eine neue Basis gestellt worden.[96] Im E-Government-Aktionsplan werden „Vertrauenswürdigkeit und Sicherheit" als zentrale Grundsätze hervorgehoben, und dabei überraschenderweise der Anspruch formuliert, die „Initiativen sollten über die bloße Einhaltung des Rechtsrahmens zum Schutz personenbezogener Daten und der Privatsphäre sowie der IT-Sicherheit hinausgehen".[97] Hintergrund dieser Überlegungen ist ausdrücklich das Bemühen um Vertrauen und Akzeptanz.[98] 37

VI. Einmalige Erfassung

Parlament und Rat haben im Jahr 2013 eine Richtlinie zur Änderung der Richtlinie 2003/98/EG über die Weiterverwendung von Informationen des öffentlichen Sektors erlassen.[99] Damit wird allerdings nur auf die Möglichkeit der Verwendung von Informationen eingewirkt, die bei öffentlichen Stellen zur Verfügung stehen.[100] Auch darüber hinaus wird auf der europäischen Ebene wie auch im Rah- 38

90 JOIN(2013), 1.
91 Verordnung (EU) Nr. 910/2014, ABl. L 257/73; vgl. dazu *Alexander Roßnagel*, Neue Regeln für sichere elektronische Transaktionen: Die EU-Verordnung über elektronische Identifizierung und Vertrauensdienste, NJW 2014, S. 3686–3692; *ders.*, Der Anwendungsvorrang der eIDAS-Verordnung: Welche Regelungen des deutschen Rechts sind weiterhin für elektronische Signaturen anwendbar?, MMR 2015, S. 359–364.
92 COM(2017) 228 final, S. 15.
93 COM(2015) 192 final, S. 14 f.
94 Beschluss (EU) 2015/2240, ABl. L 318/1, Erwägungsgrund 22.
95 COM(2017) 134 final, Annex 2, S. 40.
96 Verordnung (EU) 2016/679, ABl. L 119/1.
97 COM(2016) 179 final, S. 4.
98 COM(2016) 179 final, S. 4.
99 ABl. L 175/1.
100 Siehe insbesondere Erwägungsgrund 1 f. der Richtlinie.

men der Diskussion über die Fortentwicklung des E-Governments in Deutschland über die Möglichkeiten nachgedacht, „statt der Menschen die Daten laufen zu lassen“, wie man mit einem in diesem Zusammenhang gerne verwendeten Schlagwort sagen könnte. Aus der Sicht der mit verschiedenen Behörden interagierenden Personen und Unternehmen wird es vielfach als Last empfunden, dieselben Daten bei unterschiedlichen Anlässen immer wieder zu übertragen. Neben Lästigkeiten sind damit auch Kosten verbunden.[101] Aus wirtschaftlichen, vielleicht aber auch aus bloßen – immerhin möglicherweise die Akzeptanz von Verwaltungsleistungen beeinflussenden – Bequemlichkeitsgründen, spricht also viel dafür, die Behörden zu verpflichten, vorhandene Daten auch für andere Zwecke und bei anderen Behörden zu verwenden.

39 Der Grundsatz der einmaligen Erfassung steht allerdings in einem gewissen Spannungsfeld zu datenschutzrechtlichen Anforderungen. In der Datenschutzgrundverordnung heißt es in Art. 5 Abs. 1 lit. b), dass personenbezogene Daten nur „für festgelegte, eindeutige und legitime Zwecke erhoben werden und (...) nicht in einer mit diesen Zwecken nicht zu vereinbarenden Weise weiterverarbeitet werden“ dürfen. In seiner Stellungnahme zum Vorschlag der Kommission über die Einrichtung eines zentralen digitalen Zugangstors (dazu schon oben unter C. II.) stellt der Europäische Datenschutzbeauftragte darauf ab, dass ein Datenaustausch nur auf das Ersuchen der betreffenden Person erfolgen solle und zudem mit dem Vorschlag keine Einschränkung des Grundsatzes der Zweckbindung verbunden sei.[102]

40 Der Kommission geht es speziell darum, die Verpflichtungen zur wiederholten Übermittlung von Daten und auf diese Weise die Belastungen der betroffenen Personen oder Unternehmen abzubauen.[103] Der Verweis auf die Notwendigkeit der Beachtung von Datenschutzvorschriften erfolgt dabei so pauschal,[104] dass eine Lösung für das Problem, inwieweit dieses aus Sicht individueller Praktikabilität sehr begrüßenswerte Vorhaben mit dem Grundsatz der Zweckbindung gemäß Art. 5 Abs. 1 lit. b) vereinbar sein kann, gerade noch nicht gefunden ist. In der Deklaration von Tallinn wird interessanterweise wesentlich auf den Gesichtspunkt der Freiwilligkeit abgestellt: „For the principle of once only, we will work to implement it for key public services, at least as an option for citizens and businesses“[105].

41 Die Kommission führt die mangelhafte Weiterverwendung vorhandener Daten wesentlich auf die fehlende Interoperabilität (dazu schon oben unter C. I.) zurück.[106] Insofern zielen die Maßnahmen in diesem Bereich ganz selbstverständlich

101 Vgl. COM(2017) 228 final, S. 21 f.
102 Abl. 2017/C 340/03 (C 340/6).
103 COM(2016) 179 final, S. 3.
104 Vgl. COM(2016) 179 final, S. 3.
105 *Tallinn Declaration on eGovernment* (Fn. 15), S. 3.
106 COM(2017) 134 final, S. 8

auch auf die im Sinne der einmaligen Erfassung und Weiterverarbeitung verstandene Qualität der öffentlichen Dienstleistungen.[107]

D. Spezielle Referenzgebiete

Das in der vorstehenden Darstellung immer wieder durchscheinende Problem, 42
dass eine Querschnittsmaterie wie das E-Government aufgrund der fehlenden Kompetenzgrundlage auf der unionalen Ebene nicht „aus einem Guss" geregelt werden kann, ändert nichts daran, dass es in speziellen Bereichen – typischerweise bei bestehender Binnenmarktrelevanz – durchaus auch solche Regelungswerke gibt, die den Mitgliedstaaten verbindliche Vorgaben machen. Diese Bereiche sind auch deswegen interessant, weil die EU bei diesen fachpolitisch geprägten Vorhaben natürlich die Gelegenheit hat, selbst gesetzgeberisch an die ansonsten nur in unverbindlichen Formen vorgelegten allgemeineren Pläne und Strategien anzuschließen. Hinweisen könnte man hier auf verschiedene Ansätze.[108] Da diese aber zum Teil sehr spezielle Fragen betreffen, sollen an dieser Stelle nur einige, beispielhaft erscheinende hervorgehoben werden.

I. E-Rechnung

Die Kommission bemühte sich spätestens seit 2010 mit Hilfe verschiedener 43
Instrumente um eine weitere Verbreitung elektronischer Rechnungen.[109] Mit der Richtlinie 2014/55/EU über die elektronische Rechnungslegung bei öffentlichen Aufträgen[110] ist eine Rechtsgrundlage für die Einführung einer europäischen Norm für die elektronische Rechnungsstellung (Art. 3 Abs. 1 S. 1) geschaffen worden. Die Richtlinie zielt darauf, nach Ablauf bestimmter Umsetzungsfristen eine Pflicht zur Entgegennahme und Verarbeitung solcher elektronischer Rechnungen umzusetzen, die der europäischen Norm und einer im Amtsblatt veröffentlichten Syntax entsprechen (Art. 7, Erwägungsgrund 34).[111] Verpflichtet sind also die öffentlichen Verwaltungen, während die privaten Rechnungssteller weiterhin die Option der Rechnung auf Papier haben.[112] In einem Evaluierungsbericht hat die Kommission der europäischen Norm auf der Grundlage zweier zugelieferter Studien bescheinigt, zweckentsprechend zu sein.[113] Das Ergebnis dieser Vorhaben ist natürlich noch kein funktionierendes, die Potenziale ausschöpfendes E-Government im „backoffice". Wohl aber ergibt sich für die Mit-

107 Vgl. COM(2017) 134 final, S. 8.

108 Vgl. etwa Beschluss (EU) 2015/2240, ABl. L 318/1, Erwägungsgründe 5 bis 17; siehe auch die „Entschließung des Europäischen Parlaments vom 20. 04. 2012 zu der Vorreiterrolle es eGovernment für einen wettbewerbsgeprägten Binnenmarkt für digitale Dienste", ABl. 2013, C 258 E/64, Nr. 53 ff.

109 Vgl. *Beate Lohmann/Stefan Werres*, Neue Vorgaben für die elektronische Rechnungsstellung bei öffentlichen Aufträgen, VM 20 (2014), S. 199–206, 199 f.

110 ABl. L 133/1.

111 Zur Umsetzung in den Verwaltungen vgl. *Küchler-Stahn/Gelep* (Fn. 84), S. 96 ff.

112 *Lohmann/Werres* (Fn. 109), S. 202.

113 COM(2017) 590 final.

gliedstaaten ein erheblicher Anreiz, die vorhandene Infrastruktur für den Zugang nicht nur mit einem Verwaltungsverfahren zu kombinieren, bei dem in nächsten Schritt die Rechnung ausgedruckt wird.

II. E-Vergabe

44 Die Vergabe öffentlicher Aufträge weist vielfältige Bezüge zu zentralen rechtlichen Grundlagen der Union und speziell des Binnenmarktes auf, namentlich den Grundfreiheiten und daraus abgeleiteten rechtlichen Anforderungen.[114] Da sich viele dieser Anforderungen sehr viel besser erfüllen und die damit korrespondierenden Ziele sehr viel besser erreichen lassen, wenn dafür eine E-Government-Infrastruktur zur Verfügung steht, sind die vergaberechtlichen Instrumente ein naheliegender Anknüpfungspunkt für entsprechende Regeln. Die zugrundeliegende Richtlinie hebt die Bedeutung der elektronischen Abwicklung sowohl für die Bekanntmachung der entsprechenden Aufträge als auch für die Durchführung eines effizienten und gleichzeitig transparenten Vergabeverfahrens hervor.[115] Die Kommission nennt in ihrem E-Government-Aktionsplan den vollständigen Übergang zur elektronischen Auftragsvergabe unter den politischen Schwerpunkten.[116] In der Richtlinie 2014/24/EU wird an unterschiedlichen Stellen eine elektronische Vergabe vorgesehen. Die „Methoden und Instrumente für die elektronische Auftragsvergabe und für Sammelbeschaffungen" sind in den Art. 33 ff. der Richtlinie 2014/24/EU ausgestaltet. Genannt werden Rahmenvereinbarungen (Art. 33), dynamische – vollelektronisch ausgestaltete – Beschaffungssysteme (Art. 34), elektronische Auktionen (Art. 35) und elektronische Kataloge (Art. 36).

45 Auch nach vielen Jahren der Erfahrung mit dem Instrumentarium scheint allerdings die vollständig elektronische Abwicklung der Verfahren noch die Ausnahme zu sein.[117] Die Kommission versucht auch hier, durch das Angebot einer technischen Lösung, die die entsprechenden Behörden in den Mitgliedstaaten nutzen können, einen Anreiz dafür zu schaffen, ein den avisierten Anforderungen entsprechendes System zu nutzen. In diesem Fall betrifft dies Nachweise und Bescheinigungen, die im Vergabeverfahren beigebracht werden müssen und über das System ausgetauscht werden können.[118] Tatsächlich findet sich in der Literatur Kritik an der bislang offenbar nicht uneingeschränkt gewährleisteten Interoperabilität der für die Angebotsabgabe zu nutzenden Mittel.[119] Die Vorgaben zur europäischen Norm bei der elektronischen Rechnungsstellung werden als

---

114 Vgl. Richtlinie 2014/24/EU, ABl. L 94/65, Erwägungsgrund 1; zur E-Vergabe vgl. auch den Beitrag von *Siegel* im vorliegenden Band (Kapitel 13).

115 Richtlinie 2014/24/EU, ABl. L 94/65, Erwägungsgrund 52.

116 COM(2016) 179 final, S. 5.

117 *Peter Schäfer* (Perspektiven der eVergabe, NZBau 2015, 131–140, 132) spricht von weniger als 20 % der Vergaben; zu den Hindernissen bei der Implementation vgl. *Bernd Wirtz/Sebastian Lütje/Paul Gerhardt Schierz*, Electronic Procurement in der öffentlichen Verwaltung, VM 15 (2009), S. 207–221.

118 Richtlinie 2014/24/EU, ABl. L 94/65, Erwägungsgrund 87.

119 *Schäfer* (Fn. 117), S. 131.

Ergänzung der „Bemühungen um eine Förderung der Nutzung der elektronischen Auftragsvergabe“ angesehen.[120]

III. Dienstleistungsrichtlinie

Die in Deutschland besonders intensiv diskutierte und mit großem Aufwand umgesetzte Dienstleistungsrichtlinie[121] kann man ganz nahtlos im Kontext der Bemühungen um Interoperabilität sehen.[122] Konkrete Vorgaben für das E-Government in den Mitgliedstaaten finden sich insbesondere in Art. 6 Abs. 1, der von den Mitgliedstaaten verlangt, dass Dienstleistungserbringer in der Lage sein müssen, „alle Verfahren und Formalitäten, die für die Aufnahme ihrer Dienstleistungstätigkeiten erforderlich sind“, über einen einheitlichen Ansprechpartner abzuwickeln, und dass alle erforderlichen Genehmigungen darüber zu beantragen sein müssen. Art. 8 macht deutlich, dass dies eine elektronische Verfahrensabwicklung ohne eine körperliche Anwesenheit in dem Mitgliedstaat impliziert, in dem die Dienstleistung erbracht werden soll. Die Umsetzung dieser Regelung hätte durchaus als Impuls für die Weiterentwicklung des E-Governments auch in den Bereichen dienen können, in denen die Richtlinie nicht anwendbar ist.[123] Art. 7 verlangt, dass alle erforderlichen, ausdrücklich ausgestalteten Informationen „elektronisch leicht zugänglich“ (Abs. 2) sein müssen. 46

E. Schluss

Die effektive Umsetzung einer unionalen Perspektive auf das E-Government ist ebenso sinnvoll wie herausfordernd. Der E-Government-Aktionsplan endet mit dem Satz: „Damit die in diesem E-Government-Aktionsplan vorgesehenen Maßnahmen umgesetzt werden können, müssen die Kommission und die Mitgliedstaaten auf allen ihren Verwaltungsebenen ihre Anstrengungen bündeln und gemeinsam die Verantwortung übernehmen“.[124] Damit werden zwingend bestimmte Ressourcen benötigt, die in der politischen und administrativen Praxis besonders knapp sind: Dazu ist insbesondere die Bereitschaft zu zählen, im Interesse einer Koordinierung über den eigenen Zuständigkeitsbereich hinaus bereits eingeschlagene Pfade zu verlassen. Außerdem müssen Widerstände überwunden werden, insbesondere seitens der Personen, die mit den bisherigen, unkoordiniert entstandenen, Systemen besonders vertraut sind. Daneben können solche Widerstände aber natürlich auch aus einer dem Datenschutz besonders verpflichteten Perspektive herrühren oder auch schlicht von Gruppen geleistet werden, deren 47

120 Richtlinie 2014/55/EU, ABl. L 133/1, Erwägungsgrund 10.

121 Richtlinie 2006/123/EG, ABl. L 376/36.

122 In diesem Sinne etwa KOM(2010) 744 endg., S. 6 f.; Beschluss (EU) 2015/2240, ABl. L 318/1, Erwägungsgrund 5.

123 Vgl. in diesem Sinne *Sönke E. Schulz*, Gemeinschaftsrechtliche Verpflichtung zur digitalen Verfahrensabwicklung (Art. 8 DLR) als Perspektive als Perspektive zur Etablierung eines Rechtsrahmens des eGovernment?, DVBl 2009, S. 12–21.

124 COM(2016) 179 final, S. 13.

Interesse auf den Erhalt des Status Quo gerichtet ist. Die Überzeugung von der Nützlichkeit für den Binnenmarkt allein wird vor diesem Hintergrund wohl nicht ausreichend sein. Es ist daher verständlich, dass die Kommission ihre Aufgabe auch dahingehend interpretiert, den Mitgliedstaaten Lösungen zu präsentieren, die diesen bei bestimmten Rechtsanwendungen unmittelbar nützlich erscheinen und damit eigene Kosten vermeiden helfen können.

Der bundesrechtliche Rahmen und die Kooperationstatbestände

Utz Schliesky

A. Einleitung

Wenngleich nicht jede technische Neuerung stets die Anpassung rechtlicher Grundlagen erforderlich macht – weil sich zahlreiche neue Phänomene mit Hilfe der klassischen Auslegungsmethoden erfassen lassen – so hat die Vergangenheit gezeigt, dass gezielte Anpassungen des Rechtsrahmens für das Verwaltungshandeln sinnvoll und erforderlich sein können, um die Potentiale der Digitalisierung vollumfänglich auszuschöpfen. Hinzu kommt, dass die Möglichkeiten der IT im Rahmen der Wahrnehmung von Verwaltungsaufgaben sowie das organisations- und verfahrensverändernde Verständnis von E-Government letztlich als Generalangriffe auf die verfassungs- und verwaltungsrechtlichen Fundamente in Gestalt von (sachlicher und örtlicher) Zuständigkeit sowie Verwaltungsverfahren gewertet werden können.[1] Zuständigkeit und Verfahren sind jedoch verfassungsrechtliche Fundamentalinstitute, um rechtsstaatliche Verantwortung und demokratische Legitimation zu sichern.[2] Würde man die Möglichkeiten des IT-Einsatzes in der öffentlichen Verwaltung konsequent zu Ende denken, so drohte – deutlich am Beispiel der „Blockchain“-Technologie zu beobachten – die Auflösung von rechtsstaatlicher Verantwortung und demokratischer Legitimation in „vernetzter Beliebigkeit“.[3] Vor diesem Hintergrund ist es nur konsequent, IT in der Rechtsetzung nicht zu ignorieren, sondern maßvoll zu implementieren. *1*

Insbesondere aufgrund des Umstands, dass digitales Verwaltungshandeln dabei nicht neben „sonstiges“ Handeln der Verwaltung tritt, sondern die Digitalisierung vielmehr zu einem grundlegenden Wandel der Verwaltungstätigkeit und der Verwaltungsorganisation führt, existiert kein eigenständiges „E-Government-Recht“, welches abschließend beschrieben werden könnte. Vielmehr wurden sowohl die Verfassung als auch der einfach-rechtliche Rahmen in der Vergangenheit immer wieder „aktualisiert“, um den technischen Gegebenheiten Rechnung zu tragen. *2*

---

1 Dazu *Martin Eifert*, Electronic Government. Das Recht der elektronischen Verwaltung, Baden-Baden 2006, S. 177 ff.; *Utz Schliesky*, Virtuelle Verwaltung. Auswirkungen moderner Kommunikationsmedien auf Verfahrensrecht und kommunale Verwaltungsstrukturen, in: Hubert Meyer/Maximilian Wallerath (Hrsg.), Gemeinden und Kreise in der Region, Stuttgart 2004, S. 80–111, 88 ff.

2 Zu diesem Zusammenhang *Utz Schliesky*, Souveränität und Legitimität von Herrschaftsgewalt. Die Weiterentwicklung von Begriffen der Staatslehre und des Staatsrechts im europäischen Mehrebenensystem, Tübingen 2004, S. 230 ff.; *ders.*, Verfassungsrechtliche Rahmenbedingungen des E-Government, DÖV 2004, S. 809–819.

3 *Utz Schliesky*, Auswirkungen des E-Government auf Verfahrensrecht und kommunale Verwaltungsstrukturen, NVwZ 2003, S. 1322–1328, 1326.

Besonderes Augenmerk verlangt dabei die Einfügung des Art. 91c GG, der die Zusammenarbeit von Bund und Ländern im Bereich der IT grundlegend neu geregelt hat (dazu unter B.II.). Jüngst gab es eine weitere Ergänzung des Grundgesetzes, welche die Verzahnung der IT von Bund, Ländern und Kommunen weiter verstärken soll (dazu unter B.II.5.).

3 Auch auf einfach-gesetzlicher Ebene existieren mittlerweile zahlreiche Regelungen, die einen Bezug zum E-Government aufweisen. Aufgrund des angesprochenen Wandels der Verwaltungstätigkeit ist in diesem Zusammenhang an erster Stelle das VwVfG zu nennen, welches mittlerweile zahlreiche digitale Bezüge beinhaltet (dazu unter B.III.1.). Als echtes „E-Government-Recht" könnte das sog. E-Government-Gesetz des Bundes bezeichnet werden, welches jedoch im Kern ebenfalls „klassisches Verwaltungshandeln" zum Gegenstand hat (dazu unter B.III., 2.). Abschließend sollen sonstige Rechtsgrundlagen angesprochen werden, die den bundesrechtlichen Rahmen des digitalen Verwaltungshandeln bilden (dazu unter B.III.3.–5.).

B. Verfassungsrechtlicher Rahmen des E-Government in Deutschland

I. IT und das Verbot der Mischverwaltung

4 Wenngleich föderales E-Government durch Verknüpfung von Bundes- und Landes-IT-Komponenten technisch durchaus möglich ist, wurde in der Vergangenheit schnell der Konflikt mit den verfassungsrechtlichen Vorgaben insbesondere in Bezug auf das *vorgebliche Verbot der Mischverwaltung* deutlich.[4] In der Entscheidung vom 20.12.2007 zu den Arbeitsgemeinschaften gem. § 44b SGB II[5] hat das Bundesverfassungsgericht seine eher restriktive Linie zur Mischverwaltung bestätigt.[6] Unter „Mischverwaltung" ist insoweit die Vermengung grundgesetz-

---

4 Zum Ganzen ausführlich *Utz Schliesky*, in: Wolfgang Kahl/Christian Waldhoff/Christian Walter (Hrsg.), Bonner Kommentar zum Grundgesetz, Heidelberg, Stand: 182. Aktualisierung (Dez. 2016), Kommentierung von Art. 91c GG.

5 BVerfGE 119, 331 ff.; dazu näher *Daniela Winkler*, Die Umsetzung von „Hartz IV" als Herausforderung an das Organisationsrecht – Eine Analyse der verfassungs- und sozialrechtlichen Diskussion unter Berücksichtigung der Entscheidung des BVerfG vom 20.12.2007, Az. 2 BvR 2433/04 und 2 BvR 2434/04 –, VerwArch. 99 (2008), S. 509–537; *Hubert Meyer*, Das SGB II als Ernstfall des Föderalismus – BVerfG schützt sozialpolitischen Gestaltungsspielraum und föderale Eigenverantwortung, NVwZ 2008, S. 275–278; *Stefan Korioth*, Leistungsträgerschaft und Kostentragung bei der Grundsicherung für Arbeitssuchende (SGB II) – Aufgabenwahrnehmung aus „einer Hand" zwischen reformiertem Grundgesetz und Bundesverfassungsgericht, DVBl 2008, S. 812–821; *Friedrich Schoch*, Neukonzeption der kommunalen Selbstverwaltungsgarantie durch das. Bundesverfassungsgericht?, DVBl 2008, S. 937–946; *Peter Michael Huber*, Das Verbot der Mischverwaltung – de constitutione lata et ferenda, DÖV 2008, S. 844–851.

6 BVerfGE 119, 331 ff.; zuvor bereits BVerfGE 108, 169 (182); 39, 96 (120); 32, 145 (156). Zur Entwicklung der Mischverwaltungs-Rechtsprechung des BVerfG s. auch *Dan Bastian Trapp*, Die Kontinuität der bundesverfassungsgerichtlichen Rechtsprechung zur sog. Mischverwaltung – Bemerkungen zur Diskussion um die Verfassungsmäßigkeit von § 44b SGB II („Hartz IV"), DÖV 2008, S. 277–282.

lich zugewiesener Kompetenzsphären zu verstehen, die sowohl im Hinblick auf das *Rechtsstaatsprinzip* als auch auf das *Demokratieprinzip* problematisch ist. Die Vermengung der Verwaltungszuständigkeiten von Bund und Ländern (einschließlich der Kommunen) erschwert oder verhindert eine klare Zurechnung staatlichen Handelns, wodurch die rechtsstaatlich geforderte Klarheit der Kompetenzordnung missachtet wird[7]. Die fehlende Klarheit der Verantwortungszurechnung führt zugleich zu Problemen der demokratischen Legitimation des Verwaltungshandelns, da dann die vom Bundesverfassungsgericht geforderte ununterbrochene Legitimationskette zwischen Volk und den mit staatlichen Aufgaben betrauten Organen und Amtswaltern nicht mehr sichergestellt ist.[8] Das Gericht formuliert zwei Voraussetzungen für eine ausnahmsweise in Mischverwaltung wahrgenommene Aufgabenerledigung: Es muss zum einen ein besonderer sachlicher Grund vorliegen und zum anderen die Heranziehung einer „an sich" verfassungsrechtlich unzuständigen Verwaltungseinrichtung nur für eine eng umgrenzte Verwaltungsmaterie in Betracht kommen.[9] IT-Angelegenheiten erfüllen nach Auffassung des Gerichts diese Ausnahmetatbestände grundsätzlich nicht.[10]

5 Ohne entsprechende verfassungsrechtliche Grundlage wäre das Zusammenwirken zwischen Bund und Ländern bei IuK-Angelegenheiten daher als unzulässige Form der Mischverwaltung anzusehen,[11] wobei angesichts der mit der Mischverwaltung verbundenen verfassungsrechtlichen Problemlage nur dann von einer unzulässigen Mischverwaltung ausgegangen werden kann, wenn Sachentscheidungsbefugnisse vermengt werden, da die *Entscheidung* als Wesensmerkmal der Staatsgewalt rechtsstaatlicher wie demokratischer Verantwortungszurechnung bedarf.[12] Da IT, IuK bzw. E-Government weder als isoliert zu betrachtende, eigenständige Aufgabe noch als bloßes unbedeutendes Hilfsinstrument zur Erfüllung anderer Sachaufgaben angesehen werden können, bedarf die Zusammenarbeit von Bund und

7 BVerfGE 119, 331 (366; 379); *Georg Hermes*, in: Horst Dreier (Hrsg.), Grundgesetz. Kommentar, Bd. III, 2. Aufl., Tübingen 2008, Art. 91e GG, Rn. 9.

8 BVerfGE 119, 331 (366); *Hermes* (Fn. 7), Art. 91e GG, Rn. 9; *Huber* (Fn. 5), S. 847 f.; *Utz Schliesky*, Die Aufnahme der IT in das Grundgesetz, ZSE 6 (2008), S. 304–330, 320 f. – Eingehend zur Legitimationstheorie des Bundesverfassungsgerichts und deren Kritik *Schliesky* (Fn. 2 [Souveränität]), S. 230 ff.

9 BVerfGE 119, 331 (367); *Helmut Siekmann*, in: Michael Sachs (Hrsg.), Grundgesetz. Kommentar, 7. Aufl., München 2014, Art. 91c Rn. 4.

10 BVerfGE 119, 331 (374).

11 So *Werner Heun*, in: Horst Dreier (Hrsg.), Grundgesetz, Bd. III (Fn. 7), Art. 91c GG, Rn. 6 a.E.; *Thorsten Siegel*, Regelungsoptionen im IT-Bereich durch die Föderalismusreform II, DÖV 2009, S. 181–187, 183; *ders.*, Neue Querschnittsaufgaben und Gewaltenteilung – Zur Vereinbarkeit der neuen IT-Strukturen und damit verbundener Beschaffungen mit der vertikalen und der horizontalen Gewaltenteilung, Der Staat 49 (2010), S. 299–322, 304; *Helmut Siekmann*, in: Michael Sachs (Hrsg.), Grundgesetz, 7. Aufl., München 2014, Art. 91c GG, Rn. 4; *Joachim Suerbaum*, in: Volker Epping/ Christian Hillgruber (Hrsg.), Grundgesetz. Kommentar, 2. Aufl., München 2013, Art. 91c GG, Rn. 6.

12 *Schliesky* (Fn. 8), S. 320 f.

Ländern in der IuK angesichts der prinzipiellen organisatorischen und funktionellen Trennung der Verwaltungsräume von Bund und Ländern daher einer ausdrücklichen Normierung im Grundgesetz.[13]

II. Art. 91c GG als neuer Ordnungsrahmen

6 Vor diesem Hintergrund war es neben finanzverfassungsrechtlichen Fragen u.a. auch das Ziel der Föderalismuskommission II, den Föderalismus durch Schaffung einer verfassungsrechtlichen Grundlage IT-tauglich zu machen und auf ressort- und ebenenübergreifendes E-Government einzustellen.[14] Ergebnis des Prozesses ist Art. 91c GG, der als Grundstein für kooperatives E-Government angesehen werden kann. Er umfasst insgesamt vier Absätze, die im Folgenden in gebotener Kürze dargestellt werden sollen:

7 *Abs. 1* erteilt die verfassungsrechtliche Erlaubnis zum Zusammenwirken bei der Planung, der Errichtung und dem Betrieb informationstechnischer Systeme, das ggf. auch in Form von Mischverwaltung erfolgen darf. *Abs. 2* erlaubt vertikale Vereinbarungen über die Verbindlichkeit von Standards; auf der Basis einer Grundlagen-Vereinbarung (jetzt: IT-Staatsvertrag) sind auch qualifizierte Mehrheitsentscheidungen möglich. *Abs. 3* sieht schließlich die Erlaubnis zur horizontalen Kooperation auf Länderebene vor, die sich auf ganze Aufgaben oder auch nur auf Aufgabenteile erstrecken darf,[15] sowie zum Betrieb gemeinsamer Einrichtungen. *Abs. 4* sieht schließlich eine neue Gesetzgebungs- und Verwaltungskompetenz für den Bund vor.

1. Hintergrund

8 Aus Sicht der meisten IT- und E-Government-Verantwortlichen war Art. 91c GG bei seiner Einfügung ins Grundgesetz längst überfällig. Einheitliche Standards sind heutzutage unabdingbare Voraussetzung für die ebenenübergreifende Zusammenarbeit der Behörden von Bund, Ländern und Kommunen im föderalen Bundesstaat sowie auch schon längst im europäischen Behördennetz.[16] Grundlage des

---

13 Ähnlich *Heun* (Fn. 11), Art. 91c GG, Rn. 6.

14 Zutreffend *Uwe Volkmann*, in: Hermann von Mangoldt/Friedrich Klein/Christian Starck (Hrsg.), Kommentar zum Grundgesetz, Bd. 3, 6. Aufl., München 2010, Art. 91c GG, Rn. 4, der damit E-Government als mögliches Verwaltungsleitbild inzident anerkannt und einen „positiven Handlungsanreiz“ verbunden sieht; vgl. auch *Siegel* (Fn. 11 [Regelungsoptionen]), S. 185; eingehend *Schliesky* (Fn. 8), S. 308 ff.

15 S. ausdrücklich Amtl. Begr., BT-Drs. 16/12410, S. 9.

16 Dazu *Utz Schliesky*, Von der organischen Verwaltung Lorenz von Steins zur Netzwerkverwaltung im Europäischen Verwaltungsverbund, DÖV 2009, S. 641–649, 647 f.; *ders.*, Die Europäisierung der Amtshilfe, Stuttgart 2008, S. 13 ff.; *Eberhard Schmidt-Aßmann*, Einleitung: Der Europäische Verwaltungsverbund und die Rolle des Europäischen Verwaltungsrechts, in: ders. Bettina Schöndorf-Haubold (Hrsg.), Der Europäische Verwaltungsverbund, Tübingen 2005, S. 1–24, 6 ff.; *Gernot Sydow*, Verwaltungskooperation in der Europäischen Union. Zur horizontalen und vertikalen Zusammenarbeit der europäischen Verwaltungen am Beispiel des Produktzulassungsrechts, Tübingen 2004, S. 78 ff.; *Florian Wettner*, Die Amtshilfe im Europäischen Verwaltungsrecht, Tübingen 2005, S. 277 ff.

Art. 91c GG war daher die Erkenntnis, dass erhebliche Verbesserungsbedarfe bei der IT-Steuerung, vor allem bezüglich Infrastrukturen, Sicherheit und Interoperabilität, sowie der zunehmende Wunsch von Gebietskörperschaften nach gemeinschaftlicher Aufgabenerledigung bzw. dem gemeinsamen Betrieb von IT-Anwendungen bestehen.[17]

Auch wenn die Vorschrift einen Kompromisscharakter aufweist,[18] beseitigt sie *9*
das bis dahin bestehende verfassungsrechtliche Hindernis für eine engere Zusammenarbeit zwischen Bund und Ländern einschließlich gemeinsamer Beschaffungen.[19]

2. Charakter der Vorschrift

Schon während der Beratungen bestand Uneinigkeit darüber, ob Art. 91c GG *10*
lediglich deklaratorischer oder gerade konstitutiver Charakter zukommt. Diese Diskussion setzt sich nun in der Kommentarliteratur fort. So wird in Art. 91c GG zum Teil kein unmittelbarer Verfassungsauftrag zur (stärkeren) IT-Zusammenarbeit der staatlichen Gebietskörperschaften, sondern lediglich eine „fakultative Gemeinschaftsaufgabe" gesehen.[20] Eine derartige Qualifizierung greift jedoch zu kurz, enthält doch allein Art. 91c Abs. 4 GG eine ausschließliche Gesetzgebungskompetenz des Bundes nebst Zuweisung einer in bundeseigener Verwaltung zu erfüllenden Aufgabe.[21]

Darüber hinaus stellt sich bei Art. 91c GG das sehr grundlegende Problem, ob es *11*
sich bei IT um eine Aufgabe oder eine Funktion handelt. Letztlich entscheidet die Einordnung im Einzelfall über die (verfassungs)rechtlichen Anforderungen und zugleich praktisch über den Erfolg des Tätigwerdens der Verwaltung. Informations- und Kommunikationstechnik ist in der Regel gerade keine eigenständige Verwaltungsaufgabe, sondern eine Querschnittsfunktion der Verwaltung.[22] Gerade soweit es um Errichtung und Betrieb eines Verbindungsnetzes geht (Art. 91c Abs. 4 GG), fehlt es zudem am fakultativen Charakter. Formal wird durch Art. 91c Abs. 4 GG eine eindeutige Bundeskompetenz für Gesetzgebung und Verwaltung begründet,[23] doch der Charakter der Aufgabe (Verbindung der Netz-

---

17 Dazu *Dirk Heckmann*, Grundgesetz 2.0: Staat und IT in guter Verfassung?, K&R 2009, S. 1–7, 2; *Martin Schallbruch/Markus Städler*, Neuregelung der Bund-Länder-Zusammenarbeit durch Art. 91c GG, CR 2009, S. 619–624, 620 und 624; *Schliesky* (Fn. 2 [Rahmenbedingungen]), S. 812 ff.

18 Dazu ausführlich: *Schliesky* (Fn. 4), Art. 91c GG, Rn. 3 f.

19 Dazu *Siegel* (Fn. 11 [Querschnittsaufgaben], S. 321.

20 So *Heun* (Fn. 11), Art. 91c GG, Rn. 7; *Margrit Seckelmann*, „Renaissance" der Gemeinschaftsaufgaben in der Föderalismusreform II? – Zu den Gemeinschaftsaufgaben und den Möglichkeiten kooperativen Handelns im Bundesstaat (insbesondere zu den Art. 91 a und b GG n.F. sowie zur Aufnahme der Art. 91 c und d GG in das Grundgesetz), DÖV 2009, S. 747–757, 754; s. auch *Siekmann* (Fn. 11), Art. 91c GG, Rn. 6.

21 *Schliesky* (Fn. 18), Art. 91c GG, Rn. 4.

22 Insoweit inkonsequent, aber zutreffend: *Heun* (Fn. 11), Art. 91c GG, Rn. 6.

23 Deutlich auch *Kay Ruge*, in: Bruno Schmidt-Bleibtreu/Hans Hofmann/Axel Hopfauf (Hrsg.), Grundgesetz, 14. Aufl., Köln 2017, Art. 91c GG, Rn. 1 a.E.

infrastrukturen von Bund und Ländern) und die Konkretisierung im IT-Netz-Gesetz sowie die Abstimmung im IT-Planungsrat[24] lassen Errichtung und Betrieb des Verbindungsnetzes gem. Art. 91c Abs. 4 GG zu einer faktischen Gemeinschaftsaufgabe werden. Richtigerweise ist bei der Einordnung von Art. 91c GG daher zu differenzieren: In vielen Bereichen weist Art. 91c GG wegen seines Kompromisscharakters nur eine deklaratorische Bestätigung bereits zuvor erlaubter Kooperationen auf (insbes. Abs. 1).[25] Die Vereinbarung von Standards hingegen, die auf der Grundlage des IT-Staatsvertrags sogar mit qualifizierter Mehrheit für Bund und alle Länder verbindlich beschlossen werden können, sind ein Novum; hier weist die Norm konstitutive Wirkung auf.[26] Und auch Art. 91c Abs. 3 GG beschreitet mit der Eröffnung einer Kooperationsmöglichkeit für Aufgabenteile verfassungsrechtliches Neuland. Art. 91c GG regelt streng genommen daher keine Gemeinschaftsaufgabe, sondern normiert eine Verantwortungsteilung für die Informations- und Kommunikationstechnik zwischen Bund und Ländern[27], die verfassungssystematisch den richtigen Standort in dem Abschnitt „Bund und die Länder" gehabt hätte[28].

3. Inhaltliche Aussagen von Art. 91c GG

a) Zusammenwirken von Bund und Ländern bei informationstechnischen Systemen (Art. 91c Abs. 1 GG)

12 Art. 91c Abs. 1 GG erlaubt Bund und Ländern das Zusammenwirken bei der Planung, der Errichtung und dem Betrieb der für ihre Aufgabenerfüllung benötigten informationstechnischen Systeme und befreit damit im Kontext informationstechnischer Systeme *von den strengen Begrenzungen aus dem Topos der Mischverwaltung*[29]. Zugleich bildet Art. 91c Abs. 1 GG einen *Rechtfertigungstitel für wettbewerbsrelevante Staatstätigkeit*[30] bei dem Betrieb informationstechnischer

---

24 S. § 4 IT-Staatsvertrag.

25 So wurde die verfassungsrechtliche Zulässigkeit der Staatssekretärsrunde Deutschland-Online vor Verabschiedung des Art. 91c GG nicht bezweifelt, obwohl dort Planung und Koordinierung von IT-Projekten erfolgten und im Rahmen der Umsetzung der EU-Dienstleistungsrichtlinie sogar Einfluss auf die Ausgestaltung der §§ 71a ff. VwVfG genommen wurde.

26 Deutlich auch *Hans Hofmann/Ludger Schlief*, in: dies. (Hrsg.), Grundgesetz mit Begleitgesetz – die Föderalismusreform II mit neuen Gesetzestexten, Gesetzesbegründungen und einer Einführung, Heidelberg 2009, Einführung, S. XXVI.

27 *Schallbruch/Städler* (Fn. 17), S. 621; allgemein zur Verantwortungsteilung *Schliesky* (Fn. 2 [Souveränität]), S. 534 ff.; zur Verantwortungsteilung im E-Government *Utz Schliesky*, Verantwortung im E-Government, in: ders. Sönke E. Schulz (Hrsg.), Transparenz, Partizipation, Kollaboration – Web 2.0 für die öffentliche Verwaltung, Kiel 2012, S. 1–10, 5 ff.

28 Zum Vorschlag von Art. 37a, 37b GG näher *Schliesky* (Fn. 8), S. 325 ff.

29 Dazu bereits unter B. I.

30 Zu dieser Kategorie eingehend *Utz Schliesky*, Öffentliches Wettbewerbsrecht. Verhaltensrechtliche Determinanten von wirtschaftsbezogenem Staatshandeln, Berlin 1997, S. 112 ff.; *ders.*, Öffentliches Wirtschaftsrecht. Deutsche und europäische Grundlagen,
(Fortsetzung auf Seite 227)

Systeme. Mit dem Bund-Länder-Zusammenwirken sind also durchaus solche Verhaltensweisen erlaubt, die zu *Eingriffen in die Wettbewerbsfreiheit privater IT-Anbieter* führen (können). Allerdings bietet Art. 91c Abs. 1 GG *keinen Freibrief für den Marktauftritt* staatlicher IT-Dienstleister, sondern allenfalls einen Rechtfertigungstitel für Tätigkeiten von Gebietskörperschaften, die „für ihre Aufgabenerfüllung benötigt" sind.

Bei Art. 91c *Abs. 1* GG handelt es sich um die *Generalklausel für ebenenübergreifende (vertikale) Kooperation*. Diese erfährt eine Konkretisierung in Abs. 2[31] für eine a) spezifizierte Kooperation in Gestalt der Festlegung von Standards und Sicherheitsanforderungen und b) auf der Grundlage von Vereinbarungen. Die Konkretisierung der allgemeinen Zusammenwirkensklausel in Abs. 1 durch Abs. 2 besteht darin, dass besondere Anforderungen sowie Optionen für standardisierende Vereinbarungen normiert werden.[32] *13*

Damit bildet Abs. 1 einen *weiten Kooperationstatbestand*, einen „Auffangtatbestand" für *alle Kooperationen* bei Planung, Errichtung und Betrieb informationstechnischer Systeme. Abs. 1 eröffnet die Kooperationsmöglichkeit von Bund und Ländern und befreit insoweit von dem drohenden Verdikt unzulässiger Mischverwaltung, ohne deshalb aber eine Kooperationsverpflichtung zu schaffen[33]. *14*

Weder Wortlaut, Entstehungsgeschichte, Systematik noch Teleologie zwingen zu einer restriktiven Auslegung, die über die tatbestandlichen Einschränkungen des Abs. 1 noch hinausginge. Daher ist ein Verständnis zu eng und nicht begründbar, demzufolge lediglich eine Kommunikation zwischen den Verwaltungsebenen angestrebt werden solle, die sicher vor äußeren Zugriffen zwischen den kooperierenden Ebenen stattfindet[34]. Vielmehr können auch *Umsetzungsnotwendigkeiten europäischen Rechts*[35], Effektivitäts- oder Wirtschaftlichkeitsüberlegungen[36] eine Motivation zur Kooperation darstellen. Derartige Faktoren können im Einzelfall auch zu einer *Verdichtung der Kooperationsmöglichkeit* hin zu einer Kooperationsnotwendigkeit führen, wenn ansonsten die Kooperationsverweigerung zugleich den *Grundsatz der Bundestreue* verletzen würde[37]. Daher ist Art. 91c Abs. 1 GG für die genannten Kooperationsfelder weit zu verstehen, um ange- *15*

4. Aufl., Heidelberg 2014, S. 163 ff.; s. ferner *Stefan Storr*, Der Staat als Unternehmer: Öffentliche Unternehmen in der Freiheits- und Gleichheitsdogmatik des nationalen Rechts und des Gemeinschaftsrechts, Tübingen 2001, S. 411 ff.; *Charalambos Tsiliotis,* Der verfassungsrechtliche Schutz der Wettbewerbsfreiheit und seine Einwirkung auf die privatrechtlichen Beziehungen, Berlin 2000, S. 169 ff.; *Dirk Ehlers*, Die Zulässigkeit einer erwerbswirtschaftlichen Betätigung der öffentlichen Hand, JURA 1999, S. 212–217.

31 So ausdrücklich auch die Amtl. Begr., BT-Drs. 16/12410, S. 9.

32 So auch *Volkmann* (Fn. 14), Art. 91c GG, Rn. 10.

33 *Heun* (Fn. 11), Art. 91c GG, Rn. 11; s. auch *Ruge* (Fn. 23), Art. 91c GG, Rn. 5.

34 So aber *Ruge* (Fn. 23), Art. 91c GG, Rn. 5.

35 Ebenso *Bodo Pieroth*, in: Hans D. Jarass/ders. (Hrsg.), Grundgesetz für die Bundesrepublik Deutschland, 14. Aufl., München 2016, Art. 91c GG, Rn. 4.

36 Zur Kostenintensität derartiger Systeme s. bereits Amtl. Begr., BT-Drs. 16/12410, S. 9.

37 *Heun* (Fn. 11), Art. 91c GG, Rn. 11; *Suerbaum* (Fn. 11), Art. 91c GG, Rn. 10.

sichts der *stetigen Weiterentwicklung der Informations- und Kommunikationstechnik* sowie ihrer wachsenden Relevanz für die öffentliche Verwaltung offen genug für adäquate Reaktionen auf derartige Veränderungen zu sein.[38]

16 Das *Zusammenwirken* umfasst *tatsächliche und rechtliche Kooperationen.*[39] Unbeschadet von Art. 91c Abs. 2 GG können neben faktische Kooperationen rechtlich verbindliche Vereinbarungen sowie die Schaffung einer als notwendig angesehenen Gremienstruktur treten[40]. Somit bildet bereits Art. 91c Abs. 1 GG nunmehr die Grundlage für den durch den IT-Staatsvertrag errichteten IT-Planungsrat, der an die Stelle der Staatssekretärsrunde E-Government, des KoopA ADV[41] oder der Deutschland Online-Gremien getreten ist. Zugleich bildet Art. 91c Abs. 1 GG auch die Grundlage für die zuvor rechtlich durchaus fragwürdigen *Kieler Beschlüsse*, welche die Grundlage für Software- und Lizenzaustausch zwischen Bund und Ländern bilden.[42]

17 Explizit erlaubt Art. 91 c Abs. 1 GG die Zusammenarbeit von *Bund und Ländern.* Die *Kommunen* sind als Bestandteile der Länder[43] erfasst.

18 Das Zusammenwirken i.S.d. Art. 91c Abs 1 GG erfolgt vor allem durch eine entsprechende Gremienstruktur. Abs. 1 umfasst die Möglichkeit, die Mechanismen der IT-Steuerung – soweit nötig – zu institutionalisieren[44]. Dementsprechend erfolgt die gemeinsame Abstimmung der IT-Steuerung zwischen Bund und Ländern in einem neu errichteten Gremium, dem *IT-Planungsrat.* Er ist durch § 1 des Vertrages zur Ausführung von Artikel 91 c GG eingerichtet worden. Dieser Staatsvertrag[45] stellt zugleich eine *Vereinbarung über die Grundlagen der Zusammenarbeit* gem. *Art. 91c Abs. 2 Satz 1* GG dar.

19 Der IT-Planungsrat hat gem. § 1 Abs. 1 Satz 1 IT-Staatsvertrag die Aufgaben, die *Zusammenarbeit* von Bund und Ländern in Fragen der Informationstechnik *zu koordinieren* (Nr. 1), fachunabhängige und fachübergreifende *IT-Interoperabilitäts- und IT-Sicherheitsstandards zu beschließen* (Nr. 2), die zugewiesenen *E-Government-Projekte zu steuern* (Nr. 3) und die Aufgaben des *Koordinierungsgremiums nach Maßgabe des IT-Netz-Gesetzes* wahrzunehmen (Nr. 4 i.V.m. § 4 IT-Staatsvertrag). Zur organisatorischen Unterstützung und operativen Um-

---

38 Amtl. Begr., BT-Drs. 16/12410, S. 9; *Suerbaum* (Fn. 11), Art. 91c GG, Rn. 9.

39 Amtl. Begr., BT-Drs. 16/12410, S. 9.

40 Amtl. Begr., BT-Drs. 16/12410, S. 9; *Suerbaum* (Fn. 11), Art. 91c GG, Rn. 9; *Volkmann* (Fn. 14), Art. 91c GG, Rn. 10 f.

41 „Kooperationsausschuss von Bund und Ländern Automatisierte Datenverarbeitung".

42 Die sog. Kieler Beschlüsse stammen aus dem Jahre 1971 und sind in der Verwaltungspraxis eine bedeutsame Grundlage für den (in der Regel kostenfreien) Austausch von IT-Anwendungen zwischen Bund und Ländern.

43 Dazu BVerfGE 119, 331 (364).

44 So ausdrücklich Amtl. Begr. BT-Drs. 16/12410, S. 8, 9.

45 Die Rechtsnatur des IT-Staatsvertrages ist jüngst hinterfragt worden, vgl. dazu *Sönke E. Schulz/Maximilian Tallich,* Rechtsnatur des IT-Staatsvertrages und seiner Beschlüsse, NVwZ 2010, S. 1338–1342, 1339 f.

setzung der Aufgaben des IT-Planungsrates ist gem. § 2 IT-Staatsvertrag eine *Geschäftsstelle* im BMI eingerichtet worden.

Die *zentrale neue Aufgabe* des IT-Planungsrates liegt in der *Koordinierung der Zusammenarbeit von Bund und Ländern in Fragen der Informationstechnik* gem. § 1 Abs. 1 Satz 1 Nr. 1 IT-Staatsvertrag. Durch diese Koordinierungskompetenz, verbunden mit der Kompetenz zur verbindlichen Beschlussfassung, steigen Aufgabenspektrum und Bedeutung des IT-Planungsrates im Vergleich zu seinen Vorgängergremien. Die nun gefundene *institutionelle Verstetigung* fördert die stärkere Verbindlichkeit der Zusammenarbeit von Bund und Ländern[46] sowie die gemeinsame Steuerung von zentralen technischen Infrastrukturen sowie bedeutsamen E-Government-Projekten, die mit Recht zuvor ganz überwiegend als unzureichend angesehen wurde[47]. Die Regelungen zum IT-Staatsvertrag mitsamt ihrer verfassungsrechtlichen Fundierung in Art. 91c GG bieten zweifelsohne einen bedeutsamen Fortschritt bezüglich der koordinierten IT-Steuerung, der sich in der Praxis aber erst noch zu erweisen hat. Denn die nun gewollte ebenenübergreifende Koordinierung erweist sich in der Praxis als äußerst schwierig, da unterschiedliche Interessen von Bund und Ländern wegen unterschiedlicher Strukturen, getroffener Investitionsentscheidungen sowie fachlicher als auch finanzieller Prioritäten aufeinandertreffen. 20

b) Vereinbarungen über Standards und Sicherheitsanforderungen (Art. 91c Abs. 2 GG)

Nach Art. 91c Abs. 2 Satz 1 GG können Bund und Länder auf Grund von Vereinbarungen die für die Kommunikation zwischen ihren informationstechnischen Systemen notwendigen Standards und Sicherheitsanforderungen festlegen. Die Regelung ist eine *Konkretisierung der Möglichkeit zur Zusammenarbeit* nach Abs. 1, deren Zweck die Sicherstellung eines effizienten, sicheren und schnellen Datenaustausches ist[48]. Die Einigung zwischen Bund und Ländern auf Standards soll die Interoperabilität des Datenaustausches von Bund und Ländern auf einfache, nachvollziehbare und wirtschaftliche Art und Weise sicherstellen[49]. 21

Art. 91c Abs. 2 Satz 2 GG erlaubt „für einzelne nach Inhalt und Ausmaß bestimmte Aufgaben" die Aufnahme von *qualifizierten Mehrheitsregelungen*, um eine Blockademöglichkeit bei der Verabredung von Standards zu verhindern und um möglichst schnelle und effiziente Ergebnisse angesichts der schnelllebigen technischen Entwicklung sowie der stetig neu entstehenden Herausforderungen im IT-Bereich erzielen zu können. Satz 3 stellt daher klar, dass eine derartige Grundlagenvereinbarung, die Mehrheitsentscheidung und dann auch eine Bindungswirkung für die überstimmten Länder vorsieht, der Zustimmung des Bun- 22

46 Ebenso *Volkmann* (Fn. 14), Art. 91c GG, Rn. 11 a.E.

47 *Schallbruch/Städler* (Fn. 17), S. 619 f.; *Schliesky* (Fn. 2 [Rahmenbedingungen]), S. 812 f.; referierend *Ruge* (Fn. 23), Art. 91c GG, Rn. 10.

48 So ausdrücklich bereits Amtl. Begr., BT-Drs. 16/12410, S. 9.

49 Amtl. Begr., BT-Drs 16/12410, S. 9; *Ruge* (Fn. 23), Art. 91c GG, Rn. 6.

destages und der beteiligten Länderparlamente bedarf und eine Kündigungsmöglichkeit bestehen muss[50].

23 Eine *Einschränkung*[51] des Kooperationstatbestandes des Art. 91c Abs. 2 GG erfolgt dadurch, dass die Standards und Sicherheitsanforderungen *für die Kommunikation zwischen den informationstechnischen Systemen von Bund und Ländern notwendig* sein müssen. Damit wollte der Verfassungsgeber deutlich machen, dass es neben dem Sicherheitsaspekt vor allem um die *Interoperabilität* der informationstechnischen Systeme geht[52].

24 Nach Satz 4 haben die Vereinbarungen auch die Kostentragung zu regeln. „Vereinbarungen" i.S.d. Satz 4 meint – wie auch in Abs. 2 Satz 3 – die Grundlagenvereinbarung, so dass nicht jede Standardisierungsabrede oder andere Vereinbarung i.S.d. Abs. 1 einer eigenständigen Kostentragungsregelung bedarf.

c) Ländervereinbarung über Betrieb informationstechnischer Systeme und Errichtung von dazu bestimmten Einrichtungen (Art. 91c Abs. 3 GG)

25 Gem. Art. 91c Abs. 3 GG können die Länder den gemeinschaftlichen Betrieb informationstechnischer Systeme sowie die Errichtung von dazu bestimmten Einrichtungen vereinbaren. Nach überwiegender Auffassung besitzt Art. 91c Abs. 3 GG keinen eigenständigen Regelungsgehalt (mehr) bzw. lediglich klarstellende Funktion[53]. Die Norm ist jedoch mitnichten überflüssig oder lediglich deklaratorisch, sondern besitzt nach wie vor einen eigenständigen Regelungsgehalt, auch wenn dieser sich aufgrund der Kompromisscharakter aufweisenden sprachlichen Fassung nicht auf den ersten Blick erschließt. Zum einen setzt der Verfassunggeber mit dieser Regelung das Signal, das derartige Kooperationen zwischen den Ländern trotz potenzieller Bedenken bezüglich der Mischverwaltung in anderen Bereichen als staatsorganisatorische Möglichkeit ausdrücklich vorsieht und möglicherweise sogar wünscht[54]. Zum anderen aber erlaubt das Grundgesetz *erstmalig die Kooperation bei Aufgabenteilen* und überwindet damit das herkömmliche Delegation-Mandat-Denken im deutschen Staats- und Verwaltungsrecht, das von einem „Entweder-Oder" hinsichtlich der Aufgabenträgerschaft und Durchführungsverantwortung gekennzeichnet ist.

d) Verbindungsnetz (Art. 91c Abs. 4 GG)

26 Art. 91c Abs. 4 GG normiert eine *Verwaltungskompetenz für den Bund* zur Errichtung eines Verbindungsnetzes. Diese Verwaltungskompetenz ist allerdings extensiv hinsichtlich des ebenfalls umfassten *Betriebes eines solchen Verbindungs-*

---

50 Ebenso *Heun* (Fn. 11), Art. 91c GG, Rn. 18.

51 Ebenso *Heun* (Fn. 11), Art. 91c GG, Rn. 15; *Siekmann* (Fn. 11), Art. 91c GG, Rn. 13; *Suerbaum* (Fn. 11), Art. 91c GG, Rn. 13.

52 Amtl. Begr., BT-Drs. 16/12410, S. 9.

53 *Heun* (Fn. 11), Art. 91c GG, Rn. 20; *Ruge* (Fn. 23), Art. 91c GG, Rn. 11; *Thorsten Siegel*, IT im Grundgesetz, NVwZ 2009, S. 1128–1131, 1130; *Suerbaum* (Fn. 11), Art. 91c GG, Rn. 18; *Volkmann* (Fn. 14), Art. 91c GG, Rn. 14 a.E.

54 So *Schallbruch/Städler* (Fn. 17), S. 622.

netzes auszulegen[55]. Der Verfassunggeber wollte erkennbar einen *Gleichklang von Gesetzgebungs- und Verwaltungskompetenz* erreichen[56]. Bereits aus dem Wortlaut und der Entstehungsgeschichte folgt, dass es sich bei dieser Verwaltungskompetenz um einen *verpflichtenden Verfassungsauftrag* handelt[57].

Die *Errichtung* des Verbindungsnetzes ist durch § 1 Abs. 1 des Gesetzes über die Verbindung der informationstechnischen Netze des Bundes und der Länder – Gesetz zur Ausführung von Artikel 91c Abs. 4 des Grundgesetzes – (IT-NetzG) erfolgt. Der *Betrieb* des Verbindungsnetzes wird – in entsprechend weiter Auslegung der Verwaltungskompetenz gem. Art. 91c Abs. 4 Satz 1 GG – gem. § 6 Abs. 1 Satz 1 IT-NetzG dem Bund zugewiesen. Das IT-NetzG sieht jedoch vor, dass *Bund und Länder intensiv zusammenwirken*, sich wechselseitig abstimmen und Beschlüsse gemeinsam in einem *Koordinierungsgremium* fassen[58]. Dessen Aufgaben nimmt gem. § 4 IT-Staatsvertrag, § 1 Abs. 3 Satz 1 IT-NetzG der *IT-Planungsrat* wahr. 27

4. Zwischenfazit zu Art. 91c GG

Art. 91c GG ist in seiner jetzigen Form seit ca. acht Jahren in Kraft. Konstatiert werden kann zunächst, dass der Bedarf an einer verfassungsrechtlichen Grundlage für einzelne, ansonsten möglicherweise rechtlich problematische Tatbestände der Mischverwaltung jedenfalls nicht zu leugnen war und ist. Die Vorschrift ermöglicht erstmals in der Geschichte des deutschen Föderalismus nach 1949 qualifizierte Mehrheitsentscheidungen mit Bindungswirkung für alle Beteiligten. Darüber hinaus ist die Vorschrift wenigstens ein verfassungsrechtliches Signal für die horizontale Kooperation und führt zu einer kompetenziellen Klärung und Organisationsregelung für das praktisch höchst bedeutsame Verbindungsnetz. Schließlich ist nicht zu vernachlässigen, dass die Vorschrift eine befriedende Funktion bei der E-Government-Zusammenarbeit von Bund und Ländern aufweist[59]. Der „Erfolg" des Art. 91c GG zeigt sich neben der praktischen Arbeit des IT-Planungsrates von Bund und Ländern, der seine Grundlage im IT-Staatsvertrag gefunden hat, vor allem auch in der Erkenntnis, wie rudimentär die bisherigen verfassungsrechtlichen Regelungen waren. 28

5. Art. 91c Abs. 5 GG und Onlinezugangsgesetz

Auch wenn mit Art. 91c GG in seiner jetzigen Form erstmals die erforderliche verfassungsrechtliche Grundlage für die Zusammenarbeit von Bund und Ländern im Bereich der IT geschaffen wurde, stellen die Schaffung einer flächendeckenden, interoperablen Vernetzung der öffentlichen Verwaltung in Deutschland und 29

55 Ebenso *Heun* (Fn. 11), Art. 91c GG, Rn. 22; *Ruge* (Fn. 23), Art. 91c GG, Rn. 12; *Siekmann* (Fn. 11), Art. 91c GG, Rn. 24; *Suerbaum* (Fn. 11), Art. 91c GG, Rn. 20; *Volkmann* (Fn. 14), Art. 91c GG, Rn. 15.

56 Amtl. Begr., BT-Drs. 16/12410, S. 9.

57 *Ruge* (Fn. 23), Art. 91c GG, Rn. 12; *Siekmann* (Fn. 11), Art. 91c GG, Rn. 24

58 S. insbes. §§ 1 Abs. 2, 4 Abs. 1, 6 Abs. 2 IT-NetzG.

59 Zu den Verfassungsfunktionen *Schliesky* (Fn. 2 [Souveränität]), S. 492 ff.

damit die Schaffung eines ebenenübergreifenden E-Government nach wie vor eine gravierende Herausforderung für die föderale Eigenstaatlichkeit von Bund und Ländern dar. Die Entwicklung der vergangenen Jahre hat gezeigt, dass zwar zahlreiche digitale Verwaltungsangebote in Bund und Ländern entstanden sind, diese jedoch stark zersplittert und wenig einheitlich sind. Die Nutzung der Angebote bleibt oftmals vor allem deshalb hinter den Erwartungen zurück, da die Angebote schwierig auffindbar und untereinander nicht vernetzt sind. Schon seit längerem existiert daher die Idee, ein einheitliches Verwaltungsportal zu schaffen, über welches digitale Verwaltungsangebote von Bund, Ländern und Kommunen in Anspruch genommen werden können. Dementsprechend ist mit der Reform der Finanzbeziehungen zwischen Bund und Ländern die Vorschrift nun um einen Absatz 5 erweitert worden, der am 01.06. (Bundestag) und am 02.06.2017 (Bundesrat) als Teil eines 13 Grundgesetzänderungen umfassenden Artikelgesetzes verabschiedet worden und am 20.07.2017 in Kraft getreten ist.[60] Und auch die Europäische Union verfolgt intensiv die Strategie eines zentralen digitalen Zugangstors zu Informationen und nationalen Verwaltungsverfahren.[61]

30 Art. 91c Abs. 5 GG lautet: „*Der übergreifende informationstechnische Zugang zu den Verwaltungsleistungen von Bund und Ländern wird durch Bundesgesetz mit Zustimmung des Bundesrates geregelt.*" Ziel der Grundgesetz-Ergänzung ist die Einrichtung eines verbindlichen, bundesweiten Portalverbundes, über den alle Nutzer einfach und sicher auf die Online-Anwendungen der öffentlichen Verwaltung von Bund und Ländern zugreifen können.[62] Zuvor hatten sich die Regierungschefin und Regierungschefs von Bund und Ländern am 14.10.2016 darüber verständigt, die Digitalisierung von Verwaltungsleistungen in Deutschland zu verbessern. Denn trotz aller praktischer Anstrengungen zur Digitalisierung von Staat und Verwaltung bzw. der Einführung von E-Government-Anwendungen sind akzeptierte, benutzerfreundliche und wirtschaftliche Lösungen immer wieder an der deutschen Zuständigkeitsordnung gescheitert. Im Schlagschatten der kontroversen Verhandlungen über die Bund-Länder-Finanzbeziehungen hat man – wie bei der Schaffung von Art. 91c GG – eine durchaus gravierende Verfassungsänderung mit „durchgewunken". Die Konkretisierung des Portalverbundes erfolgt bereits in der Begleitgesetzgebung in Gestalt des Art. 9 des Gesetzes zur Neuregelung des bundesstaatlichen Finanzausgleichssystems ab dem Jahr 2020 und zur Änderung haushaltsrechtlicher Vorschriften" und konkret durch das „Gesetz zur Verbesserung des Onlinezugangs zu Verwaltungsleistungen (Onlinezugangsgesetz – OZG)".[63] § 1 Abs. 1 OZG konkretisiert Art. 91c Abs. 5 GG dahingehend, dass Bund und Länder verpflichtet sind, bis spätestens zum Ablauf des fünften auf die Verkün-

---

60 BGBl. I/2017, S. 2347.

61 Vorschlag für eine Verordnung des Europäischen Parlaments und des Rates über die Einrichtung eines zentralen digitalen Zugangstors zu Informationen, Verfahren, Hilfs- und Problemlösungsdiensten und zur Änderung der Verordnung (EU) Nr. 1024/2012, Dok. COM (2017) 256 final.

62 BT-Drs. 18/11131, S. 2.

63 S. dazu BT-Drs. 18/11135, S. 31 ff.; letzte Fassung: BR-Drs. 431/17; zustimmender BR-Beschluss: BR-Drs. 431/17 (B).

dung dieses Gesetzes folgenden Kalenderjahres ihre Verwaltungsleistungen grundsätzlich auch elektronisch über Verwaltungsportale anzubieten. Nach § 1 Abs. 2 OZG sind Bund und Länder verpflichtet, ihre Verwaltungsportale miteinander zu einem Portalverbund zu verknüpfen.[64] Die schon bei Art. 91c Abs. 3 GG erstmals geregelte Modularität öffentlicher Aufgabenerfüllung wird nun noch deutlicher, vor allem wird ihr mit Art. 91c Abs. 5 GG nun auch verfassungsrechtlich explizit Rechnung getragen. Die Vorschrift fügt sich insoweit gut in das System heutiger elektronischer Arbeitsteilung und den Art. 91c GG zugrundeliegenden Gedanken ein. Interessant ist darüber hinaus § 3 Abs. 2 OZG, demzufolge Bund und Länder im Portalverbund Nutzerkonten bereitstellen, über die sich Nutzer für die im Portalverbund angebotenen elektronischen Verwaltungsleistungen von Bund und Ländern einheitlich identifizieren können, wobei die besonderen Anforderungen einzelner Verwaltungsleistungen an die Identifizierung ihrer Nutzer zu berücksichtigen ist. Nach § 4 OZG kann die Bundesregierung durch Rechtsverordnung mit Zustimmung des Bundesrates darüber hinaus die Verwendung bestimmter IT-Komponenten für die elektronische Abwicklung von Verwaltungsverfahren verbindlich vorgeben. Der Bund folgt damit nun acht Jahre später dem systematischen Vorbild des ersten deutschen E-Government-Gesetzes in Schleswig-Holstein.

31 All dies dürfte in der Tat dafür sorgen, dass ein Quantensprung im deutschen E-Government erreicht wird. Unklar ist allerdings noch, inwieweit die neue Regelung des OZG mit der Zweckbindung des deutschen Datenschutzrechts kompatibel ist. Diese Zweckbindung folgt – wie eingangs gezeigt – aus dem Recht auf informationelle Selbstbestimmung. Auch wenn sie ohne Frage ein Hemmschuh für effektive Verwaltungsleistung ist, so sichert sie eben doch einfachgesetzlich und verfahrensrechtlich ein Grundrecht ab. Auf der anderen Seite kann das Onlinezugangsgesetz sich nun auf Art. 91c Abs. 5 GG und die damit zum Ausdruck gebrachte Absicht des Verfassungsgebers stützen, Verwaltungsleistungen koordinierter und effektiver zu erbringen. Die genauen Konturen dieser verfassungsrechtlichen Abwägung müssen allerdings in der Praxis und vermutlich mit Hilfe des Bundesverfassungsgerichts noch gefunden werden.

III. Bestehender einfach-gesetzlicher Rahmen des E-Governments

32 Lediglich überblicksartig dargestellt werden können die einfach-gesetzlichen Grundlagen des elektronischen Verwaltungshandelns.

1. Bezüge des Verwaltungsverfahrensgesetzes zum E-Government

33 Als Handlungsrahmen für die Verwaltung ist an erster Stelle selbstverständlich das Verwaltungsverfahrensgesetz des Bundes (VwVfG) zu nennen, welches mittlerweile zahlreiche Bezugspunkte zum E-Government aufweist. Die Arbeit der

---

64 Nach § 2 Abs. 1 OZG ist der „Portalverbund“ „eine technische Verknüpfung der Verwaltungsportale von Bund und Ländern, über den der Zugang zu Verwaltungsleistungen auf verschiedenen Portalen angeboten wird.“ Und § 2 Abs. 2 OZG definiert das „Verwaltungsportal“ als „ein bereits gebündeltes elektronisches Verwaltungsangebot eines Landes oder des Bundes mit entsprechenden Angeboten einzelner Behörden.“

Verwaltung war stets geprägt von technischen Veränderungen. Neben Papier und Telefon traten in der Vergangenheit vor allem Fax, Computerfax und E-Mail. In nahezu allen Schritten eines typischen Verwaltungsverfahrens sind heute elektronische Bezugspunkte feststellbar.

34 Eingegangen soll hier exemplarisch auf § 3a VwVfG, der als Kernvorschrift für die elektronische Verwaltungstätigkeit bezeichnet werden kann[65]. Er behandelt die Frage, unter welchen Voraussetzungen elektronisch mit der Verwaltung kommuniziert werden kann.

35 § 3a Abs. 1 VwVfG stellt diesbezüglich klar, dass die Möglichkeit elektronischer Kommunikation vom *Vorhandensein entsprechender Empfangsmöglichkeiten* und ihrer *Widmung für den Verkehr* abhängt. Die ursprüngliche Ausgestaltung des § 3a VwVfG ausschließlich beruhend auf dem Gedanken der *Freiwilligkeit* wurde durch die EU-Dienstleistungsrichtlinie jedoch für einen entscheidenden Bereich der Verwaltungstätigkeit sowie die Verbreitung funktionsfähiger Authentifizierungssysteme und elektronischen Verwaltungsdienstleistungen bereits durchbrochen (vgl. § 71e VwVfG).

36 *§ 3a Abs. 2 VwVfG* hat die Funktion einer *Generalklausel*, die die Gleichwertigkeit einer durch Rechtsvorschrift angeordneten Schriftform und der mit einer qualifizierten elektronischen Signatur verbundenen elektronischen Form bestimmt. Durch das E-Government-Gesetz[66] wurden mit § 3a Abs. 2 Satz 4 VwVfG indes weitere Dienste bzw. Kommunikationsformen als Schriftformäquivalente aufgenommen. So ordnet § 3a Abs. 2 Satz 4 Nr. 1 VwVfG an, dass die Schriftform auch ersetzt werden kann „durch unmittelbare Abgabe der Erklärung in einem elektronischen Formular, das von der Behörde in einem Eingabegerät oder über öffentlich zugängliche Netze zur Verfügung gestellt wird". Erforderlich hierfür ist nach § 3a Abs. 2 Satz 5 VwVfG die Verwendung eines sicheren Identitätsnachweises nach § 18 des Personalausweisgesetzes oder nach § 78 Absatz 5 des Aufenthaltsgesetzes[67].

37 Nach § 3a Abs. 2 Satz 4 Nr. 2 und 3 VwVfG kann die Schriftform bei Anträgen und Anzeigen zudem durch Versendung eines elektronischen Dokuments mit der Versandart nach § 5 Abs. 5 DeMailG gewahrt werden. Abs. 2 S. 4 Nr. 2 und 3 differenzieren dabei zwischen dem De-Mail-Einsatz durch den Bürger einerseits und die Behörde andererseits.

38 § 3a Abs. 2 Satz 4 Nr. 4 VwVfG ermöglicht schließlich, auch sonstige sichere Verfahren durch Rechtsverordnung der Bundesregierung mit Zustimmung des Bundesrates als Schriftformäquivalent zuzulassen. Vor allem soll so gewährleistet werden, dass proprietäre Projekte der Länder zur elektronischen Behördenkom-

65 Dazu eingehend *Utz Schliesky*, in: Hans Joachim Knack/Hans-Günter Henneke (Hrsg.), VwVfG. Kommentar, 10. Aufl., Köln 2014, § 3a VwVfG, Rn. 1 ff.
66 Dazu sogleich ausführlich.
67 Dazu sogleich ausführlich.

munikation gleichberechtigt mit den sonstigen Möglichkeiten zum Schriftformersatz stehen können.

2. Das E-Government-Gesetz des Bundes

Wichtiger Bestandteil für das E-Government in Deutschland ist seit dem Jahr 2013 neben dem VwVfG das sog. E-Government-Gesetz des Bundes[68], welches grundsätzlich auch auf die Behörden der Länder und Kommunen anwendbar ist. Der Schwerpunkt der Regelungen liegt jedoch auf der Bundesebene, während für die Behörden der Länder und Kommunen nur „rudimentäre" Regelungen getroffen werden, wie etwa die Pflicht zur Zugangseröffnung per einfacher E-Mail (§ 2 Abs. 1 EGovG) bzw. die Pflicht zur elektronischen Bereitstellung angemessener Behördeninformationen (§ 3 Abs. 1 und 2 EGovG)[69]. Es war jedoch erklärtes Ziel des Gesetzes, vor allem auch für die Bundesländer einen Impuls zu setzen, damit diese vergleichbare Regelungen in das Landesrecht übernehmen und so eine Zersplitterung des Verfahrensrechts verhindert wird. An der zunehmenden Zahl von E-Government-Gesetzes auf Landesebene ist zu erkennen, dass dieses Ziel durchaus erreicht wurde. *39*

Das EGovG enthält als Artikelgesetz neben dem Stammgesetz mit 16 Einzelnormen weitere 27 Artikel, welche eine Vielzahl von Einzelgesetzen modifizieren, wie etwa eine Änderung des De-Mail-Gesetzes, die Änderung des erwähnten § 3a VwVfG, des SGB I, IV und X und der Abgabenordnung (AO). Das EGovG selbst normiert in den §§ 2–8 die Rahmenbedingungen für eine möglichst medienbruchfreie Kommunikation zwischen Verwaltung und Bürger. Dazu gehört bspw. die Zugangseröffnung (§ 2), elektronische Behördeninformationen (§ 3), elektronische Zahlungs- und Beweismittel (§§ 4, 5 EGovG) sowie die Vorschriften über die elektronische Aktenführung, Aktenwiedergabe und Akteneinsicht durch den Bürger (§§ 6 bis 8 EGovG). § 13 enthält zudem die klarstellende Aussage, dass ein Unterschriftsfeld auf einem Formular nicht die Anordnung einer Schriftform bewirkt. Ergänzt wird dieser Kernbereich noch durch Einzelbestimmungen zur Optimierung und Standardisierung (§ 9, 10 EGovG) und zur Barrierefreiheit (§ 16 EGovG) elektronischer Verfahren in der Bundesverwaltung. *40*

Man kann die Frage stellen, ob die Wahl eines eigenständigen Gesetzes der richtige Weg war oder ob dessen Inhalte nicht von vornherein in das VwVfG hätten integriert werden können. So hätte sich bspw. die Regelung des § 8 EGovG ohne Weiteres und systemkonform als weiterer Absatz in § 29 VwVfG einfügen lassen. *41*

---

68 Gesetz zur Förderung der elektronischen Verwaltung (E-Government-Gesetz – EGovG) vom 25.07.2013, BGBl. I 2013, S. 2749.

69 Nach § 3 Abs. 2 EGovG gilt dieses auch für die öffentlich-rechtliche Verwaltungstätigkeit der Behörden der Länder, der Gemeinden und Gemeindeverbände und der sonstigen der Aufsicht des Landes unterstehenden juristischen Personen des öffentlichen Rechts, wenn sie Bundesrecht ausführen. Ausführen in diesem Sinne meint entweder Ausführen als eigene Angelegenheit des Landes (Art. 84 GG) oder Ausführen im Auftrag des Bundes (Art. 85, Art. 108 Abs. 3 GG).

Dass es sich im Kern um verwaltungsverfahrensrechtliche Fragen handelt, zeigt sich bspw. auch daran, dass die Regelung des § 13 EGovG thematisch zu § 3a Abs. 2 VwVfG gehört[70]. Hinzu kommt, dass ein eigenständiges Gesetz bei weiter fortschreitender Digitalisierung der Verwaltung in Zukunft möglicherweise befremdlich anmuten wird, da es perspektivisch keinen Unterschied zwischen Verwaltungstätigkeit und elektronischer Verwaltungstätigkeit geben wird. Dennoch war es nach hiesiger Auffassung zum jetzigen Zeitpunkt, der durch gravierende Veränderungen in Staat und Verwaltung als Folge der Digitalisierung gekennzeichnet ist, der richtige Weg, einen ausdrücklichen gesetzgeberischen Impuls in Gestalt eines eigenen E-Government-Gesetzes zu setzen.

3. De-Mail-Gesetz

42 Neben dem VwVfG und dem EGovG sind verschiedene weitere gesetzliche Grundlagen zum „E-Government-Recht“ zu zählen.

43 Dazu gehört etwa das De-Mail-Gesetz[71]. Ziel des De-Mail-Gesetzes war es, die Vertraulichkeit der elektronischen Kommunikation zu erhöhen und im Vergleich zur herkömmlichen E-Mail einen Sicherheitsgewinn zu erzielen. De-Mail-Dienste sind nach § 1 De-MailG Dienste auf einer elektronischen Kommunikationsplattform, die einen sicheren, vertraulichen und nachweisbaren Geschäftsverkehr für jedermann im Internet sicherstellen sollen. Kern des Gesetzes ist der sog. Postfach- und Versanddienst, den die akkreditierten De-Mail-Anbieter bereitstellen müssen. Gem. § 5 Abs. 3 De-MailG hat der Postfach- und Versanddienst die Vertraulichkeit, die *Integrität und die Authentizität der Nachrichten* zu gewährleisten. Dies soll zum einen dadurch erreicht werden, dass die Kommunikation zwischen den Nutzern über gegenseitig authentisierte und verschlüsselte Kommunikationskanäle stattfindet[72]. Zum anderen beruht die Vertrauenswürdigkeit auf der erforderlichen *rechtssicheren Erstregistrierung* (§ 3 De-MailG). Damit natürliche oder juristische Personen des privaten und öffentlichen Rechts die De-Mail-Dienste nutzen können, müssen sie sich bei einem De-Mail-Diensteanbieter registrieren und identifizieren. Durch diese Maßnahmen sollen sich Sender und Empfänger darauf verlassen können, dass der in der Nachricht angegebene Sender oder Empfänger mit diesem Nutzer identisch ist.

44 Vorteil der Nutzung ist, dass gem. § 3 Abs. 2 Nr. 2 VwVfG die Schriftform ersetzt werden kann, wenn die Versandart nach § 5 Abs. 5 De-MailG verwendet wird. Bei dieser bestätigt der akkreditierte Diensteanbieter des Senders die Ver-

---

70 Daher auch von *Christoph Habammer/Wolfgang Denkhaus* (Das E-Government-Gesetz des Bundes. Inhalt und erste Bewertung – Gelungener Rechtsrahmen für die elektronische Verwaltung?, MMR 2013, S. 358–362, 359) zu Recht als Annexregelung zu § 3a Abs. 2 VwVfG bezeichnet.

71 De-Mail-Gesetz vom 28.04.2011, BGBl. I S. 666, zuletzt geändert durch Artikel 3 Abs. 8 des Gesetzes vom 07.08.2013, BGBl. I/2013, S. 3154.

72 Technische Erklärung bspw. bei *Heike Stach*, Mit Bürgerportalen für einfach sichere, vertrauliche und verbindliche elektronische Kommunikation, DuD 2008, S. 184–188, 186.

wendung der sicheren Anmeldung nach § 4 De-MailG. Hierzu versieht der Diensteanbieter im Auftrag des Senders die Nachricht mit einer dauerhaft überprüfbaren qualifizierten elektronischen Signatur. Auf diese Weise muss der Verwender nicht selbst über die Möglichkeit verfügen, Nachrichten mit einer qualifizierten digitalen Signatur zu versehen.

Nach ungefähr sechs Jahren, in denen das De-Mail-Gesetz nunmehr in Kraft ist, muss jedoch konstatiert werden, dass die gesetzten Ziele (bisher) nicht erreicht werden konnten. Obwohl die De-Mail-Provider das Produkt zum Teil mit viel Aufwand beworben haben, bleiben die Nutzungszahlen hinter den Erwartungen zurück. Laut „Zwischenbericht der Bundesregierung nach Artikel 4 des Gesetzes zur Regelung von De-Mail-Diensten und zur Änderung weiterer Vorschriften" verfügten im Jahr 2015 gerade einmal eine Million Nutzer über ein De-Mail-Konto[73], wobei die Zahl derjenigen, die den Dienst regelmäßig nutzen, noch deutlich geringer ausfallen dürfte. Als Gründe hierfür werden Sicherheitsbedenken, die komplizierte Nutzung sowie die entstehenden Kosten angegeben. *45*

4. Elektronischer Personalausweis (PAuswG)

Teil des E-Government-Konzeptes ist zudem der Personalausweis, der seit dem Jahr 2010 über mehr oder weniger „smarte" Funktionen verfügt. Grundlage ist das „Gesetz über Personalausweise und den elektronischen Identitätsnachweis" (PAuswG)[74]. Es hat das Ziel, das herkömmliche Ausweisdokument in die digitale *46*

---

73 BT-Drs. 18/5440.

74 BGBl. I 2009, 1346; das Gesetz wurde am 23. 07. 2008 vom Kabinett beschlossen, die Verabschiedung durch den Bundestag erfolgte am 18. 12. 2008 und die Billigung durch den Bundesrat am 13. 02. 2009. Das Beantragungsverfahren für die neuen elektronischen Personalausweise startete am 01. 11. 2010; siehe dazu *Utz Schliesky* (Hrsg.), Gesetz über Personalausweise und den elektronischen Identitätsnachweis. Kommentar, Kiel 2009; *Jens Bender/Dennis Kügler/Marian Margraf/Ingo Naumann*, Das Sperrmanagement im neuen deutschen Personalausweis – Sperrmanagement ohne globale chipindividuelle Merkmale, DuD 2010, S. 295–298; dies., Sicherheitsmechanismen für kontaktlose Chips im deutschen Personalausweis, DuD 2008, S. 173–177; *Alexander Roßnagel*, Der elektronische Personalausweis als sichere Signaturerstellungseinheit – Können Signaturkarten kontaktlos genutzt werden?, DuD 2009, S. 403–408; *ders./Gerrit Hornung/Christoph Schnabel*, Die Authentisierungsfunktion des elektronischen Personalausweises aus datenschutzrechtlicher Sicht, DuD 2008, S. 168–172; *Dirk Heckmann*, Authentifizierung zwischen Datenschutz und Technikmisstrauen. Belastungsproben für den elektronischen Personalausweis, DuD 2009, S. 656–660; *Sönke E. Schulz*, Der neue „E-Personalausweis" – elektronische Identitätsnachweise als Motor des E-Government, E-Commerce und des technikgestützten Identitätsmanagement?, CR 2009, S. 267–272; *Georg Borges*, Der neue Personalausweis und der elektronische Identitätsnachweis, NJW 2010, S. 3334–3339; *Peter Karl Klinger*, Der neue elektronische Personalausweis, in: Städte- und Gemeinderat 2010, Heft_6, S. 20; *ders.*, Einsatz der eID-Funktion des neuen Personalausweises in kommunalen Prozessen, VM 2010, S. 327–331; *Martin Zilkens*, Datenschutz im Pass- und Personalausweiswesen, RDV 2010, S. 14–19; *Cornelia Rogall-Grothe*, Der neue Personalausweis fördert das E-Government, DVP 2011, S. 2–3; *Jens Bender/Dennis Kügler/Marian Margraf/Ingo Naumann*, Kartenleser für den neuen deutschen Personalausweis. Vor- und Nachteile unterschiedlicher Lesertypen, DuD 2010, S. 761–765.

Welt zu übertragen. Zusätzliche Funktionalitäten des elektronischen Personalausweises sollen dabei nicht nur für Funktionen des E-Governments, sondern auch für E-Commerce-Anwendungen genutzt werden. Das Gesetz stellte einen wichtigen Baustein in der Initiative »E-Government 2.0« der Bundesregierung dar[75]. Besonders durch die Funktion als »Internetausweis« sowie die Möglichkeit der Nutzung der digitalen Signatur wurden die bis dahin fehlenden Möglichkeiten zur Verfügung gestellt, um sich beim Onlinekontakt rechtssicher gegenüber Behörden und Unternehmen zu identifizieren. Dem Gesetz sollte in diesem Zusammenhang die Funktion eines *„Enablers"* zukommen, denn durch die zwangsläufig große Verbreitung könnte zumindest theoretisch das bestehende Defizit zahlreicher E-Government-Anwendungen, die auf die rechtssichere Identifizierung und Kommunikation angewiesen sind, überwunden werden.[76] Tatsächlich aber sind die Erwartungen bis ins Jahr 2017 hinein nicht erfüllt worden.[77] Insbesondere hatten bis dahin viele Ausweisinhaber die Online-Funktion nicht aktivieren lassen. Grund hierfür dürfte neben der Erforderlichkeit eines Kartenlesegerätes auch gewesen sein, dass nach wie vor zu wenige Angebote existieren, bei denen die Onlinefunktion eingesetzt werden kann.[78] Daher hat der Gesetzgeber bei der Umsetzung der sogleich vorzustellenden eIDAS-Verordnung neben dem Vertrauensdienstegesetz (dazu Rn. 52) das Gesetz zur Förderung des elektronischen Identitätsnachweises erlassen, das am 15. 07. 2017 in Kraft getreten ist. Dieses sieht anstelle der Opt-in-Regelung eine Opt-out-Lösung vor. Mit anderen Worten: Die eID-Funktion ist bereits aktiviert, soweit der Bürger nicht widerspricht.

5. SigG, SigV, eIDAS und Vertrauensdienstegesetz

47 Ebenfalls zum bundesrechtlichen Rechtsrahmen des E-Governments sind schließlich die Regelungen zu zählen, die sich mit den Infrastrukturen befassen, auf denen elektronische Verwaltungsdienstleitungen basieren.

48 Aufgrund der vergleichsweise geringen Beweiskraft und der hohen Missbrauchsanfälligkeit einer gewöhnlichen E-Mail wurden früh Ansätze entwickelt, die Sicherheit einer E-Mail vor Manipulationen sowie die Möglichkeiten zum Nachweis solcher Manipulationen zu verbessern und damit ihre Rechtssicherheit

75 Dazu *Wolf-Rüdiger Biernert*, Kooperation von Kammern. E-Government und die EG-Dienstleistungsrichtlinie, GewArch 2008, S. 417–426, 418; *Günther Otten*, Der künftige elektronische Personalausweis (ePA) kann die Industrialisierung der Geschäftsprozesse beflügeln, VW 2007, S. 1440.

76 *Sönke E. Schulz*, in: Utz Schliesky (Hrsg.), Gesetz über Personalausweise und den elektronischen Identitätsnachweis. Kommentar, Kiel 2009, Einf., S. 1.

77 https://www.welt.de/wirtschaft/article142233969/Deutschland-verschlaeft-die-Ausweis-Revolution.html.

78 Zu weiteren Gründen vgl. auch *Christian Hoffmann*, Warum die eID-Funktion des neuen Personalausweises (noch) keinen Erfolg hat, in: Blog Government 2020.de. Das Staatsmodernisierungsblog des behördenspiegels, Beitrag vom 04. 03. 2014, abrufbar unter: http://www.government2020.de/blog/?p=1420 [25. 08. 2017].

insgesamt zu erhöhen. Aus diesem Grund wurde auf europäischer Ebene die Signatur-Richtlinie[79] geschaffen, in welcher als Ziel formuliert wurde, EU-einheitliche Regelungen für elektronische Signaturen zu etablieren, an die konkrete Rechtswirkungen geknüpft werden können.[80]

Dementsprechend wurde im daraufhin erlassenen Signaturgesetz (SigG)[81] sowie *49*
in der auf der Grundlage von § 24 SigG erlassenen Rechtsverordnung, der SigV, ein Typ der elektronischen Signatur mit Rechtswirkung entworfen: die qualifizierte elektronische Signatur (qeS) gem. § 2 Nr. 3 SigG. Die europäische Signatur-Richtlinie wurde 2014 durch die sog. eIDAS-VO[82] aufgehoben, so dass sich die europarechtlichen Vorgaben zur qeS nunmehr aus dieser Verordnung ergeben.

Die eIDAS-VO gliedert sich in folgende Kapitel: Sie besteht neben den allgemei- *50*
nen Bestimmungen in Kapitel I (Art. 1–5), den Bestimmungen zu Befugnisübertragungen und Durchführungsbestimmungen in Kapitel V (Art. 48 und 49) sowie den Schlussbestimmungen in Kapitel VI (Art. 49–52) aus zwei getrennten inhaltlichen Hauptregelungskomplexen – nämlich zur Koordination nationaler Systeme zur elektronischen Identifizierung in Kapitel II (Art. 6–12) und zur unionseinheitlichen Regelung von Vertrauensdiensten in Kapitel III (Art. 13–45). Dieses umfangreichste Kapitel III enthält in Art. 13–19 eIDAS-VO allgemeine Regelun-

---

79 Richtlinie 1999/93/EG des Europäischen Parlaments und des Rats v. 13.12.1999 über gemeinschaftliche Rahmenbedingungen für elektronische Signaturen, ABl. EG Nr. L 13 vom 19.01.2000, S. 12.

80 *Ivo Geis,* Die elektronische Signatur: Eine internationale Architektur der Identifizierung im E-Commerce, MMR 2000, S. 667–674, 670; in diesem Sinne auch Erwägungsgrund 20 der Signatur-Richtlinie: „Durch harmonisierte Kriterien im Zusammenhang mit der Rechtswirkung elektronischer Signaturen lässt sich gemeinschaftsweit ein kohärenter Rechtsrahmen aufrechterhalten."

81 Gesetz über Rahmenbedingungen für elektronische Signaturen (Signaturgesetz – SigG) vom 16.05.2001 (BGBl. I, S. 876), zuletzt geändert durch Art. 2 Abs. 135, Art. 4 Abs. 111 des Gesetzes zur Strukturreform des Gebührenrechts des Bundes vom 07.08.2013 (BGBl. I, S. 3154). SigG und SigV wurden durch Art. 12 des Gesetzes vom 18.07.2017, BGBl. I 2017, S. 2745, aufgehoben und durch das Vertrauensdienstegesetz ersetzt.

82 Verordnung (EU) Nr. 910/2014 des Europäischen Parlaments und des Rates vom 23.07.2104 über elektronische Identifizierung und Vertrauensdienste für elektronische Transaktionen und zur Aufhebung der Richtlinie 1999/93/EG, ABl. EU Nr. L 257 vom 28.08.2014, S. 73; dazu *Peer Philipp Wagner,* Das elektronische Dokument im Zivilprozess, JuS 2016, S. 29–32; *Silke Jandt/Tatami Michalek/Kai Dietrich,* Wie hoch ist der (Beweis-)Wert digitaler Dokumente? Ausblick Europa: Elektronische Signaturen auf Basis starker Kryptographie und deren Beweiswert entsprechend der neuen EU-Verordnung eIDAS-VO, DuD 2015, S. 687–691, 688 f.; *Sabine Sosna,* EU-weite elektronische Identifizierung und Nutzung von Vertrauensdiensten – eIDAS-Verordnung, CR 2014, S. 825–832; *Alexander Roßnagel,* Neue Regeln für sichere elektronische Transaktionen: Die EU-Verordnung über elektronische Identifizierung und Vertrauensdienste, NJW 2014, S. 3686–3692; *Christian Seegebarth,* Perspektiven aus der eIDAS-Verordnung, DuD 2014, S. 675–678.

gen für alle Vertrauensdienste, in Art. 20–24 eIDAS-VO allgemeine Regelungen für alle qualifizierten Vertrauensdienste sowie in Art. 25–45 eIDAS-VO spezifische Regelungen für einzelne einfache und qualifizierte Vertrauensdienste. Kapitel IV besteht aus nur einem Art. 46 über die Rechtswirkung elektronischer Dokumente. Die Anhänge I–IV enthalten jeweils Anforderungslisten an qualifizierte Zertifikate für elektronische Signaturen, qualifizierte Signaturerstellungseinheiten, elektronische Siegel und die Website-Authentifizierung.

51 Die Verordnung soll die bisher identifizierten Defizite der Signaturrichtlinie ausräumen, die zum einen darin bestehen, dass der Einsatz elektronischer Signaturen bisher lediglich dort erfolgt ist, wo dieser gesetzlich vorgeschrieben wurde[83], sowie zum anderen, dass die Union weitere Sicherungsmittel und -dienste bisher nicht geregelt hat[84]. Da die Identifizierungs- und „Vertrauensdienste“ den gesamten elektronischen Rechtsverkehr sichern sollen, regelt die eIDAS-VO eine alle Bereiche der Informationsgesellschaft durchdringende Querschnittsmaterie. Sie ist damit grundlegend gestalterisch für zentrale Bausteine zur Verwirklichung von eGovernment, eHealth, eJustice, eCommerce, eBusiness und weiteren -„eWelten“ in den Mitgliedstaaten.[85]

52 Es besteht die Hoffnung, dass sich durch die eIDAS-Verordnung neue Möglichkeiten der Nutzung von Signaturen ergeben. Insbesondere wird mit der sog. Fernsignatur (auch Serversignatur) eine neue Signaturvariante eingeführt, bei der im Gegensatz zur qualifizierten elektronischen Signatur keine Signaturkarte und kein Lesegerät benötigt werden. Ermöglicht wird dies dadurch, dass die Signatur nicht mehr mit Mitteln erstellt werden muss, die der Unterzeichnende unter „seiner alleinigen Kontrolle halten“ kann. Ausreichend ist, dass er die Signaturerstellungsdaten „mit einem hohen Maß an Vertrauen unter seiner alleinigen Kontrolle verwenden kann“. Dadurch soll es ermöglicht werden, die Signaturerstellungseinheit „der Obhut eines Dritten anzuvertrauen“.[86] Vor allem bei der mobilen Nutzung könnte diese sog. Fernsignatur für die bisher fehlende Praktikabilität sorgen. Die Entwicklung ist diesbezüglich derzeit jedoch noch am Anfang, so dass derzeit noch nicht abschließend bewertet werden kann, ob sich diese Art der Signatur durchsetzen können wird.[87] Der Bundesgesetzgeber hat am 18.07.2017 ein ent-

---

83 Etwa für Rechtsanwälte, Notare oder den Emissionshandel; s. näher *Alexander Roßnagel,* in ders. (Hrsg.), Beck'scher Kommentar zum Recht der Telemediendienste. Telemediengesetz, Jugendmedienschutz-Staatsvertrag (Auszug), Signaturgesetz, Signaturverordnung, Vorschriften zum elektronischen Rechts- und Geschäftsverkehr, München 2013, Einl. SigG, Rn. 138 ff.

84 *Roßnagel* (Fn. 31), S. 3686.

85 *Roßnagel* (Fn. 31), S. 3687.

86 Vgl. Erwägungsgrund 51 der eIDAS-Verordnung.

87 Dafür sprechen könnte insbesondere Erwägungsgrund 52 der Verordnung, in dem es heißt: »Die Erstellung elektronischer Fernsignaturen [...] soll aufgrund der vielfältigen damit verbundenen wirtschaftlichen Vorteile ausgebaut werden«; siehe dazu auch *Sosna* (Fn. 31), S. 825 ff.

sprechendes Durchführungsgesetz verabschiedet,[88] dessen wesentlicher Inhalt (Art. 1) das Vertrauensdienstegesetz (VDG) ist, das am 29. 07. 2017 an die Stelle von Signaturgesetz und -verordnung getreten ist (Art. 12).

IV. Schluss

Der Überblick zeigt, dass es sich beim E-Government um eine Querschnittsmaterie handelt und es *das* E-Government-Recht nicht gibt. Vielmehr weisen zahlreiche Gesetze Bezüge zum elektronischen Verwaltungshandeln auf und bilden so den rechtlichen Rahmen für das Verwaltungshandeln insgesamt. Die Entwicklung der vergangenen Jahre belegt dabei, dass die technische Entwicklung rasant voranschreitet, wobei die Innovationszyklen stetig kürzer werden. Dementsprechend besteht auch zu einer Weiterentwicklung des Verwaltungs- und ggf. auch des Verfassungsrechts keine Alternative, will das Recht seinen Steuerungsanspruch aufrechterhalten[89] und nicht Legitimitätsdefizite aufgrund eines zu großen Auseinanderklaffens der IT-Nutzung in Wirtschaft und Gesellschaft einerseits und der Verwaltung andererseits riskieren. Der Bundesgesetzgeber hat die Dynamik der technischen Entwicklung nun auch rechtlich aufgenommen, wobei die Rechtsentwicklung vor allem durch den Nachvollzug europarechtlicher Vorgaben, weniger durch ein nationales Gesamtkonzept geprägt ist. Aber immerhin gibt es längst einen bundesrechtlichen Rahmen und die gesetzgeberische Umsetzung der Erkenntnis, dass erfolgreiches E-Government im föderalen Staat nur über eine intensive Kooperation der verschiedenen Gebietskörperschaften möglich ist. *53*

88 Gesetz zur Durchführung der Verordnung (EU) Nr. 910/2014 des Europäischen Parlaments und des Rates vom 23. 07. 2014 über elektronische Identifizierung und Vertrauensdienste für elektronischTransaktionen im Binnenmarkt und zur Aufhebung der Richtlinie 1999/93/EG (eIDAS-Durchführungsgesetz), BGBl. I/2017, S. 2745. Zur rechtssicheren elektronischen Kommunikation vgl. auch den Beitrag von *Wilhelm* in diesem Band (Kapitel 11).

89 Dazu *Utz Schliesky*, E-Government in Schleswig-Holstein: E-Government durch Recht, in: Achim Zechner (Hrsg.), Handbuch E-Government. Strategien, Lösungen und Wirtschaftlichkeit, Stuttgart 2007, S. 49–54.

Der landesrechtliche Rahmen von E-Government

Sönke E. Schulz

A. Einleitung

Auch wenn E-Government zunehmend durch europäische und bundesrechtliche Vorgaben geprägt wird (dazu die Beiträge von *Mehde* und *Schliesky*), bleiben doch Verwaltungsverfahren und Verwaltungsorganisation die weiterhin relevanten Anknüpfungspunkte auf dem Weg zur (vollständig) digitalisierten Verwaltung. Bei beiden handelt es sich um originäre Landeskompetenzen. Dieser Befund ist vor allem auch für kommunales E-Government von Bedeutung – wird doch die überwiegende Anzahl der bürger- und wirtschaftsbezogenen Fachaufgaben auf dieser Ebene verantwortet. Nach bisherigem Verständnis (Kapitel C) richtet sich das Verwaltungsverfahren der Landes- und Kommunalbehörden nämlich einheitlich nach einem, dem landesrechtlichen, Rechtsregime, unabhängig davon, ob europäisches, Bundes-, Landes- oder kommunales Ortsrecht vollzogen wird. Dadurch wird Rechtssicherheit für die Anwender, aber auch für die Verwaltungsadressaten geschaffen. Dieser Grundsatz wird durch das E-Government-Gesetz des Bundes aufgeweicht. Hinzu kommt, dass der – zunehmend zu Recht infrage gestellte – Grundsatz der Simultangesetzgebung im Verwaltungsverfahrensrecht[1] (Kapitel D) ergänzt wird durch eine Impulsgesetzgebung des Bundes und eine Zusage der weitgehenden Übernahme durch die Länder im Bereich des E-Government-Rechts (Kapitel E). *1*

Neben diesen allgemeinen Entwicklungen soll nachfolgend der landesrechtliche Rahmen – exemplarisch an der schleswig-holsteinischen Rechtslage – dargestellt werden. Er setzt sich im Wesentlichen aus den Regelungen des jeweiligen Landesverwaltungs(verfahrens)gesetzes (Kapitel F) und zunehmend ergänzend den E-Government-Gesetzen der Länder (Kapitel G) zusammen. Während bei den Verwaltungsverfahrensgesetzen aufgrund der Simultangesetzgebung und der weiterhin praktizierten (dynamischen) Verweisungen ein weitgehend einheitliches Bild festzustellen ist, hat der bundesrechtliche Impuls zur Schaffung von E-Government-Gesetzen zwar gewirkt, inhaltlich ist aber eine große Bandbreite feststellbar. Neben verfahrensrechtliche Regelungen treten mittlerweile auch or- *2*

1 Dazu statt vieler *Heribert Schmitz,* Simultangesetzgebung von Bund und Ländern im Verwaltungsverfahrensrecht: Notwendigkeit und Umsetzungsmechanismen, in: Hermann Hill/Karl-Peter Sommermann/Ulrich Stelkens/Jan Ziekow (Hrsg.), 35 Jahre Verwaltungsverfahrensgesetz – Bilanz und Perspektiven, Baden-Baden 2011, S. 254–261; *Walter Klappstein,* Möglichkeiten und Grenzen einer Simultangesetzgebung, ZG 1997, S. 126–134.

ganisatorische Aspekte (z.B. die Schaffung gemeinsamer Gremienstrukturen zur Abstimmung im Bereich des ebenenübergreifenden E-Governments).

3 E-Government ist trotz weitergehender rechtlicher Erfassung kein Rechtsbegriff[2], sondern weiterhin die Beschreibung eines tatsächlichen Phänomens[3]. Daran haben auch die E-Government-Gesetze nichts geändert; die Kernvorschrift zu elektronischer Kommunikation (§ 3a VwVfG) stellt ebenfalls lediglich eine Teilerfassung dar. Mit der Erscheinung „E-Government“ wird also weniger eine rechtliche als eine faktische Einwirkung veränderter gesellschaftlicher Rahmenbedingungen auf den Staat, die Verwaltung, die tägliche Verwaltungspraxis und damit auch deren rechtliche Grundlagen umschrieben. Schon in der Vergangenheit war das Handeln der Verwaltung immer vom technischen Fortschritt abhängig – so erfolgte die Bemessung von Verwaltungsbezirken ursprünglich danach, welche Distanzen sich an einem Tag mit den zur Verfügung stehenden Transportmitteln bewältigen ließen. Die Kommunikation vollzog sich zunächst papiergestützt – eine Folge ist die sog. aktenmäßige Verwaltung. Telefon, Telefax und schließlich der Personal Computer brachten wesentliche Erleichterungen für die Verwaltung selbst, mittelbar aber auch für die vom Verwaltungsverfahren betroffenen Bürger. Da das Verwaltungsverfahrensgesetz des Bundes bzw. seine landesrechtlichen Entsprechungen die wesentlichen Elemente des Handlungsrahmens der Verwaltung und eines typischen Verfahrensablaufs beschreiben, müssen technische Veränderungen zwangsläufig auch im Verwaltungsverfahrensrecht abgebildet werden. Gleichwohl ist darauf hinzuweisen, dass sich E-Government-Recht auch in zahlreichen anderen Normen und Normkomplexen finden lässt: Dies ist zunächst das Fachrecht des jeweils einschlägigen Verwaltungsverfahrens, z.B. GewO und HwO für gewerbliche und Handwerksberufe, das seinerseits Vorgaben zur elektronischen Kommunikation enthalten kann. Daneben spielen diejenigen gesetzlichen Grundlagen eine wichtige Rolle, die sich mit den Infrastrukturen befassen, auf denen (auch) elektronische Verwaltungskontakte basieren. Dabei geht es nicht um die allgemeine Telekommunikationsinfrastruktur, sondern spezifische Dienste zum Einsatz im Behördenkontakt, wobei diese dem Konzept einer Mehrfachnutzbarkeit (also für Verwaltungs- wie Geschäftskontakte gleichermaßen einsetzbar) verpflichtet sind[4], z.B. die qualifizierte elektronische Signatur nach Art. 25 ff. eIDAS-VO, der elektronische Identitätsnachweis nach § 18 PAuswG, De-Mail und das Bürgerkonto. Angesichts der Tatsache, dass ebenenübergreifendes E-Government eine interbehördliche Kommunikation erfordert, müssen schließlich auch Regelungen zum Bund-Länder-Verhältnis (Art. 91c GG, IT-Staatsvertrag, IT-NetzG und das OZG) und zur Kommunikation mit den Kommunen dem

2 Zutreffend *Utz Schliesky*, in: Hans Joachim Knack/Hans-Günter Henneke (Hrsg.), VwVfG, 10. Aufl., Köln 2014, § 3a, Rn. 4.

3 *Martin Eifert*, Electronic Government. Das Recht der elektronischen Verwaltung, Baden-Baden 2006, S. 19 f.

4 *Sönke E. Schulz*, in Thomas Mann/Christoph Sennekamp/Michael Uechtritz (Hrsg.), Verwaltungsverfahrensgesetz. Großkommentar, Baden-Baden 2014, § 3a, Rn. 5.

E-Government-Recht im weiteren Sinne zugeordnet werden[5]. Gleiches gilt für datenschutzrechtliche Normen, die u.a. Vorgaben zur Einsetzbarkeit bestimmter Dienste in spezifischen Verfahren enthalten können (vgl. z.B. die Regelungen zur Zulässigkeit der De-Mail-Kommunikation in §§ 30 und 87a Abs. 1 Satz 4 AO sowie § 67 Abs. 6 Satz 2 Nr. 3 SGB X[6]), aber auch allgemeine Anforderungen an zulässige E-Government-Lösungen stellen (insbesondere die Verpflichtung aus Art. 5 Abs. 1 lit. f) DSGVO, technisch-organisatorische Sicherungsmaßnahmen zu ergreifen)[7]. E-Government-Recht lässt sich also zutreffend als Querschnittsmaterie beschreiben, deren wichtigste Bezüge zum Verwaltungsverfahrens- und damit zum Landesrecht bestehen.

B. E-Government-Recht als Verfahrensrecht

Dass es sich beim E-Government-Recht – dessen primäre Rechtsquelle auf Ebene des Bundes mittlerweile das E-Government-Gesetz ist – überwiegend um Verwaltungsverfahrensrecht handelt, zeigt das Beispiel Schleswig-Holstein (in Form eines Abweichens vom Grundsatz der Simultangesetzgebung): Auch wenn es sich beim Gesetz zur Modernisierung der elektronischen Verwaltung[8] um eine Umsetzung des E-Government-Gesetzes des Bundes handelt und in vielen Bundesländern der Weg eines eigenen Gesetzes gewählt wurde[9], ist die in Schleswig-Holstein realisierte Variante der Normierung im Allgemeinen Verwaltungsgesetz (LVwG) sachgerecht. Es handelt sich bei den meisten der bundesrechtlichen Vorschriften im Kern nämlich um verfahrensrechtliche Vorschriften[10]. So wäre die Zuordnung der Vorgaben zum Behördenzugang (§ 2 EGovG) zu § 52a LVwG (entspricht § 3a VwVfG des Bundes) sachgerecht[11], so wie die Vorgaben des § 8 *4*

5 *Schulz* (Fn. 4), § 3a, Rn. 11.

6 Dazu *Sönke E. Schulz/Franziska Brackmann*, De-Mail und alternative Dienste im Sozialverfahrens- und Abgabenrecht, DuD 2014, S. 186–191.

7 Dies zeigen auch die im E-Government-Gesetz des Bundes enthaltenen Vorgaben für „gemeinsame Verfahren" (§ 10 EGovG) und landesrechtlich normierte Sicherheits- und Datenschutzvorgaben im Kontext einzelner Elemente elektronischer Behördenkommunikation.

8 GVOBl SH 2017 S. 218.

9 Übersicht bei *Wolfgang Denkhaus*, E-Government-Gesetzgebung in Bund und Ländern, ZG 2016, S. 120–153.

10 Den verfahrensrechtlichen Charakter zeigt z.B. der Umstand, dass die Regelung des § 13 EGovG im SGB I zutreffend im Kontext der verfahrensrechtlichen Vorschriften zur elektronischen Kommunikation verortet wurde (§ 36a Abs. 2a SGB I); *Christoph Habammer/Wolfgang Denkhaus*, Das E-Government-Gesetz des Bundes – Inhalt und erste Bewertung – Gelungener Rechtsrahmen für elektronische Verwaltung?, MMR 2013, S. 358–362, 359, sprechen von „Annexregelung zu § 3a Abs. 2".

11 Ausführlich *Sönke E. Schulz/Franziska Brackmann*, Der elektronische Zugang zu Behörden nach § 2 E-Government-Gesetz: Verpflichtung der Behörden – aber auch Mehrwert für den Bürger, NdsVBl 2014, S. 303–309. Warum man die Regelungen zu elektronischen Nachweisen (§ 5 EGovG) in Schleswig-Holstein in § 52a LVwG integriert, für den Behördenzugang hingegen eine eigene Norm geschaffen hat (§ 52b LVwG), bleibt unklar.

EGovG (zur Einsicht in elektronische Akten) eigentlich zwingend in § 88 LVwG (§ 29 VwVfG) zu integrieren gewesen wären. Wäre dieser Weg auch auf Bundesebene gewählt worden, wären Anpassungen im Landesrecht, das eine dynamische Verweisung enthält, entbehrlich. Im Sinne der Einheitlichkeit der Rechtsordnung und des Verfahrensrechts und im Interesse der Rechtsanwender ist die Integration ins Verwaltungsverfahrensgesetz zu begrüßen und sollte auch in Zukunft weiterverfolgt werden – nicht nur bei bundesrechtlich angestoßenen Änderungen, sondern auch bei der Schaffung eigener landesrechtlicher Grundlagen der elektronischen Verwaltung. Die Abkehr vom Prinzip der Simultangesetzgebung zwischen Bund und Ländern im Bereich des Verwaltungsverfahrensrechts ist gerechtfertigt; die Schaffung eines leicht handhabbaren und einheitlichen Rechtsrahmens für die Verwaltung ist das höhere Gut. Auch die Zuordnung bestimmter Normen aus dem E-Government-Gesetz des Bundes zu anderen Rechtsregimen – z.B. die Verortung der Georeferenzierung (§ 14 EGovG des Bundes) in einem (Landes-) Geodateninfrastrukturgesetz – ist folgerichtig und dient der Rechtsklarheit.

C. Vorrang des Landesrechts (§ 1 Abs. 3 VwVfG) auch beim E-Government-Recht

5 Aufgrund von § 1 Abs. 3 VwVfG wird der Anwendungsbereich des VwVfG eingeschränkt: Er schließt die – zunächst in § 1 Abs. 1 Nr. 2 und Abs. 2 VwVfG grundsätzlich angelegte – Geltung des Bundes-VwVfG bei der Ausführung von Bundesrecht durch die Länder im Auftrag des Bundes oder als eigene Angelegenheit aus, soweit die öffentlich-rechtliche Verwaltungstätigkeit der Behörden landesrechtlich durch ein Verwaltungsverfahrensgesetz geregelt ist. Daraus ergibt sich (im Zusammenspiel mit dem Vorrang speziellen Verfahrensrechts) eine „doppelte Subsidiarität“ des VwVfG[12]. Gem. § 1 Abs. 2 EGovG sollen nun aber die Regelungen des EGovG des Bundes auch für Landes- und Kommunalbehörden gelten, soweit diese Bundesrecht vollziehen. Darauf nimmt z.B. auch die Begründung des Gesetzes zur Modernisierung der elektronischen Verwaltung in Schleswig-Holstein Bezug. Dies entspricht zwar in der Tat dem Wortlaut der bundesgesetzlichen Vorschrift („Dieses Gesetz gilt auch für die öffentlich-rechtliche Verwaltungstätigkeit der Behörden der Länder, der Gemeinden und Gemeindeverbände und der sonstigen der Aufsicht des Landes unterstehenden juristischen Personen des öffentlichen Rechts, wenn sie Bundesrecht ausführen.“), allerdings erscheint fraglich, ob der Bund eine derart weitgehend in das Verwaltungsverfahrensrecht der Länder hineinwirkende Regelung hätte treffen dürfen. Die entsprechende Annexkompetenz des Bundes für den Vollzug von Bundesrecht dürfte jeweils fachspezifische verfahrensrechtliche Anforderungen rechtfertigen, aber kein weiteres allgemeines Verwaltungsverfahrensrecht. Die Regelung steht in Widerspruch zur Aussage des § 1 Abs. 3 VwVfG (des Bundes) und des erklärten Ziels

---

12 *Michael Ronellenfitsch*, in: Johann Bader/ders. (Hrsg.), Beck'scher Online-Kommentar VwVfG, Stand: 35. Ed. (2017), § 1, Rn. 5.

dieser Vorschrift, sicherzustellen, dass sich der Vollzug durch eine Behörde immer nur nach *einem* Verfahrensrecht richtet[13] – nämlich einheitlich nach dem jeweiligen Landesverwaltungsverfahrensrecht. Hätte der Bund die verfahrensrechtlichen Vorschriften in das VwVfG des Bundes integriert, wäre diese Rechtsfolge automatisch eingetreten.

Aufgrund der fehlenden Bundeskompetenz ist daher davon auszugehen, dass sich das gesamte Verwaltungshandeln schleswig-holsteinischer (Kommunal-)Behörden – einschließlich des Vollzugs von Bundesrecht – einheitlich nach dem LVwG des Landes und den §§ 52a ff. LVwG (neu) richtet. Dies gilt jedenfalls in Ländern, die eine Integration in das eigene Landes-VwVfG vornehmen. Soweit eigene Landes-E-Government-Gesetze mit verfahrensrechtlichen Vorgaben erlassen werden, enthalten diese in der Regel auch eine explizite Regelung zum Anwendungsbereich. Nur diese Ansicht kann die für den Rechtsanwender erforderliche Rechtssicherheit erreichen – angesichts der doch im Detail abweichenden Vorschriften, kann es nicht erwartet werden, beim Vollzug von Orts-, Landes- und/oder Bundesrecht jeweils andere Maßstäbe anzulegen. Auch die Gesetzesbegründung in Schleswig-Holstein beschreibt diese Zielsetzung, allerdings ohne die richtige Konsequenz zu ziehen: „Für die jeweilige Verwaltung würde es keinen Sinn machen, bei der Ausführung von Bundesrecht handwerklich anders arbeiten zu müssen als bei der Ausführung von Landesrecht oder auch von kommunalem Recht.“; „Zudem würden bei einer fehlenden Umsetzung des EGovG des Bundes für die Ausführung von Bundesrecht und Landesrecht zwei unterschiedliche Verwaltungsverfahrensrechte gelten. Dieses ist nicht hinzunehmen.“[14] Der bayerische Landesgesetzgeber sah sich aufgrund dieser Zielsetzung dazu veranlasst, eine gesetzliche Klarstellung und die kompetenzrechtliche Begrenzung des Anwendungsbereichs des EGovG des Bundes auf die Bundesauftragsverwaltung vorzunehmen (§ 1 Abs. 3 EGovG Bayern): „Das E-Government-Gesetz des Bundes findet nur beim Vollzug von Bundesrecht im Auftrag des Bundes Anwendung.“[15] 6

D. Simultangesetzgebung hindert Innovation im Bereich elektronischer Verwaltungskommunikation

Grundgedanke der Kodifikation des allgemeinen Verwaltungsrechts im VwVfG war die Rechtsvereinheitlichung durch den Verzicht auf fragmentarische und verstreute Spezialregelungen im Fachrecht[16]. Die nicht existierende Möglichkeit eines Verwaltungsverfahrensgesetzes mit übergreifender Geltung ist dem Fehlen 7

---

13 Ausführlich *Klaus Schönenbroicher*, in: Mann/Sennekamp/Uechtritz (Fn. 4), § 1 Rn. 91 ff.

14 LT-Drs. 18/4663, S. 4, 6.

15 Ausführlich *Wolfgang Denkhaus/Klaus Geiger*, Bayerisches E-Government-Gesetz, München 2016.

16 *Hartmut Maurer*, Allgemeines Verwaltungsrecht, 18. Aufl., München 2011, § 5 Rn. 8; vgl. *Walter Klappstein*, Rechtseinheit und Rechtsvielfalt im Verwaltungsrecht, Heidelberg 1994.

einer umfassenden Gesetzgebungskompetenz des Bundes für das Verwaltungsverfahrensrecht geschuldet[17]. An der Erreichung des Ziels einer Vereinheitlichung müssen somit die Länder mitwirken. Obwohl die Länder grundsätzlich über eine Abweichungskompetenz verfügen, ist dem Gedanken der Rechtseinheitlichkeit – im Zuge der sog. Simultangesetzgebung – durch landesrechtliche Regelungen über viele Jahre entsprochen worden. Es gibt unterschiedliche Möglichkeiten, den Gleichlauf von Bundes- und Landesverwaltungsverfahrensrecht zu realisieren: die (integrierte) Vollregelung oder den Verweis. Bei den sog. Vollgesetzen[18] wird der Wortlaut des Bundesgesetzes vollinhaltlich wiederholt und (bisher sehr zurückhaltend) durch landesrechtliche Besonderheiten ergänzt[19], z.T. integriert[20] in einem umfassenden Verwaltungs(verfahrens)gesetz[21]. Bei den sog. Verweisungsgesetzen nimmt das Landesgesetz einen Verweis auf das Bundes-VwVfG vor und regelt nur länderspezifische Abweichungen und Besonderheiten[22]. Die Verweisung kann dynamisch sein[23] und sich auf das VwVfG in seiner jeweils geltenden Fassung beziehen oder aber statisch, indem sukzessiv auf eine jeweils durch Landesgesetz bestimmte Fassung verwiesen wird.

8 Die inhaltliche Übereinstimmung des VwVfG und der Landesverwaltungsverfahrensgesetze ist im Laufe der Zeit gelockert worden, indem die Länder Änderungen oder Ergänzungen des VwVfG nicht oder erst später oder nur modifiziert nachvollzogen haben oder indem sie zusätzliche Regelungen in ihr Gesetz eingefügt haben[24]. Im Kontext der elektronischen Verwaltungskommunikation sind unterschiedlichen Entwicklungen feststellbar:

- Die schleppende Anpassung von Vorschriften zur elektronischen Behördenkommunikation führt zum Teil während einer „Übergangszeit" zu Uneinheitlichkeit im Verfahrensrechtsregime, die auch dem Bürger nicht ohne weiteres zu vermitteln ist. So wurde die Anpassung des § 3a VwVfG hinsichtlich der Gleichstellung weiterer Schriftformäquivalente aus dem Jahr 2013 z.B. in Schleswig-Holstein erst mit dem Gesetz zur Änderung des Landesverwaltungsgesetzes vom 01.09.2015 nachvollzogen.
- Die auf Bundesebene zum Teil vorhandene – sachlich nicht nachvollziehbare – Zurückhaltung hinsichtlich der Fortentwicklung des Verwaltungsverfahrensrechts wird auf die Landesebene übertragen. Dies lässt sich an den verfahrensrechtlichen Vorgaben des EGovG des Bundes illustrieren, die mangels Verortung im VwVfG des Bundes in Ländern mit dynamischer Verweisung

17 *Heribert Schmitz,* in: Paul Stelkens/Heinz Joachim Bonk/Michael Sachs (Hrsg.), Verwaltungsverfahrensgesetz. Kommentar, 8. Aufl. 2014, § 1 Rn. 61.
18 Nicht-integrierte Vollregelungen haben erlassen: Baden-Württemberg, Bayern, Brandenburg, Bremen, Hamburg, Hessen, Nordrhein-Westfalen, Saarland und Thüringen.
19 *Schmitz* (Fn. 17), § 1 Rn. 287.
20 So in Mecklenburg-Vorpommern und Schleswig-Holstein.
21 Vgl. *Maurer* (Fn. 16), § 5 Rn. 20.
22 *Schmitz* (Fn. 17), § 1 Rn. 287.
23 Wie in Berlin, Rheinland-Pfalz, Sachsen, Sachsen-Anhalt und Niedersachsen.
24 *Michael Sachs,* in: Stelkens/Bonk/ders. (Fn. 17), Einl. Rn. 49; *Maurer* (Fn. 16), § 5 Rn. 21.

nur bei explizit erweitertem Anwendungsbefehl oder einer eigenen landesgesetzlichen Grundlage auch für den Vollzug von Landes- und Ortsrecht gelten. Auch in Ländern mit eigener Vollregelung fehlt es zum Teil an der Übernahme dieser Regelungen oder es wird – wie auf Bundesebene – durch den Grundsatz der Simultangesetzgebung die Rechtszersplitterung durch Parallelverfahrensordnungen verfestigt.

- Schließlich dürfte es dem Grundsatz der Simultangesetzgebung geschuldet sein, dass es kaum relevante eigenständige landesrechtliche Ergänzungen des VwVfG gegeben hat bzw. diese kaum praktische Relevanz hatten. So wurden im Rahmen des 2. VwVfÄndG in Schleswig-Holstein und Hamburg abweichende Regelungen eingefügt, aber nachfolgend nicht genutzt. Folge ist eine innovationshemmende Wirkung des Grundsatzes der Simultangesetzgebung bzw. als „geringeres Übel" die Schaffung von weiteren verfahrensrechtlichen Normen außerhalb des jeweiligen Landes-VwVfG, so z.B. die verfahrensrechtlichen Vorgaben aus dem Gesetz über die Errichtung einer Anstalt öffentlichen Rechts „Einheitlicher Ansprechpartner Schleswig-Holstein" (und aus vergleichbaren Gesetzen anderer Bundesländer[25]), die eigentlich im Kontext der §§ 138a ff. LVwG (Verfahren über die einheitliche Stelle) systematisch korrekt zu verorten gewesen wären.

Mit dem Gesetz zur Modernisierung der elektronischen Verwaltung ist erstmals 9
ein deutliches Abweichen (des schleswig-holsteinischen Landesgesetzgebers) vom Grundsatz der Simultangesetzgebung festzustellen: „Daher werden die Regelungen des EGovG des Bundes im Landesverwaltungsgesetz als zentrale Kodifikation des Verwaltungshandelns umgesetzt. Eine Kodifikation im EGovG des Landes ist nicht sinnvoll, da es nicht nachvollziehbar ist, dass das papierbasierte Verwaltungsverfahrensrecht und das elektronische Verwaltungsverfahrensrecht in zwei unterschiedlichen Gesetzen geregelt sind."[26] Es bleibt zu hoffen, dass diesem Beispiel andere Bundesländer folgen.

E. Impulsgesetzgebung des Bundes als taugliches Element?

Einerseits konnte man sich offensichtlich auf Bundesebene nicht dazu durchrin- 10
gen, die verfahrensrechtlichen Normen des EGovG des Bundes in das Bundes-VwVfG zu integrieren, andererseits wurde aber erkannt, dass eigentlich ein Gleichlauf – wie er durch den Grundsatz der Simultangesetzgebung gesichert wird – auch im Bereich der elektronischen Verwaltung sachgerecht ist. Diese Erkenntnis überrascht nicht, sondern untermauert die historischen Gründe für eine Simultangesetzgebung. Da ein solcher Grundsatz aber für andere Gesetze außerhalb des

25 Übersicht bei *Utz Schliesky/Sönke E. Schulz/Anne Neidert*, Bewertung der Richtlinienumsetzung in Deutschland: Der Einheitliche Ansprechpartner im Verwaltungs- und Organisationsrecht, in: Utz Schliesky (Hrsg.), Die Umsetzung der EU-Dienstleistungsrichtlinie in der deutschen Verwaltung – Teil III: Wissen, Information, Verantwortung, Kiel 2010, S. 249–308, 276 ff.

26 LT-Drs. 18/4663, S. 5.

VwVfG nicht etablierte Praxis ist, musste man sich damit behelfen, das EGovG des Bundes als „Impuls“ für die Länder zu bezeichnen („Das Gesetz soll dadurch über die föderalen Ebenen hinweg Wirkung entfalten und Bund, Ländern und Kommunen ermöglichen, einfachere, nutzerfreundlichere und effizientere elektronische Verwaltungsdienste anzubieten.“[27]) und auf eine Übernahme durch die Länder zu setzen. Mittlerweile scheint sich dieses Vorgehen nicht nur zu etablieren, sondern mit konkreten Zusagen der Länder – der Landesregierungen! – gekoppelt zu werden. So soll im Kontext eines „Open-Data-Gesetzes“, konkret der Einfügung von § 12a EGovG des Bundes[28], verfahren werden. Im Beschluss der Konferenz der Regierungschefinnen und Regierungschefs von Bund und Ländern vom 14. 10. 2016 zur Neuregelung des bundesstaatlichen Finanzausgleichssystems ab 2020 heißt es dazu: „Der Bund wird in Kürze ein Open Data Gesetz für seinen Kompetenzbereich vorlegen. Die Länder werden in ihrer Zuständigkeit – soweit noch nicht geschehen – ebenfalls Open Data Gesetze erlassen und dabei das Ziel verfolgen, in Anlehnung an die Bundesregelung bundesweit vergleichbare Standards für den Zugang zu öffentlichen Datenpools zu erreichen.“

11 Letztlich wäre dieses Vorgehen zu begrüßen gewesen, wäre es im Rahmen des VwVfG und als Fortentwicklung (negativ formuliert: „Aufweichung“) des Grundsatzes der Simultangesetzgebung konzipiert worden. Die Fortentwicklung des Grundsatzes der Simultangesetzgebung im Verfahrensrecht hätte im Gegensatz zum E-Government-Gesetz des Bundes und der Übernahme durch die Länder das Prinzip „eine Behörde, ein Verfahrensrecht“ aufrechterhalten. Unterschiedliche Geschwindigkeiten im Verfahrensrecht hinsichtlich der elektronischen Verwaltung wären ein sachgerechtes Vorgehen, das einen Wettbewerb um die beste Lösung ermöglicht und andere zur Übernahme der jeweiligen Lösung animiert. Dass auch ohne ein „führendes Recht“ eine Harmonisierung von Bundes- und Landesrecht eintreten kann, zeigt sich an den Fortentwicklungen des LVwG in Schleswig-Holstein und dem EGovG des Bundes: Das Gesetz zur Modernisierung der elektronischen Verwaltung enthält seit 05. 04. 2017 in § 52g Abs. 2 LVwG Vorgaben zur elektronischen Rechnung – zutreffend im LVwG des Landes verortet –, der Bund hat dies mit dem Gesetz zur Umsetzung der Richtlinie 2014/55/EU über die elektronische Rechnungsstellung im öffentlichen Auftragswesen vom 04. 04. 2017 nahezu zeitgleich in § 4a EGovG des Bundes umgesetzt.

12 Das Konzept der Impulsgesetzgebung leidet vor allem am Defizit der künstlichen Aufteilung in „E-Government-“ und Verwaltungsverfahrensrecht auf Bundesebene. So ist die Zuordnung zu dem einen oder dem anderen Rechtsregime zum Teil nicht sachlich nachzuvollziehen: § 35a VwVfG, die Ermöglichung des auto-

27 BT-Drs. 17/11473, S. 2.

28 BT-Drs. 18/11614. Ausführlich *Sönke E. Schulz,* Open Government Data in Deutschland – aktuelle Entwicklungen, in: Alexander Dix/Gregor Franßen/Michael Kloepfer/Peter Schaar/Friedrich Schoch/Andrea Voßhoff/Die Deutsche Gesellschaft für Informationsfreiheit (Hrsg.), Informationsfreiheit und Informationsrecht – Jahrbuch 2016, Berlin 2017, S. 197–224.

matisierten – damit sicher „elektronischen“ – Verwaltungsakts[29] und die Kommunikation über Portale (§ 41 Abs. 2a VwVfG)[30] finden sich zutreffend verortet im VwVfG und unterliegen damit dem eher strikt gehandhabten Grundsatz der Simultangesetzgebung, die elektronische Rechnung (§ 4a EGovG) nur dem Regelungsimpuls aus dem EGovG, auch wenn diesbezüglich sicher ebenfalls ein inhaltlicher Gleichlauf sachgerecht wäre. Eine Zusage der Länder, die Regelung zu übernehmen, wie sie sich z.B. zu § 12a EGovG finden lässt, existiert nicht.

F. E-Government im Landesverwaltungsverfahrensrecht

Nachfolgend soll – kurz, um Dopplungen zum bundesrechtlichen Rahmen (dazu der Beitrag von *Schliesky*) zu vermeiden – dargestellt werden, welche *verfahrensrechtlichen* Vorgaben zum E-Government sich im Landesrecht (sei es in einem dem Bundesrecht entsprechenden E-Government-Gesetz oder dem Landesverwaltungsverfahrensrecht) finden lassen. Exemplarisch wird die schleswig-holsteinische Rechtslage zugrunde gelegt. Das Gesetz zur Modernisierung der elektronischen Verwaltung stellt eine konsequente Fortschreibung des Rechtsrahmens für die elektronische Verwaltungskommunikation dar. Schon zuvor ermöglichte § 52a LVwG (§ 3a VwVfG), insbesondere in der Fassung seit dem 01.09.2015, durch die die zugelassenen Schriftformäquivalente (neben der kaum genutzten qualifizierten elektronischen Signatur) erweitert wurden[31], eigentlich einen weitgehenden Übergang auf digitales Verwaltungshandeln. Die Regelungen des LVwG betreffen überwiegend die Außenkommunikation, die aber nur realisierbar sein wird, wenn auch die interne Kommunikation unter Nutzung einer E-Akte vollständig elektronisch abgewickelt und ebenenübergreifend konzipiert wird. Wie auch weitere Gesetze im Rahmen des E-Government zu berücksichtigen sind, ist der rechtliche Rahmen eines elektronischen Verwaltungsverfahrens nicht mit § 52a LVwG (§ 3a VwVfG) abschließend beschrieben. Aus dem LVwG sind es vor allem folgende Normen, die zum Teil ebenfalls im Zuge des 3. VwVfÄndG den technischen Möglichkeiten angepasst wurden und einen Bezug zu elektronischen Verfahren aufweisen: § 36b Abs. 4 LVwG (europäische Amtshilfe über das elektronische Binnenmarktinformationssystem)[32], § 79a LVwG (Bestellung eines Empfangsbevollmächtigten), § 84 LVwG (Beweismittel), § 91 LVwG (Beglaubigung von elektronischen Dokumenten), § 108 LVwG (elektronischer Verwaltungsakt), § 109 LVwG (Begründung elektronischer Verwaltungsakte), § 110 LVwG (Bekanntgabefiktion auch bei elektronisch übermittelten Verwaltungsakten) und *13*

29 *Nadja Braun Binder,* Vollautomatisierte Verwaltungsverfahren im allgemeinen Verwaltungsverfahrensrecht? NVwZ 2016, S. 960–964.

30 *Nadja Braun Binder,* Elektronische Bekanntgabe von Verwaltungsakten über Behördenportale, NVwZ 2016, S. 342–346.

31 GVOBl SH 2015, 322. Zur Reform des § 3a VwVfG vgl. *Sönke E. Schulz,* Die Fortentwicklung der Schriftformäquivalente im Verwaltungsverfahrensrecht, DÖV 2013, S. 882–889.

32 *Utz Schliesky/Sönke E. Schulz,* §§ 8a ff. VwVfG n.F. – die Europäische Verwaltungszusammenarbeit im deutschen Verwaltungsverfahrensrecht, DVBl 2010, S. 601–609.

§ 138e LVwG (Pflicht zu elektronischer Kommunikation auf Behördenseite im Anwendungsbereich der §§ 138a ff. LVwG). Besondere Relevanz besitzen § 108 Abs. 2 bis 4 LVwG, die den elektronischen Verwaltungsakt ermöglichen, und die neu eingefügten §§ 52b ff. LVwG, die die verfahrensrechtlichen Vorschriften des EGovG des Bundes in Landesrecht transformieren.

I. Zulässigkeit elektronischer Kommunikation und Schriftformäquivalente

14 § 52a LVwG SH (§ 3a VwVfG) wird zu Recht als Kernvorschrift der elektronischen Verwaltung bezeichnet[33]. Hintergrund der Einfügung im Jahre 2002 durch das 3. VwVfÄndG[34] war neben der zunehmenden Verbreitung elektronischer Kommunikationsmedien die europäische Signaturrichtlinie[35]. Diese verlangt die Gleichstellung von elektronischer und Schriftform – ohne weder eine Aussage zu treffen, welches Sicherheitsniveau grundsätzlich als Schriftformäquivalent zu wählen wäre, noch das für einzelne Verwaltungsverfahren erforderliche Sicherheitsniveau festzulegen. Die mit der Normierung einiger (weniger) Grundlagen verbundene Hoffnung, man habe einerseits den erforderlichen rechtlichen Rahmen, andererseits damit auch die Vorkehrungen für eine nachhaltige E-Government-Verbreitung geschaffen, haben sich nicht bewahrheitet. Hintergrund ist die enge Verknüpfung des E-Government mit den dazu notwendigen infrastrukturellen Voraussetzungen, die durch eine gesetzliche Regelung nicht geschaffen, allenfalls befördert werden können. Eine flächendeckende Verbreitung blieb aus[36], sodass sich der (Bundes-)Gesetzgeber im Jahr 2013 – parallel zum E-Government-Gesetz des Bundes – veranlasst sah, die alleinige Fokussierung auf die qualifizierte elektronische Signatur aufzugeben und weitere technische Lösungen gesetzlich als Schriftformersatz zuzulassen und über eine Verordnungsermächtigung die Technik- und Zukunftsoffenheit zu sichern[37]. Die Verordnungsermächtigung bietet zwar die Möglichkeit, einen ergänzenden landesrechtlichen Rahmen für das E-Government zu schaffen, aber offensichtlich ist bei der Ausfüllung der Verordnungsermächtigung ebenfalls aufgrund des Grundsatzes der Simultangesetzgebung Zurückhaltung festzustellen[38]. So hat der Landesgesetzgeber in Schleswig-Holstein vielmehr im Zuge des Gesetzes zur Modernisierung der elektronischen

---

33 *Dirk Heckmann/Florian Albrecht*, in: Rainer Bauer/Dirk Heckmann/Kay Ruge/Martin Schallbruch/Sönke E. Schulz (Hrsg.), Verwaltungsverfahrensgesetz (VwVfG) und E-Government. Kommentar, 2. Aufl., Wiesbaden 2014, § 3a, Rn. 37.

34 BGBl 2002 I S. 3322.

35 RL 99/93/EG des Europäischen Parlamentes und des Rates v. 13. 12. 1999; ABl 2000 Nr. L 13 S. 12.

36 Zur fehlenden Akzeptanz der Signatur *Jan Skrobotz*, Das elektronische Verwaltungsverfahren, Berlin 2005, S. 73–78.

37 *Dirk Heckmann/Florian Albrecht*, Das Gesetz zur Förderung der elektronischen Verwaltung, ZRP 2013, S. 42–45.

38 Vgl. zu den Auslegungsschwierigkeiten bei verwaltungsverfahrensrechtlichen Verordnungsermächtigungen ausführlich *Sönke E. Schulz/Jakob Tischer*, Verweisungen im Verwaltungsverfahrensrecht und ihre Reichweite im Kontext neuer Verordnungsermächtigungen, NVwZ 2014, S. 1049–1052.

Verwaltung eine weitere gesetzliche Erweiterung der Schriftformäquivalente vorgenommen: Zulässig ist auch eine Übersendung an die Behörde über einen sicheren Übermittlungsweg im Sinne des § 55a Abs. 4 Nr. 2 und Nr. 3 VwGO (also über das besondere elektronische Anwaltspostfach[39] oder das EGVP).

Für die Kommunikation mit Bürgern und Unternehmen wird es neben der 15
Gleichstellung elektronischer Äquivalente mit der Schriftform weiterhin darum gehen, (gesetzliche) Schriftformerfordernisse zu reduzieren. Der Bund hat für den Bereich der Bundesgesetzgebung im Juli 2016 einen umfassenden „Bericht zur Verzichtbarkeit der Anordnungen der Schriftform und des persönlichen Erscheinens im Verwaltungsrecht des Bundes“ vorgelegt[40]. Ein vergleichbares systematisches Vorgehen wäre auch für die Bundesländer wünschenswert.

II. Zugangseröffnung

Bisher – auch nach der Anpassung des § 52a LVwG im Jahr 2015 – galt nach allen 16
landesrechtlichen Vorschriften, wie auch nach § 3a VwVfG, der Grundsatz der Freiwilligkeit der elektronischen Kommunikation; die Zugangseröffnung von Bürger und Verwaltung muss positiv feststellbar sein[41]. Allein im Anwendungsbereich des Verfahrens über die einheitliche Stelle bestand ein Anspruch des Verwaltungsadressaten auf ein elektronisches Verwaltungsverfahren (§ 71e VwVfG bzw. § 138e LVwG) und damit auch auf die Eröffnung eines elektronischen Zugangs zur Behörde (auch für schriftformwahrende Schriftstücke)[42]. Mit dem EGovG des Bundes und der Übernahme ins Landesrecht wird nun eine allgemeine Pflicht der Behörde (kein subjektiver Anspruch der Verwaltungsadressaten[43]) zur elektronischen Zugangseröffnung geschaffen. So hat z.B. in Schleswig-Holstein nach § 52b Abs. 1 LVwG jede Behörde einen Zugang für die Übermittlung elektronischer Dokumente zu eröffnen, auch soweit sie mit einer qualifizierten elektronischen Signatur versehen sind oder über einen sicheren Übermittlungsweg im Sinne des § 55a Abs. 4 Nr. 2 und 3 VwGO übermittelt werden. Zusätzlich eröffnet jede Behörde den elektronischen Zugang durch eine De-Mail-Adresse, es sei denn, die Behörde hat keinen Zugang zu dem zentral für die öffentlichen Verwaltungen des Landes angebotenen Basisdienst. Kundenorientiert wäre es, trotz des Aufwands, *alle* Schriftformäquivalente, einschließlich der im Rahmen einer Verordnung nach § 52a Abs. 2 Satz 4 Nr. 4 LVwG gleichgestell-

39 Dazu *Christian Hoffmann/Kim Corinna Borchers,* Das besondere elektronische Anwaltspostfach, CR 2014, S. 62–67.

40 Gesetz zum Abbau verzichtbarer Anordnungen der Schriftform im Verwaltungsrecht des Bundes, BGBl. I/2017 S. 626.

41 *Heckmann/Albrecht* (Fn. 33), Rn. 40 ff.

42 Übersicht der Ausnahmen bei *Sönke E. Schulz,* in: Mann/Sennekamp/Uechtritz (Fn. 4), § 3a, Rn. 41 ff.

43 Eine Ausnahme davon bildet Art. 6 Abs. 1 EGovG des bayerischen E-Government-Gesetzes: „Behörden sind auf Verlangen eines Beteiligten verpflichtet, Verwaltungsverfahren oder abtrennbare Teile davon ihm gegenüber elektronisch durchzuführen, soweit dies wirtschaftlich und zweckmäßig ist.“

ten[44], seitens der Landesgesetzgeber in die Regelungen zur Zugangseröffnung einzubeziehen. Zu hoffen bleibt nämlich, dass die nunmehr zugelassenen technischen Lösungen mehr Verbreitung finden als die qualifizierte Signatur, und andererseits, dass der Verordnungsgeber im Interesse einer bürgerfreundlichen, d.h. zunehmend raum- und zeitunabhängig erreichbaren, vernetzten Verwaltung von seiner Ermächtigung Gebrauch macht und weitere Dienste nicht nur gleichstellt[45], sondern auch tatsächlich einsetzt. Dies ließe sich durch umfassende Normen zur elektronischen Zugangseröffnung befördern.

17 In der Regel bedeutet die Pflicht zur elektronischen Zugangseröffnung aber nicht, dass analoge Zugänge reduziert werden können. Während dies in anderen Bundesländern aus der einfachgesetzlichen Ausgestaltung ableitbar sein dürfte, verlangt in Schleswig-Holstein die Regelung des Art. 14 Abs. 2 Satz 2 LV SH sogar verfassungsrechtlich die Aufrechterhaltung eines Mehrkanalzugangs[46]. Dies ist durchaus kritisch zu sehen, bedeutet dies nämlich, dass die Behörde immer auch gehalten ist, klassische Zugangskanäle als vollständiges Angebot und nicht lediglich als „Auffanglösung" für bestimmte Personengruppen, die den elektronischen Kanal nicht nutzen können, aufrechtzuerhalten (anders z.B. in Dänemark). Der Aufbau von Parallelstrukturen kann einerseits Kosten verursachen, andererseits werden Synergie- und Einsparpotenziale der elektronischen Kommunikation nicht erreichbar sein, wenn nicht einmal Anreize für den elektronischen Zugang geschaffen werden können (so z.B. die Gesetzesbegründung in Schleswig-Holstein: „Daher gilt, dass elektronische Eingänge gegenüber solchen in Papierform nicht bevorzugt werden dürfen.")[47]. In den Bundesländern, wo keine expliziten verfassungsrechtlichen Vorgaben existieren, sollte der elektronische Zugangskanal einfachgesetzlich zum „Normalfall" gemacht werden.

III. Elektronischer Verwaltungsakt

18 Mit dem 3. VwVfÄndG wurde nicht nur § 3a VwVfG (§ 52a LVwG) eingefügt, sondern es wurde in § 37 VwVfG (§ 108 LVwG) auch der elektronische Verwaltungsakt ergänzt. Diese ausdrückliche Erwähnung war neben § 3a VwVfG und dem Grundsatz der Formfreiheit deklaratorisch. Bedeutung hat allerdings die

---

44 Zur Ermächtigung des § 52a Abs. 2 Satz 4 Nr. 4 LVwG ausführlich *Sönke E. Schulz/ Jakob Tischer,* Recht auf Vielfalt – auch bei der elektronischen Behördenkommunikation? Ansprüche auf Tätigwerden des Verordnungsgebers dargestellt am Beispiel des § 3a Abs. 2 S. 4 Nr. 4 VwVfG, DV 47 (2014), S. 521–547.

45 Anders *Lorenz Prell,* Das E-Government-Gesetz des Bundes, NVwZ 2013, S. 1514–1520, 1519: „So bleibt zu hoffen, dass von der Verordnungsermächtigung kein Gebrauch gemacht wird, und sie sich als überflüssig erweist."

46 Dazu *Christian Hoffmann/Sönke E. Schulz,* Schleswig-Holsteins digitale Verfassung – Digitale Basisdienste, elektronischer Zugang zu Behörden und Gerichten und digitale Privatsphäre in der Schleswig-Holsteinischen Landesverfassung, NordÖR 2016, S. 389–396.

47 LT-Drs. 18/4663, S. 29. Zu Anreizen ausführlich *Christian Hoffmann/Sönke E. Schulz/ Maximilian Tallich,* Anreizsysteme und Instrumente zur Nutzen- und Nutzersteigerung, DV 45 (2012), S. 207–232.

Möglichkeit des § 37 Abs. 4 VwVfG (§ 108 Abs. 4 LVwG), durch Rechtsvorschrift eine dauerhafte Überprüfbarkeit der Signatur zu verlangen. Art. 3 Nr. 5 des Gesetzes zur Förderung der elektronischen Verwaltung sowie zur Änderung weiterer Vorschriften ergänzt § 37 Abs. 3 VwVfG, der festlegt, dass eine qualifizierte elektronische Signatur die erlassende Behörde erkennen lassen muss, für die De-Mail-Variante dahin gehend, dass die vom Diensteanbieter beigefügte Signatur eines per De-Mail übermittelten elektronischen Verwaltungsakts, der die Schriftform erfüllen soll, ebenfalls die erlassende Behörde erkennen lassen muss. Das Erfordernis der dauerhaften Überprüfbarkeit nach § 37 Abs. 4 VwVfG bezieht sich beim Einsatz von De-Mail-Diensten ebenfalls auf die Signatur des Diensteanbieters[48]. Alle Bundesländer haben eine entsprechende Vorschrift in das jeweilige Landesverwaltungsverfahrensrecht eingefügt (vgl. § 108 LVwG). Der elektronische Verwaltungsakt bildet neben dem elektronischen Antrag – ermöglicht durch die elektronische Zugangsmöglichkeit und nunmehr die Option, Nachweise elektronisch zu erbringen – das Kernstück eines elektronischen Verwaltungsverfahrens, nämlich im Sinne von E-Government als Transaktionsdienstleistung.

IV. Elektronische Nachweise

Nach § 52a Abs. 5 bis 7 LVwG (§ 5 EGovG) können Nachweise zukünftig elek- *19*
tronisch eingereicht werden, wenn ein Verwaltungsverfahren elektronisch durchgeführt wird, es sei denn, dass durch Rechtsvorschrift etwas anderes bestimmt ist oder die Behörde für bestimmte Verfahren oder im Einzelfall die Vorlage eines papierbasierten Originals verlangt. Die Behörde entscheidet nach pflichtgemäßem Ermessen, welche Art der elektronischen Einreichung zur Ermittlung des Sachverhaltes zulässig ist. In der Regel dürften dafür unsignierte Dokumente („Scans“) ausreichend sein. Nur bei konkreten Anhaltspunkten sind weitergehende Anforderungen gerechtfertigt. § 52a Abs. 6 LVwG sieht vor, dass die zuständige Behörde erforderliche Nachweise, die von einer deutschen öffentlichen Stelle stammen, mit der Einwilligung des Verfahrensbeteiligten direkt bei der ausstellenden öffentlichen Stelle elektronisch einholen soll („once only“). Zu diesem Zweck dürfen die anfordernde Behörde und die abgebende öffentliche Stelle die erforderlichen personenbezogenen Daten verarbeiten. Sofern gesetzlich nichts anderes bestimmt ist, kann die Einwilligung elektronisch erklärt werden. Ausgehend von der datenschutzrechtlichen Sichtweise, die drei Rechtsgrundlagen verlangt – für die Verarbeitung bei der abgebenden Stelle (aufgrund einer anderweitigen Aufgabe), für die Übermittlung als solche sowie für die Verarbeitung durch die anfordernde Stelle (im Rahmen des aktuellen Verwaltungsverfahrens) – gibt die Vorschrift vor allem die Legitimation für die Übermittlung.

---

48 BT-Drs. 17/11473, S. 50.

V. Identifizierung von Antragstellern

20 Nach § 52b Abs. 3 LVwG (§ 2 Abs. 3 EGovG) müssen alle (Kommunal-)Behörden in Verwaltungsverfahren, in denen sie die Identität einer Person auf Grund einer Rechtsvorschrift festzustellen haben oder aus anderen Gründen eine Identifizierung für notwendig erachten, die Nutzung eines elektronischen Identitätsnachweises nach § 18 PAuswG oder nach § 78 Abs. 5 AufenthG anbieten[49]. Hintergrund der Vorschrift ist, dass der Bürger bei Erforderlichkeit eines Identitätsnachweises sonst persönlich bei der Behörde erscheinen müsste, um seine Identität zu verifizieren. Dieser Medienbruch bei ansonsten elektronischer Kommunikation soll verhindert werden[50]. Problematisch an § 52b Abs. 3 LVwG wie an allen landes- und bundesrechtlichen Entsprechungen ist, dass die Vorschrift lediglich eine Verpflichtung der Behörde statuiert, bestimmte technische Angebote aufrechtzuerhalten, hingegen keine Aussage dazu trifft, in welchen Fällen das Vorgehen nach § 18 PAuswG als Äquivalent einer fachgesetzlich vorgegebenen Identifizierungspflicht entspricht. Insofern wird der Auslegung des maßgeblichen Fachrechts eine entscheidende Bedeutung zukommen, zumal es derzeit an einer allgemeinen Gleichstellung fehlt, wie sie für die Schriftform und ihre Äquivalente vorgesehen ist. Wenn z.B. die „Vorlage" eines amtlichen Ausweises verlangt wird, ist problematisch, ob eine online und elektronisch abgewickelte Identitätsüberprüfung gleichwertig ist und diesen Vorgaben genügt. Gleiches gilt, wenn ein „Lichtbildausweis" verlangt wird, da ein Abgleich der Übereinstimmung des äußeren Erscheinungsbildes mit dem Foto im Online-Prozess ausscheiden muss, da das Lichtbild nicht einmal zu den in zulässiger Weise übermittelbaren Identitätsattributen zählt (Aufzählung in § 18 Abs. 3 PAuswG). In jedem Fall kann der elektronische Identitätsnachweis ein „persönliches Erscheinen" nicht ersetzen[51]. Der Landesgesetzgeber sollte diese Regelungslücke im Interesse der Rechtssicherheit schließen.

VI. Elektronische Aktenführung und Vorgangsbearbeitung

21 Hinsichtlich § 6 EGovG kommt der landesrechtlichen Umsetzung besondere Relevanz zu, da die bundesrechtliche Vorgabe zur Einführung der elektronischen Akte nur für Bundesbehörden Geltung beansprucht. Eine gesetzliche Legitimation ausschließlich elektronischer Aktenführung ist dabei nicht zwingend erforderlich, dennoch haben die meisten Länder diesen Weg gewählt. So können gem. § 52d Abs. 1 LVwG Akten ausschließlich elektronisch geführt werden; auch die Vorgangsbearbeitung kann ausschließlich elektronisch erfolgen. Die Vorschrift schafft die erforderliche Rechtssicherheit und ist daher – vor allem in ihrer Ausgestaltung als „Erlaubnisnorm" zugunsten der Kommunen – zu begrüßen. Dem-

---

49 Dazu *Schulz/Brackmann* (Fn. 11), S. 303 ff.

50 BT-Drs. 17/11473, S. 35; dazu *Florian Albrecht/Alexander Schmid*, Das E-Government-Gesetz des Bundes, K&R 2013, S. 529–535, 531.

51 *Sönke E. Schulz*, Rechtsfragen des eID-Einsatzes im kommunalen Verwaltungsalltag, DVP 2011, S. 222–228, 227.

gegenüber werden die *Landes*behörden, vergleichbar § 6 EGovG, gesetzlich dazu verpflichtet, ihre Akten ab einem bestimmten Zeitpunkt elektronisch zu führen und elektronisch zu bearbeiten. Die Vorgabe, dass elektronische Akten aufgrund geeigneter technisch-organisatorischer Maßnahmen nach dem Stand der Technik die Grundsätze ordnungsgemäßer Aktenführung sowie die Vorgaben des Landesdatenschutzgesetzes verwirklichen müssen, hat nur deklaratorische Bedeutung und gilt in allen Bundesländern auch ohne explizite Normierung.

VII. Ersetzendes Scannen

§ 52e LVwG (§ 7 EGovG) ermöglicht es („soll" = gebundenes Ermessen), soweit *22* Behörden Akten elektronisch führen, in Papierform eingereichte Unterlagen in elektronische Dokumente zu übertragen, in der elektronischen Akte zu speichern und vor allem nach der Übertragung in elektronische Dokumente die in Papierform eingereichten Unterlagen zurückzugegeben oder zu vernichten, sobald ihre weitere Aufbewahrung nicht mehr aus rechtlichen Gründen oder zur Qualitätssicherung des Übertragungsvorgangs erforderlich ist. Entsprechend dem Stand der Technik ist sicherzustellen, dass die elektronischen Dokumente mit den Papierdokumenten bildlich und inhaltlich übereinstimmen, wenn sie lesbar gemacht werden. Nur wenn die Übertragung der Papierdokumente in elektronische Dokumente mit einem technisch unverhältnismäßigen Aufwand verbunden ist (z.B. bei Großformaten), kann von der Übertragung abgesehen werden. Auch hier gilt, dass es sich bei der Normierung um eine positive Klarstellung handelt, die der Beseitigung von Unsicherheiten dienen kann. Da in der Vergangenheit von einzelnen Gerichten[52] weitergehende Anforderungen definiert wurden, ist wichtig, dass weder „eine vollständige Sichtprüfung" noch „das Versehen mit einer Signatur" erforderlich sind[53]. Dieses ist zum Teil in der Gesetzesbegründung klargestellt worden, sollte aber aus Gründen der Rechtssicherheit gesetzlich verankert werden.

VIII. Akteneinsicht

Soweit Akteneinsicht gewährt wird, können Behörden, die ihre Akten elektro- *23* nisch führen, Akteneinsicht nach § 52f LVwG (§ 8 EGovG) dadurch gewähren, dass sie einen Aktenausdruck zur Verfügung stellen, die elektronischen Dokumente auf einem Bildschirm wiedergeben, elektronische Dokumente übermitteln oder den elektronischen Zugriff auf den Inhalt der Akten gestatten. Die Schaffung von Rechtssicherheit bezüglich der Einsicht in elektronisch geführte Akten durch die Normierung konkreter Anforderungen ist sachgerecht, auch wenn die nunmehr gesetzlich normierten Vorgaben der derzeitigen Rechtslage und Handhabung im Falle von elektronischen Akten entsprechen dürften. Im Rahmen des § 88 LVwG (§ 29 VwVfG) ist eine entsprechende Auslegung der Vorschrift geboten

---

52 VG Wiesbaden, Az. 6 K 691/14. WI. A.
53 LT-Drs. 18/4663, S. 36.

und unproblematisch möglich[54]. Die Schaffung einer eigenständigen Vorschrift für Akteneinsicht in elektronische Akten erscheint daher entbehrlich. Die Integration der Regelungen in § 88 LVwG (§ 29 VwVfG) wäre aus systematischen Gründen vorzugswürdig gewesen.

IX. Elektronische Bezahlverfahren

24 Fallen im Rahmen eines elektronisch durchgeführten Verwaltungsverfahrens Gebühren oder sonstige Forderungen an, muss die Behörde die Einzahlung dieser Gebühren oder die Begleichung sonstiger Forderungen durch Teilnahme an mindestens einem im elektronischen Geschäftsverkehr üblichen Zahlungsverfahren ermöglichen, das die Anforderungen des Datenschutzes und der Datensicherheit nachweislich erfüllt (§ 52g LVwG bzw. § 4 EGovG[55]). Diese Regelung schließt eine seit langem bestehende Lücke im Rahmen elektronischen Verwaltungshandelns, wird der Anspruch auf vollständige elektronische Durchführung eines Verwaltungsverfahrens doch konterkariert, wenn Zahlungen nicht auf diesem Weg erfolgen können[56]. Im Interesse einer zunehmenden Kundenorientierung ist die Beschränkung auf *ein* übliches Zahlungsverfahren nicht sachgerecht (da z.B. auch die Vorabüberweisung dazu zählen soll), vielmehr sollten möglichst viele gängige Systeme abgebildet werden. Der seitens des Landes zur Verfügung gestellte Basisdienst muss dies abdecken. Zugleich ist darauf zu achten, dass die für die Rechnungslegung der Kommunen relevanten Vorschriften seitens des Landesgesetzgebers ebenfalls fortentwickelt werden.

X. Elektronische Rechnungen

25 Die Bedeutung des Empfanges, der Verarbeitung und des Versandes von elektronischen Rechnungen nimmt branchenübergreifend zu. Dennoch wird von ca. 32 Mrd. Rechnungen pro Jahr in Deutschland derzeit nur ein einstelliger Prozentsatz in E-Rechnungsformaten versendet. Da Kommunen und Länder bundesweit einer der größten Rechnungsempfänger und Rechnungssteller sind, kommt ihnen

---

54 Vgl. nur *Peter Bachmann/Martin Pavlitschko*, Akteneinsicht in elektronische Behördenakten, MMR 2004, S. 370–374.

55 Zuletzt geändert durch das Gesetz zur Umsetzung der Richtlinie 2014/55/EU über die elektronische Rechnungsstellung im öffentlichen Auftragswesen (BGBl. I 2017 S. 770). Eingefügt wurde ein neuer Absatz 2: „Erfolgt die Einzahlung von Gebühren oder die Begleichung sonstiger Forderungen durch ein elektronisches Zahlungsabwicklungsverfahren des Bundes, sollen Rechnungen oder Quittungen elektronisch angezeigt werden. Dies gilt auch, wenn die sonstige Forderung außerhalb eines Verwaltungsverfahrens erhoben wird." Diese Anpassung ist wiederum ein Beispiel dafür, wie „schnelllebig" das Rechtsgebiet ist und dass die Landesgesetzgeber wiederum zwingt zu handeln, soll ein Gleichlauf gesichert bleiben.

56 Ausführlich zur Reichweite z.B. des § 71e VwVfG *Sönke E. Schulz*, Bewertung der Richtlinienumsetzung in Deutschland: Elektronische Verfahrensabwicklung und IT-Umsetzung, in: Utz Schliesky (Hrsg.), Die Umsetzung der EU-Dienstleistungsrichtlinie in der deutschen Verwaltung – Teil III: Wissen, Information, Verantwortung, Kiel 2010, S. 205–248, 214 ff.

bei der weiteren Verbreitung der E-Rechnung eine wesentliche Rolle zu[57]. Der europäische Gesetzgeber hat diese Tatsache in der Richtlinie 2014/55/EU gewürdigt und die Länder und die Kommunen – als sogenannte subzentrale Auftraggeber – bis zum 27.11.2019 (30 Monate nach Veröffentlichung) verpflichtet, elektronische Rechnungen zu empfangen und digital weiterzuverarbeiten. Auf Bundesebene erfolgte die gesetzliche Umsetzung durch das Gesetz zur Umsetzung der Richtlinie 2014/55/EU über die elektronische Rechnungsstellung im öffentlichen Auftragswesen und § 4a EGovG. Gegenstand dieser Verpflichtung ist nicht die Versendung eines elektronischen Abbilds der Rechnung („Scan"). Die Pflicht bezieht sich nur auf solche Rechnungen, die aufgrund ihrer Struktur eine Arbeitserleichterung auf Seiten der Verwaltung bewirken können, weil sie in einen elektronischen Workflow integriert werden können. Eine Rechnung ist elektronisch im Sinne der Vorschrift, wenn sie in einem strukturierten elektronischen Format ausgestellt, übermittelt und empfangen wird und das Format die automatische und elektronische Verarbeitung der Rechnung ermöglicht.

Auf Landesebene besteht ein Handlungsspielraum der Landesgesetzgeber vor allem hinsichtlich der Einbeziehung von Aufträgen im Unterschwellenbereich und hinsichtlich einer frühzeitigen Verpflichtung. So werden in Schleswig-Holstein Auftraggeber im Sinne der §§ 97 ff. GWB – ohne Rücksicht auf die Schwellenwerte des § 106 GWB – nach § 52g Abs. 2 LVwG verpflichtet, den Empfang und die Verarbeitung elektronischer Rechnungen ab 27.11.2018 sicherzustellen. Damit verwirklicht Schleswig-Holstein die europäische Vorgabe ein Jahr früher als europarechtlich gefordert. Um die Vorgabe des § 52g Abs. 2 LVwG verwirklichen zu können, muss zunächst die „E-Eingangsrechnungsfähigkeit" hergestellt werden[58]. Es gilt in diesem Schritt durch die Modernisierung des verwaltungsinternen Rechnungsbearbeitungsprozesses die Voraussetzungen für den Empfang und die Verarbeitung von elektronischen Eingangsrechnungen durch Kunden und Lieferanten zu schaffen. Dazu gehören die Etablierung eines zentralen Rechnungseinganges, der Aufbau einer Scanstrecke oder eines zentralen E-Mail-Postfachs sowie die Einrichtung eines elektronischen Rechnungsworkflows. Bereits durch diesen ersten Umsetzungsschritt lassen sich wesentliche Verbesserungen in Bezug auf Effizienz, Transparenz und Leistungsqualität der Rechnungsbearbeitung erzielen. Durch eine in Zukunft sukzessiv steigende Nutzung von E-Rechnungen können die positiven Effekte der Modernisierung ausgeweitet werden[59]. 26

57 Siehe dazu: Erfahrungsbericht und Umsetzungsleitfaden zum Modellprojekt zur Einführung der E-Rechnung in der Kommunalverwaltung im Landkreis Dahme-Spreewald v. 21.02.2017; abrufbar unter https://www.pd-g.de/fileadmin/Daten/Referenzen/170221_Erfahrungsbericht_E-Rechnung_LDS.pdf.

58 Ebd.

59 Ebd.

G. Organisatorische Folgen des ebenenübergreifenden E-Governments

27 Im Folgenden soll ein – nicht abschließender Blick – auf die Gemeinsamkeiten und Unterschiede der E-Government-Gesetze der Länder gerichtet werden. Auf die verfahrensrechtlichen Vorgaben, die das E-Government-Gesetz des Bundes abbilden und vielfach den wesentlichen Inhalt der Landesgesetze abbilden, wird hier nicht näher eingegangen. Im Mittelpunkt sollen die sonstigen Regelungen stehen, die den originär landesrechtlichen Rahmen von E-Government beschreiben. Auffällig ist, dass das bayerische E-Government-Gesetz Ansprüche für den antragstellenden Bürger enthält, die sich so jedenfalls nicht unmittelbar aus dem Bundesgesetz und anderen Landesgesetzen herauslesen lassen. So findet sich vor allem der Anspruch auf elektronische Durchführung des Verwaltungsverfahrens oder abtrennbarer Teile davon – allerdings nur, „soweit dies wirtschaftlich und zweckmäßig ist" (Art. 6 Abs. 1 EGovG Bayern).

28 Während nahezu alle Landesgesetze in Form der Übernahme der Regelungen aus dem E-Government-Gesetz des Bundes vorrangig den Außenkontakt der Behörden adressieren, widmet sich das schleswig-holsteinische E-Government-Gesetz[60] insbesondere der interbehördlichen Kommunikation in Form von Standardvorgaben für die verwaltungsträgerübergreifende Prozessgestaltung (§ 5), die verwaltungsträgerübergreifende Zusammenarbeit bei elektronischer Aufgabenerledigung (§ 6) und die verwaltungsträgerübergreifende elektronische Kommunikation (§ 7) sowie gemeinsam genutzten Basisdiensten (§ 8). In Schleswig-Holstein wird ein prozessualer Ansatz gewählt, der den Weg zur Verständigung auf Standards beschreibt. Das bayerische E-Government-Gesetz regelt die behördliche Zusammenarbeit in Art. 9. Dieser sieht zunächst vor, dass die Behörden die zur Erfüllung ihrer Aufgaben erforderlichen elektronischen Verwaltungsinfrastrukturen unterhalten – Infrastrukturauftrag (Abs. 1 Satz 1). Sie gewährleisten ferner deren Sicherheit und fördern deren gegenseitige technische Abstimmung und Barrierefreiheit (Abs. 1 Satz 2). Die Behörden können bei Entwicklung, Einrichtung und Betrieb von elektronischen Verwaltungsinfrastrukturen zusammenwirken und sich diese wechselseitig zur öffentlichen Aufgabenerfüllung überlassen (Abs. 1 Satz 3), wobei dieser Austausch trotz gesetzlicher Verankerung – soweit keine Ausschließlichkeitsrechte oder andere Ausnahmetatbestände (z.B. die Inhouse-Vergabe) vorliegen – unter vergaberechtlichem Vorbehalt steht. Nach § 9 Abs. 2 Satz 1 kann der Freistaat Bayern elektronische Verwaltungsinfrastrukturen zur behördenübergreifenden Nutzung im Sinne von Basisdiensten bereitstellen (vgl. auch § 15 EGovG MV, § 15 EGovG BW).

29 In anderen Landesgesetzen steht hingegen die Etablierung von Strukturen und Gremien, die einer Abstimmung der kommunalen und der Landesebene dienen, im Mittelpunkt. So gibt es u.a. in Sachsen, Baden-Württemberg, Nordrhein-Westfalen und Mecklenburg-Vorpommern einen IT-Kooperations- bzw. IT-Planungs-

60 Gesetz zur elektronischen Verwaltung für Schleswig-Holstein v. 08.07.2009 (GVOBl SH S. 398).

rat, der bei der Umsetzung der E-Government- und IT-Strategien vorbereitend und beratend tätig wird[61]. Die Abstimmung hinsichtlich von Standards für die informationstechnisch gestützte Kommunikation oder einheitlich genutzte Fachverfahren zwischen den Ländern und den Kommunen im Rahmen ihrer jeweiligen Selbstverwaltung bedarf nicht zwingend einer gesetzlichen Grundlage, sondern kann sich auch im Rahmen freiwilliger, mehr oder weniger formaler Konsultationen vollziehen oder durch öffentlich-rechtliche Verträge begründet werden. Dies zeigt das Beispiel Schleswig-Holsteins: Auch dort existiert ein Landes-IT-Rat mit vergleichbarer Funktion und dies obwohl er vom E-Government-Gesetz des Landes nicht als solcher konstituiert wird, sondern gesetzlich primär bestimmte Abstimmungsnotwendigkeiten und -verfahren normiert werden[62]. Der Trend, diese Formen der Zusammenarbeit gesetzlich zu flankieren, verfolgt zwei Zwecke: Einerseits kann ein gesetzgeberisches Signal gegeben werden, dass (mehr) Kooperation gewünscht ist, andererseits ermöglicht nur die gesetzliche Absicherung verbindliche Entscheidungen seitens derartiger Gremien.

In Nordrhein-Westfalen wird auf Grundlage des § 21 EGovG ein IT-Kooperations- *30* tionsrat als Gremium der ebenenübergreifenden Kooperation eingerichtet[63]. Dem IT-Kooperationsrat gehören der Beauftragte der Landesregierung für Informationstechnik (als Vorsitz), je ein Vertreter des Ministerpräsidenten und jedes Ministeriums sowie sechs Vertreter der kommunalen Spitzenverbände an. Ausschließlich mit beratendem Status sind der Landesbetrieb Information und Technik (IT. NRW) sowie zwei Vertreter des Zweckverbandes KDN (Dachverband kommunaler IT-Dienstleister) beteiligt. Dies erscheint angesichts drohender Interessenkonflikte konsequent, da die IT-Dienstleister der öffentlichen Hand (staatlich oder kommunal) als Auftragnehmer von Empfehlungen des IT-Kooperationsrates unmittelbar betroffen sein können[64]; § 21 EGovG bezweckt eine Koordinierung auf Auftraggeberseite.

Der IT-Kooperationsrat ist – seitens Landesregierung, Landesbehörden und Lan- *31* desgesetzgeber – in allen Angelegenheiten zu beteiligen, die für die ebenenübergreifende Kooperation in der Informationstechnik von Bedeutung sind. Dies gilt insbesondere bei der Festlegung von Datenübermittlungs- und Datenabrufrege-

61 Davon zu unterscheiden sind Gremien, die der IT-Steuerung *innerhalb* der Landesverwaltung dienen: vgl. z.B. § 22 EGovG NRW, § 20 EGovG BW. Eine Besonderheit stellt § 22 EGovG Berlin dar, der einen „Lenkungsrat für IKT, E-Government und Verwaltungsmodernisierung“ etabliert und vorrangig der Abstimmung zwischen Senat und Bezirken dient.

62 Vgl. aber auch die Verordnungsermächtigung des § 3 Abs. 5 EGovG SH; ausführlich zum „Grundsatz der kooperativen Kommunikation“ des schleswig-holsteinischen Gesetzes *Sönke E. Schulz,* Ein eGovernment-Gesetz für Schleswig-Holstein – Angriff auf die kommunale Selbstverwaltung?, in: Die Gemeinde SH 2008, S. 272–278.

63 Vgl. zum Ganzen *Sönke E. Schulz,* Kommunal-staatliches E-Government aus organisatorischer Perspektive, NWVBl 2017, S. 54–60.

64 Zum Teil wird die (zentrale) Rolle der IT-Dienstleister des Landes vom jeweiligen E-Government-Gesetz beschrieben: vgl. § 24 EGovG Berlin, § 24 EGovG NRW.

lungen von allgemeiner Bedeutung. Darüber hinaus kann der IT-Kooperationsrat Empfehlungen aussprechen. Dies gilt zunächst hinsichtlich der im IT-Planungsrat behandelten Themen und der Beschlussvorschläge des IT-Planungsrates sowie der Umsetzungsregelungen für die Beschlüsse des IT-Planungsrates, die dieser gemäß § 1 Abs. 1 Satz 1 und § 3 IT-StV fasst, und zu sonstigen Bund-Länder-Beschlüssen im Bereich Informationstechnik und elektronische Verwaltung. Diese Aufgabe des IT-Kooperationsrates zeigt die faktische Verknüpfung beider Gremien: Auch wenn eine unmittelbare Wirkung von Beschlüssen des IT-Planungsrates auf die kommunale Ebene nicht anzunehmen ist[65], werden die Gemeinden und Kreise gleichwohl mittelbar über § 20 EGovG betroffen: Nach dieser Vorschrift sind fachunabhängige und fachübergreifende Interoperabilitäts- oder Sicherheitsstandards, die durch einen (für das Land NRW) verbindlichen Beschluss des IT-Planungsrates festgelegt werden, nämlich von den Behörden des Landes und der Gemeinden und Gemeindeverbände bei den von ihnen eingesetzten informationstechnischen Systemen einzuhalten.

32 Offensichtlich hat sich der nordrhein-westfälische Landesgesetzgeber von der Regelung im sächsischen Landes-E-Government-Gesetz[66] inspirieren lassen. Nach § 18 EGovG Sachsen arbeiten der Freistaat Sachsen und die sächsischen Kommunen beim Ausbau ihrer informationstechnischen Systeme zusammen. Ziel dieser Kooperation ist insbesondere die Einführung elektronischer, verwaltungsebenenübergreifend interoperabler und sicherer Verwaltungsprozesse. Nach § 18 Abs. 2 ist der IT-Kooperationsrat das gemeinsame Gremium für diese Zusammenarbeit. Dem IT-Kooperationsrat gehören für den Freistaat Sachsen neben dem Beauftragten für Informationstechnologie je ein Vertreter der Staatskanzlei und des Staatsministeriums des Innern an. Die Kommunen sind im IT-Kooperationsrat mit drei Mitgliedern vertreten, von denen je ein Mitglied durch den Sächsischen Städte- und Gemeindetag, den Sächsischen Landkreistag und die Sächsische Anstalt für Kommunale Datenverarbeitung entsandt wird. Diesbezüglich ist auf die durch diese Besetzung drohende Vermischung von Auftraggeber- und Auftragnehmerinteressen hinzuweisen. Der IT-Kooperationsrat beschließt, soweit kommunale Belange berührt werden, Empfehlungen für die Kommunen und die staatlichen Behörden insbesondere zu den im IT-Planungsrat behandelten Themen und den Beschlussvorschlägen des IT-Planungsrates, zu den Umsetzungsregelungen für die Beschlüsse des IT-Planungsrates und zu Bund-Länder-Beschlüssen im Bereich IT und E-Government. Soweit aufgrund der vom IT-Kooperationsrat behandelten Fragen Haushaltsfolgen zu erwarten sind, sollen in Sachsen vor der Entscheidung diese Folgen und die weiteren, sich aus der Entscheidung dieser Frage ergebenden wesentlichen Auswirkungen gemäß § 7 Abs. 2 LHO dargestellt werden.

---

65 *Sönke E. Schulz,* Macht Art. 91c Grundgesetz E-Government-Gesetze der Länder erforderlich?, DÖV 2010, S. 225–229.

66 Gesetz zur Förderung der elektronischen Verwaltung im Freistaat Sachsen vom 09.07.2014 (GVBl. S. 398).

In Baden-Württemberg findet sich in § 23 EGovG[67] eine sehr ähnliche Regelung: Das Land und die Gemeinden und Gemeindeverbände wirken beim E-Government und bei der Informationstechnik zusammen. Ziel dieser Kooperation ist die Einführung elektronischer, zusammenpassender und sicherer Verwaltungsprozesse zwischen Land und dem kommunalen Bereich. Dazu stimmen das Land, die Gemeinden und Gemeindeverbände, die Zusammenschlüsse für kommunale Datenverarbeitung und die Datenzentrale Baden-Württemberg ihre Einrichtungen und Anwendungen des E-Governments und der Informationstechnik miteinander ab. Schon in der Zielsetzung ist in Baden-Württemberg also der Kreis der Beteiligten (auf die kommunalen und staatlichen IT-Dienstleister) erweitert worden. Diese sind zwar Akteure im Kontext des ebenenübergreifenden E-Governments, sollten aber keine Eigeninteressen verfolgen, sondern diejenigen ihrer Träger – sie agieren als Dienstleister. Die Besetzung des IT-Kooperationsrates entspricht diesem erweiterten Verständnis: neben Land und Kommunen sind auch die Landesoberbehörde BITBW, die Zusammenschlüsse für kommunale Datenverarbeitung und die Datenzentrale Baden-Württemberg mit einem Mitglied (nicht nur beratend) vertreten. Empfehlungen können zu den Beschlussempfehlungen und Beschlüssen des IT-Planungsrates gegeben werden, da diese gem. § 17 EGovG von allen vom Anwendungsbereich des Gesetzes erfassten Behörden (§ 1 Abs. 1 EGovG), einschließlich der Gemeinden und Gemeindeverbände, einzuhalten sind. *33*

In Mecklenburg-Vorpommern bildet der Lenkungsausschuss E-Government das zentrale Steuerungsgremium der gemeinsamen E-Government-Initiative von Land, Städte- und Gemeindetag und Landkreistag (§ 17 EGovG[68]). Ziel dieser Kooperation ist ebenfalls die Einführung und Fortentwicklung elektronischer, interoperabler und sicherer Verwaltungsprozesse zwischen Land und Kommunen. Dem Lenkungsausschuss gehören zu gleichen Teilen Vertreter des Landes, des Städte- und Gemeindetages und des Landkreistages an. Neben den genannten Empfehlungskompetenzen steht die Befugnis des Lenkungsausschusses, sich auch zu Projektvorschlägen des Landes oder der Kommunen empfehlend zu äußern. *34*

Bei derartigen Gremien handelt es sich von der Rechtsnatur lediglich um Koordinationsstrukturen, denen eigene Rechtspersönlichkeit fehlt[69]. Aufgaben werden ihnen nicht übertragen; die Verantwortlichkeit der Beteiligten für die Wahrnehmung der ihnen zugewiesenen Verwaltungsaufgaben bleibt von der Koordination unberührt. Die Empfehlungen sind rechtlich unverbindlich: Sie binden z.B. den Vertreter des Landes im IT-Planungsrat nicht in seinem Abstimmungsverhalten; Kommunen sind nicht zur Umsetzung von landesspezifischen Informationssicherheits- und Interoperabilitätsstandards verpflichtet. Gleichwohl dürfte den *35*

67 Gesetz zur Förderung der elektronischen Verwaltung des Landes Baden-Württemberg vom 17.12.2015 (GBl. S. 1191).

68 Gesetz zur Förderung der elektronischen Verwaltungstätigkeit in Mecklenburg-Vorpommern vom 25.04.2016 (GVOBl. S. 198).

69 Ausführlich zur Rechtsnatur des IT-Planungsrates *Sönke E. Schulz/Maximilian Tallich*, Rechtsnatur des IT-Staatsvertrages und seiner Beschlüsse, NVwZ 2010, S. 1338–1342.

Empfehlungen erhebliches politisches Gewicht zukommen. Verbindlichkeit müsste schon aufgrund des damit einhergehenden Eingriffs in die kommunale Selbstverwaltungsgarantie gesetzlich abgesichert werden, müsste zugleich aber auch die (z.B. finanziellen) Folgen regeln. In Schleswig-Holstein ist man einen anderen Weg gegangen und hat weniger das Gremium (den Landes-IT-Rat) in den Mittelpunkt der gesetzlichen Regelung gestellt, sondern die – einseitige – Kompetenz des Landes, bestimmte Standards, Austauschformate und Fachverfahren im Verordnungswege vorzugeben. Diese wird aber flankiert durch ein vorgeschaltetes Abstimmungsverfahren, welches die Etablierung eines Koordinationsgremiums bedingt.

Die digitale Stadt – Chancen und Herausforderungen der Digitalisierung für die lokale Gemeinschaft

Eike Richter

A. Digitalisierung als Chance und Herausforderung für Städte und Gemeinden

Die Digitalisierung ist gleichermaßen Quelle und Kern vieler gesellschaftlicher *1*
und wirtschaftlicher Umbrüche, die wir derzeit erleben. Mit diesen Umbrüchen stellen sich viele Fragen neu. Sie müssen geklärt und bisherige Antworten neu austariert werden. Dabei sollten jedoch die Chancen der Digitalisierung nicht aus dem Blick geraten. Sie müssen von allen Teilen der Gesellschaft und des Staates aktiv ergriffen werden, um nicht nur dauerhaft durch den Wandel getrieben zu werden. Dies gilt insbesondere in den großen Städten, die sich nach der Beobachtung mancher Expertinnen und Experten ohnehin zu den zentralen Treiberinnen des gesellschaftlichen und wirtschaftlichen Fortschritts entwickeln. Viele Städte und Gemeinden fördern mittlerweile die digitale Transformation mit Nachdruck – und zwar nicht nur in Hinblick auf die eigene Verwaltung (Electronic Government). Vielmehr werden grundsätzlich alle Bereiche städtischen Lebens wie beispielweise Verkehr und Logistik, Wirtschaft, Schulen und Hochschulen oder die städtischen Museen erfasst. Leitend ist das Bild der Digitalen Stadt[1] oder auch der – global und europäisch verbreitete und vor allem von Technologieunternehmen portierte – Begriff der Smart City[2]. Die Leitbilder sind Ausdruck der Erwartung, das Gemeinwesen mithilfe neuer, insbesondere digitaler Technologien, noch lebenswerter, nachhaltiger und wirtschaftlich stärker zu machen.[3] Die Bürgerinnen, Bürger und Unternehmen und deren Bedarfe werden in den Mittelpunkt kommunalen und staatlichen Handelns gestellt.[4] Typische Anwendungsszenarien sind etwa die digitale Optimierung des städtischen Verkehrsflusses und der Mobilität, das Abfallmanagement, die Erbringungen von Verwaltungsdienstleistungen oder die ressourcenschonende Steuerung der Abwasser- und Energienetze.

---

1 Vgl. etwa *Senat der Freien und Hansestadt Hamburg*, Die Digitalisierung der großen Stadt – Chancen für Wirtschaftskraft, Kommunikation und öffentliche Dienstleistungen, abrufbar unter www.hamburg.de/digitale-stadt [06. 10. 2017].

2 Vgl. eu-smartcities.eu und ec.europa.eu/eip/smartcities [15. 10. 2017].

3 Vgl. *André Göbel/Carlos Ferrero-Calle*, Komplexität von Smart Cities: Ein nutzenstiftender Gestaltungsauftrag für die öffentliche Verwaltung, VM 2017, S. 213–218, 214; *Matthias Finger/Mohamad Razaghi*, Conceptualizing „Smart Cities", Informatik Spektrum 40 (2017), S. 6–16.

4 Vgl. *Bundesinstitut für Bau-, Stadt- und Raumforschung* (Hrsg.), Eckpunkte einer „Smart-City-Charta" für Deutschland, Bonn o. J., S. 1, abrufbar unter www.bbsr.bund.de [16. 05. 2018].

2 Zugleich wird immer deutlicher, dass es vor allem die lokalen Ebenen, also die Städte, Gemeinden und Regionen, sind, bei denen der Veränderungsdruck, der von der technisch getriebenen Digitalisierung auf die bestehenden Strukturen, Institutionen und Prozesse einwirkt, in konkrete und greifbare Herausforderungen und Konflikte mündet. Denn trotz aller Globalisierung, Internationalisierung und auch Digitalisierung sind es die örtliche Gemeinschaft, die Verwaltung, die Infrastruktur, die Einrichtungen und die Kultur auf lokaler Ebene, die den Alltag des Einzelnen vielleicht unbewusst, aber doch in vielerlei Hinsicht maßgeblich strukturieren und an die er zugleich seine Erwartungen richtet. Diese Erwartungen an die lokalen Strukturen – etwa an örtliche und zeitliche Verfügbarkeiten, an Flexibilität und Effizienz der Abläufe oder an Bürgerfreundlichkeit und Proaktivität von Dienstleistungen – sind aber geprägt von den Erfahrungen und mittlerweile Gewohnheiten in einer weitgehend digitalen privaten und gesellschaftlichen Lebenswelt. So kommen etwa die Verwaltungen der Städte und Gemeinden zusehends in Erklärungsnot, warum die digitalen Möglichkeiten nicht genutzt werden, um das staatliche Baugenehmigungsverfahren mit derselben „Convenience" durchzuführen wie den Abschluss eines privatwirtschaftlichen Baufinanzierungskredits. In diesem Sinne führt die Digitalisierung zu lokalen Herausforderungen, die auch lokal gelöst werden müssen. Und wenn das prognostizierte Wachstum der Städte zutrifft, dürften diese Herausforderungen noch größer werden.[5]

3 Auf der anderen Seite besteht kein Anlass, die technische Entwicklung der Digitalisierung in ihrer Bedeutung zu überzeichnen. Die moderne Gesellschaft ist seit jeher geprägt von der Entwicklung von Technologien und Technik. Die Erfindungen des Buchdrucks, der frühen Industrialisierung und Elektrifizierung bilden Zäsuren in der gesellschaftlichen Entwicklung. Allerdings wird rückblickend deutlich, wie sehr die Veränderungsgeschwindigkeit zugenommen hat und auch weiterhin kontinuierlich steigt. Zwischen der Erfindung der Druckerpresse durch Johannes Gutenberg im Jahr 1442 und dem ersten Farbdrucker 1953 lagen 500 Jahre; mit anderen Worten 16 Generationen. Von der Erfindung des Computerdruckers bis zum ersten 3D-Drucker vergingen 30 Jahre – das umfasst nicht einmal eine Generation. Zugleich werden strukturelle Parallelen in den Innovationsentwicklungen sichtbar. Manche Themen der Elektrifizierung im 19. Jahrhundert erinnern an gegenwärtige Umbrüche: Mobilität und Kommunikation veränderten sich besonders spürbar, und der Ausbau der Straßen und Kommunikationsnetze – erst in den Städten, dann auf dem Land – war ein beherrschendes technisches Thema. Der Unterschied zu damals liegt darin, dass sich Staat und Gemeinden, noch während sie den flächendeckenden Ausbau breitbandiger Internetleitungen zu bewerkstelligen versuchen, sich bereits fragen müssen, wie die nächste Stufe der technischen Entwicklung aussehen wird.

---

5 Zur Bevölkerungsentwicklung in Deutschland in den Großstädten vgl. etwa *Philipp Deschermeier*, Die Großstädte im Wachstumsmodus – Stochastische Bevölkerungsprognosen für Berlin, München und Frankfurt am Main bis 2035, IW-Report 39/2016, abrufbar unter www.iwkoeln.de [16. 05. 2018].

Die jeweils neuen technologischen Möglichkeiten ergreifen Gesellschaft und Wirtschaft seit zwei Jahrzehnten wellenweise. Zunächst hat die Digitalisierung die Informations- und Kommunikationsmöglichkeiten erfasst und insbesondere die Medien- und Kreativwirtschaft vor neue Herausforderungen gestellt. In einer zweiten Welle haben sich die Produktions- und Logistikprozesse tiefgreifend verändert und tun es noch („Industrie 4.0"). Und in einer dritten Welle ergreift die Digitalisierung die öffentliche Infrastruktur und den öffentlichen Raum. Diese – oft mit dem Begriff Smart City belegte – Veränderung rückt die Stadt im Ganzen in den Fokus. Die Schnittstellen der technischen Systeme werden zunehmend allgegenwärtig und ermöglichen Formen der Zusammenarbeit und Prozesssteuerung, die noch vor wenigen Jahren undenkbar waren. Die weitere technische Entwicklung lässt neue Formen und Qualitäten der Vernetzung von Prozessen, Systemen, Daten und Dingen erwarten,[6] die heute etwa mit „Internet of Things", Big Data, künstliche Intelligenz, Robotik oder Miniaturisierung überschrieben sind. 4

B. Politische Konzepte der Digitalen Stadt und der Smart City

I. Digitalisierung als Aufgabe der politischen Gestaltung

Diese Veränderungen durch die Digitalisierung haben anfangs allgemein und auch auf der kommunalpolitischen Ebene ein Bild einer beschleunigten und rastlosen Moderne erzeugt, in der für viele die technische Rationalität zum zunehmend alleinigen Maßstab zu werden schien. Dieses Bild weicht heute zunehmend der Einsicht, dass Digitalisierung kein der Gesellschaft vorausliegendes, gleichsam naturgegebenes Geschehen ist, sondern von einer gesellschaftlichen und wirtschaftlichen Avantgarde verstanden und entwickelt wird. Die politischen Konzepte der Digitalen Stadt oder der Smart City und die mit ihnen verbundenen kommunalpolitischen Aktivitäten und Initiativen stehen für diese Einsicht in die Gestaltbarkeit der Digitalisierung.[7] Dies gilt für die Entwicklung technologischer 5

---

6 Die *British Standards Institution* beschreibt Smart Cities als Räume mit einer effektiven Integration von physischen, digitalen und menschlichen Systemen in urbaner Umgebung, die eine nachhaltige, wohlhabende und integrative Zukunft für ihre Bürgerinnen und Bürger ermöglichen, vgl. *The British Standards Institution*, Smart city framework, Guide to etablishing strategies für smart cities and communities (PAS, 181), o. O. 2017, abrufbar unter shop.bsigroup.com [30. 09. 2017], S. 4.

7 Programme zur Digitalen Stadt bzw. zur Smart City verfolgen etwa folgende Städte und Gemeinden, die über die jeweiligen städtischen Websites abrufbar sind [30. 09. 2017]: Freie und Hansestadt Hamburg, München, Köln, Ulm, Dortmund, Freiburg, Leipzig, Münster, Norderstedt, Stuttgart. Eine übergreifende Programmatik bietet die vom *Bundesinstitut für Bau-, Stadt- und Raumforschung (BBSR) im Bundesamt für Bauwesen und Raumordnung (BBR)* sowie vom *Bundesministerium für Umwelt, Naturschutz, Bau und Reaktorsicherheit (BMUB)* herausgegebene Smart-City-Charta für Deutschland, abrufbar unter www.bbsr.bund.de [16. 05. 2018]. Die Charta geht auf einen breit angelegten Dialogprozess mit Vertretenden des Bundes, der Länder, der Kommunen, der kommunalen Spitzenverbände, verschiedener Wissenschaftsorganisationen und der

(Fortsetzung auf Seite 268)

Innovationen, mehr aber noch für die gesellschaftlichen, sozialen und wirtschaftlichen Innovationen, die durch die Wirkungsweisen und Funktionalitäten digitaler Technologien möglich werden. Zwar finden sich auch im kommunalpolitischen Raum weiterhin Neigungen zu naiver Technikgläubigkeit ebenso wie übertriebene Technikskepsis. Insgesamt kehrt aber eine Form der Nüchternheit ein, die sich daran erinnert, dass der Fortschritt nicht nur der Industriegesellschaft, sondern auch der Informationsgesellschaft eng verknüpft ist mit der technologischen Entwicklung und der gesellschaftlichen Fähigkeit, diese nutzbar zu machen. Digitalisierung wird mehr und mehr als paradigmatisches Fortschrittsprojekt begriffen, das große Potenziale in sich trägt, das Leben in allen gesellschaftlichen Bereichen zu verbessern, die Wirtschaftskraft zu stärken und den Wohlstand aller zu erhöhen. Mit der Digitalisierung wird die Vision, jedenfalls aber die Hoffnung verbunden, dass sich die Informations- und Kommunikationszusammenhänge demokratisieren, die Reichweiten für Informationen und Produkte steigen, neue Effizienzpotenziale erwachsen und sich der Nutzen vieler Angebote und Dienstleistungen erhöhen lässt. Kommunen sollen die Digitalisierung dazu nutzen, ihre Entwicklung sozial verträglich, gerecht, energie- und ressourceneffizient zu gestalten.[8] Im Angesicht von Naturkatastrophen und terroristischer Bedrohung wird zunehmend auch die Resilienz von Strukturen und Institutionen als Zielmaxime genannt.[9] Der Blick der politischen Gestalter ist bürgerzentriert[10] und richtet sich in der Folge auf die Rahmenbedingungen, die es wie bei früheren Technologiesprüngen klug zu gestalten gelte. Dabei findet sich häufig die Vorstellung, dass die Werteordnung unserer Gesellschaft selbstverständlich ganz unabhängig von der Frage der technologischen Möglichkeiten weiter gelte. Die Digitale Stadt sei responsiv in dem Sinne, als bewährtes Verwaltungshandeln und Gemeinwohlorientierung mit neuen Formen der Interaktion, des Lernens sowie der Vor-

---

Wirtschafts-, Sozial- und Fachverbände zurück. Sie basiert zudem auf verschiedene Expertisen, insbesondere den „Eckpunkten einer ‚Smart-City-Charta' für Deutschland" (Fn. 4). Für einen internationalen Vergleich von Smart-City-Konzepten s. außerdem *Bundesinstitut für Bau-, Stadt- und Raumforschung (BBSR)* (Hrsg.), Smart Cities International – Strategien, Strukturen und Pilotvorhaben, Bonn 2015, abrufbar unter www.bbsr.bund.de [16. 05. 2018]. Zudem wird die programmatische Diskussion geprägt von der *Urban Agenda der EU* (Pakt von Amsterdam, 2016, abrufbar unter ec.europa.eu/futurium/en/urban-agenda, 30. 09. 2017) und der *New Urban Agenda der UN* (A/RES/71/256 v. 23. 12. 2016), abrufbar unter un.org [16. 05. 2018]. Aus einer stärker technologischen Sicht etwa *Finger/Razaghi* (Fn. 3), S. 6 ff.

8 Der prozedurale Ansatz (dazu noch unter B. II) tritt auch in *Bundesinstitut für Bau-, Stadt- und Raumforschung/Bundesministerium für Umwelt, Naturschutz, Bau und Reaktorsicherheit*, Smart City Charta – Digitale Transformation in den Kommunen nachhaltig gestalten (Fn. 7), S. 11, hervor.

9 Dazu etwa *Bernhard Klein/Reinhard Koenig/Gerhard Schmitt*, Managing Urban Resilience, Informatik Spektrum 40 (2017), S. 35–45.

10 Vgl. *Göbel/Ferrero-Calle* (Fn. 3), die die Ziele von Smart-City-Ansätze in vier Leitprinzipien zusammenfassen: visionär, bürgerzentriert, digital, offen/kollaborativ; *BBSR* (Fn. 4), S. 1.

sorge und Anpassung zu kombinieren sei.[11] Es gehe in einem prozeduralen Sinne darum, die technologischen Innovationen in allen Lebensbereichen zum Gegenstand des gesellschaftlichen Diskurses und des politischen Handelns zu machen, um so die technologischen Innovationen auch in gesellschaftliche, wirtschaftliche und soziale Neuerungen und Verbesserungen zu wenden.[12]

II. Prozeduralisierung, Beteiligung und Kooperation

Die prozedurale Prägung kommunalpolitischer Digitalisierungskonzepte dürfte 6
indes auch dem Umstand geschuldet sein, dass man sich angesichts der rasant erscheinenden, schwer abschätzbaren technologischen Innovationsdynamik kaum in der Lage sieht, ex ante inhaltlich-materielle Zielvorschläge und -vorgaben für die Gesellschaftsentwicklung zu machen.[13] Verbreitet wird von Disruption gesprochen, um die Radikalität und Veränderungsgewalt auf den Begriff zu bringen, mit der die digitalen Technologien auf gesellschaftliche, wirtschaftliche und staatliche Prozesse und Kommunikationsstrukturen einwirken.[14] Mit diesem Begriff hat der Ökonom Clayton Christensen zugleich auf den Umstand aufmerksam gemacht, dass gerade erfolgreiche Unternehmen nicht rechtzeitig bemerken, wenn sich die Marktbedingungen verändern.[15] Für hoch entwickelte Volkswirtschaften mit entsprechenden öffentlichen Gemeinwesen mündet die innere Logik der Digitalisierung daher in der Herausforderung, unter der Ungewissheit der digitalgetriebenen Innovationsentwicklung der Strukturdisruption mit einer rechtzeitigen und dauerhaften Transformation zuvor zu kommen. Die Chancen der Digitalisierung werden dementsprechend in prozeduralen Zielsetzungen erblickt und formuliert – etwa dass Infrastrukturen, Datenbestände und Wissen so gut und intelligent miteinander zu vernetzen seien, dass daraus neuer Nutzen entsteht.[16] Die schwer vorhersehbaren und sich beschleunigenden Veränderungsprozesse in Wirtschaft und Gesellschaft verlangen zudem eine erhöhte und agile Handlungs- und Anpassungsfähigkeit der Digitalen Stadt.[17] Als wesensnotwendig wird zudem die frühzeitige und kooperative Einbindung relevanter Akteure aus Wirtschaft und Zivilgesellschaft in den Prozess der Digitalisierung angesehen.[18]

---

11 Vgl. *BBSR* (Fn. 4), S. 1.

12 Vgl. *BBSR/BMUB* (Fn. 7), S. 11 und 15.

13 Vgl. *Göbel/Ferrero-Calle* (Fn. 3), S. 218.

14 Vgl. *Martin Wind*, E-Government: das fortgesetzte Scheitern an der Realität, VM 2017, S. 175–178, 178.

15 Vgl. *Clayton Christensen*, The Innovator's Dilemma, Boston, M. A. 1997. Deshalb – so die Erklärung von *Christensen* – sind sie besonders gefährdet, von Veränderungen schwer getroffen zu werden. Im Rückblick lassen sich viele Beispiele finden – etwa die alte Stückgut-Frachtschifffahrt mit dem Aufkommen der Container, die analoge Fotografie oder der Verkauf physischer Tonträger.

16 Vgl. *Heinrich Böll Stiftung* (Hrsg.), Smart City (KommunalWiki), online verfügbar unter kommunalwiki.boell.de [16. 05. 2018].

17 *BBSR* (Fn. 4), S. 1 u. 3; *BBSR* (Hrsg.)., Die Weisheit der Vielen – Bürgerbeteiligung im digitalen Zeitalter, 2017, abrufbar unter www.bbsr.bund.de [16. 05. 2018].

18 *BBSR* (Fn. 4), S. 2.

III. Querschnittscharakter, Handlungsmaximen und Erprobung

7 Der schon die Zielformulierung prägende prozedurale Ansatz setzt sich auf der Umsetzungsebene vieler Konzepte der Digitalen Stadt fort. Zudem werden der Querschnittscharakter der Digitalisierung und die Aufgabenverantwortlichkeit der politischen Leitungsspitzen betont.[19] Immer mehr Städte und Gemeinden reagieren darauf mit der Einrichtung zentraler Steuerungsstellen wie Leitstellen, besonders Beauftragter („Chief Digital Officer") oder ständigen Arbeitsgruppen („Smart City Board"), die bei der politischen Gemeindespitze angesiedelt sind.[20] Zudem wird die Digitalisierung zunehmend als prioritäre Regelaufgabe aller Politikbereiche definiert und den politischen und staatsorganisatorischen Regelorganen zugeordnet. Um der Innovationsdynamik und den damit verbundenen erhöhten Anforderungen an das staatliche Wissens- und Innovationsmanagement Rechnung zu tragen, haben sich einzelne Städte institutionelle Begleitstrukturen geschaffen, die die urbanen Veränderungen im Zuge der Digitalisierung untersuchen und auswerten, relevante Themenfelder identifizieren und Pilotprojekte entwickeln, um so die Stadt und ihre Akteure im Transformationsprozess zu begleiten und zu beraten.[21]

8 Dass die digitale Transformation nicht auf lange Sicht geplant werden kann und erst recht nicht durch ein allzu steuerungsoptimistisches Planungsdenken in den Griff zu bekommen ist, geben viele Konzepte zu erkennen, auch wenn sie diese Einsicht in der Konsequenz nicht immer durchhalten. Es spricht viel dafür, dass die Digitalisierung in ihrer offenen und ungewissen Entwicklung keine Masterpläne mehr erlaubt. Im Sinne einer politischen Steuerung erscheint die Entwicklung abstrakter und prinzipiengeleiteter Vorstellungen zielführender, die dann entweder auf dem Wege der Co- und Selbstregulierung oder aber im Rahmen der deutschen oder europäischen Gesetzgebung angewendet werden. Das dürfte keine Aufgabe für die Politik und den Gesetzgeber allein sein. Gesellschaft, Wirtschaft und Wissenschaft sind gleichermaßen in der Pflicht, gemeinsame Überlegungen zu entwickeln und zur Geltung zu bringen. Statt klassischer politischer Planung und Programmarbeit erscheinen die erwähnte Bürgerzentrierung, Effizienz, soziale Gerechtigkeit, Resilienz und andere Handlungsmaximen wichtiger,[22] die zu vielen, kleinen Entwicklungsschritten und Projekten anleiten und so dazu beitragen, sich mit der notwendigen Agilität und Reversibilität in die digitale Zukunft

---

19 *BBSR* (Fn. 4), S. 2.

20 S. auch die Empfehlung in *BBSR/BMUB* (Fn. 12), S. 11.

21 So hat beispielsweise der Senat der Freien und Hansestadt Hamburg unmittelbar in der Senatskanzlei eine Leitstelle für die Digitale Stadt eingerichtet, die den Überblick über die vielfältigen Projekte und Aktivitäten der Stadt sichert, für deren Koordinierung sorgt und die strategische Weiterentwicklung gewährleistet. Politisches Steuerungsgremium für die Strategie der Digitalen Stadt ist das Kollegium der Staatsrätinnen und Staatsräte. Wissenschaftlich und innovationsberatend begleitet wird die Senatsstrategie durch das City Science Lab, eine Kooperation der HafenCity Universität Hamburg mit dem Massachusetts Institute of Technology, unter deren Dach Hochschulen, Unternehmen und staatliche Akteure zusammen kommen.

22 Siehe dazu auch unter B. 1.

zu bewegen. Dies verändert zugleich den Blick auf den Umgang mit Steuerungsunschärfen und Fehlern. Statt zu versuchen, akribisch zu planen und sich für alle Eventualitäten zu wappnen, dürfte es in vielen Fällen mehr darauf ankommen, einfach zu beginnen, zu erproben und aus Erfolgen und Fehlern zu lernen. Ein neuer Prüfstein für Maßnahmen und technische Lösungen ist ihre Skalierbarkeit, um sie von der Testanwendung auf die gesamte Kommune ausdehnen zu können. Für ein in der politischen Praxis immer noch vorherrschendes, steuerungsoptimistisches Verständnis von politischer Führung, das gelungene politische Steuerung an vorzeigbaren Umsetzungserfolgen festmacht, ist ein solches Herangehen alles andere als selbstverständlich.[23] Impliziert es doch, dass manches gut klingende und geplante Vorhaben scheitert und aus manch unscheinbarem Anfang Großes entstehen kann.

IV. Elemente und Handlungsfelder der kommunalen Digitalisierungsstrategien

Grundsätzlich wohnt den Strategien der Digitalen Stadt und von Smart City ein universaler Anspruch inne. Leitend ist der Gedanke, dass alle Lebensbereiche und städtischen Handlungsfelder daraufhin beschaut werden sollen, inwieweit die digitalen Technologien Chancen bieten, die – in einem weitesten Sinne – Lebensqualität zu verbessern. Es geht also nicht nur um heute klassisch anmutende Bereiche wie die Öffentliche Verwaltung („Electronic Government“), den elektronischen Handelsverkehr („Electronic Business“) oder der elektronische Rechtsverkehr („Electronic Justice“). Auch Bildung, Innere Sicherheit, Verkehr, Gesundheit, Arbeit, Soziales, Kultur, Sport und die weiteren städtischen Aufgabenbereiche werden in den Blick genommen, und zwar auch ganz besonders in deren Bezügen zueinander und in deren technischen und nicht-technischen Strukturen. Liegen doch gerade in der Vernetzung sowie in der zeit-räumlichen Entgrenzung die wesentlichen Potenziale der Digitalisierung. Die so nahezu unbegrenzte Weite des (möglichen) Gegenstandsbereiches von Konzepten zur Digitalen Stadt führt zusammen mit der bereits erwähnten prozeduralen und querschnittsartigen Prägung und der ohnehin pragmatischen Natur politischer Programme dazu, dass kommunale Digitalisierungsstrategien und -programme eine breite Vielfalt unterschiedlichster, manchmal konglomeratisch anmutender Aspekte in sich versammeln, die sich allenfalls dahingehend grob systematisieren lassen, wie nachfolgend dargestellt: *9*

1. Digitalisierung der gesellschaftlichen und staatlichen Lebensbereiche

Eine erste Gruppe programmatischer Elemente knüpft an die erwähnten gesellschaftlichen und staatlichen Lebensbereiche an und stellt die Bedarfe der Menschen, der Stadtgesellschaft und deren Lebensgrundlagen in den Mittelpunkt des Handelns.[24] Zum Bezugspunkt der Digitalisierung werden sach- und aufgaben- *10*

23 Vgl. *BBSR/BMUB* (Fn. 8), S. 11.
24 Vgl. *BBSR/BMUB* (Fn. 4), S. 3 f.

bezogen Bereiche oder städtische „Räume“ ähnlich der Einteilung staatlicher Kompetenzbereiche oder Ressortzuschnitte. Dabei werden häufig bestimmte Handlungsfelder in den Vordergrund gerückt und strategisch-programmatisch ausdefiniert, in denen die Stadt oder die Gemeinde „digital“ oder „smart“ werden soll. So sollen beispielsweise für Wirtschaft und Unternehmen Innovationsräume geöffnet werden. Die Digitalisierung soll gezielt eingesetzt werden, um die lokale Wirtschaft und neue Wertschöpfungsprozesse zu stärken.[25] Vonseiten der lokalen Wirtschaft besteht häufig ein Interesse, dass neue Angebote und Geschäftsmodelle auch und gerade in der eigenen Kommune entwickelt und getestet werden können. Zugleich wird es für die Kommunen als entscheidend angesehen, dass Wissen und Wertschöpfung vor Ort bleiben und dort auch wirksam werden.[26] Die städtische Verwaltung steht vor der Aufgabe zu beurteilen, in welchen Angelegenheiten welche Kooperationen mit den privatwirtschaftlichen Technologieanbietern sinnvoll sind. Weitere Beispiele für entsprechend programmatisch definierte Räume in der Digitalen Stadt sind Mobilität, Arbeit, Umwelt und Energie, Stadtverwaltung und Bürgerbeteiligung sowie Wohnen und Stadtleben.

2. Digitalisierung von Geschäftsprozessen, Verfahren und Organisation

11 Auch unter der Überschrift der Digitalen Stadt stellt die öffentliche Verwaltung ein wichtiges Handlungsfeld der Digitalisierung dar. Allerdings steht die öffentliche Verwaltung zu den vorgenannten Lebens- und Gesellschaftsbereichen eher in einem Querschnittsverhältnis, korrespondiert doch nahezu jedem Lebens- und Gesellschaftsbereich eine Verwaltung mit Behörden, Einrichtungen, Entscheidungen, Dienstleistungen und Verfahren. Im Zuge der Digitalisierung wird gefordert, perspektivisch die Schwelle des digitalen Zugangs zur Verwaltung weiter zu senken und die Inanspruchnahme signifikant zu erleichtern, um die Dienstleistungen der Verwaltungen vorrangig oder ausschließlich über den digitalen Kanal („digital first“) anbieten zu können. Dazu wird auf andere, zumeist Bereiche der Wirtschaft, verwiesen, die schon längere Zeit vorwiegend oder sogar ausschließlich digital mit ihrer Kundschaft kommunizierten und so zeigten, welche Verbesserungen sich aus einer strategischen und konsequenten Nutzung digitaler Möglichkeiten entwickeln lassen. Die Digitalisierung biete die Chance, die Dienstleistungen der Verwaltung so zu gestalten, dass die Bürgerinnen, Bürger und Unternehmen sie einfach und bequem, aufwands- und kostenarm, verlässlich und zügig sowie orts- und zeitunabhängig in Anspruch nehmen können. Andere halten an dem Mehrkanalzugang zur Verwaltung, wie es dem „klassischen“ E-Government-Verständnis zu Grunde liegt, auch in der Digitalen Stadt fest: Niemand solle zur Nutzung digitaler Strukturen gezwungen werden.[27]

---

25 Vgl. *BBSR/BMUB* (Fn. 7), S. 10; *Bundesinstitut für Bau-, Stadt- und Raumforschung (BBSR)* (Hrsg.), Die neue Stadtökonomie – Strukturwandel in Zeiten der Digitalisierung, Bonn 2017, abrufbar unter www.bbsr.bund.de [16. 05. 2018].

26 Vgl. BBSR/BMUB (Fn. 7), S. 14.

27 Vgl. *BBSR/BMUB* (Fn. 7), S. 12.

Mit der Digitalisierung von Geschäftsprozessen und Verfahren verbindet sich auch die Zielsetzung, kommunale Entscheidungen und ihre Hintergründe aktiv und transparent zu kommunizieren, etwa durch Ratsinformationssysteme oder die Publikation von Haushaltsdaten. Dies basiert auf der Annahme, dass digitale Prozesse den Zugang zu Informationen verbessern, die für demokratische Entscheidungen wichtig sind. Der Zugang müsse zudem aktivierend, integrativ und inklusiv sein, damit nicht ohnehin artikulationsstarke Teile der Bevölkerung Positionen vorbestimmen, sondern eine ausgewogene Meinungsbildung ermöglicht wird. Über die Digitalisierung der Prozesse könne der politische Diskurs gestärkt, die Zivilgesellschaft aktiver in Planungs- und Entscheidungsprozesse eingebunden und die Teilhabe aller Menschen am gesellschaftlichen Leben gefördert werden.[28] *12*

3. Digitalisierung der Infrastruktur und digitale Infrastruktur

Die städtischen Infrastrukturen und öffentlichen Räume sollen mit digitalen Schnittstellen und Angeboten weiter optimiert werden. Die Digitale Stadt nutzt Sensorik, Datengewinnung und -verarbeitung, und neue Formen der Interaktion und des Lernens zur stetigen Verbesserung ihrer kommunalen Prozesse und Dienstleistungen, ihrer Bildungs- und Kulturangebote sowie für den Auf- und Ausbau von integrativen Verkehrs- und intelligenten Energieversorgungssystemen. Digitale Techniken bieten die Chance, neue Steuerungsleistungen und Angebote zu entwickeln und die Effizienz und die Qualität zu verbessern.[29] *13*

Als grundlegende technische Basis für die Digitale Stadt, ihre Dienste, Prozesse und Kommunikationen wird häufig eine städtische, integrierte Plattform mit offener und serviceorientierter IT-Architektur angestrebt, die eine Zusammenarbeit verschiedener lokaler, regionaler und weiterführender Akteure ermöglicht.[30] Die – weit verstandenen – Daten der Stadt sollen aus den unterschiedlichsten Quellen gesammelt, in einem digitalen Ökosystem zusammengeführt und (möglichst in Echtzeit) ausgewertet werden, um hieraus Muster und Entscheidungsvorschläge zu generieren.[31] In der mit der Vielfalt und Menge der Daten korrespondierenden Ausdifferenzierung der Blickwinkel wird das Potenzial für bessere und nützlichere Entscheidungen und Lösungen gesehen. In der Ausdifferenzierung und Datenfülle liegt zugleich die Herausforderung, denn die Antworten einer „Urban Platform“ – soll sie sich nicht in Effizienzgewinnen erschöpfen – können freilich nur so gut sein wie die Fragen, die an diese Datenbestände gestellt werden.[32] *14*

28 Vgl. *BBSR/BMUB* (Fn. 7), S. 12.
29 *BBSR* (Fn. 4), S. 1.
30 Zu den vor allem technologischen Grundlagen solcher Plattformen und Dateninfrastrukturen s. *Daniel Fasel*, Big Data für Smart Cities, Informatik Spektrum 40 (2017), S. 14–24.
31 Vgl. *Göbel/Ferrero-Calle* (Fn. 3), S. 217; *BBSR/BMUB* (Fn. 7), S. 13.
32 Vgl. hierzu etwa *Fabio Aurelio D'Asaro/Mattia Antonino Di Gangi/Valerio Perticone/Marco Elio Tabacchi*, Computational Intelligence and Citizen Communication in the Smart City, Informatik Spektrum 40 (2017), S. 25–34.

C. Herausforderungen an die kommunalrechtlichen und -strukturellen Rahmenbedingungen

15 Die so umrissenen Konzepte der Digitalen Stadt bzw. Smart City und die entsprechenden Aktivitäten und Initiativen in der kommunalen Reformpraxis treffen auf bestehende strukturelle, insbesondere rechtliche Rahmenbedingungen der lokalen Ebene. Dazu zählen Rahmenbedingungen, die auch für die Digitalisierung auf anderen oder sogar auf allen Ebenen von Staat und Gesellschaft gelten, wie etwa Fragen des Datenschutz- und IT-Sicherheitsrechts, der rechtlichen Anforderungen an die digitale Kommunikation oder auch des Verwaltungsverfahrensrechts.[33] Hinzu treten spezifisch kommunalrechtliche Rahmenbedingungen, die im Folgenden in einzelnen Aspekten in illustrativer Absicht beleuchtet werden sollen. Dabei ist vorab festzustellen, dass gerade die rechtlichen Rahmenbedingungen allenfalls punktuell mit der Digitalisierung weiterentwickelt wurden.[34] Die „Erzählung" von der Digitalen Stadt oder der Smart City findet in der Welt des gesetzten Rechts – von Spezialmaterien wie dem Datenschutzrecht abgesehen – nicht statt. Ein Grund hierfür liegt sicherlich in der besonderen Innovationsgeschwindigkeit der Digitalisierung, die von den bestehenden Instrumenten, Methoden, Verfahren und Strukturen der Rechtsetzung anscheinend nicht abgebildet und aufgefangen werden können. Hinzu tritt aber auch die Beobachtung, dass die Digitalisierung von Beginn an nahezu ausschließlich als Projekt- und Reformthema der Exekutive begriffen und wurde und immer noch wird. Angesichts der Kraft, mit der sich die Digitalisierung anschickt, Gesellschaft und Staat strukturell in beinahe allen (insbesondere grundrechtsrelevanten) Bereichen zu verändern, muss der geringe bzw. zeitlich nachhängende Befassungs- und Gestaltungsanspruch von Parlamenten und Satzungsgebern verwundern. Sinnbildlich hierfür erscheint die E-Government-Gesetzgebung in Bund[35] und Ländern[36]: Nicht nur, dass die E-Government-Gesetze von Bund und Ländern, das De-Mail-Gesetz[37]

---

33 Zu den bundes- und landesrechtlichen Rahmenbedingungen insbesondere für die digitale Verwaltung s. die Beiträge von *Schliesky* und *Schulz* in diesem Band.

34 Vgl. dazu *BBSR/BMUB* (Fn. 7), S. 15.

35 E-Government-Gesetz vom 25.07.2013 (BGBl. I S. 2749), geändert durch Artikel 1 des Gesetzes vom 05.07.2017 (BGBl. I S. 2206).

36 Stellvertretend etwa das Gesetz über die elektronische Verwaltung in Bayern vom 22.12.2015. Vor dem Hintergrund, dass eine rechtliche Umhegung der Digitalisierung nach heute fast einhelliger Einsicht zu den zentralen Fortschritts- und Erfolgsfaktoren gehört, mag es verwundern, dass einige Länder auch nach beinahe drei Jahrzehnten WWW kein E-Government-Gesetz oder vergleichbare Regulierungen erlassen haben. Gleichsam als Testat für den rechtlichen Reformstau erscheint auch § 12 Abs. 1 S. 1 des jüngst erlassenen Gesetzes zur Förderung der elektronischen Verwaltung in Nordrhein-Westfalen, der vorgibt, dass die Verwaltungsabläufe der Behörden des Landes spätestens bis zum 01.01.2031 (!) auf elektronischem Weg abgewickelt und entsprechend gestaltet werden sollen (!).

37 De-Mail-Gesetz vom 28.04.2011 (BGBl. I S. 666), geändert durch Artikel 3 des Gesetzes vom 18.07.2017 (BGBl. I S. 2745).

und auch das OZG[38] in gegenständlicher Hinsicht bereits zum Zeitpunkt ihres Erlasses in verschiedenen Aspekten der digitalen Entwicklung hinterher zu hinken scheinen. Mit ihnen setzen die Gesetzgeber heute zum Teil bereits überholt anmutende programmatische Vorstellungen einer elektronischen Verwaltung um und reagieren auf rechtspolitische Erkenntnisse, die aus frühen Reformaktivitäten zur Elektronischen Datenverarbeitung (EDV) und zum E-Government wie BundOnline 2005 und Deutschland Online gewonnen wurden. Ob die Digitale Stadt, wie sie programmatisch skizziert wurde, in Ziel und Umsetzung gelingt, ist neben der Frage der personellen und finanziellen Ressourcen vor allem eine Frage der konsequenten gesetzlichen Legitimation und Anleitung kommunaler Digitalisierung durch eine Reform der regulatorischen Rahmenbedingungen.[39]

I. Unterstützung durch Private

Dass Konzepte der Digitalen Stadt oder der Smart City viele Städte und Gemeinden vor große, vielleicht auch überfordernde Herausforderungen, in Hinblick auf Technik und Organisation stellen, liegt auf der Hand, zumal parallel zur Digitalisierung das kommunale Alltagsgeschäft weiter laufen muss. Die Herausforderungen beginnen etwa mit der vergleichbar noch schlicht erscheinenden Aufgabe, ein gemeindeweites WLAN oder ein elektronisches Rechnungswesen in der Gemeindeverwaltung einzurichten, und reichen bis zu technisch, organisatorisch und rechtlich hochkomplexen Maßnahmen des Big Data. Unterstützung bei diesen Herausforderungen bieten die Unternehmen der IT- und Digitalindustrie, Beratungsunternehmen und andere private Akteure, für die die Digitalisierungsaktivitäten der Gemeinden ein neuer Markt bedeutet und die Leistungen von der Strategieentwicklung bis zur Implementierung und Betrieb innovativer Technologien bereithalten. *16*

Selbstverständlich ist gegen die Unterstützung der Gemeinden durch Private bei der Digitalisierung grundsätzlich nichts einzuwenden, denn vielen Städten und Gemeinden fehlen die für die Digitalisierung und auch für die selbst gesetzten Digitalisierungsstrategien notwendigen Kompetenzen und Ressourcen. Einige Kommunalverfassungen sehen auch explizit vor, dass die Kommunen ihre Aufgaben auf geeignete Fälle hin prüfen sollen, ob und in welchem Umfang sie von nichtkommunalen Akteuren, insbesondere durch private Dritte, mindestens ebenso gut erledigt werden können (vgl. etwa § 61 Abs. 2 S. 2 BayGO, § 91 Abs. 3 BbgKVerf). Im Vordergrund der gemeindlichen Digitalisierungspraxis stehen dabei zurzeit weniger Formen der materiellen oder formellen Privatisierung, also der vollständigen Übertragung einer Aufgabe auf Private oder der Änderung der Organisationsrechtsform der (weiterhin) gemeindlichen Aufgabenwahrneh- *17*

38 Onlinezugangsgesetz vom 14.08.2017 (BGBl. I S. 3122, 3138). Zu den E-Government-Gesetzen von Bund und Ländern sowie zum Onlinezugangsgesetz s. *Wolfgang Denkhaus/Eike Richter/Lars Bostelmann*, E-Government-Gesetz/Onlinezugangsgesetz: EGovG/OZG, Kommentar, München (i. E.).

39 Vgl. auch *BBSR* (Fn. 4), S. 3.

mung.[40] Häufiger ist der Weg, dass die Gemeinden zur Erreichung ihrer Digitalisierungsziele die Verantwortung für Teilbeiträge der Durchführung oder der Vorbereitung auf privatrechtliche Unternehmen übertragen und dazu entsprechende Verträge schließen. Eine solche funktionale Privatisierung oder Erfüllungsprivatisierung findet eine grundsätzliche rechtliche Grenze in der Frage, welchen Einfluss sich die Gemeinde darüber erhalten muss, ob und wie der Private die Aufgabe wahrnimmt.[41] Und in der Tat ist es für eine Digitale Stadt regelmäßig eine große Herausforderung, im Zuge der Digitalisierung die Kontrolle über die eigenen Strukturen, Aufgaben und Verfahren wie auch über die eingesetzte Technologie als solche zu behalten und sich nicht von Technologieanbietern, die wesensgemäß ihre eigene Wertschöpfung im Blick haben, abhängig zu machen.

18 Der geltende Rechtsrahmen steht dem gemeindlichen Einflussverlust nicht per se entgegen. Vielmehr hängt der zulässige Grad von der Art der konkret in Rede stehenden Digitalisierungsaufgabe ab, nämlich ob sie als freiwillige oder pflichtige Selbstverwaltungsaufgabe einzustufen ist.[42] Dabei ist zunächst zu beachten, dass es sich bei Konzepten zur Digitalen Stadt oder zur Smart City, regelmäßig nicht um eine einzige, sondern um Bündel von Zielen, Aufgaben und Maßnahmen handelt. Zudem sind zwei Ebenen auseinanderzuhalten, nämlich die Reform- oder Projektebene (z.B. die Konzeption, Implementierung und Einführung einer digitalisierten Bauleitplanung) einerseits und die operative Ebene (im Beispiel die eigentliche Ausführung der Bauleitplanung über die dann eingerichteten digitalen Strukturen) andererseits[43].

19 Die breiten, alle Lebensbereiche betreffenden politischen und öffentlichen Diskurse zur Digitalisierung sind bislang allenfalls punktuell in gesetzliche Regulie-

---

40 Zu den verschiedenen Formen der gemeindlichen Aufgabenwahrnehmung *Klaus Lange*, Kommunalrecht, Tübingen 2013, Kap. 11, Rn. 71 f.

41 Hierzu und zum Folgenden *Lange* (Fn. 40), Kap. 11, Rn. 74.

42 Neben der hier interessierenden kommunalrechtlichen Einordnung wird die funktionale Aufgabenübertragung vor allem durch das Vergaberecht gesteuert, vgl. dazu *Martin Burgi*, Kommunalrecht, 5. Aufl., München 2015, § 17, Rn. 89.

43 Vgl. dazu auch *Burgi* (Fn. 42), § 17, Rn. 90. Die folgende Einordnung kommunaler Digitalisierungskonzepte in die kommunalrechtliche Aufgabendogmatik und damit die Bestimmung rechtlicher Grenzen der Unterstützung durch Private scheinen eine weitere, grundsätzliche Unsicherheit durch den querschnittsartigen Charakter der Digitalisierung und die daraus resultierenden kategoriale Unterschiedlichkeit von Digitalisierungsaufgaben zu erfahren. Viele Digitalisierungsaufgaben lassen sich – wie oben gezeigt – nicht als neue „Sachaufgaben" begreifen, sondern eher als Aufträge, das Verfahren, die Organisation oder die Infrastruktur bestehender Sachaufgabenbereiche zu verändern. Diese Differenzierung im Aufgabenbegriff könnte bei der Frage, inwieweit der Staat bei der Begründung von Digitalisierungsaufgaben für die Kommunen auf die Grenzen der kommunalen Selbstveraltungsgarantie stößt, relevant sein (s. etwa *Mario Martini/Cornelius Wiesner*, Art. 91c Abs. 5 GG und das neue Zugangsregime zur digitalen Verwaltung – Quantensprung oder zu kurz gesprungen?, ZG 2017, S. 193–227, 216 f.). Bei der hier in Rede stehenden funktionalen Unterstützung der Kommunen durch Private scheint sie indes keine Rolle spielen.

rungen gemündet. Dies spiegelt sich auch in der Statuierung von pflichtigen Selbstverwaltungsaufgaben für die Kommunen im Bereich der Digitalisierung wider.[44] Von den in gemeindlichen Digitalisierungskonzepten und -programmen aufgeführten Aufgaben beruhen allenfalls einzelne und dann zumeist sehr spezifische Aufgaben auf einem gesetzlichen Auftrag. Dazu gehören insbesondere Aufgaben zur Digitalisierung der Verwaltung, wie etwa die Einführung der elektronischen Aktenführung[45] oder des elektronischen Rechnungs- und Zahlungsverkehrs[46].[47] Bei solchen pflichtigen Selbstverwaltungsaufgaben der Digitalisierung haben die Gemeinden dafür zu sorgen, dass die zur Aufgabenerfüllung eingeschalteten Privaten die Aufgabe so wahrnehmen, wie die Gemeinde es für richtig hält.[48] Sie muss in Bezug auf die Aufgabenerfüllung durch Private nicht nur das „Ob", sondern auch das „Wie" steuern (können).

Solange die Zurückhaltung des Gesetzgebers in Sachen Digitalisierung andauert, 20
dürfte die überwiegende Zahl der kommunalen Digitalisierungsaufgaben hingegen als freiwillige Selbstverwaltungsaufgabe anzusehen sein, bei denen die Gemeinden sowohl darüber entscheiden, ob sie die Aufgabe überhaupt wahrnehmen, als auch darüber, wie sie dies gegebenenfalls tun.[49] Es steht ihnen dementsprechend auch frei, mit Privaten eine Aufgabenerfüllung zu vereinbaren, deren Art und Weise wesentlich in deren Entscheidungsfreiheit liegt, solange die Gemeinden sich das Recht vorbehalten, die Zusammenarbeit mit dem Privaten zu beenden, wenn diese nicht mehr den gemeindlichen Vorstellungen entspricht.[50] Die Gemeinden dürfen sich danach ihres Einflusses auf das „Wie" der Aufgabenerfüllung weitgehend begeben. Allerdings zieht die Rechtsprechung die Grenze bei freiwilligen Aufgaben zum Teil enger und leitet aus Art. 28 Abs. 2 S. 1 GG die grundsätzliche Pflicht der Gemeinden ab, den eigenen Aufgabenbestand, soweit er in den Angelegenheiten der örtlichen Gemeinschaft wurzelt, zu wahren und zu sichern und sich seines nicht ohne Weiteres zu entledigen.[51] In der Folge müsste sich die Gemeinde, wenn sie sich bei der Erfüllung von (freiwilligen) Digitalisierungs(selbstverwaltungs)aufgaben der Unterstützung Privater bedient, nicht nur bezüglich des „Ob", sondern auch des „Wie" zumindest grundsätzlich Einwir-

44 Zum Begriff der pflichtigen Selbstverwaltungsaufgabe vgl. *Lange* (Fn. 40), Kap. 11, Rn. 18 f.

45 Vgl. etwa Art. 7 Abs. 1 BayEGovG, § 12 SächsEGovG.

46 Vgl. etwa § 3 SächsEGovG, Art. 5 Abs. 1 BayEGovG, § 7 EGovG NRW.

47 Auch bei Aufgaben wie etwa der Bauleitplanung, die den Gemeinden hergebracht gesetzlich zugewiesen sind (vgl. §§ 1 Abs. 3, 2 Abs. 1 S. 1 BauGB), hat der Gesetzgeber die Zuweisung im Zuge der aufkommenden Digitalisierung allenfalls durch punktuelle Vorgaben ergänzt (vgl. §§ 4a Abs. 4, 6 Abs. 3, 10a Abs. 2 BauGB).

48 *Lange* (Fn. 40), Kap. 11, Rn. 74.

49 Zum Begriff der freiwilligen Selbstaufgabe vgl. *Lange* (Fn. 40), Kap. 11, Rn. 7 ff.

50 *Lange* (Fn. 40), Kap. 11, Rn. 75; *Burgi* (Fn. 42), § 17, Rn. 90, sieht die Gemeinde in der Pflicht, im jeweiligen Vertrag Kontrollbefugnisse und Haftungsregelungen sowie Anpassungs- und Kündigungsklauseln vorzusehen.

51 BVerwG v. 27.05.2009, NVwZ 2009, S. 1305. Vgl. auch HessVGH, LKRZ 2010, S. 184.

kungs- und Steuerungsmöglichkeiten vorbehalten, um ein Unterlaufen des ihr anvertrauten Aufgabenbereichs zu verhindern.[52]

II. Anforderungen an die kommunale Dateninfrastruktur

21 Auch das infrastrukturelle Konzept der Digitalen Stadt trifft auf unvorbereitete rechtliche Rahmenbedingungen und rechtliche Herausforderungen. Dies gilt insbesondere für das Konzept einer integrierten Daten-Plattform („Urban Platform"), die – wie ausgeführt[53] – im Sinne einer „Datendrehscheibe" als funktionales und alle Lebensbereiche und Adressatengruppen verbindendes, infrastrukturelles Kernelement der Digitalen Stadt angesehen wird. Zu den kommunalrechtsspezifischen Anforderungen treten hier grundsätzliche Fragen aus anderen Rechtsbereichen. Dazu zählen etwa die sicherheitsrechtliche Einordnung und Ausgestaltung einer Urban Platform, also Anforderungen an die Verfügbarkeit, Unversehrtheit und Vertraulichkeit von Daten und Technik (vgl. § 2 Abs. 2 BSIG). Diese Anforderungen sind auch Ausdruck einer grundrechtlichen Gewährleistungsverantwortung, die umso gewichtiger werden wird, je stärker andere Stadtsysteme und -bereiche in die funktionale Abhängigkeit von der Urban Platform treten.[54] Hinzu tritt die Notwendigkeit einer datenschutzrechtlichen Bewertung, insbesondere in Hinblick auf die neuen Anforderungen der DSGVO.[55]

22 Eine zentrale, vor allem auch für die kommunalen Haushalte bedeutsame Frage, ist die rechtliche Bewertung und Regulierung der Verfügungsmacht über die Daten, auch im Sinne eines umfassenden Datenverkehrsrechts. Wer ist berechtigt oder kann verpflichtet werden, Daten in die Urban Platform einzubringen? Wem „gehören" die einbezogenen Daten? Wer darf über sie verfügen und sie nutzen? Diese Fragen treffen auf eine rechtliche Regulierung, die sich historisch gewachsen auf qualitativ spezifische Daten und Informationen (z.B. personenbezogene

---

52 Vgl. BVerwG v. 27.05.2009, NVwZ 2009, S. 1305. Nicht zuletzt vor der Hintergrund der begrenzten Haushalte und der finanziellen Dimension, die sich mit der Digitalisierung verbindet, dürfte sich diese von der Rechtsprechung vertretene engere Bindung an bestehende (auch freiwillige) Aufgaben für viele Gemeinden besonders spielraumeinschränkend auswirken. Insoweit erscheint sie geradezu grotesk, dass sie im Namen des Selbstverwaltungsrechts erfolgt (vgl. die berechtigte Kritik von *Lange* (Fn. 40), Kap. 11, Rn. 79 mit weiteren Nachweisen).

53 S. dazu B. IV. 3.

54 Hier bedarf es einer Einordnung der Urban Platform und ihrer Leistungen und Funktionen insbesondere in die Sicherheitsvorgaben nach § 13 Abs. 7 TMG und nach §§ 8a, 8b bzw. §§ 4, 5, 8 BSIG als kritische Infrastruktur gemäß §§ 2 Abs. 10, 10 Abs. 1 BSIG i.V.m KritisV. Vor dem Hintergrund der weitgehend offenen Umsetzung der NIS-Richtlinie (Richtlinie [EU] 2016/1148 v. 06.07.2016 über Maßnahmen zur Gewährleistung eines hohen gemeinsamen Sicherheitsniveaus von Netz- und Informationssystemen in der Union) in den Ländern, stellt sich zudem die Frage, inwieweit die Urban Platform als „digitale Infrastruktur" anzusehen wäre.

55 Verordnung (EU) 2016/679 v. 27.04.2016 zum Schutz natürlicher Personen bei der Verarbeitung personenbezogener Daten, zum freien Datenverkehr und zur Aufhebung der Richtlinie 95/46/EG (Datenschutz-Grundverordnung); vgl. dazu die Beiträge von *Herbst*, *Horster* und *Kugelmann* im vorliegenden Band.

Daten, Werk, Erfindung) beschränkt, die im Übrigen aber kein dem Sacheigentum ähnliches Grundverfügungsrecht für alle Arten von Daten und Informationen[56] kennt. In der Folge macht sich die Verfügungsmacht über Daten, die nicht von diesen spezifischen Bereichen des geltenden Daten- und Informationsrechts erfasst werden, vor allem daran fest, wer technisch-faktisch über die Daten, also etwa über die technischen Mittel zur Datenerhebung verfügt.[57] Zu solchen Daten zählt etwa der Großteil von Sensordaten im öffentlichen Raum. Solche Daten mögen bislang nicht zuletzt wegen ihrer fehlenden Spezifik trivial und wertlos erschienen sein. Heute bilden sie das Fundament für Big-Data-Konzepte wie auch der Urban Platform. Ebenso offen und rechtlich schwer fassbar erscheint die Frage der Gewährleistung inhaltlicher „Richtigkeit" der Daten, etwa wenn man bedenkt, dass über die Platform „amtliche" Daten mit „nicht-amtlichen" Daten kombiniert werden sollen, um die gewünschte infrastrukturelle Mächtigkeit zu erreichen.

Weitgehend ungeklärt sind auch die kommunalrechtlichen Implikationen der Urban Platform oder vergleichbarer Infrastruktureinrichtungen, soweit sie als öffentliche Einrichtung einzuordnen sind.[58] Öffentliche Einrichtungen sind als zentrales Kommunalinstrument der Daseinsvorsorge und Leistungserbringung in den Gemeindeordnungen aller Länder ausdrücklich vorgesehen und reglementiert.[59] Dies beginnt mit der Frage des Anspruchs auf Zulassung zur und Benutzung der Urban Platform und reicht bis zu den Fragen über die Haftung der Gemeinde und der Erhebung von Entgelten. Hinzu tritt der generell weite Spielraum der Gemeinde zur rechtlichen Ausgestaltung von öffentlichen Einrichtungen,[60] etwa was die Wahl zwischen privatrechtlichen und öffentlich-rechtlichen Regulierungsregimen betrifft.[61] Die starke Bündelungsfunktion der Urban Platform wird die so ohnehin 23

56 Vgl. dazu etwa *Bundesministerium für Verkehr und digitale Infrastruktur* (Hrsg.), „Eigentumsordnung für Mobilitätsdaten?" – Eine Studie aus technischer, ökonomischer und rechtlicher Perspektive, 2017, abrufbar unter www.bmvi.de (16.05.2018).

57 In der Praxis lässt sich beobachten, dass diese tatsächliche Verfügungsmacht offenbar eine große und zunehmende Überzeugungskraft entwickelt, dass sie auch normativ richtig, gerecht oder jedenfalls regulativ anstrebenswert wäre (zu diesem rechtspsychologischen Effekt der häufig so bezeichneten normativen Kraft des Faktischen, s. bereits *Georg Jellinek*, Allgemeine Staatslehre, 3. Aufl., Berlin 1914, S. 337 ff.). Dies verengt den rechtspolitischen Diskurs, der so die Breite möglicher Regulierungsstrategien (vgl. dazu *Martin Eifert*, Regulierungsstrategien, in: Wolfgang Hoffmann-Riem/Eberhard Schmidt-Aßmann/Andreas Voßkuhle [Hrsg.], Grundlagen des Verwaltungsrechts, Band 1, 2. Auflage, München 2012, § 19, S. 1319–1394) nicht ausschöpft.

58 Auch eine Linkliste auf der Gemeinde-Homepage wird als öffentliche Einrichtung angesehen, vgl. *Ronny Duckstein/Ludwig Gramlich*, Kommunale Homepages als „öffentliche Einrichtungen"?, in: SächsVBl. 2004, S. 121–128.

59 Stellvertretend etwa §§ § 19 f. Hessische Gemeindeordnung (HGO).

60 *Lange* (Fn. 40), Kap. 13 Rn. 31 ff.

61 *Eike Richter/Thomas Süssner-Job*, Öffentlich-rechtliche oder zivilrechtliche Ausgestaltung des Zugangs und der Weiterverwendung von staatlichen Informationen?, in: Thomas Dreier/Verena Fischer/Anne van Raay/Indra Spiecker genannt Döhmann (Hrsg.), Zugang und Verwertung öffentlicher Informationen, Baden-Baden 2016, S. 279–332.

anspruchsvollen Rechtsfragen noch verschärfen, sollen doch über die Urban Plattform nicht nur Beiträge der Daseinsvorsorge erbracht, sondern auch Verwaltungsverfahren abgewickelt werden. Aufgrund der regelmäßig notwendigen Kooperation mit privaten IT-Unternehmen tritt die bereits erwähnte funktionale Privatisierung überlagernd hinzu.[62]

III. Digitalisierung gemeindlicher Wahlen und anderer Beteiligungsformen

24 Ein weiteres Feld, in denen die grundsätzlichen rechtlichen und rechtspolitischen Implikationen der Digitalisierung auf Kommunalebene deutlich werden, ist der Bereich der kommunalen Wahl und der kommunalen Beteiligungsprozesse.[63] In den geltenden Gemeindeordnungen und Kommunalwahlgesetzen spiegeln sich die Digitalisierung und die mit ihr verbundenen Möglichkeiten zur Gestaltung von Wahlverfahren und Bürgerentscheiden kaum oder gar nicht wider. Was die verbreitet so bezeichneten informalen Formen der Partizipation betrifft, lässt die Digitalisierung diese seit jeher vielfältigen Formen in ihrer herkömmlichen Systematisierungs- und Beobachtungskategorien weiter unscharf werden.[64] Rechtlich informale Beteiligung wird technisch formalisiert und standardisiert. Im Beteiligungsakt fallen Teilhabe an und Zulieferung von Information und Daten zusammen. Visualisierung, Simulation und Virtual Reality scheinen die Effektivität von Beteiligung zu steigern – und lassen zugleich die Fragen begrenzter menschlicher Aufmerksamkeitskapazitäten und der Digitalen Spaltung drängender werden: Wer kann oder will die vielfältigen Möglichkeiten der digitalen Partizipation nutzen? Und wie kann es gelingen, dass Menschen, die sich nicht leicht in der digitalen Gesellschaft zurechtfinden oder für die der Zugang zu den digitalen Strukturen erschwert ist, nicht abgehängt, sondern in die Digitale Stadt integriert werden? Zugleich korrespondiert der Beobachtungsunschärfe nicht selten eine Steuerungs- und Gestaltungsunsicherheit in Hinblick auf die aktive Gestaltung von Partizipation mit digitalen Möglichkeiten. Hier bedarf es gesetzlicher und rechtlicher Anleitung und Umhegung.

IV. Erprobung

25 Die Möglichkeit, Smart-City-Ansätze zu testen, Innovationen zu fördern und Technologien schneller zur Marktreife zu bringen, setzt Experimentierräume und Reallabore voraus,[65] für die aber regelmäßig die rechtlichen Rahmenbedingungen nicht gegeben sind.[66] Dies gilt für die meisten Ebenen gemeindlicher Reformsteuerung. Was etwa die Ebene der Reformfinanzierung betrifft, so gelten bei kamera-

---

62 Siehe dazu bereits unter C. I sowie *Lange* (Fn. 40), Kap. 13, Rn. 24; *Burgi* (Fn. 42), § 16, Rn. 13 f.

63 Dazu auch unter B. IV. 2.

64 Vgl. dazu *Eike Richter*, Partizipation und Beteiligung als Elemente der Digitalen Stadt, in: Veith Mehde/Margrit Seckelmann (Hrsg.), Zum Zustand der repräsentativen Demokratie, Tübingen 2017, S. 147–160.

65 Vgl. dazu unter B. III.

66 Vgl. *BBSR/BMUB* (Fn. 7), S. 16: es bedürfe einer „aufgelockerten Regulierung".

listischer Buchführung die Grundsätze der Einzelveranschlagung (sachliche Spezialität) und der sachlichen Bindung (Appropriationsprinzip).[67] Danach sind die Ausgaben und Verpflichtungsermächtigungen nach Zwecken getrennt zu veranschlagen und nur in den Grenzen des jeweiligen Zwecks zu tätigen. Die Möglichkeiten der Deckungsfähigkeit im kameralistischen System, der generelle Wechsel vieler Länder in das doppische Gemeindehaushaltsrecht mit seinem Prinzip der Produktbeschreibungen und die Einführung von Budgets und Teilhaushalten haben zwar die finanziellen Entscheidungs- und Anpassungsspielräume Gemeinde geweitet. Aber auch in dieser Flexibilisierung setzt das Gemeindehaushaltsrecht einem erprobenden und agilem Reformvorgehen, das ja regelmäßig der Einsicht geschuldet ist, dass Zwecke, Nutzen und Innovationspotenziale der digitalen Technologien gerade nicht (mehr) abschätzbar sind, sondern durch einen Suchprozess erst noch herausgefunden werden müssen, immer noch eine enge Grenze.

67 *Lange* (Fn. 40), Kap. 16, Rn. 72 f.

Teil III
Kommunikation und Verfahren

Rechtssichere elektronische Kommunikation

Maria Wilhelm

A. Aktuelle Entwicklung, Desiderate und Perspektiven

Der elektronische Rechtsverkehr ist bereits Realität geworden und wird in den kommenden Jahren noch weiter ausgebaut werden. Im Rahmen der Nutzung elektronischer Kommunikationskanäle für den Rechtsverkehr ist Rechtssicherheit die zentrale Grundvoraussetzung.[1] Ohne diese können die Pflichten- und Gefahrenkreise der einzelnen Akteure nicht eindeutig voneinander abgegrenzt werden. Der juristische Fachbegriff der Rechtssicherheit wird auch als die Verlässlichkeit der normativen Ordnung verstanden und umfasst mit der Rechtsklarheit, dem Bestimmtheitsgrundsatz sowie dem Grundsatz des Vertrauensschutzes ein ganzes Prinzipienbündel sich überschneidender formaler und materieller Anforderungen.[2] In formeller Hinsicht wird Rechtsstaatlichkeit und Rechtssicherheit durch entsprechende Organisations- und Verfahrensregeln gewährleistet.[3] Auch die IT-Sicherheit gewährleistet Verlässlichkeit.[4] Es überrascht daher nicht, dass sie mit der Authentizität, der Vertraulichkeit sowie der Verbindlichkeit, der Integrität und der Verfügbarkeit in ähnliche Unterprinzipien gegliedert ist, wie das rechtliche Gebot.[5] Innerhalb des juristischen und des technischen Systems bestehen demnach sich überschneidende Grundbedürfnisse und diese abdeckende, komplementäre Prinzipien der Sicherheit und der Verlässlichkeit. Will man verlässliche elektronische Kommunikationssysteme erfolgreich installieren, so kann Rechtssicherheit daher nicht ohne IT-Sicherheit gedacht werden.[6] Dieses Verständnis liegt auch den aktuellen rechtlichen Vorgaben zugrunde.[7] Die im Bereich der aufgezeigten Komplementarität entstandenen Normen rekurrieren auf teil- *1*

1 Vgl. *Ansgar Koreng*, Rechtssichere elektronische Kommunikation – Gesetzliches Konzept und praktische Umsetzbarkeit, in: Jürgen Taeger (Hrsg.), Law as a Service – Recht im Internet- und Cloud-Zeitalter, Tagungsband DSRI-Herbstakademie 2013, Edewecht 2013, S. 619–635, 619.

2 *Bernd Grzeszick*, in: Theodor Maunz/Günter Dürig/Roman Herzog/Rupert Scholz/ Matthias Herdegen/Hans H. Klein (Hrsg.), Grundgesetz. Kommentar, 79. EL, September 2016, Art. 20, Rn. 50.

3 Vgl. *Helmuth Schulze-Fielitz*, in: Horst Dreier (Hrsg.), Grundgesetz. Kommentar, 3. Aufl., Tübingen 2015, Art. 20 (Rechtsstaat), Rn. 49.

4 So stellt *Eckert* auf das Funktionieren des Systems unter „allen (normalen) Bedingungen" ab und sieht die Funktionssicherheit als eng verwandt mit der Verlässlichkeit, vgl. *Claudia Eckert*, IT-Sicherheit: Konzepte – Verfahren – Protokolle, 9. Aufl., München 2014, S. 6 f.

5 *Eckert* (Fn. 4), S. 7 ff.

6 Vgl. *Beatrix Weber/Heinrich Buschermöhle,* Rechtssicherheit durch Technische Sicherheit: IT-Compliance als dauerhafter Prozess, CB 2016, S. 339–343, 339.

7 Vgl. etwa EWG 1 und 2 eIDAS-VO.

weise komplexe technische Anwendungen und erfordern die Beachtung der Besonderheiten beider Disziplinen – der juristischen und der technischen.[8] Diese rechtssicherheitstechnischen Anforderungen stehen wiederum im Spannungsfeld zu dem Prinzip der Bürgernähe der Verwaltung.[9] Technische Lösungen müssen im Bereich der digitalisierten Verwaltung im Verhältnis von Verwaltung und Bürger allgemein nutzbar bleiben.[10] Zudem ist die Gewährleistung der technischen Verlässlichkeit der Kommunikationssysteme von Natur aus insgesamt eine dynamische Entwicklung.[11] In diesem Sinne muss die juristische Sicherstellung der Verlässlichkeit der Systeme dieser Natur folgen und selbst ein dynamischer Prozess sein, der sich an dem oben aufgezeigten Prinzipienbündeln orientiert.

I. Bestehende Systeme und Ziele

2 Trotz hoher technischer Innovationskraft ist die Bundesrepublik bei der großflächigen Umstellung auf elektronische Kommunikationssysteme nicht in jedem Bereich wegweisend. So bestehen beispielsweise in Frankreich bereits seit einiger Zeit elektronische Netzwerke – für die ordentliche Gerichtsbarkeit „Réseau privé virtuel justice (RPVJ)“ und für die Anwaltschaft „Réseau privé virtuel avocat (RPVA)“.[12] Zudem müssen in Frankreich seit dem Jahr 2009 die Berufungen bei den Gerichten in elektronischer Form eingereicht werden.[13] Aufgrund des seit dem Jahr 2000 papierlos arbeitenden Verwaltungsapparates gilt jedoch Estland im Bereich E-Government insgesamt als „digitaler Vorreiter“.[14]

3 In Deutschland wurde der elektronische Rechtsverkehr hingegen anfangs nur bereichsspezifisch ausgebaut. Im Jahr 1982 wurde in einzelnen Ländern für das Mahnverfahren eine maschinelle Bearbeitung eingerichtet.[15] Am 01. 12. 2008 wurde die Einreichung des Mahnantrags im Sinne von § 690 ZPO in maschinell lesbarer Form unter anderem für Rechtsanwälte verbindlich.[16] Zudem nehmen die Handelsregister seit 2007 am elektronischen Rechtsverkehr teil.[17] Im privaten

---

8 Vgl. bereits *Niklas Luhmann*, Recht und Automation in der öffentlichen Verwaltung, 2. Aufl., Berlin 1997, S. 12.

9 Vgl. *Dirk Heckmann/Florian Albrecht*, Das Gesetz zur Förderung der elektronischen Verwaltung, ZRP 2013, S. 42–45, 43 f.

10 In diesem Sinne geht der Gesetzgeber davon aus, dass Bürgernähe durch das EGovG verwirklicht wird, BT-Drs. 17/11473, S. 1 f.

11 *Eckert* (Fn. 4), S. 6 f.

12 *Heinz Weil*, French Connection, Elektronischer Rechtsverkehr in Frankreich, BRAK Magazin 2014, S. 12–13, 12.

13 *Wolfram Viefhues*, Elektronischer Rechtsverkehr – Zukunftsweisend: beA, eAkte in Strafsachen, eAkte in der Justiz (= ders., Elektronischer Rechtsverkehr, Ausgabe 2), Bonn 2016, S. 12, eBroschüre abrufbar unter: https://www.juris.de/jportal/cms/remote_media/media/jurisde/pdf/e_broschueren/e_broschuere_2016-2.pdf <17. 05. 2018>.

14 *Viefhues* (Fn. 13), S. 24.

15 *Peter König*, Elektronisches Mahnverfahren in der Praxis. Online-Mahnverfahren – EGVP – Barcode – Elektronischer Rechtsverkehr, Münster 2009, S. 5.

16 Siehe Art. 8a und 20 des Gesetzes zur Neuregelung des Rechtsberatungsrechts vom 12. 12. 2007, BGBl. I 2007, S. 2851 u. 2860.

17 *Thomas A. Degen/Ulrich Emmert*, Elektronischer Rechtsverkehr, München 2016, Rn. 35.

Alltag findet eine vergleichbare elektronische Kommunikation dagegen seit langem über elektronische E-Mail-Postfächer oder andere elektronische Nachrichtenpostfächer statt. Postfächer sind daher seit Anbeginn auch die Grundelemente des Informationsaustausches im Rahmen des elektronischen Rechtsverkehrs. In diesem Sinne sollte die Einrichtung von elektronischen Postfachsystemen als Äquivalente zum E-Mail-Postfach für amtliche Kommunikationen die Revolutionierung der elektronischen Kommunikation bewirken.[18] Waren 2007 noch wenige Stellen über das für diese Zwecke entwickelte „elektronische Gerichts- und Verwaltungspostfach (EGVP)" erreichbar,[19] so nahm die Anzahl der angeschlossenen Gerichte im Jahr 2010 deutlich zu, indem unter anderem der elektronische Rechtsverkehr zum Bundesgerichtshof eingerichtet wurde.[20] Mittlerweile haben einige Behörden einen elektronischen Kommunikationskanal über das EGVP eröffnet[21] und konnten von Firmen, Behörden und auch Bürgern unter Heranziehung von EGVP-Classic-Clients (EGVP-Installer) erreicht werden.[22]

Am 28. 11. 2016 wurde in Deutschland durch die Bundesrechtsanwaltskammer *4*
(BRAK) zudem das „besondere elektronische Anwaltspostfach (beA)" in Betrieb genommen, nachdem zwei Beschlüsse des AGH Berlin[23] aufgeboben wurden, die der Inbetriebnahme zuvor entgegenstanden.[24] Auch Notare konnten seit Dezember 2016 über das von der Bundesnotarkammer (BNotK) eingerichtete „besondere elektronische Notarpostfach (beN-SBK-Postfach[25])" am elektronischen Rechtsverkehr teilnehmen.[26] Diese beiden Systeme sollen im Bereich des flächendeckenden elektronischen Rechtsverkehrs neue Maßstäbe setzen.[27] Allerdings erlitt diese Entwicklung einen Rückschlag als die beA-Webanwendung Ende Dezember 2017 vom Netz genommen werden musste, da ein Zertifikat, das für den Zugang erforderlich war, als unsicher eingestuft wurde.[28]

---

18 Vgl. BT-Drs. 17/11691, S. 1 f.

19 Eine ausführliche Zusammenstellung der Anschlüsse einzelner Stellen an das EGVP findet sich auf den Seiten des Justizportals des Bundes und der Länder, https://justiz.de/elektronischer_rechtsverkehr/index.php;jsessionid=22688835EF57B3DC7E7BA2D1452C24CC <17. 05. 2018>; vgl. auch nachfolgend den Beitrag von *Nolte* (Kapitel 15).

20 BGH, http://www.bundesgerichtshof.de/DE/DasGericht/ElektrRechtsverkehr/elektrRechtsverkehr_node.html <17. 05. 2018>.

21 EGVP, https://egvp.justiz.de/behoerden/index.php <17. 05. 2018>.

22 Vgl. EGVP, https://egvp.justiz.de/index.php <17. 05. 2018>.

23 AGH Berlin, Beschl. vom 25. 11. 2016 – II AGH 16/15 und AGH Berlin, Beschl. vom 25. 11. 2016 – II AGH 15/15.

24 Siehe auch zu den einschlägigen Pressemitteilungen BRAK, http://bea.brak.de/wann-kommt-das-bea/ <17. 05. 2018>.

25 Die Abkürzung SBK steht in diesem Zusammenhang für eine „Sichere Beteiligtenkommunikation".

26 BNotK, Newsletter vom 09. 12. 2016, http://www.elrv.info/de/service/newsletter/newsletter.php?we_objectID=984 <17. 05. 2018>.

27 Vgl. BRAK, http://bea.brak.de/wie-sicher-ist-das-bea/ <17. 05. 2018>.

28 BRAK, beA muss vorerst offline bleiben – Sicherheit und Datenschutz haben Priorität, Presseerklärung Nr. 15 vom 27. 12. 2017, http://www.brak.de/fuer-journalisten/pressemitteilungen-archiv/2017/presseerklaerung-15-2017/ <17. 05. 2018>.

II. Besonderes elektronisches Behördenpostfach (beBPo)

5 Schon vor der verbindlichen Einführung des „besonderen elektronischen Behördenpostfachs (beBPo)“ war und ist die elektronische Kommunikation mit den am EGVP-System teilnehmenden Behörden möglich.[29] Dieses EGVP-System ist dazu geeignet ein hohes Kommunikationsaufkommen zu bewältigen und ist somit auch zukunftsfähig und erweiterbar.[30] Deshalb sollen alle Behörden ein auf das EGVP-System aufbauendes, besonderes Behördenpostfach erhalten können, das einen „sicheren Übermittlungsweg“ darstellt und dessen Nutzung im Gegensatz zu der des beA freiwillig ist.[31] Die Authentizität soll hierbei über eine Identitätsprüfung bei Freischaltung und die Nutzung eines sicheren Verzeichnisdienstes gewährleistet werden.[32] In den Änderungen der Prozessordnungen durch das EJustizG wird das beBPo bereits als sicherer Übermittlungsweg aufgeführt.[33] Das beBPo wurde gemäß § 26 EJustizG zum 01. 01. 2018 eingerichtet und in den bestehenden elektronischen Rechtsverkehr eingebettet.[34] Mit demselben Datum wurde der bis dahin auch für den Bürger nutzbare „EGVP-Classic-Client (EGVP-Installer)“ abgeschaltet und durch neue EGVP-Sende-und Empfangskomponenten ersetzt.[35]

6 Als alternative Anwendung zu der EGVP-Nutzung wird den De-Mail-Konten im Rahmen der verwaltungsinternen oder nach außen gerichteten Behördenkommunikation (G2G oder G2C/G2B)[36] nach Inkrafttreten sämtlicher Vorschriften des EJustizG und dem Ausbau der digitalisierten Verwaltung in Zukunft eine erhöhte Bedeutung zukommen.[37]

B. Kommunikationsbegriff und Gestaltungsziel der Bürgerorientierung

7 Unter elektronischer Kommunikation ist in erster Linie der Kommunikationsvorgang zu verstehen. *Müller* stellt insoweit zutreffend auf „die Nutzung elektronischer Kommunikationskanäle“[38] ab. Hierbei werden Informationen zwi-

29 Siehe die Übersicht der aktuell teilnehmenden Behörden unter EGVP, https://egvp.justiz.de/behoerden/index.php <17. 05. 2018>.
30 BT-Drs. 17/13948, S. 33.
31 BT-Drs. 17/13948, ebd.; siehe das Wort „auch“ in § 2 Abs. 1 EGovG, § 2 Abs. 1 EGovG BW. Siehe a. § 3 Abs. 4 EGovG NRW.
32 BT-Drs. 17/13948, ebd.
33 Vgl. § 55a Abs. 4 Nr. 3 VwGO n. F.
34 Vgl. Art. 26 Abs. 1 EJustizG.
35 Ausführliche Nachweise unter EGVP, https://egvp.justiz.de/ <17. 05. 2018>.
36 Ausführlich zu den verschiedenen beteiligten Akteuren *Arne Franz*, Kommunikation zwischen Bürger und Verwaltung – Grundlagen und strategische Überlegungen, in: Frank Bieler/Gunnar Schwarting (Hrsg.), e-Government. Perspektiven – Probleme – Lösungsansätze, Berlin 2007, S. 126–172, 128.
37 S. etwa § 55a Abs. 4 Nr. 1 VwGO n. F., § 2 Abs. 2 EGovG, § 2 Abs. 3 EGovG BW.
38 *Henning Müller*, Die Übermittlung und Prüfung der elektronischen Signatur des gegnerischen Schriftsatzes, NJW 2015, S. 822–825, 822.

schen den einzelnen Akteuren ausgetauscht.[39] Obwohl sich durch die ergänzende Nutzung elektronischer Akten und elektronischer Kommunikationskanäle Synergieeffekte einstellen, sind der Kommunikationsvorgang und die elektronische Aktenführung grundsätzlich unabhängig voneinander möglich und hinsichtlich ihrer rechtlichen Anforderungen zu unterscheiden.[40] Der idealtypische Kommunikationsprozess erstreckt sich von der Übermittlung des konkreten Anliegens über den Verwaltungsprozess bis hin zur Übermittlung des Bearbeitungsergebnisses.[41] Zwar wurde anfangs befürchtet, dass eine Digitalisierung der Systeme zulasten der Bürgerorientierung der Verwaltung geht.[42] Aufgrund des fortwährenden modernen Eigenverständnisses als Dienstleister spiegelt sich das Ziel der Bürgernähe und Bürgerorientierung jedoch in den neuen, die Rechtssicherheit betreffenden Regelungswerken einheitlich wider.[43] Auch die Praktikabilität und Akzeptanz von Anwendungen rücken immer mehr in den Fokus der Verantwortlichen.[44] Daher ist aktuell davon auszugehen, dass sich Bedienungskomfort und so auch (Rechts-)Sicherheit durch elektronische Anwendungen steigern lassen.[45] Auch die für eine inklusive Gesellschaft notwendige Barrierefreiheit kann im Rahmen elektronischer Nutzungen gewährleistet werden.[46]

C. Rechtsgrundlagen

Betrachtet man elektronische Kommunikationssysteme aus der Perspektive der 8
Rechtssicherheit, so sind nicht nur die Normen über die Einrichtung der Kommunikationssysteme relevant. In Anlehnung an die oben dargestellte Schnittstelle von Rechtssicherheit und IT-Sicherheit müssen gerade die Vorschriften Beachtung finden, welche die Verlässlichkeit und Sicherheit und somit auch den Beweisstandard festlegen. Im Zuge der vermehrten Einrichtung elektronischer Kommunikationssysteme wurden auf allen Ebenen des Rechtssystems – auf europäischer wie auf nationaler Ebene – neue Rechtsnormen erlassen.[47] Zentrale Regelungen finden sich dabei auf europäischer Ebene. Der jeweilige Ursprung der einzelnen Vorschriften spielt für die Anwendung der Vorschriften in der Praxis eine bedeutende Rolle. So können die zahlreichen einschlägigen Rechtsnormen europäischen Ursprungs anders auszulegen sein, als rein national-rechtliche Bestim-

39 Eine ausführlichen Analyse des Kommunikationsbegriffes findet sich bei *Franz* (Fn. 36), S. 127.

40 Ausführlich *Müller* (Fn. 38), S. 822; zur elektronischen Aktenführung siehe auch den einschlägigen Beitrag von *Braun Binder* im vorliegenden Band.

41 *Franz* (Fn. 36), S. 129 f.

42 *Utz Schliesky*, Auswirkungen des E-Government auf Verfahrensrecht und kommunale Verwaltungsstrukturen, NVwZ 2003, S. 1322–1328, 1323.

43 Vgl. bspw. EWG 2 eIDAS-VO; siehe a. BT-Dr 17/11473, S. 1 f.

44 Vgl. BT-Drs. 17/11691, S. 1.

45 Vgl. bereits *Willi Landsberg*, Elektronische Kommunikation und e-Government, in: Frank Bieler/Gunnar Schwarting (Fn. 36), S. 83–125, 83.

46 Vgl. insoweit § 191a GVG n.F.; ausführlich zu dieser Problematik *Christoph Sorge*, E-Akte, elektronischer Rechtsverkehr und Barrierefreiheit, NJW 2015, S. 2764–2767, 2764 ff.; vgl. nachfolgend auch den Beitrag von *Sorge* (Kapitel 19).

47 Ausführlich dazu die Beiträge von *Mehde*, *Schliesky*, und *Schulz* im vorliegenden Band.

mungen.[48] Für denjenigen, der die Regeln der Rechtssicherheit im Bereich der elektronischen Kommunikation verstehen will, sind Grundkenntnisse der europäischen Rechtsordnung daher unverzichtbar.

I. Vorgaben auf europäischer Ebene

9 An oberster Stelle der Normenhierarchie sind neben den europäischen Verträgen, in denen das Prinzip der Rechtssicherheit als Teil des Rechtsstaatsprinzips allgemein verbürgt ist,[49] die Vorschriften der Grundrechtecharta zu nennen.[50] Hier sind insbesondere die Rechtspositionen aus Art. 7, 8 GRCh einschlägig. Im Bereich E-Government ist auch das Recht auf eine gute Verwaltung aus Art. 41 GRCh zu beachten. Zwar wird der elektronische Rechtsverkehr hier nicht explizit erwähnt. Die Grundverbürgung dieses Rechts auf gute Verwaltung aus Art. 41 Abs. 1 GRCh ist jedoch genauso auf elektronische Verwaltungstätigkeit anzuwenden, wie auf manuelle.[51] Auch Teilverbürgungen wie das allgemeine Recht auf Akteneinsicht aus Art. 41 Abs. 2 lit. b GRCh sind bei elektronisch durchgeführten Verfahren zu beachten.[52] Es ist vorstellbar, dass in einer Zukunft nachdem im Bereich der gesamten Europäischen Union eine flächendeckende Digitalisierung der Verwaltungstätigkeit vollzogen wurde, auch diskutiert werden wird, ob eine „gute Verwaltung" nicht auch grundsätzlich die Eröffnung elektronischer Kommunikationskanäle zur Verwaltung umfasst. Soweit im Rahmen des elektronischen Rechtsverkehrs Unionsrecht durchgeführt wird, sind einzelnen Maßnahmen gemäß Art 51 Abs. 1 S. 1 GRCh an der Grundrechtecharta und nicht an dem deutschen Grundgesetz zu messen.[53] Art. 51 Abs. 1 S. 1 GRCh normiert diesbezüglich den Anwendungsvorrang des Unionsrechts.[54]

10 Wichtige sekundärrechtliche Vorgaben und Beweisregelungen für den elektronischen Rechtsverkehr finden sich in der Verordnung ((EU) 910/2014) „über elektronische Identifizierung und Vertrauensdienste für elektronische Transaktionen im Binnenmarkt und zur Aufhebung der Richtlinie 1999/93/EG" (eIDAS-Verordnung).[55] Ein Großteil der Vorschriften erlangte am 01. 07. 2016 Geltung und

---

48 Vgl. *Wegener* (Fn. 84), Art. 19 EUV, Rn. 17.

49 *Schulze-Fielitz* (Fn. 3), Art. 20 (Rechtsstaat), Rn. 22.

50 *Rudolf Streinz*, Europarecht, 10. Aufl., Heidelberg 2016, Rn. 450.

51 Vgl. *Paul C. Johannes/Alexander Roßnagel*, Der Rechtsrahmen für einen Selbstschutz der Grundrechte in der Digitalen Welt, Kassel 2016, S. 29.

52 Vgl. *Hans D. Jarass*, Charta der Grundrechte der Europäischen Union. Kommentar, 3. Aufl., München 2016, Art. 41, Rn. 10.

53 Vgl. *Jarass* (Fn. 52), Art. 51, Rn. 1 f.

54 Vgl. *Jarass* (Fn. 52), Art. 51, Rn. 19.

55 ABl. v. 28. 08. 2014, L 257/73; EWG 1 eIDAS-VO stellt bereits auf die Befürchtung der Verbraucher über mangelnde Rechtssicherheit ab. EWG 44 eIDAS-VO stellt insoweit auf „ein hohes Maß an Sicherheit und Rechtssicherheit der Vertrauensdienste" ab. Daneben thematisieren auch EWG 53, 57 sowie 74 eIDAS-VO das Thema Rechtssicherheit explizit. In EWG 73 eIDAS-VO geht der europäische Gesetzgeber gar davon aus, dass die bisherige Signaturrichtlinie aus „Gründen der Rechtssicherheit und Klarheit" aufgehoben wurde. Diese Anzahl der Nennungen wird von der Zahl der Stellen, die das Unterprinzip des Vertrauens ansprechen, übertroffen.

löste die bis dato geltende Signaturrichtlinie (1999/93/EG)[56] ab.[57] Gemäß Art. 288 Abs. 2 AEUV ist die Verordnung aufgrund ihrer allgemeinen Geltung verbindlich und hat direkte Geltung in den Mitgliedstaaten. Ihr kommt demnach Gesetzeswirkung zu. Die Vorschriften der eIDAS-Verordnung werden von der „*European Union Agency for Network and Information Security*" (ENISA) in Athen im Rahmen ihrer „*technical guidelines*" konkretisiert.[58]

Im Bereich des Datenschutzes kommt der neuen Datenschutz-Grundverordnung 11
(DSGVO – (EU) 2016/679)[59] dieselbe direkte Wirkung wie der eIDAS-VO zu; sie gilt seit dem 25. 05. 2018 unmittelbar in allen Mitgliedstaaten.[60] Auch sie soll unter anderem Rechtssicherheit und Transparenz für die Wirtschaftsteilnehmer wie auch Betroffene gewährleisten.[61] Im Bereich der elektronischen Kommunikation wird auch die bestehende ePrivacy-Richtlinie (2002/58/EG)[62] durch eine neue Verordnung über Privatsphäre und elektronische Kommunikation (ePrivacy-VO) abgelöst werden, zu der im nächsten Schritt ein Standpunkt durch den Rat zu bilden ist.[63] Auch diese bisherige Richtlinie wird durch eine vollharmonisierende Verordnung abgelöst, um im Bereich der elektronischen Kommunikation mehr Rechtssicherheit zu schaffen.[64] Die genannten Verordnungen werden durch weitere indirekte Regelungen flankiert, die für die elektronische Kommunikation im Verhältnis zur Verwaltung in unterschiedlichem Maße einschlägig sind. So ist zu beachten, dass die Richtlinie für Netz- und Informationssicherheit ((EU) 2016/1148)[65] nicht für Vertrauensdiensteanbieter gilt, die bereits der eIDAS-VO unterliegen.[66] Zudem soll auf europäischer Ebene in Zukunft eine aktuell noch im Entwurfsstadium befindliche Richtlinie über den europäischen Kommunikationskodex erlassen werden[67], die insgesamt die Steigerung der Verfügbarkeit elektronischer Kommunikationsmedien auch im Bereich der Verwaltung als Anbieterin öffentlicher Dienste zum Ziel hat.[68] Hinsichtlich der Verwaltungstätigkeiten im

56 ABl. v. 19. 01. 2000, L 013.
57 Siehe Art. 52 Abs. 2 lit. a eIDAS-VO.
58 Zum Erlass technischer Richtlinien siehe ENISA, https://www.enisa.europa.eu/publications#c5=2008&c5=2018&c5=false&c2=publicationDate&reversed=on&b_start=0 <17. 05. 2018>; diese Richtlinien sind keine Rechtsakte im Sinne von Art. 288 V AEUV haben aber einen vergleichbaren Charakter.
59 ABl. v. 04. 05. 2016, L 119/1.
60 Art. 99 Abs. 2 DSGVO.
61 So die Ausführungen in EWG 13 S. 1 DSGVO.
62 Richtlinie über die Verarbeitung personenbezogener Daten und den Schutz der Privatsphäre in der elektronischen Kommunikation (Datenschutzrichtlinie für elektronische Kommunikation), ABl. v. 31. 07. 2002, L 201.
63 S. dazu die Synopse des Bayerischen Landesamtes für Datenschutzaufsicht, https://www.lda.bayern.de/media/eprivacy_synopse.pdf <17. 05. 2018>.
64 COM (2017) 10 final, S. 6.
65 ABl. v. 19. 07. 2016, L 194/1.
66 Siehe EWG 7 der Netz- und Informationssicherheits-RL.
67 Ein Entwurf der europäischen Kommission liegt hierzu bereits vor, COM (2016), 590 final.
68 Europäische Kommission, Pressemitteilung vom 14. 09. 2016, http://europa.eu/rapid/press-release_IP-16-3008_de.htm <17. 05. 2018>.

grenzüberschreitenden Dienstleistungssektor können, soweit diese nicht speziellen Regelungen unterfallen, grundsätzlich Bestimmungen der EU-Dienstleistungsrichtlinie (2006/123/EG)[69] einschlägig sein. Insgesamt ist im Bereich der elektronischen Kommunikation in den letzten Jahren auf europäischer Ebene demnach ein steigender Reguliergungs- und Harmonisierungsdruck zu beobachten, der im Spannungsfeld zu der grundsätzlichen Verfahrensautonomie der Mitgliedstaaten steht.[70]

II. Vorgaben im deutschen Recht

12 Neben die aufgezählten europarechtlichen Vorgaben treten die Bestimmungen der europäischen Grundrechtecharta (GRCh), des Grundgesetzes sowie weitere Regelungen auf Bundes- und Landesebene.

1. Verfassungsrecht

13 Wie oben bereits dargestellt, wird auf elektronische Kommunikationssysteme weitgehend – teilweise auch unmittelbar geltendes – europäisches Recht angewendet. Zwar sind in diesem Bereich auch Verbürgungen, wie das nationale Rechtsstaatsprinzip aus Art. 20 Abs. 3 GG, das allgemeine Persönlichkeitsrecht aus Art. 2 Abs. 1 i.V.m. 1 Abs. 1 GG, der Schutz von Betriebs- und Geschäftsgeheimnissen nach Art. 12 Abs. 1 GG und Art. 14 Abs. 1 GG und einige weitere grundgesetzliche Rechtspositionen betroffen, wobei diese Liste bei Weitem nicht abschließend ist.[71] Da es sich in vielen Rechtsanwendungsfällen aber um die Durchführung von Unionsrecht im Sinne von Art. 51 Abs. 1 S. 1 GRCh handeln wird, müssen die grundgesetzlichen Vorschriften in zahlreichen Fällen aufgrund des Anwendungsvorrangs des Unionsrechtes unangewendet bleiben. Wann genau ein europarechtlich determinierter Fall und somit eine Durchführung von Unionsrecht vorliegt, ist mit Blick auf die Reichweite der europäischen Kompetenzordnung zu bestimmen.[72]

2. Bundesrechtliche Regelungen

14 Die Einrichtung besonderer elektronischer Postfächer bei Anwaltschaft, Notaren, Justiz und den Behörden wurde mit dem Gesetz zur Förderung des elektronischen Rechtsverkehrs mit den Gerichten (EJustizG)[73] vom 10. 10. 2013 angeord-

---

69 ABl. v. 27. 12. 2006, L 376/36.

70 Allgemein zur mitgliedsstaatlichen Verfahrensautonomie *Martin Nettesheim*, in: Eberhard Grabitz/Meinhard Hilf/ders. (Hrsg.), Das Recht der Europäischen Union: EUV/AEUV. Loseblattausgabe, München, 60. EL (2016), Art. 291 AEUV, Rn. 5.

71 *Friedrich Schoch*, Informationsfreiheitsgesetz – Kommentar, 2. Aufl., München 2016, § 6 IFG Rn. 8.

72 So auch *Jarass* (Fn. 52), Art. 51 Rn. 18; dagegen stellt der EuGH in der Rechtssache „Ackerberg Fransson" unbestimmt und unter Heranziehung eines Zirkelschlusses darauf ab, ob eine Rechtssache in den Geltungsbereich des Unionsrechtes fällt, EUGH, Urt. v. 26. 02. 2013 – C-617/10, ECLI:EU:C:2013:105, Rn. 21.

73 EJustizG v. 10. 10. 2013, BGBl. I, S. 3786.

net. Diese Norm und das Gesetz zur Förderung der elektronischen Verwaltung (EGovG)[74] vom 25.07.2013 stellen die zentrale Grundlage für die Einführung rechtssicherer elektronischer Kommunikationssysteme in deutschen Behörden dar. Das E-Government-Gesetz des Bundes gilt bei der Durchführung von Bundesrecht auch für die Behörden der Länder.[75] Gemäß § 2 Abs. 1 EGovG werden die Behörden verpflichtet, neben den herkömmlichen Wegen auch elektronische Dokumente über dafür eingerichtete elektronische Kommunikationskanäle entgegenzunehmen. § 2 Abs. 2 EGoVG sieht in Ergänzung dazu, bei Vorliegen der technischen Möglichkeiten, die Eröffnung des Zugangs durch Errichtung einer De-Mail-Adresse vor. Letztere Anforderung führt dazu, dass die Standards der Rechtssicherheit im Rahmen der behördlichen Kommunikationsprozesse auch durch die im De-Mail-Gesetz (De-Mail-G)[76] normierten technischen Anforderungen festgelegt werden. Mit der Geltung der Vorschriften des EJustizG wird die Nutzung von bePBos wie beispielsweise in § 55a Abs. 4 Nr. 3 VwGO n.F. ebenfalls Teil der verschiedenen Gerichtsordnungen[77] und auch die De-Mail-Nutzung im Rahmen der Gerichtsverfahren wird durch die Prozessordnungen festgelegt. (Zu den damit einhergehenden rechtlichen Fragestellungen siehe unten bei *Jakob Nolte*, Kapitel 15.) Für das Verwaltungsverfahren[78] erklärt § 3a VwVfG die elektronische Form für zulässig (§ 3a Abs. 1 VwVfG) und zeigt mehrere elektronische Möglichkeiten zur Ersetzung der Schriftform auf (§ 3a Abs. 2 VwVfG). Auch die Bekanntgabe elektronischer Verwaltungsakte ist in § 41 Abs. 2a VwVfG normiert. (Zu einer ausführlichen Darstellung zu den e-Verwaltungsakten siehe unten bei *Nadja Braun Binder*, Kapitel 12.) Hinsichtlich der Zustellung gilt § 5 VwZG. Auf bundesrechtlicher Ebene wurde zudem ein Durchführungsgesetz zur eIDAS-VO erlassen[79] und auch das Bundesdatenschutzgesetz (BDSG neu)[80] wurde bereits in neuer Fassung im Bundesgesetzblatt veröffentlicht.

3. Landesgesetze

Auf Landesebene sind die entsprechenden Normen der E-Government-Gesetze *15*
der Länder einschlägig.[81] Die Grundregelungen für elektronische Kommunika-

74 EGovG v. 25.07.2013, BGBl. I S. 2749.
75 § 1 Abs. 2 EGovG.
76 De-Mail-G v. 28.04.2011, BGBl. I S. 666.
77 § 130a ZPO n.F., § 65a SGG n.F., § 46c ArbGG n.F.; § 52a FGO n.F.
78 Eine abschließende Darstellung aller einschlägigen Normen kann an dieser Stelle nicht geleistet werden. Hinsichtlich des Verwaltungsverfahrens beschränkt sich die Darstellung auf das VwVfG des Bundes.
79 eIDAS-Durchführungsgesetz v. 18.07.2017, BGBl. I S. 2745.
80 Siehe dazu das Datenschutz-Anpassungs- und -Umsetzungsgesetz (EU-DSAnpUG-EU) vom 30.06.2017, BGBl. I S. 2097.
81 Siehe dazu das Gesetz zur Förderung der elektronischen Verwaltung des Landes Baden-Württemberg (E-Government-Gesetz Baden-Württemberg – EGovG BW) vom 17.12.2015 (GBl. S. 1191); Gesetz zur Förderung der elektronischen Verwaltung in Nordrhein-Westfalen (E-Government-Gesetz Nordrhein-Westfalen – EGovG NRW) vom 08.07.2016 (GV. NRW. S. 551); in Rheinland-Pfalz steht der Erlass eines E-Government-Gesetzes noch aus.

tionsprozesse für die auf Landesebene durchzuführenden Verwaltungsverfahren finden sich zudem in den Landesverwaltungsverfahrensgesetzen der Länder, in denen sich jeweils eine dem § 3a VwVfG auf Bundesebene entsprechende Regelung findet.[82] Eine dem § 41 Abs. 2a VwVfG (Bund) entsprechende Regelung besteht in den Verwaltungsverfahrensgesetzen der Länder in der Regel noch nicht.[83] Die aufgezeigten Vorschriften werden durch weitere, die Verwaltungstätigkeit betreffenden Regelungen ergänzt.[84]

III. Anforderungen an Auslegung und Anwendung der Gesetze

16 Wie oben dargestellt ist die Mehrzahl der für elektronische Kommunikationssysteme relevanten Vorschriften europarechtlich determiniert. Dieser Ursprung im europäischen Recht ist bei der Auslegung der einzelnen Begriffe und Vorschriften zu berücksichtigen. Ausgangspunkt einer Auslegung darf daher nicht das national geprägte herkömmliche Begriffsverständnis sein. Vielmehr ist von einer von den Rechtsordnungen der einzelnen Mitgliedsstaaten losgelösten, rechtsvergleichenden Interpretationsmethode auszugehen, welche die Verwendung der Begriffe in den einzelnen mitgliedstaatlichen Rechtsordnungen ermittelt und gegenüberstellt und so auf eine gemeingültige autonome Interpretationsweise schließen lässt.[85]

17 Solange diese Interpretationsarbeit in der Praxis noch nicht für jeden Rechtsbegriff geleistet ist, sehen sich Behörden in der Anwendung der einzelnen Vorschriften mit einem gewissen Grad an Rechtsunsicherheit konfrontiert, da eine Interpretation und Deutung durch die Gerichte erst im Laufe der Zeit erfolgen wird. Nicht in jedem Fall kann auf den Wortlaut von Vorgängernormen oder gleichlautende Begriffe in anderen Regelwerken rekurriert werden.[86] Eine endgültige Klärung wird in den meisten Fällen letztendlich erst durch den Europäischen Gerichtshof (EuGH) als Wahrer der europäischen Rechtsordnung erfolgen.[87] Bis

---

82 Siehe § 3a VwVfG BW, § 3a VwVfG NRW und vgl. § 1 Abs. 1 VwVfG RP i.V.m. § 3a VwVfG.

83 Eine Ausnahme stellen die Bundesländer dar, deren VwVfG wie § 1 Abs. 1 VwVfG RP auf § 41 Abs. 2a VwVfG verweist.

84 Zu einer ausführlicheren Darstellung der Landesgesetze, die nicht auf Kommunikationsvorgänge beschränkt ist, vgl. den Beitrag von *Schulz* im vorliegenden Band.

85 *Gernot Sydow*, „Strukturen des Verwaltungsrechts – Handlungsformen im Rechtsvergleich und als Grundlage einer europarechtlichen Kodifikation“, Vortrag anlässlich der Antrittsvorlesung am 03.05.2016, Münster; vgl. auch *Bernhard W. Wegener*, in: Christian Calliess/Matthias Ruffert, EUV/AEUV. Das Verfassungsrecht der Europäischen Union mit Europäischer Grundrechtecharta. Kommentar, 5. Aufl., München 2016, Art. 19 EUV, Rn. 17.

86 Ein weiter Teil der bisherigen Rechtssetzung im Signaturrecht beruhte auf der Signaturrichtlinie (99/93/EG), die am 19.01.2000 in Kraft trat, sodass einige Begrifflichkeiten bereits in der zur alten Rechtslage bestehenden Kommentarliteratur besprochen wurden. Ausführlich zur Signaturrichtlinie *Alexander Roßnagel*, in: ders. (Hrsg.), Beck'scher Kommentar zum Recht der Telemediendienste. Telemediengesetz, Jugendmedienschutz-Staatsvertrag (Auszug), Signaturgesetz, Signaturverordnung, Vorschriften zum elektronischen Rechts- und Geschäftsverkehr, München 2013, Einl. SiG, Rn. 48 ff.

87 *Wegener* (Fn. 85), Art. 19 EUV, Rn. 4.

dies soweit ist, sind die einzelnen Akteure darauf angewiesen, mittels Verwaltungsvorschriften und internen Anweisungen für eine einheitliche und rechtssichere Praxis zu sorgen.

D. Verfügbarkeit und Verkehrsfähigkeit als Grundvoraussetzung

Ohne dass eine fortdauernde und zuverlässige Funktion und Nutzung der elektronischen Kommunikationssysteme vorliegt, ist die Gewährleistung von rechtssicherer Kommunikation mittels elektronischer Systeme nicht möglich. Verfügbarkeit und Verlässlichkeit setzen in bestimmten Beziehungen auch eine Vereinheitlichung der einzelnen Kommunikationssysteme voraus. Diese Vereinheitlichung kann im Zweifel dazu führen, dass Rechtspositionen wie die auf der kommunalen Organisationshoheit beruhende Gestaltungsfreiheit durch System- und Benutzerbeschaffenheit sowie durch Funktionssicherheit generierende Verhaltensregeln eingeschränkt werden.[88] *18*

I. Vorzuhaltende Einrichtungen

Die Verfügbarkeit bedingt auch, dass die notwendigen technischen Einrichtungen vorgehalten werden müssen. Demnach müssen Serversysteme (Hardware) und die entsprechende Software vorgehalten werden. Zwar müsste die Hardware von dem Betreiber vorgehalten werden. Die Behörden profitieren jedoch davon, dass das BeBPo aus dem bestehenden EGVP-System entwickelt wird, das genügend Rechnerkapazitäten vorhält.[89] Insoweit bedarf es nur der Hardware vor Ort in Form von Computergeräten und der Software-Beschaffung sowie der Registrierung und anschließenden Freischaltung über das EGVP-System.[90] Für das Anbringen elektronischer Signaturen ist zudem ein Kartenlesegerät mit entsprechender Signaturkarte notwendig.[91] Da auch die De-Mail-Dienste über externe Betreiber eingerichtet werden, stellen sich auch hier im Bereich der elektronischen Kommunikation keine größeren faktischen Hürden.[92] Die Führung von E-Akten ist ebenfalls keine notwendige Voraussetzung für den elektronischen Rechtsverkehr. Sie wird sich im Zuge der Vermeidung von häufigen Medienbrüchen aber voraussichtlich in der Zukunft durchsetzen.[93] Zudem kann je nach System die Anpassung von Organisationsabläufen notwendig werden. Abgesehen davon benötigt der einzelne am elektronischen Rechtsverkehr teilnehmende Be- *19*

88 *Landsberg* (Fn. 45), 83 f.; in diesem Sinne auch *Schliesky* (Fn. 42), S. 1326 f.
89 BT-Drs. 17/13948, S. 33.
90 Siehe die ausführlichen Angaben und weiteren Dokumente unter EGVP, https://egvp.justiz.de/beh_allgemeine_info/index.php#Regelungen <17. 05. 2018>.
91 Siehe EGVP, https://egvp.justiz.de/beh_allgemeine_info/index.php#Regelungen <17. 05. 2018>.
92 Ausführlich zum De-Mail-Konzept unten unter E. IV.
93 Vgl. *Bastian Sczech*, Elektronischer Rechtsverkehr, beA, E-Akte – Ein Plädoyer für den Weg in die digitale Justiz, NJW-Beil. 2016, S. 107–110, 109 f.

dienstete jedoch dieselben Einrichtungen, wie der teilnehmende Private, für den die gleichen Grundanforderungen gelten.[94]

II. Anschlussfähigkeit für andere Systeme

20 Die Anschlussfähigkeit kann auf mehreren Ebenen beurteil werden. Einerseits müssen die verschiedenen elektronischen Kommunikationssysteme, wie beBPo/EGVP, beA, beN etc., miteinander verbunden werden.[95] Eine zweite Ebene, auf der Anschlussfähigkeit bestehen muss, betrifft die mittels der Systeme zu versenden Kommunikationsobjekte. In diesem Zusammenhang wurden in der Vergangenheit oft unterschiedliche Anforderungen der am EGVP teilnehmenden Stellen an versendbare Dateiformate hervorgehoben.[96] Neuere Anwendungen wie das beA lassen mittlerweile sämtliche in den Landesverordnungen aufgelisteten Dateiformate zu.[97]

E. Rechtssicherheit durch Authentizität

21 Neben einer grundsätzlichen Verfügbarkeit und Verkehrsfähigkeit ist die Authentizität der Kommunikationsobjekte (zu versendender Dateien und Informationen) die notwendige Voraussetzung der Rechtssicherheit. Diese Authentizität ist für die Etablierung von rechtssicheren Verfahrensregelungen unerlässlich. Der Begriff der Authentizität bezeichnet die aus der Echtheit resultierende Glaubwürdigkeit von Objekten und Subjekten, die anhand von Identität und bestimmten charakterlichen Eigenschaften überprüft werden kann.[98] Eine sichere Identifikation des Urhebers elektronischer Nachrichten kann durch herkömmliche Medien, wie E-Mails, nicht geleistet werden.[99] Die Authentizität muss daher über besondere technische Einrichtungen geschaffen werden.

I. Elektronische Signaturen

22 Obwohl die Durchsetzung der Signaturgesetzgebung in den Anfangszeiten noch in Zweifel gezogen wurde,[100] hat sich die Verwendung elektronischer Signaturen in den bereits umgesetzten Kommunikationsmodellen des elektronischen Rechtsverkehrs zur Gewährleistung von Rechtssicherheit bewährt.[101] Wie der hand-

---

94 Siehe dazu die einheitlichen Voraussetzungen bei EGVP, https://egvp.justiz.de/beh_allgemeine_info/index.php#Regelungen <17. 05. 2018>.

95 Vgl. BRAK, http://bea.brak.de/was-ist-das-bea/teilnehmer/ <17. 05. 2018>.

96 Stellvertretend *Thomas Starke*, Auswirkungen des elektronischen Rechtsverkehrs auf Rechtsbehelfs- und Rechtsmittelbelehrungen, LKV 2010, S. 358–360, 359.

97 BRAK, http://bea.brak.de/wie-funktioniert-bea/nachrichtenerstellung/ <17. 05. 2018>.

98 *Eckert* (Fn. 4), S. 8.

99 *Koreng* (Fn. 1), S. 620.

100 Vgl. *Koreng* (Fn. 1), S. 622.

101 Vgl. dazu BRAK, http://bea.brak.de/was-braucht-man-fur-bea/chipkarte-und-kartenlesegeraet/ <17. 05. 2018>.

schriftlichen Unterschrift kommt auch der elektronischen Signatur „Identitäts-, Echtheits-, Abschluss- und Warnfunktion“ zu.[102]

1. Einfache E-Signaturen

Der Begriff der elektronischen Signatur im Sinne von Art. 3 Nr. 10 eIDAS-VO umfasst „Daten in elektronischer Form, die anderen elektronischen Daten beigefügt oder logisch mit ihnen verbunden werden“ und vom Unterzeichner zur Unterzeichnung verwendet werden können. Eine eindeutige Zuordnung zum Unterzeichner und dessen Identifizierung ermöglicht gemäß Art. 26 lit. a) und b) allerdings nur die fortgeschrittene elektronische Signatur im Sinne von Art. 3 Nr. 11 eIDAS-VO. Ihr kommt demnach ein erhöhtes Vertrauen zu, das Verlässlichkeit generiert.[103] Grundsätzlich werden solche Signaturen mittels asymmetrischen oder dezidierten Signaturverfahren erstellt.[104] Um eine Datierung zu ermöglichen, können Sie zusätzlich mit Zeitstempeln versehen werden und auch eine Kombination mit Verschlüsselungstechniken ist zielführend.[105] 23

2. Qualifizierte E-Signaturen

Als Fortentwicklung der fortgeschrittenen begründen qualifizierte elektronische Signaturen, die durch eine qualifizierte elektronische Signaturerstellungseinheit erstellt wurden und auf qualifizierten Zertifikaten beruhen (Art. 3 Nr. 12 eIDAS-VO), ein noch weiter gesteigertes Vertrauen. Im Rahmen des Signaturprozesses erbringt ein qualifizierter Vertrauensdiensteanbieter qualifizierte Vertrauensdienste, wie die Generierung der notwendigen qualifizierten Zertifikate. Zuvor muss er durch die Aufsichtsstelle als qualifizierter Anbieter zugelassen werden (Art. 3 Nr. 20 eIDAS-VO). Anschließend kann er die für die qualifizierte elektronische Signatur geforderten qualifizierten Zertifikate ausstellen (Art. 3 Nr. 15 eIDAS-VO). Dieser Status kann in Deutschland beim Bundesamt für Sicherheit in der Informationstechnik (BSI) als Aufsichtsstelle beantragt werden.[106] 24

Da für die Erstellung einer qualifizierten elektronischen Signatur in der Regel eine Signaturkarte und eine PIN-Eingabe erforderlich ist, sind die daraufhin zielenden Verfahrensgesetze in der Praxis vermehrt auf Kritik in Bezug auf Handhabbarkeit und Aufwand gestoßen.[107] Hinzu kommt, dass eine elektronische Signatur durch die weitere Anbringung einer einfachen Signatur gebrochen werden 25

102 *Ecker* (Fn. 4), S. 396.
103 Art. 26 lit. c) eIDAS-VO.
104 *Eckert* (Fn. 4), S. 398.
105 *Eckert* (Fn. 4), S. 400.
106 Zu näheren Informationen zum Antragsverfahren vgl. *Bundesamt für Sicherheit in der Informationstechnik*, https://www.bsi.bund.de/DE/Themen/DigitaleGesellschaft/eIDAS/VDA_Qualifizierung/VDA_Qualifizierung_node.html;jsessionid=2B4E0918367E9B2321A1C2A11D502E6D.1_cid091 <17. 05. 2018>; zu dem Begriff des Vertrauensdienstes s. Art. 3 Nr. 16 eIDAS-VO.
107 *Ewald Lamminger/Carsten Ulrich/Philipp Schmieder*, Überschießende Signaturerfordernisse bei elektronischem Rechtsverkehr und elektronischer Aktenführung, NJW 2016, S. 3274–3277, 3274.

kann, was eine mehrmalige Signatur desselben Dokumentes verhindert.[108] Trotz des hohen Maßes an Vertrauen bestand daher ein Bedürfnis nach der Entwicklung anderer technischer Lösungen.

II. Sichere Übermittlungswege

26 Durch das Gesetz zur Förderung des elektronischen Rechtsverkehrs mit den Gerichten vom 10. Oktober 2013 wurde § 55a VwGO dahingehend geändert, dass nun in § 55a Abs. 4 VwGO n.F. „sichere Übermittlungswege" genannt werden. Gemäß § 55a Abs. 3 Alt. 2 VwGO n.F. macht die Nutzung eines sicheren Übermittlungsweges die Heranziehung einer qualifizierten elektronischen Signatur entbehrlich. Ähnliche Vorschriften oder Verweise auf diese Vorschrift wurden in nahezu alle Gerichtsverfahrensgesetze eingefügt.[109] Postfächer und Versanddienste von De-Mail-Konten, beA, beBPO und sonstige bundeseinheitliche Übermittlungswege, „bei denen die Authentizität und Integrität der Daten sowie die Barrierefreiheit gewährleistet ist", gelten innerhalb dieser Vorschriften als sichere Übermittlungswege.[110] Die genannten sonstigen bundeseinheitlichen Übermittlungswege werden durch Rechtsverordnung festgelegt.[111] Insgesamt wird durch die Eröffnung der Alternative des sicheren Übermittlungsweges der Kritik an der Umständlichkeit des Erfordernisses der qualifizierten elektronischen Signatur Rechnung getragen und die Zugänglichkeit des elektronischen Rechtsverkehrs und somit auch die Akzeptanz durch den Bürger erhöht.[112]

III. Elektronische Siegel, Zertifikate und weitere Konzepte

27 Neben den bereits genannten Signaturen und sicheren Übermittlungswegen konnten sich andere Konzepte noch nicht nachhaltig etablieren. Durch Art. 3 Nr. 25 eIDAS-VO wurde auf europäischer Ebene ein Rechtsrahmen für elektronische Siegel geschaffen. Daten in elektronischer Form können demnach anderen Daten in elektronischer Form beigefügt oder logisch mit ihnen verbunden werden, um deren Ursprung und Unversehrtheit sicherzustellen. Das elektronische Siegel soll zukünftig die Stempel von Behörden und Unternehmen ersetzen.[113] Neben dem einfachen elektronischen Siegel bestehen die besonderen Formen des fortgeschrittenen und des qualifizierten elektronischen Siegels. An beide Sonderformen stellt die eIDAS-VO erhöhte Anforderungen. Sind diese eingehalten, so vermitteln die Siegel einen erhöhten Grad an Authentizität, was nach Art. 35

---

108 *Lamminger/Ulrich/Schmieder* (Fn. 107), S. 3276.

109 Vgl. § 55a VwGO n.F., § 130a ZPO n.F., § 65a SGG n.F., § 46c ArbGG n.F., § 52a FGO n.F.

110 Siehe dazu § 55a Abs. 4 VwGO n.F., § 130a Abs. 4 ZPO n.F., § 65a Abs. 4 SGG n.F., § 46c Abs. 4 ArbGG n.F., § 52a Abs. 4 FGO n.F.

111 Siehe § 55a Abs. 4 Nr. 4 VwGO n.F.

112 *Lamminger/Ulrich/Schmieder* (Fn. 107), S. 3274.

113 *Kim Nguyen*, Anwendungsszenarien für das qualifizierte Siegel nach eIDAS, Vortrag auf dem BMWI-Workshop vom 07. 03. 2016, Berlin.

Abs. 2 eIDAS-VO unter anderem den Beweiswert qualifizierter elektronischer Siegel steigert.[114]

Weitere vergleichbare Konzepte, wie die bereits erwähnten elektronischen Zeitstempel (Art. 3 Nr. 33 und 34, Art. 41 f. eIDAS-VO) und auch Zertifikate für die Website-Authentifizierung (Art. 3 Nr. 38 und 39, Art. 45 eIDAS-VO) werden ebenfalls durch die eIDAS-VO abgebildet und reglementiert. Sie ergänzen die ausführlich dargestellten Komponenten des elektronischen Rechtsverkehrs. 28

IV. Identitätszuordnung nach dem De-Mail-Gesetz

Auch das Konzept der De-Mail soll eine sichere Identifizierung trotz Kommunikation über weite Distanzen ermöglichen.[115] Kommuniziert der Bürger direkt mit der Verwaltung, so stellt der De-Mail-Service neben elektronischen Formularen und Behördenportalen eine praktikable und freizugängliche Möglichkeit dar, um mit der Verwaltung unter einem relativ hohen Grad an Rechtssicherheit zu kommunizieren.[116] Die Nutzung dieses Konzeptes ist ohne zusätzliche Hard- und Software möglich.[117] Auch in den E-Government-Gesetzen von Bund und Ländern wird dem Zugang über die Nutzung von De-Mail-Konten jeweils eine zentrale Stellung eingeräumt.[118] 29

Die Freischaltung eines De-Mail-Kontos erfolgt gemäß § 3 Abs. 4 Nr. 1 De-Mail-G erst nach einer „zuverlässigen Feststellung" der Identität. Der durch diese Wortwahl entstehende Beurteilungsspielraum wird durch die aktuelle Richtlinie des BSI nur unzureichend konkretisiert, da sich diese überwiegend in einer Wiedergabe des Gesetzeswortlauts erschöpft.[119] Die Prüfung der Identität nach § 3 Abs. 2 und 3 De-Mail-G ist grundsätzlich praktisch über den neuen Personalausweis, das Postident-Verfahren, bereits bestehende Datenbanken, die Angabe von Personalausweisdaten, eine Prüfung per Banklauf-Verfahren, eine Personalausweiskopie oder ein persönliches Einschreiben realisierbar, wobei die datenschutzrechtlichen Grenzen zu beachten sind.[120] Die Erhebung von weiteren als den genannten Daten im Zuge der Freischaltung ist als rechtswidrig anzusehen.[121] 30

---

114 Vgl. dazu die ausführlichen Voraussetzungen in den Art. 3 Nr. 25 bis 30 und Art. 35 f. eIDAS-VO.

115 Siehe § 3 Absatz 2 und § 3 Absatz 3 De-Mail-G; *Ann-Karina Wrede/Marcus Kirsch*, Identifizierungsmöglichkeiten bei De-Mail-Nutzung. Darstellung tatsächlicher und rechtlich zulässiger Möglichkeiten, ZD 2013, S. 433–436, 433; *Falko Ritter*, De-Mail: Meilenstein in der Entwicklung der elektronischen Kommunikation?, VuR 2011, S. 334–342, 334.

116 Vgl. *Koreng* (Fn. 1), S. 623.

117 *Koreng* (Fn. 1), S. 634.

118 Siehe § 2 Abs. 2 EGovG; s. stellvertretend § 3 Abs. 2 EGovG NRW und § 2 Abs. 3 EGovG BW.

119 Siehe BSI TR 01201 Teil 2.1, S. 11 die sich hauptsächlich in der Wiederholung des Gesetzeswortlauts erschöpft.

120 *Wrede/Kirsch* (Fn. 115), S. 433 f.

121 *Wrede/Kirsch* (Fn. 115) S. 434.

F. Rechtssicherheit durch Vertraulichkeit

31 Aufgrund der Sensibilität der übermittelten Daten ist ein Ausschluss der unbefugten Kenntnisnahme der transferierten Daten unerlässlich.[122] Dieses grundlegende Bedürfnis nach Vertraulichkeit wird zum einen durch rechtliche Spezialvorschriften gewährleistet, die je nach Tätigkeitsfeld oder -richtung besondere Anforderungen an die Vertraulichkeit der jeweiligen Informationen stellen und einen Verstoß gegen diese Vorgaben sanktionieren.[123] Zum anderen muss die Vertraulichkeit in faktischer Hinsicht durch entsprechende technische Vorrichtungen überhaupt erst ermöglicht werden.[124]

I. Datenschutz, Aktengeheimnis und weitere besondere Anforderungen

32 Die datenschutzrechtlichen Anforderungen an die Vertraulichkeit der Kommunikationssysteme ergeben sich aus der DSGVO und im Bereich der Öffnungsklauseln aus den angepassten Datenschutzgesetzen des Bundes und der Länder.[125] Wie oben dargestellt, soll die DSGVO im Bereich des Datengeheimnisses durch die ePrivacy-VO ergänzt werden.[126] (Zu den Einzelheiten im datenschutzrechtlichen Bereich siehe unten die Beiträge in Teil IV zu „Datenschutz und Datensicherheit".)

33 Diese allgemeinen datenschutzrechtlichen Pflichten werden durch spezielle berufsrechtliche Pflichten ergänzt, die in nahezu allen Bereichen des elektronischen Rechtsverkehrs bestehen. So steht beispielsweise der im außerbehördlichen Bereich bestehenden Verschwiegenheitspflicht der Rechtsanwälte aus § 43 Abs. 2 BRAO und § 2 BORA im behördlichen Bereich die beamtenrechtliche Verschwiegenheitspflicht aus § 67 BBG und § 37 BeamtStG gegenüber.[127] Dem erhöhten Maß an Vertraulichkeit, das diese Vorschriften einfordern, muss ein erhöhter, durch die technische Infrastruktur gewährleisteter Schutz gegen Kenntnisnahme entsprechen, wobei die berufsrechtlichen Pflichten auch bei Nutzung von sicheren Übermittlungswegen oder ähnlichen Vorkehrungen bestehen bleiben.[128]

34 In diesem Zusammenhang hat sich hinsichtlich der berufsrechtlichen Verschwiegenheitspflichten bereits eine Debatte über die Zulässigkeit der Übermittlung von Dokumenten via De-Mail-Übertragung entwickelt. Vertreter der Anwaltschaft

---

122 *Christoph Sorge*, Sicherheit der Kommunikation zwischen Rechtsanwalt und Mandant, NJW-Beil. 2016, S. 100–102, 100.

123 Siehe dazu insbesondere die Vorschriften der §§ 206, 353b StGB.

124 Vgl. EWGe 1 und 2 eIDAS-VO.

125 Siehe Art. 99 Abs. 2 DSGVO.

126 Siehe dazu oben unter C. I.

127 Allgemein zum Amtsgeheimnis vgl. *Ulrich Battis*, Bundesbeamtengesetz, 4. Aufl., München 2009, § 67, Rn. 4.

128 *Heribert Schmitz*, in: Herbert Posser/Heinrich Amadeus Wolff (Hrsg.), Beck'scher Online-Kommentar VwGO, München, Stand: 42. Edition (01.01.2017), § 55a n.F., Rn. 14.

und der Notare haben sich bereits gegen die Vereinbarkeit der De-Mail-Übertragung mit den berufsrechtlichen Verschwiegenheitspflichten ausgesprochen.[129] Grund hierfür ist die fehlende obligatorische Ende-zu-Ende-Verschlüsselung.[130] Die Nachrichten werden bei der De-Mail-Nutzung zwar verschlüsselt. Sie werden auf dem Server des Providers aber entschlüsselt abgelegt, um dem Nutzer den Einsatz von spezieller Entschlüsselungssoftware zu ersparen.[131] Diese Bedenken lassen sich auf die im öffentlichen Dienst bestehenden Verschwiegenheitspflichten übertragen. Auch das behördliche Datengeheimnis kann nur über Verschlüsselungsmethoden gewahrt werden, die dem aktuellen Stand der Technik entsprechen.[132]

II. Vertraulichkeit durch Sicherheit

Neben dem rechtlichen Schutz oder ergänzend zu diesem wird die Vertraulichkeit 35
primär durch technische Vorkehrungen gewährleistet.[133] Auf diese Weise wird überhaupt erst die Möglichkeit geschaffen, die aufgezeigten rechtlichen Pflichten einzuhalten. Dieser Ausschluss der Kenntnisnahme durch Dritte durch technische Mittel hängt eng mit den Aspekten der Verbindlichkeit und der Integrität zusammen, sodass bezüglich der konkreten Anforderungen an ein sicheres technisches System auf die dortigen Ausführungen verwiesen werden kann.[134] Auch durch die Anonymisierung und Pseudonymisierung kann Vertraulichkeit durch technische Vorkehrungen generiert werden.[135]

G. Verbindlichkeit und Integrität

Die Verbindlichkeit der im Rahmen des elektronischen Rechtsverkehrs versand- 36
ten Elemente wird durch ihre Integrität gesichert. Integrität bedeutet die Unverfälschtheit der übermittelten Inhalte.[136] Um diese Unverfälschtheit zu gewährleisten, wirken mehrere Komponenten zusammen. Eine grundlegende „Perpetuierungs- und Integritätsfunktion" kommt den bereits erwähnten elektronischen Signaturen zu.[137] So besteht der primäre Sinn der in Verfahrensordnungen vorausgesetzten Signaturerfordernisse für Urkundsbeamten bei Zustellungen darin, Veränderungen an dem jeweiligen Dokument erkennbar zu machen.[138]

129 *Wolfram Viefhues*, Rechtliche Grundlagen des beA und des elektronischen Rechtsverkehrs, NJW-Beil. 2016, S. 86–89, 87 m.w.N.; vgl. auch *Sorge* (Fn. 120), S. 102.
130 *Viefhues* (Fn. 129), S. 87.; vgl. auch *Sorge* (Fn. 120), S. 102.
131 *Koreng* (Fn. 1), S. 624.
132 Vgl. *Andrea Voßhoff/Peter Büttgen*, Verschlüsselung tut Not, ZRP 2014, S. 232–234, 232 f.
133 Beachte in diesem Zusammenhang EWG 1, 2 und 19 eIDAS-VO.
134 Siehe dazu Teil G des vorliegenden Aufsatzes.
135 Ausführlich zur Anonymisierung und Pseudonymisierung s. *Eckert* (Fn. 4), S. 13 f.
136 *Koreng* (Fn. 1), S. 620.
137 Vgl. Art. 26 lit. d) eIDAS-VO; s.a. *Lamminger/Ulrich/Schmieder* (Fn. 107), S. 3275.
138 Eine derartiges Signaturerfordernis findet sich in § 169 Abs. 4 S. 2 ZPO; ausführlich dazu *Lamminger/Ulrich/Schmieder* (Fn. 107), S. 3275.

Auch das elektronische Siegel wird nach seiner Etablierung die Unversehrtheit sowie den Ursprung eines Dokumentes belegen.[139]

37 Neben der Verwendung von Signaturen und der generellen Inanspruchnahme von sicheren Kommunikationsmitteln können die Integrität der zu übermittelnden Elemente sowie die grundsätzliche Vertraulichkeit wiederum nur bei einem entsprechenden Grad an IT-Sicherheit realisiert werden.[140] Dieser erfordert die Umsetzung konkreter Anforderungen an die IT-Sicherheit in den Bereichen von Hard- und Software.[141] Darüber hinaus stellen Fehlermanagementsysteme die Einhaltung der angelegten Standards sicher.[142] All diesen Komponenten ist gemein, dass sie sich stets an dem aktuellen Stand der Technik orientieren müssen und demnach dynamischer Natur sind.[143] Erfüllt das jeweilige Kommunikationssystem diese Standards, so führt dies stets zugleich zu einer Reduzierung der Komplexität der Abläufe bei der Vornahme des Informationsaustausches.

I. Konkrete Anforderungen an die IT-Sicherheit

38 Im Softwarebereich wird die IT-Sicherheit grundsätzlich durch eine Sicherheitsinfrastruktur gewährleistet, die Sicherheitseigenschaften und die damit einhergehende Verwaltung durch die Bereitstellung der sicherheitsrelevanten Komponenten und Informationen realisiert.[144] Hinsichtlich der konkreten Anforderungen kann zwischen den Bereichen der Hard- und der Software unterschieden werden. Beide Bereiche müssen ausreichend vor Fremdeinwirkungen geschützt werden.[145]

1. Schutz der Hardware

39 Bei Serversystemen sind für die Hardware verschiedene Aspekte zu beachten. In der Fachliteratur werden unter anderem die folgenden Komponenten hervorgehoben: Die fachgerechte Dimensionierung der Systeme, die Sicherung des Systemzugangs, die Notfall-Boot-Optionen, die regelmäßige Aktualisierung von Sicherheits-Updates, die Anfertigung von Protokollen und deren Auswertung, eine fachgerechte Entsorgung der ausgemusterten Hardware sowie eine Notstromversorgung und eine konsistente Administration.[146] Drüber hinaus ist zu

---

139 *Kim Nguyen*, Anwendungsszenarien für das qualifizierte Siegel nach eIDAS, Vortrag auf dem BMWI-Workshop vom 07. 03. 2016, Berlin.

140 Vgl. *Sorge* (Fn. 122), S. 100.

141 *Eckert* (Fn. 4), S. 37 ff.

142 *Frank Sarre/Markus Schmidt*, Programmierung, Dokumentation und Test von Software, in: Astrid Auer-Reinsdorff/Isabell Conrad (Hrsg.), Handbuch IT- und Datenschutzrecht, 2. Aufl., München 2016, § 1, S. 23–89, Rn. 382.

143 Vgl. *Eckert* (Fn. 4), S. 6.

144 *Eckert* (Fn. 4), S. 38.

145 *Rotraud Gitter/Alexander Meißner/Philipp Spauschus*, Das neue IT-Sicherheitsgesetz IT-Sicherheit zwischen Digitalisierung und digitaler Abhängigkeit, ZD 2015, S. 512–516, 512 f.

146 *Philip Kramer/Martin Meints*, in: Thomas Hoeren/Ulrich Sieber/Bernd Holznagel (Hrsg.), Handbuch Multimedia-Recht. Rechtsfragen des elektronischen Rechtsverkehrs. Loseblattausgabe, München, 44. EL (Januar 2017), Teil 16.5, Rn. 64 f.

beachten, dass die Wahl des Standorts der Server Auswirkungen auf die Anwendbarkeit von internationalen und nationalen Rechtsvorschriften im Bereich des Exportkontroll-, Steuer-, Datenschutz- und Lizenzrechts hat.[147]

2. Anwendung von Verschlüsselungstechniken

Neben dem Einsatz von ständig aktualisierten Virenscannern kann ein hohes Maß an (Rechts-)Sicherheit über den Einsatz von Verschlüsselungstechnologien erreicht werden. Die Unterstützung einer darauf gerichteten Entwicklung, Anwendung und Verbesserung war bereits Gegenstand der digitalen Agenda 2014–2017 der Bundesregierung.[148] Die nach dem Stand der Technik sicherste üblicherweise eingesetzte Methode ist die sogenannte „Ende-zu-Ende-Verschlüsselung", die in bereits eingerichteten Diensten und Verzeichnissen des elektronischen Rechtsverkehrs Anwendung findet.[149] Der Begriff Ende-zu-Ende-Verschlüsselung beschreibt eine Transportverschlüsselung, die mit einem privaten und einem öffentlichen Schlüssel arbeitet.[150] Nachrichten werden vom Versender mit dem öffentlichen Schlüssel verschlüsselt und nach dem Sendevorgang kann der Empfänger die Nachricht mithilfe seines privaten Schlüssels lesen.[151] Aufgrund ihres hohen Sicherheitsstandards wird die „obligatorische" Verwendung der Ende-zu-Ende-Verschlüsselung für De-Mail-Dienste diskutiert.[152] 40

II. Anforderungen an ein Fehlermanagementsystem

Die bereits erwähnten Fehlermanagement- oder Abweichungsmanagementsysteme detektieren Fehler und ermöglichen dadurch deren Entdeckung, Klassifizierung und Korrektur sowie Überprüfung unter Erstellung einer entsprechenden Dokumentation.[153] Fehler können von der Entwicklung der Software an in jeder Entwicklungs- und Anwendungsphase des Produktes auftreten.[154] Gerade aufgrund der Tatsache, dass sich Fehler erst in der Endanwendung zeigen können, ist ein funktionierendes und effektives Fehlermanagementsystem unverzichtbar. Im bürgerorientierten Behördenbereich kommt hinzu, dass der mit Abweichungen konfrontierte Bürger aufgefangen und in der Abweichungssituation begleitet werden muss. Hierfür stehen grundsätzlich verschiedene Möglichkeiten zur Aus- 41

---

147 *Marc Hilber/Gunnar Knorr/Stephan Müller*, Serververlagerungen im Konzern, CR 2011, S. 417–424, 417 ff.

148 Zum gesamten Inhalt s. Bundesregierung, https://www.digitale-agenda.de/Content/DE/_Anlagen/2014/08/2014-08-20-digitale-agenda.pdf?__blob=publicationFile&v=6 <17. 05. 2018>; s. a. *Andrea Voßhoff/Peter Büttgen*, Verschlüsselung tut Not, ZRP 2014, 232–234, 232.

149 Siehe dazu BRAK, http://bea.brak.de/wie-sicher-ist-das-bea/sichere-nachrichtenuebermittlung/ <17. 05. 2018>.

150 *Sorge* (Fn. 122), S. 101.

151 *Sorge* (Fn. 122), S. 101.

152 *Voßhoff/Büttgen* (Fn. 148), S. 234.

153 *Schmidt* (Fn. 142), § 1, Rn. 381 f.

154 *Schmidt* (Fn. 142), § 1, Rn. 381.

wahl, die von der Einräumung von Chatmöglichkeiten bis hin zu der persönlichen Kontaktaufnahme reichen. In der konkreten Ausführung kann das Fehlermanagement auch mit einer Kunden- oder Anwenderbetreuung sowie der unterstützenden Begleitung durch die Anwendung kombiniert werden.[155]

H. Rechtssicherheit im und durch das Verwaltungsverfahren

42 Die Rechtssicherheit, die im Verwaltungsverfahren unter anderem durch die Anwendungen der Verfahrensregelungen gewährleistet wird, findet ihren Ausgangspunkt in den geltenden Beweisregelungen.[156] Rechtssicherheit kann nur bestehen, wenn anhand der Rechtslage eindeutig ist, welcher Rechts- und Pflichtenkreis wessen Akteurs konkret betroffen ist.[157]

I. Allgemeine Beweiswirkungen im Mehrebenensystem

43 Eines der im deutschen Verwaltungsverfahren geltenden Grundprinzipien ist der Untersuchungsgrundsatz aus § 24 VwVfG.[158] Deshalb kennt das Verwaltungsverfahrensrecht keine subjektive Beweislast oder auch Beweisdarlegungspflicht.[159] Diese Grundverhältnisse führen dazu, dass im Rahmen des Verfahrens auch gesteigerte Hinweis- und Informationspflichten der Behörde bestehen können.[160] Diese allgemeinen Beweisregelungen gelten auch im Bereich der elektronischen Kommunikation. Aufgrund der in der Bevölkerung teilweise fehlenden Fachkenntnisse und der bestehenden Intransparenz technischer Nutzungen kann es in diesem Bereich zu einem erhöhten Informationsbedarf kommen, der durch erhöhte Hinweispflichten ausgeglichen werden soll.[161] § 3a Abs. 3 S. 1 VwVfG ist Ausdruck dieses Gedankens.[162]

---

155 *Reiner Kruse*, Entwicklung eines Werkzeugs für die Administration eines Trouble-Ticket-Systems, Hagen 2001, S. 4, https://www.fernuni-hagen.de/imperia/md/content/fakultaetfuermathematikundinformatik/forschung/berichteetit/forschungsbericht_2_2001.pdf <17. 05. 2018>.

156 Vgl. *Schulze-Fielitz* (Fn. 3), Art. 20 (Rechtsstaat), Rn. 49; vgl. ferner *Dieter Kallerhoff*, in: Paul Stelkens/Heinz Joachim Bonk/Michael Sachs (Hrsg.), Verwaltungsverfahrensgesetz. Kommentar, 8. Aufl., München 2014, § 25, Rn. 24.

157 Allgemein zum Prinzip der Rechtsklarheit *Bernd Grzeszick*, in: Theodor Maunz/Günter Dürig/Rupert Scholz/Matthias Herdegen/Hans H. Klein (Hrsg.), Grundgesetz-Loseblatt-Kommentar, München, 79. EL (September 2016), Art. 20, Rn. 51 f.

158 Ausführlich *Matthias Heßhaus*, in: Johann Bader/Michael Ronellenfitsch (Hrsg.), Beck'scher Online-Kommentar VwVfG mit VwVG und VwZG, München, Stand: 35. Edition (2017), § 24 VwVfG, Rn. 1.

159 Vgl. *Heßhaus* (Fn. 158), § 24 VwVfG, Rn. 15.

160 Vgl. *Kallerhoff* (Fn. 156), § 25 VwVfG, Rn. 24.

161 So führen die Schwierigkeit des Verfahrensgegenstandes, die vermutete Unkenntnis des Betroffenen und dessen Unerfahrenheit zu einer Aufklärungspflicht der Behörde. Siehe dazu *Kallerhoff* (Fn. 156), § 25 VwVfG, Rn. 24.

162 Ausführlich zu der gesteigerten Hinweispflicht nach § 3a VwVfG *Heribert Schmitz*, in: Stelkens/Bonk/Sachs (Fn. 156), § 3a VwVfG, Rn. 39 ff.

Im Rahmen der Beweisregelungen sind auch die unmittelbar geltenden Regelungen der europäischen eIDAS-VO zu beachten,[163] die auch im Spannungsfeld der Verfahrensautonomie der Mitgliedstaaten gelten.[164] So wird der elektronischen Signatur in Art. 25 Abs. 2 eIDAS-VO die gleiche Wirkung wie einer handschriftlichen Unterschrift zuerkannt. Zudem gilt für elektronische Siegel und Zustellung elektronischer Einschreiben über Zustellungsdienste die Vermutung der Unversehrtheit und für elektronische Zeitstempel die Vermutung der Richtigkeit.[165] Diese gesetzlichen Vermutungsregeln können aufgrund der autonomen europäischen Auslegung jedoch nicht mit vergleichbaren Regelungen im deutschen Recht gleichgesetzt werden.[166] Eine rechtsvergleichende Betrachtung der Rechtsordnungen der Mitgliedstaaten ergibt eine geringere Regelungswirkung.[167] 44

II. Rechts- und Pflichtenkreis des Absenders elektronischer Nachrichten und Wiedereinsetzungsanträge

Bei typischem Geschehensverlauf trägt der Absender einer Nachricht auch die Nachweispflicht für deren Zugang.[168] Aufgrund der Vielfalt der elektronischen Anwendungen und Formate ist jedoch fraglich, ob bezüglich der elektronischen Kommunikation überhaupt von einem solchen typischen Geschehensablauf gesprochen werden kann.[169] Ist der Absender elektronischer Nachrichten kein Angehöriger der Verwaltung, so ergibt sich aus der von der Verwaltung durchgeführten Widmung des Kommunikationskanals für den elektronischen Rechtsverkehr, dass der von der Verwaltung errichtete spezielle Kommunikationskanal zu nutzen ist.[170] Die Verwaltung treffen diesbezüglich Hinweispflichten.[171] Ebenso müssen Störungen, die sich im Pflichten- und Einflussbereich des Absenders ereignen, diesem auch im Zweifel zugerechnet werden. Ist ein Fehler in der Versendung evident, da bereits keine automatische Sendebestätigung erfolgt, fällt die 45

163 Siehe etwa die allgemeinen Regelungen zur Beweislast aus Art. 13 eIDAS-VO und die grundsätzliche Anerkennung des Beweiswertes elektronischer Dokumente aus Art. 46 eIDAS-VO.

164 Siehe dazu EWG 1 und 2 eIDAS-VO nach denen diese Verordnung auch im Bereich der öffentlichen Verwaltung gilt. Dies ist im Hinblick auf die Verfahrensautonomie auch konsequent, da die eIDas-VO nicht das Verfahren selbst, sondern die Vorfragen der in das Verfahren integrierten Anwendungen betrifft.

165 Art. 35 Abs. 2, 43 Abs. 2 und 41 Abs. 2 eIDAS-VO.

166 Befürwortend *Paul C. Johannes*, Rules of Evidence: probativeness of trust services and impact of eIDAS on procedural rules, Vortrag anlässlich des „Workshop on the Regulation (EU) No 910/2014“, 25. 11. 2016, Münster; dagegen *Malte Kramme,* Procedural autonomy of the member States and the EU-Regulation on electronic identification, Vortrag anlässlich des vorgenannten Workshops.

167 So auch *Johannes* (Fn. 166).

168 *Stefan Ernst*, in: in: Thomas Hoeren/Ulrich Sieber/Bernd Holznagel (Fn. 146), Teil 28.1, Rn. 19.

169 *Ernst* (Fn. 168), Teil 28.1, Rn. 20.

170 Vgl. insoweit *Ernst* (Fn. 168), Teil 28.1, Rn. 8.

171 Vgl. *Dirk Herrmann*, in: Bader/Ronellenfitsch (Fn. 158), § 25 VwVfG, Rn. 15.

nicht erfolgte Zustellung in der Regel zulasten des Absenders.[172] Anträge auf Wiedereinsetzung im Sinne von § 32 Abs. 1 S. 1 VwVfG sind ein in der Praxis häufig herangezogenes Mittel, um ein Verwaltungsverfahren trotz Fristversäumnis durchzuführen. Voraussetzung dafür ist, dass eine gesetzliche Frist ohne Verschulden nicht eingehalten wurde.[173] Es steht zu erwarten, dass sich im Zuge des elektronischen Rechtsverkehrs auch hier neue Abgrenzungsfragen stellen werden. Zwar legt § 3a Abs. 3 S. 1 VwVfG fest, dass der Absender bei der Ungeeignetheit seiner Nachricht für die Bearbeitung informiert wird. Dies schafft Rechtsklarheit jedoch nur in solchen Fällen, in denen die Verwaltung eine Nachricht auf irgendeine Weise und in irgendeiner Form erhalten hat. Insoweit besteht eine Parallele zu der Regelung des § 55a Abs. 6 VwGO n.F.[174] Im Rahmen elektronischer Anwendungen wird der Absender die Versendung jedoch in der Regel mittels Sendebestätigungen nachweisen können.[175] Fraglich bleiben die technisch nicht völlig ausgeschlossenen Fälle, in denen Versendung, Sendebestätigung und technische Protokolle versagen. Bis dato beurteilt die Rechtsprechung die Möglichkeit der Wiedereinsetzung in diesen Fällen aufgrund des Verschuldens des Absenders äußerst restriktiv. Dies ist konsequent, da von dem Absender erwartet werden kann, dass er das Vorliegen einer Sendebestätigung überprüft und sich bei deren Fehlen zumindest beim Empfänger nach dem Zugang der Nachricht erkundigt.[176]

46 Für Verwaltungshandlungen gelten überdies teilweise Sondervorschriften. So ist beispielsweise die Bekanntgabe von Verwaltungsakten in § 42 Abs. 2 und 2a VwVfG explizit normiert. Bei dem Abruf der Entscheidung über öffentlich zugängliche Netze hat die Verwaltung die Authentifizierung des Adressaten sicherzustellen und trägt somit auch die vollumfängliche Nachweispflicht für den Zugang der Nachricht.[177]

III. Rechts- und Pflichtenkreis des Nachrichtenempfängers

47 Beim Nachrichtenempfänger müssen die für die elektronische Übermittlung von Dokumenten gemäß § 3a Abs. 2 VwVfG erforderlichen elektronischen Zugänge eröffnet sein.[178] In diesem Sinne legt auch § 5 Abs. 5 S. 1 VwZG die Eröffnung eines entsprechenden Zugangs als Voraussetzung für die elektronische Zustellung fest. Für die Behörden ergibt sich die generelle Verpflichtung zu der Eröffnung eines elektronischen Zugangs aus dem jeweils einschlägigen E-Government-Gesetz.[179] Ein solcher Zugang muss objektiv in technischer Weise eingerichtet

---

172 Vgl. noch zum Telefax *Dieter Kallerhoff* (Fn. 156), § 32 VwVfG, Rn. 21 m.w.N.
173 Siehe § 32 Abs. 1 S. 1 VwVfG.
174 Ausführlich dazu den Beitrag von *Nolte* im vorliegenden Band.
175 Ausführlich zu den elektronischen Sendebestätigungen *Paul Stelkens,* in: ders. Bonk/Sachs (Fn. 156), § 41, Rn. 95a ff.
176 Die gleichen Anforderungen hinsichtlich des Telefaxes aufstellend *Kallerhoff* (Fn. 156), § 32, Rn. 21.
177 *Ernst* (Fn. 168), Teil 28.1 Rn. 18 m.w.N.
178 Ausführlich dazu *Ernst* (Fn. 168), Teil 28.1 Rn. 7 ff.
179 § 2 Abs. 1 EGovG, 2 Abs. 1 EGovG BW und § 3 Abs. 1 EGovG NRW.

sein und subjektiv-individuell für den elektronischen Rechtsverkehr gewidmet werden.[180] Nach § 2 Abs. 1 EGovG (Wortlaut: „auch") bleiben andere Zugänge zur Verwaltung aber bestehen. Den Außenstehenden trifft insoweit keine Verpflichtung zur Nutzung der elektronischen Übermittlungswege an die Verwaltung. Konsequenterweise trifft den Bürger selbst auch keine Pflicht zur Eröffnung eines elektronischen Zugangs.[181]

Gemäß § 3a Abs. 3 S. 1 VwVfG trifft die Behörde eine Rügepflicht, wenn die ein- *48*
gegangene Nachricht für die Bearbeitung ungeeignet ist. Diese Rügepflicht ist eine spezielle Ausprägung der allgemeinen Hinweispflicht der Behörde.

I. Anforderungen an die konkrete Form von Ausgestaltung und Umsetzung elektronischer Kommunikationssysteme

Neben den rechtlichen Grenzen der Realisierung elektronischer Kommunika- *49*
tionsvorgänge für den gesamten Verwaltungsbereich finden sich auch Beschränkungen natürlicher Art. So können sich einerseits Vorgaben aus organisatorisch-funktionalen Begebenheiten ergeben. Anderseits können Art und Weise der Umsetzung des elektronischen Rechtsverkehrs insgesamt zu faktischen Gegebenheiten führen, die der Anwendung Grenzen aufzeigen.

I. Organisatorisch-funktionale Begrenzung durch Behördenaufbau und Aufgabenverteilung

Soll die Implementierung elektronischer Kommunikationswege erfolgreich sein, *50*
so müssen die besonderen Strukturen des Verwaltungsapparates berücksichtigt werden. Das Verwaltungsverfahren verläuft in den grundlegenden Bahnen, die durch die Kompetenzordnung vorgegeben sind. So findet jegliche Verwaltungsstruktur ihren Ausgangspunkt in den Art. 83 ff. GG. Diese Vorgaben werden durch eine Organisations- und Aufbaustruktur ergänzt, die vom Gedanken der Funktionalität und Legitimität getragen ist.[182] Elektronische Kommunikationsmöglichkeiten müssen diese Grundstrukturen abbilden, um mit der Rechtsordnung vereinbar und in der Praxis handhabbar zu sein. Die Organisationseinheiten und Rollenverteilungen der elektronischen Anwendungen müssen sich folglich nach der grundgesetzlichen Kompetenzordnung sowie den Organisations- und Verwaltungsstrukturen der Verwaltung – und nicht nach den umgekehrten Verhältnissen – richten.[183]

---

180 *Ernst* (Fn. 168), Teil 28.1 Rn. 8.
181 *Schmitz* (Fn. 162), § 3a Rn. 10.
182 Vgl. *Joachim Suerbaum*, in: Volker Epping/Christian Hillgruber, Beck'scher Online-Kommentar, GG, 31. Edition (Stand: 01. 12. 2016), Art. 83 Rn. 9.
183 Noch kritisch hinsichtlich der Realisierbarkeit *Schliesky* (Fn. 42), S. 1326 f.

II. Einheitlichkeit des gesamten elektronischen Rechtsverkehrs

51 In der Vergangenheit wurde in Bezug auf den elektronischen Rechtsverkehr oft die fehlende Einheitlichkeit kritisiert.[184] Mit den jüngsten Regelungswerken und der Implementierung der ersten besonderen Kommunikationssysteme wurde dieser Kritikpunkt jedoch weitgehend überwunden. Auch für die mit der elektronischen Kommunikation zusammenhängende elektronische Aktenführung werden zumindest in den jeweiligen Bundesländern einheitliche Daten- und Softwareformate eingeführt.[185] Gemäß § 3a Abs. 1 VwVfG ist die Übermittlung elektronischer Dokumente im Hinblick auf Verwaltungstätigkeiten grundsätzlich zulässig. Herausforderungen stellen sich im Bereich der technischen und organisatorischen Infrastruktur mit Blick auf die unterschiedlichen nach § 3a Abs. 2 VwVfG zugelassenen Kommunikationsmedien. Diese reichen von mit qualifizierten elektronischen Signaturen signierten elektronische Dokumenten (§ 3a Abs. 2 S. 2 VwVfG) und elektronische Formularen (§ 3a Abs. 2 S. 3 Nr. 1 VwVfG) über die Versandart im Sinne von § 5 Abs. 5 De-Mail-G (§ 3a Abs. 2 S. 3 Nr. 2 VwVfG) zu elektronischen Verwaltungsakten und sonstigen anderen elektronischen Dokumenten von Behörden. Letztere werden durch eine De-Mail-Nachricht nach § 5 Abs. 5 De-Mail-G versandt, wenn die jeweilige Behörde als Nutzerin des De-Mail-Kontos erkennbar ist (§ 3a Abs. 2 S. 3 Nr. 3 VwVfG). Zudem werden sonstige sichere Verfahren anerkannt (§ 3a Abs. 2 S. 3 Nr. 4 VwVfG). Durch eine entsprechende Organisationsstruktur ist sicherzustellen, dass die Einreichungen in den unterschiedlichen Formaten jeweils dem richtigen Verfahren zugeordnet werden. Zur Vorhaltung der Infrastruktur für diesen breiten elektronischen Zugang zur Verwaltung sind die „Behörden des Bundes einschließlich der bundesunmittelbaren Körperschaften, Anstalten und Stiftungen des öffentlichen Rechts", die „Behörden der Länder, der Gemeinden und Gemeindeverbände und der sonstigen der Aufsicht des Landes unterstehenden juristischen Personen des öffentlichen Rechts" für den Fall der Ausführung von Bundesrecht gemäß § 2 Abs. 1 und 2 E-Government-G verpflichtet.[186] Im Rahmen der Ausführung von Landesrecht gelten vergleichbare Vorschriften der E-Government-Gesetze der Länder.[187]

III. Effizienz vs. Rechtssicherheit?

52 Neben den üblichen Kommunikationsmodellen und -systemen der Verwaltung ist die Effizienz auch im Bereich des elektronischen Rechtsverkehrs Handlungsmaxime[188] und auf die grundgesetzliche Vorschrift des Art. 20 Abs. 2 S. 2 GG zurückzuführen. Diese geht von leistungsfähigen Organen und einer schnellen

---

184 Stellvertretend *Wolfram Viefhues/Helmut Hoffmann*, ERVG: Gesetz zur Verhinderung des elektronischen Rechtsverkehrs?, MMR 2003, S. 71–76, 71 f.

185 *Jürgen Peter Graf*, in: Lothar Senge (Hrsg.), Karlsruher Kommentar zum Gesetz über Ordnungswidrigkeiten, 4. Aufl., München 2014, § 110b, Rn. 8.

186 Die landesrechtlichen Vorschriften weichen hiervon inhaltlich ab und sind unterschiedlich abgefasst; siehe dazu bspw. § 2 EGovG BW und § 3 EGovG NRW.

187 Siehe bspw. § 2 Abs. 1 und 3 EGovG BW und § 3 Abs. 1 und 2 EGovG NRW.

188 Siehe dazu BT-Drs. 17/11473, S. 1.

rationalen und vor allem wirksamen Erfüllung der Exekutivaufgaben aus.[189] Darüber hinaus wird angenommen, dass die Effizienz des Verwaltungshandelns durch das Konzept des Open Governments gesteigert werden kann.[190] Diese Open Government-Strategien können dabei durch neue technische Innovationen im Bereich der Kommunikation auf vielfältige Weise verfolgt werden.[191] Grundsätzlich kann man davon ausgehen, dass Effizienz und Rechtssicherheit in einem Spannungsfeld zueinander stehen. Verlässliche Lösungen haben größtenteils ihren Preis in Form von anspruchsvollen Systemen und Techniken.[192] Der europäische Gesetzgeber geht in diesem Zusammenhang von einer gemeinsamen Steigerung von Effektivität und Rechtssicherheit, beziehungsweise Vertrauen aus.[193] Nimmt man eine derartige Akzeptanz an, so können effiziente Kommunikationssysteme zu einer nachhaltigen und flächendeckenden, einheitlichen Nutzung führen.

J. Bewertung und Ausblick

Die IT-Sicherheit und die diese Sicherheit gewährleistenden Verfahrensregelungen *53*
sind essentielle Bestandteile einer rechtssicheren elektronischen Kommunikation. Die Grundlagen der zukünftigen Verfahrensregeln wurden überwiegend im europäischen Recht normiert. Fundierte Kenntnisse des europäischen Mehrebenensystems sind daher für denjenigen, der sich vertieft mit den Voraussetzungen derartiger Kommunikationsabläufe befasst unerlässlich. Insoweit bedarf es einer gewissen Neuorientierung der Verwaltung. Bezüglich der technischen Nutzungen hat diese mit den Pilotprojekten des EGVP bereits begonnen. Von diesem Ansatz ausgehend kann ein rechtssicheres digitales Behördennetzwerk errichtet werden. Mit den Kommunikationssystemen der Anwaltschaft und der Notare, beA und beN, sind schon erste Schritte erfolgt, an die im Bereich der Verwaltung angeknüpft werden kann. Hierbei sind jedoch die für die Verwaltungstätigkeiten bestehenden Besonderheiten zu beachten, die sich aus der Bürgerorientierung und dem Ziel einer bürgernahen Verwaltung ergeben. Dies gilt insbesondere für die Bereiche der Handhabbarkeit und der Zugänglichkeit der elektronischen Nutzungen. Zudem stellt das behördliche Datengeheimnis eine ernst zu nehmende Herausforderung dar. Für die zukünftige Entwicklung wird es ebenfalls entscheidend sein, wie die Einheitlichkeit und Funktionalität des Gesamtsystems der rechtssicheren elektronischen Kommunikation umgesetzt werden kann.

---

189 *Ferdinand Kopp*, Verfassungs- und Verwaltungsverfahrensrecht: eine Untersuchung über die verfassungsrechtlichen Voraussetzungen des Verwaltungsverfahrens in der Bundesrepublik Deutschland und die Bedeutung der Grundentscheidungen der Verfassung für die Feststellung, Auslegung und Anwendung des geltenden Verwaltungsverfahrensrechts, München 1971, S. 200.

190 Vgl. *Axel Piesker/Corinna Sicko/Jan Ziekow*, Vom Aktengeheimnis zur Verwaltungstransparenz?, LKRZ 2013, S. 357–364, 357.

191 Vgl. *Schoch* (Fn. 71), § 11, Rn. 55.

192 So beispielsweise das Verfahren der qualifizierten elektronischen Signierung, das in der Regel ein Kartenlesegerät und eine Signaturkarte erfordert. Siehe dazu Fn. 89.

193 EWG 2 eIDAS-VO.

Vollautomatisierte Verwaltungsverfahren, vollautomatisiert erlassene Verwaltungsakte und elektronische Aktenführung

*Nadja Braun Binder**

A. Einleitung

Ein wichtiger Meilenstein in der Digitalisierung der Verwaltungsarbeit ist die Einführung *vollautomatisierter Verwaltungsverfahren*. Wenn Maschinen, basierend auf Algorithmen, standardisierte Verfahren ohne jegliche menschliche Intervention durchführen können, setzt dies Ressourcen frei für die Bearbeitung von komplexeren Fällen und führt zu einer zeitlichen Beschleunigung der Verfahren.[1] Gänzlich neu sind vollautomatisierte Verfahren nicht. So existieren seit längerem vollautomatisierte Verkehrseinrichtungen.[2] Im Unterschied zu diesen eröffnet die Einführung vollautomatisierter Verwaltungsverfahren nach den Neuregelungen in der Abgabenordnung (AO), im Verwaltungsverfahrensgesetz (VwVfG) und im Zehnten Sozialgesetzbuch (SGB X) nun allerdings einen Weg, Verfahren, die eine Sachverhaltsermittlung voraussetzen, ebenfalls vollautomatisiert durchzuführen.[3] *1*

Der Verwaltungsakt als wesentliche Handlungsform der öffentlichen Verwaltung bleibt von den verschiedenen Veränderungen durch die Digitalisierung ebenfalls nicht verschont. Dessen „Anpassungs- und Wandlungsfähigkeit" erhalten seine Bedeutung auch im E-Government aufrecht.[4] Als Resultat vollautomatisierter *2*

* Die in diesem Beitrag angeführten Internetquellen wurden zuletzt am 27. 04. 2017 abgerufen.

1 So die Begründung der Bundesregierung zur Einführung der Möglichkeit, Steuerverwaltungsakte ausschließlich automationsgestützt zu erlassen: Gesetzentwurf der Bundesregierung vom 03. 02. 2017, BT-Drs. 18/7457, insbesondere S. 47 und 58. Vgl. auch *Peter Zaumseil*, Die Modernisierung des Besteuerungsverfahrens, NJW 2016, S. 2769–2774, 2772.

2 *Ulrich Stelkens*, in: Paul Stelkens/Heinz Joachim Bonk/Michael Sachs (Hrsg.), Verwaltungsverfahrensgesetz. Kommentar, 9. Aufl., München 2018, § 35a, Rn. 22.

3 Den qualitativen Unterschied zwischen bisherigen Möglichkeiten der (Teil-)Automatisierung und der durch das Gesetz zur Modernisierung des Besteuerungsverfahrens geregelten Vollautomatisierung verortet *Ulrich Stelkens* (vgl. *ders.* [Fn. 2], § 35a, Rn. 21 f.) entsprechend im Einschluss der Sachverhaltsermittlung.

4 *Klaus Ritgen*, in: Rainer Bauer/Dirk Heckmann/Kay Ruge/Martin Schallbruch/Sönke E. Schulz, Verwaltungsverfahrensgesetz und E-Government, 2. Aufl., Wiesbaden 2014, § 35, Rn. 25 ff. (inbesondere Rn. 28). Vgl. auch *Sönke E. Schulz*, in: ebd., Einleitung, Rn. 48 ff.

Verwaltungsverfahren tritt der *vollautomatisiert erlassene Verwaltungsakt* in Erscheinung.

3 Zu den zentralen Bausteinen einer digitalen Verwaltung gehört ferner die *elektronische Aktenführung*. Sie stellt das verbindende Glied dar, um die Abwicklung des Verwaltungsverfahrens von der Antragstellung bis hin zur Entscheidung der Verwaltung medienbruchfrei abzuwickeln.[5]

4 In diesem Kapitel werden als zentrale Punkte die Einführung vollautomatisierter Verwaltungsverfahren (B) und die elektronische Aktenführung (C) behandelt. Abschließend folgt ein Fazit (D).

B. Vollautomatisierte Verwaltungsverfahren

I. Definition

5 Der Ausdruck „*Verwaltungsautomation*" mag im 21. Jahrhundert, besonders im Kontext einer Befassung mit E-Government, kaum mehr Anlass für Missverständnisse bieten. Gleichwohl soll an dieser Stelle als erstes festgehalten werden, dass mit dem Terminus „Verwaltungsautomation" verschiedene Spielarten des *Einsatzes von IT in der Verwaltung* bezeichnet werden.[6] Vollautomatisierung meint dabei einen Vorgang, bei dem keinerlei personelle Bearbeitungsschritte mehr notwendig sind. *Vollautomatisierte Verwaltungsverfahren* sind demnach Verfahren, in denen alle Verfahrensschritte innerhalb der Verwaltung zu jedem Zeitpunkt ohne personelle Bearbeitung auskommen.[7] Die vollautomatisierten Verfahren sind von *teilautomatisierten Verfahren* abzugrenzen, in denen einzelne Bearbeitungsschritte, z.B. im Rahmen der Sachverhaltsermittlung, personell

---

5 *Annette Guckelberger*, Elektronische Akten und Akteneinsicht, in: Hermann Hill/Utz Schliesky (Hrsg.), Auf dem Weg zum Digitalen Staat – auch ein besserer Staat?, Baden-Baden 2015, S. 129–164, 136; *Jan Skrobotz*, Das elektronische Verwaltungsverfahren, Berlin 2005, S. 105 f. Vgl. auch *Gabriele Britz*, in: Wolfgang Hoffmann-Riem/Eberhard Schmidt-Aßmann/Andreas Voßkuhle (Hrsg.), Grundlagen des Verwaltungsrechts, Bd. 2, 2. Aufl., München 2012, § 26, Rn. 32.

6 Vgl. nur *Panagiotis Lazaratos*, Rechtliche Auswirkungen der Verwaltungsautomation auf das Verwaltungsverfahren, Berlin 1990, S. 35 ff.

7 *Nadja Braun Binder*, Vollautomatisierte Verwaltungsverfahren im allgemeinen Verwaltungsverfahrensrecht?, NVwZ 2016, S. 960–965, 960; *Dirk Heckmann*, in: ders. (Hrsg.), jurisPK-Internetrecht, 5. Aufl. 2017, Kapitel 5, Rn. 488. Ähnlich auch *Thorsten Siegel*, Automatisierung des Verwaltungsverfahrens – zugleich eine Anmerkung zu §§ 35a, 24 I 3, 41 IIa VwVfG, DVBl 2017, S. 24–28, 25; tlw. a.A. *Hans Peter Bull*, Der „vollständig automatisiert erlassene" Verwaltungsakt – Zur Begriffsbildung und rechtlichen Einhegung von „E-Government", DVBl 2017, S. 409–417, 410, der als vollständige Automatisierung nur jene Konstellationen betrachtet, bei denen der Impuls zur Auslösung des Verfahrens nicht durch eine Person, sondern rein automatisch (durch ein Programm) erfolgt. Mit Blick auf die Regelung in der AO hält er es allerdings für vertretbar, solche Verfahren als vollautomatisiert anzuerkennen, in denen der Steuerpflichtige, also eine Person außerhalb der Verwaltung, das Verfahren auslöst. Vgl. ebd., S. 411.

durchgeführt werden.[8] Die Wendung „ausschließlich automationsgestützt“ in § 155 Abs. 4 Satz 1 AO und die Formulierungen „vollständig durch automatische Einrichtungen“ in § 35a VwVfG bzw. in § 31a SGB X erfassen die vollautomatisierten Verwaltungsverfahren und sind synonym zu verstehen.[9]

II. Rechtlicher Rahmen

Am 01. 01. 2017 trat das *Gesetz zur Modernisierung des Besteuerungsverfahrens* in seinen wesentlichen Teilen in Kraft.[10] Damit wurde auf Bundesebene in der AO die Rechtsgrundlage für den ausschließlich automationsgestützten Erlass von Steuerbescheiden geschaffen, aber auch die Möglichkeit vollautomatisierter Verwaltungsakte in das VwVfG und in das SGB X aufgenommen. Ursprünglich ging es in dem Gesetz zur Modernisierung des Besteuerungsverfahrens allein um die Änderung der AO und damit um die Regelung des vollautomatisierten Besteuerungsverfahrens.[11] Erst im Rahmen der Befassung im Finanzausschuss des Bundestages wurde die parallele Änderung des VwVfG und des SGB X eingefügt, die von Bundestag und Bundesrat sodann unverändert verabschiedet wurde.[12] 6

Gemäß Art. 22 Abs. 1 der DSGVO[13] gilt seit dem 22. 05. 2018 ein grundsätzliches Verbot vollautomatisierter Entscheidungsfindung. Eine Ausnahme kann u. a. aufgrund von Rechtsvorschriften der Mitgliedstaaten gemacht werden (Art. 22 Abs. 2 lit. b). Die hier skizzierten Änderungen von AO, VwVfG und SGB X können als solche Rechtsvorschriften verstanden werden.[14]

---

8 Zur Unterscheidung zwischen „Vollautomation“ und „Teilautomation“ vgl. *Benno Degrandi*, Die automatisierte Verwaltungsverfügung, Zürich 1977, S. 52 f.; *Martin Eifert*, Electronic Government, Baden-Baden 2006, S. 121 f. Kritisch zur Unterscheidung: *Panagiotis Lazaratos* (Fn. 6), S. 33 f. m. w. N.; *Stelkens* (Fn. 2), § 35a Rn. 13, versteht die vollautomatisiert erlassenen Verwaltungsakte i. S. des § 35a VwVfG als Unterfall der „mit Hilfe automatischer Einrichtungen erlassenen Verwaltungsakte“, wie sie in § 28 Abs. 2 Nr. 4, § 37 Abs. 5 und § 39 Abs. 2 Nr. 3 VwVfG zugrunde gelegt werden. *Annette Guckelberger*, Vollständig automatisierte Verwaltungsakte, in: Samuel van Oostrom/Stephan Weth (Hrsg.), FS für Maximilian Herberger, Saarbrücken 2017, S. 397–414, 402 (dort Fn. 38), bezeichnet die Übergänge von der Teil- zur Vollautomatisierung als fließend.

9 *Nadja Braun Binder*, Vollständig automatisierter Erlass eines Verwaltungsaktes und Bekanntgabe über Behördenportale, DÖV 2016, S. 891–898, 892; *Heckmann* (Fn. 7), Kapitel 5 Rn. 489; *Stelkens*, (Fn. 2), § 35a, Rn. 12.

10 Gesetz vom 18. 07. 2016 (BGBl. I S. 1679). Zum Inkrafttreten vgl. Art. 23 Abs. 1 des Gesetzes vom 18. 07. 2016.

11 Vgl. zu Vorgeschichte und Kontext *Markus Heintzen*, Das gemeinsame Konzept von Bund und Ländern zur Modernisierung des Besteuerungsverfahrens, DÖV 2015, S. 780–787, 782 ff.

12 Art. 19 und Art. 20 des Gesetzes zur Modernisierung des Besteuerungsverfahrens. Vgl. auch *Deutscher Bundestag (Finanzausschuss)*, Beschlussempfehlung und Bericht des BT-Finanzausschusses vom 11. 05. 2016, BT-Drs. 18/8434.

13 Verordnung (EU) 679/2016 des Europäischen Parlaments und des Rates vom 27. 04. 2016 zum Schutz natürlicher Personen bei der Verarbeitung personenbezogener Daten, zum freien Datenverkehr und zur Aufhebung der Richtlinie 95/46/EG, ABl. L 119 vom 04. 05. 2016, S. 1.

14 *Mario Martini*, in: Boris P. Paal/Daniel A. Pauly (Hrsg.), Datenschutz-Grundverordnung, Kommentar, München 2017, Art. 22, Rn. 7 und 33 ff.

7 Die Bestimmungen zur Vollautomatisierung in der AO sind wesentlich umfangreicher und auch konkreter als jene in VwVfG und SGB X. Sie werden deshalb nachstehend als erstes behandelt und etwas ausführlicher skizziert (II. 1). Danach werden die Regelungen im VwVfG (II. 2) sowie SGB X (II. 3) vorgestellt, und schließlich die drei Regelungen miteinander verglichen (III. 4).

1. Regelung in der AO

8 Die *Grundlage für vollautomatisierte Steuerverwaltungsverfahren* wird u.a. durch eine Ergänzung der Bestimmungen über die „besonderen Steuerverwaltungsakte" (§§ 155 ff. AO) geschaffen, und zwar in Form einer neuen Fassung des *§ 155 Abs. 4 AO*.[15] Demnach können Finanzbehörden Steuerfestsetzungen „auf der Grundlage der ihnen vorliegenden Informationen und der Angaben des Steuerpflichtigen ausschließlich automationsgestützt vornehmen, berichtigen, zurücknehmen, widerrufen, aufheben oder ändern, soweit kein Anlass dazu besteht, den Einzelfall durch Amtsträger zu bearbeiten". Dies gilt sogar, wenn die Steuerfestsetzungen mit *Nebenbestimmungen* (§ 120 AO) versehen sind (§ 155 Abs. 4 Satz 2 Nr. 2 AO). Vorausgesetzt wird in diesem Fall allerdings, dass die Finanzbehörde über die Nebenstimmungen nicht nach Ermessen entscheidet, sondern diese durch *Verwaltungsanweisung* des Bundesministeriums der Finanzen oder der obersten Landesfinanzbehörden allgemein angeordnet sind (§ 155 Abs. 4 Satz 2 Nr. 2 AO).

9 Ein ausschließlich automationsgestütztes Verfahren ist nur zulässig, *soweit kein Anlass zur Bearbeitung des Einzelfalls durch Amtsträger* besteht (§ 155 Abs. 1 AO). Eine solche persönliche Bearbeitung kann durch das *Risikomanagementsystem* (RMS) ausgelöst werden (§ 88 Abs. 5 Satz 3 Nr. 1 und 2 AO), durch entsprechende *Auswahl* eines Amtsträgers (§ 88 Abs. 5 Satz 3 Nr. 3 AO), oder durch Eintrag der steuerpflichtigen Person in einem dafür vorgesehenen *Abschnitt* oder *Datenfeld* der Steuererklärung (§ 155 Abs. 4 Satz 3 i.V.m. § 150 Abs. 7 Satz 1 AO).

10 In § 155 Abs. 4 Satz 4 AO wird schließlich die *Willensbildung* über den Erlass des Verwaltungsaktes und über seine Bekanntgabe im Zeitpunkt des Abschlusses der maschinellen Verarbeitung als abgeschlossen fingiert. Das ist zum einen von Bedeutung für das *nachträgliche Bekanntwerden von Tatsachen* i.S.d. § 173 Abs. 1 AO.[16] Zum anderen stellt die Bestimmung indirekt klar, dass es sich bei ausschließlich automationsgestützt erlassenen Verwaltungsakten um *Verwaltungsakte* i.S.d. § 118 Satz 1 AO handelt.

---

15 Vgl. zu den Bestimmungen zum vollautomatisierten Besteuerungsverfahren in der AO: *Nadja Braun Binder*, Ausschließlich automationsgestützt erlassene Steuerbescheide und Bekanntgabe durch Bereitstellung zum Datenabruf, DStZ 2016, S. 526–535.

16 *Roman Seer*, Modernisierung des Besteuerungsverfahrens, StuW 2015, S. 315–330, 323. Zum Zeitpunkt der Willensbildung über die Bekanntgabe des ausschließlich automationsgestützt erlassenen Verwaltungsaktes vgl. *Nadja Braun Binder*, Elektronische Bekanntgabe von Verwaltungsakten über Behördenportale, NVwZ 2016, S. 342–347, 343.

Zur Kompensation der mit einer vollautomatisierten Bearbeitung einhergehenden Abstriche am *Untersuchungsgrundsatz* (§ 88 AO) kann die Finanzverwaltung RMS einsetzen.[17] RMS sollen Fälle mit einem signifikanten Risiko ausfiltern und einer manuellen Überprüfung durch einen Sachbearbeiter zuführen (§ 88 Abs. 5 Satz 1 AO). Gemäß § 88 Abs. 5 Satz 2 AO soll dabei auch der *Grundsatz der Wirtschaftlichkeit der Verwaltung* berücksichtigt werden.[18] Gesetzlich vorgegeben ist, dass die RMS eine hinreichende Anzahl zufällig ausgewählter Fälle zur umfassenden Prüfung durch Amtsträger bestimmen (§ 88 Abs. 5 Satz 3 Nr. 1 AO). Weiter sind im Gesetz nur allgemeine Mindestanforderungen vorgesehen: Das RMS muss die personelle Prüfung der ausgesteuerten Fälle und eine zusätzliche personelle Fallauswahl ermöglichen (§ 88 Abs. 5 Satz 3 Nr. 2 und 3 AO). Außerdem ist das RMS regelmäßig auf seine Zielerfüllung hin zu überprüfen (§ 88 Abs. 5 Satz 3 Nr. 4 AO). Schließlich ist vorgesehen, dass Einzelheiten der RMS nicht veröffentlicht werden dürfen, soweit dadurch die Gleichmäßigkeit und Gesetzmäßigkeit der Besteuerung beeinträchtigt werden könnte (§ 88 Abs. 5 Satz 4 AO).[19] *11*

2. Regelung im VwVfG

Die Möglichkeit von *vollautomatisierten Verwaltungsverfahren* ist im neuen *§ 35a VwVfG* vorgesehen. Darin kommt zum Ausdruck, dass es sich bei vollautomatisiert erlassenen Verwaltungsakten um *Verwaltungsakte* i.S. von § 35 VwVfG handelt („Klarstellungsfunktion“[20]). Demnach sind die entsprechenden Vorschriften über Verwaltungsakte anwendbar. Ferner enthält § 35a VwVfG einen *Rechtsvorschriftvorbehalt*, der „angesichts des weiten Anwendungsbereiches des VwVfG sicherstellen“ soll, „dass nur geeignete Verfahren für eine vollständig automatisierte Bearbeitung zugelassen werden“.[21] Darüber soll der zuständige (Fach-)Gesetzgeber entscheiden („Kompetenzzuweisungsfunktion“[22]). Schließlich wird festgelegt, dass Verwaltungsakte nur bei *gebundenen Entscheidungen* und wenn *kein Beurteilungsspielraum* besteht, vollautomatisiert erlassen werden dürfen.[23] Zwar kann der (Fach-)Gesetzgeber hiervon wieder abweichen.[24] Dennoch wird dieser Vorgabe zumindest eine „Begrenzungs- und Warnfunktion“ zugesprochen.[25] *12*

---

17 Gesetzentwurf der Bundesregierung vom 03. 02. 2017, BT-Drs. 18/7457, S. 48 f. und 69 f.

18 Kritisch dazu: *Braun Binder* (Fn. 15), S. 530 f. m.w.N.

19 Kritisch dazu: *Braun Binder* (Fn. 15), S. 532 f. m.w.N.

20 *Stelkens* (Fn. 2), § 35a, Rn. 1.

21 *Deutscher Bundestag (Finanzausschuss)* (Fn. 12), S. 132.

22 *Stelkens* (Fn. 2), § 35a, Rn. 1.

23 Kritisch zur Verengung auf den Aspekt „kein Beurteilungsspielraum“: *Stelkens* (Fn. 2), § 35a, Rn. 44 ff.

24 *Heribert Schmitz/Lorenz Prell*, Neues vom E-Government, NVwZ 2016, S. 1273–1280, 1276.

25 *Stelkens* (Fn. 2), § 35a, Rn. 1. Vgl. auch *Schmitz/Prell* (Fn. 24), S. 1276. Zur Begrenzung der Vollautomatisierung auf Verfahren ohne Ermessens- oder Beurteilungsspielraum vgl. auch die Rn. 20 ff. des vorliegenden Beitrags.

13 Mit dem Gesetz zur Modernisierung des Besteuerungsverfahrens wurde auch § 24 Abs. 1 VwVfG um einen dritten Satz ergänzt. Die aus dem Untersuchungsgrundsatz folgende Vorgabe, *für den Einzelfall bedeutsame tatsächliche Angaben* des Betroffenen auch im Rahmen von automatisierten Verfahren zu beachten, soll damit umgesetzt werden.[26] Gleichzeitig ist die mit der Vollautomatisierung angestrebte *Effizienzsteigerung* nicht zu gefährden. Deshalb sind zwar individuelle Angaben von Beteiligten zu ermöglichen. Allerdings sind die Behörden zu einer personellen Weiterbearbeitung nur verpflichtet, wenn die Angaben für den Einzelfall von Bedeutung sind.[27] Obwohl die Regelung im Rahmen der Einführung der Möglichkeit vollautomatisierter Verwaltungsverfahren eingefügt wurde, gilt sie ihrem Wortlaut nach auch für teilautomatisierte Verfahren.[28]

3. Regelung im SGB X

14 Die Grundlage für *vollautomatisierte Verwaltungsverfahren* ist *in § 31a SGB X enthalten* und folgt damit unmittelbar nach der Bestimmung mit dem Begriff und den Merkmalen des Verwaltungsaktes (§ 31 SGB X), der wortgleichen Parallelbestimmung zu § 35 VwVfG. Wie mit § 35a VwVfG wird auch im SGB X mit dieser Bestimmung klargestellt, dass ein vollautomatisiert erlassener Sozialverwaltungsakt ein *Verwaltungsakt* i.S. des § 31 SGB X ist.[29] Gemäß Erläuterungen wird durch die Einschränkung „sofern kein Anlass besteht, den Einzelfall durch Amtsträger zu bearbeiten" zum Ausdruck gebracht, dass ein Verwaltungsakt nicht vollautomatisiert erlassen werden darf, „wenn das anzuwendende materielle Recht eine *Ermessensentscheidung* oder einen *Beurteilungsspielraum* vorsieht oder wenn die Subsumtion unter einen konkreten Tatbestand nicht durch automatische Einrichtungen erfolgen kann".[30] Der *Untersuchungsgrundsatz* gilt auch im vollautomatisierten Sozialverwaltungsverfahren. Um dessen Anforderungen Rechnung zu tragen, wird in Satz 2 ergänzt, dass für den Einzelfall bedeutsame tatsächliche Angaben des Betroffenen zu beachten sind. Diese Ergänzung ist durch dieselben Erwägungen motiviert, wie die Ergänzung des Untersuchungsgrundsatzes in § 24 Abs. 1 Satz 3 VwVfG.[31]

---

26 *Deutscher Bundestag (Finanzausschuss)* (Fn. 12), S. 131. Es bedarf allerdings zusätzlicher, im jeweiligen Fachrecht festzulegender Vorkehrungen, um das Recht auf Darlegung des eigenen Standpunktes zu verwirklichen. Vgl. dazu *Mario Martini/David Nink*, Wenn Maschinen entscheiden … – vollautomatisierte Verwaltungsverfahren und der Persönlichkeitsschutz, NVwZ-extra 2017, Nr. 10, S. 1–14, 8.

27 *Deutscher Bundestag (Finanzausschuss)* (Fn. 12), S. 131 f.

28 *Siegel* (Fn. 7), S. 27.

29 *Deutscher Bundestag (Finanzausschuss)* (Fn. 12), S. 130.

30 *Deutscher Bundestag (Finanzausschuss)* (Fn. 12), S. 130 [Hervorhebung nur hier].

31 *Deutscher Bundestag (Finanzausschuss)* (Fn. 12), S. 130.

4. Vergleich der drei Regelungen

Die AO enthält keine Parallelbestimmung zu § 35a VwVfG und § 31a SGB X.[32] *15* Zwar ist in allen drei Verfahrensordnungen die Möglichkeit des Erlasses vollautomatisierter Verwaltungsakte vorgesehen. Während im *VwVfG* und im *SGB X grundsätzlich alle Verwaltungsakte* erfasst werden, die in Verwaltungsverfahren (§ 9 VwVfG bzw. § 8 SGB X) erlassen werden, bezieht sich die Regelung in der *AO* ausschließlich auf das Steuerfestsetzungsverfahren und betrifft daher nur die *besonderen Steuerverwaltungsakte*.[33]

Nach dem Wortlaut enthält § 35a VwVfG eine weder in der AO noch im SGB X *16* ausdrücklich vorgesehene Beschränkung auf den Erlass von Verwaltungsakten soweit weder *Ermessens-* noch *Beurteilungsspielräume* vorliegen. Es ist aber davon auszugehen, dass der Gesetzgeber ausschließlich automationsgestützt erlassene Steuerverwaltungsakte ebenfalls auf gebundene Entscheidungen ohne Beurteilungsspielraum beschränken wollte.[34] So legt es zumindest die Begründung des Gesetzentwurfs durch die Bundesregierung nahe,[35] und immerhin handelt es sich beim Erlass von besonderen Steuerverwaltungsakten regelmäßig um gebundene Entscheidungen.[36] Für die Sozialverwaltungsakte ergibt sich die Beschränkung auf gebundene Entscheidungen ohne Beurteilungsspielraum nach der Begründung aus dem Vorbehalt „sofern kein Anlass besteht, den Einzelfall durch Amtsträger zu bearbeiten" in § 31a Abs. 1 SGB X.[37]

Zur Sicherstellung des *Untersuchungsgrundsatzes* im Rahmen von vollautomati- *17* sierten Besteuerungsverfahren ist in § 88 Abs. 5 AO der Einsatz von RMS vorgesehen. Damit geht der Gesetzgeber bei der Regelung in der AO von präziseren Vorstellungen aus als bei der Regelung im VwVfG und im SGB X. An die Stelle des Grundsatzes der Einzelfallprüfung tritt im vollautomatisierten Besteuerungsverfahren eine automationsgestützte Risikobeurteilung. Ob der Einsatz von RMS auch in anderen Verwaltungsverfahren sinnvoll ist, wird sich zeigen.

---

32 Ein Vergleich zwischen der Regelung im VwVfG und jener in der AO findet sich bei: *Braun Binder* (Fn. 9), S. 891 ff. und ein Vergleich zwischen den Regelungen in AO, VwVfG und SGB X findet sich bei: *Nadja Braun Binder*, Weg frei für vollautomatisierte Verwaltungsverfahren in Deutschland, in: Jusletter IT 22.09.2017, abrufbar unter http://jusletter-it.weblaw.ch/issues/2016/22-September-2016.html.

33 Zur Unterscheidung zwischen allgemeinen und besonderen Steuerverwaltungsakten vgl. *Dieter Birk/Marc Desens/Henning Tappe*, Steuerrecht, 19. Aufl., Heidelberg 2016, Rn. 378.

34 Vgl. *Braun Binder* (Fn. 15), S. 529. A. A. allerdings *Julius Helbich*, Rechtsfragen der „automatisierten" Ermessensausübung im Steuerrecht, DStR 2017, S. 574–579, insbesondere S. 576 ff., der davon ausgeht, dass mit dem Gesetz zur Modernisierung des Besteuerungsverfahrens die Grundlage für eine (teilweise) automationsgestützte Ermessensausübung geschaffen wurde und die damit verbundenen verfassungsrechtlichen Probleme aufzeigt.

35 Gesetzentwurf der Bundesregierung vom 03.02.2017, BT-Drs. 18/7457, S. 83.

36 Vgl. nur *Joachim Englisch*, in: Klaus Tipke/Joachim Lang (Hrsg.), Steuerrecht, 22. Aufl., Köln 2015, § 5, Rn. 150.

37 *Deutscher Bundestag (Finanzausschuss)* (Fn. 12), S. 130.

III. Potenziale und rechtliche Grenzen

1. Potenziale

18 Die Möglichkeit der vollautomatisiert erlassenen Verwaltungsakte ist seit dem 01.01.2017 in allen drei Verfahrensordnungen vorgesehen. Damit ist die möglichst *einheitliche Fortentwicklung von AO, VwVfG und SGB X*, so das erklärte Ziel des Finanzausschusses des Bundestages, sichergestellt.[38] In der Praxis ist die Umsetzung zuvorderst im Steuerrecht zu erwarten.[39] Zu den in der AO geregelten Steuerverwaltungsakten, die künftig ausschließlich automationsgestützt erlassen werden können, zählen die jährlich mehr als 120 Mio. *Steuerbescheide*.[40] Die Regelung trägt damit ein erhebliches Potenzial zur Bewältigung dieses *unechten Massenverfahrens*.[41]

19 Aus den Bestimmungen im VwVfG und im SGB X wird dagegen nicht klar, welche Verwaltungsakte tatsächlich vollautomatisiert erlassen werden sollen. Dies bedarf noch einer künftigen Präzisierung im betroffenen Fachrecht. Als mögliche Anwendungsfelder wird in der Literatur etwa das *Baugenehmigungsverfahren* genannt, soweit keine Ausnahmen und Befreiungen beantragt werden.[42] Weiter werden die Verlängerung von Personal-, Behinderten- oder Parkausweisen erwähnt, oder das antragslose Kindergeld.[43] Ferner wird das vollautomatisierte Verwaltungsverfahren auch als *Alternative zur Genehmigungsfiktion* (§ 42a VwVfG) gesehen.[44] Insgesamt sind auch für Verwaltungsverfahren nach dem VwVfG und SGB X in erster Linie *standardisierte Verfahren*, die *häufig* vorkommen und *bipolar* ausgestaltet sind, geeignet.[45] Andernfalls kommen die mit vollautomatisierten Verwaltungsverfahren assoziierten Vorteile der erhöhten Schnelligkeit und größeren Genauigkeit nicht zum Tragen.[46]

2. Grenzen

20 Die Grenzen des Einsatzes von Vollautomatisierung in Verwaltungsverfahren können sich aus verschiedenen Perspektivenergeben. Zu den augenfälligsten zählen Grenzen aufgrund der Beschränkung auf *Verfahren ohne Ermessens- oder Be-*

---

38 *Deutscher Bundestag (Finanzausschuss)* (Fn. 12), S. 120 u. 122.

39 Einzelne vollautomatisierte Verfahren existierten allerdings auch bereits vor der Neuregelung, z.B. vollautomatisierte Verkehrseinrichtungen, vgl. *Stelkens* (Fn. 2), § 35a Rn. 22.

40 Die Zahl ist entnommen aus: *Roman Seer*, in: Klaus Tipke/Joachim Lang (Hrsg.), Steuerrecht, 22. Aufl., Köln 2015, § 21, Rn. 5.

41 *Roman Seer*, Reformentwurf der Bundesregierung zur Modernisierung des Besteuerungsverfahrens, DStZ 2016, S. 605–612, 607.

42 *Siegel* (Fn. 7), S. 26 f. Vgl. auch *Stelkens* (Fn. 2), § 35a, Rn. 46.

43 *Martini/Nink* (Fn. 26), S. 2.

44 *Stelkens* (Fn. 2), § 35a, Rn. 24, 26 und 46.

45 *Thorsten Siegel*, Der virtuelle Verwaltungsakt, VerwArch 105 (2014), S. 241–261, 258; *ders.* (Fn. 7), S. 26. Vgl. auch *Braun Binder* (Fn. 7), S. 963; *Guckelberger* (Fn. 8), S. 409; *Stelkens* (Fn. 2), § 35a, Rn. 46.

46 *Eifert* (Fn. 8); *Lazaratos* (Fn. 6). Zu den Vor- und Nachteilen von vollautomatisiert erlassenen Verwaltungsakten ausführlich: *Guckelberger* (Fn. 8), S. 403 f.

urteilungsspielraum. Die (gesetzliche)[47] Konzentration auf gebundene Verwaltungsentscheidungen spiegelt die Überzeugung des Gesetzgebers wider, dass die durch die Einräumung von Beurteilungs- und Ermessensspielräumen angestrebte Gewährleistung von Einzelfallgerechtigkeit eine *menschliche Willensbetätigung* bzw. eine individuelle Beurteilung des Sachverhalts durch einen Sachbearbeiter voraussetzt.[48]

Die Beschränkung auf gebundene Entscheidungen entspricht ferner den Vorstellungen darüber, was Algorithmen aktuell leisten können.[49] Demnach arbeiten die in der konventionellen Verwaltungsautomation eingesetzten Algorithmen Probleme nach einem vorgegebenen Muster ab. Das Ergebnis solcher Softwaresysteme ist vollständig determiniert. Zu jedem Zeitpunkt ihrer Ausführung ist der jeweils nächste Schritt dieser „*deterministischen Algorithmen*“ eindeutig definiert.[50] Davon zu unterscheiden sind Algorithmen, deren Ergebnis nicht zwingend (vollständig) determiniert ist. Zu diesen Algorithmen zählen auch sog. *lernende Algorithmen*.[51] Systeme, in denen solche Algorithmen eingesetzt werden, können unter Umständen ihre Funktionalität und damit ihr Verhalten ändern. Dabei ist auch ein Abweichen von der ursprünglich bei der Programmierung intendierten Funktionalität möglich.[52] *21*

Eine Frage, die sich in Zukunft stellen wird, ist, ob auch *indeterminierte Systeme* in vollautomatisierten Verwaltungsverfahren eingesetzt werden dürfen.[53] Sie wird von einzelnen Autoren bejaht, unter der Voraussetzung, dass unerwünschte Ergebnisse einer durch lernende Algorithmen durchgeführten Eigenprogrammierung eines Systems von vornherein ausgeschlossen werden bzw. durch eine *22*

47 Vgl. Rn. 12 und 14 des vorliegenden Beitrags.

48 Vgl. *Deutscher Bundestag (Finanzausschuss)* (Fn. 12), S. 132. Vgl. auch *Beirat Verwaltungsverfahrensrecht beim BMI*, Automatisiert erlassene Verwaltungsakte und Bekanntgabe über Internetplattformen, NVwZ 2015, S. 1114–1118, 1115.

49 Nach *Bull* (Fn. 7), S. 412, handelt es sich bei der Beschränkung der Vollautomatisierung auf gebundene Verwaltungsakte um eine Selbstverständlichkeit, solange die technische Möglichkeit der Ermessensausübung und der Auslegung unbestimmter Rechtsbegriffe nicht gegeben sei. Vgl. auch *Helbich* (Fn. 34), S. 576; *Martini/Nink* (Fn. 26), S. 9; *Stelkens* (Fn. 2), § 35a Rn. 47.

50 *Julian Reichwald/Dennis Pfisterer*, Autonomie und Intelligenz im Internet der Dinge, CR 2016, S. 208–212, 210.

51 Zu verschiedenen Möglichkeiten maschineller Lernverfahren vgl. nur *Wolfgang Ertel*, Grundkurs Künstliche Intelligenz, 4. Aufl., Wiesbaden 2016, S. 191 ff.

52 *Stefan Kirn/Claus D. Müller-Hengstenberg*, Intelligente (Software-)Agenten: Von der Automatisierung zur Autonomie? Verselbständigung technischer Systeme, MMR 2014, S. 225–232, 228 ff.

53 Diese Frage könnte sich relativ bald einmal stellen, da Formen künstlicher Intelligenz in der Verwaltungsarbeit bereits zum Einsatz kommen. So werden in den Finanzverwaltungen einzelner Bundesländer Risikomanagementsysteme eingesetzt, die auf künstlichen neuronalen Netzen basieren und die Umsatzsteuer-Voranmeldungen auf Anzeichen für die Beteiligung an einem Karussellbetrug analysieren. Vgl. *Landtag von Baden-Württemberg*, Mitteilung der Landesregierung vom 14. 12. 2011, Drucksache 15/1047, S. 12 und 19; vgl. auch *Mario Martini*, Transformation der Verwaltung durch Digitalisierung, DÖV 2017, S. 443–455, 452.

menschliche Neuprogrammierung zu korrigieren sind.[54] Der Vorgabe, dass *unerwünschte Ergebnisse* einer Eigenprogrammierung durch lernende Algorithmen *ausgeschlossen* sein müssen, ist uneingeschränkt beizupflichten. Ob sich dies technisch bewerkstelligen lässt, ist allerdings eine andere Frage.[55] Vorgeschlagen wird deshalb auch eine Zertifizierung, die sicherstellen soll, dass im Rahmen von regelmäßigen Kontrollen überprüft wird, ob lernende Systeme diskriminierende Auswahlfaktoren heranziehen.[56]

Ein (alleiniges) Abstellen auf die *Kontrolle des Outputs* von vollautomatisierten Verfahren und gegebenenfalls eine Korrektur durch Neuprogrammierung wäre dagegen heikel. Gerade in unechten Massenverfahren, in denen eine Vollautomatisierung wohl primär eingesetzt werden wird, ist aus Effizienzgründen kaum vorstellbar, dass die Verwaltung eine solche Output-Kontrolle selbst vornähme. Würde die Output-Kontrolle dagegen auf die Betroffenen von vollautomatisierten Verwaltungsverfahren abgewälzt, leistete dies der ohnehin schon schwelenden Kritik Vorschub, dass die Digitalisierung der Verwaltungsarbeit zulasten der Bürgerinnen und Bürger bzw. der Unternehmen erfolgt.[57]

23 Weitere Grenzen vollautomatisierter Verwaltungsverfahren können sich aus *Beteiligungsrechten Dritter* ergeben. So sind etwa im *Planfeststellungsverfahren* (§ 72 VwVfG) wegen der grundsätzlich erforderlichen öffentlichen Auslegung (§ 73 Abs. 3 VwVfG) Einwendungen von Betroffenen möglich, und im Anhörungsverfahren (§ 73 Abs. 2 VwVfG) sind Stellungnahmen betroffener Behörden einzuholen. An der Erörterung (§ 73 Abs. 6 VwVfG) nehmen die Genehmigungsbehörde, Vorhabenträger, berührte Behörden, Betroffene und ggf. weitere Einwendende teil. Alle diese Verfahrensschritte bedürfen, zumindest aus heutiger Sicht, einer menschlichen Mitwirkung und sind nicht vollautomatisiert umsetzbar.[58]

---

54 *Stelkens* (Fn. 2), § 35a Rn. 47.

55 Vgl. nur etwa das Beispiel des automatisierten Schlagwort-Algorithmus von Flickr, der People of Color als „Tier" oder „Affe" verschlagwortete, oder Bilder von Konzentrationslagern mit den Worten „Klettergerüst" und „Sport" erfasste; vgl. Spiegel Online vom 21. 05. 2015, abrufbar unter http://www.spiegel.de/netzwelt/web/flickr-schlagwort automatik-sorgt-fuer-aerger-a-1034870.html.

56 *Mario Martini/David Nink*, Wenn Maschinen entscheiden… Persönlichkeitsschutz in vollautomatisierten Verwaltungsverfahren (Kurzfassung), NVwZ 2017, S. 681–682, 682. Vgl. für eine ausführliche Diskussion verschiedener Möglichkeiten der Algorithmenkontrolle bzw. der Transparenz- und Offenlegungspflichten der Algorithmen einsetzenden staatlichen Stelle: *Martini/Nink* (Fn. 26), S. 10 ff., sowie *Martini* (Fn. 53), S. 452 f.

57 Vgl. z. B. die gemeinsame Stellungnahme des Deutschen Richterbundes und des Bundes Deutscher Finanzrichterinnen und Finanzrichter zum Referentenentwurf eines Gesetzes zur Modernisierung des Besteuerungsverfahrens vom 25. 08. 2017, Bemerkungen zu § 93c AO-E, abrufbar unter http://www.drb.de/stellungnahmen/2015/besteuerung.html. Vgl. auch die ermahnenden Ausführungen bei *Bull* (Fn. 7), S. 412 u. 414.

58 Eine künftige Automatisierung scheint allerdings auch hier nicht ausgeschlossen, vgl. *Guckelberger* (Fn. 8), S. 409. Zur elektronischen Bürger- und Behördenbeteiligung vgl. Kapitel „Elektronisch unterstützte Partizipationsverfahren und e-Voting" des vorliegenden Buchs.

IV. (Voll-)Automatisiert erlassene und elektronische Verwaltungsakte

Im Kontext von E-Government spielen nunmehr die automatisiert erlassenen Verwaltungsakte und die elektronischen Verwaltungsakte eine bedeutende Rolle. Bei den automatisiert erlassenen Verwaltungsakten ist spätestens seit der Einführung von § 35a VwVfG zu differenzieren, ob der Verwaltungsakt *„mit Hilfe automatischer Einrichtungen"* (§ 28 Abs. 2 Nr. 4, § 37 Abs. 5, § 39 Abs. 2 Nr. 3 VwVfG) oder *„vollständig durch automatische Einrichtungen"* (§ 35a VwVfG) erlassen wurde.[59] Letztere zeichnen sich gegenüber ersteren dadurch aus, dass der Erlass ohne jegliche personelle Intervention erfolgt.[60] Dem steht auch nicht entgegen, wenn das Computerprogramm, das zum vollautomatisierten Erlass eines Verwaltungsaktes eingesetzt wird, eine Aussteuerungsmöglichkeit vorsieht.[61] *24*

Der vollautomatisiert erlassene Verwaltungsakt (§ 35a VwVfG) und der elektronische Verwaltungsakt (§ 37 Abs. 2 VwVfG) sind begrifflich zu unterscheiden. Ob ein Verwaltungsakt *schriftlich, elektronisch, mündlich oder „in anderer Weise"* erlassen wird, hängt nicht davon ab, ob der Verwaltungsakt mit Hilfe automatischer Einrichtungen oder vollautomatisiert generiert wurde.[62] Obwohl ein vollautomatisiert erlassener Verwaltungsakt regelmäßig auch ein elektronischer Verwaltungsakt sein dürfte, ist auch ein vollautomatisiert erlassener Verwaltungsakt in Papierform denkbar.[63] *25*

C. Elektronische Aktenführung

I. Definition

In § 29 VwVfG wird der Begriff „Akten" ausdrücklich verwendet, ohne dass der Gesetzgeber eine Legaldefinition dafür vorgesehen hat. Gemeinhin werden darunter alle *Schriftstücke oder sonstigen Unterlagen* zu einer Verwaltungsangelegenheit verstanden, unabhängig davon, ob diese in elektronischer oder in *Papier-Form* vorliegen.[64] Als elektronische Akten („E-Akten") kann entsprechend die „Zusammenfassung sachlich zusammengehöriger oder verfahrensgleicher Vorgänge und/oder Dokumente" verstanden werden, die „alle bearbeitungs- und aktenrelevanten E-Mails, sonstigen elektronisch erstellten Unterlagen sowie gescannten Papierdokumente umfasst und so eine vollständige Information über die *26*

---

59 Zu den Parallelbestimmungen in der AO und im SGB X vgl. Rn. 8 ff. und 14 des vorliegenden Beitrags. Zur Unterscheidung zwischen Vollautomatisierung und Teilautomatisierung vgl. Rn. 3 des vorliegenden Beitrags.

60 Vgl. Rn. 3 des vorliegenden Beitrags. Als „virtuellen Verwaltungsakt" bezeichnet *Siegel* (Fn. 45), S. 242, einen Verwaltungsakt, dessen Erlass überwiegend von nicht-personalen Elementen geprägt ist.

61 *Stelkens* (Fn. 2), § 35a, Rn. 6 und 24.

62 *Heckmann* (Fn. 7), Kapitel 5, Rn. 490; *Stelkens* (Fn. 2), § 37, Rn. 46a.

63 *Braun Binder* (Fn. 9), S. 895. Vgl. auch *Heckmann* (Fn. 7), Kapitel 5, Rn. 490.

64 *Dieter Kallerhoff/Thomas Mayen*, in: Stelkens/Bonk/Sachs (Hrsg.), Verwaltungsverfahrensgesetz. Kommentar (Fn. 2), § 29, Rn. 32.

Geschäftsvorfälle eines Sachverhalts ermöglicht."[65] Zwischen E-Akten und Akten in Papierform wird also allein aufgrund der eingesetzten *Informationsträger* differenziert. Daraus ergeben sich unterschiedliche Konsequenzen hinsichtlich der Aufbewahrung, der Bearbeitung und der Zugänglichmachung der Akten.[66] Setzt sich eine Akte aus papiernen und elektronischen Teilen zusammen, spricht man auch von einer hybriden Aktenführung bzw. einer *Hybridakte*.[67]

II. Rechtlicher Rahmen

27 Zu den rechtsstaatlichen Grundprinzipien des Verwaltungshandelns gehört das Prinzip der *Aktenmäßigkeit der Verwaltung*. Als Ausfluss des Rechts auf Akteneinsicht (§ 29 VwVfG) ist die Verwaltung dazu verpflichtet, Akten zu führen.[68] Dabei ist nicht vorgegeben, ob dies in Papierform oder in elektronischer Form zu geschehen hat. Bereits vor einer Regelung der elektronischen Aktenführung im *Gesetz zur Förderung der elektronischen Verwaltung* (EGovG)[69] wurden in der (Bundes-)Verwaltung elektronische Akten geführt.[70]

1. Pflicht zur Führung elektronischer Akten (§ 6 Satz 1 EGovG)

28 Am 01.01.2020 wird § 6 Satz 1 EGovG in Kraft treten.[71] Damit wird ab diesem Zeitpunkt die elektronische Aktenführung für *Bundesbehörden* zur *Pflicht*, sofern die elektronische Aktenführung für eine Behörde bei langfristiger Betrachtung nicht unwirtschaftlich ist (§ 6 Satz 2 EGovG). Bei der Führung elektronischer Akten sind die *Grundsätze ordnungsgemäßer Aktenführung* „durch geeignete technisch-organisatorische Maßnahmen nach dem Stand der Technik sicherzustellen" (§ 6 Satz 3 EGovG). Mehr als diese allgemeine Vorgabe enthält das EGovG nicht. Es ist also der Verwaltung überlassen, welche technischen Vorkehrungen getroffen werden, um insbesondere die *Vollständigkeit und Nachvollziehbarkeit* der Akten, die *Integrität und Authentizität* des Aktenmaterials und die *lang-*

---

65 Gesetzentwurf der Bundesregierung (Entwurf eines Gesetzes zur Förderung der elektronischen Verwaltung sowie zur Änderung weiterer Vorschriften) vom 14.11.2012, BT-Drs. 17/11473, S. 37.

66 *Guckelberger* (Fn. 5), S. 133 f.

67 *Guckelberger* (Fn. 5), S. 134; *Kallerhoff/Mayen* (Fn. 62), § 29, Rn. 50.

68 *Kallerhoff/Mayen* (Fn. 64), § 29, Rn. 29.

69 Gesetz vom 25.07.2013 (BGBl. I S. 2749), geändert durch Art. 2 Gesetz vom 04.04.2017 (BGBl. I S. 770).

70 *Uwe Berlit*, Elektronische Verwaltungsakten und verwaltungsgerichtliche Kontrolle, NVwZ 2015, S. 197–200, 197; *Ulrich Ramsauer/Tobias Frische*, Das E-Government-Gesetz, NVwZ 2013, S. 1505–1514, 1512. Vgl. zur kommunalen Ebene auch: *Norbert Meier*, Die Einführung einer elektronischen Akte in der öffentlichen Verwaltung aus rechtlicher Sicht, VR 2010, S. 114–117.

71 Art. 31 Abs. 5 Gesetz vom 25.07.2013 zur Förderung der elektronischen Verwaltung sowie zur Änderung weiterer Vorschriften, BGBl. I S. 2749.

fristige Sicherung des Aktenbestandes zu gewährleisten.[72] Teilweise wird diese Offenheit des Gesetzes kritisiert. Insbesondere wird in Frage gestellt, ob dadurch das erforderliche Schutzniveau für sensitive personenbezogene Daten in E-Akten konkret genug erfasst sei.[73]

2. Übertragung von Papierdokumenten in die elektronische Form (§ 7 EGovG)

Führen die Bundesbehörden Akten in elektronischer Form, sollen *elektronische Dokumente* an die Stelle von Papierdokumenten treten. Das bedeutet, dass anstatt der Papierdokumente deren elektronische Wiedergabe in der E-Akte aufzubewahren ist (§ 7 Abs. 1 Satz 1 EGovG). Die *papiergebundenen Originale* sind *zurückzugeben* oder zu *vernichten*, sobald eine weitere Aufbewahrung aus rechtlichen Gründen oder zur Qualitätssicherung des Übertragungsvorgangs nicht mehr notwendig ist (§ 7 Abs. 2 EGovG). Die Regelung des § 7 EGovG ist bereits in Kraft getreten. Dies hat zur Folge, dass auch bei einer elektronischen Aktenführung vor dem 01. 01. 2020 die Vorgabe gilt, dass auf Papierdokumente zu verzichten ist.[74] Ob diese Vorgabe allerdings vor der verpflichtenden elektronischen Aktenführung konsequent umgesetzt wird, wird teilweise bezweifelt.[75] Für Altbestände von Papierakten ist § 7 EGovG nicht anwendbar.[76] 29

Bei der Übertragung von Papierdokumenten in die elektronische Form sind verschiedene Anforderungen zu berücksichtigen. Es ist sicherzustellen, dass die elektronischen Dokumente „bildlich und inhaltlich“ mit den Papierdokumenten übereinstimmen (§ 7 Abs. 1 Satz 2 EGovG). Aus diesem Grund wird in Rechtsprechung und Literatur eine Übereinstimmung sowohl der optischen Kraft als auch der Lesbarkeit der Dokumente gefordert, was insbesondere dazu führt, dass farbige Papierdokumente auch farbig eingescannt und ggf. ausgedruckt werden müssen.[77] Umstritten ist, in welchem Umfang die für das Scannen verantwortliche Person die *Übereinstimmung von Originaldokument und eingescanntem elektronischem Dokument* mittels qualifizierter elektronischer Signatur (Art. 3 30

72 *Ramsauer/Frische* (Fn. 70), S. 1512. Zu den Aspekten ordnungsgemäßer Aktenführung vgl. Gesetzentwurf der Bundesregierung (Entwurf eines Gesetzes zur Förderung der elektronischen Verwaltung sowie zur Änderung weiterer Vorschriften) vom 14. 11. 2012, BT-Drs. 17/11473, S. 38, sowie *Siegel* (Fn. 45), S. 251 m. w. N.

73 *Moritz Karg*, Datenschutzrechtliche Anforderungen an die E-Akte, DuD 2013, S. 702–708; *Alexander Roßnagel*, Auf dem Weg zur elektronischen Verwaltung – Das E-Government-Gesetz, NJW 2013, S. 2710–2717, 2713.

74 Zur Rechtslage hinsichtlich des ersetzenden Scannens vor Inkrafttreten des § 7 EGovG ausführlich: *Alexander Roßnagel/Daniel Wilke*, Die rechtliche Bedeutung gescannter Dokumente, NJW 2006, S. 2145–2150; *Alexander Roßnagel/Stefanie Fischer-Dieskau/Silke Jandt/Daniel Wilke*, Scannen von Papierdokumenten, Baden-Baden 2008.

75 *Ramsauer/Frische* (Fn. 70), S. 1513.

76 *Florian Albrecht/Alexander Schmid*, Das E-Government-Gesetz des Bundes, Kommunikation & Recht 2013, S. 529–535, 534; *Roßnagel* (Fn. 73), S. 2714.

77 VG Wiesbaden v. 28. 02. 2014, NJW 2014, S. 2060 f.; *Heckmann* (Fn. 7), Kapitel 5, Rn. 205. Zum Urteil des VG Wiesbaden vgl. *Berlit* (Fn. 70), S. 197 ff.

Nr. 12 eIDAS-Verordnung[78]) zu bescheinigen hat.[79] Eine vollständige Sichtprüfung der gescannten Dokumente ist ausweislich der Gesetzesbegründung nicht erforderlich.[80] Eine Orientierung am *Schutzbedarf* des jeweiligen Scanprozesses und eine Differenzierung danach, ob ein gescanntes Dokument Urkundencharakter besitzt oder nicht, ist deshalb zu befürworten.[81] Als „Stand der Technik" (§ 7 Abs. 1 Satz 2 EGovG) kann u.a. auf die Standards der BSI-Richtlinie „Ersetzendes Scannen" (RESISCAN) abgestellt werden.[82]

3. Recht auf Akteneinsicht (§ 8 EGovG)

31 Neben der Regelung des § 29 VwVfG wurde mit § 8 EGovG auch die Art und Weise der *Akteneinsicht in elektronische Akten* geregelt. Ein eigenständiges Akteneinsichtsrecht sollte damit allerdings nicht geschaffen werden.[83] Die Behörde kann zur Gewährung der Akteneinsicht einen Aktenausdruck erstellen (§ 8 Nr. 1 EGovG), die elektronischen Dokumente auf einem Bildschirm wiedergeben (Nr. 2), an den Einsichtsberechtigten übermitteln (Nr. 3) oder den elektronischen Zugriff auf den Inhalt der Akten gestatten (Nr. 4). Die Wahl der Form, in der Akteneinsicht gewährt wird, liegt im pflichtgemäßen Ermessen der Behörde.[84] Den Wünschen und Bedürfnissen der Bürgerinnen und Bürger ist dabei nach Möglichkeit Rechnung zu tragen. Zwar ergibt sich dies nicht explizit aus dem Gesetzeswortlaut. Es lässt sich allerdings auf die allgemeinen Grundsätze einer guten Verwaltung stützen.[85]

III. Vor- und Nachteile einer E-Akte

32 Die E-Akte ist ein wichtiges *Bindeglied* der elektronischen Verwaltung. Die Einführung der elektronischen Aktenführungspflicht durch das EGovG wird denn

---

78 Verordnung (EU) 910/2014 des Europäischen Parlaments und des Rates vom 23.07.2014 über elektronische Identifizierung und Vertrauensdienste für elektronische Transaktionen im Binnenmarkt und zur Aufhebung der Richtlinie 1999/93/EG, ABl. L 257 vom 28.08.2014, S. 73.

79 Eine qualifizierte elektronische Signatur für jeden Scan fordert das VG Wiesbaden v. 28.02.2014, NJW 2014, S. 2060f., 2061; tlw. a.A. *Berlit* (Fn. 70), S. 199, der v. a. in Massenscanprozessen diesen Aufwand für übermäßig und normativ nicht vorgegeben hält.

80 Gesetzentwurf der Bundesregierung (Entwurf eines Gesetzes zur Förderung der elektronischen Verwaltung sowie zur Änderung weiterer Vorschriften) vom 14.11.2012, BT-Drs. 17/11473, S. 39. Vgl. auch *Roßnagel* (Fn. 73), S. 2714.

81 *Berlit* (Fn. 70), S. 199.

82 BSI Technische Richtlinie 03138 Ersetzendes Scannen (RESISCAN), Version 1.1 vom 02.03.2017, abrufbar unter https://www.bsi.bund.de/DE/Publikationen/Technische Richtlinien/tr03138/index_htm.html. Vgl. zum Abstellen auf RESISCAN als Stand der Technik: Gesetzentwurf der Bundesregierung (Entwurf eines Gesetzes zur Förderung der elektronischen Verwaltung sowie zur Änderung weiterer Vorschriften) vom 14.11.2012, BT-Drs. 17/11473, S. 38.

83 *Ramsauer/Frische* (Fn. 70), S. 1511.

84 *Ramsauer/Frische* (Fn. 70), S. 1511; *Roßnagel* (Fn. 73), S. 2714.

85 *Ramsauer/Frische* (Fn. 70), S. 1511.

auch gemeinhin als erheblicher Mehrwert beurteilt.[86] Sie erlaubt die medienbruchfreie elektronische Abwicklung von Verwaltungsverfahren.[87] Da elektronische Akten nicht ortsgebunden sind, können sie zeitlich und örtlich flexibel aufgerufen werden. Dies ermöglicht eine parallele Bearbeitung oder andere Formen arbeitsteiliger Prozesse und damit eine potenzielle Verkürzung der Verfahrensdauer.[88] Auch die Möglichkeit der erleichterten Übermittlung elektronischer Akten – sowohl behördenübergreifend als auch von Verwaltungsbehörden an die Gerichte – wird als Vorteil benannt.[89] Im Gegensatz zur Papierakte kann die elektronische Akte bei entsprechendem Dateiformat effizienter durchsucht und ausgewertet werden.[90] Ferner können Arbeitsschritte bei E-Akten automatisiert erfolgen, wie etwa die Aussonderung einer Akte nach Ablauf der Aufbewahrungsfrist.[91]

Die Nachteile einer E-Akte ergeben sich aus der *Anfälligkeit technischer Systeme*. 33
Hackerangriffe, Stromausfälle oder andere Defekte können die Arbeit einer Behörde, die auf elektronische Akten angewiesen ist, blockieren.[92] Die *längerfristige Aufbewahrung* von E-Akten könnte ebenfalls Probleme mit sich bringen.[93] Dem Risiko, dass elektronische Akten aufgrund der schnellen Weiterentwicklung der technischen Systeme nach wenigen Jahren nicht mehr lesbar sind, muss vorgebeugt werden. Auch der Mehraufwand, der der Verwaltung dadurch erwächst, dass sie nach wie vor Papierdokumente erhält und diese sodann einscannen muss, stellt einen Nachteil dar.[94] Schließlich muss sichergestellt sein, dass die *Mitarbeitenden* über das notwendige Know-how verfügen, um die E-Akte zu bearbeiten.[95]

D. Fazit

Sowohl die E-Akte als auch die Möglichkeit vollautomatisierter Verwaltungsver- 34
fahren stellen wichtige Schritte auf dem Weg der weiteren Digitalisierung der Verwaltungsarbeit dar. Bei der Umsetzung sind verschiedene *technische Herausforderungen* zu meistern. Dazu gehört die Sicherstellung der Kontrolle von Algorithmen, die im Rahmen einer Vollautomatisierung zum Einsatz kommen („Algorithmenkontrolle"). Dabei ist nicht nur an eine Output-Kontrolle durch

---

86 *Heckmann* (Fn. 7), Kapitel 5, Rn. 205 m.w.N.

87 *Guckelberger* (Fn. 5), S. 136; *Skrobotz* (Fn. 5), S. 105 f.; *Roßnagel* (Fn. 73), S. 2713; vgl. auch *Britz* (Fn. 5), § 26, Rn. 32.

88 *Britz* (Fn. 5), § 26, Rn. 28 u. 32; *Guckelberger* (Fn. 5), S. 136.

89 *Guckelberger* (Fn. 5), S. 136 f.

90 *Guckelberger* (Fn. 5), S. 137; *Skrobotz* (Fn. 5), S. 106.

91 *Britz* (Fn. 5), § 26, Rn. 32; *Guckelberger* (Fn. 5), S. 137.

92 *Guckelberger* (Fn. 5), S. 138.

93 Vgl. dazu *Alexander Roßnagel/Stefanie Fischer-Dieskau/Silke Jandt/Michael Knopp*, Langfristige Aufbewahrung elektronischer Dokumente, Baden-Baden 2007.

94 *Guckelberger* (Fn. 5), S. 138 f.

95 *Guckelberger* (Fn. 5), S. 139. Allgemein: *Hermann Hill*, Wandel von Verwaltungskultur und Kompetenzen im digitalen Zeitalter, in: ders./Mario Martini/Edgar Wagner (Hrsg.), Transparenz, Partizipation, Kollaboration, Baden-Baden 2014, S. 125–148.

die Betroffenen von Verwaltungsverfahren zu denken, sondern auch die Übernahme der Verantwortung durch die zuständige Behörde sicherzustellen, ohne dabei die mit der Digitalisierung verbundenen Effizienzvorteile zu beeinträchtigen. Bei der elektronischen Aktenführung sind insbesondere die langfristige *Aufbewahrung* der Akten und die *Datensicherheit* zu gewährleisten.

35 Gemeinsam ist der E-Akte und den vollautomatisierten Verwaltungsverfahren, dass sie einem *aktuellen Bedürfnis* entsprechen. Die Vollautomatisierung wird in unechten Massenverfahren eingesetzt werden, wie die Entwicklung im Besteuerungsverfahren zeigt. Elektronische Akten wurden bereits vor der gesetzlichen Regelung im EGovG geführt. In beiden Fällen wird es künftig nicht darum gehen, „ob“ die Verfahren umgesetzt werden, sondern vielmehr um das „Wie“.

E-Vergabe

Thorsten Siegel

A. Begriff

Die Elektronisierung erfasst zunehmend auch die Vergabe öffentlicher Aufträge. Im weiteren Rahmen des E-Government ist unter elektronischer Vergabe (E-Vergabe) die Durchführung der Vergabe öffentlicher Aufträge mit elektronischen Mitteln zu verstehen.[1] Die damit verbundene Digitalisierung der Beschaffungsprozesse[2] kann synonym auch als E-Procurement bezeichnet werden.[3] Diese Definition muss allerdings konkretisiert werden: Denn der Begriff der E-Vergabe erfordert nicht, dass sämtliche Schritte der Vergabe in elektronischer Form erfolgen. Ausreichend, aber erforderlich ist es, dass das Vergabeverfahren überwiegend bzw. grundsätzlich in elektronischer Form durchgeführt wird.[4] Eine E-Vergabe liegt deshalb auch dann vor, wenn einzelne Verfahrensschritte, wie etwa die Auswertung der Angebote, nicht in elektronischer Form durchgeführt werden.[5] *1*

B. Vorzüge und Risiken

Die Verwendung elektronischer Kommunikationsmittel führt typischerweise zu einer Steigerung der Effizienz und der Transparenz auch im Vergabeverfahren.[6] Zudem können mittelfristig erhebliche Kosteneinsparungen erzielt werden. Das Statistische Bundesamt geht etwa von einem ersparten Erfüllungsaufwand für die Verwaltung und Bund, Ländern und Kommunen in Höhe von 235,1 Mio. € aus.[7] Andererseits ist die Umstellung auf die E-Vergabe aber auch mit beträchtlichen Aufwendungen verbunden.[8] Zudem stehen die mit der E-Vergabe verbundenen Transparenzgewinne wegen der oftmals notwendigen Verwendung personenbezogener Daten teilweise in einem sachgerecht aufzulösenden Spannungsverhältnis zu den Anforderungen des Datenschutzes.[9] Unabhängig davon können die er- *2*

---

1 *Peter Schäfer*, Perspektiven der E-Vergabe, NZBau 2015, S. 131–140, 131.

2 So die alternative Umschreibung im Gesetzesentwurf der Bundesregierung zum Vergaberechtsmodernisierungsgesetz, BT-Drs. 18/6281, S. 3.

3 *Peter Michael Probst/Fabian Winters*, eVergabe – ein Blick in die Zukunft des elektronischen Vergabewesens!, CR 2015, S. 557–562, 557.

4 *Martin Burgi*, Vergaberecht, 2. Aufl., München 2018, § 13, Rn. 33. Zur parallelen Definition des „virtuellen Verwaltungsakts" *Thorsten Siegel*, Der virtuelle Verwaltungsakt, VerwArch 105 (2014), S. 241–261, 242.

5 *Christian Braun*, Elektronische Vergaben, VergabeR 2016, S. 179–188, 184.

6 BT-Drs. 18/6281, S. 1.

7 BT-Drs. 18/6281, S. 5.

8 *Burgi* (Fn. 4), § 13, Rn. 31.

9 Hierzu *Marc Pauka/Till Kemper*, Eignung und Datenschutz im Vergaberecht, NZBau 2017, S. 71–76.

hofften Effizienzgewinne nur dann nachhaltig erzielt werden, wenn eine Abkehr von „Insellösungen" erfolgt und dabei Inkompatibilitäten vermieden werden.[10] In die richtige Richtung weist hier das im Juni 2017 verabschiedete Onlinezugangsgesetz.[11] Mit diesem soll ein die Verwaltungsebenen übergreifender Portalverbund geschaffen werden.[12]

C. Entwicklung

3 Die Hinwendung zur E-Vergabe ist maßgeblich geprägt worden durch die Europäische Gemeinschaft/Union. Hier hat insbesondere die EU-Kommission die Entwicklung vorangetrieben.[13] Inhaltlich können hier im Wesentlichen drei Schritte unterschieden werden: die Öffnung für die E-Vergabe, die fakultative E-Vergabe sowie die obligatorische E-Vergabe.[14]

I. Die Öffnung für die E-Vergabe

4 Den ersten wichtigen Schritt[15] in dieser Entwicklung bildete die Öffnung für die E-Vergabe in der Richtlinie 97/52/EG v. 13. 10. 1997.[16] Danach durften die Mitgliedstaaten zulassen, dass Angebote außer in der klassischen Schriftform auch „auf andere Weise" übermittelt werden. Der Begriff der elektronischen Vergabe wurde damit zwar nicht ausdrücklich erwähnt, war der Sache nach aber unstreitig erfasst.[17] Bestimmungen zur näheren Ausgestaltung waren der Richtlinie jedoch nicht zu entnehmen.[18] Auf nationaler Ebene aufgegriffen wurde diese Öffnung für die E-Vergabe in § 15 S. 1 der Vergabeverordnung (VgV) in der Fassung v. 09. 01. 2001.[19] Darin wurde bereits explizit auf die elektronische Angebotsabgabe abgestellt.[20]

---

10 *Braun* (Fn. 5), S. 179 f.

11 BGBl. I, S. 3122, 3138. Hierzu die Begründung BT-Drs. 18/11131, S. 67 und 91 ff.

12 Hierzu *Thorsten Siegel*, Auf dem Weg zum Portalverbund – Das neue Onlinezugangsgesetz des Bundes, DÖV 2018, S. 185–192.

13 *Michael Wankmüller*, Die elektronische Auftragsvergabe nach den neuen EU-Vergaberichtlinien, in: Hettich/Soudry (Hrsg.), Das neue Vergaberecht, 2014, S. 213–264, 291, bezeichnet die Kommission als „Dauertreiber der e-Vergabe".

14 *Eingehend Wankmüller* (Fn. 13), S. 218–221.

15 *Wankmüller* (Fn. 13), S. 218, spricht anschaulich von einem „Urknall".

16 Richtlinie 97/52/EG des Europäischen Parlaments und des Rates vom 13. Oktober 1997 zur Änderung der Richtlinien 92/50/EWG, 93/36/EWG und 93/37/EWG über die Koordinierung der Verfahren zur Vergabe öffentlicher Dienstleistungs-, Liefer- und Bauaufträge, ABl. Nr. L 328 v. 28. 11. 1997, S. 1 ff.

17 *Hans-Peter Müller*, in: Hans-Peter Kulartz/Alexander Kus/Norbert Portz/Hans-Joachim Prieß (Hrsg.), Kommentar zum GWB-Vergaberecht, 4. Aufl., Neuwied 2016, § 97 Rn. 208.

18 *Christian-David Wagner*, in: Müller-Wrede, GWB – Vergaberecht, 2016, § 97 Rn. 222.

19 BGBl. I 2001, S. 110 (113).

20 Hierzu *Heiko Höfler*, Die elektronische Vergabe öffentlicher Aufträge, NZBau 2000, S. 449–455, 452 f.

II. Die fakultative E-Vergabe

Der zweite Meilenstein in dieser Entwicklung wurde durch das Richtlinienpaket des Jahres 2004 initiiert. Art. 42 Abs. 1 der Richtlinie 2004/18/EG[21] und Art. 48 der Richtlinie 2004/17/EG[22] gestatteten den Auftraggebern nun explizit die optionale Verwendung elektronischer Kommunikationsmittel. Ausweislich der Erwägungsgründe hielt es der europäische Gesetzgeber zudem für angebracht, elektronische Kommunikationsmittel den klassischen gleichzusetzen.[23] Die Umsetzung der nunmehr optionalen Verwendung elektronischer Kommunikationsmittel erfolgte an diversen Stellen der Vergabeverordnungen und Vergabe- und Vertragsordnungen.[24] Zudem wurde im Jahre 2009 die ebenfalls optionale Durchführung einer elektronischen Auktion geregelt.[25] 5

III. Die obligatorische E-Vergabe

Den vorläufigen Abschluss in dieser Entwicklung bildet die grundsätzliche Hinwendung zur obligatorischen E-Vergabe im EU-Richtlinienpaket 2014. Hier sieht insbesondere die neue allgemeine Vergaberichtlinie 2014/24/EU[26] in Art. 22 Abs. 1 die grundsätzliche Verpflichtung zur Nutzung elektronischer Kommunikationsmittel vor. Eine entsprechende Bestimmung enthält Art. 40 Abs. 1 der Sektoren-Richtlinie 2014/25/EU[27], in welcher die Bereiche der Wasser-, Energie und Verkehrsversorgung sowie der Postdienste einem gesonderten, gegenüber der allgemeinen Vergaberichtlinie etwas abgemilderten Vergaberechtsregime unterstellt werden. Im Vergleich zu den sonstigen Bestimmungen beider Richtlinien besteht insoweit allerdings teilweise eine verzögerte Umsetzungspflicht, welche bis zum 18. 10. 2018 reicht.[28] 6

---

21 Richtlinie 2004/18/EG des Europäischen Parlaments und des Rates v. 31. 03. 2004 über die Koordinierung der Verfahren zur Vergabe öffentlicher Bauaufträge, Lieferaufträge und Dienstleistungsaufträge, ABl. Nr. L 134 v. 30. 04. 2004, S. 114 (142).

22 Richtlinie 2004/17/EG des Europäischen Parlaments und des Rates v. 31. 03. 2004 zur Koordinierung der Zuschlagserteilung durch Auftraggeber im Bereich der Wasser-, Energie und Verkehrsversorgung sowie der Postdienste, ABl. Nr. L. 134 v. 30. 04. 2014, S. 1 (32).

23 Erwägungsgrund Nr. 35 der Richtlinie 2004/18/EG (Fn. 21), dort S. 119 sowie Nr. 46 der Richtlinie 2004/17/EG (Fn. 22), dort S. 8.

24 Hierzu *Martin Müller/Tobias Ernst*, Elektronische Vergabe ante portas – Übersicht über aktuelle und zukünftige Rechtsfragen, NJW 2004, S. 1768–1773, 1769 ff.

25 § 101 Abs. 6 GWB der Fassung v. 20. 04. 2009, BGBl. I 2009, S. 790 (793). Hierzu *Clemens Antweiler*, in: Jan Ziekow/Uwe-Carsten Völlink (Hrsg.), Vergaberecht, 2. Aufl., München 2013, § 101 GWB, Rn. 38 f.

26 Richtlinie 2014/24/EU des Europäischen Parlaments und des Rates v. 26. 02. 2014 über die Auftragsvergabe und zur Aufhebung der Richtlinie 2004/18/EG, ABl. Nr. L 94 v. 28. 03. 2014, S. 65 (106).

27 Richtlinie 2014/25/EU des Europäischen Parlaments und des Rates v. 26. 02. 2014 über die Vergabe von Aufträgen durch Auftraggeber im Bereich der Wasser-, Energie- und Verkehrsversorgung sowie der Postdienst und zur Aufhebung der Richtlinie 2004/17/EG, ABl. Nr. L 94 v. 28. 03. 2014, S. 242 (295).

28 Art. 90 Abs. 2 der Richtlinie 2014/24/EU (Fn. 26), dort S. 142 f.; Art. 106 Abs. 2 der Richtlinie 2014/25/EU (Fn. 27), dort S. 330 f.

7 Einen hiervon abweichenden Weg hat der europäische Gesetzgeber in der völlig neu geschaffenen Konzessionsvergaberichtlinie 2014/23/EU[29] beschritten: In dieser Richtlinie wird – in Anknüpfung an die vorherige Rechtsprechung des Europäischen Gerichtshofs zu den Grundfreiheiten – die Vergabe von Konzessionen, bei denen im Unterschied zur herkömmlichen Vergabe der Unternehmer das überwiegende wirtschaftliche Risiko seiner Leistungserbringung trägt, erstmals kodifiziert und einem ebenfalls (deutlich) abgemilderten Vergaberechtsregime unterstellt.[30] Denn in Art. 29 Abs. 1 Uabs. 1 dieser Richtlinie ist lediglich eine fakultative Verwendung elektronischer Kommunikationsmittel vorgesehen.[31] Die nach der Konzessionsvergaberichtlinie lediglich fakultative Nutzung elektronischer Kommunikationsformen ist jedoch auf nationaler Ebene ebenfalls in eine obligatorische umgestaltet worden (s.u. Rn. 17).[32]

8 Ergänzt werden die neuen EU-Vergaberichtlinien durch die Richtlinie 2014/55/EU über die elektronische Rechnungsstellung bei öffentlichen Aufträgen.[33] Danach müssen Rechnungen nach Erfüllung von (öffentlichen) Aufträgen in elektronischer Form empfangen und verarbeitet werden können. Die Umsetzung durch die Mitgliedstaaten muss grundsätzlich bis zum 27.11.2018 erfolgen. Allerdings gestattet die Richtlinie den Mitgliedstaaten für subzentrale (öffentliche) Auftraggeber eine verzögerte Umsetzung.[34] Subzentrale (öffentliche) Auftraggeber sind alle (öffentlichen) Auftraggeber, die keine zentralen Regierungsbehörden sind.[35]

D. Rechtsgrundlagen

I. Die Zweiteilung des Vergaberechts

9 Die unionsrechtlichen Vorgaben sind inzwischen in nationales Recht umgesetzt worden.[36] Einschlägig sind die EU-Richtlinien aber nur ab Erreichen der Schwellenwerte. Diese geschätzten Auftragssummen liegen im Geltungsbereich der allgemeinen Vergaberichtlinie 2014/24/EU seit dem 01.01.2018 bei 5.548.000 Euro für öffentliche Bauaufträge (ohne Mehrwertsteuer), für Liefer- und Dienstleistungsaufträge grundsätzlich bei 221.000 Euro.[37] Der Schwellenwert für

29 Richtlinie 2014/23/EU des Europäischen Parlaments und des Rates v. 26.02.2014 über die Konzessionsvergabe, ABl. Nr. L 94 v. 28.03.2004, S. 1 (32).

30 Hierzu eingehend *Christian Braun*, Die neue Konzessionsrichtlinie, in: Daniel Soudry/ Lars Hettich (Hrsg.), Das neue Vergaberecht, Köln 2014, S. 155–212.

31 *Schäfer* (Fn. 1), S. 137.

32 Hierzu *Thorsten Siegel*, Das neue Konzessionsvergaberecht, NVwZ 2016, S. 1672–1677, 1675.

33 Richtlinie 2014/55/EU v. 16.04.2014 über die elektronische Rechnungsstellung bei öffentlichen Aufträgen, ABl. Nr. L 133, 1 ff.

34 Art. 11 Abs. 2 Uabs. 2 der Richtlinie 2014/55/EU (Fn. 33), S. 10.

35 Art. 2 Abs. 1 Nr. 3 der Richtlinie RL 2014/24/EU (Fn. 26), S. 96.

36 Zum völkerrechtlichen Hintergrund des Government Procurement Act (GPA) *Schäfer* (Fn. 1), S. 133.

37 Art. 4 der Richtlinie 2014/24/EU (Fn. 26) i.V.m. VO (EU) 2015/2170, ABl. 2015 L 307, S. 5. Für die Vergabe von Liefer- und Dienstleistungsaufträge durch den zentrale Regierungsbehörden besteht ein niedrigerer Schwellenwert von 144.000 Euro.

Konzessionen beträgt einheitlich für Bau- und Dienstleistungskonzessionen 5.548.000 Euro.[38] Dies hat zu einer Zweiteilung des Vergaberechts geführt.[39] Insbesondere weichen die Rechtsgrundlagen ab Erreichen der Schwellenwerte erheblich vom Unterschwellenbereich ab. In terminologischer Hinsicht werden die Bestimmungen ab Erreichen der Schwellenwerte typischerweise als Kartellvergaberecht bezeichnet, da bei ihnen der Wettbewerbsgedanke im Mittelpunkt steht. Hingegen dient das unterhalb der Schwellenwerte angesiedelte Haushaltsvergaberecht primär der Schonung öffentlicher Ressourcen.[40]

II. Kartellvergaberecht

1. Das Kaskadenprinzip

Der Oberschwellenbereich wird geprägt durch das sog. Kaskadenprinzip.[41] An 10
der Spitze dieser Kaskade stehen die gesetzlichen Bestimmungen der §§ 97 ff. des Gesetzes gegen Wettbewerbsbeschränkungen (GWB).[42] Auf der zweiten Stufe folgen die Vergabeverordnungen, welche aufgrund von Ermächtigungen im GWB erlassen worden sind. Zu diesen Rechtsverordnungen zählen die allgemeine Vergabeordnung (VgV)[43], die den Bereichen des Verkehrs, der Trinkwasserversorgung und der Energieversorgung vorbehaltene Sektorenverordnung (SektVO)[44] sowie die Konzessionsvergabeverordnung (KonzVgV)[45], welche die Besonderheiten bei der Vergabe von Konzessionen regelt. Auch für Vergaben im Verteidigungs- und Sicherheitsbereich wurde mit der Vergabeverordnung Verteidigung und Sicherheit (VSVgV)[46] eine gesonderte Rechtsverordnung erlassen, in welchem den besonderen Geheimhaltungsinteressen bei diesen Vergaben Rechnung trägt.

---

38 Art. 8 Abs. 1 der Richtlinie 2014/23/EU (Fn. 29) i.V.m. VO (EU) 2015/2172, ABl. 2015 L 307, S. 9. Für den Sektorenbereich vgl. Art. 15 der Sektorenrichtlinie 2014/25/EU (Fn. 27) i.V.m. VO (EU) 2015/2171, ABl. 2015 L 307, S. 7.

39 Grundlegend *Jost Pietzcker*, Die Zweiteilung des Vergaberechts, Baden-Baden 2001.

40 Zu dieser Terminologie *Thorsten Siegel*, Das Haushaltsvergaberecht – Systematisierung eines verkannten Rechtsgebiets, VerwArch 107 (2016), S. 1–30, 3.

41 *Jan Ziekow*, in: Ziekow/Völlink (Hrsg.), Vergaberecht (Fn. 25), GWB Einl. Rn. 25.

42 Gesetz gegen Wettbewerbsbeschränkungen (GWB) idF der Bek. v. 26.06.2013, BGBl. I S. 1750, zuletzt geändert durch G. v. 30.10.2017, BGBl. I S. 3618.

43 Verordnung über die Vergabe öffentlicher Aufträge (Vergabeverordnung – VgV) v. 12.04.2016, BGBl. I S. 624, geändert durch G. v. 18.07.2017, BGBl. I, S. 2745.

44 Verordnung über die Vergabe von öffentlichen Aufträgen im Bereich des verkehrs, der Trinkwasserversorgung und der Energieversorgung (Sektorenverordnung – SektVO) v. 12.04.2016, BGBl. I S. 624, 657, geändert durch G. v. 18.07.2017, BGBl. I, S. 2745.

45 Verordnung über die Vergabe von Konzessionen (Konzessionsvergabeverordnung – KonzVgV) v. 12.04.2016, BGBl. I S. 624, 683, geändert durch G. v. 18.07.2017, BGBl. I S. 2745.

46 Vergabeverordnung für die Bereiche Verteidigung und Sicherheit zur Umsetzung der Richtlinie 2009/81/EG des Europäischen Parlaments und des Rates vom 13.07.2009 über die Koordinierung der Verfahren zur Vergabe bestimmter Bau-, Liefer- und Dienstleistungsaufträge in den Bereichen Verteidigung und Sicherheit und zur Änderung der Richtlinien 2004/17/EG und 2004/18/EG (Vergabeverordnung Verteidigung und Sicherheit – VSVgV) v. 12.07.2012, BGBl. I S. 1509, zul. geändert durch G. v. 29.03.2017, BGBl. I S. 626, geändert durch G. v. 18.07.2017, BGBl. I S. 2745.

Schließlich werden in der Vergabestatistikverordnung (VergStatVO)[47] bestimmte Pflichten der Auftraggeber zur Datenübermittlung an das Bundesministerium für Wirtschaft und Energie geregelt.

2. Relevanz der Vergabeordnungen

11 Im Kartellvergaberecht bildeten die drei Vergabeordnungen, nämlich die VOB/A[48], die VOL/A[49] sowie die VOF[50], lange Zeit die dritte Stufe des Kaskadenprinzips. Bei den Vergabeordnungen handelt es sich im Ausgangspunkt um autonome Regelwerke, die erst durch einen Anwendungsbefehl Verbindlichkeit erlangen. Dieser kann entweder in einem Gesetz, in einer Rechtsverordnung oder in einer Verwaltungsvorschrift erfolgen. Dabei teilen die Vergabeordnungen jeweils die Rechtsnatur des Rechtssatzes, welcher den Anwendungsbefehl ausspricht. Im Oberschwellenbereich erfolgte die Verweisung in der Vergangenheit jeweils in der VgV aF. Auch nach neuem Kartellvergaberecht enthält § 2 S. 2 VgV einen entsprechenden Anwendungsbefehl für die VOB/A in der Neufassung des Jahres 2016.[51] Da es sich um eine statische Verweisung handelt, werden künftige Änderungen der VOB/A nicht gleichsam „automatisch“ übernommen. Im Zuge der jüngsten Reform des nationalen Kartellvergaberechts sind jedoch die Anforderungen nach der VOL/A und der VOF jedoch in der neuen Vergabeverordnung (VgV) aufgegangen.[52] Im Oberschwellenbereich besteht daher nunmehr die Kaskade aus den Bestimmungen des GWB, den Vergabeverordnungen sowie der VOB/A 2016 (zweiter und dritter Abschnitt).

3. Bedeutsame Regelungen zur E-Vergabe

12 Bedeutsame Regelungen zur E-Vergabe sind auf allen drei Stufen der Kaskade anzutreffen. So enthält bereits § 97 Abs. 5 GWB eine Grundsatzentscheidung für die Verwendung elektronischer Kommunikationsmittel, belässt die konkrete Ausgestaltung der Verpflichtung jedoch den Vergabeverordnungen.[53] Diese Ermäch-

47 Verordnung zur Statistik über die Vergabe öffentlicher Aufträge und Konzessionen (Vergabestatistikverordnung – VergStatVO) v. 12. 04. 2016, BGBl. I S. 624, 691.

48 Vergabe- und Vertragsordnung für Bauleistungen (VOB), Teil A – Allgemeine Bestimmungen für die Vergabe von Bauleistungen – Ausgabe 2012 i.d.F. v. 31. 07. 2009 (BAnz. 2009 Nr. 155, ber. 2010 Nr. 36), zuletzt geändert am 26. 06. 2012 (BAnz. AT 2012, B3). Zur Neufassung der VOB/A 2016 sogleich.

49 Vergabe- und Vertragsordnung für Leistungen (VOL), Teil A – Allgemeinen Bestimmungen für die Vergabe von Leistungen v. 20. 11. 2009 (BAnz. 2009 Nr. 196a, ber. 2010 Nr. 755).

50 Vergabeordnung für freiberufliche Leistungen (VOF) v. 18. 11. 2009 (BAnz. 2009 Nr. 185a).

51 Vergabe- und Vertragsordnung für Bauleistungen (VOB), Teil A – Allgemeine Bestimmungen für die Vergabe von Bauleistungen – Ausgabe 2016 – v. 07. 01. 2016 (BAnz AT v. 19. 01. 2016, B3, 3, geändert durch Bek. v. 22. 06. 2016 (BAnz. AT 2016, B4).

52 Hierzu *Burgi* (Fn. 4), § 4 Rn. 26; *Christoph Krönke*, Das neue Vergaberecht aus verwaltungsrechtlicher Perspektive, NVwZ 2016, S. 568–575, 569.

53 Hierzu *Peter Michael Probst/Fabian Winters*, Die eVergabe nach der Vergaberechtsreform 2016, CR 2016, S. 349–355, 350.

tigung wird in den Vergabeverordnungen aufgegriffen in §§ 9 ff. VgV, §§ 9 ff. SektVO und §§ 7 ff. KonzVgV. Darin wird eine grundsätzliche Verpflichtung zur Nutzung elektronische Kommunikationsmittel statuiert, welche auch die Vergabe von Konzessionen erfasst (s.u. Rn. 17). Eine besondere Regelung enthält nach wie vor § 19 VSVgV: Diese Bestimmung trägt der besonderen Interessenlage im Bereich Verteidigung und Sicherheit Rechnung und stellt die Art der Kommunikationsmittel grundsätzlich in das Ermessen des Auftraggebers. Darüber hinaus werden in § 120 GWB besondere fakultative Methoden und Instrument im Vergabeverfahren geregelt, von denen dynamische Beschaffungssystems nach Abs. 1, elektronische Auktionen nach Abs. 2 sowie elektronische Kataloge nach Abs. 3 dem Bereich der E-Vergabe zuzurechnen sind. Konkretisiert werden diese besonderen Instrumente in §§ 24 ff. VgV sowie §§ 20 ff. SektVO (s.u. Rn. 27 f.). Schließlich enthält auch § 4b EU der VOB/A 2016 eine Regelung zur E-Vergabe. Da die Vorschriften zur E-Vergabe im Oberschwellenbereich jedoch einheitlich ausgestaltet werden sollen, beschränkt sich diese Regelung auf eine Bezugnahme auf einzelne Bestimmungen der VgV. Hinzu kommen seit dem April 2017 die Neuregelungen nach §§ 4a und 18 des E-Government-Gesetzes (EGovG) des Bundes.[54] Damit werden die Vorgaben der Richtlinie 2014/55/EU zur elektronischen Rechnungsstellung (s.o. Rn. 8) in nationales Recht umgesetzt. Die Einzelheiten ergeben sich aus der – auf Grundlage des § 4a Abs. 3 E-GovG n.F. noch zu erlassenden – Rechtsverordnung. Zu beachten ist, dass nicht wenige Pflichten im Rahmen der E-Vergabe erst nach einer Übergangsfrist zu beachten sind.

III. Haushaltsvergaberecht

1. Rechtsgrundlagen

Eine völlig andere Rechtslage ist im Haushaltsvergaberecht anzutreffen.[55] Hier sind mangels Erreichen der Schwellenwerte weder die Bestimmungen der §§ 97 ff. GWB noch die Vergabeverordnungen einschlägig, da diese aufgrund einer Ermächtigung im GWB erlassen wurden. Im Mittelpunkt stehen hier klassischerweise der Regelungen der Haushaltsordnungen, insbesondere des §§ 55 BHO/LHO. Angereichert werden diese Regelungen durch die verschiedenen Landesvergabegesetze, welche im Unterschwellenbereich ihre zentrale Bedeutung entfalten. Die Ausgestaltung des Vergabeverfahrens erfolgt auch hier durch die Vergabeordnungen. 13

2. Bedeutung der Vergabeordnungen

a) Wirkungsweise im Unterschwellenbereich

Im Unterschwellenbereich werden die Vergabeordnungen typischerweise durch Verwaltungsvorschrift für verbindlich erklärt.[56] Sie tragen damit selbst den Cha- 14

54 BGBl. 2017 I, S. 770 ff.
55 Ausführlich hierzu *Siegel* (Fn. 40), S. 3 ff.
56 Etwa Ziffer 2 der Verwaltungsvorschrift des Bundes zu § 55 BHO.

rakter einer Verwaltungsvorschrift.[57] Zugleich sie fungieren als die in § 55 Abs. 2 BHO vorgesehenen „Richtlinien".[58] Teilweise enthalten aber auch die Landesvergabegesetze einen entsprechenden Anwendungsbefehl.[59] Allerdings war der Anwendungsbereich der VOF[60] gemäß deren § 1 Abs. 2 VOF auf Vergaben ab Erreichen der Schwellenwerte beschränkt. Sie kam daher im Haushaltsvergaberecht von vornherein nicht zur Anwendung. Anders verhält es sich mit der VOB/A und der VOL/A. Deren Basisparagraphen enthalten explizite Regelungen zu Unterschwellenvergaben und sind daher im Haushaltsvergaberecht von besonderer Bedeutung.

b) Von der VOL/A zur Unterschwellenvergabeordnung (UVgO)

15 Diese Rechtslage wird sich künftig mit Inkraftsetzung der Unterschwellenvergabeordnung (UVgO)[61] ändern. Denn die UVgO soll den ersten Abschnitt der VOL/A ersetzen.[62] Erfasst werden nach § 50 UVgO auch freiberufliche Leistungen, allerdings mit einer gegenüber den sonstigen erfassten Leistungen deutlich abgemilderten Regelungsdichte. Die UVgO ist zwar bereits im Februar 2017 im Bundesanzeiger bekanntgemacht worden. Da es sich aber um keine Rechtsverordnung handelt, sondern ebenfalls um eine Vergabeordnung, kann sie erst nach einem entsprechenden Anwendungsbefehl durch einen Rechtssatz (Gesetz, Rechtsverordnung oder Verwaltungsvorschrift) Verbindlichkeit erlangen.[63] Die bislang noch gültige Zweigleisigkeit zwischen VOB/A und VOL/A wird dann durch eine Zweigleisigkeit zwischen VOB/A (erster Abschnitt) und der UVgO abgelöst werden.

3. Bedeutsame Regelungen zur E-Vergabe

16 Regelungen zur E-Vergabe im Unterschwellenbereich finden sich (bislang) etwa in §§ 11 Abs. 1 Nr. 1, 12 Abs. 1 Nr. 1 und 13 Abs. 1 Nr. 1 VOB/A 2016 sowie §§ 11 Abs. 1, 12 Abs. 1 S. 1 und 13 Abs. 1 S. 1 VOL/A 2009. Diese Bestimmungen gehen nach wie vor von einer Wahlmöglichkeit zwischen herkömmlichen und elektronischen Kommunikationsmitteln aus (s.u. Rn. 30). Demgegenüber enthält die neue UVgO eine verstärkte Hinwendung zur E-Vergabe (s.u. Rn. 31). Insbe-

57 BGHZ 116, 149 (151 f.); *Jan Ziekow*, Öffentliches Wirtschaftsrecht, 4. Aufl. 2016, § 9 Rn. 16.

58 *Markus Groß*, in: Christoph Gröpl (Hrsg.), Bundeshaushaltsordnung/Landeshaushaltsordnung, München 2011, § 55, Rn. 2.

59 §§ 5 ff. Tariftreue- und Vergabegesetz Bremen; § 1 Abs. 2 SächsVergabeG, § 1 Abs. 2 LVG LSA; § 3 Abs. 1 S. 3 Nr. 1 und 2 TTG SchlH.

60 S. o. Fn. 50.

61 Bekanntmachung der Verfahrensordnung für die Vergabe öffentlicher Liefer- und Dienstleistungsaufträge unterhalb der EU-Schwellenwerte (Unterschwellenvergabeordnung – UVgO) – Ausgabe 2017, BAnz AT v. 07. 02. 2017, B1. Hierzu *Thorsten Siegel*, Zur funktionalen Annäherung des Haushaltsvergaberechts an das Kartellvergaberecht durch die UVgO: Wächst zusammen, was zusammengehört?, VergabeR 2018, S. 183–189.

62 *Irene Lausen*, Die Unterschwellenvergabeordnung – UVgO, NZBau 2017, S. 3–8, 3.

63 *Horst Ollmann*, Von der VOL zur UVgO, VergabeR 2016, S. 687–693, 687.

sondere sind nach § 7 Abs. 1 UVgO künftig grundsätzlich elektronische Kommunikationsmittel zu verwenden.[64]

E. Die E-Vergabe im Kartellvergaberecht

I. Die Hinwendung zur obligatorischen E-Vergabe

1. Grundsatz

17 Die Hinwendung zur obligatorischen E-Vergabe manifestiert sich insbesondere darin, dass bei der Vergabe öffentlicher Aufträge künftig grundsätzlich elektronische Kommunikationsmittel zu verwenden sind. Das Gleiche gilt für die Speicherung von Daten. Entsprechende Regelungen finden sich in § 9 Abs. 1 VgV, § 9 Abs. 1 SektVO sowie § 7 Abs. 1 KonzVgV. Die Erstreckung auf die Konzessionsvergabe ist deswegen bemerkenswert, weil das Unionsrecht die elektronische Kommunikationsform nicht zwingend vorgibt, sondern die Wahl der Kommunikationsform in das Ermessen der Mitgliedstaaten gestellt wird (s.o. Rn. 7). Die Gleichstellung der Konzessionsvergabe mit der herkömmlichen Vergabe wird jedoch plausibel damit begründet, dass die Konzessionsgeber regelmäßig zugleich öffentliche Auftraggeber sind.[65]

18 Nicht zuletzt da die umfassende Einrichtung elektronischer Kommunikationsmittel eine beträchtlichen finanziellen und materiellen Aufwand erfordert, hat der Verordnungsgeber jedoch in §§ 81 VgV, 64 SektVO und 34 KonzVgV für bestimmte Pflichten Übergangsfristen bis zum 18. Oktober 2018 eingeräumt. Diese Übergangsfristen gelten jedoch nicht für zentrale Beschaffungsstellen i.S.d. § 120 Abs. 4 S. 1 GWB. Zudem werden in inhaltlicher Hinsicht die Übermittlung der Bekanntmachung sowie die Bereitstellung der Vergabeunterlagen explizit von den Übergangsbestimmungen ausgenommen. Auch die Pflicht zur elektronischen Rechnungsstellung, die dem eigentlichen Vergabeverfahren nachgelagert ist, besteht für oberste Bundesbehörden erst nach dem 27. 11. 2018, für die anderen Auftraggeber sogar erst nach dem 27. 11. 2019.[66]

2. Ausnahmen

19 Der Grundsatz der obligatorischen E-Vergabe gilt jedoch nicht ausnahmslos. Zunächst verbleibt die Wahl der Kommunikationsform in den Bereichen der Verteidigung und Sicherheit gemäß § 19 VSVgV unverändert im Ermessen des jeweiligen Auftraggebers. Darüber hinaus sehen auch die Vergabeverordnungen mit einer grundsätzlichen Verpflichtung zur Nutzung elektronischer Kommunikati-

---

64 Hierzu *Peter Michael Probst/Fabian Winters*, Die Unterschwellenvergabeverordnung (UVgO) – Rechtssicherheit bei Beschaffungen unterhalb der Schwellenwerte?, VergabeR 2017, S. 311–322, 315.

65 BT-Drs. 18/7318, S. 254.

66 Art. 3 Abs. 1 und Art. 1 Nr. 3 des Gesetzes zur Umsetzung der Richtlinie 2014/55/EU über die elektronische Rechnungsstellung im öffentlichen Auftragswesen, BGBl. I 2017, S. 770 f. Hierzu auch BT-Drs. 18/9945, S. 14 und 17.

onsmittel explizite Ausnahmen vor: Nach § 9 Abs. 2 VgV, § 9 Abs. 2 SektVO und § 7 Abs. 2 KonzVgV kann die Kommunikation mündlich erfolgen, wenn sie nicht die Vergabeunterlagen, die Teilnahmeanträge, die Interessenbetätigungen oder die Angebote betrifft und wenn sie ausreichend und in geeigneter Weise dokumentiert wird. Die Dokumentationspflicht dient in diesen Fällen dazu, das Transparenzgebot zu wahren und um überprüfen zu können, ob der Grundsatz der Gleichbehandlung aller Unternehmer gewahrt wurde.[67] Aber auch im Übrigen darf die Hinwendung zur E-Vergabe nicht dahingehend (miss-)verstanden werden, dass sämtliche Verfahrensschritte in elektronischer Form erfolgen müssen. So unterliegen etwa die Wertung der Angebote und deren Verarbeitung nicht den Verpflichtungen zur E-Vergabe.[68]

II. Elektronische Kommunikationsmittel

1. Begriff und technische Anforderungen

20 Der Begriff der elektronischen Mittel wird in §§ 9 Abs. 1 VgV, 9 Abs. 1 SektVO, 7 Abs. 1 KonzVgV weit definiert als Geräte und Programme für die elektronische Datenübermittlung. Die technischen Anforderungen an diese Mittel werden in §§ 10 VgV, 10 SektVO und 8 KonzVgV definiert. Sie müssen insbesondere über ein bestimmtes Sicherheitsniveau verfügen, das jeweils in Absatz 1 dieser Regelungen näher umschrieben wird. Zudem müssen sie nach Abs. 2 dieser Regelungen über eine einheitliche Datenaustauschschnittstelle verfügen und die vom IT-Planungsrat aufgestellten Interoperabilitäts- und Sicherheitsstandards wahren.[69] – Nach Maßgabe der §§ 12 VgV, 12 SektVO und 10 KonzVgV ist unter qualifizierten Voraussetzungen der Einsatz nicht allgemein verfügbarer elektronischer Mittel, die als „alternative elektronische Mittel“ bezeichnet werden, zulässig. Da es sich um einen Ausnahmetatbestand handelt, sind die letztgenannten Bestimmungen eng auszulegen.[70]

2. Anforderungen an den Einsatz

21 §§ 11 VgV, 11 SektVO sowie 9 KonzVgV regeln die Anforderungen an den Einsatz dieser elektronischen Mittel und konkretisieren damit zugleich die allgemeinen Vergabegrundsätze. Dabei statuieren die jeweiligen Absätze 1 dieser Vorschriften die Gebote der allgemeinen Verfügbarkeit, der diskriminierungsfreien Verwendung, der Kompatibilität mit allgemein verbreiteten Geräten und Programmen der Informations- und Kommunikationstechnologie, das Verbot einer Zugangsbeschränkung für bestimmte Unternehmen infolge des Einsatzes bestimmter elektronischer Mittel sowie schließlich die Beachtung der einschlägigen

---

67 BT-Drs. 18/7318, S. 153.
68 *Braun* (Fn. 5), S. 184; *Burgi* (Fn. 4), § 13, Rn. 33.
69 Hierzu auch die Verordnungsbegründung BT-Drs. 18/7318, S. 214.
70 Hierzu auch die Verordnungsbegründung BT-Drs. 18/7318, S. 215.

Bestimmungen des Behindertengleichstellungsgesetzes.[71] Nach §§ 11 Abs. 2 VgV, 11 Abs. 2 SektVO und § 9 Abs. 2 KonzVgV dürfen zudem nur solche elektronischen Mittel verwendet werden, welche die Unversehrtheit, Vertraulichkeit und Echtheit der Daten gewährleisten.[72] Schließlich begründen die jeweiligen Absätze drei dieser Vorschriften eine Informationspflicht der (öffentlichen) Auftraggeber bzw. Konzessionsgeber: Diese müssen den Unternehmen alle notwendigen Informationen zur Verfügung stellen über die verwendeten technischen Mittel, über die technischen Parameter zur Einreichung von Teilnahmeanträgen, Angebote und Interessensbetätigungen sowie die verwendeten Verschlüsselungs- und Zeiterfassungsverfahren.[73]

III. Einzelne Verfahrensschritte

22 Die Hinwendung zur E-Vergabe hat unterschiedliche Auswirkungen auf die einzelnen Verfahrensschritte.[74] Spezifische Folgerungen sind anzutreffen bei der Bekanntmachung, bei der Abrufbarkeit der Vergabeunterlagen, bei der Abgabe von Angeboten und vergleichbaren Erklärungen sowie – dem eigentlichen Vergabeverfahren nachgelagert – bei der Rechnungstellung für (öffentliche) Aufträge. Im Übrigen ist auf die allgemeinen Grundsätze nach §§ 9 VgV, 9 SektVO, 7 KonzVgV zurückzugreifen (s.o. Rn. 17f.). Allerdings müssen nicht sämtliche Verfahrensschritte in elektronischer Form durchgeführt werden müssen (s.o. Rn. 19).

1. Bekanntmachung

23 Erstmals relevant im Vergabeverfahren wird die E-Vergabe bei der Bekanntmachung. Denn gemäß §§ 40 Abs. 1 S. 1 VgV, 40 Abs. 1 S. 1 SektVO, 23 Abs. 1 KonzVgV sind die vergaberechtlich relevanten Bekanntmachungen dem EU-Amt für Veröffentlichungen in elektronischer Form zu übermitteln. Für die Bekanntmachung müssen die Standardformulare der EU-Kommission nach dem Anhang der VO (EU) 2015/1986[75] verwendet werden.[76] Die Veröffentlichung erfolgt über das gesondert eingerichtete EU-Portal eNotices.[77]

2. Abrufbarkeit der Vergabeunterlagen

24 Sodann müssen die Vergabeunterlagen grundsätzlich elektronisch zugänglich sein. Gemäß §§ 41 Abs. 1 VgV, 41 Abs. 1 SektVO, 17 Abs. 1 KonzVgV muss deshalb in der Bekanntmachung eine elektronische Adresse angegeben werden, unter wel-

---

71 Zum Erfordernis der Barrierefreiheit bei der elektronischen Kommunikation *Andreas Carstens*, Modernisierung des Vergaberechts – nicht ohne Barrierefreiheit, ZRP 2015, S. 141–144, 143f.

72 Hierzu *Probst/Winters* (Fn. 3), S. 560.

73 Hierzu auch die Verordnungsbegründung BT-Drs. 18/7318, S. 214f.

74 Zu den einzelnen Modulen vgl. auch BT-Drs. 18/6281, S. 61.

75 VO (EU) 2015/1986, ABl. L 296 v. 12.11.2015, 1 (135ff.).

76 BT-Drs. 18/7318, S. 179.

77 https://simap.europa.eu/enotices/changeLanguage.do?language=DE (aufgerufen am 16.05.2018); hierzu *Probst/Winters* (Fn. 3), S. 559.

cher die Vergabeunterlagen unentgeltlich, uneingeschränkt, vollständig und direkt abrufbar sind.[78] Der Zugang ist nur dann uneingeschränkt, wenn keine vorherige Registrierung erforderlich ist.[79] Ausdrücklich bestätigt wird dies in §§ 9 Abs. S. 2 VgV, 9 Abs. 3 S. 2 SektVO, 7 Abs. 3 S. 2 KonzVgV: Danach darf der Zugang nicht von einer Registrierung abhängig gemacht werden. Zulässig ist indessen eine freiwillige Registrierung. Eine Ausnahme vom Erfordernis der elektronischen Zugänglichkeit ist jedoch dann möglich, wenn einer der Ausnahmetatbestände des §§ 41 Abs. 2, 41 Abs. 2 SektVO bzw. § 17 Abs. 2 KonzVgV vorliegt.

3. Abgabe von Angeboten und anderen Erklärungen

25 Die Angebote müssen – ebenso wie Interessenbekundungen, Interessensbetätigungen und Teilnahmeanträge – gemäß §§ 53 Abs. 1 VgV, 43 Abs. 1 SektVO, 28 Abs. 1 KonzVgV nach dem 18. Oktober 2018[80] grundsätzlich in Textform nach § 126b BGB mithilfe elektronischer Mittel übermittelt werden. Die Pflicht des Auftraggebers, die Einreichung in elektronischer Form zu verlangen, entfällt jedoch, wenn einer der Gründe vorliegt, die nach der jeweiligen Vergabeverordnung eine Ausnahme von der elektronischen Abrufbarkeit rechtfertigt (s.o. Rn. 24).[81] Zudem kann eine andere Form festgelegt werden, wenn die Angebote besonders schutzwürdige Daten enthalten, welche bei der Verwendung allgemein verfügbarer oder alternativer elektronischer Mittel nicht angemessen geschützt werden können oder wenn die Sicherheit der elektronischen Mittel nicht gewährleistet ist.[82] Eine qualifizierte Signatur ist – anders als noch nach § § 16 Abs. 1 VOL/A-EG[83] – nicht stets erforderlich, sondern lediglich dann, wenn der der Auftraggeber dies verlangt, um weil die zu übermittelnden Daten erhöhten Sicherheitsanforderungen unterliegen.[84] – Darüber hinaus muss auch die Einheitliche Europäische Eigenerklärung i.S.d. Art. 59 der Richtlinie 2014/24/EU, welche die bisherigen Eignungsnachweise ersetzt, in elektronischer Form abgegeben werden.[85]

4. Elektronische Rechnungsstellung

26 Zeitlich nach dem eigentlichen Vergabeverfahren angesiedelt ist die elektronische Rechnungsstellung nach § 4a E-GovG. Nach dieser im April 2017 erlassenen Neuregelung sind Rechnungen nach Erfüllung (öffentlicher) Aufträge grundsätzlich in elektronischer Form zu empfangen und zu verarbeiten. Damit wird der

78 Zu diesen Anforderungen *Probst/Winters* (Fn. 53), S. 350 ff.; BT-Drs. 18/7318, S. 180 f.
79 Kritisch hierzu *Braun* (Fn. 5), S. 181.
80 § 81 S. 1 VgV; § 64 S. 1 SektVO; § 34 S. 1 KonzVgV.
81 §§ 53 Abs. 2 VgV, § 43 Abs. 2 SektVO, § 28 Abs. 2 KonzVgV.
82 § 53 Abs. 4 VgV; § 44 Abs. 2 SektVO; § 28 Abs. 4 KonzVgV.
83 Hierzu OLG Düsseldorf, Beschl. v. 13. 04. 2016 – VII-Verg 52/15, Rn. 24 (juris).
84 § 53 Abs. 3 VgV; § 44 Abs. 1 SektVO; § 28 Abs. 3 KonzVgV. Hierzu auch *Sigmar Solbach*, Erfahrungen mit dem reformierten Vergaberecht, in: forum vergabe (Hrsg.), Achtzehnte forum vergabe Gespräche 2016, Berlin 2017, S. 27–33, 31.
85 Art. 59 Abs. 2 Uabs. 2 der Richtlinie 2014/24/EU (Fn. 26), S. 130. Hierzu auch *Braun* (Fn. 5), S. 187. Einzelheiten regelt § 50 VgV.

grundsätzlich auf Behörden und juristische Personen des öffentlichen Rechts begrenzte Anwendungsbereich des § 1 E-GovG[86] auf die möglichen weiteren öffentlichen Auftraggeber erweitert.[87] Allerdings treten diese Neuregelungen – abgesehen von der Verordnungsermächtigung in § 4a Abs. 3 E-GovG n.F. – grundsätzlich erst am 27.11.2018 in Kraft.[88] Zudem sieht § 18 E-GovG eine verzögerte Anwendungspflicht für subzentrale (öffentliche) Auftraggeber sowie für Sektorenauftraggeber und Konzessionsgeber vor: Von diesen Auftraggebern sind die entsprechenden Anforderungen erst ab dem 27.11.2019 einzuhalten.[89] Subzentrale (öffentliche) Auftraggeber sind alle (öffentlichen) Auftraggeber, die keine zentralen Regierungebehörden sind[90]; der Begriff der Sektorenauftraggeber wird umschrieben in § 100 GWB, derjenige des Konzessionsgebers in § 101 GWB.

IV. Besondere Methoden und Instrumente

1. Übersicht

Die E-Vergabe ermöglicht auch die Nutzung spezifischer Methoden und Instrumente, die in § 120 Abs. 1 bis 3 GWB aufgezählt sind. Zu ihnen gehören dynamische Beschaffungssysteme, elektronische Auktionen sowie elektronische Kataloge.[91] Da die Vorschrift des § 120 GWB nicht in der Verweisungsnorm des § 154 GWB enthalten ist, kommen sie nach Vorstellung des Gesetzgebers bei der Konzessionsvergabe nicht zur Anwendung. Die Auftraggeber sind zudem nicht verpflichtet, die technischen Voraussetzungen für diese Instrumente zu schaffen.[92] Diese bereits länger bekannten Instrumente sind in der Praxis bislang allerdings fast bedeutungslos geblieben.[93] 27

2. Einzelne Instrumente nach § 120 GWB

Ein dynamisches Beschaffungssystem i.S.d. § 120 Abs. 1 GWB ist ein zeitlich befristetes, ausschließlich elektronisches Verfahren zur Beschaffung marktüblicher Leistungen, bei denen die allgemein auf dem Markt verfügbaren Merkmale den Anforderungen des öffentlichen Auftraggebers genügen. Die Einzelheiten zum Betrieb dynamischer Beschaffungssysteme regeln §§ 22 ff. VgV und §§ 20 ff. SektVO.[94] Bei einer elektronischen Auktion i.S.d. § 120 Abs. 2 GWB handelt es sich um ein sich schrittweise wiederholendes elektronisches Verfahren zur Ermittlung des wirtschaftlichsten Angebots. Einzelheiten zur Durchführung solcher 28

86 Hierzu *Siegel* (Fn. 4), S. 249.
87 BT-Drs. 18/9945, S. 14.
88 Art. 3 des Gesetzes, BGBl. I 2017, 770 (771).
89 BT-Drs. 18/9945, S. 17.
90 Art. 2 der Richtlinie 2014/24/EU (Fn. 26), S. 96.
91 Hierzu *Schäfer* (Fn. 1), S. 136.
92 *Franz Josef Hölzl*, in: Kulartz/Kus/Portz/Prieß (Hrsg.), Kommentar zum GWB-Vergaberecht, (Fn. 17), § 120 GWB, Rn. 8.
93 *Burgi* (Fn. 4), § 13, Rn. 30.
94 Hierzu auch *Christina Wieddekind*, Das dynamische elektronische Verfahren gem. § 101 Abs. 1 GWB, § 5 VOL/A-EG, VergabeR 2011, S. 412–418.

elektronischer Auktionen sind in §§ 25 f. VgV und §§ 23 f. SektVO geregelt.[95] Schließlich handelt es sich bei elektronischen Katalogen i.S.d. § 120 Abs. 3 GWB um ein auf Grundlage der Leistungsbeschreibung erstelltes Verzeichnis der zu beschaffenden Liefer-, Bau- oder Dienstleistung in einem elektronischen Format. Konkrete Anforderungen zum Betrieb solcher elektronischen Kataloge enthalten § 27 VgV und § 25 SektVO.

3. e-Certis

29 Um ein besonderes Instrument der E-Vergabe handelt es sich auch beim Online-Dokumentationsarchiv e-Certis. Mit diesem von der Kommission bereitgestellten elektronischen System soll der Austausch von Bescheinigungen und anderen Nachweisen, die von öffentlichen Auftraggebers häufig verlangt werden, erleichtert werden.[96] Weitere Einzelheiten sind Art. 61 der Richtlinie 2014/24/EU zu entnehmen. Allerdings besteht zunächst lediglich eine Verpflichtung zur Pflege des Systems durch die Mitgliedstaaten, nicht jedoch zu dessen Verwendung.[97]

F. Die E-Vergabe im Haushaltsvergaberecht

I. Bisherige Rechtslage

30 Die Ausgestaltung des Vergabeverfahrens im Unterschwellenbereich wird seit Längerem geprägt durch die Vergabeordnungen (s.o. Rn. 14). Die bislang gültigen Regelungen der VOB/A und der VOL/A gehen von einer fakultativen Nutzung elektronischer Kommunikationsmittel aus. Dies gilt zunächst für die Bekanntmachung. Hier bilden Internetportale lediglich eine Alternative zu den „klassischen" Publikationsorgane, zu denen insbesondere Tageszeitungen und amtliche Veröffentlichungsblätter gehören.[98] Aber auch die Form der Übermittlung oder Zugänglichmachung der Vergabeunterlagen steht bislang im Ermessen des Auftraggebers.[99] Schließlich ist auch die Zulassung elektronischer Angebote fakultativ ausgestaltet: Bei der Vergabe von Bauleistungen im Unterschwellenbereich sind schriftliche Angebote zuzulassen, die Zulassung elektronischer Angebote steht hier im Ermessen des Auftraggebers.[100] Bei Liefer- und Dienstleistungen im Unterschwellenbereich steht die Festlegung der Form bislang ebenfalls grundsätzlich im Ermessen des Auftraggebers.[101]

---

95 Hierzu auch *Hans-Peter Müller*, Das dynamische elektronische Verfahren, NZBau 2011, S. 72–75.

96 Erwägungsgrund Nr. 87 der RL 2014/24/EU (Fn. 26), S. 82.

97 Deshalb kritisch *Braun* (Fn. 5), S. 187.

98 § 12 Abs. 1 Nr. 1 VOB/A 2016; § 12 Abs. 1 S. 1 und 2 VOL/A 2009.

99 § 12a Abs. 1 Nr. 1 VOB/A 2016 („in geeigneter Weise"); § 12 Abs. 3 VOL/A 2009.

100 § 13 Abs. 1 Nr. 1 S. 1 und 2 VOB/A 2016.

101 § 13 Abs. 1 S. 1 VOL/A 2009; hierzu *Alexander Herrmann*, in: Ziekow/Völlink (Hrsg.), Vergaberecht (Fn. 25), VOL/A § 13, Rn. 3.

II. Künftige Rechtslage

Bei der Vergabe von Bauleistungen wird die lediglich fakultative E-Vergabe zumindest vorläufig Bestand haben. Denn die einschlägigen Bestimmungen stammen (erst) aus dem Jahre 2016. Anders verhält es sich hingegen bei der Vergabe sonstiger Leistungen, wenn und soweit die VOL/A durch die UVgO aufgrund entsprechender Anwendungsbefehle abgelöst wird (s. o. Rn. 15). Denn die UVgO bezweckt nicht nur eine Anpassung des Unterschwellenbereichs an den Oberschwellenbereich im Allgemeinen, sondern enthält auch eine Hinwendung zur obligatorischen E-Vergabe im Besonderen.[102] So sieht bereits § 7 Abs. 1 UVgO eine grundsätzliche Pflicht zur Verwendung elektronischer Kommunikationsmittel vor. Zudem sind Auftragsbekanntmachungen künftig zwingend auf den Internetseiten des Auftraggebers oder auf Internetportalen zu veröffentlichen. Die klassischen Bekanntmachungsformen können hier lediglich zusätzlich zur Anwendung kommen.[103] Darüber hinaus müssen Vergabeunterlagen künftig unentgeltlich, uneingeschränkt, vollständig und grundsätzlich direkt über das Internet abrufbar sein.[104] Weiterhin sieht die UVgO vor, dass ab einem geschätzten Auftragswert von 25.000 € Angebote künftig zwingend in elektronischer Form zu übermitteln sind.[105] Schließlich werden auch die aus dem Oberschwellenbereich bekannten besonderen Instrumente der E-Vergabe (s. o. Rn. 27 f.) ausdrücklich übernommen.[106] 31

102 Hierzu die einzelnen Erläuterungen zur UVgO des Bundesministeriums für Wirtschaft und Energie v. 02. 02. 2017, BAnz. AT v. 07. 02. 2017, abrufbar unter http://www.bmwi.de/Redaktion/DE/Downloads/U/unterschwellenvergabeordnung-uvgo-erlaeuterungen.pdf?__blob=publicationFile&v=6 (zuletzt aufgerufen am 16. 05. 2018). Hierzu *Siegel* (Fn. 61), S. 186.

103 § 28 Abs. 1 S. 1 UVgO. Hierzu die Erläuterungen des BMWi zur UVgO (Fn. 102), S. 10.

104 § 29 UVgO. Ausnahmen von der Abrufbarkeit im Internet ermöglicht Abs. 2. Hierzu die Erläuterungen des BMWi zur UVgO (Fn. 102), S. 10.

105 § 38 UVgO. Abs. 2 und 3 enthalten hierzu Übergangsbestimmungen. Hierzu die Erläuterungen des BMWi zur UVgO (Fn. 102), S. 11 f.

106 §§ 17–19 UVgO; hierzu die Erläuterungen des BMWi zur UVgO (Fn. 102), S. 8.

Barrierefreiheit

Daniela Heinemann

A. Einführung

I. Begriff und Historie

Barrierefreies E-Government ist ein wichtiges Thema in der heutigen, stark auf Technisierung und Digitalisierung ausgerichteten Gesellschaft. Barrieren, die durch verschiedene Formen und Ausprägungen von Behinderungen, Umwelteinflüssen oder sonstigen Einwirkungen entstehen können, sind in der Regel komplex und vielschichtig. *1*

Die Barrierefreiheit hat seine *Historie* im Wesentlichen in den *80er Jahren* und der dort geführten politischen Diskussion um die Gleichstellung gehandicapter Menschen. Sie hat also eine verhältnismäßig junge Geschichte. Seit dieser Zeit hat sich im Bereich der Barrierefreiheit viel getan. Schnell wurde deutlich, dass das *verfassungsrechtlich verankerte Benachteiligungsverbot* in einfach-gesetzliche Normen überführt und damit konkreter und praktikabler gemacht werden sollte. Am 08.01.2000 wurde schließlich der erste Entwurf eines Artikelgesetzes vorgelegt: das Behindertengleichstellungsgesetz, in welchem das Antidiskriminierungsgesetz (ADG-E) enthalten war und das zahlreiche Antidiskriminierungsvorschriften enthielt. Insbesondere wurde bereits dort eine rechtliche Definition von Barrierefreiheit vorgenommen, die weitgehend der heutigen in § 4 Behindertengleichstellungsgesetz entspricht. *2*

Zwar war die Schaffung eines ADG für Behinderte Gegenstand der Koalitionsverhandlungen, dennoch gelang es erst durch den Einsatz der Behindertenverbände und des Behindertenbeauftragten der Bundesregierung, dass entsprechende öffentlich-rechtliche Vorschriften erarbeitet werden sollen, die im Ergebnis im *Erlass des Behindertengleichstellungsgesetzes* des Bundes (BGG-Bund[1]) mündete, das im Mai 2002 in Kraft trat.[2] Mittlerweile wurde das BGG bereits novelliert. Es bildet eine der *wesentlichen Rechtsgrundlagen* für ein barrierefreies E-Government, weil die *Definition der Barrierefreiheit* auf § 4 BGG zurückzuführen ist. *3*

---

1 Gesetz zur Gleichstellung von Menschen mit Behinderungen (Behindertengleichstellungsgesetz – BGG), vom 27.04.2002 (BGBl. I S. 1467, 1468), das durch Artikel 19 Absatz 2 des Gesetzes vom 23.12.2016 (BGBl. I S. 3234) geändert worden ist.

2 *Horst Frehe*, Das Gleichstellungsgesetz für Menschen mit Behinderung, in: Bundeskompetenzzentrum Barrierefreiheit (BKB), Tagungsband zur Tagung „Rechtliche Instrumente zur Durchsetzung von Barrierefreiheit" 08.–09.11.2012, Kassel, S. 17.

II. Anwendungsbereiche

4 Der Barrierefreiheit kommt im Rahmen des E-Government eine wichtige Bedeutung zu. Sie erstreckt sich auf die Gestaltung von Websites, auf den Schriftverkehr im Allgemeinen, auf Telefonate, E-Mails, selbstverständlich auf den Zutritt zu Gebäuden, auf barrierefreies Bauen und Wohnen und auf Mobilität im Allgemeinen.[3]

1. Internet

5 Barrierefreiheit im Internet bedeutet im weiteren Sinne: Auch wenn die persönlichen Ausgangsvoraussetzungen unterschiedlich sind, soll jeder die Angebote im Web ungehindert nutzen können. Für *Websites* heißt das, dass sie *technisch* und *inhaltlich* so aufgebaut sein sollten, dass wirklich *jeder Nutzer zurechtkommt* – unabhängig davon, ob er körperlich oder geistig beeinträchtigt ist oder nicht. Dabei sollte der *Zugriff über unterschiedlichste mobile Endgeräte* ebenso funktionieren wie über die verschiedenen Browser. Eine hohe *Zugänglichkeit* und *Benutzerfreundlichkeit*, sprich Accessibility und Usability, wirken sich auch auf viele andere Aspekte eines Webangebots positiv aus, etwa auf Besucherzahlen, Konversionsraten, Ladezeiten oder die Auffindbarkeit durch Suchmaschinen. Daher sollte man die Prinzipien der Barrierefreiheit grundsätzlich bei allen Webprojekten beachten. Während dies im privatwirtschaftlichen Bereich eine sinnvolle freiwillige Leistung ist, ist die Barrierefreiheit im Öffentlichen Sektor gemäß BITV – Barrierefreie Informationstechnik-Verordnung – verpflichtend.

2. Schriftverkehr

6 Auch im allgemeinen Schriftverkehr und bei E-Mails ist auf Barrierefreiheit zu achten. *Schriftstücke* wie allgemeine Briefe, aber auch E-Mails sollten auch für Personen mit Sehschwächen *leicht zu erfassen* sein. Bei der E-Mail-Gestaltung sollte daher immer auf eine angenehme *Lesbarkeit* geachtet werden. Damit sich der Text deutlich vom Hintergrund abhebt, sollte beispielsweise immer ein ausreichend *starker Kontrast* verwendet werden.

3. Telefonate

7 Telefonate können für hörbeeinträchtigte oder gar taube Menschen eine große Barriere darstellen. Vor allem ist die *Übertragungsqualität* der Sprache mittels Telefon oftmals deutlich schlechter als bei Gesprächen von Angesicht zu Angesicht. Da beim Telefonieren Gestik und Mimik des Gegenübers fehlen, kann es zu *Kommunikations- und Verständnisschwierigkeiten* kommen.

8 Unterschiedliche Technologien können dabei helfen, das Telefonieren für Menschen mit Beeinträchtigung zu erleichtern. Welche dabei die geeignete ist, muss im Einzelfall ausprobiert und entschieden werden. Bei einigen Arten der Hörbe-

3 Vgl. allgemein *Jan Dirk Roggenkamp*, Barrierefreies E-Government, NVwZ 2006, S. 1239, 1239 ff.

einträchtigung können bereits *Telefonverstärker* Abhilfe schaffen. Ansonsten gibt es *Schwerhörigentelefone*, die serienmäßig über Funktionen verfügen, die für Hörgeschädigte hilfreich bei der Telekommunikation sind.

4. Barrierefreies Bauen und Wohnen

Die Novelle des Behindertengleichstellungsgesetzes des Bundes (BGG) von 2016 verstärkt die bereits 2014 selbst auferlegten Anstrengungen des Bundes, als Bauherr vorbildlich barrierefrei zu bauen. *Barrierefrei bauen* heißt, für alle zu bauen, auch für Menschen mit motorischen, visuellen, auditiven sowie kognitiven Einschränkungen. 9

Barrierefreie Gebäude müssen *leicht auffindbar, gut zugänglich* und vor allem *einfach nutzbar* sein. Dies gilt für neue und auch für bestehende Gebäude, für deren Zuwegung und Außenanlagen. Da barrierefreies Planen und Bauen vielschichtigen Anforderungen gerecht werden muss, gibt es *Handlungsempfehlungen*, die als Handreichung und Leitfaden für Architekten, Bauherren, Maßnahmenträger, Nutzer und andere Planer dienen.[4] Der Leitfaden zeigt auf mehr als 200 Seiten sehr konkret auf, was beim barrierefreien Bauen zu beachten ist und wie praxistaugliche, barrierefreie Lösungen aussehen können. 10

Bereits im Vorwort der DIN 18040-1:2010-10 wird die Komplexität des Themas deutlich. Dort heißt es sinngemäß, dass insbesondere die Bedürfnisse von Menschen mit Sehbehinderung, Blindheit, Hörbehinderung (Gehörlose, Ertaubte und Schwerhörige) oder motorischen Einschränkungen sowie von Personen, die Mobilitätshilfen und Rollstühle benutzen, berücksichtigt werden. Auch für andere Personengruppen, wie groß- oder kleinwüchsige Personen, Personen mit kognitiven Einschränkungen, ältere Menschen, Kinder sowie Personen mit Kinderwagen oder Gepäck, führen einige Anforderungen zu einer Nutzungserleichterung.[5] 11

In erster Linie besteht die Schwierigkeit beim barrierefreien Bauen darin, dass teilweise verschiedene rechtliche Grundlagen einschlägig sind und damit teilweise auch *unterschiedliche Zuständigkeiten und Verantwortlichkeiten* normiert werden. Einschränkungen treten bei Menschen in den unterschiedlichsten Formen auf, die wiederum ein breites Spektrum von Anforderungen an die Umgebung stellen. Neben den spezialgesetzlich normierten Vorschriften über die Rechte von behinderten Menschen sind das die von der Bauministerkonferenz erarbeitete *Musterbauordnung* und die jeweiligen *Landesbauordnungen*. Die Unterschiede in den Paragrafen zur Barrierefreiheit differieren in einzelnen Bundesländern jedoch zum Teil erheblich. Darüber hinaus bestehen *zahlreiche DIN-Normen und technischen Regelwerke*, die als allgemein anerkannte Regeln der Technik im Bereich des barrierefreien Bauens beachtet werden sollen. 12

---

4 Vgl. die Onlineversion des Leitfadens (hrsg. vom Bundesministerium für Umwelt, Naturschutz, Bau und Reaktorsicherheit [BMUB), abrufbar unter: www.leitfadenbarrierefreies bauen.de.

5 DIN 18040-1:2010-10.

13 Im Ergebnis geht es um die Umsetzung eines *barrierefreien Gesamtkonzepts*. Dies umfasst beispielhaft die städtebauliche Integration, Orientierungs- und Leitsysteme, Gehwege und Erschließungsflächen außen, Flure und horizontale Erschließungsflächen innen, Rampen innen und außen, Treppen und Stufen innen und außen, Aufzugsanlagen, Türen, Alarmierung und Evakuierung, Serviceschalter/Beratungsräume/Wartehallen, Ausstattungselemente innen und außen, Bedienelemente und Kommunikationsanlagen, Fenster und Glasflächen, Außenräume, Eingang und Foyer, Rollstuhlabstellplätze und Garderoben, Veranstaltungsräume, Teeküchen, Sanitäranlagen, Büroarbeitsplätze und Beherbergungsstätten.[6]

5. Mobilität

14 Nicht nur Gebäude sollten barrierefrei gestaltet sein. Barrierefreiheit stellt ebenfalls ein wichtiges Kriterium für beeinträchtigte Menschen im Rahmen ihrer *Mobilität* dar, so dass dementsprechend *verschiedene Anforderungen an die barrierefreie Nutzbarkeit,* insbesondere des Schienenverkehrs, zu stellen sind. Die Berücksichtigung der Anforderungen ermöglicht mobilitätseingeschränkten Menschen die barrierefreie Nutzung entsprechend gestalteter Fahrzeuge. Es beginnt bereits mit einer barrierefreien Möglichkeit zum Erwerb einer Fahrkarte. So sollten Fahrkartenautomaten beispielsweise über eine Sprachausgabe verfügen. Außerdem sollte die Tastaturbeschriftung in Blindenschrift verfasst sein und einen kontrastreichen Hintergrund bieten. Alle Service- und Informationseinrichtungen müssen von allen Fahrgästen erreicht und genutzt werden können. Dies sind nur einige Beispiele, die im Zusammenhang mit barrierefreier Mobilität zu beachten sind.

15 Die allgemeinen Anforderungen zur Gewährung eines sicheren Fahrgastwechsels beginnend bei einem barrierefreien Fahrkartenerwerb, Einstieg, Aufenthalt und Ausstieg sind in einer besonderen Technischen Spezifikation niedergelegt. Am 12. 12. 2014 wurden verschiedene Technische Spezifikationen für Interoperabilität (kurz TSI) veröffentlicht, die zum 01. 01. 2015 in Kraft getreten sind, darunter die TSI PRM[7], welche die besonderen Bedürfnisse von Personen mit Behinderung berücksichtigt. Da der Erlass in Form von Verordnungen erfolgte, ist eine nationale Umsetzung nicht erforderlich und die TSI gelten in den Mitgliedstaaten der EU unmittelbar.

III. Schwerbehinderung/Behinderung/Beeinträchtigung

16 Menschen mit Behinderungen gehören oftmals noch zu der Gruppe, die nicht hinreichend stark genug für ihre Rechts eintreten können. Daher wurde bereits verfassungsrechtlich in *Artikel 3 Abs. 3 GG* verankert, dass niemand wegen seiner

6 *BMUB*, Leitfaden barrierefreies Bauen (Fn. 4).

7 Verordnung (EU) Nr. 1300/2014 der Kommission vom 18. 11. 2014 über die technischen Spezifikationen für die Interoperabilität bezüglich der Zugänglichkeit des Eisenbahnsystems der Union für Menschen mit Behinderungen und Menschen mit eingeschränkter Mobilität, ABl. EU Nr. L 356, S. 110 ff.

Behinderung benachteiligt werden darf. Einfachgesetzlich werden die verschiedenen Erscheinungsformen von Behinderungen in den Büchern des Sozialgesetzbuches ausgeformt. Nach § 2 SGB IX sind Menschen behindert, wenn ihre *körperliche Funktion, geistige Fähigkeit* oder *seelische Gesundheit* mit hoher Wahrscheinlichkeit *länger als sechs Monate* von dem für das Lebensalter typischen Zustand abweichen und daher ihre *Teilhabe am Leben in der Gesellschaft beeinträchtigt* ist. Sie sind von Behinderung bedroht, wenn die Beeinträchtigung zu erwarten ist. Menschen sind gemäß § 2 Abs. 2 SGB IX schwerbehindert, wenn bei ihnen ein Grad der Behinderung von wenigstens 50 vorliegt.

Infolgedessen ist jede körperliche, geistige oder seelische Veränderung, die über einen Zeitraum von mehr als sechs Monaten zu Einschränkungen bei der Teilnahme und Teilhabe am Leben in der Gesellschaft führen, eine Behinderung im Rechtssinne. Auf welche *Ursache* diese Veränderung zurückzuführen ist, spielt bei der rechtlichen Bewertung als Behinderung keine Rolle. Ob eine Behinderung vorliegt, ist individuell und unter Berücksichtigung aller *Umstände des konkreten Einzelfalles* zu beurteilen. *17*

Auch im BGG und in entsprechenden Landesgesetzen findet sich eine § 2 SGB IX vergleichbare Definition von Behinderung. Nach *§ 3 BGG* sind Menschen behindert, wenn ihre körperliche Funktion, geistige Fähigkeit oder seelische Gesundheit mit hoher Wahrscheinlichkeit länger als sechs Monate von dem für das Lebensalter typischen Zustand abweichen und daher ihre Teilhabe am Leben in der Gesellschaft beeinträchtigt ist. Diese Definition von Behinderung greift auch entsprechende internationale Diskussionen über den Begriff der Behinderung auf. *18*

Insgesamt ist Behinderung das Ergebnis einer *Wechselwirkung aus Funktions- und Aktivitätsstörungen* mit behindernden persönlichen und gesellschaftlichen Kontextfaktoren, zu denen wesentlich auch Barrieren der Zugänglichkeit gehören.[8] Ein entsprechendes Verständnis von Behinderung liegt auch der *UN-Konvention über die Rechte von Menschen mit Behinderungen* zu Grunde.[9] In der Präambel allerdings ist in der UN-Konvention festgehalten, dass das Verständnis von Behinderung nicht statisch und konstant ist, sondern sich, wie auch die Entwicklung der letzten Jahrzehnte gezeigt hat, ständig verändert und weiterentwickelt. Behinderungen entstehen letztlich aus der Wechselwirkung zwischen Menschen mit Beeinträchtigungen und einstellungs- und umweltbedingten Barrieren, die sie an der vollen, wirksamen und gleichberechtigten Teilhabe an der Gesellschaft hindern.[10] *19*

8 *Felix Welti*, Rechtliche Voraussetzungen von Barrierefreiheit, NVwZ 2012, S. 725–730 f., 726 f.

9 *Welti* (Fn. 8), S. 726 f.

10 Präambel der UN-Behindertenrechtskonvention.

B. Umsetzung in der Praxis

20 Die Umsetzung der Barrierefreiheit in der Praxis erfolgt auf unterschiedlichen Ebenen und auf unterschiedliche Weise. Zum einen müssen spezielle technische Anforderungen an barrierefreie Websites gestellt werden. Zum anderen müssen die Inhalte in barrierefreien Websites in besonderer Weise den Bedürfnissen beeinträchtigter Menschen genügen, etwa indem sie in leichter Sprache verfasst sind.

I. Technische Anforderungen an barrierefreies Internet

21 Der *internationale Standard* für ein barrierefreies Webdesign sind die Web Content Accessibility Guidelines 2.0 (WCAG 2.0), die das World Wide Web Consortium (W3C) herausgibt. Sie sind in der Version 2.0 am 11. 12. 2008 veröffentlicht worden und seit dem 14. 10. 2012 als internationaler Standard (ISO/IEC 40500:2012) anerkannt. Inhaltlich geht es bei der *Gestaltung barrierefreier Webinhalte* um die *vier Prinzipien Wahrnehmbar – Bedienbar – Verständlich – Robust.*

22 Sowohl eine Übersetzung der WCAG 2.0 in deutscher Sprache als auch eine ausführliche Erklärung bietet der *Online-Leitfaden* „WCAG 2.0 verstehen" der *Aktion Mensch*.[11] Diese Standards sind durch die Barrierefreie-Informationstechnik-Verordnung (BITV) 2.0 verbindlich gemacht worden. Die Barrierefreie-Informationstechnik-Verordnung (BITV) 2.0 regelt die Anforderungen an Internetauftritte und -angebote, Intranetauftritte und -angebote, die öffentlich zugänglich sind, und mittels Informationstechnik realisierte grafische Programmoberflächen, die öffentlich zugänglich sind.[12]

23 Zur Erläuterung der BITV 2.0 hat das Bundesministerium für Arbeit und Soziales das *Online-Portal BITV-Lotse* entwickeln lassen. Dieses Portal bietet unter anderem die Möglichkeit zur Überprüfung der Barrierefreiheit von Internetangeboten, den sog. *BITV-Test*. Darüber hinaus bietet das Informationstechnikzentrum des Bundes als besonderen Service eine Überprüfung an, ob eine Umsetzung von Barrierefreiheit gelungen ist.

24 Der internationale Standard für die barrierefreie Gestaltung einer PDF ist die DIN ISO 14289-1:2014. Inhaltlich sollten die Websites so aufgebaut sein, dass die Webinhalte in großer Schriftart und mit hohem Kontrast abgebildet werden können.

II. Leichte Sprache

25 Barrierefreie Sprache ist eine *leichte Sprache*, die durch eine *besonders leicht verständliche sprachliche Ausdrucksweise* gekennzeichnet ist. Idealerweise wird diese leicht verständliche Ausdrucksweise *durch Bilder illustriert*. Leichte Sprache ist

---

11 Vgl. beispielsweise die online Hilfen https://www.einfach-fuer-alle.de/.

12 Verordnung zur Schaffung barrierefreier Informationstechnik nach dem Behindertengleichstellungsgesetz (Barrierefreie-Informationstechnik-Verordnung – BITV 2.0), vom 12. September 2011 (BGBl. I S. 1843), die zuletzt durch Artikel 4 der Verordnung vom 25. November 2016 (BGBl. I S. 2659) geändert worden ist.

gekennzeichnet durch *kurze Sätze*, die lediglich eine Aussage enthalten. Formulierungen im Konjunktiv werden im Rahmen von leichter Sprache ebenso vermieden wie Fremd- oder Fachwörter. Neben Wörterbüchern zu leichter Sprache gibt es zahlreiche Ratgeber und Homepages, welche Informationen zu den Regeln für Leichte Sprache liefern.[13]

Die Zielgruppe leichter Sprache sind beispielsweise ältere Menschen, Menschen mit Lernschwierigkeiten und Menschen mit geistigen Behinderungen oder Gehörlose, die Schwierigkeiten beim Lesen und Verstehen von Texten haben. 26

Leichte Sprache trägt durch ihre einfache Verständlichkeit zur Barrierefreiheit und Inklusion bei. Texte in leichter Sprache sind durch ein *Symbol* gekennzeichnet, das ein fröhliches lesendes Gesicht und die Geste eines erhobenen Daumens auf blauem Hintergrund zeigt. 27

III. Gebärdensprache

Gehörlose und stark schwerhörige Menschen kommunizieren untereinander meist in *Gebärdensprache*. Für diese Menschen ist die Gebärdensprache die Muttersprache. Deutsch lernen sie als erste Fremdsprache. 28

Gebärdensprachen bestehen aus *Handzeichen, Mimik und Körperhaltung*. Ihr Vokabular ist sehr umfangreich. Die Grammatik folgt grundlegend anderen Regeln als die Grammatik gesprochener Sprachen. Von der Sprachwissenschaft sind Gebärdensprachen als eigenständige und vollwertige Sprachen anerkannt. 29

Gebärdensprache ist regional, jedes Land hat seine eigene, es gibt sogar Dialekte. Die internationale Kommunikation ist mit sogenannten „International Signs" möglich. Diese Kommunikation beruht zum größten Teil auf Wiederholungen, der Übernahme von Landesgebärden und dem Umschreiben von Gebärden und Sachverhalten. 30

In Deutschland wird die Deutsche Gebärdensprache (DGS) verwendet. Daneben gibt es die lautsprachbegleitenden Gebärden (LBG). Diese bilden keine eigene Sprache, sondern ein Kommunikationssystem, bei dem die Lautsprache unter Beibehaltung der Grammatik des Deutschen von einzelnen Gebärden begleitet wird. Die Verwendung von Gebärdensprache ist gemäß § 57 SGB IX als *eigenständige Verständigungsform* anerkannt. Menschen mit Hörbehinderungen und Menschen mit Sprachbehinderungen haben gemäß § 17 Abs. 2 SGB I das Recht, bei der Ausführung von Sozialleistungen, insbesondere auch bei ärztlichen Untersuchungen und Behandlungen, in Deutscher Gebärdensprache, mit lautsprachbegleitenden Gebärden oder über andere geeignete Kommunikationshilfen zu kommunizieren. Die für die Sozialleistung zuständigen Leistungsträger sind verpflichtet, die durch die Verwendung der Kommunikationshilfen entstehenden Kosten zu tragen. 31

13 Vgl. beispielsweise http://www.leichtesprache.org/ oder http://www.hurraki.de/wiki/Hauptseite.

32 Das Institut für Deutsche Gebärdensprache hat ein Allgemeines Gebärdenwörterbuch entwickelt. Dieses bietet einen ersten Einblick in geläufige Gebärden der DGS.

IV. Digitales Vorlesen

33 Die Digitalisierung und Technisierung hat dazu geführt, dass der rasant wachsende Bereich digitaler Medien, der Wissen und Bildung für jedermann verfügbar macht, stetig ausgebaut wurde und zur Barrierefreiheit beiträgt. Für Menschen mit Einschränkungen der Lesefähigkeit dient das digitale Vorlesen dazu, dass die Medien genutzt werden können. Insbesondere die Digitalisierung ganzer Bibliotheken eröffnet beeinträchtigen Menschen die Möglichkeit zum Wissenserwerb durch Tools wie *digitales Vorlesen*.

V. Blindenschrift

34 Als *Blindenschrift* werden *Systeme von Schriftzeichen* bezeichnet, die von Blinden oder Sehbeeinträchtigten gelesen werden können. Das Lesen erfolgt dabei mit dem *Tastsinn der Finger*. Die Blindenschrift besteht aus kleinen, runden Erhebungen, die mit den Fingerkuppen zu fühlen sind. Die erhabenen Strukturen der Zeichen werden also von ihrer planen Umgebung unterschieden und können auf diese Weise identifiziert werden.

35 Die erste ertastbare Schrift wurde bereits im Jahre 1670 von dem Italiener Francesco Lana Terzi entwickelt. Er war der erste, der den Gedanken einer eigenen, von der Schreibweise der Sehenden abweichende Blindenschrift formuliert.[14] Durchgesetzt hat sich die *1825* von *Louis Braille* erfundene und nach ihm benannte *Brailleschrift*: Sie besteht aus Punktmustern, die von hinten ins Papier gepresst werden. Jeweils sechs Punkte, drei in der Höhe mal zwei Punkte in der Breite, bilden ein Zeichen. Jedem Buchstaben und jeder Zahl entspricht eine Kombination aus erhabenen und glatten Punkten. Da die Blindenschrift aber nicht einfach zu erlernen ist, beherrschen nur etwa 10 Prozent der blinden Menschen die Brailleschrift.[15]

36 Um auch alle Computerzeichen darstellen zu können, wurde die Schrift auf acht Punkte erweitert, die sogenannte *Computerbraille*. Diese bietet bis zu 256 Kombinationsmöglichkeiten.[16] Es gibt mittlerweile spezielle Tastaturen, die die Eingabe von Texten am Rechner erleichtert.

---

14 *Waltraud Wara Wende*, in: Über den Umgang mit der Schrift, in: dies (Hrsg.), Mit den Fingern lesen – Zur Geschichte der Blindenschrift, Würzburg 2002, S. 228–250, 236 f.

15 *Jens Gundermann*, Trends und Ansprüche für Barrierefreiheit von Webinhalten, Die Relevanz von WAI-ARIA und WCAG 2.0, Hamburg 2011, 4.2, S. 29 ff.

16 *Gundermann* (Fn. 15), S. 29 ff.

C. Rechtliche Hintergründe

Die rechtlichen Hintergründe für Barrierefreiheit finden sich in Deutschland im Wesentlichen in dem eingangs erwähnten *Behindertengleichstellungsgesetz*, aber auch in entsprechenden Verordnungen. Nicht nur in Deutschland ist die Barrierefreiheit rechtlich verankert. Auch alle öffentlichen Stellen in der EU müssen für einen barrierefreien Zugang ihrer Websites und Apps sorgen. Dies regelt die entsprechende Richtlinie über den barrierefreien Zugang zu Webseiten und mobilen Anwendungen aller öffentlichen Institutionen.[17] Mit der Verabschiedung dieser Richtlinie kommt die EU der Umsetzung der UN-Behindertenrechtskonvention und dem in ihr verankerten Menschenrecht auf barrierefreien Informationszugang ein Stück weit nach. Das Recht auf Barrierefreiheit für Menschen mit Behinderungen ist folglich in gesetzlichen Bestimmungen auf verschiedenen Ebenen geregelt. 37

I. Europarecht

Im Europarecht finden sich zahlreiche Vorschriften, die sich mit Barrierefreiheit befassen. Im *europäischen Primärrecht* findet sich zunächst in Art. 19 Abs. 1 AEUV das allgemeine Diskriminierungsverbot verankert. Danach ist die Union ermächtigt, geeignete Vorkehrungen gegen die *Diskriminierung wegen einer Behinderung* zu treffen. Die über Art. 6 Abs. 1 EUV in den Rang des europäischen Primärrechts *gehobene Charta der Grundrechte der EU* sieht in Art. 21 GRCharta ebenfalls ein Diskriminierungsverbot wegen einer Behinderung vor.[18] Daneben ist in Art. 26 GRCharta ein Anspruch von Menschen mit Behinderung auf Maßnahmen zur Gewährleistung ihrer Eigenständigkeit, ihrer sozialen und beruflichen Eingliederung und ihrer Teilnahme am Leben der Gemeinschaft verankert. 38

Im *europäischen Sekundärrecht* wurde die Barrierefreiheit im Wesentlichen in Richtlinien konkretisiert. So wird in der *Gleichbehandlungsrahmenrichtlinie* für Beschäftigung und Beruf in Art. 5 das Prinzip angemessener Vorkehrungen als Verpflichtung der Arbeitgeber behinderter Beschäftigter verankert.[19] Im *europäischen Vergaberecht* ist es beispielsweise für sämtliche Beschaffungen, die zur Nutzung durch Personen bestimmt sind, grundsätzlich erforderlich, dass die öffentlichen Auftraggeber technische Spezifikationen festlegen, um den Kriterien der 39

---

17 Richtlinie (EU) 2016/2102 des Europäischen Parlaments und des Rates vom 26. Oktober 2016 über den barrierefreien Zugang zu den Websites und mobilen Anwendungen öffentlicher Stellen, ABl. EU 2016, Nr. L 327, S. 1.

18 Vgl. dazu *Hans D. Jarass*, Charta der Grundrechte der Europäischen Union, 3. Aufl. 2016, Art. 21 Rn. 1 ff.; *Michael Sachs*, in: Klaus Stern/ders. (Hrsg.), Europäische Grundrechte-Charta, GRCh, München 2016, Art. 21 Rn. 1 ff.

19 Richtlinie 2000/78/EG des Rates vom 27. November 2000 zur Festlegung eines allgemeinen Rahmens für die Verwirklichung der Gleichbehandlung in Beschäftigung und Beruf, ABl. EU 2000, Nr. L 303, S. 16.

Barrierefreiheit für Menschen mit Behinderungen und des „Design für Alle“ Rechnung zu tragen.[20]

40 Die Mitteilung der Kommission vom 15.11.2010 mit dem Titel *„Europäische Strategie zugunsten von Menschen mit Behinderungen 2010–2020: Erneuertes Engagement für ein barrierefreies Europa“* knüpft an die UN-Behindertenrechtskonvention an und zielt darauf ab, Barrieren zu beseitigen, die Menschen mit Behinderungen an der gleichberechtigten Teilhabe an der Gesellschaft hindern. Sie sieht Maßnahmen vor, die in mehreren Schwerpunktbereichen zu ergreifen sind, unter anderem auch im Bereich der Barrierefreiheit von Informations- und Kommunikationstechnologien und -systemen, und ihr Ziel ist die „Gewährleistung des barrierefreien Zugangs zu Waren, Dienstleistungen – auch öffentlichen Dienstleistungen – und Hilfsmitteln für Menschen mit Behinderungen“. Auf dieser Basis sollen in der EU bis 2020 mit der *Zehnjahresstrategie* für ein barrierefreies Europa (Europäische Kommission IP/10/1505) und ihrer Umsetzung in der Digitalen Agenda für Europa Zugangserleichterungen für 80 Millionen behinderte Menschen geschaffen werden. Eines der erklärten Ziele besteht in der Sicherstellung der vollständigen Barrierefreiheit von Websites des öffentlichen Sektors bis spätestens 2015 (Aktion 64).

41 Die Verordnungen (EU) Nr. 1303/2013 (3) und (EU) Nr. 1304/2013 (4) des Europäischen Parlaments und des Rates enthalten Bestimmungen zum barrierefreien Zugang zur Informations- und Kommunikationstechnologie (IKT).[21] Sie gehen jedoch nicht auf Besonderheiten des barrierefreien Zugangs zu Websites oder mobilen Anwendungen ein.

42 Ergänzend zu den Regelungen des BGG, der Verordnungen und des SGB IX mussten die EU-Mitgliedstaaten bis Ende des Jahres 2009 die im Dezember 2007 in Kraft getretene *EU-Richtlinie über audiovisuelle Mediendienste* umsetzen[22], nach der die ihrer Rechtshoheit unterliegenden Anbieter audiovisueller Medien-

---

20 Richtlinie 2014/24/EU des Europäischen Parlaments und des Rates vom 26.02.2014 über die öffentliche Auftragsvergabe und zur Aufhebung der Richtlinie 2004/18/EG Text von Bedeutung für den EWR, ABl. EU 2014, Nr. L 94, S. 65, Erwägungsgrund 76.

21 Verordnung (EU) Nr. 1303/2013 des Europäischen Parlaments und des Rates vom 17.12.2013 mit gemeinsamen Bestimmungen über den Europäischen Fonds für regionale Entwicklung, den Europäischen Sozialfonds, den Kohäsionsfonds, den Europäischen Landwirtschaftsfonds für die Entwicklung des ländlichen Raums und den Europäischen Meeres- und Fischereifonds sowie mit allgemeinen Bestimmungen über den Europäischen Fonds für regionale Entwicklung, den Europäischen Sozialfonds, den Kohäsionsfonds und den Europäischen Meeres- und Fischereifonds und zur Aufhebung der Verordnung (EG) Nr. 1083/2006 des Rates, ABl. EU 2013, Nr L 347, S. 320; Verordnung (EU) Nr. 1304/2013 des Europäischen Parlaments und des Rates vom 17.12.2013 über den Europäischen Sozialfonds und zur Aufhebung der Verordnung (EG) Nr. 1081/2006 des Rates, ABl. EU 2013, Nr. L 347, S. 470.

22 Richtlinie 2007/65/EG, kodifiziert durch die Richtlinie 2010/13/EU des Europäischen Parlaments und des Rates vom 10.03.2010 zur Koordinierung bestimmter Rechts- und Verwaltungsvorschriften der Mitgliedstaaten über die Bereitstellung audiovisueller Mediendienste (Richtlinie über audiovisuelle Mediendienste), ABl. EU 2010, Nr. L 95, S. 1.

dienste darin zu bestärken sind, ihre Dienste schrittweise für hör- und sehbehinderte Menschen zugänglich zu machen. Diese Richtlinien werden derzeit aktualisiert.

Inhaltlich werden in der *Richtlinie 2016/2102/EU* über den barrierefreien Zugang 43
zu den Websites und mobilen Anwendungen öffentlicher Stellen *vier Grundsätze* des barrierefreien Zugangs normiert:[23] *Wahrnehmbarkeit*, d.h., die Informationen und Komponenten der Nutzerschnittstelle müssen den Nutzern in einer Weise dargestellt werden, dass sie sie wahrnehmen können; *Bedienbarkeit*, d.h., der Nutzer muss die Komponenten der Nutzerschnittstelle und die Navigation handhaben können; *Verständlichkeit*, d.h., die Informationen und die Handhabung der Nutzerschnittstelle müssen verständlich sein; und *Robustheit*, d.h., die Inhalte müssen robust genug sein, damit sie zuverlässig von einer Vielfalt von Benutzeragenten, einschließlich assistiven Technologien, interpretiert werden können. Diese Grundsätze des barrierefreien Zugangs werden ausgedrückt in prüfbaren Erfolgskriterien wie denjenigen, die der Europäischen Norm EN 301 549 V1.1.2 „Barrierefreiheitsanforderungen für die öffentliche Beschaffung von IKT-Produkten und -Dienstleistungen in Europa" (Europäische Norm EN 301 549 V1.1.2 (2015-04)) zugrunde liegen, und zwar mittels harmonisierter Normen und einer gemeinsamen Methodik zur Prüfung, ob Inhalte von Websites und mobilen Anwendungen diesen Grundsätzen genügen. Diese Europäische Norm wurde auf der Grundlage des Mandats M/376, das die Kommission den europäischen Normungsorganisationen erteilt hat, angenommen. Bis zur Veröffentlichung der Referenzen von harmonisierten Normen oder Teilen davon im Amtsblatt der Europäischen Union sollten die entsprechenden Klauseln der Europäischen Norm EN 301 549 V1.1.2 (2015-04) als Mindestvoraussetzung betrachtet werden, um diese Grundsätze in die Praxis umzusetzen.

II. UN-Konvention über die Rechte von Menschen mit Behinderung

Bis zum Jahr 2006 existierten nahezu keine verbindlichen völkerrechtlichen Re- 44
gelungen, die sich speziell mit den Rechten von Menschen mit Behinderungen befassten. Das änderte sich erst mit dem *Übereinkommen über die Rechte von Menschen* mit Behinderungen, das am 13.12.2006 von der UNO-Generalversammlung in New York verabschiedet und am 03.05.2008 in Kraft getreten ist.[24] Die *UN-Konvention über die Rechte von Menschen mit Behinderungen* enthält eine etwas weiter gefasste Definition von Behinderung. Demgemäß zählen laut Artikel 1 Satz 2 zu den Menschen mit Behinderungen alle Menschen, „[...] die langfristige körperliche, seelische, geistige oder Sinnesbeeinträchtigungen haben, welche sie in Wechselwirkung mit verschiedenen Barrieren an der vollen, wirk-

23 Richtlinie (EU) 2016/2102 des Europäischen Parlaments und des Rates vom 26.10.2016 über den barrierefreien Zugang zu den Websites und mobilen Anwendungen öffentlicher Stellen, ABl. EU 2016, Nr. L 327, S. 1, Erwägungsgrund 37.

24 Übereinkommen über die Rechte von Menschen mit Behinderungen (CRPD), vom 13.12.2006 (BGBl II 2008, 1419).

samen und gleichberechtigten Teilhabe an der Gesellschaft hindern können." Seit ihrem Inkrafttreten wurde die UN-Behindertenrechtskonvention von 159 Staaten unterzeichnet und von 152 ratifiziert, darunter von der Europäischen Union und ihren sämtlichen Mitgliedsstaaten (Deutschland ratifizierte die BRK am 24. 02. 2009).

45 Die UN-Konvention bedarf als völkerrechtlicher Vertrag gemäß Art. 59 Abs. 2 GG der Transformation in das innerstaatliche Recht. Im Rahmen der völkerrechtsfreundlichen Auslegung gilt die UN-Behindertenkonvention als einfaches Bundesrecht und steht damit im Rang eines einfachen Bundesgesetzes.[25] Das Bundesverfassungsrecht hat für die Europäische Menschenrechtskonvention (EMRK) entschieden, dass die in Deutschland im Rang einfachen Bundesrechts geltenden Menschenrechtsübereinkommen auch bei der Auslegung und Anwendung des deutschen Rechts einschließlich des Verfassungsrechts zu beachten sind.[26] Dies gilt für die UN-Behindertenrechtskonvention entsprechend, so dass sie die nationalen Vorschriften des BGG auslegen und konkretisieren kann. Das BGG ist also im Lichte der UN-Behindertenrechtskonvention auszulegen.

46 Allgemein verfolgt die UN-Behindertenrechtskonvention das Ziel, die *Chancengleichheit* von Menschen mit Behinderungen zu *fördern* und ihre *Diskriminierung* in der Gesellschaft zu *unterbinden*. Mit anderen Worten zielt sie darauf ab, die geltenden Menschenrechte auch für Menschen mit Behinderungen oder spezifischen Bedürfnissen zu gewährleisten.

47 Artikel 21 der UN-Behindertenrechtskonvention erkennt u.a. das Recht von behinderten Menschen an, sich Informationen und Gedankengut frei zu beschaffen, zu empfangen und weiterzugeben. In ihrem Artikel 9 Absatz 1 verpflichtet die UN-Behindertenrechtskonvention ihre Unterzeichnerstaaten, geeignete Maßnahmen zu treffen, um für Menschen mit Behinderungen gleichberechtigt mit anderen den Zugang zur physischen Umwelt, zu Transportmitteln, zu Information und Kommunikation, einschließlich Informations- und Kommunikationstechnologien und -systemen, sowie zu anderen Einrichtungen und Diensten, die der Öffentlichkeit in städtischen und ländlichen Gebieten offen stehen oder für sie bereit gestellt werden, zu gewährleisten.

48 In der UN-Behindertenrechtskonvention stellt der Zugang für Menschen mit Behinderungen einen wichtigen Aspekt dar, der sich in vielerlei Dimensionen zeigt. So betrifft die „Barrierefreiheit" sowohl die erreichbaren, öffentlichen Gebäude und Institutionen, als auch die verfügbaren Kommunikationssysteme und Informationssysteme. Auch die gleichberechtigte Teilhabe am öffentlichen Leben, an kulturellen Angeboten und an Unternehmungen für Freizeit und Erholung sind für Menschen mit Behinderungen oft von der vorhandenen Barrierefreiheit abhängig. Grundlage für eine gleichberechtigte gesellschaftliche Teilhabe von Men-

---

25 Die Verkündung des Gesetzes zur Ratifikation des „Übereinkommens über die Rechte von Menschen mit Behinderungen" erfolgte in Deutschland am 26. 03. 2009.

26 BVerfGE 111, 307 (307 ff.); BVerfG, NJW 2005, 1765 (1765 ff.).

schen mit Behinderungen ist damit eine möglichst umfassend barrierefrei gestaltete Umwelt.

III. Das Behindertengleichstellungsgesetz

Um zu überprüfen, ob Barrierefreiheit in der Praxis erreicht werden kann oder erreicht wurde, bedarf es einer juristischen Definition von Barrierefreiheit. *Barrierefreiheit ist ein Schlüsselbegriff* des in Deutschland geltenden Behindertengleichstellungsrechts.[27] *49*

Er ist *wesentlicher Dreh- und Angelpunkt des BGG* und wurde ausdrücklich in § 4 BGG gesetzlich normiert. Danach sind bauliche und sonstige Anlagen, Verkehrsmittel, technische Gebrauchsgegenstände, Systeme der Informationsverarbeitung, akustische und visuelle Informationsquellen und Kommunikationseinrichtungen sowie andere gestaltete Lebensbereiche barrierefrei, wenn sie für behinderte Menschen in der *allgemein üblichen Weise*, *ohne besondere Erschwernis* grundsätzlich ohne fremde Hilfe zugänglich und nutzbar sind. *50*

Allgemein üblich in diesem Sinne bedeutet, dass Zugänglichkeit und Nutzbarkeit für den behinderten Menschen regelmäßig in der gleichen Weise erfolgen müssen wie für einen nicht behinderten Menschen.[28] Eine besondere Erschwernis im Sinne des § 4 BGG fehlt, wenn der Zugang und die Nutzbarkeit so einfach wie möglich gestaltet wurde.[29] *51*

Verfassungsrechtlich wird die Barrierefreiheit aus dem allgemeinen *Sozialstaatsprinzip* des Art. 20 Abs. 1 GG abgeleitet, das die rechtlichen und sozialen Belange, insbesondere von Minderheiten, schützt. Einher geht das Sozialstaatsprinzip mit dem grundgesetzlich verankerten *Benachteiligungsverbot*. Behinderte Menschen dürfen nicht aufgrund ihrer Behinderung benachteiligt werden. Dies ergibt sich aus Art. 3 Abs. 3 S. 2 GG.[30] Das Bundesverfassungsgericht hat dazu ausgeführt, dass eine Benachteiligung auch bei einem Ausschluss von Entfaltungs- und Betätigungsmöglichkeiten durch die öffentliche Gewalt gegeben sein kann, wenn diese nicht durch eine auf die Behinderung bezogene Fördermaßnahme hinlänglich kompensiert wird.[31] *52*

Die Barrierefreiheit ist im BGG also in umfassender Weise einfachgesetzlich normiert. Allerdings lassen sich *unmittelbar keine Rechtsansprüche aus § 4 BGG* her- *53*

---

27 *Christina Migge/Eva Knecht*, Barrierefreiheit und die Nutzung neuer zukunftsweisender Medientechnologien. Ein Umsetzungsbeispiel anhand der Entwicklung einer App, PH Ludwigsburg (Masterarbeit) 2014, S. 46.

28 *Alexander Drewes*, Zum Begriff der Barrierefreiheit im Internet für behinderte Menschen – juristische Aspekte, JurPC Web-Dok. 252/2004 Abs. 7.

29 *Drewes* (Fn. 27), Abs. 8.

30 Vgl. allgemein zum Verbot der Benachteiligung wegen einer Behinderung: *Lerke Osterloh/Angelika Nußberger*, in: Michael Sachs, Grundgesetz, 7. Auflage 2014, Art. 3 Rn. 305 ff.; *Uwe Kischel*, in: BeckOK VerfR, 31. Edition, Stand: 01. 12. 2016, Art. 3 GG Rn. 234 ff.

31 BVerfGE 96, 288 (303).

leiten.[32] Bei der Norm handelt es sich vielmehr um die gesetzgeberische Begründung, was der Normgeber eigentlich mit Barrierefreiheit meint. Es gibt also zahlreiche weitere Normen, in denen geregelt ist, welcher Lebensbereich von wem auf wessen Kosten zu welchem Zeitpunkt auf welche Weise barrierefrei zu gestalten ist.

54 Barrierefreiheit als Rechtsbegriff steht zwar im unmittelbaren Zusammenhang mit dem Recht behinderter Menschen, ist aber grundsätzlich nicht auf das juristische Verständnis von Behinderung begrenzt.[33] Insbesondere das Baurecht nimmt explizit in § 1 Abs. 6 Nr. 3 BauGB Bezug auf ältere Menschen und auf Kinder. Darüber hinaus bietet ein barrierefreies Gestalten der Umwelt vielfach Synergien für alle Menschen mit ihren unterschiedlichen Fähigkeiten und Bedürfnissen, von Kindern bis zu Senioren, für Behinderte und Nichtbehinderte, für Fremd- und Muttersprachler, für Wissenschaftler und Studierende ebenso wie für jedermann.

55 Gemäß § 4 BGG sind allerdings IuK-Systeme genauso wie bauliche oder sonstige Anlagen dann barrierefrei sind, „wenn sie für behinderte Menschen in der allgemein üblichen Weise, ohne besondere Erschwernis und grundsätzlich ohne fremde Hilfe zugänglich und nutzbar sind." Damit werden von § 4 BGG ausschließlich Menschen mit Behinderungen erfasst, so dass dieser Ansatz mitunter als *Barrierefreiheit im engeren Sinne* bezeichnet wird.[34]

56 Der Begriff der Barrierefreiheit ist ein gerichtlich voll überprüfbarer *unbestimmter Rechtsbegriff*.[35] Es muss also in jedem Einzelfall geprüft werden, ob ein gestalteter Lebensbereich den jeweiligen rechtlichen Anforderungen an die Barrierefreiheit genügt. Es ist also anhand von § 4 BGG zu prüfen, ob bestimmte Angebote ohne besondere Erschwernis und grundsätzlich ohne fremde Hilfe für behinderte Menschen zugänglich und nutzbar sind.

57 Durch §§ 7, 1 BGG werden die Dienststellen und sonstige Einrichtungen des Bundes einschließlich der bundesunmittelbaren Körperschaften, Anstalten und Stiftungen des öffentlichen Rechts gebunden, in ihrem Aufgabenbereich die Benachteiligung von behinderten Menschen zu beseitigen und zu verhindern sowie die gleichberechtigte Teilhabe am Leben in der Gemeinschaft zu ermöglichen und ihnen eine selbstbestimmte Lebensführung zu ermöglichen sowie sie nicht zu benachteiligen und zivile Neubauten sowie große zivile Um- oder Erweiterungsbauten entsprechend den allgemein anerkannten Regeln der Technik barrierefrei

---

32 *Felix Welti*, Barrierefreiheit als Rechtsbegriff, in: Bundeskompetenzzentrum Barrierefreiheit (BKB), Tagungsband zur Tagung „Rechtliche Instrumente zur Durchsetzung von Barrierefreiheit" 08.–09. 11. 2012, Kassel 2013, S. 23; *Drewes* (Fn. 27), Abs. 3; *Werner Schweibenz*, Rechtliche Rahmenbedingungen des barrierefreien Internet-Zugangs, Information Wissenschaft & Praxis 56 (2005), S. 413–417, 414.

33 *Welti* (Fn. 31), S. 25.

34 *Welti* (Fn. 31), S. 25.

35 *Welti* (Fn. 31), S. 29.

zu gestalten (§ 8 I BGG). Das Gleiche gilt für Landesverwaltungen, einschließlich der landesunmittelbaren Körperschaften, Anstalten und Stiftungen des öffentlichen Rechts, soweit sie Bundesrecht ausführen.

Die Landesdienststellen und sonstige Einrichtungen der Länder (einschließlich der Körperschaften, Anstalten und Stiftungen des öffentlichen Rechts) werden *durch entsprechende Landesgesetze* an die barrierefreie Ausgestaltung ihrer Angebote gebunden. *58*

Für den *privaten Sektor*, wie beispielsweise private Anbieter von Web-Sites, legt das BGG keine Verpflichtung zur Barrierefreiheit fest. Es ermöglicht aber gemäß § 5 BGG den Abschluss von *Zielvereinbarungen*. Danach sollen Unternehmen und Verbände behinderter Menschen in eigener Verantwortung Vereinbarungen darüber treffen können, wie und in welchem Zeitraum Barrierefreiheit vor Ort konkret verwirklicht wird. Den Beteiligten vor Ort bleibt es überlassen, Regelungen zur Herstellung von Barrierefreiheit zu vereinbaren, die den jeweiligen Verhältnissen und Bedürfnissen angepasst sind. Zielvereinbarungen sollen so flexible und den Grundsatz der Verhältnismäßigkeit berücksichtigende Regelungen ermöglichen. Der Abschluss einer entsprechenden Zielvereinbarung wird in ein *Zielvereinbarungsregister* eingetragen, das im Internet einsehbar ist.[36] *59*

IV. Konkretisierung durch Rechtsverordnungen und technische Regelungen

Um die Komplexität des Begriffs der Barrierefreiheit im Einzelnen richtig abbilden zu können, bestehen zahlreiche *Rechtsverordnungen* und *technische Regelungen*, die die Barrierefreiheit *konkretisieren*. *60*

Systeme der Informationsverarbeitung, akustische und visuelle Informationsquellen sowie Kommunikationseinrichtungen sind barrierefrei, wenn sie für behinderte Menschen, in der allgemein üblichen Weise, ohne besondere Erschwernis und grundsätzlich ohne fremde Hilfe zugänglich und nutzbar sind. Für die Behörden des Bundes und der Länder, soweit sie Bundesrecht ausführen, wurde die barrierefreie Gestaltung in der *Kommunikationshilfenverordnung* (KHV)[37], der *Verordnung über barrierefreie Dokumente in der Bundesverwaltung* (VDB)[38] *61*

---

36 http://www.bmas.de/DE/Themen/Teilhabe-Inklusion/Zielvereinbarungen/Zielvereinbarungsregister/zielvereinbarungsregister.html.

37 Verordnung zur Verwendung von Gebärdensprache und anderen Kommunikationshilfen im Verwaltungsverfahren nach dem Behindertengleichstellungsgesetz (Kommunikationshilfenverordnung – KHV), vom 17.07.2002, zuletzt geändert durch Artikel 2 der Verordnung vom 25.11.2016 (BGBl. I S. 2659).

38 Verordnung zur Zugänglichmachung von Dokumenten für blinde und sehbehinderte Menschen im Verwaltungsverfahren nach dem Behindertengleichstellungsgesetz (Verordnung über barrierefreie Dokumente in der Bundesverwaltung – VBD), vom 17.07.2002 (BGBl. I S. 2652), die durch Artikel 3 der Verordnung vom 25.11.2016 (BGBl. I S. 2659) geändert worden ist.

und der *Barrierefreien Informationstechnik-Verordnung* (BITV)[39] konkretisiert. Um zu gewährleisten, dass Menschen mit Behinderungen die Informationen öffentlicher Internetauftritte und -angebote von Einrichtungen des Bundes grundsätzlich uneingeschränkt nutzen können, wurden die für die Bundesverwaltung anzuwendenden Standards für Angebote im Internet in der BITV festgeschrieben.

62 Diese basieren grundsätzlich auf den international anerkannten Zugangsrichtlinien für Webinhalte (Web Content Accessibility Guidelines). Die BITV konkretisiert damit die Anforderungen für die Darstellung von Webinhalten insbesondere für blinde und sehbehinderte Menschen, aber auch für Menschen mit Lernbehinderung oder motorischen Einschränkungen.

63 Die Bestimmungen der Verordnungen werden flankiert von vergleichbaren Regelungen, die die Bundesländer für ihren Zuständigkeitsbereich erlassen haben. In den Bundesländern regeln überwiegend die Gleichstellungsgesetze der Länder bzw. in vielen Fällen länderspezifische IT-Verordnungen den Umgang mit der BITV für den öffentlichen Sektor. Bis zum gegenwärtigen Zeitpunkt ist die BITV 2.0 in kaum einem Bundesland als verbindliche Richtlinie übernommen worden, in der Gesamtsicht zeichnet sich eine Fragmentierung der Regelwerke aufgrund abweichender landesweiter Standards ab. Der private Sektor wird vom Geltungsbereich der BITV nicht erfasst. Eine Möglichkeit zur Bindung des privaten Sektors an die Standards zur Gewährleistung von Barrierefreiheit sind der Abschluss von Zielvereinbarungen über die barrierefreie Ausgestaltung von Angeboten zwischen Verbänden behinderter Menschen und Unternehmensverbänden bzw. Unternehmen.[40]

D. Ausblick

64 Die *demografische Entwicklung* trägt dazu bei, dass immer mehr Menschen auf eine möglichst umfassende Gestaltung der Barrierefreiheit angewiesen sind. Obwohl die Barrierefreiheit bereits seit Jahren rechtlich verankert ist, fehlt es oftmals an der praktischen Umsetzung von Barrierefreiheit. Der Zugang für behinderte Menschen zu entsprechenden Angeboten der öffentlichen Verwaltung ermöglicht erst deren gleichberechtigte Teilhabe am gesellschaftlichen Leben. Der Barrierefreiheit kommt damit derzeitig und künftig eine *herausgehobene Bedeutung* zu.

---

39 Verordnung zur Schaffung barrierefreier Informationstechnik nach dem Behindertengleichstellungsgesetz (Barrierefreie-Informationstechnik-Verordnung – BITV 2.0), vom 12.09.2011 (BGBl. I S. 1843), die zuletzt durch Artikel 4 der Verordnung vom 25.11.2016 (BGBl. I S. 2659) geändert worden ist.

40 *Klemens Kruse*, Erfahrungen bei der Verhandlung von Zielvereinbarungen, in: Bundeskompetenzzentrum Barrierefreiheit (BKB), Tagungsband zur Tagung „Rechtliche Instrumente zur Durchsetzung von Barrierefreiheit" 08.–09.11.2012, Kassel 2013, S. 35 ff.

Elektronische Kommunikation mit den Verwaltungsgerichten

Jakob Nolte

A. Einführung

Die Umstellung der Kommunikation mit den Verwaltungsgerichten auf elektronische Kommunikation ist im vollen Gange. Bis zum Jahr 2022 soll der gesamte Schriftverkehr von und mit den Verwaltungsgerichten durch elektronische Kommunikation ersetzt sein. So sieht es das Gesetz zur Förderung des elektronischen Rechtsverkehrs vom 10. 10. 2013 vor.[1] *1*

Das Vorhaben, die Kommunikation von und mit den Verwaltungsgerichten elektronisch zu führen, ist allerdings schon etwas älter. So gab es bereits zwischen 2001 und 2005 in § 86a VwGO eine Regelung, die die elektronische Kommunikation mit den Gerichten zumindest zuließ. Durch das Gesetz über die Verwendung elektronischer Kommunikationsformen in der Justiz (Justizkommunikationsgesetz/JKomG) sollte 2005 die elektronische Kommunikation mit den Gerichten flächendeckend etabliert werden. Die Einführung der elektronischen Kommunikation erfolgte allerdings nur sehr schleppend. Insbesondere die elektronische Kommunikation mit den Verwaltungsgerichten ist „weit hinter den Erwartungen zurück geblieben".[2] Die Kommunikation von und mit den Verwaltungsgerichten lief weiterhin fast ausschließlich in Papierform.[3] *2*

Mit dem Gesetz vom 10. 10. 2013 soll die elektronische Kommunikation mit den Gerichten nunmehr in den nächsten Jahren grundlegend durchgesetzt werden. Es soll eine flächendeckende und einheitliche elektronische Kommunikation mit den Gerichten möglich sein. Die Zugangshürden zur elektronischen Kommunikation für Nutzer sollen reduziert werden und das Vertrauen in die elektronische Kommunikation und deren Bestand sollen gestärkt werden. Bei der Gestaltung der Regelungen geht es um den grundsätzlichen Zielkonflikt zwischen möglichst geringem technischen Aufwand und der Gewährleistung von Vertraulichkeit, Integrität und Authentizität sowie Nachweisbarkeit der Kommunikation.[4] *3*

---

1 BGBl. I 2013 Nr. 62 vom 16. 10. 2013 S. 3786–3798.

2 Begründung zum Gesetzesentwurf zur Förderung des elektronischen Rechtsverkehrs von 2013, BT-Drs. 17/12634 S. 1, 20.

3 BT-Drs. 17/12634 S. 1, 20; *Alexander Müller-Teckhof*, Gesetz zur Förderung des elektronischen Rechtsverkehrs mit den Gerichten – Harmonisierung der Formerfordernisse mit Möglichkeiten moderner Kommunikation, MMR 2014, S. 95–100.

4 BT-Drs. 17/12634 S. 1 f., 20; vgl. auch *Christian Hoffmann/Kim Corinna Borchers*, Das besondere elektronische Anwaltspostfach, CR 2014, S. 62–67, 63; *Harald Meyer*, „It's the End of the World as We Know It...", NZS 2014, S. 294–295; *Jürgen Treber*, Virtuelle Justizkommunikation ante portas, NZA 2014, S. 450–455, 450 f.

4 Wie die elektronische Kommunikation mit den Verwaltungsgerichten nach dem Gesetz zur Förderung des elektronischen Rechtsverkehrs zukünftig ausgestaltet sein wird, ist Gegenstand dieses Beitrags.

B. Einheitliche Regelung für alle Gerichtsbarkeiten

5 Mit § 55a VwGO n.F. hat der Gesetzgeber eine bundeseinheitliche und flächendeckende Regelung zur elektronischen Kommunikation mit den Verwaltungsgerichten geschaffen. Grundsätzlich muss mit seinem Inkrafttreten am 01.01.2018 (Art. 25 Abs. 1 des Gesetzes) die elektronische Kommunikation mit allen Verwaltungsgerichten möglich sein. Nach Art. 24 Abs. 1 des Gesetzes können die Länder allerdings durch Rechtsverordnung anordnen, dass die derzeitigen Regelungen bis zu zwei Jahre länger Anwendung finden. Dies soll Ländern, die sich in der bisherigen Experimentierphase für andere technische Lösungen entschieden hatten oder deren Justiz noch nicht hinreichend mit EDV-Technik ausgestattet ist, Zeit für die Umstellung geben. Entgegen anders lautender Erwartungen,[5] hat – soweit ersichtlich – im Hinblick auf die Verwaltungsgerichtsbarkeit kein Land von dieser „Opt-Out-Option" Gebrauch gemacht. Bis 2020 bleibt es dennoch theoretisch dabei, dass vor Einreichung eines elektronischen Schriftsatzes zu prüfen ist, ob das beim jeweiligen Gericht auch möglich ist. Spätestens ab 01.01.2020 gilt aber für alle Verwaltungsgerichte im Bundesgebiet ohne Ausnahme der § 55a VwGO in der neuen Fassung.[6]

6 Die Einheitlichkeit der elektronischen Kommunikation mit den Gerichten wird auch rechtswegübergreifend hergestellt. Durch das Gesetz werden in allen Verfahrensordnungen mit Ausnahme der StPO weitgehend identische Regelungen zur elektronischen Kommunikation mit den Gerichten eingeführt.[7] Dadurch soll sichergestellt werden, dass für die Kommunikation mit Gerichten in allen Fällen dieselben technischen Vorrichtungen genügen.

7 Fraglich ist allerdings, wieso der Gesetzgeber sich nicht der in diesen Fällen üblichen Verweisungstechnik bedient hat. Wenn ein Bedürfnis nach einheitlichen Regelungen für alle Gerichtsverfahren besteht, bietet sich eine zentrale Regelung in der ZPO an, die in die anderen Verfahrensordnungen durch vorbehaltlose Verweise inkorporiert wird. Dies ist eine Technik, von der die VwGO an vielen an-

---

5 *Beck-aktuell*, Elektronischer Rechtsverkehr ab 2022: Anwaltverein sieht Defizite auf Seiten der Justiz, Meldung vom 18.09.2014; die Umfrageergebnisse im Einzelnen finden sich auf der Internetseite des DAV.

6 BT-Drs. 17/12634 S. 20 f.; vgl. auch *Hoffmann/Borchers* (Fn. 4), S. 64; *Müller-Teckhof* (Fn. 3), S. 100; *Holger Radke*, „Die Zukunft hängt davon ab, was wir heute tun (Mahatma Gandhi)" – Auf dem Weg in die elektronische Justiz, jM 2014, S. 398–404, 398 f.; *Treber* (Fn. 4), S. 451 f.; *Thomas Troidl*, Verwaltungsprozess 2030 – Verfahren jetzt gestalten, NVwZ 2014, S. 1052–1058, 1057.

7 *Müller-Teckhof* (Fn. 3), S. 96.

deren Stellen auch Gebrauch macht.[8] Sinn dieser Inkorporationstechnik ist nicht nur die Verschlankung von Gesetzen, sondern sie gewährleistet auch, dass die Regelungen tatsächlich einheitlich verstanden und angewendet werden. Gibt es verschiedene Gesetze, wird die Einheitlichkeit durch den jeweiligen Instanzenzug nur im Rahmen des jeweiligen Rechtsweges hergestellt. Bei der Bezugnahme auf einen Text müssen die obersten Gerichtshöfe des Bundes den gemeinsamen Senat nach Art. 95 Abs. 3 GG anrufen, wenn sie in einer Rechtsfrage von der Entscheidung eines anderen obersten Gerichtshofes abweichen wollen (§ 2 Abs. 1 RsprEinhG). Es mag zur Zeit zwar eine theoretische Gefahr scheinen, dass die identischen Regelungen zur elektronischen Kommunikation in den unterschiedlichen Verfahrensordnungen durch die Gerichte der verschiedenen Rechtszweige unterschiedlich ausgelegt werden. Dennoch kann man sich fragen, warum der Gesetzgeber nicht eine Regelungstechnik gewählt hat, die dem Bedürfnis nach Einheitlichkeit in jedem Fall Rechnung trägt. So ist jedenfalls theoretisch die Möglichkeit einer unterschiedlichen Weiterentwicklung der Regelungen in den einzelnen Gerichtszweigen gegeben.

I. Anwendungsbereich

Im Gegensatz zu früheren Regelungen ist vom persönlichen Anwendungsbereich des § 55a VwGO n.F. nicht nur die Kommunikation zwischen den Verfahrensbeteiligten und dem Gericht, sondern ausdrücklich auch die Kommunikation mit Dritten umfasst. Das Problem, dass für die Kommunikation mit verschiedenen Personen unterschiedliche Regelungen galten, ist damit beseitigt. Stattdessen scheint die Regelung allerdings auf bestimmte Verfahrenshandlungen beschränkt. Nach dem neuen § 55a Abs. 1 VwGO können zur Kommunikation mit den Gerichten nicht mehr generell elektronische Dokumente übermittelt werden, sondern nur noch „vorbereitende Schriftsätze und deren Anlagen, schriftlich einzureichende Anträge und Erklärungen der Beteiligten sowie schriftlich einzureichende Auskünfte, Aussagen, Gutachten, Übersetzungen und Erklärungen Dritter“. Diese Aufzählung von Verfahrenshandlungen ist nur scheinbar vollständig. So sind verfahrenseinleitende bestimmende Schriftsätze, also etwa die Klageschrift, dem Wortlaut nach nicht erfasst. Außerdem sind Anträge Dritter nicht erfasst, wie zum Beispiel der Antrag eines Dritten auf Beiladung nach § 65 Abs. 3 S. 1 VwGO. 8

Das kann im Hinblick auf die Intention des Gesetzgebers, die gesamte Kommunikation mit den Gerichten umzustellen, im Ergebnis nicht richtig sein. Nach der Gesetzesbegründung soll „die Vorschrift der Sache nach alle Schriftsätze der Beteiligten nebst Anlagen sowie schriftlich einzureichende Auskünfte, Gutachten, Aussagen und Erklärungen Dritter erfassen.“[9] Es muss also von einem Versehen 9

8 Dazu eingehend *Jakob Julius Nolte*, Die Eigenart des verwaltungsgerichtlichen Rechtsschutzes Grund und Grenzen der Anwendung des Zivilprozessrechts im Verwaltungsprozess, Tübingen 2015, S. 203–244, 245–310 und 660.

9 BT-Drs. 17/12634, S. 37.

des Gesetzgebers ausgegangen werden. Die Formulierung ist offenbar von der zivilprozessualen Parallelnorm § 130a ZPO beeinflusst. Dort gibt es mit §§ 253 Abs. 4, 519 Abs. 4, 520 Abs. 5, 549 Abs. 2, 551 Abs. 4 ZPO Regelungen, die für die bestimmenden Schriftsätze auf die allgemeinen Vorschriften für vorbereitende Schriftsätze verweisen, weshalb dort die Anwendbarkeit für die Klageschrift und andere bestimmende Schriftsätze außer Frage steht.[10] Solche Regelungen gibt es in der VwGO aber nicht. Um im verwaltungsgerichtlichen Verfahren zu demselben Ergebnis zu kommen, könnte man von der eigentlich klaren Begrifflichkeit bei der Bezeichnung von Prozesshandlungen Abstand nehmen. Klage-, Berufungs- oder Revisionsschriften könnten so im Verwaltungsprozess gleichfalls als „vorbereitende Schriftsätze" oder eine „Erklärung eines Beteiligten" betrachtet werden. Damit geht freilich das mit dieser Begrifflichkeit verbundene Differenzierungspotential verloren. Eine andere Möglichkeit besteht darin, die jeweiligen Verweisungsvorschriften der ZPO über § 173 VwGO auch im verwaltungsgerichtlichen Verfahren anzuwenden. Zu beachten ist dabei, dass die Verweise in der ZPO auf die allgemeinen Vorschriften für Schriftsätze bei der *entsprechenden* Anwendung im verwaltungsgerichtlichen Verfahren über § 173 VwGO prozessrechtsimmanent verstanden werden müssen. Sie enden also nicht bei § 130a ZPO, sondern bei den allgemeinen Vorschriften der VwGO, so dass auch für bestimmende Schriftsätze im verwaltungsgerichtlichen Verfahren § 55a VwGO Anwendung findet.[11]

10 Hinsichtlich der Anträge Dritter bleibt nichts anderes übrig, als die Regelung in § 55a VwGO auf Kosten der begrifflichen Klarheit teleologisch extensiv auszulegen. Es ist misslich, dass der Gesetzgeber nicht in der Lage war, seine Intention präziser auszudrücken, dass alle Verfahrenshandlungen, die nicht mündlich in der Verhandlung vorzunehmen sind, zukünftig auch elektronisch vorgenommen werden können.

II. Technische Anforderungen an die Kommunikation und Übermittlungswege nach § 55a Abs. 2 bis 4 VwGO

11 In § 55a Abs. 2 bis 4 VwGO sind die technischen Anforderungen an die Kommunikation mit dem Gericht und die möglichen Übermittlungswege einheitlich geregelt. Dabei gibt es keine Unterschiede mehr zwischen Verfahren oder Verfahrenshandlungen. Insbesondere werden auch keine Unterschiede mehr zwischen der Schriftform zu genügenden Verfahrenshandlungen und anderen Verfahrenshandlungen gemacht.

12 Die technischen Rahmenbedingungen werden gem. § 55a Abs. 2 VwGO durch eine bundeseinheitliche Rechtsverordnung der Bundesregierung mit Zustimmung des Bundesrates geregelt. Diese Verordnung soll insbesondere Fragen der Datei-

---

10 So auch BT-Drs. 17/12634, S. 25.

11 Zur Problematik bei der Übertragung solcher prozessrechtsimmanenter Verweise vom Zivil- in das Verwaltungsprozessrecht eingehend *Nolte* (Fn. 8), S. 331 f., 342 f., 357, 583, 637, 640.

formate, Volumen und Bezeichnung und Ähnliches regeln. Ausweislich der Gesetzesbegründung soll der Verordnungsgeber dabei den Empfehlungen und Beschlüssen des IT-Planungsrates und des eJustice-Rates folgen.[12] Verbindlich sind diese für den Verordnungsgeber aber freilich nicht. Das Bundesministerium für Justiz und Verbraucherschutz hat hierzu die Verordnung über die technischen Rahmenbedingungen des elektronischen Rechtsverkehrs und über das besondere elektronische Behördenpostfach erlassen.[13] Insbesondere ist vorgesehen, dass elektronische Dokumente grundsätzlich im PDF-Format zu übermitteln sind; Bilddateien können im TIFF-Format übermittelt werden (§ 2 Abs. 1 des Entwurfs der Verordnung). Außerdem soll ein strukturierter maschinenlesbarer Datensatz im XML-Format beigefügt werden (§ 2 Abs. 2 des Entwurfs). Jedes Dokument ist gesondert mit einer (elektronischen) Signatur zu versehen. Die sogenannte Containersignatur, wobei mehrere Dokumente mit einer elektronischen Signatur verbunden werden, ist ausgeschlossen (§ 4 Abs. 2).

Die Regelung der Übermittlungswege in § 55a Abs. 3 und 4 VwGO sieht mehrere *13*
Alternativen vor.[14] Nach Abs. 3 kann ein elektronischen Dokument entweder mit einer qualifizierten elektronischen Signatur oder einfach signiert auf einem sog. „sicheren Übermittlungsweg" eingereicht werden. Das Erfordernis einer qualifizierten elektronischen Signatur nach § 55a VwGO bezog sich zunächst auf das Signaturgesetz. Dieses ist am 29. Juli 2017 außer Kraft getreten und durch das eIDAS-Durchführungsgesetz und das als sein Art. 1 erlassene Vertrauensdienstegesetz (VDG) ersetzt worden.[15] Der Rechtsrahmen für elektronische Signaturen ergibt sich nunmehr aus der Verordnung (EU) Nummer 910/2014 des Europäischen Parlaments und des Rates vom 23. Juli 2014 über elektronische Identifizierung und Vertrauensdienste für elektronische Transaktionen im Binnenmarkt und zur Aufhebung der Richtlinie 1999/93/EG (eIDAS-Verordnung). Der Begriff der „qualifizierten elektronische Signatur" in Art. 3 lit. 12 eIDAS-Verordnung entspricht demjenigen nach § 55a Abs. 3 VwGO. Da aber nicht jede Büro-Ausstattung über die notwenigen technischen Voraussetzungen verfügt, um eine qualifizierte elektronische Signatur zu erstellen,[16] lässt § 55a Abs. 4 VwGO auch andere Formen der Signatur zu, sofern das Dokument über einen „sicheren Übertragungsweg" übermittelt wird. Das kann etwa durch das Einfügen der bildlichen Wiedergabe eine Unterschrift geschehen. Der Verzicht auf eine zwingende qualifizierte elektronische Signatur ist eine Reaktion auf deren mangelnde Akzep-

---

12 BT-Drs. 17/12634, S. 25; vgl. *Müller-Teckhof* (Fn. 3), S. 97.

13 Die Verordnung ist abrufbar auf der Internetseite des Bundesministeriums für Justiz und Verbraucherschutz.

14 Vgl. *Hoffmann/Borchers* (Fn. 4), S. 63; *Meyer* (Fn. 4), S. 294; *Müller-Teckhof* (Fn. 3), S. 96; *Radke* (Fn. 6), S. 400.

15 Gesetz zur Durchführung der Verordnung 910/2014 des Europäischen Parlaments und des Rates vom 23. Juli 2014 über elektronische Identifizierung und Vertrauensdienste für elektronische Transaktionen im Binnenmarkt und zur Aufhebung der Richtlinie 1999/93/EG vom 18. Juli 2017, BGBl. I S. 2745; vgl. zur eIDAS-VO auch den Beitrag von *Sorge* in diesem Band.

16 *Müller-Teckhof* (Fn. 3), S. 96.

tanz.[17] Dass alternativ an ihr festgehalten wurde, ist in erster Linie den Vorgaben der europäischen Signaturrichtlinie geschuldet. Diese verlangt, dass einer qualifizierten elektronischen Signatur im Rechtsverkehr die gleichen Rechtswirkungen zuzuerkennen sind wie einer handschriftlichen Unterschrift bei Kommunikation in Papierform.[18] Da die Verordnung über die technischen Rahmenbedingungen des elektronischen Rechtsverkehrs in § 4 Abs. 1 allerdings vorsieht, dass auch Dokumente mit einer qualifizierten elektronischen Signatur auf einem sicheren Übermittlungsweg oder an ein elektronisches Gerichts- und Verwaltungspostfachs (EGVP) zu übermitteln sind, wird die qualifizierte elektronische Signatur neben den sicheren Übermittlungswegen kaum eine nennenswerte Bedeutung erlangen.

14 Die Regelung der sicheren Übermittlungswege in § 55a Abs. 4 VwGO ist wiederum von mehreren Alternativen gekennzeichnet. Nach Nr. 1 ist jetzt flächendeckend die Möglichkeit der Übermittlung per De-Mail-Konto möglich. De-Mail-Konten sind besonders gesicherte E-Mail-Konten von zertifizierten Anbietern. Die Voraussetzungen sind im Einzelnen im De-Mail-Gesetz von 2011 geregelt. Entscheidend ist, dass die Identifizierung des Nutzers über zwei unabhängige Sicherungsmittel erfolgen muss (also etwa durch den Besitz einer Inhaberkarte und einer PIN). De-Mail bietet gegenüber der Nutzung des elektronischen Gerichts- und Verwaltungspostfachs (EGVP)[19] den Vorteil, dass es auf dem SMTP-Protokoll basiert und so mit der klassischen E-Mail-Verwaltung kompatibel ist.[20] Den anhaltenden Bedenken hinsichtlich der Gewährleistung der Authentizität und Vertraulichkeit der Kommunikation über De-Mail wird durch eine mittlerweile auch im SMTP-Protokoll mögliche Ende-zu-Ende-Verschlüsselung Rechnung getragen.[21]

15 Nach § 55a Abs. 4 Nr. 2 und Nr. 3 VwGO sind die auf der EGVP-Software basierende Kommunikation zwischen dem elektronischen Gerichtspostfach und einem besonderen elektronischen Anwaltspostfach nach § 31a BRAO bzw. einem Behördenpostfach sichere Übermittlungswege.[22] Das elektronische Gerichts- und Verwaltungspostfach (EGVP) ist eine besondere Übertragungssoftware, die speziell für den Rechts- und Amtsverkehr in Deutschland entwickelt wurde. Sie ist kostenlos unter www.egvp.de erhältlich. Sie basiert nicht auf SMTP, sondern auf dem OSCI-Protokoll, das standardmäßig eine „Ende-zu-Ende-Verschlüsselung" ermöglicht. Das macht die Übertragung zwar grundsätzlich weniger anfällig,

17 BT-Drs. 17/12634 S. 20, 24; vgl. *Hoffmann/Borchers* (Fn. 4), S. 63; *Radke* (Fn. 6), S. 400.
18 Richtlinie 1999/93/EG, vgl. BT-Drs. 17/12634, S. 24.
19 Zum EGVP sogleich eingehend.
20 Zum De-Mail-Gesetz *Falko Ritter*, De-Mail: Meilenstein in der Entwicklung der elektronischen Kommunikation?, VuR 2014, S. 334–342; *Alexander Roßnagel*, Das De-Mail-Gesetz, NJW 2011, S. 1473–1478, 1476.
21 *Beck-aktuell*: De-Mail mit vereinfachter Ende-zu-Ende-Verschlüsselung ab April 2015, Meldung vom 09.03.2015; zur Kritik an der Sicherheit von De-Mail *Radke* (Fn. 6), S. 400, Fn. 18.
22 Zum Anwaltspostfach sogleich eingehend.

führt aber dazu, dass sie nicht mit dem üblichen E-Mail-Verkehr kompatibel ist und daher auch nicht gemeinsam mit diesem verwaltet werden kann.[23]

§ 55a Abs. 4 Nr. 4 VwGO enthält eine technologieoffene Regelung, die im Gesetzgebungsprozess eine große Rolle gespielt hat. Danach können weitere sichere Übermittlungswege durch Rechtsverordnung mit Zustimmung des Bundesrates festgelegt werden. Damit wird die Möglichkeit eröffnet, auf zukünftige technische Entwicklungen zeitnah zu reagieren, ohne dass eine Gesetzesänderung nötig wird. Das soll der Nachhaltigkeit dienen.[24] Neue sichere Übermittlungswege können nur bundeseinheitlich vorgesehen werden. Das heißt, die zusätzlichen Übermittlungswege müssen für die Kommunikation mit allen Verwaltungsgerichten zur Verfügung stehen. Keinesfalls soll es wieder zu einer Uneinheitlichkeit der zulässigen Übermittlungswege kommen, wie es unter der früheren Rechtslage der Fall war. *16*

Da es in den verschiedenen Verfahrensordnungen je eigene Verordnungsermächtigungen gibt, stellt die Gesetzeslage die Einheitlichkeit allerdings nicht rechtswegübergreifend sicher. Freilich kann man sich nicht vorstellen, dass der Verordnungsgeber ohne Grund verschiedene Übermittlungswege für verschiedene Gerichtszweige einführt. Ein solcher Grund könnte aber vielleicht in dem verstärkten Kommunikationsaufkommen zwischen Verwaltungsgerichten und Behörden liegen. Allerdings bedürfte es dafür wohl nicht der unterschiedlichen Verordnungsermächtigungen. Auch eine einheitliche auf Grundlage von § 130a ZPO ergangene Verordnung könnte dem wohl Rechnung tragen. *17*

III. Eingang elektronischer Kommunikationsakte bei Gericht

§ 55a Abs. 5 und 6 VwGO regeln den Eingang elektronischer Dokumente. Das ist deshalb wichtig, weil die mangelnde Akzeptanz der elektronischen Kommunikation auch darauf zurückgeführt wird, dass beim Absender Unsicherheit über den Eingang der Schreiben bei Gericht besteht. Der Eingang ist in § 55a Abs. 5 VwGO n.F. zwar nicht anders geregelt als in § 55a Abs. 2 VwGO der früheren Fassung. Ein Dokument ist eingegangen, sobald es bei Gericht erstmals gespeichert wird. Das Risiko der Übermittlung trägt damit auch weiterhin der Versender. Neu ist allerdings, dass nach § 55a Abs. 5 S. 2 VwGO dem Absender eine automatisierte Empfangsbestätigen zu senden ist. Das dürfte ein Vertrauen in den Eingang des Schreibens generieren, das selbst bei postalischer Kommunikation in Papierform nicht besteht.[25] *18*

Darüber hinaus schützt § 55a Abs. 6 VwGO den Absender vor unerwarteten technischen Problemen. Dem Absender ist unverzüglich mitzuteilen, wenn ein elektronisches Dokument zur Bearbeitung bei Gericht nicht geeignet ist. Reicht der Absender daraufhin ein taugliches Dokument nach und macht glaubhaft, dass *19*

---

23 Zum EGVP *Ulrich Wanner-Laufer/Ralf Köbler*, Elektronischer Rechtsverkehr in der Praxis: Positives, Probleme und Perspektiven, AnwBl. 2013, S. 101–105 und auch unter der Homepage des elektronischen Gerichts- und Verwaltungspostfachs: www.egvp.de.

24 BT-Drs. 17/12634, S. 1, 20.

25 BT-Drs. 17/12634, S. 26; vgl. *Troidl* (Fn. 6), S. 1057.

dieses inhaltlich mit dem ersten übereinstimmt, so gilt das Dokument als zum ersten Zeitpunkt zugegangen. Musste mit dem Dokument eine Frist gewahrt werden, ist also keine Wiedereinsetzung nötig und gilt somit auch, wenn die technischen Probleme vom Absender schuldhaft verursacht wurden. Auch das soll das Nutzervertrauen stärken.[26]

20 Einschränkend muss allerdings darauf hingewiesen werden, dass diese Regelung nur die Eignung des Dokuments zur Bearbeitung betrifft, die in Abs. 2 und der dazu ergangenen Rechtsverordnung geregelt ist. Nicht umfasst ist die unkorrekte Übermittlung. Wird ein Dokument also auf einem unzulässigen Übermittlungsweg übermittelt, ist es weder formgerecht bei Gericht eingegangen noch besteht eine entsprechende Hinweispflicht seitens des Gerichts.[27] Allerdings dürfte der Absender dann auch keine korrekte Empfangsbestätigung nach Abs. 5 S. 2 erhalten. Das Ausbleiben der Bestätigung dürfte dann Hinweis genug sein, dass das Dokument nicht ordnungsgemäß übermittelt wurde.

IV. Kommunikationsakte des Gerichts

21 § 55a Abs. 7 VwGO regelt die Anforderungen an Kommunikationsakte des Gerichts. Er entspricht dem früheren § 55a Abs. 3 VwGO. Die grundlegende Befugnis des Gerichts zur elektronischen Kommunikation wird stillschweigend vorausgesetzt. Geregelt sind nur besondere Anforderungen für bestimmte Kommunikationsakte. Dabei bleibt es bei der zwingenden qualifizierten elektronischen Signatur für handschriftlich zu unterzeichnende Dokumente. Mit der unveränderten Übernahme der Regelung bleibt auch das Problem bestehen, dass nicht abschließend geklärt ist, welche Dokumente nach der VwGO über die normale Schriftform hinaus eine handschriftliche Unterzeichnung verlangen.[28] Bei Protokollen, Beschlüssen und Urteilen wird eine handschriftliche Unterzeichnung unstreitig vorausgesetzt. Kommunikationsakte, die keiner bestimmten Form bedürfen, also ggf. sogar mündlich erfolgen könnten, setzen eine handschriftliche Unterzeichnung dagegen unstreitig nicht voraus. Unklar ist das aber bei Handlungen, die nur schriftlich erfolgen können, aber nicht ausdrücklich handschriftlich zu unterzeichnen sind, wie etwa Rechtshilfegesuche oder Ladungen. Es ist fraglich, warum sich der Gesetzgeber dieses Problems bei der Neuregelung nicht angenommen hat. Am sinnvollsten scheint es im Sinne der Rechtssicherheit – entgegen der Gesetzesbegründung zum JKomG von 2005 – nicht zwischen Schriftlichkeit und handschriftlich zu unterzeichnen Dokumenten zu unterscheiden. Diese Differenzierung kommt aus dem Europarecht und findet keine Grundlage in der Systematik des deutschen Prozessrechts.[29] Das bedeutet,

26 BT-Drs. 17/12634, S. 26; *Müller-Teckhof* (Fn. 3), S. 97; *Troidl* (Fn. 6), S. 1057.

27 BT-Drs. 17/12634 S. 27.

28 Vgl. nur *Ralf-Peter Schenke*, in: Ferdinand O. Kopp/Wolf-Rüdiger Schenke (Hrsg.), Verwaltungsgerichtsordnung, Kommentar, 23. Aufl., München 2017, § 55a, Rn. 16; *Richard Rudisile*, in: Friedrich Schoch/Jens-Peter Schneider/Wolfgang Bier (Hrsg.), Verwaltungsgerichtsordnung. Kommentar (Loseblatt), 32. EL, München 2016, § 55a, Rn. 70 ff.

29 *Rudisile*, Schoch/Schneider/Bier (Fn. 28), § 55a, Rn. 70 ff.

dass es immer einer qualifizierten elektronischen Signatur bedarf, wenn ein gerichtlicher Kommunikationsakt gesetzlich zwingend schriftlich zu erfolgen hat. Dies sollte, sobald alle Richter mit dem Umgang der qualifizierten elektronischen Signatur vertraut sind, auch keine Probleme darstellen.

Bei mehreren Unterschriften, etwa bei Entscheidungen durch eine Kammer, sind mehrere elektronische Signaturen notwendig. Das hat sich in der Praxis als fehleranfällig erwiesen, weil zwischen dem Setzen der elektronischen Signaturen keinerlei Veränderungen am Dokument vorgenommen werden dürfen, da sonst die erste Signatur zerstört wird. Rechtlich hat man dann dieselben Probleme wie bei falschen oder unvollständigen handschriftlichen Unterschriften, was in der Regel zur Unwirksamkeit des Aktes führt. Solche Fehler dürften aber zukünftig durch entsprechende Schulung der Gerichtsmitarbeiter zu vermeiden sein.[30] *22*

V. Förmliche Zustellung gerichtlicher Dokumente

Wichtig für die durchgängige Ersetzung der schriftlichen Kommunikation in Papierform ist auch eine Regelung zur förmlichen Zustellung elektronischer Dokumente.[31] Nach § 174 Abs. 3 und 4 ZPO, der über § 56 Abs. 2 VwGO auch im verwaltungsgerichtlichen Verfahren anwendbar ist, kann ein elektronisches Dokument förmlich zugestellt werden, wenn es über einen sicheren Übermittlungsweg versandt wird und eine Eingangsbestätigung erstellt wird. Für die sicheren Übermittlungswege verweist § 174 Abs. 3 ZPO auf § 130a Abs. 4 ZPO. Da gem. § 56 Abs. 2 VwGO ohne Einschränkungen und Anpassungsmöglichkeiten „nach den Vorschriften der ZPO zugestellt wird", muss das auch im verwaltungsgerichtlichen Verfahren so gelten.[32] Solange die sicheren Übermittlungswege des § 130a Abs. 4 ZPO denen des § 55a Abs. 4 VwGO entsprechen, ist das freilich egal. Aber auch hier zeigt sich, dass es sinnvoller gewesen wäre, für die Regelungen der elektronischen Kommunikation insgesamt auf die ZPO zu verweisen, um auf jeden Fall Probleme zu vermeiden, die durch eine etwaige Abweichung der Regelungen voneinander entstehen könnten. *23*

Als sicherer Kommunikationsweg für eine Zustellung, der überdies in der Lage ist, den für die geforderte Empfangsbestätigung notwendigen strukturierten Datensatz zu übermitteln, dürfte insbesondere die Kommunikation zwischen elektronischen Gerichts- und Verwaltungspostfächern (EGVP) und zwischen dem Gerichtspostfach und dem bei der Anwaltskammer einzurichtenden Anwaltspostfach in Frage kommen. Gegenüber dem Bürger wird die elektronische Zustellung wohl kaum Anwendung finden.[33] *24*

30 *Harald Geiger*, in: Erich Eyermann (Hrsg.), Verwaltungsgerichtsordnung. Kommentar, 14. Auflage, München 2014, § 55a Rn. 18; *Schenke*, in: Kopp/Schenke (Fn. 28), § 55a, Rn. 15.

31 BT-Drs. 17/12634 S. 20 f.

32 Zu dieser Verweisungstechnik eingehend *Nolte* (Fn. 8), S. 210 ff., 257 ff.

33 *Meyer* (Fn. 1), S. 295; zum Anwaltspostfach sogleich eingehend.

25 Eine Eingangsbestätigung wird nicht automatisiert erstellt, sondern muss vom Empfänger veranlasst werden. Die Regelung wurde im Gesetzgebungsverfahren auf Druck der Anwaltschaft entsprechend abgeändert. Das Potential der technischen Neuerung, dass mit einer automatisierten Bestätigung der Zugang eines Schriftstücks (im Sinne der Möglichkeit der ungehinderten Kenntnisnahme durch den Adressaten) ohne großen Aufwand zeitgenau festgehalten werden kann, bleibt so freilich ungenutzt, obwohl genau das der ursprüngliche Sinn einer förmlichen Zustellung ist.[34] Das seinerzeit zur Vermeidung aufwendiger Postzustellungen eingeführte Empfangsbekenntnis bei Verfahrensbeteiligten, denen aufgrund ihrer beruflichen Stellung ein besonderes Vertrauen entgegen gebracht wird, mutiert so zum Privileg für die Anwaltschaft, über den Zeitpunkt der Zustellung selbst zu bestimmen.

VI. Elektronische Formulare

26 Eine besondere Erleichterung der Kommunikation mit dem Gericht enthält § 55c VwGO für standardisierte Erklärungen, die per Formular abzugeben sind. Hierfür ermöglicht § 55c VwGO die Verwendung elektronischer Formulare. Die entsprechende Rechtsverordnung ist allerdings noch nicht ergangen. Die Rechtsverordnung kann bestimmen, dass Formulare anders als auf den in § 55a Abs. 3 VwGO vorgesehenen Übermittlungswegen übertragen werden können. Dies ermöglicht das Online-Ausfüllen von Online-Formularen auf von den Gerichten unterhaltenen Kommunikationsplattformen im Internet.[35]

VII. Verpflichtende Teilnahme an der elektronischen Kommunikation

27 Zentral ist der neue § 55d VwGO, wonach Schriftsätze und Anlagen sowie Anträge und Erklärungen, die durch einen Rechtsanwalt oder eine Behörde eingereicht werden, ausschließlich elektronisch zu übermitteln sind. Dieser Zwang zur elektronischen Kommunikation mit den Gerichten für Anwälte und Behörden gilt grundsätzlich ab Januar 2022. Die Bundesländer haben allerdings die Möglichkeit, durch Rechtsverordnung die verpflichtende elektronische Kommunikation auf den 01.01.2020 oder den 01.01.2021 vorzuziehen.[36] Ab 2020 müssen Rechtsanwälte und Behörden vor Einreichen eines Schriftsatzes in Papierform prüfen, ob das beim zuständigen Gericht überhaupt noch zulässig ist. Ab 2022 ist flächendeckend nur noch elektronische Kommunikation zugelassen. Mit dem Zwang zur elektronischen Kommunikation soll erreicht werden, dass die Kommunikation mit Gerichten zukünftig in der Hauptsache elektronisch abgewickelt wird.

28 Die Regelung korrespondiert mit dem neuen § 31a BRAO, der bereits seit Januar 2016 gilt. Danach richtet die Rechtsanwaltskammer für jeden zugelassenen Anwalt ein elektronisches Anwaltspostfach ein. Das Anwaltspostfach muss gem.

---

34 *Müller-Teckhof* (Fn. 3), S. 98 f.; *Radke* (Fn. 6), S. 401; *Treber* (Fn. 4), S. 453.
35 *Müller-Teckhof* (Fn. 3), S. 97 f.
36 *Müller-Teckhof* (Fn. 3), S. 100; *Radke* (Fn. 6), S. 398 f.; *Troidl* (Fn. 6), S. 1057.

§ 31a Abs. 2 BRAO durch ein sicheres Verfahren mit zwei voneinander unabhängigen Sicherungsmitteln (etwa PIN und Inhaberkarte) geschützt sein. Durch diese zwangsweise Einrichtung einer sog. „trusted domain" ist die elektronische Erreichbarkeit jedes Rechtsanwalts und das Vorhandensein eines sicheren Übermittlungsweges gem. § 55a Abs. 4 Nr. 2 VwGO gewährleistet. Über dieses Postfach können jedem Anwalt elektronische Dokumente förmlich zugestellt werden. Anwälte werden also in jeder Hinsicht gezwungen, an der elektronischen Kommunikation teilzunehmen und mit den Gerichten ausschließlich elektronisch zu kommunizieren.[37]

Hinsichtlich seines Anwendungsbereichs verursacht § 55d VwGO durch die *29* lückenhafte Aufzählung der Prozesshandlungen dieselben Probleme wie der § 55a VwGO. Sinnvollerweise muss § 55d VwGO so verstanden werden, dass alle Prozesshandlungen, die gem. § 55a Abs. 1 VwGO elektronisch vorgenommen werden können, von Rechtsanwälten und Behörden elektronisch vorgenommen werden müssen, wenn sie nicht mündlich in der Verhandlung erklärt werden. Misslich ist diese unpräzise Formulierung im Gesetz allemal, zumal sie zu dem Missverständnis einlädt, dass die Pflicht zur elektronischen Kommunikation nur für ausgewählte Prozesshandlungen gilt.

Eine Ausnahme vom Zwang zur elektronischen Kommunikation gilt gem. § 55d *30* S. 3 VwGO für die Fälle vorübergehender Verhinderung aus technischen Gründen. Das soll der Sorge vor einem Ausfall oder Defekt der Übermittlungstechnik Rechnung tragen. Die Gründe für die vorübergehende Unmöglichkeit der elektronischen Kommunikation sind bei der papierschriftlichen Ersatzeinreichung glaubhaft zu machen. Es bleibt abzuwarten, ob dies in Zukunft wirklich relevant werden wird.

Der Zwang zur elektronischen Kommunikation gilt nur für Rechtsanwälte und *31* Behörden sowie andere nach § 67 Abs. 2 VwGO zugelassene Prozessvertreter. Für letztere jedoch nur, wenn ihnen ein sicherer Übermittlungsweg nach § 55a Abs. 4 Nr. 2 VwGO zur Verfügung steht. Der Zwang gilt jedenfalls nicht für die Bürger. Die Bürger können sich also auch in Zukunft ohne Einschränkungen papierschriftlich unmittelbar an die Verwaltungsgerichte wenden.[38] Dadurch wird jede denkbare Verletzung der Rechtschutzgarantie aus Art. 19 Abs. 4 GG und dem Recht auf gerichtliches Gehör aus Art. 103 Abs. 1 GG vermieden.[39] Die Be-

---

37 BT-Drs. 17/12634, S. 38; vgl. auch *Hoffmann/Borchers* (Fn. 4), S. 64 f.; *Meyer* (Fn. 4), S. 294.

38 BT-Drs. 17/12634, S. 2, 22; *Meyer* (Fn. 4), S. 294.

39 Deswegen kollidiert die Regelung auch nicht mit Art. 14 Abs. 2 der Verfassung von Schleswig-Holstein, wonach der persönliche, schriftliche und elektronische Zugang zu Behörden und Gerichten gewährleistet sein muss. Rechtsanwälte sind Organ der Rechtspflege (§ 1 BRAO). Ihnen können besondere Pflichten bei der Mitwirkung an gerichtlichen Verfahren auferlegt werden (ständige Rspr. des BVerfG, zuletzt NJW 2004, S. 1305, 1311 oder Beschluss vom 05. 03. 2015, Az.: 1 BvR 3362/14). Sie dürften vom Schutz dieser Zugangsgarantie nicht uneingeschränkt umfasst sein. Anderenfalls müsste Art. 14 Abs. 2 der Verfassung von Schleswig-Holstein gem. Art. 31 GG dem Bundesrecht weichen.

schränkung der Pflicht zur elektronischen Kommunikation auf Rechtsanwälte führt freilich dazu, dass die Gerichte gezwungen sind, mit Bürgern weiterhin papierschriftlich zu kommunizieren, soweit diese nicht den Zugang zur elektronischen Kommunikation eröffnet haben. Das wird sich auch zukünftig nach denselben ungeschriebenen Regeln in Anlehnung an § 3a VwVfG ergeben müssen wie bisher. Es fragt sich, wieso der Gesetzgeber angesichts der Detailliertheit der Norm im Übrigen hierzu keine ausdrückliche Regelung in die VwGO aufgenommen hat. Jedenfalls bleibt es dabei, dass die Gerichte mitunter mit unterschiedlich Beteiligten in unterschiedlicher Form kommunizieren müssen und es infolge zu aufwendigen Medientransfers kommt.

32 Mit § 55d VwGO und den Parallelregelungen in den anderen Verfahrensordnungen sind erstmals Formvorschriften eingeführt, die nicht nur für die Vornahme bestimmter Handlungen sondern für die Vornahme durch bestimmte Personen besondere formelle Voraussetzungen vorschreiben. Dadurch gelten für dieselbe Prozesshandlung unterschiedliche formelle Anforderungen, je nachdem von wem sie vorgenommen werden. Da die Vorschriften keine eigenen Regelungen über die Rechtsfolgen bei einem Verstoß enthalten, kommen die allgemeinen Grundsätze zur Anwendung, wonach Prozesshandlungen, die nicht in der vorgesehenen Form vorgenommen werden, unwirksam sind. Das wird dazu führen, dass etwa eine papierschriftliche Klage eines Bürgers ordnungsgemäß eingereicht ist, während sie formunwirksam ist, wenn sie von einem zugelassenen Rechtsanwalt verfasst wurde.

33 Die Gerichte sind ihrerseits nicht verpflichtet elektronisch zu kommunizieren. Die Befugnis zur elektronischen Kommunikation wird in § 55a Abs. 7 VwGO und der Möglichkeit zur elektronischen Zustellung nach § 174 ZPO vorausgesetzt. Eine Pflicht dazu ist gesetzlich nicht verankert. Der Gesetzgeber geht allerdings davon aus, dass die Gerichte spätestens ab 2022 mit allen Beteiligten elektronisch kommunizieren, die Ihrerseits zur elektronischen Kommunikation verpflichtet sind. In der Tat macht es wenig Sinn, eine einseitige elektronische Kommunikation anzustreben. Deshalb wird diese einseitige Verpflichtung zur elektronischen Kommunikation kritisiert.[40] Vor dem Hintergrund des neuen § 174 ZPO in der Fassung, die er nach Intervention der Anwaltschaft nunmehr erhalten hat, macht es allerdings Sinn, von einer zwingenden Formvorschrift für die Gerichte abzusehen. Das Gericht kann die förmliche Zustellung elektronischer Kommunikation nicht erzwingen, sondern ist auf die willentlich veranlasste Empfangsbestätigung des Empfängers angewiesen. Hat es Zweifel an der Zuverlässigkeit des Empfängers oder ist gar ein elektronischer Zustellungsversuch am Ausbleiben der Empfangsbestätigung gescheitert, muss das Gericht auf die klassische Zustellung zurückgreifen können.[41]

---

40 So *Radke* (Fn. 6), S. 399.
41 *Müller-Teckhof* (Fn. 3), S. 99.

C. Fazit

Auch die neuen Regelungen zur elektronischen Kommunikation mit den Verwaltungsgerichten weisen Defizite auf. Diese rühren vor allem daher, dass die Regelungen in erster Linie für die ZPO konzipiert sind. Bei der Formulierung der Parallelregelungen für die VwGO beachtet der Gesetzgeber zu wenig die Eigenarten des Verwaltungsprozessrechts und die Funktionsweise der Verweisungssystematik der VwGO. 34

Trotz dieser Unzulänglichkeiten und der Fortsetzung der disparaten „Zugangslandschaft“ für eine Übergangszeit bis 2022 dürfte die Etablierung der elektronischen Kommunikation durch das Gesetz zur Förderung des elektronischen Rechtsverkehrs deutlich mehr Erfolg versprechen als die vorhergehenden Versuche.[42] Entscheidend dafür sind die einheitlichen Regelungen für alle Verwaltungsgerichte, die Alternativen zur qualifizierten elektronischen Signatur und vor allem die verpflichtende Teilnahme an der elektronischen Kommunikation für Rechtsanwälte und Behörden. Die verpflichtende elektronische Kommunikation mit den Gerichten für Rechtsanwälte und Behörden wird die papierschriftliche Kommunikation an den Verwaltungsgerichten ab 2022 zur Ausnahme machen. 35

Die gänzlich papierlose Verwaltungsgerichtsbarkeit wird allerdings erst erreicht sein, wenn auch die elektronische Aktenführung flächendeckend eingeführt sein wird. Dafür wird es gem. § 55b Abs. 1 VwGO aber auch zukünftig unterschiedliche Regelungen auf Bundes und Landesebene geben. Eine gleichzeitige Einführung der elektronischen Akte bei allen Gerichten schien dem Gesetzgeber zunächst nicht realisierbar. Mittlerweile ist der Bundesgesetzgeber erneut tätig geworden und hat die flächendeckende Einführung der elektronischen Akte ab Januar 2026 verpflichtend vorgesehen. Die rechtliche Ausgestaltung im Einzelnen bleibt dabei allerdings weiterhin dem Bund und den Ländern in ihrem Bereich überlassen.[43] Setzt sich die elektronische Kommunikation mit den Gerichten durch, wird langfristig aber kaum an der klassischen Aktenführung festgehalten werden, weil dies die Notwendigkeit eines ständigen Medientransfers zur Folge hätte.[44] 36

42 Zweifelnd hinsichtlich der verschiedenen Übergangsregeln *Treber* (Fn. 4), S. 454.

43 BT-Drs. 17/12634, S. 5; vgl. *Troidl* (Fn. 6), S. 1056; Gesetz zur Einführung der elektronischen Akte in der Justiz, vom 5. Juli 2012, BGBl I S. 2208 ff.

44 Ebenso *Radke* (Fn. 6), S. 398, 402 f.; *Wolfram Viefhues*, Einführung des elektronischen Rechtsverkehrs – Kommunikation in Papierform mit den Gerichten ade!, NWB 2013, S. 3003–3008, 3005 f.

Teil IV
Datenschutz und Datensicherheit

Die Datenschutz-Grundverordnung der EU

Tobias Herbst

A. Einleitung

Die Verordnung (EU) 2016/679 des Europäischen Parlaments und des Rates vom 27.04.2016 (Datenschutz-Grundverordnung, im Folgenden: DSGVO)[1] ist am 24.05.2016 in Kraft getreten (Art. 99 Abs. 1 DSGVO) und gilt seit dem 25.05. 2018 (Art. 99 Abs. 2 DSGVO); sie stützt sich nach ihrer Eingangsformel „insbesondere" auf die mit dem Vertrag von Lissabon geschaffene Ermächtigung zum Erlass datenschutzrechtlicher Vorschriften in Art. 16 Abs. 2 AEUV. Als **Verordnung** im Sinne von Art. 288 Abs. 2 AEUV gilt sie ohne weiteren Umsetzungsakt unmittelbar in jedem Mitgliedstaat der EU und steht dabei der (weiteren) Anwendung jeglichen nationalen Rechts entgegen, das mit ihr unvereinbar ist.[2] Die DSGVO verdrängt daher mit Beginn ihrer Geltung das nationale allgemeine und bereichsspezifische Datenschutzrecht auf Bundes- und auf Landesebene zu einem großen Teil, soweit es nicht schon durch die zuständigen Gesetzgeber außer Kraft gesetzt wurde. Für das nationale Datenschutzrecht bedeutet dies die größte Umwälzung seit seiner Entstehung.[3] Die bisherige Datenschutzrichtlinie 95/46/EG wurde durch die DSGVO mit Wirkung vom 25.05.2018 aufgehoben (Art. 94 Abs. 1 DSGVO).[4] *1*

Trotz Anwendungsvorrangs der DSGVO werden nationale datenschutzrechtliche Regelungen durch sie weder vollkommen verdrängt noch überflüssig. Zum einen enthält die DSGVO zahlreiche **Öffnungsklauseln**, die mitgliedstaatliche Ergänzungen bzw. Abweichungen ermöglichen;[5] teilweise sind diese Öffnungsklauseln

---

1 ABl. L 119 v. 04.05.2016, S. 1; Berichtigung in ABl. L 314 v. 22.11.2016, S. 72.

2 Statt aller *Martin Nettesheim* in: Eberhard Grabitz/Meinhard Hilf/ders., Das Recht der Europäischen Union, Art. 288 AEUV (2012), Rn. 101 f. mit Nachweisen zur Rechtsprechung des EuGH.

3 Das erste Datenschutzgesetz in Deutschland (und auch weltweit) war das Hessische Datenschutzgesetz vom 30.09.1970; auf Bundesebene wurde die erste Fassung des Bundesdatenschutzgesetzes am 27.01.1977 verabschiedet. Vgl. dazu *Spiros Simitis* (Hrsg.), Bundesdatenschutzgesetz. Kommentar, 8. Aufl., Baden-Baden 2014, Einleitung: Geschichte – Ziele – Prinzipien, Rn. 1.

4 Zur Zielsetzung der Reform des Datenschutzrechts auf EU-Ebene und zum Verlauf der Diskussionen im Gesetzgebungsverfahren vgl. *Jan Philipp Albrecht/Florian Jotzo*, Das neue Datenschutzrecht der EU. Grundlagen – Gesetzgebungsverfahren – Synopse, Baden-Baden 2017, S. 35 ff.

5 Dazu *Jürgen Kühling/Mario Martini/Johanna Heberlein/Benjamin Kühl/David Nink/Quirin Weinzierl/Michael Wenzel* (zitiert: *Kühling/Martini et al.*), Die Datenschutz-Grundverordnung und das nationale Recht, Münster 2017 sowie die Beiträge von *Horster* und *Kugelmann* im vorliegenden Band und die Beiträge in *Alexander Roßnagel* (Hrsg.), Europäische Datenschutz-Grundverordnung. Vorrang des Unionsrechts – Anwendbarkeit des nationalen Rechts, 1. Aufl., Baden-Baden 2017.

mit Regelungsaufträgen an die nationalen Gesetzgeber verbunden. Zum anderen umfasst der Anwendungsbereich der DSGVO nicht die Verhütung und Verfolgung von Straftaten, deren datenschutzrechtliche Aspekte nach wie vor – künftig nach den Vorgaben der RL (EU) 2016/680 –[6] von den Mitgliedstaaten zu regeln sind.

2 Der Bundesgesetzgeber hat im Juni 2017 eine **Neufassung des Bundesdatenschutzgesetzes** (im Folgenden: BDSG-neu) beschlossen, die zum 25.05.2018, also zeitgleich mit dem Geltungsbeginn der DSGVO, in Kraft getreten ist.[7] Das BDSG-neu enthält neben gemeinsamen Bestimmungen (Teil 1) Durchführungsbestimmungen zur DSGVO (Teil 2), Bestimmungen zur (teilweisen) Umsetzung der RL (EU) 2016/680 (Teil 3) und „besondere Bestimmungen" für Verarbeitungen, die nicht in den Anwendungsbereich der DSGVO und der RL (EU) 2016/680 fallen, insbesondere für Verarbeitungen im Bereich der Verteidigung (Teil 4). Die ersten Entwürfe des BDSG-neu sind in der Literatur auf Kritik gestoßen, teilweise wurde die Vereinbarkeit einzelner Regelungen mit der DSGVO bezweifelt bzw. das Fehlen von notwendigen Ergänzungen und Konkretisierungen bemängelt.[8] Weiteres wird ggf. die Rechtsprechung zu klären haben.

Dieser Beitrag möchte einen Überblick über die Regelungen der DSGVO und deren Systematik geben, soweit sie für eine digitalisierte Verwaltung von Bedeutung sein können.

I. Zielsetzung der DSGVO

3 Die DSGVO verfolgt in erster Linie zwei Ziele, nämlich den Schutz natürlicher Personen bei der Verarbeitung personenbezogener Daten (und damit die Gewährleistung der Rechte aus Art. 8 Abs. 1 GRCh und aus Art. 16 Abs. 1 AEUV) und den freien Verkehr solcher Daten in der Union (vgl. Art. 1 DSGVO und die Erwägungsgründe 1 und 2 zur DSGVO). Der freie Verkehr personenbezogener Daten in der Union setzt ein **einheitliches Schutzniveau** in den Mitgliedstaaten voraus; die bisher geltende RL 95/46/EG erschien wegen der Unterschiede zwischen den Mitgliedstaaten bei der Umsetzung der Richtlinie als nicht ausreichend zur Erreichung eines solchen einheitlichen Schutzniveaus (vgl. Erwägungsgrund 9 zur DSGVO). Es sollte daher eine konsequentere, kohärentere Datenschutz-

---

6 Dazu näher *Tobias Herbst*, in: Martin Eßer/Philipp Kramer/Kai von Lewinski (Hrsg.), Auernhammer – DSGVO BDSG. Datenschutz-Grundverordnung, Bundesdatenschutzgesetz und Nebengesetze, Kommentar, 5. Aufl., Köln 2017, Einführung und Überblick zur Richtlinie (EU) 2016/680.

7 Datenschutz-Anpassungs- und -Umsetzungsgesetz EU vom 30.06.2017, BGBl. I S. 2097. Art. 1 dieses Gesetzes enthält die Neufassung des BDSG; die weiteren Artikel regeln Änderungen des Bundesverfassungsschutzgesetzes, des MAD-Gesetzes, des BND-Gesetzes, des Sicherheitsüberprüfungsgesetzes, des Artikel-10-Gesetzes sowie einige vorab in Kraft tretende Änderungen des Bundesdatenschutzgesetzes. Art. 8 Abs. 1 des Gesetzes regelt das Inkrafttreten der Neufassung des Bundesdatenschutzgesetzes.

8 S. etwa *Alexander Roßnagel*, Gesetzgebung im Rahmen der Datenschutz-Grundverordnung. Aufgaben und Spielräume des deutschen Gesetzgebers?, DuD 2017, S. 277–281, 280 f.

regelung in der EU geschaffen werden, die durchsetzbar ist.[9] Aus diesem Grund wurde als Rechtsform der Neuregelung die Verordnung gewählt. Das Vereinheitlichungspotenzial der Verordnungsform wird allerdings durch die schon erwähnten zahlreichen Öffnungsklauseln wieder abgeschwächt.

II. Struktur der DSGVO

Kapitel I der DSGVO (Art. 1–4) enthält allgemeine Bestimmungen zu Gegenstand und Zielen der DSGVO, ihrem Anwendungsbereich sowie eine Reihe von Begriffsbestimmungen. Kapitel II (Art. 5–11) normiert **„Grundsätze“**, insbesondere im engeren Sinne in Art. 5 „Grundsätze für die Verarbeitung personenbezogener Daten“, auf deren Einhaltung der Verantwortliche (dieser Begriff entspricht der verantwortlichen Stelle im BDSG und umfasst nach Art. 4 Nr. 7 DSGVO ausdrücklich auch Behörden) verpflichtet wird. Zu den Grundsätzen des Art. 5 zählen „Rechtmäßigkeit, Verarbeitung nach Treu und Glauben, Transparenz“, „Zweckbindung“, „Datenminimierung“, „Richtigkeit“, (zeitliche) „Speicherbegrenzung“ und „Integrität und Vertraulichkeit“; diese Grundsätze werden in den weiteren Vorschriften der DSGVO, insbesondere durch die Betroffenenrechte, näher konkretisiert.[10] *4*

In Kapitel III (Art. 12–23) finden sich die **Betroffenenrechte**, in Kapitel IV (Art. 24–43) verschiedene **Pflichten der Verantwortlichen**. Kapitel V (Art. 44–50) regelt die Voraussetzungen der **Übermittlung personenbezogener Daten in das Nicht-EU-Ausland**, Kapitel VI (Art. 51–59) Anforderungen an die mitgliedstaatlichen **Aufsichtsbehörden** sowie deren Zuständigkeiten, Aufgaben und Befugnisse. Die Zusammenarbeit der mitgliedstaatlichen Aufsichtsbehörden und die Koordinierung ihrer Tätigkeit insbesondere durch den **Europäischen Datenschutzausschuss** sind in Kapitel VII (Art. 60–76) geregelt. Kapitel VIII (Art. 77–84) enthält Bestimmungen zu **Rechtsbehelfen, Haftung und Sanktionen**. Kapitel IX (Art. 85–91) fasst unter der Überschrift „Vorschriften für besondere Verarbeitungssituationen“ einige **Spezialregelungen** (etwa zum Beschäftigtendatenschutz) zusammen, die insbesondere weitgehende Öffnungsklauseln für nationales Recht enthalten. In Kapitel X (Art. 92–93) finden sich allgemeine Vorschriften zu **Rechtsakten der Kommission** im Rahmen der DSGVO, Kapitel XI (Art. 94–99) enthält schließlich die **Schlussbestimmungen**.

---

9 Begründung des Kommissionsvorschlags, KOM(2012) 11 endg., S. 2.

10 Daher sollen die Grundsätze des Art. 5 DSGVO – abgesehen vom Zweckbindungsgrundsatz – in diesem Beitrag nicht eigens in ihrer abstrakten Form erörtert werden. Näher zu den einzelnen Grundsätzen s. etwa *Tobias Herbst*, in: Jürgen Kühling/Benedikt Buchner (Hrsg.), Datenschutz-Grundverordnung. Kommentar, 2. Aufl., München 2018, Art. 5, Rn. 7 ff.

B. Anwendungsbereich der DSGVO

Art. 2 DSGVO regelt den sachlichen Anwendungsbereich der DSGVO, Art. 3 den räumlichen.

I. Sachlicher Anwendungsbereich

5 Nach Art. 2 Abs. 1 DSGVO umfasst der sachliche Anwendungsbereich zunächst die ganz oder teilweise **automatisierte Verarbeitung personenbezogener Daten**. Der hier maßgebliche Begriff der personenbezogenen Daten umfasst nach Art. 4 Nr. 1 DSGVO alle Informationen, die sich auf eine identifizierte oder identifizierbare natürliche Person beziehen; dieser Begriff unterscheidet sich praktisch nicht von dem Begriff der personenbezogenen Daten, wie ihn das BDSG a.F. verwendete.[11]

Der Anwendungsbereich der DSGVO umfasst darüber hinaus die **nicht automatisierte Verarbeitung** personenbezogener Daten, die in einem **Dateisystem** gespeichert sind oder gespeichert werden sollen. „Dateisystem" ist nach Art. 4 Nr. 6 DSGVO jede strukturierte Sammlung personenbezogener Daten, die nach bestimmten Kriterien zugänglich sind; dieser Begriff entspricht im Wesentlichen dem bisherigen in § 3 Abs. 2 S. 2 BDSG a.F. definierten Begriff der nicht automatisierten Datei.[12] Akten und ähnliche Aufzeichnungen „auf Papier" werden vom Anwendungsbereich der DSGVO daher nur dann erfasst, wenn sie strukturiert und nach bestimmten Kriterien zugänglich sind; das ist etwa bei Sammlungen von Karteikarten oder Formularen mit identischer Anordnung oder Nummerierung von Datenfeldern der Fall, nicht aber bei einer Sammlung verschiedenartiger Aufzeichnungen, einem Stapel nicht weiter gekennzeichneter Fotos oder einem Videofilm einer Menschenansammlung.[13] In einem eher untergeordneten, aber für eine digitalisierte Verwaltung bedeutsamen Merkmal unterscheidet sich der Anwendungsbereich der DSGVO von dem des BDSG in diesem Zusammenhang: Die DSGVO ist schon dann anwendbar, wenn Daten zunächst nur unstrukturiert aufgezeichnet worden sind, aber später in einem Dateisystem gespeichert werden *sollen*.[14] Auch unstrukturierte Aufzeichnungen einer Behörde fallen demnach in den Anwendungsbereich der DSGVO, soweit etwa vorgesehen ist, sie später zu digitalisieren.

Vom **Anwendungsbereich der DSGVO ausgeschlossen** ist nach Art. 2 Abs. 2 lit. d DSGVO die Verarbeitung „durch die zuständigen Behörden zum Zwecke

---

11 Zum Begriff der personenbezogenen Daten näher *Tobias Herbst*, Was sind personenbezogene Daten?, NVwZ 2016, 902–906.

12 *Jürgen Kühling/Johannes Raab*, in: Jürgen Kühling/Benedikt Buchner (Hrsg.), Datenschutz-Grundverordnung (Fn. 10), Art. 4 Nr. 6, Rn. 2.

13 Vgl. dazu auch *Ulrich Dammann*, in: Spiros Simitis (Hrsg.), Bundesdatenschutzgesetz (Fn. 3), § 3 Rn. 85 ff.; s. auch Erwägungsgrund 15 zur DSGVO, wonach Akten oder Aktensammlungen sowie ihre Deckblätter, die nicht nach bestimmten Kriterien geordnet sind, nicht in den Anwendungsbereich dieser Verordnung fallen sollten.

14 Vgl. *Jürgen Kühling/Johannes Raab*, in: Kühling/Buchner (Hrsg.), Datenschutz-Grundverordnung (Fn. 10), Art. 2, Rn. 18.

der Verhütung, Ermittlung, Aufdeckung oder Verfolgung von Straftaten oder der Strafvollstreckung, einschließlich des Schutzes vor und der Abwehr von Gefahren für die öffentliche Sicherheit"; hierfür gilt vielmehr die Richtlinie (EU) 2016/680, wie sich aus Art. 2 Abs. 1 i.V.m. Art. 1 Abs. 1 dieser Richtlinie ergibt.[15] Die Formulierung „Schutz vor und Abwehr von Gefahren für die öffentliche Sicherheit" umfasst in diesem Zusammenhang nicht etwa das gesamte Sicherheits- und Ordnungsrecht; vielmehr werden davon nur solche Sachverhalte erfasst, in denen zumindest die Möglichkeit besteht, dass Straftaten vorliegen oder bevorstehen.[16]

Die DSGVO gilt gleichermaßen für **öffentliche und für nichtöffentliche Stellen** (i.S.d. BDSG) und unterscheidet im Hinblick auf die Betroffenenrechte und die Pflichten der Verantwortlichen grundsätzlich nicht zwischen diesen beiden im deutschen Datenschutzrecht bisher unterschiedenen Kategorien. Allerdings enthält Art. 6 Abs. 2, 3 DSGVO eine Öffnungsklausel für nationales Recht insbesondere für solche Verarbeitungen, die im öffentlichen Interesse liegen oder in Ausübung öffentlicher Gewalt erfolgen (Verarbeitungen nach Art. 6 Abs. 1 UAbs. 1 lit. e); die Mitgliedstaaten können in diesem die Tätigkeit der öffentlichen Verwaltung umfassenden Bereich „spezifischere Bestimmungen" treffen und auf diese Weise Differenzierungen zwischen öffentlichen und nichtöffentlichen Stellen beibehalten bzw. einführen.[17]

II. Territorialer Anwendungsbereich

Der territoriale Anwendungsbereich der DSGVO ist zunächst nach Art. 3 Abs. 1 DSGVO eröffnet, wenn ein Verantwortlicher oder ein Auftragsverarbeiter eine Niederlassung in der Union unterhält und die Verarbeitung im Rahmen dieser Niederlassung erfolgt, und zwar unabhängig davon, ob die Verarbeitung selbst in der Union stattfindet. Der Anwendungsbereich der DSGVO ist aber nach Art. 3 Abs. 2 DSGVO auch für solche Verantwortliche und Auftragsverarbeiter eröffnet, die nicht in der Union niedergelassen sind, soweit sie in der Union Waren oder Dienstleistungen anbieten oder in der Union das Verhalten von Personen beobachten. Die letztgenannte Regelung, das Marktortprinzip, ist neu und wird erhebliche Auswirkungen auf Anbieter aus dem Nicht-EU-Ausland haben.[18] *6*

15 Zur RL (EU) 2016/680 näher *Herbst*, in: Auernhammer – DSGVO BDSG (Fn. 6), Einführung und Überblick zur Richtlinie (EU) 2016/680.

16 Näher dazu *Herbst*, in: Auernhammer – DSGVO BDSG (Fn. 6), Einführung und Überblick zur Richtlinie (EU) 2016/680, Rn. 8.

17 Zu den Öffnungsklauseln in Art. 6 Abs. 2, 3 DSGVO vgl. *Benedikt Buchner/Thomas Petri*, in: Kühling/Buchner (Hrsg.), Datenschutz-Grundverordnung (Fn. 10), Art. 6, Rn. 93 und 194 ff.

18 Zum Marktortprinzip vgl. ausführlich *Manuel Klar*, in: Kühling/Buchner (Hrsg.), Datenschutz-Grundverordnung (Fn. 10), Art. 3, Rn. 60 ff.

C. Voraussetzungen der Rechtmäßigkeit der Verarbeitung personenbezogener Daten

7 Art. 6 DSGVO regelt als zentrale Norm die Voraussetzungen der Rechtmäßigkeit der Verarbeitung personenbezogener Daten. Soweit die Verarbeitung nicht auf der Einwilligung der betroffenen Person beruht (Art. 6 Abs. 1 UAbs. 1 lit. a DSGVO), muss eine der fünf weiteren möglichen Rechtsgrundlagen greifen (Art. 6 Abs. 1 UAbs. 1 lit. b–f DSGVO). Dabei handelt es sich um die Datenverarbeitung zur Durchführung eines (vor-)vertraglichen Schuldverhältnisses (lit. b), die Verarbeitung zur Erfüllung einer (durch Rechtsvorschriften erzeugten und nicht bloß auf Rechtsgeschäft beruhenden)[19] rechtlichen Verpflichtung (lit. c), die Verarbeitung zum Schutz lebenswichtiger Interessen einer natürlichen Person (lit. d), die Verarbeitung zur Wahrnehmung einer Aufgabe, die im öffentlichen Interesse liegt oder in Ausübung öffentlicher Gewalt erfolgt (lit. e) sowie die Verarbeitung aufgrund einer Interessenabwägung (lit. f). Für Behörden kommt dabei die Verarbeitung aufgrund einer Interessenabwägung (lit. f) gemäß der ausdrücklichen Regelung in Art. 6 Abs. 1 UAbs. 2 DSGVO von vornherein nicht in Betracht; für die öffentliche Verwaltung ist vielmehr in erster Linie lit. e einschlägig. Insbesondere in Bezug auf diese Rechtsgrundlage (lit. e) eröffnet Art. 6 Abs. 2, 3 DSGVO, wie bereits erwähnt, den nationalen Gesetzgebern Regelungsspielräume für Konkretisierungen.[20]

D. Anforderungen an die Einwilligung der betroffenen Person

8 Für den Fall, dass die Verarbeitung auf einer Einwilligung beruht (Art. 6 Abs. 1 UAbs. 1 lit. a DSGVO), normiert Art. 7 DSGVO allgemeine Anforderungen an die Einwilligung: Der Verantwortliche muss die Einwilligung nachweisen können (Abs. 1), sie muss bei schriftlicher Erklärung klar von anderen Sachverhalten zu unterscheiden sein (Abs. 2), die betroffene Person muss sie widerrufen können (Abs. 3) und sie muss freiwillig erfolgen (Art. 7 Abs. 4 und Art. 4 Nr. 11 DSGVO); Art. 8 DSGVO regelt die Einwilligung von Kindern.

Für den Bereich der **öffentlichen Verwaltung** ist die Einwilligung als Rechtsgrundlage der Datenverarbeitung zwar nicht völlig ausgeschlossen, aber allenfalls in seltenen Ausnahmefällen nötig, weil schon die im öffentlichen Interesse liegende Aufgabenerfüllung der öffentlichen Verwaltung als solche den Tatbestand des Art. 6 Abs. 1 UAbs. 1 lit. e DSGVO als Rechtsgrundlage der Datenverarbeitung erfüllt. Hinzu kommt, dass ein „klares Ungleichgewicht" zwischen dem Verantwortlichen und der betroffenen Person nach Erwägungsgrund 43 zur DSGVO ein Indiz dafür ist, dass die Einwilligung nicht freiwillig abgegeben wird; der Erwägungsgrund nennt den Fall, dass der Verantwortliche eine Behörde ist, aus-

---

19 Dazu *Buchner/Petri*, in: Kühling/Buchner (Hrsg.), Datenschutz-Grundverordnung (Fn. 10), Art. 6, Rn. 77.

20 S. dazu näher die Beiträge von *Horster* und *Kugelmann* in diesem Band (Kapitel 17 und 18).

drücklich als ein Beispiel für ein solches klares Ungleichgewicht. Damit dürfte schon die Wirksamkeit einer Einwilligung in die Datenverarbeitung einer Behörde in vielen Fällen zweifelhaft sein.[21]

E. Die Zweckbindung

Von den schon erwähnten in Art. 5 DSGVO normierten Grundsätzen soll im Folgenden der Zweckbindungsgrundsatz (Art. 5 Abs. 1 lit. b) herausgegriffen und näher erläutert werden, weil er im Gesetzgebungsverfahren besonders umstritten war und die ihn betreffenden Formulierungen in der DSGVO teilweise unklar sind. Aus dem Wortlaut des Art. 5 Abs. 1 lit. b wird zunächst deutlich, dass schon zum Zeitpunkt der Erhebung von personenbezogenen Daten eindeutige **Zwecke festgelegt** werden müssen, für die diese Daten verwendet werden sollen. Für diese Zweckfestlegung ist keine bestimmte Form vorgegeben; jedoch ist zu beachten, dass der Verantwortliche nach Art. 5 Abs. 2 DSGVO die Einhaltung der Grundsätze des Art. 5 Abs. 1 und damit auch die Einhaltung des Zweckbindungsgrundsatzes nachweisen können muss. Daher empfiehlt sich eine schriftliche oder elektronische, jedenfalls im Nachhinein nachvollziehbare Zweckfestlegung. Dem Sinn der Zweckfestlegung entspricht es, dass die Verarbeitung der erhobenen Daten tatsächlich zu dem festgelegten Zweck erfolgt; dies ist der Kerngehalt des Zweckbindungsgrundsatzes. *9*

Art. 5 Abs. 1 lit. b DSGVO sieht aber unter bestimmten Voraussetzungen auch die Möglichkeit der Weiterverarbeitung erhobener Daten zu anderen Zwecken als den bei ihrer Erhebung festgelegten vor. Für eine solche Zweckänderung verlangt die Vorschrift, dass die Weiterverarbeitung nicht in einer mit den bei der Erhebung festgelegten Zwecken nicht zu vereinbarenden Weise erfolgen dürfe; die **Weiterverarbeitung zu anderen Zwecken** muss also einer Prüfung auf Vereinbarkeit mit den ursprünglich festgelegten Zwecken unterzogen werden („Kompatibilitätstest"). Maßstäbe für diesen Kompatibilitätstest finden sich in Art. 6 Abs. 4 DSGVO; zu berücksichtigen sind demnach etwa Verbindungen zwischen den Zwecken, der Kontext der Datenerhebung, die Sensibilität der Daten, die möglichen Folgen der Weiterverarbeitung für die betroffene Person oder eine etwaige Verschlüsselung oder Pseudonymisierung der Daten.

Es würde allerdings den Sinn des Zweckbindungsgrundsatzes in sein Gegenteil verkehren, eine Verarbeitung zu geänderten Zwecken allein auf einen bestandenen Kompatibilitätstest zu stützen und auf eine eigene Rechtsgrundlage für die neue Verarbeitung zu verzichten. Richtigerweise ist Art. 5 Abs. 1 lit. b DSGVO vielmehr umgekehrt allein dahingehend zu verstehen, dass eine Verarbeitung zu geänderten Zwecken, für die sich eine Rechtsgrundlage in Art. 6 Abs. 1 DSGVO findet, dann **unzulässig** ist, wenn die **neuen Zwecke nicht mit den ursprüng-** *10*

21 Vgl. dazu auch *Benedikt Buchner/Jürgen Kühling*, in: Kühling/Buchner (Hrsg.), Datenschutz-Grundverordnung (Fn. 10), Art. 7, Rn. 15.

lichen vereinbar sind. Zweckbindung und Zweckvereinbarkeit sind eben Kriterien, die die Verarbeitung personenbezogener Daten zum Schutz der betroffenen Person limitieren; das Kriterium der Zweckvereinbarkeit ist daher untauglich zur Begründung einer Erweiterung der Verarbeitungsmöglichkeiten. Irritierend ist in diesem Zusammenhang der Erwägungsgrund 50 zur DSGVO, der ausdrücklich formuliert, dass für eine Verarbeitung zu anderen Zwecken, die mit den ursprünglichen Zwecken vereinbar sind, „keine andere gesonderte Rechtsgrundlage erforderlich (ist) als diejenige für die Erhebung der personenbezogenen Daten". Diese Formulierungen entstammen einer früheren Entwurfsfassung der DSGVO und passen inhaltlich nicht zu dem im Trilog zwischen Parlament, Rat und Kommission schließlich erzielten Kompromiss; dass sie sich in der Endfassung der DSGVO finden, muss daher als Redaktionsversehen betrachtet werden.[22] Für die öffentliche Verwaltung hat das dargestellte Problem der Möglichkeit einer Weiterverarbeitung ohne neue Rechtsgrundlage eher eine geringe Bedeutung, weil sich ihre Datenverarbeitung, soweit sie auch für den geänderten Zweck im Rahmen ihrer Aufgabenerfüllung erfolgt, grundsätzlich auf eine Rechtsgrundlage gemäß Art. 6 Abs. 1 UAbs. 1 lit. e DSGVO stützen kann. Eine Weiterverarbeitung von Daten im Rahmen der Aufgabenerfüllung der öffentlichen Verwaltung zu anderen als den bei ihrer Erhebung festgelegten Zwecken ist dann zulässig, wenn die neuen Zwecke mit den Erhebungszwecken vereinbar sind.

11 Bei einer Weiterverarbeitung „für im öffentlichen Interesse liegende Archivzwecke, für wissenschaftliche oder historische Forschungszwecke oder für statistische Zwecke" entfällt nach Art. 5 Abs. 1 lit. b DSGVO die Prüfung auf Vereinbarkeit mit dem Erhebungszweck; auch hier bedarf es aber einer gesonderten Rechtsgrundlage für die Weiterverarbeitung.

F. Die Rechte der betroffenen Personen

12 Die in Kapitel III der DSGVO niedergelegten Betroffenenrechte korrespondieren in der Regel mit Pflichten der Verantwortlichen, die sich aus Art. 5 DSGVO er-

---

22 So auch *Peter Schantz*, Die Datenschutz-Grundverordnung – Beginn einer neuen Zeitrechnung im Datenschutzrecht, NJW 2016, S. 1841–1847, 1844; vgl. auch *Jan Philipp Albrecht*, Das neue EU-Datenschutzrecht – von der Richtlinie zur Verordnung. Überblick und Hintergründe zum finalen Text für die Datenschutz-Grundverordnung der EU nach der Einigung im Trilog, CR 2016, S. 88–98, 92. Beide Autoren waren an den Trilogverhandlungen beteiligt. Freilich schließen manche Autoren (allein) aus Erwägungsgrund 50, dass die Weiterverarbeitung zu anderen Zwecken bei vorliegender Zweckvereinbarkeit keiner Rechtsgrundlage mehr bedarf: etwa *Eike Michael Frenzel*, in: Boris Paal/Daniel Pauly (Hrsg.), Datenschutz-Grundverordnung. Kommentar, 2. Aufl., Müchen 2018, Art. 5, Rn. 31; *Jürgen Kühling/Mario Martini*, Die Datenschutz-Grundverordnung: Revolution oder Evolution im europäischen deutschen Datenschutzrecht?, EuZW 2016, S. 448–454, 451; *Philipp Richter*, Big Data, Statistik und die Datenschutz-Grundverordnung, DuD 2016, S. 581–586, 584. Eine ausführlichere Begründung meiner hier vertretenen Ansicht findet sich bei *Herbst*, in: Kühling/Buchner (Hrsg.), Datenschutz-Grundverordnung (Fn. 10), Art. 5, Rn. 29, 48 f.

geben; sie stellen insoweit die subjektiv-rechtliche Dimension der „Grundsätze" des Art. 5 DSGVO dar. Dabei sind Regelungen der Betroffenenrechte bei weitem ausführlicher und konkreter als die Grundsätze des Art. 5 DSGVO; sie konkretisieren insoweit auch die Grundsätze.

Die Betroffenenrechte wie auch die korrespondierenden Pflichten aus Art. 5 DSGVO können nach Art. 23 DSGVO unter bestimmten Voraussetzungen und zur Verfolgung bestimmter Ziele sowohl durch Unionsrecht als auch durch nationales Recht beschränkt werden; für die Mitgliedstaaten hat Art. 23 DSGVO also die Funktion einer **Öffnungsklausel in Bezug auf die Betroffenenrechte**. Bei den zulässigen Zielen solcher Beschränkungen handelt es sich im Wesentlichen um bestimmte wichtige Ziele des öffentlichen Interesses wie Landesverteidigung oder öffentliche Sicherheit, aber auch etwa die Durchsetzung zivilrechtlicher Ansprüche. *13*

Für mögliche Vernetzungen innerhalb einer digitalen Verwaltung von Bedeutung ist die gegenüber dem bisherigen BDSG neue Kategorie der **gemeinsam für die Verarbeitung Verantwortlichen**. Nach Art. 26 Abs. 1 DSGVO haben diese grundsätzlich in einer Vereinbarung festzulegen, „wer von ihnen welche Verpflichtung gemäß dieser Verordnung erfüllt, insbesondere was die Wahrnehmung der Rechte der betroffenen Person angeht, und wer welchen Informationspflichten gemäß den Artikeln 13 und 14 nachkommt"; einer solchen Vereinbarung bedarf es insoweit nicht, wie sich die Aufgabenverteilung zwischen den gemeinsam Verantwortlichen bereits aus Rechtsvorschriften ergibt. Unabhängig von dieser Vereinbarung kann die betroffene Person ihre Rechte gegenüber jedem einzelnen Verantwortlichen geltend machen, Art. 26 Abs. 3 DSGVO. *14*

In Kapitel III der DSGVO finden sich die folgenden Betroffenenrechte:

I. Informationspflichten und Auskunftsrechte

Um den Betroffenen die Wahrnehmung ihrer Rechte zu erleichtern, sieht die DSGVO umfangreiche, **gegenüber dem bisherigen BDSG erheblich erweiterte Informationspflichten** der Verantwortlichen vor. Die den Betroffenen mitzuteilenden Informationen unterscheiden sich dabei im Detail danach, ob die Daten bei der betroffenen Person erhoben werden (Art. 13 DSGVO) oder nicht (Art. 14 DSGVO). Zu informieren ist etwa über den Verantwortlichen, ggf. den Datenschutzbeauftragten, die Verarbeitungszwecke, die Rechtsgrundlage der Verarbeitung, Empfänger der Daten, vorgesehene Übermittlungen ins Nicht-EU-Ausland, Angaben zur Speicherdauer, die Betroffenenrechte einschließlich eines Widerspruchsrechts, das Beschwerderecht bei einer Aufsichtsbehörde, eine gesetzliche Verpflichtung der betroffenen Person zur Bereitstellung der Daten und ggf. Angaben zu einer automatisierten Entscheidungsfindung. Werden die Daten nicht beim Betroffenen erhoben, also z.B. durch einen anderen Verantwortlichen übermittelt, ist auch die Quelle der Daten anzugeben. *15*

16 Von Bedeutung für die öffentliche Verwaltung ist die in Art. 14 Abs. 5 lit. c DSGVO vorgesehene Ausnahme, wonach bei einer Erhebung, die nicht beim Betroffenen stattfindet, die **Informationspflichten entfallen**, wenn und soweit die Erlangung der Daten durch Rechtsvorschriften ausdrücklich geregelt ist; dies aber nur unter der Voraussetzung, dass diese Rechtsvorschriften (nicht näher spezifizierte) „geeignete Maßnahmen zum Schutz der berechtigten Interessen der betroffenen Person" vorsehen. In diesem Fall ersetzt gewissermaßen die Publizität der Rechtsvorschrift die Information des Betroffenen im Einzelfall.

17 Nach Art. 12 Abs. 7 DSGVO können die Informationen nach Art. 13 und 14 DSGVO in Kombination mit standardisierten **Bildsymbolen** bereitgestellt werden; nach Art. 12 Abs. 8 DSGVO hat die Kommission die Befugnis, die Verwendung solcher Bildsymbole und das Verfahren ihrer Bereitstellung für bestimmte Fälle durch delegierte Rechtsakte verbindlich vorzuschreiben. Werden die Bildsymbole in elektronischer Form dargestellt, müssen sie „maschinenlesbar" sein (Art. 12 Abs. 7 S. 2 DSGVO); das ermöglicht es den betroffenen Personen, auf technischem Wege durch Voreinstellungen bestimmte Datenverarbeitungen zu erlauben oder zu blockieren bzw. Warnungen zu erhalten.[23]

18 Neben den durch den Verantwortlichen unaufgefordert zu erfüllenden Informationspflichten aus Art. 13, 14 DSGVO besteht nach Art. 15 DSGVO ein **Auskunftsrecht** der betroffenen Person. Dieses erstreckt sich insbesondere auf die Verarbeitungszwecke, die verarbeiteten Datenkategorien, Empfänger der Daten, Angaben zur Dauer der Speicherung, Angaben zu den Betroffenenrechten und zum Beschwerderecht bei einer Aufsichtsbehörde, ggf. „alle verfügbaren Informationen über die Herkunft der Daten" und ggf. Angaben zu einer automatisierten Entscheidungsfindung. Außerdem hat der Verantwortliche auf Verlangen des Betroffenen eine Kopie der personenbezogenen Daten kostenlos (Art. 12 Abs. 5 S. 1 DSGVO) zur Verfügung zu stellen.

II. Recht auf Berichtigung

19 Wie auch nach dem bisherigen BDSG hat der Betroffene aus Art. 16 DSGVO ein Recht auf Berichtigung unrichtiger personenbezogener Daten. Im Unterschied zum BDSG a.F. sieht Art. 16 S. 2 DSGVO ausdrücklich ein Recht vor, die Vervollständigung unvollständiger Daten zu verlangen, und zwar „auch mittels einer **ergänzenden Erklärung**". Im Bereich einer digitalisierten Verwaltung empfiehlt es sich daher etwa, in Datensätzen mit personenbezogenen Daten jedenfalls ein (Text-)Eingabefeld für solche ergänzenden Erklärungen vorzuhalten. Inwieweit Daten unvollständig sind, ergibt sich aus dem jeweiligen Verarbeitungszweck; das Fehlen von Angaben darf nicht zu einem im Hinblick auf den Verarbeitungszweck unzutreffenden Bild der betroffenen Person führen.[24]

---

23 *Matthias Bäcker*, in: Kühling/Buchner (Hrsg.), Datenschutz-Grundverordnung (Fn. 10), Art. 12, Rn. 22.

24 Vgl. dazu mit Beispielen *Herbst*, in: Kühling/Buchner (Hrsg.), Datenschutz-Grundverordnung (Fn. 10), Art. 16, Rn. 27.

Hat der Verantwortliche die betreffenden Daten an Dritte übermittelt, dann ist er gemäß Art. 19 DSGVO verpflichtet, die Berichtigung den Empfängern mitzuteilen.

III. Recht auf Löschung („Recht auf Vergessenwerden“)

Zu Diskussionen im Umfeld der Entstehung der DSGVO hatte das „Recht auf Vergessenwerden“ geführt.[25] Der griffige Ausdruck soll insbesondere die Zielsetzung umschreiben, dass ein Betroffener einen etwaigen Anspruch auf Löschung seiner personenbezogenen Daten auch dann wirksam durchsetzen kann, wenn sich diese Daten inzwischen im Internet verbreitet haben (vgl. Erwägungsgrund 66 zur DSGVO); dem Betroffenen mit seinem Löschungsanspruch soll die Möglichkeit gegeben werden, dem Phänomen entgegenzuwirken, dass „das Internet nichts vergisst“. Die einschlägige Regelung in Art. 17 DSGVO bleibt allerdings hinter dem Anspruch, den der Ausdruck „Recht auf Vergessenwerden“ suggeriert, weit zurück. Im Wesentlichen regelt Art. 17 DSGVO den **herkömmlichen Löschungsanspruch**, ergänzt um die Pflicht des Verantwortlichen, unter bestimmten Voraussetzungen andere Verantwortliche, die die betreffenden Daten verarbeiten, über das Löschungsverlangen des Betroffenen zu informieren. *20*

Art. 17 Abs. 1 DSGVO regelt zunächst die **Voraussetzungen**, unter denen ein Recht auf Löschung besteht. Dabei handelt es sich insbesondere um den Wegfall der Erforderlichkeit zur Zweckerreichung, den Widerruf der Einwilligung, das Fehlen vorrangiger Verarbeitungsgründe bei einem Widerspruch des Betroffenen und die Rechtswidrigkeit der Verarbeitung. *21*

Art. 17 Abs. 3 DSGVO normiert dann einige **Ausnahmefälle**, in denen kein Löschungsanspruch besteht. Für die öffentliche Verwaltung besonders bedeutsam ist hier Art. 17 Abs. 3 lit. b, wonach der Löschungsanspruch entfällt, soweit die Verarbeitung erforderlich ist zur Erfüllung einer rechtlichen Verpflichtung „oder zur Wahrnehmung einer Aufgabe, die im öffentlichen Interesse liegt oder in Ausübung öffentlicher Gewalt erfolgt“.[26] Die letztere Variante umfasst den Bereich der Datenverarbeitung, für den Art. 6 Abs. 1 UAbs. 1 lit. e DSGVO eine Rechtsgrundlage darstellt, also die Erfüllung klassischer Staatsaufgaben und damit die **Tätigkeit der öffentlichen Verwaltung**. Dem Wortlaut nach entfallen also gegenüber der öffentlichen Verwaltung aus Art. 17 Abs. 1 DSGVO begründete Löschungsansprüche, soweit die betreffenden Daten noch zur Wahrnehmung der jeweiligen öffentlichen Aufgabe erforderlich sind. *22*

Hierbei ist aber auch zu bedenken, dass entsprechend den Öffnungsklauseln in Art. 6 Abs. 2, 3 DSGVO die Rechtsgrundlagen für die Datenverarbeitung durch die öffentliche Verwaltung insbesondere auch im nationalen Recht zu konkreti-

---

25 Vgl. dazu etwa *Gerrit Hornung/Kai Hofmann*, Ein „Recht auf Vergessenwerden“? Anspruch und Wirklichkeit eines neuen Datenschutzrechts, JZ 2013, S. 163–170.

26 Dazu auch *Herbst*, in: Kühling/Buchner (Hrsg.), Datenschutz-Grundverordnung (Fn. 10), Art. 17, Rn. 77 f.

sieren sind. Nach Art. 6 Abs. 3 DSGVO müssen solche Regelungen unter anderem festlegen, wie lange Daten gespeichert werden dürfen, und sie müssen Maßnahmen zur Gewährleistung einer rechtmäßig und nach Treu und Glauben erfolgenden Verarbeitung vorsehen; außerdem müssen sie den Verhältnismäßigkeitsgrundsatz beachten. Daher ist der nationale Gesetzgeber verpflichtet, bei der Durchführung der DSGVO in seinen Normen geeignete Löschungsrechte und -pflichten vorzusehen; Löschungsrechte gegenüber der öffentlichen Verwaltung müssen sich unter dem Regime der DSGVO daher auch **aus dem nationalen Recht** ergeben.

Weitere Ausnahmen vom Löschungsanspruch aus Art. 17 Abs. 1 DSGVO sind nach Art. 17 Abs. 3 DSGVO die Verarbeitung zur Ausübung des Rechts auf freie Meinungsäußerung und Information (insbesondere im Bereich der Medien),[27] bestimmte Verarbeitungen im Bereich der öffentlichen Gesundheit, die Verarbeitung für im öffentlichen Interesse liegende Archivzwecke, wissenschaftliche oder historische Forschungszwecke oder für statistische Zwecke (soweit eine Löschung diese Ziele zumindest ernsthaft beeinträchtigt) sowie die Verarbeitung zur Geltendmachung von Rechtsansprüchen.

23 Hat der Verantwortliche die Daten, zu deren Löschung er nach Art. 17 Abs. 1 DSGVO verpflichtet ist, öffentlich gemacht, trifft ihn die schon erwähnte Verpflichtung aus Art. 17 Abs. 2 DSGVO, diejenigen Verantwortlichen, die diese Daten – auf welchem Weg auch immer – erhalten haben und nun verarbeiten, über das Löschungsverlangen des Betroffenen zu informieren. Die für sich genommen sehr weitgehend erscheinende Verpflichtung ist in mehreren Hinsichten eingeschränkt: Der Verantwortliche muss „unter Berücksichtigung der verfügbaren Technologie und der Implementierungskosten angemessene Maßnahmen, auch technischer Art“ ergreifen; ggf. kann daher auch etwa eine Information über das Löschungsbegehren auf der Website des Verantwortlichen genügen.[28] Die Verpflichtung aus Art. 17 Abs. 2 DSGVO soll gemäß Art. 70 Abs. 1 lit. d DSGVO durch Leitlinien, Empfehlungen und bewährte Verfahren konkretisiert werden, die der Europäische Datenschutzausschuss[29] bereitstellt.

IV. Recht auf Einschränkung der Verarbeitung (vormals „Sperrung“)

24 Die „Einschränkung der Verarbeitung“ entspricht begrifflich der aus dem BDSG a.F. bekannten „Sperrung“ von Daten. Es handelt sich um eine – in der Regel

27 Der Ausschluss des Löschungsanspruchs gegenüber den Medien und vergleichbaren Verantwortlichen ist allerdings nicht absolut zu sehen; vielmehr erfordert der in Konfliktfällen für die Beteiligten geltende Grundrechtsschutz auf der primärrechtlichen Ebene eine Abwägung im Einzelfall; dazu näher *Herbst*, in: Kühling/Buchner (Hrsg.), Datenschutz-Grundverordnung (Fn. 10), Art. 17, Rn. 73.

28 Zu technischen Umsetzungsmöglichkeiten der Verpflichtung aus Art. 17 Abs. 2 DSGVO vgl. etwa *Silke Jandt/Olga Kieselmann/Arno Wacker*, Recht auf Vergessen im Internet. Diskrepanz zwischen rechtlicher Zielsetzung und technischer Realisierbarkeit?, DuD 2013, S. 235–241, 238 ff.

29 Zum Europäischen Datenschutzausschuss vgl. Rn. 34.

vorübergehende – Markierung von Daten zu dem Zweck, dass diese Daten zwar weiterhin gespeichert bleiben, aber grundsätzlich nicht über die bloße Speicherung hinaus verarbeitet werden dürfen. Nach Art. 18 Abs. 1 DSGVO hat der Betroffene das Recht auf Einschränkung der Verarbeitung, wenn er die Richtigkeit der Daten bestreitet, wenn die Verarbeitung unrechtmäßig ist, wenn die Daten vom Verantwortlichen nicht mehr benötigt werden, der Betroffene sie aber zur Verfolgung von Rechtsansprüchen benötigt, und bei einem Widerspruch gegen die Verarbeitung.

Hat der Verantwortliche die betreffenden Daten an Dritte übermittelt, dann ist er gemäß Art. 19 DSGVO verpflichtet, die Einschränkung der Verarbeitung den Empfängern mitzuteilen.

V. Recht auf Datenübertragbarkeit

Völlig neu und dem Datenschutzrecht zuvor unbekannt ist das Recht auf Datenübertragbarkeit aus Art. 20 DSGVO. Der Betroffene kann demnach vom Verantwortlichen verlangen, dass ihm seine Daten in einem Format zur Verfügung gestellt werden, das die Übermittlung an einen anderen Verantwortlichen erlaubt; ggf. kann der Betroffene die direkte Übermittlung seiner Daten von einem Verantwortlichen an einen anderen verlangen. Die Regelung in Art. 20 DSGVO zielt darauf ab, Verbrauchern, die Dienste im Internet in Anspruch nehmen, den Wechsel des Anbieters zu erleichtern; sie hat daher eher wettbewerbs- bzw. verbraucherschutzrechtlichen als datenschutzrechtlichen Charakter.[30] Gemäß Art. 20 Abs. 3 S. 2 DSGVO gilt das Recht auf Datenübertragbarkeit **nicht im Bereich der Erfüllung öffentlicher Aufgaben**; gegenüber der öffentlichen Verwaltung greift es daher grundsätzlich nicht. *25*

VI. Widerspruchsrecht

Art. 21 DSGVO gibt dem Betroffenen ein Widerspruchsrecht bei Verarbeitungen, die auf der Rechtsgrundlage des Art. 6 Abs. 1 UAbs. 1 lit. e oder f DSGVO erfolgen, sowie bei Verarbeitungen zum Zweck der Direktwerbung und bei Verarbeitungen zu wissenschaftlichen oder historischen Forschungszwecken oder zu statistischen Zwecken. Das Widerspruchsrecht ist gerade für eine digitalisierte Verwaltung von Bedeutung, da ihre Datenverarbeitung, wie dargelegt,[31] vorwiegend auf der Rechtsgrundlage des Art. 6 Abs. 1 UAbs. 1 lit. e DSGVO erfolgt. *26*

Der Zweck des Widerspruchsrechts aus Art. 21 Abs. 1 DSGVO besteht darin, dass der Betroffene die Möglichkeit erhält, die **Prüfung** der Verarbeitung seiner Daten, die lediglich auf einer abstrakten Rechtsgrundlage erfolgt, **anhand seiner spezifischen Situation** und seiner spezifischen Interessen zu erwirken. Nur wenn diese Prüfung ergibt, dass zwingende schutzwürdige Gründe für die Verarbeitung die Interessen, Rechte und Freiheiten des Betroffenen überwiegen, ist die weitere

30 So auch etwa *Kühling/Martini* (Fn. 22), S. 450.
31 S. oben Rn. 7.

Verarbeitung zulässig. Für eine digitalisierte Verwaltung hat die Einlegung eines Widerspruchs also zur Folge, dass das öffentliche Interesse an der Datenverarbeitung mit den spezifischen Interessen des Betroffenen (die dieser in seinem Widerspruch darzulegen hat)[32] abzuwägen ist.

Im Fall der Direktwerbung (Art. 21 Abs. 2, 3 DSGVO) erhält der Betroffene die Möglichkeit, durch den Widerspruch die Beendigung der Verarbeitung ohne weitere Voraussetzungen zu erwirken.

Auch bei Verarbeitungen zu wissenschaftlichen oder historischen Forschungszwecken oder zu statistischen Zwecken führt ein Widerspruch unmittelbar zur Beendigung der Verarbeitung, es sei denn, die Verarbeitung ist zur Erfüllung einer öffentlichen Aufgabe erforderlich (Art. 21 Abs. 6 DSGVO). Soweit die öffentliche Verwaltung Daten zu Forschungszwecken oder zu statistischen Zwecken verarbeitet und dies zur Erfüllung ihrer öffentlichen Aufgaben erforderlich ist, führt die Spezialregelung in Art. 21 Abs. 6 DSGVO also zu einem Ausschluss des Widerspruchsrechts.

Die betroffene Person muss spätestens zum Zeitpunkt der ersten Kommunikation mit ihr ausdrücklich auf das Widerspruchsrecht hingewiesen werden (Art. 21 Abs. 4 DSGVO).

VII. Rechte bei automatisierter Einzelfallentscheidung

27 Nach Art. 22 Abs. 1 DSGVO ist es **grundsätzlich unzulässig**, den Betroffenen einer Entscheidung zu unterwerfen, die ihm gegenüber rechtliche Wirkung entfaltet oder ihn in ähnlicher Weise erheblich beeinträchtigt, wenn diese Entscheidung ausschließlich auf einer automatisierten Verarbeitung beruht, also ohne Eingreifen einer natürlichen Person zustande kommt. Art. 22 Abs. 2 DSGVO sieht von diesem Verbot **Ausnahmen** vor, von denen für eine digitalisierte Verwaltung insbesondere die Öffnungsklausel nach Art. 22 Abs. 2 lit. b DSGVO von Bedeutung ist. Demnach können nationale Rechtsvorschriften solche automatisierten Entscheidungen für zulässig erklären, wenn diese Rechtsvorschriften angemessene Maßnahmen zum Schutz des Betroffenen enthalten; zu solchen Maßnahmen kann die Eröffnung der Möglichkeit zählen, das Eingreifen einer natürlichen Person zu erwirken und die Überprüfung der Entscheidung unter Berücksichtigung des eigenen Standpunkts zu veranlassen (vgl. Art. 22 Abs. 3 DSGVO).[33] Die mit dem Gesetz zur Modernisierung des Besteuerungsverfahrens[34] im Blick auf den vollständig automatisierten Erlass von Verwaltungsakten eingeführten Regelungen weisen insoweit in eine mit der DSGVO vereinbare Richtung: Im VwVfG etwa verlangt der neu eingeführte § 35a für vollständig durch automatische Ein-

---

32 Dazu *Herbst*, in: Kühling/Buchner (Hrsg.), Datenschutz-Grundverordnung (Fn. 10), Art. 21, Rn. 15.

33 Dazu näher *Herbst*, in: Auernhammer – DSGVO BDSG (Fn. 6), Art. 22 DSGVO, Rn. 14 ff.

34 Gesetz v. 18.07.2016, BGBl. I S. 1679.

richtungen erlassene Verwaltungsakte die Zulassung durch besondere Rechtsvorschrift[35] und beschränkt den Anwendungsbereich auf gebundene Verwaltungsakte ohne Beurteilungsspielraum; die ebenfalls neu eingeführte Regelung in § 24 Abs. 1 S. 3 VwVfG verlangt für den Einsatz automatischer Einrichtungen zum Erlass von Verwaltungsakten die Berücksichtigung auch solcher Angaben des Beteiligten, die im automatischen Verfahren nicht ermittelt würden.[36]

Art. 22 Abs. 4 DSGVO normiert besondere Anforderungen für automatisierte Entscheidungen, die auf besonderen Kategorien personenbezogener Daten beruhen (vgl. Art. 9 Abs. 1 DSGVO, gemeint sind **„sensible" Daten** wie biometrische Daten oder Gesundheitsdaten). Solche automatisierten Entscheidungen sind nur zulässig aufgrund einer ausdrücklichen Einwilligung oder aufgrund einer Rechtsvorschrift, die den Betroffenen ausreichend schützt; im letzteren Fall muss die Verarbeitung aus Gründen eines erheblichen öffentlichen Interesses erforderlich sein (Art. 22 Abs. 4 i.V.m. Art. 9 Abs. 2 lit. a, g DSGVO).

G. Datenschutz durch technische und organisatorische Maßnahmen und durch datenschutzfreundliche Voreinstellungen

Ohne nähere Spezifizierung wird der Verantwortliche in Art. 25 Abs. 1 DSGVO *28*
zur Durchführung geeigneter technischer und organisatorischer Maßnahmen verpflichtet, die zur Umsetzung der Datenschutzgrundsätze geeignet sind („privacy by design"); der Umfang dieser Maßnahmen richtet sich nach einer Abwägung insbesondere des Datenschutzrisikos mit den Implementierungskosten der Maßnahmen. Beispiele für solche Maßnahmen sind die Pseudonymisierung, die Verschlüsselung oder Zugangs- und Zutrittskontrollen.[37]

In eine ähnliche Richtung gehen die Pflichten aus Art. 32 DSGVO zur Durchführung technischer und organisatorischer Maßnahmen, die ein „dem Risiko angemessenes Schutzniveau" gewährleisten sollen; neben dem genuinen Datenschutz sollen die Maßnahmen nach dieser Vorschrift auch dem Schutz der Verfügbarkeit der Daten nach einem Zwischenfall (Art. 32 Abs. 1 lit. b und c DSGVO) und dem Schutz vor Vernichtung, Verlust oder Veränderung der Daten (Art. 32 Abs. 2 DSGVO) dienen.

---

35 Zu diesem Gesetzesvorbehalt *Lorenz Prell*, in: BeckOK VwVfG, München, 35. Ed. 01.04.2017, VwVfG, § 35a, Rn. 11 f.

36 Vgl. zu den Neuregelungen auch *Hans Peter Bull*, Der „vollständig automatisiert erlassene" Verwaltungsakt – Zur Begriffsbildung und rechtlichen Einhegung von „E-Government", DVBl 2017, S. 409–417; *Heribert Schmitz/Lorenz Prell*, Neues zum E-Government. Rechtsstaatliche Standards für E-Verwaltungsakt und E-Bekanntgabe im VwVfG, NVwZ 2016, S. 1273–1280; *Nadja Braun Binder*, Vollautomatisierte Verwaltungsverfahren im allgemeinen Verwaltungsverfahrensrecht? Der Gesetzesentwurf zur Modernisierung des Besteuerungsverfahrens als Vorbild für vollautomatisierte Verwaltungsverfahren nach dem VwVfG, NVwZ 2016, S. 960–965.

37 *Jürgen Hartung*, in: Kühling/Buchner (Hrsg.), Datenschutz-Grundverordnung (Fn. 10), Art. 25, Rn. 16.

Nach Art. 25 Abs. 2 DSGVO soll außerdem durch Voreinstellungen sichergestellt werden, dass nur die für den jeweiligen Verarbeitungszweck erforderlichen Daten verarbeitet werden („privacy by default").

H. Auftragsverarbeitung

29 Beim Outsourcing der Datenverarbeitung (auch durch eine digitalisierte Verwaltung) an einen vom Verantwortlichen verschiedenen Anbieter kommen grundsätzlich die Regelungen zur Auftragsverarbeitung (insbesondere Art. 28 DSGVO) zur Anwendung. Diese Regelungen entsprechen teilweise den bisherigen Regelungen des BDSG zur Auftragsdatenverarbeitung (§ 11 BDSG a.F.).[38] Demnach muss der Verantwortliche den Auftragsverarbeiter sorgfältig auswählen und mit ihm einen **Vertrag** abschließen, dessen Mindestinhalte in Art. 28 Abs. 3 DSGVO detailliert vorgegeben sind; insbesondere darf der Auftragsverarbeiter aufgrund dieses Vertrages Daten nur auf dokumentierte Weisung des Verantwortlichen verarbeiten. Bei Erfüllung dieser Voraussetzungen ist der Auftragsverarbeiter datenschutzrechtlich nicht als „Dritter" zu betrachten (vgl. Art. 4 Nr. 10 DSGVO), so dass die Übermittlung der Daten an ihn und seine im Auftrag durchgeführte Datenverarbeitung keiner neuen Rechtsgrundlage bedarf; für die Auftragsverarbeitung genügt vielmehr die Rechtsgrundlage, auf der die Datenverarbeitung des Verantwortlichen beruht.[39] Im Vergleich zur Auftragsdatenverarbeitung nach dem bisherigen BDSG sind bei Betrachtung der über die DSGVO verstreuten Regelungen zum Auftragsverarbeiter die von ihm verlangte Eigenverantwortlichkeit und Haftung deutlich gestiegen.[40]

Anstelle eines Vertrages ist die Auftragsverarbeitung nach Art. 28 Abs. 3 DSGVO auch auf der Grundlage eines **„anderen Rechtsinstruments"** möglich, das den Auftragsverarbeiter in Bezug auf den Verantwortlichen bindet; im Kontext einer digitalisierten Verwaltung ist hier auch an die Möglichkeit der Regelung der Auftragsverarbeitung (einschließlich der nach Art. 28 Abs. 3 DSGVO erforderlichen Rechtsbeziehungen zwischen dem Auftragsverarbeiter und dem Verantwortlichen) für bestimmte Verwaltungsaufgaben durch den nationalen Gesetzgeber zu denken.[41]

---

38 Zum Vergleich der Regelungen s. *Hartung*, in: Kühling/Buchner (Hrsg.), Datenschutz-Grundverordnung (Fn. 10), Art. 28, Rn. 5 und passim.

39 So auch *Kai-Uwe Plath*, in: ders. (Hrsg.), BDSG/DSGVO. Kommentar zum BDSG und zur DSGVO sowie den Datenschutzbestimmungen von TMG und TKG, 2. Aufl., Köln 2016, Art. 28 DSGVO, Rn. 3; *Mario Martini*, in: Paal/Pauly (Hrsg.), Datenschutz-Grundverordnung (Fn. 22), Art. 28, Rn. 8 ff.; *Jürgen Hartung*, in: Kühling/Buchner (Hrsg.), Datenschutz-Grundverordnung (Fn. 10), Art. 28, Rn. 15 ff. (auch in Auseinandersetzung mit der bisweilen vertretenen Ansicht, die DSGVO sehe im Unterschied zum bisherigen BDSG keine solche Privilegierung der Auftragsverarbeitung vor).

40 So auch die Einschätzung von *Jürgen Hartung*, in: Kühling/Buchner (Hrsg.), Datenschutz-Grundverordnung (Fn. 10), Art. 28, Rn. 2 und 31.

41 Vgl. zu dem „anderen Rechtsinstrument" *Kühling/Martini et al.* (Fn. 5), S. 78 ff.

I. Dokumentationspflichten

Aus der DSGVO ergeben sich **umfangreiche Dokumentationspflichten** und -obliegenheiten für den Verantwortlichen.[42] So muss der Verantwortliche gemäß Art. 5 Abs. 2 DSGVO die Einhaltung der Grundsätze für die Verarbeitung personenbezogener Daten aus Art. 5 Abs. 1 DSGVO[43] nachweisen können; gemäß Art. 24 Abs. 1 DSGVO ist er verpflichtet, geeignete technische und organisatorische Maßnahmen umzusetzen, um sicherzustellen und „den Nachweis dafür erbringen zu können, dass die Verarbeitung gemäß dieser Verordnung erfolgt". Neben diesen allgemeinen Dokumentationspflichten finden sich in der DSGVO auch spezielle Pflichten wie etwa die zur Dokumentation von Datenlecks und Datenpannen gemäß Art. 33 Abs. 5 DSGVO. *30*

Art. 30 Abs. 1 und Abs. 2 DSGVO verpflichtet den Verantwortlichen und den Auftragsverarbeiter darüber hinaus zur Führung eines **Verzeichnisses von Verarbeitungstätigkeiten**, dessen Inhalte (z.B. die Zwecke der Verarbeitung oder Beschreibungen der Kategorien betroffener Personen, der Kategorien personenbezogener Daten und der Kategorien von Empfängern) detailliert vorgegeben sind. Durch die Führung dieses Verzeichnisses werden zugleich Dokumentationspflichten aus anderen Vorschriften der DSGVO teilweise (nicht aber vollständig) abgedeckt. Die Verpflichtung zur Führung des Verzeichnisses soll zwar nach Art. 30 Abs. 5 DSGVO grundsätzlich nicht für Einrichtungen gelten, die weniger als 250 Mitarbeiter beschäftigen, jedoch sind die Gegenausnahmen (die Verarbeitung birgt ein Risiko oder erfolgt nicht nur gelegentlich oder es werden sensible Daten verarbeitet) so umfangreich bzw. unbestimmt, dass auch Einrichtungen mit weniger als 250 Mitarbeitern regelmäßig zur Führung des Verzeichnisses verpflichtet sein dürften. Im Übrigen gelten die zuvor genannten allgemeinen Dokumentationspflichten aus Art. 5 Abs. 2 und Art. 24 Abs. 1 DSGVO für alle Verantwortlichen unabhängig von der Mitarbeiterzahl.

Der Verantwortliche ist auch deshalb gehalten, die Datenverarbeitung und die von ihm getroffenen Vorkehrungen zur Einhaltung der DSGVO umfassend zu dokumentieren, weil er sich von einem (auch immaterielle Schäden erfassenden) Schadensersatzanspruch wegen eines Verstoßes gegen die DSGVO aus Art. 82 Abs. 1 DSGVO nur dadurch befreien kann, dass er nachweist, dass er in keinerlei Hinsicht für den Umstand, durch den der Schaden eingetreten ist, verantwortlich ist (Art. 82 Abs. 3 DSGVO); ein solcher Nachweis dürfte ohne umfassende Dokumentation der Einhaltung der Pflichten aus der DSGVO kaum möglich sein.

Soweit eine Pflicht aus Art. 35 DSGVO zur Durchführung einer **Datenschutz-Folgenabschätzung** besteht, ist zum Nachweis der Erfüllung dieser Pflicht die Anfertigung eines Protokolls oder eines Durchführungsberichts zur Folgenab- *31*

42 Einen Überblick über die Dokumentationspflichten aus der DSGVO gibt *Niels Lepperhoff*, Dokumentationspflichten in der DS-GVO, RDV 2016, S. 197–203.
43 Dazu oben Rn. 4.

schätzung angezeigt;[44] die erforderlichen Mindestangaben (etwa die zur Bewältigung der Risiken geplanten Abhilfemaßnahmen) ergeben sich aus Art. 35 Abs. 7 DSGVO. Eine Datenschutz-Folgenabschätzung ist nach Art. 35 Abs. 1 DSGVO (entsprechend dem auch in anderen Regelungen sich widerspiegelnden „risikobasierten" Ansatz der DSGVO) grundsätzlich dann durchzuführen, wenn die Verarbeitung voraussichtlich ein hohes Risiko für die betroffenen Personen zur Folge hat. Für die öffentliche Verwaltung kann hier aber nach Art. 35 Abs. 10 DSGVO eine **Ausnahme** greifen, wenn eine Verarbeitung i.S.v. Art. 6 Abs. 1 UAbs. 1 lit. e DSGVO (dazu oben Rn. 7) auf einer (ggf. nationalen) Rechtsvorschrift beruht, die den konkreten Verarbeitungsvorgang regelt und bei deren Erlass bereits eine allgemeine Folgenabschätzung stattgefunden hatte.[45] Regelt also etwa der (nationale) Gesetzgeber einen konkreten Datenverarbeitungsvorgang der öffentlichen Verwaltung und ergibt sich aus den Gesetzesmaterialien oder aus dem Gesetz selbst, dass der Gesetzgeber die Folgen der Datenverarbeitung hinreichend abgeschätzt hat, dann entfällt für diesen konkreten Datenverarbeitungsvorgang die Pflicht zu einer Datenschutz-Folgenabschätzung durch die Verwaltung; der Gesetzgeber kann freilich die Durchführung einer Folgenabschätzung durch die Verwaltung anordnen.

J. Melde- und Benachrichtigungspflichten bei Datenlecks und Datenpannen

32 Für den Fall der „Verletzung des Schutzes personenbezogener Daten" normieren die Art. 33 und 34 DSGVO Pflichten zur Meldung an die Aufsichtsbehörde und zur Benachrichtigung der betroffenen Person. Eine „Verletzung des Schutzes personenbezogener Daten" wird in Art. 4 Nr. 12 DSGVO legaldefiniert als „Verletzung der Sicherheit, die, ob unbeabsichtigt oder unrechtmäßig, zur Vernichtung, zum Verlust, zur Veränderung, oder zur unbefugten Offenlegung von bzw. zum unbefugten Zugang zu personenbezogenen Daten führt, die übermittelt, gespeichert oder auf sonstige Weise verarbeitet wurden". Dieser Begriff und damit der Anwendungsbereich der Art. 33 und 34 DSGVO ist im Vergleich zur bisherigen Regelung in § 42a BDSG a.F. **sehr weit gefasst**; er erfasst alle Arten von personenbezogenen Daten und sowohl unbeabsichtigte als auch gezielt herbeigeführte Datenlecks und Datenpannen.[46]

Die Pflicht zur Meldung an die Aufsichtsbehörde entfällt nur dann, wenn voraussichtlich kein Risiko für die Rechte und Freiheiten natürlicher Personen besteht.

---

44 So auch *Silke Jandt*, in: Kühling/Buchner (Hrsg.), Datenschutz-Grundverordnung (Fn. 10), Art. 35, Rn. 31 unter Hinweis auf Art. 35 Abs. 7 DSGVO.

45 Dazu und zum Folgenden näher *Jandt*, in: Kühling/Buchner (Hrsg.), Datenschutz-Grundverordnung (Fn. 10), Art. 35, Rn. 22 ff.

46 Zum Vergleich mit der bisherigen Regelung in § 42a BDSG a.F.: *Mario Martini*, in: Paal/Pauly (Hrsg.), Datenschutz-Grundverordnung. (Fn. 22), Art. 33, Rn. 59.

Dagegen steht die Pflicht zur Benachrichtigung der betroffenen Person unter dem Vorbehalt, dass voraussichtlich ein hohes Risiko für die Rechte und Freiheiten natürlicher Personen besteht. Die Benachrichtigung der betroffenen Person (nicht aber die Meldung an die Aufsichtsbehörde) entfällt nach Art. 34 Abs. 3 DSGVO auch dann, wenn der Verantwortliche zuvor geeignete technische und organisatorische Sicherheitsvorkehrungen (z.B. Verschlüsselung) auf die betroffenen Daten angewandt oder wenn er im Nachhinein risikomindernde Maßnahmen getroffen hat; wenn die Benachrichtigung mit einem unverhältnismäßigen Aufwand verbunden wäre, kann die Information der betroffenen Personen auch durch eine öffentliche Bekanntmachung oder eine ähnliche Maßnahme erfolgen.

K. Aufsichtsbehörden

I. Organisatorische Struktur und Zusammenarbeit der Aufsichtsbehörden

Während die Mitgliedstaaten gemäß Art. 54 Abs. 1 DSGVO durch Rechtsvorschriften die Errichtung der Aufsichtsbehörden sowie die Ernennung, Amtszeiten und Pflichten deren Mitglieder selbst regeln (müssen), macht die DSGVO hierfür zahlreiche Vorgaben und regelt die Tätigkeit der Aufsichtsbehörden im Übrigen weitgehend eigenständig. Eine wesentliche organisatorische Vorgabe besteht dabei in der Forderung nach **völliger Unabhängigkeit** der Aufsichtsbehörden in Art. 52 Abs. 1 DSGVO.[47] *33*

Neu ist das Konzept der **„federführenden Aufsichtsbehörde"** der Hauptniederlassung eines (privaten) Verantwortlichen bei grenzüberschreitender Datenverarbeitung (Art. 56 Abs. 1 DSGVO); die federführende Aufsichtsbehörde koordiniert im Verfahren nach Art. 60 DSGVO die Tätigkeit auch der Aufsichtsbehörden anderer Mitgliedstaaten, die von der Verarbeitung dieses Verantwortlichen betroffen sind. Gegenüber der Datenverarbeitung der öffentlichen Verwaltung findet dieses Verfahren allerdings regelmäßig keine Anwendung, weil die Verarbeitung hier in der Regel auf der Grundlage von Art. 6 Abs. 1 UAbs. 1 lit. e DSGVO erfolgt (s. oben Rn. 7), so dass nach Art. 55 Abs. 2 DSGVO allein die Aufsichtsbehörde des jeweils betroffenen Mitgliedstaats zuständig ist.

Konflikte zwischen den nationalen Aufsichtsbehörden können letztlich durch verbindlichen Beschluss (Art. 65 Abs. 1 DSGVO) des **Europäischen Datenschutzausschusses** (in der DSGVO auch „Ausschuss" genannt) im sogenannten **Kohärenzverfahren** (Art. 63 ff. DSGVO) entschieden werden. Dieser Ausschuss setzt sich nach Art. 68 Abs. 3 DSGVO aus den Leitern jeweils einer Aufsichtsbehörde *34*

---

47 Zur Unabhängigkeit der Aufsichtsbehörden nach Art. 28 Abs. 1 UAbs. 2 RL 95/46/EG vgl. schon EuGH, Urt. v. 09.03.2010, Rs. C-518/07, NJW 2010, 1265 und EuGH, Urt. v. 16.10.2012, Rs. C-614/10, ZD 2012, 563. Die Rspr. des EuGH führte zu einer Umstrukturierung der Aufsichtsbehörden in Deutschland; dazu *Alexander Roßnagel,* Unabhängigkeit der Datenschutzaufsicht. Zweites Gesetz zur Änderung des BDSG, ZD 2015, S. 106–111.

jedes Mitgliedstaats und dem (für die Organe und Institutionen der EU zuständigen) Europäischen Datenschutzbeauftragten oder ihren jeweiligen Vertretern zusammen; Mitgliedstaaten mit mehreren Aufsichtsbehörden bestimmen eine Behörde als Vertreterin im Ausschuss und führen ein Verfahren ein, mit dem sichergestellt wird, dass die anderen Behörden die Regeln für das Kohärenzverfahren einhalten (Art. 68 Abs. 4, Art. 51 Abs. 3 DSGVO).

Der Ausschuss gibt obligatorisch nach Art. 64 Abs. 1 DSGVO auch Stellungnahmen zu bestimmten Maßnahmen einer nationalen Aufsichtsbehörde von allgemeiner Bedeutung ab, so etwa zur Genehmigung von Vertragsklauseln für die Datenübermittlung in ein Drittland (Art. 64 Abs. 1 S. 2 lit. d i.V.m. Art. 46 Abs. 3 lit. a DSGVO); folgt die nationale Aufsichtsbehörde einer solchen Stellungnahme nicht, dann entscheidet der Ausschuss durch **verbindlichen Beschluss** (Art. 64 Abs. 8 i.V.m. Art. 65 Abs. 1 DSGVO). Auf Antrag einer Aufsichtsbehörde, des Ausschussvorsitzes oder der Kommission gibt der Ausschuss auch Stellungnahmen zu anderen Angelegenheiten mit allgemeiner Geltung oder mit Auswirkungen in mehr als einem Mitgliedstaat ab, insbesondere wenn eine (andere) Aufsichtsbehörde ihren Mitwirkungspflichten nicht nachkommt (Art. 64 Abs. 2 DSGVO); obwohl es aus dem Wortlaut der entsprechenden Regelungen nicht klar hervorgeht, sprechen der Zweck und die Systematik dieser Regelungen dafür, dass auch diese Stellungnahmen des Ausschusses verbindlich sind.[48]

Neben den genannten verbindlichen Beschlüssen und Stellungnahmen nimmt der Ausschuss auch zahlreiche beratende und empfehlende (und damit nach Art des „soft law“ vereinheitlichende)[49] Funktionen wahr, insbesondere durch die Bereitstellung von Leitlinien, Empfehlungen und bewährten Verfahren (Art. 70 Abs. 1 DSGVO).

Eine Koordination der Tätigkeit der nationalen Aufsichtsbehörden erfolgt außerdem durch umfangreiche Regelungen zur gegenseitigen Amtshilfe (Art. 61 DSGVO) und zu gemeinsamen Maßnahmen einschließlich des Einsatzes von Bediensteten einer unterstützenden Aufsichtsbehörde in einem anderen Mitgliedstaat (Art. 62 DSGVO).

II. Aufgaben und Befugnisse der Aufsichtsbehörden

35 Art. 57 Abs. 1 DSGVO listet wichtige (nicht alle) **Aufgaben** der nationalen Aufsichtsbehörden auf. Neben der Überwachung und Durchsetzung der DSGVO (lit. a) und der Mitwirkung bei der Tätigkeit des schon erwähnten Europäischen Datenschutzausschusses (lit. t) finden sich zahlreiche Aufgaben auch präventiver, fördernder, beratender, koordinierender und standardisierender Art, die in ihrem

48 So auch *Johannes Caspar*, in: Kühling/Buchner (Hrsg.), Datenschutz-Grundverordnung (Fn. 10), Art. 64, Rn. 10.

49 *Alexander Dix*, in: Kühling/Buchner (Hrsg.), Datenschutz-Grundverordnung (Fn. 10), Art. 70, Rn. 8.

Umfang weit über den bisherigen Aufgabenbereich der Datenschutzaufsichtsbehörden hinausgehen.[50]

Befugnisse der Aufsichtsbehörden finden sich in Art. 58 DSGVO. Die umfangreiche Auflistung ist gegliedert in **Untersuchungsbefugnisse** (Abs. 1; z.B. die Anweisung an den Verantwortlichen, Informationen bereitzustellen, den Zugang zu allen personenbezogenen Daten oder den Zugang zu den Geschäftsräumen), **Abhilfebefugnisse** (Abs. 2; z.B. die Anweisung an den Verantwortlichen, den Anträgen der betroffenen Person zu entsprechen, die vorübergehende oder endgültige Beschränkung der Verarbeitung einschließlich eines Verbots oder die Verhängung einer Geldbuße) sowie **Genehmigungsbefugnisse und beratende Befugnisse** (Abs. 3; z.B. die Erteilung von Zertifizierungen, die Genehmigung von Vertragsklauseln, die Beratung des Verantwortlichen oder die Erstellung von Stellungnahmen). Zur letzteren Gruppe zählt auch die **vorherige Konsultation der Aufsichtsbehörde** nach Art. 36 DSGVO (Art. 58 Abs. 3 lit. a DSGVO); diese ist für den Verantwortlichen verpflichtend, falls die Datenschutz-Folgenabschätzung nach Art. 35 DSGVO ein hohes Risiko für die Rechte und Freiheiten natürlicher Personen ergibt. Für den Bereich der öffentlichen Verwaltung entfällt, wie schon dargelegt (oben Rn. 31), unter den Voraussetzungen des Art. 35 Abs. 10 DSGVO die Pflicht zur Durchführung einer Datenschutz-Folgenabschätzung; allerdings sieht Art. 36 Abs. 5 DSGVO die Möglichkeit vor, Verantwortliche (wie insbesondere die öffentliche Verwaltung) im nationalen Recht zu verpflichten, bei der Verarbeitung zur Erfüllung einer im öffentlichen Interesse liegenden Aufgabe die Aufsichtsbehörde zu konsultieren und deren vorherige Genehmigung einzuholen. *36*

Art. 58 Abs. 5 DSGVO verpflichtet die Mitgliedstaaten, dafür zu sorgen, dass die Aufsichtsbehörden bei Verstößen gegen die DSGVO gerichtliche Verfahren einleiten oder sich sonst daran beteiligen können; auf diese Weise wird nicht zuletzt der Weg zum EuGH im Rahmen von Vorabentscheidungsverfahren nach Art. 267 AEUV offengehalten.[51]

L. Behördliche und betriebliche Datenschutzbeauftragte

Art. 37 Abs. 1 lit. a schreibt für **Behörden oder öffentliche Stellen**, die personenbezogene Daten verarbeiten (ausgenommen die Gerichte), verpflichtend die Benennung eines Datenschutzbeauftragten vor. Dabei kann nach Art. 37 Abs. 3 DSGVO für mehrere solcher Behörden oder Stellen unter Berücksichtigung ihrer Organisationsstruktur und ihrer Größe ein gemeinsamer Datenschutzbeauftragter benannt werden. Für **sonstige (nichtöffentliche) Verantwortliche** sieht Art. 37 Abs. 1 lit. b, c eine Pflicht zur Benennung eines Datenschutzbeauftragten nur für den Fall regelmäßiger und systematischer Überwachung von betroffenen Personen *37*

---

50 So auch die Einschätzung etwa bei *Franziska Boehm*, in: Kühling/Buchner (Hrsg.), Datenschutz-Grundverordnung (Fn. 10), Art. 57, Rn. 2 und 8.

51 Vgl. *Boehm*, in: Kühling/Buchner (Hrsg.), Datenschutz-Grundverordnung (Fn. 10), Art. 58, Rn. 47.

und für den Fall der umfangreichen Verarbeitung besonders sensibler Daten als Kerntätigkeiten vor; allerdings können die Mitgliedstaaten nach Art. 37 Abs. 4 DSGVO weitergehende Pflichten zur Benennung von Datenschutzbeauftragten regeln. Sowohl behördliche als auch betriebliche Datenschutzbeauftragte können Beschäftigte des Verantwortlichen oder externe Dienstleister sein, Art. 37 Abs. 6 DSGVO.[52]

Der Datenschutzbeauftragte muss **weisungsfrei** sein und darf wegen seiner Tätigkeit nicht abberufen oder benachteiligt werden (Art. 38 Abs. 3 DSGVO), außerdem darf er keinem Interessenkonflikt unterliegen (Art. 38 Abs. 6 S. 2 DSGVO). Im Vergleich zur Regelung der Stellung des Datenschutzbeauftragten im bisherigen BDSG (dort § 4f Abs. 3) fällt sein Schutz gegenüber Einflussnahmen des Verantwortlichen schwächer aus, insbesondere ist der Kündigungsschutz (nach dem bisherigen BDSG Beschränkung der Kündigung auf einen wichtigen Grund und dies ein Jahr nachwirkend nach Abberufung) weniger weitreichend.[53]

Zu den **Aufgaben** des Datenschutzbeauftragten zählen nach Art. 39 Abs. 1 DSGVO die Unterrichtung und Beratung des Verantwortlichen und der mit der Datenverarbeitung betrauten Beschäftigten, auch im Zusammenhang mit der Datenschutz-Folgenabschätzung, und die Überwachung der Einhaltung der DSGVO und anderer Datenschutzregeln. Die Überwachung umfasst dabei lediglich Kontrollaufgaben und -befugnisse; über Sanktionsmöglichkeiten verfügt der Datenschutzbeauftragte nicht. Er kann lediglich der höchsten Managementebene des Verantwortlichen berichten (Art. 38 Abs. 3 S. 3 DSGVO) und die Mitarbeiter beraten und sensibilisieren sowie Schulungen durchführen. Zu den Aufgaben des Datenschutzbeauftragten zählt überdies die Zusammenarbeit mit der Aufsichtsbehörde; insbesondere ist er für sie auch Anlaufstelle.

M. Selbstregulierung der Verantwortlichen

38 Ein wichtiges Instrument zur Konkretisierung der teilweise sehr allgemein formulierten Anforderungen der DSGVO und auch zur Durchsetzung dieser Anforderungen sind verschiedene Formen von freiwilliger Selbstregulierung der Verantwortlichen. Diese unterliegen der Genehmigung bzw. Überwachung durch die Aufsichtsbehörden oder andere Stellen. Den Verantwortlichen steht es frei, solche Selbstverpflichtungen einzugehen; die DSGVO schafft allerdings Anreize dafür, indem sie an diese Selbstverpflichtungen verfahrensmäßige Erleichterungen (insbesondere den erleichterten Nachweis der Einhaltung der Pflichten des Verantwortlichen, Art. 24 Abs. 3 DSGVO) oder auch die Rechtfertigung bestimmter Datenverarbeitungen (insbesondere des Datenexports in Nicht-EU-Staaten) an-

---

52 *Matthias Bergt*, in: Kühling/Buchner (Hrsg.), Datenschutz-Grundverordnung (Fn. 10), Art. 37, Rn. 36.

53 Vgl. *Bergt*, in: in: Kühling/Buchner (Hrsg.), Datenschutz-Grundverordnung (Fn. 10), Art. 38, Rn. 3.

knüpft. Einen Anreiz schafft auch die Möglichkeit, mit der Teilnahme an einer Selbstregulierung Werbung zu machen.

Eine Form der Selbstregulierung sind die **Verhaltensregeln** nach Art. 40 DSGVO. *39* Diese können durch Verbände und andere Vereinigungen, die „Kategorien von Verantwortlichen oder Auftragsverarbeitern vertreten", ausgearbeitet werden; hierbei kann es sich etwa um öffentlich-rechtliche Kammern oder Wirtschafts-, Industrie- oder Berufsverbände handeln.[54] Vereinigungen oder Verbände öffentlicher Stellen kommen dagegen wohl nicht in Betracht;[55] das kann jedenfalls mittelbar daraus geschlossen werden, dass nach Art. 41 Abs. 6 DSGVO Behörden und öffentliche Stellen vom Anwendungsbereich des Art. 41 DSGVO ausgeschlossen sind, der die Überwachung der Verhaltensregeln zum Gegenstand hat, während nach Art. 40 Abs. 4 DSGVO die Verhaltensregeln gerade auch solche Verfahren zur Überwachung vorsehen müssen. Die Verhaltensregeln unterliegen der Genehmigung durch die Aufsichtsbehörde (Art. 40 Abs. 5 DSGVO) und können durch die Kommission für allgemeingültig in der Union erklärt werden (Art. 40 Abs. 9 DSGVO). Ihre Einhaltung wird nach Art. 41 DSGVO durch unabhängige Stellen überwacht, die von der Aufsichtsbehörde akkreditiert werden.

Ein weiteres Instrument der Selbstregulierung sind Zertifizierungsverfahren, *40* Datenschutzsiegel und -prüfzeichen (zusammengefasst: **„Zertifizierungen"**), die dazu dienen, nachzuweisen, dass die Anforderungen der DSGVO eingehalten werden (Art. 42 Abs. 1 DSGVO). Die Zertifizierung erfolgt anhand von Kriterien, die durch die zuständige Aufsichtsbehörde aufgestellt und ggf. durch den Europäischen Datenschutzausschuss genehmigt werden (Art. 42 Abs. 5 DSGVO). Für die Zertifizierung zuständig sind die Aufsichtsbehörden bzw. besondere Zertifizierungsstellen, die durch die zuständige Aufsichtsbehörde oder durch eine nationale Akkreditierungsstelle akkreditiert wurden (Art. 43 Abs. 1 DSGVO).

N. Datenübermittlung in Drittstaaten

Datenübermittlungen in Nicht-EU-Staaten sind nur unter den Voraussetzungen *41* des Kapitels V der DSGVO (Art. 44–50) zulässig. Das Kapitel regelt verschiedene, alternativ (aber auch kumulativ) anwendbare Voraussetzungen.

I. Genehmigungsfreie Übermittlungen

Eine Möglichkeit ist die genehmigungsfreie Datenübermittlung auf der Grund- *42* lage eines auf das allgemeine Datenschutzniveau in dem jeweiligen Drittstaat bezogenen **Angemessenheitsbeschlusses der Kommission** nach Art. 45 DSGVO.

---

54 *Bergt*, in: Kühling/Buchner (Hrsg.), Datenschutz-Grundverordnung (Fn. 10), Art. 40, Rn. 13.

55 So *Gerald Spindler*, Selbstregulierung und Zertifizierungsverfahren nach der DS-GVO. Reichweite und Rechtsfolgen der genehmigten Verhaltensregeln, ZD 2016, S. 407–414, 408; ebenso *Vera Jungkind*, in: Heinrich Amadeus Wolff/Stefan Brink (Hrsg.), BeckOK Datenschutzrecht, 20. Edition, München 2017, DS-GVO, Art. 40, Rn. 11.

Der EuGH hat in der das Datenschutzniveau in den USA betreffenden „Safe Harbor"-Entscheidung Anforderungen für ein angemessenes Datenschutzniveau in einem Drittstaat formuliert.[56] Die Entscheidung bezog sich zwar noch auf die Regelungen in Art. 25 der Richtlinie 95/46/EG; die Anforderungen dürften aber auch für die Angemessenheit i.S.v. Art. 45 DSGVO gelten, da sich der EuGH maßgeblich auf Art. 7, 8 und 47 GRCh bezogen hat, in deren Licht auch Art. 45 DSGVO auszulegen ist.

43 Ebenfalls ohne Einzelfallgenehmigung zulässig sind nach Art. 46 Abs. 2 DSGVO Datenübermittlungen auf der Grundlage von Verträgen zwischen dem Datenexporteur in der EU und dem Datenimporteur im Drittstaat, die die von der Kommission zu erlassenden **Standarddatenschutzklauseln** verwenden und „geeignete Garantien" (für den Datenschutz) enthalten; solche Standarddatenschutzklauseln können auch von einer nationalen Aufsichtsbehörde angenommen und durch die Kommission genehmigt sein. Genehmigungsfrei sind darüber hinaus Datenübermittlungen auf der Grundlage von genehmigten **Verhaltensregeln** im Sinne von Art. 40 DSGVO und solche auf der Grundlage eines genehmigten **Zertifizierungsmechanismus** im Sinne von Art. 42 DSGVO; in den beiden letztgenannten Fällen muss der Verantwortliche im Drittstaat zur Anwendung von (für den Datenschutz) geeigneten Garantien verpflichtet sein.

44 Speziell für weltweit tätige Konzerne („Unternehmensgruppen") sieht die DSGVO die Möglichkeit vor, auf der Grundlage von selbst ausgearbeiteten **„verbindlichen internen Datenschutzvorschriften"**, für die Art. 47 DSGVO zahlreiche Vorgaben normiert und die durch die zuständige nationale Aufsichtsbehörde in Abstimmung mit dem Europäischen Datenschutzausschuss genehmigt werden, konzerninterne Datenübermittlungen vorzunehmen, die die EU-Grenzen überschreiten und nicht im Einzelfall genehmigungspflichtig sind. Genehmigungsfrei ist auch die Datenübermittlung von einer Behörde innerhalb der EU an eine Behörde in einem Drittstaat, wenn diese auf der Grundlage einer **rechtsverbindlichen schriftlichen Vereinbarung zwischen den Behörden** erfolgt. Datenübermittlungen in einen Drittstaat im Rahmen eines Gerichts- oder Verwaltungsverfahrens sind außerdem auf der Grundlage einer internationalen Übereinkunft wie etwa eines Rechtshilfeabkommens zulässig (Art. 48 DSGVO).

II. Übermittlungen mit Genehmigung

45 Mit einer (in der Praxis freilich aufwendigen) Genehmigung der Aufsichtsbehörde zulässig sind nach Art. 46 Abs. 3 DSGVO Datenübermittlungen in Dritt-

---

56 EuGH v. 06.10.2015, Rs. C-362/14, NJW 2015, S. 3151. Im Gefolge der „Safe Harbor"-Entscheidung hat die Kommission aufgrund neuer Zusicherungen der USA („Privacy Shield") am 12.07.2016 erneut die Angemessenheit des Datenschutzniveaus in den USA festgestellt; diese Feststellung kann nach Art. 45 Abs. 9 DSGVO bis zur Ersetzung durch einen Angemessenheitsbeschluss nach Art. 45 DSGVO auch nach Geltungsbeginn der DSGVO in Kraft bleiben. Eine Entscheidung des EuGH über diese neue Kommissionsfeststellung liegt noch nicht vor.

staaten auf einer (sonstigen) vertraglichen Grundlage und zwischen Behörden, die (noch) keine rechtsverbindliche Vereinbarung abgeschlossen haben.

III. Als Ausnahmen zulässige Übermittlungen

Art. 49 DSGVO sieht einige Ausnahmen vor, in denen eine Datenübermittlung in einen Drittstaat ohne besondere Genehmigung zulässig ist; es handelt sich dabei insbesondere um die Einwilligung der betroffenen Person, nachdem sie über das niedrigere Datenschutzniveau unterrichtet wurde, und weitere Fälle, in denen die Datenübermittlung dem Interesse der betroffenen Person dient. Zu den Ausnahmen zählt auch die Übermittlung „aus wichtigen Gründen des öffentlichen Interesses", wobei dieses öffentliche Interesse im Unionsrecht oder im Recht des betreffenden Mitgliedstaates anerkannt sein muss, so dass das öffentliche Interesse des Drittstaates (das dieser beliebig definieren könnte) alleine nicht genügt. Eine weitere Ausnahme bildet die mit Einschränkungen zulässige Übermittlung in einen Drittstaat aus öffentlich zugänglichen Registern. *46*

O. Regelungen zu Spezialfällen

Neben den oben bereits erläuterten größeren Regelungskomplexen finden sich in der DSGVO auch einzelne Regelungen zu speziellen Konstellationen, die im Folgenden erläutert werden sollen.

I. Besondere Kategorien personenbezogener Daten („sensible" Daten)

Wie schon zuvor in der Datenschutzrichtlinie 95/46/EG und im BDSG a.F. sieht die DSGVO (hier insbesondere in Art. 9) einen besonderen Schutz für bestimmte Kategorien von Daten vor; es handelt sich dabei zunächst um die rassische und ethnische Herkunft, politische Meinungen, religiöse oder weltanschauliche Überzeugungen, die Gewerkschaftszugehörigkeit, die Gesundheit und das Sexualleben. **In der DSGVO neu hinzugekommen** ist der Schutz für genetische Daten, biometrische Daten zur eindeutigen Identifizierung einer natürlichen Person und Daten zur sexuellen Orientierung einer natürlichen Person (Art. 9 Abs. 1 DSGVO). Die genannten sensiblen Daten dürfen nach Art. 9 Abs. 2 DSGVO nur in bestimmten Fällen bzw. für bestimmte Zwecke verarbeitet werden; dazu zählen etwa die ausdrückliche Einwilligung der betroffenen Person, die Erfüllung arbeitsrechtlicher Verpflichtungen, die medizinische Diagnostik, die öffentliche Gesundheit, Archivzwecke, Forschungszwecke, statistische Zwecke oder ein „erhebliches öffentliches Interesse". *47*

II. Medienprivileg

Art. 85 DSGVO enthält für die Datenverarbeitung zu journalistischen, wissenschaftlichen, künstlerischen oder literarischen Zwecken **sehr weit reichende Öffnungsklauseln**. Es ist hier Sache der Mitgliedstaaten, durch nationales Recht den Datenschutz „mit der Freiheit der Meinungsäußerung und der Informationsfreiheit in Einklang zu bringen". Eine Beibehaltung der fast vollständigen Frei- *48* stellung der medienbezogenen Datenverarbeitung von den materiellen Anforderungen des Datenschutzrechts wie im bisherigen § 41 BDSG a.F. und in entsprechenden Regelungen der Landespressegesetze dürfte allerdings mit den Vorgaben der DSGVO nicht vereinbar sein, weil sie den von der DSGVO geforderten Ausgleich der beteiligten Rechte und Interessen kaum erkennen lässt.[57]

III. Zugang der Öffentlichkeit zu amtlichen Dokumenten

49 Der durch gesetzliche Regelungen wie etwa das Informationsfreiheitsgesetz (IFG) eröffnete Zugang der Öffentlichkeit zu amtlichen Dokumenten im Besitz von Behörden wirft die Frage auf, inwieweit Behörden verpflichtet bzw. berechtigt sind, auf Anfrage auch personenbezogene Daten herauszugeben. Art. 86 DSGVO normiert insoweit eine **weite Öffnungsklausel**, der zufolge es Sache der nationalen Gesetzgeber (und im Anwendungsbereich des Unionsrechts auch des Unionsgesetzgebers) ist, den Zugang der Öffentlichkeit zu amtlichen Dokumenten mit dem Schutz personenbezogener Daten in Einklang zu bringen. Regelungen wie § 5 IFG sind daher auch nach Geltungsbeginn der DSGVO unionsrechtlich zulässig.

IV. Nationale Kennziffer

50 Art. 87 DSGVO enthält eine **Öffnungsklausel**, nach der die Mitgliedstaaten nationale Kennziffern oder ähnliche Personenmerkmale von allgemeiner Bedeutung, die in der Datenverarbeitung flächendeckend Anwendung finden, unter Wahrung geeigneter Datenschutzvorkehrungen vorsehen und regeln können. Die in Deutschland in der Vergangenheit höchst umstrittene[58] und vom Bundesverfassungsgericht im Volkszählungsurteil zumindest sehr kritisch betrachtete[59] Einführung eines einheitlichen Personenkennzeichens wäre aus Sicht der DSGVO unionsrechtlich daher grundsätzlich zulässig.

V. Beschäftigtendatenschutz

51 Für den Beschäftigtendatenschutz findet sich in Art. 88 DSGVO eine Öffnungsklausel, nach der die Mitgliedstaaten „spezifischere Vorschriften" zum Datenschutz im Beschäftigungskontext erlassen können. Die **Reichweite dieser Öffnungsklausel ist umstritten**; nach einer Ansicht erlaubt sie den Mitgliedstaaten ein – auch deutliches – Abweichen vom Datenschutzniveau der DSGVO nach

---

57 So auch *Benedikt Buchner/Marie-Theres Tinnefeld*, in: Kühling/Buchner (Hrsg.), Datenschutz-Grundverordnung (Fn. 10), Art. 85, Rn. 31.

58 Vgl. etwa die Stellungnahme des Rechtsausschusses des Bundestages zum Entwurf des Bundesdatenschutzgesetzes (wiedergegeben in BT-Drs. 7/5277, 3), nach der „die Entwicklung, Einführung und Verwendung von Numerierungssystemen, die eine einheitliche Numerierung der Bevölkerung ... ermöglichen (Personenkennzeichen), ... unzulässig" sei.

59 BVerfGE 65, 1 (56 f.).

oben, also strengere Datenschutzvorschriften.[60] Richtigerweise handelt sich bei der Öffnungsklausel aber lediglich um eine Konkretisierungsbefugnis, ein Abweichen vom Schutzniveau der DSGVO dürfte mangels ausdrücklicher Abweichungsbefugnis (wie etwa in Art. 85 Abs. 2 DSGVO beim Medienprivileg) nicht zulässig sein.[61]

In formeller Hinsicht stellt Art. 88 Abs. 1 DSGVO klar, dass als „spezifischere Vorschriften" für die Verarbeitung von Beschäftigtendaten nicht nur gesetzliche Vorschriften, sondern auch **Kollektivvereinbarungen** in Betracht kommen. Regelungen zum Beschäftigtendatenschutz können daher auch nach Geltungsbeginn der DSGVO insbesondere in Betriebs- oder Dienstvereinbarungen erfolgen.[62]

VI. Archive, Forschung und Statistik

Die DSGVO **privilegiert** an verschiedenen Stellen Datenverarbeitungen zu im öffentlichen Interesse liegenden Archivzwecken, zu Forschungszwecken und zu statistischen Zwecken. So wird für diese Verarbeitungen die Zweckbindung gelockert (Art. 5 Abs. 1 lit. b DSGVO), entsprechende Daten dürfen unter Umständen länger gespeichert werden (Art. 5 Abs. 1 lit. e DSGVO), das grundsätzliche Verbot der Verarbeitung „sensibler" Daten nach Art. 9 Abs. 1 DSGVO wird unter bestimmten Voraussetzungen aufgehoben (Art. 9 Abs. 2 lit. j DSGVO), Informationspflichten werden gelockert (Art. 14 Abs. 5 lit. b DSGVO) und Löschungspflichten werden eingeschränkt (Art. 17 Abs. 3 lit. d DSGVO); außerdem können bei Erfüllung bestimmter Voraussetzungen im Unionsrecht und auch im mitgliedstaatlichen Recht (insofern handelt es sich hier um eine Öffnungsklausel) Betroffenenrechte eingeschränkt werden (Art. 89 Abs. 2, 3 DSGVO). 52

Voraussetzung für diese verschiedenen Privilegierungen ist das Vorliegen von geeigneten „Garantien für die Rechte und Freiheiten der betroffenen Person", wozu insbesondere technische und organisatorische Maßnahmen zur Datenminimierung und die weitestmögliche Pseudonymisierung bzw. Anonymisierung zählen (Art. 89 Abs. 1 DSGVO). Ein gewisses Gegengewicht zu den Privilegierungen

60 So etwa *Katrin Stamer/Michael Kuhnke*, in: Plath (Hrsg.), BDSG/DSGVO. Kommentar (Fn. 39), Art. 88, Rn. 6; *Robert Selk*, in: Eugen Ehmann/Martin Selmayr (Hrsg.), DS-GVO Datenschutz-Grundverordnung. Kommentar, 1. Aufl., München 2017, Art. 88, Rn. 50 ff. Letzterer begründet seine Ansicht insbesondere mit dem Verbot der Vollharmonisierung in der Kompetenzvorschrift des Art. 153 AEUV, auf die er die Regelung des Art. 88 DSGVO gestützt sieht (ebda. Rn. 5). Die Kompetenz zum Erlass des Art. 88 DSGVO ergibt sich aber nicht aus Art. 153 AEUV, sondern aus Art. 16 Abs. 2 AEUV; es handelt sich um Datenschutzrecht und nicht um arbeitsrechtliche Regelungen i.S.v. Art. 153 AEUV – unabhängig davon, dass, wie Selk zu Recht ausführt, der Datenschutz im Beschäftigungskontext eine besondere Bedeutung hat.

61 Ähnlich *Stephan Pötters*, in: Peter Gola (Hrsg.), Datenschutz-Grundverordnung VO (EU) 2016/679. Kommentar, München 2017, Art. 88, Rn. 18 ff., und *Frank Maschmann*, in: Kühling/Buchner (Hrsg.), Datenschutz-Grundverordnung (Fn. 10), Art. 88, Rn. 29 ff. (Letzterer mit ausführlicher Diskussion der Kontroverse).

62 Vgl. dazu näher *Maschmann*, in: Kühling/Buchner (Hrsg.), Datenschutz-Grundverordnung (Fn. 10), Art. 88, Rn. 24 ff.

besteht außerdem in einem besonderen, gerade auf die Verarbeitung zu den genannten Zwecken bezogenen Widerspruchsrecht des Betroffenen (Art. 21 Abs. 6 DSGVO);[63] dieses besondere Widerspruchsrecht besteht allerdings nicht, wenn die Verarbeitung zur Erfüllung einer im öffentlichen Interesse liegenden Aufgabe erforderlich ist, was im Bereich einer digitalisierten Verwaltung typischerweise der Fall sein dürfte.

VII. Berufsgeheimnis

53 Werden Verantwortliche, die einem Berufsgeheimnis oder einer vergleichbaren Geheimhaltungspflicht unterliegen, durch eine datenschutzrechtliche Aufsichtsbehörde kontrolliert, dann kann sich ein Konflikt zwischen den Aufsichtsbefugnissen der Behörde und der Geheimhaltungspflicht des Verantwortlichen ergeben. Die DSGVO stellt in einer **Öffnungsklausel** in Art. 90 Abs. 1 DSGVO die Lösung dieses Konflikts teilweise den Mitgliedstaaten anheim; demnach kann der Zugang der Aufsichtsbehörden zu personenbezogenen Daten und zu Geschäftsräumen, der in Art. 58 Abs. 1 lit. e und f DSGVO generell vorgesehen ist, für den Fall solcher Geheimhaltungspflichten[64] im nationalen Recht abweichend geregelt werden.

VIII. Kirchliche Datenschutznormen

54 Nach Art. 17 Abs. 1 AEUV achtet die Union den je spezifischen Status, den Kirchen in den einzelnen Mitgliedstaaten genießen. Vor diesem Hintergrund eröffnet Art. 91 Abs. 1 DSGVO den Mitgliedstaaten die Möglichkeit, **bestehende kirchenrechtliche Datenschutzregeln** – in Deutschland also etwa die Anordnung über den kirchlichen Datenschutz (KDO) der römisch-katholischen Kirche und das Kirchengesetz über den Datenschutz der evangelischen Kirche in Deutschland (DSG-EKD) – im Bereich der jeweiligen Kirchen fortgelten zu lassen.[65] Art. 91 Abs. 2 DSGVO eröffnet den Mitgliedstaaten darüber hinaus die Möglichkeit, für die Datenschutzaufsicht im Bereich der Kirchen auch Aufsichtsbehörden „spezifischer Art" vorzusehen, also auch von den Kirchen selbst eingerichtete Aufsichtsbehörden.[66]

---

63 Ausführlicher dazu *Herbst*, in: Kühling/Buchner (Hrsg.), Datenschutz-Grundverordnung (Fn. 10), Art. 21, Rn. 46 ff.

64 Zu den in Betracht kommenden Geheimhaltungspflichten vgl. *Herbst*, in: Kühling/Buchner (Hrsg.), Datenschutz-Grundverordnung (Fn. 10), Art. 90, Rn. 9 ff.

65 Näher zu den Anforderungen an die kirchlichen Datenschutzregelungen *Herbst*, in: Kühling/Buchner (Hrsg.), Datenschutz-Grundverordnung (Fn. 10), Art. 91, Rn. 10 ff.

66 Ob die bei den beiden großen Kirchen in Deutschland bereits nach dem geltenden kirchlichen Datenschutzrecht bestehenden Datenschutzbeauftragten die Anforderungen der DSGVO erfüllen und als Aufsichtsbehörde fungieren können, ist in Anbetracht ihrer beschränkten bzw. nicht klar formulierten Befugnisse zweifelhaft; dazu näher *Herbst*, in: Kühling/Buchner (Hrsg.), Datenschutz-Grundverordnung (Fn. 10), Art. 91, Rn. 20 f.

P. Schadensersatz und Geldbußen

Art. 82 DSGVO sieht für Schäden, die durch Verstöße gegen die DSGVO entstanden sind, einen **Schadensersatzanspruch** vor, wobei das Verschulden des Verantwortlichen (oder des ebenfalls haftenden Auftragsverarbeiters) in der Weise vermutet wird, dass er sich von der Haftung nur durch den Nachweis befreien kann, dass er in keinerlei Hinsicht für den schadensverursachenden Umstand verantwortlich ist (Art. 82 Abs. 3 DSGVO). 55

Verwaltungsrechtliche Sanktionen für Verstöße gegen die DSGVO in Form von **Geldbußen** sind in Art. 83 DSGVO geregelt. Die vorgesehenen Maximalbeträge müssen als drastisch bezeichnet werden: bis zu 10 Millionen Euro bzw. im Fall eines Unternehmens bis zu 2 % seines gesamten weltweit erzielten Jahresumsatzes, bei schwereren Verstößen bis zu 20 Millionen Euro bzw. 4 % des Jahresumsatzes. Die nationalen Aufsichtsbehörden sind dabei zur wirksamen, verhältnismäßigen und abschreckenden Verhängung der Geldbußen verpflichtet (Art. 83 Abs. 1 DSGVO). Ein Verschulden ist zwar bei der Bemessung der Höhe des Bußgeldes zu berücksichtigen (Art. 83 Abs. 2 lit. b DSGVO), es ist aber (wohl) nicht Voraussetzung für die Verhängung des Bußgeldes.[67] 56

Die Mitgliedstaaten können weitere (insbesondere strafrechtliche) Sanktionen für Verstöße gegen die DSGVO festlegen (Art. 84 DSGVO).

---

67 So *Bergt*, in: Kühling/Buchner (Hrsg.), Datenschutz-Grundverordnung (Fn. 10), Art. 83, Rn. 34 ff.: Die DSGVO normiert an keiner Stelle ausdrücklich eine Verschuldensvoraussetzung, und dem Unionsrecht lässt sich kein solcher allgemeiner Grundsatz entnehmen. A. A. *Eike Michael Frenzel*, in: Paal/Pauly (Hrsg.), Datenschutz-Grundverordnung (Fn. 22), Art. 83, Rn. 14; *Corinna Holländer*, in: Wolff/Brink (Hrsg.), BeckOK Datenschutzrecht (Fn. 55), DS-GVO Art. 83, Rn. 18, 18.1. In der Tat wirft der von der Gegenansicht als Argument vorgebrachte Schuldgrundsatz zumindest die Frage auf, ob eine solche Auslegung mit dem Grundgesetz vereinbar ist und ob hier nicht ein Konflikt zwischen Unionsrecht und deutschem Verfassungsrecht absehbar ist.

Bundesrechtliche datenschutzrechtliche Spielräume und das neue BDSG

Melanie Horster

A. Einleitung

I. Ausgangslage

Grundlage für die erforderlichen Veränderungen und Anpassungen im deutschen Datenschutzrecht bildet die Verordnung (EU) 2016/679 des Europäischen Parlaments und des Rates vom 27.04.2016 zum Schutz natürlicher Personen bei der Verarbeitung personenbezogener Daten, zum freien Datenverkehr und zur Aufhebung der Richtlinie 95/46/EG (Datenschutz-Grundverordnung) (DSGVO). Nach Art. 99 Absatz 2 DSGVO gilt sie seit dem 25.05.2018. Sie umfasst 99 Artikel und 173 Erwägungsgründe, wobei sie in elf Kapitel gegliedert ist. *1*

Eins der Ziele, das mit der Neufassung verfolgt wird, ist ein hohes und einheitliches Datenschutzniveau.[1] Eine umfangreiche Betrachtung der bisherigen Regelung der Richtlinie 95/46/EG zum Schutz natürlicher Personen bei der Verarbeitung personenbezogener Daten und zum freien Datenverkehr (DSRL) bezogen auf ihre Inhalte, ist nicht erforderlich, da sie durch Art. 94 DSGVO am 25.05.2018 aufgehoben wurde. Ein entscheidender Unterschied zur bisherigen europarechtlichen Regelung der DSRL liegt im Rechtscharakter, da die Neufassung in der Form einer Verordnung erfolgte. Anders als die DSRL ist sie damit nicht ausschließlich an die Mitgliedstaaten adressiert, sondern unmittelbar geltendes Recht. *2*

Es ist sinnvoll zu überprüfen, inwieweit die unmittelbare Geltung einer Verordnung bedeutet, dass die DSGVO eine Vielzahl an nationalen Regelungen verdrängt und die Regelungskompetenz des nationalen Gesetzgebers einschränkt und ein Anpassungserfordernis für den nationalen Gesetzgeber bedeutet. Diesem Anpassungserfordernis ist der deutsche Gesetzgeber durch das Gesetz zur Anpassung des Datenschutzrechts an die Verordnung (EU) 2016/679 und zur Umsetzung der Richtlinie (EU) 2016/680 (Datenschutz-Anpassungs- und -Umsetzungsgesetz EU-DSAnpUG-EU) nachgekommen. Mit diesem wurde das Bundesdatenschutzgesetz (BDSG) neugefasst. Zur besseren Unterscheidung des bisherigen Bundesdatenschutzgesetzes und der Neufassung werden die Formulierungen BDSG-alt und BDSG-neu verwendet. *3*

---

1 *Europäisches Parlament*, Parlament verabschiedet EU-Datenschutzreform – EU fit fürs digitale Zeitalter, http://www.europarl.europa.eu/news/de/news-room/20160407IPR21776/parlament-verabschiedet-eu-datenschutzreform-%E2%80%93-eu-fit-f%C3%BCrs-digitale-zeitalter [20.11.2017]; vgl. auch zuvor den Beitrag von *Herbst* (Kapitel 16).

4 Das Datenschutzrecht in Deutschland gilt als hochgradig ausdifferenziert.[2]. Das zeigt sich darin, dass es neben der DSGVO und dem BDSG eine Vielzahl weiterer Normen im Bereich des Datenschutzes gibt und sich zudem auch datenschutzrechtliche Regelungen in den Spezialgesetzen wie den Sozialgesetzbüchern, beispielsweise SGB X-Sozialverwaltungsverfahren und Sozialdatenschutz, finden. Da nach der deutschen Rechtsordnung ebenso landesgesetzliche Regelungen vorgesehen sind, erhöht sich die Zahl der datenschutzrechtlichen Bestimmungen zusätzlich. Neben allgemeinen Regelungen in den jeweiligen Landesdatenschutzgesetzen finden sich auch auf Landesebene Spezialgesetze zur Regelung des Datenschutzes, wie beispielsweise das Gesundheitsdatenschutzgesetz des Landes NRW.

II. Rechtscharakter der DSGVO

5 Für die Einordnung des Rechtscharakters der DSGVO sollten zunächst die bisherige Regelungsform und die neue Regelungsform gegeneinander abgegrenzt werden. Die Grundlage für beide Regelungsformen findet sich im Vertrag über die Arbeitsweise der Europäischen Union (AEUV). Im Artikel 288 AEUV sind die Rechtsakte der Europäischen Union (Verordnungen, Richtlinien, Beschlüsse, Empfehlungen und Stellungnahmen) festgelegt.

6 In Art. 288 AEUV heißt es zur Verordnung: „Die Verordnung hat allgemeine Geltung. Sie ist in allen ihren Teilen verbindlich und gilt unmittelbar in jedem Mitgliedstaat.“ Zum Aspekt der Unmittelbarkeit ihrer Geltung kann festgehalten werden, dass sie keine Umsetzung in nationales Recht erfordert, sondern in den Mitgliedstaaten selbst geltendes Recht ist.[3] Eine Richtlinie hingegen richtet sich an die Mitgliedstaaten, welche diese dann innerhalb einer vorgegebenen Frist in nationales Recht umsetzen müssen.[4] Hier zeigt sich der entscheidende Unterschied, und zwar dass im Falle einer Richtlinie der nationale Gesetzgeber tätig werden muss, um geltendes Recht zu schaffen, während er bei einer Verordnung nichts weiter veranlassen muss, da sie bereits unmittelbar geltendes Recht ist.

7 Bezogen auf die DSGVO bedeutet das, dass der deutsche Gesetzgeber eigentlich nichts weiter hätte veranlassen müssen, da es sich bei der DSGVO bereits um unmittelbar geltendes Recht handelt; das hätte aber vorausgesetzt, dass es sich bei ihr um eine klassische Verordnung im Sinne des Art. 288 AEUV handelt. In der DSGVO finden sich allerdings Öffnungsklauseln, was aufwarf, ob ein Tätigwerden des nationalen Gesetzgebers erforderlich war, um diese auszufüllen. Die Öffnungsklauseln unterfallen verschiedenen Kategorien, nämlich obligatorischen

---

2 *Jürgen Kühling/Mario Martini*, Die Datenschutz-Grundverordnung: Revolution oder Evolution im europäischen deutschen Datenschutzrecht?, EuZW 2016, S. 448–454, 448.

3 *Markus Kotzur*, in: Rudolf Geiger/ Daniel-Erasmus Khan/ders. (Hrsg.), Vertrag über die Europäische Union und Vertrag über die Arbeitsweise der Europäischen Union Kommentar, 5. Aufl., München 2010, Art. 288 AEUV, Rn. 8.

4 *Kotzur* (Fn. 3), Art. 288 AEUV, Rn. 10 f.

und fakultativen Öffnungsklauseln.[5] Das Vorhandensein von obligatorischen Öffnungsklauseln lässt den Schluss zu, dass die DSGVO den Merkmalen einer Verordnung in diesen Regelungsbereichen nicht gerecht wird und insoweit eher einer Richtlinie entsprechen könnte.

In ihren fakultativen Öffnungsklauseln räumt die DSGVO den Mitgliedstaaten *8* die Wahlmöglichkeit ein, darüber zu entscheiden, ob sie nationales Recht schaffen wollen oder darauf verzichten. Eine Öffnungsklausel, die den Mitgliedstaaten Regelungsmöglichkeiten einräumt, sie aber nicht verpflichtet, nationale Rechtsvorschriften zu erlassen, ist beispielsweise Art. 88 DSGVO zur Datenverarbeitung im Beschäftigungskontext.

Es bleibt fraglich, wie der Rechtscharakter der DSGVO bezogen auf die fakultativen Öffnungsklauseln bewertet werden soll. Eine Richtlinie verpflichtet die Mitgliedstaaten zur Schaffung von nationalen Regelungen. Die Öffnungsklauseln, die dem nationalen Gesetzgeber die Wahlmöglichkeit lassen und ihn nicht zur Schaffung nationaler Regelungen verpflichten, entsprechen nicht einer Richtlinie im eigentlichen Verständnis.

Daneben lässt sich für die DSGVO feststellen, dass sie als eine „hinkende Verord- *9* nung" angesehen werden kann. Eine solche liegt vor, wenn die Verordnung ausdrücklich die Verpflichtung zum Erlass von Durchführungsrechtsakten enthält.[6] Konkret formuliert bedeutet das, dass der Gesetzgeber die Verordnung vervollständigen soll.[7]

Der Umstand, dass die DSGVO Verpflichtungen für die Mitgliedstaaten enthält, tätig zu werden, muss aber von den Verpflichtungen zum Erlass von Durchführungsrechtsakten abgegrenzt werden. Die Möglichkeit zum Erlass von Durchführungsrechtsakten finden sich an verschiedenen Stellen in der DSGVO, beispielsweise in Art. 40 Absatz 9 DSGVO. Die Europäische Kommission ist die Regelungsadressatin, im Bereich der Öffnungsklauseln sind es die Mitgliedstaaten.

Die DSGVO kann aufgrund ihrer Regelungsinhalte nicht in ihrer Gesamtheit als *10* eine Verordnung angesehen werden. In erster Linie ist die Vielzahl an obligatorischen Öffnungsklauseln als Regelungsgebote an den nationalen Gesetzgeber diesbezüglich kritisch zu bewerten. Daneben ist sie in den Teilen, in denen sie den Charakter einer Verordnung hat, eine „hinkende Verordnung" aufgrund der Ver-

5 *Jürgen Kühling/Mario Martini/Johanna Heberlein/Benjamin Kühl/David Nink/Quirin Weinzierl/Michael Wenzel* (zitiert: *Kühling/Martini et al.*), Die Datenschutz-Grundverordnung und das nationale Recht. Erste Überlegungen zum innerstaatlichen Regelungsbedarf, Münster 2016, S. 10.

6 *Matthias Ruffert*, in: Christian Calliess/Matthias Ruffert (Hrsg.), Das Verfassungsrecht der Europäischen Union mit Europäischer Grundrechtecharta, 5. Aufl., München 2017, Art. 288 AEUV, Rn. 21.

7 *Werner Schroeder*, in: Rudolf Streinz (Hrsg.), Vertrag über die Europäische Union und Vertrag über die Arbeitsweise der Europäischen Union, Kurz-Kommentar, 2. Aufl., München 2011, Art. 288 AEUV, Rn. 61.

pflichtung zur Schaffung von Durchführungsrechtsakten. Durch die unmittelbar geltenden Regelungen zeigt sich, dass sie keinesfalls eine Richtlinie ist. Die DSGVO kann daher als Mischform aus den Rechtsakten Verordnung und Richtlinie bewertet werden. Sie wird daher auch treffend als „Hybrid aus Verordnung und Richtlinie"[8] bezeichnet.

III. Gegenüberstellung der bisherigen bundesgesetzlichen Regelung (BDSG-alt) und des neuen BDSG

11 Das BDSG-alt basiert auf der DSRL.[9] Aus § 1 BDSG-alt ergibt sich der Anwendungsbereich, welcher sich neben öffentlichen Stellen auch auf nicht-öffentliche Stellen erstreckt, wobei sich die Regelungen für die jeweiligen Bereiche schwerpunktmäßig in unterschiedlichen Teilen des BDSG-alt finden (Zweiter Abschnitt Datenverarbeitung der öffentlichen Stellen, Dritter Abschnitt Datenverarbeitung nicht-öffentlicher Stellen und öffentlich-rechtlicher Wettbewerbsunternehmen). Insgesamt umfasst das BDSG-alt 48 Paragraphen, wobei es in fünf Abschnitte unterteilt ist.

Das BDSG-neu ist mit 85 Paragraphen und einer Unterteilung in vier Teile deutlich umfangreicher. Der Aufbau unterscheidet sich deutlich vom bisherigen, so ist die Unterteilung in die Datenverarbeitung durch öffentliche und nicht-öffentliche Stellen in unterschiedlichen Teilen des Gesetzes entfallen. Es wird jedoch je nach Regelung zwischen öffentlichen und nicht-öffentlichen Stellen unterschieden.

Bezogen auf die DSGVO ist insbesondere der zweite Teil des BDSG-neu von Interesse, welcher überschrieben ist mit „Durchführungsbestimmungen für Verarbeitungen zu Zwecken gemäß Artikel 2 der Verordnung (EU) 2016/679".

12 Zwei der Vorschriften aus dem BDSG-neu werden näher betrachtet, um die Auswirkungen, die sich durch die DSGVO ergeben haben, aufzuzeigen und auch darzustellen, inwiefern diese von den Öffnungsklauseln der DSGVO gedeckt werden. Es werden dazu die Vorschriften zur Videoüberwachung öffentlich zugänglicher Räume nach § 4 BDSG-neu und zur Datenverarbeitung für Zwecke des Beschäftigungsverhältnisses nach § 26 BDSG-neu betrachtet. Diese Auswahl ist erfolgt, da die DSGVO durch Öffnungsklauseln nationale Regelungen zulässt, wobei diese sich aber unterscheiden. So gibt es mit Art. 88 DSGVO eine eigene Öffnungsklausel für den Bereich der Datenverarbeitung im Beschäftigungskontext. Im Fall der Videoüberwachung gibt es keine themenspezifische Öffnungsklausel, so dass die allgemeine Öffnungsklausel aus Art. 6 DSGVO die Grundlage für die nationale Regelung in diesem Bereich sein kann.

---

8 *Kühling/Martini,* (Fn. 2), S. 449.

9 *Kai-Uwe Plath,* in: ders. (Hrsg.), BDSG/DSGVO. Kommentar zum BDSG und zur DSGVO sowie den Datenschutzbestimmungen von TMG und TKG, 2. Aufl., Köln 2016, § 1 BDSG, Rn. 3.

B. Videoüberwachung öffentlich zugänglicher Räume

I. Regelungen zur Videoüberwachung

In § 4 BDSG-neu ist der Einsatz von Videoüberwachung geregelt, die Regelung ist überschrieben mit „Videoüberwachung öffentlich zugänglicher Räume". Im BDSG-alt findet sich keine Regelung mit einer wortgleichen Überschrift, allerdings finden sich in § 6b BDSG-alt Regelungen zur „Beobachtung öffentlich zugänglicher Räume mit optisch-elektronischen Einrichtungen". 13

Aus § 4 BDSG-neu selbst ergibt sich, dass die Formulierung „Beobachtung mit optisch-elektronischen Einrichtungen" und der Begriff der Videoüberwachung synonym zu verstehen sind.

1. Vergleich der Regelungen zur Videoüberwachung im BDSG-alt und BDSG-neu

Ein direkter Vergleich der bisherigen Regelung im BDSG-alt mit der Regelung des BDSG-neu soll zunächst die Unterschiede der Regelungen herausstellen, sofern es welche gibt. 14

Die Regelung des § 6b BDSG-alt umfasst fünf Absätze, dieselbe Anzahl an Absätzen umfasst § 4 BDSG-neu. Eine inhaltliche Betrachtung macht allerdings Unterschiede deutlich.

Zunächst ist allerdings Absatz 1 beider Regelungen wortgleich. Dieser regelt, in welchen Fällen die Videoüberwachung öffentlich zugänglicher Räume zulässig ist. Hierbei sei allerdings darauf hingewiesen, dass § 6b Absatz 1 Satz 2 BDSG-alt erst durch das Gesetz zur Änderung des Bundesdatenschutzgesetzes – Erhöhung der Sicherheit in öffentlich zugänglichen großflächigen Anlagen und im öffentlichen Personenverkehr durch optisch-elektronische Einrichtungen (Videoüberwachungsverbesserungsgesetz) im Mai 2017 ergänzt wurde.[10]

Ebenso wie Absatz 1 ist der Absatz 5 beider Regelungen, welcher die Löschung der Daten regelt, wortgleich. Die übrigen drei Absätze unterscheiden sich in der bisherigen Fassung und der neuen Fassung des BDSG, wobei die jeweiligen Absätze sich in beiden Fassungen jeweils mit derselben Regelungsthematik befassen.

Absatz 2 regelt die Bekanntmachung der Überwachung und die Benennung des Verantwortlichen. Wobei in der neuen Fassung der Aspekt der Kontaktdaten des Verantwortlichen ergänzt wurde und anders als in der bisherigen Fassung der Zeitpunkt der Bekanntmachung, diese hat zum frühestmöglichen Zeitpunkt zu erfolgen, aufgenommen wurde.

In Absatz 3 Satz 1 wurde bisher die Verarbeitung und Nutzung der erhobenen Daten geregelt, in der Neufassung finden sich an dieser Stelle die Begriffe Speicherung und Verwendung. Ausgangspunkt dieser Veränderung ist die erforderliche Anpassung der bisherigen Begrifflichkeiten an die der DSGVO. Der Begriff

10 BGBl. I/2017, S. 968.

der Verarbeitung ist in Art. 4 Nr. 2 DSGVO definiert, wobei diese Definition aus Art. 4 Nr. 2 DSGVO die Tätigkeiten Speicherung und Verwendung umfasst.

Unter der Speicherung von Daten im Sinne der DSGVO ist eine konkrete Handlung, und zwar die Aufbewahrung von Daten zur weiteren Verarbeitung, zu verstehen[11], anders verhält es sich mit dem Begriff der Verwendung, da dieser einen Auffangtatbestand darstellt[12].

In Absatz 3 Satz 2 wurden die Begriffe „verarbeitet oder genutzt" durch den Begriff „weiterverarbeitet" ersetzt.

Im vierten Absatz finden sich Änderungen insofern, als dass auf die Informationspflicht gemäß Art. 13 und Art. 14 DSGVO hingewiesen wird.

2. Öffnungsklausel zur Schaffung nationaler Regelungen im Bereich der Videoüberwachung öffentlich zugänglicher Räume

15 Die DSGVO enthält selbst keine spezielle Regelung zur Beobachtung mit optisch-elektronischen Einrichtungen oder zur Videoüberwachung. Ebenso findet sich in der DSGVO keine spezielle Öffnungsklausel, die dem nationalen Gesetzgeber, das Recht einräumt, die Videoüberwachung selbst zu regeln. Diese Ausgangssituation schließt eine Regelung durch den nationalen Gesetzgeber aber nicht grundsätzlich aus. Über eine allgemeine Öffnungsklausel, die eben nicht themenspezifisch ist, kann es für den nationalen Gesetzgeber die Möglichkeit geben, eigene Regelungen eben auch in diesem Bereich zu schaffen.

Die Regelungskompetenz des nationalen Gesetzgebers, Regelungen zur Videoüberwachung öffentlich zugänglicher Räume zu treffen, kann aus Art. 6 DSGVO hergeleitet werden. Art. 6 Absatz 1 DSGVO trifft Regelungen zur Rechtmäßigkeit der Verarbeitung von personenbezogenen Daten, wobei durch Art. 6 Absatz 3 DSGVO dem nationalen Gesetzgeber eingeräumt wird, die Rechtsgrundlage für die Verarbeitung für die Fälle Art. 6 Absatz 1 lit. c und e DSGVO zu schaffen. Sollte also der Bereich der optisch-elektronischen Überwachung unter Art. 6 Absatz 1 lit. c und e DSGVO fallen, wäre eine Regelung durch den nationalen Gesetzgeber und damit durch die Regelung im BDSG-neu zulässig. Der Fall des Art. 6 Absatz 1 lit. c DSGVO scheint im Rahmen der Videoüberwachung nicht einschlägig zu sein, da eine rechtliche Verpflichtung zur Videoüberwachung im Sinne von Art. 6 Absatz 1 lit. c DSGVO nicht ersichtlich ist. Hingegen scheint Art. 6 Absatz 1 lit. e DSGVO im Fall der Videoüberwachung einschlägig zu sein, da dieser die Zulässigkeit der Datenverarbeitung im Rahmen einer Aufgabe im öffentlichen Interesse oder im Rahmen der Ausübung öffentlicher Gewalt regelt. Die Zulässigkeit einer nationalen Regelung, also die des § 4 BDSG-neu, muss daher anhand Art. 6 Absatz 1 lit. e i.V.m. Absatz 3 lit. b DSGVO geprüft werden.

---

11 *Stefan Ernst*, in Boris P. Paal/Daniel A. Pauly (Hrsg.), Datenschutz-Grundverordnung, 1. Aufl., München: Beck Verlag, Art. 4 DSGVO, Rn. 25.

12 *Ernst* (Fn. 11), Art. 4 DSGVO, Rn. 29.

3. Zulässigkeitsvoraussetzungen der Videoüberwachung

§ 4 Absatz 1 BDSG-neu enthält die Zulässigkeitsvoraussetzung für die Videoüberwachung. Zunächst werden die Zulässigkeitsvoraussetzungen aus § 4 Absatz 1 Satz 1 BDSG-neu näher betrachtet, diese sind die Aufgabenerfüllung öffentlicher Stellen (Nr. 1), die Wahrnehmung des Hausrechts (Nr. 2) und die Wahrnehmung berechtigter Interessen für konkret festgelegte Zwecke (Nr. 3). 16

Die Zulässigkeitsvoraussetzung in Form der Aufgabenerfüllung öffentlicher Stellen für den Einsatz von Videoüberwachung (§ 4 Absatz 1 Satz 1 Nr. 1 BDSG-neu) ist mit der DSGVO vereinbar, da sie von der Öffnungsklausel aus Art. 6 Absatz 1 lit. e i.V.m. Absatz 3 lit. b DSGVO gedeckt wird.

Bezogen auf die Wahrnehmung des Hausrechts (§ 4 Absatz 1 Satz 1 Nr. 2 BDSG-neu) ist die Vereinbarkeit mit der DSGVO anders als bei der Aufgabenerfüllung öffentlicher Stellen nicht offensichtlich von der Öffnungsklausel gedeckt und es muss kritisch hinterfragt werden, inwieweit für den nationalen Gesetzgeber überhaupt eine Regelungskompetenz bestand. So sehen Kühling et al. die bisherige Regelung des § 6b Absatz 1 Nr. 2 BDSG-alt, welche der Regelung § 4 Absatz 1 Satz 1 Nr. 2 BDSG-neu entspricht, als nicht mit der DSGVO vereinbar an, da der Bereich des Hausrechts unter Art. 6 Absatz 1 Satz 1 lit. f EU-DSGVO fällt und sich für diesen Fall aus Art. 6 Absatz 3 DSGVO keine Regelungskompetenz für die Mitgliedstaaten ergibt[13]. Insofern, dass das BDSG-alt und das BDSG-neu Regelungen sowohl für öffentliche als auch nicht-öffentliche Stellen enthält, müssen im Fall des Hausrechts die beiden Adressatengruppen separat betrachtet werden, da die DSGVO die Verarbeitung von Daten durch Behörden in Erfüllung ihrer Aufgaben nach Art. 6 Absatz 1 Satz 2 DSGVO von der Geltung des Art. 6 Absatz 1 Satz 1 lit. f DSGVO ausnimmt.

Im Bereich der öffentlichen Stellen kann die Wahrnehmung des Hausrechts eine Aufgabe im öffentlichen Interesse sein oder in Ausübung öffentlicher Gewalt erfolgen, wie sich am Beispiel der Regelung zur Videoüberwachung aus dem Landesdatenschutzgesetzes des Landes Nordrhein-Westfalen (DSG NRW) darstellen lässt. Das DSG NRW gilt anders als das BDSG-alt und auch das BDSG-neu lediglich für öffentliche Stellen. 17

Im Kommentar zum DSG NRW wird festgehalten, dass in den Bereich des Hausrechts bezogen auf öffentlich zugängliche Bereiche auch Parkanlagen, Wege und Straßen einzubeziehen sind[14]. Die Wahrnehmung des Hausrechts in diesen Bereichen erfolgt in der Regel durch die Kommunen, welche damit eine Aufgabe im öffentlichen Interesse wahrnehmen oder in Ausübung öffentlicher Gewalt tätig sind. Es handelt sich damit um einen Fall des Art. 6 Absatz 1 Satz 1 lit. e DSGVO. Somit ist die Wahrnehmung des Hausrechts durch öffentliche Stellen

---

13 *Kühling/Martini et al.* (Fn. 5), S. 345.

14 *Franz-Gerd Stähler/Vera Pohler*, in: dies. (Hrsg.), Datenschutzgesetz Nordrhein-Westfalen, Kommentar, 3. Aufl., Stuttgart 2003, § 29b DSG NRW, Rn. 2.

von der Öffnungsklausel aus Art. 6 Absatz 2 DSGVO umfasst. Es bedarf allerdings keiner separaten Erwähnung in Form eines eigenen Zulässigkeitstatbestandes, da § 4 Absatz 1 Satz 1 BDSG-neu in der Aufgabenerfüllung durch öffentliche Stellen eben auch die Wahrnehmung des Hausrechts durch öffentliche Stellen einschließt.

Für die Regelung nach § 4 Absatz 1 Satz 1 Nr. 2 BDSG-neu bezogen auf die Wahrnehmung des Hausrechts durch nicht-öffentliche Stellen scheint die DSGVO dem nationalen Gesetzgeber keine Regelungskompetenz einzuräumen, so dass die Vereinbarkeit der Zulässigkeitsvoraussetzung für die Videoüberwachung in Form von der Wahrnehmung des Hausrechts mit der DSGVO als kritisch zu bewerten ist.

Selbiges kann für § 4 Absatz 1 Satz 1 Nr. 3 BDSG-neu festgestellt werden, da es sich bei der Wahrnehmung berechtigter Interessen für konkret festgelegte Zwecke ebenso um einen Fall des Art. 6 Absatz 1 lit. f DSGVO handelt, welcher nicht von der Öffnungsklausel aus Art. 6 Absatz 2 DSGVO gedeckt wird.

4. Bekanntmachung der Beobachtung

18 Aus § 4 Absatz 2 BDSG-neu ergeben sich Regelungen zur Bekanntmachung der Beobachtung und die Erkennbarkeit der Beobachtung an sich und des Verantwortlichen. Die Bekanntmachung der Beobachtung kann unter die in Art. 6 Absatz 3 DSGVO genannten Bereiche, für die die Mitgliedstaaten spezifischere Regelungen erlassen können, gezählt werden. In Art. 6 Absatz 3 DSGVO werden verschiedene Bereiche aufgezählt, unter anderem Maßnahmen zur Gewährleistung einer rechtmäßigen und nach Treu und Glauben erfolgenden Verarbeitung, für die der nationale Gesetzgeber spezifischere Bestimmungen erlassen kann.

19 Der Begriff der Verarbeitung ist in Art. 4 Nr. 2 DSGVO definiert, nach dieser Definition umfasst die Verarbeitung nicht die Benachrichtigung des Betroffenen. Allerdings ist dies auch nicht erforderlich, da die Bekanntmachung der Beobachtung als eine Maßnahme gesehen werden kann, die zur Gewährleistung einer rechtmäßigen und nach Treu und Glauben erfolgenden Verarbeitung beitragen kann. In Art. 5 Absatz 1 lit. a DSGVO finden sich eben diese Prinzipien wieder. In den Kommentierungen zu Art. 5 Absatz 1 lit. a DSGVO findet sich insbesondere das Beispiel der heimlichen Videoüberwachung, um darzustellen, was eben nicht dem Gebot der Verarbeitung nach Treu und Glauben entspricht.[15]

Die nationale Regelung des § 4 Absatz 2 BDSG-neu kann mit ihrer Vorgabe, dass neben dem Umstand der Beobachtung auch der Verantwortliche und seine Kontaktdaten anzugeben sind, als eine Maßnahme zur Gewährleistung einer rechtmäßigen und nach Treu und Glauben erfolgenden Verarbeitung im Sinne des Art. 5 Absatz 1 lit. a verstanden werden. Die nationale Regelung ist daher zulässig.

---

15 *Stefan Pötters*, in: Peter Gola (Hrsg.), Datenschutz-Grundverordnung, 1. Aufl., München 2017, Art. 5 DSGVO, Rn. 9.

Dabei ist gleichwohl zu beachten, dass nur wenn die zugehörige Zulässigkeitsvoraussetzung nach § 4 Absatz 1 BDSG-neu selbst mit der DSGVO vereinbar ist, indem sie von der Öffnungsklausel aus Art. 6 Absatz 2 i.V.m. Absatz 3 DSGVO gedeckt ist, hier eine Regelungskompetenz besteht.

5. Speicherung und Verwendung von im Rahmen der Videoüberwachung erhobenen Daten

§ 4 Absatz 3 BDSG-neu regelt die Speicherung und Verwendung von nach § 4 Absatz 1 BDSG-neu erhobenen Daten. Nach Art. 6 Absatz 2 i.V.m. Absatz 3 DSGVO können die Mitgliedstaaten spezifischere Regelungen für die Verarbeitung erlassen. Damit eine mitgliedstaatliche Regelung an dieser Stelle zulässig ist, muss es sich bei der Speicherung und Verwendungen um Tätigkeiten im Sinne der Verarbeitung gemäß der DSGVO handeln. Der Begriff der Verarbeitung ist in Art. 4 Nr. 2 DSGVO definiert. Nach dieser Definition umfasst die Verarbeitung eine Vielzahl an Tätigkeiten, unter anderem auch die Tätigkeiten Speicherung und Verwendung. Mitgliedstaatliche Regelungen zu diesen Tätigkeiten sind daher zulässig. Es muss allerdings berücksichtigt werden, dass die Regelungskompetenz nur besteht, wenn die entsprechende Zulässigkeitsvoraussetzung nach § 4 Absatz 1 BDSG-neu selbst von der Öffnungsklausel aus Art. 6 Absatz 2 i.V.m. Absatz 3 DSGVO umfasst wird. 20

6. Informationspflicht gegenüber betroffenen Personen

§ 4 Absatz 4 BDSG-neu enthält Regelungen zur Informationspflicht gegenüber der betroffenen Person. Allerdings trifft das BDSG-neu an dieser Stelle keine eigene Regelung zur Informationspflicht, sondern verweist auf die entsprechenden Regelungen in der DSGVO. 21

Eine Regelungskompetenz der Mitgliedstaaten kann im Bereich der Informationspflicht verneint werden, da sie nicht unter den Begriff der Verarbeitung fällt. Die Definition der Verarbeitung ergibt sich aus Art. 4 Nr. 2 DSGVO, nach dieser fällt eine Vielzahl an Tätigkeiten unter den Begriff der Verarbeitung, jedoch nicht die Information des Betroffenen. Da der nationale Gesetzgeber in § 4 Absatz 4 BDSG-neu keine eigenständigen Regelungen trifft, sondern auf die bestehenden Regelungen der DSGVO verweist, ist die Regelung des § 4 Absatz 4 BDSG-neu mit der DSGVO vereinbar. Zudem wäre es für den nationalen Gesetzgeber nach Erwägungsgrund (ErwGrd) 8 möglich, Teile der DSGVO in das nationale Recht aufzunehmen, um der Forderung nach Wahrung der Kohärenz und der Verständlichkeit des ErwGrd 8 nachzukommen.

7. Löschung von im Rahmen der Videoüberwachung erhobenen Daten

Aus § 4 Absatz 5 BDSG-neu geht hervor, wann die nach § 4 Absatz 1 BDSG-neu erhobenen Daten zu löschen sind. Nach Art. 6 Absatz 2 i.V.m. Absatz 3 DSGVO können die Mitgliedstaaten spezifischere Regelungen für die Verarbeitung erlassen. Damit eine mitgliedstaatliche Regelung zur Löschung der Daten zulässig ist, 22 muss es sich bei der Löschung um eine der Tätigkeiten gemäß der DSGVO handeln, die unter den Begriff der Verarbeitung fällt. Nach der Definition des Verarbeitungsbegriffs aus Art. 4 Nr. 2 DSGVO umfasst die Verarbeitung neben weiteren Tätigkeiten eben auch die Löschung der erhobenen Daten. Eine mitgliedstaatliche Regelung zur Tätigkeit des Löschens als Bestandteil der Verarbeitung ist damit zulässig. Wie auch schon im Fall des § 4 Absatz 3 BDSG-neu muss hier Berücksichtigung finden, dass nur dann, wenn die entsprechende Zulässigkeitsvoraussetzung nach § 4 Absatz 1 BDSG-neu selbst von der Öffnungsklausel aus Art. 6 Absatz 2 i.V.m. Absatz 3 DSGVO umfasst ist, hier eine Regelungskompetenz besteht.

II. Zusammenfassung der Ausführungen zur Videoüberwachung

23 Es wurde festgestellt, dass nicht alle Regelungen bezogen auf ihrer Vereinbarkeit mit der DSGVO als unkritisch angesehen werden können. Insbesondere gilt dies für die Regelungen des § 4 Absatz 1 Satz 1 Nr. 2 und 3 BDSG-neu. Für § 4 Absatz 1 Satz 1 Nr. 1 BDSG-neu kann bejaht werden, dass diese Regelung vom Regelungsspielraum des nationalen Gesetzgebers aus Art. 6 Absatz 2 i.V.m. Absatz 3 DSGVO umfasst wird. § 4 Absatz 1 Satz 1 Nr. 2 BDSG-neu muss hinsichtlich öffentlicher und nicht-öffentlicher Stellen differenziert betrachtet werden. Bezüglich der Regelungskompetenz des nationalen Gesetzgebers betreffend einzelne Bestandteile der Verarbeitung wie sie sich in den Absätzen 3 und 5 finden, muss zudem festgehalten werden, dass diese nur gegeben ist, wenn die nach § 4 Absatz 1 BDSG-neu formulierten Zulässigkeitsvoraussetzung selbst von der Öffnungsklausel aus Art. 6 Absatz 2 i.V.m. Absatz 3 DSGVO deckt sind.

24 Es zeigt sich am Beispiel des § 4 BDSG-neu insbesondere, dass es erforderlich ist, jeden Regelungsaspekt einzeln zu betrachten, um festzustellen, ob die entsprechende Regelung des BDSG-neu auch tatsächlich im Rahmen der Regelungskompetenz der nationalen Gesetzgeber liegt.

C. Datenverarbeitung zum Zwecke des Beschäftigungsverhältnisses

I. Regelungen zum Beschäftigtendatenschutz

25 Unter der Überschrift „Datenverarbeitung zum Zwecke des Beschäftigungsverhältnisses“ finden sich in § 26 BDSG-neu Regelungen zum Beschäftigtendatenschutz. Die Regelung umfasst sieben Absätze. Das BDSG-alt kennt keine Vorschrift mit einer wortgleichen Überschrift, jedoch die Regelung des § 32 BDSG-alt, welche überschrieben ist mit „Datenerhebung, -verarbeitung und -nutzung für Zwecke des Beschäftigungsverhältnisses“. Ein Vergleich der beiden Regelungen aufgrund desselben Regelungsbereichs „Beschäftigungsverhältnis“ scheint damit zweckmäßig.

1. Vergleich der Regelungen zum Beschäftigtendatenschutz im BDSG-alt und BDSG-neu

26 Die bisherige Regelung zum Beschäftigtendatenschutz aus § 32 BDSG-alt umfasst drei Absätze, der § 26 BDSG-neu hingegen umfasst sieben Absätze. Es kann damit, auch ohne einen detaillierten Vergleich jedes Absatzes vorzunehmen, von einer erheblichen Änderung der Regelung ausgegangen werden. Um den Vergleich übersichtlich zuhalten, werden die Regelungsbereiche der Absätze verglichen, jedoch nicht die konkreten Regelungsinhalte.

§ 32 Absatz 1 BDSG-alt und § 26 Absatz 1 BDSG-neu enthalten Regelungen über die Zulässigkeit der Datenverarbeitung im Beschäftigungskontext. § 32 Absatz 2 BDSG-alt regelt, dass die Vorschrift auch dann anzuwenden ist, wenn die Datenverarbeitung nicht-automatisiert erfolgt. In § 26 Absatz 7 BDSG-neu wird der sachliche Anwendungsbereich geregelt, es stellt damit eine vergleichbare Regelung dar. In § 32 Absatz 3 BDSG-alt findet sich ein Hinweis zu den Beteiligungsrechten der Interessensvertretungen, mit § 26 Absatz 6 BDSG-neu verfügt die Neuregelung über eine identische Vorschrift. Die weiteren Absätze des § 26 BDSG-neu finden sich in dieser Form nicht in der bisherigen Regelung des § 32 BDSG-alt.

2. Öffnungsklausel zur Schaffung nationaler Regelungen

27 Mit der Öffnungsklausel aus Art. 88 DSGVO räumt die DSGVO den Mitgliedstaaten ein Regelungsrecht im Bereich der Datenverarbeitung im Beschäftigungskontext ein. Bei der Regelung des Art. 88 DSGVO handelt es sich um eine Öffnungsklausel für einen spezifischen Regelungsbereich, damit ist sie abzugrenzen von den allgemeinen Öffnungsklauseln wie beispielsweise der aus Art. 6 DSGVO.

3. Zulässigkeitsvoraussetzungen für die Datenverarbeitung für Zwecke des Beschäftigungsverhältnisses

28 § 26 Absatz 1 BDSG-neu gibt vor, in welchen Fällen die Verarbeitung personenbezogener Daten im Beschäftigungskontext zulässig ist, das sind nach § 26 Absatz 1 Satz 1 BDSG-neu: Entscheidung über die Begründung, Durchführung oder Beendigung von Beschäftigungsverhältnissen oder wenn dies zur Ausübung oder Erfüllung von Rechten und Pflichten der Interessenvertretungen der Beschäftigten erforderlich ist. Aus § 26 Absatz 1 Satz 2 BDSG-neu ergibt sich, inwiefern personenbezogene Daten zur Aufdeckung von Straftaten verwendet werden dürfen. Aus Art. 88 Absatz 1 DSGVO ergeben sich die Zwecke, für die dem nationalen Gesetzgeber Regelungskompetenzen eingeräumt werden. Dem nationalen Gesetzgeber wird zudem durch die Formulierung „insbesondere" eingeräumt, auch weitere Zwecke in seine Regelungen aufzunehmen, da es sich eben nicht um eine abschließende Aufzählung handelt.[16] Die in Art. 88 DSGVO for-

16 *Katrin Stamer/Michael Kuhnke*, in: Plath (Hrsg.), BDSG/DSGVO (Fn. 8), Art. 88 DSGVO, Rn. 17; *Daniel A. Pauly*, in: Paal/ders. (Hrsg.), Datenschutz-Grundverordnung (Fn. 10), Art. 88 DSGVO, Rn. 7.

mulierten Verarbeitungszwecke gehen über die in § 26 Absatz 1 BDSG-neu genannten Zwecke der Verarbeitung hinaus und sind in ihrer Aufzählung detaillierter formuliert. Das ist für eine Vereinbarkeit der Regelungen des § 26 Absatz 1 BDSG-neu mit der DSGVO unschädlich, da sich aus Art. 88 DSGVO keine Regelungsverpflichtung des nationalen Gesetzgebers für alle dort formulierten Verarbeitungszwecke ergibt.

4. Einwilligung zur Datenverarbeitung für Zwecke des Beschäftigungsverhältnisses

29 In § 26 Absatz 2 BDSG-neu finden sich Regelungen zur Einwilligung des Beschäftigten in die Verarbeitung personenbezogener Daten. In Art. 88 DSGVO findet sich der Aspekt der Einwilligung des Beschäftigten in die Verarbeitung personenbezogener Daten nicht. Es wird aber als unstrittig angesehen, dass sich aus ErwGrd 155 grundsätzlich die Möglichkeit einer Arbeitnehmereinwilligung ergibt.[17] Was unter der Einwilligung zu verstehen ist, ergibt aus der Legaldefinition in Art. 4 Nr. 11 DSGVO. In Art. 88 DSGVO finden sich zwar keine Regelungen zur Einwilligung in die Verarbeitung personenbezogener Daten im Beschäftigungskontext, die DSGVO enthält aber an anderer Stelle Regelungen zur Einwilligung. Diese ergeben sich aus Art. 7 DSGVO. Diese finden auch im Bereich des Beschäftigtendatenschutzes Anwendung, da nach Art. 88 DSGVO nur spezifischere Vorschriften zulässig sind. Aus dieser Formulierung ist herzuleiten, dass es nicht zulässig ist, das Datenschutzniveau durch Regelungen, die aufgrund der Öffnungsklausel erlassen werden, zu senken.[18] Da somit auch dic sonstigen Vorschriften der DSGVO berücksichtigt werden müssen, sind im Bereich des Beschäftigtendatenschutzes in Bezug auf die Einwilligung die Bedingungen, welche sich aus Art. 7 DSGVO ergeben, zu berücksichtigen.

30 § 26 Absatz 2 Satz 1 BDSG-neu gibt vor, was bei der Beurteilung der Freiwilligkeit der Einwilligung berücksichtigt werden muss, und zwar die Abhängigkeit der beschäftigten Person und die Umstände, unter denen die Einwilligung erteilt wurde. Dieser Aspekt der sozialen Abhängigkeit des Beschäftigten wird in Bezug auf die Freiwilligkeit der Einwilligung als problematisch angesehen.[19] Die Regelung aus § 26 Absatz 2 Satz 1 BDSG-neu greift aber eben diese Problematik auf und gibt vor, dass diese Abhängigkeit der beschäftigten Person bei der Beurteilung der Freiwilligkeit zu berücksichtigen ist.

31 Aus § 26 Absatz 2 Satz 2 BDSG-neu geht hervor, dass die Einwilligung der Schriftform bedarf, wobei unter besonderen Umständen auch eine andere Form zulässig sein kann. Nach Art. 7 Absatz 1 DSGVO ist der Verantwortliche verpflichtet, nachzuweisen, dass die betroffene Person in die Verarbeitung der Daten eingewilligt hat. Die Form, in der die Einwilligung zu erfolgen hat, beschränkt

17 *Pauly* (Fn. 16), Art. 88 DSGVO, Rn. 8; *Stamer/Kuhnke* (Fn. 15), Art. 88 DSGVO, Rn. 12.
18 *Pauly* (Fn. 16), Art. 88 DSGVO, Rn. 4.
19 *Pauly* (Fn. 16), Art. 88 DSGVO, Rn. 8.

Art. 7 DSGVO nicht auf die Schriftform (möglich wäre auch eine anderweitige eindeutige bestätigende Handlung). Durch die Verpflichtung zur Schriftform erlässt der nationale Gesetzgeber eine spezifischere Regelung, was durch die Öffnungsklausel aus Art. 88 DSGVO auch möglich ist.

5. Verarbeitung besonderer Kategorien personenbezogener Daten

§ 26 Absatz 3 BDSG-neu regelt die Verarbeitung besonderer Kategorien perso- 32
nenbezogener Daten. Aus 26 Absatz 3 BDSG-neu selbst geht nicht hervor, was unter besonderen Kategorien personenbezogener Daten zu verstehen ist. Die Definition dazu, was unter diesen Daten zu verstehen ist, ergibt sich aus der DSGVO selbst. Art. 9 Absatz 1 DSGVO definiert diese Daten, dazu gehören Daten zur rassischen und ethnischen Herkunft, zur politischen Überzeugung oder zur religiösen und weltanschaulichen Überzeugung; daneben aber auch Daten zur Gewerkschaftszugehörigkeit, welche in einem engen thematischen Bezug zum Beschäftigungskontext steht. Neben diesen gehören auch genetische und biometrische Daten und Gesundheitsdaten in den Bereich der besonderen Kategorien personenbezogener Daten. In Art. 4 DSGVO finden sich die Legaldefinitionen zu den drei vorgenannten Kategorien genetische Daten (Nr. 13), biometrische Daten (Nr. 14) und Gesundheitsdaten (Nr. 15). Neben den vorgenannten gehören auch Daten zum Sexualleben und der sexuellen Orientierung zu den besonderen Kategorien personenbezogener Daten. Der Katalog dessen, was unter besonderen Kategorien personenbezogener Daten zu verstehen ist, ist keine beispielhafte Aufzählung, sondern abschließend.[20]

Damit die Regelung aus § 26 Absatz 6 BDSG-neu vereinbar mit der DSGVO ist, 33
muss sie durch die Öffnungsklausel aus Art. 88 DSGVO gedeckt sein. Art. 88 DSGVO selbst enthält keine Beschränkung in Bezug auf die Verarbeitung besonderer Kategorien. Aus Art. 88 DSGVO ergibt sich aber, dass nur spezifischere Vorschriften zulässig sind. Was bedeutet, dass das Datenschutzniveau durch Regelungen, die aufgrund der Öffnungsklausel erlassen werden, nicht gesenkt werden darf.[21] Damit ergibt sich aus Art. 88 DSGVO, dass durch eine andere Regelung der DSGVO die Regelungskompetenz eingeschränkt werden kann. Damit der nationale Gesetzgeber die Regelungskompetenz nicht überschreitet, müssen die sonstigen Vorschriften der DSGVO berücksichtigt werden und dürfen nicht durch nationale Regelungen unterschritten werden.

Eine solche Regelung der DSGVO, die der nationale Gesetzgeber nicht durch nationale Regelungen umgehen kann, ist eben Art. 9 DSGVO zu den besonderen Kategorien personenbezogener Daten. Art. 9 Absatz 1 DSGVO enthält ein Verarbeitungsverbot bezogen auf die besonderen Kategorien personenbezogener Daten. Nach Art. 9 Absatz 2 DSGVO ist die Verarbeitung dieser Daten aber in konkret benannten Fällen zulässig, es bestehen damit Ausnahmen vom Verarbeitungsverbot.

---

20 *Plath*, in: ders. (Hrsg.), BDSG/DSGVO (Fn. 8), Art. 9 DSGVO, Rn. 4.
21 *Pauly* (Fn. 16), Art. 88 DSGVO, Rn. 4.

34 Zur Überprüfung der Vereinbarkeit der Regelung des § 26 Absatz 3 BDSG-neu mit der DSGVO werden die Zulässigkeitsvoraussetzungen des § 26 Absatz 3 BDSG-neu mit den Ausnahmen vom Verarbeitungsverbot aus Art. 9 Absatz 2 DSGVO verglichen. Die Zulässigkeitsvoraussetzung zur Verarbeitung der Daten zur Ausübung von Rechten oder zur Erfüllung rechtlicher Pflichten aus dem Arbeitsrecht, dem Recht der sozialen Sicherheit und des Sozialschutzes ist durch Art. 9 Absatz 2 lit. b DSGVO gedeckt. Die andere Ausnahme sieht § 26 Absatz 3 BDSG-neu in dem Fall vor, dass die betroffene Person eingewilligt hat. Nach Art. 9 Absatz 2 lit. a DSGVO sind auch im Bereich der besonderen Kategorien personenbezogener Daten Einwilligung der Betroffenen in die Verarbeitung zulässig, so lange die Einwilligung nicht durch eine rechtliche Bestimmung ausgeschlossen ist.

6. Datenverarbeitung auf Grundlage von Kollektivvereinbarungen für Zwecke des Beschäftigungsverhältnisses

35 § 26 Absatz 4 BDSG-neu sieht vor, dass die Verarbeitung personenbezogener Daten auch auf der Grundlage von Kollektivvereinbarungen zulässig ist. Die DSGVO und auch das BDSG-neu enthalten keine Definition des Begriffs der Kollektivvereinbarung. Aus ErwGrd 155 geht allerdings hervor, dass Kollektivvereinbarungen auch Betriebsvereinbarungen einschließen. Art. 88 DSGVO sieht vor, dass die Mitgliedstaaten durch Rechtsvorschriften und auch durch Kollektivvereinbarungen spezifischere Vorschriften zur Datenverarbeitung im Beschäftigungskontext treffen können.

7. Grundsätze für die Datenverarbeitung für Zwecke des Beschäftigungsverhältnisses

36 Nach § 26 Absatz 5 BDSG-neu wird der Verantwortliche verpflichtet, geeignete Maßnahmen zu treffen zur Einhaltung der Grundsätze für die Verarbeitung personenbezogener Daten insbesondere aus Art. 5 DSGVO. Damit überlässt der nationale Gesetzgeber die Wahl der Maßnahmen dem Verantwortlichen. Die Vorschrift beschränkt sich allerdings nicht nur auf die in Art. 5 DSGVO genannten Grundsätze, durch die Formulierung „insbesondere“ ist sie nicht abschließend formuliert.

8. Berücksichtigung der Beteiligungsrechte von Interessensvertretungen

37 § 26 Absatz 6 BDSG-neu normiert, dass die Beteiligungsrechte der Interessenvertretungen der Beschäftigten unberührt bleiben. Es handelt sich bei dieser Vorschrift nicht um eine Regelung im Bereich des Datenschutzrechts, die Beteiligungsrechte der Interessenvertretungen der Beschäftigten finden sich in anderen Rechtsvorschriften.

9. Datenverarbeitung für Zwecke des Beschäftigungsverhältnisses unabhängig von der Speicherung in einem Dateisystem

Aus § 26 Absatz 7 BDSG-neu geht hervor, dass die Regelungen des § 26 BDSG-neu auch für die Datenverarbeitung gilt, sollten die personenbezogenen Daten nicht in einem Dateisystem gespeichert sein und auch nicht die Absicht bestehen, diese in einem Dateisystem zu speichern. 38

Das BDSG-neu enthält selbst keine Definition des Begriffs Dateisystem, so dass dieser anhand der DSGVO zu definieren ist. Die Legaldefinitionen zur DSGVO finden sich in Art. 4 DSGVO. Zum Dateisystem ist in Art. 4 Nr. 6 DSGVO festgehalten, dass dieses jede strukturierte Sammlung personenbezogener Daten umfasst, die nach bestimmten Kriterien zugänglich ist, unabhängig von den Merkmalen, nach denen die Sammlung geordnet ist.

Die DSGVO gilt nach Art. 2 Absatz 1 DSGVO für die automatisierte Datenverarbeitung und für die nichtautomatisierte Datenverarbeitung, in den Fällen, in denen die Daten in einem Dateisystem gespeichert sind oder gespeichert werden sollen. Die Regelungen zum Anwendungsbereich des BDSG-neu finden sich in § 1 Absatz 1 BDSG-neu.

Der sachliche Anwendungsbereich des BDSG-neu wird durch die Regelung aus 39
§ 26 Absatz 7 BDSG-neu, nach welcher die Regelungen zum Beschäftigtendatenschutz auch bei der nichtautomatisierten Verarbeitung unabhängig von Aspekt der Speicherung in einem Dateisystem gilt, ausgeweitet. Für die Regelung aus § 26 Absatz 7 BDSG-neu muss daher geprüft werden, ob eine Ausweitung des Schutzbereiches im Bereich des Beschäftigtendatenschutzes durch die Öffnungsklausel aus Art. 88 DSGVO gedeckt ist.

Über die Zulässigkeit der Ausweitung des sachlichen Anwendungsbereichs im Be- 40
reich des Beschäftigtendatenschutzes mit der DSGVO bestehen unterschiedliche Ansichten.

Zum einen wird eine Ausweitung des Schutzniveaus als nicht vereinbar mit der DSGVO angesehen[22], zum anderen besteht aber auch die Auffassung, dass eine Ausweitung des Schutzniveaus im Bereich des Beschäftigtendatenschutzes durch den Verordnungsgeber vorgesehen ist, womit die Vereinbarkeit bejaht werden kann[23].

Das Verneinen der Zulässigkeit einer Ausweitung des sachlichen Schutzbereichs 41
wird damit begründet, dass Art. 88 DSGVO keinen Hinweis für eine Zulässigkeit der Überschreitung beinhaltet wie ihn beispielsweise Art. 85 Absatz 2 DSGVO enthält und vielmehr nur zum Erlass von konkretisierenden Regelungen ermäch-

22 *Karin Spelge*, Der Beschäftigtendatenschutz nach Wirksamwerden der Datenschutz-Grundverordnung (DS-GVO), DuD 40 (2016), S. 775–781, 781.

23 *Pauly* (Fn. 16), Art. 88 DSGVO, Rn. 4 und 18; *Stamer/Kuhnke* (Fn. 15), Art. 88 DSGVO, Rn. 6.

tigt.[24] Bei derselben Argumentation wird auch die Veränderung des Wortlautes des ErwGrd 155 im Rahmen des Verordnungsgebungsprozesses, konkret bezogen auf den Wegfall der Formulierung „in den Grenzen der Verordnung", nicht als Argument für die Zulässigkeit der Ausweitung angesehen.[25] Eben aber diese Änderung des Wortlautes des ErwGrd 155 ziehen diejenigen, die die Ausweitung für zulässig erachten, allerdings als Argument heran.[26]

42 Es wird zunächst der Umstand einer fehlenden Formulierung in Art. 88 DSGVO vergleichbar der in Art. 85 Absatz 2 DSGVO mit einem ausdrücklichen Hinweis zur Zulässigkeit von Abweichungen betrachtet. Dem Argument, dass aus dem Fehlen des ausdrücklichen Hinweises für die Zulässigkeit von Abweichungen in Art. 88 DSGVO ein Verbot der Überschreitung des Schutzbereichs resultiert, lässt sich entgegenhalten, dass der Verordnungsgeber im Bereich des Beschäftigtendatenschutzes auch nicht konkret auf eine Begrenzung im Rahmen der Regelungen der DSGVO hinweist.

Insbesondere kann zudem entgegengehalten werden, dass der Verordnungsgeber an anderen Stellen eben von einer Formulierung, die auf eine solche Begrenzung hinweist, Gebrauch macht. Beispiele für solche Begrenzungen finden sich im Bereich der Erwägungsgründe unter anderem in ErwGrd 98. In ErwGrd 155 finden sich Aspekte zum Beschäftigtendatenschutz. An einer Formulierung entsprechend der aus ErwGrd 98 mangelt es ErwGrd 155 und in Verbindung mit der Veränderung des Wortlautes des ErwGrd 155 im Erstellungsprozess kann dem Verordnungsgeber eine bewusste Entscheidung zu dieser Veränderung unterstellt werden.

43 Es kann daher davon ausgegangen werden, dass der Verordnungsgeber eine Ausweitung des sachlichen Anwendungsbereichs dem nationalen Gesetzgeber als Regelungsspielraum bewusst zugestanden hat und damit eine Ausweitung des sachlichen Schutzbereichs zulässig ist.

10. Definition des Begriffs Beschäftigte

44 § 26 Absatz 8 BDSG-neu enthält eine Legaldefinition des Begriffs „Beschäftigte". Die DSGVO selbst enthält keine Definition des Begriffs. Es wird allerdings als fraglich angesehen, ob die Öffnungsklausel nach Art. 88 DSGVO auch den Beschäftigtenbegriff umfasst.[27]

Durch § 26 Absatz 8 Satz 2 BDSG-neu ist normiert, dass auch Bewerberinnen und Bewerber und Personen, deren Beschäftigungsverhältnis beendet ist, als Beschäftigte gelten. Inwieweit die DSGVO eine Regelungskompetenz auch im Bereich der Bewerberinnen und Bewerber einräumt, ergibt sich aus Art. 88 DSGVO

24 *Spelge* (Fn. 22), S. 778.
25 *Spelge* (Fn. 22), S. 778.
26 *Pauly* (Fn. 16), Art. 88 DSGVO, Rn. 4 und 18; *Stamer/Kuhnke* (Fn. 15), Art. 88 DSGVO, Rn. 6.
27 *Kühling/Martini et al.* (Fn. 5), S. 310 f.

selbst, da dort auch der Bereich der Einstellung in ein Beschäftigungsverhältnis angesprochen wird. Da es sich zum Zeitpunkt der Einstellung jedoch noch nicht um einen Beschäftigten handelt, erstreckt sich die Regelungskompetenz auch auf Bewerberinnen und Bewerber. Es wird zudem aus der Veränderung des Wortlautes von „Arbeitnehmer" zu „Beschäftigte" im Prozess des Verordnungsgebungsverfahrens hergeleitet, dass der Begriff weit auszulegen ist.[28] Damit fallen die in § 26 Absatz 8 BDSG-neu genannten Personengruppen in den personellen Anwendungsbereich des Art. 88 DSGVO.

II. Zusammenfassung der Ausführungen zum Beschäftigtendatenschutz

Die Ausführungen zu § 26 BDSG-neu zeigen deutlich, dass für den nationalen Gesetzgeber eine umfangreiche Regelungskompetenz im Bereich des Beschäftigtendatenschutzes besteht. Wobei durch den nationalen Gesetzgeber bei Nutzung seines umfassenden Regelungsrechts aus Art. 88 DSGVO trotzdem die weiteren Vorschriften der DSGVO einzuhalten sind. Als entscheidend im Bereich des Beschäftigtendatenschutzes ist zudem festzuhalten, dass über einen bedeutenden Aspekt wie den sachlichen Anwendungsbereich der Öffnungsklausel aus Art. 88 DSGVO unterschiedliche Auffassungen bestehen. *45*

D. Auswirkungen der DSGVO auf datenschutzrechtliche Spielräume des nationalen Gesetzgebers

Die Ausführungen zeigen, dass die DSGVO trotz ihres Rechtscharakters als Verordnung dem nationalen Gesetzgeber weiterhin Spielräume für nationale Regelungen lässt. *46*

Allerdings sind diese Regelungsspielräume wiederum unterschiedlich begrenzt. So können je nach Öffnungsklausel sehr weitgehende Regelungskompetenzen beim nationalen Gesetzgeber liegen oder die Regelungskompetenzen sind teilweise aus der Öffnungsklausel selbst oder auch den anderen Vorschriften der DSGVO eher eng gefasst.

Es hat sich auch gezeigt, dass die Auswirkungen der DSGVO für jede Vorschrift bezogen auf jeden einzelnen Regelungsaspekt festgestellt werden müssen.

Es zeigt sich aber auch, dass aufgrund verschiedener Auslegungsmöglichkeiten keine entgültige Sicherheit für den nationalen Gesetzgeber besteht, wie eine Regelung der DSGVO auszulegen ist und ob daher eine Regelungskompetenz besteht oder nicht. Weiteres wird die Rechtsprechung der europäischen Gerichte erweisen.[29]

28 *Pötters* (Fn. 15), Art. 88 DSGVO, Rn. 10.
29 Vgl. dazu den Beitrag von *Herbst* in diesem Buch (Kapitel 16).

Anwendungsbereich und Spielräume der Landesdatenschutzgesetze

Dieter Kugelmann

A. Der Landesgesetzgeber in der regulatorischen Klemme

I. Europarecht

Im Mai 2016 traten die Datenschutz-Grundverordnung[1] (DSGVO) und die Richtlinie zu Polizei und Justiz (RLPJ) in Kraft.[2] Für die Richtlinie begann damit die Umsetzungsfrist, die Datenschutz-Grundverordnung wurde am 25. 05. 2018 wirksam. Die Gesetzgeber in Bund und Ländern waren daher in der Pflicht, Gegebenheiten und Vorschriften an die Vorgaben der Europäischen Union anzupassen. Die Spielräume des Landesgesetzgebers für ein Landesdatenschutzgesetz waren und sind allerdings begrenzt. Er befindet sich in einer **regulatorischen Klemme** zwischen Europarecht und Bundesrecht. *1*

Die Datenschutz-Grundverordnung entfaltet unmittelbare Wirkung. Aufgrund der in ihr enthaltenen Öffnungsklauseln verfügt(e) der Landesgesetzgeber aber über **Spielräume**.[3] Dies erforderte die Prüfung, ob eine Öffnungsklausel der DS-GVO genutzt werden könne und wie weit diese reichte. Diese Spielräume waren zwingend zu nutzen, um das Landesrecht in Einklang mit der Verordnung zu bringen.[4] Zentrales Instrument hierzu ist bzw. war das Landesdatenschutzgesetz. Die Landesdatenschutzgesetze (hier beispielhaft dargestellt anhand des Landesdatenschutzgesetze Rheinland Pfalz vom 8. Mai 2018, GVBl. 2018, S. 93) waren an die Begriffe, Verständnisse und Regelungen der Datenschutz-Grundverordnung anzugleichen. *2*

Der Landesgesetzgeber traf bei der Regelung des Landesdatenschutzgesetzes auf **besondere Schwierigkeiten**, die über die allgemeine Situation hinausgingen, dass

1 Verordnung (EU) 2016/679 des Europäischen Parlaments und des Rates vom 27. 04. 2016 zum Schutz natürlicher Personen bei der Verarbeitung personenbezogener Daten, zum freien Datenverkehr und zur Aufhebung der Richtlinie 95/46/EG (Datenschutz-Grundverordnung), ABl. 2016 L 119/1.

2 Richtlinie (EU) 2016/680 des Europäischen Parlaments und des Rates vom 27. 04. 2016 zum Schutz natürlicher Personen bei der Verarbeitung personenbezogener Daten durch die zuständigen Behörden zum Zwecke der Verhütung, Ermittlung, Aufdeckung oder Verfolgung von Straftaten oder der Strafvollstreckung sowie zum freien Datenverkehr und zur Aufhebung des Rahmenbeschlusses 2008/977/JI des Rates, ABl. 2016 L 119/89.

3 *Jan-Philipp Albrecht/Florian Jotzo*, Das neue Datenschutzrecht der EU. Grundlagen – Gesetzgebungsverfahren – Synopse, Baden-Baden 2017, S. 133.

4 *Jürgen Kühling/Mario Martini/Johanna Heberlein/Benjamin Kühl/David Nink/Quirin Weinzierl/Michael Wenzel* (zitiert: *Kühling/Martini et. al.)*, Die Datenschutz-Grundverordnung und das nationale Recht, Münster 2017, S. 1 f.

sowohl Europarecht wie Bundesrecht dem Landesrecht vorgeht. Denn das vorliegende Europarecht weist Besonderheiten auf. Die Europäische Datenschutz-Grundverordnung hat selbstverständlich Teil am Vorrang des Unionsrechts vor dem innerstaatlichen Recht, sie weist allerdings eine Reihe von teils unbestimmten Öffnungsklauseln auf, die Konkretisierungen zulassen bzw. erfordern. In der Funktionsweise ähnelt sie insoweit einer Richtlinie, weil der Landesgesetzgeber hier auf Herausforderungen der Regelungen traf, die er teils annehmen musste bzw. annehmen konnte, um Besonderheiten Rechnung zu tragen. Darüber hinaus hatte er die Pflicht, die Richtlinie zur Verhütung von Straftaten im Zusammenhang mit Polizei und Justiz umzusetzen. Es gibt also zu ähnlichen bzw. hinsichtlich einiger begrifflichen Grundlagen identischen Sachbereichen eine zweite europäische Parallelrechtsgrundlage. Diese kann über den Regelungsbereich des Polizei- und Ordnungsbehördengesetzes hinausgehen. Die konkreten Regelungsfelder sind nicht klar abgegrenzt. Damit nicht genug, wird durch das Bundesdatenschutzgesetz eine vorrangige bundesrechtliche Regelung hinsichtlich einer Reihe von Regelungsfeldern getroffen (Art. 31 GG). In dieser Situation war und ist es für den Landesgesetzgeber durchaus schwierig, die konkreten Regelungsmöglichkeiten herauszufinden und sie dann auch wahrzunehmen.

II. Bundesrecht

3 Auf Bundesebene ist eine grundlegende Weichenstellung mit der Verabschiedung der **Neufassung des Bundesdatenschutzgesetzes (BDSG)** im Rahmen des Datenschutz-Anpassungs- und Umsetzungsgesetzes gestellt.[5] Auch wenn eine Reihe der Bestimmungen des Gesetzes berechtigter Kritik unterliegt,[6] sind damit doch Rahmenbedingungen und modellhafte Regelungen in Kraft, die für die Gestaltung der Fachgesetze des Bundes und für die Gestaltung des Landesrechts von Bedeutung sind. Danach waren die Landesgesetzgeber am Zug.

4 Das Bundesdatenschutzgesetz betrifft insbesondere den Datenschutz durch Bundesbehörden und den **Datenschutz in der privaten Wirtschaft**. Der Landesgesetzgeber kann selbstverständlich keine Regelungen im Hinblick auf Bundesbehörden treffen. Im Zusammenhang der Durchsetzung des Datenschutzes gegenüber Privaten ist er aber in der Lage, ergänzende und konkretisierende Regelungen zu treffen. Dies betrifft etwa die Durchsetzungsmöglichkeiten und die Stellung des Landesdatenschutzbeauftragten bei der Wahrung des Datenschutzes gegenüber Privaten.

---

5 Als Artikel 1 des Gesetzes zur Anpassung des Datenschutzrechts an die Verordnung (EU) 2016/679 und zur Umsetzung der Richtlinie (EU) 2016/680 (Datenschutz-Anpassungs- und Umsetzungsgesetz), BGBl. I 2017, S. 20197; zum Entwurf *Alexander Roßnagel*, Gesetzgebung im Rahmen der Datenschutz-Grundverordnung, DuD 2017, S. 277–281, 279 ff.

6 Siehe die kritische Stellungnahme des Bundesrates, BR-Drs. 110/17.

Die Landesbehörden wenden im Zuge des Verwaltungsvollzugs von **bereichsspezifischem Bundesrecht** auch die spezifischen datenschutzrechtlichen Bestimmungen an. Dies ist zum Beispiel der Fall im Sozialrecht oder im Steuerrecht. *5*

III. Bereichsspezifisches Landesrecht

Der **Datenschutz durch die Behörden des Landes** wird durch das Landesdaten- *6*
schutzgesetz normiert. Hier liegt der regulatorische Schwerpunkt der Bestimmungen des LDSG. Die Gesetzgebungskompetenz des Landes besteht nach dem Grundgesetz insoweit, als der Bund seine konkurrierende Gesetzgebungskompetenz aus Art. 74 Abs. 1 Ziff. 11 GG nicht ausgeschöpft hat. Darüber hinaus verfügt der Bund grundsätzlich nicht über die Gesetzgebungskompetenz zur Regelung des Datenschutzes, soweit Landesbehörden betroffen sind. Aus Annexkompetenzen können sich einzelne Kompetenzen ergeben.[7]

Im Landesrecht ist nicht nur das Landesdatenschutzgesetz als Rechtsgrundlage da- *7*
tenschutzrechtlicher Vorgaben von der Notwendigkeit betroffen, an Europarecht und Bundesrecht angepasst zu werden. Das **Landesrecht insgesamt** ist auf seine Vereinbarkeit mit den europarechtlichen Vorgaben zu prüfen. Denn das Europarecht unterscheidet nicht prinzipiell zwischen öffentlichen und nicht-öffentlichen Stellen. Die Grundregeln gelten allgemein. Dies betrifft etwa solch zentrale Begriffe und Rechtsinstitute wie die Einwilligung (Art. 7 DSGVO). Erst im Zusammenhang der Öffnungsklauseln wird deutlich, dass die Datenschutz-Grundverordnung im Hinblick auf den Datenschutz im öffentlichen Bereich durchaus erhebliche Spielräume für die nationalen Gesetzgeber eröffnet.[8]

B. Landesdatenschutzgesetz und Richtlinie zu Polizei und Justiz

I. Die Richtlinie und ihre Umsetzung

Die Richtlinie zu Polizei und Justiz war durch die Mitgliedstaaten bis zum *8*
06.05.2018 in nationales Recht umzusetzen.[9] Der erste Entwurf der Richtlinie aus dem Jahr 2012 warf eine ganze Reihe von Fragen auf, weil er die Kompetenz-

7 Zu den Kompetenzen *Jürgen Kühling/Christian Seidel/Anastasios Sivridis*, Datenschutzrecht, 3. Aufl., Heidelberg 2015, Rn. 146 ff.; *Peter Schaar*, Datenschutz und Föderalismus. Schöpferische Vielfalt oder Chaos?, in: Ines Härtel (Hrsg.), Handbuch Föderalismus, Band III, Berlin/Heidelberg 2012, § 55, Rn. 21 ff.

8 *Alexander Roßnagel*, in: ders. (Hrsg.), Europäische Datenschutz-Grundverordnung. Vorrang des Unionsrechts – Anwendbarkeit des nationalen Rechts, 1. Aufl., Baden-Baden 2017, § 1, Rn. 48 ff.

9 Richtlinie (EU) 2016/680 des Europäischen Parlaments und des Rates vom 27.04.2016 zum Schutz natürlicher Personen bei der Verarbeitung personenbezogener Daten durch die zuständigen Behörden zum Zwecke der Verhütung, Ermittlung, Aufdeckung oder Verfolgung von Straftaten oder der Strafvollstreckung sowie zum freien Datenverkehr und zur Aufhebung des Rahmenbeschlusses 2008/977/JI des Rates (RLPJ), ABl. 2016 L 119 S. 89.

grundlage stark ausreizte.[10] Er sah insbesondere noch eine überaus starke Stellung der Europäischen Kommission in der Durchführung vor.[11] Die endgültige Fassung der Richtlinie enthält offene und interpretationsbedürftige Regelungen zum Anwendungsbereich und wird zu Änderungen in Abläufen und Verfahren führen.[12] Ihr **Gegenstand** ist nicht vorrangig das polizeiliche Eingriffsrecht, sondern die Datenverarbeitung durch die von ihr erfassten Behörden, etwa im Hinblick auf die Information von Betroffenen. Sie lässt allerdings auch die Befugnisnormen nicht unberührt, weil sie die Ausübung von informatorischen Befugnissen berührt.[13]

9 Ziel der Richtlinie ist es, ein hohes Schutzniveau in den Mitgliedstaaten der Europäischen Union zu gewährleisten. Die Mitgliedstaaten können also über die Standards der Richtlinie hinausgehen (vgl. Erwägungsgrund 15). Die Vorschriften der Richtlinie gelten für **alle Datenverarbeitungen** in ihrem Anwendungsbereich, dies können **auch rein innerstaatliche Vorgänge** der Datenverarbeitung sein. Grenzüberschreitende Datenverarbeitungen, also insbesondere Datenübermittlungen von deutschen Behörden an Behörden in anderen Staaten oder an Europol, werden erst recht erfasst. An die Vorschriften der Richtlinie sind die zuständigen Behörden bei ihren Tätigkeiten gebunden. In der Bundesrepublik Deutschland betrifft sie demnach das Bundeskriminalamt als Schaltstelle der internationalen Datenübermittlung oder die Bundespolizei ebenso wie jede Polizeidienststelle der Länder.

10 Die Richtlinie zu Polizei und Justiz hat eine **Änderung der Polizeigesetze der Länder und des Bundes sowie der Strafprozessordnung** zur Folge. Die Einzelheiten richteten sich nach den der allgemeinen Umsetzungsmechanismen für Richtlinien. Die Richtlinie konnte im Paket mit dem Datenschutzgesetz oder im Paket mit dem Sicherheitsrecht umgesetzt werden. Einige Länder optierten für die Umsetzung in den Polizeigesetzen. Andere Länder haben in die Polizeigesetze die spezifischen Regelungen aufgenommen, allgemeine Regelungen wie Definitionen jedoch als eigenständigen Teil in das Landesdatenschutzgesetz integriert.

---

10 *Matthias Bäcker/Gerrit Hornung*, EU-Richtlinie für die Datenverarbeitung bei Polizei und Justiz in Europa, ZD 2012, 147–152; *Heinrich Amadeus Wolff*, Der EU-Richtlinienentwurf zum Datenschutz in Polizei und Justiz – Gehalt und Auswirkungen auf das Strafprozess- und Polizeirecht, in: Dieter Kugelmann/Peter Rackow (Hrsg.), Prävention und Repression im Raum der Freiheit, der Sicherheit und des Rechts, Baden-Baden 2014, S. 61–94.

11 Kritisch insoweit *Dieter Kugelmann*, Datenschutz bei Polizei und Justiz, DuD 2012, S. 581–583.

12 *Robert Weinhold/Paul C. Johannes*, Europäischer Datenschutz in Strafverfolgung und Gefahrenabwehr – Die neue Datenschutz-Richtlinie im Bereich Polizei und Justiz sowie deren Konsequenzen für deutsche Gesetzgebung und Praxis, DVBl 2016, S. 1501–1506.

13 Allgemein zu informatorischen Befugnissen *Christoph Gusy*, Gefahraufklärung zum Schutz der öffentlichen Sicherheit und Ordnung, JA 2011, S. 641–650; *Dieter Kugelmann*, Entwicklungslinien eines grundrechtsgeprägten Sicherheitsverwaltungsrechts, DV 47 (2014), S. 25–55.

Aus Gründen der systematischen Klarheit und Übersichtlichkeit ist jedenfalls eine **Trennung der Richtlinienumsetzung von der gesetzlichen Nutzung von Öffnungsklauseln der DSGVO** zu befürworten. Der (vielfach kritisierte) erste Entwurf für das neue BDSG kann als Beispiel dafür dienen, dass eine mangelnde Trennung zwischen beiden Vorgehensweisen zu einem schwer verständlichen Rechtstext führt. In der verabschiedeten Neufassung des BDSG sind nunmehr die Teile der Konkretisierung der Datenschutz-Grundverordnung von dem Teil, mit dem die Richtlinie umgesetzt wird, klar getrennt. Der Rechtsanwender muss wissen, was für ihn gilt. *11*

Auf **Bundesebene** enthält das Datenschutz-Anpassungs- und Umsetzungsgesetz Regelungen zur Umsetzung der Richtlinie, indem allgemeine Regeln in das BDSG aufgenommen wurden. Spezielle Regeln finden sich zum Beispiel im überarbeiteten Bundeskriminalamtsgesetz (BKAG).[14] *12*

II. Anwendungsbereich

Der Anwendungsbereich der Richtlinie ist vom Anwendungsbereich der Datenschutz-Grundverordnung abzugrenzen. Diese **Abgrenzung ist umstritten**. Ausgangspunkt ist Art. 2 Abs. 2 lit. d DSGVO, wonach die Verordnung keine Anwendung findet auf die Verarbeitung personenbezogener Daten „durch die zuständigen Behörden zum Zweck der Verhütung, Ermittlung, Aufdeckung oder Verfolgung von Straftaten oder der Strafvollstreckung, einschließlich des Schutzes vor und der Abwehr von Gefahren für die öffentliche Sicherheit“. Wenn und soweit also der Anwendungsbereich der Richtlinie eröffnet ist, kommt die Datenschutz-Grundverordnung nicht zur Anwendung. *13*

Je weiter man den Anwendungsbereich der Richtlinie zieht, desto größer sind die **Handlungsspielräume der Gesetzgeber**. Allerdings wird dies dadurch erkauft, dass die von der Verordnung gewährleistete Einheitlichkeit der Grundannahmen nicht mehr gewährleistet ist. Auf der anderen Seite gilt gerade für die öffentlichen Verwaltungen eine Reihe von besonderen Regelungen, da sie von Öffnungsklauseln der Datenschutz-Grundverordnung erfasst sind. Die nationalen Gesetzgeber können also ohnehin jeweils eigenständige Regelungen in bestimmten Bereichen treffen, so dass eine einheitliche Gewährleistung in Europa nicht erreicht werden kann. Im Zusammenhang der öffentlichen Verwaltung war sie wohl auch nicht angestrebt.[15] *14*

Der Anwendungsbereich der Richtlinie wird durch ihre Zwecke bestimmt (Art. 2 Abs. 1 RLPJ). Die Vorschrift enthält keinen ausdrücklichen Verweis auf die Datenschutz-Grundverordnung. Damit ist zunächst die Richtlinie autonom auszulegen. **Der eigenständig bestimmte Anwendungsbereich der Richtlinie ver-** *15*

---

14 BGBl. I/2017, S. 1354.

15 Zu weitgehend *Alexander Roßnagel*, in: ders. (Hrsg.), Europäische Datenschutz-Grundverordnung (Fn. 8), § 1, Rn. 49 f., der den öffentlichen Bereich als von der DSGVO kaum geregelt ansieht.

drängt die Datenschutz-Grundverordnung. Diese systematische Klarheit in der Ausgangsposition darf aber nicht die Schwierigkeiten der Abgrenzung des innerstaatlichen Rechts, das die Richtlinie umsetzt, von der unmittelbar geltenden Verordnung verdecken. Denn es kann sein, dass dieselbe Behörde die Datenschutz-Grundverordnung und zugleich das umgesetzte Richtlinienrecht anwenden muss.[16]

16 Abhängig von der Weite oder Enge des Anwendungsbereichs kann eine **Vielzahl von bundes- und landesrechtlichen Regelungen** berührt sein. Mit Sicherheit sind dies die Polizeigesetze des Bundes und der Länder sowie die Strafprozessordnung. Der Anwendungsbereich der Richtlinie betrifft jedenfalls die Gefahrenabwehr und die Strafverfolgung.

17 In den Ländern der Bundesrepublik Deutschland gibt es unterschiedliche Ansatzpunkte abhängig davon, ob die **Organisation der Polizei- und Ordnungsbehörden** dem Einheitsprinzip oder dem Trennungsprinzip folgen.[17] Länder, in denen Polizei und Ordnungsverwaltung insgesamt als Einheit gesehen werden, stehen vor der Problematik, dass insoweit unterschiedliche rechtliche Grundlagen gelten. Dies betrifft etwa Baden-Württemberg, das einen weiten Polizeibegriff verfolgt.

18 Bei der **Gefahrenabwehr** ist allerdings etwa die Frage offen, ob lediglich die Polizeitätigkeit zur Gefahrenabwehr oder auch die Gefahrenabwehr durch die Ordnungsverwaltungen und weitere Behörden umfasst ist. Hier kann es um das Bauordnungsrecht oder die Gewerbeaufsicht gehen. Wenn und soweit die Vollzugspolizei nicht zur Verhütung von Straftaten agiert, etwa bei dem Schutz privater Rechte oder dem Vorgehen wegen Suizidverdachts, steht die Anwendung der Richtlinie allerdings in Zweifel.

19 Die strikte Trennung zwischen präventiven und repressiven Maßnahmen, wie sie die Bundesrepublik Deutschland verfolgt, kennen in der dieser Form jedoch nur wenige Mitgliedstaaten der EU. Hinzu kommt die Schwierigkeit, dass sich das Begriffsverständnis hinsichtlich von **Straftaten** in den Mitgliedstaaten voneinander unterscheidet. Die Richtlinie vertritt einen eigenständigen Begriff des Unionsrechts (so Erwägungsgrund 13). Straftaten sind jedenfalls mit Strafen bedrohte Verhaltensweisen, wodurch etwa Ordnungswidrigkeiten nicht von vornherein ausgeschlossen sind.[18]

20 Der Begriff der Gefahrenabwehr sollte **auf die polizeiliche Gefahrenabwehr beschränkt** werden. Für sie gilt grundsätzlich die Richtlinie. Aus Gründen der Rechtsklarheit erscheint es überzeugend, für alle anderen Behörden, die Aufgaben der Gefahrenabwehr wahrnehmen, die Verordnung zur Anwendung kommen zu

---

16 Dies verdeutlicht auch Erwägungsgrund 11 der Richtlinie.

17 Überblick bei *Dieter Kugelmann*, Polizei- und Ordnungsrecht, 2. Aufl., Berlin 2012, 4. Kap., Rn. 49 ff.

18 So aber *Robert Weinhold*, in: Roßnagel (Hrsg.), Europäische Datenschutz-Grundverordnung (Fn. 8), § 3, Rn. 42.

lassen. Dem Grunde nach gilt, dass für die Vollzugspolizei die Richtlinie und für die Ordnungsverwaltung die Datenschutz-Grundverordnung zur Anwendung kommen.

Besondere Schwierigkeiten tauchen bei den **Ordnungswidrigkeiten** auf. Einerseits wird vertreten, für die Verhütung und Verfolgung von Ordnungswidrigkeiten sollte die Datenschutz-Grundverordnung angewendet werden. Dies folgt daraus, dass Ordnungswidrigkeiten keine Straftaten im Sinne der Richtlinie darstellen. Auf der anderen Seite wird ein weites Verständnis von Ordnungswidrigkeiten angelegt, das zur Einbeziehung der Verhütung und Verfolgung von Ordnungswidrigkeiten in die Richtlinie führt. Danach geht es generell um die Verhütung und Verfolgung von Rechtsgutverletzungen, die auch durch Ordnungswidrigkeiten erfolgen kann. Eine mittlere Linie sieht im Ordnungswidrigkeitenverfahren einen Ansatz zur Differenzierung. Die Richtlinie könnte dann zur Anwendung kommen, wenn das Verfahren durch die Ordnungsbehörde eingeleitet ist, um die Ordnungswidrigkeit zu verfolgen und ggf. ein Bußgeld beizutreiben. Damit würde ein Gleichklang zur polizeilichen Gefahrenabwehr insoweit erreicht. Die Ordnungsverwaltung im Übrigen wäre in ihrer allgemeinen Tätigkeit an die Datenschutz-Grundverordnung gebunden. *21*

Die Datenverarbeitung der **Ordnungsverwaltung** sollte den einheitlichen Regeln der Datenschutz-Grundverordnung folgen. Die nicht straftatenbezogene Gefahrenabwehr zählt hierzu, insbesondere auch die Verfolgung von Ordnungswidrigkeiten. Die Richtlinie zu Polizei und Justiz will einen Sonderbereich regeln, der aufgrund seines spezifischen Charakters auch spezifischen Regeln folgt. Davon gehen die materiellen Regeln, etwa zur Information des Betroffenen (Art. 13 Abs. 3 RLPJ) oder zur Einschränkung des Auskunftsrechts (Art. 15 RLPJ), erkennbar aus. Diese Beschränkungen subjektiver Rechte sind im Ordnungswidrigkeitenverfahren in der Regel nicht begründbar. In Verwaltungsverfahren ist die Datenschutz-Grundverordnung anwendbar. *22*

Die Behörden des Verfassungsschutzes und der weiteren **Nachrichtendienste** fallen weder unter die Datenschutz-Grundverordnung noch unter die Richtlinie. Hier greift der Vorbehalt, dass der Schutz der nationalen Sicherheit nicht durch die EU geregelt werden darf (Art. 72 AEUV). Dies führt zu Regelungsbedarf durch das nationale Recht. Das Landesdatenschutzgesetz gilt für alle Behörden des Landes. In der Konsequenz bedeutet dies, dass die Behörden des Landesverfassungsschutzes an die Regelungen des Landesdatenschutzgesetzes gebunden sind, die wiederum allerdings der europäischen Rechtslage entsprechen müssen. Dadurch sind die Verfassungsschutzbehörden in indirekter Weise doch den inhaltlichen Regelungen des europäischen Rechts zumindest teilweise verpflichtet. *23*

C. Regelungsmöglichkeiten des Landesgesetzgebers

I. Öffnungsklauseln und Beibehalten von vorhandenen Regelungen

24 Die für den Landesgesetzgeber ausschlaggebende Öffnungsklausel ist Art. 6 Abs. 1 lit. e DSGVO. Nach einem weiten Verständnis können danach die **Datenschutzregeln für den öffentlichen Bereich** im Wesentlichen beibehalten oder vom Mitgliedstaat getroffen werden.[19] Dieser Ansatz entspricht aber nicht der Systematik und dem Ziel der Datenschutz-Grundverordnung. Die Datenverarbeitung zur Erfüllung einer Aufgabe im öffentlichen Interesse unterscheidet nicht danach, ob der Verantwortliche eine Behörde oder ein Privater ist.[20] Auch die Datenschutzregeln für öffentliche Stellen verfolgen das Ziel, ein hohes Datenschutzniveau zu gewährleisten.[21] Daher sollte der Begriff des öffentlichen Interesses in der EU möglichst parallel verstanden werden, um ein Aushebeln der Datenschutz-Grundverordnung zu vermeiden.[22]

25 Wichtige Bedeutung hat Art. 23 der Datenschutz-Grundverordnung, wonach die Informationspflichten der Verantwortlichen und die Betroffenenrechte grundsätzlich auch durch innerstaatliches Recht beschränkt werden können. Allerdings legt die Vorschrift auch **Grenzen der Beschränkung von Betroffenenrechten** fest.

II. Wiederholungsverbot

26 Der Landesgesetzgeber ist auch hinsichtlich der Regelungstechnik nicht frei, da die Datenschutz-Grundverordnung entsprechende Vorgaben enthält. Dies betrifft insbesondere das Wiederholungsverbot. Nach den allgemeinen Regeln und der Rechtsprechung des Europäischen Gerichtshofes sind **Wiederholungen des Textes einer Verordnung unzulässig**, da sie zu einer Verwässerung oder Verunklarung des Regelungsgehaltes der Verordnung führen könnten.[23] Die Rechtssicherheit und das Auslegungsmonopol des EuGH dürfen nicht gefährdet werden.[24] Sie bilden die Grenze der Normierungen auf innerstaatlicher Ebene, die ausnahmsweise aus Gründen des inneren Zusammenhangs und der Verständlichkeit in engem Umfang Wiederholungen enthalten können.[25]

---

19 *Alexander Roßnagel*, Datenschutzgesetzgebung für öffentliche Interessen und den Beschäftigungskontext, DuD 2017, S. 290–294, 292.

20 *Eike Michael Frenzel*, in: Boris Paal/Daniel Pauly (Hrsg.), Datenschutz-Grundverordnung, Datenschutz-Grundverordnung. Kommentar, 1. Aufl., München 2017, Art. 6, Rn. 23.

21 Erwägungsgrund 10, der dies ausdrücklich in den Zusammenhang der mitgliedstaatlichen Vorschriften im öffentlichen Interesse stellt.

22 *Benedikt Buchner/Thomas Petri*, in: Jürgen Kühling/Benedikt Buchner (Hrsg.), Datenschutz-Grundverordnung, Kommentar, 1. Aufl., München 2017, Art. 6, Rn. 87.

23 EuGH, Rs. 272/83, Slg. 1985, 1057, Rn. 26 f. – Kommission/Italien.

24 *Alexander Benecke/Julian Wagner*, Öffnungsklauseln in der Datenschutz-Grundverordnung und das deutsche BDSG – Grenzen und Gestaltungsspielräume für ein nationales Datenschutzrecht, DVBl 2016, S. 600–608, 605.

25 EuGH, Rs. 272/83, Slg. 1985, 1057, Rn. 26 – Kommission/Italien.

Allerdings enthält **Erwägungsgrund 8 der Datenschutz-Grundverordnung** eine Option, wonach eine Aufnahme von Teilen der Verordnung durch die Mitgliedstaaten in nationales Recht zulässig ist, wenn „in dieser Verordnung Präzisierungen oder Einschränkungen ihrer Vorschriften durch das Recht der Mitgliedstaaten vorgesehen sind“ und „soweit dies erforderlich ist, um die Kohärenz zu wahren und die nationalen Rechtsvorschriften für die Person, für die sie gelten, verständlicher zu machen“. Diese Option unterliegt den vom EuGH gesetzten Grenzen. 27

Die Wahrnehmung von Öffnungsklauseln betraf **das gesamte Landesrecht**. Im Rahmen eines Normen-Screenings war das Landesrecht darauf zu untersuchen, welche Gesetze und Verordnungen datenschutzrechtliche Vorschriften enthielten, die den Bestimmungen der Verordnung anzupassen waren. Dieses Screening und die daran anschließende Bewertung des Regelungsbedarfes waren zeitaufwändig. Sie waren allerdings zu leisten, um nach Inkrafttreten und Wirksamwerden der Datenschutz-Grundverordnung keinen Verstoß des rheinland-pfälzischen Landesrechts gegen das Unionsrecht zu haben. 28

Das Wiederholungsverbot wurde also nicht außer Kraft gesetzt, sondern bereichsspezifisch konkretisiert und auf bestimmte Fälle zugeschnitten. Wenn und soweit eine Öffnungsklausel zulässt, dass eine nationale Regelung getroffen wird, dann können **Präzisierungen** auch Wiederholungen des Verordnungstextes erlauben.[26] Dies fordert den Landesgesetzgeber auf, im Falle einer landesrechtlichen Regelung eng im Rahmen der Öffnungsklausel zu bleiben und zugleich mit Verweisen zu arbeiten. Eine wortidentische Wiederholung des Textes der Datenschutz-Grundverordnung ist nicht ausgeschlossen, um ausnahmsweise eine landesrechtliche Regelung verständlicher zu machen, wenn und soweit sie den Vorgaben der Datenschutz-Grundverordnung entspricht. Regelungen, die bereits in der Datenschutz-Grundverordnung enthalten sind, wie etwa die Begriffsdefinitionen, dürfen danach nicht erneut wiederholt werden. Lediglich wenn eine landesrechtliche Regelung die Spielräume einer Öffnungsklausel nutzt, können Verweise oder Wortwiederholungen erforderlich sein, um den Anwendungsbereich zu beschreiben und ggf. zu begrenzen.

III. Notwendiges Schweigen des Landesdatenschutzgesetzes

Wenn und soweit **die DSGVO abschließende Regelungen** trifft, gehen diese dem innerstaatlichen Recht vor. Der Anwendungsvorrang des Unionsrechts führt dazu, dass keine innerstaatlichen Regelungen getroffen werden dürfen und bestehende entgegenstehende Regelungen unanwendbar sind.[27] 29

Die **Begriffe** stehen in der Festlegung durch die DSGVO fest. Hier kann der Landesgesetzgeber im Gegensatz zur Umsetzung der Richtlinie zu Polizei und Justiz

26 *Kühling/Martini et al.* (Fn. 4), S. 8.

27 *Wolfgang Weiß*, in: Matthias Niedobitek (Hrsg.), Europarecht I, Grundlagen der Union, 1. Aufl., Berlin/Boston 2014, § 5, Rn. 217 ff.

nichts regeln. Zur Erleichterung der Behördentätigkeiten liegt es nahe, bei der Umsetzung der Richtlinie so weit wie möglich Begriffe anzugleichen. Denn Behörden, die DSGVO und umgesetztes Richtlinienrecht anwenden müssen, können dann auf ein grundsätzlich paralleles Begriffsverständnis zurückgreifen.

30 Das **Verbot mit Erlaubnisvorbehalt** gilt auch nach Art. 6 Abs. 1 DSGVO. Die Rechtmäßigkeit einer Datenverarbeitung setzt einen Erlaubnistatbestand voraus. Auch für die Datenverarbeitung durch öffentliche Stellen ist die **Einwilligung** dabei von zentraler Bedeutung. Sie ist in Art. 7, 8 DSGVO geregelt und kann nicht Gegenstand des Landesdatenschutzgesetzes sein.

31 Die **behördlichen Datenschutzbeauftragten** unterliegen nach Art. 37 ff. DSGVO den gleichen Regeln wie betriebliche Datenschutzbeauftragte. Angesichts der umfangreichen Vorschriften bleiben dem Landesgesetzgeber kaum eigene Spielräume. Allenfalls kann eine Präzisierung der öffentlichen Stellen in Betracht kommen, bei denen ein Datenschutzbeauftragter einzurichten ist, um Unklarheiten auszuräumen. Dies kann etwa gemischt-wirtschaftliche Unternehmen in privater Rechtsform betreffen, an denen öffentliche Stellen beteiligt sind.

32 Das Erfordernis einer **Datenschutz-Folgenabschätzung gilt auch für Landesbehörden**. Die DSGVO unterscheidet hier nicht zwischen öffentlichen und nicht-öffentlichen Stellen. Damit finden Art. 35, 36 DSGVO Anwendung für die öffentlichen Stellen des Landes und treffen zugleich bereits selbständige Regelungen.

D. Schwerpunkte eines Landesdatenschutzgesetzes

I. Materielle Regeln

33 Das Landesdatenschutzgesetz stellt Regeln auf für die Datenverarbeitung durch Landesbehörden und weitere öffentliche Stellen des Landes. Hier sind **Präzisierungen** angezeigt. Die Öffnungsklauseln der DSGVO können zu spezifischen positiven Regelungen mit dem Ziel der ergänzenden Festlegung (Art. 6 DSGVO) oder zu negativen Regelungen der Beschränkung von Pflichten und Rechten (Art. 23 DSGVO) in Anspruch genommen werden. Regelungsmöglichkeiten bestehen insbesondere hinsichtlich besonderer Verarbeitungssituationen wie im Fall des Beschäftigtendatenschutzes oder Videoüberwachung durch öffentliche Stellen. Ziel aller dieser Regelungen ist es, das bestehende Schutzniveau zu erhalten.

34 Der Anwendungsbereich des Landesdatenschutzgesetzes war dahingehend zu präzisieren, dass die **öffentlichen Stellen** zu bestimmen waren (vgl. § 2 LDSG RLP-neu). Dies sind insbesondere auch die Kommunen und Gemeindeverbände und die Stellen, die der Aufsicht des Landes unterstehen. Dies umfasst gemischtwirtschaftliche Unternehmen, jedenfalls wenn sie überwiegend in öffentlicher Hand sind. Der Landtag unterliegt dem Landesdatenschutzgesetz, soweit die Datenverarbeitung nicht in Wahrnehmung parlamentarischer Aufgaben erfolgt. Nach wie vor wäre Folgendes zu wünschen: Zur Vermeidung von Unklarheiten sollten die Landesdatenschutzgesetze festlegen, dass außerhalb des Anwendungsbereichs der Datenschutz-Grundverordnung deren Regeln entsprechend gelten. Dies dient der Rechtsklarheit.

Die **Betroffenenrechte** legt die Verordnung fest, sie können aber gem. Art. 23 DSGVO nur begrenzt durch innerstaatliches Recht eingeschränkt werden. Ein Bedürfnis könnte für die Einschränkung der Informationspflicht von Behörden, deren Pflicht zur Benachrichtigung bei Verletzungen des Datenschutzes und der Auskunftsrechte von Betroffenen etwa gegenüber den Nachrichtendiensten bestehen. Von dieser Befugnis hat der Bundesgesetzgeber im BDSG, aber auch etwa in den beabsichtigten Änderungen der Abgabenordnung in exzessiver Weise Gebrauch gemacht. Hier bestehen ernsthafte Bedenken, ob die Beschränkungen in Art und Umfang mit der DSGVO vereinbar sind. Der Landesgesetzgeber hielt sich demzufolge auch zurück. Die öffentliche Sicherheit (s. Art. 23 Abs. 1 lit. c DSGVO) oder Verfolgung von Straftaten (Art. 23 Abs. 1 lit. d DSGVO) kommen als Tatbestände der Beschränkung von Betroffenenrechten in Frage. Dann sind aber auch die weiteren Anforderungen des Art. 23 Abs. 2 DSGVO zu erfüllen. *35*

Im Hinblick auf die **Medien** erlaubt Art. 85 DSGVO spezifische Regeln.[28] Diese finden ihre Grundlage im Rundfunk-Staatsvertrag und den Landesmediengesetzen. Mit einiger Wahrscheinlichkeit dürfte die Zielrichtung der Gesetzgeber auf die Fortschreibung des bestehenden Zustandes abheben. Dergestalt ist im Datenschutz-Anpassungs- und Umsetzungsgesetz EU die Deutsche Welle geregelt worden. Ein wichtiger Punkt ist die Stellung der Datenschutzbeauftragten der öffentlich-rechtlichen Rundfunkanstalten, deren Unabhängigkeit in engem Zusammenhang mit der Reichweite ihrer Zuständigkeiten steht. *36*

Der Datenschutz mit Bezug zu den **Beschäftigten im öffentlichen Dienst** des Landes kann nach Art. 88 DSGVO durch Rechtsvorschriften oder Kollektivvereinbarungen ausgestaltet werden.[29] Gegenstand der Regelungen kann etwa die Verarbeitung von Gesundheitsdaten sein, die besonderen Regeln unterliegt (Art. 9 Abs. 2 lit. b und h DSGVO), aber bei präventiven Maßnahmen zur Gesundheit und Sicherheit am Arbeitsplatz erforderlich sein kann. Auf der Grundlage von Art. 88 DSGVO können nach Maßgabe des Art. 9 Abs. 4 DSGVO zusätzliche Bedingungen und Beschränkungen eingeführt werden, etwa die Schriftlichkeit von Einwilligungen.[30] *37*

Sachgebiete, zu denen Art. 89 DSGVO Handlungsspielräume des Landesgesetzgebers einräumt, sind das Archivwesen, die Statistik und die Datenverarbeitung zu wissenschaftlichen oder historischen Forschungszwecken. Während die Archivgesetze und Statistikgesetze gesondert zu modifizieren sind, fällt die **Datenver-** *38*

---

28 *Jan Philipp Albrecht/Nils J. Janson*, Datenschutz und Meinungsfreiheit nach der Datenschutzgrundverordnung, CR 2016, S. 500–509.

29 *Roßnagel* (Fn. 19), S. 292.

30 *Frank Maschmann*, in: Kühling/Buchner (Hrsg.), Datenschutz-Grundverordnung (Fn. 22), Art. 88, Rn. 20.

arbeitung zu Forschungszwecken regelmäßig in den Anwendungsbereich des Landesdatenschutzgesetzes. Hier können besondere Schutzmaßnahmen wie die Pseudonymisierung oder besondere Abwägungsregeln eine Rolle spielen.[31]

39 Landesdatenschutzgesetze regeln die **Videoüberwachung durch öffentliche Stellen**. Zwar bestehen Zweifel, inwieweit die DSGVO hier bereits weit reichende Bestimmungen enthält, die Beschneidungen der innerstaatlichen Spielräume nach sich ziehen. Auf der Grundlage des Art. 6 Abs. 2 und 3 DSGVO können aber im Hinblick auf öffentliche Stellen Regelungen im innerstaatlichen Recht getroffen werden.[32] Regelungsbedarf existiert, um die Voraussetzungen der Zulässigkeit zu spezifizieren und damit den Verarbeitungszweck zu klären oder die Kennzeichnung der Videoüberwachung anzuordnen. Durch die Bindung an die Aufgabenerfüllung oder das Hausrecht erfolgen Eingrenzungen zulässiger Aufnahmen und Aufzeichnungen, die im Kontext staatlicher Überwachungsmaßnahmen zu sehen sind. Die Einführung einer Videoüberwachung unterliegt regelmäßig der Datenschutz-Folgenabschätzung.

II. Technisch-organisatorische Regeln

40 Die Bestimmungen des Art. 25 DSGVO zu technischen und organisatorischen Maßnahmen und des Art. 32 DSGVO zur Datensicherheit gelten für alle Verantwortlichen. In der **öffentlichen Verwaltung** wird überwiegend bereits großer Wert auf IT-Sicherheit gelegt, auch wenn auf kommunaler Ebene zum Teil noch Nachholbedarf besteht. Regelungsbedarf im Landesdatenschutzgesetz besteht allenfalls zur Präzisierung der Erfordernisse für dic öffentlichen Stellen und die Auftragsverarbeiter etwa im Hinblick auf Datenminimierung oder Transparenz der Verarbeitung.

41 Ein Landesdatenschutzgesetz kann insoweit auch Regeln für die private Wirtschaft enthalten, als eine Ermächtigung zum Handeln für den oder die Landesdatenschutzbeauftragte aufgenommen wird. Der Landesbeauftragte für den Datenschutz kann eine aktiv fördernde und die Unternehmen unterstützende Rolle im Zusammenhang der **Selbstregulierung der Wirtschaft** einnehmen.

42 An die Mitgliedstaaten ist der Auftrag gerichtet, eine **Zertifizierung** sicherzustellen (Art. 43 Abs. 1 Satz 2 DSGVO). Sie kann durch die Aufsichtsbehörde oder eine nationale Akkreditierungsstelle erfolgen (Art. 42 Abs. 5 DSGVO). Nach § 39 BDSG-neu erteilt die zuständige Aufsichtsbehörde die Befugnis, als Zertifizierungsstelle tätig zu werden, auf der Grundlage einer Akkreditierung durch die Deutsche Akkreditierungsstelle. Dieser Rahmen kann durch das Landesdatenschutzgesetz im Hinblick auf die Zuständigkeiten und die Wahrnehmung der Aufgabe ausgefüllt werden.

---

31 *Daniel A. Pauly*, in: Paal/ders. (Hrsg.), Datenschutz-Grundverordnung (Fn. 20), Art. 89, Rn. 12.

32 *Benedikt Buchner/Thomas Petri*, in: Kühling/Buchner (Hrsg.), Datenschutz-Grundverordnung (Fn. 22), Art. 6, Rn. 138.

Die **Akkreditierung** von Zertifizierungsstellen erfolgt nach Kriterien, die von der nationalen Datenschutzaufsichtsbehörde oder dem Europäischen Datenschutzausschuss genehmigt worden sind (Art. 43 Abs. 3 Satz 1 DSGVO). Auf der Landesebene ist dann klarzustellen, dass der oder die Landesbeauftragte diese Aufgabe wahrnimmt. Überlegenswert ist eine Verordnungsermächtigung, um Einzelheiten festlegen zu können. *43*

III. Die Stellung des Landesdatenschutzbeauftragten

Jede Datenschutzaufsichtsbehörde handelt in **völliger Unabhängigkeit** (Art. 52 Abs. 1 DSGVO). Diese Unabhängigkeit ist durch Art. 8 Abs. 2 der Europäischen Grundrechtecharta verfassungsrechtlich gewährleistet. Sie folgt zudem aus Art. 51, 52 Datenschutz-Grundverordnung. Das europäische Recht nimmt damit in Fortschreibung der Datenschutz-Richtlinie 95/46/EG die Unabhängigkeit der Kontrollinstanz auf und konkretisiert sie weiter. *44*

Die Unabhängigkeit der Datenschutzbeauftragten wird durch die grundrechtlichen Vorgaben des Art. 8 Abs. 2 der Europäischen Grundrechtecharta abgesichert. Die **Rechtsprechung des Europäischen Gerichtshofes** bereits zur Datenschutz-Richtlinie 95/46/EG ist eindeutig.[33] Die Datenschutz-Grundverordnung regelt ausdrücklich die unterschiedlichen Entfaltungen der Unabhängigkeit. Dies umfasst die Notwendigkeit einer angemessenen Ausstattung, die Notwendigkeit einer unabhängigen finanziellen Grundlage durch einen eigenen Haushalt und die Klarstellung der Weisungsfreiheit. *45*

Der **Sinn dieser Unabhängigkeit** liegt in der effektiven Gewährleistung der Zwecke der Verordnung, die Grundrechte und den freien Datenverkehr zu sichern. Die DSGVO setzt auf die Datenschutzaufsichtsbehörden, um die Durchsetzung unabhängig von politischen oder wirtschaftlichen Interessen sicherzustellen. Aus diesem Grund erhalten die Datenschutzaufsichtsbehörden weitgehende Befugnisse und ein eigenständiges exekutives Netzwerk, das der Europäische Datenschutzausschuss bündelt. Das Kontrollsystem wird europäisiert, um die Möglichkeiten der Einflussnahme im Mitgliedstaat zu verringern. *46*

In der Bundesrepublik Deutschland ist die **Stellung der Landesbeauftragten** bzw. der Bundesbeauftragten bislang durchaus in einigen Einzelheiten unterschiedlich geregelt. Die Bundesbeauftragte hat erst im Jahr 2016 die Stellung einer unabhängigen obersten Bundesbehörde erhalten. Auch in einigen Ländern ist es nicht selbstverständlich, dass der oder die Landesbeauftragte für Datenschutz den Rang einer obersten Landesbehörde mit entsprechenden Funktionen und entsprechender Ausstattung einnimmt. Die Datenschutz-Grundverordnung treibt insoweit die Entwicklung weiter voran. Der Landesbeauftragte für den Datenschutz *47*

33 EuGH, Rs. C-518/07, Slg. 2010, I-1885 (Kommission/Deutschland), = EuGRZ 2010, 58 = K&R 2010, 326 m. Anm. *Taeger* = EuZW 2010, 296 m. Anm. *Roßnagel* = JZ 2010, 784 m. Anm. *Spiecker*; zu allem *Hans Peter Bull*, Die „völlig unabhängige" Aufsichtsbehörde, EuZW 2010, S. 488–494.

ist in seiner Stellung und seinen Aufgaben durch das Landesrecht hinreichend und klar zu institutionalisieren. Dennoch werden Unterschiede bleiben, weil hier der Landesgesetzgeber über Spielräume verfügt, die auch unter politischen Gesichtspunkten genutzt werden.

48 Die Unabhängigkeit in der finanziellen und personellen Ausstattung erweist sich als ein zentraler Gesichtspunkt, der in der Bundesrepublik Deutschland unterschiedlich geregelt ist.[34] Der Landesbeauftragte muss gem. Art. 52 Abs. 6 DSGVO über einen **eigenen Haushalt** verfügen. Einige Landesbeauftragte verfügen über eigene Haushaltspläne, andere haben zumindest in der gesetzlichen Regelung eine Sonderstellung gegenüber dem Landesparlament. Das Bild der Datenschutz-Grundverordnung geht dahin, dass der oder die Landesbeauftragte in unmittelbaren Kontakt mit den vom Volk legitimierten Parlament steht, um eine Ausstattung sicherzustellen, die zu einer effektiven Aufgabenwahrnehmung erforderlich ist. Auch nach der Datenschutz-Grundverordnung dürften gewisse Schattierungen der Ausgestaltung durchaus möglich sein.

IV. Sanktionen gegenüber Behörden

49 Dem Grunde nach stehen der Datenschutzaufsichtsbehörde die allgemeinen **Befugnisse des Art. 58 DSGVO gegenüber allen Verantwortlichen** zur Verfügung. Eine Differenzierung nach öffentlichen oder nicht-öffentlichen Stellen, die der DSGVO insgesamt eher fremd ist, unterbleibt auch hier. Diese Befugnisse gelten auch gegenüber öffentlichen Stellen des Landes. Damit werden die Befugnisse erheblich erweitert.

50 Das Landesdatenschutzgesetz kann **zusätzliche Befugnisse** vorsehen (Art. 58 Abs. 6 DSGVO). Es hätte sich insoweit angeboten, das bewährte Instrument der Beanstandung öffentlicher Stellen zu regeln und damit beizubehalten. Darüber hinaus kommt die Ausdehnung des Verwaltungsvollstreckungsrechts in Betracht. Die Regelung des § 43 Abs. 3 BDSG-neu schließt Geldbußen gegen Behörden oder sonstige öffentliche Stellen aus. Jenseits des Anwendungsbereiches des § 1 Abs. 1 BDSG-neu war bzw. ist der Landesgesetzgeber frei darin, andere Regelungen zu treffen. Da die vollziehende Gewalt nach Art. 20 Abs. 3 GG an Gesetz und Recht gebunden ist, mag das Bedürfnis geringer sein. Die DSGVO geht jedenfalls davon aus, dass den Datenschutzaufsichtsbehörden effektive Instrumente zur Verfügung stehen.

---

34 *Barbara Körffer*, in: Paal/Pauly (Hrsg.), Datenschutz-Grundverordnung (Fn. 20), 2017, Art. 52, Rn. 10; *Thilo Weichert*, Harmonisierte Instrumente und Standards für Datenschutzkontrollen und Ermittlungsmaßnahmen – Die Situation im föderalen Deutschland, in: Härtel (Hrsg.), Handbuch Föderalismus (Fn. 7), Band III, § 56, Rn. 25 ff.

E. Funktionen des Landesdatenschutzgesetzes

I. Freiheitssicherung

Das Landesdatenschutzgesetz nimmt mehrere Funktionen wahr. Im Vordergrund steht die **Sicherung der Freiheit des Einzelnen**. Das Landesdatenschutzgesetz erweitert und ergänzt damit die freiheitssichernden Regelungen, die in der Datenschutz-Grundverordnung, der Richtlinie zu Polizei und Justiz und dem Bundesdatenschutzgesetz enthalten sind. Die zentrale Rolle nehmen Bürgerinnen und Bürger ein, die im Hinblick auf ihre Privatheit, ihre Persönlichkeitsentfaltung und die Ausübung individueller Selbstbestimmung in der digitalen Informationsgesellschaft geschützt und gesichert werden müssen. Dies folgt aus der grundrechtlichen Verankerung des Datenschutzes in Art. 8 der Europäischen Grundrechtecharta sowie Art. 1 Abs. 1 i.V.m. 2 Abs. 1 GG. 51

Der Grundrechtsschutz hat Komponenten der Organisation und des Verfahrens, die im Zusammenhang des Datenschutzes insbesondere die Wahrung und Durchsetzung des Rechts durch unabhängige Aufsichtsbehörden beinhalten.[35] Eine zentrale Funktion des Landesdatenschutzgesetzes ist es, die **Stellung und Aufgaben des oder der unabhängigen Landesdatenschutzbeauftragten** zu sichern. Die Ausgestaltung steht unter dem Vorzeichen der Sicherstellung effektiver Aufgabenerfüllung, denn es geht um Grundrechtsschutz. Aufgrund des doppelten Ziels, das Art. 51 DSGVO insoweit klarstellt, sind die unabhängigen Datenschutzaufsichtsbehörden neben dem Schutz der Grundrechte auch der Sicherung des freien Verkehrs von Daten verpflichtet (Art. 1 Abs. 2 und Abs. 3 DSGVO). Der oder die Landesbeauftragte wacht auf verfassungsrechtlicher Grundlage über die Einhaltung des Datenschutzes, um das Grundrecht zu sichern. Dies stellt Art. 8 Abs. 3 GR-Ch ausdrücklich klar, es folgt aber auch aus Art. 2 Abs. 1 i.V.m. Art. 1 Abs. 1 GG. Der Schutz des freien Datenverkehrs beruht auf der Kompetenzgrundlage des Art. 16 Abs. 1 Satz 2 AEUV. Er kann zwar wirtschaftliche Grundrechte betreffen, fußt aber zunächst auf vertraglicher Grundlage. Da die Normenhierarchie des Europarechts nicht von einem Vorrang der Europäischen Grundrechtecharta ausgeht, sondern von der Gleichrangigkeit der Europäischen Grundrechtecharta mit den Verträgen,[36] folgt daraus kein Rangverhältnis zwischen den beiden Zielen. Ob und wie für Abwägungen doch eine Gewichtung vorgenommen werden kann, bedarf weiterer Untersuchung. 52

II. Rechtssicherheit und Lückenfüllung

Das Landesdatenschutzgesetz ist erforderlich, um **Rechtssicherheit** zu schaffen. Die Landesbehörden treten den Bürgerinnen und dem Bürger in vielen Fällen unmittelbar gegenüber. Sie sind zur Durchführung der Gesetze berufen, da nach der grundgesetzlichen Ordnung der Verwaltungsbezug den Ländern obliegt. Dabei ist es wichtig, dass hinsichtlich der Art und Weise der Gesetzesvollziehung klare 53

35 *Kühling/Seidel/Sivridis* (Fn. 7), Rn. 547.
36 *Dieter Kugelmann*, in: Niedobitek (Hrsg.), Europarecht I (Fn. 27), § 4, Rn. 12.

und bestimmte Regeln existieren, die von Bürgerinnen und Bürgern gesehen und verstanden werden können. Das gilt insbesondere bei komplexen, mit technischen Gegebenheiten verbundenen Rechtsmaterien wie dem Datenschutz. Das Landesdatenschutzgesetz kann insoweit eine Orientierungsfunktion erfüllen.

54 Landesdatenschutzgesetze vermitteln **Identifikation und Akzeptanz**. Viele Bürgerinnen und Bürger verstehen sich als einem Land zugehörig, weil ihr Dorf, ihre Stadt oder Region Identifikation und Nähe vermittelt. Auch wenn sie sich als Europäerinnen und Europäer sehen, kommt doch die Ebene des Landes hinzu, weil der Verwaltungsvollzug zu großen Teilen den Landesbehörden obliegt. Deren Entscheidungen betreffen den Einzelnen direkt. Wenn und soweit Landesrecht eine Rolle spielt, kann das die Identifikation des Einzelnen stärken. Dies gilt auch für die Bediensteten der Landesverwaltung selbst. Sie stehen oftmals in gewachsenen Verwaltungskontexten und Verwaltungstraditionen, denen durch Landesrecht am ehesten Rechnung getragen werden kann. Das Datenschutzregime des europäischen Mehrebenensystems gewinnt an Akzeptanz sowohl bei den Bürgerinnen und Bürgern wie auch innerhalb der Verwaltung, wenn ein lesbares Landesdatenschutzgesetz dazu einen Beitrag leistet.

55 Das Landesdatenschutzgesetz nimmt eine **lückenfüllende Funktion** ein. Denn die Notwendigkeit, durch Datenschutz-Grundverordnung und Bundesdatenschutz nicht hinreichend oder nicht hinreichend klar geregelte Materien näher zu normieren, ist zweifellos ein wesentlicher Grund für den Erlass eines Landesdatenschutzgesetzes. Darüber hinaus soll es aber auch die Behörden des Landes in die Lage versetzen, ihre Aufgaben rechtssicher und für den Bürger und die Bürgerin nachvollziehbar zu erfüllen.

56 **Landesdatenschutzgesetze präzisieren und ergänzen die Datenschutz-Grundverordnung.**[37] Der Schwerpunkt liegt auf der Datenverarbeitung durch öffentliche Stellen des Landes. In Wahrnehmung seiner Verantwortung für das Land regelt der Landesgesetzgeber im Rahmen seiner Zuständigkeit die Datenverarbeitung. Dabei können landesspezifische Besonderheiten eine Rolle spielen. Deren Berücksichtigung und die Spielräume des Landesgesetzgebers insgesamt werden durch die Datenschutz-Grundverordnung deutlich verringert. Das Datenschutzregime im Land wird zu großen Teilen unmittelbar dem europäischen Recht unterstellt. Dennoch verbleiben durchaus erhebliche Regelungsgegenstände. Im Rahmen des europäischen Rechts treffen die Landesdatenschutzgesetze für den Alltag der Bürgerinnen und Bürger wichtige Regelungen.

---

37 *Roßnagel* (Fn. 5), S. 278 f.

Sichere Informationstechnik

Christoph Sorge

A. Einleitung: Zur Bedeutung sicherer Informationstechnik

Der deutsche Begriff der „Sicherheit" von Informationssystemen ist doppelt belegt. Ein System soll einerseits seine Funktion *sicher* (d.h. zuverlässig) erbringen, auch wenn zufällige Einflüsse – wie Hardwaredefekte, Feuer, Fehleingaben – darauf wirken. Dieses Verständnis von Sicherheit entspricht dem englischen Begriff *„safety"*. Andererseits soll auch Sicherheit (englisch *„security"*) vor Angreifern erreicht werden, die sich auf Schutzmaßnahmen einstellen und gezielt versuchen können, diese zu umgehen. Aufgrund dieser Anpassungsfähigkeit müssen Schutzmaßnahmen im Sinne der *„security"* stets weiterentwickelt werden. Sie stellen daher eine besonders große Herausforderung für Organisationen dar, die Daten verarbeiten und bilden den Schwerpunkt des vorliegenden Kapitels. Dabei sollen keine Einzelmaßnahmen im Detail dargestellt, sondern Grundlagen der IT-Sicherheit vermittelt und für das E-Government besonders relevante Problembereiche diskutiert werden. *1*

Angriffe auf IT-Systeme sind keine singulären Ereignisse, sondern ein Massenphänomen. Den Angriffen können unterschiedlichste Motivationen zugrunde liegen: Ransomware, also Schadsoftware, die der Erpressung der Opfer dient, hat an Bedeutung gewonnen. Angriffe können aber auch dem Ziel der Wirtschaftsspionage dienen oder politisch motiviert sein. *2*

Eine – auf einer Unternehmensbefragung basierende – Schätzung des Branchenverbands BITKOM aus dem Jahr 2015 geht von jährlich 51 Milliarden Euro Schaden durch Wirtschaftsspionage gegen deutsche Unternehmen aus.[1] Das Bundesamt für Sicherheit in der Informationstechnik (BSI) gibt für die erste Jahreshälfte 2016 an, im Durchschnitt ca. 44.000 schädliche E-Mails pro Monat allein in den Regierungsnetzen abgefangen zu haben. 20 hochspezialisierte Angriffe pro Tag konnten demnach nur durch manuelle Analysen erkannt werden und ca. ein Angriff pro Woche hat laut BSI einen nachrichtendienstlichen Hintergrund.[2] Die Zahlen zeigen, dass Bedrohungen nicht nur theoretischer Natur sind, sondern sowohl Unternehmen als auch die öffentliche Verwaltung dem Thema IT-Sicherheit Beachtung schenken müssen.

---

1 *BITKOM*, Digitale Angriffe auf jedes zweite Unternehmen, https://www.bitkom.org/Presse/Presseinformation/Digitale-Angriffe-auf-jedes-zweite-Unternehmen.html, abgerufen am 31. 03. 2017.

2 *Bundesamt für Sicherheit in der Informationstechnik*, Die Lage der IT-Sicherheit in Deutschland 2016, S. 33.

Für personenbezogene Daten sind IT-Sicherheitsmaßnahmen bereits durch das Datenschutzrecht (nach altem Recht § 9 BDSG sowie die zugehörige Anlage und entsprechende Normen der Landesdatenschutzgesetze bzw. nach neuem Recht insbesondere Artikel 5 Abs. 1f sowie Artikel 32 DSGVO) gefordert. Komplementiert werden die Vorgaben durch Spezialnormen für einzelne Bereiche. So fordert etwa § 13 Abs. 7 TMG Maßnahmen von Diensteanbietern – einschließlich öffentlicher Stellen –, die Telemedien anbieten. Sicherheitsmaßnahmen können darüber hinaus aber auch ohne konkrete gesetzliche Anordnung für sonstige Daten bzw. Datenverarbeitungsvorgänge erforderlich sein, die etwa für die Aufgabenerfüllung einer Behörde benötigt werden.

B. Schutzziele

3 Um sinnvoll IT-Sicherheitsmaßnahmen ergreifen zu können, ist es zunächst wichtig, deren Zielrichtung zu kennen: Gegen wen soll unter welchen Rahmenbedingungen ein Schutz erreicht werden, und welches konkrete Schutzziel ist für bestimmte Daten von Bedeutung? Gängige Schutzziele sind insbesondere[3]

- **Vertraulichkeit** (der Schutz gegen unbefugte Kenntnisnahme)
- **Authentizität** (die Sicherstellung, dass bestimmte Daten tatsächlich vom behaupteten bzw. angegebenen Urheber stammen)
- **Integrität** (die Sicherstellung, dass Daten nicht unbefugt verändert werden können; oft wird auch lediglich gefordert, dass eine solche unbefugte Veränderung nicht *unbemerkt* möglich sein darf)
- **Verbindlichkeit** (auch: Nichtabstreitbarkeit, die Möglichkeit, auch Dritten gegenüber nachweisen zu können, von wem bestimmte Daten stammen; der Urheber soll seine Urhebereigenschaft also nicht erfolgreich abstreiten können)
- **Verfügbarkeit** (die Sicherstellung, dass die berechtigte Nutzung eines IT-Systems oder der Zugriff auf Daten mit einer definierten Zuverlässigkeit – beispielsweise 99,9 % der Zeit im Monatsmittel – möglich ist).

Keine Einzelmaßnahme kann alle Schutzziele erreichen. Ein weitverbreitetes Missverständnis ist beispielsweise, dass Verschlüsselung von Daten über die Vertraulichkeit hinaus auch deren Integrität sichere – bei manchen konkreten Verschlüsselungsverfahren ist dies zwar der Fall, ganz allgemein ist die Annahme aber falsch.[4] In der Literatur finden sich oft auch leicht abweichende Varianten

3 So z.B. bei *Ronald Petrlic/Christoph Sorge*, Datenschutz, Wiesbaden 2017, Abschnitt 2.1.1.

4 Es gibt Verschlüsselungsverfahren, bei denen eine Änderung der verschlüsselten Daten zu einer vorhersehbaren Änderung der Klartext-Daten führt. Wer auch nur einen Teil des Klartexts kennt, kann bei diesen Verfahren ohne Kenntnis des Schlüssels diesen Teil unbemerkt verfälschen.

der Schutzziele, z.B. mit stärkerer Berücksichtigung spezifischer Anforderungen des Datenschutzes.[5]

C. Vorgehensweisen

4 Eine umfassende Darstellung von Methoden der IT-Sicherheit kann vorliegend nicht geleistet werden; stattdessen soll hier nur ein Überblick über Herausforderungen, Maßnahmen und Standards in der IT-Sicherheit gegeben werden, wobei ein Fokus auf den für das E-Government besonders relevanten Aspekten liegen soll. Vertiefende Informationen finden sich in Lehrbüchern der IT-Sicherheit[6]; für die Praxis sind aber Sicherheits-Standards von größerer Bedeutung, da sie den Stand der Technik gut widerspiegeln.

I. Standards der IT-Sicherheit

5 Neben branchenspezifischen Standards haben sich international die Standards der sogenannten ISO/IEC-27000-Familie etabliert. Sie decken in großer Breite zahlreiche Aspekte der IT-Sicherheit einschließlich des Sicherheitsmanagements und des technischen Datenschutzes ab. Darüber hinaus sind auch die IT-Grundschutz-Standards sowie die IT-Grundschutz-Kataloge des BSI relevant: Sie decken ebenfalls die grundlegenden Herangehensweisen ab, enthalten aber konkretere Maßnahmenempfehlungen. Da die zentrale Norm ISO/IEC 27001 bei der Erarbeitung des IT-Grundschutzes berücksichtigt wurde, ist eine Zertifizierung von Konformität zur ISO/IEC 27001 auch auf Basis des IT-Grundschutzes möglich.

Neben diesen allgemeinen IT-Sicherheits-Standards könnten sich – insbesondere vor dem Hintergrund des Umfangs, den etwa die Grundschutz-Kataloge erreicht haben – auch spezifische Standards für das E-Government als nützlich erweisen. Das Bundesministerium des Innern arbeitet etwa an einem „Baustein Informationssicherheit“ für das „Organisationskonzept elektronische Verwaltungsarbeit“[7], der aber zum Zeitpunkt der Erstellung dieses Handbuchs noch nicht vorlag.

II. Maßnahmen

6 Um die Schutzziele der IT-Sicherheit zu erreichen, stehen zahlreiche mögliche Maßnahmen zur Verfügung. Eine Gliederung dieser Maßnahmen lässt sich beispielsweise dem Schichtenmodell des IT-Grundschutzes entnehmen. Es fällt auf, dass nur drei der fünf Schichten im engeren Sinne der IT zuzuordnen sind: So sind einzelne IT-*Systeme*, die sie verbindenden *Netze* sowie die darauf laufenden

5 *Petrlic/Sorge* (Fn. 3), Abschnitt 2.1.2; *Mark Bedner/Tobias Ackermann*, Schutzziele der IT-Sicherheit, DuD 2010, S. 323–328.

6 *Claudia Eckert*, IT-Sicherheit: Konzepte – Verfahren – Protokolle, 9. Aufl., München 2014; *Christoph Sorge/Nils Gruschka/Luigi Lo Iacono*, Sicherheit in Kommunikationsnetzen, München 2013.

7 http://www.verwaltung-innovativ.de/DE/E_Government/orgkonzept_everwaltung/orgkonzept_everwaltung_node.html/, abgerufen am 09.05.2018.

Anwendungen zu betrachten. Aber auch die *Infrastruktur* im Sinne baulicher und physischer Gegebenheiten – beispielsweise betreffend den Zutrittsschutz zu IT-Arbeitsplätzen oder Serverräumen – hat Auswirkungen auf die Sicherheit von IT-Systemen: Wer es schafft, USB-Sticks oder ganze PCs zu stehlen, setzt sich zwar unter Umständen einem erhöhten Entdeckungsrisiko im Vergleich zu aus der Ferne handelnden Angreifern aus, verletzt aber mindestens im gleichen Maße die Schutzziele Vertraulichkeit und Verfügbarkeit.

7 Zu den *übergreifenden Aspekten* zählen neben allgemeinen technischen Fragestellungen wie z.B. Datensicherheitskonzepten insbesondere auch organisatorische Aspekte: IT-Sicherheit ist in der praktischen Umsetzung ebenso eine Management- wie eine technische Aufgabe. Verantwortlichkeiten für Informationssicherheit müssen geklärt werden; Überschneidungen mit dem Datenschutz begründen beispielsweise keine universelle Verantwortung des behördlichen Datenschutzbeauftragten für Sicherheitsfragen. Zu den ersten Aktionen bei der Planung von IT-Sicherheitsmaßnahmen gehört auch das Erstellen einer Leitlinie zur IT-Sicherheit, in der die Sicherheitsstrategie der Behörde festgehalten wird.

In der Regel reicht es nicht aus, nur einen kleinen Personenkreis in Überlegungen zur IT-Sicherheit einzubeziehen. Alle Personen, die mit IT-Systemen arbeiten oder auch nur Zutritt zu Räumlichkeiten haben, in denen IT-Systeme vorhanden sind, können potentiell Gefährdungen auslösen – sei es durch leichtfertiges Öffnen von E-Mail-Anhängen oder indem Unbefugten Zutritt zu den genannten Räumlichkeiten gewährt wird. Schulungen und Sensibilisierungsmaßnahmen sind daher inhärenter Bestandteil einer IT-Sicherheitsstrategie und betreffen die gesamte Organisation.

8 Aufgrund der Vielzahl möglicher technischer Maßnahmen können diese hier nur exemplarisch aufgeführt werden:

- Verschlüsselung dient dem Schutz der Vertraulichkeit sowohl innerhalb eines einzelnen IT-Systems als auch beim Transport über ein Kommunikationsnetz.
- Digitale Signaturen können (im technischen Sinne) Verbindlichkeit, Authentizität und Integrität von beliebigen Daten sicherstellen.
- Antivirus-Software soll die Infektion von IT-Systemen mit Schadsoftware verhindern. Da Schadsoftware die unterschiedlichsten Ziele verfolgen kann, lässt sich Antivirus-Software als Maßnahme ansehen, die neben Vertraulichkeit auch Integrität, Authentizität und Verfügbarkeit von Diensten schützen soll. Der Nutzen solcher Software ist allerdings nicht unumstritten.
- Redundante Datenspeicherung, insbesondere in Form von Backups – die separat von den für den eigentlichen Betrieb verwendeten Daten gelagert werden – dient dem Schutz der Verfügbarkeit von Daten.

Im Folgenden werden ausgewählte Problembereiche des E-Government und zugehörige Maßnahmen der IT-Sicherheit dargestellt.

D. Elektronische Dokumente und elektronische Akten

9 Die elektronische Aktenführung – wie sie zukünftig etwa aufgrund von § 6 EGovG für Bundesbehörden zum Regelfall werden wird – verspricht erhebliche Effizienzvorteile. Beim Übergang von der Papierakte stellt sich aber die Frage, welches Sicherheitsniveau angestrebt werden sollte. Dabei muss einerseits berücksichtigt werden, dass auch Papierakten nicht gegen alle Eventualitäten abgesichert sind. So kann die Verfügbarkeit dadurch eingeschränkt werden, dass Papierakten verloren gehen, durch Feuer oder Wasserschäden vernichtet werden oder physisch gestohlen werden. Die elektronische Akte bietet hier das Potential für eine Verbesserung, da durch das Anlegen von digitalen Kopien auf einfache Weise Redundanz hergestellt werden kann. Andererseits eröffnet die elektronische Akte neue Angriffsmöglichkeiten, da Zugriffe unbemerkt und auch aus der Ferne stattfinden können. In Einzelfällen – etwa falls Inhalte der Akten von hohem Interesse für ausländische Nachrichtendienste sind – könnte eine Risikoanalyse ergeben, dass ein vollständiger Verzicht auf Vernetzung geboten ist und der Zutritt zu den Räumen, in denen die elektronische Akte bearbeitet wird, strikt zu begrenzen ist. Dies würde die Vorteile der Digitalisierung in diesen Fällen weitgehend zunichtemachen.

10 Üblicherweise wird ein solches Vorgehen aber nicht notwendig sein. Es empfiehlt sich lediglich die Beachtung der einschlägigen Standards – einschließlich der BSI-Empfehlungen in den Grundschutz-Katalogen. Besonderheiten ergeben sich daraus, dass es sich in der Regel anbieten wird, elektronische Akten in Dokumentenmanagementsystemen (bzw. in Vorgangsbearbeitungssystemen, die zusätzlich Dokumentenmanagementfunktionalitäten beinhalten) zu verwalten. Zugriffsrechte können dann innerhalb des Dokumentenmanagements verwaltet werden. Hierfür ist ein rollenbasierter Ansatz gängig: Den Nutzern werden jeweils eine oder mehrere Rollen (z.B. „Personalsachbearbeiter", „Abteilungsleiter") zugeordnet und die Zugriffsrechte pro Rolle festgelegt.

Der Zugriffskontrollmechanismus[8] eines Dokumentenmanagementsystems arbeitet üblicherweise nicht mit Verschlüsselung der zu schützenden Dokumente bzw. Akten: Stattdessen entscheidet eine Softwarekomponente – der sogenannte Referenzmonitor – für jeden Zugriffsversuch, ob dieser zugelassen werden soll. Sicherheitslücken, die durch fehlerhafte Umsetzung des Referenzmonitors entstehen, können die Schutzwirkung daher aushebeln. Zusätzlich können Administratoren, die Zugriff auf Betriebssystemfunktionen oder gar die Hardware des verwendeten Speichersystems haben, den Zugriffskontrollmechanismus vollständig umgehen. Nicht-kryptographische Zugriffskontrolle ist also nur wirksam, wenn sie in einem Umfeld eingesetzt wird, in dem Umgehungsrisiken so weit wie möglich ausgeschlossen sind.

---

8 Zur grundlegenden Funktionsweise von Zugriffskontrollmechanismen vgl. *Eckert* (Fn. 6), S. 643 ff.

I. Signaturen und Siegel

11 Zur Gewährleistung von Authentizität, Integrität und Verbindlichkeit (im technischen Sinne) besteht neben der Zugriffskontrolle auch die Möglichkeit des Einsatzes von digitalen Signaturen. Bei Vorgängen mit Außenwirkung ist auch die rechtliche Wirkung von Signaturen zu beachten, wobei der juristische Begriff „elektronische Signatur" nicht gleichbedeutend mit dem technischen Begriff „digitale Signatur" ist.

In der eIDAS-Verordnung[9] sind – ähnlich zur früheren Signaturrichtlinie – drei Stufen elektronischer Signaturen definiert. (Einfache) elektronische Signaturen sind lediglich „Daten in elektronischer Form, die anderen elektronischen Daten beigefügt oder logisch mit ihnen verbunden werden und die der Unterzeichner zum Unterzeichnen verwendet" (Artikel 3 Nr. 10). Einen Sicherheitswert im technischen Sinn haben solche Signaturen nicht. Klassisches Beispiel sind eingescannte Unterschriften, die mit einfacher Bildbearbeitungssoftware auch durch Laien unter beliebige Dokumente kopiert werden können.

12 Für fortgeschrittene elektronische Signaturen definiert Artikel 3 Nr. 11 i.V.m. Artikel 26 eIDAS-VO im Vergleich zu einfachen Signaturen vier zusätzliche Anforderungen, die insgesamt nur durch den Einsatz kryptographischer Verfahren (also digitaler Signaturverfahren) zu erfüllen sind. Aus technischer Sicht sind diese zur Erreichung der Schutzziele Authentizität, Integrität und Verbindlichkeit geeignet.

Wer eine fortgeschrittene Signatur erstellen möchte, benötigt elektronische Signaturerstellungsdaten (technischer Begriff: privater Schlüssel). Mit den zugehörigen Validierungsdaten (technischer Begriff: öffentlicher Schlüssel) kann jeder Dritte die Echtheit der Signatur prüfen. Die Prüfung schlägt fehl, wenn entweder nicht die richtigen Signaturerstellungsdaten verwendet wurden oder die signierten Daten nach der Signaturerstellung verändert wurden. Der Unterzeichner muss die elektronischen Signaturerstellungsdaten „mit einem hohen Maß an Vertrauen unter seiner alleinigen Kontrolle verwenden" können (Artikel 26 lit. c eIDAS-VO). Dies kann mittels gängiger Signatursoftware erreicht werden; weit verbreitete E-Mail-Programme sind beispielsweise für die Erstellung von Signaturen nach dem S/MIME-Standard vorbereitet. Auch sogenannte Fernsignaturen, bei denen die eigentliche Signaturerstellung bei einem Dienstleister erfolgt, sollen nach der eIDAS-Verordnung möglich sein (vgl. Erwägungsgrund 52 der Verordnung).

13 Qualifizierte elektronische Signaturen erfordern zusätzlich die Verwendung einer „qualifizierten elektronischen Signaturerstellungseinheit" sowie eines „qualifizierten Zertifikats für elektronische Signaturen" (Artikel 3 Nr. 12 eIDAS-VO). Das (qualifizierte) Zertifikat bestätigt die Zuordnung der Validierungsdaten zu

---

9 Verordnung (EU) Nr. 910/2014 über elektronische Identifizierung und Vertrauensdienste für elektronische Transaktionen im Binnenmarkt und zur Aufhebung der Richtlinie 1999/93/EG.

einer natürlichen Person. Da ein Zertifikat in der Regel nur einmalig für einen Zeitraum von mehreren Jahren beantragt wird, ist diese Anforderung für den Alltagsbetrieb unproblematisch.

Die Signaturerstellungseinheit, bislang in der Regel eine Chipkarte, garantiert die sichere Aufbewahrung der Signaturerstellungsdaten. Der Kern des technischen Vorgangs der Signaturerstellung läuft in der Chipkarte ab; die Signaturerstellungsdaten verlassen die Chipkarte daher nie. Kombiniert mit einer sicheren Anmeldung an der Karte lässt sich garantieren, dass keine Signatur erstellt wird, ohne dass der Nutzer dies wollte. Das schließt nicht alle denkbaren Angriffe aus – Schadsoftware auf dem Computer des Nutzers könnte beispielsweise erreichen, dass ein anderes Dokument als angezeigt an die Chipkarte gesendet und durch diese signiert wird (sog. Präsentationsproblem[10]). Im Rahmen des technisch Machbaren erreichen qualifizierte Signaturen aber ein hohes Sicherheitsniveau. *14*

Ein Nebeneffekt der Sicherheitsanforderungen an die Signaturerstellungseinheit ist jedoch, dass das Erstellen qualifizierter Signaturen oft als umständlich empfunden wird. Der Anwender muss – nachdem der Signaturvorgang in der entsprechenden Software bereits angestoßen wurde – die Chipkarte in ein geeignetes Lesegerät einführen und auf diesem seine Geheimzahl (PIN) eingeben.

Eine Neuerung der eIDAS-Verordnung ist die Einführung sogenannter „elektronischer Siegel" (geregelt in Abschnitt 5 der Verordnung). Aus technischer Sicht sind diese identisch zu Signaturen – dementsprechend sind auch die Definitionen einfacher, fortgeschrittener und qualifizierter elektronischer Siegel (Artikel 3 Nr. 25, 26 und 27 eIDAS-VO) nahezu gleichlautend mit denen elektronischer Signaturen. Die Zuordnung zu einer *natürlichen* Person entfällt aber: Zertifikate für elektronische Siegel müssen nach Artikel 3 Nr. 29 eIDAS-VO einer juristischen Person zugeordnet sein. *15*

Sofern die Verwendung qualifizierter elektronischer Signaturen bzw. qualifizierter elektronischer Siegel nicht ohnehin gesetzlich gefordert ist, bieten diese den Vorteil erleichterter Beweisführung über die Authentizität und Integrität von Dokumenten. Dies gilt zunächst in tatsächlicher Hinsicht: Angesichts der sicheren Verwahrung der Signaturerstellungsdaten und der hohen Anforderungen an die eingesetzten Algorithmen sind zahlreiche mögliche Angriffsszenarien ausgeschlossen. Rechtlich wird dies für qualifizierte elektronische Signaturen von Behörden beispielsweise in § 371a Abs. 3 Satz 2 ZPO i.V.m. § 437 ZPO nachvollzogen.[11] § 371a ZPO findet auch im Verwaltungsprozess Anwendung.[12] *16*

10 *Ulrich Pordesch*, Die elektronische Form und das Präsentationsproblem, Baden-Baden 2003.

11 Ausführlich zur Beweiswirkung qualifizierter elektronischer Signaturen *Alexander Roßnagel*, Beweiswirkungen elektronischer Vertrauensdienste, MMR 2016, S. 647–652, 648 f.

12 *Richard Rudisile*, in: Friedrich Schoch/Jens-Peter Schneider/Wolfgang Bier (Hrsg.), Verwaltungsgerichtsordnung. Kommentar, München, 32. EL 2016, § 98, Rn. 34a.

Gerade wenn ein Nachweis von Authentizität und Integrität langfristig benötigt wird, können qualifizierte Signaturen und Siegel daher auch sinnvoll sein, wenn keine Formvorschriften bestehen. Dennoch ist im Einzelfall zu prüfen, ob der hierfür notwendige Aufwand – der trotz neuer Möglichkeiten wie Fernsignaturen besteht – gerechtfertigt ist. Alternativ kann auf lediglich fortgeschrittene Signaturen und Siegel zurückgegriffen werden, die mit reinen Softwarelösungen erstellt werden können. Dies erfordert allerdings eigene Überlegungen zur Verwaltung der Signaturerstellungs- und Validierungsdaten.

17 Auch ganz ohne kryptographische Mechanismen können innerhalb einer Organisation Authentizität und Integrität sowie zusätzlich auch die Vertraulichkeit von Dokumenten durch Zugriffskontrollmaßnahmen sichergestellt werden: Es wird schlicht bei jedem Zugriff geprüft, ob der jeweilige Nutzer zu diesem Zugriff berechtigt wird; ergänzend können beispielsweise alle schreibenden Zugriffe protokolliert werden. Wie oben (Rn. 10) bereits dargelegt, wirkt eine solche Zugriffskontrolle allerdings nur, wenn auch ein umfassendes Sicherheitskonzept vorhanden und umgesetzt ist. Andernfalls besteht die Gefahr einer Umgehung, etwa, weil Sicherheitslücken in der Software, die die Zugriffskontrolle ausführt, nicht rechtzeitig behoben werden. Um die Integrität eines Dokuments noch lange nach dessen Erstellung nachweisen zu können, muss gezeigt werden, dass der Zugriffskontrollmechanismus über den gesamten Zeitraum hinweg zuverlässig funktioniert hat. Je länger der Zeitraum wird, desto schwieriger wird sich dies im Regelfall gestalten.

II. Langzeitaufbewahrung

18 Besondere Anforderungen an die IT-Sicherheit stellt die langfristige Aufbewahrung elektronischer Dokumente, die je nach konkreter Anwendung auch über viele Jahrzehnte hinweg notwendig sein kann. Die Herausforderungen stellen sich auf drei Ebenen:

19
- Die Speicherung der uninterpretierten Rohdaten kann aufgrund der begrenzten Haltbarkeit von Datenträgern problematisch werden. Bei Festplatten ist beispielsweise lediglich mit einer Haltbarkeit von einigen Jahren zu rechnen. Sollte die Haltbarkeit der ausgewählten Datenträger nicht ausreichen, müssen Strategien für das Umkopieren gefunden werden. Auch die Verfügbarkeit geeigneter Lesegeräte (z.B. Laufwerke für Magnetbänder) ist zu bedenken.
- Die zuverlässige Interpretation und Anzeige der Daten ist ebenfalls nicht über lange Zeiträume hinweg gewährleistet. Selbst aktuell können Dateien in unterschiedlichen Programmen unterschiedlich interpretiert werden, etwa Word-Dokumente in OpenOffice. Welche der heutigen Dateiformate auch in 50 Jahren noch unverändert angezeigt werden können, lässt sich nicht zuverlässig beantworten. Internet-Standards, die als „Requests for comments (RFC)" veröffentlicht werden, sind beispielsweise als reine Textdateien mit dem ASCII-Zeichensatz formatiert. Auch Abbildungen sind aus Zeichen wie „+", „–" und „|" zusammengesetzt. Diese technische Einfachheit führt dazu,

dass sich die Darstellung seit dem ersten RFC aus dem Jahr 1969 nicht geändert hat. Natürlich lässt sich dieses Vorgehen nicht auf jeden Anwendungsfall übertragen. Das BSI hat aber eine Liste von Dateiformaten zusammengestellt, bei denen aus heutiger Sicht zu erwarten ist, dass diese über lange Zeiträume hinweg lesbar bleiben werden.[13]

- Der Beweiswert signierter Dokumente kann sich im Lauf der Zeit ändern. 20
Kryptographische Verfahren für digitale Signaturen (wie sie bei fortgeschrittenen und qualifizierten elektronischen Signaturen und Siegeln eingesetzt werden) basieren auf der Schwierigkeit bestimmter mathematischer Probleme. Durch Fortschritte der Mathematik und – zu einem geringeren Anteil – auch durch die Erhöhung der verfügbaren Rechenleistung sind Probleme, die nach heutigem Stand als schwierig gelten, dies nicht zwingend auch noch in mehreren Jahrzehnten. Es ist einerseits möglich, dass ein Verfahren dann als vollständig unsicher gilt; andererseits ist es auch denkbar, dass lediglich Parameter angepasst werden, insbesondere längere Schlüssel gewählt werden müssen. Indem Parameter von Anfang an mit einem großzügigen Sicherheitszuschlag gewählt werden, lässt sich das Problem verschieben; die Signaturerstellung auf einer Chipkarte mit begrenzter Rechenleistung und Speicherkapazität begrenzt diese Möglichkeit aber. § 15 des Vertrauensdienstegesetzes fordert, bei Bedarf „qualifiziert elektronisch signierte, gesiegelte oder zeitgestempelte Daten durch geeignete Maßnahmen neu zu schützen“, lässt die konkrete Durchführung aber offen.
Eine Lösung ist die sogenannte Übersignatur: Das signierte Dokument wird – einschließlich der bereits vorhandenen Signatur, dem zugehörigen Zertifikat und einer Zeitangabe (auch: Zeitstempel) der neuen Signaturerstellung – bereits dann mit einem neuen Verfahren erneut signiert, wenn das ursprüngliche Signaturverfahren noch als sicher gilt. Ziel ist es, später nachweisen zu können, dass die neue – noch länger als sicher geltende – Signatur bereits zu einem Zeitpunkt erstellt wurde, als die ursprüngliche Signatur noch nicht fälschbar war. Dementsprechend ist die Übersignatur auch nur dann aussagekräftig, wenn sie von einer – auch bezüglich der Zeitangabe – vertrauenswürdigen Stelle stammt. Sogenannte „Bewahrungsdienste“ (Artikel 34 eIDAS-VO) können die Beweiswerterhaltung von elektronischen Signaturen als Dienstleistung anbieten. Konsequenz ist aber, dass – sofern signierte Dokumente nach längeren Zeiträumen als Beweismittel benötigt werden – regelmäßig geprüft werden muss, ob eingesetzte Signaturverfahren noch als sicher gelten können. Das BSI hat in der technischen Richtlinie „TR-ESOR“ Empfehlungen für die Beweiswerterhaltung kryptographisch signierter Dokumente zusammengestellt.[14]

---

13 https://www.bsi.bund.de/)DE/Themen/ITGrundschutz/ITGrundschutzKataloge/Inhalt/_content/m/m04/m04170.html, abgerufen am 31. 07. 2017.

14 *BSI*, Technische Richtlinie 03125: Beweiswerterhaltung kryptographisch signierter Dokumente (TR-ESOR), Version 1.2 vom 19. 12. 2014.

Allgemeine Empfehlungen zur langfristigen Speicherung von Dokumenten in Behörden sind im „Baustein E-Langzeitspeicherung" des „Organisationskonzept elektronische Verwaltungsarbeit"[15] enthalten.

E. Schnittstellen nach außen

I. E-Mail

21 Mit der Digitalisierung geht auch die wachsende Nutzung elektronischer Kommunikation einher. Will eine Behörde per E-Mail erreichbar sein, ist aber jedenfalls zu bedenken, dass E-Mails per se weder Vertraulichkeit noch Integrität oder Authentizität bieten. Meist werden E-Mails über verschlüsselte Verbindungen übertragen, liegen aber auf mehreren Servern zumindest kurzzeitig unverschlüsselt vor. Auf dem empfangsseitigen Server für eingehende E-Mails ist sogar eine monatelange unverschlüsselte Speicherung nicht ungewöhnlich. Zudem können Absenderadressen in E-Mails in der Regel unproblematisch gefälscht werden. Abhilfe bieten sogenannte Ende-zu-Ende-Verschlüsselung und digitale Signaturen für E-Mails. Jeweils beides wird durch die Standards S/MIME[16] sowie OpenPGP[17] in Verbindung mit PGP/MIME[18] unterstützt. Jedenfalls bei Privatnutzern haben sich diese Standards aber nicht durchgesetzt, so dass alternative Kommunikationswege – etwa über einen besonders gesicherten Dienst im World Wide Web – für vertrauliche Kommunikation eine pragmatischere Lösung darstellen können.

II. Personalausweis

22 Soll die elektronische Nutzung von E-Government-Diensten über einen Web-Dienst ermöglicht werden, stellt sich die Frage nach der Identifizierung und Authentifizierung der Nutzer. Die Notwendigkeit einer sicheren Authentifizierung nach dem Stand der Technik sollte aber zunächst geprüft werden, da diese ggf. eine Hemmschwelle zur Dienstnutzung aufbaut.

23 Sollte eine sichere Authentifizierung vonnöten sein, ist die Nutzung des elektronischen Personalausweises bzw. des technisch identischen elektronischen Aufenthaltstitels denkbar. Dieser verfügt über eine eID(electronic identity)-Funktion, die der Authentifizierung des Ausweisinhabers über das Internet dient. Sie sollte nicht mit einer elektronischen Signatur verwechselt werden, die an ein spezifisches Dokument gebunden ist. Der elektronische Personalausweis kann zwar

---

15 http://www.verwaltung-innovativ.de/SharedDocs/Publikationen/Organisation/e_langzeitspeicherung.html?nn=8886344, abgerufen am 31. 07. 2017.

16 *Internet Engineering Task Force*, Secure/Multipurpose Internet Mail Extensions (S/MIME) Version 3.2 Message Specification, Request for Comments 5751, 2010.

17 *Internet Engineering Task Force*, OpenPGP Message Format, Request for Comments 4880, 2007.

18 *Internet Engineering Task Force*, MIME Security with OpenPGP, Request for Comments 3156, 2001.

auch zur Erstellung qualifizierter elektronischer Signaturen verwendet werden – dies ist aber eine separate Funktion.

Die Konzeption der eID-Funktion[19] ist aus Sicht von IT-Sicherheit und Datenschutz auf sehr hohem Niveau, erzeugt dadurch aber auch einen gewissen Aufwand insbesondere auf der Seite des Diensteanbieters. Sie sieht den Aufbau einer gesicherten Kommunikation zwischen dem Chip des Personalausweises und dem Diensteanbieter vor. Da der Chip Kommunikationsendpunkt ist, sind die Möglichkeiten einer etwaigen Schadsoftware auf dem Rechner des Nutzers eingeschränkt. Auf Seiten des Anbieters wird ein Berechtigungszertifikat eingesetzt, das seine Identität sowie die Felder beinhaltet, auf die er zugreifen darf. Ist also beispielsweise nur der Zugriff auf den Namen des Nutzers im Berechtigungszertifikat vorgesehen, kann der Anbieter nicht auf die Adresse zugreifen. Zugriff auf biometrische Daten (Gesichtsbild und ggf. gespeicherte Fingerabdrücke) ist über die eID-Funktion nicht vorgesehen. Das feingranulare Berechtigungsmodell erlaubt neben der Altersverifikation ohne Übermittlung des Geburtsdatums[20] auch die Wohnortverifikation anhand des vollständigen oder partiellen (z.B. auf den Landkreis beschränkten) amtlichen Gemeindeschlüssels. Ein Anbieter kann einen Ausweis wiedererkennen, wenn er wiederholt zur Authentifizierung beim gleichen Dienst verwendet wird. Ein Abgleich zwischen verschiedenen Diensteanbietern ist jedoch technisch ausgeschlossen.

Trotz des durchdachten Grundkonzepts hat sich die Nutzung der eID-Funktion *24*
des Personalausweises bislang nicht in der Breite durchsetzen können. Nur ein Drittel der Ausweisinhaber hat diese bislang aktivieren lassen. Dies dürfte zum einen anfänglichen Umsetzungsfehlern geschuldet sein[21]; nur als Beispiel sei eine schwerwiegende Sicherheitslücke in der – für die Nutzung der eID-Funktion notwendigen – Software „Ausweisapp“ genannt, die innerhalb eines Tages nach der Veröffentlichung der Software publik wurde[22]. Zum anderen benötigt der Nutzer ein Kartenlesegerät – im Idealfall mit eigener Tastatur, um dort seine Geheimnummer (PIN) einzugeben. Mittlerweile sind die Anfangsschwierigkeiten der Umsetzung behoben, und die eID-Funktion kann auch über die NFC-Schnittstelle vieler Smartphones – wenn auch ohne den Sicherheitsvorteil einer eigenen Tastatur – genutzt werden. Die technischen Voraussetzungen sind also günstig. Auch der Gesetzgeber ist mit Verabschiedung eines Gesetzes „zur Förderung des elektronischen Identitätsnachweises“[23] aktiv geworden. Mit der Änderung des

---

19 *BSI*, Technische Richtlinie 03110: Advanced Security Mechanisms for Machine Readable Travel Documents and eIDAS token.

20 Der Anbieter übermittelt an den Ausweis die Frage, ob dessen Besitzer vor einem bestimmten Stichtag geboren wurde.

21 *Christoph Sorge*, The German electronic identity card: Lessons learned, in: Handbook of Research on Democratic Strategies and Citizen-Centered E-Government Services, Hershey 2014, S. 214–230.

22 *Axel Kossel*, Neuer Personalausweis: AusweisApp mit Lücken [2. Update], Meldung von Heise Online vom 09. 11. 2010, https://heise.de/-1133376 (abgerufen am 01. 04. 2017).

23 Zur Gesetzesbegründung siehe Bundestags-Drucksache 18/11279 vom 22. 02. 2017.

Personalausweisgesetzes ist die Vergabe von Berechtigungszertifikaten nun erleichtert. Zudem ist die automatische Aktivierung der eID-Funktion bei allen neu ausgegebenen Ausweisen vorgesehen, und es wurde eine Regelung für Dienstleister („Identifizierungsdiensteanbieter“) eingeführt, die die elektronische Identifizierung technisch abwickeln.

25 Ob diese Entwicklungen mittelfristig zu einer breiteren Akzeptanz führen werden, ist momentan aber noch offen. Wird der Einsatz des elektronischen Personalausweises erwogen, ist auch die Regelung des Artikels 6 der eIDAS-Verordnung zu berücksichtigen. Demnach sind auch notifizierte elektronische Identifizierungsmittel anderer Mitgliedsstaaten, ein ausreichend hohes Sicherheitsniveau vorausgesetzt, für Online-Dienste öffentlicher Stellen anzuerkennen.

III. Ersetzendes Scannen

26 Die klassische Schnittstelle der Verwaltung nach außen wird durch elektronische Kommunikation in absehbarer Zukunft nicht abgelöst werden können. Der behördeninterne Einsatz von elektronischen Akten befreit nicht vom Eingang von Papierdokumenten; auch Altakten werden in der Regel nicht digital vorliegen. Sollen eingegangene Papierdokumente elektronisch weiterbearbeitet werden, stellt sich die Frage, ob nach dem Scannen die Originale vernichtet werden können (ersetzendes Scannen) oder im Hinblick auf mögliche Beweisschwierigkeiten aufbewahrt werden müssen (ergänzendes Scannen). Nach § 7 Abs. 2 EGovG ist für Bundesbehörden die Vernichtung oder Rückgabe der Originale der Regelfall; gleichzeitig fordert Absatz 1 Satz 2 der Norm, beim Scanvorgang „nach dem Stand der Technik sicherzustellen, dass die elektronischen Dokumente mit den Papierdokumenten bildlich und inhaltlich übereinstimmen, wenn sie lesbar gemacht werden.“ Konkrete technische Vorgaben fehlen im Gesetz jedoch.

27 Die Gesetzesbegründung[24] nennt die Technische Richtlinie „RESISCAN“ des BSI als Beispiel für den Stand der Technik. Auch nach heutigem Stand ist nach wie vor davon auszugehen, dass die Richtlinie, die im März 2017 in Version 1.1 erschienen ist[25], den Stand der Technik wiedergibt. Die Empfehlungen der Richtlinie hängen vom jeweiligen konkreten Schutzbedarf ab, der systematisch zu erheben ist. Daher sind bei der Anwendung der TR RESISCAN die ersten Schritte eine Strukturanalyse sowie eine Schutzbedarfsanalyse. Erst im Anschluss kann entschieden werden, welche Sicherheitsmaßnahmen zu treffen sind. Der Schutzbedarf kann je nach konkretem Schutzziel unterschiedlich sein; so unterscheidet die Richtlinie zwischen erhöhtem (hohem oder sehr hohem) Schutzbedarf bezüglich Integrität, Vertraulichkeit und Verfügbarkeit. Ein Verweis auf die TR RESISCAN gibt also mitnichten ein konkretes Sicherheitsniveau vor, sondern verlagert die Entscheidung auf die einzelne Behörde.

---

24 Bundestags-Drucksache 17/11473 vom 14. 11. 2012, S. 38.

25 *BSI*, Technische Richtlinie 03138: Ersetzendes Scannen (RESISCAN), Version 1.1 vom 02. 03. 2017.

In der Richtlinie wird zwischen vier Schritten des Scanprozesses unterschieden, die jeweils spezifisches Fehlerpotential aufweisen und für die Maßnahmen in der Richtlinie definiert sind: 28

- Die Dokumentenvorbereitung: Hierzu zählen alle Schritte vor dem eigentlichen Einscannen, unter anderem die Prüfung zu scannender Dokumente auf offensichtliche Manipulationen.
- Der eigentliche Scanvorgang: Neben offensichtlichen Fehlerquellen wie fehlerhaftem Einzug oder zu schlechter Scanqualität zeigte sich 2013 bei einigen Modellen eines bedeutenden Herstellers ein Problem durch den verwendeten Kompressionsalgorithmus, der zu vertauschten Zahlen und Buchstaben führen konnte.[26] Die TR RESISCAN schränkt daher – neben zahlreichen weiteren Empfehlungen – auch die Auswahl zulässiger Kompressionsalgorithmen ein.[27]
- Die Nachverarbeitung: Sie umfasst insbesondere die Prüfung auf Vollständigkeit und das Erstellen eines Transfervermerks, der Angaben über den Prozess und die für den Scanvorgang verantwortliche Person enthält.
- Die Integritätssicherung: Die Integrität der Scanprodukte und der zugehörigen Metadaten soll gesichert werden, wobei die Richtlinie lediglich bei erhöhtem Schutzbedarf bezüglich der Integrität die Verwendung kryptographischer Mechanismen empfiehlt. Bei normalem Schutzbedarf wird lediglich ein „geeigneter" Sicherungsmechanismus gefordert.

Neben Empfehlungen, die sich diesen vier Schritten direkt zuordnen lassen, enthält die Richtlinie auch Empfehlungen zu allgemeinen organisatorischen, technischen und personellen Maßnahmen.

F. Elektronische Gesetzesverkündung

Der Übergang zu einer elektronischen Verkündung von Gesetzen stellt eine weitere Herausforderung für die IT-Sicherheit dar. Hier sind besonders hohe Anforderungen an das Sicherheitsniveau zu stellen. Insbesondere müssen Integrität und Authentizität sichergestellt sein.[28] Waren bisher qualifizierte elektronische Signaturen das Mittel der Wahl (und beispielsweise in § 4 Abs. 1 Amtsblattgesetz-Saarland vorgeschrieben), wäre mit der eIDAS-Verordnung auch ein Übergang zu qualifizierten elektronischen Siegeln möglich. Auch die Dauerhaftigkeit der Maßnahmen spielt in diesem Szenario eine besondere Rolle.[29] Technisch unterscheiden 29

26 *Tim Gerber*, Xerox' Scanner-Fehler: Buchstabentausch auch bei höheren Qualitätsstufen, Meldung von Heise Online vom 12.08.2013, https://heise.de/-1933798 (abgerufen am 31.07.2017).

27 *BSI*, RESISCAN (Fn. 25), S. 23.

28 *Annette Guckelberger*, Der Übergang zur (ausschließlich) elektronischen Gesetzesverkündung, Baden-Baden 2009, S. 77.

29 Ebd., S. 81 ff.

sich Gesetzestexte nicht von sonstigen Dokumenten, so dass die Ausführungen zur Langzeitaufbewahrung elektronischer Dokumente einschließlich der Beweiswerterhaltung von Signaturen auch hier gelten.

G. Fazit

30 Die Gewährleistung der IT-Sicherheit ist für eine Verwaltung, die das Vertrauen der Bürger genießen soll, unverzichtbar. Allerdings ist der Weg zu einer sicheren Organisation ein weiter – schon allein deshalb, weil sehr unterschiedliche Schutzbedarfe bestehen können, die zunächst bewertet werden müssen. Zu beachten ist weiterhin, dass sich IT-Sicherheit nicht alleine durch eine IT-Abteilung erreichen lässt, sondern nahezu jeden Mitarbeiter – bis hin zum Putzpersonal, das Zutritt zu Räumlichkeiten mit IT-Systemen hat – betrifft. Geeignete Schutzmaßnahmen sind für nahezu alle Bedrohungsszenarien vorhanden, doch ist eine Einzelfallabwägung erforderlich, die neben Schutzbedarf und direkten Kosten der Maßnahme auch indirekte Kosten – etwa durch aufwendigere Prozesse – berücksichtigt.

Teil V
Einsatzfelder

Möglichkeiten des Einsatzes von Cloud Computing durch die öffentliche Verwaltung

Thorsten Hennrich

A. Einleitung

Cloud Computing steht seit mittlerweile einigen Jahren als allgegenwärtige Kurzformel für flexible, dynamische und bedarfsgerechte Formen der Nutzung von Informationstechnologie.[1] Die hiermit verbundene Abkehr von bisherigen IT-Einsatz- und Nutzungsszenarien hat einen Paradigmenwechsel bewirkt, der sich an einem vielzitierten Vergleich zu den Anfängen der Stromerzeugung verdeutlicht, als kleine Stromgeneratoren in Industriebetrieben vor Ort (Parallele zu lokalen IT-Systemen) schließlich durch eine zentrale Elektrizitätsversorgung (Parallele zu den von Cloud-Anbietern bereitgestellten Infrastrukturen) entbehrlich wurden. Entsprechend hierzu sollen sämtliche IT-Leistungen – angefangen von Rechenleistung und Speicherplatz bis hin zu ganzen Software-Anwendungen – künftig wie „Strom aus der Steckdose“ vollkommen flexibel und bedarfsbasiert zur Verfügung stehen.[2] *1*

Das disruptive Potential dieses grundlegenden Wandels ließ Cloud Computing binnen kürzester Zeit – vor allem ab dem Jahr 2009 – zum weltweit maßgeblichen Trend in der Bereitstellung von Informationstechnologie avancieren. Den Hype um die Datenwolken nahmen gerade die Marketing-Abteilungen zahlreicher Provider als verkaufsfördernden Anlass, um ihr Leistungsportfolio möglichst weitgehend und werbewirksam mit dem innovativen Label der „Cloud“ zu kennzeichnen. Mitunter drängte sich daher gerade anfangs der Verdacht auf, dass unter dem Deckmantel der Datenwolken oftmals bloß alter Wein in neuen Schläuchen verkauft wird.[3] Gleichwohl haben die maßgeschneiderten und flexiblen Geschäfts- und Nutzungsmodelle aus der Wolke des Internets bis zum heutigen Tag eine bemerkenswerte Entwicklung hingelegt und sind aus Einsatz- und Nutzungsszena- *2*

---

1 *Thorsten Hennrich*, Cloud Computing – Herausforderungen an den Rechtsrahmen für Datenschutz, Berlin 2016, S. 35 u. 56.

2 *Nicholas Carr*, The Big Switch – Der große Wandel, Cloud Computing und die Vernetzung der Welt von Edison bis Google, Heidelberg 2009, S. 20 ff.; *Hennrich* (Fn. 1), S. 37 m. w. N.; *Dirk Heckmann*, juris PraxisKommentar Internetrecht, 4. Aufl., Saarbrücken 2014, Kap. 9, Rn. 600; Sönke E., MMR 2010, 75.

3 *Dirk Heckmann*, Cloud Computing in der öffentlichen Verwaltung? Rechtliche Grenzen für eine Lockerung staatlicher Datenherrschaft, in: Hermann Hill/Utz Schliesky (Hsg.), Innovationen im und durch Recht: E-Volution des Rechts- und Verwaltungssystems II, 1. Aufl., Baden-Baden 2010, S. 97–113; *Jan Pohle/Thorsten Ammann*, Software as a Service – auch rechtlich eine Evolution?, K&R 2009, S. 625–631, 625; *Hennrich* (Fn. 1), S. 78.

rien von IT nicht mehr wegzudenken. Überdies bilden sie die Grundlage für aktuelle IT-Trends wie Big Data, IoT (Internet of Things), Industrie 4.0, die Entwicklung künstlicher Intelligenz sowie – aktuell gerade im Rechtsmarkt – von LegalTech.

3 Der Einsatz cloud-basierter Lösungen ist dabei nicht nur für die Privatwirtschaft, sondern gerade auch für die öffentliche Verwaltung von großem Interesse. Denn mit flexiblen, bedarfsgerechten und kosteneffizienten Nutzungs- und Abrechnungsmodellen („pay per use") sind hohe Einsparpotentiale, wirtschaftliche Vorteile sowie verbesserte Einstiegs- und Anschaffungskosten verbunden. In Zeiten knapper öffentlicher Kassen und einer angespannten Haushaltslage können sich bedarfsbasierte Cloud-Computing-Konzepte daher gerade im engen Rahmen des Haushalts- und Vergaberechts und mit Blick auf das allgemeine Gebot von Wirtschaftlichkeit und Sparsamkeit als vorteilhaft erweisen.[4] Sie sind nicht ohne Grund ein zentraler Baustein von „E-Government"-Konzepten sowie von zahlreichen „Gov Cloud"-Aktivitäten sowohl in Deutschland als auch in zahlreichen Mitgliedstaaten der Europäischen Union.[5]

B. Cloud Computing – Begriff und Erscheinungsformen

4 Mit dem Begriff Cloud Computing verbindet sich ein breites Spektrum an flexiblen Leistungen aus der Wolke des Internets, der bekannten Metapher für komplexe Datennetzstrukturen.[6] Allerdings bleibt meist unklar, welche Konturen sich hinter einer „Cloud" konkret verbergen. Zu einem besseren Verständnis wird im Folgenden daher zunächst eine kurze Klärung des Begriffs und der gegenwärtigen Erscheinungsformen von Cloud Computing vorgenommen.

I. Begriffsdefinition

5 Nach der in Fachkreisen vielzitierten „Definition of Cloud Computing" des US-amerikanischen National Institute of Standards and Technology (NIST) ist Cloud Computing „a model for enabling ubiquitous, convenient, on-demand network access to a shared pool of configurable computing resources (e.g., networks, servers, storage, applications, and services) that can be rapidly provisioned and

---

4 Vgl. *Ralf Müller-Terpitz*, in: Georg Borges/Jan Geert Meents (Hrsg.), Cloud Computing. Rechtshandbuch, München 2016, § 22, Rn. 3.

5 *Europäische Agentur für Netz- und Informationssicherheit* (ENISA), Security Framework for Governmental Clouds, February 2015, abrufbar unter: https://www.enisa.europa.eu/publications/security-framework-for-governmental-clouds [Stand: 14. 09. 2018], S. 5 ff.; *Sönke E. Schulz*, Verfassungs- und verwaltungsrechtliche Fragestellungen, in: Hermann Krallmann/Alfred Zapp (Hrsg.), Bausteine einer vernetzten Verwaltung, Prozessorientierung – Open Government – Cloud Computing – Cybersecurity, Berlin 2012, S. 52–55; *Müller-Terpitz* (Fn. 4), § 22, Rn. 3.

6 *Heckmann* (Fn. 2), Kap. 9, Rn. 603; *Hennrich* (Fn. 1), S. 56; *Michael Marc Maisch*, Informationelle Selbstbestimmung in Netzwerken – Rechtsrahmen, Gefährdungslagen und Schutzkonzepte am Beispiel von Cloud Computing und Facebook, Berlin 2015, S. 97.

released with minimal management effort or service provider interaction.“[7] Als die fünf grundlegenden Charakteristika von Cloud Computing benennt das NIST „on-demand self-service“, „broad network access“, „resource pooling“, „rapid elasticity“ sowie „measured service“.[8]

Auf Basis der NIST-Definition hat auch das Bundesamt für Sicherheit in der Informationstechnik (BSI) im Jahr 2011 eine Begriffsdefinition unternommen. Hiernach bezeichnet Cloud Computing „das dynamisch an den Bedarf angepasste Anbieten, Nutzen und Abrechnen von IT-Dienstleistungen über ein Netz. (…) Die Spannbreite der im Rahmen von Cloud Computing angebotenen Dienstleistungen umfasst das komplette Spektrum der Informationstechnik und beinhaltet unter anderem Infrastruktur (z.B. Rechenleistung, Speicherplatz), Plattformen und Software.“[9] Diese Definition des BSI wird im Grundsatz auch dem vorliegenden Beitrag zugrunde gelegt. *6*

II. Abgrenzung zu konventionellen IT-Outsourcing-Szenarien, Virtualisierung

Unter dem Gesichtspunkt der Auslagerung von IT-Dienstleistungen auf externe Anbieter ist Cloud Computing IT-Outsourcing im klassischen Sinn. Eine Abgrenzung zur konventionellen Bereitstellung und Nutzung von IT-Infrastruktur lässt sich jedoch vor allem an den flexiblen und bedarfsbasierten Nutzungs- und Abrechnungsmodellen festmachen („as a Service“, „pay per use“).[10] Zudem basiert die flexible Bereitstellung und Zuteilung der IT-Ressourcen meist auf (hoch-)automatisierten Prozessen und einem „self provisioning“ durch den Nutzer – und folglich ganz im Sinne der Merkmale von „on-demand self-service“ und „minimal service provider interaction“ nach der NIST-Definition. *7*

Eine zentrale technische Grundlage von Cloud-Architekturen bildet die Virtualisierung, deren Techniken es ermöglichen, die Hardware-Ebene von sämtlichen darüber liegenden Ebenen zu abstrahieren.[11] Sämtliche Hardwarekomponenten werden hierbei in Ressourcen-Pools zusammengefasst und den jeweiligen Laufzeitumgebungen losgelöst von einem bestimmten, dedizierten IT-System bedarfs- *8*

---

7 *Peter Mell/Timothy Grance*, The NIST Definition of Cloud Computing, Recommendations of the National Institute of Standards and Technology, U.S. Department of Commerce, Special Publication 800-145, abrufbar unter: http://csrc.nist.gov/publications/nistpubs/800-145/SP800-145.pdf [Stand: 14.09.2018], S. 2.

8 *Mell/Grance* (Fn. 7), S. 2.

9 *Bundesamt für Sicherheit in der Informationstechnik* (BSI), Eckpunktepapier – Sicherheitsempfehlungen für Cloud Computing Anbieter (Mindestsicherheitsanforderungen in der Informationssicherheit), Version mit Stand Februar 2012, abrufbar unter: https://www.bsi.bund.de/SharedDocs/Downloads/DE/BSI/Publikationen/Broschueren/Eckpunktepapier-Sicherheitsempfehlungen-CloudComputing-Anbieter.pdf?__blob=publicationFile&v=6 [Stand: 14.09.2018], S. 15 f.

10 Zu „as a Service“ siehe unten unter B. III.

11 Ausführlich zu den Grundlagen und Basistechnologien von Cloud Computing *Hennrich* (Fn. 1), S. 44 ff.

basiert zur Verfügung gestellt.[12] Gerade bei der praxisrelevanten Systemvirtualisierung durch einen Hypervisor werden den Anwendungen der jeweiligen Nutzer auf diesem Weg komplette IT-Systeme als virtuelle Maschinen „simuliert" bereitgestellt, quasi als ob eine „echte" Hardware-Umgebung zugrunde liegen würde.[13] Dies hat zur Folge, dass sich eine Datenverarbeitung – im Unterschied zum konventionellen Serverbetrieb – gerade in großen virtuellen IT-Systemlandschaften, wie bei ressourcenintensiven Public Clouds, nicht länger einem dedizierten IT-System zuordnen lässt.

III. „IT as a Service" – Die Cloud-Service-Modelle

9 Cloud Computing liegt – dies hat die weit gehaltene Begriffsdefinition des BSI verdeutlicht – die bedarfs- und nutzungsbasierte Erbringung von IT-Leistungen im Umfang des kompletten Spektrums der Informationstechnik zugrunde („IT as a Service").[14] Entsprechend zu den verschiedenen Ebenen des Schichtenmodells einer IT-Sicherheitsarchitektur wird dabei grundlegend zwischen der Bereitstellung von Infrastruktur, Plattformen und Software im Wege eines Drei-Ebenen-Modells differenziert.

1. Infrastructure as a Service (IaaS)

10 Auf der untersten Ebene dieses Modells, die sich auf die grundlegenden Infrastrukturkomponenten bezieht, umfasst Cloud Computing die flexible und bedarfsorientierte Bereitstellung von IT-Infrastruktur als Dienst („as a Service"), also von Hardware-Ressourcen wie Rechenleistung (CPU), Arbeitsspeicher (RAM), Speicherplatz oder von Netzwerkkomponenten wie Firewalls, Router, Switches oder Loadbalancer.[15] Der Nutzer führt innerhalb der von dem Anbieter bereitgestellten, in der Regel virtualisierten Infrastruktur Betriebssysteme und Software seiner Wahl aus.[16] Bekannte IaaS-Praxisbeispiele sind die umfangreichen Leistungen des US-amerikanischen Cloud-Computing-Pioniers Amazon Web Services sowie die Leistungen sämtlicher Anbieter von Online-Speicherdiens-

---

12 *Matthias Schorer*, in: Marc Hilber (Hrsg.), Handbuch Cloud Computing, Köln 2014, S. 70, Rn. 38 f.; *Dirk Heckmann/Jörn von Lucke/Thorsten Hennrich/Michael Marc Maisch*, Compliant Community Cloud (C^3) – Sicheres IT-Outsourcing für Kommunen, Studie, abrufbar unter: http://www.bay-innovationsstiftung.de/fileadmin/docs/Cloud_Stiftung_2013.pdf [Stand: 14. 09. 2018], S. 10; *Joerg Heidrich/Christoph Wegener*, Sichere Datenwolken – Cloud Computing und Datenschutz, MMR 2010, S. 803–807, 803.

13 *Hennrich* (Fn. 1), S. 52 f. m. w. N.; *Maisch* (Fn. 6), S. 101 f.

14 *Hennrich* (Fn. 1), S. 62.

15 *Hennrich* (Fn. 1), S. 63 m. w. N., S. 213; *Andreas Weiss*, in: Marc Hilber (Hrsg.), Handbuch Cloud Computing, Köln 2014, S. 5, Rn. 12; *Peter Bräutigam/Thomas Thalhofer*, in: Peter Bräutigam (Hrsg.), IT-Outsourcing und Cloud-Computing – Eine Darstellung aus rechtlicher, wirtschaftlicher und vertraglicher Sicht, 3. Aufl., Berlin 2013, Teil 14, Rn. 12; *Heckmann* (Fn. 2), Kap. 9, Rn. 607.

16 *Bräutigam/Thalhofer* (Fn. 15), Teil 14, Rn. 12; vgl. *Hennrich* (Fn. 1), S. 63.

ten.[17] Gegenstand der IaaS-Ebene sind aber beispielsweise auch die vielfältigen infrastrukturbezogenen Leistungen der zahlreichen IT-Dienstleister unter kommunaler Hoheit, deren zugrundeliegende IT-Ressourcen sich zudem in der Regel ausschließlich auf deutschem Hoheitsgebiet befinden.[18]

2. Platform as a Service (PaaS)

Gegenstand der mittleren Ebene ist die dynamische Bereitstellung von Laufzeit- 11
und Entwicklungsplattformen für Software.[19] Ein bekanntes PaaS-Framework ist die Google App Engine, die Entwicklern Programmierumgebungen, Werkzeuge und andere Plug-ins bereitstellt.[20]

3. Software as a Service (SaaS)

Die oberste Ebene umfasst die flexible und bedarfsorientierte Bereitstellung des 12
kompletten Spektrums an Anwendungssoftware. Sie kann von Web-Applikationen bis hin zu komplexer Standardsoftware im Bereich von Office-Anwendungen, Finanzbuchhaltung oder ERP-Lösungen reichen.[21] Typische SaaS-Beispiele sind Microsoft Office 365, Google Docs oder die CRM-Lösungen von salesforce.com.[22] Im öffentlichen Bereich ist die Bereitstellung von Fachanwendungen zentraler Bestandteil der SaaS-Ebene.

4. Everything/IT as a Service (XaaS)

Darüber hinaus existieren vielfältige weitere Servicebereiche, die sich dem grund- 13
legenden Drei-Ebenen-Modell von IaaS, PaaS und SaaS nicht eindeutig zuordnen lassen. Die zahlreichen weiteren begrifflichen Unterteilungen, die sich in der Praxis insoweit wiederfinden, unterfallen dem grundsätzlichen Gedanken von „Everything/IT as a Service (XaaS)“, wobei das „X“ als unbestimmter Platzhalter für den jeweiligen IT-Service steht. Bekannte und in der Praxis häufig wiederzufindende Begriffe sind Business Process as a Service (BPaaS), die IaaS-Unterform Storage as a Service (StaaS), Desktop as a Service (DaaS) oder Security as a Service (SecaaS).[23]

17 *Bräutigam/Thalhofer* (Fn. 15), Teil 14, Rn. 12; *Heckmann* (Fn. 2), Kap. 9 Rn. 607; *Hennrich* (Fn. 1), S. 65 ff.
18 Zu IT-Dienstleistern der öffentlichen Hand siehe auch unten unter C. I.
19 *Hennrich* (Fn. 1), S. 68.
20 *Hennrich* (Fn. 1), S. 69; *Heckmann* (Fn. 2), Kap. 9, Rn. 608.
21 *Weiss* (Fn. 15), S. 5, Rn. 10; *Hennrich* (Fn. 1), S. 69; ERP steht für Enterprise Resource Planning.
22 http://office365.com; https://docs.google.com/?hl=de; https://www.salesforce.com [Stand jeweils: 01. 01. 2017].
23 *Andreas Weiss*, Cloud Computing – Technischer Hintergrund, in: Fabian Niemann/Jörg-Alexander Paul (Hrsg.), Rechtsfragen des Cloud Computing, 1. Aufl., Berlin/Boston 2014, S. 18–36, hier S. 28; *Hennrich* (Fn. 1), S. 74.

IV. Betriebs- & Bereitstellungsmodelle

14 Bei allen Cloud-Service-Modellen ist in Bezug auf deren Betrieb und Bereitstellung zunächst zwischen den beiden Grundformen der Public Cloud und der Private Cloud zu unterscheiden. Bekannte Kombinationen und Derivate, die auf diesen Grundformen beruhen, sind insbesondere die Hybrid Cloud und die Community Cloud.

1. Public Cloud

15 Public Clouds sind der allgemeinen Öffentlichkeit („jedermann") zugängliche Cloud-Umgebungen.[24] Sie können somit nicht nur von allen natürlichen und juristischen Personen, sondern auch von allen öffentlichen Einrichtungen genutzt werden. Sämtliche Nutzer sind in aller Regel organisatorisch nicht miteinander verbunden.[25] Aufgrund der allgemeinen Zugänglichkeit und der gemeinsamen Nutzung der zugrundeliegenden Ressourcen durch eine unbestimmte Anzahl an Nutzern kommt den Aspekten von Datenschutz und Datensicherheit gerade in Public Clouds eine große Bedeutung zu.

2. Private Cloud

16 Private Clouds sind dagegen Cloud-Umgebungen, die einer unbestimmten Öffentlichkeit gerade nicht allgemein zugänglich sind, sondern ausschließlich einem bestimmten, abgeschlossenen Nutzerkreis zur Verfügung stehen (wie beispielsweise den Mitarbeitern eines Unternehmens oder einer Behörde).[26] Private Clouds ermöglichen sowohl eine Kontrolle über die Nutzer als auch über die zugrundeliegenden, exklusiv genutzten Ressourcen und gelangen daher insbesondere bei hohen Sicherheitsanforderungen zum Einsatz – auch wenn sie nicht die Skaleneffekte großer Public Clouds erreichen.[27]

3. Hybrid Cloud

17 Als Hybrid Cloud wird die Kombination einer Public Cloud mit einer Private Cloud bezeichnet.[28] Dieses Bereitstellungsmodell gelangt vor allem dann zum Einsatz, wenn der Ressourcen-Pool einer Private Cloud durch Public-Cloud-Ressourcen flexibel erweitert werden soll.[29] Besonders sensible Datenkategorien können dabei innerhalb der Private Cloud verbleiben. Es ist daher ein großer Vorteil hybrider Cloud-Implementierungsmodelle, dass Daten nicht nur gemäß

---

24 *Christian Metzger/Thorsten Reitz/Juan Villar*, Cloud Computing – Chancen und Risiken aus technischer und unternehmerischer Sicht, 1. Aufl., München 2011, S. 19; *Müller-Terpitz* (Fn. 4), § 22, Rn. 5; *Hennrich* (Fn. 1), S. 74; *Heckmann* (Fn. 2), Kap. 9, Rn. 613.

25 *Helmut Krcmar*, in: Georg Borges/Jan Geert Meents (Hrsg.), Cloud Computing, Rechtshandbuch, München 2016, § 1, Rn. 44.

26 *Hennrich* (Fn. 1), S. 76; *Krcmar* (Fn. 25), § 1, Rn. 37; *Bräutigam/Thalhofer* (Fn. 15), Teil 14, Rn. 15.

27 *Weiss* (Fn. 23), S. 21 f.

28 *Hennrich* (Fn. 1), S. 79; *Weiss* (Fn. 23), S. 22.

29 *Krcmar* (Fn. 25), § 1, Rn. 50.

dem jeweiligen Schutzbedarf verarbeitet werden können, sondern einem Nutzer zugleich auch die jeweiligen Vorteile einer Public Cloud und einer Private Cloud zur Verfügung stehen.[30]

4. Community Cloud

Als Community Cloud wird die gemeinsame Nutzung einer Cloud-Umgebung durch Unternehmen oder Organisationen einer Branche bezeichnet (zum Beispiel zur brancheninternen Zusammenarbeit im Automobil-, Finanz- oder Luftfahrt-Sektor oder aufgrund vergleichbarer Compliance-Anforderungen).[31] Die Bereitstellung kann als Public Community Cloud oder als Private Community Cloud beziehungsweise in einem hybriden Bereitstellungsmodell erfolgen.[32] *18*

Eine „Branche" im Sinne einer Community Cloud kann auch die öffentliche Verwaltung darstellen. Hiernach wäre beispielsweise die gemeinsame Nutzung einer Fachanwendung durch verschiedene Träger der öffentlichen Verwaltung – vor allem mit Blick auf verbesserte Synergieeffekte – als Community Cloud zu typisieren.[33]

C. Cloud Computing durch die öffentliche Verwaltung

In Zeiten von „E-Government" und einer Verwaltungsmodernisierung hat Cloud Computing sehr schnell auch den öffentlichen Sektor erreicht.[34] Mit Blick auf die begrenzten Haushaltsmittel zahlreicher Kommunen eröffnen die Einsparpotentiale einer flexiblen IT-Nutzung sowie die technischen und organisatorischen Vorteile verteilter IT-Infrastrukturen neue, sparsamere und zugleich sichere Möglichkeiten, um IT in der öffentlichen Verwaltung einzusetzen. *19*

Für die Darstellung der Möglichkeiten von Cloud Computing in der öffentlichen Verwaltung wird der Blick daher zunächst auf typische IT-Outsourcing-Szenarien im kommunalen Umfeld geworfen (im Folgenden unter I.). Sodann werden die Möglichkeiten, Chancen und Vorteile (im Folgenden unter II.) sowie die Risiken und Gefahren (im Folgenden unter III.) von Cloud Computing allgemein dargestellt. Im Anschluss hieran werden ausgewählte Rechtsfragen erörtert, die im Kontext von Cloud Computing für die öffentliche Hand von Bedeutung sind, wobei ein besonderer Fokus auf dem technischen und organisatorischen Maßnahmenkonzept im Rahmen von Datenschutz und Datensicherheit liegt (im Folgenden unter IV.). *20*

---

30 *Weiss* (Fn. 23), S. 22; *Krcmar* (Fn. 25), § 1, Rn. 50.

31 *Hennrich* (Fn. 1), S. 80.

32 *Hennrich* (Fn. 1), S. 80.

33 Vgl. *Horst Westerfeld*, Chancen und Fragestellungen, in: Fabian Niemann/Jörg-Alexander Paul (Hrsg.), Rechtsfragen des Cloud Computing, 1. Aufl., Berlin/Boston 2014, S. 7–17, hier: S. 10; siehe hierzu auch unten unter C. I.

34 *Heckmann* (Fn. 3), S. 99; vgl. *Jan Dirk Roggenkamp*, Anforderungen an die Cloud in der öffentlichen Hand, in: Fabian Niemann/Jörg-Alexander Paul (Hrsg.), Rechtsfragen des Cloud Computing, 1. Aufl., Berlin/Boston 2014, S. 229–249.

I. Typische IT-Outsourcing-Szenarien der öffentlichen Verwaltung

21 Aus der föderalen Struktur der Bundesrepublik Deutschland resultiert eine komplexe öffentliche Verwaltung mit einer Vielzahl an IT-Dienstleistern, die auf den unterschiedlichen Verwaltungsebenen eingeschaltet sind.[35] So soll in Deutschland allein die Anzahl der in öffentlicher Hand betriebenen Rechenzentren bei etwa 400 liegen, was bereits als Indiz für eine hohe Redundanz und mangelnde Synergien angesehen werden kann.[36] Dagegen erweisen sich gerade verwaltungsspezifische Fachverfahren meist als Hindernis für die verwaltungsträgerübergreifende Bereitstellung von IT-Leistungen.[37]

22 Das Leistungsspektrum eines IT-Outsourcings kann im kommunalen Umfeld von der Auslagerung einzelner elektronischer Fachverfahren bis hin zur vollständigen Auslagerung kommunaler IT-Abteilungen oder der Nutzung eines kommunalen Dienstleistungszentrums als Shared Service Center reichen.[38] Typische Outsourcing-Szenarien der öffentlichen Hand lassen sich für den Freistaat Bayern etwa anhand einer im Jahr 2012 durchgeführten Umfrage zur Ermittlung der Anforderungen für eine Cloud-Lösung verdeutlichen, die den Bedürfnissen der kommunalen Verwaltung Rechnung trägt.[39] Bayerischen Gemeinden, Städten, Landkreisen und Bezirken wurden hierfür verschiedene Fragen vorgelegt, um zunächst den Outsourcing-Bedarf von Kommunen sowie den „status quo“ von IT-Outsourcing in der öffentlichen Verwaltung näher zu beleuchten.[40] Die Auswertung hat dabei verdeutlicht, dass vor allem Software-Anwendungen und Infrastruktur, in kleinem Umfang aber beispielsweise auch Druckdienstleistungen sowie Personal- und Gehaltsabrechnungen von dem an der Umfrage teilnehmenden Kommunen extern bezogen werden.[41] Die ausgelagerten Anwendungen bezogen sich wiederum vor allem auf die Bereiche Standesamt, Personalwesen, Geodaten, Firewall, Einwohnermeldewesen, Finanzwesen, Haushaltswesen und Ausbildungsförderung.[42] Hierzu korrespondierend wurden als die jeweils zugrunde liegenden Datenkategorien vor allem Personenstandsdaten, Einwohnermeldedaten, Finanzdaten, Geodaten und Daten aus dem Bereich Personalwesen genannt.[43]

23 Die Chancen, die Cloud Computing gerade der öffentlichen Verwaltung eröffnet, haben auch zahlreiche IT-Dienstleister unter kommunaler Hoheit erkannt, wie die Anstalt für Kommunale Datenverarbeitung (AKDB) in Bayern oder dataport in Norddeutschland für die Bundesländer Schleswig-Holstein, Hamburg, Bremen, Niedersachsen und Mecklenburg-Vorpommern.[44] Sie bieten den Trägern der

35 *Westerfeld* (Fn. 33), S. 10.
36 *Westerfeld* (Fn. 33), S. 10.
37 *Müller-Terpitz* (Fn. 4), § 22, Rn. 11.
38 *Heckmann/von Lucke/Hennrich/Maisch* (Fn. 12), S. 18.
39 *Heckmann/von Lucke/Hennrich/Maisch* (Fn. 12), S. 1 ff.
40 *Heckmann/von Lucke/Hennrich/Maisch* (Fn. 12), S. 121.
41 *Heckmann/von Lucke/Hennrich/Maisch* (Fn. 12), S. 123.
42 *Heckmann/von Lucke/Hennrich/Maisch* (Fn. 12), S. 123.
43 *Heckmann/von Lucke/Hennrich/Maisch* (Fn. 12), S. 125.
44 www.akdb.de [Stand: 14. 09. 2018] bzw. www.dataport.de [Stand: 14. 09. 2018].

öffentlichen Verwaltung mittlerweile ganz unterschiedliche Cloud-Services an, die von der Bereitstellung von IT-Infrastruktur bis hin zu verwaltungsspezifischen Fachanwendungen und diesbezüglichen Schulungen reichen.[45] Auf den zugrunde liegenden IT-Systemen gelangen in aller Regel Virtualisierungstechniken zum Einsatz, die als zentrale Basistechnologie von Cloud Computing gelten und eine flexible Ressourcenzuteilung ermöglichen.[46] Viele der Leistungen kommunaler IT-Dienstleister sind daher Cloud-Services im eigentlichen Sinn.[47] In der Regel lassen sie sich als Private Community Cloud typisieren, soweit sie ausschließlich den Trägern der öffentlichen Verwaltung als Nutzerkreis zugänglich sind („BehördenCloud", „GovCloud").[48]

II. Möglichkeiten, Chancen und Vorteile

Cloud Computing eröffnet der öffentlichen Verwaltung vielfältige Chancen und Vorteile. In wirtschaftlicher Hinsicht kommen den angespannten kommunalen Haushaltslagen vor allem die flexiblen Nutzungs- und Abrechnungsmodelle entgegen, die Fixkosten durch variable Kosten der Inanspruchnahme („pay per use") ersetzen.[49] Auch wenn in sämtlichen wiederkehrenden Kernbereichen der Verwaltungstätigkeit tendenziell von einem gleichbleibenden Bedarf – etwa in Bezug auf Arbeitsplatzlizenzen von Standardsoftware – auszugehen sein wird, können sich wirtschaftliche Vorteile vor allem in den Randbereichen der Verwaltungstätigkeit zeigen.[50] Darüber hinaus werden in technischer Hinsicht durch von einem Anbieter zentral bereitgestellte IT-Ressourcen und verteilte Datenverarbeitungs- und Datenspeicherungskonzepte die Verfügbarkeit und Ausfallsicherheit und mithin die Qualität der Datenverarbeitung insgesamt verbessert.[51] Hiervon profitieren gerade kleine Kommunen mit knappen personellen Ressourcen, denen durch Cloud Computing nunmehr hochwertige Technologie-Lösungen bedarfsgerecht zur Verfügung stehen. Zudem kann eine Behörde etwa bei der Adminis- 24

45 *Müller-Terpitz* (Fn. 4), § 22, Rn. 10; *Martin Erben*, in: Marc Hilber (Hrsg.), Handbuch Cloud Computing, Köln 2014, S. 657–700; *Dirk Heckmann*, in: Peter Bräutigam (Hrsg.), IT-Outsourcing und Cloud-Computing – Eine Darstellung aus rechtlicher, wirtschaftlicher und vertraglicher Sicht, 3. Aufl., Berlin 2013, Teil 10, Rn. 26.

46 Zu Virtualisierungstechniken siehe bereits oben unter B. II. sowie *Hennrich* (Fn. 1), S. 52 ff.; *Müller-Terpitz* (Fn. 4), § 22, Rn. 10.

47 *Heckmann/von Lucke/Hennrich/Maisch* (Fn. 12), S. 92.

48 Vgl. *Sönke E. Schulz*, Cloud Computing in der öffentlichen Verwaltung. Chancen – Risiken – Modelle, MMR 2010, 75–80, 77; *Müller-Terpitz* (Fn. 4), § 22, Rn. 9.

49 *Heckmann/von Lucke/Hennrich/Maisch* (Fn. 12), S. 24 f.

50 *Heckmann/von Lucke/Hennrich/Maisch* (Fn. 12), S. 25.

51 Vgl. *Europäische Kommission* [COM (2012)], 529 final v. 27.09.2012, Mitteilung der Kommission an das Europäische Parlament, den Rat, den Europäischen Wirtschafts- und Sozialausschuss und den Ausschuss der Regionen, Freisetzung des Cloud-Computing-Potenzials in Europa, abrufbar unter: http://eur-lex.europa.eu/LexUriServ/LexUriServ.do?uri=COM:2012:0529:FIN:DE:PDF [Stand: 14.09.2018], S. 4; *Heckmann/von Lucke/Hennrich/Maisch* (Fn. 12), S. 24.

tration und Wartung von IT-Systemen auf das Wissen und das Know-how erfahrener und hochspezialisierter IT-Dienstleister zurückgreifen.[52]

25 Vor dem Hintergrund dieser wirtschaftlichen und technischen Möglichkeiten hat auch die Europäische Kommission in ihrer im Jahr 2012 veröffentlichten Strategie zum Cloud Computing herausgestellt, dass sich hierdurch gerade der öffentlichen Verwaltung Chancen eröffnen, um ihre Dienste attraktiver und effizienter zu gestalten, insbesondere um flexibler und besser auf die Bedürfnisse der Bürger und Unternehmen abgestimmte Dienstleistungen zu erbringen sowie um schrittweise interne Datenverarbeitungsanlagen, Rechenzentren oder Abteilungen durch Cloud-Dienste zu ersetzen.[53] Gerade bei der Gestaltung einer vertrauenswürdigen Cloud-Umgebung in Europa sieht die Kommission den Behörden eine wichtige Rolle zukommen. Als Großabnehmer sollen diese ihr Gewicht in die Waagschale werfen können, um die Entwicklung und Einführung von Cloud Computing in Europa auf der Grundlage offener Technologien und gesicherter Plattformen zu fördern, um vertrauenswürdige Zugangsmöglichkeiten zu schaffen.[54] Durch die Übernahme vertrauenswürdiger Cloud-Lösungen durch öffentliche Auftraggeber könnten nach Ansicht der Kommission schließlich auch kleine und mittlere Unternehmen zu diesem Schritt ermutigt werden.[55]

III. Gefahren und Risiken

26 Den vielfältigen Chancen und Vorteilen von Cloud Computing stehen – wie bei jeder Auslagerung von Daten und Anwendungen auf externe Dienstleister im Rahmen eines IT-Outsourcings – stets auch Gefahren und Risiken gegenüber.[56] So sind in externen Rechenzentren Daten und Applikationen bereits dem unmittelbaren Zugriff und der Kontrolle der auslagernden Stelle entzogen. Zudem ist die Erreichbarkeit von der Verfügbarkeit der Netzinfrastruktur abhängig. Technische und organisatorische Risiken bestehen darüber hinaus etwa in Bezug auf den Datenverarbeitungsstandort, das dort implementierte Sicherheitskonzept, den Einsatz virtualisierter IT-Ressourcen, Verfügbarkeitsengpässe, die Interoperabilität von Diensten, Schnittstellen sowie die Vermeidung einer Anbieterabhängigkeit (sog. „vendor lock-in“).[57]

IV. Rechtsrahmen

27 Neben den technischen Chancen und Risiken hat jeder Einsatz von Cloud Computing in der öffentlichen Verwaltung auch die hiermit verbundenen Rechtsfragen

52 Vgl. *Hennrich* (Fn. 1), S. 40.
53 COM (2012) (Fn. 51), S. 4 f.
54 COM (2012) (Fn. 51), S. 11.
55 COM (2012) (Fn. 51), S. 11.
56 Ausführlich *Oliver Falck/Justus Haucap/Jürgen Kühling*, Wachstumsorientierte Telekommunikationspolitik – Handlungsbedarf und -optionen, 1. Aufl., Baden-Baden 2014, S. 77 ff.
57 *Hennrich* (Fn. 1), S. 40; *Heckmann/von Lucke/Hennrich/Maisch* (Fn. 12), S. 27.

zu betrachten. Denn rechtliche Bedenken gelten als eine wesentliche Hürde sowohl für Cloud Computing im Allgemeinen als auch für Cloud Computing in der öffentlichen Verwaltung im Besonderen.[58] Zudem haben die Enthüllungen von Edward Snowden zu den Überwachungsaktivitäten der NSA dazu beigetragen, dass Nutzer vor allem in Bezug auf Datensicherheitsfragen sensibilisiert sind. Mit Blick auf das große Spektrum der unterschiedlichen Service-Modelle (IaaS, PaaS, SaaS – grundsätzlich bis XaaS) und der vielfältigen Betriebs- und Bereitstellungsmodelle (insbesondere Public Cloud, Private Cloud, Hybrid Cloud, Community Cloud) lassen sich jedoch in der Regel keine pauschalen Aussagen über die Zulässigkeit und Einsatzmöglichkeiten einer Cloud-Lösung treffen. Es bedarf vielmehr stets einer einzelfallbezogenen Betrachtung.

Im Fokus der folgenden Darstellung stehen zunächst die verfassungsrechtlichen *28* Grenzen des Einsatzes von Cloud Computing durch die öffentliche Verwaltung. Auf einfachgesetzlicher Ebene werden sodann die technischen und organisatorischen Aspekte im Rahmen von Datenschutz und Datensicherheit beleuchtet. Daneben stellen sich zahlreiche weitere Rechtsfragen im Zusammenhang mit flexiblen und nutzungsbasierten Abrechnungsmodellen – wie beispielsweise vergaberechtliche[59] Aspekte, wonach grundsätzlich das wirtschaftlichste Angebot angenommen werden muss –, die aufgrund des vorliegenden Fokus auf technische und organisatorische Sicherheitsaspekte aber außen vor bleiben müssen.

1. Verfassungsrecht

Der Einsatz von Cloud Computing durch die öffentliche Verwaltung muss sich *29* zunächst in dem verfassungsrechtlich vorgegebenen Rahmen bewegen. Von Bedeutung sind insoweit vor allem der Funktionsvorbehalt nach Art. 33 Abs. 4 Grundgesetz (GG) sowie das Verbot der Mischverwaltung (Art. 83 ff. GG).

a) Funktionsvorbehalt nach Art. 33 Abs. 4 GG

Auf verfassungsrechtlicher Ebene findet Cloud Computing der öffentlichen *30* Hand – wie alle öffentlichen IT-Outsourcing-Projekte – seine Grenzen bereits in dem Funktionsvorbehalt des Art. 33 Abs. 4 GG.[60] Hiernach ist die Ausübung hoheitsrechtlicher Befugnisse als ständige Aufgabe in der Regel Angehörigen des öffentlichen Dienstes zu übertragen, die in einem öffentlich-rechtlichen Dienst- und Treueverhältnis stehen. Von Bedeutung ist dieser Funktionsvorbehalt für das Berufsbeamtentum bei jeder Privatisierung von Staatsaufgaben – und somit gerade auch bei der Einschaltung privater Anbieter von Cloud-Lösungen. Originär staatliche Aufgaben dürfen daher grundsätzlich nicht vollständig auf private IT-Dienstleister übertragen werden, sondern sind auf bestimmte (Hilfs-)Tätigkeiten

58 *Heckmann/von Lucke/Hennrich/Maisch* (Fn. 12), S. 30.
59 Ausführlich zum Vergaberecht siehe *Erben* (Fn. 45), S. 658 ff.; *Heckmann* (Fn. 45), Teil 10, Rn. 83 ff.; *Schulz* (Fn. 48), S. 78 f.
60 *Heckmann* (Fn. 45), Teil 10, Rn. 27; *Müller-Terpitz* (Fn. 4), § 22, Rn. 24.

zu beschränken.[61] Der Funktionsvorbehalt setzt damit Grenzen für Auslagerungen an einen Cloud-Anbieter, die eine besondere Grundrechtsrelevanz aufweisen oder negative Auswirkungen auf die Zuständigkeit der öffentlichen Hand haben können, sofern eine Tätigkeit nicht bloß von untergeordneter Art ist und eine unterstützende, unselbständige Hilfsfunktion erfüllt (wie dies etwa bei der Auftragsdatenverarbeitung der Fall ist).[62] Auch bei Cloud Computing kommt es demnach entscheidend darauf an, ob die Entscheidungsbefugnis über die Datenverarbeitung und Datennutzung sowie sämtliche diesbezüglichen Weisungsrechte bei der öffentlichen Hand verbleiben.[63] Dies sollte durch eine entsprechende Vertragsgestaltung mit dem jeweiligen IT-Dienstleister sichergestellt werden.

b) Verbot der Mischverwaltung (Art. 83 ff. GG)

31 Rechtliche Bedenken bestehen auch in Bezug auf die Verwaltungskooperation. Im Fall der gemeinsamen Nutzung einer Cloud-Infrastruktur durch mehrere Verwaltungsträger kann das Verbot der Mischverwaltung (Art. 83 ff. GG) berührt sein. Hiernach hat ein Verwaltungsträger eine ihm zugewiesene Aufgabe grundsätzlich durch eigene Mittel und eigenes Personal wahrzunehmen, damit die Kompetenzverteilung zwischen Bund und Ländern und damit wesentliche Staatsstrukturprinzipien nicht unterlaufen werden.[64]

32 Ein Verstoß gegen das Verbot der Mischverwaltung kommt im Kontext von Cloud Computing grundsätzlich dann in Betracht, wenn mehrere Verwaltungsträger eine multimandantenfähige Cloud-Infrastruktur (zum Beispiel eine Private Community Cloud für Fachanwendungen) gemeinsam nutzen.[65] Dagegen ist es nicht berührt, wenn ein Verwaltungsträger bloß seine bestehende IT-Infrastruktur virtualisiert und als Private Cloud ausschließlich für eigene Verarbeitungszwecke betreibt.[66] Im Fall der kooperativen Nutzung einer Cloud durch mehrere Verwaltungsträger ist in Bezug auf eine unzulässige Mischverwaltung aber zu berücksichtigen, dass sich Art. 83 ff. GG vornehmlich auf den Gesetzesvollzug und die Erledigung von Sachaufgaben bezieht.[67] Da Cloud Computing grundsätzlich keine Auswirkungen auf zu treffende Sachentscheidungen eines Verwaltungsträgers noch auf dessen organisatorische Selbstständigkeit hat, sondern bloß eine technische Unterstützung zum Gegenstand hat (wie vor allem im Fall der flexiblen Bereitstellung von Speicherplatz und Rechenleistung an einen Verwaltungsträger), werden in aller Regel keine Anhaltspunkte für eine unzulässige Misch-

61 *Roggenkamp* (Fn. 34), S. 231.

62 Vgl. *Heckmann* (Fn. 45), Teil 10, Rn. 30; *Roggenkamp* (Fn. 34), S. 231 f.; *Heckmann/von Lucke/Hennrich/Maisch* (Fn. 12), S. 30 f.

63 *Heckmann/von Lucke/Hennrich/Maisch* (Fn. 12), S. 31.

64 *Roggenkamp* (Fn. 34), S. 233; *Michael Marc Maisch/Alexander Seidl*, Rechtliche Herausforderungen beim Cloud Computing in der öffentlichen Verwaltung, VBlBW 2012, S. 7–12, 8.

65 Vgl. *Müller-Terpitz* (Fn. 4), § 22, Rn. 27.

66 Vgl. *Heckmann/von Lucke/Hennrich/Maisch* (Fn. 12), S. 31; *Maisch/Seidl* (Fn. 64), S. 8.

67 *Schulz* (Fn. 48), S. 77; *Maisch/Seidl* (Fn. 64), S. 9; *Schulz* (Fn. 5), S. 55.

verwaltung bestehen.[68] Insoweit ist eine Kooperation zwischen einzelnen Verwaltungsträgern zulässig und es kann von den Chancen und Vorteilen von Cloud Computing profitiert werden.[69]

Ein anderes Ergebnis soll zu Recht allerdings dann denkbar sein, wenn beispielsweise eine fachspezifische SaaS-Anwendung von mehreren Verwaltungsträgern gemeinsam genutzt wird und durch softwareseitige Vorgaben die Entscheidungsspielräume eines oder mehrerer Verwaltungsträger reduziert oder verloren gehen und somit eine Beeinflussung der zu treffenden Sachentscheidung gegeben ist.[70] Bei den meisten Software-Einsatzszenarien, insbesondere bei Standardsoftware wie Textverarbeitung oder Tabellenkalkulation, wird jedoch die rein technische Unterstützungsfunktion in aller Regel im Vordergrund stehen.[71] *33*

2. Datensicherheit

Die Grundsätze der Datensicherheit bezwecken im Kern die Gewährleistung der Vertraulichkeit, Verfügbarkeit und Integrität von Daten und umfassen alle zur Erreichung dieses Schutzziels erforderlichen technischen und organisatorischen Maßnahmen. Auf Verfassungsebene sind sie Bestandteil des Grundrechts auf Gewährleistung der Vertraulichkeit und Integrität informationstechnischer Systeme.[72] Sie werden aber auch in zahlreichen Gesetzen adressiert, wie in § 91 Abs. 2 Aktiengesetz, § 13 Abs. 4 Telemediengesetz (TMG), § 33 Wertpapierhandelsgesetz, § 9 BDSG in Verbindung mit dessen Anlage sowie in zahlreichen Landesdatenschutzgesetzen. In der Datenschutz-Grundverordnung (DSGVO) ist die Sicherheit der Verarbeitung personenbezogener Daten in Art. 32 DSGVO verankert. *34*

a) Komplexität der Sicherheit einer Cloud-Architektur

Den maßgeblichen Bezugspunkt bei der Beurteilung einer wirksamen Datensicherheit bilden die von einem IT-Dienstleister und von eingeschalteten Subunternehmern implementierten technischen und organisatorischen Maßnahmen. Insoweit sind bei Cloud Computing grundsätzlich alle Ebenen einer IT-Sicherheitsarchitektur in Betracht zu ziehen, die von der Sicherheit des Rechenzentrums (Gelände und Gebäude) über die Sicherheit der einzelnen IT-Systeme und Netzwerke bis hin zur Sicherheit der Daten und Applikationen reichen. *35*

Auf der untersten Ebene einer IT-Sicherheitsarchitektur, die die Sicherheit der einer Cloud zugrundliegenden Rechenzentren zum Gegenstand hat, beziehen sich die typischerweise zu implementierenden technischen und organisatorischen *36*

---

68 *Maisch/Seidl* (Fn. 64), S. 9; *Roggenkamp* (Fn. 34), S. 234; *Heckmann/von Lucke/Hennrich/Maisch* (Fn. 12), S. 31 f.

69 Vgl. *Maisch/Seidl* (Fn. 64), S. 9.

70 *Roggenkamp* (Fn. 34), S. 234 f.

71 *Roggenkamp* (Fn. 34), S. 235.

72 Vgl. *Hubertus Gersdorf*, in: ders./Boris P. Paal (Hrsg.), Beck'scher Online-Kommentar Informations- und Medienrecht, 14. Aufl., München 2015, Art. 2, Rn. 22–29.

Maßnahmen vor allem auf die Gelände- und Gebäudesicherheit (v.a. Zugangs- und Zutrittskontrolle, redundante Stromzufuhr, Brandschutzmaßnahmen).[73] Auf der nächst höheren Ebene finden sich zahlreiche Maßnahmen zur Sicherheit der IT-Systeme und Netzwerke wieder, die sowohl den Schutz des Serversystems (z.B. Firewalls, Intrusion Detection Systeme, sichere Passwörter) sowie bei virtualisierten Infrastrukturen auch den Schutz der eingesetzten Hypervisoren und Administrations-Interfaces bezwecken.[74] Auf Anwendungsebene wiederum beziehen sich sämtliche Maßnahmen auf den Betrieb von Plattformen und Software (wie z.B. ein Update- und Patchmanagement, Webinterfaces).[75]

37 Die Komplexität der zahlreichen Maßnahmen, die im Kontext von Cloud Computing insgesamt zu berücksichtigen sind, stellt einen Nutzer regelmäßig vor Herausforderungen. Das für eine ordnungsgemäße Identifikation und Bewertung geeigneter Maßnahmen erforderliche Know-how wird in Zeiten knapper Personalressourcen – gerade in kleineren Verwaltungseinheiten auf kommunaler Ebene – oftmals nicht vorhanden sein.

b) Virtualisierung

38 Bestehende Schwierigkeiten bei der Bewertung einer Datensicherheit verdeutlichen sich im Kontext von Cloud Computing vor allem an dem Einsatz der Virtualisierung, die eine Auflösung der räumlichen Bindung von Daten und Datenverarbeitungsstandorten bewirkt.[76] Als eine der zentralen technischen Grundlagen von Cloud-Architekturen ermöglichen Virtualisierungstechniken eine Entkopplung der Hardware-Ebene von sämtlichen darüber liegenden Ebenen. Hierfür werden sämtliche Hardwarekomponenten in Ressourcen-Pools zusammengefasst und den jeweiligen Laufzeitumgebungen als virtuelle Maschinen losgelöst von einem dedizierten IT-System bedarfsbasiert zur Verfügung gestellt – quasi als ob eine „echte" Hardware-Umgebung zugrunde liegen würde.[77] Da sich – im Vergleich zum konventionellen IT-Outsourcing – Ort und Zeitpunkt einer Datenverarbeitung nicht mehr eindeutig auf ein dediziertes IT-System zurückführen lassen, hat jede Bewertung einer Datensicherheit grundsätzlich höhere Abstraktionsebenen anzulegen und sämtliche einer Cloud zugrundeliegenden Ressourcen einzubeziehen.[78]

---

73 *Hennrich* (Fn. 1), S. 213 ff.; *Jürgen Hartung/Nicholas Storm*, in: Marc Hilber (Hrsg.), Handbuch Cloud Computing, Köln 2014, S. 385.

74 *Hennrich* (Fn. 1), S. 216 ff.; *Hartung/Storm* (Fn. 73), S. 385 f.

75 *Hennrich* (Fn. 1), S. 220 f.

76 *Detlev Gabel*, in: Jürgen Taeger/ders. (Hrsg.), Kommentar zum BDSG und zu den Datenschutzvorschriften des TKG und TMG, 2. Aufl., Frankfurt am Main 2013, § 11, Rn. 18.

77 Zur Virtualisierung siehe hierzu bereits oben unter B. II. m.w.N.

78 *Hennrich* (Fn. 1), S. 94 ff.

c) Zertifizierungen und Audits

39 Schwierigkeiten – und damit Rechtsunsicherheiten – haben sich in der Praxis gerade bei Anbietern großer Public Clouds gezeigt. Einem transparenten Einblick in das zugrundeliegende Sicherheitskonzept standen in vielen Fällen Geheimhaltungsinteressen des Anbieters entgegen. Erschwerend kam hinzu, dass von Anbietern oftmals Zertifizierungen oder Audits in Bezug genommen wurden, die nicht zum Nachweis von Anforderungen in den Bereichen Datenschutz oder Datensicherheit konzipiert wurden (wie zum Beispiel Wirtschaftsprüfungsstandards). Ob solche Zertifizierungen daher überhaupt (auch) zum Nachweis eines technischen und organisatorischen Maßnahmenkonzepts im Sinne der Anforderungen von Datenschutz und Datensicherheit geeignet sind, erforderte in der Regel eine vertieften Prüfung mit entsprechendem Spezialwissen.[79]

d) Datenschutzreform

40 Vor diesem Hintergrund und mit Blick auf Cloud-Nutzungsszenarien der öffentlichen Hand ist Art. 42 DSGVO zu begrüßen. Hiernach soll die Einführung von datenschutzspezifischen Zertifizierungsverfahren sowie von Datenschutzsiegeln und -prüfzeichen gefördert werden, die als Nachweis dienen, dass die DSGVO bei Verarbeitungsvorgängen von Verantwortlichen oder Auftragsverarbeitern eingehalten wird. Die hierdurch verbesserte Transparenz in Bezug auf die Einhaltung der Datenschutzgesetze soll es sämtlichen Nutzern ermöglichen, das Datenschutzniveau einer Leistung zu bewerten.[80] Allerdings befindet sich die Entwicklung von Zertifizierungen mit spezifischem Fokus auf Datenschutz und Datensicherheit noch immer in den Anfängen.[81] Bis sich neue, cloud-spezifische Zertifizierungen am Markt etabliert haben, wird auch eine öffentliche Stelle im Zweifel einzelfallbezogen zu prüfen haben – gegebenenfalls durch Einsichtnahme in den zugrundeliegenden Prüfbericht –, ob die jeweilige Zertifizierung eine Vertraulichkeit, Verfügbarkeit und Integrität von Daten gewährleistet.

3. Datenschutz

41 Als eine wesentliche Hürde für den Einsatz von Cloud Computing gelten Fragen des Datenschutzes, die in Bundesgesetzen wie dem Bundesdatenschutzgesetz (BDSG) als auch in Landesgesetzen geregelt sind. Datenschutzrechtliche Sonderregelungen sind überdies in zahlreichen Spezialgesetzen sowohl auf Bundesebene (z.B. §§ 11 ff. TMG, §§ 91 ff. Telekommunikationsgesetz) wie auch auf Landesebene wiederzufinden. Überdies gilt seit dem 25. 05. 2018 die DSGVO. Der Blick auf die typischen Outsourcing-Szenarien der öffentlichen Verwaltung hat dabei

79 Vgl. *Hennrich* (Fn. 1), S. 279.

80 *Patrick von Braunmühl*, in: Kai-Uwe Plath (Hrsg.), BDSG DSGVO – Kommentar zum BDSG und zur DSGVO sowie den Datenschutzbestimmungen des TMG und TKG, 2. Aufl., Köln 2016, Art. 42, Rn. 1.

81 Insoweit in die richtige Richtung gehende Beispiel sind die Entwicklung von ISO/IEC 27017 (Cloud Computing auf Basis von ISO 27002) sowie ISO/IEC 27018 (Datenschutz in Public Clouds) im Kontext der in der Praxis verbreiteten ISO 27001 Zertifizierung.

gezeigt, dass zahlreiche personenbezogene Daten – wie Personenstandsdaten, Einwohnermeldedaten und Daten aus dem Bereich Personalwesen – verarbeitet werden.[82]

42 Nach dem in Art. 6 Abs. 1 DSGVO (zuvor § 4 Abs. 1 BDSG a.F.) – beziehungsweise in den entsprechenden Landesdatenschutzgesetzen – verankerten „Verbot mit Erlaubnisvorbehalt" ist die Verarbeitung personenbezogener Daten grundsätzlich nur dann zulässig, wenn die dort enthaltenen Rechtmäßigkeitsvoraussetzungen vorliegen, wozu insbesondere auch die Einwilligung des oder der Betroffenen zählt. Da Einwilligungserklärungen der Betroffenen aber in der behördlichen Praxis bereits rein faktisch nicht für jede Datenverarbeitung eingeholt werden können,[83] bedarf der Datenumgang in der Regel einer Ermächtigungsgrundlage, sofern die Daten nicht im Wege der Auftragsverarbeitung (Art. 28 DSGVO; zuvor Auftragsdatenverarbeitung, § 11 BDSG a.F.) verarbeitet werden. Auf Basis des BDSG war es gerade das sog. „Privileg" der Auftragsdatenverarbeitung, dass sämtliche Stellen, die Daten innerhalb der Europäischen Union oder des Europäischen Wirtschaftsraums im Auftrag verarbeiten, nicht als Dritte anzusehen sind (§ 3 Abs. 8 S. 3 BDSG a.F.), sondern rechtlich der verantwortlichen Stelle zuzuordnen sind.[84] Damit war die Datenweitergabe an diese Auftragnehmer nicht als Übermittlung zu qualifizieren, die einer Einwilligung oder gesetzlichen Erlaubnis bedarf.[85]

43 Zwar entspricht im Kontext von Cloud Computing das Anbieter-Nutzer-Verhältnis bei IaaS, PaaS und SaaS in aller Regel der Konstellation einer Auftragsdatenverarbeitung und kann bei entsprechender vertraglicher Gestaltung grundsätzlich als solche ausgestaltet werden.[86] Jedoch werden gerade im Rahmen der Auftragsverarbeitung die zentralen datenschutzrechtlichen Herausforderungen von Cloud Computing deutlich. Diese sind vor allem darauf zurückzuführen, dass der bestehende Rechtsrahmen dynamische und systemübergreifende Cloud-Verarbeitungsszenarien konzeptionell noch nicht zu berücksichtigen hatte, sondern davon ausgeht, dass grundsätzlich noch an einen Datenträger oder an eine Datenverarbeitungsanlage angeknüpft werden kann.[87]

82 Siehe oben unter C. I.

83 *Heckmann/von Lucke/Hennrich/Maisch* (Fn. 12), S. 37.

84 *Thomas B. Petri*, in: Spiros Simitis (Hrsg.), Bundesdatenschutzgesetz – Kommentar, 8. Aufl., Baden-Baden 2014, § 11, Rn. 1.

85 *Kai-Uwe Plath*, in: ders. (Hrsg.), BDSG DSGVO – Kommentar zum BDSG und zur DSGVO sowie den Datenschutzbestimmungen des TMG und TKG, 2. Aufl., Köln 2016, § 11, Rn. 2; *Bernd Schmidt/Bernhard Freund*, Perspektiven der Auftragsverarbeitung – Wegfall der Privilegierung mit der DS-GVO?, ZD 2017, S. 14–18, 14.

86 *Peter Gola/Rudolf Schomerus*, in: Peter Gola/Christoph Klug/Barbara Körffer/Rudolf Schomerus (Hrsg.), Bundesdatenschutzgesetz – Kommentar, 12. Aufl., München 2015, § 11, Rn. 8; *Petri* (Fn. 84), § 11, Rn. 30; *Plath* (Fn. 86), § 11, Rn. 48; *Hennrich* (Fn. 1), S. 238; *Bräutigam/Thalhofer* (Fn. 15), Teil 14, Rn. 102; *Gabel* (Fn. 76), § 11, Rn. 18.

87 *Plath* (Fn. 86), § 11, Rn. 48; *Kai von Lewinski/Christoph Herrmann*, Cloud vs. Cloud – Datenschutz im Binnenmarkt – Verantwortlichkeit und Zuständigkeit bei grenzüberschreitender Datenverarbeitung, ZD 2016, 467–474, 468; *Hennrich* (Fn. 1), S. 85; *Fabian Niemann/Thorsten Hennrich*, Kontrollen in den Wolken? – Auftragsdatenverarbeitung in Zeiten des Cloud Computings, CR 2010, S. 686–692, 686.

Da es kennzeichnendes Element der Auftragsdatenverarbeitung ist, dass der Auftraggeber als „Herr der Daten" für die Datenverarbeitung verantwortlich verbleibt und der Tätigkeit des Auftragnehmers eine Hilfsfunktion zukommt,[88] hat der Auftraggeber die getroffenen technischen und organisatorischen Maßnahmen nicht nur in einem Vertrag festzulegen, sondern den Auftragnehmer bereits unter besonderer Berücksichtigung der Eignung der von diesem getroffenen Maßnahmen sorgfältig auszuwählen (vgl. § 11 Abs. 2 S. 1 BDSG a.F.). Insofern steht ein Auftraggeber auch hier vor der Herausforderung, wie er der im Rahmen der Datensicherheit bereits aufgezeigten Herausforderung der hohen Komplexität eines technisch und organisatorischen Maßnahmenkonzepts begegnen soll.[89] Dieselbe Herausforderung stellt sich sodann insbesondere bei der vertraglichen Festlegung dieser technischen und organisatorischen Maßnahmen gemäß § 11 BDSG a.F., der Einschaltung von Unterauftragnehmern sowie im Kontext diesbezüglicher Kontroll- und Weisungsbefugnisse.[90] *44*

Neben den erörterten technisch-organisatorischen Herausforderungen existieren zahlreiche weitere datenschutzrechtliche Aspekte im Kontext der Einsatzmöglichkeiten von Cloud Computing durch die öffentliche Verwaltung. Äußerst komplexe Fragen sind vor allem mit internationalen Datentransfers bei grenzüberschreitenden Cloud-Nutzungsszenarien verbunden. Allerdings ist insoweit davon auszugehen, dass beim Cloud Computing durch die öffentliche Verwaltung die Nutzung von Rechenzentrumsstandorten in Drittländern wie den USA in der Regel nicht in Betracht kommt.[91] Darüber hinaus ist etwa mit Blick auf die Zugriffsbefugnisse von US-Behörden, einem zentralen Thema in Folge der NSA-Spähaffäre bei der Nutzung von Cloud-Diensten eines US-amerikanischen Anbieters mit Servern in Deutschland,[92] zwar zu berücksichtigen, dass beim Cloud Computing der öffentlichen Verwaltung überwiegend IT-Dienstleister unter kommunaler Hoheit zum Einsatz gelangen.[93] Die Zugriffsbefugnisse werden aber dann wieder ein Thema, sollte eine Behörde beispielsweise den Einsatz von Microsoft Office 365 in Erwägung ziehen. Microsoft hat die hiermit verbundenen Rechtsunsicherheiten jedenfalls zum Aufbau einer deutschen Cloud veranlasst, die seit Ende Januar 2017 verfügbar ist und bei der sämtliche Nutzerdaten ausschließlich in Deutschland gespeichert werden und bei der T-Systems, eine Tochtergesellschaft der Deutschen Telekom, als Datentreuhänder unter deutschem Recht agiert und den Zugriff auf die Nutzerdaten überwacht.[94] *45*

---

88 *Gola/Schomerus* (Fn. 86), § 11, Rn. 3; *Hennrich* (Fn. 1), S. 236 f. m.w.N.

89 Siehe oben unter C. IV. 2.

90 *Maisch/Seidl* (Fn. 64), S. 9; ausführlich *Hennrich* (Fn. 1), S. 249 ff.; *Maisch* (Fn. 6), S. 130 ff.

91 Vertiefend zu dem grenzüberschreitenden Datenverkehr *Hartung/Storm* (Fn. 73), S. 405 ff.; *Hennrich* (Fn. 1), S. 147 ff.

92 Siehe hierzu *Michael Rath/Christian Kuß/Christoph Maiworm*, Die neue Microsoft Cloud in Deutschland mit Datentreuhand als Schutzschild gegen NSA & Co.?, CR 2016, S. 98–103.

93 Siehe oben unter C. I.

94 https://www.microsoft.com/de-de/cloud/deutsche-cloud [Stand: 14.09.2018]. Microsoft gab am 31.08.2018 bekannt, die deutsche Cloud Neukunden nicht mehr anzubieten. Die Leistungen sollen veränderten Kundenanforderungen angepasst und aus neuen Rechenzentren in Deutschland erbracht werden.

D. Fazit

46 Die Einsatzmöglichkeiten von Cloud Computing durch die öffentliche Verwaltung sind auf Basis der Chancen und Vorteile sowie der jeweiligen Risiken zu bewerten. Aus rechtlicher Sicht kommt den Aspekten von Datensicherheit und Datenschutz hierbei eine zentrale Rolle zu. Aufgrund der insoweit unterschiedlichen und sehr heterogenen Anforderungen der einzelnen Verwaltungsträger, insbesondere mit Blick auf die zahlreichen spezifischen Fachverfahren, ist das Cloud Computing der öffentlichen Verwaltung derzeit noch auf einige Verwaltungskooperationen begrenzt und vor allem in einigen Private- und Community-Cloud-Szenarien mit eher geringen Skaleneffekten wiederzufinden.[95] Das hohe Potential von Cloud Computing in der öffentlichen Verwaltung – insbesondere die hohen Skaleneffekte bei der Kooperation verschiedener Verwaltungsträger – ist daher bei weitem noch nicht ausgereizt.

47 Zur weiteren Optimierung der Einsatzmöglichkeiten von Cloud Computing in der öffentlichen Verwaltung sind bestehende Hemmnisse weiter abzubauen, die einer großflächigeren Kooperation verschiedener Verwaltungsträger auf Bundes- und Landesebene derzeit entgegenstehen. Für eine solche Steigerung von Effizienz und Skaleneffekten kommt vor allem auch eine Modernisierung des Verwaltungsorganisations- und Kooperationsrechts in Betracht, damit die Zusammenarbeit der Verwaltungsträger bei dem Einsatz der verschiedenen Cloud-Computing-Lösungen weiter gefördert wird.[96]

48 Auf der Ebene von Datenschutz und Datensicherheit wird der zunehmenden Komplexität der technischen und organisatorischen Maßnahmen auf den verschiedenen Ebenen einer IT-Sicherheitsarchitektur vor allem durch cloud-spezifische Zertifizierungen zu begegnen sein. Da in der Praxis lange Jahre wiederzufindende Zertifizierungen und Audits keinen cloud-spezifischen Bezugspunkt aufwiesen, ist vor allem die Entwicklung von ISO/IEC 27017 (Cloud Computing auf Basis von ISO/IEC 27002) und ISO/IEC 27018 (Datenschutz in Public Clouds) folgerichtig.[97] Gleiches gilt für die explizite Berücksichtigung von datenschutzspezifischen Zertifizierungen in Art. 42 DSGVO. Im Kontext der Einführung und Entwicklung dieser Zertifizierungsverfahren bietet es sich an, auch den Anforderungen der öffentlichen Verwaltung Rechnung zu tragen und Standards zu entwickeln, die eine Kooperation zwischen Verwaltungsträgern auf eine transparente Grundlage stellen und mithin das Potential und die Möglichkeiten von Cloud Computing in der öffentlichen Verwaltung weiter optimieren.

---

95 Vgl. *Müller-Terpitz* (Fn. 4), § 22, Rn. 11.
96 Vgl. *Müller-Terpitz* (Fn. 4), § 22, Rn. 12.
97 *Hennrich* (Fn. 1), S. 280 u. 308.

Verwaltung und soziale Medien

Alfred G. Debus

A. Begriff, Arten und Funktionsweisen der sozialen Medien

I. Begriff der sozialen Medien

Soziale Medien (englisch: Social Media) sind „eine Vielfalt digitaler Medien und Technologien, die es Nutzern ermöglichen, sich untereinander auszutauschen und mediale Inhalte einzeln oder in Gemeinschaft zu gestalten. Die Interaktion umfasst den gegenseitigen Austausch von Informationen, Meinungen, Eindrücken und Erfahrungen sowie das Mitwirken an der Erstellung von Inhalten. Die Nutzer nehmen durch Kommentare, Bewertungen und Empfehlungen aktiv auf die Inhalte Bezug und bauen so eine soziale Beziehung untereinander auf."[1] Dabei entstehen sog. nutzergenerierte Inhalte (englisch: User Generated Content).[2] *1*

II. Arten und Funktionsweisen der sozialen Medien

Soziale Medien wurden zunächst im Inter- oder Intranet über Browser angeboten. Heute gesellen sich daneben Applikationen (sog. Apps[3]), welche zumeist über mobile Endgeräte wie Smartphones die Interaktion ermöglichen. Eine Übersicht mit Statistiken zur Nutzung durch Kommunen, Behörden und sonstigen Organisationen ist auf www.pluragraph.de abrufbar. *2*

1. Foren

(Internet-)Foren gelten als die ältesten Social-Media-Plattformen.[4] In den Foren können Informationen und Meinungen ausgetauscht werden durch das Verfassen von Beiträgen (sog. Postings), die von anderen Personen gelesen und beantwortet werden können. Ein Forum hat zumeist ein Oberthema wie etwa das Datenschutzforum (https://www.bfdi.bund.de/bfdi_forum/index.php) mit mehreren Untergliederungen, um den Inhalt zu systematisieren. *3*

2. Ideen- oder Beschwerdemanagementplattformen

Als neuere Weiterentwicklung bzw. besondere Ausprägung der Foren können die Ideen- oder Beschwerdemanagementplattformen angesehen werden. Dort kann *4*

---

1 *BVDW*, Social Media Kompass 2016/2017, 76; in diesem Sinne auch: *Rolf Schwartmann/ Sara Ohr*, Recht der sozialen Medien, Heidelberg 2015, Rn. 1.
2 *Schwartmann/Ohr* (Fn. 1), Rn. 1.
3 Vgl. dazu den Beitrag von *Schwarz* im vorliegenden Band.
4 *Sönke E. Schulz/Christian Hoffmann*: Soziale Medien in der öffentlichen Verwaltung – Darstellung, in: Praxis der Kommunalverwaltung, Bundesausgabe L 16, Loseblattsammlung, Ergänzungslieferung 10/2013, Rn. 25.

jede Person Ideen oder Beschwerden veröffentlichen und die Reaktion der Verwaltung darauf wird wiederum veröffentlicht. Entsprechende Portale können von einzelnen Verwaltungen (z.B. www.maerker.brandenburg.de[5], https://service2.stuttgart.de/lhs-services/stoerung/) oder von Privaten bundesweit betrieben werden (z.B. nach dem Vorbild von www.fixmystreet.com: www.mängelmelder.de).

3. Wikis

5 Ein Wiki (hawaiisch für „schnell") ist eine durch Hyperlinks verknüpfe Website, deren Inhalte von den Nutzenden im Browser gelesen, ergänzt und geändert werden können. Vorteile von Wikis sind die wiederkehrende Prüfung, Aktualisierung und Verbesserung des Inhalts durch die Nutzenden und die Bündelung des vorhandenen Wissens, wobei die Transparenz des Ausarbeitungsprozesses häufig zu hoher Akzeptanz führt.[6] Am bekanntesten ist die Online-Enzyklopädie Wikipedia (www.wikipedia.de), außerdem werden aber auch Wikis für bestimmte Nutzergruppen mit einem genauen Ziel erstellt (z.B. Wissensmanagement wie beim Kreis-Wiki[7]).

4. (We-)Blogs

6 (We-)Blog setzt sich aus den Begriffen Web und „Log" (Logbuch) zusammen und meint eine öffentlich zugängliche Internetpublikation im Sinne eines Online-Tagebuchs.[8] Die Nutzenden (sog. Blogger) verfassen Beiträge (sog. Postings) in Text-, Audio- oder Videoform, auf die andere Nutzenden mit Kommentaren reagieren können. Für die Erstellung von Blogs werden insbes. Moveable Type, Typepad, Serendipity oder WordPress verwendet. Blogs können auf eigenen Homepages eingebunden oder innerhalb einer Blogging-Plattform wie bspw. WordPress (www.wordpress.com), Blogger (www.blogger.de) oder tumblr (www.tumblr.com) erstellt werden. Darüber hinaus gibt es Portale, auf denen Blogs verlinkt werden können (z.B. www.blogalm.de, www.blogeintrag.de, www.bloggeramt.de, www.bloggerei.de, www.blogoscoop.net). In Blogs kann auf Missstände hingewiesen werden oder Personen des öffentlichen Lebens (z.B. Politiker) nutzen Blogs, um Meinungen zu verbreiten und mit anderen zu diskutieren.[9] Über neue Einträge im Blog kann durch E-Mails/Newsletter informiert werden. Auch können die Interessierten an einem Blog häufig ein RSS-Newsfeed (**R**eally **S**imple **S**yndication – wirklich einfache Zusammenfassung) abonnieren und dort jede Aktualisierung der Blogs gebündelt verfolgen.

---

5 Dazu *Matthias Döring/Sabrina Mucha*, Was Bürger bem(a)erken – Eine Evaluation des Maerkers Brandenburg, VM 2013, S. 45–55.

6 *Schulz/Hoffmann* (Fn. 4), Rn. 26.

7 Vgl. *Kay Ruge*, Kreis-Wiki: Wissensverwaltung des Landkreises 2.0, in: Hermann Hill (Hrsg.), E-Transformation, Baden-Baden 2014, S. 145–153.

8 *Schwartmann/Ohr* (Fn. 1), Rn. 22. Zum Umgang mit Blogs siehe *Karin Schlüter*, Naked Conversations (Robert Scoble, Shel Israel), in: Daniel Michaelis/Thomas Schildhauer (Hrsg.), Social Media Handbuch, 3. Aufl., Baden-Baden 2015, S. 104–117.

9 *Schulz/Hoffmann* (Fn. 4), Rn. 27.

5. Microblogging/Informationsdienste

Beim Microblogging als einer besonderen Form des Bloggens ist die Länge der Textnachrichten auf eine bestimmte Zeichenanzahl beschränkt. Beim am häufigsten genutzten Anbieter Twitter sind die sog. „Tweets“ seit November 2017 auf 280 Zeichen (vorher 140 Zeichen) beschränkt. Das referenzierte Wiederholen eines Betrags einer anderen Person wird als „ReTweet“ bezeichnet, wodurch sich Inhalte schnell verbreiten können (sog. virale Verbreitung). Die Systematisierung erfolgt über die Timeline der Sendenden oder über sog. Hashtags (Schlagworte, die mit dem Doppelkreuz # versehen wurden, um über dieses Schlagwort auffindbar zu sein). *7*

Ähnlich dem Microblogging sind Informationsdienste, wie bspw. Warn-Apps (s. Rn. 21). *8*

6. Instant Messaging Dienste

Instant Messaging Dienste – also Sofortnachrichtendienste – wie etwa Skype™, Signal, Telegram, Threema, Snapchat oder der Marktführer WhatsApp ermöglichen den Austausch von Nachrichten unabhängig vom Betriebssystem vorwiegend über mobile Endgeräte. Über den Nachrichtenaustausch zwischen zwei Kontakten hinaus können Gruppen gebildet werden sowie Bild-, Video- und Audiodateien versendet werden. *9*

7. Podcasts und Multimediaportale

Der Begriff **Podcast** setzt sich aus dem Namen **iPod** und dem englischen broad**cast**ing für Senden zusammen. Mittlerweile werden darunter allgemein eigenproduzierte Mediendateien (Video- oder Audiodateien) verstanden, die zeit- und ortsunabhängig abgerufen werden können.[10] Solche Podcasts werden beispielsweise regelmäßig von der Bundeskanzlerin Merkel in der Mediathek ihrer Homepage (www.bundeskanzlerin.de) veröffentlicht. *10*

Podcasts i.w.S. können auf **Multimediaportalen** eingestellt und dort angesehen und teilweise auch heruntergeladen werden. Die Anzeige der Anzahl der Abrufe, Likes und Kommentare ermöglichen eine für soziale Medien typische Interaktion. Aktuell am bekanntesten ist YouTube (www.youtube.com). *11*

8. Befragungs-/Bewertungsportale, insbes. Bürgerhaushalte

Umfrage-Werkzeuge etwa zur Terminvereinbarung (www.doodle.com) oder zur Erstellung von sonstigen Online-Umfragen sind im Internet kostenlos verfügbar. Auf Bewertungsportalen erfolgt die Beurteilung entweder durch das textliche Verfassen einer Beurteilung und/oder durch die Einordnung in ein portaleigenes Bewertungssystem.[11] So können etwa bei www.reddit.com Beiträge eingestellt *12*

---

10 *Schulz/Hoffmann* (Fn. 4), Rn. 29.
11 *Schwartmann/Ohr* (Fn. 1), Rn. 28.

werden, die von anderen bewertet und kommentiert werden können. Eine Spezialform ist der Bürgerhaushalt.[12]

9. Social Bookmarking

13 Beim **Social Bookmarking** werden Internet-Lesezeichen abgelegt, damit sie zwischen mehreren Nutzenden ausgetauscht werden können. Die verschiedenen Anbieter verfügen über eher wenig Nutzende,[13] aber sie können der Suchmaschinenoptimierung (englisch: search engine optimization – SEO) dienen.

10. Soziale Netzwerke

14 **Soziale Netzwerke** sind nach § 1 Abs. 1 S. 1 des umstrittenen[14] Gesetzes zur Verbesserung der Rechtsdurchsetzung in sozialen Netzwerken (**Netzwerkdurchsetzungsgesetz** – NetzDG) „mit Gewinnerzielungsabsicht" betriebene „Plattformen im Internet", „die es Nutzern ermöglichen, beliebige Inhalte mit anderen Nutzern auszutauschen, zu teilen oder der Öffentlichkeit zugänglich zu machen." Typischerweise erfolgt nach einer Registrierung die Erstellung eines Profils mit der Möglichkeit der Einstellung von Inhalten, deren Sichtbarkeit außer- und innerhalb des Netzwerks und für bestimmte Personengruppen wie „Freunde" aus Kontaktlisten oder „Follower" eingestellt werden kann. Innerhalb des Netzwerkes können Nachrichten versendet werden. Neben den Profilen für natürliche Personen können zumeist juristische Personen eine Präsenz erstellen. Dabei ist die Nutzung der Netzwerke zumeist kostenlos, während daneben häufig auch kostenpflichtige Premium-Zugänge angeboten werden.

15 Außerdem besteht häufig die Möglichkeit, kostenpflichtige Werbung der jeweiligen Zielgruppe passend einzublenden, weil die Anbieter der sozialen Netzwerke aufgrund der gesammelten Daten ein entsprechendes Profil erstellen (sog. personalisierte Werbung). Überdies wird sog. Social Gaming angeboten, d.h. Spiele mit den soziale Kontakte aufgebaut oder vertieft werden können. Schließlich bieten die sozialen Netzwerke mittlerweile zusätzlich die meisten der bereits vorgestellten Funktionen anderer sozialer Medien an.

16 Die bekanntesten Netzwerke sind Facebook (www.facebook.com), Google+ (https://plus.google.com), Instagram (www.instagram.com), Path (www.path.com) und Pinterest (https://www.pinterest.de). Daneben existieren Business-Netzwerk wie Xing (www.xing.de) vorwiegend im deutschsprachigen Raum und LinkedIn (http://de.linkedin.com/) vorwiegend im englischsprachigen Raum. Für

---

12 Weitere Informationen dazu http://www.buergerhaushalt.org.

13 Vgl. dazu https://de.wikipedia.org/wiki/Social_Bookmarks.

14 Zur Kritik i.d.S. vgl. bspw. *Hubertus Gersdorf*, Hate Speech in sozialen Netzwerken, MMR 2017, S. 439–447; *Karl-Heinz Ladeur/Tobias Gostomzyk*, Gutachten, https://www.bitkom.org/noindex/Publikationen/2017/Sonstiges/NetzDG-Gutachten-Gostomzyk-Ladeur.pdf [30. 09. 2017]; *Gerald Spindler*, Legal Expertise, https://www.bitkom.org/noindex/Publikationen/2017/Sonstiges/Legal-Expertise-Official-2-0.pdf [30. 09. 2017].

Sonderbereiche existieren auch spezielle Netzwerke wie etwa im Vergabebereich das sog. Verwaltungs- und Beschaffernetzwerk (www.vubn.de), welches exklusiv für Mitarbeiter des öffentlichen Dienstes ist, und das Deutsche Vergabenetzwerk (www.dvnw.de).[15]

11. Sonstige Formen

Den vorgenannten Formen vergleichbar sind auch die Möglichkeit, Dokumente kollaborativ, gemeinsam orts- und zeitunabhängig zu bearbeiten (z.B. docs.google.com oder https://onedrive.live.com/about/de-de/). Dies ist auch für eine zunehmend vernetzte Verwaltung, die verschiedene Personen in ihr Handeln einbindet, von Interesse, muss aber ggf. aus Daten- und/oder Geheimschutzgründen auf eigenen Plattformen realisiert werden.[16] *17*

B. Nutzungsanlässe, Chancen und Risiken

I. Verwaltung

1. Unterscheidung von dienstlicher, privater und sonstiger Nutzung

Bei der Nutzung wird in Bezug auf fünf Dimensionen unterschieden: Identifikation (von anonym bis dienstlicher Account), Inhalt (von privat bis offiziell), Rolle/Funktion (von privat bis in dienstlicher Funktion), Plattform (von privaten bis dienstlichen Seiten) sowie Ort und Zeit (von zuhause mit privatem Equipment bis am Dienstort in der Dienstzeit).[17] Nach Zuordnung zur privaten oder dienstlichen Nutzung gelten jeweils unterschiedliche rechtliche Rahmenbedingungen und es bestehen unterschiedlich ausgeprägte Möglichkeiten des Dienstherrn, auf das Verhalten der Beschäftigten einzuwirken.[18] Bei der Abgrenzung sind zwei gegenläufige Tendenzen zu beachten: *18*

- Für Externe wird bei der Nutzung desselben Accounts nur schwer abgrenzbar sein, ob sich die Behördenmitarbeiterin oder der Mitarbeiter dienstlich oder in einer anderen Rolle äußert, soweit dies nicht bei jedem Post ausdrücklich vermerkt ist.
- Die zunehmende Auflösung der Grenzen zwischen Privatem und Beruflichem: Existiert ein Profil unter dem Namen der oder des Beschäftigten, wird man einerseits privaten Freunden nur schwer die Freundschaft verweigern können, zum anderen erfolgt auch der Kontakt mit Personen, mit denen sie dienstlich verbunden sind, zu privaten Angelegenheiten.[19]

15 *Junk* (Fn. 14), S. 105 ff.
16 *Schulz/Hoffmann* (Fn. 4), Rn. 32.
17 *Ines Mergel/Philipp S. Müller/Peter Parycek/Sönke E. Schulz*, Praxishandbuch Soziale Medien in der öffentlichen Verwaltung, Wiesbaden 2013, S. 55 ff.
18 *Schulz/Hoffmann* (Fn. 4), Rn. 33.
19 *Schulz/Hoffmann* (Fn. 4), Rn. 34.

Die dienstlichen Aktivitäten können über **Social Media Guidelines** oder andere verbindliche interne Anweisungen definiert und diese von sonstigen Handlungsweisen abgegrenzt werden. Dabei besteht ein großer Gestaltungsspielraum des Dienstherrn, zumal die denkbare Nutzung je nach Behördenzuständigkeit und Zielgruppe variieren sowie sich mit der Zeit wandeln kann.[20] Sind explizite Vorgaben vorhanden oder die Nutzung allgemein auch zu dienstlichen Zwecken gestattet, lässt sich eine Abgrenzung so umschreiben: Als dienstliche Nutzung kann grundsätzlich nur diejenige Tätigkeit eingestuft werden, die von den Vorgaben der Social Media Guideline abgedeckt ist. Dies bedeutet, dass Meinungsäußerungen entgegen eines Verbots der Behörde schon aus diesem Grund eine private Äußerung ist, selbst wenn der Inhalt dienstlicher Natur ist.[21] Dabei ist die private Nutzung grundsätzlich – mit Einschränkungen während der Dienstzeit und bspw. aus dem Beamtenrecht (§ 60 Abs. 2 BBG) – nicht nur gestattet, sondern wird durch die Meinungsfreiheit aus Art. 5 GG auch verfassungsrechtlich gewährleistet.[22]

19 Fehlen Vorgaben, ist im Interesse der Adressaten der dienstliche Charakter ausgehend vom **objektiven Empfängerhorizont** zu bestimmen. Gleiches gilt bei von internen Vorgaben abweichendem Handeln: Selbst wenn Mitarbeiterinnen und Mitarbeitern der öffentlichen Verwaltung intern die Beantwortung von Anfragen nicht gestattet ist, sie dies dennoch tun, muss die Behörde – wenn das Verhalten nach außen der Behörde zurechenbar erscheint – bspw. auch für Fehlinformationen haften.[23]

20 Klarer ist der Dienstbezug, wenn für dienstliche Aktivitäten ausschließlich eigens eingerichtete behördliche **„Funktions-Accounts"** genutzt werden. Persönliche Accounts sind nämlich für die dienstliche Kommunikation weniger geeignet und können die Adressaten ggf. sogar verwirren, allerdings widerspricht dies in gewisser Weise dem Grundgedanken der sozialen Netzwerke und wird oft als nicht mehr zeitgemäß empfunden.[24]

2. Erfüllung von klassischen staatlichen Aufgaben

21 Die Nutzung sozialer Medien ist eindeutig dienstlich, wenn sie der Erfüllung von klassischen **staatlichen Aufgaben** dient, wie etwa der Gewährleistung der Sicherheit für die Bevölkerung. Neben der sog. Online-Ermittlung[25] oder Online-Fahndung[26] können beispielsweise die Nutzenden – auf Wunsch auch für den aktuellen Standort – wichtige Warnmeldungen für unterschiedliche Gefahrenlagen erhalten. Dies kann über den Warndienst Katwarn von Fraunhofer FOKUS

---

20 *Schulz/Hoffmann* (Fn. 4), Rn. 35.
21 *Schulz/Hoffmann* (Fn. 4), Rn. 36.
22 *Schulz/Hoffmann* (Fn. 4), Rn. 40.
23 *Schulz/Hoffmann* (Fn. 4), Rn. 37.
24 *Schulz/Hoffmann* (Fn. 4), Rn. 43 f.
25 Vgl. den Beitrag von *Seckelmann* im vorliegenden Band.
26 Vgl. ebd.

(www.katwarn.de) oder die Notfall-Informations- und Nachrichten-App des Bundes (Warn-App NINA)[27] erfolgen.

3. Transparenz und Open Government

Mit sozialen Medien kann das Leitbild von **Transparenz** und **Open Government**[28] besonders gut verwirklicht werden. Es steht für eine Öffnung des Staates in den drei Bereichen Transparenz, Partizipation[29] und Kollaboration: Die Nutzung von sozialen Medien dient als Informationsplattform der Transparenz, über Kommentarfunktionen kann ein fachlicher Diskurs im Sinne einer Beteiligung (Partizipation) unterhalb der formellen Beteiligungsverfahren etabliert werden und bei Diensten, bei denen Bürgerinnen und Bürger bspw. Schäden melden, werden diese zu „Koproduzenten" der staatlichen Leistungserbringung (Kollaboration).[30] Die Einbindung verschiedener gesellschaftlicher Gruppen kann dazu dienen, einerseits die Akzeptanz zu verbessern,[31] andererseits der Verwaltung aber auch neue Erkenntnisquellen zu erschließen: Die Verwaltung erhält die Gelegenheit, relevante Themen bereits frühzeitig zu erkennen und Diskussionen aktiv mitzugestalten.[32] 22

4. Fachlicher Diskurs

In den sozialen Medien kann ein fachlicher Diskurs mit Personen in- und außerhalb der Verwaltung zur Erweiterung der staatlichen Wissensbasis als Grundlage rationaler Entscheidungen erfolgen.[33] 23

5. Presse- und Öffentlichkeitsarbeit bzw. Social Media Marketing und Social Relations

Soziale Medien zur Presse- und Öffentlichkeitsarbeit dienen dazu, interessierte Bürgerinnen, Bürger und Medienvertreter schneller mit relevanten Informationen zu versorgen und diejenigen Kanäle zu bedienen, die aufgrund ihrer Zusatzfunktionalitäten (bspw. leichtere Durchsuchbarkeit, schnellere Verfügbarkeit) auch von Journalisten mittlerweile primär genutzt werden. Für die „nicht-professionellen" Adressaten wird zudem der Eindruck von Modernität vermittelt.[34] Dies ist dem **Social Media Marketing** in der Wirtschaft vergleichbar.[35] 24

Aufgrund der weitgehenden Parallelität des Einsatzes sozialer Medien mit der klassischen Presse- und Öffentlichkeitsarbeit bzw. allgemein der Informationstä- 25

27 http://www.bbk.bund.de/DE/NINA/Warn-App_NINA.html.
28 Vgl. dazu den Beitrag von *M. Heinemann* im vorliegenden Band.
29 Vgl. dazu den Beitrag von *Braun Binder* im vorliegenden Band.
30 *Schulz/Hoffmann* (Fn. 4), Rn. 7 ff.
31 Vgl. dazu den Beitrag von *Mann* im vorliegenden Band.
32 *Schulz/Hoffmann* (Fn. 4), Rn. 54.
33 *Schulz/Hoffmann* (Fn. 4), Rn. 54.
34 *Schulz/Hoffmann* (Fn. 4), Rn. 45.
35 Dazu aus dem Bereich der Wirtschaft: *BVDW* (Fn. 1), 7 ff.

tigkeit sind die Grenzen nicht nur die gleichen, sondern auch aufgrund der langen Tradition hinreichend konkretisiert worden.[36] Auch handelt es sich bei der Öffentlichkeits- und Informationstätigkeit überwiegend um eine freiwillige Aufgabe der öffentlichen Verwaltung, so dass die Verlagerung auf andere Medien weitaus unkritischer sein dürfte als z.B. bei elektronischen Verwaltungsverfahren.[37] Dennoch sollen die relevanten Informationen auch über andere Kanäle verbreitet werden.[38] So benutzt die Bundesregierung neben ihrer eigenen Homepage eine Regierungsapp.[39] Eine eigne Facebook-Fanseite und You-Tube-Kanal benutzt beispielsweise die Bundeswehr.[40] Auch die Landesregierungen nutzen neben ihren eigenen Internetseiten viele verschiedene Social-Media-Kanäle[41] und schließlich gibt es Leitfäden für Politiker[42] oder Amtsträger wie beispielsweise Bürgermeis-

---

36 *Schulz/Hoffmann* (Fn. 4), Rn. 45 f.

37 *Schulz/Hoffmann* (Fn. 4), Rn. 48.

38 *Schulz/Hoffmann* (Fn. 4), Rn. 48.

39 https://www.bundesregierung.de/Webs/Breg/DE/Service/Regierungs-App/_node.html.

40 https://www.youtube.com/user/Bundeswehr.

41 Z.B. https://www.baden-wuerttemberg.de/de/service/social-media/: Die Landesregierung bei Twitter, YouTube, Flickr und Instagram; einzelne Ministerien daneben oder stattdessen auch bei Google+.

42 S. dazu *Baden-Württemberg*: Private Nutzung Sozialer Medien, Leitfaden der Ministerien für die Mitarbeiterinnen und Mitarbeiter der Landesverwaltung Baden-Württemberg, Stuttgart, 04. 08. 2014, https://www.zuv.uni-freiburg.de/formulare/leitfaden-private-nutzung-sozialer-medien.pdf [30. 09. 2017]; *Bayern* (Landesbeauftragter für den Datenschutz): Fanpages bayerischer öffentlicher Stellen in sozialen Netzwerken zum Zweck der Öffentlichkeitsarbeit, http://www.datenschutz-bayern.de/technik/orient/oh_fanpages.html; *Bayern* (IT-Beauftragter der Bayerischen Staatsregierung): Kurzleitfaden für die Beschäftigten der Bayerischen Staatsverwaltung zum Umgang mit Sozialen Medien, auf http://www.cio.bayern.de nicht mehr auffindbar, aber z.B.: http://www.uni-wuerzburg.de/fileadmin/32040000/_temp_/Weitergabe_Leitfaden_SozialeMedien_-_Rechtlicher_Rahmen_zum_Leitfaden.pdf [30. 09. 2017]; *Berlin* (Senatsverwaltung für Inneres und Sport): Leitfaden Nutzung von sozialen Netzwerken in der Berliner Verwaltung – Umgang mit und in sozialen Netzwerken, https://www.berlin.de/sen/inneres/service/publikationen/leitfaden_social_media_.pdf und http://nbn-resolving.de/urn:nbn:de:kobv:109-opus-185809 [30. 09. 2017]; *Brandenburg*: Eckpunkte für die Nutzung von Social Media in der Brandenburgischen Landesverwaltung [30. 09. 2017]; *Bund*: Handreichung zur Nutzung sozialer Medien in den Bundesministerien, Stand 08. 11. 2013, http://www.verwaltung-innovativ.de/SharedDocs/Publikationen/Artikel/handreichung.pdf?__blob=publicationFile&v=2 [30. 09. 2017]; *Freie und Hansestadt Hamburg* (Finanzbehörde), Social Media in der Hamburgischen Verwaltung, http://www.hamburg.de/contentblob/3320624/data/social-media-in-der-hamburgischen-verwaltung.pdf [30. 09. 2017]; *Mecklenburg-Vorpommern* (Ministerium für Inneres und Sport): Leitfaden für die Nutzung sozialer Medien in der Landesverwaltung Mecklenburg-Vorpommern, http://www.personalrat.uni-rostock.de/uploads/media/Info20131022-Leitfaden-Soziale-Medien.pdf [30. 09. 2017]; *Niedersachsen* (Ministerium für Inneres und Sport), Behörden-Leitfaden: Umgang mit webbasierten sozialen Medien (Social Media), Nds. MBl. Nr. 39/2012, S. 885, http://www.schure.de/42/02840,1100,0003.html [30. 09. 2017]; *Sächsisches Staatsministerium des Innern*, Kurzleitfaden, Verhaltenshinweise für den privaten Umgang der Beamte und Arbeitnehmer (Bediensteten) mit sozialen Netzwerken, https://www.schule.sachsen.de/download/download_bildung/14_07_verhaltenshinweise_sn_smi.pdf [30. 09. 2017].

ter[43]. Unterhalb der Schwelle der Erforderlichkeit der Einschaltung der Presseabteilung und der Erstellung einer Pressemitteilung existieren bloße Mitteilungen an die Öffentlichkeit; so kann etwa eine Mitarbeiterin in ihrem Zuständigkeitsbereich in den sozialen Medien auf fachliche Informationen wie die Veröffentlichung von Dokumenten auf der Behörden-Homepage hinweisen.[44]

Viel stärker ist der Social-Media-Gedanke – nämlich die Beziehungen zwischen Menschen, ihre Interaktionen und ihren Dialog – ausgeprägt bei **Social Relations.**[45] Dabei können Fragen, Anregungen, Kritik oder Beschwerden unmittelbar artikuliert werden und durch eine schnelle Reaktion ein serviceorientiertes Image aufgebaut werden.[46] *26*

6. Interne Arbeitsprozesse

Der Fokus bei der internen Nutzung sozialer Medien liegt auf der Kommunikation und dem Wissensmanagement, wobei ein Vorteil ist, wenn privat und dienstlich die gleichen Anwendungen genutzt werden können.[47] Auch sind Aspekte der Führung in der Netzwerkverwaltung zu berücksichtigen.[48] Sinnvoll sind soziale Netzwerke insbes. insoweit, als sie exklusiv den Austausch zwischen Mitarbeiterinnen und Mitarbeiter der öffentlichen Verwaltung ermöglichen und dem fachlichen Austausch gerade über Ebenengrenzen hinweg dienen (Beispiele aus dem Ausland sind ambtenaar20.ning.com und www.govloop.com).[49] Ähnlichkeiten bestehen mit sicherheitsbehördlichen Netzwerken. *27*

7. Social-Media-Monitoring/-Analytics

Auch durch das sog. **Social-Media-Monitoring** bzw. **Social-Media-Analytics** als Teilbereiche des Big Data Analytics[50] kann die Verwaltung Informationen gewinnen. Behörden sollten prüfen, ob und wie sich eine kontinuierliche Beobachtung der Diskussionen zur Verwaltung in den sozialen Medien realisieren lässt, weil so Fehlentwicklungen ggf. gezielt entgegengewirkt werden kann (den Shitstorm aufhalten).[51] Als Analysetools existieren beispielsweise FacebookIQ (https://www.facebook.com/iq) und Google Analytics (https://www.google.de/intl/de/analytics/) für Homepages, wobei die Zulässigkeit des Einsatzes dieser Tools durch die Verwaltung problematisch ist. *28*

Social-Media-Monitoring ist die systematische Sammlung und Filterung relevanter, meist nutzergenerierter Inhalte: Texte aus den sozialen Medien lassen sich bestimmten Themen zuordnen und in ihrer Tonalität (positiv, negativ, neutral usw.) *29*

---

43 *Frank Scheuerer*, Bürgermeister und Social Media, Wiesbaden 2014.
44 *Schulz/Hoffmann* (Fn. 4), Rn. 55.
45 *BVDW* (Fn. 1), 32.
46 *Schwartmann/Ohr* (Fn. 1), Rn. 3.
47 *Schulz/Hoffmann* (Fn. 4), Rn. 57.
48 Vgl. dazu den Beitrag von *Misgeld* und *Wojtczak* im vorliegenden Band.
49 *Schulz/Hoffmann* (Fn. 4), Rn. 58.
50 Vgl. dazu den Beitrag von *Weber* im vorliegenden Band.
51 *Schulz/Hoffmann* (Fn. 4), Rn. 65.

einschätzen – etwa um Stimmungsbilder zu ermitteln.[52] Neben Ideen- und Beschwerdemanagementplattformen (s. oben Rn. 4) kommt Social-Media-Monitoring für den Staat auch zur Aufdeckung von Straftaten oder auch zur Festnahme durch sog. Online-Ermittlung[53] bzw. sog. Online-Fahndung[54] in Betracht. Während in der Wirtschaft für Arbeitgeber auch daneben die Suche nach geeigneten Bewerberinnen und Bewerber genannt wird,[55] ist dies im Bereich der Verwaltung eher Zukunftsmusik.

Ähnlich dient **Social-Media-Analytics** dazu, einen schnellen Über- und Einblick in Themen und Meinungen zu erlangen. Dazu werden sog. Alerts eingesetzt, die in definierten Situationen (negativ oder positiv) automatisch informieren.[56]

8. Chancen

30 **Chancen** bieten sich für die Verwaltung insbes. durch die Bereitstellung von Inhalten über den traditionellen Kanal der Pressemitteilungen hinaus. Angesichts der typischerweise viralen Verbreitung von Inhalten in sozialen Medien können einem weitreichendem Kreis von Personen schnell und individuell zugänglich gemacht werden.[57] Dies kann die Nähe zu den Bürgerinnen und Bürgern und damit die Identifikation bspw. mit einer Kommune steigern.[58] Insoweit bietet sich die Anlehnung an Handlungsempfehlungen[59] oder Best-Practice-Beispiele[60] an.

---

52 *Schulz/Hoffmann* (Fn. 4), Rn. 66.

53 Vgl. dazu den Beitrag von *Seckelmann* im vorliegenden Band.

54 Vgl. ebd.

55 *Schwartmann/Ohr* (Fn. 1), Rn. 6.

56 *Schulz/Hoffmann* (Fn. 4), Rn. 66.

57 *Schwartmann/Ohr* (Fn. 1), Rn. 2.

58 *Schulz/Hoffmann* (Fn. 4), Rn. 49.

59 Siehe z.B. *Deutscher Städte- und Gemeindebund*, Chancen sozialer Netzwerke erkennen, Risiken vermeiden, DStGB Social Media Guidelines 2012, https://www.dstgb.de/dstgb/Homepage/Schwerpunkte/Wirtschaftsförderung/Materialien%20und%20Papiere/Social%20Media%20Guidelines%20des%20DStGB%20(PDF-Dokument)/DStGB%20Social%20Media%20Guidelines%202012.pdf [30. 09. 2017]; *Saskia Fritsche*, Virtuelle Vernetzung für die digitale Verwaltung, Zehn Handlungsempfehlungen für den Einsatz eines sozialen Netzwerks als Binnenkommunikationskanal der öffentlichen Verwaltung, in: Hermann Hill (Hrsg.), E-Transformation, Baden-Baden 2014, S. 9–27; *Daniel Michaelis,* Strategischer Leitfaden, in: ders./Thomas Schildhauer (Hrsg.), Social Media Handbuch, 3. Aufl., Baden-Baden 2015, S. 38–55; *Renate Mitterhuber/André Basten/Hanss-Christian Lange*, Einsatz von Social Media in der öffentlichen Verwaltung: Wie es funktionieren kann, in: Hermann Hill (Hrsg.), Informationelle Staatlichkeit, Baden-Baden 2012, S. 91–94.

60 Siehe z.B.: *Claus Arndt*, Social Media – Nutzung der interaktiven Möglichkeiten des Web 2.0 in der Stadt Moers, in: Hermann Hill (Hrsg.), Informationelle Staatlichkeit, Baden-Baden 2012, S. 107–124; *Martin Fuchs*, Social-Media-Instrumente im Schatten von Facebook und Twitter. Best Practice-Beispiele aus deutschen Verwaltungen, in: Hermann Hill (Hrsg.), E-Transformation, Baden-Baden 2014, S. 175–195; *Sascha Gysel/Daniel Michelis/Thomas Schildhauer*, Die sozialen Medien des Web 2.0: Strategische und operative Erfolgsfaktoren am Beispiel der Facebook-Kampagne des WWF, in: Daniel Michaelis/Thomas Schildhauer (Hrsg.), Social Media Handbuch, 3. Aufl., Baden-Baden 2015, S. 273–286.

9. Risiken

Spiegelbild zur Chance der schnellen, weitreichenden Verbreitung sind die **Risiken**: Aufgrund der Erstellung, Veröffentlichung und Kommentierung nutzergenerierter Inhalte kann sich Kritik verselbständigen und zu einem sog. Shitstorm ausweiten, der faktisch kaum mehr zu entfernen ist.[61] Dabei können gezielt Fehlinformationen gestreut werden, um die Bürgerinnen und Bürger zu manipulieren. Auch besteht das Risiko, dass unzureichend geschulte Mitarbeiterinnen und Mitarbeiter vertrauliche Informationen in sozialen Medien preisgeben, wodurch Spam-, Malware oder Phishing-Angriffe resultieren, die der Datensicherheit der Verwaltung weiteren Schaden zufügen.[62] Schließlich stehen einige spezifische Merkmale der sozialen Medien den Grundsätzen der deutschen (bürokratischen) Verwaltung diametral gegenüber: Die Erwartungen an die Reaktionszeiten entsprechen nicht der üblichen Behördenorganisation. Auch vollzieht sich die Kommunikation in der Regel nicht hierarchisch, d.h. die Kommunikation findet auf allen Ebenen der öffentlichen Verwaltung statt bzw. es wird eine Reaktion aller Ebenen erwartet. Letztlich entstehen aus der leichteren Durchsuchbarkeit und Verknüpfbarkeit von Einzeläußerungen sowie der langfristigen Verfügbarkeit besondere Risiken – bspw. in Form einer Streuwirkung von Einzeläußerungen oder einer schnelleren (fälschlicherweise vorgenommenen) Zurechnung zur Gesamtorganisation.[63] *31*

II. Politikerinnen und Politiker

Häufig weitergehend als die Verwaltung selbst nutzen Politikerinnen und Politiker soziale Medien zur Selbstpräsentation und Gewinnung von Stimmen der Wählerinnen und Wähler.[64] Bei kommunalen Mandatsträgerinnen und Mandatsträger kommt eine Zurechenbarkeit zur gesamten Vertretungskörperschaft allenfalls selten in Betracht (z.B. durch die Vorsitzende oder den Vorsitzenden), vielmehr ist die Nutzung durch Einzelne Ausdruck des freien Mandats (bspw. § 32 Abs. 3 GemO BW), so dass einschränkende Vorgaben allenfalls aufgrund der Geschäftsordnungsautonomie des Kollegialorgans selbst beschlossen werden können.[65] *32*

---

61 *Schwartmann/Ohr* (Fn. 1), Rn. 8.

62 *Schwartmann/Ohr* (Fn. 1), Rn. 9 für Unternehmen.

63 *Mergel et al.* (Fn. 18), S. 47; *Schulz/Hoffmann* (Fn. 4), Rn. 5.

64 Anleitungen dazu bspw. bei *Scheuerer* (Fn. 44), und bei *Facebook*, Facebook erfolgreich nutzen, Leitfaden für Politiker und Amtsträger, 2014, https://de.scribd.com/document/239787067/Leitfaden-fu-r-Politiker-2014 [30.09.2017], *Facebook*, Politische Kampagnen auf Facebook, 2016, https://issuu.com/facebookberlin/docs/fb_politische_kampagnen [30.09.2017] sowie *Twitter*, Leitfaden für politische Amtsträger, 2013, https://de.scribd.com/doc/163535602/Twitter-Leitfaden-fu-r-politische-Amtstra-ger [30.09.2017].

65 *Schulz/Hoffmann* (Fn. 4), Rn. 42.

III. Bürgerinnen und Bürger

33 Für die Bürgerinnen und Bürger dürften als **Ziele** und **Chancen** bei der Nutzung von sozialen Medien die Angebote der Verwaltung zur **Information** und zum **Open Government** (s. oben Rn. 22) im Vordergrund stehen, während die sonstigen Chancen der sozialen Medien (Identitätsmanagement und Beziehungsmanagement) eher von geringerer Bedeutung sein werden.[66] Zur Beantwortung konkreter Anfragen der Bürgerinnen und Bürger bspw. zu Ansprechpartnern muss über geeignete organisatorische Maßnahmen vor allem die Richtigkeit der Informationen gesichert sein, sowie der Umgang mit eingehenden Anfragen zu Verwaltungsverfahren oder gar Anträgen geregelt werden.[67]

34 Dabei besteht die **Gefahr**, dass die Bürgerinnen und Bürger aufgrund falscher Informationen, manipulierte Entscheidungen treffen. Auch besteht das Risiko für die Bürgerinnen und Bürger, dass sie zu viele persönliche Informationen preisgeben.[68] Allerdings dürfte dieses Risiko in Bezug auf die Verwaltung eher gering sein, weil die Verwaltungen nur in sehr geringem Umfang Daten mithilfe von Social Media Monitoring (s. oben Rn. 28 f.) erheben (dürfen). Auch die im Gebrauch sozialer Medien bestehenden Haftungsfragen im Zusammenhang mit Urheber- und Persönlichkeitsrechtsverletzungen durch die Nutzenden[69] dürften im Zusammenhang mit der Verwaltung eher selten auftreten, weil die von der Verwaltung preisgegebenen Informationen üblicherweise nach Informationsweiterverwendungsgesetz und Fotos von Personen der Zeitgeschichte oder bei Versammlungen nach § 23 Abs. 1 Nr. 1 bzw. Nr. 3 KunstUrhG verbreitet werden dürfen.

---

66 Zu diesen Funktionen allgemein: *Schwartmann/Ohr* (Fn. 1), Rn. 7.
67 *Schulz/Hoffmann* (Fn. 4), Rn. 50.
68 Dazu allgemein *Schwartmann/Ohr* (Fn. 1), Rn. 10.
69 Dazu allgemein *Schwartmann/Ohr* (Fn. 1), Rn. 11.

Einsatz bei der Polizei: Twitter-Nutzung, Online-Streifen, Trojaner, Facebook-Fahndung, Biometriesoftware, (intelligente) Videoüberwachung, Predictive Policing, Body-Cams und Fotodrohnen

Margrit Seckelmann

A. Einleitung: Die Polizei als Grenzstellenmanagerin im Kampf um Informations- und Deutungshoheit

Polizeiliches Handeln und digitalisierte Verwaltung: Dieses Thema vermag es, sowohl große Hoffnungen wie ebensolche Befürchtungen zu wecken. Umso wichtiger ist es, sich diesem Thema zu widmen. Denn jenseits dystopischer Überzeichnungen geht der Einfluss der Digitalisierung mit zahlreichen Grenzverschiebungen einher oder – anders ausgedrückt – zumindest mit dem Erfordernis, einige Grenzen neu zu definieren.[1] Diese betreffen die Abgrenzung zwischen Gefahr und Risiko,[2] zwischen privater und öffentlicher Sphäre und zwischen präventiver und repressiver polizeilicher Tätigkeit, was nicht zuletzt kompetenzrechtlich[3] relevant ist. Die Veränderungen im Zeichen der Digitalisierung betreffen aber auch die internen Strukturen und Prozesse der Polizei (Aufbau- und Ablauforganisation) und schließlich die gesellschaftlichen Erwartungen, die an Polizeiarbeit gerichtet werden und die neue Legitimationsfragen aufwerfen.[4] *1*

---

1 Vgl. etwa *Byoonwoog Park,* Wandel des klassischen Polizeirechts zum neuen Sicherheitsrecht. Eine Untersuchung am Beispiel der Entscheidung über sogenannte Online-Durchsuchungen, Berlin 2013, *Matthias Kötter*, Pfade des Sicherheitsrechts. Begriffe von Sicherheit und Autonomie im Spiegel der sicherheitsrechtlichen Debatte der Bundesrepublik Deutschland, Baden-Baden 2008 sowie *Uwe Volkmann,* Polizeirecht als Sozialtechnologie, NVwZ 2009, S. 216–222.

2 Dazu u.a. *Frank Ebert,* Entwicklungen und Tendenzen im Recht der Gefahrenabwehr, LKV 2017, S. 10–17; *Dieter Kugelmann,* Der polizeirechtliche Gefahrenbegriff in Gefahr?, DÖV 2003, S. 781–789; *Michael Johannes Pils*, Zum Wandel des Gefahrenbegriffs im Polizeirecht – Oder: Wie viele Körner bilden einen Haufen?, DÖV 2008, S. 941–948; *Uwe Volkmann*, Sicherheit und Risiko als Probleme des Rechtsstaats, JZ 2004, S. 696–703.

3 Vgl. statt vieler *Hans-Jürgen Lange*, Der Wandel des föderalen Sicherheitsverbundes, in: Stefan Huster/Karsten Rudolph (Hrsg.), Vom Rechtsstaat zum Präventionsstaat, Frankfurt am Main 2008, S. 64–83.

4 *Christoph Gusy/Gerhard Nitz,* Vom Legitimationswandel staatlicher Sicherheitsfunktionen, in: Hans-Jürgen Lange (Hrsg.), Staat, Demokratie und Innere Sicherheit in Deutschland, Opladen 2000, Kap. 18, S. 335–354.

2 Um mit dem letztgenannten Punkt anzufangen: Die ‚twitternde Polizei' wird zum „Grenzstellenmanager"[5] zwischen innerer Organisation und den berechtigten Erwartungen der Bevölkerung, die sich einerseits auf die Anpassung an gewandelte gesellschaftliche Kommunikationsformen und andererseits auf die Stabilität und Kontinuität des Rechtsstaats richten. Diese diffizile Gratwanderung ist eine *Führungsaufgabe*, denn sie bedarf einer strategischen Positionierung unter Reflexion über die eigene Rolle. Dafür wird auch neues Personal bzw. seine gezielte Fortbildung nötig sein.[6] Wichtig ist – das hat nicht zuletzt der G20-Gipfel in Hamburg gezeigt – ein Nachdenken über die Frage, wie und mit welchen Instrumenten der Staat die eigenen Beamten gegen neue Möglichkeiten der schnellen Verabredung im Internet[7] schützen will.[8]

3 Aber auch die Außenkommunikation der Polizei ist unter den Bedingungen herausgefordert, in denen bereits Minuten nach Polizeieinsätzen die ersten Handyvideos auf YouTube auftauchen und (unmittelbar bzw. über *links*) blitzschnell über Facebook und Twitter weiterverbreitet werden können. Manipulationen sind schwer erkennbar, was sogar als Argument dafür dienen kann, dem Staat die *Informationshoheit* über eine ‚offizielle Version' zuzubilligen, die per Videoüberwachung (dazu Rn. 30 ff.) oder Body-Cams (dazu Rn. 52 ff.) generiert wird. In diesem Zusammenhang fragt sich auch, inwieweit sich die polizeiliche Kommunikation dem recht umgangs- bzw. ‚jugendsprachlichen' Niveau auf Twitter anpassen darf oder sogar muss – und welche Herausforderungen dieses erneut für die Aufbau- und Ablauforganisation mit sich bringt.[9]

4 Um zu den eingangs genannten Grenzverschiebungen zu kommen: Im Rahmen neuer polizei- und sicherheitsrechtlicher Eingriffsbefugnisse geht die Tendenz dahin, Bild- (und teilweise auch Ton-)Aufnahmen anzufertigen. Diese haben aber neben einer erhofften deeskalierenden, präventiven Wirkung auch das Ziel, Informationen zu generieren. Letztere sollen im Fall einer späteren Eskalation der Situation zu Straftaten oder Ordnungswidrigkeiten Hinweise auf die Identität der Täter[10] liefern können. Das wirft nicht zuletzt kompetenzrechtliche Probleme auf

---

5 Dazu *Christian Barthel/Dirk Heidemann*, Eines für Alle? Zum Mehrwert ebenenspezifischer Führungskonzepte, in: dies. (Hrsg.), Führung in der Polizei. Bausteine für ein soziologisch informiertes Führungsverständnis, Wiesbaden 2017, S. 59–83, 59 f.

6 Dazu der Beitrag von *Misgeld* und *Wojtczak* in diesem Band (Kapitel 28).

7 Vgl. dazu *Sophie-Charlotte Lenski*, Flashmobs, Smartmobs, Raids – Sicherheitsrechtliche Antworten auf neue Formen von Kollektivität, VerwArch 103 (2012), S. 539–557 sowie *Albert Ingold*, Grundrechtsschutz sozialer Emergenz – eine Neukonfiguration juristischer Personalität in Art. 19 Abs. 3 GG angesichts webbasierter Kollektivitätsformen, Der Staat 53 (2014), S. 193–226.

8 *Sven Srol*, Die Diskussion neuer Einsatzmittel und juristischer Reaktionen als Antwort auf die zunehmende Gewalt gegen Polizeibeamte. Schulterkameras – Spuckschutz – Teaser – Strafrechtsänderung, JBÖS 2014/15, S. 441–457.

9 Dazu *Tobias Mast*, WTF, hier spricht die Polizei!!!, RuP 2017, S. 216–219.

10 Dazu *Fredrik Roggan*, Polizeiliche Überwachung von öffentlichen Plätzen, in ders./ Martin Kutscha (Hrsg.), Handbuch zum Recht der Inneren Sicherheit, 2. Aufl., Berlin 2006, S. 207–227 sowie hier Abschnitt C. I.

(denn grundsätzlich[11] ist der Bund für die Tataufklärung zuständig, die Länder hingegen für die Prävention von Straftaten, dazu Rn. 39). Auch Konflikte mit dem Datenschutz[12] sind – wenn das Wortspiel erlaubt ist – nachgerade vor*programmiert*.[13]

Nachfolgend soll daher an ausgewählten Beispielen den soeben aufgeworfenen Fragen nachgegangen werden. Die Darstellung muss sich aus Platzgründen leider auf bestimmte Maßnahmen beschränken, die für die genannten Fragen besonders wichtig sind, und erhebt keinen Anspruch auf Vollständigkeit. 5

B. Nutzung von Social Media durch die Polizei (informierend, präventiv und repressiv)

Zu den Anwendungsfällen der polizeilichen Nutzung von Informationstechniken im Internet (Social Media-Anwendungen) gehören (1.) die strafprozessuale Öffentlichkeitsfahndung (dazu insbesondere Abschnitt II), aber auch (2.) die klassische polizeiliche Informationstätigkeit, (3.) der Versuch einer Schaffung von ‚Bürgernähe' und ‚Transparenz' durch Einblicke in die polizeiliche Tätigkeit (z.B. durch das Einstellen von Bildern von geretteten Haustieren auf Facebook) und schließlich (4.) polizeiliche Warnungen, die ergänzend zu den Durchsagen per Megaphon, dem Sirenenton und Warnungen über die Presse oder den Rundfunk treten. Darüber hinaus ließe sich (5.) prinzipiell auch daran denken, Verwaltungsakte über die sozialen Medien zu verkünden, etwa eine Auflösung einer Demonstration oder ein Platzverweis. Da jedoch derzeit nicht davon auszugehen ist, dass jeder Nutzer derselben automatisch einen Zugang gem. § 3a VwVfG eröffnet hat und seinen Account in kurzen Fristen abruft, kann die Handlungsform des VA (vornehmlich in Form der Allgemeinverfügung, § 35 S. 2 VwVfG) wohl noch nicht ausschließlich über soziale Medien[14] verkündet werden. Demgegenüber kann es sich durchaus als sinnvoll erweisen, einen *Mehrkanalzugang*[15] zu wählen, also ergänzend zu Megaphon-Durchsagen per *social media* auf die Auflösung einer Versammlung hinzuweisen. 6

Mit der Nutzung sozialer Medien durch die Polizei wird oftmals die Vorstellung größerer Transparenz und gesellschaftlicher Partizipation[16] verbunden. Die An- 7

---

11 Die Befugnisse der Bundespolizei bleiben erst einmal außer Betracht; vgl. aber den Beitrag von *Albers* im nachfolgenden Kapitel.

12 *Hansjürgen Garstka,* Terrorismusbekämpfung und Datenschutz – Zwei Themen im Konflikt, NJ 2002, S. 524–525.

13 Dazu die Beiträge von *Herbst*, *Kugelmann* und *Horster* in diesem Band (Kapitel 16–18).

14 Zu sozialen Medien vgl. auch den Beitrag von *Debus* in diesem Band (Kapitel 21).

15 Dazu *Arne Franz*, Kommunikation zwischen Bürger und Verwaltung – Grundlagen und strategische Überlegungen, in: Frank Bieler/Gunnar Schwarting (Hrsg.), e-Government. Perspektiven – Probleme – Lösungsansätze, Berlin 2007, S. 126–172.

16 Vgl. dazu den Beitrag von *Braun Binder* in diesem Band (Kapitel 6); siehe aber auch *Margrit Seckelmann*, Transparenz als Legitimationsinstrument: das Beispiel der Liquid Democracy, in: Veith Mehde/dies. (Hrsg.), Zukunft der repräsentativen Demokratie, Tübingen 2017, S. 163–175; *Göttrik Wewer*, Transparenz und Vertrauen in der repräsentativen Demokratie: ein komplexes und kompliziertes Verhältnis, in: ebd., S. 177–203.

nahme einer Art ‚gleichberechtigter' Beteiligung der Öffentlichkeit[17] konfligiert aber (nicht zuletzt bei der Strafverfolgung) mit dem *staatlichen Gewaltmonopol*, das insoweit immer noch mit einem Informationsmonopol korrespondiert.[18] Denn es muss dem Staat – gerade bei der Ermittlungstätigkeit – immer noch überlassen bleiben, welche Informationen er überhaupt und wann preisgibt, da ihm zum einen die Garantenstellung für die Persönlichkeitsrechte seiner Bürger obliegt und da er zum anderen aus Gründen der Offizialmaxime auch den Fahndungserfolg nicht gefährden darf (etwa durch eine Preisgabe von Täterwissen).[19]

8 Zudem dürfen die sozialen Medien durch die Polizei selbstverständlich nur im Rahmen der Kompetenzordnung des Grundgesetzes und der Landesverfassungen, der grundrechtlichen Anforderungen und der Bestimmungen des Datenschutzes genutzt werden. So ist bereits umstritten, ob es für eine ‚allgemeine' Informationstätigkeit der Polizei und der Ordnungsbehörden einer Ermächtigungsgrundlage bedarf, ob damit also ein Eingriff verbunden sein kann.[20] Jedoch sind hier angesichts der oftmals vorhandenen Berührung von Persönlichkeitsrechten (in der Regel des Rechts auf informationelle Selbstbestimmung, Art. 2 Abs. 1 i.V.m. Art. 1 Abs. 1 GG) die Grenzen zwischen der Eingriffs- und der Rechtfertigungsebene fließend.[21] Nach der Rechtsprechung kann sich eine für einen Eingriff notwendige Rechtsgrundlage auch in einer Kompetenznorm verbergen,[22] was von großen Teilen der Literatur kritisiert wird.[23] Unstreitig aber bedarf es bei der Indienstnahme sozialer Medien zur netzwerkbasierten Fahndung eines *konkreten* Verdächtigen (mit Namensnennung und/oder [Phantom-]Bild bzw. Bild- und/oder Tonaufzeichnung aus einer Überwachungskamera) einer strafprozessualen Ermächtigungsgrundlage. Diese ergibt sich aus den auf die sog. Öffentlichkeitsfahndung angepassten §§ 131–131c StPO.[24]

9 Zu den weiteren Anforderungen an Grundrechtseingriffe gehört das Gebot der Verhältnismäßigkeit: Die konkrete Nutzung der sozialen Medien muss im kon-

---

17 Vgl. dazu *Rainer Pitschas*, Polizeirecht im kooperativen Staat – Innere Sicherheit zwischen Gefahrenabwehr und kriminalpräventiver Risikovorsorge, DÖV 2002, S. 221–231.

18 *Albert Ingold*, „Polizei 2.0": Grenzen der behördlichen Öffentlichkeitsarbeit in sozialen Netzwerken, VerwArch 108 (2017), S. 240–265.

19 *Mario Martini*, Wie neugierig darf der Staat im Cyberspace sein?, Social Media Monitoring öffentlicher Stellen – Chancen und Grenzen, VerwArch 107 (2016), S. 307–358.

20 Einen Eingriff eher verneinend BVerfGE 105, 252 – Glykol; BVerfGE 105, 279 (303) – Osho; dazu aber kritisch u.a. *Christoph Gusy*, Verwaltung durch Information. Empfehlungen und Warnungen als Mittel des Verwaltungshandelns, NJW 2002, S. 977–986, 984 f. m.w.N.

21 *Gusy* (Fn. 20), S. 982 ff.

22 BVerfGE 105, 252 – Glykol; BVerfGE 105, 279 (303).

23 Vgl. nur *Gusy* (Fn. 20), S. 982 ff.; *Hans D. Jarass*, in: ders./Bodo Pieroth, Grundgesetz für die Bundesrepublik Deutschland, 14. Aufl., München 2016, Art. 4 Rn. 35 f.; *Bernd Jeand'Heur/Wolfram Cremer*, Der praktische Fall: „Warnung vor Sekten", JuS 2000, 991–996, 995 m.w.N.

24 Dazu Näheres bei *Saleh Ramadan Ihwas,* Strafverfolgung in Sozialen Netzwerken. Facebook & Co. als moderne Ermittlungswerkzeuge, Baden-Baden 2014.

kreten Fall einen legitimen Zweck verfolgen und zudem geeignet, erforderlich und im engeren Sinne verhältnismäßig (angemessen) sein. Insbesondere darf der verfolgte Zweck zu den Mitteln nicht außer Verhältnis stehen, was im Bereich eines derartig sensiblen Rechtsguts wie des Allgemeinen Persönlichkeitsrechts aus Art. 2 Abs. 1 i.V.m. 1 Abs. 1 GG schnell der Fall sein kann.

Und nicht zuletzt sind bei der Nutzung sozialer Medien die Gebote des Datenschutzes zu wahren, was insbesondere deswegen problematisch ist, da die sozialen Medien oftmals von privaten Unternehmen betrieben werden, die ihren Sitz nicht in Deutschland haben und die zudem in ihren Allgemeinen Geschäftsbedingungen weitgehende (‚privatautonome') Rechtsverzichte auf die Geltendmachung deutscher datenschutzrechtlicher Anforderungen vorsehen. Hierbei ist die Drittstaatenübermittlung das zentrale Problem, das die Frage nach sich zieht, ob aus Gründen des Datenschutzes und anderer Sicherungen des Allgemeinen Persönlichkeitsrechts nicht die Polizei eigene ‚soziale Medien' betreiben soll. In diesem Zusammenhang stellt sich stets auch die Frage, ob die Polizei als Organ des Staates sich wirklich von privaten Anbietern wie den Betreibern von Twitter oder Facebook oder Instagram ‚abhängig' machen kann (zu allem Teil I).[25] *10*

Genutzt werden von der Polizei derzeit hauptsächlich die Medien Twitter und Facebook, daher wird im Folgenden auf diese gesondert eingegangen. Die Aussagen sind aber auch *ceteris paribus* auf andere soziale Medien wie WhatsApp anwendbar. *11*

I. Twitternutzung durch die Polizei

1. Neuvermessung der Grenzstelle in der Kommunikation zwischen Staat und Bürgern

Nutzt die Polizei heute soziale Medien, so tut sie dieses aus gutem Grund. Sie erhofft sich mit Recht davon, einen großen Teil der Bevölkerung zu erreichen, darunter auch denjenigen, den man über die (Online-)Zeitungen oder den Rundfunk nicht mehr erreicht. Die Polizei darf dabei nur eines nicht vergessen: Sie handelt dabei als staatlicher Repräsentant. Erneut kommt also das oben beschriebene Problem des „Grenzstellenmanagements" zum Ausdruck: Wie kann und in welchen Grenzen darf es der Polizei gelingen, sich dem Sprachniveau der *crowd* bzw. der *digital natives* anzuschließen? Wie kann sie ‚unter Echtzeitbedingungen' informierend bzw. deeskalierend an Internetkonversationen teilnehmen, ohne den Anspruch an sorgfältige Amtsermittlung aufzugeben, wie er etwa in § 24 des Verwaltungsverfahrensgesetzes der Bundesrepublik Deutschland zum Ausdruck kommt? *12*

Sicherlich darf die Polizei nur geprüftes und gesichertes Wissen weitergeben und hat sich Mutmaßungen zu enthalten. Aber wie gelingt es ihr, als Kommunikationsteilnehmer von der Internetgemeinde akzeptiert zu werden? Hier experimen- *13*

25 *Göttrik Wewer*, Darf der Staat Facebook und Twitter nutzen?, ZRP 2016, S. 23–26.

tiert die Polizei derzeit – durchaus beraten von Sprachwissenschaftlern – mit verschiedenen Sprachniveaus und befindet sich auch insoweit in einer Art Selbstfindungsprozess als Grenzstellenmanagerin. Berühmt wurde das Beispiel der „Heidelberger Amokfahrt" im Jahr 2017, bei der eine Mitarbeiterin des für Heidelberg zuständigen Mannheimer Polizeireviers die Mutmaßungen, es handle sich bei dem (deutschen) Amokfahrer um einen solchen mit einem sogenannten „Migrationshintergrund", kurz und bündig auf Twitter zurückwies: „Nochmal für alle: Deutscher OHNE Migrationshintergrund", und dann, als dieses erneut in Zweifel gezogen wurde, mit dem auf Twitter gängigen, aber gleichwohl vulgären Kürzel „WTF?!"[26] antwortete. Dieses Sprachniveau schockierte viele ältere Menschen, die darüber später in der Zeitung lasen, hatte aber im konkreten Fall zunächst durchaus eine befriedende Funktion. Eine Verwaltungsvorschrift, wie man in solchen Fällen kommunizieren soll und welche Ausdrücke staatliche Repräsentanten nicht benutzen dürfen, gab es damals (noch) nicht; über die Erarbeitung solcher Handreichungen wird in Deutschland derzeit nachgedacht. Im Schulbereich beispielsweise gibt es bereits entsprechende verwaltungsinterne Richtlinien für die Lehrer-Schüler-Konversation bei Facebook und WhatsApp. Das Problem dieser Richtlinien ist allerdings, dass sie nur *Binnenrecht* enthalten, sie also keine Außenwirkung entfalten, so dass sich ein Bürger nicht darauf berufen kann.

2. Fragen von Privacy und Datenschutz

a) (Quasi-)Monopole bestimmter Unternehmen

14 Zwei Fragen, die sich in der Nutzung sozialer Medien durch die Polizei stellen, sind jedoch fast noch dringlicher: Wie gelingt es dem Staat, sich nicht insoweit von Anbietern abhängig zu machen, die fast schon über Monopolstellungen verfügen[27] (so ist es Eltern von Schulkindern kaum noch möglich, sich nicht an Gruppen bei Facebook bzw. WhatsApp zu beteiligen, wenn sie nicht wesentliche Informationen verpassen wollen)? Und wem gehören eigentlich die Daten bei Twitter, WhatsApp etc.,[28] oder – anders ausgedrückt – welches Datenschutzregime gilt hierfür?

15 Erneut begeben sich der Staat und seine Ordnungsbehörden bzw. seine Polizei in eine Zwickmühle. Alle Versuche, eigene soziale Medien jenseits der kalifornischen aufzubauen, sind in Deutschland bislang gescheitert. Daher muss wohl (als eine Art *second best solution*) mit *links* und *inframe*-Lösungen gearbeitet werden, bei denen die datenschutzrelevanten (personenbezogenen) Informationen (nur) auf deutsche Seiten gestellt und in Deutschland gehostet werden, während in den sozialen Medien mit Sitz außerhalb der EU nur Hinweise eingestellt werden können,

26 Für „What the fuck" stehend, dazu *Mast* (Fn. 9), S. 216 f.

27 *Wewer* (Fn. 25), S. 23 f.

28 *Michael Marc Maisch*, Informationelle Selbstbestimmung in Netzwerken – Rechtsrahmen, Gefährdungslagen und Schutzkonzepte am Beispiel von Cloud Computing und Facebook, Berlin 2015.

die über *links* auf die offiziellen Seiten der Behörden verweisen (zur Frage der Angemessenheitsbeschlüsse vgl. Rn. 18; zu den sog. *inframe*-Lösungen vgl. Rn. 26).

Nur so kann der deutsche Rechtsstaat seiner Verpflichtung auf die Wahrung des informationellen Selbstbestimmungsrechts (Art. 2 Abs. 1 i.V.m. 1 Abs. 1 GG) seiner Bürger immerhin best*möglich* nachkommen. Und nur so kann er es vermeiden, sich sehenden Auges in eine Abhängigkeit zu monopolähnlichen Anbietern zu begeben, bei denen ein nur locker gehandhabter Datenschutz bislang beinahe zum „Geschäftsmodell" gehört[29] und die angesichts ihres Quasi-Monopols kaum über ihre Geschäftsbedingungen mit sich reden lassen.[30] *16*

b) Die Datenschutzgrundverordnung der EU und das „Privacy Shield"

Im Frühjahr 2018 hat sich das Datenschutzrecht in der Bundesrepublik Deutschland grundlegend geändert. Seit dem 25.05.2018 gelten die Anforderungen der Datenschutzgrundverordnung der EU (DSGVO). Die bundes- und landesrechtlichen Datenschutzgesetze wurden insofern angepasst und füllen (zumindest in der Theorie) nur noch dort Schutzlücken aus, wo die EU solche bewusst gelassen hat (sogenannte „Öffnungsklauseln", beispielsweise im Bereich des Arbeitnehmerdatenschutzes, der in Deutschland auch nach Mai 2018 strenger ist als in den meisten anderen EU-Mitgliedstaaten, dazu der Beitrag von *Horster,* Kapitel 17). *17*

Die DSGVO enthält in ihrem Art. 44–50 Bestimmungen zur Kommunikation mit Anbietern in sog. „Drittstaaten" und bei Internationalen Organisationen. Die EU-Kommission wird nach Art. 45 Abs. 1 DSGVO insoweit sogenannte „Angemessenheitsbeschlüsse" bezüglich des Schutzniveaus in den jeweiligen Nicht-EU-Staaten erlassen. Dabei wird der Datenschutzausschuss (Art. 68 DSGVO), der aus den Leitern der nationalen Mitgliedsstaaten besteht, europaweit einheitliche Standards erarbeiten. Diese werden an die Stelle der bisherigen Regelungen zum sogenannten *„EU-US-Privacy Shield"* treten.[31] Letzteres war nach dem „Safe Harbor-Urteil" des Europäischen Gerichtshofs (EuGH) aus dem Jahr 2015 getreten, in welchem die so benannte Vereinbarung zwischen den USA und der EU für unzureichend erklärt worden war.[32] Die letztgenannte Vereinbarung war zwischen 1998 und 2000 erarbeitet worden, da bereits nach der bis zum 24.05.2018 in Kraft befindlichen Datenschutzrichtlinie 95/46/EG[33] die Übermittlung personenbezogener Daten in Nicht-EU-Staaten daran gekoppelt war, dass diese ein hinreichen- *18*

---

29 *Thilo Weichert,* Datenschutzverstoß als Geschäftsmodell: Der Fall Facebook, DuD 2012, S. 716–721.

30 *Florian Jotzo,* Gilt deutsches Datenschutzrecht auch für Google, Facebook & Co. bei grenzüberschreitendem Datenverkehr?, MMR 2009, S. 232–237.

31 Zum Kommissionsentwurf der DSGVO vgl. seinerzeit *David Kampert,* Datenschutz in sozialen Online-Netzwerken de lege lata und de lege ferenda, Hamburg 2016.

32 Urteil in der Rechtssache Maximilian Schrems gegen den Data Protection Commissioner der EU vom 13.11.2015 – Aktenzeichen C-362/14.

33 Richtlinie 95/46/EG des Europäischen Parlaments und des Rates vom 24.10.1995 zum Schutz natürlicher Personen bei der Verarbeitung personenbezogener Daten und zum freien Datenverkehr (ABl. L 281, S. 31).

des Datenschutzniveau aufwiesen.[34] Die EU-Kommission hatte die Vereinbarung im Jahr 2000 anerkannt.[35] Der EuGH hat diesbezüglich in seiner – vorwiegend auf Selbstverpflichtungen der US-amerikanischen Unternehmen setzenden – Entscheidung von 2015 (und letztlich auch schon zuvor[36]) jedoch zahlreiche Schutzlücken identifiziert. Ob diesen durch das *EU-US-Privacy Shield* abgeholfen wird, ist zumindest umstritten.[37] Nunmehr richten sich daher die Hoffnungen der Datenschützer auf die Angemessenheitsbeschlüsse der EU-Kommission, die auch bei deren Nichtbeachtung Bußgelder in beträchtlicher Höhe verhängen darf (Art. 83 DSGVO).

II. Online-Streifen, Trojaner und Facebook-Fahndung

1. Online-Streifen

19 Im Internet (zunehmend vor allem im sog. Darknet) finden sich zahlreiche Hinweise auf Gesetzesverstöße wie den Handel mit Drogen und Waffen und vor allem den Austausch bzw. das Hochladen und Betrachten von Kinderpornographie. Bei den Polizeidirektionen wurden daher zumeist eigene, spezialisierte Einheiten gebildet, die sich hiermit beschäftigen. Analog zum klassischen Rundgang oder der Rundfahrt von Streifenwagen in der ‚analogen Welt' surfen Polizeibeamte im Internet, um Hinweise auf entsprechende Delikte (bzw. ihr Bevorstehen) zu finden. Man spricht insoweit von „virtuelle[n] Streifenfahrten", die sich nochmals in ‚echte' und ‚unechte' aufteilen lassen.[38] Präziser wäre allerdings der Begriff der „Internetaufklärung".[39]

20 Unter einer ‚echten' virtuellen Streifenfahrt (bzw. Online-Streife) versteht man die Beobachtung bzw. Analyse allgemein zugänglicher Inhalte bezogen auf mögliche Straftaten oder Ordnungswidrigkeiten.[40] Während es sich hierbei um eine nichtanlassbezogene Maßnahme handelt, einer ‚analogen' Streifenfahrt nicht unähnlich,[41] versteht man unter einer ‚unechten' virtuellen Streifenfahrt eine anlass-

---

34 *Silke Jandt/Philipp Richter/Alexander Roßnagel,* Die Zulässigkeit der Übertragung personenbezogener Daten in die USA im Kontext der NSA-Überwachung, DuD 2014, S. 545–551.

35 Kommissionsentscheidung vom 26. 07. 2007 (Aktenzeichen 2000/520/EG), ABl. L 215/7.

36 *Klaus Taraschka,* „Auslandsübermittlung" personenbezogener Daten im Internet: Auswirkungen des Urteils des EuGH v. 06. 11. 2003 – Rs. C-101/01 – Bodil Lindqvist auf die Auslegung deutschen Rechts, CR 2004, S. 280–285.

37 Skeptisch *Anja Hoffmann,* „Privacy Shield": Kein ausreichender Datenschutz im unsicheren Hafen USA: Eine Kritik der „Safe Harbour"-Nachfolgeregelung und der alternativen Transfermethoden, Saarbrücken 2016.

38 *Florian Eisenmenger,* Die Grundrechtsrelevanz „virtueller Streifenfahrten" – dargestellt am Beispiel ausgewählter Kommunikationsdienste des Internets, München 2017.

39 *Sönke E. Schulz/Christian Hoffmann,* Grundrechtsrelevanz staatlicher Beobachtungen im Internet. Internetstreifen der Ermittlungsbehörden und das „Autorisierungskonzept des BVerfG", CR 2010, S. 131–136, 131.

40 *Ihwas* (Fn. 24), S. 141; weiterführend *Schulz/Hoffmann* (Fn. 34), S. 131 ff.

41 *Alexander Zöller,* Verdachtslose Recherchen und Ermittlungen im Internet, GA 2000, S. 563–577.

bezogene Maßnahme zum Zwecke der Gefahrenabwehr. Technisch vollzieht sich diese dergestalt, dass sich ein Polizeimitarbeiter unter einem Aliasnamen in entsprechenden Chaträumen anmeldet bzw. zu diesen einladen lässt,[42] um herauszufinden, ob sich dort Hinweise auf bevorstehende Delikte ergeben. Dieser Vorgang kann sich durchaus über einen längeren Zeitraum hinziehen,[43] um so Informationen über Kommunikationsbeziehungen und -verläufe zu gewinnen.[44]

Erneut verschwimmen hier die Grenzen zwischen präventiver und repressiver polizeilicher Tätigkeit, da die Informationsgewinnung nicht nur der Verbrechensverhütung dient, sondern auch der Erleichterung der späteren Ermittlung. Handelt es sich um eine Ermittlung im strafprozessualen Sinne, so spricht man auch von einem „virtuelle[n] verdeckte[n] Ermittler",[45] da es sich insoweit um eine Tätigkeit handelt, für die die hohen Anforderungen der StPO an eine verdeckte Ermittlung gelten.[46] Insofern ist der Begriff der ‚unechten' Online-Streife eher irreführend, denn er suggeriert eine gewisse Nähe zu den anlasslosen ‚echten' Online-Streifen, während es sich jedoch der Sache nach um eine anlassbezogene Tätigkeit nach den §§ 161 Abs. 1 S. 1, 163 Abs. 1 S. 2 StPO (ggf. i.V.m. § 46 OWiG) handelt. Sie setzt also einen (zumindest einfachen) Anfangsverdacht voraus (§ 152 StPO), bei dem jedenfalls Klarheit über das begangene Delikt herrscht, ggf. aber noch kein Verdächtiger bekannt ist (sog. Ermittlungen gegen „unbekannt"). Ein *anlassloses* Ermitteln ist nämlich aus rechtsstaatlichen Gründen unzulässig.[47] *21*

In seiner Entscheidung zum sog. „Computer-Grundrecht" von 2008 hat das Bundesverfassungsgericht die „virtuelle verdeckte Ermittlung" grundsätzlich zugelassen, sofern die strafprozessualen Voraussetzungen erfüllt seien, ein darüber hinausgehender Eingriff in Art. 10 GG liege nicht vor („Der durch das Telekommunikationsgeheimnis bewirkte Schutz besteht ebenfalls nicht, wenn eine staatliche Stelle die Nutzung eines informationstechnischen Systems als solche überwacht oder die Speichermedien des Systems durchsucht"[48]). *22*

---

42 *Jens Biemann,* Streifenfahrten im Internet. Die verdachtsunabhängigen Ermittlungen der Polizei im virtuellen Raum, Düsseldorf 2013, S. 135.

43 *Jakob Dalby,* Grundlagen der Strafverfolgung im Internet und in der Cloud. Möglichkeiten, Herausforderungen und Chancen, Münster 2015, S. 43.

44 *Markus Oermann/Julian Staben,* Mittelbare Grundrechtseingriffe durch Abschreckung? Zur grundrechtlichen Bewertung polizeilicher „Online-Streifen" und „Online-Ermittlungen" in sozialen Netzwerken, Der Staat 52 (2013), S. 630–661, 648.

45 *Carsten Rosengarten/Sebastian Römer,* Der „virtuelle verdeckte Ermittler" in sozialen Netzwerken und Internetboards, NJW 2012, S. 1764–1767.

46 Dazu *Michael Soiné,* Personale verdeckte Ermittlungen in sozialen Netzwerken zur Strafverfolgung, NStZ 2014, S. 248–251.

47 *Axel Henrichs,* Verdeckte personale Ermittlungen im Internet, Kriminalistik 2012, S. 632–635, 633.

48 BVerfGE 120, 274 (308).

2. Quellen-Telekommunikationsüberwachung/„Trojaner"

23 Davon hat das Bundesverfassungsgericht den Fall differenziert, in dem „ein komplexes informationstechnisches System zum Zweck der Telekommunikationsüberwachung technisch infiltriert" wird („Quellen-Telekommunikationsüberwachung", „Quellen-TKÜ"), um das System „insgesamt auszuspähen".[49] Diese Infiltration vollzieht sich technisch durch die heimliche Implantation einer Schadsoftware (übermittelt durch eine ‚unverdächtig' aussehende E-mail), die einer Behörde ohne Wissen des ‚Ausgespähten' Informationen über die auf seinem informationstechnischen System (Computer, Smartphone etc.) gespeicherten Dateien zugänglich macht. Das Bundesverfassungsgericht hat in der genannten Entscheidung bekanntlich einen neuen Unterfall des Allgemeinen Persönlichkeitsrechts aus Art. 2 Abs. 1 i.V.m. Art. 1 Abs. 1 GG entwickelt, nämlich das Grundrecht auf Integrität und Vertraulichkeit informationstechnischer Systeme[50] (umgangssprachlich „Computer-" oder „IT-Grundrecht" genannt).[51]

24 Wie das Allgemeine Persönlichkeit steht auch das „Computer-Grundrecht" unter Schrankenvorbehalt. Das Bundesverfassungsgericht hat dazu ausgeführt: „Das Grundrecht auf Gewährleistung der Vertraulichkeit und Integrität informationstechnischer Systeme ist nicht schrankenlos. Eingriffe können sowohl zu präventiven Zwecken als auch zur Strafverfolgung gerechtfertigt sein. Der Einzelne muss dabei nur solche Beschränkungen seines Rechts hinnehmen, die auf einer verfassungsmäßigen gesetzlichen Grundlage beruhen."[52] Genau das kann aber – insbesondere unter dem Gesichtspunkt des Bestimmtheitsgebots – problematisch sein, wenn die Grenzen zwischen präventiver und repressiver polizeilicher Tätigkeit verschwimmen (von der Kompetenzfrage einmal ganz abgesehen).[53] Zudem gilt im Sinne der polizeilichen „Je-desto-Formel", dass ein Eingriff in ein derartig sensibles Rechtsgut nur zum Schutz eines überragend wichtigen Rechtsguts vorgenommen werden kann: „Der Grundrechtseingriff, der in dem heimlichen Zugriff auf ein informationstechnisches System liegt, entspricht im Rahmen einer präventiven Zielsetzung angesichts seiner Intensität nur dann dem Gebot der Angemessenheit, wenn bestimmte Tatsachen auf eine im Einzelfall drohende Gefahr für ein überragend wichtiges Rechtsgut hinweisen, selbst wenn sich noch nicht mit hinreichender Wahrscheinlichkeit feststellen lässt, dass die Gefahr schon in näherer Zukunft eintritt. Zudem muss das Gesetz, das zu einem derartigen Ein-

---

49 BVerfGE 120, 274 (308).
50 BVerfGE 120, 274 (313 ff.).
51 Zur Frage, ob es ein neues Grundrecht oder eher ein neuer Grundsatz des Allgemeinen Persönlichkeitsrechts ist, vgl. *Margrit Seckelmann*, Zum Persönlichkeitsrecht im Informationszeitalter – Die Entscheidung des Bundesverfassungsgerichts zur Online-Durchsuchung, in: Bernd Wirtz (Hrsg.), e-Government: Grundlagen, Instrumente, Strategien, Wiesbaden 2010, S. 77–92.
52 BVerfGE 120, 274 (314).
53 BVerfGE 120, 274 (314 f.).

griff ermächtigt, den Grundrechtsschutz für den Betroffenen auch durch geeignete Verfahrensvorkehrungen sichern."[54] Zu den Letzteren gehört das Erfordernis einer vorherigen Kontrolle der Maßnahme durch eine dafür geeignete neutrale Stelle, sofern kein Fall besonderer Eilbedürftigkeit vorliegt.[55] Was eine derartige „neutrale Stelle" ist, muss für den jeweiligen Einzelfall entschieden werden: Es ist nicht (mehr) notwendigerweise ein Richter, wohl aber jemand, der außerhalb der jeweiligen Organisation (zumindest der jeweiligen Dienststelle) steht.

3. Facebook-Fahndung

a) „Steckbrief 2.0"

Während die Quellen-TKÜ grundsätzlich weniger ein Problem der sozialen Medien darstellt als eines des Internets als solches (und hier nur aufgrund der Abgrenzung mitbehandelt wurde bzw. auch deswegen, da die Infiltration oftmals durch soziale Medien erfolgt), ist die sog. Facebook-Fahndung ein polizeiliches Instrument, das sich sozialer Medien gezielt bedient. Diesmal handelt es sich eindeutig um eine Ermittlungstätigkeit der Polizei, also ein Vorgehen zur Verbrechensaufklärung, weniger zur Gefahrenabwehr.[56] Umgangssprachlich hat sich hierfür der Begriff „Steckbrief 2.0" eingebürgert.[57] Man erhofft sich davon, im Bereich der Fahndung nicht nur weitere, sondern auch ganz andere Kreise zu erreichen als mit ‚klassischen' Steckbriefen bzw. der Veröffentlichung von Fahndungsfotos in Printmedien, nämlich die junge, internetaffine Generation (was sich insbesondere dann empfiehlt, wenn man vermutet, dass der Täter selbst dieser angehört).[58] *25*

Rechtlich ist dieses Phänomen erneut nicht unproblematisch. Facebook wird von einem kommerziellen, privaten Anbieter betrieben, der seinen Sitz nicht in Deutschland hat. Daher muss zunächst einmal klar sein, dass keine Fahndung (also eine hoheitliche Tätigkeit) *auf* Facebook stattfindet, sondern dass sich die Polizei nur dieses Mediums bedient (Fahndung *mittels* Facebook).[59] Rechtlich bedeutet das, dass die Daten auf einer Homepage der Polizei zu verbleiben haben *26*

---

54 BVerfGE 120, 274 (326).

55 BVerfGE 120, 274 (332 f.).

56 Näheres dazu bei *Stephanie Schön*, Ermittlungsmaßnahmen über das Internet. Analyse der Möglichkeiten und Grenzen in rechtlicher und tatsächlicher Hinsicht, Frankfurt am Main u.a. 2013.

57 Vgl. *Björn Schiffbauer*, Steckbrief 2.0 – Fahndungen über das Internet als rechtliche Herausforderung, NJW 2014, S. 1052–1057.

58 *Silvio Horn*, Facebook – Gefahr oder Chance?, in: Hermann Hill/Mario Martini/Edgar Wagner (Hrsg.), Facebook, Google & Co. – Chancen und Risiken, Baden-Baden 2013, S. 151–175, 171.

59 *Johannes Caspar*, Nutzung des Web 2.0 – zwischen Bürgernähe und Geschwätzigkeit? Einsatz von Web 2.0-Plattformen durch öffentliche Stellen am Beispiel der Polizei, ZD 2015, S. 12–17.

und dass auf Facebook nur *links* hierauf gesetzt werden dürfen (sog. *inframe*-Lösung, vgl. Rn. 15).[60]

27 Das ist nicht zuletzt deswegen notwendig, da sich die Polizei bzw. der Staat nicht von einem einzigen Intermediär abhängig machen dürfen.[61] Insbesondere aber ist es aus Gründen des Datenschutzes geboten.[62] Denn Facebook erwirbt laut seinen Nutzungsbedingungen, die jeder anerkennt, der dort Informationen einstellt, ein Nutzungsrecht an den auf dieser Plattform geposteten Daten (auch nach deren Löschung), daher darf der Kommunikation auf dieser Plattform allenfalls eine „Brückenfunktion" zukommen.[63] Zudem besteht bei Facebook die Gefahr, dass im „Kommentieren"-Bereich personenbezogene Daten (über sich selbst bzw. Verdächtige) preisgegeben werden, diese Funktion darf nach hiesiger Ansicht daher nicht aktiviert werden.[64] Insgesamt sollte möglichst wenig Interaktion auf der Seite stattfinden, damit wenige Nutzungsdaten erzeugt werden, was für die Deaktivierung der E-Mail-Funktion auf Facebook spricht (nicht hingegen auf der Homepage der Polizei selbst; sog. Rückkanalverbot).[65]

b) Das „Recht auf Vergessenwerden"

28 Der Frage, wie man den digitalen Steckbrief gleichsam wieder ‚abhängen' kann, kommt enorme Bedeutung zu. Seit dem 25. 05. 2018 verfügen die Bürger der Europäischen Union auch gegenüber privaten Telemediendienstbetreibern gemäß Art. 17 Abs. 1 S. 1 DSGVO über einen Löschungsanspruch bezogen auf die sie betreffenden personenbezogenen Daten. Dieser setzt voraus, dass die Speicherung nicht mehr notwendig ist bzw. es an einer Einwilligung des Betroffenen zu ihrer Erhebung, Speicherung und/oder Verarbeitung fehlt bzw. keiner der Gründe nach Art. 17 Abs. 3 DSGVO vorliegt, die Daten also nicht beispielsweise zum Zwecke medizinischer Forschung benötigt werden. Diesem Recht des Einzelnen korrespondiert in Art. 1 Abs. 1 S. 2 DSGVO eine Löschungspflicht. Man spricht hier insoweit unter Entlehnung eines Begriffs aus dem Englischen vom *„right to be forgotten"* („Recht auf Vergessenwerden").[66]

---

60 Näheres dazu bei *Sönke E. Schulz*, Einsatz von Social Media durch die öffentliche Verwaltung, in: Gerrit Hornung/Ralf Müller-Terpitz (Hrsg.), Rechtshandbuch Social Media, Heidelberg u.a. 2015, S. 429–486, Rn. 56 sowie *Martin Zilkens/Adrian Cavin*, Soziale Netzwerke im Umfeld kommunaler Aufgabenerfüllung. Datenschutzrechtliche Grenzen der Recherche und der eigenen Präsentation, ZD 2013, S. 603–608, 607.

61 *Wewer* (Fn. 25), S. 23 f.; *Zilkens/Cavin* (Fn. 60), S. 607.

62 *Indra Spiecker gen. Döhmann*, Die Durchsetzung datenschutzrechtlicher Mindestanforderungen bei Facebook und anderen sozialen Netzwerken, K & R 2012, S. 717–725.

63 *Schulz* (Fn. 55), Rn. 56.

64 *Jan-Dirk Roggenkamp*, Facebook-Fahndung – Gefällt mir? (Editorial), K & R 2013, S. 1; vgl. auch *Mario Martini/Benjamin Kühl*, Der informierende Staat als Katalysator der Meinungsbildung im digitalen Zeitalter, DÖV 2013, S. 573–584, 579.

65 *Sönke E. Schulz/Christian Hoffmann*, Rechtsrahmen ermöglicht Teilnahme an sozialen Netzwerken, innovative verwaltung 2013, S. 16–18, 18 m.w.N.

66 Vgl. statt vieler *Gerrit Hornung/Kai Hofmann*, Ein „Recht auf Vergessenwerden"? Anspruch und Wirklichkeit eines neuen Datenschutzrechts, JZ 2013, S. 163–170.

4. Spezialproblem Hate Speech

29 Ein Phänomen, das unter den Möglichkeiten des Internet ganz neue Dimensionen angenommen hat, ist das Problem der *hate speech*.[67] Um dem Problem zu begegnen, dass in großer Zahl und oftmals unter Zuhilfenahme sog. *social bots* gezielt Unwahrheiten („*fake news*") über das Internet verbreitet werden, um Stimmung gegen bestimmte Bevölkerungsgruppen oder Individuen zu machen (etwa bezüglich des „Migrationshintergrunds" eines Verdächtigen im in Rn. 13 genannten Beispiel), wurde vom Deutschen Bundestag am 01. 09. 2017 das zum 01. 10. 2017 in Kraft getretene Gesetz zur Verbesserung der Rechtsdurchsetzung in sozialen Netzwerken (Netzwerkdurchsetzungsgesetz, NetzDG[68]) verabschiedet. Dieses nimmt die Intermediäre mithilfe der Androhung vergleichsweise hoher Geldstrafen in die Pflicht, aktiv nach von den Nutzern auf ihre Homepages eingestellten Inhalten zu suchen, die Hasskriminalität enthalten können, und diese ggf. zu löschen. Das Gesetz wurde intensiv kritisiert, da es nicht gerechtfertigte Eingriffe in die Grundrechte der Berufsfreiheit, der Eigentumsfreiheit, der Meinungs- und Pressefreiheit sowie des Allgemeinen Persönlichkeitsrechts enthalte und zudem gegen die grundgesetzliche Kompetenzverteilung sowie gegen europäisches und internationales Recht verstoße.[69] Zugleich ist aber auch zu konstatieren, dass dem Gesetz – bei allen handwerklichen Fehlern – zumindest eine zutreffende Identifikation eines drängenden Problems zugrunde lag,[70] nämlich die Zunahme an Macht bei den Intermediären.[71]

C. Bild und Tonaufzeichnungen durch die Polizei

I. Intelligente Videoüberwachung von Kriminalitätsschwerpunkten

30 Polizeiarbeit im Internetzeitalter hat aber nicht nur mit *Social Media* zu tun. Vielmehr bieten auch die Möglichkeiten der Aufzeichnung von Bild- bzw. Tondoku-

67 *Hubertus Gersdorf*, Hate Speech in sozialen Netzwerken, MMR 2017, S. 439–447.

68 BGBl. I/2017 S. 3352.

69 Vgl. nur (zum Gesetzentwurf) *Karl-Heinz Ladeur/Tobias Gostomzyk*, Gutachten zur Verfassungsmäßigkeit des Entwurfs eines Gesetzes zur Verbesserung der Rechtsdurchsetzung in sozialen Netzwerken (Netzwerkdurchsetzungsgesetz – NetzDG) i. d. F. vom 16. 05. 2017 – BT-Drs. 18/12356. Erstattet auf Ansuchen des Bitkom, https://www.bitkom.org/noindex/Publikationen/2017/Sonstiges/NetzDG-Gutachten-Gostomzyk-Ladeur.pdf [07. 03. 2018]; *Gerald Spindler*, Der Regierungsentwurf zum Netzwerkdurchsetzungsgesetz – europarechtswidrig?, ZUM 2017, S. 473–487; *Jörg Wimmers/Britta Heymann*, Zum Referentenentwurf eines Netzwerkdurchsetzungsgesetzes (NetzDG) – eine kritische Stellungnahme, AfP 2017, S. 93–101. Zur Vereinbarkeit mit der grundgesetzlichen Kompetenzverteilung vgl. *Marc Liesching*, Die Durchsetzung von Verfassungs- und Europarecht gegen das NetzDG, MMR 2018, S. 26–30.

70 In diesem Sinne wohl auch *Nikolas Guggenberger*, Das Netzwerkdurchsetzungsgesetz – schön gedacht, schlecht gemacht, ZRP 2017, S. 98–101, 101; vgl. aber auch *ders.*, Das Netzwerkdurchsetzungsgesetz in der Anwendung, NJW 2017, S. 2577–2582, 2582 („ein verfehlter Ansatz zur Lösung eines real existenten Problems").

71 *Martin Eifert*, Rechenschaftspflichten für soziale Netzwerke und Suchmaschinen, NJW 2017, S. 1450–1454.

menten über Videoüberwachungssysteme oder Body-Cams und ggf. die Verknüpfung derselben mit vorhandenen Dateien ganz neue Möglichkeiten, insbesondere dann, wenn dabei biometrische Gesichtserkennungssoftware zu einer sog. ‚intelligenten' Videoüberwachung[72] eingesetzt wird oder eine Big Data-Analyse zum Zwecke des *Predictive Policing* erfolgt. Daher werden nachfolgend zunächst Aspekte der ‚klassischen' Videoüberwachung analysiert und dann solche der ‚intelligenten' Videoüberwachung, also der Kombination mit Biometriesoftware, bevor andere Möglichkeiten fotomechanischer Aufzeichnung (über Body-Cams und Fotodrohnen) angesprochen werden.

31 Zur ‚klassischen' Videoüberwachung: Videoüberwachungsanlagen werden in der internationalen Diskussion mit dem englischen Begriff *Closed Circuit Television* (CCTV) bezeichnet, der verdeutlichen soll, dass die Zahl der Empfänger der Informationen aus einer derartigen Anlage begrenzt ist, was sie von einer Rundfunkanlage unterscheidet.[73]

1. Videobeobachtung und Videoaufzeichnung

a) Abgrenzung zwischen beiden Instrumenten

32 Zunächst einmal ist zwischen Videobeobachtung und Videoaufzeichnung zu differenzieren. In den meisten Datenschutzgesetzen findet sich eine Legaldefinition der *Videobeobachtung* als Erhebung personenbezogener Daten bzw. als Beobachtung mithilfe optisch-elektronischer Einrichtungen.[74] Demgegenüber meint der Begriff der *Videoaufzeichnung* die Speicherung dieser Daten, so etwa legaldefiniert in § 20a Abs. 3 S. 1 LDSG Baden-Württemberg in der bis zum 24. 05. 2018 geltenden Fassung. Videobeobachtung und Videoaufzeichnung von Seiten der Polizei beziehen sich zumeist auf *öffentliche Räume*.

33 Das Bundesverfassungsgericht hat die Video*aufzeichnung*, also die speichernde Beobachtung, als Eingriff in Art. 2 Abs. 1 i.V.m. Art 1 Abs. 1 GG charakterisiert.[75] Denn das „durch die Videoüberwachung gewonnene Bildmaterial" könne und solle „dazu genutzt werden, belastende hoheitliche Maßnahmen gegen Personen vorzubereiten, die in dem von der Überwachung erfassten Bereich bestimmte unerwünschte Verhaltensweisen zeigen".[76] In der *Verarbeitung* der auf-

---

72 Dazu u.a. *Sebastian Bretthauer*, Intelligente Videoüberwachung – eine datenschutzrechtliche Analyse unter Berücksichtigung technischer Schutzmaßnahmen, Baden-Baden 2017; *Cornelius Held*, Intelligente Videoüberwachung. Verfassungsrechtliche Vorgaben für den polizeilichen Einsatz, Berlin 2014.

73 *Peter Gola/Christoph Klug*, Videoüberwachung gemäß § 6b BDSG – Anmerkungen zu einer verunglückten Gesetzeslage, RDV 2004, S. 65–74.

74 Vgl. § 6b BDSG-alt („Beobachtung"), deutlicher: § 20a LDSG Baden-Württemberg-alt („Erhebung personenbezogener Daten").

75 BVerfG NJW 2007, S. 688 (690); *Thomas Fetzer/Mark A. Zöller*, Verfassungswidrige Videoüberwachung – Der Beschluss des BVerfG zur geplanten Überwachung des Regensburger Karavan-Denkmals durch Videotechnik, NVwZ 2007, S. 775–779.

76 BVerfG NJW 2007, S. 688 (690).

gezeichneten Daten (etwa durch Abgleich mit einer Datenbank) wird darüber hinaus ein eigenständiger Grundrechtseingriff gesehen.[77]

Ob auch in der ‚bloßen' bzw. ‚durchlaufenden' Videobeobachtung ein Eingriff in das Recht auf informationelle Selbstbestimmung, liegt, wird von der Rechtsprechung hingegen uneinheitlich beurteilt. Hierbei werden die Bilder nicht gespeichert (bzw. technisch gesprochen: sofort wieder überschrieben, sog. Kamera-Monitor-System). Ein Beamter sitzt in der Dienststelle vor dem Monitor (bzw. mehreren solchen) und schaut, ob ihm etwas auffällt. Wenn ja, benachrichtigt er die Streife vor Ort bzw. sendet eine dorthin. Während Teile der Literatur mit guten Gründen bereits hierin einen Grundrechtseingriff sehen,[78] verneint ihn die Rechtsprechung des Bundesverfassungsgerichts in den Fällen, in denen „der Abgleich mit dem Fahndungsbestand unverzüglich vorgenommen wird und negativ ausfällt (sogenannter Nichttrefferfall) sowie zusätzlich rechtlich und technisch gesichert ist, dass die Daten anonym bleiben und sofort spurenlos und ohne die Möglichkeit, einen Personenbezug herzustellen, gelöscht werden"[79] (wobei sich das Bundesverfassungsgericht nicht ausdrücklich auf die Videoüberwachung bezogen hat, sondern auf die automatisierte Kennzeichenüberwachung). Die Literaturauffassungen, die die Rechtsprechung des Bundesverfassungsgerichts zur digitalisierten Kennzeichenüberwachung auch auf die Frage der Videobeobachtung beziehen, heben darauf ab, dass die ‚durchlaufende' Beobachtung ohne Aufzeichnung (bzw. mit sofortiger, automatisierter Wieder-Überschreibung der Daten) einer (technologisch unterstützten) Anschauung durch das menschliche Auge des Polizisten entspreche.[80] Dem ist jedoch entgegenzuhalten, dass der Einsatz von Videoüberwachung insoweit von der Beobachtung mit einem ‚bloßen' menschlichen Auge abweicht, als er die Möglichkeit des Zoomens und des ‚Einfrierens' von Bildern zu einer Einzelbildaufnahme zulässt.[81] Ein weiteres Argument, das sich durch die Analyse des Einsatzes von Videotechnik (einschließlich des Einsatzes von Body-Cams hindurchzieht, ist dasjenige, dass von entsprechenden polizeilichen Maßnahmen Einschüchterungseffekte ausgehen können, die ebenfalls grundrechtsrelevant sind, da der Einzelne ggf. von einer Betätigung seiner Grundrechte absehen könnte, wenn er fürchten muss, dass allein an die Tatsache, dass er sich zu einer bestimmten Zeit an einem bestimmten Ort aufgehalten hat, negative Folgerungen geknüpft wer- 34

77 *Mark A. Zöller*, Möglichkeiten und Grenzen polizeilicher Videoüberwachung, NVwZ 2005, S. 1235–1241.

78 *Alexander Roßnagel*, Videoüberwachung im öffentlichen Raum?, ZRP 2013, S. 126.

79 BVerfGE 120, 378 (399) unter Bezugnahme auf BVerfGE 100, 313 (366); 107, 299 (328); 115, 320 (343).

80 *Peter Collin*, Die Videoüberwachung von Kriminalitätsschwerpunkten, JuS 2006, S. 494–497; mit dieser Tendenz auch *Zöller* (Fn. 77), S. 1237 m.w.N.

81 *Dirk Büllesfeld*, Verfassungs- und polizeirechtliche Aspekte polizeilicher Videoüberwachung öffentlicher Räume in Deutschland, in: Hans-Jörg Bücking (Hrsg.), Polizeiliche Videoüberwachung öffentlicher Räume, Berlin 2007, S. 63–74; *Thorsten Siegel*, Grundlagen und Grenzen polizeilicher Videoüberwachung, NVwZ 2012, S. 738–742, 739 m.w.N.

den.[82] Dieses kann auch nicht – etwa unter dem Schlagwort der „Prävention durch Repression" – mit präventiven Gesichtspunkten gerechtfertigt werden.[83]

b) Zentrale verfassungsrechtliche Anforderungen

35 Bejaht man mit der vorzugswürdigen Auffassung, dass sowohl die Videobeobachtung als auch die Videoüberwachung in den Schutzbereich des Grundrechts auf informationelle Selbstbestimmung (Art. 2 Abs. 1 i.V.m. 1 Abs. 1 GG) eingreift, so fragt sich weiter, ob dieser Eingriff verfassungsrechtlich zu rechtfertigen ist. Das Grundrecht auf informationelle Selbstbestimmung hat Teil an der Schrankentrias des Art. 2 Abs. 1 GG, die auch zugunsten der „verfassungsmäßigen Ordnung", also von formell und materiell rechtmäßigen Rechtsnormen wie solchen des Polizei- und Datenschutzrechts, eine Eingriffsmöglichkeit in Art. 2 Abs. 1 GG vorsieht. Eine genaue Analyse erfordert hier die Kenntnis der einschlägigen Norm.

36 Übergreifend stellen sich jedoch beim polizeilichen Einsatz von Videotechnik regelmäßig drei Fragen in besonderer Weise: (aa) diejenige nach der hinreichenden Bestimmtheit der den Einsatz legitimierenden Norm (und der Erkennbarkeit des konkreten Einsatzes), (bb) diejenige nach der Abgrenzung zwischen präventiver und repressiver polizeilicher Tätigkeit und schließlich (cc) diejenige nach der Verhältnismäßigkeit.

aa) Bestimmtheit/Erkennbarkeit

37 Zunächst zur Bestimmtheit der Norm und der Erkennbarkeit des Einsatzes von Videotechnik. In den meisten Bundesländern finden sich inzwischen Bestimmungen hierüber in den Polizeigesetzen. Eine Ausnahme stellt Berlin dar: Dort ist nach § 19a ASOG Berlin nur die Videoüberwachung zur *Eigensicherung* zulässig. Wie auch dort ist in den Polizeigesetzen der anderen Bundesländer die hinreichende Erkennbarkeit des Einsatzes von Videotechnik *ex ante* erforderlich.[84] In jedem Fall ist jedoch auf den Einsatz von Videotechnik an geeigneter Stelle deutlich hinzuweisen (durch Schrift und nach Möglichkeit auch Bildsymbole auf Aushängen/Plakaten, ggf. zusätzlich auf Aufklebern an geeigneter Stelle).

38 Hinsichtlich der Erkennbarkeit des Einsatzes von Videotechnik bzw. der Hinweise auf ihren Einsatz bestehen jedoch große Unsicherheiten: So sind die Grenzen bzw. der Beginn des öffentlichen Bereichs für den Bürger nicht immer hinreichend erkennbar, denn bei öffentlichen Plätzen grenzt das Hausrecht eines (Geschäfts-)Eigentümers direkt an den öffentlichen Raum, so dass man quasi schon mit dem Schritt aus einem Geschäft in den Überwachungsbereich einer Videokamera gerät. Daher hat der betroffene Bürger kaum die Wahl, ob er sich

---

82 *Alexander Roßnagel*, Verfassungsrechtliche Grenzen polizeilicher Kfz-Kennzeichenerfassung, NJW 2008, S. 2547–2551, 2548.

83 So zu Recht *Zöller* (Fn. 77), S. 1239 m.w.N.

84 So fordert etwa § 19a Abs. 2 ASOG Berlin: „Der Einsatz der optisch-elektronischen Mittel ist durch geeignete Maßnahmen erkennbar zu machen oder der betroffenen Person mitzuteilen, wenn er nicht offenkundig ist".

der Videoüberwachung aussetzen möchte.[85] Man kann aber auch keinesfalls leichtfertig davon ausgehen, dass im Passieren einer Fußgängerzone auf dem Weg zu einem Geschäft ein konkludenter Grundrechtsverzicht liege[86] (denn Letzterer ist nur unter äußerst restriktiven Anforderungen, wenn überhaupt, anzunehmen[87]).

bb) Beurteilung von doppelfunktionalen Maßnahmen

Es handelt sich mithin um eine doppelfunktionale Maßnahme, wie sie oftmals beim Einsatz von Videofotografie vorkommt, bei der man personenbezogene Daten erfasst, die später zum Zwecke der Beweissicherung eingesetzt werden können.[88] Hierzu hat das Bundesverwaltungsgericht bezogen auf die Regelung eines vergleichbaren Sachverhalts (Videoüberwachung an einem sog. Kriminalitätsschwerpunkt, hier in St. Pauli) ausgeführt, dass der Bundesgesetzgeber mit seiner Regelung des nur-repressiven Einsatzes von Videokameratechnik für deren präventiven Einsatz bewusst eine Lücke gelassen habe, die eine landesrechtliche Regelung ermögliche.[89] Insofern bestehe Spielraum für eine polizeigesetzliche Regelung der Videoüberwachung im jeweiligen Landesrecht, die StPO des Bundes lasse insoweit bewusst Lücken. Das Verwaltungsgericht Köln hat Ende 2015 jedoch zu Recht darauf hingewiesen, dass die Polizei eine Maßnahme nicht alternativ auf das Landespolizeigesetz oder die StPO stützen könne, vielmehr müsse *ex ante* klar sein, wozu eine fotomechanische Aufzeichnung eingesetzt werde.[90] Auch die Zivilgerichte haben (präventive) Videofotografie durch sog. DashCams bislang kaum als Beweismittel zugelassen.[91] *39*

cc) Verhältnismäßigkeit

Auch die Geeignetheit der Videobeobachtung (und erst recht: Videoüberwachung) wird bezweifelt: So verlagere sich Kriminalität nach Aufstellen von Videokameras an nicht bereits beobachtete Orte, so dass letztlich jede Kamera „die Notwendigkeit einer nächsten Kamera am nächsten Ort“ nach sich ziehe.[92] Er- *40*

---

85 *Thilo Weichert*, Rechtsfragen der Videoüberwachung, DuD 25 (2000), S. 662–669, 666; zum öffentlichen Raum siehe auch *Angelika Siehr*, Das Recht am öffentlichen Raum. Theorie des öffentlichen Raumes und die räumliche Dimension von Freiheit, Tübingen 2016.

86 *Zöller* (Fn. 77), S. 1239.

87 *Nadine Bethge*, Die verfassungsrechtliche Zulässigkeit des Grundrechtsverzichts, Hamburg 2014.

88 Dazu statt vieler *Thorsten Siegel*, „Spiel ohne Grenzen“. Grundrechtliche Schranken der Videoüberwachung durch öffentliche Stellen und Private, VerwArch 102 (2011), S. 159–184.

89 Dazu das Urteil des BVerwG, NVwZ 2012, 757 sowie die Anm. von *Thorsten Siegel* (ebd.), S. 738; dazu auch *Kipker/Gärtner* (Fn. 4), S. 297.

90 VG Köln, Urteil vom 05.11.2015 – Az. 20 K 3466/13.

91 Dazu das Urteil des VG Ansbach vom 12.08.2014 – AN 4 K 13.01634, SVR 2015 U (m. Anm. *Koehl*), S. 235–239; vgl. jetzt aber auch das Urteil des BGH vom 15.05.2018 – VI ZR 233/17.

92 Vgl. nur *Fredrik Roggan*, Die Videoüberwachung von öffentlichen Plätzen – Oder: Immer mehr gefährliche Orte für Freiheitsrechte, NVwZ 2001, S. 134–141, 140.

neut ist aber die Analyse der Geeignetheit darauf zu beschränken, ob der Gesetzgeber diese Problematik zumindest erkannt hat (was hier wohl zu bejahen ist); für alles andere obliegt ihm eine Einschätzungsprärogative.

41 Die Erforderlichkeit der Videoüberwachung wird gelegentlich bereits deswegen bejaht, weil ein Einsatz von Polizisten zur Beobachtung ‚vor Ort' deutlich teurer wäre und den Steuerzahler daher mit erheblich größeren Kosten belasten würde.[93] Entscheidend ist aber, dass aus Gründen der Erforderlichkeit richtiger Ansicht nach Videoüberwachung nicht flächendeckend und anlasslos eingesetzt werden darf[94] (die Gegenansicht nimmt insoweit ‚nur' ein Verwertungsverbot an[95]).

2. Kombination mit Biometriesoftware zur „Intelligenten Videobeobachtung"

42 Biometrische Daten haben spätestens seit der Ermittlung von Fingerabdrücken[96] Einzug in die polizeiliche Tätigkeit gefunden; bereits zuvor enthielten Ausweisdokumente Angaben zu Größe, Augenfarbe und oftmals den „besonderen Kennzeichen".[97] Neu ist vor allem der Einsatz von Gesichtserkennungssoftware (während im privaten Bereich an Irisscannern zur Identifizierung von Mitarbeitern bzw. Berechtigten und Nicht-Berechtigten geforscht wird[98]).

43 Unter Biometrie versteht man „die automatisierte oder teilautomatisierte Erkennung von Menschen anhand hochcharakteristischer, physiologischer oder verhaltenstypischer Merkmale.[99] Zu diesen können neben „Finger-, Hand- und Gesichtstopographie [...] z.B. die Struktur der Iris oder der Handvenen, das Muster der Netzhaut, die Dynamik der Unterschrift oder des Gangs, die Besonderheiten des Tippverhaltens oder der menschlichen Stimme, sowie je nach Definition die Molekülstruktur der menschlichen DNA"[100] gehören, wobei die entsprechenden bio-

---

93 *Dirk Wüstenberg*, Kommunale Videoüberwachung öffentlicher Plätze, KommJur 2007, S. 13–19, 17.

94 *Roßnagel* (Fn. 78), S. 126.

95 *Ralf P. Schenke*, Videoüberwachung im öffentlichen Raum?, ZRP 2013, S. 126.

96 Dazu *Peter Becker*, Dem Täter auf der Spur. Eine Geschichte der Kriminalistik, Darmstadt 2005; *Miloš Vec*, Methoden der Identifikation in der Kriminalistik (1879–1933), Baden-Baden 2002.

97 Zur Historie dieses Begriffs vgl. u.a. *Valentin Groebner*, Der Schein der Person. Steckbrief, Ausweis und Kontrolle im Mittelalter, München 2004.

98 Dazu *Gerrit Hornung/Roland Steidle*, Biometrie am Arbeitsplatz – sichere Kontrollverfahren versus ausuferndes Kontrollpotential, AuR 2005, S. 201–207; *Gerrit Hornung*, Biometrische Systeme – Rechtsfragen eines Identifikationsmittels der Zukunft, KJ 2004, S. 344–360.

99 *Gerrit Hornung*, Chancen und Risiken der Biometrie aus rechtlicher Sicht. Grundlagen und aktuelle Herausforderungen, Zeitschrift für Wett- und Glücksspielrecht 5/2015, Sonderbeilage, S. 8–14, 1; *ders.*, Die digitale Identität. Rechtsprobleme von Chipkartenausweisen: Digitaler Personalausweis, elektronische Gesundheitskarte, JobCard-Verfahren, Baden-Baden 2005, S. 75 m.w.N. (download unter https://www.deutsche-digitale-bibliothek.de/binary/Y5M6. QG7YQBWQ5P6TGNIFVY77AA7UY2KY/full/1.pdf [07.03.2018].

100 *Hornung* (Fn. 98), S. 8.

metrischen Verfahren ebenso unterschiedlich sein können[101] wie die rechtlichen Probleme strukturell vergleichbar.[102]

Technisch können sowohl biometrische Samples erfasst und gespeichert werden, auf die später referenziert werden kann (etwa ein Gesichtsfoto), als auch ein biometrisches Template (eine bestimmte Menge markanter Kennzeichen aus dem Sample, z.B. die Endungen und Verzweigungen der Papillarleisten des Fingers) oder schließlich ein aus diesen Daten abgeleiteter Datensatz auf einer höheren Aggregationsstufe, der keine einzelnen biometrischen Daten mehr enthält.[103] *44*

Als Speicherorte kommen entweder dezentrale Lösungen in Betracht (wie bei der Gesundheits-Chipkarte oder auf einem anderen Personaldokument[104]) oder aber – die hier im Mittelpunkt der Betrachtung stehende – Speicherung in zentralen Datenbanken. Kombiniert man dieses mit der in Teil B beschriebenen Nutzung sozialer Medien, die im Zeichen von Big Data technisch (aber nicht rechtlich) unschwer möglich ist, so ergibt sich die Situation, dass biometrische Daten in „weltweiten Netzen fest mit der Person des Ausweisinhabers selbst – im Unterschied zu seinem Besitz (des Ausweises) und Wissen (einer PIN oder eines Passworts) – verbunden werden" können.[105] Das Ganze wird dadurch noch potenziert, dass die sozialen Medien regelmäßig die *„friends and followers"* darum bitten, die Zuordnung von Gesichtern zu Namen und anderen Daten (wie zum Beruf) zu bestätigen – wer einmal Bilder postet, hat also nicht mehr in der Hand, „wer was über ihn weiß", wie es das Volkszählungs-Urteil von 1983 bezogen auf das Recht auf informationelle Selbstbestimmung forderte.[106] *45*

Eingesetzt wird die Biometriesoftware, um einen Abgleich zwischen den neuen und den vorhandenen Datensätzen vorzunehmen (sog. *matching*). Dabei kommen technisch zwei Varianten zum Einsatz: Die Identifikation dient dem Abgleich der Vergleichsdaten „mit allen *in* einer Datenbank hinterlegten Datensätzen" *(1:n-Vergleich).* Die Verifikation bezieht sich dagegen ‚nur' auf eine konkrete Identität und nimmt einen Abgleich einer „mit nur einer biometrischen Referenz (1:1-Vergleich)", vor, „die durch den Betroffenen präsentiert wird (wie etwa beim Reisepass) oder ihm sonst zugeordnet ist".[107] *46*

---

101 Dazu im Einzelnen *Anil K. Jain/Arun A. Ross/Karthik Nadakumar,* Introduction to Biometrics, New York u.a. 2011; vgl. auch *Astrid Albrecht,* Biometrische Verfahren im Spannungsfeld von Authentizität im elektronischen Rechtsverkehr und Persönlichkeitsschutz, Baden-Baden 2003; *Daniel Herrmann,* Möglichkeiten und Grenzen des Einsatzes biometrischer Verfahren unter strafprozessualen Gesichtspunkten, Hamburg 2013; *Lotte Meuth,* Zulässigkeit von Identitätsfeststellungen mittels biometrischer Systeme durch öffentliche Stellen, Berlin 2006.

102 *Hornung* (Fn. 98), S. 8 m.w.N.

103 *Hornung* (Fn. 98), S. 8; *ders.,* Der Personenbezug biometrischer Daten. Zugleich eine Erwiderung auf Saeltzer (DuD 2004, 218 ff.), DuD 2004, S. 429–431.

104 Dazu statt vieler *Dennis Kügler,* Risiko Reisepass? Schutz der biometrischen Daten im RF-Chip, c't 5/2005, S. 84–89.

105 *Hornung* (Fn. 98), S. 34.

106 BVerfGE 65, 1.

107 *Hornung* (Fn. 98), S. 8

47 Biometrie ist *fehleranfällig* und kommt – namentlich bei der Identifikation – selten zu ganz eindeutigen Ergebnissen. Dabei können die Fehlerquellen ganz unterschiedlicher Natur sein, z.B. „Verschmutzung des Sensors, unterschiedliches Mitwirkungsverhalten der Betroffenen, Probleme der Implementierung oder der Genauigkeit der verwendeten Algorithmen“[108] – und natürlich auch dadurch, dass sich Gesichter und Körper im Laufe der Zeit verändern können. Daher müssen situationsspezifisch je nach Anwendung bestimmte Schwellenwerte definiert werden für den Grad der Übereinstimmung bzw. Akzeptanz, nämlich die *Falschübereinstimmungs-Rate* (FMR) und *Falschnichtübereinstimmungs-Rate* (FNMR).[109] Die *Failure to Enroll Rate* (FTE) beschreibt den Anteil fehlgeschlagener Enrollmentversuche, wenn die avisierte biometrische Anwendung zu keinem Ergebnis führt.[110]

48 Wichtig ist die datenschutz- und grundrechtskonforme Gestaltung. Denn sonst droht die „Dystopie ubiquitärer Beobachtung insbesondere im öffentlichen Raum“,[111] insbesondere dann, wenn man gar nicht mehr wahrnimmt, dass man aufgenommen wird, also wenn ortsfeste Videokameras nicht deutlich sichtbar und mit Hinweisschildern versehen sind. Insoweit verbietet sich (jenseits geheimdienstlicher Tätigkeiten) der Einsatz von kleinen Kameras in Kugelschreibern oder in Brillen (*Google Glasses, Instagram Glasses*).[112] (Auf das Spezialthema Body-Cams soll unter III. eingegangen werden.)

49 Kombiniert man nun den Einsatz von Videotechnik und die Verwendung von Biometriesoftware, so spricht man von „intelligenter“ Videoüberwachung.[113] Ihr Einsatz ist *de lege lata* noch nicht möglich, entsprechende Rechtsgrundlagen fehlen bislang, wenn auch – namentlich am Berliner Südkreuz – im Wege von Pilotversuchen mit dieser Technik experimentiert wird. Wie sähe es, sollten diese Pilotversuche positiv evaluiert werden, *de lege ferenda* aus? Kann der (jeweilige) Gesetzgeber eine entsprechende Eingriffsgrundlage vorsehen oder wäre sie von vornherein materiell rechtswidrig?

50 Entscheidend ist hierfür, ob sich eine technisch-organisatorische Gestaltung vorsehen lässt, die den Geboten der Verhältnismäßigkeit genügt. Einen entsprechenden Lösungsvorschlag haben *Alexander Roßnagel*, *Monika Desoi* und *Gerrit Hornung* vorgelegt, nämlich ein Drei-Stufen-Modell zur „grundrechtsschonenden“ Gestaltung von Videoüberwachungsanlagen.[114] Hierbei soll auf der ersten

---

108 *Hornung* (Fn. 98), S. 8.
109 *Hornung* (Fn. 98), S. 8.
110 *Hornung* (Fn. 98), S. 8.
111 *Hornung* (Fn. 98), S. 13.
112 *Thomas Schwenke*, Schnittstellen zum „Cyborgspace“ – Erkenntnisse zu Datenbrillen nach Ende des „Google Glass“-Experiments. Warum das Konzept der Privatsphäre in einer physisch-virtuellen Welt überdacht werden muss, DuD 2015, S. 161–166.
113 Vgl. *Bretthauer* (Fn. 72), *Held* (Fn. 72), dort jeweils der Titel.
114 *Alexander Roßnagel/Monika Desoi/Gerrit Hornung*, Gestufte Kontrolle bei Videoüberwachungsanlagen. Ein Drei-Stufen-Modell als Vorschlag zur grundrechtsschonenden Gestaltung, DuD 2011, S. 694–701.

Stufe eine allgemeine Beobachtung durch eine intelligente Videokamera bezogen auf einen bestimmten Ort vollzogen werden (Erste Stufe), wobei die Kamera – anonymisiert oder zumindest pseudonymisiert – Verhaltensmuster oder entsprechende Abweichungen erkennen kann.[115] Kommt es zu einem ‚Treffer', so folgt das Kamerasystem denjenigen Personen, bei denen sie ein ‚verdächtiges' Verhalten erkannt hat; hierbei sollen zwar Personen aufgenommen werden, aber nach Möglichkeit nicht deren Gesichter oder andere biometrische Maßnahmen (Zweite Stufe). Dabei läuft erneut im Hintergrund eine Software, die das konkrete Verhalten anhand eines Abgleichs mit (Big Data-)Datenbanken analysiert: Stellt es sich hier als ‚unverdächtig' heraus, werden die Aufzeichnungen automatisch gelöscht.[116] Wie beim sogleich vorzustellenden Predictive Policing folgen die Hintergrundprozesse dabei einem *„machine learning"* bzw. *„deep learning"*.[117] Auf der dritten Stufe werden dann, wenn das Videoüberwachungssystem erneut (bzw. nach wie vor) eine gefährliche Situation identifiziert hat, die biometrischen Merkmale des Beobachteten erfasst (namentlich das Gesicht), um eine spätere Identifikation zu ermöglichen.[118] Dieser Vorschlag hat vieles für sich, jedoch wäre er nur dann im eigentlichen Sinne verhältnismäßig, wenn auch das – über die konkrete Verhältnismäßigkeitsprüfung ausschlaggebende – jeweils bedrohte Rechtsgut erfasst werden könnte. Hierfür ist das intelligente Videoüberwachungssystem jedoch weitestgehend ‚blind'.[119]

II. Predictive Policing

Das Predictive Policing wurde soeben angesprochen. Hierbei „geht es darum, künftiges Verhalten vorherzusagen, um es verhindern zu können".[120] Dabei werden „mit Hilfe von Big Data-Technologien [...] statistische Methoden auf möglichst umfassende Datenbestände über vergangenes menschliches Verhalten angewandt, um auf diese Weise möglichst alle Variablen herauszufiltern und zu Mustern zusammenzuführen, die diesem Verhalten vorausgingen".[121] Der Einsatz von Predictive Policing ist in Deutschland aus guten Gründen bislang nur ortsbezogen, nicht personenbezogen möglich. Das bedeutet, dass zwar Analysen bestimmter Orte und der darauf bezogenen Muster möglich sind (etwa: Einbruchsdelikte in den Morgenstunden in Einfamilienhaussiedlungen, die sich um Sackgassen herum gruppieren, woraus Vorhersagen über künftige Delikte möglich sind). Nicht jedoch kann diese Technik dazu genutzt werden, vorherzusagen, ob eine bestimmte Person oder Personengruppe künftig mit hoher Wahrscheinlichkeit eine bestimmte 51

115 *Roßnagel/Desoi/Hornung* (Fn. 114), S. 695.
116 *Roßnagel/Desoi/Hornung* (Fn. 114), S. 695.
117 Dazu *Timo Rademacher*, *Predictive Policing* im deutschen Polizeirecht, AöR 142 (2017), S. 366–416, 373.
118 *Roßnagel/Desoi/Hornung* (Fn. 114), S. 695.
119 *Held* (Fn. 72), S. 155.
120 *Rademacher* (Fn. 117), S. 368.
121 *Rademacher* (Fn. 117), S. 368.

Art von Delikten begehen wird – und natürlich dürfen entsprechende, zufällig erlangte Erkenntnisse nicht Dritten zugänglich gemacht werden.[122]

III. Body-Cams

52 Bei Body-Cams handelt es sich um kleine Kameras mit oder ohne Monitor, die auf der Schulter oder der Weste der Einsatzbeamten befestigt und – ganz nach Ausgestaltung der gesetzlichen Eingriffsbefugnis – auf unterschiedliche Weise eingesetzt werden können.[123] Man findet für diese kleinen Kameras verschiedene Schreibweisen, die alle zum Ausdruck bringen sollen, dass es sich um ein Kunstwort handelt, das aus den englischen Begriffen *„body"* und *„camera"* zusammengesetzt ist.[124] Im Folgenden wird die gängigen Schreibweise „Body-Cam" verwendet werden,[125] man findet andernorts aber auch die Schreibweisen „BodyCam" bzw. „Bodycam"[126] und in manchen Polizeigesetzen das Synonym „Körperkameras". Daneben sind in der internationalen Diskussion die Begriffe *„body-worn video"* (BWV), *on-officer video camera* (OVC) oder schlicht *„head camera"* gebräuchlich.[127] Technisch gibt es zwei Modelle das (wohl ältere) der Befestigung von Kameras auf der Schulter des Polizisten und das jüngere des Einklickens von Aufnahmetechnik in die Weste des Polizeibeamten.

53 Der Einsatz von Body-Cams ist nur in einigen Polizeigesetzen bislang geregelt. Im Mittelpunkt der Betrachtung soll hier das Hamburgische *Gesetz über die Datenverarbeitung der Polizei* stehen. Dieses regelt mustergültig eine „offene" Datenerhebung (§ 8 Abs. 5 HmbPolDVG). Diesem Transparenzgrundsatz wird dadurch Genüge getan, dass die sog. Kameraträger Warnwesten tragen, auf denen „Videoüberwachung" bzw. „Videoteam" zu lesen ist.[128] Zusätzlich weist ein farbiges (rotes) Licht darauf hin, dass aufgezeichnet wird. Weiteren verfahrensmäßigen Absicherungen dienen Informationszugangsrechte (vgl. § 8 Abs. 2 Hmb-

---

122 Vgl. etwa *Clemens Grünwald*, „Precobs" – Stigma durch polizeiliches Orakel?, https://www.datenschutz-notizen.de/precobs-stigma-durch-polizeiliches-orakel-5011319/ [07. 03. 2018] m.w.N.

123 Weiteres bei *Margrit Seckelmann*, Alles im Blick? Zur rechtlichen Zulässigkeit des Einsatzes von Body-Cams, JBÖS 2016/17, S. 555–562.

124 *Jens Zander*, Body-Cams im Polizeieinsatz. Grundlagen und eine Meta-Evaluation zur Wirksamkeit, Frankfurt am Main 2016, S. 11 ff.

125 Etwa bei *Zander* (Fn. 124), S. 11 ff. sowie *Dennis-Kenji Kipker/Hauke Gärtner*, Verfassungsrechtliche Anforderungen an den Einsatz polizeilicher Body-Cams, NJW 2015, S. 296–301, 296; *David Parma*, Rechtsgrundlagen für den Einsatz von Body-Cams, DÖV 2016, S. 809–819 und *Jonathan Stoklas*, Datenschutzrechtliche Hürden beim Einsatz von Schulterkameras durch private Sicherheitsdienste, in: ZD-Aktuell 2014, 04388.

126 Vgl. nur *Barbara Dembowski*, Datenschutzrechtliche Bewertung des Einsatzes von Bodycams, Polizeispiegel 04/2015, S. 22–24.

127 Dazu *Zander* (Fn. 124), S. 14.

128 *Parma* (Fn. 6), S. 812; vgl. auch *Margrit Seckelmann*, Body-Cams als New Tools of Governance?, in: Klaus Lenk/Jörn von Lucke (Hrsg.), Verwaltung, Informationstechnik & Management. Festschrift für Heinrich Reinermann zum 80. Geburtstag, Baden-Baden 2017, S. 291–303.

DSG). Dabei wird den Aufgezeichneten eine Information („Kontaktkärtchen") ausgehändigt, dass sie aufgezeichnet wurden und an welche Stelle sie sich wenden können.[129]

Demgegenüber bestehen Zweifel an der Verhältnismäßigkeit des Pre-Recording. Hiermit ist gemeint, dass eine Kamera auch dann, wenn sie nicht eigens zum Aufzeichnen eingeschaltet wurde, gleichwohl Bilder (oder auch Töne) aufnimmt, die sie kurzzeitig speichert und nach Ablauf einer gewissen Zeitspanne wieder überschreibt. Anders ist es, wenn die Pre-Recording-Funktion (etwa durch Drücken eines Knopfes an einem Armband mit Bluetooth-Funktion) aktiviert wird: Dann werden auch die Aufnahmen, die in dem Zeitintervall vor Aktivierung der Funktion aufgezeichnet wurden, archiviert sowie die weiteren, die jetzt bei „laufender Kamera" aufgezeichnet werden.[130] *54*

Eine Lösung könnte darin bestehen, einen „Datentreuhänder" einzusetzen.[131] *55* Dieser solle als einzige(r) berechtigt sein, Daten auszulesen, die im Rahmen einer Gefahrerforschungsmaßnahme gewonnen werden (also die Bilder und ggf. Töne ‚herunterzuziehen' und zu archivieren, die bei der Aufzeichnung, die durch Auslösen der Pre-Recording-Funktion aktiviert wird, aufgezeichnet wurden).[132] Aber auch dieser kommt mit personenbezogenen Daten in Berührung, daher ist ernsthaft zu hinterfragen, ob der Einsatz einer solchen Stelle geeignet ist, den schweren Eingriff in das Grundrecht aus Art. 2 Abs. 1 i.V.m. 1 Abs. 1 GG verhältnismäßig erscheinen zu lassen.[133]

IV. Kameradrohnen

Zuletzt soll nur noch kurz eine letzte Form ‚digitalisierter' Polizeiarbeit angesprochen werden: der Einsatz von „Kameradrohnen" [134] bei Großveranstaltungen wie Demonstrationen.[135] Auf die Fragen, die sich aus einer Möglichkeit der Verknüpfung derartiger Aufnahmen mit vorhandenen oder über Homepages und/oder soziale Medien beschaffbaren Informationen via Gesichtserkennungssoft- *56*

---

129 *Kipker/Gärtner (*Fn. 4), S. 299 ff.

130 *Parma* (Fn. 7), S. 810; *Dennis-Kenji Kipker*, Stellungnahme zur Anhörung des Ausschusses für Inneres und Sport des Landtags des Saarlandes am 21. 04. 2016 zum Gesetzentwurf zur Änderung des Saarländischen Polizeigesetzes vom 10. 03. 2016, Drs. 15/1734, verfügbar unter: https://www.jura.uni-bremen.de/uploads/IGMR/Stellungnahme_Dennis-Kenji_Kipker_LT-Drs. _15-1734.pdf [07. 03. 2018].

131 *Kipker/Gärtner (*Fn. 124), S. 300.

132 *Kipker/Gärtner (*Fn. 124), S. 299 f.

133 *Margrit Seckelmann*, Body-Cams als New Tools of Governance?, in: Klaus Lenk/Jörn von Lucke (Hrsg.), Verwaltung, Informationstechnik & Management. Festschrift für Heinrich Reinermann zum 80. Geburtstag, Baden-Baden 2017, S. 291–303.

134 *Christina Hofmann/Elisabeth Hödl*, Drohnen und Drohnenjournalismus. Eine rechtliche Analyse mit Schwerpunkt Österreich, DuD 2015, S. 161–171.

135 *Fredrik Roggan*, Polizeiliche Bildaufnahmen zur Einsatzlenkung und -leitung bei Versammlungen. Legislativer Handlungsdruck bei Videografierungen im Gewährleistungsbereich von Art. 8 Abs. 1 GG, in: Martin H. W. Möllers/Robert Chr. van Ooyen (Hrsg.), Jahrbuch Öffentliche Sicherheit 2012/13, Frankfurt 2012, S. 267–275.

ware ergeben, kann aus Platzgründen nicht mehr eingegangen werden. Nach dem oben Gesagten soll aber deutlich geworden sein, dass eine solche Kombination in Deutschland noch nicht möglich ist.

57 Hier soll stattdessen auf ein anderes Problem hingewiesen werden: Drohnen werden oftmals im Versammlungsrecht eingesetzt. Das bringt im Hinblick auf Art. 8 GG die entscheidenden Fragen mit sich, ob das jeweilige Versammlungsgesetz hierfür eine Rechtfertigungsgrundlage enthält, denn für die Dauer der Versammlung – und eigentlich auch in ihrem Vorfeld (Anreise) und Nachgang (Abreise) verdrängt das bereichsspezifische Versammlungsrecht das allgemeinere Polizeirecht. Hier ist sorgfältig darauf zu achten, die Ermächtigungsgrundlagen nach Versammlungsrecht und nach Polizeirecht auseinanderzuhalten.

D. Fazit

58 Nicht alle hier behandelten Probleme der polizeilichen Arbeit sind grundsätzlich neu, allen aber ist gemeinsam, dass sie unter den Möglichkeiten der Informations- und Kommunikationstechnologien bzw. der Vernetzungsmöglichkeiten, die das Internet bietet,[136] zumindest ganz neue Dimensionen aufweisen.

59 Zur „Austarierung der grundlegenden Aufgabe von Freiheit und Sicherheit"[137] ist auch angesichts dieser neuen Möglichkeiten einmal mehr der Gesetzgeber aufgefordert. Zu alarmistischen Warnungen vor einem ‚Polizeistaat'[138] besteht kein Anlass, wohl aber zu einer nüchternen Analyse der neuen Herausforderungen und der Maßnahmen zu ihrer Bekämpfung.[139] Insofern ist eine Folgenabschätzung des Einsatzes derselben das Gebot der Stunde – sprengt aber den hier zur Verfügung stehenden Platz, so dass sie anderen Autoren[140] oder späteren Untersuchungen vorbehalten bleiben muss.

---

136 Zu diesem Thema speziell vgl. den Aufsatz von *Albers* im vorliegenden Band.

137 *Hans-Heinrich Trute,* Grenzen des präventionsorientierten Polizeirechts in der Rechtsprechung des Bundesverfassungsgerichts, DV 42 (2009), S. 85–104, 87.

138 In diesem Sinne *Roggan* (Fn. 92), S. 140 m.w.N.

139 *Friedrich Schoch,* Abschied vom Polizeirecht des liberalen Rechtsstaats? Vom Kreuzbergurteil des Preußischen Oberverwaltungsgerichts zu den Terrorismusbekämpfungsgesetzen unserer Tage, Der Staat 43 (2004), S. 347–369.

140 Dazu aber *Marion Albers/Ruth Weinzierl* (Hrsg.), Menschenrechtliche Standards in der Sicherheitspolitik. Beiträge zur rechtsstaatsorientierten Evaluation von Sicherheitsgesetzen, Baden-Baden 2010; *Christoph Gusy* (Hrsg.), Evaluation von Sicherheitsgesetzen, Wiesbaden 2015; *Jan Ziekow/Dieter Katz/Axel Piesker/Hanna Willwacher*, Die Rechtsextremismus-Datei in der polizeilichen und nachrichtendienstlichen Praxis. Ergebnisse der Evaluation nach Artikel 3 Absatz 2 des Gesetzes zur Verbesserung der Bekämpfung des Rechtsextremismus, Schriften zur Evaluationsforschung, Bd. 7, Baden-Baden 2017.

Sicherheitsbehördliche Vernetzung und Datenschutz

Marion Albers

A. Einleitung

1 Die Vernetzung der Sicherheitsbehörden gehört zu den zentralen Bausteinen und Zielen der modernen Sicherheitsarchitektur: Den Netzwerken im Bereich des Terrorismus oder der organisierten Kriminalität soll „ein Netzwerk der Sicherheitsbehörden entgegengestellt" werden.[1] Das ist auch, aber es ist mehr als ein Schlagwort. Die Paradigmata der „Vernetzung", der „Netze" oder der „Netzwerke" beziehen sich angesichts der föderalen Strukturen und der Aufgabenteilung zwischen verschiedenen Polizei- und Verfassungsschutzbehörden zum einen auf Organisations-, Verfahrens- und Informations- oder Wissensmanagementmuster auf nationaler Ebene.[2] Zum anderen nutzt man sie, um bestimmte europäische Verbund- und Zusammenarbeitsformen zu erfassen und zu beschreiben, z.B. Netzwerke zum institutionalisierten Erfahrungsaustausch oder Daten- und Informationsnetze.[3] Sie liefern dabei, sofern man den jeweiligen Rahmen und die Bezugspunkte präzisiert, hilfreiche Denkmuster in empirischen und sozialwissenschaftlichen, aber auch in rechtlichen Zusammenhängen. Die „Digitalisierung" und der damit einhergehende Umbau der Verwaltung sowie der Verwaltung/Umwelt-Beziehungen[4], der nicht zuletzt die Sicherheitsbehörden erfasst[5], treiben solche Denkmuster voran. Umgekehrt erschließen sie sich erst dadurch mit ihren Potenzialen. Netzwerke erschöpfen sich allerdings nicht in digitalisierten Formen.

---

1 S. z.B. die Ausführungen unter https://www.protokoll-inland.de/DE/Themen/Sicherheit/Terrorismusbekaempfung/Sicherheitsbehoerden/sicherheitsbehoerden_node.html (abgerufen 30.03.2018); außerdem *Otto Schily*, Netzwerke des Terrors – Netzwerke gegen den Terror, in: Bundeskriminalamt (Hrsg.), Netzwerke des Terrors – Netzwerke gegen den Terror, München, 2005, S. 5–14, 7 ff. Zur Netzwerkstruktur des Terrorismus vgl. *Marion Albers/Lena Groth*, Globales Recht und Terrorismusfinanzierungsbekämpfung: Zur Einführung, in: dies. (Hrsg.), Globales Recht und Terrorismusfinanzierungsbekämpfung, Baden-Baden 2015, S. 9–35, 11.

2 Vgl. *Schily* (Fn. 1), S. 9 ff., unter Aspekten der Verzahnung von Aufgaben, der Organisationsstrukturen, der Koordination operativer Maßnahmen sowie der Gewinnung, des Austauschs und der Auswertung von Daten.

3 S. näher Rn. 6.

4 Übergreifend dazu *Bundesregierung*, „Digitale Verwaltung 2020", hrsg. vom Bundesministerium des Innern, https://www.bmi.bund.de/SharedDocs/downloads/DE/publikationen/2014/regierungsprogramm-digitale-verwaltung-2020.pdf?__blob=publicationFile&v=3. S. außerdem die Ausführungen und das Maßnahmenbündel in: *Bundesregierung*, Digitale Agenda 2014 bis 2017, Berlin 2014; *Bundesregierung*, Legislaturbericht Digitale Agenda 2014 bis 2017, Berlin 2017; beide abrufbar unter https://www.digitale-agenda.de/Webs/DA/DE/Home/home_node.html. Außerdem übergreifend der Beitrag von *Denkhaus* im vorliegenden Handbuch (Kapitel 1), Rn. 1 ff.

(Fußnote 5 auf Seite 510)

Im Gegenteil kann eine weit getriebene Technisierung und Verdatung sicherheitsbehördlicher Kooperation neue Interaktionsnetzwerke erfordern, wie die Institutionalisierung der Gemeinsamen Abwehrzentren deutlich macht. Dass die Vernetzung der Sicherheitsbehörden in der Praxis noch Ziel und nicht allein Befund ist, zeigt der Terroranschlag vom Breitscheidplatz, in dessen Vorfeld es eine Reihe von Fehlentscheidungen und -einschätzungen im Gemeinsamen Terrorabwehrzentrum (GTAZ) gegeben und die Vernetzung der verschiedenen Behörden defizitär funktioniert hat.[6]

2 Die Digitalisierung, Technisierung und Vernetzung werfen übergreifend und im Feld der Sicherheitsbehörden eine Fülle von Rechtsfragen auf. Datenschutzperspektiven sind davon nur ein Teil, allerdings ein wichtiger Teil. Es handelt sich um eine den gesamten Umgang mit Daten, Informationen und Wissen überlagernde Perspektive aus Sicht eines spezifischen (Persönlichkeits-)Schutzbedarfs. In dieser Weise muss Datenschutz als Teilelement des Umgangs mit Daten, Informationen und Wissen im Kontext übergreifender Ansätze der Wissensgenerierung und des Wissensmanagements, die sich wiederum in den Rahmen exekutiver Aufgabenwahrnehmung einbetten, begriffen werden. Datenschutzregelungen erfordern eine Koordination mit den sachlichen Kompetenzen der involvierten Behörden oder Akteure, mit den Verfahrensregelungen, mit den Organisationsmustern und mit anderweitigen Informationsregelungen, z.B. denjenigen auf Dokumentenzugang.[7] Sie selbst sind notwendig vielschichtig und fächern sich in mehrere Stränge mit verschiedenen (Teil-)Schutzzielen auf[8]. Ein angemessenes Verständnis der Schutzgüter oder der normativ geschützten Datenschutzinteressen, der Regelungserfordernisse und der Funktionen von Datenschutzregelungen ist umso wichtiger, als der Datenschutz aufgrund sowohl der Europäisierung als auch des Fortschritts der Digitalisierung und des Internets weiterentwickelt werden muss. Das Thema der mit der Digitalisierung in neuer Weise ermöglichten Vernetzung von Behörden und weiteren Akteuren macht diese und weitere Herausforderungen besonders anschaulich.

---

5 Dazu noch Rn. 8 ff. Übergreifend s. auch den Beitrag von *Seckelmann* im vorliegenden Handbuch (Kapitel 1), Rn. 1 ff. S. außerdem die Beiträge in: *Thomas-Gabriel Rüdiger/ Petra Saskia Bayerl* (Hrsg.), Digitale Polizeiarbeit. Herausforderungen und Chancen, Wiesbaden, 2018.

6 Eine Chronik des Behördenhandelns mit Stand Februar 2017 ist abrufbar unter: http:// www.bmjv.de/SharedDocs/Artikel/DE/2017/01162017_Chronologie.html (abgerufen 30. 03. 2018). S. auch die Kleine Anfrage der Abgeordneten *Mihalic* u.a., BT-Drs. 18/ 10812, und die Antwort der *Bundesregierung* BT-Drs. 18/11027.

7 S. näher *Marion Albers*, Umgang mit personenbezogenen Informationen und Daten, in: Wolfgang Hoffmann-Riem/Eberhard Schmidt-Aßmann/Andreas Voßkuhle (Hrsg.), Grundlagen des Verwaltungsrechts, Bd. 2, 2. Aufl., München 2012, § 22, Rn. 92 ff.

8 Hierzu *Marion Albers*, Informationelle Selbstbestimmung, Baden-Baden 2005, S. 454 ff. S. außerdem zum europäischen Datenschutzgrundrecht *Nikolaus Marsch*, Das europäische Datenschutzgrundrecht. Grundlagen – Dimensionen – Verflechtungen, Tübingen 2018; *Jörn Reinhardt*, Konturen des europäischen Datenschutzgrundrechts. Zu Gehalt und horizontaler Wirkung von Art. 8 GRCh, AöR 142 (2017), S. 528–564, 529 ff.

B. Grundlagen: Vernetzung und Digitalisierung

I. Vernetzung, Netze und Netzwerke als konkretisierungsbedürftige Paradigmata

3 Wenn man komplexe Verbund- und Zusammenarbeitsformen als Vernetzung, als Netze oder als Netzwerke erfasst, arbeitet man im Ausgangspunkt mit eher unscharfen Begriffen. Charakteristisch ist deren metaphorischer Gehalt. Gerade deswegen greift man aber sowohl in alltagssprachlichen Zusammenhängen als auch in verschiedenen wissenschaftlichen Disziplinen gerne auf sie zurück. Ihr jeweiliger Sinn divergiert dabei allerdings ebenso wie die Verwendungskontexte. Der Begriff der „Vernetzung" bezeichnet für sich genommen nicht mehr als eine Verknüpfung zweier oder mehrerer Einheiten unter bestimmten Aspekten. Etwas weiter gehend bietet das Paradigma der „Netzwerke" ein anschauliches Bild: man vergegenwärtigt sich eine Konstruktion, die sich auf elementarer Ebene aus Verbindungslinien und Knoten und auf übergeordneter Ebene aus Maschen als spezifischer Struktur zusammensetzt.[9] Das Bild ermöglicht und erzwingt es, dass man sich von einer punktuell-isolierenden Betrachtung löst, Kontexte mitdenkt und den Blick für die Vielfältigkeit von (Wechsel-)Beziehungen öffnet. In Abgrenzung gegen pyramidische Formen hat man zudem mit einem im Ansatz heterarchischen Arrangement und mit funktional gestaltbaren, beweglichen Verbindungen zu tun. Das bedeutet nicht, dass die jeweiligen Elemente deswegen notwendig vollständig gleichwertige Positionen innehätten[10] oder Teile komplexerer Netzwerke nicht auch hierarchische Strukturmuster aufweisen könnten. Nähere Aussagen, die die Kategorien der Vernetzung oder der Netzwerke erst verständlich und ertragreich machen, setzen eine Präzisierung des theoretischen Zugriffs und der Erkenntnisinteressen, des Begriffsrahmens und der Abgrenzungskriterien im Hinblick auf andere Paradigmata sowie der jeweils relevanten Bezugsebenen und Bezugspunkte voraus.

4 In empirischen oder theoretischen sozialwissenschaftlichen Untersuchungen spielt das Netzwerkparadigma eine wachsende Rolle. Zu deren gemeinsamen Ausgangsannahmen gehört, dass Netzwerke als relativ stabile Arrangements eingeordnet werden, die sich sowohl gegen Marktmechanismen als auch gegen hierarchische Formen abgrenzen lassen.[11] Meist geht es um ein strukturell verdichtetes Beziehungsgeflecht zwischen mehreren Akteuren, das durch spezifische Mechanismen der Koordination von (Teil-)Handlungen oder der Informations-

9 Vgl. *Dorothea Jansen*, Einführung in die Netzwerkanalyse, 3. Aufl., Wiesbaden 2006, S. 13. Zur Relevanz von Metaphern und Bildern im Recht s. *Sigrid Boysen/Ferry Bühring/Claudio Franzius/Tobias Herbst/Matthias Kötter/Anita Kreutz/Kai von Lewinski/Florian Meinel/Jakob Nolte/Sabrina Schönrock*, Netzwerke im Öffentlichen Recht, in: dies. (Hrsg.), Netzwerke, Baden-Baden 2007, S. 289–300, 291 f.

10 Im Gegenteil interessieren sich Netzwerkanalysen gerade für hegemoniale Positionen oder für die unterschiedliche Dichte von Verbindungen.

11 Grundlegend hierzu *Walter W. Powell*, Weder Markt noch Hierarchie: Netzwerkartige Organisationsformen, in Patrick Kenis/Volker Schneider (Hrsg.), Organisation und Netzwerk, Frankfurt 1996, S. 213–271.

und Wissensgenerierung, durch mehr oder weniger reziproke Beiträge der Beteiligten und durch die sich herausbildenden netzwerkspezifischen Erwartungs- und Handlungsmuster gekennzeichnet ist.[12] Abgesehen von solchen Gemeinsamkeiten sind die theoretische Rahmung und die gewählten Bezugspunkte konkreter Analysen unterschiedlich. Das betrifft etwa die Fragen, ob Personen oder Organisationen als Netzwerkknoten oder „Adressen"[13] gewählt oder ob Handlungskoordinierungen oder der Austausch von Daten und Wissensgenerierungsmuster in den Blick genommen werden. Keineswegs alle, aber einige der sozialwissenschaftlichen Ansätze grenzen Netzwerke gegen funktionssystemische Differenzierungen und Rollen[14] oder gegen Strukturmuster „formaler" Organisationen oder Verfahren ab.[15] Netzwerke zeichnen sich dann dadurch aus, dass relevante Kommunikationen nicht allein in den vorgegebenen Formen stattfinden, sondern auch in darüber hinausgehenden, formale Formen gegebenenfalls überspielenden „informellen" Beziehungsgeflechten, die sich über Vertrauen oder persönliche Bekanntschaft stabilisieren.

5 In rechtlichen Analysen muss man unterscheiden, ob Vernetzung, Netze oder Netzwerke allein als Kategorien empirischer oder sozialwissenschaftlicher Untersuchungen oder ob sie als Rechtskategorien begriffen werden sollen.[16] Rechtliche Überlegungen, die empirische oder sozialwissenschaftliche Studien zur „Vernetzung" von Behörden oder zu institutionellen „Netzwerken" als Grundlage heranziehen, sind im jeweils zu begründenden Ausgangspunkt unproblematisch und können je nach Erkenntnisinteresse hilfreich sein. Entsprechende Beobachtungs- und Beschreibungsperspektiven können auf der normativen Ebene erstens das Verständnis komplexer und miteinander verzahnter Regelungen erleichtern. Das gilt etwa im Bereich des Datenaustauschs: während das hier häufig verwendete Bild der (Daten-)„Ströme" unverändert bleibende Komponenten nahelegt, macht

---

12 Vgl. etwa *Karl-Heinz Ladeur*, Der Staat der „Gesellschaft der Netzwerke". Zur Notwendigkeit der Fortentwicklung des Paradigmas des „Gewährleistungsstaates", Der Staat 2009, S. 163–192, 175: „Als Netzwerk sollten in einer rechts- und sozialwissenschaftlichen Perspektive primär nicht-hierarchische Beziehungen zwischen privaten oder öffentlichen Akteuren, Ressourcen und Entscheidungen verstanden werden, deren Selbstkoordination emergente, nicht unabhängig vom Prozess ihrer Hervorbringung denkbare Regeln, Handlungsmuster und Erwartungen erzeugen kann."

13 *Michael Bommes/Veronika Tacke*, Das Allgemeine und das Besondere des Netzwerkes, in: dies (Hrsg.), Netzwerke in der funktional differenzierten Gesellschaft, Wiesbaden, 2011, S. 25–50, 28, 30 ff.

14 *Boris Holzer*, Die Differenzierung von Netzwerk, Interaktion und Gesellschaft, in: Bommes/Tacke (Fn. 13), S. 51–66, 59 ff.

15 S. z.T. als Überblick *Dorothea Jansen/Andreas Wald*, Netzwerke, in: Arthur Benz/Susanne Lütz/Uwe Schimank/Georg Simonis (Hrsg.), Handbuch Governance, Wiesbaden 2007, S. 93–105; *dies.*, Netzwerktheorien, ebd., S. 188–199. S. auch mit anderer Akzentuierung aus systemtheoretischer Perspektive *Bommes/Tacke* (Fn. 13), S. 34 ff.

16 Empirische Beschreibungen, sozialwissenschaftlich-theoretische Ansätze oder rechtsdogmatische Konzeptionen können aufeinander bezogen, dürfen aber nicht vermengt werden (was nicht selten vorkommt). S. dazu auch *Eberhard Schmidt-Aßmann*, Verwaltungsrechtliche Dogmatik, Tübingen 2013, S. 139 f., 163.

das Bild eines „Netzes“ deutlicher, dass es darum geht zu begreifen, welche wie veränderten Daten an welche Stellen in welche neuen Kontexte gelangen und mit welchen Folgen zu Informationen und Wissen umgewandelt werden. Zweitens könnte man beispielsweise evaluieren, ob rechtliche Regelungen sachgerecht funktionieren oder angesichts anders stabilisierter Kommunikationsmuster ins Leere laufen, denen man dann entweder entgegenkommen oder entgegenwirken müsste. Drittens ließen sich sozialwissenschaftliche Überlegungen zu Funktionsweisen oder Strukturen von Behördennetzen oder zu Netzwerken nutzen, damit rechtliche Regelungen passend gestaltet werden. Auch dies kann gerade im Bereich des Datenschutzes oder im Hinblick auf „Sicherheitsnetzwerke“ staatlicher und privater Akteure, die sich aus den über traditionelle dogmatische Denkmuster erzeugten Perspektiven nur verkürzt erschließen, weiterführend sein. Netze oder Netzwerke werden dabei nicht zu Rechtsbegriffen, solange es bei eigenständigen rechtlichen Kategorien bleibt, mit denen man Organisation, Verfahren oder Daten- und Informationsverarbeitungen erfasst.

Ob und inwiefern Netze oder Netzwerke „(organisations-)rechts*un*spezifische Kennzeichnungen komplexer Verflechtungsphänomene“[17] sind oder als rechtsdogmatisch verankerte und folgenreiche, gegen etablierte Figuren abgrenzbare Rechtskategorien eingestuft werden können, ist umstritten. Koordinations- und Kooperationsformen, die man durchaus treffend so begreifen kann, haben sich allerdings inzwischen vor allem in europäischen Zusammenhängen in bestimmtem Umfang rechtlich etabliert, etwa im Telekommunikationsrecht, im Umweltrecht, im Lebensmittelrecht oder im Sicherheitsrecht.[18] Sie sind über Institutionalisierungs-, Rahmen- und Verfahrens- oder auch Rechtsfolgenbestimmungen verankert, ohne dass jedoch sämtliche rechtlichen Bausteine darauf eingestellt und abgestimmt wären. Dass man ihre Rechtsprobleme deswegen zumindest teilweise mit anderweitigen rechtlichen Figuren abarbeiten muss, mag den Streit über ihre rechtliche Einordbarkeit erklären. Schon um den Blick für die teilweise eigenständigen Rechtsprobleme zu schärfen, ist eine Unterscheidung zwischen „Netzen“, 6

17 So *Matthias Jestaedt*, Grundbegriffe des Verwaltungsorganisationsrechts, in: Wolfgang Hoffmann-Riem/Eberhard Schmidt-Aßmann/Andreas Voßkuhle (Hrsg.), Grundlagen des Verwaltungsrechts, Band I, 2. Aufl., München 2012, § 14, Rn. 18.

18 S. mit Beispielen *Christoph Möllers*, Netzwerk als Kategorie des Organisationsrechts, in: Janbernd Oebbecke (Hrs.), Nicht-normative Steuerung in dezentralen Systemen, Stuttgart, 2005, S. 285–302, 290 ff.; *Karl-Heinz Ladeur*, Was leistet die Netzwerkanalyse für die Verwaltungswissenschaft?, in: Veith Mehde/Ulrich Ramsauer/Margrit Seckelmann (Hrsg.), Staat, Verwaltung, Information, FS Bull, Berlin 2011, S. 639–657, 651 f.; *Katrin Schoppa*, Europol im Verbund der europäischen Sicherheitsagenturen, Baden-Baden 2013, S. 328 ff.; *Manuel Patrick Schwind*, Netzwerke im europäischen Verwaltungsrechts, Tübingen 2017, S. 151 ff. S. auch *Nikolaos Simantiras*, Netzwerke im europäischen Verwaltungsverbund, Tübingen 2016, S. 26 ff., der Netzwerke allerdings als rein deskriptive Kategorie und dann funktional als Verwaltungskooperation begreift, die mit einer Kombination aus Verwaltungsorganisations-, Verfahrens-und materiellem Recht erschlossen werden kann. Vgl. außerdem in internationalen Zusammenhängen *Lena Groth*, Globales Finanzmarktrecht gegen Terrorismusfinanzierung, Baden-Baden 2016, S. 79 ff.

die zwar durch Vernetzung, aber nicht zumindest auch durch Charakteristika wie eine mehr oder weniger weit reichende Informalität gekennzeichnet sind[19], und „Netzwerken“ sinnvoll.[20] Auch eine Typenbildung – z.B. in Netze oder Netzwerke zum institutionalisierten Erfahrungsaustausch[21], dem Datenaustausch und der Wissensgenerierung dienende oder vollzugsunterstützende, -beeinflussende oder -gestaltende Informationsnetze oder -netzwerke[22], Regulierungs-, Planungs- oder Vollzugsnetze oder -netzwerke[23], Behördennetzwerke im Bürgerinteresse[24] – ist trotz mancher Überschneidungen weiterführend. Von den Feldern her ist das europäische Sicherheitsrecht eines der Referenzgebiete vor allem für Informationsnetze oder -netzwerke[25], die man partiell mit einem sich herausbildenden Netz- oder Netzwerkrecht[26] erfassen kann und muss. Für das nationale Sicherheitsrecht gilt dagegen bislang, dass Vernetzung, Netze und Netzwerke noch nicht als Rechtsbegriffe etabliert und in rechtsdogmatischen Zusammenhängen andere Kategorien maßgeblich sind.

7 Im nationalen Sicherheitsrecht können diese Kategorien gegenwärtig als Grundlage der Beschreibung tatsächlicher Phänomene nützlich sein. Darüber hinaus sind die Anfänge eines europäischen Netz- und Netzwerkrechts für produktive Überlegungen und für Strukturierungen hilfreich. Man sollte die durch kooperа-

---

19 Nähere Überlegungen erfordern eine weitere Präzisierung, weil die Differenz formell/informell von den Bezugspunkten abhängt und sich im übergreifenden Kontext relativieren kann, s. zutr. *Möllers* (Fn. 18), S. 297 f.

20 *Markus A. Glaser*, Internationale Verwaltungsbeziehungen, Tübingen 2010, S. 272 f.

21 Zum Typus *Bettina Schöndorf-Haubold*, Netzwerke in der deutschen und europäischen Sicherheitsarchitektur, in: Boysen et al. (Fn. 9), S. 149–171, 156 f.

22 *Schwind* (Fn. 18), S. 167 ff.; s.a. *Schöndorf-Haubold* (Fn. 21), S. 158 ff., hier ohne die notwendige Unterscheidung zwischen Vernetzung, Netzen und Netzwerken.

23 *Schwind* (Fn. 18), S. 241 ff.; *Wolfgang Kahl*, Europäische Behördenkooperationen – Typen und Formen von Verbundsystemen und Netzwerkstrukturen, in: Michael Holoubek/Michael Lang (Hrsg.), Verfahren der Zusammenarbeit von Verwaltungsbehörden in Europa, Wien 2012, S. 15–46, 35 ff.

24 *Schwind* (Fn. 18), S. 155 ff.

25 S. etwa *Schoppa* (Fn. 18), S. 103 ff., 333 ff.; *Schwind* (Fn. 18), S. 184 ff.; *Hartmut Aden*, Koordination und Koordinationsprobleme im ambivalenten Nebeneinander: Der polizeiliche Informationsaustausch im EU-Mehrebenensystem, dms 2014, S. 55–73, 63 ff. Übergreifender zu europäischen Entwicklungen *Bettina Schöndorf-Haubold*, Das Recht der Zivilen Sicherheit an der Schnittstelle von nationaler, europäischer und internationaler Zuständigkeit, in: Christoph Gusy/Dieter Kugelmann/Thomas Würtenberger (Hrsg.), Rechtshandbuch Zivile Sicherheit, Berlin/Heidelberg 2015, S. 691–718, Rn. 3 ff.; zur polizeilichen Zusammenarbeit auf der Ebene der EU etwa *Dieter Kugelmann*, Europäische Polizeiliche Kooperation, in: Martin Böse (Hrsg.) Europäisches Strafrecht mit polizeilicher Zusammenarbeit, Enzyklopädie Europarecht Bd. 9, Baden-Baden 2013, S. 631–678; zu weiteren grenzüberschreitenden bilateralen Zusammenarbeitsformen s. auch *Marion Albers*, Datenverarbeitung und Datenschutz als Aufgabe der grenzüberschreitenden Verwaltungskooperation. Am Beispiel der grenzüberschreitenden polizeilichen Zusammenarbeit, in: Uwe Kischel/Hinnerk Wißmann (Hrsg.), Grenzüberschreitende Verwaltungsaufgaben, Stuttgart u.a. 2017, S. 59–77.

26 Frühzeitige Anfangsüberlegungen dazu bei *Schöndorf-Haubold* (Fn. 21), S. 168 ff. Vgl. weiter *Schoppa* (Fn. 18), S. 334 ff.; *Schwind* (Fn. 18), S. 295 ff.

tions- oder informationsrechtliche Regelungen (faktisch) entstehenden Behörden„netze“ gegen Arrangements wie die als „Netzwerke“ beschreibbaren Gemeinsamen Abwehrzentren[27] abgrenzen. Auch Typisierungen etwa in Netzwerke zwecks institutionalisierten Erfahrungsaustauschs, Informationsnetze oder Informationsnetzwerke zwecks Wissensgenerierung oder unmittelbarer Vollzugsunterstützung oder Koordinations- und Planungsnetzwerke sind sinnvoll. „Vernetzung“ beschreibt als Grundelement die Verknüpfung sicherheitsbehördlicher Einheiten unter einem bestimmten Aspekt (Handlungskoordination, arbeitsteilige Verfahren, Datenaustausch) vor dem Hintergrund komplexerer und mitzudenkender Arrangements.

II. Digitalisierung sicherheitsbehördlicher Arbeit

Ebenso wie „Vernetzung“ und „Netzwerke“ ist die „Digitalisierung“ mittlerweile *8* ein Schlagwort, aber eben auch mehr als das. Die ursprünglich primär informationstechnische Bedeutung bezeichnet die Umwandlung von Objekten analogen Formats in digitale und hier regelmäßig binäre Werte (vor allem 1 und 0 als Dualsystem). Die damit verbundene Technikentwicklung hat von der Datenverarbeitung durch Rechner über die Integration von rechnergestützter Datenverarbeitung (Computertechnik) und Datenübertragung (Nachrichtentechnik) bis hin zum Internet als einem Set untereinander verknüpfter, im Grundsatz dezentral organisierter, aber nach bestimmten Standards und einheitlichen (Meta-)Protokollfamilien arbeitender Netze und Rechner geführt. Das Internet ist kein Medium, sondern eher eine vielschichtige Infrastruktur. Man teilt seine Geschichte in verschiedene Phasen ein, ohne dass die Entwicklungsschritte im Sinne einer linearen und bruchlosen Evolution verstanden werden könnten. Das ab Anfang der 2000er Jahre beginnende Web 2.0 hat vor allem mit den Sozialen Netzwerken die heutige Gesellschaft und auch die Arbeit der Sicherheitsbehörden bereits deutlich verändert.[28] Mit den nächsten Schritten steht ein noch weiter reichender Wandel an. Das Web 3.0, das „semantische Web“, zielt darauf, mittels komplexer Programmarchitekturen und Metadatenzuordnungen, maschinenunterstützten Lernens und künstlicher Intelligenz „Bedeutungen“ von Daten in kontextualen Bezügen zu erfassen. Nahezu parallel dazu verläuft die Entwicklung des Web 4.0, der internetvermittelten Vernetzung der Dinge. Unter technischen Aspekten beschreibt das „Internet der Dinge“[29] die Vernetzung unterschiedlichster physischer Objekte mit dem Internet und darüber vermittelt auch untereinan-

27 Vgl. hierzu auch *Alisa Sommerfeld*, Verwaltungsnetzwerke am Beispiel des Gemeinsamen Terrorismusabwehrzentrums des Bundes und der Länder (GTAZ), Berlin 2015, insb. S. 226 ff.

28 Ausf. *Seckelmann* (Fn. 5), Rn. 3, 6 ff.

29 Der Begriff „Internet of Things“ (IoT) wird auf *Kevin Ashton* zurückgeführt, der damit die Vision eines gerade hinsichtlich der Datenverarbeitung relativ autonom operierenden Systems vernetzter Rechner und Dinge bezeichnete: That „Internet of Things“ Thing, RFID Journal 1999, http://www.itrco.jp/libraries/RFIDjournal-That%20Internet%20of%20Things%20Thing.pdf (abgerufen 31. 03. 2018).

der mit Hilfe einer Reihe ergänzender (und auch außerhalb des Internets einsatzfähiger[30]) Techniken und Instrumente, etwa der RFID-Technik, speziellen Sensortechniken, Chiptechniken oder Energieversorgungstechniken. Nicht selten sollen Techniken und Internetprozesse dabei im Hintergrund wirken, möglichst unauffällig in Handlungsabläufe integriert werden, allgegenwärtig und gleichzeitig unsichtbar sein.[31] Welches Veränderungspotenzial das Internet der Dinge birgt, erschließt sich, wenn man die wachsenden Speicher-, Verarbeitungs- und Auswertungsfunktionalitäten im Zusammenhang mit Cloud Computing, Big Data Analytics-Methoden oder künstlicher Intelligenz hinzunimmt.[32] Die Zukunftsszenarien des „Internet of Bodies“ prognostizieren angesichts der Konvergenz von Bio-, Gen-, Neuro- und Informationstechniken, dass Implantate von smart lenses über memory chips bis hin zu brain-to-brain-interfaces den Körper technisieren und die Menschen darüber „unmittelbar“ mit dem Internet vernetzen werden. In Abgrenzung zur Sicht in den Anfangsjahren des Internet, die es wie einen eigenständigen Raum konzipierte, den „Cyberspace“ als „virtuelle“ in Abgrenzung zur „wirklichen“ Realität[33], redet man heute von der „onli*fe*“[34]-Welt. Vor diesem Hintergrund ist „Digitalisierung“ zu einem Bündelungsbegriff geworden, der weit über die ursprünglich informationstechnische Bedeutung hinaus auf den gesellschaftlichen, kulturellen oder ökonomischen Wandel zielt, der durch das binäre digitale Format, die dadurch erreichten Datenverarbeitungsmöglichkeiten, die Konvergenz und das Zusammenspiel verschiedenster Techniken, umfassende Vernetzungen und die neue Rolle von Daten, Informationen und Wissen entsteht.

9 Entsprechend weit reichen die Folgen der „Digitalisierung“, die unter anderem die Möglichkeiten sicherheitsbehördlicher Ermittlungen, interne Organisationsstrukturen, die Vernetzung von Sicherheitsbehörden, aber auch die Außenkommunikation und gesellschaftliche Erwartungen an die sicherheitsbehördliche Arbeit[35] betreffen.[36] Bei den Ermittlungsmöglichkeiten kann das Internet mit seinen

30 Dieses breite, auch internetunabhängige Einsatzspektrum wird meist mit dem Begriff „ubiquitous computing“ oder „pervasive computing“ beschrieben.

31 S. dazu – mit Hinweisen auf daraus resultierende Probleme, insbesondere Privatheitsrisiken – das White Paper des Forums „Privatheit und selbstbestimmtes Leben in der digitalen Welt“, Das versteckte Internet: Zu Hause – Im Auto – Am Körper, 2015.

32 S. zum Überblick, auch über verschiedene Einsatzfelder, die Beiträge in: *Nilanjan Dey/Aboul Ella Hassanien/Chintan Bhatt/Amira S. Ashour/Suresh Chandra Satapathy* (Eds.), Internet of Things and Big Data Analytics Toward Next-Generation Intelligence, Cham 2018.

33 Frühzeitig kritisch dazu *Stefan Münker*, Was heißt eigentlich: „Virtuelle Realität“? Ein philosophischer Kommentar zum neuesten Versuch der Verdopplung der Welt, in: ders./Alexander Roesler (Hrsg.), Mythos Internet, Frankfurt am Main 1997, S. 108–127, bes. 115 ff.

34 Etwa *Mireille Hildebrandt*, Smart Technologies and the End(s) of Law, Cheltenham 2016, S. 1 ff.

35 S. zutr. *Seckelmann* (Fn. 5), Rn. 1 f.

36 S. auch die Beiträge in: *Thomas-Gabriel Rüdiger/Petra Saskia Bayerl* (Hrsg.), Digitale Polizeiarbeit. Herausforderungen und Chancen, Wiesbaden 2018.

verschiedenen Schichten und über Dienste, die technisch ausgereifte Verschlüsselungen der Internetkommunikationen anbieten, zwar sicherheitsbehördliche Ermittlungen erschweren oder sogar vor unüberwindbare Hindernisse stellen. Ganz überwiegend eröffnet es jedoch mit der Verdatung der Kommunikation im Internet weit reichende Überwachungsmöglichkeiten. Von zunehmender Bedeutung ist dabei der staatliche Zugriff auf Daten, die Private gespeichert haben und freiwillig oder unfreiwillig herausgeben. Denn übergreifend betrachtet sammeln Private Daten unter den Bedingungen der Digitalisierung und des Internets weitaus umfassender (und unkontrollierter) als der Staat. Zudem können die Sicherheitsbehörden den Ertrag bestimmter Ermittlungsmethoden erheblich verbessern, etwa im Falle einer Öffentlichkeitsfahndung (auch) in sozialen Netzwerken[37] oder „smarter" Videoüberwachung.[38] Unter den Bedingungen der Digitalisierung reicht es nicht, sich auf einzelne Ermittlungsmethoden und punktuelle Datenerhebungseingriffe zu konzentrieren. Man muss immer auch Datenverknüpfungen, Datenauswertungsformen, Datenübermittlungen und Datenverbünde, Datenkreisläufe und Datenverarbeitungsprogramme als vorweggenommene Entscheidungs- und Bewertungsverfahren mitbedenken. Was den Umgang mit Daten angeht, liegt die Zukunft der sicherheitsbehördlicher Arbeit im Übrigen nicht allein in Tools zur prädiktiven Beschreibung von potentiellen Gefahrensituationen und potentiellen Tätern anhand von Algorithmen („predictive policing").[39] Sie liegt auch im Einsatz ausgefeilter automatischer Auswertungsprogramme[40], schon damit Sicherheitsbehörden nicht „in Daten ertrinken"[41]. Außerdem liegt sie in einer effektiven Vernetzung der Sicherheitsbehörden, wie sie durch die Digitalisierung grundsätzlich ermöglicht wird.

37 Hierzu *Seckelmann* (Fn. 5), Rn. 1 f.

38 Dazu *Marion Albers*, Zukunftsszenarien polizeilicher Überwachung, in: Heinrich-Böll-Stiftung Sachsen/Johannes Lichdi (Hrsg.), Digitale Schwellen. Privatheit und Freiheit in der digitalen Welt, Dresden 2015, S. 135–147, 143; *Cornelius Held*, Intelligente Videoüberwachung. Verfassungsrechtliche Vorgaben für den polizeilichen Einsatz, Berlin 2014, S. 15 ff.

39 *Albers* (Fn. 38), S. 141 ff.; *Timo Rademacher*, *Predictive Policing* im deutschen Polizeirecht, AöR 142 (2017), S. 366–416; vgl. auch zu den Erfordernissen und Schwierigkeiten der Ausarbeitung treffender formaler Modelle *Mohammad A. Tayebi*/*Uwe Glässer*, Social Network Analysis in Predictive Policing – Concept, Method and Models, Cham 2016.

40 Zu der in diesem Rahmen dringend nötigen Unterscheidung von Daten, Informationen und Wissen und zu den Möglichkeiten und Grenzen den Beitrag von *Weber* im vorliegenden Handbuch (Kapitel 4). Übergreifender zu Schwierigkeiten etwa *Rita Haverkamp*, Die Prognose von terroristischen Anschlägen: Grenzen wissenschaftlicher Erkenntnisse und der Versuch zur Entwicklung eines Präventionsmodells, ZStW 2011, S. 92–109, 100 ff. S. außerdem den Überblick bei *Matthias Bäcker*, Big Data und Sicherheitsrecht, in: Wolfgang Hoffmann-Riem (Hrsg.) Big Data – Regulative Herausforderungen, Baden-Baden 2018, S. 167–172.

41 *Schulte-Loh*, Sicherheitsbehörden ertrinken in Daten – WDR Interview mit *Jan-Philipp Albrecht*, 10. 06. 2016 (http://www1.wdr.de/radio/wdr5/sendungen/morgenecho/eu-parlament-datenaustausch-terror-100.html, abgerufen 11. 03. 2017).

10 Das Schlagwort „Digitalisierung" ist allerdings auch trügerisch. Es scheint eine mehr oder weniger problemlose Realisierbarkeit prinzipiell eröffneter Möglichkeiten zu versprechen. Wie voraussetzungsvoll viele technisch grundsätzlich mögliche Anwendungen sind und dass sie nie allein von technischen Grundlagen abhängen, haben mehr als 50 Jahre sozialwissenschaftliche Technikforschung und Technikfolgenabschätzungen jedoch klargestellt. Bei der sicherheitsbehördlichen „Vernetzung" geht es nicht nur um Interoperabilität, um rechtlichen Gestaltungsbedarf oder um rechtliche Hindernisse. Es geht immer auch um komplexe soziotechnische Zusammenhänge. Das zeigt sich bei der Vernetzung europäischer Informationssysteme[42] ebenso wie auf nationaler Ebene.

C. Datenschutz vor neuen Herausforderungen

11 Aus rechtlicher Perspektive ist der sicherheitsbehördliche Umgang mit Informationen und Daten durch Datenschutzanforderungen gebunden. Diese sind wiederum stark durch das Recht auf informationelle Selbstbestimmung aus Art. 2 Abs. 1 i.V.m. 1 Abs. 1 GG, das Telekommunikationsgeheimnis aus Art. 10 GG und durch die einschlägigen Entscheidungen des Bundesverfassungsgerichts geprägt worden, zuletzt namentlich durch die Entscheidung des BVerfG zum BKA-Gesetz.[43] Ebenso wie die Datenschutz-Grundverordnung[44] führt die Richtlinie zu Polizei und Strafjustiz[45], die neben grenzüberschreitenden auch rein innerstaatliche Datenverarbeitungen in Datenbanken, elektronischen Vorgangsbearbeitungssystemen oder strukturierten Akten erfasst, zu einem Europäisierungsschub.[46] Allerdings fallen die Nachrichtendienste nicht unter diese Vorgaben. Die Richtlinie setzt Mindeststandards unter anderem für die Festlegung von Gegenstand und Zwecken der Datenverarbeitung, für die Erforderlichkeit, für Zweckänderungen, für die Verarbeitung sensitiver Daten, für die kategoriale Differenzierung in Anspruch genommener Personen, für automatisierte Einzelent-

---

42 Hierzu *Eric Töpfer*, Verheddert im Netz der DNA-Datenbanken. Prüm und die Mythen der Interoperabilität, in: Michael Plöse/Thomas Fritsche/Michael Kuhn/Sven Lüders, „Worüber reden wir eigentlich?", Festgabe für Rosemarie Will, Berlin, 2016, S. 809–826.

43 BVerfG, Urteil v. 20.04.2016, 1 BvR 966/09 und 1140/09 = BVerfGE 141, 220 *BKA-Gesetz*; NJW 2016, 1781.

44 Verordnung (EU) 2016/679 des Europäischen Parlaments und des Rates vom 27.04.2016 zum Schutz natürlicher Personen bei der Verarbeitung personenbezogener Daten, zum freien Datenverkehr und zur Aufhebung der Richtlinie 95/46/EG (Datenschutz-Grundverordnung), ABl. 2016 L 119/1. Hierzu den Beitrag von *Herbst* im vorliegenden Handbuch (Kapitel 16), Rn. 2, 8 ff.

45 Richtlinie (EU) 2016/680 des Europäischen Parlaments und des Rates vom 27.04.2016 zum Schutz natürlicher Personen bei der Verarbeitung personenbezogener Daten durch die zuständigen Behörden zum Zwecke der Verhütung, Ermittlung, Aufdeckung oder Verfolgung von Straftaten oder der Strafvollstreckung sowie zum freien Datenverkehr und zur Aufhebung des Rahmenbeschlusses 2008/977/JI des Rates, ABl. 2016 L 119/89.

46 Hierzu *Kugelmann* im vorliegenden Handbuch (Kapitel 18), Rn. 2, 8 ff., s. insbes. auch Rn. 15: „Der eigenständig bestimmte Anwendungsbereich der Richtlinie verdrängt die Datenschutz-Grundverordnung."

scheidungen und Profilingmaßnahmen, für Datenübermittlungen vor allem an Drittstaaten und internationale Organisationen, für Informationsrechte betroffener Personen und für die Befugnisse der Datenschutzaufsichtsbehörden.[47]

Über die Vorgabe sekundärrechtlicher Maßstäbe hinaus führt die Richtlinie zu Polizei und Strafjustiz im Zusammenwirken mit der Datenschutz-Grundverordnung, auf der die Richtlinie partiell aufbaut, zur Einschlägigkeit der Unionsgrundrechte, zu einer Zuständigkeit des Europäischen Gerichtshofs und zu einer aufgewerteten Rolle der Fachgerichte. Wie weit Art. 51 Abs. 1 GRCh reicht, nach der die Mitgliedstaaten an die Unionsgrundrechte gebunden sind, soweit sie Unionsrecht „durchführen", ist zwischen BVerfG und EuGH umstritten. Das BVerfG vertritt, wie es in der Entscheidung zum Antiterrordatei-Gesetz bekräftigt hat, die Position, dass der nationale Gesetzgeber „in Durchführung des Rechts der Union" handelt, sofern es sich bei dem nationalen Umsetzungsgesetz um einen vollständig unionsrechtlich determinierten Rechtsakt handelt. Sofern jedoch ein Gestaltungsspielraum besteht und im Umsetzungsgesetz eigene Einschätzungen und Abwägungsergebnisse des nationalen Gesetzgebers zum Tragen kommen, hält es nicht die Unionsgrundrechte, sondern allein die nationalen Grundrechte für anwendbar.[48] Der EuGH vertritt dagegen weiter reichende Perspektiven: Mitgliedstaatliche Maßnahmen unterliegen den Bindungen an die Unionsgrundrechte dann, wenn sie sich im Sinne im Anwendungsbereich des Unionsrechts bewegen, und ob der notwendige Zusammenhang zwischen einem Unionsrechtsakt und nationalen Maßnahmen gegeben ist, ist nach einem Kriterienbündel zu bestimmen.[49] Zudem erfolgt auch die Ausfüllung von Umsetzungs- und Gestaltungsspielräumen, wie sie Richtlinien enthalten, aus Sicht des EuGH in Durchführung des Rechts der Union und ist an die Unionsgrundrechte gebunden.[50] Neben den danach immer einschlägigen Unionsgrundrechten kommt aus Sicht des EuGH eine Anwendung nationaler Schutzstandards in Betracht, „sofern durch diese Anwendung weder das Schutzniveau der Charta, wie sie vom Gerichtshof ausgelegt wird, noch der Vorrang, die Einheit und die Wirksamkeit des *12*

47 Näher *Kugelmann* (Fn. 46), Rn. 8 ff.; *Matthias Bäcker*, Die Datenschutzrichtlinie für Polizei und Strafjustiz und das deutsche Eingriffsrecht, in: Hermann Hill/Dieter Kugelmann/Mario Martini (Hrsg.), Perspektiven der digitalen Lebenswelt, Baden-Baden 2017, S. 63–88, 68 ff.; *Robert Weinhold/Paul C. Johannes*, Europäischer Datenschutz in Strafverfolgung und Gefahrenabwehr – Die neue Datenschutz-Richtlinie im Bereich Polizei und Justiz sowie deren Konsequenzen für deutsche Gesetzgebung und Praxis, DVBl 2016, S. 1501–1506.

48 BVerfG, Urteil v. 24. 04. 2013, 1 BvR 1215/07 = BVerfGE 133, 277 – *Antiterrordatei-Gesetz*, Rn. 88 ff. Zusammenfassend *Gabriele Britz*, Grundrechtsschutz durch das Bundesverfassungsgericht und den Europäischen Gerichtshof, EuGRZ 2015, S. 275–281 m. w. N.

49 Weit gefasst noch EuGH, Urt. v. 26. 02. 2013 = *Åkerberg Fransson*, Rs. C-617/10, Rn. 16 ff.; enger dann die Folgerechtsprechung, etwa EuGH, Urt. v. 6. 03. 2014, Rs. C-206/13, Rn. 20 ff.; Urt. v. 10. 07. 2014, Rs. C-198/13, Rn. 34 ff.

50 Vgl. EuGH (GK), Urt. v. 21. 12. 2011, Rs. C-411/10 u. a., Rn. 77 ff.; EuGH, Urt. v. 21. 12. 2016 = *Tele Sverige AB* u. a., C-203/15 und C-698/15, Rn. 82 ff.

Unionsrechts beeinträchtigt werden".[51] In der Literatur wird teilweise aus Art. 53 GRCh als Schutzniveauklausel gefolgert, dass im Rahmen von Gestaltungsspielräumen eine „doppelte Grundrechtsbindung" sowohl an die Unionsgrundrechte als auch an die nationalen Grundrechte bestehe und dann im Sinne der Meistbegünstigung der höhere Grundrechtsstandard gelte.[52] Teilweise gelangt man zu einer Bindung sowohl an die Unionsgrundrechte als auch an die nationalen Grundrechte, indem man die determinierten Gesichtspunkte und den Determinationsgrad aufschlüsselt und danach differenziert.[53] Der Streit um die Anwendbarkeit der Unions- und/oder der nationalen Grundrechte ist sowohl im Anwendungsbereich der Datenschutz-Grundverordnung, soweit sie Öffnungsklauseln und Spielräume enthält, als auch im Anwendungsbereich der Richtlinie für Polizei und Strafjustiz von auch praktisch großer Relevanz.

13 Gleichgültig, wie man sich hier positioniert: in mehr oder weniger weit reichendem Umfang werden die nationalen Grundrechte und die Rechtsprechung des BVerfG durch die unionalen Grundrechte und die Rechtsprechung des EuGH abgelöst. Das BVerfG hat den Schutzbereich des für den Datenschutz bislang zentralen Rechts auf informationelle Selbstbestimmung weit reichend, aber zugleich inhaltlich blass bestimmt, die Vorgaben des Telekommunikationsgeheimnisses und der Unverletzlichkeit der Wohnung weitgehend parallelisiert und ergänzend weitere fallspezifisch einschlägige Freiheitsgrundrechte herangezogen. Nicht eine inhaltliche Konkretisierung der Schutzgüter – anders formuliert: der mit Blick auf die Grundrechtsgewährleistung begründbaren Datenschutzinteressen –, sondern vor allem das Übermaßverbot ist wesentlicher Anker fein ziselierter Maßstäbe, und auch die wichtigen Figuren der Zweckfestlegung und Zweckbindung werden normativ zu rudimentär verankert.[54] Der EuGH hat bislang vor allem Art. 7 und Art. 8 GrCh als relevante Grundrechte hervorgehoben, aber teilweise auch auf anderweitige Freiheitsgewährleistungen zurückgegriffen, insbesondere auf die Meinungsfreiheit.[55] Art. 8 GrCh schützt das Recht jeder Person auf Schutz der sie betreffenden personenbezogenen Daten. Vom Normtext her handelt es sich um eine offene Formulierung, die eine relative Ausgestaltungsbedürftigkeit impliziert. Maßstäbe und Dogmatik dieses Grundrechts sind auf unionaler Ebene noch nicht ausgefeilt. Aber schon aus rechtsdogmatischen Gründen verbietet sich ein schlichter „Transfer" des Rechts auf informationelle Selbstbe-

---

51 EuGH, Urt. v. 26.02.2013 = *Åkerberg Fransson*, Rs. C-617/10, Rn. 29.

52 Vgl. dazu mit weiter gehenden Ausführungen *Claudio Franzius*, Grundrechtsschutz in Europa, ZaöRV 2015, S. 383–412, 394 ff.

53 S. etwa *Christoph Ohler*, Grundrechtliche Bindungen der Mitgliedstaaten nach Art. 51 GRCh, NVwZ 2013, S. 1433–1438, 1437 f.

54 Kritisch und mit Nachweisen aus der Rspr. *Marion Albers*, Informationelle Selbstbestimmung als vielschichtiges Bündel von Rechtsbindungen und Rechtspositionen, in: Michael Friedewald/Jörn Lamla/Alexander Roßnagel (Hrsg.), Informationelle Selbstbestimmung im digitalen Wandel, Wiesbaden 2017, S. 11–31, 17 ff.

55 S. die Entscheidungen zur Vorratsdatenspeicherung, EuGH, Urt. v. 8.04.2014 = *Digital Rights Ireland* u.a., C-293/12 u. C-594/12„ Rn. 23 ff.; Urt. v. 21.12.2016 = *Tele Sverige AB* u.a., C-203/15 und C-698/15, Rn. 93 ff.

stimmung auf die unionsrechtliche Ebene, wie er in der Literatur gelegentlich umstandslos erfolgt. Die zunehmende Diskussion über die inhaltlichen Aussagen des Art. 8 GrCh zeigt, dass das „Grundrecht auf Datenschutz“ gerade mit seiner offenen Formulierung eine Chance bietet, vielschichtige und mehrdimensionale Maßgaben zu entwickeln.[56] Weitere Grundrechte treten hinzu.

Die Europäisierung trifft mit zahlreichen neuen Herausforderungen in der Sache 14
zusammen, vor denen der Datenschutz aufgrund der Entwicklungen des Internets und der Digitalisierung steht. Zu den zentralen Problemen gehört, wann genau Daten personenbezogen sind und inwieweit das für den Schutz entscheidende Kriterium der Personenbezogenheit überhaupt noch passt.[57] Keineswegs alle Konstellationen, aber etwa Verarbeitungsformen im Big-Data-Kontext oder Re-Identifikationsmöglichkeiten aufgrund der Zugänglichkeit und Verknüpfbarkeit von Daten werfen teilweise kaum lösbare Probleme der Abgrenzbarkeit personenbezogener und nicht-personenbezogener Daten auf.[58] Gerade deswegen wird man die Schutzgüter oder die rechtlich schutzwürdigen Datenschutzinteressen, die im Recht auf informationelle Selbstbestimmung blass geblieben sind, schärfen müssen. Das gilt zudem, weil neue Diskussionen um Schutzerfordernisse und Schutzkonzeptionen hinzukommen. Angesichts des Internets der Dinge gibt es zum Beispiel zunehmende Debatten um ein Eigentum an generierten Daten.[59] Der Einsatz komplexer und lernender Algorithmen im Internet oder in anderweitigen Zusammenhängen der Verarbeitung großer Datenmengen hat Diskussionen über deren Regulierung und etwaige Rechtsansprüche ausgelöst. So sollen die „Transparenz“, die „Neutralität“ oder die „Richtigkeit“ von Algorithmen oder erwartbarer Ergebnisse deren Einsatzes gewährleistet werden.[60] Die künftig wichtigeren europäischen Debatten sind außerdem breitgefächert und inhaltsreich,

---

56 Zu diesem Erfordernis s. die Nw. in Fn. 8.

57 Personenbezogen sind dabei auch Daten, die mit Hilfe von Datenverknüpfungen oder Zusatzwissen auf Personen beziehbar sind. S. die Legaldefinition in Art. 4 Ziff. 1 und Erwägungsgrund 26 der Datenschutz-Grundverordnung v. 4. 05. 2016, ABl. EU L 119/1.

58 Aus der Rechtsprechung etwa zur Personenbezogenheit dynamischer IP-Adressen s. EuGH, Urt. v. 19. 10. 2016, C-582/14, Rn. 32 ff., zur Personenbezogenheit von Prüferanmerkungen in einer berufsbezogenen Prüfung EuGH, Urt. v. 20. 12. 2017, C-434/16, Rn. 27 ff.; jeweils abrufbar unter curia.europa.eu. Übergreifender *Martin Sebastian Haase*, Datenschutzrechtliche Fragen des Personenbezugs, Tübingen 2015, insb. S. 338 ff.; *Nadya Purtova*, The law of everything. Broad concept of personal data and future of EU data protection law, Law, Innovation, and Technology 2018, DOI:10.1080/17579961.2018.1452176. Vgl. außerdem zur US-amerikanischen Debatte *Paul M. Schwartz/Daniel J. Solove*, The PII-Problem: Privacy and a New Concept of Personally Identifiable Information, New York University Law Review 86 (2011), S. 1814–1894, 1815 ff.

59 Dazu differenziert und kritisch *Lothar Determann*, No One Owns Data, Hastings Law Journal Vol. 70 (2018), i.E.

60 Aus der breiten Debatte s. *Wolfgang Hoffmann-Riem*, Verhaltenssteuerung durch Algorithmen – Eine Herausforderung für das Recht, AöR 2017, S. 1–42, 2 ff.; *Mario Martini*, Algorithmen als Herausforderung für die Rechtsordnung, JZ 2017, S. 1017–1025, 1017 ff.

was etwa die Schutzerfordernisse hinsichtlich der mit dem Internet und der Digitalisierung ermöglichten Massenüberwachung angeht.[61] Angesichts dessen, dass das europäische Sicherheitsrecht ein Referenzgebiet für die „informationelle Vernetzung" unterschiedlicher Akteure und für dem Datenaustausch und der Wissensgenerierung dienende oder vollzugsunterstützende, -beeinflussende oder -gestaltende Informationsnetze oder -netzwerke[62] ist, sind darüber hinaus Diskussionen zu erwarten, wie ein vernetzungs- oder netzwerkgerechtes Datenschutzrecht zu gestalten ist. Zu den wichtigen Fragen zählt, auf welchen wie erhobenen und verarbeiteten Datengrundlagen welche Informationen und welches Wissen, hier etwa Verdachtsmuster, mit welchen Folgen oder Freiheitskosten gerade in den vernetzten Zusammenhängen entstehen und wie man dies schutzgütergerecht reguliert. Antworten setzen die Ausarbeitung übergreifender Kontexte voraus, unter anderem die Analyse der sachlichen Aufgaben und Befugnisse der vernetzten Behörden oder Akteure. Vor dem Hintergrund des Bildes der Informationsnetze oder -netzwerke wird darüber hinaus deutlich, wie vielschichtig und vielfältig datenschutzrechtliche Vorgaben sein müssen.

D. Informationelle Vernetzung der Sicherheitsbehörden

15 Im deutschen föderalistischen System stößt die Vernetzung der Sicherheitsbehörden schon deshalb auf Probleme, weil vor dem Hintergrund der Länderorganisationskompetenz eigene Infrastruktur- und Softwaresysteme angeschafft und aufgebaut wurden.[63] Die verschiedenen Systeme, Verfahren oder Dateiformate sind nur eingeschränkt kompatibel und nur begrenzt über Schnittstellen verbunden. Teilweise müssen verbundrelevante Daten mehrfach in unterschiedliche Systeme eingegeben werden, damit sie allen an einem Verbund Beteiligten zur Verfügung stehen. Vor diesem Hintergrund hat die Ständige Konferenz der Innenminister und -senatoren der Länder (IMK) auf ihrer Tagung im November 2016 die „Saarbrücker Agenda zur Digitalisierung der Inneren Sicherheit" beschlossen.[64] Sie zielt auf den Aufbau einer gemeinsamen, modernen und einheitlichen Informationsarchitektur für die Polizeien des Bundes und der Länder. Die Polizistinnen und Polizisten sollen nach Maßgabe der rechtlichen Rahmenbedingungen jederzeit und überall Zugriff auf diejenigen Informationen

61 Exemplarisch *Maria Tzanou*, The Fundamental Right to Data Protection. Normative Value in the Context of Counter-Terrorism Surveillance, Oxford/Portland 2017.

62 Oben Rn. 6.

63 Zur „zersplitterten IT-Landschaft" und daraus resultierenden Problemen *Bundesministerium des Innern*, Polizei 2020 – White Paper, https://www.bmi.bund.de/SharedDocs/downloads/DE/veroeffentlichungen/2018/polizei-2020-white-paper.pdf?__blob=publicationFile&v=1, S. 1. S. auch etwa *Aden* (Fn. 25), S. 61, 63.

64 Saarbrücker Agenda zur Informationsarchitektur der Polizei als Teil der Inneren Sicherheit v. 30. 11. 2016, https://www.medienservice.sachsen.de/medien/medienobjekte/download/110307.

haben, die sie benötigen, um ihre Aufgaben zu erfüllen. Erreicht werden soll eine digitale, medienbruchfreie Vernetzung der Polizei mit ihren nationalen und internationalen Partnern.[65] Die Saarbrücker Agenda gehört zu den Grundlagen des Programms Polizei 2020.[66]

Rechtliche Rahmenbedingungen für die informationelle Vernetzung der Sicherheitsbehörden reichen von Kooperations-und Zusammenarbeitsregelungen über Datenschutzbestimmungen bis hin zu allgemeinen Vorgaben für technische Standards[67] und Vorschriften zur IT-Sicherheit. Die Aspekte sind in bestimmten Umfang miteinander verbunden und insoweit zu koordinieren. Für den Austausch personenbezogener Daten finden sich Rahmenbedingungen vor allem in der Richtlinie zu Polizei und Justiz, in den allgemeinen Datenschutzgesetzen und in den bereichsspezifischen Fachgesetzen von Bund und Ländern. Neben allgemein relevanten Maßgaben etwa zum Systemdatenschutz, zum Datenschutz durch Technik, zu Informationsrechten oder zu Berichtigungspflichten gelten für den Datenaustausch vor allem Vorgaben, die in Gestalt einer Phasenregulierung die Übermittlung, Bereitstellung oder Dateneingabe auf Seiten der einen Stelle und den Empfang oder Abruf und die Weiterverwendung der Daten auf Seiten der anderen Stelle regeln. Dieses „Doppeltürmodell" mit der Beteiligung zweier Stellen führt dazu, dass zwei Kontexte und Regelungskomplexe miteinander koordiniert werden müssen, dies ggf. im Bund-Länder-Verhältnis.[68] Zudem sind Weiterleitung und Empfang nicht isoliert, sondern ihrerseits als Elemente vorangegangener bzw. nachfolgender Datenverarbeitungsprozesse zu betrachten.[69] Beispielsweise erschließt sich die Bedeutung des Datenempfangs, auch hinsichtlich seiner Eingriffsintensität, erst mit Blick darauf, wie lange Daten bei der empfangenden Stelle gespeichert, wie sie verknüpft und wie sie verwendet werden dürfen. Das wiederum wirkt darauf ein, wie die Datenweiterleitungs- und die Datenempfangsbefugnisse auszugestalten sind. Die einzelnen Regelungselemente solcher Befugnisse kann man funktional aufschlüsseln. Im Wesentlichen geht es um Elemente, die sich auf den Verwendungszweck und die Zweckbindung beziehen, um das Tatbestands- 16

65 S. für die europäische Ebene auch die Vorschläge der Europäischen Kommission vom 12. 12. 2017 für eine Verordnung des Europäischen Parlaments und des Rates zur Errichtung eines Rahmens für die Interoperabilität zwischen EU–Informationssystemen, hinsichtlich Grenzen und Visa: COM (2017) 793 final, hinsichtlich polizeiliche und justizielle Zusammenarbeit, Asyl und Migration: COM (2017) 794 final.

66 Fn. 63.

67 Vgl. hierzu übergreifend *Ivo Appel*, Technische Standards und Software: Ermöglichung oder Präjudizierung von Entscheidung und Zusammenarbeit, in: Hermann Hill/Utz Schliesky (Hrsg.), Herausforderung e-Government, Baden-Baden 2009, S. 113–130.

68 *Marion Albers*, Die Determination polizeilicher Tätigkeit in den Bereichen der Straftatenverhütung und der Verfolgungsvorsorge, Berlin 2001, S. 334 f.; *Nikolaos Gazeas*, Übermittlung nachrichtendienstlicher Erkenntnisse an Strafverfolgungsbehörden, Berlin 2014, S. 228 f., 501 ff.

69 BVerfG, Urteil v. 24. 04. 2013, 1 BvR 1215/07 = BVerfGE 133, 277 – *Antiterrordatei-Gesetz*, Rn. 111.

merkmal der Erforderlichkeit, um gegenstandsbezogene Tatbestandsvoraussetzungen, die Art oder Aussagegehalte der relevanten Daten oder Informationen konkretisieren, um Weiterleitungs- oder Empfangsschwellen, die sich beispielsweise an einem eingegrenzten Kreis geschützter Rechtsgüter orientieren oder besondere Prognoseanforderungen stellen, um Tatbestandsvoraussetzungen zur differenzierten Inanspruchnahme bestimmter Personen (Zielpersonen, Kontakt- und Begleitpersonen), um bestimmte Schutzvorkehrungen und um Verantwortlichkeitsverteilungsregeln.[70] Im Näheren hängt die Ausgestaltung der Regelungen und der einzelnen Regelungselemente unter anderem von den Rollen und Funktionen der beteiligten Behörden, sei es im Verhältnis Bund – Land, sei es im Verhältnis Polizeien – Nachrichtendienste[71], und von den Formen der Vernetzung ab.

I. Datenübermittlung und Datenempfang

17 Traditionelles Kernelement der informationellen Vernetzung zwischen den beteiligten Sicherheitsbehörden sind Regelungen zur gegenseitigen Übermittlung und zum Empfang von Daten. Die einschlägigen Vorschriften stellen häufig eine Mischung von Zusammenarbeits- und Datenschutzvorgaben dar, denn der in einer einheitlichen Vorschrift geregelte Gegenstand einer Übermittlung betrifft nicht nur personenbezogene, sondern sämtliche Daten. Man kann die Vorschriften zunächst danach systematisieren, ob die Übermittlung zur Erfüllung eigener Aufgaben oder zur Erfüllung von Aufgaben der empfangenden Stelle, ob sie aus eigener Veranlassung oder auf Ersuchen und ob sie obligatorisch oder fakultativ erfolgt. Die Übermittlung von Informationen einschließlich personenbezogener Daten von den Polizeien an die Nachrichtendienste ist unter bestimmten Voraussetzungen obligatorisch.[72] Die Datenübermittlung von den Nachrichtendiensten an die Polizeien ist dagegen regelmäßig als fakultative Befugnis[73] und namentlich in Fällen der Verhinderung oder Verfolgung von Staatsschutzdelikten als Pflicht[74] ausgestaltet. Die informationelle Zusammenarbeit zwischen den Polizeien untereinander[75] und zwischen den verschiedenen Nachrichtendiensten untereinander[76] gestaltet sich nach den jeweiligen Regelungen eng. Die Übermittlungsschwellen, die dem Datenschutz Rechnung tragen sollen, sind in den eigentlichen Ermächtigungen regelmäßig niedrig. Es gibt aber „hinter die Klammer“ gestellte Übermitt-

70 S. für eine Aufschlüsselung der Regelungselemente auch *Marion Albers*, Datenschutzbestimmungen der Polizei- und Nachrichtendienstgesetze des Bundes, in: Heinrich-Amadeus Wolff/Stefan Brink (Hrsg.), Datenschutzrecht, Beck'scher Online-Kommentar, 25. Edition, München, Stand 5/2018, Rn. 62.

71 Zum hierfür hergeleiteten „informationellen Trennungsprinzip“ s. BVerfG, Urteil v. 24.04.2013, 1 BvR 1215/07 = BVerfGE 133, 277 – *Antiterrordatei-Gesetz*, Rn. 123.

72 S. §§ 18 Abs. 1 BVerfSchG, 23 Abs. 2 BNDG.

73 Etwa §§ 19 Abs. 1 BVerfSchG, 24 Abs. 1 BNDG.

74 Vgl. §§ 20 Abs. 1 BVerfSchG, 24 Abs. 3 BNDG, 11 Abs. 2 MADG. Ausf. dazu im Hinblick auf Übermittlungen an die Strafverfolgungsbehörden *Gazeas* (Fn. 68), S. 291 ff.

75 Vgl. exemplarisch § 32 Abs. 1 BPolG.

76 Exemplarisch § 20 Abs. 1 S. 2 BVerfSchG.

lungsverbote in Gestalt von Abwägungsklauseln.[77] Die datenempfangende Stelle muss obligatorisch prüfen, ob die Daten für die Erfüllung ihrer Aufgaben überhaupt erforderlich sind.[78] Im Übrigen gibt es neben der allgemeinen Zweckbindung[79] im Falle der Erhebung personenbezogener Daten mittels besonders eingriffsintensiver Methoden eingeengte Zweckbindungen. Die engere Zweckbindung ist im Falle von Datenübermittlungen zu beachten, der datenempfangenden Stelle aufzugeben und bestimmt insofern auch den weiteren Verarbeitungsprozess.[80]

Datenübermittlung und Datenempfang werden in diesen Regelungen nur scheinbar aus einer eher punktuellen Perspektive betrachtet. Es handelt sich um Grundelemente der Vernetzung der Sicherheitsbehörden. Sie sind im Hinblick auf vorangehende und nachfolgende Verarbeitungsprozesse und zudem im Kontext zu erfassen. In der Praxis spielen sie neben automatisierten zentralen Dateien mit einer Vielzahl angeschlossener Stellen eine große Rolle, weil diese Dateien aus einer Reihe rechtlicher Gründe engeren rechtlichen Grenzen unterliegen. So sind etwa die Antiterror- und die Rechtsextremismusdatei im Grundsatz auf eine Kontakt- und Informationsanbahnung zugeschnitten; im Trefferfall erfolgt ein Datenaustausch in einem konkreten Komplex nach Maßgabe der grundlegenden Datenübermittlungs- und -empfangsbestimmungen.[81]

II. Zentraldateien und Verbunddateien

Eines der wichtigsten Elemente der Vernetzung der Sicherheitsbehörden sind *18*
Zentraldateien und vor allem Verbunddateien für den elektronischen Datenverbund zwischen Bund und Ländern.[82] Solche Dateien werden vom Bundeskriminalamt, vom Zollkriminalamt und vom Bundesamt für Verfassungsschutz in Ausübung ihrer Zentralstellenfunktion geführt. Zu den Verbunddateien zählen das Informationssystem der Polizei INPOL[83], das Zollfahndungsinformationssystem INZOLL und das nachrichtendienstliche Informationssystem NADIS. Die an dem jeweiligen Verbundsystem beteiligten Stellen des Bundes und der Länder

77 S. etwa § 33 Abs. 3 BPolG oder §§ 23 BVerfSchG, 31 BNDG, 12 MADG. Danach unterbleibt eine Übermittlung u.a. dann, wenn für die übermittelnde Stelle erkennbar ist, dass unter Berücksichtigung der Art der Informationen und ihrer Erhebung die schutzwürdigen Interessen des Betroffenen das Allgemeininteresse an der Übermittlung überwiegen oder besondere Pflichten zur Wahrung gesetzlicher Geheimhaltungspflichten oder von Berufs- oder besonderen Amtsgeheimnissen bestehen.

78 Zu dieser Prüfpflicht s. exemplarisch § 25 BVerfSchG.

79 S. etwa § 33 Abs. 6 BPolG.

80 S. etwa §§ 25 Abs. 1 i.V.m. 12 Abs. 3 BKAG, 19 Abs. 1 BVerfSchG, 24 Abs. 1 S. 3 BNDG.

81 Dazu noch Rn. 22 ff.

82 S. zu den verschiedenen Dateiformen *Kurt Graulich*, in: Wolf-Rüdiger Schenke/Kurt Graulich/Josef Ruthig (Hrsg.), Sicherheitsrecht des Bundes, München 2014, BKAG § 8 Rn. 5 ff.

83 Zur Entwicklung und zum Aufbau von INPOL *Anicee Abbühl*, Der Aufgabenwandel des Bundeskriminalamts, Stuttgart u.a. 2010, S. 148 ff.

pflegen in einer vielfältig, partiell gestuft gestalteter Form selbst Daten ein und können Daten nach Maßgabe von Berechtigungen auch unmittelbar abrufen.

Die gegenwärtige Ausgestaltung ist allerdings verbesserungsbedürftig. Nimmt man INPOL als Beispiel, enthält es unterschiedliche Datenbanken, so für die polizeiliche Fahndung, für allgemeine Auskunftszwecke oder verbundrelevante Daten aus den Fallbearbeitungssystemen, die in beispielsweise nach Deliktstypen strukturierten Dateien gespeichert werden. Da sich Datenbestände in voneinander isolierten Silos befinden und keine übergreifende Verknüpfung zwischen den unterschiedlichen Datenbanken besteht, können bestimmte Verbindungen zwischen eingespeisten Daten nicht systemunterstützt ermittelt werden. Zudem mangelt es, und dies ist eine interessante Information, an einem mit den rechtlichen Anforderungen abgestimmten Zugriffsberechtigungskonzept. Nicht zuletzt führen die unterschiedlichen IT-Systeme der Polizeien in Bund und Ländern zu Schnittstellenproblemen mit der Folge, dass manche Daten manuell in das Verbundsystem eingegeben werden müss(t)en oder eine Eingabe dann eben unterbleibt.[84]

19 Künftig soll die Architektur dieses Verbundsystems im Anschluss an die Saarbrücker Agenda fundamental umgestaltet werden.[85] Es bleibt bei einem Verbundsystem mit einer Verantwortlichkeitsverteilung auf das Bundeskriminalamt als Zentralstelle und die datenverantwortlichen Stellen der Polizeien des Bundes und der Länder. Allerdings soll es ein neu konzeptioniertes „Datenhaus“ beim Bundeskriminalamt geben. Beim Umbau sollen bisherige Innovationsschritte integriert werden. Dazu gehören die Einrichtung des Polizeilichen Informations- und Analyseverbundes (PIAV), das einen bruchlosen Datenaustausch zur Aufklärung länder- und phänomen- oder dateiübergreifender tat- und personenbezogener Zusammenhänge ermöglichen soll, und die Entwicklung eines einheitlichen Fallbearbeitungssystems. Weitere Komponenten sind das Zugriffs- und Rechtekonzept und Schritte zur Sicherstellung der Interoperabilitätsvoraussetzungen etwa hinsichtlich des Datenmodells oder Austauschformats. Das „Datenhaus“ zeichnet sich dadurch aus, dass verbundrelevante Daten in einem einheitlichen System nur einmal nach den gleichen Regeln erfasst und durch die Nutzung zentraler Dienste einheitlich verarbeitet werden. Die Zentralstellenfunktion des Bundeskriminalamts schließt dabei ein, dass es den Polizeien von Bund und Ländern Anwendungen und Dienste bereitstellt, die zentral unter Einbeziehung der Anforderungen von Bund und Ländern entwickelt werden. In der Sache soll das Informationssystem eine leichtere Eingabe, über funktionale Module und Dienste eine ertragreichere Recherche und vor allem eine bessere verfahrens- und dateiübergreifende Verknüpfung von Daten zur Herstellung von Zusammenhängen ermöglichen. Der Datenzugriff soll über ein Berechtigungsmanagement gesteuert werden, das sich in Abstimmung mit rechtlichen Anforderungen aufgaben-, rollen- und kontextbezogen gestaltet. Ziel ist es, der Polizei im Sinne des „Grund-

---

84 Zur Problembeschreibung s. *BMI*, Polizei 2020 (Fn. 64), S. 5 ff. Zur Beschreibung des Inpol-Systems s. auch *Graulich* (Fn. 82), BKAG § 11 Rn. 3 ff.
85 Zum Folgenden *BMI*, Polizei 2020 (Fn. 64), S. 6 ff.

satzes der Verfügbarkeit" die für die polizeiliche Arbeit erforderlichen Daten zu jeder Zeit an jedem Ort nach Maßgabe der rechtlichen Anforderungen zur Verfügung zu stellen. Im Übrigen soll auch eine bessere Basis für den unionalen und internationalen Datenaustausch geschaffen werden.

Die Grundlage für den Umbau des Verbundsystems soll das neue BKAG liefern. 20
Es wurde mit Blick auf das Urteil des BVerfG zum bisherigen BKA-Gesetz[86] und zwecks Umsetzung der Richtlinie zu Polizei und Strafjustiz[87] novelliert. Danach ist das Bundeskriminalamt Zentralstelle für den polizeilichen Informationsverbund zwischen Bund und Ländern und stellt zu diesem Zweck ein einheitliches Verbundsystem zur Verfügung. Es selbst nimmt mit seinem eigenen Informationssystem an diesem Verbund teil. Teilnahmeberechtigt sind außerdem u.a. die Landeskriminalämter, sonstige Polizeibehörden der Länder, die Bundespolizei und das Zollkriminalamt. Mit Blick auf die Grundfunktionen des Verbundsystems, etwa Unterstützung bei polizeilichen Ermittlungen, bei der polizeilichen Informationsverdichtung oder bei strategischen Analysen[88], stellen die teilnehmenden Behörden einander verbundrelevante[89] Daten zum Abruf und zur Verarbeitung zur Verfügung.[90] Das Bundeskriminalamt hat durch organisatorische und technische Maßnahmen sicherzustellen, dass Eingaben von und Zugriffe auf Daten im polizeilichen Informationsverbund nur möglich sind, soweit die jeweiligen Behörden hierzu berechtigt sind.[91] Die dafür unter anderem geltenden Maßgaben werden mit einem Verweis auf eine entsprechende Geltung zentraler für die Datenweiterverarbeitung des BKA geltenden Regelungen verankert.[92] Danach greifen insbesondere der „Grundsatz der hypothetischen Datenneuerhebung"[93], die dafür nötigen Kennzeichnungspflichten[94], die Bindung an die Erforderlichkeit der Kenntnis der Daten für mehr oder weniger konkretisierte Aufgaben und Pflichten[95] sowie sachlich oder personell mehr oder weniger differenzierte Schwellen für die Datenverarbeitung. Neben der Abstimmung mit den Vorgaben, die das BKAG selbst enthält, ist eine Koordination mit den für die jeweiligen beteiligten Stellen geltenden Rechtsgrundlagen erforderlich.[96]

Vom Ausgangspunkt einer besseren Vernetzung der Sicherheitsbehörden, bei der 21
zugleich Datenschutzanforderungen gewährleistet sind, ist die Verbesserung der Architektur des Informationsverbundes notwendig. Die Ausgestaltung der neuen

86 BVerfG, Urteil v. 20.04.2016, 1 BvR 966/09 und 1140/09 = BVerfGE 141, 220 *BKA-Gesetz*.
87 Oben Rn. 11.
88 §§ 29 Abs. 2 i.V.m. 13 Abs. 2 BKAG.
89 § 30 BKAG.
90 § 29 Abs. 2 S. 2 BKAG.
91 § 29 Abs. 4 S. 1 BKAG.
92 § 29 Abs. 4 S. 2 BKAG.
93 § 29 Abs. 4 S. 2 i.V.m. § 12 Abs. 2 – 5 BKAG.
94 § 29 Abs. 4 S. 2 i.V.m. § 14 BKAG.
95 Etwa § 29 Abs. 4 S. 2 i.V.m. § 15 Abs. 1 Nr. 2 BKAG.
96 Vgl. oben Rn. 16.

Regelungen des BKAG ist jedoch nicht in jeder Hinsicht gelungen. Das liegt nicht zuletzt daran, dass der Gesetzgeber verfassungsrechtliche Vorgaben als Orientierung gewählt hat, die aus dem BKA-Urteil des Bundesverfassungsgerichts herauskristallisiert worden sind. Unabhängig davon, ob die gesetzgeberische Deutung immer passt, sind manche der vom Bundesverfassungsgericht abgesteckten Maßgaben missverständlich. Das betrifft gerade die zentralen Ausführungen, die der Neugestaltung des polizeilichen Informationsverbundes zu Grunde gelegt werden. Jedenfalls nicht als generelle Grundlinie für jedwede anderweitige Nutzung missverstehen darf man die verfassungsgerichtlichen Ausführungen zur Rolle einer Datenerhebungsermächtigung für Zweckfestlegung, Zweckbindung und eine sich in diesem Rahmen haltende weitere Nutzung.[97] Der Gesetzgeber scheint sie im Sinne einer mittels der Erhebungsermächtigung ggf. weit gespannten einheitlichen Zweckfestlegung zu deuten. Richtig ist, dass die immer abstrakten, typisierenden oder auch verschiedene Fallkonstellationen bündelnden gesetzlichen Erhebungsermächtigungen einen Rahmen für die Festlegung der Verwendungszwecke setzen, die die zuständige Behörde verfahrensbezogen oder auch im Hinblick auf einen konkreten Aufgabenkomplex vorzunehmen hat.[98] Nur ein solches Verständnis trägt den Anforderungen des Art. 4 Abs. 1 lit. b, c oder e der Richtlinie zu Polizei und Strafjustiz Rechnung. Müsste die jeweilige Erhebungsermächtigung als solche abschließend die Zweckfestlegung liefern, gelangte man entweder zu kontraproduktiven Bestimmtheits- und Präzisierungserfordernissen hinsichtlich des Gesetzes oder zu Ergebnissen, die mit datenschutzrechtlichen Anforderungen, wie sie über Zweckfestlegung, Zweckbindung und (geregelte) Zweckänderungsmöglichkeiten gewährleistet werden sollen, unvereinbar wären. Das macht

97 Entscheidend sind die Ausführungen in BVerfG, Urteil v. 20.04.2016, 1 BvR 966/09 und 1140/09 = BVerfGE 141, 220 *BKA-Gesetz*, Rn. 278 f.: „Der Gesetzgeber kann eine Datennutzung über das für die Datenerhebung maßgebende Verfahren hinaus als weitere Nutzung im Rahmen der ursprünglichen Zwecke dieser Daten erlauben. Er kann sich insoweit auf die der Datenerhebung zugrundeliegenden Rechtfertigungsgründe stützen und unterliegt damit nicht den verfassungsrechtlichen Anforderungen an eine Zweckänderung. Die zulässige Reichweite solcher Nutzungen richtet sich nach der Ermächtigung für die Datenerhebung. Die jeweilige Eingriffsgrundlage bestimmt Behörde, Zweck und Bedingungen der Datenerhebung und definiert damit die erlaubte Verwendung. Die Zweckbindung der auf ihrer Grundlage gewonnenen Informationen beschränkt sich folglich nicht allein auf eine Bindung an bestimmte, abstrakt definierte Behördenaufgaben, sondern bestimmt sich nach der Reichweite der Erhebungszwecke in der für die jeweilige Datenerhebung maßgeblichen Ermächtigungsgrundlage. Eine weitere Nutzung innerhalb der ursprünglichen Zwecksetzung kommt damit nur seitens derselben Behörde im Rahmen derselben Aufgabe und für den Schutz derselben Rechtsgüter in Betracht wie für die Datenerhebung maßgeblich: Ist diese nur zum Schutz bestimmter Rechtsgüter oder zur Verhütung bestimmter Straftaten erlaubt, so begrenzt dies deren unmittelbare sowie weitere Verwendung auch in derselben Behörde, soweit keine gesetzliche Grundlage für eine zulässige Zweckänderung eine weitergehende Nutzung erlaubt."

98 Ausführlich zu den Bausteinen der Zweckfestlegung, Zweckbindung und Zweckänderungsmöglichkeiten, insbes. auch zu ihren Funktionen, ihrer Ausgestaltung und ihrer Konkretisierung *Marion Albers* (Fn. 8), S. 497 ff.

ein Blick auf die oft weit und bündelnd formulierten sicherheitsbehördlichen Erhebungsermächtigungen schnell klar.[99] Auch das „Kriterium der hypothetischen Datenneuerhebung“[100] ist im Urteil des BVerfG nicht in einer Weise formuliert, dass es als Grundsatz zentrale Datenschutzanforderungen erfüllen und als Grundlage für die Ausarbeitung von Berechtigungen in einem automatisierten Datenaustauschverbund ausreichen könnte. Die unterschiedlichen Funktionen des Bundesverfassungsgerichts, seiner Verfahren und seiner Entscheidungen einerseits und der Gesetzgebung andererseits werden verkannt, wenn man meint, Urteile des Bundesverfassungsgerichts ließen sich gleichsam 1:1 umsetzen. Das ambitionierte Projekt einer Neukonzeption der Architektur des polizeilichen Verbundsystems wird daher noch einige Arbeit und gesetzgeberische Nacharbeit erfordern.

III. Gemeinsame Dateien von Polizeien und Nachrichtendiensten

Ein weiteres Element der informationellen Vernetzung der Sicherheitsbehörden 22
ist die Möglichkeit einer befristeten projektbezogenen Führung gemeinsamer Dateien zwischen Polizeien und Nachrichtendiensten. Entsprechende Rechtsgrundlagen in den Fachgesetzen ermächtigen das Bundeskriminalamt, das Bundesamt für Verfassungsschutz oder den Bundesnachrichtendienst zur Errichtung einer solchen Datei und benennen beteiligte Behörden.[101] Darüber hinaus sehen spezielle Gesetze die Errichtung gemeinsamer Dateien in bestimmten Sachbereichen vor. Die jeweils beteiligten Behörden sind dann verpflichtet, bereits erhobene Daten, die automatisiert verarbeitet werden dürfen, unter bestimmten Voraussetzungen in der gemeinsamen Datei zu speichern.[102] Grundsätzlich sollen automatisierte zentrale gemeinsame Dateien den Informationsaustausch zwischen den jeweils beteiligten Behörden effektivieren und die Datenlage zu bestimmten Personen, Objekten oder Sachverhalten verdichten, indem Erkenntnisse, über die eine der beteiligten Behörden verfügt, eingegeben werden, zu einem neuen Bild beitragen und für alle beteiligten Behörden zugänglich sind.[103] Je nach Ausgestaltung der Gemeinsamen Datei machen sie einen Datenaustausch nach den allgemeinen Datenübermittlungs- und Datenempfangsregelungen aber nicht überflüssig. Treffer in der Datei können vielmehr einen solchen Austausch erfordern und auslösen. Das gilt vor allem, wenn die Funktion und Ausgestaltung der Verbunddatei sich im Prinzip auf eine Kontakt- und Informationsanbahnung beschränken. Paradigmatisch hierfür sind die gemeinsame standardisierte zentrale Antiterrordatei mit der Regelung im Antiterrordateigesetz (ATDG) und die gemeinsame

---

99 Zu den vielfältigen Problemen der neuen Regelungen des BKAG s. auch *Matthias Bäcker*, Der Umsturz kommt zu früh: Anmerkungen zur polizeilichen Informationsordnung nach dem neuen BKA-Gesetz. VerfBlog 2017/6/08, DOI: 10.17176/20170608-215340.

100 BVerfG, Urteil v. 20.04.2016, 1 BvR 966/09 und 1140/09 = BVerfGE 141, 220 *BKA-Gesetz*, Rn. 287.

101 §§ 17 BKAG, 22a BVerfSchG, 25 BNDG.

102 Vgl. zur Speicherpflicht § 2 ATDG, § 2 RED-G.

103 Vgl. die Begründung zum Gesetzentwurf der Bundesregierung zum Gemeinsame-Dateien-Gesetz v. 16.10.2006, BT-Drs. 16/2950, S. 1, 12f.

standardisierte zentrale Datei zur Aufklärung oder Bekämpfung des gewaltbezogenen Rechtsextremismus mit der Regelung im RED-G.[104]

23 Zweck der informationellen Vernetzung der Sicherheitsbehörden, die an der beim Bundeskriminalamt geführten Antiterror- und Rechtsextremismusdatei jeweils beteiligt sind, ist die Erfüllung der jeweiligen gesetzlichen Aufgaben zur Aufklärung oder Bekämpfung des internationalen Terrorismus mit Bezug zur Bundesrepublik Deutschland bzw. zur Aufklärung oder Bekämpfung des gewaltbezogenen Rechtsextremismus.[105] Neben allgemeinen Bausteinen zur Realisierung des Datenschutzes – Auskunftsansprüche, Berichtigungs- und Löschungspflichten, Protokollierungspflichten, Regelungen zur datenschutzrechtlichen Verantwortung, Berichts- und Evaluationsregeln, Kontrolle durch die Bundesbeauftragte für Datenschutz und Informationsfreiheit und die jeweiligen Landesbeauftragten – unterliegen die Dateneinspeisung, der Zugriff auf die Daten und deren Nutzung sowie die weitere Datenverwendung bestimmten Anforderungen.[106] Die obligatorische Dateneinspeisung setzt im Ausgangspunkt voraus, dass die Kenntnis der Daten für die Aufklärung oder Bekämpfung des internationalen Terrorismus bzw. des gewaltbezogenen Rechtsextremismus erforderlich ist. Die einzuspeisenden Daten selbst werden mit Blick auf die Relevanz ihres Informationsgehalts und über mehr oder weniger bestimmte weitere Schwellen, u.a. hinsichtlich der betroffenen Personen, eingegrenzt. Die zu speichernden Datenarten differenzieren sich in Grunddaten, erweiterte Grunddaten, zusammenfassende besondere Bemerkungen sowie ergänzende Hinweise und Bewertungen. Außerdem werden weitere Angaben zur Identifizierung und nicht zuletzt die Behörde, die über die Erkenntnisse verfügt, das Aktenzeichen oder die Einstufung als Verschlusssache festgehalten. Unter bestimmten Voraussetzungen – besondere Geheimhaltungsinteressen oder besonders schutzwürdige Interessen der Betroffenen – dürfen Daten beschränkt oder verdeckt gespeichert werden.[107] Der Zugriff auf die Daten ist

---

104 S. das Gesetz zur Errichtung einer standardisierten zentralen Antiterrordatei von Polizeibehörden und Nachrichtendiensten von Bund und Ländern (Antiterrordateigesetz – ATDG), v. 22. 12. 2006, BGBl. I S. 3409, das dann insbes. aufgrund des einschlägigen Urteils des BVerfG durch das Gesetz zur Änderung des Antiterrordateigesetzes und anderer Gesetze v. 18. 12. 2014, BGBl. I 2318, geändert wurde. Zur Rechtsextremismusdatei s. das Gesetz zur Errichtung einer standardisierten zentralen Datei von Polizeibehörden und Nachrichtendiensten von Bund und Ländern zur Bekämpfung des gewaltbezogenen Rechtsextremismus (Rechtsextremismus-Datei-Gesetz – RED-G), v. 20. 08. 2012, BGBl. I S. 1797; vgl. zur Begründung auch den Gesetzentwurf der Bundesregierung, BT-Drs. 17/8672. Übergreifender zu solchen Verbunddateien am Beispiel der Antiterrordatei *Julia Stubenrauch*, Gemeinsame Verbunddateien von Polizei und Nachrichtendiensten, Baden-Baden 2009.

105 § 1 ATDG, § 1 RED-G.

106 S. auch BVerfG, Urteil v. 24. 04. 2013, 1 BvR 1215/07 = BVerfGE 133, 277 – *Antiterrordatei-Gesetz*.

107 In solchen Fällen wird die Möglichkeit einer Übermittlung nach automatisierter Information der eingegebenen Behörde über das Abfrageereignis ggf. in unmittelbarem Kontakt zwischen eingebender und abfragender Behörde geklärt, §§ 4 Abs. 2 ATDG, 4 Abs. 2 REDG.

im Ausgangspunkt an die Erforderlichkeit für Erfüllung der näher eingegrenzten Aufgaben im Bereich der Aufklärung oder Bekämpfung des internationalen Terrorismus bzw. des gewaltbezogenen Rechtsextremismus geknüpft. Im Falle eines Treffers erhält die abfragende Behörde Zugriff auf Grunddaten. Unter bestimmten Voraussetzungen sind auch erweiterte Grunddaten zugänglich. Die erhaltenen Daten dürfen grundsätzlich nur zur Prüfung der Einschlägigkeit des Treffers und sodann für ein Ersuchen um Übermittlung von Erkenntnissen zur Wahrnehmung der jeweiligen Aufgabe verwendet werden.[108] Von der Möglichkeit einer erweiterten projektbezogenen Datennutzung abgesehen[109] sind die Antiterrordatei und die Rechtsextremismusdatei somit auf eine Kontakt- und Informationsanbahnung zugeschnitten. Ein Treffer und der Zugriff auf die Grunddaten oder erweiterten Grunddaten wird ggf. ein Ersuchen auslösen. Der weitere Datenaustausch zwischen den beteiligten Behörden richtet sich dann nach den jeweils geltenden Datenübermittlungs- und Datenempfangsvorschriften der einschlägigen Gesetze.

Anwendungserfahrungen mit dieser spezifisch zugeschnittenen Vernetzung zwischen Polizeien und Nachrichtendiensten ergeben sich aus den jeweiligen Evaluationen der Gesetze.[110] Danach können, vermittelt über die Informationen aus den Dateien, Kontakte aufgebaut und intensiviert werden. Gestärkt werden auch die Kooperationsbereitschaft und das gegenseitige Vertrauen darauf, dass die jeweils vorhandenen Daten angesichts der Pflicht sowohl der Polizeien als auch der Nachrichtendienste, diese Daten einzuspeisen, vollständig zur Verfügung gestellt sind. Die Dateien ermöglichen die Recherche in einem breiten Bestand und über die „Treffer“ können zielgerichteter gerade die Behörden um die Übermittlung weiterer Daten ersucht werden, bei denen Daten vorliegen. Ansonsten ergibt sich aus den Evaluationen der komplementäre Charakter der auf eine Kontakt- und Informationsanbahnung zugeschnittenen Verbunddateien zwischen Polizeien und Nachrichtendiensten. Das gilt sowohl im Hinblick auf die Vernetzung mittels anderweitiger Verbundsysteme als auch im Hinblick auf die Vernetzung in Gemeinsamen Abwehrzentren. *24*

108 Eine Verwendung zu einem anderen Zweck, also eine Zweckänderung und anderweitige Verwendung, ist an enge Voraussetzungen geknüpft, §§ 6 Abs. 1 S. 2 ATDG, 6 Abs. 1 S. 2 REDG.

109 Kritik an dieser Möglichkeit etwa bei *Clemens Arzt*, in: Schenke/Graulich/Ruthig (Fn. 82), REDG § 7 Rn. 2 ff.

110 Unterrichtung durch die Bundesregierung, Bericht zur Evaluierung des Antiterrordateigesetzes v. 7. 03. 2013, BT-Drucks. 17/12665 (neu), bes. S. 48 ff.; Unterrichtung durch die Bundesregierung v. 7. 04. 2016, Evaluierung des Rechtsextremismus-Datei-Gesetzes, BT-Drucks. 18/8060, S. 50 ff. S. außerdem Bundeskriminalamt, Bericht zum 1. 08. 2017 an den Deutschen Bundestag, Datenbestand und Nutzung der Antiterrordatei (ATD) und der Rechtsextremismus-Datei (RED) in den Jahren 2014 – 2017. Übergreifender zur Evaluierung *Marion Albers*, Funktionen, Entwicklungsstand und Probleme von Evaluationen im Sicherheitsrecht, in: dies./Ruth Weinzierl (Hrsg.), Menschenrechtliche Standards in der Sicherheitspolitik. Beiträge zur rechtsstaatsorientierten Evaluierung von Sicherheitsgesetzen, Baden-Baden 2010, S. 25–54.

IV. Gemeinsame Abwehrzentren

25 In Abgrenzung gegen die bisherigen Formen der Vernetzung der Sicherheitsbehörden und die dabei entstehenden „Netze" kann man die Gemeinsamen Abwehrzentren als „Netzwerke" einstufen. Als Interaktionsnetzwerke, die persönliche Kontakte stabilisieren und darüber funktionieren, haben die Zentren gerade auch die Funktion, Dysfunktionalitäten technisierter Vernetzungen auszugleichen, und insofern eine komplementäre Rolle.[111] Paradigmatisch ist das Gemeinsame Terrorismusabwehrzentrum (GTAZ). Seitens des Bundesamtes für Verfassungsschutz wird es beschrieben als „gemeinsame Kooperations- und Kommunikationsplattform von 40 nationalen Behörden aus dem Bereich der Inneren Sicherheit".[112] Dem Vorbild des GTAZ folgen das Gemeinsame Analyse- und Strategiezentrum illegale Migration (GASiM), das Gemeinsame Internetzentrum zur Sichtung und systematischen Auswertung des Internets im Bereich des islamischen Terrorismus (GIZ) und das Gemeinsame Extremismus- und Terrorismusabwehrzentrum (GETZ). Daneben wurde im Zuge der Cyber-Strategie der Bundesregierung das Nationale Cyber-Abwehrzentrum (NCAZ) errichtet[113], dessen Kernbehörde das Bundesamt für Verfassungsschutz ist. Bundeskriminalamt, Bundespolizei, Zollkriminalamt, Bundesnachrichtendienst sind assoziierte Behörden.[114]

Zu den Zielen des GTAZ gehört die Verbesserung der behördenübergreifenden Zusammenarbeit bei der Bekämpfung des internationalen Terrorismus auf konzeptionell-analytischer Ebene und im operativen Bereich.[115] In ihm kommen Vertreter aus unter anderem dem Bundesamt für Verfassungsschutz, dem Bundeskriminalamt, dem Bundesnachrichtendienst, der Generalbundesanwaltschaft, der Bundespolizei, dem Zollkriminalamt, dem Bundesamt für Migration und Flüchtlinge, dem Militärischen Abschirmdienst sowie den Landesämtern für Verfassungsschutz und den Landeskriminalämtern zusammen.[116] Der Austausch von Daten und Informationen findet zentral in der täglichen Lagebesprechung statt. Angestrebt wird unter Hinzuziehung aller beteiligten Behörden und Stellen und verschiedenen Arbeitsgruppen ein „Echtzeit-Informationsaustausch".[117] Den Vertretern der jeweiligen Behörde kommt die Aufgabe zu, das behördliche Fach-

111 Vgl. oben Rn. 4, 7 und 24.

112 https://www.verfassungsschutz.de/de/arbeitsfelder/af-islamismus-und-islamistischer-terrorismus/gemeinsames-terrorismusabwehrzentrum-gtaz, abgerufen am 10. 05. 2018.

113 Über damit verbundene Rechtsfragen s. *Tobias Linke*, Rechtsfragen der Einrichtung und des Betriebs eines Nationalen Cyber-Abwehrzentrums als informelle institutionalisierte Sicherheitskooperation, DÖV 2015, 128–139.

114 S. auch die Antwort der Bundesregierung auf eine Kleine Anfrage, Die Strategie der Bundesregierung zur Bekämpfung der Internetkriminalität – Das Nationale Cyber-Abwehrzentrum, BT-Drs. 17/5694.

115 Näher *Niclas-Frederic Weisser*, Das Gemeinsame Terrorismusabwehrzentrum (GTAZ) – Rechtsprobleme, Rechtsform und Rechtsgrundlage, NVwZ 2011, S. 142–146, 143.

116 S. die Antwort der Bundesregierung auf eine Kleine Anfrage, Das Gemeinsame Terrorismusabwehrzentrum – Sachstand 2008, BT-Drs. 16/10007, S. 1 ff.

117 Antwort der Bundesregierung (Fn. 116), S. 6.

wissen in das Netzwerk und die über das Netzwerk gewonnenen Informationen wiederum in das behördliche Wissen einzuspeisen.

Für die Arbeit der Gemeinsamen Zentren existieren bisher keine speziellen gesetzlichen Grundlagen. Die Bundesregierung bewertet die Zentren als eine Form der Zusammenarbeit der beteiligten Behörden und als einen Daten- und Informationsaustausch, für den die jeweiligen Übermittlungs- und Empfangsvorschriften der einzelnen Fachgesetze als Rechtsgrundlagen ausreichten.[118] Demgegenüber führen einige Mitglieder der Regierungskommission zur Evaluation der Sicherheitsgesetzgebung in ihrem Bericht zutreffend aus: „Eine derartige Zusammenarbeit erzeugt also aus den bei den verschiedenen Behörden vorhandene Datenbeständen durch geeignete gemeinsame Weiterverarbeitung neue Daten."[119] Netzwerke wie das GTAZ haben eigenständige Funktionen der Generierung emergenten Wissens und des Wissensmanagements, die mit den Übermittlungs- und Empfangsbefugnissen der beteiligten Behörden unzureichend erfasst werden. Im Übrigen stellen sich, wie die Erkenntnisse zum Terroranschlag vom Breitscheidplatz gezeigt haben[120], auch Fragen danach, wem innerhalb des Netzwerks wofür engere Verantwortlichkeiten zuzuweisen sind. Somit ist es erforderlich, einerseits den Netzwerkcharakter zu bewahren und andererseits unter verschiedenen Aspekten grundlegende Maßgaben zu verankern. Insgesamt geht es dann um durchaus komplexe Rechtsfragen und schon aus Gründen der Gesetzgebungskompetenz nicht um „eine" spezialgesetzliche Grundlage für das jeweilige Gemeinsame Abwehrzentrum. Damit der Netzwerkcharakter angemessen erfasst wird, müssen zudem die Schnittstellen zu den beteiligten Fachbehörden dahingehend untersucht werden, inwiefern Reformbedarf besteht. 26

E. Fazit

Die öffentliche Diskussion um die Befugnisse der Sicherheitsbehörden konzentriert sich oft auf die Datenerhebung und auf bestimmte, als eingriffsintensiv bewertete Ermittlungsmethoden. Dabei ist es mindestens gleichermaßen, wenn nicht noch wichtiger, was nach der Erhebung mit den Daten geschieht, wie sie verknüpft und verändert werden, wohin sie von wo aus in welcher Form weitergeleitet werden oder wem sie in welcher Form zum Abruf zur Verfügung stehen und welche Informationen und welches Wissen wie bei welcher Stelle und in welchen Zusam- 27

118 S. auch *Christian Rathgeber*, Terrorismusbekämpfung durch Organisationsrecht, DVBl 2013, S. 1009–1016; mit der Forderung einer parlamentarischen Kontrolle *Matthias Dombert/Kaya Räuker*, Am Beispiel der deutschen Sicherheitsarchitektur: Zum Grundrechtsschutz durch Organisation, DÖV 2014, S. 414–422.

119 *Matthias Bäcker/Volkmar Giesler/Burkhard Hirsch/Heinrich-Amadeus Wolff*, Bericht der Regierungskommission zur Überprüfung der Sicherheitsgesetzgebung in Deutschland vom 28. 08. 2013, https://www.bmi.bund.de/SharedDocs/downloads/DE/publikationen/themen/sicherheit/regierungskommission-sicherheitsgesetzgebung.pdf, abgerufen am 10. 05. 2018, S. 174. S. auch *Sommerfeld* (Fn. 27), S. 262 ff.

120 S. oben Rn. 1.

menhängen entsteht. Das gilt umso mehr mit Blick auf den künftig voraussichtlich zunehmenden Einsatz komplexer und gegebenenfalls selbstständig lernender automatisierter Analyse- und Auswertungsprogramme und mit Blick auf den Ausbau technisierter informationeller Vernetzungen. Die Digitalisierung und die damit eröffneten Datenverarbeitungsmöglichkeiten zwingen dazu, der Vernetzung der Sicherheitsbehörden sowohl unter Aspekten der Aufgabenwahrnehmung als auch unter Aspekten des Datenschutzes verstärkte Aufmerksamkeit zu widmen. Eine Reihe der dabei auftauchenden Regelungsprobleme sind bisher unzureichend gelöst.

Geodaten – Anwendungsfeld und Pionier des E-Government

Conrad Neumann

A. Einleitung

Geodaten bilden einen wesentlichen Teil des in der modernen Informations- und Kommunikationsgesellschaft vorhandenen, verfügbaren Wissens. Sie sind weltweit ein Wirtschaftsgut ersten Ranges mit zunehmender Bedeutung. Es gilt als allgemein anerkannt, dass ca. 80 % aller Entscheidungen im öffentlichen und privaten Leben einen raumbezogenen Charakter aufweisen bzw. durch Situationen mit Raumbezug beeinflusst werden.[1] Mithin sind Geodaten auch zentral für die Erfüllung von Verwaltungsaufgaben, zum Teil sogar behördliche Hauptaufgabe. *1*

Der Fokus des vorliegenden Beitrags liegt auf *digitalen* Geodaten, die auch im Verwaltungsalltag den Schwerpunkt des Umgangs mit Geodaten bilden. Insoweit kann bereits einleitend konstatiert werden, dass die Digitalisierung (der Verwaltung) im Bereich der Geodaten schon weit vorangeschritten ist. Digitalisierung meint in diesem Zusammenhang nicht nur/vorwiegend die nachträgliche Digitalisierung analoger Datenbestände, sondern – was im Bereich Geodaten die Regel ist – die originäre digitale Datenerhebung, -verarbeitung und -weiterverwendung. *2*

B. Nutzung von Geodaten

I. Begriff

Geodaten sind alle Daten mit direktem oder indirektem Bezug zu einem bestimmten Standort oder geografischen Gebiet, § 3 Abs. 1 GeoZG. Diese prägnante Begriffsbestimmung ist sowohl in der Geoinformatik als auch in der Rechtswissenschaft Konsens.[2] Begriffsprägend ist das Element des *Raumbezugs*, das den Wortteil „Geo-“ ausmacht. Über einen Raumbezug verfügen Daten, wenn sie unmittelbar oder mittelbar einer Position auf der Erdoberfläche eindeutig (d.h. nur einmal) zugeordnet werden können. Ein mittelbarer/indirekter Raumbezug liegt vor, wenn ein Geoobjekt mithilfe anderer geografischer Indikatoren (z.B. Orts- und Straßenangaben, Hausnummern) bestimmt werden kann. Die lediglich indirekte Georeferenzierung ist für eine Nutzung (insbesondere Verschneidung) von Geodaten nicht praktikabel. Geodaten mit (nur) indirektem Raumbezug müssen *3*

---

1 *Bundesamt für Kartographie und Geodäsie*, Informationsbroschüre Geoinformation und moderner Staat, http://www.geoportal-mv.de/land-mv/GeoPortalMV_prod/de/Service/_Downloads/Dokumente/broschuere_72_dpi.pdf, S. 7.

2 *Conrad Neumann*, in: Jürgen Fluck/Kristian Fischer/Mario Martini (Hrsg.), Informationsfreiheitsrecht IFG/UIG/VIG/IWG/GeoZG, 33. Aktualisierung (Stand Juli 2016), § 3, Rn. 18.

daher – wollen sie zusammen mit anderen Geodaten genutzt werden – nachträglich direkt georeferenziert werden. In der Praxis der (behördlichen) Geodatennutzung spielen Geodaten mit lediglich indirektem Raumbezug kaum eine Rolle. Einen direkten geodätischen Raumbezug (geografische Breite, Länge, z.T. auch Höhe und Schwere) weist ein Geodatum auf, wenn es durch (mindestens) zwei Koordinaten einem Punkt auf der Erde zugeordnet werden kann, wobei als Bezugsobjekt ein der gekrümmten Erdoberfläche entsprechendes Ellipsoid (Lagebezugssystem/Referenzsystem) verwendet wird. Seit 1991 wird das Europäische Terrestrische Referenzsystem 1989 (ETRS89) in Deutschland als einheitliches amtliches Lagebezugssystem verwendet. Zur Umwandlung der ellipsoiden Darstellung in eine kartografische Darstellung (Abbildung) wird ein Koordinatenreferenzsystem, in Deutschland früher[3] das sog. Gauß-Krüger-Koordinatensystem[4], heutzutage europaweit das einheitliche UTM-Koordinatensystem[5] verwendet.[6] Zusammen ermöglicht ETRS89/UTM heute einen europaweit einheitlichen Raumbezug.

4 Dieses denkbar weite Begriffsverständnis von Geodaten erfährt eine erste Eingrenzung durch die Beschränkung auf *digitale* Geodaten. Denn nur diese können im Bereich des E-Government interessieren. Anders als in vermutlich den meisten anderen Bereichen der öffentlichen Verwaltung stellt diese Beschränkung jedoch nur eine geringe Verengung des Anwendungsbereichs dar, denn Geodaten werden in wohl allen Verwaltungsbereichen mittlerweile ohnehin nur noch digital erhoben und sodann weiter genutzt.[7] Zwar mögen analoge Geodaten nach wie vor in den Verwaltungen vorliegen (etwa als (historische) topografische Karten), ihre Nutzung dürfte sich aber weitgehend auf Archivfälle beschränken. Denn angesichts der digitalen Erhebung von Geodaten und der damit verbundenen Nutzung von Software-Anwendungen (im sog. Geoinformationssystem – GIS[8]) erfolgt die heutige Geodatennutzung ausschließlich digital.[9] Sofern analoge Geodaten (Altbestände) genutzt, d.h. in GIS eingepflegt werden sollen, müssen sie zuvor digitalisiert werden, was insbesondere im Hinblick auf die Georeferenzierung Probleme bereitet. Analoge Geodaten spielen in der öffentlichen Verwaltung daher praktisch keine Rolle mehr. Selbiges gilt freilich auch für die Privatwirtschaft.

---

3 Die Umstellung wurde eingeleitet durch den Beschluss der Arbeitsgemeinschaften der Vermessungsverwaltungen der Länder, das UTM-System in Deutschland flächendeckend einzuführen. Die praktische Umsetzung erfolgt fließend, vgl. http://www.adv-online.de/Geodaetische-Grundlagen/GK-Abbildung/.

4 Hierzu http://giswiki.org/wiki/Gau%C3%9F-Kr%C3%BCger-Koordinatensystem.

5 Erläuternd hierzu https://de.wikipedia.org/wiki/UTM-Koordinatensystem.

6 Zur Umstellung (Transformation) siehe http://www.adv-online.de/Geodaetische-Grundlagen/Transformation/.

7 Vgl. die beim BKG verfügbaren Geodaten: https://www.bkg.bund.de/DE/Produkte-und-Services/Shop-und-Downloads/Digitale-Geodaten/digitale-geodaten.html.

8 Zum Begriff, zur Anwendung etc. *Norbert de Lange*, Geoinformatik in Theorie und Praxis), 3. Aufl., Heidelberg 2013, S. 339.

9 *de Lange* (Fn. 8), S. 177 ff.

II. Geodaten in der öffentlichen Verwaltung

Die Verwendung von Geodaten in der (öffentlichen) Verwaltung ist Legion – praktisch alle Verwaltungsbereiche greifen auf Geodaten zurück – und lässt sich kategoriell in zwei Aspekte unterteilen. Einerseits kann die Erhebung, Haltung und Nutzung von Geodaten – im Bereich der staatlichen Daseinsvorsorge – der eigentliche Hauptzweck bzw. Inhalt der Verwaltungstätigkeit sein. Andererseits stellt die Nutzung von Geodaten vielfach ein Mittel zum Zweck der eigentlichen Verwaltungsaufgabenerledigung dar, fungiert insoweit also unterstützend. Hierbei dienen Geodaten vor allem als Informationsbasis und damit als Arbeitsgrundlage für die Behörden. 5

1. Vermessungswesen

Dem ersten Bereich sind originär die Vermessungsverwaltungen der Länder[10] zuzuordnen. Ihre Aufgabe besteht (im Wesentlichen) in der Führung des Liegenschaftskatasters, in der Landesvermessung und der Vorhaltung und Bereitstellung von Geobasisdaten (in einem Geobasisinformationssystem).[11] Die Führung des *Liegenschaftskatasters* betrifft die Beschreibung und Darstellung der Liegenschaften (Grundstücke und Gebäude).[12] Es ist amtliches Verzeichnis der Grundstücke und damit Grundlage des Grundbuchs i.S.d. § 2 Abs. 2 GBO.[13] Die *Landesvermessung* umfasst die Aufgaben der Herstellung, Erhaltung und Erneuerung des Lage-, Höhen- und Schwerefestpunktfeldes sowie die Einrichtung und Unterhaltung von Referenzstationen eines Satellitenpositionierungsdienstes zur Realisierung des Raumbezuges (SAPOS), die Erfassung und Dokumentation der topographischen Gegebenheiten des Landesgebietes (topographische Landesaufnahme), die Bearbeitung und Herausgabe von topographischen Landeskartenwerken sowie die Bereitstellung des Amtlichen Topographisch-Kartographischen Informationssystems (ATKIS).[14] Regelmäßig ist festgelegt oder jedenfalls gängige Praxis, dass die Daten der Vermessungsverwaltung (als *Geobasisdaten*) einschließlich ihrer Dienste bzw. des Raumbezugsschemas die Grundlage für alle fachbezogenen Geodaten des jeweiligen Landes sein sollen.[15] Hieraus folgt, dass die Daten der Vermessungsverwaltung als „Rückgrat" der landes- (und bundesweit) in Geoinformationssystemen vorgehaltenen Geodaten angesehen werden können. 6

10 Die folgende Darstellung der Bereiche der öffentlichen Verwaltung, in denen Geodaten zum Einsatz kommen, gliedert sich nicht nach Verwaltungsebenen, sondern nach der Bedeutung der Geodatennutzung in den jeweiligen Verwaltungsbereichen, wobei naturgemäß vielfache Überschneidungen vorliegen (können).

11 Beispielhaft § 1 Abs. 1 VermKatG NRW, der insoweit von einer „öffentlichen Aufgabe" spricht. Exemplarisch ferner § 1 Abs. 1 VermG BW.

12 Vgl. etwa Art. 5 Abs. 1 BayVermKatG.

13 Etwa Art. 5 Abs. 2 BayVermKatG.

14 So etwa die Aufzählung in § 10 VermKatG SH, vergleichbar in allen anderen Ländern.

15 So etwa § 2 Abs. 2 VermG BW, Art. 12a BayVermKatG und § 1 Abs. 4 VermKatG NRW.

Dies bringt den erheblichen Vorteil der Einheitlichkeit der Geodaten, insbesondere ihrer Metadaten und des Raumbezugsschemas mit sich.

7 Die Rolle und das *Aufgabenspektrum* des amtlichen Vermessungswesens haben sich im Laufe seiner Geschichte stark gewandelt. Ursprünglich diente die Vermessung des Landes vornehmlich der Steuererhebung und Landesverteidigung sowie der Bestimmung der Landesgrenzen. Sie war damit rein staatliche Aufgabe. Seit 1871 kam die Nutzung als Eigentumskatasters hinzu, welche bereits Aspekte der Daseinsvorsorge mit enthielt. Dieser Aspekt nahm im Laufe des 20. Jahrhundert an Bedeutung immer mehr zu, indem das Liegenschaftskataster für unterschiedlichste staatliche Zwecke genutzt wurde (etwa: Stadtplanung, Stadtentwicklung, Bereitstellung staatlicher Infrastruktureinrichtungen). Den nächsten Entwicklungsschritt brachte die „technische Revolution" in Form der Automatisierung (und Digitalisierung) des Liegenschaftskatasters und der Landesvermessung, wobei hier die Revolution weniger in der Verschiebung bzw. Erweiterung des Aufgabenspektrums, sondern vielmehr in der Arbeitsmethode bestand. Heute ist das amtliche Vermessungswesen in allen Verwaltungsebenen einerseits staatlicher Datenhalter (zu eigenen Zwecken), andererseits staatlicher Dienstleister durch die Bereitstellung von Geodaten für private Zwecke und damit insgesamt „Daseinsvorsorger".[16] Sowohl das Aufgabenspektrum als auch – damit verbunden – das Selbstverständnis des amtlichen Vermessungswesens haben sich im Laufe seiner Geschichte somit enorm gewandelt. Die Entwicklung kann als prototypisch für das gesamte Staatsverständnis vom Hoheitsstaat zum Gewährleistungsstaat bzw. aktivierenden Staat beschrieben werden.[17]

8 Auch die *Organisation des Vermessungswesens* hat sich im Laufe der Zeit verschoben. Als Ausfluss des Föderalismus kann die Behördenstruktur nur als uneinheitlich bezeichnet werden.[18] Dabei gilt zumindest im Grundsatz: Die Führung des Liegenschaftskatasters obliegt den Kreisen und kreisfreien Städten (als unteren Verwaltungsbehörden und damit als Pflichtaufgabe nach Weisung). Die Landesvermessung wird zum Teil ebenfalls von diesen übernommen, ist aber weitgehend einer Mittelbehörde überantwortet. Diese Landesämter für Vermessung und Geoinformation (oder ähnliche Bezeichnung, ehemalige sog. Landesvermessungsämter)[19] erheben entweder die für ihre Aufgabenerledigung erforderlichen Geodaten selbst oder beziehen diese von den Kreisen und kreisfreien Städten. Ihnen kommt im Vermessungs- und Geoinformationswesen auf Landes-

16 Zum Ganzen *Conrad Neumann*, Zugang zu Geodaten – Neue Impulse für das Informationsverwaltungsrecht durch die INSPIRE-Richtlinie, Berlin 2014, S. 141 ff. m. w. N.

17 Vgl. hierzu *Klaus Kummer*, GeoGovernment und Zusammenarbeit, in: ders./Josef Frankenberger (Hrsg.), Das deutsche Vermessungs- und Geoinformationswesen 2010, Berlin 2009, S. 109–148, 115 ff.

18 Ansatzweise die Übersicht bei *Neumann* (Fn. 16), S. 208 f. im Kontext des Art. 4 Abs. 4 INSPIRE-RL.

19 Zur Terminologie in den einzelnen Ländern vgl. *Neumann* (Fn. 16), S. 130, Fn. 557.

ebene eine wichtige *Koordinierungs-* und *Dienstleistungsfunktion* zu.[20] In der Regel sind sie auch mit dem jeweiligen „Landesbeitrag“ zur GDI-DE betraut.[21]

2. Umweltbereich

9 Der „Umweltbereich“ sei im vorliegenden Kontext sehr weit verstanden. In ihm kommen beide Aspekte der Geodatennutzung – als originäre Verwaltungsaufgabe und als Datengrundlage für die eigentliche Aufgabe der Umweltverwaltung – zum Tragen.

10 Die Geodatennutzung im Umweltbereich umfasst sämtliche denkbaren Aspekte. Sie betrifft einerseits den Bereich der *Planung* (z.B. die Verkehrswegeplanung, auch aufgrund der Auswirkungen auf die Umwelt; kommunale Bauleitplanung; Lärmaktionsplanung; Stromnetze einschließlich Windenergieanlagen; Telekommunikation), die *Ordnungsverwaltung* im Umweltbereich (Anlagenrecht, insbesondere Immissionsschutz, Bodenschutz, Nutzung der Kernenergie; Wasserrecht; Chemikalien; Gentechnik) und die *Beobachtung* der Umwelt als Medium (z.B. Klimaschutz, Naturschutz i.e.S., Luftreinhaltung; Rohstoff- und Energiesektor; Wetter).

3. Gefahrenabwehr und Landesverteidigung

11 Sowohl der zivile als auch der (hier weniger interessierende) militärische Bereich[22] des Bevölkerungsschutzes und der Gefahrenabwehr sind unabdingbar auf Geodaten angewiesen. Beispielhaft sei auf die Aspekte des *Katastrophenschutzes* (etwa beim Atom- und Strahlenschutz, Hochwasserschutz, Küstenschutz, Feuerwehr etc.), den *Zivilschutz* (Trinkwasserversorgung etc.) und die *Sicherung der Landesgrenzen* (Zoll, Grenzschutz) verwiesen.

4. Statistik und Meldewesen

12 Auch wenn statistische Daten aufgrund ihrer Aggregierung zumeist nur noch über einen entfernten/losen Raumbezug verfügen, muss doch für ihre Erstellung naturgemäß auf Geodaten zurückgegriffen werden, die zu dem statistischen Wert Aussagen treffen können. Dabei dient die Statistik der Informationsvorsorge und ist die Datenbereitstellung der eigentliche Zweck der Verwaltungstätigkeit.

13 Eng damit verbunden ist der Bereich des Meldewesens, in dem die Notwendigkeit der Geodatennutzung ebenfalls auf der Hand liegt: Die Führung des Melderegisters, welches neben den Personen(stands)angaben solche zum Wohnsitz enthält,

20 Vgl. etwa das Aufgabenspektrum des Landesamt für Geoinformation und Landentwicklung (LGL) BW: https://www.lgl-bw.de/lgl-internet/opencms/de/02_Ueber_uns/Aufgaben/index.html.

21 Dazu s.u. Text zu Fn. 53.

22 So unterhält etwa die Bundeswehr ein eigenes Amt für Geoinformationswesen, AGeoBW.

ist gem. § 1 Abs. 1 S. 1, 3 MRRG öffentliche Aufgabe (der Gemeinden). Allerdings werden im Melderegister lediglich indirekt georeferenzierte Daten gespeichert, sodass die Nutzbarkeit für E-Government-Prozesse eher eingeschränkt ist.

5. Soziale Infrastruktur, übrige Daseinsvorsorge

14 Der Aspekt der Daseinsvorsorge – vor allem im kommunalen Bereich – erstreckt sich auf die bereits separat aufgeführten Verwaltungsbereiche, geht darüber aber noch hinaus und verdient daher eine eigene Auflistung. Insbesondere verbleibt als Bereich der Daseinsvorsorge, der noch nicht in den obigen Fallgruppen aufgegangen ist, jener der (Sicherung der) sozialen Infrastruktur. Geodaten werden in diesem Bereich augenscheinlich in Bezug auf die einzelnen Infrastrukturstandorte benötigt, daneben aber auch bei der Frage der Flächendeckung (und Reichweite) dieser Infrastruktur(en).

III. Geodaten in der Bundesverwaltung

15 Lediglich exemplarisch sei zur Verdeutlichung der Vielschichtigkeit der Nutzung von Geodaten auf jene Bundesbehörden (abgesehen von den Bundesministerien, in deren Geschäftsbereichen die nachfolgenden Behörden angesiedelt sind) hingewiesen, die in besonderem Maße einen Bezug zu Geodaten aufweisen, bei denen die Geodatenerhebung, -Verarbeitung und -Bereitstellung gar Hauptaufgabe ist: Bundesamt für Kartographie und Geodäsie (BKG), Bundesamt für Bevölkerungsschutz und Katastrophenhilfe (BBK), Statistisches Bundesamt (StBA), Wasser- und Schifffahrtsverwaltung des Bundes (WSV), Bundesamt für Bauwesen und Raumordnung (BBR), Deutscher Wetterdienst (DWD), Umweltbundesamt (UBA), Bundesamt für Naturschutz (BfN), Bundesanstalt für Geowissenschaften und Rohstoffe (BGR), Deutsches Zentrum für Luft- und Raumfahrt (DLR), Friedrich-Löffler-Institut (FLI), Julius-Kühn-Institut (JKI), Geoinformationsdienst der Bundeswehr (GeoInfoDBw), Geoforschungszentrum (GFZ), Robert-Koch-Institut (RKI), Bundesanstalt für Landwirtschaft und Ernährung (BLE), Bundesamt für Strahlenschutz (BfS), Bundesnetzagentur (BNetzA), Eisenbahnbundesamt (EBA), Bundesanstalt für Immobilienaufgaben (BImA).[23]

C. Rechtsrahmen für Geodaten

16 Rechtsnormen, die Geodaten betreffen, lassen sich in zweifacher Hinsicht in zwei Fallgruppen aufteilen: Einerseits kann zwischen Normen differenziert werden, die Geodaten originär betreffen, und solchen, die Geodaten lediglich mittelbar, d.h. neben anderen Regelungsgegenständen, adressieren. Andererseits kann – in-

23 Die Aufzählung ist der Darstellung von *Markus Kerber*, Geoinformationen im globalisierten 21. Jahrhundert und im nationalen Kontext, in: Klaus Kummer/Josef Frankenberger (Hrsg.), Das deutsche Vermessungs- und Geoinformationswesen 2010 (Fn. 17), S. 3–54, 30 ff., entnommen.

haltlich – danach differenziert werden, ob Normen die Erhebung, Verarbeitung und Nutzung von Geodaten betreffen (dies im vorliegenden Zusammenhang nur hinsichtlich der öffentlichen Verwaltung) oder ob sie die öffentliche Bereitstellung/Verfügbarmachung von bzw. den Zugang zu Geodaten regeln.

I. Europäische Ebene

Gesetzgebungskompetenzen, die die Union zu Regelungen im Bereich des Geoinformationswesens ermächtigten, bestehen nicht. Bestehende Kompetenzen der EU können jedoch dazu herangezogen werden, mittelbar Regelungen über Geodaten zu treffen. Insbesondere betrifft dies – wie bei den vorliegend relevanten Sekundärrechtsakten geschehen – Art. 26 i.V.m. Art. 114 (Binnenmarkt)[24] und 191 i.V.m. Art. 192 (Umwelt)[25] AEUV. Wie die Geschichte gezeigt hat, zieht die EU (bzw. zog zuvor die EG) die Binnenmarktharmonisierungskompetenz nicht nur zur Regulierung von Privatrechtssubjekten heran, sondern adressierte ihre Regelungen gerade auch an die öffentlichen Verwaltungen der Mitgliedstaaten. *17*

Daneben sind auf Primärrechtsebene Normen von Bedeutung, die die EU zur Einrichtung von Agenturen und anderen der Kommission nachgelagerten Institutionen (insbesondere Netzwerken) berechtigen bzw. die der Kommission selbst Verwaltungsaufgaben (insbesondere im Umweltbereich) zuschreiben, etwa Art. 187 AUEV (ex-Art. 171 EGV)[26].[27] *18*

Auf Sekundärrechtsebene gibt es Rechtsakte, die die Verfügbarmachung von bzw. den Zugang zu Geodaten betreffen. Der wichtigste unter ihnen ist die *INSPIRE-RL* (RICHTLINIE 2007/2/EG DES EUROPÄISCHEN PARLAMENTS UND DES RATES vom 14.03.2007 zur Schaffung einer Geodateninfrastruktur in der Europäischen Gemeinschaft (INSPIRE), ABl. EU Nr. L 108/1 vom 25.04.2007), die insoweit als einziger EU-Rechtsakt Geodaten unmittelbar adressiert. Daneben haben insbesondere die *Umweltinformationsrichtlinie* (UIRL) und die *PSI-Richtlinie* Auswirkungen (auch) auf Geodaten. Im EU-Binnenbereich ist die *Transparenzverordnung* (EG) Nr. 1049/2001 zu nennen, die ihrem Anwendungsbereich nach (Art. 2 Abs. 1, 3: Dokumente der EU-Organe) naturgemäß auch Geodaten erfasst. *19*

---

24 So geschehen etwa bei der (ersten) PSI-RL 2003/98/EG (damals noch Art. 95 EGV) sowie der (zweiten) PSI-RL 2013/37/EU.

25 So geschehen bei der (ersten) UIRL 90/313/EWG (damals noch Art. 130s EWG), der (zweiten) UIRL 2003/4/EG (damals noch Art. 175 EGV) sowie die INSPIRE-RL 2007/2/EG (ebenfalls Art. 175 EGV heranziehend).

26 Herangezogen etwa als Rechtsgrundlage zur Einrichtung des gemeinsamen Unternehmens Galileo, vgl. VO (EG) Nr. 876/2002.

27 Darstellung der EU-Institutionen mit Bezug zu Geodaten bei *Neumann* (Fn. 16), S. 78 ff.

1. INSPIRE-RL

20 Die INSPIRE-RL dient der Schaffung einer *europaweiten Geodateninfrastruktur* (GDI)[28]; sie hat ihren kontextualen Ursprung im europäischen Umwelt(informations)recht. Dies ergibt sich einerseits aus der Entstehungsgeschichte (Federführung der Generaldirektion Umwelt im Gesetzgebungsverfahren), andererseits aus der formalen Orientierung des Richtlinieninhalts und -wortlauts an der Umweltinformationsrichtlinie 2003/4/EG (UIRL), der Zielsetzung der INSPIRE-RL, das allgemeine Informationsniveau in Bezug auf Umweltdaten zu erhöhen, und schließlich aus der herangezogenen Gesetzgebungskompetenz (Art. 175 EGV = Art. 192 AEUV).

21 Die *Zielsetzung* der INSPIRE-RL kann am besten mit einem Drei-Säulen-Modell beschrieben werden: Ausgehend von dem Entstehungskontext der Richtlinie dient diese (zunächst) der Verbesserung der Informationsbasis auf EU-Ebene, d.h. der Kommission und den ihr nachgelagerten Einrichtungen (v. a. der Europäischen Umweltagentur – EUA). Sie soll ferner einen Beitrag zur allgemeinen Verbesserung des Informationsniveaus von Umweltdaten auch für die Unionsbürger leisten, damit diese – ähnlich der Intention der UIRL – als Sachwalter der Umwelt auftreten, entsprechende Missstände erkennen und auf ihre Beseitigung hinwirken können (Zugang der Öffentlichkeit zu Geo-/Umweltdaten). Diesem Ziel wird Rechnung getragen, indem die über das INSPIRE-Geoportal bereitgestellten Geodaten über entsprechende Dienste (Suchdienste, Darstellungsdienste, Download-Dienste, Transformationsdienste, Abrufdienste) der Allgemeinheit (Öffentlichkeit) proaktiv zugänglich gemacht werden. Zuletzt soll das den staatlichen Geodaten innewohnende Wertschöpfungspotential aktiviert werden, indem die Geodaten einer (privat)wirtschaftlichen Verwendung (neue Geschäftsmodelle) zugeführt werden (können). Der letzte Aspekt ist für die vorliegende Fragestellung der Nutzung von Geodaten für E-Government-Prozesse eher weniger von Bedeutung.

22 Die INSPIRE-RL ist als sog. *Rahmenrichtlinie* ausgestaltet. Das bedeutet, dass sie als Sekundärrechtsakt lediglich den allgemeinen rechtlichen Rahmen für den Aufbau der Geodateninfrastrukturen (auf EU-Ebene und jene der Mitgliedstaaten) festlegt, während die konkrete technische Ausgestaltung den Tertiärrechtsakten vorbehalten ist, welche aufgrund der INSPIRE-RL (Art. 22) durch das Komitologieverfahren weitgehend als Durchführungsverordnungen erlassen worden sind.[29]

---

28 Gem. Art. 3 Abs. 1 INSPIRE-RL bezeichnet die INSPIRE-GDI „Metadaten, Geodatensätze und Geodatendienste, Netzdienste und -technologien, Vereinbarungen über gemeinsame Nutzung, Zugang und Verwendung sowie Koordinierungs- und Überwachungsmechanismen, -prozesse und -verfahren, die im Einklang mit dieser Richtlinie geschaffen, angewandt oder zur Verfügung gestellt werden".

29 Hierzu umfassend *Neumann* (Fn. 16), S. 467 ff.

Die INSPIRE-RL enthält materielle Anforderungen an die (Qualität der) die Geodaten beschreibenden Metadaten (Art. 5), die Interoperabilität von Geodaten und -diensten (Art. 7), die Netzdienste (Art. 11) sowie Ausnahmetatbestände (Art. 13). Letztere ermächtigen die Mitgliedstaaten, den Zugang zu Geodaten und -diensten aufgrund öffentlicher oder privater Belange zu beschränken bzw. auszuschließen. 23

Die *Zentralvorschrift*, die die proaktive Bereitstellungspflicht statuiert, ist Art. 7 Abs. 3 S. 1. Danach stellen die Mitgliedstaaten (innerhalb eines vorgegebenen Zeitplans[30]) sicher, dass alle Geodatensätze und Dienste verfügbar sind, wobei sie gem. dessen Satz 2 den technischen Anforderungen der Durchführungsbestimmungen entsprechen müssen. Welche Geodaten (thematisch) vom *Anwendungsbereich* der INSPIRE-RL betroffen sind, normiert Art. 4 Abs. 1 i.V.m. den Anhängen (I-III, wobei die Anhang I-Themen mehrheitlich Geobasisdaten betreffen, die Anhang III-Themen vorrangig Fachdaten und jene des Anhang II in der Mitte anzusiedeln sind). Dabei ist der räumliche Anwendungsbereich denkbar weit (Bereiche, in denen die Mitgliedstaaten Hoheitsbefugnisse ausüben, sodass etwa auch das Küstenmeer erfasst ist);[31] erfasst werden (aber nur) digitale Geodaten. Auch der personelle Anwendungsbereich ist äußerst weit(reichend), umfasst nicht lediglich die hier interessierende öffentliche Verwaltung, sondern auch natürliche und juristische Personen des Privatrechts bei der Wahrnehmung öffentlicher Aufgaben.[32] Die Geodatenbereitstellung erfolgt über ein Geoportal (Art. 15 Abs. 1), welches von der Kommission betrieben wird.[33] Über dieses kann auf alle nationalen GDIen der Mitgliedstaaten zugegriffen werden. Daneben steht es den Mitgliedstaaten frei, einen eigenen nationalen Zugangspunkt auf ihre nationale GDI einzurichten.[34] 24

Durch dieses Normgeflecht aus (allgemeinem) Sekundärrechtsakt und (konkretisierenden) Durchführungsrechtsakten stellt die INSPIRE-Initiative eine Vollharmonisierung des nationalen Geodateninfrastrukturrechts dar. Die Mitgliedstaaten waren (bis zum 15.05.2009) aufgefordert, die INSPIRE-RL in nationales Recht umzusetzen (vgl. Art. 24 I). Die Durchführungsvorschriften bedürfen wegen ihres Verordnungscharakters keiner weiteren Umsetzung (vgl. Art. 288 II AEUV). 25

2. Umweltinformationsrichtlinie

Die UIRL statuiert einen (reaktiven, auf Antrag erfolgenden) Anspruch auf Zugang zu Umweltinformationen, Art. 3 Abs. 1. Im Gegensatz zur INSPIRE-RL ist der Anwendungsbereich (Umweltinformationen, Art. 2 Abs. 1 Nr. 1) nicht auf digitale Daten beschränkt. Weil Umweltdaten nahezu stets einen Raumbezug aufweisen,[35] 26

30 Hierzu *Neumann* (Fn. 16), S. 496 ff.
31 Hierzu *Neumann* (Fn. 16), S. 180 ff.
32 Hierzu *Neumann* (Fn. 16), S. 183 ff.
33 http://inspire.ec.europa.eu/portfolio/inspire-geoportal.
34 In Deutschland: http://www.geoportal.de/DE/GDI-DE/gdi-de.html?lang=de.
35 *Conrad Neumann*, INSPIRE als Motor für das E-Government, in: Thomas Dreier/Veronika Fischer/Anne van Raay/Indra Spiecker gen. Döhmann (Hrsg.), Informationen der öffentlichen Hand – Zugang und Nutzung, Baden-Baden 2016, S. 361–378, 365.

bestehen dennoch erhebliche Schnittmengen in den Anwendungsbereichen der beiden Richtlinien. Die Kollisionsnorm (Art. 2 Abs. 1 INSPIRE-RL: „Diese Richtlinie lässt die Richtlinien 2003/4/EG und 2003/98/EG unberührt"), soll ausdrücken, dass beide Rechtsregime unabhängig voneinander bestehen. Das heißt, dass der Datennachfrager die Wahl hat, ob er bei der informationspflichtigen Stelle nach Art. 3 UIRL einen Antrag auf Zugang zu den von ihm gewünschten Geodaten (als Umweltinformationen) stellt oder ob er auf diese über das INSPIRE-Geoportal zugreift.[36] Voraussetzung hierfür ist freilich, dass die gewünschten Daten sowohl der UIRL als auch der INSPIRE-RL unterfallen. Der Datennachfrager wird sich bei Auswahlentscheidung maßgeblich von dem für ihn entstehenden Arbeitsaufwand sowie den diesbezüglichen Kosten leiten lassen. Wegen der proaktiven Geodatenbereitstellungspflicht ist der Zugriff auf die INSPIRE-Geodaten (über das Internet) in der Regel leichter (v. a. schneller) möglich. Die Kostenfrage ist von der Aktualisierung der Kostenerhebungsermächtigung in Art. 14 INSPIRE-RL sowie den Kostentatbeständen nach den nationalen Umsetzungsgesetzen zur UIRL abhängig.

27 Neben der Statuierung des Zugangs zu Umweltinformationen in Art. 3 Abs. 1 UIRL enthält diese auch – der INSPIRE-RL vergleichbar, wenn auch nicht so weitgehende – proaktive Datenbereitstellungspflichten, Art. 7 (auf Bundesebene umgesetzt durch § 10 UIG). Auch hier gilt jedoch, dass diese Verbreitung von Umweltinformationen nicht digital erfolgen muss, wenngleich dies angestrebt und praktisch die Regel ist. Das an die Mitgliedstaaten gerichtete Handlungsgebot ist jedoch eingeschränkt („ergreifen die notwendigen Maßnahmen", „sorgen dafür, dass Umweltinformationen zunehmend in elektronischen Datenbanken zugänglich gemacht werden"), sodass die praktische Bedeutung der Vorschrift gering ist. Im Übrigen werden von ihrem sachlichen Anwendungsbereich (Art. 7 Abs. 2) Geodaten nur marginal tangiert. Dennoch kann die Vorschrift als Ausgangspunkt/Hintergrund für die INSPIRE-Initiative angesehen werden.

3. PSI-RL

28 Die ursprüngliche RICHTLINIE 2003/98/EG DES EUROPÄISCHEN PARLAMENTS UND DES RATES vom 17. 11. 2003 über die Weiterverwendung von Informationen des öffentlichen Sektors (PSI-RL) hat im Jahre 2013 (RICHTLINIE 2013/37/EU DES EUROPÄISCHEN PARLAMENTS UND DES RATES vom 26. 06. 2013 zur Änderung der Richtlinie 2003/98/EG über die Weiterverwendung von Informationen des öffentlichen Sektors) eine Novellierung erfahren.[37] Durch Art. 3 PSI-RL n.F. wird – weitergehend als in der Vorgänger-

36 A. A. *Mario Martini/Matthias Damm*, Auf dem Weg zum Open Government: Zum Regimewechsel im Geodatenrecht, DVBl 2013, S. 1–10, 3 bzgl. der nationalen Umsetzungsakte: GeoZG als lex specialis ggü. UIG (und IFG) ohne nähere Begründung.

37 Zum Gegenstand der Novellierung vgl. Erwägungsgrund Nr. 8 RL 2013/37/EU.

regelung – eine Pflicht zur Gestattung der Weiterverwendung statuiert.[38] Dadurch wird vorgeschrieben, dass der aufgrund von anderen (nationalen) Informationszugangsansprüchen (i. w. S., erfasst werden auch [erst recht] proaktive Bereitstellungsverpflichtungen) bestehende Informationszugangsanspruch zwanglos auch deren Weiterverwendung mit umfasst, sodass allgemein zugängliche Informationen der öffentlichen Hand auch weiterverwendbar sind (Erwägungsgrund Nr. 7 der PSI-RL n. F.).

Auch wenn die PSI-RL vorrangig wirtschaftliche Zielsetzungen verfolgt (vgl. Erwägungsgrund Nr. 2 der neuen Fassung: Aktivierung des in staatlicherseits vorgehaltenen Daten enthaltenen Wertschöpfungspotentials),[39] ist mit ihr doch zwangsläufig – quasi als Mittel zum Zweck – eine Öffnung der Verwaltung (bzw. ihrer Daten) verbunden. Als Nebeneffekt dient die PSI-RL damit auch dem E-Government, insbesondere Open Data-Prozessen[40]. *29*

Ähnlich der INSPIRE-RL kann die Weiterverwendung von Dokumenten i.S.d. PSI-RL proaktiv, d.h. ohne ein behördliches Antragsverfahren, (von sich aus) erfolgen, Art. 4 PSI-RL n.F. Die PSI-RL enthält, anders als die INSPIRE-RL (Art. 7 Abs. 3), aber – nach wie vor – keine Bestimmungen darüber, welche Daten („Dokumente“ i.S.d. Art. 2 Nr. 3 PSI-RL) derart bereitzustellen sind. Aufgrund des weitergehenden Regelungsbereichs und des engeren Anwendungsbereichs („Geodaten“ ggü. „Dokumenten“) ist – entgegen Art. 2 Abs. 1 INSPIRE-RL – die INSPIRE-RL ggü. der PSI-RL als spezieller anzusehen.[41] Nur wenn Geodaten nicht in den Anwendungsbereich der INSPIRE-RL fallen, können sie den Regelungen der PSI-RL (und damit dem IWG) unterfallen. Die Bedeutung letzterer für die vorliegende Thematik ist daher als gering einzustufen. *30*

4. Transparenzverordnung

Die sog. Transparenzverordnung (EG) Nr. 1049/2001 statuiert einen Anspruch auf Dokumentenzugang zu Organen der EU, Art. 2 Abs. 1. Sofern diese über Geodaten verfügen, ist die Transparenzverordnung mithin für die vorliegende Thematik relevant. Allerdings erfolgt der Dokumentenzugang (wie bei Art. 3 Abs. 1 UIRL) nur auf Antrag, Art. 6, 10. Proaktive Dokumentenbereitstellungspflichten bestehen nur eingeschränkt: Gem. Art. 11 sollen die Organe ein Register mit den verfügbaren Dokumenten (und damit Metadaten) öffentlich zugänglich machen. Gem. Art. 12 sollen – soweit möglich – die Dokumente zwar direkt in *31*

---

38 *Friedrich Schoch*, in: ders., Informationsfreiheitsgesetz, Kommentar, 2. Aufl. 2016, Einl., Rn. 170.

39 Vgl. erneut *Schoch* (Fn. 38), Einl., Rn. 171.

40 Vgl. erneut Erwägungsgrund Nr. 2 RL 2013/37/EU: „Eine Politik der Förderung offener Daten“; ferner Nr. 6 und Nr. 20 – mit Bezug zur INSPIRE-RL. Zu Open Data s.u. E. III. sowie *Neumann*, a. a. O. Fn. 35, S. 372 ff. und *Thomas Dreier*, Ausweitung – Open Data?, in: ders./Veronika Fischer/Anne van Raay/Indra Spiecker gen. Döhmann (Hrsg.), Informationen der öffentlichen Hand – Zugang und Nutzung, Baden-Baden 2016, S. 563–582.

41 *Neumann* (Fn. 35), S. 366 f.; ebenso *Martini/Damm* (Fn. 36), S. 3.

elektronischer Form öffentlich verfügbar gemacht werden, durch umfangreiche Ausnahmetatbestände (Art. 4) ist der praktische Mehrwert dieser Regelung jedoch stark eingeschränkt.[42]

32 Die Transparenzverordnung war seinerzeit als Fortschritt im Sinne einer Öffnung der Verwaltung angesehen und deshalb begrüßt worden.[43] Die weitere Entwicklung, insbesondere die proaktiven Datenbereitstellungsverpflichtungen und Digitalisierungsprozesse, wurden jedoch nicht auf das EU-Eigenverwaltungsrecht gespiegelt, sodass die Transparenzverordnung insoweit hinter der Entwicklung in den Mitgliedstaaten (auch aufgrund EU-Rechts) zurückgeblieben ist und insoweit als nicht mehr zeitgemäß angesehen werden muss.[44]

II. Bundesebene

33 Auch auf Bundesebene gibt es keine originäre Gesetzgebungskompetenz für das Geoinformationswesen. Vielmehr besteht lediglich ein Schnittstellenbezug zu Geodaten hinsichtlich folgender Gesetzgebungskompetenzen des Bundes: Auswärtige Angelegenheiten sowie Verteidigung und Schutz der Zivilbevölkerung (Art. 73 Abs. 1 Nr. 1 GG), Meldewesen (Art. 73 Abs. 1 Nr. 3 GG), Luft- und Eisenbahnverkehr (Art. 73 Abs. 1 Nr. 6 und 6a GG), Telekommunikation (Art. 73 Abs. 1 Nr. 7 GG), Statistik für Bundeszwecke (Art. 73 Abs. 1 Nr. 11 GG), zivile Nutzung der Kernenergie (Art. 73 Abs. 1 Nr. 14 GG), Recht der Wirtschaft (Art. 74 Abs. 1 Nr. 11 GG), Land- und Forstwirtschaft sowie Ernährungssicherung und Küstenschutz (Art. 74 Abs. 1 Nr. 17 GG), städtebaulicher Grundstücksverkehr und Bodenrecht (Art. 74 Abs. 1 Nr. 18 GG), (Tier-)Seuchenrecht (Art. 74 Abs. 1 Nr. 19 GG), Gentechnikrecht (Art. 74 Abs. 1 Nr. 20 GG), Hochsee- und Küstenschifffahrt (Art. 74 Abs. 1 Nr. 21 GG), Straßenwesen (Art. 74 Abs. 1 Nr. 22), Abfallwirtschaft, Luftreinhaltung und Lärmbekämpfung (Art. 74 Abs. 1 Nr. 24 GG), Jagdwesen (Art. 74 Abs. 1 Nr. 28 GG), Naturschutz und Landschaftspflege (Art. 74 Abs. 1 Nr. 29 GG), Bodenverteilung (Art. 74 Abs. 1 Nr. 30 GG), Raumordnung (Art. 74 Abs. 1 Nr. 31 GG) und Wasserhaushalt (Art. 74 Abs. 1 Nr. 32 GG).

---

42 Insbesondere Art. 4 Abs. 3 Transparenzverordnung, der den behördlichen Entscheidungsprozess schützt, ist als weitreichende Einschränkung des ungehinderten Dokumentenzugangs anzusehen – erst recht, wenn den EU-Organen hierbei ein Überlegungs- und Handlungsspielraum eingeräumt wird, hierzu *Jens Brauneck*, Kein Zugang zu Dokumenten: Politischer Handlungsspielraum der EU-Kommission in Gefahr?, NVwZ 2016, S. 489–496, zugl. Bespr. v. *EuG*, Pressemitteilung Nr. 137/15, Urt. v. 13. 11. 2015 – T-424/14 und T-425/14, = BeckRS 2016, 80228 – Clientearth/Kommission.

43 Vgl. etwa *Christoph H. Partsch*, Die neue Transparenzverordnung (EG) Nr. 1049/2001, NJW 2001, S. 3154–3158, 3158; *Rolf Wagenbauer*, Der Zugang zu EU-Dokumenten – Transparenz zum Anfassen, EuZW 2001, 680–685, 685; *Yves Bock*, Ein Sieg für die Transparenz? – Die neue. Verordnung über den Zugang der Öffentlichkeit zu Dokumenten der EU, DÖV 2002, S. 556–562, 562.

44 Vgl. zu den (nicht erfolgreichen) Reformbestrebungen bzgl. der Transparenzverordnung *Schoch* (Fn. 38), Einl., Rn. 152 ff., Korrekturbedarf anmerkend *ders.* (ebd.), Einl., Rn. 102.

Hinzu kommen (ggf.) ungeschriebene Gesetzgebungskompetenzen – etwa kraft Natur der Sache wegen des Bedürfnisses nach einer bundeseinheitlichen Regelung (z.B. betreffend das Verwaltungsverfahren oder die Organisation von Bundesbehörden) oder als Annex zu einer bestehenden Bundeskompetenz (z.B. im Umweltbereich).[45] *34*

Die bloße Aufzählung der tangierten Gesetzgebungskompetenzen des Bundes zeigt bereits, dass eine Darstellung – sei sie auch nur überblickshaft – der Bundesgesetze mit (unmittelbarem wie mittelbarem Bezug zu Geodaten der öffentlichen Verwaltung) den Rahmen sprengen würde. Daher können lediglich einzelne Gesetze, die vorliegend von besonderem Interesse sind, herausgegriffen werden. *35*

1. GeoZG

Das wichtigste Bundesgesetz, welches die Nutzbarmachung von Geodaten betrifft, ist das Geodatenzugangsgesetz (GeoZG).[46] Die Bezeichnung als Geodaten*zugangs*gesetz ist allerdings misslich (da irreführend), weil sie eine Nähe zum Informationszugang auf Antrag (IFG, UIG) suggeriert, der so nicht besteht:[47] Das GeoZG regelt die *proaktive Bereitstellung* von Geodaten. *36*

Wie im Umweltinformationsrecht (UIG und 16 entsprechende Landesgesetze) reflektiert das GeoZG die fehlende Gesetzgebungskompetenz des Bundes für die Adressierung des Gesetzes an Länder- und Kommunalbehörden:[48] Der Anwendungsbereich des GeoZG (§ 2 Abs. 1) bezieht sich lediglich auf die geodatenhaltenden Stellen des Bundes, sodass die Länder aufgrund von Art. 24 Abs. 1 INSPIRE-RL verpflichtet waren, eigene Umsetzungsgesetze zu erlassen.[49] Das GeoZG stellt damit das Umsetzungsgesetz zur INSPIRE-RL lediglich für die Bundesebene dar.[50] Abgesehen von der Statuierung einer gewissen organisatorischen Eigenständigkeit der GDI-DE kann das GeoZG als eine Eins-zu-Eins-Umsetzung der INSPIRE-RL (auf Bundesebene) bezeichnet werden, wie auch die Gesetzesbegründung betont.[51] *37*

---

45 Neben den Gesetzgebungskompetenzen weist das Grundgesetz noch weitere (mittelbare) Bezüge zu Geodaten auf, etwa in Art. 91c GG, hierzu *Neumann* (Fn. 16), S. 503 ff.; ferner *ders.* (Fn. 2), Einl., Rn. 60 f.

46 Vom 14.02.2009, BGBl. I, S. 278, zuletzt (und erstmals) geändert durch Art. 1 d. GeoZGÄndG vom 07.12.2012, BGBl. I, S. 2289.

47 Zweckmäßiger wäre – wie noch im Musterentwurf und in zahlreichen Ländergesetzen – die Bezeichnung als Geodateninfrastrukturgesetz.

48 Hierzu *Neumann* (Fn. 16), S. 534 ff.

49 Dazu sogleich 2. LGDIG/LGeoZG.

50 Etwas weitgehend daher die Fn. in der amtlichen Gesetzesüberschrift: Dieses Gesetz dient der Umsetzung der Richtlinie 2007/2/EG des Europäischen Parlaments und des Rates vom 14.03.2007 zur Schaffung einer Geodateninfrastruktur in der Europäischen Gemeinschaft (INSPIRE-Richtlinie) (ABl. L 108 vom 25.04.2007, S. 1) *in deutsches Recht.*

51 BT-Drs. 16/10530, S. 11, 13.

38 Eine dem Art. 7 Abs. 3 INSPIRE-RL vergleichbare Zentralvorschrift weist das GeoZG nicht auf. Vielmehr ist die Bereitstellungspflicht systematisch auf die drei Bereitstellungsobjekte (Geodaten, § 5 Abs. 2 S. 2; Geodatendienste, § 6 Abs. 1; Metadaten, § 7 Abs. 1) aufgeteilt. Der Bund hat von der (in der INSPIRE-RL, dort Erwägungsgrund Nr. 20) eröffneten Möglichkeit Gebrauch gemacht, ein eigenes nationales Geoportal zu schaffen, § 9 Abs. 2.[52] Als nationale Anlaufstelle i.S.d. Art. 19 Abs. 2 INSPIRE-RL fungiert das Lenkungsgremium GDI-DE (LG GDI-DE), welches von einer Geschäfts- und Koordinierungsstelle unterstützt wird, § 10 Abs. 1, 2. Das LG GDI-DE hat die Federführung des Aufbaus der GDI-DE (einschließlich der Umsetzung der INSPIRE-RL)[53] und die Koordinierung der nationalen Geoinformationsstrategie (dazu unten II. NGIS)[54] inne. Im LG GDI-DE sind neben Vertretern des Bundes alle Länder und die drei kommunalen Spitzenverbände vertreten. Hierdurch wird institutionell die Koordinierung des Aufbaus der GDI-DE in Bund, Ländern und Kommunen sichergestellt. Daneben haben Bund und Länder mit der Verwaltungsvereinbarung GDI-DE (VwV GDI-DE) den rechtlichen Rahmen zur Abstimmung und Kostenverteilung geschaffen, vgl. § 10 Abs. 3.

39 Von der in Art. 14 Abs. 2–4 INSPIRE-RL eröffneten Möglichkeit, für die Bereitstellung von Geodaten Gebühren/Lizenzen zu verlangen, hatte der Bund ursprünglich umfassend Gebrauch gemacht (§ 13 GeoZG a.F.), die Regelung durch die Gesetzesänderung aber aufgehoben und die Modalitäten der Geodatennutzung auf Grundlage der Verordnungsermächtigung (§ 14 Nr. 2) in der GeoNutzV[55] getroffen. Die Verordnung regelt nach ihrem § 1 die Voraussetzungen, unter denen Geodaten und Geodatendienste, einschließlich zugehöriger Metadaten, nach § 11 Abs. 1 und 2 GeoZG von den geodatenhaltenden Stellen nach § 2 Abs. 1 i.V.m. § 3 Abs. 8 GeoZG zur Verfügung gestellt werden. Nach deren § 2 werden Geodaten und Geodatendienste, einschließlich zugehöriger Metadaten, für alle derzeit bekannten sowie für alle zukünftig bekannten Zwecke kommerzieller und nicht kommerzieller Nutzung geldleistungsfrei zur Verfügung gestellt, soweit durch besondere Rechtsvorschrift nichts anderes bestimmt ist oder vertragliche oder gesetzliche Rechte Dritter dem nicht entgegenstehen. Damit wird eine – im Sinne des Weiterverwendungsrechts – vollständige Geldleistungsfreiheit und umfassende Weiterverwendung ermöglicht. Das GeoZG bzw. die GeoNutzV können insoweit als Vorreiter für eine offene Datennutzung bezeichnet werden. Das Beispiel des Bundes hat allerdings (in den Ländern) noch nicht die Runde

---

52 http://www.geoportal.de/DE/Geoportal/geoportal.html?lang=de.

53 Vgl. http://www.geoportal.de/DE/GDI-DE/Organisation/Lenkungsgremium/lenkungsgremium.html?lang=de.

54 Vgl. http://www.geoportal.de/SharedDocs/Downloads/DE/GDI-DE/Dokumente/Beschlussvorlage_Umlaufverfahren_NGIS_V2.html.

55 Verordnung zur Festlegung der Nutzungsbestimmungen für die Bereitstellung von Geodaten des Bundes (GeoNutzV) vom 19.03.2013, BGBl. I S. 547.

gemacht.[56] Ohnehin handelt es sich bei dieser Systemumstellung – jedenfalls zum Teil – um Symbolpolitik, denn der Bund verfügt im Verhältnis zu den Ländern über deutlich weniger relevante Geodaten (bezieht „seine" Geodaten vielfach von den Ländern), sodass ihm der Verzicht auf eine materielle Gegenleistung für die Geodatenbereitstellung deutlich leichter fiel/fällt als den Ländern. Diese nutzen die Geodatenbereitstellung in nicht unerheblichem Umfang als Einnahmenquelle. Dennoch ist das rechtspolitische Signal, welches von dem Systemwechsel auf Bundesebene ausging, als bedeutend anzusehen. Es steht im Zusammenhang mit Open Data-Strategien des Bundes.[57]

Von besonderer Bedeutung für die vorliegende Thematik ist § 5 Abs. 1 GeoZG. *40* Danach sind die Daten des amtlichen Vermessungswesen (Liegenschaftskataster, Geotopographie, geodätischer Raumbezug) die „fachneutralen Kernkomponenten der nationalen Geodateninfrastruktur". Diese Geo(basis)daten sollen den „Grundstock" der nationalen Geodatenbasis in der GDI-DE bilden. Weil diese allerdings originär von den Länder- und Kommunalbehörden (aufgrund der LVermKatG) erhoben und gepflegt werden, stellt die Norm lediglich eine – wenn auch sinnvolle[58] – deklaratorische Vorschrift und keine Verpflichtung der geodatenhaltenden Stellen der Länder und Kommunen an der GDI-DE dar.[59] Letztere ergibt sich ausschließlich aus den LGDIG/LGeoZG.

2. BGeoRG

Das Bundesgeoreferenzdatengesetz (BGeoRG)[60] stellt keine Umsetzung der *41* INSPIRE-RL dar, sondern vielmehr eine davon unabhängige Regelung für Geobasisdaten[61] (welche im Gesetz entgegen der üblichen Bezeichnung „Georeferenzdaten" heißen). Offensichtlich steht das BGeoRG aber in inhaltlichem sowie redaktionellem Kontext des GeoZG.[62]

Ungeachtet erheblicher Bedenken hinsichtlich der herangezogenen Gesetzge- *42* bungskompetenz[63], die an seiner Verfassungsmäßigkeit zweifeln lassen, hat das Gesetz dennoch gewisse Auswirkungen auf das Geoinformationswesen. So

56 Immerhin stellen aber Nordrhein-Westfalen und Thüringen ihre Geodaten ebenfalls mittlerweile frei (offen) zur Verfügung, vgl. http://www.bezreg-koeln.nrw.de/brk_internet/geobasis/opendata/index.html und http://www.geoportal-th.de/ikggiz.aspx.

57 Hierzu s. u. E. I. Open Data.

58 Denn die Norm betont die Bedeutung der Daten des amtlichen Vermessungswesens für die GDI-DE und rezipiert insoweit jene Normen des LVermKatG, welche die Grundlagenfunktion des amtlichen Vermessungswesens statuieren, hierzu s. o. Fn. 15.

59 Vgl. *Neumann* (Fn. 16), S. 562 f.

60 Gesetz über die geodätischen Referenzsysteme, -netze und geotopographischen Referenzdaten des Bundes vom 10. 05. 2012, BGBl. I S. 1081.

61 Vgl. die Gesetzesbegründung, BT-Drs. 17/7375, S. 7 ff.

62 So werden zahlreiche *termini technici* des GeoZG übernommen, ohne dass sie eigenständig definiert würden.

63 Hierzu *Neumann* (Fn. 16), S. 605 ff.

schafft einerseits § 3 eine (neue) organisationsrechtliche Basis für die Arbeit des Bundesamts für Kartographie und Geodäsie (BKG), ohne dass sich freilich an der Ausrichtung und Aufgabenstellung des BKG Wesentliches geändert hätte.[64] Maßgeblicher sind hingegen die materiellen/inhaltlichen Regelungen des BGeoRG in dessen § 5 und § 6. § 5 statuiert einen gegenleistungsfreien Zugang zu Geobasisdaten zwischen den geodatenhaltenden Stellen des Bundes untereinander. Angesichts des Umstands, dass Geobasisdaten weit überwiegend von den Ländern erhoben, verarbeitet und bereitgestellt werden, ist aber schon der praktische Mehrwert der Bestimmung gering. Lediglich dann, wenn geodatenhaltende Stellen des Bundes von den Länder- oder Kommunalbehörden Geobasisdaten erhalten haben, ist ein weiterer praktischer Anwendungsbereich der Vorschrift gegeben, wobei sich dann im Verhältnis zwischen Länder- und Bundesbehörden die Frage der Zulässigkeit einer solchen Datenweitergabe als Weiterverwendung stellt. Hinzu kommt – rechtsdogmatisch – dass die getroffene Regelung bereits vollumfänglich (und sogar darüber hinausgehend) in § 11 Abs. 2 S. 2 GeoZG enthalten ist, sodass weder in rechtlicher noch in praktischer Hinsicht für § 5 BGeoRG ein relevanter Anwendungs- und Regelungsbereich verbleibt.

43 Zentralvorschrift (und Hauptzweck des Gesetzes) ist § 6.[65] Bezweckt wird die Verbesserung der flächendeckenden Bereitstellung standardisierter geodätischer Referenzsysteme, -netze und geotopographischer Referenzdaten für den Bund durch Vorgabe von verbindlichen Qualitätsstandards. Insoweit sollen die INSPIRE-Vorgaben hinsichtlich der Nutzbarkeit von Geodaten aufgegriffen, verstärkt und bereits auf der Datenebene realisiert werden.[66] Die Festlegungen sollen durch Leitlinien des IMAGI getroffen werden und die unionsrechtlich und international geltenden Standards unter möglichst weitgehender Berücksichtigung der Länderstandards rezipieren. Der *Regelungsansatz* bzw. der verfolgte Zweck ist grundsätzlich als positiv zu bewerten, denn die INSPIRE-RL stellt im Sinne eines umfassenden Standardisierungs- und Harmonisierungsansatzes sicherlich nur einen ersten Schritt hin zu einem interoperablen, breit nutzbaren Geodatenbestand dar und verfolgt selbst keine Harmonisierungsbestrebungen auf der Datenebene. Fragwürdig ist allerdings das *Vorgehen zur Umsetzung* dieser Ziele: Mit dem BGeoRG legt der Bund Standards fest, die erstens nur für Geobasisdaten (und somit nicht für alle (INSPIRE-)Geodaten) gelten und zum anderen nur solche von Bundesbehörden betreffen. Dies wiegt umso schwerer, als die betroffenen Geobasisdaten (in den allermeisten Fällen) nicht von Bundesbehörden originär erhoben wurden, sondern sich oftmals aus Daten der Länder ableiten. Nicht nachvollziehbar ist, warum eine derartige Vereinbarung nicht – wie bisher – konsensual zwischen Bund- und Ländern getroffen werden konnte. Für diesen Son-

64 Zum Hintergrund *Neumann* (Fn. 16), S. 609.
65 Vgl. die Gesetzesbegründung, BT-Drs. 17/7375, S. 1, 7.
66 BT-Drs. 17/11449, S. 12.

derweg des Bundes besteht/bestand jedenfalls weder ein technisches/praktisches[67] noch rechtliches[68] Bedürfnis. Gerade in Bezug auf Geobasisdaten haben die Bundesländer über die AdV in den letzten Jahren durch Harmonisierungsbestrebungen (Einführung von ALKIS, ATKIS, AFIS – AAA-Datenmodell)[69] wesentliche Fortschritte bei der einheitlichen Beschreibung von Geobasisdaten erreicht. Anstelle sich dem anzuschließen, geht der Bund insoweit ohne Not einen Sonderweg.

3. EGovG

Das E-Government-Gesetz des Bundes[70] dient dem Abbau bundesrechtlicher Hindernisse bei der elektronischen Kommunikation mit der Verwaltung bzw. umgekehrt der Verbesserung dieser Kommunikation und steht damit im Kontext der Verwaltungsmodernisierung und des Bürokratieabbaus.[71] Überschneidungen zum GeoZG sind wegen des weitgehend parallelen personellen Anwendungsbereichs (§ 3 Abs. 1 EGovG: öffentlich-rechtliche Verwaltungstätigkeit der Behörden des Bundes einschließlich der bundesunmittelbaren Körperschaften, Anstalten und Stiftungen des öffentlichen Rechts)[72] immer dann möglich, wo ähnliche Regelungsbereiche betroffen sind. Das EGovG enthält u.a. materielle Bestimmungen zur Eröffnung eines elektronischen Zugangs und zusätzlich eines De-Mail-Zugangs (§ 2), zu Publikationspflichten durch elektronische Amts- und Verkündungsblätter (§ 3), Grundsätze der elektronischen Aktenführung (§§ 6, 7), zur Optimierung von Verwaltungsabläufen, zur Etablierung von Standards und zu Anforderungen an die Bereitstellung von Daten (§§ 9, 10, 12) sowie Regelungen zur Bereitstellung von maschinenlesbaren Datenbeständen durch die Verwaltung (§ 14).[73] 44

§ 1 Abs. 4 EGovG normiert die Subsidiarität des EGovG ggü. Rechtsvorschriften des Bundes mit inhaltsgleichen oder entgegenstehenden Bestimmungen; die Vor- 45

---

67 Mit der VwV BKG (Verwaltungsvereinbarung zwischen dem Bundesministerium des Innern (BMI) und den Ländern über die Bereitstellung von digitalen geotopographischen und kartographischen Daten der Vermessungsverwaltungen der Länder durch das Bundesamt für Kartographie und Geodäsie (BKG), Bek. d. BMI v. 01.09.2006, GMBl 2006, 1034, abrufbar unter http://www.bkg.bund.de/nn_184492/DE/Aktu/01Meldungen/M2007/Verwaltungsvereinbarung,templateId=raw,property=publicationFile.pdf/Verwaltungsvereinbarung.pdf bestand ein ausreichendes technisches und rechtliches Instrumentarium, um die Bereitstellung von Geodaten der Länder für den Bund zu regeln und die notwendigen Standards hierfür abzustimmen. Insoweit unzutreffend die Darstellung der Bundesregierung, BT-Drs. 17/11449, S. 12.

68 Vgl. erneut die Stellungnahme des Bundesrates im Rahmen des Gesetzgebungsverfahrens, BT-Drs. 17/7375, S. 13 f.

69 Hierzu http://www.adv-online.de/AAA-Modell/.

70 Gesetz zur Förderung der elektronischen Verwaltung (E-Government-Gesetz – EGovG) v. 25.07.2013, BGBl. I S. 2749.

71 Vgl. die Gesetzesbegründung, BT-Drs. 17/11473 v. 14.11.2012, insbes. S. 20.

72 Soweit das EGovG in § 1 Abs. 2 auch Landes- und Kommunalbehörden adressiert, geht es in seinem personellen Anwendungsbereich über das GeoZG hinaus.

73 BT-Drs. 17/11473, S. 21 f.

schrift ist angesichts des fachübergreifenden Ansatzes des EGovG folgerichtig.[74] Als ein solches spezielleres Gesetz fungiert das GeoZG (bzw. die GeoNutzV) in Bezug auf §§ 3, 12 EGovG, weil es insoweit konkretere Anforderungen an die Geodatenbereitstellung normiert und es sich bei §§ 3, 12 EGovG um Bestimmungen zu organisatorischen Metadaten ohne Fachbezug handelt.[75]

46 Von Relevanz ist auch das Verhältnis des am 01. 01. 2015 in Kraft getretenen[76] § 14 EGovG zu den Bestimmungen des GeoZG. Die Vorschrift verpflichtet die durch das EGovG adressierten Behörden (des Bundes), für grundstücksbezogene Angaben (Daten) im Falle der Neuerstellung oder Überarbeitung eines elektronischen Registers eine bundesweit einheitlich festzulegende, *direkte Georeferenzierung (Koordinate)* zu dem jeweiligen Flurstück, dem Gebäude oder zu einem in einer Rechtsvorschrift definierten Gebiet in dieses Register aufzunehmen. Durch diese Vereinheitlichung des Raumbezugs(-schemas) soll die georeferenzielle Vernetzung der raumbezogenen Sachdaten verbessert werden (Herstellung von Interoperabilität auf/Harmonisierung der Datenebene).[77] Die Vorschrift erfasst nur indirekt (d.h. etwa über Straßenangaben und Hausnummern) raumbezogene Geodaten und verpflichtet zur Herstellung auch eines direkten Raumbezugs mittels Geokoordinaten.[78] Die direkte Georeferenzierung soll sich am System des Liegenschaftskatasters (Hauskoordinaten für Grundstücke, Flurstückskoordinaten für Flurstücke) orientieren, kann dessen Standards wegen der Verwaltung des Liegenschaftskatasters durch die Länder bzw. Kommunen jedoch nicht direkt übernehmen. Stattdessen sollen einheitliche Standards in Bund-Länder-Gremien erarbeitet und im IT-Planungsrat beschlossen werden.[79] Die Vorschrift steht in unmittelbarem Kontext des GeoGovernment.[80]

47 Zusammenfassend lässt sich festhalten, dass das EGovG (insbesondere dessen § 12 Abs. 2 i.V.m. einer zukünftigen diesbezüglichen Verordnung) immer dann von Relevanz auch für Geodaten ist, wenn das GeoZG bzw. das BGeoRG sachlich nicht einschlägig sind. Angesichts des umfassenden Anwendungsbereichs des GeoZG (vgl. dessen § 4 Abs. 1 Nr. 4 lit. a)–z8)) ist dies aber wohl selten der Fall.

---

74 Hierzu allgemein *Ramsauer/Frische*, NVwZ 2013, 1505 (1507).

75 Zum Hintergrund BT-Drs. 17/11473, S. 44: Die Regelung des § 12 EGovG „schafft keine Veröffentlichungspflicht. Sie stellt bestimmte Anforderungen an das Bereitstellen von Daten, an denen ein Nutzungsinteresse zu erwarten ist. Sie baut insoweit auf den bestehenden gesetzlichen Regelungen, wie z.B. § 11 IFG, § 10 des Umweltinformationsgesetzes (UIG), sowie auf der Praxis der Behörden, Daten unabhängig von gesetzlichen Verpflichtungen zugänglich zu machen, auf. Die allgemeinen (z.B. Schutz personenbezogener Daten) und fachspezifischen (z.B. § 10 Absatz 6 UIG) Schranken für die Veröffentlichung von Daten bleiben unberührt."

76 Nachweise bei *Ulrich Ramsauer/Tobias Frische*, Das E-Government-Gesetz, NVwZ 2013, S. 1505–1514, 1514.

77 BT-Drs. 17/11473, S. 45.

78 Vgl. BT-Drs. 17/11473, S. 45.

79 BT-Drs. 17/11473, S. 45.

80 Siehe dazu unten E. I. GeoGovernment.

4. Weitere Bundesgesetze

Zahlreiche andere Bundesgesetze – insbesondere aus dem Bereich des Umweltrechts – betreffen die Erhebung und Verarbeitung von Geodaten für die eigenen Zwecke der Behörden, zum Teil auch in Registern. Regelungen zur Weiterverwendung/Verfügbarmachung dieser Daten bestehen – abgesehen vom UIG, welches aber nicht (hier allein interessierende) digitale Daten fokussiert und ggü. dem GeoZG keine weitergehenden Zugangsrechte gewährt – demgegenüber kaum.[81] Allenfalls bestehen sektorielle Zugangsregelungen, etwa § 12 GBO. Wenig von Interesse – da ein konkretes Verwaltungsverfahren betreffend – sind auch §§ 35a, 41 Abs. 2a VwVfG.[82] *48*

Der Rechtsrahmen auf Bundesebene ist daher durch ein Zusammenspiel von zahlreichen Fachgesetzen, die die Geodatenerhebung und -nutzung betreffen, und dem GeoZG (und in Abstrichen dem UIG), welches deren Bereitstellung regelt, ausgestaltet. *49*

III. Länderebene

Auch auf Länderebene setzt sich die Differenzierung zwischen Regelungen, die die Erhebung, Verarbeitung und Nutzung von Geodaten betreffen, und solchen, die ihre Bereitstellung regeln, fort. *50*

Kernkompetenzen der Länder mit Bezug zu Geodaten – im ersteren Sinne – sind das Vermessungs- und Katasterrecht, das Bauordnungsrecht, das Flurbereinigungsrecht, und das Recht der Landesstatistik; daneben werden Geodaten vielfach von den Länder- und Kommunalverwaltungen beim Vollzug des (bundesgesetzlich geregelten) Umweltrechts erhoben, verarbeitet und genutzt. Die Bereitstellung von Geodaten erfolgt auf Länderebene aufgrund der jeweiligen Länder-Umsetzungsgesetze zur INSPIRE-RL. *51*

1. L-VermKatG

In allen Ländern bestehen Vermessungs-(und Kataster-)gesetze.[83] Bereits oben (1. Vermessungswesen) wurden diese kursorisch beschrieben, sodass insoweit auf jene Ausführungen verwiesen werden kann. *52*

---

81 Aus der Spezialität der INSPIRE-RL zur PSI-RL folgt zwanglos, dass dieses Verhältnis auch zwischen GeoZG und IWG gilt, sodass letzteres vorliegend nicht von Belang ist.

82 Hierzu *Heribert Schmitz/Lorenz Prell*, Neues zum E-Government. Rechtsstaatliche Standards für E-Verwaltungsakt und E-Bekanntgabe im VwVfG, NVwZ 2016, S. 1273–1280.

83 VermG BW, BayVermKatG, VermGBln, BbgVermG, BremVermKatG, HmbVermG, HVGG, GeoVermG MV, NdsVermG, VermKatG NW, LGVerm RP, SaarlVermKatG, SächsVermKatG, VermKatG LSA, VermKatG SH, ThürVermGeoG.

2. LGDIG/LGeoZG

53 Die Länder waren – mangels einer umfassenden Gesetzgebungszuständigkeit des Bundes und in Parallele zum Umweltinformationsrecht – ebenfalls gem. Art. 24 Abs. 1 INSPIRE-RL aufgefordert, jeweils für ihre Länder- und Kommunalbehörden eigene Umsetzungsgesetze zur INSPIRE-RL zu erlassen.[84] Nur wenige Länder sind dieser Umsetzungspflicht fristgerecht, d.h. bis zum 15.05.2009, nachgekommen.[85] Seit Ende 2010 verfügen aber alle Länder über ein entsprechendes Umsetzungsgesetz.

54 Den Landesgesetzen und -initiativen kommt im Rahmen der (rechtlichen und praktischen) Umsetzung der INSPIRE-RL eine, wenn nicht die wesentliche Bedeutung zu. Dies liegt darin begründet, dass die Mehrzahl der INSPIRE-relevanten Geodaten von Landes- und Kommunalbehörden vorgehalten wird.[86] Die Länder haben im Rahmen der Umsetzung der INSPIRE-RL in (ihr) Landesrecht weitgehend den Weg gewählt, ein eigenes Spezialgesetz zu erlassen.[87] Dabei variiert die Terminologie zwischen Landesgeodaten*zugangs*- oder Landesgeodaten*infrastruktur*gesetzen. Bei der Umsetzung haben sich die Länder weitgehend an dem „Musterentwurf für ein Geodateninfrastrukturgesetz der Länder“,[88] dem GeoZG bzw. der INSPIRE-RL selbst orientiert. Dabei bestanden für die Umsetzung auf Landesebene gewisse Besonderheiten, etwa die Umsetzungsoption des Art. 4 IV INSPIRE-RL,[89] die organisatorische Verknüpfung mit der GDI-DE (Bundesebene) und die Entscheidung, ob von der Ermächtigung zum Erlass von Zugangs- (Art. 12 INSPIRE-RL) und Nutzungsbeschränkungen (Art. 14 INSPIRE-RL) Gebrauch gemacht werden sollte.[90]

---

84 S. o. Text zu Fn. 47; ferner *Neumann* (Fn. 16), S. 611.

85 *GeoZG* BW, GBl. S. 802 v. 17.12.2009; *BayGDIG*, GVBl. S. 453 v. 22.07.2008; *GeoZG Bln*, GVBl. S. 682 v. 12.12.2009; *BbgGDIG*, GVBl. S. 1 v. 13.04.2010; *BremGeoZG*, GBl. S. 531 v. 24.11.2009; *HmbGDIG*, GVBl. S. 528 v. 30.12.2009; *HVGG*, GVBl. S. 548 v. 20.09.2007, ÄndG v. 04.03.2010, GVBl I S. 72; *GeoVermG MV*, GVBl. S. 713 v. 29.12.2010; *NdsGDIG*, GVBl. S. 624 v. 28.12.2010; *GeoZG* NRW, GV. NRW S. 84 v. 17.02.2009; *LGDIG* RP, GVBl. S. 548 v. 30.12.2010; *SaarlGDIG*, ABl. Nr. L S. 1426 v. 01.07.2009; *SächsGDIG*, GVBl. S. 134 v. 04.06.2010; *GDIG LSA*, GVBl. S. 368 v. 14.07.2009; *GDIG SH*, GVBl. S. 717 v. 23.12.2010; *ThürGDIG*, GVBl. S. 574 v. 08.07.2009.

86 S. o. Text zu Fn. 55.

87 Lediglich Hessen hat die notwendigen neuen Bestimmungen in das bereits bestehende HVGG integriert (§§ 33–45); Mecklenburg-Vorpommern hat die Umsetzungspflicht zum Anlass genommen, das Vermessungs- und Geoinformationswesen insgesamt neu zu regeln (GeoVermG M-V); vgl. hierzu *Neumann* (Fn. 16), S. 611, Fn. 2520.

88 Siehe hierzu *Neumann* (Fn. 2), Einl., Rn. 29.

89 Hierzu umfassend *Neumann* (Fn. 16), S. 199 ff.

90 Ansatzweise Analyse der Landesgesetze bei *Neumann* (Fn. 16), S. 613 ff. sowie bei *Dagmar von Janowsky/Robert Ludwig/Robert Roschlaub/Hartmut Streuff*, Geodateninfrastrukturrecht, Wiesbaden 2009, passim – jeweils zu den Landesgesetzen von Bayern, Sachsen-Anhalt und Nordrhein-Westfalen.

3. L-EGovG

Einige Länder (Baden-Württemberg, Berlin, Schleswig-Holstein) haben es dem Bund gleich getan und ein E-Government-Gesetz erlassen[91] oder jedenfalls eine partielle Regelung hierzu getroffen (Thüringen)[92]. Die jeweilige Zielsetzung ist dabei mit jener des Bundes identisch: Förderung der elektronischen Kommunikation mit der Verwaltung.[93] Wie das Bundesgesetz gehen die materiellen Regelungen in den E-Government-Gesetzen der Länder über diesen verfahrensmäßigen Aspekt jedoch weit hinaus: Geregelt werden u.a. der elektronische Zugang zur und die elektronische Kommunikation mit der Verwaltung (d.h. E-Government i.e.S.), die elektronische Aktenführung, Veröffentlichungen auf elektronischem Wege und die Georeferenzierung von Registerdaten. Von wesentlicher Bedeutung für die vorliegende Thematik sind selbstredend die letzten beiden Aspekte. Interessant sind auch dem § 12 Abs. 2 EGovG vergleichbare Regelungen der Länder, etwa § 10 EGovG BW. Normiert wird – im Sinne des Weiterverwendungsrechts –, dass im Falle der Datenbereitstellung maschinenlesbare Formate genutzt und Metadaten zusätzlich bereitgestellt werden sollen. Eine Veröffentlichungspflicht ist damit nicht verbunden.[94] Die konkrete Ausgestaltung erfolgt – ebenso wie auf Bundesebene – durch Verordnung(sermächtigung).[95] Mit dieser Handlungsform ist der Gesetzgeber hinreichend flexibel, auf neuere technische wie tatsächliche Entwicklungen zu reagieren (selbiges konnte schon für die INSPIRE-Tertiärrechtsebene festgestellt werden).[96] Exemplarisch enthält § 9 EGovG SH mit der diesbezüglichen Verordnungsermächtigung eine sog. Experimentierklausel. 55

Entsprechend der bundesgesetzlichen Regelung sind die E-Government-Gesetze der Länder gegenüber spezialgesetzlichen Regelungen subsidiär[97]; dies betrifft insbesondere die Veröffentlichungspflichten und -modalitäten nach den LGDIG/LGeoZG.[98] Wie auf Bundesebene regeln die L-EGovG ferner, dass eine länderweite E-Government-Infrastruktur einzurichten ist, mit der ein einheitlicher Zugangspunkt (Dienstleistungsportal) zu den digitalen Daten und Angeboten der Länderverwaltungen geschaffen werden soll.[99] 56

---

91 *EGovG BW* vom 17.12.2015, GBl S. 1191; *BayEGovG* vom 22.12.2015, GVBl S. 458; *EGovG Bln* vom 30.05.2016, GVBl. S. 282; *EGovG M-V* vom 25.04.2016, GVBl. S. 198; *EGovG NRW* vom 08.07.2016, GV. NRW S. 551; *SächsEGovG* vom 09.07.2014, SächsGVBl. S. 398; *EGovG SH* vom 08.07.2009, GVOBl. Schl.-H. S. 398.

92 Vgl. § 10 des Gesetzes über die Grundsätze von Funktional- und Verwaltungsreformen – ThürGFVG.

93 Exemplarisch die Zielbestimmung des § 1 S. 1 EGovG SH.

94 So explizit etwa LT-Drs. (BW) 15/728, S. 31.

95 Etwa § 10 Abs. 1 S. 3 ThürGFVG; ferner die zahlreichen Verordnungsermächtigungen in §§ 5–8 EGovG SH sowie §§ 10 Abs. 2, 15 Abs. 5 EGovG BW.

96 Vgl. *Neumann* (Fn. 16), S. 469.

97 Etwa § 1 Abs. 5 EGovG BW.

98 So etwa explizit LT-Drs. (BW) 15/728, S. 31.

99 So etwa § 15 EGovG BW, hierzu LT-Drs. 15/728, S. 41 ff.

IV. Kommunalebene

57 Aufgrund der gemeindlichen Selbstverwaltungsgarantie (Art. 28 Abs. 2 GG) sind der Aufgabenübertragung auf Gemeinden und Gemeindeverbände bzw. ihrer Pflicht zur Beteiligung an E-Government-Initiativen des Bundes und der Länder Grenzen gesetzt. Wegen des föderalen Staatsaufbaus (Art. 30 GG) ergeben sich derartige Verpflichtungen im Geoinformationswesen allein aus Ländergesetzen, namentlich den L-VermKatG, den LGDIG/LGeoZG und den L-EGovG sowie den Gesetzen im Umweltbereich[100]. Jene Gesetze müssen die Besonderheiten der gemeindlichen Selbstverwaltungsgarantie berücksichtigen.[101]

58 Daneben können die Kommunen im Bereich der weisungsfreien („originären") Selbstverwaltungsaufgaben (eigener Wirkungskreis) frei entscheiden, ob und wie sie (Geo-)Daten bereitstellen/frei verfügbar machen oder einen Zugang zu ihren Verwaltungsdaten einrichten/gewähren (etwa durch kommunale Informationsfreiheitssatzungen).[102] Vielfach bieten Kommunen eigene Geodatenportale/Geoinformationssysteme an.[103] Geschieht dies außerhalb der beschriebenen Pflichtaufgaben, ist dies Ausfluss einer originären Organisationsentscheidung der jeweiligen Kommunen bzgl. ihrer Kommunalverwaltungen.

D. Koordinierung des Geoinformationswesens im Föderalismus

I. IMAGI

59 Bereits seit dem 08.09.1998 besteht auf Bundesebene mit dem Interministeriellen Ausschuss für Geoinformationswesen (IMAGI) eine Koordinierungsstelle für den Aufbau des Geoinformationswesens.[104] Primär befasst sich dieser Ausschuss mit der Koordination innerhalb der Bundesverwaltung hinsichtlich des Geoinformationswesens, infolge der Notwendigkeit einer Abstimmung mit der Landesebene ist jedoch eine Vernetzung aller Verwaltungsebenen entstanden. Organisatorisch wird diese Vernetzung durch die Geschäfts und Koordinierungsstelle (GKSt.)[105] realisiert und durch die Tatsache, dass die Arbeitsgemeinschaft der Vermessungsverwaltungen der Länder (AdV) ständiger Gast im IMAGI ist. Die Federführung obliegt dem Bundesministerium des Innern (BMI). Die weiteren Mitglieder sind die mit Geodaten befassten Ministerien sowie das Bundeskanzler-

100 Zu letzterem *Neumann* (Fn. 16), S. 131 ff.

101 Vgl. etwa bzgl. des EGovG BW LT-Drs. 15/728, S. 7 f.

102 Hierzu umfassend *Schoch* (Fn. 38), Einl., Rn. 245 ff.

103 Beispielhaft die Stadt Freiburg i. Br.: https://stadtplan.freiburg.de/.

104 Kabinettsbeschluss der Bundesregierung v. 17.06.1998, abgedruckt unter *Bundesamt für Kartographie (Hrsg.)*, Geoinformation und moderner Staat, www.geoportal-mv.de %2Fland-mv%2FGeoPortalMV_prod%2Fde%2FService%2F_Downloads%2F Dokumente%2Fbroschuere_72_dpi.pdf&ei=1PWRUbLxM67a4QTiqYCICg&usg= AFQjCNEBK8xo0q7hD5T2jmLBP8ZSChQLcA&bvm=bv.46471029, d. bGE, S. 29; erläuternd zum Ganzen *de Lange* (Fn. 8), S. 242 ff.

105 Die GKSt. ist organisatorisch beim BKG in Frankfurt am Main angesiedelt.

amt (BK).[106] Der IMAGI ist der auf Bundesebene federführende politische Akteur und Koordinator für den Aufbau der Geodateninfrastruktur Deutschland (GDI-DE).[107]

II. Geofortschrittsberichte der Bundesregierung

Die sog. Geofortschrittsberichte der Bundesregierung[108] sind ein rechtspolitisches Steuerungsinstrument zur freien Verfügbarmachung von Geodaten. Dabei ist es Ziel der Bundesregierung, Deutschland zu einem weltweit führenden Innovationsstandort für das Geoinformationswesen auszubauen, und eine gute Basis für die weitere technologische Entwicklung zu schaffen. Das Handlungsinstrument der Fortschrittsberichte steht in engem Zusammenhang mit obigen Initiativen bzw. Rechtsakten, stellt insoweit die übergreifende politische Verzahnung der getroffenen Maßnahmen dar: Wesentliche Etappen bei der Realisierung des Ziels der Koordinierung und Verbesserung des Innovationsstandort für das Geoinformationswesen waren die Verabschiedung des BGeoRG, die Novellierung des GeoZG zur kostenfreien Nutzung von Geodaten sowie der Erlass der auf § 14 Nr. 2 GeoZG gestützten GeoNutzV. Zukünftig sollen die (inter-)nationale Vernetzung von Geodaten weiter vorangetrieben (u.a. INSPIRE), Geodaten breiter nutzbar gemacht (Open Government Data)[109] sowie das Koordinations- und Steuerungsinstrumentarium verbessert werden. *60*

III. IT-Planungsrat

Der rechtliche Hintergrund für die Einrichtung und Aufgabenstellung des IT-Planungsrats besteht in Art. 91c Abs. 2 GG i.V.m. § 1 Abs. 3 IT-NetzG.[110] Auf deren Grundlage haben der Bund und die Länder den sog. IT-Staatsvertrag über die Errichtung des IT-Planungsrats geschlossen.[111] *61*

---

106 Seit 2006 sind alle Bundesressorts Mitglieder des IMAGI, da praktisch alle Verwaltungszweige mit raumbezogenen Daten arbeiten, vgl. *Bundesregierung*, Geoinformation im globalen Wandel, S. 7.

107 *Neumann* (Fn. 16), S. 147 ff.

108 Aktuell ist der 3. Geofortschrittsbericht, abrufbar unter http://www.bmi.bund.de/DE/Themen/Moderne-Verwaltung/Geoinformationen/Fortschrittsberichte/fortschrittsberichte_node.html.

109 Hierzu *Annette Guckelberger*, Umweltinformationen unter europäischem Einfluss, VerwArch 105 (2014), 411–440, 415; *Neumann* (Fn. 35), S. 372.

110 Zur Vorgängerstruktur (Arbeitskreis der Staatssekretäre für E-Government in Bund und Ländern (*St-Runde Deutschland-Online*) und Kooperationsausschuss von Bund und Ländern für automatisierte Datenverarbeitung (*KoopA ADV*) vgl. § 7 Abs. 3 IT-Staatsvertrag sowie http://www.it-planungsrat.de/DE/ITPlanungsrat/Rechtliche Grundlagen/rechtliche_grundlagen_node.html;jsessionid=E439224BD98A8051 ACFC4BCBDBDA411D.2_cid292.

111 Vertrag über die Errichtung des IT-Planungsrats und über die Grundlagen der Zusammenarbeit beim Einsatz der Informationstechnologie in den Verwaltungen von Bund und Ländern – Vertrag zur Ausführung von Artikel 91c GG, http://www.it-planungsrat.de/SharedDocs/Downloads/DE/ITPlanungsrat/Staatsvertrag/Staatsvertrag.html.

62 Der IT-Planungsrat ist nicht nur Koordinierungsakteur (vgl. § 1 Abs. 1 Nr. 1 IT-Staatsvertrag), sondern auch und vor allem betraut mit der technischen Normierung von Interoperabilitäts- und Sicherheitsstandards im IT-Bereich (§ 1 Abs. 1 Nr. 2, § 3 IT-Staatsvertrag)[112], die für E-Government-Prozesse relevant sind. Letztere finden insoweit Einlass in seinen Aufgabenbereich, als der IT-Planungsrat ihm zugewiesene E-Government-Projekte steuert (§ 1 Abs. 1 Nr. 3 IT-Staatsvertrag). Die Aufgaben des IT-Planungsrats gehen weit über den Geodatenbereich hinaus, umfassen aber auch diesen.[113] Die Mitgliederzusammensetzung des IT-Planungsrats reflektiert den föderalen Staatsaufbau und das Organisationsgefüge im IT-Bereich, § 1 Abs. 2, 6 IT-Staatsvertrag.

63 Als fachübergreifendes Gremium mit umfassendem Kompetenz- und Aufgabenspektrum hat der IT-Planungsrat bereits im September 2010 die Nationale E-Government-Strategie (NEGS) beschlossen und diese fünf Jahre später fortgeschrieben.[114] Die NEGS beschreibt die wesentlichen Zielstellungen[115] und Handlungsfelder zur Erfüllung des Gesetzesauftrags des IT-Planungsrats. Sie schafft den Rahmen für die gemeinsame strategische Ausrichtung von Bund, Ländern und Kommunen in der Weiterentwicklung von E-Government, um Interoperabilität und Wirtschaftlichkeit zu sichern. Sie bildet die Basis für die konkrete Maßnahmenplanung des IT-Planungsrats im jährlichen Aktionsplan und in der Standardisierungsagenda. Die NEGS konzentriert sich auf die Anwendung und Gestaltung der Informationstechnik im Aufgabenbereich der öffentlichen Verwaltung.

64 Bei der Fortschreibung wurden auch Initiativen/Strategien anderer Gremien, etwa die Nationale Geoinformations-Strategie (NGIS)[116] rezipiert und implementiert. Auch insoweit wird die Vorreiterrolle von Geodaten bzw. des Geoinformationswesens für alle anderen E-Government-Prozesse wiederum deutlich.[117]

---

112 Dieser Aspekt dürfte für das nationale Geoinformationswesen jedoch wenig relevant sein, weil die Steuerungswirkung insoweit von der INSPIRE-Initiative sowie auf nationaler Ebene von den Ländern (AdV, IMAGI etc.) ausgeht, vgl. *Neumann* (Fn. 16), S. 513.

113 Hierzu insgesamt http://www.it-planungsrat.de/SharedDocs/Downloads/DE/Entscheidungen/01_Sitzung/Aufgabenspektrum_Gremienstruktur_IT-PLR.html?nn=6848410.

114 Abrufbar unter http://www.it-planungsrat.de/SharedDocs/Downloads/DE/NEGS/NEGS_Fortschreibung.html?nn=6839038.

115 Als Leitgedanken werden benannt: A. Nutzen für Bürgerinnen und Bürger, Unternehmen und Verwaltung, B. Wirtschaftlichkeit, Effizienz und Leistungsfähigkeit, C. Informationssicherheit und Datenschutz, D. Transparenz und gesellschaftliche Teilhabe, E. Zukunftsfähigkeit und Nachhaltigkeit.

116 Hierzu s. u. Rn. 69.

117 So bildet der Bereich Geodaten einen wesentlichen Teilbereich der bereits vom IT-Planungsrat realisierten Projekte: http://www.it-planungsrat.de/DE/Projekte/AbgeschlosseneProjekte/Geodaten/Geodaten.html?nn=6848782.

IV. LG und GKst. GDI-DE

Das LG GDI-DE wurde bereits kursorisch im Rahmen der Darstellung des GeoZG beschrieben.[118] Zum Verhältnis von LG GDI-DE und IT-Planungsrat sei noch angemerkt: Ersteres arbeitet dem IT-Planungsrat in Fragen des Geoinformationswesens zu und berichtet diesem.[119] Die konkrete Projektbetreuung der GDI-DE obliegt jedoch nach wie vor beim LG GDI-DE bzw. seiner GKst. Lediglich die fachpolitische Steuerung und fachübergreifende Koordinierung dürfte dem IT-Planungsrat überantwortet sein. 65

E. Entwicklungen im Geoinformationswesen

I. GeoGovernment

Besteht ein wesentlicher Hauptansatz von E-Government in der Modernisierung der Verwaltung,[120] können Geodaten in diesem Bereich einen wesentlichen Beitrag zum Voranschreiten dieses Modernisierungsprozesses leisten. Denn – wie bereits einleitend dargestellt – sind Geodaten bereits jetzt in hoher Qualität, Genauigkeit, Aktualität, Flächendeckung und technischer Nutzbarkeit (Interoperabilität) in der öffentlichen Verwaltung vorhanden. Erneut sei daran erinnert, dass Geodaten einen Großteil der amtlichen Datenbestände ausmachen. Daher liegt es auf der Hand, dass Geo(basis)daten eine strukturelle Schlüsselstellung im E-Government-Prozess, jedenfalls im Bereich der Modernisierung der Verwaltung, einnehmen. 66

Der Schlüsselbegriff in diesem Zusammenhang ist jener des *GeoGovernment*. Er beschreibt die Verknüpfung von (anderen) amtlichen Daten mit Geodaten, um erstere raumbezogen zu ordnen und sie miteinander zu verknüpfen oder verknüpfbar zu machen (Schnittstellenbildung durch Georeferenzierung).[121] Dadurch können die beschriebenen Vorteile von Geodaten, insbesondere ihre Verknüpf-/Verschneidbarkeit, auch für viele andere amtliche Daten der öffentlichen Verwaltung nutzbar gemacht werden. Eine Qualitätssteigerung aller in diese Prozesse integrierbaren amtlichen Daten ist die unmittelbare Folge. 67

Diese Instrumentalisierung der Geodaten, die vor allem eine solche der Geo*basis*daten ist, betrifft dabei nicht nur die eigentliche Datenebene, sondern auch und vor allem die Metadaten- und Dienstebene. Denn die Geodatenerhebung und -nutzung bringt es mit sich, dass mit der Erhebung der Sachdaten zugleich eine umfassende Erhebung von Metadaten verbunden ist, die die Verschneidbarkeit und weitere Nutzbarkeit von Geodaten im beschriebenen Sinne ermöglicht. Diese 68

---

118 Ergänzend ferner *Neumann* (Fn. 16), S. 570 ff.
119 Nachweise hierzu bei *Neumann* (Fn. 16), S. 512 f.
120 Exemplarisch § 10 Abs. 1 S. 1 ThürGFVG: Die Leistungsfähigkeit der Landesverwaltung ist durch den Einsatz moderner Informations- und Kommunikationstechnologien zu optimieren.
121 Vgl. *Kummer* (Fn. 17), S. 114.

Metadaten sind für die Weiterverwendung von Geodaten und insbesondere das GeoGovernment essentiell. Ferner existieren im Rahmen der Geodatennutzung zahlreiche, bereits beschriebene, Fachanwendungen zur Nutzung von Geodaten (Geoinformationssysteme, GIS)[122]. In diesen enthalten sind Geodatendienste[123], die etwa die Suche nach, die Darstellung, den Download und die Transformation von Geodaten ermöglichen. In den Geoinformationssystemen können die derart nutzbaren Geodaten visualisiert und bearbeitet werden. Solche Dienste und Fachanwendungen für Geodaten können durch das GeoGovernment auch für andere, nicht originäre Geo-Datensätze fruchtbar gemacht werden. Dies ermöglicht wiederum die weitergehende Nutzbarkeit aller amtlichen Daten, die dem GeoGovernment zugänglich sind.

II. NGIS

69 Im August 2015 haben Bund, Länder und Kommunen im Lenkungsgremium GDI-DE die so genannte „Nationale Geoinformations-Strategie" (NGIS) beschlossen. Die NGIS richtet sich an alle Akteure, die Geoinformationen erheben, führen, bereitstellen oder nutzen. Sie definiert die gemeinsamen Ziele bei der Nutzung von Geoinformationen. Demnach sollen Geoinformationen für alle raumbezogenen Entscheidungsprozesse wirkungsvoll einzusetzen sein, in vollem Umfang wirtschaftlich erhoben und wertschöpfend genutzt werden können sowie helfen, nationale und lokale Interessen zu unterstützen und Verpflichtungen zu erfüllen. Die NGIS ist eine Vision mit dem Zeitziel 2025 und versteht sich als Beitrag zur Nationalen E-Government Strategie.[124]

70 Inhaltlich legt die NGIS – der NEGS vergleichbar – für den Bereich des Geoinformationswesens Ziele fest, welche durch oder mit Geodaten erreicht werden sollen. Als die drei Grundpfeiler der Strategie werden benannt: Grundversorgung mit Geodaten sichern, Mehrfachnutzung von Geodaten erleichtern und mit Geodaten Innovationen fördern – als Ziele einer zukunftsweisenden und nachhaltigen Geoinformationspolitik. Alle Akteure in Bund, Ländern, Kommunen, Wirtschaft, Wissenschaft und Interessengruppen sind aufgefordert, mit eigenen Maßnahmen und im partnerschaftlichen Dialog zur volkswirtschaftlich sinnvollen Umsetzung der Ziele der Nationalen Geoinformations-Strategie beizutragen.

---

122 Zum Begriff *Neumann* (Fn. 16), S. 64 ff. mit zahlreichen Nachweisen zur geoinformationswissenschaftlichen Fachliteratur.

123 Geodatendienste sind vernetzbare Anwendungen, welche Geodaten und Metadaten in strukturierter Form zugänglich machen, § 3 Abs. 3 S. 1 GeoZG. Dazu bereits oben Rn. 53 f.; ferner *Neumann* (Fn. 16), S. 483 ff., 565 ff.

124 Die NGIS ist unter http://www.geoportal.de/SharedDocs/Downloads/DE/GDI-DE/Dokumente/NGIS_V1.pdf?__blob=publicationFile abrufbar.

III. Open Data

1. Definition und Rechtliches

Die Übersetzung von Open (Government) Data verdeutlicht bereits, worum es bei „Open Data" geht: offene (Regierungs- und Verwaltungs-)Daten. Erfasst werden von dieser *Initiative*/diesem *Konzept*[125] bestehende Datenbestände, die in der Regel in Form von Rohdaten zur Nutzung, insbesondere zur Weiterverwendung und Weiterverbreitung, proaktiv öffentlich bereitgestellt werden (sollen). Ausgeklammert sind von vornherein – auch nach internationalen Definitionen – datenschutz- und sicherheitsrelevante Daten.[126] Wesentliches Element der Open Data-Initiative ist daher ein *rechtlich freier Zugang* zu bei Behörden vorhandenen und von diesen proaktiv bereitgestellten Daten. Der Zugang zu diesen Datenbeständen wird auf Bundesebene (vor allem) durch das IFG, UIG, VIG, GeoZG, StUG und BArchG geregelt. Idealtypisch ist neben der *Zugänglichkeit* der jeweiligen Daten auch ihre weitgehend bzw. umfassend freie *Nutzbarkeit*, d.h. die Abwesenheit von Nutzungs- und Weiterverwendungsbeschränkungen.[127] Fragen der Weiterverwendung werden entweder durch die vorgenannten Gesetze selbst oder (vor allem) das IWG, das BDSG und das UrhG geregelt. Mit dem IWG (sowie dem vorliegend relevanten, sektorspezifischen GeoZG i.V.m. der GeoNutzV) ist der zweite Aspekt rechtlich bereits weitgehend realisiert.[128] 71

Wesentlicher Aspekt des Open Data-Konzepts ist die Vereinfachung des Informationszugangs für Datennachfrager. Dieser Zielsetzung entspricht es (am ehesten), wenn Daten nicht nur auf Antrag (reaktiv), sondern proaktiv (im Internet) auf Abruf bereitgestellt werden. 72

2. Initiativen

Ausgehend von der Open Data-Charta der G8-Staaten[129] hat die Bundesregierung Anstrengungen zur möglichst breiten und voraussetzungslosen, proaktiven Veröffentlichung von Verwaltungsdaten unternommen:[130] Verwaltungsdaten (des Bundes) werden auf einer zentralen Internetplattform GovData zum Abruf bereitgestellt.[131] Geodaten machen hier einen wesentlichen Teil der bereitgestellten Daten aus. 73

Daher verwundert es nicht, dass Geodaten die *tatsächliche* Grundlage und GeoZG sowie GeoNutzV die *rechtliche* Grundlage für eine weitere Entwicklung 74

125 *Dreier* (Fn. 40), S. 566 ff. spricht von einem *Prinzip*.
126 Vgl. die Definition des Aktionsplans Open Data der Bundesregierung zur Umsetzung der Open Data-Charta der G8 http://www.bmi.bund.de/SharedDocs/Downloads/DE/Broschueren/2014/aktionsplan-open-data.pdf?__blob=publicationFile, S. 5.
127 *Dreier* (Fn. 40), S. 568 f.
128 Zu den rechtlichen Grenzen der Weiterverwendung siehe erneut *Dreier* (Fn. 40), S. 571 ff.
129 Abrufbar unter https://www.gov.uk/government/publications/open-data-charter.
130 Vgl. *Dreier* (Fn. 40), S. 565.
131 Zum nationalen Aktionsplan der Bundesregierung vgl. die Fundstelle in Fn. 126.

hin zu offenen Verwaltungsdaten darstellen bzw. darstellen sollen.[132] Auch hier gilt, dass durch das GeoZG und die GeoNutzV Geodaten (zeitlich gesehen) bereits vor allen anderen Verwaltungsdaten bereitgestellt werden können (und müssen), weil in Bezug auf Geodaten mit dem dargestellten Regelwerk bereits Normen bestehen, die eine Datenbereitstellung rechtlich verbindlich festlegen und ermöglichen. Für alle anderen Daten (abgesehen von fachgesetzlichen Bereitstellungsverpflichtungen[133]) gibt es einen derartigen Rechtsrahmen noch nicht. Die Möglichkeit hierzu steht zwar mit § 12 Abs. 2 EGovG[134] dem Grunde nach zur Verfügung, mangels einer diesbezüglichen Gebrauchmachung von den jeweiligen Verordnungsermächtigungen fehlt es jedoch insgesamt (noch) am normativen „Handwerkszeug", um der Open Data-Initiative vollumfassend zum Durchbruch zu verhelfen.

F. Zusammenfassung

75 Dass Geodaten für E-Government-Prozesse eine Vorreiterrolle einnehmen, ist für Geoinformatiker eine Offensichtlich-/Selbstverständlichkeit. Dies zeigt etwa der Anteil an Geodatenthemen im Rahmen von Open Data-Strategien.[135]

76 Geodaten weisen durch ihre positiven Eigenschaften (hohe Qualität, Genauigkeit, Aktualität, Flächendeckung und technische Nutzbarkeit (Interoperabilität), Multifunktionalität) das Potential auf, einen entscheidenden Beitrag für das „E" in der öffentlichen Verwaltung zu leisten. Einerseits können Geodaten genutzt werden, um mit anderen (Fach-)Daten *verknüpft* zu werden, wodurch sie ihre positiven Eigenschaften an letztere weitergeben können. Als positiver Nebeneffekt können die Fachdaten sodann mit den Geodatenanwendungen (Geodatendiensten) weiter genutzt werden. Dadurch kann eine Qualitätssteigerung, Standardisierung und Interoperabilität auf der Datenebene und eine bessere Nutzbarkeit aller derartigen

---

132 Vgl. den Aktionsplan (Fn. 126), S. 8: „Dazu streben wir eine gesetzliche Open-Data-Regelung an, mit der die Veröffentlichung von Verwaltungsdaten mit einheitlichen Beschreibungen, in maschinenlesbaren Formaten und unter Verwendung offener Lizenzen oder anderer einschlägiger Instrumente zum Grundsatz erklärt wird.
Mit der Änderung des GeoZG und dem Erlass der GeoNutzV hat die Bundesregierung bereits einen ersten wesentlichen Schritt in Richtung offener Verwaltungsdaten getan, der als Grundlage weiterer Aktivitäten dienen kann. Diesem Beispiel folgend werden wir entsprechend § 12 Abs. 2 EGovG eine einfache und offene, an der GeoNutzV orientierte Nutzungsverordnung erarbeiten, die auf möglichst viele Verwaltungsdaten Anwendung finden kann. Um eine grenzüberschreitende Verwendung unserer Daten zu ermöglichen, wird die Nutzungsverordnung auch den Anforderungen der international anerkannten ‚Open Definition' genügen. In Bezug auf Umweltinformationen ist zudem bereits heute die aktive Pflicht zur Verbreitung nach § 10 UIG (sowie Artikel 7 UIRL sowie Artikel 5 der UN ECE Aarhus-Konvention) zu beachten."

133 Wobei diesbezüglich die rechtlichen Weiterverwendungsmöglichkeiten problematisch sein können.

134 Bzw. den Parallelbestimmungen in den L-EGovG (soweit vorhanden), dazu s.o. Fn. 95.

135 Vgl. erneut den Anteil von Geodaten an der Open-Government-Initiative auf Bundesebene auf https://www.govdata.de/.

Daten auf der Diensteebene erreicht werden. Daneben sind *Open Data*-Strategien wesentlich auf Geodaten angewiesen bzw. nutzen diese für ihre Entwicklung. Auch hier spielen die positiven Eigenschaften von Geodaten eine wesentliche Rolle für ihre Vorreiterstellung im Open Data-Bereich: An Geodaten besteht einerseits aufgrund ihrer Multifunktionalität ein hohes Interesse, andererseits sind sie auch besonders gut geeignet, als Datenbasis für Open Data-Strategien zu fungieren.

Geodaten können daher sowohl im *verwaltungsinternen Bereich* zu einem positiven Effekt bei der Harmonisierung und Qualitätssteigerung der Datensätze in der öffentlichen Verwaltung beitragen,[136] als auch die *Öffnung der Verwaltung* hin zu Bürgern und Wirtschaft verbessern. 77

Die Initiativen zur Umsetzung dieser Strategien/Entwicklungsmöglichkeiten betreffen alle Rechts- und Verwaltungsebenen. Von wesentlicher Bedeutung ist (in rechtlicher wie in technischer/tatsächlicher Hinsicht) die Umsetzung der INSPIRE-RL/-Initiative. Initiativen, die eine allumfassende (Geo-)Datenbereitstellung über diese Verpflichtung hinaus beträfen, wären (mit den E-Government-Gesetzen des Bundes und einzelner Länder) zwar möglich, sind bisher jedoch noch nicht praktisch realisiert worden. Hier bietet sich die Umsetzung der INSPIRE-RL als Blaupause für die weitere Entwicklung in anderen Verwaltungsbereichen an. Auf Länderebene ist besonders die Grundlagenfunktion des amtlichen Vermessungswesens herauszustellen, deren Bedeutung (mit § 5 Abs. 3 GeoZG und dem BGeoRG) auch auf Bundesebene sichtbar wird. Die *Daten* des amtlichen Vermessungswesens und insbesondere ihre *technischen Spezifikationen* (Raumbezug, Datenmodelle, Schnittstellen zu Fachanwendungen) bilden das Rückgrat des gesamten Geoinformationswesens. Explizit sollen sie die Grundlage für alle Fachdaten und -anwendungen in den Landesverwaltungen darstellen.[137] 78

Aufgrund der Pluralität der Rechtsquellen und betroffenen Rechtssubjekte (im Geoinformationswesen), die ihren Hintergrund insbesondere im Föderalismus hat, ist die Koordination der Harmonisierungsbestrebungen wesentliche Voraussetzungen für ein weitreichendes Gelingen von E-Government-Prozessen/-Entwicklungen sowohl im Geoinformationswesen als auch darüber hinaus in der öffentlichen Verwaltung insgesamt. Auch insoweit kann ersteres Vorreiter und Anschauungsbeispiel für zukünftige Entwicklungen in anderen Verwaltungsbereichen sein. Die bisherige Entwicklung hat gezeigt, dass mit der erforderlichen fachpolitischen Abstimmung (IMAGI) und dem nötigen rechtlichen (INSPIRE, VermKatGe der Länder), organisatorischen (AdV,[138] BKG,[139] GDI-DE[140]) wie technischen Regelwerk (AAA-Modell,[141] INSPIRE-Durchführungsbestimmun- 79

136 Exemplarisch § 10 Abs. 1 S. 2 ThürGFVG.
137 Exemplarisch § 1 Abs. 2, 4 VermKatG NRW.
138 Vgl. http://www.adv-online.de/Wir-ueber-uns/.
139 Vgl. https://www.bkg.bund.de/DE/Ueber-das-BKG/Aufgaben-und-Organisation/aufgaben-und-organisation.html.
140 Vgl. http://www.geoportal.de/DE/GDI-DE/gdi-de.html?lang=de.
141 Vgl. http://www.adv-online.de/AAA-Modell/.

gen) auf weitgehend konsensualem Wege und mit der nötigen Einsicht zur Kooperation und Harmonisierung vieles auf den Weg gebracht bzw. erreicht werden kann.

Apps

Stephan Schwarz

1 Smartphones und Tablet-Computer prägen derzeit wie kaum eine andere moderne Technologie das Leben vieler Menschen. Sie sind omnipräsent und mit ihnen die mobilen Apps, also kleine Anwendungsprogramme, die auf den **mobilen Endgeräten** installiert werden und deren Funktionsumfang erheblich erweitern. Aktuellen Erhebungen des Branchenverbands Bitkom[1] zufolge besaßen im Jahr 2016 etwa 53 Millionen der über 14-jährigen Deutschen und damit 76 Prozent dieser Bevölkerungsgruppe ein Smartphone.[2] Im Jahr 2015 waren es noch 65 Prozent.[3] Dies entspricht einer Steigerungsrate von mehr etwa 17 Prozent. Bei den 14–29-Jährigen ist praktisch niemand mehr ohne Smartphone.[4] Im Bereich der Tablet-Computer sind die Zuwächse sogar noch deutlicher: Laut Umfrage steigerte sich der Anteil der Tablet-Nutzer im Laufe der letzten zwei Jahre von 28 Prozent auf 41 Prozent der befragten Bevölkerungsgruppe, was einer Steigerungsrate von gut 46 Prozent entspricht.[5] Im Gegensatz dazu fiel der Anteil der genutzten Desktop-PCs in den letzten Jahren kontinuierlich.[6] Die Fülle der **mobilen Apps** ist mittlerweile nur noch schwer überschaubar. In den beiden führenden App-Stores (Google Play und Apples App-Store) zusammen wurden im August 2016 über 4,3 Millionen verschiedene Apps zum Download angeboten.[7] Die meisten deutschen Smartphonebesitzer haben schon Apps auf ihren Geräten installiert. Etwa zwei Drittel geben an, dass sie zehn und mehr Apps installiert haben.[8] Zu nahezu jedem beliebigen Thema sind Apps vorhanden: Wettervorhersage, Einkaufen, Terminplanung, Spielen, Aktienkurse, Gesundheit, Social Media,

---

1 Bundesverband Informationswirtschaft, Telekommunikation und neue Medien e.V.

2 *Bitkom*, Zukunft der Consumer Technology – 2016. Marktentwicklung, Schlüsseltrends, Mediennutzung, Konsumentenverhalten, Neue Technologien, Berlin 2016, online verfügbar unter folgender URL: http://www.bitkom-research.de/WebRoot/Store19/Shops/63742557/MediaGallery/Press/2016/September/160831-CT-Studie-2016-online.pdf (letzter Zugriff: 31.03.2017), S. 15.

3 *Bitkom* (Fn. 2).

4 *Bitkom* (Fn. 2).

5 *Bitkom* (Fn. 2), S. 19.

6 *Initiative D21*, D21-Digital-Index. Jährliches Lagebild zur digitalen Gesellschaft, Berlin 2016, online verfügbar unter folgender URL: http://initiatived21.de/app/uploads/2017/01/studie-d21-digital-index-2016.pdf (Letzter Zugriff: 31.03.2017), S. 8–11 und 57.

7 *AppBrain/TechCrunch*, Anzahl der angebotenen Apps in den Top App-Stores im August 2016. Statista, online erfügbar unter folgender URL: https://de.statista.com/statistik/daten/studie/208599/umfrage/anzahl-der-apps-in-den-top-app-stores/ (Letzter Zugriff: 31.03.2017).

8 *ForwardAdGroup*, Wie viele Apps haben Sie auf Ihrem Smartphone installiert? Statista, online verfügbar unter folgender URL: https://de.statista.com/statistik/daten/studie/162374/umfrage/durchschnittliche-anzahl-von-apps-auf-dem-handy-in-deutschland/ (Letzter Zugriff: 31.03.2017).

Bildung, Bücher, Tageszeitungen, Sport und dergleichen mehr. Der Trend ist demnach eindeutig vorgezeichnet: Weg von klassischen Geräten wie dem Desktop-PC und Laptop und weg vom stationären Internet über Kabel oder WLAN, hin zu mobilen Endgeräten wie Smartphone und Tablet bzw. hin zum mobilen Internetzugang über das Mobilfunknetz (LTE, 4G und 5G).[9]

A. Mobile Apps und M-Government

2 Vor dem Hintergrund der großen Verbreitung und hohen Beliebtheit mobiler Apps ist es nicht verwunderlich, dass auch zahlreiche öffentliche Institutionen und Körperschaften wie Gemeinden, Städte, Ministerien, Universitäten, Museen, Theater und Bibliotheken bemüht sind, von diesem Trend zu profitieren und sich die Vorteile mobiler Apps im Bereich des **E-Government** zunutze zu machen. In Analogie zum Begriff der mobilen App spricht man in diesem Zusammenhang auch vom „**Mobile Government**" bzw. **M-Government**.[10] Das ISPRAT White-Paper „Mobiles Regieren und Verwalten in einer mobilen Welt" führt dazu aus:

> „Mobile Technologien verfügen über das Potenzial, die dynamische Interaktion zwischen öffentlichen Verwaltungen und ihren Kunden zu verbessern. Sie eröffnen vollkommen neue Möglichkeiten der Kommunikation, Interaktion und der Einbindung von Bürgern, Unternehmen und Angestellten der öffentlichen Verwaltung; sei es durch das Angebot von Informationen oder Weiterbildung, Kommunikation, Interaktion oder Transaktionen, aber ebenso durch neu geschaffene Möglichkeiten der politischen Partizipation und der Zusammenarbeit mit öffentlichen Stellen. […]
>
> Von einem technischen Blickwinkel aus lässt sich der Begriff ‚Mobile Government' als eine Kombination aus E-Government und den Konzepten von ‚Mobile Computing' verstehen. Mobile Computing ermöglicht den Zugriff auf Daten und Anwendungen unabhängig vom Standort. Es geht um die Integration von mobilen Geräten, wie Smartphones, Tablets, Netbooks oder Laptops mit technischen Infrastrukturen wie etwa Breitbandnetzwerken (UMTS, LTE) und Speicher- und Computing-Ressourcen über Internetprotokolle. Dabei findet die Verarbeitung und Speicherung von Daten nicht mehr zwangsläufig auf dem Gerät, sondern zunehmend zentralisiert in Rechenzentren statt."[11]

---

9 *IfD Allensbach*, Anzahl der Internetnutzer in Deutschland, die das Internet über das Handy oder Smartphone nutzen, von 2013 bis 2016 (in Millionen). Statista. Online verfügbar unter folgender URL: https://de.statista.com/statistik/daten/studie/170557/umfrage/internutzung-ueber-das-handy-oder-smartphone/ (Letzter Zugriff: 31. 03. 2017).

10 *Christian Hoffmann*, Apps der öffentlichen Verwaltung. Rechtsfragen des Mobile Government, MMR 2013, S. 631–636, 631.

11 *ISPRAT*, Mobiles Regieren und Verwalten in einer mobilen Welt, Hamburg 2014, online verfügbar unter folgender URL: http://www.isprat.net/fileadmin/downloads/publikationen/ISPRAT_Whitepaper_Mobile_Government.pdf (Letzter Zugriff: 31. 03. 2017).

Klingt es nicht verlockend, den Bürgerinnen und Bürgern zentrale Verwaltungsdienstleistungen **orts- und zeitunabhängig** auf den so beliebten mobilen Endgeräten anbieten zu können? Was läge da näher, als entsprechende mobile Apps zu programmieren und in den jeweiligen App-Stores zum Download anzubieten? Mittlerweile hat sich für diese Apps der öffentlichen Verwaltung eine eigene Bezeichnung eingebürgert: Government-Apps oder kurz GovApps. Ein entsprechendes Projekt des Bundes sollte dazu beitragen, die Entwicklung dieser Apps zu fördern und bestimmte Qualitätsstandards zu etablieren. Das Projekt ist mittlerweile abgelaufen und es ist etwas ruhiger um die GovApps geworden.[12] Der „eGovernment Monitor 2016" zeigt aber eindeutig, dass bei den Bürgerinnen und Bürgern eine deutliche Nachfrage nach Anwendungen besteht, die an die Charakteristika mobiler Endgeräte angepasst sind und mit denen **zentrale Dienstleistungen** der öffentlichen Verwaltung auf den drei Interaktionsstufen Information, Kommunikation und Transaktion komfortabel genutzt werden können.[13] Neben dem Aspekt der zeitlichen Unabhängigkeit („24/7-Verfügbarkeit") bei der Inanspruchnahme von Verwaltungsdienstleistungen, der so bereits über das Internet vom heimischen PC aus gegeben ist, tritt beim M-Government die Ortsunabhängigkeit in den Vordergrund: Beim Spaziergang wird die Hundesteuer gezahlt, aus dem Urlaub die Steuererklärung eingereicht oder das Auto umgemeldet, aus dem Freibad wird ein Krimi in der Stadtbibliothek bestellt und möglicherweise gleich als E-Book auf das mobile Lesegerät geladen, das Schlagloch in der Straße wird unmittelbar gemeldet (bitte nicht während der Fahrt!) und die Fahrplanauskunft für das kommunale Verkehrssystem von unterwegs in Anspruch genommen usw. *3*

Laut „eGovernment Monitor 2016" sind die in Deutschland beliebtesten M-Government-Angebote die Fahrplanauskunft für den öffentlichen Nahverkehr, Informationen zu Öffnungszeiten bzw. zur Kontaktaufnahme mit der Verwaltung, Informationen zu Zuständigkeiten innerhalb der Stadt/Kommune und Informationen zu kommunalen Freizeitangeboten.[14] Allerdings besteht bei den Apps der öffentlichen Verwaltung häufig Nachholbedarf in puncto **Anwenderfreundlichkeit**, intuitiver Benutzerführung sowie Design. Nicht wenige Behörden möchten gerne Präsenz zeigen im App-Markt, die Umsetzung bleibt jedoch halbherzig und ohne echten **Mehrwert**. Dies zeigt sich auch deutlich an den Bewertungen in den verschiedenen App-Stores, die manchmal alles andere als schmeichelhaft sind. Um den Bürgern einen echten Mehrwert bieten zu können, wäre es dahingegen wichtig, dass Behörden-Apps über relevante Funktionen verfügen, die die typischen Erwartungshaltungen der Nutzer an mobile Apps erfüllen.[15] *4*

12 http://www.oeffentliche-it.de/govapps (Letzter Zugriff: 31.03.2017).
13 *Initiative D21* (Fn. 6), S. 26 f.
14 *Initiative D21* (Fn. 6), S. 26 f.
15 *Wolfgang Zink/Malte P. Armbruster*, Apps der öffentlichen Verwaltung, pwc-Blog Öffentlicher Sektor – Zukunft gestalten. Blog-Beitrag vom 19.12.2016, online verfügbar unter folgender URL: http://blogs.pwc.de/oeffentlicher-sektor-zukunft-gestalten/kommunen-und-cities/apps-in-der-oeffentlichen-verwaltung/184/ (Letzter Zugriff: 31.03.2017).

B. Beispiele für Apps der öffentlichen Verwaltung

5 Das Angebot an Apps der öffentlichen Verwaltung ist mittlerweile sehr groß. Zur Illustration sollen im Folgenden drei Beispiele gezeigt werden. Zur weiteren Vertiefung wird auf den ISPRAT Abschlussbericht „Mobilisierungspotenziale von Verwaltungsprozessen“ von August 2016[16] verwiesen, der auch eine ausführliche Analyse vorhandener Apps nach den Kriterien „Prozesseignung“, „Mobilisierungsmehrwert“ und „Realisierungsaufwand“ enthält.

I. App „Zoll und Reise“ des Bundesministeriums der Finanzen

6 Die vom Bundesministerium der Finanzen verantwortete App soll Urlaubern dabei helfen, schnell und einfach herauszufinden, welche Waren bei der Einreise nach Deutschland erlaubt sind und welche sie lieber meiden sollten. Ein integrierter Freimengenrechner zeigt, was abgabenfrei nach Deutschland mitgebracht werden kann. Darüber hinaus berechnet die App bis zu einem Warenwert von 1.130,– Euro die Einfuhrabgaben, die der Reisende bezahlen muss, wenn die Freimenge überschritten ist.[17]

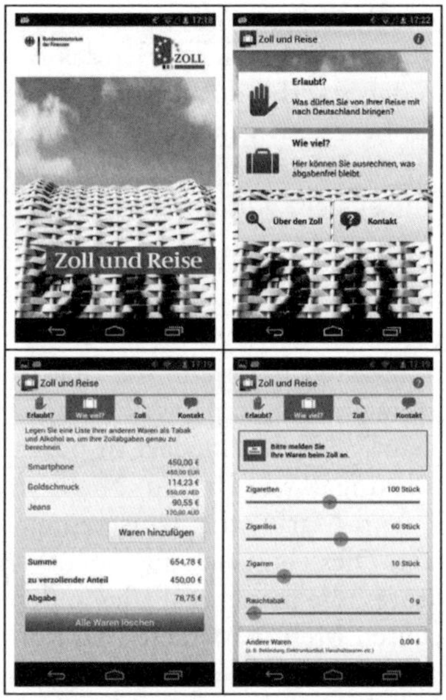

Abbildung 1: Screenshots der App „Zoll und Reise“ des Bundesfinanzministeriums[18]

16 *ISPRAT*, Mobilisierungspotenziale von Verwaltungsprozessen. Abschlussbericht. Hamburg 2016, online verfügbar unter folgender URL: http://www.isprat.net/fileadmin/downloads/projekte/2016/ISPRAT_Abschlussbericht_Mobilisierungs-potenziale_von_Verwaltungsprozessen.pdf (Letzter Zugriff: 31. 03. 2017).

17 http://www.zoll.de/DE/Service_II/Apps/Zoll_und_Reise/zoll_und_reise_node.html (Letzter Zugriff: 31. 03. 2017).

18 Zu den Screenshots vgl. Fn. 17.

II. „Service App Berlin“ des Landes Berlin

Die „Service App“ des Landes Berlin bietet mobilen Zugriff auf Informationen 7
zu Dienstleistungen und Standorten aus allen Bereichen der Berliner Verwaltung. Die Kunden der Berliner Verwaltung sollen sich mit Hilfe der App rund um die Uhr darüber informieren können, wie und wo sie bestimmte Verwaltungsleistungen in Anspruch nehmen können. Angeboten werden unter anderem Dienstleistungen aus den Bereichen Meldeangelegenheiten, KFZ-Zulassung, Steuern, Umwelt, Gewerbe und Gesundheit. Die App umfasst folgende Dienste (in Auswahl):[19]

- Dienstleistungs- und Standortlisten sowie Suche nach Dienstleistungen und Standorten
- Geolokalisierung der Standorte (mit Entfernungsanzeige)
- Anzeige von Wartezeiten an Standorten
- Speichern von gewählten Dienstleistungen und Standorten
- Checklisten für ausgewählte Dienstleistungen
- Einstieg in Terminvereinbarung für gewählte Dienstleistungen und Standorte

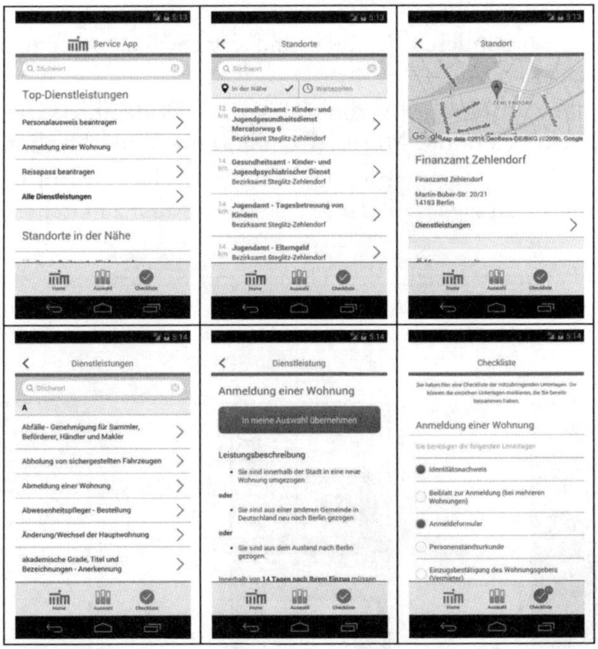

Abbildung 2: Screenshots der „Service App“ des Landes Berlin[20]

19 https://www.berlinonline.net/beratung-entwicklung/referenzen/service-app-berlin-de (Letzter Zugriff: 31. 03. 2017).

20 https://play.google.com/store/apps/details?id=de.berlin.serviceapp&hl=de (Letzter Zugriff: 31. 03. 2017).

III. App „Ludwig II. – Auf den Spuren des Märchenkönigs" der Bayerischen Staatsbibliothek

8 Die Location-Based-Services-App „Ludwig II. – Auf den Spuren des Märchenkönigs" präsentiert eine Vielfalt multimedialer Informationen zu König Ludwig II. von Bayern. Sie ist ein Angebot der Bayerischen Staatsbibliothek in Kooperation mit der der Bayerischen Verwaltung der staatlichen Schlösser, Gärten und Seen. Nahezu alle Inhalte sind auch offline nutzbar. Die App umfasst folgende Dienste (in Auswahl):[21]

- Informationen zu 140 Locations in Bayern und Europa mit Bezug zu König Ludwig II.; diese können live in das Kamerabild des iPhones eingeblendet bzw. per Karten- oder Listenansicht erschlossen werden
- Ausführliche, multimedial angereicherte Beschreibungen der wichtigsten Orte im Leben des Königs
- Umfangreiche Bildergalerien mit mehr als 400 – oft historischen – Fotos
- Gesprochene Zeitzeugenzitate, z.B. von Richard Wagner und Otto von Bismarck; diese vermitteln einen lebendigen Eindruck, wie Personen aus Ludwigs Umfeld den König erlebten
- Hörbilder zu besonderen Themen und Orten, u.a. zur Baugeschichte von Schloss Neuschwanstein
- Orts- und kontextbezogen verlinkte Experten-Videointerviews zu den Themen Architektur, Politik, Musik, Technik, Leben und Mythos Ludwigs II.
- Augmented-Reality-Simulation des berühmten, heute nicht mehr existenten Wintergartens Ludwigs II. in der Münchner Residenz in Echtzeit im Kamerabild des iPhones
- 360-Grad-Panoramaansicht des Thron- und Sängersaals von Schloss Neuschwanstein, ebenfalls als Augmented-Reality-Feature

21 https://www.bsb-muenchen.de/recherche-und-service/apps/ludwig-ii (Letzter Zugriff: 31.03.2017).

Abbildung 3: Screenshots der App „Ludwig II. – Auf den Spuren des Märchenkönigs“[22]

C. Problematischer Datenschutz im App-Bereich

Der zunehmende Verbreitungsgrad von mobilen Apps wirft **zahlreiche Rechtsfragen** auf, die aus den spezifischen Charakteristika mobiler Apps resultieren. Sie reichen von Besonderheiten bei der Gestaltung entsprechender Software-Entwicklungsverträge und Vertriebswege über urheberrechtliche und wettbewerbsrechtliche Problemstellungen bis hin zu Fragen der Haftung oder Umsatzsteuer.[23] In diesem Beitrag stehen die **datenschutzrechtlichen Aspekte** im Mittelpunkt. Smartphone- und Tablet-Nutzer speichern oft eine erhebliche Menge an personenbezogenen Daten (Adressdaten, Bankdaten, Standortinformationen, Fotos und Videos) auf ihren Geräten. Der Zugriff auf diese Daten ist für die installierten Apps relativ leicht und erfolgt vielfach ohne Zustimmung der Benutzer.[24] Deren Umgang mit den eigenen Daten oder auch den persönlichen Daten anderer, die auf dem mobilen Endgerät gespeichert sind (z.B. in Adressbüchern), ist in der Regel relativ leichtfertig. Bei Apps ist es um den Datenschutz und um Datensicherheitsaspekte nicht gut bestellt. Hierfür verantwortlich sind unter anderem Kostengründe, denn die Entwicklung hochwertiger Apps ist eine teure Angelegenheit. Wichtig sind den App-Anbietern zunächst einmal ein schickes Design und attraktive Funktionalitäten. Für die Bereiche Datenschutz und Datensicherheit bleibt dann am Ende oft kein Geld übrig.[25] Außerdem existiert eine Art 9

22 https://www.flickr.com/photos/marissabergbahn/albums/72157645583614191 (Letzter Zugriff: 31.03.2017).

23 *Hoffmann* (Fn. 10), S. 632–635.

24 *Jörg Hladjik*, Datenschutzrechtliche Anforderungen für mobile Apps, Datenschutz-Berater 37 (2013), S. 92–93, 92.

25 *Philipp Kramer*, Welche Datenschutzanforderungen hat eine App? Neue Checkliste der Aufsichtsbehörden, Datenschutz-Berater 38 (2014), S. 155–156, 155.

Tauschtheorie, die von vielen App-Anbietern zumindest implizit vertreten wird. Dabei wird der Zugriff auf die personenbezogenen Daten und deren Nutzung durch das Unternehmen, das die App anbietet, regelmäßig als Ausgleich für das unentgeltliche Angebot der App angesehen.[26] Als größte Risiken für den Datenschutz lassen sich die fehlende Transparenz und die mangelnde Kenntnis der von einer App ausgeführten Verarbeitungen sowie das Fehlen einer expliziten Einwilligung der Benutzer vor der Verarbeitung identifizieren, ebenso unzureichende Sicherheitsmaßnahmen, ein offenkundiger Trend zur Datenmaximierung und die ungenaue Festlegung der Zwecke, für die personenbezogene Daten erfasst werden.[27]

D. Begriffsbestimmung und Charakteristika mobiler Apps

10 Der Begriff „App" ist eine deutsche Kurzform von „Applikation" bzw. eine englische Kurzform von „application", womit zunächst jegliche Art von Anwendungsprogramm gemeint ist.[28] Im Deutschen hat der Begriff mittlerweile eine Bedeutungsverengung erfahren und wird vor allem für **kleine Computerprogramme** verwendet, die auf mobilen Endgeräten wie Smartphones und Tablet-Computer laufen.[29] Sie unterscheiden sich von klassischen Anwendungsprogrammen für Desktopgeräte dadurch, dass in der Entwicklung und im Betrieb den besonderen Eigenschaften mobiler Endgeräte, beispielsweise einer geringeren Hardwareausstattung, kleinen Displayformaten sowie beschränkten Eingabemöglichkeiten, Rechnung getragen wird.[30] Mobile Apps haben den Sinn, den Funktionsumfang mobiler Geräte, die in einer Basisausfertigung geliefert werden, zu erweitern.[31] Ein wichtiges Charakteristikum mobiler Apps ist dabei ihre **enge Verknüpfung** mit dem jeweiligen **mobilen Betriebssystem** wie Apple iOS oder Google Android[32] sowie ihre zentrale Vermarktung über die plattformeigenen App-Stores als zentrale Marktplätze.[33]

---

26 *Kramer* (Fn. 25).

27 *Artikel-29-Datenschutzgruppe,* Stellungnahme 02/2013 zu Apps auf intelligenten Endgeräten. WP 202. Brüssel 2013, online verfügbar unter folgender URL: https://www.lda.bayern. de/media/wp202_de.pdf (Letzter Zugriff: 31. 03. 2017), S. 7.

28 *Philipp Maske*, Mobile Applikationen. Interdisziplinäre Entwicklung am Beispiel des Mobile Learning, Bd. 1, Wiesbaden 2012, S. 106; *Jochen Marly*, Praxishandbuch Softwarerecht. Rechtsschutz und Vertragsgestaltung. Urheberrecht, Patentrecht, Pflichtverletzungen, Vertragsgestaltung, Allgemeine Geschäftsbedingungen, 6. Aufl., München 2014, Rn. 1157.

29 *Konstantin Ewald*, in: Ulrich Baumgartner/ders., Apps und Recht, 2. Aufl., München, Rn. 1; *Christian Denker/Norbert Hartl/Marcus Denker*, Apps, in: Christian Solmecke/Jürgen Taeger/Thorsten Feldmann (Hrsg.), Mobile Apps. Rechtsfragen und rechtliche Rahmenbedingungen, Berlin/Boston 2013, Kap. 1, Rn. 14.

30 *Maske* (Fn. 28), S. 107.

31 *Jürgen Taeger*, Datenschutz bei der Verwendung von Apps, in: Solmecke/ders./Feldmann (Hrsg.), Mobile Apps (Fn. 29), Kap. 5, Rn. 1; *Ewald* (Fn. 29), Rn. 2.

32 *Uwe Schneider*, Taschenbuch der Informatik, 7. Auflage, München 2012, S. 297.

33 *Ewald* (Fn. 29), Rn. 1; *Denker/Hartl/Denker* (Fn. 29), Kap. 1, Rn. 14.

Durch die enge Verzahnung mit dem mobilen Betriebssystem können Apps relativ problemlos viele Daten und Funktionalitäten des mobilen Geräts – wie Kontakte aus dem Adressbuch, Fotos, Videos, Standortdaten, verschiedene Sensordaten – erfassen und verarbeiten.[34] Neben den zweifelsohne sehr attraktiven Möglichkeiten und innovativen Diensten, die den App-Nutzern damit geboten werden können, liegt darin aber auch ein im Vergleich zur Internetbenutzung über herkömmliche PCs deutlich erhöhtes Missbrauchsrisiko, wenn eine App neben ihrer eigentlichen Funktionalität beispielsweise unbemerkt die persönlichen Kontakte ausliest und auf einen Server im Ausland überträgt, als digitale „Wanze" Gespräche mitschneidet oder mit Hilfe von Standortdaten unerlaubt Bewegungsprofile erstellt.[35] Ein hohes Risiko für den Datenschutz besteht auch aufgrund der zahlreichen Beteiligten im Umfeld der Entwicklung und des Vertriebs von Apps.[36] Zu diesen Beteiligten, zwischen denen ein vielfältiges, manchmal schwer durchschaubares Geflecht unterschiedlicher Vertragsbeziehungen besteht,[37] gehören neben dem Endnutzer und dem App-Anbieter, die App-Entwickler, die Hersteller der mobilen Betriebssysteme mit ihren zentralen Vertriebsplattformen (App Stores) sowie andere Dritte, die an der Erbringung der von der App bereitgestellten Dienstleistung oder an der Erfassung und Verarbeitung personenbezogener Daten beteiligt sind (z.B. Content-Lieferanten oder Anbieter von Analyse- und Werbedienstleistungen).[38] 11

E. Native Apps und Web-Apps

Mobile Apps im gerade vorgestellten Sinne bezeichnet man als **native mobile Apps**. Sie heißen nativ, da sie speziell für eine entsprechende Zielplattform programmiert wurden und nur dort lauffähig sind.[39] Native Apps werden mit einer Programmiersprache – iPhone-Apps hauptsächlich in Objective-C und Android-Apps in Java – programmiert, mit einem Compiler in einen ausführbaren Code übersetzt und direkt auf dem jeweiligen Betriebssystem des mobilen Geräts ausgeführt.[40] Da native Apps plattformspezifisch implementiert sind, ist sichergestellt, dass alle Schnittstellen zur Hardware einheitlich funktionieren und die Ressourcen des Geräts optimal genutzt werden.[41] Außerdem kann das plattformtypische Look-and-Feel sehr gut umgesetzt werden. Die App fühlt sich dadurch 12

34 *Artikel-29-Datenschutzgruppe* (Fn. 27), S. 6.

35 *Andreas Sachs/Miriam Meder*, Datenschutzrechtliche Anforderungen an App-Anbieter. Prüfungen am Beispiel von Android-Apps, ZD 3 (2013), S. 303–308, 303.

36 *Artikel-29-Datenschutzgruppe* (Fn. 27), S. 2.

37 *Viola Lachenmann*, Entwicklungs-, Vertriebs- und Endkundenverträge, in: Solmecke/Taeger/Feldmann (Hrsg.), Mobile Apps (Fn. 29), Kap. 3, Rn. 1–7; *Marly* (Fn. 28), Rn. 1168–1178.

38 *Ewald* (Fn. 29), Rn. 11 f.; *Marly* (Fn. 28), Rn. 1162.

39 *Andreas Hildebrandt/Jörg Luthiger/Christoph Stamm/Chris Yereaztian*, Eine Kategorisierung mobiler Applikationen, in: IMVS Fokus Report 2012, S. 27–32, 27.

40 Ebd. sowie *Sachs/Meder* (Fn. 35), S. 303.

41 *Marly* (Fn. 28), Rn. 1159.

für einen mit der Plattform vertrauten Benutzer sehr intuitiv an, während ein plattformfremder Benutzer sich erst mit der Handhabung vertraut machen muss.[42] Ein wesentlicher Nachteil nativer Apps besteht darin, dass ein Anbieter die App für jedes Betriebssystem getrennt entwickeln muss.[43] Hierdurch ergibt sich ein hoher finanzieller Aufwand.

13 Von den nativen mobilen Apps unterscheidet man **Web-Apps**. Darunter versteht man eine speziell programmierte HTML5-Website, die nicht selbstständig lauffähig ist, sondern deren Inhalt im Internet-Browser eines Mobilgeräts dargestellt wird.[44] Web-Apps sind Webseiten, die nativen Apps von der äußeren Erscheinung her durchaus ähneln, in ihrer Funktionalität aber deutlich eingeschränkt sind. Dies betrifft insbesondere die Verwendung der Geräte-Hardware, also beispielsweise der Kamera, des GPS-Empfängers oder der Bewegungssensoren.[45] Um den nativen Apps vom Look-and-Feel her möglichst nahe zu kommen, müssen Web-Apps so programmiert sein, dass sie sich besonders gut in mobilen Browsern bzw. auf kleinen Displays darstellen lassen. Wichtig ist in diesem Fall die Berücksichtigung von Ansätzen des Responsive Webdesign. Dies bedeutet, dass die aufgerufene Website zunächst feststellt, welche Displaygröße bzw. -auflösung auf dem Zielgerät vorliegt, und dementsprechend die optimale Darstellungsweise auswählt. Web-Apps sind also grundsätzlich nichts anderes als für mobile Endgeräte optimierte Webseiten.[46] Web-Apps haben gegenüber nativen Apps den großen Vorteil, dass sie plattformunabhängig sind. Sie funktionieren auf jedem Smartphone oder Tablet-Computer, egal mit welchem Betriebssystem es ausgestattet ist. Voraussetzung ist lediglich ein mobiler Internet-Browser.[47]

14 Wenn im Folgenden von Apps die Rede ist, dann sind damit immer native Apps gemeint. Web-Apps werfen keine datenschutzrechtlich relevanten Problemstellungen auf, die sich in spezifischer Weise von denen klassischer Webseiten unterscheiden würden.

F. Datenschutzrechtliche Aspekte mobiler Apps

I. Anwendbares Recht

15 Verwaltungs-Apps unterscheiden sich nicht in spezifischer Weise von den mobilen Apps anderer Anbieter. Aus diesem Grund werden im Folgenden einfach die Begriffe App und mobile App verwendet. Das Allermeiste, das in datenschutzrechtlicher Hinsicht für die mobilen Apps kommerzieller Anbieter gilt, kann

---

42 *Hildebrandt/Luthiger/Stamm/Yereaztian* (Fn. 39), S. 27.

43 *Marly* (Fn. 28), Rn. 1159.

44 *Marly* (Fn. 28), Rn. 1159; *Sachs/Meder* (Fn. 35), S. 303.

45 *Ewald* (Fn. 29), Rn. 3; *Hildebrandt/Luthiger/Stamm/Yereaztian* (Fn. 39), S. 29 f.

46 *Julia Goltz*, Mobile Applikationen für Bibliotheken im deutschsprachigen Raum. Aktualisierte und erweiterte zweite Version, in: ZIB-Report 15–49, Online-verfügbar unter folgender URL: https://opus4.kobv.de/opus4-zib/frontdoor/index/index/docId/5624 (Letzter Zugriff: 31. 03. 2017), S. 8.

47 *Denker/Hartl/Denker* (Fn. 29), Kap. 1, Rn. 29; *Marly* (Fn. 28), Rn. 1159.

auch auf Apps der öffentlichen Verwaltung angewendet werden. Allerdings besteht dahingehend eine Besonderheit, dass Verwaltungs-Apps von öffentlichen Anbietern verantwortet werden. Nach bisheriger Rechtslage hat dies durchaus große Relevanz, da das deutsche Datenschutzrecht maßgeblich von der Unterscheidung zwischen **öffentlichen und nicht-öffentlichen Stellen** geprägt war. Unter dem Begriff der öffentlichen Stelle wird gemäß § 2 Abs. 1 und 2 BDSG alter wie neuer Fassung der gesamte Bereich der Betätigung der öffentlichen Hand verstanden, also die Behörden, Organe der Rechtspflege und andere öffentlich-rechtlich organisierte Einrichtungen ungeachtet ihrer Rechtsform.[48] Für die öffentlichen Stellen des Bundes gilt gemäß § 1 Abs. 2 Nr. 1 BDSG i.V.m. § 2 Abs. 1 BDSG das BDSG. Öffentliche Stellen der Länder gelten dahingegen gemäß § 1 Abs. 2 BDSG nur insofern als Normadressaten des BDSG, als der Datenschutz nicht durch Landesrecht geregelt ist. Da aber jedes Bundesland ein eigenes Landesdatenschutzgesetz erlassen hat, verbleibt diesbezüglich kein Anwendungsbereich des BDSG. Für die öffentlich-rechtlich organisierten Einrichtungen der Länder, Gemeinden und Gemeindeverbände greifen vielmehr die jeweiligen Landesdatenschutzgesetze.[49]

Bekanntermaßen ergaben sich durch die Verabschiedung der europäischen **Datenschutz-Grundverordnung** (DSGVO) vom 27. 04. 2016, die seit dem 25. 05. 2018 in allen EU-Mitgliedstaaten unmittelbar gilt, zahlreiche Veränderungen.[50] *16*
Beispielsweise wurde die für das deutsche Datenschutzrecht prägende Unterscheidung zwischen öffentlichen und nicht-öffentlichen Stellen weitgehend aufgegeben,[51] d.h. die DSGVO gilt ausnahmslos und in gleicher Weise für alle Anbieter mobiler Apps, wenn auch § 1 Abs. 2 Nr. 1 BDSG i.V.m. § 2 Abs. 1 BDSG in der aktuellen Fassung die Begriffe der „öffentlichen" und der „nichtöffentlichen Stellen" noch kennt. An den Grundlagen des Datenschutzrechts ändert sich zunächst wenig. Sachlicher Anwendungsbereich bleiben personenbezogene Daten, d.h. gemäß Art. 4 Nr. 1 DSGVO alle Informationen, die sich auf eine identifizierte oder identifizierbare natürliche Person beziehen.[52] Regelungsadressaten der DSGVO sind laut Art. 3 Abs. 1 DSGVO die **Verantwortlichen** und die **Auftragsverarbeiter**. Die Begriffe sind weit gefasst und es kann sich jeweils um eine natürliche oder juristische Person, eine Behörde oder jede andere Stelle handeln, die personenbezogene Daten allein oder im Auftrag verarbeitet.[53] Prägend bleibt weiterhin das **Verbotsprinzip**, demzufolge jede Verarbeitung personenbe-

---

48 *Jürgen Kühling/Christian Seidel/Anastasios Sivridis*, Datenschutzrecht, 3. Aufl., München, Rn. 260.

49 Ebd. Rn. 266.

50 Vgl. hierzu die Beiträge von *Herbst, Horster* und *Kugelmann* im vorliegenden Handbuch.

51 *Plath*, in: ders., BDSG/DSGVO, Kommentar, 2. Aufl. 2016, Art. 2 DSGVO, Rn. 2.

52 *Plath*, in: ders. (Fn. 51) Art. 2 DSGVO Rn. 4 u. Art. 4, Rn. 4; *Niko Härting*, Datenschutz-Grundverordnung, Köln 2016, Rn. 271 f.

53 *Barlag*, in: Alexander Roßnagel (Hrsg.), Europäische Datenschutz-Grundverordnung. Vorrang des Unionsrechts – Anwendbarkeit des nationalen Rechts, Baden-Baden 2017, § 3 Rn. 3; *Schreiber*, in: Plath (Fn. 51), Art. 4 DSGVO, Rn. 25–28.

zogener Daten einer Rechtfertigung durch die Einwilligung des Betroffenen, ein „berechtigtes Interesse" des Datenverarbeiters oder einen anderen gesetzlichen Erlaubnisgrund bedarf.[54] In Bezug auf zahlreiche Einzelfragen herrscht jedoch immer noch ein erhebliches Maß an **Rechtsunsicherheit**,[55] der in der nach und nach erscheinenden Fachliteratur und Kommentierung nur langsam entgegengewirkt wird. Im Zentrum steht dabei die Frage, wie sich die etwa 70 **Öffnungsklauseln** und die damit den Mitgliedstaaten eröffneten Regelungskompetenzen konkret auswirken.[56]

17 Nach wie vor nicht hinreichend geklärt ist des Weiteren, welche datenschutzrechtlichen Konsequenzen sich für den Bereich der **Telemediendienste** und der **Telekommunikationsdienste** ergeben,[57] der für mobile Apps von besonderer Bedeutung ist. Für Telemediendienste und Telekommunikationsdienste gelten bereichsspezifische Regelungen, das Telemediengesetz (TMG) und das Telekommunikationsgesetz (TKG). Als bereichsspezifische Rechtsvorschriften gehen sie gemäß § 1 Abs. 3 S. 1 BDSG dem allgemeinen Datenschutzrecht von Bund und Ländern vor.[58] Hinsichtlich der DSGVO gilt Folgendes: Prinzipiell richtet sich die Verarbeitung personenbezogener Daten künftig nach Art. 5 Abs. 1 DSGVO. Mithin muss auch für die Datenverarbeitungsvorgänge im Anwendungsbereich des TMG künftig eine Einwilligung durch eindeutige bestätigende Handlung erteilt werden.[59] Das TMG gilt gemäß § 1 Abs. 1 für Telemediendienste, also für alle elektronischen Informations- und Kommunikationsdienste, soweit sie nicht Telekommunikationsdienste, telekommunikationsgestützte Dienste oder Rundfunk sind.[60] Unter Rundfunk versteht man alle Dienste, die Bild oder Ton linear verbreiten, beispielsweise Radio-Streams.[61] Vom TMG erfasst sind damit nach herrschender Meinung alle Apps mit:

1. Online-Anbindung,
2. die nicht nur Daten transportieren, sondern auch aufbereiten und
3. nicht nur lineare Streams anbieten.[62]

---

54 *Plath*, in: ders. (Fn. 51), Art. 6 DSGVO, Rn. 4; *Niko Härting*, Datenschutz-Grundverordnung, Köln 2016, Rn. 258.

55 *Roßnagel*, in: Roßnagel (Fn. 53), § 1, Rn. 52 u. § 2, Rn. 34.

56 *Roßnagel*, in: Roßnagel (Fn. 53), § 1, Rn. 49; *Jürgen Kühling/Mario Martini et al.*, Die Datenschutz-Grundverordnung und das nationale Recht. Erste Überlegungen zum innerstaatlichen Regelungsbedarf, Münster 2016, S. 1–4; *Jürgen Kühling/Mario Martini*, Die Datenschutz-Grundverordnung: Revolution oder Evolution im europäischen und deutschen Datenschutzrecht?, EuZW 2016, S. 448–454, 449.

57 *Kühling/Martini* (Fn. 56), S. 450; *Hullen/Roggenkamp*, in: Plath (Fn. 51), Einl. TMG, Rn. 12 f.

58 *Ulrich Baumgartner*, in: ders./Ewald (Hrsg.), Apps und Recht (Fn. 29), Rn. 202.

59 *Konferenz der unabhängigen Datenschutzbehörden des Bundes und der Länder*, Positionsbestimmung. Düsseldorf, 26. April 2018. Zur Anwendbarkeit des TMG für nicht-öffentliche Stellen ab dem 25. Mai 2018 (zuletzt abgerufen am 22. 08. 2018), S. 3.

60 *Ewald* (Fn. 29), Rn. 148.

61 *Ewald* (Fn. 29), Rn. 148.

62 *Ewald* (Fn. 29), Rn. 148.

Das **TMG** findet immer dann Anwendung, wenn der Datenumgang auf der Diensteebene betroffen ist. Gemeint ist der Umgang mit Daten, die zur Bereitstellung des Dienstes erhoben und verwendet werden. Von Bedeutung sind einerseits die Bestandsdaten (§ 14 TMG) und andererseits die Nutzungsdaten (§ 15 TMG).[63] Einen Telemediendienst stellen nach herrschender Meinung in jedem Fall die App-Stores der Plattformbetreiber dar. Allerdings stellt sich hier die Frage, ob der App-Store-Betreiber oder der App-Anbieter für die datenschutzkonforme Gestaltung der jeweiligen Produktseiten der Apps verantwortlich ist.[64] Nicht als Telemedien zu qualifizieren sind Apps, die ausschließlich zum Zweck der Verwendung auf dem mobilen Endgerät des Nutzers installiert werden, deren Nutzung keine Internetverbindung erfordert und die auch nicht unbemerkt über das Internet kommunizieren.[65] Diese reinen Offline-Apps bzw. kommunikationslosen Apps sind in datenschutzrechtlicher Hinsicht weniger problematisch als Apps mit Online-Anbindung. *18*

Normadressaten des **TKG** sind Diensteanbieter im Sinne des § 3 Nr. 6 TKG, d.h. jeder, der ganz oder teilweise geschäftsmäßig Telekommunikationsdienste erbringt oder daran mitwirkt. Die Legaldefinition für Telekommunikationsdienste findet sich in § 3 Nr. 24 TKG. Demnach sind Telekommunikationsdienste in der Regel gegen Entgelt erbrachte Dienste, die ganz oder überwiegend in der Übertragung von Signalen über Telekommunikationsnetze bestehen, einschließlich Übertragungsdienste in Rundfunknetze. Zur Abgrenzung vom Gegenstandsbereich des TMG wird das so genannte Schichtmodell herangezogen, demzufolge das TKG den technischen Vorgang des Übertragens von Inhalten (Transportebene) und das TMG das Angebot der Inhalte (Interaktions- oder Anwendungsebene) umfasst.[66] Es gibt durchaus mobile Apps, die der Definition des TKG entsprechend als Telekommunikationsdienste beschrieben werden können, beispielsweise Radio-Apps von Rundfunkanstalten oder Apps mit Voice-over-IP-Funktionen (Skype-App). Allerdings gibt es bisher keine Apps der öffentlichen Verwaltung, die als Telekommunikationsdienst anzusehen sind. Vor diesem Hintergrund hat das TKG, obwohl es grundsätzlich auf mobile Apps anwendbar wäre, hier keine praktische Relevanz. *19*

Die Zukunft genaue Anwendbarkeit der spezialgesetzlichen Regelungen des TMG und des TKG ist seit Inkrafttreten der DSGVO ausgesprochen umstritten. Klar ist nur, dass die DSGVO in absehbarer Zeit durch eine europäische E-Privacy- *20*

---

63 *Düsseldorfer Kreis*, Orientierungshilfe zu den Datenschutzanforderungen an App-Entwickler und App-Anbieter, Ansbach 2014, online verfügbar unter folgender URL: https://datenschutz-berlin.de/attachments/1047/OH_Apps.pdf (Letzter Zugriff: 31.03.2017), S. 9.

64 *Ewald* (Fn. 29), Rn. 154; *Andreas Lober/Frank Falker*, Datenschutz bei mobilen Endgeräten – Roadmap für App-Anbieter. in: Kommunikation und Recht, 16. Jahrgang, Heft 6/2013, S. 357–364, 359 f.

65 *Taeger* (Fn. 31), Kap. 5, Rn. 38.

66 *Baumgartner* (Fn. 58), Rn. 205.

Verordnung ergänzt werden soll, die als bereichsspezifische Regelung für die elektronische Kommunikation zu verstehen ist. Vorentwürfe zu dieser Verordnung sind zwar bekannt geworden, aber Details sind nach wie vor unklar.

21 Die skizzierte Rechtsunsicherheit bei den Telemediendiensten gilt auch – und vermutlich sogar noch in höherem Maße – im Bereich der mobilen Apps. Für die datenschutzrechtliche Situation nach bisheriger Rechtslage liegen mehrere Darstellungen und Aufsätze vor. Außerdem gibt es sehr nützliche **Handlungsempfehlungen** von Datenschutzaufsichtsbehörden und Datenschutzorganisationen, insbesondere die „Orientierungshilfe zu den Datenschutzanforderungen an App-Entwickler und App-Anbieter“[67] des Düsseldorfer Kreises sowie die „Stellungnahme 13/2011 zu den Geolokalisierungsdiensten von intelligenten mobilen Endgeräten“[68] bzw. die „Stellungnahme 02/2013 zu Apps auf mobilen Endgeräten“[69] der Artikel-29-Datenschutzgruppe der EU. Für die App-Thematik liegt bisher keinerlei rechtswissenschaftliche Aufarbeitung nach der neuen Rechtslage vor. Aus diesem Grund werden sich die folgenden Ausführungen auf Bereiche beschränken, für die auch unabhängig von ausstehenden rechtlichen Präzisierungen erste Aussagen getroffen werden können.

II. Im App-Kontext relevante Daten

22 Im Zusammenhang mit mobilen Apps begegnet eine ganze Reihe von Informationen, die sowohl nach bisheriger als auch nach neuer Rechtslage eindeutig als personenbezogene Daten aufzufassen sind. Sie sind eng mit den bereits erwähnten Charakteristika mobiler Apps verknüpft. Man kann grundsätzlich zwei Arten von Daten unterscheiden: **Automatisiert erhobenen Daten** und **Daten, die von den App-Nutzern selbst übermittelt** werden. Während die erste Art eher technischer Natur ist und der Nutzer auf ihre Erhebung und Verarbeitung in der Regel kaum Einfluss hat, muss der Nutzer bei der zweiten Art selbst tägig werden, beispielsweise indem er Formulare ausfüllt. Um eine App herunterladen und installieren zu können, muss er sich zunächst bei einem App-Store-Betreiber registrieren und hierfür bestimmte personenbezogenen Daten hinterlegen. Bei vielen Apps, die Online-Dienste bereitstellen oder nutzen, ist zusätzlich eine Registrierung und Anmeldung beim App-Anbieter oder dem Anbieter des Online-Dienstes notwendig.[70] Zur besseren Übersichtlichkeit sollen die Arten der von den App-Nutzern erhobenen und verarbeiteten Daten in Form einer Tabelle dargestellt werden:[71]

---

67 *Düsseldorfer Kreis* (Fn. 63).

68 *Artikel-29-Datenschutzgruppe*, Stellungnahme 13/2011 zu den Geolokalisierungsdiensten von intelligenten mobilen Endgeräten. WP 185. Brüssel 2011, online verfügbar unter folgender URL: http://ec.europa.eu/justice/data-protection/article-29/documentation/opinion-recommendation/files/2011/wp185_de.pdf (Letzter Zugriff: 31.03.2017).

69 *Artikel-29-Datenschutzgruppe* (Fn. 27).

70 *Lober/Falker* (Fn. 64), S. 358.

71 *Stephan Schwarz*, Gibt's dafür auch eine App? Datenschutzrechtliche Anforderungen an mobile Bibliotheks-Apps und Leitfaden für die Praxis, Kassel 2017, S. 29.

	Benennung	**Beschreibung**
Automatisiert erhobene Daten	UDID	Unique Device Identifier: eindeutige Gerätenummer eines iOS-Geräts; sie wird sowohl von Apple selbst zur Zuordnung des Geräts zu einer Apple-ID als auch von App-Anbietern zu Identifizierung eines App-Nutzers verwendet; wichtigstes Merkmal der UDID ist, dass sie übergreifend von allen Apps verwendet werden kann und das Tracking des Nutzers ermöglicht.
	Android Device-ID	Eindeutige Gerätenummer eines Android-Geräts, vergleichbar mit der UDID bei iOS
	IMEI	International Mobile Equipment Identity; eindeutige Gerätenummer, anhand derer jedes Mobilfunk-Endgerät weltweit eindeutig identifiziert werden kann
	IMSI	International Mobile Subscriber Identity; eindeutige Kartenkennung im Bereich des mobilen Internets
	IDFA	Identifier for Advertising; eindeutiger Werbeidentifikator bei iOS-Geräten
	Android WerbeID	Eindeutiger Werbeidentifikator bei Android-Geräten
	MAC-Adresse	Media AccessControl-Adresse; eindeutige Hardware-Adresse eines Netzwerkadapters; z.B. notwendig für das Einloggen in einem WLAN-Zugangspunkt
	IP-Adresse	Bei allen Apps notwendig, die Online-Dienste bzw. Internetkommunikation anbieten
	Standortdaten	Standortdaten werden von vielen Apps erhoben, insbesondere wenn sie standortbasierte Dienste (Location Based Services) bieten; die Geolokalisierung kann mit Hilfe von GPS-, Bluetooth- (z.B. Indoornavigation mit iBeacons) oder WLAN-Signalen durchgeführt werden; die Artikel-29-Datenschutzgruppe hat im Jahr 2011 eindeutig festgelegt, dass Standortdaten als personenbezogene Daten zu qualifizieren sind.
Vom Nutzer übermittelte Daten (in Auswahl)	**Benennung**	**Beschreibung**
	Name, Geburtsdatum	Vor- und Nachname des App-Nutzers, ggf. auch das Geburtsdatum; für die Registrierung bei einem App-Store-Betreiber bzw. Betriebssystemanbieter notwendig (z.B. für Apple-ID oder Android-ID), ebenso für die Erbringung zahlreicher Verwaltungsdienstleistungen
	Adresse, Telefon	Anschrift, Wohnort, Telefon; für die Erbringung zahlreicher Verwaltungsdienstleistungen notwendig
	E-Mail-Adresse	E-Mail-Adresse des App-Nutzers; für die Registrierung bei einem App-Store-Betreiber bzw. Betriebssystemanbieter notwendig (z.B. für Apple-ID oder Android-ID)
	Zahlungsinformationen	Z.B. Bankdaten oder Kreditkarteninformationen; für bestimmte Registrierungsvorgänge notwendig ebenso bei der Benutzern einiger Apps sowie bei Bezahlvorgängen
	Apple-ID	Muss beim Herunterladen und Installieren von Apps aus Apples App-Store angegeben werden; eindeutige Identifikation des Kunden
	Google-ID	Muss beim Herunterladen und Installieren von Apps aus Google-Play angegeben werden; eindeutige Identifikation des Kunden
	PIN-Codes	Sicherheits-Codes, um Zugriff auf bestimmte Online-Dienste zu erhalten; in der Regel in Verbindung mit Zugangsnamen oder -nummern
	Fotos, Videos	Werden mit dem Smartphone aufgenommen oder dort gespeichert; vielfach enthalten sie zusätzliche Informationen wie Datum, Uhrzeit, Standort, etc.

III. Informationspflichten

23 Bereits nach bisher geltender Rechtslage sind die Informationspflichten gegenüber den App-Nutzern von großer Bedeutung. Sie bestehen im Wesentlichen in der Angabe eines gut erreichbaren **Impressums** sowie einer **Datenschutzerklärung**, die die Nutzer vor der ersten Inanspruchnahme der App in gut verständlicher Form über die Erhebung und Verarbeitung ihrer personenbezogenen Daten aufklärt. Die Datenschutzaufsichtsbehörden legen großen Wert darauf, dass diese Datenschutzerklärungen App-spezifisch sind, d.h. sie sollen auf die jeweilige App zugeschnitten sein und nicht etwa einfach der Datenschutzerklärung für die Website des jeweiligen Anbieters entsprechen. Auch wenn es bisher noch keine aktualisierten Handlungsanleitungen der Datenschutzaufsichtsbehörden für mobile Apps gibt, ist davon auszugehen, dass das Erfordernis der App-spezifischen Datenschutzerklärung Bestand haben wird. Für die DSGVO ist die transparente Information und Kommunikation gegenüber der betroffenen Person von grundlegender Bedeutung. Die Informationspflichten finden sich in den Artikeln 12 bis 14 DSGVO. Sie enthalten zum Teil deutlich detailliertere Anforderungen als das BDSG sowie die bereichsspezifischen Regelungen.[72] Dies bedeutet, dass die Datenschutzerklärungen mobiler Apps vermutlich überarbeitet und erweitert werden müssen.[73] Art. 12 Abs. 7 und 8 DSGVO enthält eine interessante Neuerung. Datenschutzerklärungen und Informationen können künftig mittels maschinenlesbarer standardisierter Symbole vereinfacht dargestellt werden.[74]

IV. Einwilligungen

24 Nach Art. 6 Abs. 1 UAbs. 1 lit. a DSGVO ist eine Datenverarbeitung dann zulässig, wenn die betroffene Person ihre Einwilligung für eine oder mehrere Zwecke gegeben hat. Diese Einwilligung muss gemäß Art. 4 Nr. 11 DSGVO eine freiwillige, in informierter Weise und unmissverständlich abgegebene Willensbekundung in Form einer Erklärung oder einer in anderer Weise eindeutig bestätigenden Handlung sein. Weder ein Schweigen oder vorangekreuzte Kästchen noch die Untätigkeit der betroffenen Person können als wirksame Einwilligung herangezogen werden. Idealerweise sollte die Einholung der Einwilligung daher als **Opt-in** ausgestaltet sein.[75] Die Form der Einwilligung wird von Art 7 DSGVO nicht festgelegt, daher ist die elektronische Einwilligung grundsätzlich – und nicht nur wie bisher unter den Voraussetzungen des § 13 Abs. 2 TMG – gestattet.[76] Um den Vorgaben zu entsprechen, ist es daher notwendig, für sämtliche durch die App induzierte Datenverarbeitungsprozesse, die nicht durch einen gesetzlichen Erlaubnistatbestand gedeckt sind, Einwilligungen einzuholen. Dafür bietet sich weiterhin die Form eines Pop-Up-Fensters an, das entweder direkt bei der Installa-

72 *Geminn/Richter*, in: Roßnagel (Fn. 53), § 4, Rn. 277.
73 *Härting* (Fn. 52), Rn. 56.
74 *Hohmann*, in: Roßnagel (Fn. 53), § 3, Rn. 133.
75 *Nebel*, in: Roßnagel (Fn. 53) § 3, Rn. 70.
76 *Geminn/Richter*, in: Roßnagel (Fn. 53), § 4, Rn. 279.

tion der App (so bei Android-Apps üblich) oder spätestens vor der ersten Nutzung (so im iOS-Bereich) deutlich auf bevorstehende Datennutzungen hinweist und die Einwilligung in diese einholt. Besondere Relevanz hat die Einwilligung, wenn auf bestimmte Hardware-Funktionen des mobilen Endgeräts zurückgegriffen wird, z.B. die Kamera, das Mikrophon, den GPS-Sensor sowie die Bluetooth- oder die WLAN-Funktionalität. GPS, Bluetooth und WLAN sind dann von Bedeutung, wenn Standortdaten erhoben werden und so genannte Location-Based-Services angeboten werden. Diese finden sich in vielen Apps der öffentlichen Verwaltung, beispielsweise wenn auf Behördenstandorte im Umkreis hingewiesen oder sogar eine Navigation zu diesen angeboten wird.[77]

V. Datensicherheit: Technische und organisatorische Maßnahmen

Datensicherheit umfasst die Gesamtheit aller technischen und organisatorischen Maßnahmen, die einen unzulässigen Umgang mit personenbezogenen Daten verhindern, und dient damit dem Schutz der informationellen Selbstbestimmung.[78] Charlotte Barlag führt dazu aus: „Seit den ersten Datenschutzgesetzen wird versucht, Technik dienstbar zu machen, um Datenschutzziele zu erreichen. Dies wird in den letzten Jahren durch Vorgaben für die Technikgestaltung ergänzt […]. Während dies zum Ziel hat, technische und organisatorische Maßnahmen schon in die Technik zu implementieren, können technische und organisatorische Maßnahmen, die der Datensicherheit dienen, zu jedem Zeitpunkt der Verarbeitung eingesetzt werden.“[79] 25

Die wesentlichen Bestimmungen zur Datensicherheit finden sich in den Artikeln 5 Abs. 1 lit. f und Art. 32 DSGVO. Demnach ist durch technische und organisatorische Maßnahmen der Schutz vor unbefugter oder unrechtmäßiger Verarbeitung und vor unbeabsichtigtem Verlust, vor unbeabsichtigter Zerstörung oder unbeabsichtigter Schädigung sicherzustellen. Unbefugte dürfen keinen Zugang zu den Daten haben und weder die Daten noch die Geräte, mit denen diese verarbeitet werden, benutzen können.[80] Datenverarbeiter haben außerdem die Pflicht, durch technische und organisatorische Maßnahmen Sorge für ein dem Risiko angemessenes Schutzniveau zu tragen, wobei der Stand der Technik, die Implementierungskosten und die Art des Umfangs, der Umstände und der Zwecke der Verarbeitung sowie die unterschiedliche Eintrittswahrscheinlichkeit und die Schwere des Risikos für die persönlichen Rechte und Freiheiten natürlicher Personen zu berücksichtigen sind.[81] Als einzelne Maßnahmen nennt Art. 32 Abs. 1 DSGVO: 26

77 *Schwarz* (Fn. 71), S. 40–42.
78 *Barlag*, in: Roßnagel (Fn. 53), § 3, Rn. 193.
79 Ebd. § 3, Rn. 194.
80 Ebd. § 3, Rn. 196.
81 Ebd. § 3, Rn. 197.

a) die Pseudonymisierung und Verschlüsselung personenbezogener Daten;

b) die Fähigkeit, die Vertraulichkeit, Integrität, Verfügbarkeit und Belastbarkeit der Systeme und Dienste im Zusammenhang mit der Verarbeitung auf Dauer sicherzustellen;

c) die Fähigkeit, die Verfügbarkeit der personenbezogenen Daten und den Zugang zu ihnen bei einem physischen oder technischen Zwischenfall rasch wiederherzustellen;

d) ein Verfahren zur regelmäßigen Überprüfung, Bewertung und Evaluierung der Wirksamkeit der technischen und organisatorischen Maßnahmen zur Gewährleistung der Sicherheit der Verarbeitung.

VI. Datenschutz durch Technikgestaltung: „Privacy bei Design" und „Privacy bei Default"

27 Eng verbunden mit der Datensicherheit ist die Forderung des Datenschutzes durch Technikgestaltung. Wichtig sind in diesem Zusammenhang zwei Prinzipien, die bereits seit Jahren Eingang in den wissenschaftlichen Diskurs gefunden haben, die aber durch die DSGVO zum ersten Mal gesetzlich normiert wurden und als wesentliche Neuerungen des europäischen Datenschutzrechts verstanden werden können: „Privacy bei Design" und „Privacy bei Default".[82]

28 **„Privacy by Design"** (Art. 25 Abs. 1 DSGVO) bedeutet, „[…] dass der Schutz der Privatsphäre in allen Stufen der Produktentwicklung Beachtung finden soll. Wird beispielsweise eine App von Anfang an ‚datenschutzfreundlich' programmiert, vermeidet man den Umstellungsaufwand, der mit nachträglichen datenschutzrechtlichen Compliance-Anforderungen regelmäßig verbunden ist."[83] Es geht also darum, dass der Datenschutz bereits in die Technik implementiert ist und auf diese Weise von vornherein verhindert wird, dass nicht erforderliche Daten überhaupt erhoben, verarbeitet, gespeichert oder weitergegeben werden.

29 **„Privacy by Default"** (Art. 25 Abs. 2 DSGVO) zielt dahingegen auf die Voreinstellungen von Telemedien ab. Diese sollen ebenfalls datenschutzfreundlich sein. Wichtig ist hier vor allem die Datensparsamkeit. Die Voreinstellungen sollen so beschaffen sein, dass nur die personenbezogenen Daten erhoben, verarbeitet, gespeichert oder weitergegeben werden, die für eine bestimmte Funktionalität auch erforderlich sind.

30 Gerade im App-Bereich sind viele Szenarien denkbar, in denen die Einhaltung der Prinzipien „Privacy by Design" bzw. „Privacy by Default" ausgesprochen sinnvoll ist: Muss eine bestimmte App unbedingt auf die geräteeigene Kamera oder das persönliche Adressbuch zugreifen? Wozu ist das notwendig? Worin besteht der Mehrwert für den App-Nutzer? Welche Internetverbindungen werden herge-

---

82 *Mario Martini*, in: Boris P. Paal/Daniel A. Pauly (Hrsg.), DS-GVO BDSG. Kommentar, Art. 25, Rn. 10 u. 12, 24 ff. u. 44 ff.

83 *Härting* (Fn. 52), Rn. 110.

stellt? Sind sie für die Erbringung einer bestimmten Dienstleistung überhaupt erforderlich? Könnte die App nicht auch als reine Offline-App realisiert werden? Welche Daten verschickt die App und wohin? Wurde der Nutzer exakt darüber aufgeklärt? Diese Fragen sollten sich App-Entwickler in der öffentlichen Verwaltung unbedingt stellen.

VII. Apps mit Standortdatenerhebung (Location-Based-Services)

Eine Besonderheit des mobilen Internets sind die so genannten Standortdaten.[84] *31*
Aufgrund der raschen Verbreitung des mobilen Internets und tragbarer mobiler Endgeräte ist es für App-Anbieter und Hersteller mobiler Betriebssysteme mittlerweile sehr leicht möglich, einzelne **App-Nutzer mit hoher Genauigkeit zu lokalisieren.**[85] Die dabei generierten Standortdaten werden für die Erbringung von standortbezogenen Diensten (Location-Based-Services) genutzt. Zur Inanspruchnahme solcher Dienste muss die Position des App-Nutzers bekannt sein.[86] Zahlreiche Apps beinhalten Location-Based-Services, beispielsweise im Rahmen von Routenplanung und Navigation, regionaler Wettervorhersage, Reiseführern sowie um Geschäfte, Restaurants, Bankautomaten, Sehenswürdigkeiten oder auch Behörden und andere Institutionen der öffentlichen Verwaltung auffinden zu können.

Der Standort eines App-Nutzers kann in technischer Hinsicht auf verschiedene *32*
Arten ermittelt werden. Die beiden wichtigsten davon sind einerseits die Lokalisierung mittels GPS-Signalen und den **GPS-Sensoren** der mobilen Endgeräte, andererseits die Standortbestimmung mit Hilfe der eindeutigen Identifikationsnummer der geräteeigenen Netzwerkekarte (**MAC-Adresse**) und der **Netzwerkidentifikationsnummern** der WLAN-Zugangspunkte.[87] Standortdaten sind aus datenschutzrechtlicher Perspektive besonders kritisch, da mit ihnen genaue **Bewegungsprofile** des App-Nutzers erstellt werden können. Aufgrund der Tatsache, dass mobile Endgeräte sehr eng mit ihrem Inhaber verbunden und über eindeutige Gerätekennungen bzw. Mobilfunkkartennummern leicht zu identifizieren sind, erlauben Bewegungsprofile Rückschlüsse auf das Leben und die Gewohnheiten der Nutzer. Diese werden wiederum zu Werbezwecken herangezogen, häufig ohne dass die App-Nutzer davon überhaupt Kenntnis erlangen.[88]

Im BDSG und im TMG sind keine spezifischen Regelungen zu Standortdaten *33*
enthalten. Die DSGVO führt dahingegen in Art. 4 Abs. 1 Standortdaten explizit als eine Kategorie personenbezogener Daten auf.[89] Aufgrund der erwähnten Ge-

---

84 Vgl. hierzu auch das vorherige Kapitel zum Thema „Geodaten".
85 *Baumgartner* (Fn. 58), Rn. 312.
86 *Lober/Falker* (Fn. 64), S. 360; *Lachenmann* (Fn. 59), S. 275.
87 *Lober/Falker* (Fn. 64), S. 358. Ausführliche Darstellungen des technischen Hintergrundes finden sich bei *Baumgartner* (Fn. 58), Rn. 314–318 und *Artikel-29-Datenschutzgruppe* (Fn. 68), S. 5–7.
88 *Baumgartner* (Fn. 58), Rn. 319; *Artikel-29-Datenschutzgruppe* (Fn. 68), S. 7 f.
89 *Ernst*, in: Paal/Pauly, DSGVO (Fn. 82), Art. 4 Rn. 14.

fahren für den Datenschutz hat sich die Artikel-29-Datenschutzgruppe der EU bereits im Jahr 2011 intensiv mit der **Geolokalisierung** befasst und in einem Working Paper bestimmte **Mindeststandards** für den Umgang mit Standortdaten aufgestellt. Die im Düsseldorfer Kreis versammelten deutschen Datenschutzaufsichtsbehörden für den nicht-öffentlichen Bereich orientieren sich in ihren Handlungsempfehlungen für App-Entwickler und App-Anbieter aus dem Jahr 2014 an diesen Standards. Die wichtigsten Forderungen der **Artikel-29-Datenschutzgruppe** lassen sich folgendermaßen zusammenfassen:[90]

Bereich	Empfehlungen
Genauigkeit der Standortdaten	• Standortdaten sollten nur mit der Genauigkeit erhoben werden, die für die jeweilige App zwingend erforderlich ist (Beispiel: eine App, die eine Wanderstrecke aufzeichnen soll, braucht möglichst exakte Standortdaten, ansonsten ist die App wenig nützlich; dahingegen genügen beim Einblenden standortbezogener Hinweise auf Restaurants auch weniger präzise Standortangaben) • Standortdaten sollten „verwaschen" werden, so dass der exakte Standort der Nutzer nicht bekannt wird
Standardeinstellung bei Lokalisierungsdiensten	• Die Standardeinstellung („by default") sollte „aus" sein • Der Nutzer sollte dann die Möglichkeit haben, bei bestimmten Anwendungen stufenweise auf „an" zu schalten • Der Nutzer sollte jedes Mal beim Start der Apps erneut gefragt werden
Informationen über die Standortdatenübertragung	• Wenn das mobile Endgerät Standortdaten an den App-Anbieter oder Dritte überträgt, sollte ein ständiger Warnhinweis, z.B. in Form eines Icons, erscheinen
Erteilung der Einwilligung	• Eine Standortdatenverarbeitung setzt grundsätzlich die aktive Einwilligung des Nutzers voraus • Andere Berechtigungen können höchstens ausnahmsweise vorliegen, wenn die Erhebung der Standortdaten für den Betrieb der App zwingend erforderlich ist • Notwendig ist ein informiertes Opt-In-Verfahren; eine Opt-Out-Möglichkeit genügt nicht • Die Einwilligung muss gesondert eingeholt werden und darf beispielsweise nicht mit Allgemeinen Geschäftsbedingungen kombiniert sein • Die Einwilligung muss regelmäßig (alle 12 Monate) erneut eingeholt werden und muss jederzeit sehr einfach zu widerrufen sein

G. Zusammenfassung

34 Mit mobilen Apps stellen Einrichtungen der öffentlichen Verwaltung ihre zentralen Dienstleistungen in **moderner und kundenorientierter Weise** zur Verfügung. Damit kommen sie den Erwartungen und Gewohnheiten ihrer Kundinnen und Kunden entgegen, von überall und zu jeder Zeit schnell und unkompliziert auf wesentliche Informationen und Services zugreifen zu können. Außerdem leisten Apps im Sinne eines professionellen Verwaltungsmarketings einen wichtigen Beitrag zur **positiven Wahrnehmung** und damit zur **Steigerung des Images** der öffentlichen Verwaltung.

90 *Schwarz* (Fn. 71), S. 42.

Bei der Entwicklung und beim Anbieten von Verwaltung-Apps sind neben technischen und vertraglichen Gesichtspunkten auch zahlreiche datenschutzrechtliche Fragestellungen zu beachten. Diese sind mitunter ausgesprochen komplex und bedürfen vertiefter rechtlicher Kenntnisse. Die öffentlichen Verwaltungen müssen sich darüber im Klaren sein, dass sie in datenschutzrechtlicher Hinsicht eine **hohe Verantwortung** tragen. Wenn sie eine mobile App anbieten, sind sowohl nach bisheriger als auch nach künftiger Rechtslage eindeutig sie selbst – und nicht etwa der App-Entwickler oder sonst irgendjemand – für die Einhaltung sämtlicher datenschutzrechtlich relevanter Rechtsvorschriften zuständig. *35*

Leider kommt es immer wieder vor, dass die Beachtung des Datenschutzes bzw. der Datensicherheit erst ganz am Ende des App-Entwicklungsprozesses steht. Dann kann es nachträglich noch zu hohen Kosten und Verzögerungen beim Produktiveinsatz kommen. Dies muss aber nicht sein. Wenn Apps von Anfang an entsprechend den Prinzipien „**Privacy by Design**“ und „**Privacy by Default**“, die mittlerweile Eingang in das europäische Datenschutzrecht gefunden haben, entwickelt werden, ist es durchaus möglich, innovative, ansprechend gestaltete, intuitiv zu bedienende und nutzbringende Verwaltungs-Apps zu entwickeln, die zugleich datenschutzfreundlich sind.[91] Dies kann allerdings nur gelingen, wenn Datenschutz und technische Innovation bzw. Datenschutz und Anwenderfreundlichkeit nicht als Widersprüche, sondern als verschiedene, sich komplementär ergänzende Aspekte der **Kundenorientierung** begriffen werden. *36*

91 Ein gutes Hilfsmittel dafür ist der Praxisleitfaden mit Empfehlungen und einer Checkliste aus *Schwarz* (Fn. 71), S. 53–72. Die Checkliste begleitet die mit der App-Entwicklung betrauten Mitarbeiterinnen und Mitarbeiter in 100 sehr detaillierten Schritten durch alle Phasen des App-Entwicklungsprozesses (von der Konzeption bis zum Produktiveinsatz). Die Empfehlungen und die Checkliste wurden zunächst für den Bibliotheksbereich konzipiert. In weiten Teilen sind sie aber von anderen Bereichen der öffentlichen Verwaltung nachnutzbar.

Smart Grids

Ralf Müller-Terpitz und *Kai-Niklas Knüppel*

A. Einleitung

Schon seit Jahren beschäftigt die Frage nach der künftigen Gestaltung der Energieversorgung Staat und Öffentlichkeit. Die EU hat hierzu ihre „20-20-20-Ziele" formuliert.[1] Auf nationaler Ebene wurde 2011 ein Gesetzespaket verabschiedet, das unter anderem einen vollständigen Ausstieg aus der atomaren Stromerzeugung bis 2022 vorsieht.[2] Zudem soll bis 2050 der Anteil sog. erneuerbarer Energien (EE) an der Stromerzeugung auf mindestens 80 Prozent anwachsen.[3] *1*

Mithin wird sowohl auf europäischer als auch auf nationaler Ebene die Abkehr von fossilen oder atomaren Energieträgern vorangetrieben. Vorrangiges Ziel dieser Abkehr ist der Klima- und Umweltschutz, der in Deutschland über das in Art. 20a GG verankerte Nachhaltigkeitsprinzip als Staatszielbestimmung vorgegeben ist und dessen Bedeutung für die EU insgesamt durch Bestimmungen wie Art. 191 ff. AEUV und Art. 37 GRC unterstrichen wird. Zur Umsetzung dieser Ziele bedarf es neben einer Förderung regenerativer Energien und einer Steigerung der Energieeffizienz auch neuartiger, „intelligenter" Stromnetze – sog. Smart Grids. Sie sind ein wichtiges, ja unverzichtbares Merkmal der künftigen Netzinfrastruktur, um die vorstehend genannten Ziele im Interesse einer Reduzierung der klimaschädlichen Treibhausgase, allen voran CO_2, zu erreichen. Denn der Wechsel von fossiler auf regenerative Energie stellt die Infrastruktur des Stromnetzes vor enorme Herausforderungen. Regenerative Energiequellen sind zumeist wetterabhängig, weshalb mit ihnen Energie nicht konstant und damit vorhersehbar erzeugt zu werden vermag. Mangels Speichermöglichkeiten[4] führt eine für den tatsächlichen Strombedarf zu hohe oder zu niedrige Stromproduktion im Netz indessen zu einer möglichen Diskrepanz zwischen Bedarf und Erzeugung von Strom. Zudem wird Strom immer mehr durch kleine, dezentrale Einheiten und nicht mehr von großen Kraftwerken erzeugt. Hierfür bedarf es eines flexiblen und intelligenten Stromnetzes, das diesen Anforderungen gewachsen ist. Die

1 Bis 2020 20 % erneuerbare Energie, 20 % Treibhausgasreduktion und 20 % erhöhte Energieeffizienz im Vergleich zum Referenzjahr 1990, s. *European Regulators' Group for Electricity and Gas (ERGEG),* Conclusions Paper on Smart Grids, Brüssel 2010, S. 6 f.

2 Gesetz zur Neuregelung energiewirtschaftlicher Vorschriften, BGBl. I S. 1554–1594.

3 § 1 Abs. 2 Nr. 3 EEG 2017.

4 Auf die Möglichkeit einer Energiespeicherung via „E-Mobility" soll nachfolgend nicht näher eingegangen werden, s. hierzu: *Till Karsten,* Datenschutz im Smart Grid & Smart Metering, Saarbrücken 2015, S. 8 f.

bestehende Netzinfrastruktur ist auf die skizzierten Veränderungen allerdings bislang nur unzureichend ausgelegt. Denn zur Sicherstellung einer effizienten Versorgung im Sinne des § 1 EnWG muss ein solches Netz neben dem reinen Stromtransport auch einen Informationsaustausch zwischen den Erzeugern, Lieferanten und Verbrauchern über den Strombedarf und die Stromerzeugung gewährleisten.[5] Durch den Informationsaustausch wird die Menge an zu verarbeitenden Daten massiv steigen sowie das herkömmliche Datenportfolio für eine Energieversorgung (Kundenstammdaten und Messwerte) zunehmend durch moderne Big Data-Analyseverfahren ergänzt.[6]

Diese Art eines intelligenten Netzes bietet neben Chancen indes auch Risiken: Der Auf- und Ausbau von Smart Grids und der damit zusammenhängende ständige Datenaustausch durch das sog. Smart Metering führen zu einem Spannungsverhältnis zwischen den Nachhaltigkeits- und Umweltschutzzielen einer modernen Energieversorgung einerseits und dem Schutz personenbezogener Daten von Endverbrauchern, welcher insbesondere über das Recht auf informationelle Selbstbestimmung aus Art. 2 Abs. 1 i.V.m. Art. 1 Abs. 1 GG eine grundrechtliche Absicherung erfährt, andererseits. Fragen des Datenschutzes und der Datensicherheit, denen vor der Energiewende eine eher untergeordnete Bedeutung zukam, rücken deshalb immer stärker in den Fokus des Energierechts. Vor dieser Folie sollen nach einer Einführung in die Begrifflichkeiten von Smart Grids und Smart Metering (B) und in deren rechtliche Rahmenbedingungen (C) nachfolgend Fragen zum Datenschutz und zur Datensicherheit beantwortet werden (D). Ein Bezug zum E-Government besteht bei den zumeist privatrechtlichen Verhältnissen vor allem hinsichtlich der gesetzlichen Vorgaben und der Aufsichtstätigkeit der Regulierungsbehörden, weshalb diese Aspekte im Rahmen der vorstehend erwähnten Betrachtungsebenen stets gesondert in den Blick genommen werden.

B. Begrifflichkeiten

I. Smart Grids

2 Der englische Begriff „Smart Grid" bezieht sich auf das Stromnetz als Ganzes, welches durch „intelligente" Modernisierungen zur Bewältigung der künftigen Anforderungen umgebaut werden soll. Eine rechtlich verbindliche Legaldefinition des Begriffs „Smart Grids" existiert bislang allerdings nicht.

Die Bundesnetzagentur (BNetzA) versteht unter dem Smart Grid eine Verbindung von Stromleitungen mit Einrichtungen der Kommunikations-, Informations-, Mess- und Regelungstechnik; dementsprechend erfährt das Netz – zuvor reines Transportmedium für Strom – eine Erweiterung um informations- und re-

---

5 *Alexander Windoffer/Johannes Groß*, Rechtliche Herausforderungen des „Smart Grid", VerwArch 2012, S. 491–512, 492.

6 *Bundesnetzagentur*, Digitale Transformation in den Netzsektoren, Bonn 2017, S. 66 f.

geltechnische Elemente.[7] Das Schlagwort des „intelligenten“ Netzes nimmt auf den Umstand Bezug, dass „Netzzustände in Echtzeit erfasst werden können und Möglichkeiten zur Steuerung und Regelung der Netze bestehen, so dass die bestehende Netzkapazität tatsächlich voll genutzt werden kann.“[8] Ihr Einsatz dient mithin einer intelligenten Steuerung der Stromkapazitäten, etwa durch die Kopplung der Stromerzeugung an die Nachfrage (und umgekehrt), und einer engen Abstimmung von Angebot und Nachfrage zur Sicherung der Netzstabilität. Zugleich ermöglicht dies eine dezentrale Aufnahme erneuerbarer Energien in die Netze.[9] Insgesamt erhöht das Smart Grid die Effizienz der Energienutzung und trägt hierdurch zugleich zur Reduktion von Kohlendioxidemission bei.[10]

II. Smart Metering

Die für eine enge Abstimmung zwischen Angebot und Nachfrage notwendige Kommunikation im Smart Grid erfolgt auf der Verbraucherseite durch sog. Smart Meter, also intelligente Messstellen. Diese können vielfältige Messdaten sammeln sowie über Kommunikationsschnittstellen Daten empfangen und senden. Es handelt sich mithin um „intelligente Stromzähler“[11], die durch ihre Einbindung in ein Kommunikationsnetz digitale Daten über und für das Energienetz nutzbar machen. Erst durch diese digitale Einbindung wird die Feststellung der für das Smart Grid benötigten Nachfragemenge und damit die Realisierung des intelligenten Stromnetzes möglich. 3

C. Gegenwärtige Rechtslage

I. Smart Grids

Bezüglich der Aufrüstung von Stromnetzen zu Smart Grids existiert bislang kein zentrales europäisches Regelwerk. Auch auf nationaler Ebene ist hierzu bisher nur wenig normiert. Es bestehen lediglich allgemein gehaltene Vorgaben zur digitalen Netzentwicklung und zum Netzausbau. So statuiert § 11 Abs. 1 EnWG eine Pflicht zur „bedarfsgerechten“ Optimierung und zum Ausbau von Energieversorgungsnetzen, welche allerdings unter dem Vorbehalt der wirtschaftlichen Zumutbarkeit steht; für die Übertragungsnetzbetreiber bestehen insoweit spezielle Netzausbauregelungen (§§ 12a und b EnWG). Zudem müssen gemäß § 9 EEG 4

7 *Bundesnetzagentur*, „Smart Grids“ und „Smart Markets“ – Eckpunktepapier zu den Aspekten des sich verändernden Energieversorgungssystems, Bonn 2011, S. 11 f.; zu anderen Definitionsmöglichkeiten s. *Nicole Angenendt/Katharina Vera Boesche*, Der energierechtliche Rahmen einer Implementierung von Smart Grids, RdE 2011, S. 117–127, 117 f.

8 *Bundesnetzagentur* (Fn. 7), S. 11.

9 Vgl. *Margrit Seckelmann*, Auf dem Weg zum Smart Grid – Vorteile und datenschutzrechtliche Probleme, in: Hermann Hill/Utz Schliesky (Hrsg.), Auf dem Weg zum digitalen Staat – auch ein besserer Staat?, Baden-Baden 2015, S. 241–264, 257.

10 Vgl. *Knut Werner Lange*, Digitalisierung der Energiewirtschaft, EWeRK 2016, S. 165–168, 165.

11 *Seckelmann* (Fn. 9), S. 257.

2017 die Netzbetreiber bei EE-Anlagen bestimmter Größenordnungen über die Möglichkeit verfügen, die Menge der Stromeinspeisung in das Netz abrufen und bei drohender Überlast reduzieren zu können.

Des Weiteren wurde der ebenfalls von § 11 Abs. 1 EnWG verpflichtend vorgegebene sichere Betrieb eines Energieversorgungsnetzes 2011 durch § 11 Abs. 1a EnWG um eine digitale Komponente erweitert. Seitdem umfasst der Betrieb eines sicheren Energieversorgungsnetzes insbesondere auch den Schutz gegen Bedrohungen für Telekommunikations- und elektronische Datenverarbeitungssysteme, die für einen solchen sicheren Netzbetrieb notwendig sind. Hierzu erstellt die BNetzA im Benehmen mit dem Bundesamt für Sicherheit in der Informationstechnik (BSI) einen Katalog mit Sicherheitsanforderungen und veröffentlicht diesen. Dieser sog. IT-Sicherheitskatalog soll die Nutzbarkeit und Zugänglichkeit der zu schützenden Systeme und Daten, die Integrität der verarbeitenden Informationen und Systeme sowie die Gewährleistung der Vertraulichkeit der mit den betrachteten Systemen verarbeiteten Informationen garantieren.[12]

Fraglich ist allerdings, ob diese gesetzlichen Verpflichtungen zum Netzausbau auch deren Aufrüstung zu intelligenten Netzen umfassen. Insgesamt zielen die oben dargestellten Regelungen eher auf eine Kapazitätserhöhung der Netztrassen sowie auf die Abwehr von informationstechnischen Gefahren für den Netzbetrieb ab; einzig die Einbindung regenerativer Energiequellen[13] in das Netz kann als Umsetzung des Smart Grid-Gedankens angesehen werden. Die gesetzlichen Vorgaben an ein „intelligentes" digitales Stromnetz sind also begrenzt[14]; die Entwicklung wird hauptsächlich über wirtschaftliche Anreize vorangetrieben.[15] Nach Auffassung der BNetzA zielt die Digitalisierung vor allem auf eine Optimierung der Prozesse und auf die Verbesserung bzw. Aufrechterhaltung der Versorgungssicherheit, was aufgrund des komplexen digitalen Transformationsprozesses enorme Investitionen in die IT-Infrastruktur notwendig macht. Hierfür kommen vor allem Kooperationsmodelle zwischen Stadtwerken, Forschungsinstituten und Technologieanbietern in Betracht.[16]

---

12 *Bundesnetzagentur,* IT-Sicherheitskatalog, Stand 8.2015, S. 5; abrufbar unter: www.bundesnetzagentur.de/DE/Sachgebiete/ElektrizitaetundGas/Unternehmen_Institutionen/Versorgungssicherheit/IT_Sicherheit/IT_Sicherheit.html [10.01.2018], zuletzt abgerufen am 06.06.2018.

13 Vgl. bspw. § 1 Abs. 1 BBPlG.

14 So auch *Lange* (Fn. 10), S. 166; *Christian Theobald,* in: Wolfgang Danner/ders. (Hrsg.), Energierecht, 92. EL 2017, vor §§ 11–16a EnWG, Rn. 16; *Carsten König,* in: Franz Jürgen Säcker (Hrsg.), Berliner Kommentar zum Energierecht, Bd. 1, 3. Aufl., Frankfurt am Main 2014, § 11 EnWG, Rn. 54 ff.

15 *Konrad Hummel,* in: Danner/Theobald, Energierecht (Fn. 14), Einf ARegV, Rn. 2 und 70 ff.

16 *Bundesnetzagentur* (Fn. 6), S. 64 f.

II. Smart Metering

1. Einführung des Messstellenbetriebsgesetzes

Unionsrecht zufolge sollen für ein Smart Metering bis 2020 80 % der Verbrauchsstellen mit intelligenten Messsystemen ausgestattet sein.[17] Mit diesem flächendeckenden Einbau von Infrastruktur (sog. Smart Meter-Rollout) sollen genaue Verbrauchsplanungen ermöglicht werden, um die benötigte Abstimmung zur effektiven Netzauslastung sicherzustellen und zudem neue Geschäftsmodelle zu eröffnen. Dieses Smart Meter-Rollout steht allerdings unter dem Vorbehalt einer positiven Kosten-/Nutzenanalyse und ist deshalb auch nur in diesem Maße unionsrechtlich verbindlich.[18] 5

Im Unterschied zum Smart Grid enthält auch das nationale Recht für den Messstellenbetrieb und darauf bezogenes Smart Metering detaillierte Regelungen. Ursprünglich waren diese Vorgaben zum Einbau, zum Betrieb und zur Datenkommunikation in den §§ 21b bis 21h EnWG a.F. und in der Messzugangsverordnung (MessZV) enthalten. Die dort getroffenen Regelungen stießen jedoch vor allem bezüglich des Datenschutzes (§ 21g EnWG a.F.) auf erhebliche Kritik und verfassungsrechtliche Bedenken.[19] In Reaktion auf diese Bedenken und infolge der zunehmenden Komplexität dieser Materie regten sich Reformbemühungen, zunächst in Gestalt des „Verordnungspakets Intelligente Netze“, das eine flächendeckende Markteinführung der neuen Systeme sicherstellen sollte.[20] Stattdessen verabschiedete der Bund am 29.08.2016 jedoch das „Gesetz zur Digitalisierung der Energiewende“.[21] Durch dieses Gesetz wurden die bisherigen Regelungen zum Messstellenbetrieb im EnWG und in der MessZV aufgehoben[22] und stattdessen das Messstellenbetriebsgesetz (MsbG) eingeführt, das zum 02.09.2016 in Kraft getreten ist. Im MsbG werden der gesamte Messstellenbetrieb und die Datenkommunikation in intelligenten Energienetzen neu geregelt sowie in einem Gesetz zusammengeführt und insgesamt der Rechtsrahmen für den Smart Meter-Rollout geschaffen. Der Gesetzgeber will so die grundrechtsrelevante Regelungsmaterie nicht nur verfassungskonform gestalten, sondern auch einer weiteren Zersplitterung des Energierechts entgegenwirken.[23]

---

17 Richtlinie 2009/72/EG des Europäischen Parlaments und Rates vom 13.07.2009 über gemeinsame Vorschriften für den Elektrizitätsbinnenmarkt und zur Aufhebung der Richtlinie 2003/54/EG, Anhang I Nr. 2.

18 Vgl. Richtlinie 2009/72/EG Anhang I Nr. 2.

19 S. *Volker Lüdemann/Manuel Christian Ortmann/Patrick Pokrant,* Datenschutz beim Smart Metering – Das geplante Messstellenbetriebsgesetz auf dem Prüfstand, RDV 2016, S. 125–133, 126 m.w.N.

20 *BMWi,* Baustein für die Energiewende: 7 Eckpunkte für das „Verordnungspaket Intelligente Netze“, 2015, S. 3.

21 BGBl. I Nr. 43, S. 2034 ff.

22 Vgl. Art. 3 und 12 des Gesetzes zur Digitalisierung der Energiewende.

23 BT-Drs. 18/7555, S. 3.

Wie schon die Vorgängerregelungen beabsichtigt auch das neue Gesetz, durch die umfassende Einführung intelligenter Messsysteme den Umwelt- und Klimaschutz voranzutreiben.[24] Durch die Einbindung intelligenter Messsystemen in Erzeugungsanlagen und Verbrauchseinrichtungen sollen sowohl Verbrauchern und Netzbetreibern als auch Stromerzeugern ein objektiver und transparenter Zugang zu Verbrauchsdaten ermöglicht werden, so dass Schwankungen zwischen Angebot und Nachfrage im Stromnetz besser koordiniert werden können.[25] Darüber hinaus sollen mit Hilfe der tatsächlichen Echtzeitmessungen für die Verbraucher Einsparungspotentiale durch technisch ermöglichte variable Preisgestaltungen eröffnet werden.[26]

2. Smart Metering unter dem Messstellenbetriebsgesetz

6 Das MsbG umfasst Regelungen zur Ausstattung von sowie zu Anforderungen an Messstellen im Messstellenbetrieb (§ 1 MsbG). Anknüpfungspunkt des Gesetzes ist also der Betrieb einer einzelnen, intelligenten Messstelle. Dieses intelligente Messsystem stellt zugleich das zentrale Element der Smart Metering-Infrastruktur dar.

a) Begriff des intelligenten Messsystems

7 Nach der Legaldefinition in § 2 Nr. 7 MsbG ist unter einem intelligenten Messsystem eine über eine Kommunikationseinheit – das sog. Smart-Meter-Gateway (vgl. § 2 Nr. 19 MsbG) – in ein Kommunikationsnetz eingebundene moderne Messeinrichtung, die den tatsächlichen Elektrizitätsverbrauch erfasst (§ 2 Nr. 15 MsbG), zu verstehen. Durch die Kommunikationseinheit wird eine bidirektionale Kommunikation des Messsystems gewährleistet, womit im intelligenten Stromzähler nicht nur der Verbrauch gemessen werden kann, sondern zudem Kommunikation und wechselseitige Interaktion ermöglicht werden sollen. Damit verändert sich das Bild des Verbrauchers von einem reinen Konsumenten hin zu einem aktiven Teilnehmer am Strommarkt.[27]

b) Einbaupflicht und Betrieb des intelligenten Messsystems

8 Nach den bisherigen Regelungen (§§ 21c ff. EnWG a.F.) bestand die Verpflichtung zum Einbau intelligenter Messsysteme nur bei bestimmten Verbrauchshöhen sowie bei Neuanschlüssen oder größeren Renovierungen. In Bezug auf die unionrechtlichen Einbauvorgaben steht ihr Einbau auch nach neuer Rechtslage stets unter dem Vorbehalt einer allgemeinen Kosten-Nutzen-Analyse.[28] So wird in

---

24 BT-Drs. 18/7555, S. 89.

25 BT-Drs. 18/7555, S. 1.

26 BT-Drs. 18/7555, S. 1.

27 BT-Drs. 18/7555, S. 4, 67.

28 BT-Drs. 18/7555, S. 1; *Simon Schäfer-Stradowsky/Benjamin Boldt*, Energierechtliche Anmerkungen zum Smart Meter-Rollout, EnWZ 2015, S. 349–354, 351 f.

§ 29 MsbG zwischen einer verpflichtenden und einer optionalen Ausstattung unterschieden: Eine *Einbaupflicht* besteht unter den Voraussetzungen der technischen Möglichkeit sowie der Wirtschaftlichkeit, betrifft aber nur Anschlüsse, die einen über den Verbrauch von gewöhnlichen Privathaushalten hinausgehenden Stromverbrauch aufweisen. Namentlich muss deshalb der Jahresstromverbrauch über 6000 KWh liegen oder die Ausstattung mit einem intelligenten Messsystem muss eine Anlage mit einer installierten Leistung über 7 KW betreffen. Darunter besteht nach § 29 Abs. 2 MsbG zumindest die *Möglichkeit des Einbaus*; auch hier gehören die technische Möglichkeit und wirtschaftliche Vertretbarkeit allerdings zu den tatbestandlichen Voraussetzungen. Die technische Möglichkeit besteht, falls mindestens drei voneinander unabhängige Unternehmen intelligente Messsysteme am jeweiligen Ort anbieten (§ 30 MsbG). Die Wirtschaftlichkeit des Einbaus wird anhand einer maximalen jährlichen Preisobergrenze im Verhältnis zum Stromverbrauch bestimmt (§ 31 MsbG). Angeordnet wird also kein Einbau der Technik „um jeden Preis", sondern Kosten und Nutzen sollen in einem vernünftigen Verhältnis zueinanderstehen.[29]

Im rechtswissenschaftlichen Schrifttum werden die Energieeinsparungsmöglichkeiten infolge des Einbaus jedoch zum Teil sehr zurückhaltend bewertet, so dass gerade mit Blick auf die Kosten des Einbaus die dem Gesetz zugrundeliegenden Effizienzerwägungen anzuzweifeln seien.[30] Wie groß die tatsächlichen Einsparungsmöglichkeiten durch Smart Metering tatsächlich sind und ob daraus eine Wirtschaftlichkeit des Einbaus resultiert, wird sich wohl erst im Laufe der Zeit und über größere Skaleneffekte nachweisen oder eben nicht nachweisen lassen. Jedenfalls dürfte die zur Umsetzung der Energiewende zwingend gebotene Einbauverpflichtung mit Berücksichtigung des Kosten-Nutzen-Verhältnisses wirtschaftlich verträglich und rechtlich verhältnismäßig ausgestaltet sein.

Verantwortlich für Einbau und Betrieb des intelligenten Messsystems ist zukünftig nicht mehr der Netzbetreiber, sondern der Messstellenbetreiber (§ 3 Abs. 1 MsbG), wobei wie bisher der Anschlussnutzer und neuerdings auch der Anschlussnehmer einen Dritten zum Betrieb beauftragen können (§§ 5, 6 MsbG). Entgegen der bisherigen Rechtslage (§ 21b EnWG a.F.) ordnet das MsbG also ein „Unbundling", d.h. eine regulatorische Trennung zwischen Netz- und Messstellenbetrieb (§ 1 Nr. 3 MsbG) an.[31] Die Identität zwischen Netzbetreiber und dem (dann sog. „grundzuständigen") Messstellenbetreiber dürfte in den nächsten Jahren jedoch zunächst größtenteils fortbestehen, da der Messstellenbetrieb bis zum Übertrag dieser Aufgabe (§ 43 MsbG) dem örtlichen Verteilnetzbetreiber obliegt

29 BT Drs. 18/7555, S. 91.
30 S. *Volker Lüdemann/Manuel Cristian Ortmann/Patrick Pokrant,* Das neue Messstellenbetriebsgesetz, EnWZ 2016, S. 339–346, 346 m.w.N.
31 Allg. zur Entflechtung s. *Franklin Hünger/Ingo Hesse,* Buchhalterische Entflechtung von Energieversorgungsunternehmen, WPg 2014, S. 953–956; speziell zum Smart Meter-Rollout *Schäfer-Stradowsky/Boldt* (Fn. 28), S. 352.

(§ 2 Nr. 4 MsbG). Das Unbundling beschränkt sich im Übrigen auf eine buchhalterische Entflechtung, da die zunächst nach § 3 Abs. 4 S. 2 MsbG im Referentenentwurf[32] vorgesehene informationelle Entflechtung nicht mehr in der verabschiedeten Fassung des MsbG enthalten ist.[33]

Der Betrieb der Messstelle umfasst neben dem generellen „funktionalen“ Betrieb und der Wartung auch die Funktion des „Smart Meter Gateway Administrators“ (§§ 3 Abs. 1 S. 2, 2 Nr. 20 MsbG), wobei die Administration auf einen beauftragten Dritten übertragen werden kann. Dem Administrator kommt eine zentrale Rolle beim Betrieb zu: Seine Kernaufgaben bestehen in der Installation, Konfiguration, Administration, Überwachung und Wartung der Kommunikationseinheit sowie der dort angebundenen technischen Einrichtungen. Der Administrator hat also die Verantwortung für den technischen Betrieb und damit vor allem für die Datensicherheit.[34]

c) Vorgaben an die einzelne Messstelle

9 An die einzelne Messstelle werden in den §§ 19 ff. MsbG vor allem technische Anforderungen gestellt, um Datenschutz, Datensicherheit und Interoperabilität zu gewährleisten. So muss das Messsystem einen zuverlässigen Datenumgang, eine Visualisierung der Verbrauchwerte und eine sichere Verbindung ermöglichen (§ 21 MsbG). Die Kommunikationseinheit im Messsystem muss ferner dem Stand der Technik entsprechen und sicher angebunden sein (§§ 22, 23 MsbG). Dies wird angenommen, wenn die Vorgaben der Schutzprofile und Technischen Richtlinien des BSI eingehalten werden, die im Anhang des Gesetzes aufgelistet sind.[35] Schutzprofile beschreiben erforderliche Sicherheitseigenschaften für IT-Produkte (hier das Messsystem) sowie für das geforderte Vertrauen in diese Eigenschaften, wodurch technische Anforderungen an Hard- und Software formuliert werden.[36] Technische Richtlinien hingegen beschreiben funktionale und qualitative Anforderungen an IT-Produkte und definieren Schnittstellen, die für die Interoperabilität, Funktionalität und Integration entscheidend sind.[37] Insgesamt umfassen diese Dokumente Vorgaben mit einem Umfang von über 1.000 Seiten, was die technische Regelungsdichte der Vorgaben verdeutlicht. Für den Nachweis der Er-

32 *BMWi,* Referentenentwurf eines Gestzes zur Digitalisierung der Energiewende v. 21.09.2015, abrufbar unter: www.bmwi.de/BMWi/Redaktion/PDF/P-R/referentenentwurf-gesetz-digitalisierung-energiewende,property=pdf,bereich=bmwi2012,sprache=de,rwb=true.pdf [06.06.2018], zuletzt abgerufen am 15.03.2018.

33 *Lüdemann/Ortmann/Pokrant* (Fn. 30), S. 346.

34 BT-Drs. 18/7555, S. 86.

35 Für eine Übersicht der aktuellen durch das BSI gestellten Anforderungen s. www.bsi.bund.de/DE/Themen/DigitaleGesellschaft/SmartMeter/UebersichtSP-TR/uebersicht_node.html, zuletzt abgerufen am 06.06.2018.

36 *Michael Schmidt,* in: Säcker (Hrsg.), Berliner Kommentar zum Energierecht (Fn. 14), Bd. 4, 4. Aufl., Frankfurt am Main 2017, § 22 MsbG, Rn. 92.

37 *BSI,* Zertifizierte IT-Sicherheit, Stand 2016, S. 9.

füllung sicherheitstechnischer Anforderungen besteht nach § 24 MsbG eine Zertifizierungspflicht durch das BSI. Auch an den Administrator werden zu zertifizierende Mindestanforderungen gestellt, die durch „Technische Richtlinien“ des BSI auszugestalten sind (§ 22 Abs. 4 S. 3, 4 MsbG); für den Administrator besteht dementsprechend ebenfalls eine Zertifizierungspflicht (§ 25 MsbG).

Auf einer technischen Ebene hat sich durch das MsbG die Form der Datenübermittlung verändert: Plausibilisierung und Verteilung der Daten finden nunmehr direkt in der Kommunikationseinheit der Messstelle statt; zudem müssen die erzeugten Daten nach einer technischen Übergangsphase ab 2020 automatisiert an die jeweils berechtigten Stellen verteilt werden.[38] Anstelle einer Datenverteilung über den Netzbetreiber als Zwischenstation erfolgt die Verteilung mithin „sternförmig“, d.h. die Daten werden fortan per Direktkommunikation von der Messstelle unmittelbar an die jeweils zum Datenempfang berechtigte Stelle übertragen, ohne dass der Netzbetreiber oder Administrator (Zwischen-)Zugriff auf diese Daten erhält (§ 60 MsbG).

Beim Messstellenbetrieb fallen grundsätzlich drei Arten von Daten an: Messwerte, Netzzustandsdaten und Stammdaten.[39] Bei Messwerten handelt es sich um Angaben über die entnommene, erzeugte oder eingespeiste Energie (§ 2 Nr. 14 MsbG). Stammdaten sind Informationen über Art, technische Ausstattung, Ort, Spannungsebene und kommunikative Anbindung von angeschlossenen Anlagen an das Smart-Meter-Gateway (§ 2 Nr. 22 MsbG). Netzzustandsdaten sind vornehmlich Spannungs- und Stromwerte zur Ermittlung des Netzzustands (§ 2 Nr. 15 MsbG). Das intelligente Messsystem muss in der Lage sein, die Netzzustandsdaten zu messen und zeitnah zu übertragen. Zusätzlich muss es eine Zuordnung des Verbrauchs zu variablen Tarifen ermöglichen sowie die Messwerte von Verbrauch und ggf. Einspeisung zu Abrechnungszwecken im 15-Minuten Takt verarbeiten und übertragen können (§ 21 Abs. 1 Nr. 1 lit. d MsbG). Diese genaue Verbrauchs- und Einspeisungserfassung des Stroms sowie die kommunikative Anbindung der Messstelle ermöglicht eine detaillierte Verbrauchsübersicht des einzelnen Nutzers in Echtzeit. So eröffnet dies auch die Möglichkeit, dass Administratoren und ggf. Dritte jederzeit auf die Stromdaten der Nutzer zugreifen können. Auf die hieraus resultierenden Fragen des Datenschutzes und der Datensicherheit wird noch zurückzukommen sein (nachfolgend IV.). 10

d) Regulierung

Wie ausgeführt bedürfen die vielfältigen Anforderungen an Messstellen, ihr Einbau und vor allem ihr Betrieb der Regulierung und Kontrolle durch die Regulierungsbehörden. Diese erfolgt durch die BNetzA, das BSI sowie zum Teil durch die Physikalisch-Technische Bundesanstalt (§§ 24 ff. MsbG). 11

---

38 *Bundesnetzagentur* (Fn. 6), S. 68; die Bundesnetzagentur hat für Gestaltung dieser technischen Übergangsphase eine Festlegungskompetenz, s. BT-Drs. 18/7555 S. 144.
39 *Lüdemann/Ortmann/Pokrant* (Fn. 19), S. 127.

Die Festlegung technischer und organisatorischer Maßnahmen obliegt vor allem dem BSI, welches Mindestanforderungen an den Einsatz des intelligenten Messsystems in Form von Schutzprofilen und Technischen Richtlinien formuliert, wodurch in Gestalt einer Zertifizierung ein „Gütesiegel“ durch das BSI erteilt wird.[40] Zwar war auch bisher die Gewährleistung von Datenschutz und Datensicherheit der Messsysteme durch die Einhaltung der Anforderungen von Schutzprofilen und Technischen Richtlinien des BSI sicherzustellen (§ 21c EnWG a.F.). Die hierzu entwickelten Standards erlangen nun aber – anders als zuvor – einen allgemein verbindlichen Charakter und tragen dadurch für die technische Umsetzung der spezifischen Datenschutz- und Datensicherheitsanforderungen Sorge.[41]

12 Übergeordnet stellt die BNetzA eine Vereinheitlichung der Bedingungen beim Einbau und bei den technischen Mindestanforderungen im Messstellenbetrieb (§ 47 Abs. 1 MsbG) sowie bei der Datenerhebung sicher (§ 75 MsbG). Durch die Bundesregierung können ferner Verordnungen mit weiteren Detailregelungen erlassen werden (§ 46 MsbG). Zwar ist das MsbG aus sich heraus vollziehbar; jedoch soll durch die Verordnungsermächtigung auf Praxiserfahrungen und die Notwendigkeit nach detaillierteren Regelungen reagiert werden können.[42]

e) *Zwischenfazit*

13 Insgesamt stellen die neuen Regelungen des MsbG die Messstellenbetreiber vor neue Herausforderungen: Erfassung und Verarbeitung der Messdaten bedürfen neuer Prozesse und Systeme für die IT und Telekommunikation; auch die grundsätzlich durch den Messstellenbetreiber zu leistende Administration der Gateways bedarf neuer Prozesse.[43] Es muss bei der Messung und Steuerung von Einspeisung und Verbrauch also vermehrt digitale und bidirektionale Kommunikationstechnik eingesetzt werden, ohne dass es bei den Verbrauchern zu massiven Kostensteigerungen kommt, was wohl weitgehend nur über Skaleneffekte möglich sein wird. Die Funktionsfähigkeit des Betriebs wird dabei durch eine Vielzahl von das MsbG konkretisierenden Verwaltungsvorschriften der Regulierungsbehörden (Richtlinien und Schutzprofilen) sichergestellt, die aktuellen Funktions- und Sicherheitsanforderungen genügen müssen und in der Regel online abrufbar sind.

D. Datenschutz und Datensicherheit in Smart Grids

14 Durch die Anforderungen, die an das einzelne intelligente Messsystem gestellt werden, produziert dieses bedeutend mehr Daten als beim bisherigen Einsatz von einfachen Stromzählern. Der flächendeckende Einbau intelligenter Messsysteme führt also zu einer quantitativen wie qualitativen Ausweitung der Datenerhebung. Hinzu kommt, dass die Daten automatisch ohne aktive Beteiligung des Stromnut-

---

40 BT-Drs. 18/7555, S. 73.

41 *Johannes Franck*, Smart Grids und Datenschutz, Münster 2015, S. 38.

42 BT-Drs. 18/7555, S. 103.

43 *Fritz Wengeler*, Intelligente Messsysteme und Zähler vor dem Pflicht-Roll-Out, EnZW 2014, S. 500–506, 503 f.

zers erhoben werden und damit dessen Bewusstsein über die Datenerhebung eher gering ist.[44] So eröffnen sich große Herausforderungen für den Datenschutz, um der informationellen Selbstbestimmung der Stromnutzer Rechnung zu tragen (I.). Zudem wird das Energieversorgungssystem durch die zunehmende Vernetzung auch sensibler gegenüber Angriffen von außen, so dass auch die Thematik Datensicherheit eine zunehmend wichtige Rolle spielt (II.).

I. Datenschutz

Ob datenfokussierte Dienste und Geschäftsmodelle am Markt eine Chance haben, hängt maßgeblich von ihren Rahmenbedingungen ab und damit vor allem von einem Ausgleich der Datensouveränität der Nutzer einerseits und der Berücksichtigung ökonomischer Notwendigkeiten und der Innovationswirkung eines Produkts andererseits.[45] Wie oben bereits erwähnt, stieß beim Smart Metering der bisher den Datenschutz regelnde § 21g EnWG a.F. aufgrund seiner Unbestimmtheit auf erhebliche verfassungsrechtliche Bedenken. Dementsprechend wurden im Kapitel zur „Datenkommunikation in intelligenten Energienetzen“ mit den §§ 49 bis 75 MsbG deutlich erweiterte Regelungen zum Datenschutz geschaffen, um die einfachgesetzliche Regelungsdichte zu erhöhen und dem verfassungsrechtlichen Gebot der Wesentlichkeit zu entsprechen.[46] Zu diesem Zweck werden zunächst allgemeine Anforderungen an den Umgang mit Daten gestellt (§§ 49 bis 54 MsbG), anschließend die Datenerhebung (§§ 55 bis 59 MsbG) sowie Datenverarbeitung und -nutzung (§§ 60 bis 73 MsbG) spezieller geregelt und die Möglichkeit für Verordnungen der Bundesregierung und Festlegungen durch die BNetzA eröffnet (§§ 74, 75 MsbG). Einer solch umfangreichen Regelungsdichte bedarf es, da durch die Einbauverpflichtung die Stromverbraucher der Datenerhebung zwangsweise ausgesetzt sind und somit ihr Recht auf informationelle Selbstbestimmung gewahrt werden muss.[47] *15*

1. Anknüpfungspunkt und Adressaten der Datenverarbeitung

Das alleinige Sammeln von Daten weist für sich genommen keine datenschutzrechtliche Relevanz auf; vielmehr bedarf es hierfür einer Sammlung *personenbezogener* Daten. Personenbezogene Daten sind deshalb auch im MsbG (vgl. § 49 Abs. 1) Anknüpfungspunkt für die datenschützenden Reglungen. Gemäß § 3 Abs. 1 BDSG a.F. – von der aktuellen Gesetzesfassung des MsbG immer noch in Bezug genommen – (nunmehr Art 4 Nr. 1 DSGVO) handelt es sich bei personenbezogenen Daten um Einzelangaben über persönliche oder sachliche Verhältnisse einer bestimmten oder bestimmbaren natürlichen Person.[48] Wie dargestellt, wer- *16*

44 *Lüdemann/Ortmann/Pokrant* (Fn. 19), S. 128.
45 *Bundesnetzagentur* (Fn. 6), S. 109 f.
46 Vgl. BT-Drs. 18/7555, S. 64 f.
47 *Lüdemann/Ortmann/Pokrant* (Fn. 19), S. 129.
48 Vgl. BT-Drs. 18/7555, S. 105, wo sich inhaltlich auf das bis einschließlich 24.05.2018 gültige BDSG a.F. bezogen wird. Deshalb sind folgend die im MsbG weiterhin verwendeten Normen des BDSG a.F. mit angegeben.

den beim Smart Metering Messwerte, Netzzustandsdaten und Stammdaten durch das intelligente Messsystem erhoben; der Personenbezug dieser Daten ist jeweils gesondert zu bewerten:

Bei Messwerten aus intelligenten Messsystemen ist es möglich, durch eine potentiell sekundengenaue Messung Zeiten und Mengen des Stromverbrauchs detailliert zu erfassen, was bei entsprechender Auswertung in einen Zusammenhang zum Anschlussnutzer gebracht werden kann. Dadurch, dass die meisten Aktivitäten mittlerweile Strom verbrauchen – sei es das Betätigen eines Lichtschalters, die Zubereitung von Speisen oder die Nutzung eines TV-Geräts –, ermöglicht die Auswertung solcher Messwerte tiefgehende Einblicke in die private Lebensführung eines Stromnutzers. Die gewonnenen Daten offenbaren die Art, den Zeitpunkt und den Ort vieler Aktivitäten, womit sich Verhaltensprofile erstellen lassen, und sind über den Stromzähler (zumindest potentiell) natürlichen Personen zuzuordnen.[49] Folglich handelt es sich bei Messwerten um personenbezogene Daten.

17 Schwieriger ist diese Bewertung für Stamm- und Netzzustandsdaten, da es sich bei diesen um überwiegend technische Daten handelt. Für ihre Einordnung als personenbezogene Daten spricht jedoch, dass über die Messstelle eine Zuordnungsmöglichkeit zu einer natürlichen Person besteht, weshalb es sich auch bei diesen Daten um solche personenbezogener Natur handelt.[50] Diese sehr weite Auslegung des Personenbezugs wird jedoch aufgrund der häufig lediglich technischen Daten (Spannungs- und Frequenzdaten) und Abläufe sowie möglicher Beeinträchtigungen für den Messstellenbetrieb und wegen der hierdurch verursachten zusätzlichen Kosten für die Energiewirtschaft zum Teil kritisch hinterfragt.[51] Diese rein an Praktikabilität und Wirtschaftlichkeit ausgerichtete Argumentation vermag aus dem vorstehend genannten Grund indes nicht zu überzeugen, so dass es sich auch bei den Stamm- und Netzzustandsdaten um personenbezogene Daten handelt.

18 Wer auf die personenbezogenen Daten Zugriff erhält, ergibt sich „abschließend" aus § 49 Abs. 1 und 2 MsbG: Dies sind der Messstellen- und der Netzbetreiber, die Bilanzkoordinatoren und Bilanzkreisverantwortlichen, Direktvermarktungsunternehmen nach EEG sowie Energielieferanten. Auffällig hierbei ist, dass der Gateway-Administrator zwar Verantwortung für die Datensicherheit trägt (§ 25 MsbG), aber keinen Zugriff auf die Daten hat, solange keine Personengleichheit mit dem Messstellenbetreiber vorliegt. Des Weiteren können unter den Voraussetzungen des § 4a BDSG a. F. (nunmehr Art. 7 DSGVO) durch Einwilligung des Endverbrauchers auch dritte Stellen Zugriff auf die Daten erlangen. Ferner ist nach § 49 Abs. 3 MsbG ein Outsourcing der Erhebung, Verarbeitung und Nutzung der

49 *Hans Peter Wiesemann*, Orientierungshilfe zum datenschutzgerechten Smart Metering – Ein Licht im Dunkeln?, ZD 2012, S. 447–451, 447.

50 *Lüdemann/Ortmann/Pokrant* (Fn. 19), S. 127 f. Eine Übersicht zur Thematik bietet ferner *Franck* (Fn. 41), S. 64 ff.

51 *Wiesemann* (Fn. 49), S. 448.

Daten möglich, welches unter den allgemeinen Voraussetzungen der Auftragsdatenverarbeitung nach § 11 BDSG a.F. (nunmehr Art. 28, 29 DSGVO) steht.

Mit Blick auf die Regelungen zur Datenkommunikation in Teil 3 des MsbG (§§ 49 ff.) ist im Übrigen zu beachten, dass nicht alle dort aufgeführten Normen Regelungen zu „personenbezogenen Daten" enthalten, sondern zum Teil erweitert alle „Daten" eine Regelung erfahren (so z.B. in den §§ 50, 56, 57, 60 MsbG). Bei diesen Regelungen wird allerdings nicht deutlich, ob tatsächlich eine Erweiterung der geregelten Datenmenge vorliegt oder es sich lediglich um ein Redaktionsversehen handelt. Für § 50 MsbG liegt dieser Verdacht nahe, da sich auch die Gesetzesbegründung auf Daten nach § 49 MsbG bezieht,[52] wohingegen bei Netzzustandsdaten (§ 56 MsbG) und Stammdaten (§ 57 MsbG) der Regelungsrahmen wohl tatsächlich auch andere als personenbezogene Daten umfasst. Systematisch sind also personenbezogene Daten nur ein Teil des in den §§ 49 ff. MsbG geregelten gesamten Datenspektrums.[53] Nichtdestotrotz können potentiell auch diese anderen vom Kapitel „Datenkommunikation in intelligenten Energienetzen" erfassten Daten einen Personenbezug aufweisen. 19

2. Konkurrenz zu anderen datenschutzrechtlichen Regelungen

Aufgrund der Verarbeitung personenbezogener Daten beim Smart Metering stellt sich im Weiteren die Fragen, in welchem Verhältnis das MsbG zu sonstigem nationalen und europäischen Datenschutzrecht steht. Gemäß § 49 Abs. 1 S. 2 MsbG ist eine Datenübermittlung, -nutzung oder -beschlagnahme der durch intelligente Messstellen gewonnen Daten nach anderen nationalen Bundes- und Landesvorschriften explizit ausgeschlossen. Es besteht also ein Anwendungsvorrang der Regelungen des MsbG vor anderen nationalen datenschutzrechtlichen Bestimmungen und somit auch gegenüber dem BDSG in alter wie in aktueller Fassung. 20

Aufgrund des allgemeinen unionsrechtlichen Anwendungsvorrangs könnten jedoch die Regelungen der Datenschutz-Grundverordnung (DSGVO)[54] den datenschutzrechtlichen Vorgaben des MsbG vorgehen. Die Begründung des Gesetzes schweigt sich zur Frage seiner Vereinbarkeit speziell mit der DSGVO aus und stellt insoweit lediglich pauschal die Vereinbarkeit mit EU-Recht fest.[55] 21

Seit dem 25.05.2018 ist die DSGVO in den Mitgliedstaaten als unmittelbar geltendes Recht anzuwenden (vgl. Art. 288 Abs. 2 AEUV) und ginge in ihrem Anwendungsbereich widersprechendem nationalem Recht vor. Der Anwendungsbereich der DSGVO ist gemäß ihrem Art. 2 Abs. 1 weit gezogen und umfasst mit

52 BT-Drs. 18/7555, S. 105.

53 Vgl. *Sebastian Bretthauer,* Smart Meter im Spannungsfeld zwischen Europäischer Datenschutzgrundverordnung und Messstellenbetriebsgesetz, EnWZ 2017, S. 56–61, 59.

54 Verordnung (EU) 2016/679 des Europäischen Parlaments und des Rates vom 27.04.2016 zum Schutz natürlicher Personen bei der Verarbeitung personenbezogener Daten, zum freien Datenverkehr und zur Aufhebung der Richtlinie 95/46/EG, in: Amtsblatt der EU L 199/1 vom 04.05.2016.

55 BT-Drs. 18/7555, S. 65 f.

einigen Ausnahmen jede Verarbeitung personenbezogener Daten. Geht man wie oben dargestellt davon aus, dass es sich bei Smart Metering-Daten um personenbezogene Daten handelt, findet auch eine Erhebung, Erfassung und Speicherung der Daten und damit eine Verarbeitung im Sinne des Art. 3 i.V.m. Art. 4 Nr. 2 DS-GVO statt. Damit ist der Anwendungsbereich der DSGVO grundsätzlich eröffnet.

Über Öffnungsklauseln belässt die DSGVO den Mitgliedstaaten jedoch in vielen Bereichen eigene Regelungsspielräume. Zwar findet sich dort keine ausdrückliche energierechtliche oder speziell auf das Smart Metering bezogene Öffnungsklausel.[56] Jedoch ist nach Art. 6 DSGVO unter den Voraussetzungen seines Absatzes 3 auch der Erlass nationaler Bestimmung zur Datenverarbeitung, d.h. zur Art der Datenverarbeitung, zu den betroffenen Personen, zum Zweck der Erhebung personenbezogener Daten, zur Speicherdauer und zu den Verarbeitungsvorgängen der Daten, möglich. Das der Datenverarbeitung zugrundeliegende Ziel muss ferner im öffentlichen Interesse liegen, was vorliegend mit Blick auf die gesetzlichen Zwecke der Einführung von Smart Metering der Fall ist. Das MsbG genügt diesen Voraussetzungen,[57] so dass seine Regelungen zu Daten im Allgemeinen, aber auch mit Blick auf personenbezogene Daten neben der DSGVO anwendbar bleiben.[58]

3. Voraussetzungen der Datenerhebung, -verarbeitung und -nutzung

22 Ob die nach § 49 MsbG berechtigen Stellen Daten erheben, verarbeiten und nutzen dürfen, richtet sich nach § 50 MsbG. Danach ist zwischen der eingewilligten und der erforderlichen Datenverarbeitung zu unterscheiden, wobei Letztere ohne Einwilligung oder Kenntnis des betroffenen Stromnutzers erfolgen kann. Zu welchen Zwecken eine Datenverarbeitung erforderlich ist, wird in § 50 Abs. 1 MsbG aufgeführt und sodann in Abs. 2 durch Beispiele präzisiert. Die dortige Aufzählung ist an die energiewirtschaftlichen Aufgaben der einzelnen Stellen angepasst.[59]

Wie bereits angesprochen, erfolgt der Prozess der Datenverarbeitung im Stromzähler allerdings direkt, d.h. ohne aktive Beteiligung und damit ohne Kenntnis des Stromnutzers. Den hieraus für die Stromnutzer resultierenden Gefahren der Erstellung detaillierter Personen- und Verhaltensprofile ist mit den datenschutzrechtlichen Grundsätzen der Zweckbindung (a), Datensparsamkeit (b) und Transparenz (c) zu begegnen.

---

56 *Lutz Martin Keppeler,* Personenbezug und Transparenz im Smart Meter-Datenschutz zwischen europäischem und nationalem Recht, EnWZ 2016, S. 99–106, 105.

57 Für eine umfassendere Prüfung der Voraussetzungen s. *Bretthauer* (Fn. 53), S. 60 f.; *Thomas Bräuchle,* Datenschutzprinzipien in IKT-basierten kritischen Infrastrukturen, Baden-Baden 2017, S. 33 f.

58 Zustimmend *Bräuchle* (Fn. 57), S. 34; generell zustimmend, aber kritisch hinsichtlich der Anwendbarkeit der Informationspflichten im MsbG *Keppeler* (Fn. 56), S. 105 f.

59 *Lüdemann/Ortmann/Pokrant* (Fn. 30), S. 344.

a) Zweckbindung

Aufgrund der Vielzahl an Daten und der zur Datenverarbeitung befugten Stellen 23
besteht die Gefahr, dass Daten für andere Zwecke als dem ursprünglichen Erhebungsgrund und damit entgegen dem datenschutzrechtlichen Zweckbindungsgrundsatz verwendet werden. Diese Gefährdung erhöht sich durch den Umstand, dass in der Gesetzesbegründung bereits auf eine geplante künftige Verknüpfung der Smart Metering-Daten mit Daten zum Verbrauch von Gas, Wasser und Wärme hingewiesen wird.[60] Je mehr Marktteilnehmer Zugriff auf Daten erhalten, desto mehr erhöht sich das Risiko einer Datennutzung entgegen dem ursprünglichen Erhebungszweck.

§ 50 Abs. 1 und 2 MsbG stellt deshalb genaue Vorgaben für den Zweck der Datenerhebung, -verarbeitung und -nutzung auf, die an die Aufgaben der jeweils involvierten Stellen angepasst sind. Die Regelung betrifft dabei jede Art von Datum und ist damit losgelöst von einem Personenbezug.[61] Eine darüber hinausgehende Datenerhebung, -verarbeitung und -nutzung ist nur mit Einwilligung des Anschlussnutzers möglich, was insbesondere „energiefremde", zusätzliche Dienstleistungen (sog. „Mehrwertdienste" – vgl. § 2 Nr. 9 MsbG) betrifft.

Die in § 50 MsbG vorgegebenen Datenerhebungszwecke lassen *prima facie* auf 24
eine strenge Zweckbindung der Daten schließen.[62] Dieser Eindruck wird zudem durch den Umstand bekräftigt, dass in den §§ 55 ff. MsbG detailliert geregelt ist, welche Stelle wann welche Daten erheben darf, so dass die Vorgaben insgesamt als sehr differenziert ausgestaltet erscheinen und schon bei der Erhebung der Zweckbindungsgrundsatz unterstützt zu werden scheint.

Eine Berechtigung zum Umgang mit den Daten besteht jedoch für zahlreiche, vom Anschlussnutzer möglicherweise nur schwer zu überschauende Akteure.[63] Zudem ist eine Übertragung der Erhebung, Verarbeitung und Nutzung von personenbezogenen Daten von der berechtigten Stelle auf einen Dienstleister (als Dritten) möglich (§ 49 Abs. 3 MsbG). Von daher verliert die strikt wirkende Bestimmung des § 50 Abs. 1 MsbG Einiges von ihrem potentiell einschränkenden Charakter. Dieser Umstand wiegt umso schwerer, als die im Referentenentwurf[64] zunächst vorgesehene informationelle Entflechtung durch eine rein buchhalterische Entflechtung ersetzt wurde. Eine Weitergabe der Daten an andere Sparten innerhalb eines Unternehmens ist somit möglich, woraus Wettbewerbsvorteile entstehen können.[65]

60 BT-Drs. 18/7555, S. 76.
61 BT-Drs. 18/7555, S. 105.
62 So denn auch die Schlussfolgerung von *Till Karsten/Andreas Leonhardt*, Datenschutzrechtliche Anforderungen bei intelligenten Messsystemen, RDV 2016, S. 22–24, 23.
63 S. o. IV. 1. a).
64 *BMWi*, Referentenentwurf eines Gesetzes zur Digitalisierung der Energiewende v. 21. 09. 2015.
65 Vgl. *BMWi* (Fn. 64), S. 129.

25 Eine Aufweichung des Zweckbindungsgrundsatzes nach § 50 Abs. 1 Alt. 1 MsbG erfolgt aber vor allem durch die Möglichkeit, in die Datenerhebung, -verarbeitung und -nutzung einzuwilligen. Denn durch die in § 50 Abs. 1 MsbG verwendete Formulierung „oder" ist die Einwilligung von den dort aufgelisteten strikten Zwecken losgelöst.[66] Diese Einwilligungsmöglichkeit betrifft alle Formen der Datenkommunikation, namentlich die Erhebung (§ 59 MsbG), die Übermittlung (§ 65 MsbG) sowie den Austausch (§ 70 MsbG), und steht jeweils unter den allgemeinen Einwilligungsvoraussetzungen des § 4a BDSG (a.F. Schriftform, informierte sowie freiwillige Einwilligung über Zweck, Inhalt und Umfang der Datenverarbeitung, nunmehr Art. 7 DSGVO).[67] Durch diese Einwilligungsvoraussetzungen wird der Zweckbindungsgrundsatz zwar einerseits auch auf die Einwilligungsvariante erweitert. Andererseits erscheint es aufgrund der Vielzahl und Komplexität der zu erhebenden Daten schwierig, den Verbraucher umfassend und verständlich über den Inhalt, Zweck und das Ausmaß der Datenerhebung, -verarbeitung und -nutzung zu informieren. Selbst wenn dies durch eine genaue Aufschlüsselung der Datenerhebung, -verarbeitung und -nutzung zumindest formal noch möglich ist, stellen sich weitere Fragen mit Blick auf die Freiwilligkeit der Einwilligung. Denn durch die Einbauverpflichtung müssen in Zukunft viele Verbraucher solche intelligenten Messstellen nutzen. Sollten indes nur Tarife angeboten werden, bei denen durch die Einwilligung „freiwillig" zusätzliche Daten preisgegeben werden müssen, wäre die freiwillige Preisgabe faktisch obsolet.

26 Begrenzt wird die Reichweite der Einwilligung allerdings durch das in § 49 Abs. 5 MsbG niedergelegte Kopplungsverbot, welches nach seinem Wortlaut und der gesetzlichen Systematik auch auf die Einwilligung anwendbar ist.[68] Es besagt, dass die Belieferung mit Energie oder der Zugang zu Tarifen nicht von der Angabe personenbezogener Daten abhängig gemacht werden darf, die hierfür nicht erforderlich sind. Dieser Zugang wird vor allem dadurch abgesichert, dass Lieferanten gemäß § 40 Abs. 5 S. 3 EnWG stets einen Tarif anzubieten haben, der die Datenaufzeichnung und -übermittlung auf eine Mitteilung der verbrauchten Gesamtstrommenge begrenzt.

27 Das Abstellen auf die Erforderlichkeit der Angabe personenbezogener Daten gebietet eine Datenverarbeitung zu legitimen, zwingend notwendigen Zielen, die auf andere Weise nicht oder nicht angemessen erreicht werden können.[69] Welche Daten für die Strombelieferung gerade mit Blick auf die weitreichenden Zwecke des Smart Metering noch erforderlich sind, lässt sich dabei grundsätzlich nur im

66 *Oliver Raabe/Mieke Lorenz*, in: Säcker (Hrsg.), Berliner Kommentar zum Energierecht, Bd. 4 (Fn. 36), § 50 MsbG, Rn. 26.

67 BT-Drs. 18/7555, S. 107.

68 So auch *Raabe/Lorenz* (Fn. 66), § 49 MsbG, Rn. 5 f.

69 Allg. zum Erforderlichkeitsgrundsatz *Sebastian Schulz*, in: Peter Gola (Hrsg.), DSGVO. Kommentar, München 2017, Art. 6, Rn. 35 ff.; *Eike Michael Frenzel*, in: Boris P. Paal/Daniel A. Pauly, DSGVO BDSG. Kommentar, 2. Aufl., München 2018, Art. 8, Rn. 9, 14.

Einzelfall beurteilen; beispielhaft sperrt das Erforderlichkeitsprinzip die Angabe personenbezogener Daten zu reinen Marketingzwecken oder zu Datenanalysen, die in keinem Zusammenhang zur Energiebelieferung stehen.[70] Das Kopplungsverbot betrifft jedoch lediglich die Belieferung mit Energie, nicht aber sonst damit verbundene Dienstleistungen, für die nach Ansicht des Gesetzgebers das allgemeine Datenschutzrecht ausreichend sein soll.[71]

28 Zusammenfassend kann deshalb festgehalten werden, dass der in § 50 MsbG verfolgte Ansatz einer strikten Zweckbindung zunächst in sich schlüssig umgesetzt erscheint. Allerdings hat es der Gesetzgeber durch die sehr offene und weitreichende Möglichkeit der Einwilligung verpasst, dieses Gebot der Zweckbindung konsequent durchzusetzen. Diese Aufweichung lässt sich wohl vor allem durch den Umstand erklären, dass unter dem Gesichtspunkt der Wirtschaftlichkeit sektorübergreifende Dienstleistungen und Datenaggregationen ermöglicht werden sollen.[72] Durch das in § 49 Abs. 5 MsbG niedergelegte Kopplungsverbot ist der Anschlussnutzer aber zumindest vor einem vollständigen Ausschluss von einer Energiebelieferung geschützt, was die datenschutzrechtliche Problematik zumindest verringert.

b) Datensparsamkeit

29 Der Grundsatz der Datensparsamkeit, der sich als Bestandteil der datenschutzrechtlichen Erforderlichkeit direkt aus der informationellen Selbstbestimmung ableiten lässt und eine gesetzliche Verankerung in Art. 5 Abs. 1 lit. c) (vormals § 3a BDSG a.F.) erfahren hat,[73] ist aufgrund der Vielzahl der beim Smart Metering erhobenen Daten im besonderen Maße Beeinträchtigungen ausgesetzt. Exemplarisch lässt sich dies an Hand der Intervalle aufzeigen, mit denen die Verbrauchswerte über das Smart Meter abgelesen werden: Je kürzer die Intervalle, desto eher lassen sich die Verbrauchswerte mit den Lastenprofilen elektrischer Geräten abgleichen. Bei sehr kurzen Intervallen können so aus den Verbrauchsdaten detaillierte Verhaltensprofile der Stromnutzer herausgearbeitet werden.[74] Im Umkehrschluss bedeutet dies, dass große, d.h. datensparsame Ableseintervalle entsprechend weniger Rückschlüsse auf das persönliche Nutzungsverhalten erlauben.

30 Nach § 60 Abs. 3 MsbG ist die Datenerfassung und -übermittlung auf eine viertelstündliche Messung und eine Übertragung am Folgetag begrenzt. Bei einem Jahresverbrauch unterhalb 10.000 kWh kommt eine tägliche Übermittlung außerdem nur bei der Inanspruchnahme eines variablen Tarifs infrage (§ 35 Abs. 1 Nr. 2 MsbG). Aufgrund des durchschnittlichen Jahresverbrauchs von 3.500 kWh sind

70 *Raabe/Lorenz* (Fn. 66), § 49 MsbG, Rn. 57.
71 BT-Drs. 18/7555, S. 144.
72 I. E. zustimmend *Lüdemann/Ortmann/Pokrant* (Fn. 19), S. 130.
73 In der DSGVO verpflichtet Art. 5 Abs. 1 lit. c) zur Datenminimierung und greift dabei die Erforderlichkeit der Verarbeitung auf.
74 *Keppeler* (Fn. 56), S. 101.

Privathaushalte dementsprechend zunächst von einer umfangreichen Datenerhebung ausgeschlossen, sofern sie sich nicht (freiwillig) für einen variablen Tarif entscheiden.[75] Die Beeinträchtigung der Datensparsamkeit bleibt für private Stromnutzer damit überschaubar.

Beim Umgang mit Daten besteht der allgemeine Grundsatz, diese zu anonymisieren oder zu pseudonymisieren, soweit dies nach dem Verwendungszweck möglich ist (§ 52 Abs. 3 MsbG). Hierdurch wird die Möglichkeit der Zuordnung eines Datums mit Personenbezug entweder unmöglich gemacht (Anonymisierung) oder zumindest erheblich erschwert (Pseudonymisierung). Das Prinzip der Datensparsamkeit erfährt dadurch eine weitere Absicherung.

31 Bestimmte Messwerte (sog. Zählerstandsgangmessungen – §§ 55 Abs. 1 Nr. 2, 3 und 58 Abs. 1 MsbG) müssen unabhängig von diesen Vorgaben zwingend erhoben werden, wobei allerdings eine Löschung personenbezogener Messwerte zu erfolgen hat, sobald ihre Speicherung nicht mehr erforderlich ist (§ 60 Abs. 6 MsbG). Insoweit problematisch ist allerdings, dass bestimmt Daten der letzten 24 Monate zur Einsicht vorzuhalten sind (§ 61 Abs. 1 Nr. 4 MsbG).[76] Die Aufbewahrung wichtiger Messwerte ist mit dem Gebot der Datensparsamkeit zwar grundsätzlich vereinbar, die zweijährige Speicherdauer erscheint jedoch als sehr lang, zumal viele bereits verbaute Messzähler lediglich über eine Speicherfähigkeit von 12 Monaten verfügen.[77] Allerdings setzt diese Speicherdauer Art. 10 Abs. 2 der Energieeffizienzrichtlinie[78] um, wonach Endkunden ihre Verbrauchswerte sowie zusätzliche Informationen leichter zugänglich gemacht werden sollen. Diese Verbraucherschutzerwägung und die Umsetzung höherrangigen Unionsrechts rechtfertigen mithin die lange Speicherdauer.

Schließlich ist nach Maßgabe des MsbG auch für das Netzmanagement und die Bilanzierung die Nutzung personenbezogener Daten möglich, obwohl hierzu auch aggregierte Datensätze ausreichen würden.[79] Eine solche datenschützende Vorgabe zur Aggregation von Daten fehlt im Gesetz allerdings vollständig, obwohl technisch ein Großteil der Datenverarbeitung inklusive einer Aggregation schon vor der Übermittlung direkt im Smart Meter möglich wäre.[80] Verglichen mit der früheren Regelung im EnWG ist der Grundsatz der Datensparsamkeit im MsbG dessen ungeachtet alles in allem deutlich präziser ausgestaltet.

---

75 *Lüdemann/Ortmann/Pokrant* (Fn. 19), S. 130.

76 *Karsten/Leonhardt* (Fn. 62), S. 23.

77 *Jan-Hendrik vom Wege*, in: Säcker (Hrsg.), Berliner Kommentar zum Energierecht, Bd. 4 (Fn. 66), § 61 MsbG, Rn. 26.

78 Richtlinie 2012/27/EU des Europäischen Parlaments und des Rates vom 25.10.2012 zur Energieeffizienz, zur Änderung der Richtlinien 2009/125/EG und 2010/30/EU und zur Aufhebung der Richtlinien 2004/8/EG und 2006/32/EG, in: Amtsblatt der EU L 315/1 vom 14.11.2012.

79 *Lüdemann/Ortmann/Pokrant* (Fn. 30), S. 346.

80 *Lüdemann/Ortmann/Pokrant* (Fn. 19), S. 130 f.

c) Transparenz und Informationsrechte der Anschlussnutzer

Das MsbG enthält zahlreiche datenschutzrechtliche Transparenzregelungen. *32*
Nach § 61 MsbG muss der vertraglich berechtigte Anschlussnutzer jederzeit Informationen über den tatsächlichen und historischen Energieverbrauch, Tarifbedingungen und über auslesbare vorhandene Daten einsehen können. Nach § 53 MsbG besteht ein Informationsrecht für den Anschlussnutzer über seine gesammelten personenbezogenen Daten sowie allgemein über die gespeicherten auslesbaren Daten des Smart Meters.[81]

Im Übrigen muss beim Vertragsschluss bei Vorhandensein eines Smart-Meter-Gateways ein standardisiertes Formblatt erstellt werden, welches Auskunft über die sich aus dem Vertrag ergebene Datenkommunikation gibt (§ 54 MsbG). Dieses muss den Vorgaben der Bundesnetzagentur entsprechen. Von daher wurden die Transparenzanforderungen und Informationsansprüche der Stromverbraucher durch das MsbG deutlich erweitert. Sie können nunmehr – zumindest potenziell – die genaue Erhebung und Nutzung ihrer Daten nachvollziehen.

d) Zwischenergebnis

Zusammengenommen ist die Datenkommunikation durch die deutlich umfang- *33*
reicheren Regelungen im Messstellenbetriebsgesetz nunmehr besser vereinbar mit den aufgezeigten datenschutzrechtlichen Grundsätzen. Allerdings ist weiterhin Verbesserungspotential zwecks Sicherstellung eines angemessenen Datenschutzniveaus erkennbar, so vor allem hinsichtlich der sehr weiten Einwilligungsmöglichkeit.

II. Daten- und Informationssicherheit

Im komplexen System des Smart Grids kommt neben dem Datenschutz der *34*
Daten- und Informationssicherheit eine zentrale Rolle zu, um das vorgegebene Datenschutzniveau auch erreichen und sichern zu können. Die Menge der durch die intelligente Messtechnik anfallenden personenbezogenen Daten geht wie dargestellt weit über das bisherige Maß hinaus; deshalb müssen Maßnahmen zu deren Sicherung getroffen werden, um einer Verfälschung oder einem Diebstahl dieser Daten vorzubeugen. Zudem besteht das Informationssystem im Smart Grid aus einer Vielzahl verschiedener Komponenten, deren Nutzung vor Fehlanwendungen oder Missbrauch zu schützen ist. Die zunehmende Vernetzung des Energieversorgungssystems erhöht ferner die Gefahr von Angriffen von „außen". Insgesamt erfordert ein leistungsfähiges intelligentes Netz also sichere Informations- und Telekommunikationstechnologien für eine hinreichende Gewährleistung der Datensicherheit.[82]

Dabei ist zwischen der Datensicherheit und der Informationssicherheit zu unterscheiden: Die Datensicherheit umfasst die Vertraulichkeit, die Integrität sowie die

81 Hierzu näher *Keppeler* (Fn. 56), S. 104.
82 BT-Drs. 18/7555, S. 2.

Verfügbarkeit von Daten. Daten müssen deshalb vor dem Zugriff durch Unbefugte geschützt, ihre Manipulation verhindert sowie ihre zeitliche und inhaltliche Verfügbarkeit jederzeit sichergestellt werden.[83] Für die Gewährleistung der Datensicherheit kommen grundsätzlich organisatorische Maßnahmen wie die Anonymisierung und Pseudonymisierung, aber auch technische Maßnahmen in Betracht.

35 Die Informationssicherheit hat zum Ziel, die Sicherheit der zur Informationsübertragung genutzten Systeme zu gewährleisten. Hierzu sind vor allem technische Maßnahmen auf dem neusten Stand der Technik vonnöten.[84] Beide Zielsetzungen – die Datensicherheit wie die Informationssicherheit – müssen gleichermaßen beachtet und umgesetzt werden; beide Zielsetzungen fließen letztlich aus dem Grundrecht auf informationelle Selbstbestimmung.[85]

Das MsbG kommt diesen Anforderungen durch die Aufstellung sowohl organisatorischer als auch technischer Mindestanforderungen nach.[86] Auf technischer Ebene ist zur Gewährleistung der Datensicherheit vor allem eine hinreichende Verschlüsselung bei der Datenübertragung erforderlich (§ 52 Abs. 1 MsbG), wofür zwingend verschlüsselte Kommunikationskanäle und End-to-End-Verschlüsselungen durch das BSI zu zertifizieren sind. Die End-to-End-Direktkommunikation erleichtert dabei sowohl die Datensicherheit als auch den Datenschutz. Auch müssen personenbezogene Daten anonymisiert oder pseudonymisiert werden, um so die Sicherheit der Daten gegenüber Dritten zu stärken (§ 52 Abs. 3 MsbG). Im Regelungskonzept des MsbG sind zudem spezielle Löschungspflichten für personenbezogene Daten vorgesehen (§§ 60 Abs. 6, 64 Abs. 2, 66 Abs. 3, 67 Abs. 3, 68 Abs. 3, 69 Abs. 3 MsbG), womit die Dauer der Speicherung begrenzt und eine dauerhafte Datenbevorratung ausgeschlossen wird.[87]

36 Organisatorisch wird dem Smart-Meter-Gateway-Administrator die Verantwortung für die Einhaltung der Datensicherheit auferlegt. Diesem allein obliegt der Zugriff auf die Daten aus dem Messsystem; jegliche Kommunikation des Messsystems muss durch ihn autorisiert werden (§ 25 MsbG). Dies erklärt zugleich die hohen Anforderungen an die Fachkunde und Integrität des Administrators (§ 25 Abs. 5 MsbG) sowie an die Zertifizierungspflicht des Smart-Meter-Gateways selbst (§ 24 MsbG),[88] deren Anforderungen durch die Technischen Richtlinien und Schutzprofilen des BSI festgelegt werden.[89] Zusätzlich wird durch die vorzunehmende Anonymisierung oder Pseudonymisierung personenbezogener Daten

83 BSI, TR-03109-6, S. 43 f.

84 *Oliver Raabe/Mieke Lorenz/Frank Pallas/Eva Weis/Alfred Malina,* 14 Thesen zum Datenschutz im Smart Grid, DuD 2011, S. 519–523, 522.

85 Vgl. insoweit BVerfGE 125, S. 260 (326 f.) zur Vorratsdatenspeicherung.

86 Technische Mindestanforderungen statuieren z.B. die §§ 22, 52 MsbG, organisatorische die §§ 24, 25, 60 MsbG.

87 *Bretthauer* (Fn. 53), S. 61.

88 *Lüdemann/Ortmann/Pokrant* (Fn. 19), S. 132.

89 BT-Drs. 18/7555, S. 87.

zwar nicht die Sicherheit der Daten an sich gewährleistet, wohl aber ihre persönliche Zuordnung unmöglich gemacht oder jedenfalls erheblich erschwert.

Durch das BSI werden Vorgaben für eine sichere Technik durch „privacy by design“ aufgestellt, was die Implementierung eines angemessenen Datensicherheitsgrads schon bei der Entwicklung der Messstelle beinhaltet. Dies soll zum Schutz kritischer Infrastrukturen im Sinne des IT-Sicherheitsgesetzes beitragen.[90] Die Bundesnetzagentur ist daneben in Abstimmung mit dem BSI ermächtigt, die Vorgaben im Verordnungswege zu konkretisierten (§ 75 Nr. 1 MsbG). Die Ausgestaltung durch die Regulierungsbehörde ermöglich statt starren gesetzlichen Vorgaben somit einen Schutz, der flexibel an das Gefährdungspotential und den jeweiligen technischen Stand angepasst werden kann. Im Ergebnis erweisen sich die Regelungen zur Daten- und Informationssicherheit im Smart Metering deshalb als angemessen. *37*

E. Fazit

Der vor Erlass des MsbG kritisierte Regelungsbereich des Datenschutzes und der Datensicherheit wurde durch die neue und vertiefte Regelungsdichte dieses Gesetz verfassungskonform erweitert und ausdifferenziert. Mit den beim Smart Metering gesammelten Daten lassen sich detaillierte Verhaltensmuster der Stromnutzer erstellen, wodurch ein hohes Eingriffspotential in die informationelle Selbstbestimmung besteht und nach den neueren Vorgaben des BVerfG dem Aspekt der Datensicherheit deshalb besondere Relevanz zukommt. Hierfür hat der Gesetzgeber im MsbG ein gestuftes System geschaffen: Zunächst regeln generelle Vorgaben den Zugriff, die Sicherheit und die Speicherdauer der Daten. Der Grad der Sicherheit wird sodann durch aufsichtsbehördliche Vorgaben näher präzisiert. Im Ergebnis erscheinen die Regelungen zur Datensicherheit im Smart Metering dabei angemessen, um eine hinreichendes Sicherheitsniveau für die Daten zu gewährleisten. *38*

Datenschutzrechtlich werden vor allem die Transparenz- und Informationsrechte der Anschlussnutzer gestärkt. Auch der Umgang mit und die Speicherung von Daten erscheint mit Blick auf das Gebot der Datensparsamkeit verhältnismäßig ausgestaltet. Einzig bei der Zweckbindung der erhobenen Daten ergeben sich durch weitreichende Einwilligungsmöglichkeiten potentiell datenschutzrechtliche Konflikte. Es muss deshalb anhand der praktischen Ausgestaltung von Messstellenverträgen in Zukunft geprüft werden, ob das im MsbG verankerte Kopplungsverbot den Vorgaben des Zweckbindungsgrundsatzes genügt oder ob der Gesetzgeber insoweit nachzujustieren hat.

Die Komplexität der gesetzlichen Vorgaben an den Betrieb eines Energienetzes sowie an den Betrieb und die Sicherheit der einzelnen Messstelle bedürfen genauer *39*

90 Eine Übersicht über die technischen Sicherheitsmaßnahmen findet sich bei *Schmidt* (Fn. 36), § 22 MsbG, Rn. 47 ff. m.w.N.

technischer Vorgaben. Durch den technischen Wandel, dem gerade ein modernes Energienetz in besonderem Maße unterliegt, ändern sich diese Anforderungen und notwendigen Vorgaben jedoch zum Teil sehr rasant. Dieser Schwierigkeit begegnet der Gesetzgeber, indem er – wie aufgezeigt – den Regulierungsbehörden eine Vielzahl von Regelungs- und Eingriffskompetenzen gewährt und diese durch offene Begriffe wie „Stand der Technik" flexibilisiert. Hierdurch können Regulierungsbehörden schnell auf Veränderungen reagieren und tragen so idealiter zu einer effektiven Umsetzung der Energiewende bei.

Teil VI
Personal

Elektronische Personalaktenführung

Constanze Janda

Mit den E-Government-Gesetzen des Bundes und der Länder ist die Rechtsgrundlage für die Nutzung elektronischer Medien und Informationstechnologien in der Verwaltung geschaffen worden. Sie ermöglichen die Schaffung einer allgemein zugänglichen Verwaltungsstruktur für die Bürger und die Digitalisierung der Aktenführung.[1] Für die Führung von Personalakten – sei es in Papier, sei es in digitaler Form – als verwaltungsinterner Vorgang existieren dagegen weiterhin kaum Regeln. Personalakten enthalten eine Vielzahl von höchstpersönlichen Informationen und geben Einblick in sämtliche Umstände, die sich im Zusammenhang mit einem Beschäftigungsverhältnis ereignen. Dabei werden im Einzelfall auch Daten erhoben, die sich nicht ausschließlich dem Beschäftigungsverhältnis zuordnen lassen, sondern auch Aufschluss über Freizeitverhalten und Beziehungen des Beschäftigten zu Dritten geben können. Dies betrifft etwa Verhalten, das für die Überwachung von Compliance-Regeln oder die Vermeidung und Bekämpfung von Korruption relevant sein kann. Wegen des vergleichsweise unkomplizierten Zugriffs, der Möglichkeit der automatisierten Auswertung oder der Verknüpfung mit Überwachungssystemen, beispielsweise zur Zeiterfassung, besteht die Gefahr, dass die digitale Personalakte die Schwelle zum digitalen Persönlichkeitsprofil überschreitet und damit den „gläsernen Mitarbeiter" hervorbringt.[2] *1*

Im Mai 2018 ist die europäische Datenschutz-Grundverordnung VO (EU) 2016/679 (im Folgenden: DSGVO) in Kraft getreten. Diese hat im Hinblick auf die Personalaktenführung keine grundlegenden Änderungen mit sich gebracht.[3] In Art. 6 DSGVO findet sich eine Generalklausel, welche die Zulässigkeit der Datenerhebung regelt.[4] Die Erhebung sensibler Daten ist Gegenstand von Art. 9 *2*

---

1 Vgl. die Übersicht bei *Christoph Habammer/Wolfgang Denkhaus*, Das E-Government-Gesetz des Bundes – Inhalt und erste Bewertung – Gelungener Rechtsrahmen für elektronische Verwaltung?, MMR 2013, S. 358–362; *Alexander Roßnagel*, Auf dem Weg zur elektronischen Verwaltung – Das E-Government-Gesetz, NJW 2013, S. 2710–2716.

2 *Peter Gola*, Die Digitalisierung der Personalakte und der Datenschutz, RDV 2008, S. 135–143, 135.

3 Vgl. auch BT-Drs. 18/11325, S. 96 f., wonach § 26 BDSG n.F. lediglich die Vorgaben des § 32 BDSG a.F. unter Anwendung der Terminologie der DSGVO fortentwickele. Vgl. auch den allgemeinen Überblick bei *Franz Josef Düwell/Stefan Brink*, NZA 2016, S. 665 ff.; *Martin Franzen*, Datenschutz-Grundverordnung und Arbeitsrecht EuZA 2017, S. 313–351.

4 Diese gibt im Grunde die bereits in §§ 28, 32 BDSG a.F. niedergelegten Grundsätze wieder und setzt die Einwilligung durch den Betroffenen bzw. die Erforderlichkeit der Datenerhebung für einen bestimmten Zweck voraus, die sich ebenso wie im nationalen Recht am Grundsatz der Verhältnismäßigkeit auszurichten hat, vgl. *Peter Gola/Stephan Pötters/Georg Wronka*, Handbuch Arbeitnehmerdatenschutz. Unter Berücksichtigung der Datenschutz-Grundverordnung, 7. Aufl., Heidelberg u.a. 2016, S. 545.

DSGVO. Es bleibt den Mitgliedstaaten überlassen, Regelungen zur Erhebung von Daten zu treffen, die für die Durchführung von Arbeitsverhältnissen relevant sind, Art. 88 sowie 115. Erwägungsgrund DSGVO.[5] Machen diese keinen Gebrauch von ihrer Regelungsbefugnis, gelten die Regelungen der DSGVO unmittelbar.[6] Der deutsche Gesetzgeber hat die Verordnung zum Anlass genommen, das BDSG neu zu ordnen.[7]

3 Nach einer Begriffsklärung (Teil A) sind daher neben den allgemeinen Grundsätzen der Personalaktenführung (Teil B) die datenschutzrechtlichen Implikationen (Teil C) zu analysieren. Anschließend werden die Mitbestimmungsrechte von Betriebs- bzw. Personalrat bei der Digitalisierung von Personalakten erörtert (Teil D).

A. Begriff der Personalakte

4 Nach der Rechtsprechung des BAG ist zwischen formellen (= äußerlich erkennbar) und materiellen (= inhaltlich determiniert) Personalakten zu unterscheiden. Der formelle Begriff bezieht sich auf alle

> „Schriftstücke und Unterlagen [...], welche der Arbeitgeber als „Personalakte" führt und die diesen als Bei-, Neben- oder Sonderakten zugeordnet sind".[8]

5 Erfasst sind folglich alle Unterlagen, die unter dem „Label" Personalakte firmieren und äußerlich als solche erkennbar sind. Der materielle Personalaktenbegriff orientiert sich dagegen allein an inhaltlichen Kriterien. Er bezieht sich auf eine

> „Sammlung von Urkunden und Vorgängen, die die persönlichen und dienstlichen Verhältnisse des Bediensteten betreffen und in einem inneren Zusammenhang mit dem Dienstverhältnis stehen".[9]

6 Im Interesse der Arbeitnehmer sind die Vorgaben zur Personalaktenführung am materiellen Begriff auszurichten. Anderenfalls hätte es der Arbeitgeber in der Hand, durch die Nichtaufnahme einzelner Vorgänge in die formelle Akte die Anwendbarkeit arbeitnehmerschützender Vorschriften abzuwenden. Das hohe Schutzbedürfnis des Arbeitnehmers erklärt sich daraus, dass die Personalakte auch höchstpersönliche Angaben enthält, deren unberechtigte Erhebung oder Weitergabe zu einer erheblichen Beeinträchtigung seines Allgemeinen Persönlichkeitsrechts führen würde. Dies gilt auch im Beamtenrecht.[10]

---

5 Allgemein zu Bedeutung und Reichweite dieser Öffnungsklausel *Franzen*, (Fn. 3) 343 ff.
6 *Gola/Pötters/Wronka* (Fn. 4), Rn. 387.
7 Entwurf eines Gesetzes zur Anpassung des Datenschutzrechts an die Verordnung (EU) 2016/679 und zur Umsetzung der Richtlinie (EU) 2016/68, BT-Drs. 18/11325.
8 BAG, AuR 1981, 124; BAG, 15.11.1985, 7 AZR 92/83; BAGE 136, 156.
9 Ebd.
10 Vgl. nur BVerwGE 67, 300 m.w.N.

B. Allgemeine Grundsätze der Personalaktenführung

In privaten Arbeitsverhältnissen besteht keine Verpflichtung, Personalakten anzulegen. Aufgrund seiner Organisationsbefugnisse und im Interesse einer verantwortungsvollen Personalführung[11] ist der Arbeitgeber gleichwohl dazu berechtigt,[12] zumal er verschiedene Unterlagen verpflichtend aufzubewahren hat. Dies betrifft beispielsweise die Unterlagen über die Lohnbuchhaltung nach § 257 Abs. 1 Nr. 1 HGB sowie § 147 Abs. 1 AO sowie die Entgeltnachweise und Nachweise zur Abrechnung der Sozialversicherungsbeiträge nach § 28f SGB IV. 7

In welcher Weise Personalakten angelegt werden, steht im Ermessen des Arbeitgebers.[13] Namentlich besteht keine Verpflichtung zur Führung einer einheitlichen Akte, sondern es dürfen Haupt- und Nebenakten angelegt werden.[14] Auch die Digitalisierung der Personalakte ist nicht zwingend vorgegeben. Sie gewinnt in der Praxis aber an Bedeutung, da sie mit wenig Aufwand verwaltet werden kann und flexibel handhabbar ist, indem sie beispielsweise den gleichzeitigen Zugriff mehrerer Personen auf die Daten erlaubt, aufgrund der Automatisierung Zeit für Suchvorgänge einspart und im Vergleich zu Papierakten erheblich weniger Platz in Anspruch nimmt.[15] 8

Für Beamte ist gemäß § 106 BBG das Anlegen einer Personalakte zwingend vorgegeben. Diese kann nach §§ 106 Abs. 1 S. 3, 114 BBG sowohl in Papierform als auch in (teilweise) elektronischer Form geführt werden. 9

Die teils von der Rechtsprechung entwickelten, teils im BDSG gründenden allgemeinen Grundsätze der Aktenführung finden uneingeschränkt auf die digitale Personalakte Anwendung. 10

I. Vollständigkeit und Wahrheit

Für die Führung von Personalakten gilt zunächst der Grundsatz der Vollständigkeit und Wahrheit.[16] Im öffentlichen Dienst ergibt sich dies aus § 3 Abs. 5 TVöD bzw. § 3 Abs. 6 S. 1 TV-L. Die Personalakte muss ein nach Möglichkeit vollständiges und zutreffendes Bild des Beschäftigungsverhältnisses vermitteln.[17] Daher 11

---

11 *Ebba Herfs-Röttgen*, Rechtsfragen rund um die Personalakte, NZA 2013, S. 478–482, 478; *Thomas Breyer*, Führung von Personalakten, in: Stephan Weth/Maximilian Herberger/Michael Wächter (Hrsg.), Daten- und Persönlichkeitsschutz im Arbeitsverhältnis, München 2014, S. 273–283, 274.

12 *Breyer* (Fn. 11), S. 274.

13 *Yukiko Hitzelberger-Kijima*, Die elektronische Personalakte, öAT 2016, S. 87–90, 87; *Gola* (Fn. 2), S. 136; *Martin Diller/Friderike Schuster*, Rechtsfragen der elektronischen Personalakte, DB 2008, S. 928–932, 928; *Achim Seifert*, in: Spiros Simitis (Hrsg.), Bundesdatenschutzgesetz. Kommentar, 8. Aufl. Baden-Baden 2014, § 32, Rn. 111.

14 *Breyer* (Fn. 11), S. 274.

15 *Gola* (Fn. 2), S. 135; *Diller/Schuster* (Fn. 13), S. 928; *Sabrina Staack/Karsten Sparchholz*, Was für die digitale Akte gilt, AiB Nr. 2/2014, S. 50–52, 50.

16 BAGE 24, 247; 54, 365; 128, 299; 119, 238; 142, 331.

17 *Falk Müller*, Die Personalakte im öffentlichen Dienst, öAT 2014, S. 200–203, 200.

sind alle Vorgänge, die das Dienstverhältnis betreffen, lückenlos in die Personalakte aufzunehmen. Werden formelle Personalakten geführt, hat der Arbeitgeber alle materiellen Personalakten in diese aufzunehmen.[18] Insbesondere darf durch Weglassen einzelner Daten oder Unterlagen kein wahrheitswidriges Bild des Beschäftigten bzw. der Umstände des Beschäftigungsverhältnisses evoziert werden.[19] Bei der Umwandlung der Papier- in eine elektronische Akte müssen daher alle Bestandteile der früheren Papierakte digitalisiert werden, und zwar in lesbarer Weise, sodass das Nachvollziehen der Vollständigkeit möglich ist. Vorher ist die Vernichtung der Papierakten unzulässig.[20] Zudem müssen alle Beschäftigten im Hinblick auf den Umfang der in die Akte aufgenommenen Daten und Informationen gleich behandelt werden, da anderenfalls das berufliche Fortkommen einzelner Arbeitnehmer bereits durch die Art und Weise der Aktenführung behindert (oder unzulässig befördert) werden könnte.[21]

12 Das Gebot der Vollständigkeit wird begrenzt durch das Gebot der Datensparsamkeit (Art. 5 Abs. 1 lit. c) DSGVO/§ 3a BDSG a.F.): Die datenerhebende Stelle soll nur die zur Verfolgung ihrer legitimen Zwecke und konkreten Aufgaben unerlässlichen Daten erheben.[22] Diesem Grundsatz entspricht es, dass im Falle der nicht vermeidbaren Datenerhebung diese soweit möglich anonymisiert oder pseudonymisiert werden.[23]

13 Regelmäßig sind Sicherungskopien anzufertigen, um dem Risiko des Datenverlusts vorzubeugen.[24] Diese Sicherungskopien sind aufgrund des materiellen Personalaktenbegriffs ebenfalls als Teil der einheitlichen Personalakte einzustufen.[25] Auch die Archivierung der elektronischen Akten hat sich am Grundsatz der Vollständigkeit und Richtigkeit zu orientieren. Die Datensicherung ist folglich so auszugestalten, dass alle Dokumente unverändert und vollständig verfügbar, jederzeit auffindbar und auf neue Softwareversionen übertragbar sind sowie alle Änderungen im Archiv protokolliert werden, um die Nachvollziehbarkeit zu gewährleisten.[26]

14 Das Gebot der Richtigkeit und Wahrheit vermittelt dem Beschäftigten einen Anspruch darauf, dass in der Personalakte nur zutreffende Tatsachen und Beurtei-

---

18 BVerwGE 15, 3, 12 für das Beamtenrecht.

19 *Gola* (Fn. 2), S. 137.

20 OVG Nordrhein-Westfalen, Beschluss v. 05. 04. 2016, Az. 1 B 203/16.

21 *Gola* (Fn. 2), S. 128.

22 *Jan Geiger*, Datenschutzrecht, in: Weth/Herberger/Wächter (Hrsg.), Daten- und Persönlichkeitsschutz im Arbeitsverhältnis, (Fn. 11), S. 34.

23 *Gola/Pötters/Wronka* (Fn. 4), Rn. 389; ausführlich *Sebastian Schulz*, in: Heinrich Amadeus Wolff/Stefan Brink (Hrsg.), BeckOK Datenschutzrecht, 20. Edition, München 2017, § 3a BDSG, Rn. 70 ff.

24 *Staack/Sparchholz* (Fn. 15), S. 51.

25 BT-Drs. 16/7076, S. 125; ebenso *Achim Howe*, Änderungen im Personalaktenrecht, DSB 11/2010, S. 16–17, 16.

26 *Gola* (Fn. 2), S. 139; *Gola/Pötters/Wronka* (Fn. 4), Rn. 176.

lungen[27] enthalten sind. Dies gilt auch, wenn diese unter Umständen für den Arbeitnehmer nachteilig sein können.

II. Transparenz

Im Einzelfall ist der Beschäftigte vor der Aufnahme negativer oder nachteiliger Vorgänge in seine Akte anzuhören. Für die Arbeitnehmer des Bundes ist dies in § 13 Abs. 2 BAT explizit normiert. Im Übrigen ist die Anhörung Ausdruck der Fürsorgepflicht des Arbeitgebers und damit als vertragliche Nebenpflicht zu qualifizieren.[28] 15

Entscheidet sich der Arbeitgeber zum Anlegen elektronischer Personalakten, sind die Arbeitnehmer – im Unterschied zur hergebrachten Aktenführung auf Papier – gemäß Art. 14, 12 DSGVO/§ 33 BDSG a.F. auch ohne konkrete Nachfrage über die Erhebung personenbezogener Daten zu unterrichten. Zudem darf der Arbeitnehmer nach Art. 15 DSGVO/§ 34 BDSG a.F. jederzeit kostenfrei Auskunft über den Inhalt der gespeicherten Daten verlangen. 16

Damit korrespondiert das Recht auf jederzeitige Einsicht in die vollständige Personalakte einschließlich aller Nebenakten.[29] Spezialgesetzliche Grundlagen finden sich in § 83 Abs. 1 BetrVG, § 26 Abs. 2 S. 1 SprAuG, § 3 Abs. 5 S. 1 TVöD sowie § 3 Abs. 4 S. 1 TV-L; im Übrigen ist die Einsichtnahme als vertragliche Nebenpflicht geboten.[30] Elektronische Akten sind durch das Sichtbarmachen der entschlüsselten Daten – sei es auf dem Bildschirm, sei es als Ausdruck auf Papier – einsehbar zu machen.[31] Die digitale Personalakte bietet insofern einen erheblichen Vorteil gegenüber der hergebrachten Papierakte, denn den Beschäftigten kann ohne Weiteres der lesende Zugriff auf die eigene Akte eingeräumt werden, sodass sie diese jederzeit und ohne hohen Aufwand konsultieren können.[32] Der Betroffene darf die Einsichtnahme persönlich vornehmen oder aber einen Bevollmächtigten damit betrauen, vgl. § 3 Abs. 5 S. 2 TVöD, § 3 Abs. 6 S. 2 TV-L. Mangels ausdrücklicher anderslautender Regelungen darf eine solche Vollmacht auch an Betriebsfremde erteilt werden; stets wird jedoch deren Nachweis in Schriftform gefordert.[33] 17

---

27 Dieses Gebot gilt nicht nur für Tatsachen, sondern auch für Werturteile. Bei letzteren kommt es darauf an, ob diese auf zutreffenden Erwägungen beruhen und unter Einhaltung der allgemeinen Beurteilungsgrundsätze in einem fehlerfreien Verfahren getroffen worden sind, *Gola/Pötters/Wronka* (Fn. 4), Rn. 131.

28 *Müller* (Fn. 17), S. 202.

29 *Gola/Pötters/Wronka* (Fn. 4), Rn. 128.

30 *Herfs-Röttgen* (Fn. 11), S. 480.

31 *Breyer* (Fn. 11), S. 279 f.

32 *Gola* (Fn. 2), S. 141.

33 *Müller* (Fn. 17), S. 202.

III. Vertraulichkeit

18 Erhobene Daten sind vertraulich zu behandeln. Dies gebietet ein gestuftes System der Zugriffsberechtigung: Es ist konkret zu differenzieren, wer die Personalakte einsehen, bearbeiten und speichern darf. Gegebenenfalls müssen die Zugriffsrechte inhaltlich beschränkt werden, damit nicht jeder Zugriffsberechtigte alle, sondern nur die für seine Tätigkeit notwendigen Daten einsehen kann.[34] Die Beschäftigten der Personalabteilung können daher andere Zugriffsrechte haben als die der Lohnbuchhaltung. Geboten ist daher auch eine Protokollierung aller Vorgänge – Einsicht, Bearbeitung, Weiterleitung – im Zusammenhang mit der elektronischen Akte.[35] Vereinzelt wird gefordert, dass die digitale Personalaktenführung im Interesse der Vertraulichkeit nur auf Computern erfolgen dürfe, die nicht in Netzwerke eingebunden sind.[36] Dies dürfte jedoch kaum praktikabel sein, würden damit doch gerade die Vorteile der flexiblen Handhabung der digitalen Akte aufgehoben. Die gebotenen technischen Sicherungsmaßnahmen sind in Art. 32 DSGVO/Anlage zu § 9 S. 1 BDSG a.F. aufgeführt.

19 Je stärker der Persönlichkeitsbezug, umso größer ist das Interesse des Arbeitnehmers an der Vertraulichkeit seiner Daten; dies betrifft insbesondere Gesundheitsdaten. Sensible Daten i.S.v. Art. 4 Nr. 15 DSGVO/§ 3 Abs. 9 BDSG a.F. sind zu verschlüsseln oder anderweitig zu sichern.[37] Der Arbeitgeber hat sicherzustellen, dass Personen, die in Ausübung ihrer Tätigkeit auf die Personalakte zugreifen dürfen, keine Kenntnis von diesen Daten erlangen, obwohl diese im Kontext ihrer konkreten Aufgabe nicht von Bedeutung sind.[38]

20 Bei Beamten ist der Zugriff auf die Personalakte nur den Personen gestattet, die mit der Bearbeitung von Personalangelegenheiten betraut sind, § 107 Abs. 1 BBG. Der Zugriff ist beschränkt auf die Daten, die für den Zweck der Ausübung der Personalverwaltung oder Personalwirtschaft erforderlich sind. Nach § 107 Abs. 2

---

34 *Ivo Geis*, Die neuen Überwachungstechniken im Kontext des digitalen Personalaktensystems, RDV 2008, S. 64–66, 65; *Michael Kort*, Rechte des Betriebsrats auf Daten der elektronischen Personalakte. Aufgabenerfüllung der Personalvertretung und Arbeitnehmerdatenschutz, ZD 2015, S. 3–6; *Lutz Bergmann/Roland Möhrle/Armin Herb*, Datenschutzrecht. Kommentar, Stuttgart, § 32 BDSG, Rn. 142a (48. EL 2015); *Seifert*, in: Simitis (Hrsg.), Bundesdatenschutzgesetz (Fn. 13), § 32, Rn. 109a; *Gola/Pötters/Wronka* (Fn. 4), Rn. 177 f.

35 *Geis* (Fn. 34), S. 65.

36 *Andreas Reich*, Die Digitalisierung von Personalakten der Beamten der Länder und Kommunen und die sich daraus ergebende Sicherungspflicht von Dienststelle und Personalrat, PersV 2011, S. 58–62, 60.

37 In Papierform sind solche Daten nach der Rechtsprechung des BAG in verschlossenen Umschlägen aufzubewahren, BAGE 119, 238. Für die digitalisierte Akte ist eine entsprechende Lösung zu finden, etwa durch eine weitere Beschränkung des Kreises der Zugriffsberechtigten und die Vergabe spezieller Passwörter, *Bergmann/Möhrle/Herb*, Datenschutzrecht (Fn. 34), § 32 BDSG, Rn. 142a (48. EL 2015).

38 *Müller (Fn. 17)*, S. 201; vgl. auch *Gola* (Fn. 2), S. 138; *Julia Washausen*, Arbeitsleben, in: Thorsten Kingreen/Jürgen Kühling, Gesundheitsdatenschutzrecht, Baden-Baden 2015, S. 408–439, 433 f.

BBG kann überdies der Datenschutzbeauftragte die Personalakte einsehen, um eine ordnungsgemäße Aktenführung zu überprüfen, ebenso – wenngleich auf Ausnahmefälle beschränkt – die Innenrevision. Der Zugriff ist dokumentationspflichtig.[39]

IV. Löschen von Daten

Mit dem Wahrheitsgebot korrespondiert ein Anspruch des Beschäftigten auf Entfernung unzutreffender Angaben aus seiner Personalakte, der in §§ 1004, 242 BGB gründet.[40] Für die elektronische Personalakte ergibt sich die Pflicht zum Löschen zu Unrecht erhobener Daten aus Art. 17 Abs. 1 lit. d) DSGVO/§ 35 Abs. 2 S. 2 BDSG a.F. Diese besteht immer dann, wenn deren Aufnahme in die Personalakte unzulässig war oder wenn sie wegen Zeitablaufs ihre Relevanz verloren haben. Auch zulässige Einträge in die Personalakte, namentlich Abmahnungen, sind zu entfernen, wenn sie im Einzelfall geeignet sind, das berufliche Fortkommen des Arbeitnehmers zu gefährden. Dies ist etwa der Fall, wenn eine vergleichsweise geringfügige Pflichtverletzung dokumentiert ist, die bereits viele Jahre zurückliegt und das Beschäftigungsverhältnis im Übrigen störungsfrei fortbestanden hat.[41] Hier ist eine Abwägung des Persönlichkeitsrechts der Beschäftigten gegen das Interesse des Arbeitgebers auf Beibehaltung sämtlicher Informationen in der Personalakte vorzunehmen. Die betreffenden Dateien sind unwiderruflich aus der elektronischen Personalakte zu löschen, so dass sie nicht rekonstruiert werden können. Es darf überdies nicht erkennbar sein, dass Eintragungen aus der Akte entfernt worden sind.[42] 21

Ist die Richtigkeit von Eintragungen in der Personalakte zwischen Arbeitnehmer und Arbeitgeber umstritten, ist gegebenenfalls eine Sperrung der Daten zu veranlassen, bis diese erwiesen ist. Vormals explizit in § 35 Abs. 4 BDSG a.F. geregelt, ergibt sich das Recht auf Sperrung nunmehr unter dem Terminus „Recht auf Einschränkung der Verarbeitung“ aus Art. 18 Abs. 1 lit. a) DSGVO, wofür der 67. Erwägungsgrund beispielhaft die Sperrung nennt. Überdies darf der Beschäftigte die Aufnahme von Gegendarstellungen in die Akte verlangen, vgl. § 35 Abs. 6 S. 2 BDSG a.F.[43] bzw. § 69 Abs. 2 S. 6 BPersVG für Arbeitnehmer im öffentlichen Dienst. Diese muss systematisch so gespeichert werden, dass sie unmittelbar im Zusammenhang mit den inkriminierten Daten erscheint und abrufbar ist.[44] 22

39 *Howe* (Fn. 25), S. 17.
40 BAGE 7, 267; 24, 247; 50, 202; *Gola* (Fn. 2), S. 137; *Breyer* (Fn. 11), S. 277; *Gola/Pötters/Wronka* (Fn. 4), Rn. 131.
41 Vgl. nur BAGE 50, 202; 142, 331; BAG, NJW 1978, 124; BAG, NZA 1988, 654.
42 Zum Überkleben von Passagen in der papierförmigen Akte *Breyer* (Fn. 11), S. 282.
43 In der DSGVO und dem neu gefassten BDSG ist das Recht zur Aufnahme einer Gegendarstellung nur für solche Daten vorgesehen, die zu „im öffentlichen Interessen liegenden Archivzwecken“ erhoben und verarbeitet worden sind, vgl. § 28 Abs. 3 BDSG n.F.
44 *Hitzelberger-Kijima* (Fn. 13), S. 89.

23 Nach Beendigung des Arbeitsverhältnisses muss die Akte nicht aufbewahrt werden, d.h. die Löschung der gesamten digitalen Akte ist grundsätzlich zulässig. Indes empfiehlt sich die weitere Speicherung der Akte zur Beweissicherung für den Fall etwaiger Streitigkeiten.

24 Im Beamtenrecht ist die Entfernung unzulässiger Einträge in § 112 BBG vorgegeben. Die Löschung hat Vorrang vor dem Grundsatz der Vollständigkeit der Akte.[45]

C. Zulässigkeit der Datenerhebung in der digitalisierten Personalakte

25 Die Frage, ob und in welchem Umfang überhaupt Beschäftigtendaten erhoben und verarbeitet werden dürfen, ist im BDSG geregelt,[46] welches vom Grundsatz der strikten Zweckbindung der Datenerhebung geprägt ist.

I. Anwendungsbereich des BDSG

1. Sachlicher Anwendungsbereich

26 Der sachliche Anwendungsbereich des BDSG erstreckt sich auf die Erhebung und Nutzung personenbezogener Daten durch öffentliche Stellen – Behörden, Einrichtungen, Körperschaften, Anstalten und Stiftungen – des Bundes und der Länder wie auch durch nicht-öffentliche Stellen, § 1 Abs. 1 BDSG n.F. Unter nicht-öffentlichen Stellen sind gemäß § 2 Abs. 4 BDSG n.F. natürliche und juristische Personen des Privatrechts zu verstehen, die keine Aufgaben der öffentlichen Verwaltung wahrnehmen.

27 Das Gesetz gilt für jedwede Datenerhebung durch öffentliche Stellen sowie für die ganz oder teilweise automatisierte sowie die nichtautomatisierte Verarbeitung personenbezogener Daten, die in einem Datensystem gespeichert werden sollen, durch nicht-öffentliche Stellen, § 1 Abs. 1 BDSG n.F. Die Vorgaben finden damit auch auf elektronisch geführte Personalakten Anwendung.[47]

2. Personeller Anwendungsbereich

28 Der personelle Anwendungsbereich schließt ausweislich der Legaldefinition in § 26 Abs. 8 BDSG n.F./§ 3 Abs. 9 BDSG a.F. nicht nur Arbeitnehmer ein, sondern auch Auszubildende, Rehabilitanden, Beschäftigte in Behindertenwerkstätten, Freiwilligendienstleistende, Bewerber sowie Beamte, Richter und Soldaten. Das Gesetz folgt damit einem spezifisch datenschutzrechtlichen Beschäftigtenbegriff, der mit dem des Arbeitsrechts nicht identisch ist. Dies ist geboten, da auch

45 *Gola/Pötters/Wronka* (Fn. 4), Rn. 135.

46 Auf die Regelungen in den Landesdatenschutzgesetzen wird im Rahmen dieses Beitrags nicht eingegangen. Eine Übersicht findet sich bei *Peter Gola/Christoph Klug/Barbara Körffer/Rudolf Schomerus*, Bundesdatenschutzgesetz – Kommentar, 12. Aufl., München 2015, § 12, Rn. 11 ff.

47 *Geiger* (Fn. 17), S. 37; *Geis* (Fn. 34), S. 64 zu § 3 Abs. 2 BDSG a.F.

die Interessen anderer Personengruppen im Rahmen ihrer abhängigen beruflichen Tätigkeit durch die Erhebung und Verarbeitung personenbezogener Daten beeinträchtigt werden können, weil auch außerhalb von Arbeitsverhältnissen strukturell kein Gleichordnungsverhältnis zwischen den Parteien besteht.[48]

Auch wenn Beamte des Bundes grundsätzlich in den Anwendungsbereich des BDSG einbezogen sind, haben die beamtenrechtlichen Vorgaben wegen § 1 Abs. 2 BDSG n.F./§ 1 Abs. 3 BDSG a.F. Anwendungsvorrang vor dem BDSG. 29

Die Erhebung von Beschäftigtendaten der Beamten und Angestellten der Kommunen und der Länder richtet sich dagegen ausschließlich[49] nach Landesrecht,[50] und zwar unabhängig davon ob die landesrechtlichen Regelungen günstiger oder ungünstiger sind als die des BDSG.[51] Nur ergänzend ist auf das BDSG abzustellen, wenn und soweit durch Landesrecht keine Regelung getroffen worden ist, vgl. § 1 Abs. 1 S. 1 Nr. 2 BDSG.[52] 30

3. Datenerhebung durch öffentliche vs. nicht-öffentliche Stellen

Vor Inkrafttreten der DSGVO galten im BDSG unterschiedliche Regelungen, je nachdem ob die datenerhebenden Stelle öffentlich (§§ 12 ff. BDSG a.F.) oder nicht-öffentlich (§§ 27 ff. BDSG a.F.) organisiert war. Für den Schutz des Persönlichkeitsrechts von Beschäftigten im Zusammenhang mit der Personalaktenführung konnte es jedoch schon damals nicht auf die Rechtsform ihres Arbeitgebers oder Dienstherrn ankommen. Für die Datenerhebung durch öffentliche Stellen im Zusammenhang mit früheren, bestehenden oder künftigen Beschäftigungsverhältnissen verwies § 12 Abs. 4 BDSG a.F. daher auf §§ 28 Abs. 2 Nr. 2, 32–35 BDSG a.F. Dabei handelte es sich um die allgemeinen Regelungen, die für die Beschäftigten in der Privatwirtschaft galten;[53] die §§ 13 ff. BDSG wurden insofern ver- 31

48 *Seifert*, in: Simitis (Hrsg.), Bundesdatenschutzgesetz (Fn. 13), § 3, Rn. 279; ähnlich *Geiger* (Fn. 17), S. 38 f.; *Gola/Pötters/Wronka* (Fn. 4), Rn. 191 f.

49 Die spezifischen Vorgaben zum Beschäftigtendatenschutz in § 26 BDSG n.F./§ 32 BDSG a.F. werden gleichwohl auf Landes- und Kommunalbeamte angewendet, soweit Daten erhoben werden, die nicht Personaldaten i.S.v. § 50 BeamtStG, sondern bloße Sachaktendaten darstellen oder wenn – was selten der Fall sein wird – Beamte in nicht-öffentlichen Stellen tätig sind, *Reich* (Fn. 36), S. 59; *Bergmann/Möhrle/Herb*, Datenschutzrecht (Fn. 34), § 32 BDSG, Rn. 10.

50 Dies ist eine Konsequenz der Föderalismusreform und der Annahme des Gesetzgebers, das Datenschutzrecht der Landes- und Kommunalbeamten zähle nicht zu den Statusangelegenheiten i.S.v. Art. 74 I Nr. 27 GG, *Reich* (Fn. 36), S. 59.

51 *Ulrich Dammann*, in: Simitis (Hrsg.), Bundesdatenschutzgesetz (Fn. 13), § 1, Rn. 125.

52 *Thilo Weichert*, in: Wolfgang Däubler/Thomas Klebe/Peter Wedde/ders., Bundesdatenschutzgesetz. Kompaktkommentar zum BDSG, Frankfurt am Main 2016, § 1, Rn. 8; *Gola/Klug/Dörffer/Schomerus*, BDSG (Fn. 46), § 1, Rn. 19a; *Bergmann/Möhrle/Herb*, Datenschutzrecht (Fn. 34), § 2 BDSG, Rn. 43; *Kai-Uwe Plath*, in: ders. (Hrsg.), BDSG/DSGVO, § 1 BDSG, Rn. 24; *Christoph Gusy*, in: Wolff/Brink (Hrsg.), BeckOK Datenschutzrecht (Fn. 23), § 1 BDSG, Rn. 72.

53 Werden die Daten für andere als beschäftigungsbezogene Zwecke erhoben, gelten für die öffentlichen Stellen die allgemeinen Regeln in den §§ 12 ff. BDSG, *Jan Dirk Roggenkamp*, in: Plath (Hrsg.), BDSG/DSGVO (Fn. 52), § 12 BDSG, Rn. 15.

drängt.[54] Der Gesetzgeber ging davon aus, dass die Interessen der Beschäftigten im öffentlichen Dienst dadurch besser geschützt werden als durch die für öffentliche Stellen geltenden Regeln im BDSG und in den Landesdatenschutzgesetzen.[55] In der Neufassung des BDSG findet sich diese Differenzierung nicht wieder,[56] sondern mit § 26 BDSG n.F. ist eine umfassende und einheitliche Regelung zur Datenverarbeitung für die Zwecke des Beschäftigungsverhältnisses etabliert worden.

II. Verbot mit Erlaubnisvorbehalt

32 Das Datenschutzrecht ist von einem Verbot mit Erlaubnisvorbehalt geprägt. Die Aufnahme von Informationen und Vorgängen in die Personalakte ist gemäß Art. 6 Abs. 1 DSGVO zulässig, wenn der Beschäftigte einwilligt, dies für die Erfüllung eines Vertrags, einer rechtlichen Verpflichtung bzw. einer öffentlichen Aufgabe oder zum Schutz lebenswichtiger Interessen des Betroffenen oder berechtigter Interessen des Verantwortlichen erforderlich ist. Ohne eine solche Legitimation ist auch die Weitergabe der in Papierform geführten Personalakten an ein privates Unternehmen zum Zweck der Digitalisierung unzulässig.[57]

33 Nach § 4 Abs. 1 BDSG a.F. konnte die Berechtigung zur Datenerhebung aus einer Einwilligung des Betroffenen oder aus einem Gesetz oder einer anderen Rechtsvorschrift resultieren. Der in § 4 Abs. 2 BDSG a.F. enthaltene Grundsatz der Direkterhebung, wonach die Daten sind direkt und unmittelbar unter Mitwirkung, zumindest aber in Kenntnis des Betroffenen[58] und nicht über Dritte zu erheben waren, ist mit der Reform des Datenschutzrechts weggefallen. Stattdessen statuiert die DSGVO unterschiedlich strikte Anforderungen für die Datenverarbeitung durch Erhebung direkt beim Betroffenen (Art. 13 DSGVO) und in anderer Form (Art. 14 DSGVO).[59]

1. Individuelle Einwilligung

34 Die Einwilligung kann auch im Arbeitsvertrag erklärt werden. Sie muss gemäß Art. 7 Abs. 2 S. 1 DSGVO/§ 4a Abs. 1 S. 4 BDSG a.F. jedoch deutlich erkennbar

54 *Matthias Scholz*, in: Gregor Dornbusch/Ernst Fischermeier/Manfred Löwisch (Hrsg.), Kommentar zum gesamten Arbeitsrecht, 8. Aufl., Köln 2016, § 2 BDSG, Rn. 1.

55 BT-Drs. 7/1027, S. 24 (zu § 5 des Entwurfs zum BDSG). Kritisch *Gola/Pötters/Wronka* (Fn. 4), Rn. 377.

56 Lediglich § 3 BDSG n.F. enthält den Vorbehalt, dass die Datenerhebung durch öffentliche Stellen für die „Erfüllung der in der Zuständigkeit des Verantwortlichen liegenden Aufgabe oder in Ausübung öffentlicher Gewalt, die dem Verantwortlichen übertragen wurde, erforderlich" sein muss.

57 OVG Schleswig-Holstein, NVwZ 2017, 171 für die Landesbeamtenrecht Schleswig-Holstein. Umfassend zur Auslagerung elektronischer Dienstleistungen *Christian Willert*, Outsourcing von IT-Dienstleistungen, in: Weth/Herberger/Wächter, Daten- und Persönlichkeitsschutz im Arbeitsverhältnis (Fn. 11), S. 540–548 sowie *Gola/Pötters/Wronka* (Fn. 4), Rn. 286 ff.; *Hitzelberger-Kijima* (Fn. 13), S. 88 f.

58 *Gola/Pötters/Wronka* (Fn. 4), Rn. 225.

59 Dazu *Franzen* (Fn. 3), S. 331.

vom restlichen Vertragstext abgehoben werden.[60] Die Einwilligung darf jederzeit und ohne Angabe von Gründen widerrufen werden, Art. 7 Abs. 3 DSGVO. Es genügt, dass die Einwilligung in eindeutiger, unmissverständlicher Art und Weise erklärt wird, Art. 4 Nr. 11 DSGVO. § 26 Abs. 2 S. 3 BDSG n.F. sieht jedoch ebenso wie § 4a Abs. 1 S. 3 BDSG a.F. im Regelfall die Schriftform vor.

Es gilt das Prinzip des informed consent,[61] d.h. der Beschäftigte ist gemäß § 26 Abs. 2 S. 4 BDSG n.F./§ 4a Abs. 1 S. 2 BDSG a.F. vorab über die vorgesehene Erhebung von Daten und den damit verfolgten Zweck zu informieren. Nur wenn dies sichergestellt ist, kann er eine auf freiem Willensentschluss basierende Entscheidung treffen. Die generelle Einwilligung in die Erhebung jedweder Daten ist folglich unzulässig.[62] *35*

Die Freiwilligkeit der Einwilligung ist im bestehenden bzw. sich anbahnenden Beschäftigungs- oder Dienstverhältnis durchaus fraglich, denn kaum ein Beschäftigter wird die Einwilligung verweigern, wenn er auf die Begründung bzw. den Fortbestand des Beschäftigungsverhältnisses existenziell angewiesen ist.[63] § 28 Abs. 2 BDSG n.F. fordert daher explizit, dass bei der Beurteilung der Freiwilligkeit auch die Abhängigkeit der Beschäftigten sowie die Umstände der Erlaubniserteilung zu berücksichtigen sind.[64] Die Drucksituation ist im bestehenden Beschäftigungsverhältnis geringer als in Situationen, in denen der Abschluss eines Arbeitsvertrags noch bevorsteht.[65] Freiwilligkeit kann danach immer dann angenommen werden, wenn die Datenverarbeitung für die beschäftigte Person rechtlich oder wirtschaftlich vorteilhaft ist oder wenn Arbeitgeber und Arbeitnehmer gleichgerichtete Interessen verfolgen. Der Gesetzgeber nennt für letztere Konstellation beispielhaft die Einführung eines betrieblichen Gesundheitsmanagements oder die Erlaubnis zur privaten Nutzung der dienstlichen IT-Systeme.[66] *36*

---

60 *Diller/Schuster* (Fn. 13), S. 929.

61 *Wolfgang Däubler*, in: ders./Klebe/Wedde/Weichert, Bundesdatenschutzgesetz (Fn. 52), § 4a, Rn. 8.

62 *Gola/Pötters/Wronka* (Fn. 4), Rn. 435.

63 So bereits die SPD-Fraktion in einem Entwurf zur Änderung des BDSG, BT-Drs. 10/1180, S. 22; *Bergmann/Möhrle/Herb,* Datenschutzrecht (Fn. 34), § 4a BDSG, Rn. 5a (40. EL 2009); *Michael Kort*, Betriebsrat und Arbeitnehmerdatenschutz. Rechte der Interessenvertretung bei datenschutzrechtlich relevanten Maßnahmen des Arbeitgebers, ZD 2016, S. 3–9, 5; *Jürgen Kühling*, in: Wolff/Brink (Hrsg.), BeckOK Datenschutzrecht (Fn. 23), § 4a BDSG, Rn. 35; *Thorsten Sörup/Sabrina Marquardt*, Auswirkungen der EU-Datenschutzgrundverordnung auf die Datenverarbeitung im Beschäftigungskontext, ArbRAktuell 2016, S. 104–106.

64 Dies ist von der DSGVO gedeckt, aus der sich keine Anhaltspunkte dafür ergeben, dass die Freiwilligkeit im Beschäftigungsverhältnis ausgeschlossen ist, *Franzen* (Fn. 3), S. 322 f.

65 BT-Drs. 18/11325, S. 97.

66 BT-Drs. 18/11325, S. 97.

2. Zulässigkeit der Datenerhebung kraft Rechtsnorm

37 Besteht eine Rechtsnorm, die die Datenerhebung erlaubt, erübrigt sich die individuelle Einwilligung des Betroffenen.[67] Als Rechtsnorm kommen nicht nur gesetzliche Erlaubnistatbestände in Betracht, sondern auch Tarifverträge oder Betriebsvereinbarungen. Das BAG hatte diese aufgrund ihrer Außenwirkung als „andere Rechtsvorschrift" i.S.v. § 4 Abs. 1 BDSG a.F.[68] eingestuft.[69] Die Rechtsprechung ist mit der Datenschutzreform in das geltende Recht überführt worden: Die DSGVO beinhaltet zwar keine gleichlautende Vorschrift, nimmt aber in Art. 6 Abs. 1 lit. c) DSGVO Bezug auf die „Erfüllung einer rechtlichen Verpflichtung …, der der Verantwortliche unterliegt"[70] und setzt in Art. 6 Abs. 3 DSGVO eine „Rechtsgrundlage" voraus, die durch Unionsrecht oder nationales Recht zu erlassen ist. Für die Erhebung von Beschäftigtendaten nennt § 26 Abs. 4 BDSG n.F. explizit Kollektivvereinbarungen als zulässige Rechtsgrundlage.

38 Gestattet eine Betriebsvereinbarung die Datenerhebung und -verarbeitung, kann sie nicht durch individuelle Abreden zwischen Arbeitgeber und Beschäftigtem abbedungen werden. Statthaft ist lediglich der umgekehrte Fall, dass eine Betriebsvereinbarung die Datenerhebung ausschließt. In diesem Fall kann der Arbeitnehmer individuell sein Einverständnis erklären – allerdings nur sofern die Betriebsvereinbarung ihrem Sinn und Zweck nach für solch abweichende Abreden Raum lässt.[71]

39 Ob Tarifverträge oder Betriebsvereinbarungen in ihren Schutzstandards hinter dem Niveau des BDSG zurückbleiben dürfen, ist umstritten. Das BAG hatte dies in einer Entscheidung aus dem Jahr 1986 für zulässig erachtet, solange nur die Wertungen des Grundgesetzes, sonstiges zwingendes Gesetzesrecht und die allgemeinen arbeitsrechtlichen Grundsätze eingehalten werden.[72] Die Entscheidung ist auf Zustimmung gestoßen, zumal § 4 Abs. 1 BDSG a.F. insofern nicht auf die da-

---

67 Dies war in § 4 Abs. 2 BDSG a.F. explizit geregelt, gilt aber auch nach den neuen Vorgaben, vgl. Art. 6 Abs. 1 DSGVO, wonach „mindestens eine … Bedingung" für die Datenerhebung vorliegen muss.

68 Danach war die Datenerhebung u.a. dann zulässig, wenn sie durch ein „Gesetz oder eine andere Rechtsvorschrift" erlaubt war.

69 St. Rspr. seit BAGE 52, 88; 80, 366; 82, 36. So auch die h.M. in der Literatur, vgl. *Herfs-Röttgen* (Fn. 11), S. 479; *Washausen (Fn. 38*), S. 411; *Thilo Weichert*, in: Däubler/Klebe/Wedde/ders., Bundesdatenschutzgesetz (Fn. 52), § 4, Rn. 2; *Gola/Klug/Dörffer/Schomerus, BDSG* (Fn. 46), § 4, Rn. 7; *Bergmann/Möhrle/Herb*, Datenschutzrecht (Fn. 34), § 4 BDSG, Rn. 24 (26. EL 2002); *Philipp Scholz/Bettina Sokol*, in: Simitis (Hrsg.), Bundesdatenschutzgesetz (Fn. 13), § 4, Rn. 11; *Karl Riesenhuber*, in: Wolff/Brink (Hrsg.), BeckOK Datenschutzrecht (Fn. 23), § 32 BDSG, Rn. 37.

70 Die Norm ist weit auszulegen und erfasst auch Verpflichtungen aus oder aufgrund von Kollektivvereinbarungen, *Franzen*, (Fn. 3), S. 324.

71 Dies ist beispielsweise dann nicht der Fall, wenn der Mitarbeiter aus der über die BV hinausgehenden, individuell vereinbarten Datenerhebung Vorteile gegenüber anderen Mitarbeitern ziehen könnte, *Gola/Pötters/Wronka* (Fn. 4), Rn. 420.

72 BAG NZA 1986, S. 643, 646.

tenschutzrechtlichen Standards Bezug nahm.[73] In weiten Teilen der Literatur wurde sie jedoch stark kritisiert und das BDSG als gleichsam unverzichtbarer Mindeststandard angesehen.[74] Gestützt wird diese Auffassung durch § 1 Abs. 2 BDSG n.F./ § 1 Abs. 3 BDSG a.F., welcher die Subsidiarität des BDSG ausschließlich gegenüber bundesrechtlichen Vorgaben regelt.[75] Darüber hinaus ordnet Art. 23 Abs. 1 DSGVO/ § 6 BDSG a.F. umfassende Einschränkungen für die Abdingbarkeit verschiedener Rechte Betroffener an, was ebenfalls für einen Vorrang der datenschutzrechtlichen Vorgaben spricht.[76] Indes hat das BAG selbst die Möglichkeit zur Abweichung vom BDSG im Rahmen einer Betriebsvereinbarung beschränkt, als die Grundrechte – namentlich das allgemeine Persönlichkeitsrecht der Beschäftigten – ebenso zu beachten sind wie sonstige einfachgesetzliche Vorgaben. Da diese Wertungen sämtlich Eingang in das Datenschutzrecht gefunden haben, ist fraglich, ob überhaupt vom BDSG abweichende Betriebsvereinbarungen denkbar sind, die gegen sonstige höherrangige Normen verstoßen.[77] Im Ergebnis dürften allenfalls „geringfügige“ Abweichungen vom BDSG gestattet sein.[78] Hinter dem Schutzniveau der DSGVO dürfen die Regelungen ohnehin nicht zurückbleiben.[79]

III. Vorgaben zur Zulässigkeit der Datenerhebung

Die Systematik des BDSG weist den Beschäftigtendatenschutz § 26 BDSG n.F./ 40
§ 32 ff. BDSG a.F. zu. Für Beamte geben § 106 BBG bzw. § 50 BeamtStG vor, dass in die Personalakte alle Unterlagen[80] aufzunehmen sind, die einen unmittelbaren inneren Zusammenhang zum Dienstverhältnis aufweisen. Diese Vorgaben

---

73 *Diller/Schuster* (Fn. 13), S. 929; *Kort* (Fn. 63), S. 6; *Washausen* (Fn. 38), S. 412; *Gusy*, in: Wolff/Brink (Hrsg.), BeckOK Datenschutzrecht (Fn. 23), § 1 BDSG, Rn. 15; *Karl Riesenhuber*, in: ebd., § 32 BDSG, Rn. 39. Ausführlich zum Streitstand *René Erfurth*, Die Betriebsvereinbarung im Arbeitnehmerdatenschutz, DB 2011, S. 1275–1279.

74 *Stefan Kramer*, Datenschutz und betriebsinterner Umgang mit Personaldaten, in: Weth/Herberger/Wächter, Daten- und Persönlichkeitsschutz im Arbeitsverhältnis (Fn. 11), S. 131 f.; *Thilo Weichert*, in: Däubler/Klebe/Wedde/ders., Bundesdatenschutzgesetz (Fn. 52), § 4, Rn. 2; *Bergmann/Möhrle/Herb*, Datenschutzrecht (Fn. 29), § 4 BDSG, Rn. 25 (26. EL 2002); *Scholz/Sokol*, in: Simitis, Bundesdatenschutzgesetz (Fn. 13), § 4, Rn. 17; *Gola/Pötters/Wronka* (Fn. 4), Rn. 364 ff.

75 Auch wenn der Abschluss von Tarifverträgen und Betriebsvereinbarungen auf bundesrechtlicher Grundlage beruht, werden sie dadurch nicht selbst zu Bundesrecht, *Dix*, in: Simitis, Bundesdatenschutzgesetz (Fn. 13), § 1, Rn. 166; *Gola/Klug/Dörffer/Schomerus*, BDSG (Fn. 46), § 1, Rn. 23.

76 *Bergmann/Möhrle/Herb, Datenschutzrecht* (Fn. 34), § 4 BDSG, Rn. 26.

77 So auch *Washausen* (Fn. 38), S. 412; auch *Gusy*, in: Wolff/Brink, BeckOK Datenschutzrecht (Fn. 23), § 1 BDSG, Rn. 15 verweist auf die äußerst geringen Spielräume für eine Abweichung vom BDSG.

78 *Kort* (Fn. 63), S. 6.

79 *Düwell*, (Fn. 3), 665, 666; *Rüdiger Krause*, Herausforderung Digitalisierung der Arbeitswelt und Arbeiten 4.0, NZA-Beilage 2017, S. 53–59.

80 Der Begriff der „Unterlagen“ schließt nicht nur Papierstücke, sondern auch digitale Dateien ein, vgl. *Reich* (Fn. 36), S. 58 f.

sind im Ergebnis deckungsgleich mit § 26 BDSG n.F./§ 32 BDSG a.F., da auch sie eine strikte Zweckbindung der Datenerhebung vorgeben.[81]

1. Datenerhebung für Zwecke des Beschäftigungsverhältnisses, § 26 BDSG

41 Nach § 26 Abs. 1 BDSG darf der Arbeitgeber für die Zwecke des Beschäftigungsverhältnisses nur solche Daten verarbeiten, die für die Entscheidung über die Begründung, die Durchführung oder Beendigung eines Beschäftigungsverhältnisses oder zur Ausübung oder Erfüllung der sich aus einem Gesetz oder einer Kollektivvereinbarung ergebenden Rechte und Pflichten der Interessenvertretung der Beschäftigten erforderlich sind. Diese strikte Zweckbindung gilt sowohl für digitale als auch für hergebrachte Personalakten in Papierform, § 26 Abs. 7 BDSG n.F.[82]

42 In einem dreistufigen Verfahren ist zunächst zu prüfen, ob die zu erhebenden Daten überhaupt für die Zwecke des Beschäftigungsverhältnisses geeignet sind. Dies ist der Fall, wenn der Arbeitgeber ein berechtigtes und schutzwürdiges Interesse an der Erlangung und Verwendung der Daten hat. Dies setzt etwa einen Bezug zur Personalplanung und -entwicklung, Lohnabrechnung oder Leistungsbeurteilung des Arbeitnehmers voraus.[83] Eine Orientierung bietet insofern die Rechtsprechung zum Fragerecht des Arbeitgebers im Bewerbungsverfahren: Alle Informationen zu Fragen, die in diesem Kontext berechtigterweise gestellt werden, dürfen auch in die Personalakte aufgenommen werden. Dabei ist strikt zu hinterfragen, ob diese Informationen mit Blick auf den konkreten Arbeitsplatz von Bedeutung sind.[84] Unzulässig ist daher namentlich die Erhebung von Daten über das Verhalten in der Freizeit.

43 Sodann ist zu prüfen, ob die Erhebung und Nutzung der Daten erforderlich ist. Dies ist der Fall, wenn kein anderes Mittel zur Verfügung steht, welches das Persönlichkeitsrecht des Arbeitnehmers weniger stark beeinträchtigt und in gleichem Maße zur Erreichung des vom Arbeitgeber verfolgten Zwecks geeignet ist.

44 Schließlich ist eine umfassende Interessenabwägung vorzunehmen, in die das Nutzungsinteresse des Arbeitsgebers sowie sein Interesse an der Vollständigkeit der Personalakte gegen das Persönlichkeitsrecht des Beschäftigten einzustellen ist.[85]

45 Typisierend ist demnach die Aufnahme von Bewerbungsunterlagen, dem Arbeitsvertrag einschließlich aller Nebenabreden und Ergänzungen, sowie Abmahnungen, Krankmeldungen, Urlaubsanträge, Zeugnisse, Kündigungsschreiben[86] in die

---

81 *Gola/Pötters/Wronka* (Fn. 4), Rn. 383.

82 *Düwell/Brink* (Fn. 3), S. 667.

83 *Herfs-Röttgen* (Fn. 11), S. 478; *Scholz* (Fn. 54), § 32 BDSG, Rn. 9.

84 *Gola/Pötters/Wronka* (Fn. 4), Rn. 143; *Müller* (Fn. 17), S. 201.

85 *Kramer* (Fn. 74), S. 127; *Herfs-Röttgen* (Fn. 11), S. 478.

86 Da für die Kündigung die Schriftform gilt, müssen Kündigungsschreiben zusätzlich in Papierform aufbewahrt werden. Gleiches gilt für die Niederschrift nach § 11 I BBiG oder den Nachweis nach § 2 I 3 NachwG, *Gola* (Fn. 2), S. 136; *Geis* (Fn. 34), S. 65; *Staack/Sparchholz* (Fn. 15), S. 51. Gegebenenfalls können Schriftstücke auch nach § 126a BGB durch die elektronische Form, d.h. ein elektronisches Dokument mit qualifizierter elektronischer Signatur ersetzt werden, *Gola/Pötters/Wronka* (Fn. 4), Rn. 171.

Personalakte zulässig. Höchstpersönliche Informationen des Arbeitnehmers, beispielsweise betriebsärztliche Unterlagen, aber auch Aufzeichnungen wie Dienstpläne oder Gehaltslisten, die Daten anderer Arbeitnehmer enthalten, können dagegen nicht in der Personalakte gespeichert werden.[87]

2. Erhebung von Daten über den Gesundheitszustand

Gesundheitsdaten der Beschäftigten stellen besondere Kategorien personenbezogener Daten i.S.v. Art. 9 DSGVO/§ 3 Abs. 9 BDSG a.F. dar, die besonders zu schützen sind. *46*

a) Schutz der Gesundheitsdaten von Beschäftigten vor Inkrafttreten der DSGVO

Die Erhebung von Gesundheitsdaten richtete sich vor Inkrafttreten der DSGVO nicht nach den Spezialnormen über den Beschäftigtendatenschutz in den §§ 32 ff. BDSG a.F. Vielmehr war ausschließlich auf die allgemeine Klausel in § 28 Abs. 6 BDSG a.F. zurückzugreifen, der auch im Kontext des Beschäftigungsverhältnisses anwendbar war.[88] Der Unterschied zwischen beiden Normen lag darin, dass in § 28 Abs. 6 BDSG a.F. explizit eine umfassende Abwägung der Beschäftigten- gegen die Arbeitgeberinteressen vorgegeben war.[89] Dies deutet auf einen stärkeren Schutz der sensiblen Gesundheitsdaten hin.[90] Da aber auch im Kontext des § 32 BDSG a.F. neben der strikten Zweckbindung und der Prüfung der Erforderlichkeit nach ganz h.M. eine Verhältnismäßigkeitsprüfung durchzuführen war,[91] dürfte das Schutzniveau im Ergebnis deckungsgleich gewesen sein.[92] *47*

aa) Gesundheitsdaten der Beschäftigten in der Privatwirtschaft

Gesundheitsdaten durften nach § 28 Abs. 6 BDSG a.F. nur mit ausdrücklicher Einwilligung des Betroffenen erhoben werden und darüber hinaus nur in den in Nr. 1–4 BDSG a.F. genannten Fällen. Dies betraf den Schutz lebenswichtiger Interessen, wenn der Betroffene zur Einwilligung aus physischen oder rechtlichen Gründen außerstande war (Nr. 1), die Erhebung und Nutzung von Daten, die der *48*

---

87 *Breyer* (Fn. 11), S. 276 f.; *Geis* (Fn. 34), S. 64; *Diller/Schuster* (Fn. 13), S. 928; *Herfs-Röttgen* (Fn. 11), S. 479; *Müller* (Fn. 17), S. 200 f.

88 BT-Drs. 16/13657, S. 21; ausführlich *Wolfgang Däubler*, in: ders./Klebe/Wedde/Weichert, Bundesdatenschutzgesetz (Fn. 52), § 32, Rn. 10; *Bergmann/Möhrle/Herb*, Datenschutzrecht (Fn. 34), § 32 BDSG, Rn. 31 (48. EL 2015); *Plath*, in: ders. (Hrsg.), BDSG/DSGVO (Fn. 52), § 28 BDSG Rn. 208; *Wolff*, in: ders./Brink (Hrsg.), BeckOK Datenschutzrecht (Fn. 23), § 28 BDSG, Rn. 240.

89 Ausführlich *Gola/Klug/Dörffer/Schomerus*, BDSG (Fn. 46), § 28, Rn. 24 ff.; siehe auch *Spiros Simitis*, in: ders. (Hrsg.), Bundesdatenschutzgesetz (Fn. 13), § 28, Rn. 125; *Wolff*, in: ders./Brink (Hrsg.), BeckOK Datenschutzrecht (Fn. 18), § 28 BDSG, Rn. 258 ff.

90 *Wolff*, in: ders./Brink (Hrsg.), BeckOK Datenschutzrecht (Fn. 23), § 28 BDSG, Rn. 258.

91 *Gola/Klug/Dörffer/Schomerus*, BDSG (Fn. 46), § 32, Rn. 10; vgl. auch *Seifert*, in: Simitis (Hrsg.), Bundesdatenschutzgesetz (Fn. 13), § 32, Rn. 10, demzufolge praktische Konkordanz zwischen den involvierten Interessen herzustellen ist.

92 *Washausen* (Fn. 38), S. 410.

Betroffene selbst öffentlich gemacht hatte (Nr. 2), die Geltendmachung, Ausübung oder Verteidigung rechtlicher Ansprüche (Nr. 3)[93] sowie die wissenschaftliche Forschung (Nr. 4). Im Zusammenhang mit dem Beschäftigungsverhältnis war in aller Regel nur die Nr. 3 von Relevanz, sodass Gesundheitsdaten erhoben und verarbeitet werden durften, wenn dies zur Geltendmachung von Ansprüchen oder Gewährung von Rechten erforderlich war. Dies war beispielsweise für die Durchführung eines betrieblichen Eingliederungsmanagements (BEM) i.S.v. § 84 Abs. 2 SGB IX oder für die Beurteilung des besonderen Kündigungsschutzes von schwerbehinderten Menschen erforderlich. Wäre im Bewerbungsverfahren die Frage nach einer Krankheit oder Behinderung unzulässig,[94] durften entsprechende Angaben auch nicht in die Personalakte aufgenommen werden.[95]

49 Dem Grundsatz der Datensparsamkeit und der Vertraulichkeit war in besonderem Maße Rechnung zu tragen. Es waren daher nur die unerlässlichen Daten zu erheben – beispielsweise nur Zeiten der Arbeitsunfähigkeit, nicht aber deren Grund für die Zwecke der Entgeltfortzahlung. Überdies ist der Kreis der Zugriffsberechtigten zu beschränken, etwa indem dieser Teil der Personalakte besonders geschützt aufbewahrt wird.[96]

bb) Gesundheitsdaten der Beschäftigten im öffentlichen Dienst

50 § 28 Abs. 6 BDSG a.F. galt auch für die Erhebung von Gesundheitsdaten der Beschäftigten des öffentlichen Dienstes.[97] Die Verweisung in § 12 Abs. 4 BDSG a.F. bezog sich zwar lediglich auf § 28 Abs. 2 Nr. 2 BDSG a.F. und ausdrücklich nicht auf die übrigen Vorschriften des § 28 BDSG a.F.[98] Die Schlussfolgerung, dass solche Daten ohne ausdrückliche persönliche Einwilligung für die Beschäftigten öffentlicher Stellen gar nicht erhoben werden durften,[99] überzeugte nicht, sind doch Gesundheitsdaten an verschiedener Stelle für die Durchführung des Beschäftigungsverhältnisses von Bedeutung. Ihre Erlangung und Verwendung kann daher nicht ausschließlich von der Zustimmung des Beschäftigten abhängen. Da § 32 BDSG a.F. nach der früheren datenschutzrechtlichen Systematik für die Erhebung von Gesundheitsdaten im Beschäftigungsverhältnis durch § 28 Abs. 6 BDSG a.F.

---

93 Für diese Alternative gibt das Gesetz explizit eine Interessenabwägung vor.

94 Allgemein dazu *Seifert*, in: Simitis (Hrsg.), Bundesdatenschutzgesetz (Fn. 13), § 32, Rn. 63 ff.

95 *Washausen* (Fn. 38), S. 433.

96 *Gola/Pötters/Wronka* (Fn. 4), Rn. 149 f.

97 *Bergmann/Möhrle/Herb*, Datenschutzrecht (Fn. 34), § 12, Rn. 24 (40. EL 2009).

98 Nach *Washausen* (Fn. 38), S. 436 sowie *Peter Wedde*, in: Däubler/Klebe/ders./Weichert, Bundesdatenschutzgesetz (Fn. 52), § 12, Rn. 24 handelt es sich dabei um ein Redaktionsversehen des Gesetzgebers.

99 *Jutta Stender-Vorwachs*, in: Wolff/Brink (Hrsg.), BeckOK Datenschutzrecht (Fn. 23), § 12 BDSG, Rn. 19.

verdrängt wurde, musste dies im Interesse einheitlicher Schutzstandards für alle Beschäftigten[100] auch im öffentlichen Dienst gelten.[101]

b) Erhebung von Gesundheitsdaten nach § 26 Abs. 3 BDSG n.F.

Mit Inkrafttreten der DSGVO und der Neufassung des BDSG ist die Datenerhebung für die Zwecke des Beschäftigungsverhältnisses einheitlich und umfassend in § 26 BDSG n.F. geregelt. Nach § 26 Abs. 3 BDSG n.F. dürfen Gesundheitsdaten nur verarbeitet werden, wenn dies zur Ausübung von Rechten oder zur Erfüllung rechtlicher Pflichten aus dem Arbeits- oder Sozialrecht erforderlich ist und schutzwürdige Interessen der betroffenen Personen dem nicht entgegenstehen. Die Norm gilt beispielsweise für die Verarbeitung von Daten, anhand derer die Arbeitsfähigkeit beurteilt werden kann.[102] Stets ist die umfassende Abwägung zwischen Datenerhebungsinteresse des Arbeitgebers und Geheimhaltungsinteresse des Arbeitnehmers erforderlich. *51*

Explizit nimmt § 26 Abs. 3 S. 2 BDSG n.F. Bezug auf die Vorgaben in § 26 Abs. 2 BDSG n.F. zur Freiwilligkeit der Einwilligung, sodass auch in diesem Kontext die besondere Schutzbedürftigkeit von Arbeitnehmern und mögliche Abhängigkeitsverhältnisse und Drucksituationen zu berücksichtigen sind. *52*

Der Gesetzgeber hat klargestellt, dass die Verarbeitung von Gesundheitsdaten durch den Arbeitgeber für andere Zwecke über § 26 Abs. 3 BDSG n.F. hinaus unberührt bleibt.[103] Ihre Zulässigkeit richtet sich nach § 22 BDSG n.F. Die Norm ermöglicht die Erhebung personenbezogener Daten durch öffentliche oder nichtöffentliche Stellen, wenn dies erforderlich ist *53*

a) um sozialrechtliche Rechte und Pflichten zu erfüllen,[104]

b) zum Zweck der Gesundheitsvorsorge, für die Beurteilung der Arbeitsfähigkeit, für die medizinische Diagnostik, Versorgung oder Behandlung oder für die Verwaltung von Systemen und Diensten im Gesundheits- und Sozial-

100 Diese Problematik sieht auch *Stender-Vorwachs*, in: Wolff/Brink (Hrsg.), BeckOK Datenschutzrecht (Fn. 23), § 12 BDSG, Rn. 19.

101 *Wedde*, in: Däubler/Klebe/ders./Weichert, Bundesdatenschutzgesetz (Fn. 52), § 12, Rn. 24; *Jan Dirk Roggenkamp* in: Plath (Hrsg.), BDSG/DSGVO (Fn. 52), § 12 BDSG, Rn. 16 wollen dagegen § 32 BDSG anwenden. Nach *Ulrich Dammann*, in: Simitis (Hrsg.), Bundesdatenschutzgesetz (Fn. 13), § 12, Rn. 30 bilden dagegen die vorrangigen (und strengeren) Vorgaben des europäischen Rechts die maßgebliche Rechtsgrundlage für die Datenerhebung.

102 BT-Drs. 18/11325, S. 79.

103 BT-Drs. 18/11325, S. 79.

104 Die Normfassung übersetzt den englischen Text der Verordnung und ist damit sprachlich unglücklich: Die Datenerhebung ist danach zulässig, um „die aus dem *Recht der sozialen Sicherheit und des Sozialschutzes* erwachsenden Rechte auszuüben und den diesbezüglichen Pflichten nachzukommen.“

bereich oder aufgrund eines Vertrags der betroffenen Person mit einem Angehörigen eines Gesundheitsberufs,[105]

c) aus Gründen des öffentlichen Interesses im Bereich der öffentlichen Gesundheit, wie des Schutzes vor schwerwiegenden grenzüberschreitenden Gesundheitsgefahren oder zur Gewährleistung hoher Qualitäts- und Sicherheitsstandards bei der Gesundheitsversorgung und bei Arzneimitteln und Medizinprodukten.

54 Diese Norm berechtigt beispielsweise zur Verarbeitung der erforderlichen Gesundheitsdaten im Zusammenhang mit arbeitsmedizinischen Maßnahmen,[106] Maßnahmen der Gesundheitsvorsorge[107] oder der Prüfung des Vorliegens der Voraussetzungen besonderer Rechte schwerbehinderter Arbeitnehmer.[108] Sofern die Datenverarbeitung mehreren Zwecken dient, ist stets zu prüfen, ob die jeweilige Ermächtigungsgrundlage in § 22 bzw. § 26 BDSG n.F. erfüllt ist.

3. Datenverarbeitung durch den Arbeitgeber für andere als beschäftigungsbezogene Zwecke

55 Die datenschutzrechtlichen Vorgaben gelten auch, wenn vom Arbeitgeber Daten ohne konkreten Beschäftigungsbezug erhoben werden.

a) Rechtslage vor Neufassung des BDSG

56 Ob die Erhebung von personenbezogenen Daten für nicht auf das Beschäftigungsverhältnis bezogene Zwecke des Arbeitgebers zulässig ist, war unter Geltung des § 28 BDSG a.F. umstritten.[109] Teilweise wurde angenommen, dass nach dem Willen des Gesetzgebers § 32 BDSG a.F. die Regelung des § 28 Abs. 1 BDSG a.F. insgesamt verdrängen solle.[110] Tatsächlich aber nahm die Gesetzesbegründung nur Bezug auf §§ 28 Abs. 1 S. 1 Nr. 1, Abs. 1 S. 2 BDSG a.F. und wollte die Datenerhebung im Rahmen von Beschäftigungsverhältnissen bei berechtigten Interessen des Arbeitgebers nach § 28 Abs. 1 S. 1 Nr. 2 oder auch nach § 28 Abs. 3 BDSG a.F. bei berechtigten Interessen Dritter explizit ermöglichen.[111] Nach wohl

---

105 In letzterem Fall müssen die Daten von ärztlichem Personal oder durch sonstige Personen, die einer entsprechenden Geheimhaltungspflicht unterliegen, oder unter deren Verantwortung verarbeitet werden.

106 BT-Drs. 18/11325, S. 95; *Franzen* (Fn. 3), S. 329.

107 BT-Drs. 18/11325, S. 97.

108 *Sörup/Marquardt* (Fn. 63), S. 104.

109 Vgl. die sehr instruktive Übersicht bei *Karl Riesenhuber*, in: Wolff/Brink (Hrsg.), BeckOK Datenschutzrecht (Fn. 23), § 32 BDSG, Rn. 26.1.

110 So *Seifert*, in: Simitis (Hrsg.), Bundesdatenschutzgesetz (Fn. 13), § 32, Rn. 17 unter Bezugnahme auf die insofern jedoch widersprüchlich formulierte Beschlussempfehlung in BT-Drs. 16/13657, S. 20 f.

111 BT-Drs. 16/13657, S. 20 f.

überwiegender Auffassung wurde daher nur § 28 Abs. 1 S. 1 Nr. 1 BDSG a.F. durch § 32 BDSG a.F. als lex specialis verdrängt.[112]

§ 28 Abs. 1 S. 1 Nr. 1 BDSG a.F. ermöglichte die Erhebung personenbezogener *57*
Daten für „eigene Geschäftszwecke" des Arbeitgebers, wenn dies zur Wahrung berechtigter Interessen der verantwortlichen Stelle erforderlich war und kein Grund zu der Annahme bestand, dass das schutzwürdige Interesse des Betroffenen an dem Ausschluss der Verarbeitung oder Nutzung überwiegt. Auch in diesem Zusammenhang galten folglich die Grundsätze der strikten Zweckbindung und der Verhältnismäßigkeit der Datenerhebung.

Der Begriff der „eigenen Geschäftszwecke" bezog sich auf die (wirtschaftlichen) *58*
Interessen, die der Arbeitgeber mit seinem Unternehmen allgemein verfolgte und die im Zusammenhang mit den dabei zu erfüllenden Verträgen etc. oder der Betreuung von Kunden standen.[113] Diese Zwecke mussten nicht notwendig mit einer Gewinnerzielungsabsicht verbunden sein.[114] Die Datenerhebung für andere als Beschäftigungszwecke war durch diese Norm legitimiert, wenn der Beschäftigte auch Vertragspartner seines Arbeitgebers in anderen Schuldverhältnissen war, beispielsweise als Kunde.[115] Gleiches galt für die Ergebung so genannter Sachaktendaten, die im Zuge der gewöhnlichen Geschäftstätigkeit registriert wurden,[116] die Erfüllung der gesetzlichen Pflichten des Arbeitgebers[117] oder die Erfassung von Daten im Kontext von Whistleblowing, Korruptionsbekämpfung oder anderer Compliance-Tatbestände – letzteres allerdings nur, wenn sich die Pflicht zur Mitwirkung an einem solchen System nicht aus dem Arbeitsvertrag ergab.[118]

---

112 *Scholz* (Fn. 54), § 28 BDSG, Rn. 5; *Geiger* (Fn. 17), S. 40; *Gola/Pötters/Wronka* (Fn. 4), Rn. 396; *Peter Wedde*, in: Däubler/Klebe/ders./Weichert, Bundesdatenschutzgesetz (Fn. 52), § 28, Rn. 24; *Gola/Klug/Dörffer/Schomerus,* BDSG (Fn. 46), § 32, Rn. 49; *Bergmann/Möhrle/Herb*, Datenschutzrecht (Fn. 34), § 32 BDSG, Rn. 23 (48. EL 2015); *Karl Riesenhuber*, in: Wolff/Brink (Hrsg.), BeckOK Datenschutzrecht (Fn. 23), § 32 BDSG, Rn. 30.

113 *Wedde*, in: Däubler/Klebe/ders./*Weichert,* Bundesdatenschutzgesetz (Fn. 52), § 28, Rn. 10; *Gola/Klug/Dörffer/Schomerus, BDSG (*Fn. 46), § 28, Rn. 4; *Simitis* in: ders. (Hrsg.), Bundesdatenschutzgesetz (Fn. 13), § 28, Rn. 23; *Plath*, in: ders. (Hrsg.), BDSG/DSGVO (Fn. 52), § 28 BDSG, Rn. 13.

114 *Heinrich Amadeus Wolff*, in: ders./Stefan Brink (Hrsg.), BeckOK Datenschutzrecht (Fn. 23), § 28 BDSG, Rn. 10.

115 *Bergmann/Möhrle/Herb,* Datenschutzrecht (Fn. 34), § 32 BDSG, Rn. 135 (50. EL 2016).

116 Dies betrifft beispielsweise die Registrierung eines Mitarbeiters als Bearbeiter eines bestimmten Vorgangs, *Gola/Pötters/Wronka* (Fn. 4), Rn. 119 oder Telefonverzeichnisse und Besprechungsniederschriften, *Wedde*, in: Däubler/Klebe/ders./Weichert, Bundesdatenschutzgesetz (Fn. 52), § 12, Rn. 21.

117 BAGE 140, 350 für die Übermittlung krankheitsbedingter Fehlzeiten eines Arbeitnehmers an den Betriebsrat zur Vorbereitung eines betrieblichen Eingliederungsmanagements nach § 84 II 1, 3 SGB IX.

118 Dann ist § 32 BDSG einschlägig, *Scholz* (Fn. 54), § 28 BDSG, Rn. 6.

b) Rechtslage nach Neufassung des BDSG

59 Die Gesetzesbegründung weist § 26 BDSG n.F. als „spezialgesetzliche Regelung“ im Beschäftigungskontext aus.[119] Im Übrigen schweigt sie zu der Frage, ob Arbeitgeber die Daten ihrer Arbeitnehmer in anderen Zusammenhängen erheben dürfen. Es ist daher auf die allgemeinen datenschutzrechtlichen Grundsätze zurückzugreifen, namentlich auf die Erlaubnistatbestände des Art. 6 DSGVO. Für sonstige Zwecke kann demnach der Arbeitgeber nur im Falle der Einwilligung des Arbeitnehmers dessen Daten verarbeiten oder wenn dies für die Erfüllung von Rechtspflichten oder im öffentlichen Interesse erforderlich ist. Die unter Geltung von § 28 Abs. 1 BDSG a.F. entwickelten Grundsätze dürften insoweit fortgelten. Insbesondere legitimiert diese Norm die Datenverarbeitung im Zusammenhang mit der Abführung von Sozialversicherungsbeiträgen oder die Datenübermittlung an das Finanzamt.[120]

D. Beteiligungsrechte von Betriebs- und Personalrat

60 Nach § 26 Abs. 6 BDSG n.F./§ 32 Abs. 3 BDSG a.F. bleiben die Beteiligungsrechte der Beschäftigtenvertretung unberührt. BetrVG und BPersVG sind daher neben dem BDSG anzuwenden.[121] Die Beteiligungsregeln für Betriebs- und Personalrat sind im Grunde identisch.[122]

I. Mitbestimmung

61 Die Anlage elektronischer Personalakten unterliegt nach § 87 Abs. 1 Nr. 6 BetrVG der Mitbestimmung.[123] Dieser Tatbestand bezieht sich auf die Einführung und Anwendung von technischen Einrichtungen zur Überwachung von Verhalten und Leistung der Beschäftigten. Dass die Personalakte nicht per se zur Überwachung bestimmt ist, schadet nicht. Der Mitbestimmungstatbestand ist immer dann eröffnet, wenn die technische Einrichtung zumindest objektiv dafür geeignet ist.[124] Als Überwachung gilt die Erfassung von Daten über Verhalten oder Leistung der Beschäftigten durch Anlagen, die die Daten eigenständig verarbeiten.[125] Da die in

---

119 BT-Drs. 18/11325, S. 96 f.

120 *Sörup/Marquardt*, (Fn. 63), S. 103, 104.

121 *Kramer* (Fn. 74), S. 128.

122 *Washausen* (Fn. 38), S. 438.

123 Ein nahezu wortgleiches Beteiligungsrecht des Personalrats ergibt sich für die Arbeitnehmer des Bundes aus § 75 Abs. 3 Nr. 17 BPersVG. Entsprechende Regelungen finden sich im Landesrecht, *Hitzelberger-Kijima* (Fn. 13), S. 87.

124 *Volker Rieble*, in: Gregor Dornbusch/Ernst Fischermeier/Manfred Löwisch, Kommentar zum gesamten Arbeitsrecht, 8. Aufl., Köln 2016, § 87 BetrVG, Rn. 41; *Kort* (Fn. 63), S. 5.

125 Beispielhaft werden Stechuhren oder Videoüberwachung genannt, *Rieble* (Fn. 124), § 87 BetrVG, Rn. 41.

der digitalen Akte erfassten Daten auch das Nachvollziehen der Leistungen und Fehlzeiten sowie von Vorfällen im Kontext des Arbeitsverhältnisses ermöglichen, erfüllt diese den Begriff der Überwachungsanlage.[126]

Das Mitbestimmungsrecht besteht nur dann nicht, wenn in die Personalakte ausschließlich Statusdaten aufgenommen werden, zu denen Anschrift, Geburtsdatum, Familienstand, Steuerklasse, Ausbildung und beruflicher Werdegang des Arbeitnehmers zählen,[127] denn diese Stammdaten dienen nicht der Überwachung von Verhalten und Leistung.[128] Auch EDV-Systeme für die automatisierte Lohnabrechnung sind mitbestimmungsfrei, zumindest wenn die Lohnberechnung leistungsunabhängig erfolgt.[129] Die Mitbestimmungspflicht wird jedoch ausgelöst, wenn sonstige Angaben in der Personalakte mit den Statusdaten so verknüpft werden, dass der Arbeitgeber die Beschäftigten überwachen kann.[130] Dies ist beispielsweise der Fall, wenn Fehlzeiten oder Abmahnungen in der digitalen Personalakte registriert werden und auf diese Weise Aufschluss über Leistung und Verhalten des Beschäftigten geben. *62*

Ein weiterer Mitbestimmungstatbestand ergibt sich aus § 92 Abs. 1 BetrVG, wenn die Personalakte als Mittel der Personalplanung genutzt wird, etwa bei der Entscheidung über die Teilnahme an Weiterbildungen oder über Beförderungen.[131] *63*

Damit der Betriebsrat seine Mitbestimmungsrechte hinreichend wahrnehmen kann, ist er gemäß § 80 Abs. 2 1 BetrVG vorab über die beabsichtigte Datenerhebung zu informieren. Dies setzt jedoch voraus, dass die Auskunft über die Datenerhebung einen Bezug zu den Aufgaben des Betriebsrats nach dem BetrVG ausweist; ein generelles Auskunftsrecht besteht folglich nicht.[132] In der Betriebsvereinbarung sind Ziele, Inhalte und Sicherheit der elektronischen Aktenführung ebenso zu regeln wie die Zugriffsberechtigung,[133] die Modalitäten der Einsichtnahme, der Umgang mit sensiblen Daten sowie die Archivierung, Löschung oder Sicherung von Daten und Updates der verwendeten Software.[134] *64*

126 *Gola* (Fn. 2), S. 142; *Geis (Fn. 34)*, S. 65; *Herfs-Röttgen* (Fn. 11), S. 481; *Hitzelberger-Kijima* (Fn. 13), S. 88. A. A. mit der Begründung, die Überwachung erfolge nicht durch die Personalakte als solche, sondern weiterhin „im Kopf einer Person", *Diller/Schuster* (Fn. 13), S. 929.

127 Praktisch ist dies aber kaum mehr der Fall, sondern die Akten enthalten eine Vielzahl von Daten und Dokumenten, die weit über die Statusdaten hinausgehen, *Staack/Sparchholz* (Fn. 15), S. 52.

128 BAGE 53, 226.

129 *Rieble* (Fn. 124), § 87 BetrVG, Rn. 41.

130 *Breyer* (Fn. 11), S. 274.

131 *Gola* (Fn. 2), S. 142; *Diller/Schuster* (Fn. 13), S. 929; *Herfs-Röttgen* (Fn. 11), S. 481.

132 *Michael Kort*, Schranken des Anspruchs des Betriebsrats auf Information gem. § 80 BetrVG über Personaldaten der Arbeitnehmer, NZA 2010, S. 1267–1272, 1268, *ders.* (Fn. 34), S. 3.

133 *Kort* (Fn. 34), S. 4.

134 *Hitzelberger-Kijima* (Fn. 13), S. 88.

II. Einsichtsrechte

65 Der Betriebsrat hat kein eigenständiges Recht auf Einsicht in die Personalakten einzelner Beschäftigter, vgl. § 83 BetrVG.[135] Nach § 75 Abs. 2 S. 1 BetrVG ist der Betriebsrat zwar verpflichtet, die freie Entfaltung der Beschäftigten im Betrieb zu schützen und zu fördern. Diese Norm beinhaltet jedoch keine Rechtsgrundlage für ein allgemeines Einsichtsrecht des Betriebsrats.[136] Er darf nur die Informationen einsehen, die zur Erfüllung seiner Aufgaben unmittelbar erforderlich sind, § 80 Abs. 2 S. 2 BetrVG.

66 Darüber hinaus kann der Betriebsrat bei der Einsichtnahme des Beschäftigten in seine Personalakte zugegen sein, sofern der Beschäftigte dies wünscht, § 83 Abs. 1 S. 2 BetrVG. Auch der Personalrat darf gemäß § 68 Abs. 2 S. 3 BPersVG nur mit Zustimmung des Beschäftigten Einsicht in die Personalakte nehmen. Er genießt ebenso wie der Betriebsrat kein generelles, allgemeines Einsichtsrecht.[137]

67 Weitergehende Zugriffsrechte des Betriebsrats auf die Personalakten können Gegenstand einer Betriebsvereinbarung sein. Voraussetzung ist jedoch stets ein Bezug zu den konkreten Aufgaben des Betriebsrats.[138] Diese bilden „Grund und Grenze“[139] des durch Betriebsvereinbarung zulässigerweise regelbaren Einsichtsrechts. Der Arbeitgeber muss die Möglichkeit haben, den Aufgabenbezug der vom Betriebsrat beabsichtigten Einsichtnahme zu überprüfen; das dabei anzuwendende Prozedere ist ebenfalls in der Betriebsvereinbarung zu regeln.[140]

III. Überwachungspflichten

68 Über die Mitbestimmung hinaus kommt dem Betriebsrat nach § 80 Abs. 1 Nr. 1 BetrVG die Pflicht zur Überwachung der Einhaltung von Arbeitnehmerschutzvorschriften zu, zu denen auch die Vorgaben der DSGVO und des BDSG zählen.[141] Beabsichtigt der Arbeitgeber die Umstellung von Papier- auf digitale Personalakten muss er den Betriebsrat darüber informieren, damit der Betriebsrat seinen Überwachungspflichten nachkommen kann.[142]

69 Werden dem Betriebsrat Verstöße gegen arbeitnehmerschützende Vorgaben bekannt, hat er diese gegenüber dem Arbeitgeber zu beanstanden und Abhilfe zu verlangen.[143] Um die Einhaltung von DSGVO und BDSG zu überprüfen, darf der Betriebsrat abstrakt erfragen, ob und welche Daten für die Personalakte er-

---

135 Zu den Konsequenzen unbefugter Einsichtnahme vgl. LAG Berlin, 12.11.2012, 17 TaBV 1318/12, NZA-RR 2013, 293 zum Ausschluss eines Betriebsratsmitglieds aus dem Betriebsrat.

136 *Gola* (Fn. 2), S. 136; *Kort* (Fn. 34), S. 4; *Herfs-Röttgen* (Fn. 11), S. 481.

137 BVerwG, NZA-RR 2014, 387.

138 BAGE 139, 25.

139 *Kort* (Fn. 34), S. 3.

140 *Kort* (Fn. 34), S. 4.

141 *Diller/Schuster* (Fn. 13), S. 929; *Kramer* (Fn. 74), S. 128.

142 *Diller/Schuster* (Fn. 13), S. 929.

143 *Kramer* (Fn. 74), S. 129.

hoben werden. Er genießt aber keineswegs dadurch per se das Recht, Einsicht in die entsprechenden Daten zu nehmen,[144] sondern kann allenfalls Stichproben nehmen, für die aber ebenfalls die Zustimmung der Arbeitnehmer einzuholen ist.[145] Zudem gilt auch hier das Gebot der strikten Zweckbindung: Eingesehen werden darf nicht die gesamte Akte, sondern nur die Teile, die für die Durchführung der Aufgabe unbedingt erforderlich sind. Die Einsicht darf also nicht so weit gehen, dass dem Betriebsrat faktisch die gesamte Personalakte offensteht.[146]

144 *Kort*, NZA 2010, 1267, 1268; *ders.* (Fn. 34), S. 4; *Gola/Pötters/Wronka* (Fn. 4), Rn. 2140 f.

145 *Gola* (Fn. 2), S. 142; a.A. *Kort*, (Fn. 144), S. 1270, der die Einwilligung der Beschäftigten für entbehrlich hält.

146 *Kort* (Fn. 144), S. 1271.

Führung in der Netzwerkverwaltung

Manuel Misgeld und *Markus Wojtczak*

A. Einleitung

Die Spanne zwischen einer möglichen oder antizipierten und einer gegenwärtig analysierten Digitalisierung im öffentlichen Sektor könnte kaum größer sein. Während einerseits selbst organisierte Vorgangsbearbeitungssysteme sowie intelligente Wertschöpfungsnetzwerke herbeigesehnt werden, gilt andererseits ein wirksames oder vernetztes E-Government in Deutschland praktisch als inexistent, da es sich nur vereinzelt und höchst unterschiedlich ausgeprägt in Inseln – vereinzelt mit Leuchttürmen – wiederfindet.[1] Gleiches gilt auf der Arbeitsebene: Digitale Assistenten, wie etwa Datenbrillen, erscheinen als Teil einer informationsangereicherten Realität, welche ein strukturell, zeitlich und örtlich flexibilisiertes Arbeiten ermöglichen.[2] Ganze Berufsfelder könnten künftig zu existieren aufhören und der Vorgesetzte von einem Roboter ersetzt werden.[3] Hingegen verblasst die Technikeuphorie, wenn etwa Yahoo oder IBM (als große IT- und Beratungsunternehmen) die Telearbeit abschaffen, da diese zulasten des betrieblichen Zusammenhalts und der Kreativität gehe.[4] Gemäß einer internationalen Studie ist die Telearbeit in Deutschland unterdurchschnittlich ausgeprägt: Nur zwölf Prozent der Erwerbstätigen arbeiten (zumindest ab und an) unterwegs oder von zuhause, obwohl 40 Prozent der Stellen dafür geeignet wären.[5] Insgesamt *1*

1 *Jörn von Lucke*, Deutschland auf dem Weg zum Smart Government. Was Staat und Verwaltung von der vierten industriellen Revolution, von Disruptionen, vom Internet der Dinge und dem Internet der Dienste zu erwarten haben, in: Verwaltung und Management, 22. Jg. 2016, H. 4, S. 171–186, 174 ff.; *Nationaler Normenkontrollrat* (im Folgenden: *NKR*), 10 Jahre NKR – gute Bilanz bei Bürokratieabbau und Folgekostenbegrenzung – alarmierender Rückstand bei E-Government. Jahresbericht 2016 des Nationalen Normenkontrollrates, https://www.normenkontrollrat.bund.de/Webs/NKR/Content/DE/Publikationen/Jahresberichte/2016-09-21-nkr-jahresbericht-2016.pdf, 2016, Abruf am 28. 03. 2017, S. 69.

2 *Wolfgang Jäger/Peter Körner*, New Work, New Leadership, in: Thorsten Petry (Hrsg.), Digital Leadership. Erfolgreiches Führen in Zeiten der Digital Economy, Freiburg/München/Stuttgart 2016, S. 99–114, 102 f.

3 *Jutta Rump/Silke Eilers*, Arbeiten 4.0 – Leben und Arbeiten unter neuen Vorzeichen, in: dies., Auf dem Weg zur Arbeit 4.0. Innovationen in HR, Berlin 2017, S. 3–77, 42 ff.; *Carsten Knop*, „Ein Roboter als Chef hätte Vorteile", Frankfurter Allgemeine Zeitung vom 20. Januar 2017, Nr. 17, S. 18.

4 *Stefan Krempl*, IBM will vom Home Office nichts mehr wissen, https://www.heise.de/newsticker/meldung/IBM-will-vom-Home-Office-nichts-mehr-wissen-3664290.html, 2017, Abruf am 29. 03. 2017.

5 *Eurofound/International Labour Office*, Working anytime, anywhere: The effects on the world of work, www.ilo.org/wcmsp5/groups/public/---dgreports/---dcomm/---publ/documents/publication/wcms_544138.pdf, 2017, Abruf am 04. 04. 2017, S. 13.

entsteht der Eindruck, dass sich das technisch Mögliche oder Antizipierte (der Wunsch) von dem organisationskulturell Faktischen (von der Wirklichkeit) weiter entfernt.

2 Umso mehr erscheint eine politische und verwaltungsseitige Führung als unerlässlich, welche mit Weitblick die ablaufenden, sich abzeichnenden oder möglichen Veränderungen einer digitalen öffentlichen Verwaltung nüchtern erfasst und fähig ist, diese organisationsstrategisch sowie mitarbeiterorientiert zu begleiten. Zwar wird der digitalisierten Arbeitswelt zugeschrieben, flachere und teambasierte Entscheidungsstrukturen wie auch verteilte oder wechselnde Führungsrollen zu begünstigen.[6] Dadurch wird aber eine Personalführung nicht obsolet, sondern, wie zu zeigen ist, gerade in virtuellen Kontexten bedeutsam und sollte sich entsprechend veränderter Anforderungen anpassen. Dabei ist zu beachten, nicht die Moden von Beratungsunternehmen – wie etwa die der Holokratie – unbedarft und direktiv umsetzen zu wollen, was sogar noch bürokratische Formalismen zu verstärken vermag.[7] Vielmehr gilt es, ein Führungsverhalten zu etablieren, das dem dynamisch-komplexen (organisatorischen wie prozessbezogenen und kulturellen) Wandel zuträglich ist und zugleich die technisch-organisatorischen Rahmenbedingungen berücksichtigt, die mit der Netzwerkverwaltung verknüpft sind. Hierfür können innovative Ansätze, wie etwa ein schlankes und agiles Management unter Umständen dienlich sein. Doch wie gestaltet sich solch ein Führungsverhalten, und welche Kontexte und Bedingungen sind zu dessen Erfolg beachtlich?

3 Mit den Hinweisen, die sich in der verwaltungswissenschaftlichen und betriebswirtschaftlichen Literatur finden, soll die Frage in diesem Beitrag geklärt werden. Dabei ist zunächst im Hauptteil (B) in Kapitel I auf die veränderten Rahmenbedingungen einzugehen, welche sich organisationsseitig (in der Netzwerkverwaltung) aber auch durch ein digitales Arbeiten und über komplexe Zusammenhänge ergeben (können). Kapitel II greift Führungskonzepte aus der Organisationsforschung auf und beschreibt, unter welchen Voraussetzung diese wirksam werden. Kapitel III zeichnet die derzeitige wissenschaftliche Diskussion um eine digitale Führung nach, die sich auf medienvermittelte Kommunikation, IT-durchdrungene Arbeitsabläufe in Teams sowie ein dem digitalen Kontext angepassten Führungsstil bezieht. Schließlich ist zu diskutieren, wie sich neue Ansätze einer digitalen Personalführung in der öffentlichen Verwaltung gestalten können (C).

---

6 *Rump/Eilers* (Fn. 3), S. 23 ff.

7 *Jurgen Appelo*, Holacracy Is Fundamentally Broken, https://www.forbes.com/sites/jurgenappelo/2016/07/14/holacracy-is-fundamentally-broken/#4e00c7921126 2016, Abruf am 29. 03. 2017; *Andreas Zeuch*, Holacracy. Vom Scheitern eines Betriebssystems., http://www.unternehmensdemokraten.de/holacracy-vom-scheitern-eines-betriebssystems/ 2016, Abruf am 29. 03. 2017.

B. Ein föderal-vernetztes E-Government zwischen Anspruch und Wirklichkeit

Seit einiger Zeit wird in der verwaltungswissenschaftlichen Literatur über eine Netzwerkverwaltung diskutiert. Gemäß dieses Leitbilds sollen Leistungen mithilfe von IT integriert zugänglich sein und erbracht werden, ungeachtet dessen, welche Organisation für einzelne Prozesse zuständig ist. Somit sind Organisationsstrukturen gefordert, die sich von einem klassisch-bürokratischen Aufbau unterscheiden.[8] In diesem Kapitel sind zunächst die organisationellen Veränderungen zu skizzieren, welche mit der Netzwerkverwaltung einhergehen. Anschließend ist ausschnittsweise aufzuzeigen, wie die Digitalisierung die Arbeitswelt verändert. Zudem ist kritisch zu betrachten, inwiefern sich diese dynamischen Entwicklungen in einem föderalen E-Government niederschlagen. Schließlich bietet die Perspektive von vertrackten Problemen einen Analyserahmen dafür, warum im föderalen E-Government Anspruch und Wirklichkeit auseinandergehen. 4

I. Das Leitbild der Netzwerkverwaltung

Ähnlich verwendete Begriffe wie föderal-vernetztes E-Government, Behördennetz(werk), One-Stop-Government oder auch Verwaltungsnetzwerk lassen erkennen, dass eine veränderte Zusammenarbeit stattfinden soll.[9] Dabei zeigt sich, dass Leistungen und Prozesse mehrerer Organisationen aneinander gekoppelt sind. E-Government ermöglicht und vereinfacht, dass Akteure über verschiedene Verwaltungsebenen hinweg (vertikal) sowie mit Bürgern, Kunden oder Interessennehmern (horizontal) zusammenwirken. Auf diese organisationsübergreifende Steuerung und Zusammenarbeit fokussiert ferner die kollaborative respektive New Public Governance, die zwar ebenfalls Netzwerke berücksichtigt, jedoch kaum verwaltungsinformatische Aspekte betrifft und daher hier außer Acht bleiben soll.[10] 5

Das Leitbild der Netzwerkverwaltung ist zudem technisch-organisatorisch anspruchsvoller und zugleich enger als die Diskussion um Governance-Netzwerke gefasst. Es fokussiert vor allem auf Produktionsnetzwerke. Die politische Meinungs- und Willensbildung ist dabei nicht zentral. Vielmehr geht es um den ar-

8 *Tino Schuppan/Christoph Reichard*, eGovernment: Von der Mode zur Modernisierung, in: LKV 2, 2002, S. 105–110, 110.

9 *Alisa Sommerfeld*, Verwaltungsnetzwerke am Beispiel des Gemeinsamen Terrorismusabwehrzentrums des Bundes und der Länder (GTAZ), Berlin 2015, S. 94 ff.; Deutschland Online, Deutschland-Online-Vorhaben IT-Umsetzung der Europäischen Dienstleistungsrichtlinie, http://www.it-planungsrat.de/SharedDocs/Downloads/DE/Projekte/Blaupause_EU-DLR_lang.pdf;jsessionid=591DBA3E43549E539C49E4A26DD4333D.2_cid322?__blob=publicationFile&v=2 2008, S. 14, 51, Abruf am 27.03.2017.

10 *Kuno Schedler*, eGovernment und neue Servicequalität der Verwaltung?, in: Michael Giesler/Daniel Spahni (Hrsg.), eGovernment – eine Standortbestimmung, Bern, S. 33–51.; *Kirk Emerson/Tina Nabatchi*, Collaborative Governance Regimes, Washington D.C. 2015; Albert Meijer, Co-Production in an Information Age, in: Victor Pestoff/Taco Brandsen/Bram Verschuere (Hrsg.), New Public Governance, the Third Sector and Co-Production, New York/London 2012, S. 192–208.

beitenden Staat, der sich einer Gewährleistungsverantwortung gegenübersieht. Der sogenannte One-Stop-Shop (wie etwa der Einheitliche Ansprechpartner) ist ein bekanntes Beispiel einer Netzwerkverwaltung.[11] Darunter ist eine Anlaufstelle zu verstehen, die es ermöglicht, „von örtlichen und sachlichen Zuständigkeiten unabhängig[…] [alle] in einer bestimmten Situation anfallenden Verwaltungsangelegenheiten“[12] zu erledigen. Dabei lassen sich verschiedene Typologien ausmachen, welche sich nach dem Ausmaß integrierter Dienstleistung differenzieren lassen. Diese reichen von Informationsstellen bis zu zuständigkeitsübergreifenden Anlaufstellen. Das Maß an Integration richtet sich danach, inwiefern die Leistungserbringung für Kunden vereinfacht und zielgruppen- bzw. lebenslagenbezogen erbracht wird (Bündelung von Dienstleistungen) und weniger Kontakte zwischen Verwaltung und Bürger notwendig sind (Kontaktreduzierung). Ferner ist relevant, ob Nutzer zwischen etwa einem Online-Portal, der Behördennummer oder dem direkten Kontakt in einer Servicestelle auswählen können (Medienauswahl).[13]

6 Wenngleich ein One-Stop-Government nicht nur mittels IT erreicht werden kann, fördert sie die technische Vernetzung maßgeblich, sodass neue institutionelle Arrangements, eine veränderte Arbeitsteilungen wie auch effizientere und qualitativ abgesicherte Prozesse und Abläufe möglich sind. Dem E-Government kommt dabei eine wesentliche Bedeutung zu, insofern als medienbruchfreie elektronische Informationsaustausche die Verfahren beschleunigen, kostengünstiger machen und (teil-)automatisieren können, ohne dass Medienbrüche, Öffnungszeiten oder persönliche Anwesenheit einschränkend wirken. Zum einen lassen sich Verwaltungsleistungen in kundenbezogene (Front-Office) und fachbezogene (Back-Office) Einheiten unterteilen.[14] Zum anderen ist eine flexiblere Institutionenwahl

---

11 Ähnliche Begriffe, die einem One-Stop-Government zugeordnet werden können, lauten etwa Bürgerbüro, persönliche Betreuung aus einer Hand oder gemeinsamer Vertrieb; *Jörn von Lucke*, Wissensmanagement und Zuständigkeitsfinder als Schlüssel von verbandsebenenübergreifendem One-Stop-Government, in: Utz Schliesky (Hrsg.), Die Umsetzung der EU-Dienstleistungsrichtlinie in der deutschen Verwaltung, Teil II: Verfahren, Prozesse, IT-Umsetzung, Kiel 2009, S. 185–219, 189; *Jörn von Lucke/Klaus Peter Eckert/Christian Breitenstrom*, IT-Umsetzung der EU-Dienstleistungsrichtlinie: Gestaltungsoptionen, Rahmenarchitektur, technischer Lösungsvorschlag, Berlin 2008, http://einheitlicher-ansprechpartner.info/dokumente/6d.pdf, S. 19.

12 *Sönke E. Schulz*, Wissensmanagement als staatliche Innovation, Grundlage gesellschaftlicher und Basis staatlicher Innovationen, in: Hermann Hill/Utz Schliesky (Hrsg.), Innovationen im und durch Recht. E-Volution des Rechts- und Verwaltungssystems II, Baden-Baden 2010, S. 249–283, 262.

13 *Helmut Drüke*, E-Government in Deutschland – Profile des virtuellen Rathauses. Ergebnisse des Teilprojekts „Monitoring nationaler Anwendungsfälle des kommunalen E-Government“, http://edoc.difu.de/edoc.php?id=4XZPR7AY 2003, Abruf am 10.04.2017, S. 60 ff.; *Stephen Ben/Kenneth Kernaghan/D. Brian Marson*, Innovations and Good Practices in Single-Window Services, http://dsp-psd.pwgsc.gc.ca/Collection/SC94-70-1999E.pdf 1999, Abruf am 10.04.2017, S. 2 ff.

14 *Ralf Daum*, Integration von Informations- und Kommunikationstechnologien für bürgerorientierte Kommunalverwaltungen, Baden-Baden 2002 (zugleich Dissertation 2001), S. 152 ff.; *Michael Hokkeler/Marianne Wulff*, Neue Wege zu Rationalisierung und Qualitätsverbesserung beschreiten, Verwaltung und Management, 13. Jg. 2007, H. 6, S. 303–306.

möglich, wenn Prozesse in abgeschlossene, über standardisierte Schnittstellen aneinander gekoppelte (interoperable) Module unterteilt werden. Somit ist möglich, dass in der Netzwerkverwaltung verschiedene öffentliche, privat- und gemeinwirtschaftliche Träger in Wertschöpfungsketten integriert zusammenwirken, sodass für den Bürger ein Dienstleistungspaket aus einer Hand angeboten werden kann.[15] Dies reicht bis zu einem neuen Selbstverständnis: „Akteure, Prozesse und Strukturen lassen sich neu auswählen und kombinieren. [...] Die Verwaltung versteht sich weniger als Produzentin, sondern mehr als Garant, Initiator, Partner in Netzwerken und Steuerer und gestaltet die Leistungsprozesse entsprechend."[16] Dies kann insbesondere für eine Leistungserstellung gelten, bei der einzelne Module mit unspezifischen Ressourcen wenig strategisch relevant erscheinen.[17]

Nur ansatzweise ist erfasst, wie sich solch eine digitalisierte Prozessgestaltung in *7*
der Arbeitswelt niederschlagen kann und möglicherweise die Personalführung wechselseitig beeinflusst. Dabei sind aufgabenabhängig verschiedene Formalisierungsgrade denkbar, die ein unterschiedliches Führungsverhalten erwarten lassen: Auf der einen Seite eine selbstorganisierte Wissensarbeit in (virtuellen) Teams, welche mit umstrittenen und komplexen Inhalten umgehen müssen. Hier können wechselnde und miteinander konkurrierende Anforderungen oder gleichzeitig zu erledigende Aufgaben (Multi-Tasking) auftreten. Auf der anderen Seite sind repetitive, standardisierte oder von Software gesteuerte und kontrollierte Tätigkeiten zu verzeichnen, bei denen zugleich Ermessensspielräume von Algorithmen eingegrenzt sind.[18] Daher ist zunächst zu klären, welche Veränderungen an ein digitales Arbeiten geknüpft sind.

II. Mögliche Auswirkungen digitaler Arbeit

Wie verändert sich die Arbeitswelt, wenn zunehmend technische Systeme und *8*
Akteure beeinflussen, wie Beschäftigte in der öffentlichen Verwaltung Informationen verarbeiten und miteinander kommunizieren? Unter den Schlagwörtern Verwaltung oder Arbeiten 4.0 finden sich einige Beiträge in der Literatur, welche untersuchen, wie sich IT auf Prozesse und Strukturen von (öffentlichen) Organisationen auszuwirken vermag. Dabei ist eine soziotechnische, verwaltungswissenschaftliche Betrachtung der sich dynamisch entwickelnden, digitalen Arbeit noch

---

15 *Daum* (Fn. 14), S. 164 ff.

16 *KGSt*, E-Government und Verwaltungsreform: auf dem Weg zur Netzwerkverwaltung, Köln 2005, S. 8 f.

17 *Martin Brüggemeier*, Die Zukunft der öffentlichen Dienstleistungen – Perspektiven im Lichte von Electronic Government, in: Gesellschaft für öffentliche Wirtschaft (Hrsg.), Die Zukunft der öffentlichen Dienstleistungen. Referate einer vom Wissenschaftlichen Beirat der Gesellschaft für öffentliche Wirtschaft am 1./2. März 2006 in Machern (Sachs.) veranstalteten Tagung, Berlin 2006, S. 111–123, 114 ff.

18 *Martin Brüggemeier/Manfred Röber*, Neue Modelle der Leistungserstellung durch E-Government – Perspektiven für das Public Management, in: dms, 4. Jg. 2011, H. 4, S. 387–380, 362 ff.

relativ jung. Deutlich wird, dass es sich um ein Querschnittsthema handelt, das vor allem technische, organisatorische und prozessuale Aspekte betrifft.[19] Zugleich beeinflusst die Digitalisierung andere Langzeitentwicklungen vice versa, wie etwa eine Individualisierung und der demografische Wandel.[20] Selbst wenn sich einige Tendenzen derzeit in der Verwaltungspraxis ausmachen lassen, bieten unsichere und vielgestaltige Entwicklungen durchaus Handlungs- und Gestaltungsmöglichkeiten, die es von Führungskräften auszufüllen gilt.

9 Quantitativ könnte sich die Digitalisierung auf den öffentlichen Dienst mit einem sehr stark negativen Vorzeichen auswirken. Dieser könnte um 370 Tausend Arbeitsplätze, also knapp 15 Prozent bis zum Jahr 2030 zurückgehen, wenn sich der technische Wandel wie bisher fortentwickelt.[21] Falls automatisierte Wertschöpfungsketten realisiert oder einzelne Module über IT-Plattformen an neue Selbständige (sogenannte Crowdworker) vermittelt werden, dürfte ein noch stärkerer Beschäftigungseffekt – auch bei der Kernverwaltung – zu verzeichnen sein. Allerdings sind genaue Zahlen problematisch, da entsprechende Studien unterschiedliche Ergebnisse aufweisen. Dabei sind multikausale und teils unberechenbare Variablen (wie etwa hinsichtlich einer zukünftigen Arbeitsmigration und Qualifizierung) zu bedenken, welche Angebot und Nachfrage nach Arbeitskräften beeinflussen.[22]

10 Qualitative Änderungen, welche mit einer digitalisierten Arbeitsgestaltung einhergehen, sind weitreichend und vielseitig. Es lässt sich insbesondere eine Flexibilisierung feststellen, welche Prozesse, Inhalte sowie zeitliche und örtliche Grenzen einer zukünftigen Arbeit betrifft. Somit „ändern sich nicht nur sowohl die Arbeitsstrukturen und -bedingungen als auch die kommunikativen und sozialen Beziehungen bei der Arbeit. Ebenso gestaltet sich das Verhältnis zwischen Arbeit

---

19 *Frank Hogrebe/Wilfried Kruse*, Verwaltung 4.0 – erste empirische Impulse, in: Dagmar Lück-Schneider/Thomas Gordon/Siegfried Kaiser/Jörn von Lucke/Erich Schweighofer/Maria A. Wimmer/Martin G. Löhe (Hrsg.), Gemeinsam Electronic Government ziel (gruppen)gerecht gestalten und organisieren, Gemeinsame Fachtagung Verwaltungsinformatik (FTVI) und Fachtagung Rechtsinformatik (FTRI) 2014, 20.–21. 03. 2014 in Berlin, Bonn 2014, S. 29–38, 29 f.

20 *Rump/Eilers* (Fn. 3), S. 3–78.

21 *Kurt Vogler-Ludwig/Nicola Düll/Ben Kriechel*, Arbeitsmarkt 2030. Wirtschaft und Arbeitsmarkt im digitalen Zeitalter, http://www.economix.org/assets/content/ERC%20Arbeitsmarkt%202030%20-%20Prognose%202016%20-%20Langfassung.pdf, Abruf am 05. 04. 2017, S. 70 ff.

22 *Thorsten Petry*, Digital Leadership – Unternehmens- und Personalführung in der Digital Economy, in: ders. (Hrsg.), Digital Leadership. Erfolgreiches Führen in Zeiten der Digital Economy, Berlin 2016, S. 21–82, 35 f.; McKinsey berechnet mit US-Arbeitsdaten ein Automatisierungspotential von 36 % für Verwaltungstätigkeiten: *McKinsey Global Institute*, A Future that Works: Automation, Employment, and Productivity, http://www.mckinsey.com/~/media/McKinsey/Global%20Themes/Digital%20Disruption/Harnessing%20automation%20for%20a%20future%20that%20works/MGI-A-future-that-works_Full-report.ashx, 2017, Abruf am 10. 04. 2017, S. 7.

und Freizeit, zwischen öffentlichen und privaten Bezügen neu."[23] Sehr ambivalente Effekte sind etwa dahingehend auszumachen, wie motiviert, zufrieden oder ausgefüllt Telearbeiter hinsichtlich ihrer Tätigkeit sind. Sie schätzen einerseits das zeitlich und inhaltlich selbstbestimmte Arbeiten. Wenn das stressverstärkende und zeitraubende Pendeln wegfällt, kann sich die Produktivität und wahrgenommene Lebensqualität erhöhen. Andererseits zeigen sich konfliktäre Graubereiche zwischen Beruf und Privatleben sowie eine nicht nur physische, sondern auch soziale Distanz (Isolation) der Tele- und Heimarbeit. Wenn alternierende Anwesenheits- und Distanzzeiten selbstbestimmt auswählbar sind, zeigen sich weniger negative (mitunter gesundheitliche) Auswirkungen.[24]

Die folgende Abbildung greift einige Bereiche des digitalen Arbeitens sowie bei- 11
spielhaft erwähnter Potenziale auf, wie sie für die öffentliche Verwaltung relevant und hier zuvor erwähnt sind. Zu ergänzen sind bereits genannte Risiken, wie etwa das einer möglichen Überforderung aufgrund dessen, dass kurzfristige Rückmeldung ebenso wie eine qualitativ hochwertige, mitunter gleichzeitige Aufgabenerledigung erwartet wird.

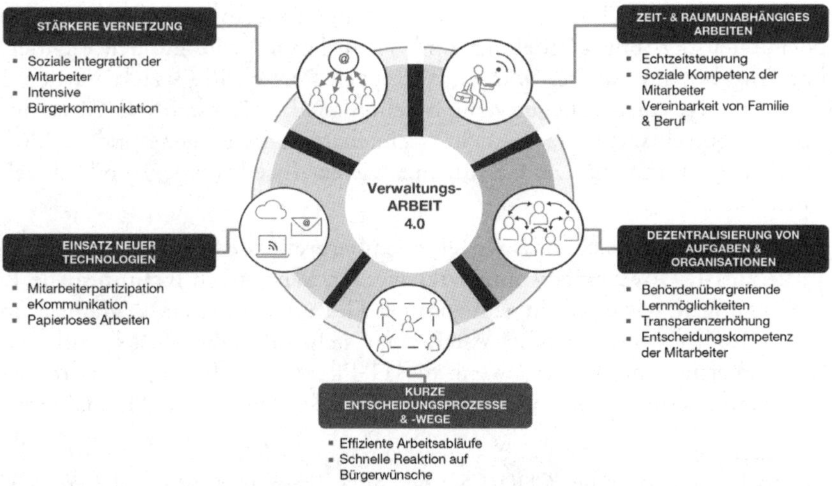

Abbildung 1: Auswirkungen digitalisierten Arbeitens[25]

23 *Maren Hartmann/Jeffrey Wimmer*, Medien-Arbeit: Arbeit mit und in den Medien aus kommunikationswissenschaftlicher Perspektive, in: dies. (Hrsg.), Medien-Arbeit im Wandel. Theorie und Empirie zur Arbeit mit und in Medien, Wiesbaden 2016, S. 1–16, 2.

24 *Eurofound/International Labour Office* (Fn. 5), S. 21 ff.

25 Entnommen aus *Hellen Gross/Carsten Krinke/Bernd Unglaub/Arno Hildebrand*, Verwaltung 4.0 – die digitale Transformation der Verwaltung geht weiter, https://www.de.capgemini-consul-ting.com/sites/default/files/resource/pdf/digitale_transformation_oeffentliche_verwaltung_0.pdf 2016, Abruf am 18. 11. 2016, S. 11, online nicht mehr verfügbar.

12 Führungsaufgabe ist es, solche Risiken (beispielsweise durch ein Recht auf Offline-Zeiten) zu begrenzen. Auch ist entscheidend, die Bereiche der Verwaltungsarbeit 4.0 aufeinander abzustimmen, sodass etwa der Einsatz von neuen Technologien stimmig und in geeigneter Weise mit einer offenen und transparenten Organisationskultur einhergeht. So gilt es, Prozesse der Reorganisation zu unterstützen und mitarbeiterorientiert Wandlungsprozesse zu fördern. Doch inwiefern hat sich eine strategisch ausgerichtete, digital vernetzte öffentliche Verwaltung bislang realisieren lassen?

III. Kritische Bestandsaufnahme des föderalen E-Governments

13 Der Bund und mehrere Länder haben Strategien beschlossen, welche synonyme Bezeichnungen der Netzwerkverwaltung und entsprechende Vorhaben beinhalten. Zu nennen sind Bürgerkonten, durchgängig online verfügbare Verwaltungsleistungen oder ein Behördenfinder. Außerdem soll eine Prozessintegration stattfinden, indem Schnittstellen standardisiert und eine durchgängige und medienbruchfreie Vorgangsbearbeitung sowie eine vereinheitlichte elektronische Rechnungsstellung eingeführt werden.[26] Kritisch anzumerken ist allerdings, dass nach etwa zwei Jahrzehnten, in denen ein One-Stop-Government mit entsprechender Dienstleistungsbündelung und lebenslagen- wie kundenorientiertem Online-Angebot anzustreben war, nur vereinzelt Fortschritte erzielt wurden. Der NKR konstatiert entsprechend wenig beschönigend: „Wirksames E-Government gibt es in Deutschland de facto nicht, vielmehr eine heterogene und zerklüftete IT- und E-Government-Landschaft mit vielen Insellösungen und einzelnen Leuchttürmen."[27]

14 Zusammenfassen lässt sich, dass weder eine übergreifende Strategie, wie ein föderal vernetztes E-Government umgesetzt werden kann, noch institutionelle Rahmenbedingungen, wie etwa ein gemeinsames IT-Budget oder ein Digitalisierungsbüro, geschaffen worden sind.[28] Auch zeigt sich die Haben-Seite erfolgreicher IT-Koordinierung eher dürftig, wenn der IT-Planungsrat bislang nur drei nationale Standardisierungen erarbeiten konnte.[29] IT-Strategien und Maßnahmen ab-

---

26 Antrag der Fraktionen der CDU/CSU und SPD, Innovativer Staat – Potenziale einer digitalen Verwaltung nutzen und elektronische Verwaltungsdienstleistungen ausbauen, Deutscher Bundestag, Drucksache 18/9788 2016, S. 1 ff.; *Die Senatorin für Finanzen*, Verwaltung 4.0, Freie Hansestadt Bremen, 2016, http://senatspressestelle.bremen.de/sixcms/media.php/13/20161111_Verwaltungneu.pdf 2016, Abruf am 10.04.2017, *IT-Planungsrat*, Erfahrungsberichte zum Einsatz von Bürgerkonten. Ergebnis Maßnahme M7: Ausbau der Bürgerkonten der Strategie für eID und andere Vertrauensdienste im E-Government – eID-Strategie –, 2015, IT-Planungsrat, Projektsteckbrief Portalverbund, http://www.it-planungsrat.de/SharedDocs/Downloads/DE/Entscheidungen/21_Sitzung/6_Anlage1_Portalverbund.pdf?__blob=publicationFile&v=2 2016, Abruf am 10.04.2017.

27 *NKR* (Fn. 1), S. 69.

28 Ebd., 58 f.

29 *Manfred Klein*, Smart City im Aufwind, http://www.egovernment-computing.de/smart-city-im-aufwind-a-590132/ 2017, Abruf am 10.04.2017.

zustimmen und zu koordinieren bleibt somit eine entscheidende Aufgabe, die allen voran führenden Akteuren aus Politik und Verwaltung obliegt. Dazu gehört auch, darauf hinzuwirken, dass Leuchttürme in die Fläche strahlen, was nach einer geeigneten IT-Governance verlangt. So könnten etwa die Vorteile aus dem Projekt P23R (dem sogenannten Prozess-Daten-Beschleuniger) bundesweit genutzt werden und damit die Bürokratiekosten, die durch mehrfache und von Medienbrüchen verlangsamte und aufwändig gestaltete Informationseinholung bedingt sind, abgebaut werden. Dabei sollte eine über die Fach- und Zuständigkeitsgrenzen hinweg verlaufende Prozessgestaltung ermöglicht werden, um ein One- oder sogar No-Stop-Government zu erzielen.[30]

Allerdings sind institutionelle Rahmenbedingungen alleine nicht ausreichend, ein *15* kooperativ-föderales E-Government herbeizuführen. Erforderlich ist zudem eine wandlungsaffine Organisationskultur, in welcher die Digitalisierung als ganzheitliche, ressort- und funktionsübergreifende Aufgabe verstanden wird. Zugleich verweisen mehrere IT-Großprojekte (wie beispielsweise ELENA oder die elektronische Gesundheitskarte) ebenso wie die Standardisierung darauf, dass angesichts von dynamischen und komplexen Umfeldern sich weder optimale Lösungen top-down noch technikzentrierte Vorgehensweisen erfolgreich umsetzen lassen.[31] Dies zeigt sich insbesondere, wenn die umfassende Digitalisierung (hin zur Netzwerkverwaltung) als ein vertracktes Problem (Wicked Problem) verstanden wird.

IV. Das föderale E-Government als vertracktes Problem

In der Komplexitätsforschung wird darauf verwiesen, dass sich insbesondere zwei *16* Problemdimensionen unterscheiden lassen.[32] *Erstens* zeigen sich verschiedene, miteinander konkurrierende aber sich mitunter widersprechende Perspektiven, Interessen und Bedürfnisse (*Problem der Zielambiguität*). So knüpfen juristisch-technische Zugänge vor allem an ein ausfallsicheres, datenschutzkonformes Verwaltungsnetzwerk, über das möglichst alle Prozessbestandteile abgebildet werden. Maßgeblich ist, rechtsgültige und rechtsverbindliche, also die Schriftformerfordernis erfüllende Transaktionen lückenlos zu ermöglichen. Demgegenüber steht das Wirtschaftlichkeitsgebot, welches tendenziell eine schnelle und einfache technische Umsetzung begünstigt. Von den Nutzern, welche mitunter nur anlassbezogen und selten die öffentliche Dienstleistung beanspruchen, wird ein auf-

30 *Metropolregion Rhein-Neckar*, 5 Jahre „Kooperatives E-Government in föderalen Strukturen". Zwischenbericht des Modellvorhabens in der Metropolregion Rhein-Neckar, https://www.m-r-n.com/projekte/modellvorhaben-kooperatives-e-government-in-foederalen-strukturen/Zwischenbericht%20des%20Modellvorhaben%20Kooperatives%20E-Government.pdf 2017, Abruf am 10.04.2017;NKR (Fn. 1), S. 73.

31 *NKR* (Fn. 1); *Hans Ulrich Buhl/Markus Löffler*, Die Rolle der Wirtschaftsinformatik im E-Government, in: Wirtschaftsinformatik, 53. Jg. 2012, H. 6, 327–330.

32 *Manuel Misgeld*, Herausforderungen bei der Steuerung von Veränderungsprozessen, in: Christoph Verenkotte/Rainer Christian Beutel/Thomas Bönders, Change Management, Baden-Baden 2015, S. 55–70, 58 ff.

wandsarmer wie leicht und eingängig zu bedienender Zugang bevorzugt, was mitunter einen automatisierten Datenaustausch zwischen den beteiligten Stellen beinhaltet. Alleine der Gesundheitsbereich und die elektronische Gesundheitskarte zeigen, wie komplex und umstritten Fragen des Systemdesigns sein können. Während viele Patienten es meist schätzen, wenn die sie behandelnden Ärzte kurzfristig eine Krankenakte einsehen können, ist eine Datenweitergabe an Krankenkassen oder Arbeitgeber nur sehr begrenzt erwünscht. So ist zwar im technischen Design etwa der Gesundheitskarte zu berücksichtigen, in welchem Verhältnis Transparenz und Datenschutz stehen. Dabei sind allerdings interessenabhängige und einzelfallbezogen unterschiedliche Ausprägungen zu berücksichtigen, womit eine „Lösung" des Problems praktisch unmöglich wird.[33] Aber auch dort, wo kein geeigneter Interessensausgleich stattfindet oder eine nutzen- und nutzerorientierte technische Gestaltung unzureichend erfolgt, scheitern E-Government-Projekte am ganz offensichtlich fehlenden Nutzerzuspruch. *Zweitens* kommt hinzu, dass sich das föderal-kooperative E-Government auf technisch komplexe Materien bezieht (*Problem der Komplexität*). Mehrere tausend Pflichtaufgaben sind alleine auf kommunaler Ebene dokumentiert. Ihnen lassen sich jeweils teils unterschiedliche Prozesse zuordnen, die es auf eine Digitalisierung zu überprüfen gilt.[34] Zudem haben sich unterschiedliche E-Government-Lösungen vertikal wie horizontal entwickelt. Sie gilt es zu vereinheitlichen oder deren Schnittstellen zumindest zu standardisieren. In sachlicher Hinsicht steht ein föderales E-Government somit einer hochkomplexen Steuerung von großen öffentlichen Infrastrukturprojekten nichts nach, zumal auch hier juristisches, technisches und ökonomisches Fachwissen ebenso wie verschiedene Kompetenzen nötig sind.

17 Wenngleich sich die komplexen und mitunter umstrittenen Problemlagen eines föderalen E-Governments nicht lösen oder bereits gesetzte Maßnahmen nicht ohne weiteres rückgängig machen lassen, benötigt es einer entsprechend angepassten Steuerung und Führung. In einem ersten Schritt ist anzuerkennen, dass die Rahmenbedingungen herkömmliche Planungsrationalitäten und Managementansätze übersteigen. Vielmehr zeigt sich, dass sich Veränderungen nur schwer über Regeln und Weisungen umsetzen oder durch monetäre Anreize absichern lassen. Solche Steuerungsinstrumente beruhen darauf, dass verständliche, berechenbare und eindeutige Ziele oder optimale, im Voraus bestimmbare Herangehensweisen vorhanden sind, was – wie bereits argumentiert – hier nicht der Fall ist. Hingegen lässt sich über einen inklusiven und fairen Aushandlungsprozess ermöglichen, dass gemeinsame Ziele identifiziert werden. Für eine (innerorganisatorische) Koordination bedeutet dies, dass nicht alleine die Führungskraft umfassend informiert

---

33 *Mortaza S. Bargh/Sunil Choenni/Ronald Meijer*, Privacy and Information Sharing in a Judicial Setting: A Wicked Problem, dg. o 2015, May 27–30, Phoenix, AZ 2015, S. 97–106, 100 f.

34 *Marc Gnädinger*, Kommunaler Pflichtaufgaben-Katalog, http://www.haushaltssteuerung.de/weblog-kommunaler-pflichtaufgaben-katalog.html 2017, Abruf am 10. 04. 2017.

Entscheidungen zu treffen und auf deren Umsetzung hinzuwirken hat. Welche Erkenntnisse aus der Organisationsforschung hierbei beachtlich sind, ist im folgenden Kapitel zu erörtern.

C. Neue Führungsansätze

In diesem Kapitel sollen zwei Führungskonzepte aus der Organisationsforschung 18 dargestellt werden: Die transformationale Führung sowie agile Führungsansätze. Diese Führungskonzepte sind besonders geeignet mit den oben geschilderten Herausforderungen umzugehen, da sie Selbststeuerung und Kooperation zwischen den Mitarbeitern betonen. Um unter den Herausforderungen zunehmend vertrackter Probleme und Interdependenzen innerhalb der Netzwerkverwaltung zu führen, bedarf es einer Kooperation sowie vor allem eines Wissensaustauschs der Mitarbeiter untereinander.[35] Dies kann den Mitarbeitern jedoch nicht durch eine Führungskraft aufgezwungen werden.[36] Ebenso kann dies nicht immer adäquat in Kennzahlensystemen und Mitarbeiterevaluationen erfasst werden, da Kooperation und Austausch schwer messbar und schwer auf eine Einzelperson zurechenbar sind.[37] Es bedarf daher einer Führung, die die Selbststeuerung und die Kooperation der Mitarbeiter unterstützt. Dies soll in diesem Kapitel anhand des Konzeptes der transformationalen Führung erörtert werden. Ferner wird mit der „Agilen Führung" ein neueres, vor allem aus der Softwareentwicklung stammendes Konzept dargestellt. Es sollen Schlüsse für die Anwendbarkeit der Führungskonzepte in der öffentlichen Verwaltung gezogen werden.

I. Transformationale Führung

Die Beziehung zwischen Führungskraft und Mitarbeiter kann in unterschiedliche 19 Führungsstile kategorisiert werden, wobei die transformationale Führung als der Führungsstil identifiziert worden ist, der die Zusammenarbeit und Wissensteilung fördert.[38] Letztgenannte wird typischerweise im Kontrast zu transaktionaler Führung definiert. Transaktionale Führung legt den Fokus stärker auf den finanziel-

---

35 *Anna Grandori*, Neither Hierarchy nor Identity: Knowledge-Governance Mechanisms and the Theory of the Firm, in: Journal of Management & Governance, 5. Jg. 2001, 3–4, S. 381–399; *Laszlo Z. Karvalics/Nikunj Dalal*, Beyond Knowledge Management: An Extended Model of Knowledge Governance, in: International Journal of Knowledge Society Research, 2. Jg. 2011, H. 4, S. 62–72.

36 *Jetta Frost/Michèle Morner*, Overcoming knowledge dilemmas: governing the creation, sharing and use of knowledge resources, in: International Journal of Strategic Change Management, 2. Jg. 2010, H. 2, S. 172–199.

37 *Jetta Frost/Margit Osterloh/Antoinette Weibel*, Governing Knowledge Work, in: Organizational Dynamics, 39. Jg. 2010, H. 2, S. 126–136.

38 *Joyce E. Bono/Marc H. Anderson*, The advice and influence networks of transformational leaders, in: Journal of Applied Psychology, 90. Jg. 2005, H. 6, S. 1306–1314; *David V. Day*, Leadership development: A review in context, in: Yearly Review of Leadership, 11. Jg. 2000, H. 4, S. 581–613; *Antje Hammer/Oliver Ommen/Julia Roettger/Holger*
(Fortsetzung auf Seite 646)

len Austausch zwischen Arbeitnehmer und Arbeitgeber.[39] In diesem Sinne wird zumeist auf die Wirkung verschiedener Vergütungssysteme auf die Motivation der Mitarbeiter hingewiesen. Transformationale Führung wird hingegen mit einem Führungsstil assoziiert, der die Mitarbeiter unterstützt. Sie umfasst vier zentrale Verhaltensweisen, der die Führungskraft folgen soll. Die Führungskraft:

1. wertschätzt die Arbeitsbeiträge der Mitarbeiter,
2. ermutigt zur Formulierung neuer Ideen,
3. artikuliert eine gemeinsame Vision mit einem bedeutungsvollen Zweck
4. und führt als Vorbild, welches diese gemeinsame Vision verkörpert.[40]

20 Dadurch sind Mitarbeiter motiviert, sich über ihr eigenes Selbstinteresse hinaus am Organisationserfolg zu beteiligen und sich auf die Zielvorstellungen der Organisation einzulassen. Im Folgenden werden diese Verhaltensweisen näher erläutert und konkretisiert, um Führungskräften in der öffentlichen Verwaltung als Handlungsleitfaden zu dienen.

21 Die Arbeitsbeiträge der Mitarbeiter sollen wertgeschätzt werden (1). Diese Wertschätzung kann Teil der Mitarbeiterevaluation sein.[41] Für gewöhnlich werden Mitarbeiterevaluationen an Benchmarks und Kennzahlen ausgerichtet. Der Mitarbeiter erhält eine Belohnung, wenn er ein vorher festgelegtes Ziel erreicht. Dieses Ziel kann von dem Vorgesetzten direkt vorgegeben werden oder das Ergebnis einer Zielvereinbarung sein, in der sich der Mitarbeiter miteinbringen kann. Insofern werden Mitarbeiterevaluationen genutzt um dem Mitarbeiter einen Anreiz zu geben, mehr für eine Zielerreichung zu leisten. Anreize dieser Art wurden schon vielfach untersucht und können den Mitarbeiter motivieren.[42] Diese Anreize können finanzieller Art sein und im Sinne eines Bonus als Einmalzahlung gestaltet sein oder als Teil von variabler Vergütung zu einem kontinuierlicheren

---

Pfaff, The Relationship Between Transformational Leadership and Social Capital in Hospitals-A Survey of Medical Directors of All German Hospitals, in: Journal of Public Health Management and Practice, 18. Jg. 2012, H. 2, S. 175–180; *Thomas Maak*, Responsible Leadership, Stakeholder Engagement, and the Emergence of Social Capital, in: Journal of Business Ethics, 74. Jg. 2007, H. 4, S. 329–343.

39 *Bernard M. Bass*, From transactional to transformational leadership: Learning to share the vision, in: Organizational Dynamics, 18. Jg. 1990, H. 3, S. 19–31.

40 *Bernard M. Bass/Ronald E. Riggio*, Transformational leadership, Mahwah 2006.

41 *Abraham Carmeli/Roy Gelbard/Roni Reiter-Palmon*, Leadership, Creative Problem-Solving Capacity, and Creative Performance: The Importance of Knowledge Sharing, in: Human Resource Management, 52. Jg. 2013, H. 1, S. 95–121, S. 114–116.

42 *Kathryn M. Bartol/Abhishek Srivastava*, Encouraging Knowledge Sharing: The Role of Organizational Reward Systems, in: Journal of Leadership & Organizational Studies, 9. Jg. 2002, H. 1, S. 64–76; *Yuwen Liu/Richard S. DeFrank*, Self-interest and knowledge-sharing intentions: the impacts of transformational leadership climate and HR practices, in: The International Journal of Human Resource Management, 24. Jg. 2013, H. 6, S. 1151–1164; *Narda R. Quigle/Paul E. Tesluk/Edwin A. Locke/Kathryn M. Bartol*, A Multilevel Investigation of the Motivational Mechanisms Underlying Knowledge Sharing and Performance, in: Organization Science, 18. Jg. 2007, H. 1, S. 71–88.

Bestandteil der Mitarbeitervergütung werden. Ferner ist es möglich, Karrieremöglichkeiten als Anreiz anzubieten. Es ist jedoch umstritten, wie solche finanziellen Anreize auf die intrinsische Motivation der Mitarbeiter wirkt.[43]

22 Intrinsische Motivation ist die von Innen stammende Motivation, die sich darauf gründet, dass man von einer Tätigkeit überzeugt ist oder Spaß dabei empfindet.[44] Während finanzielle Belohnungen zur Förderung extrinsischer Motivation genutzt werden, da sie den wirtschaftlichen Interessen des Mitarbeiters entsprechen, können diese gleichzeitig aber auch bereits vorhandene intrinsische Motivation verdrängen.[45] Wenn Menschen autonom an einer Aufgabe arbeiten, empfinden sie ein Gefühl von Kompetenz und Selbstbestimmtheit. Diese wahrgenommene, eigene Kompetenz bei selbstbestimmten Arbeiten erzeugt intrinsische Motivation.[46] Wenn daraufhin finanzielle Anreize angeboten werden, ändert sich diese Wahrnehmung.[47] Der Mensch sieht sich selber nicht mehr als selbständig an und zieht nicht mehr dasselbe Maß an Genugtuung aus seiner Arbeit. Insofern kann die Einführung von finanziellen Anreizen bereits bestehende intrinsische Motivation verdrängen und damit entgegen der Erwartung der Führungskraft dazu führen, dass der Mitarbeiter weniger leistet. Dies ist besonders relevant für den öffentlichen Sektor, da in vielen Bereichen ein hohes Maß an intrinsischer Motivation der Mitarbeiter bereits vorherrscht und die Einführung extrinsischer Belohnungen finanzieller Art diese verdrängen kann.

23 Die Arbeitsleistung von Mitarbeitern im öffentlichen Sektor ist mehr als die bloße Aufgabenverrichtung. Dies ist zum Beispiel daran zu erkennen, dass Mitarbeiter den „Dienst nach Vorschrift" androhen können, indem sie ihre Arbeitsleistung auf das Maß beschränken, wie es in den Dienstvorschriften und anderen schriftlichen Anweisungen steht. Eben diese rein hierarchische Steuerung mit Weisungen ist für die Handhabung vertrackter Probleme unzureichend. Insofern ist der öffentliche Sektor auf Arbeitsleistungen der Mitarbeiter angewiesen, die über das vorgeschriebene Maß hinausgehen. Dazu gehören sogenannte prosoziale Verhaltensweisen, wie etwa das Teilen von Wissen, die Unterstützung von Kollegen oder das Engagement bei der Gestaltung gemeinsamer Projekte. Es handelt sich

---

43 *Bruno S. Frey/Reto Jegen*, Motivation Crowding Theory, in: Journal of Economic Surveys, 15. Jg. 2001, H. 5, S. 589–611; *Frost/Morner* (Fn. 36); *Margit Osterloh/Bruno S. Frey*, Motivation, Knowledge Transfer, and Organizational Forms, in: Organization Science, 11. Jg. 2000, H. 5, S. 538–550; *Margit Osterloh/Bruno S. Frey*, Motivation Governance, in: Anna Grandori (Hrsg.), Handbook of economic organization. Integrating economic and organization theory, Cheltenham 2013, S. 26–40.

44 *Richard Ryan/Edward Deci*, Intrinsic and Extrinsic Motivations. Classic Definitions and New Directions, in: Contemporary educational psychology, 25. Jg. 2000, H. 1, S. 54–67.

45 *Frost/Osterloh/Weibel* (Fn. 37), S. 129 f.

46 *Edward L. Deci/Richard M. Ryan*, Intrinsic motivation and self-determination in human behavior, New York 1985.

47 *Frey/Jegen* (Fn. 43).

dabei um Verhaltensweisen, die grundsätzlich freiwillig sind und in hohem Maße auf der intrinsischen Motivation der Mitarbeiter beruhen.[48]

24 Insofern stellt sich die Frage, wie Belohnungen und Anreize eingesetzt werden können, ohne die intrinsische Motivation der Mitarbeiter zu verdrängen. Eine Möglichkeit stellt die Verwendung sogenannter sozialer Belohnungen dar, wie etwa die Anerkennung und Wertschätzung durch den Vorgesetzten und die Kollegen.[49] Wenn Mitarbeiter eine Rückmeldung über ihre Leistung erhalten, die sie als ermutigend und informierend wahrnehmen, dann wird ihre intrinsische Motivation für das Teilen von Wissen und anderer prosozialer Verhaltensweisen gestärkt.[50] So können genau die Mitarbeiter, die etwa besonders häufig Wissen teilen, Anerkennung finden und damit als Vorbild für die Kollegen dienen. Es wird den Mitarbeitern gegenüber kommuniziert, dass die Organisation prosoziales Verhalten, wie etwa Wissen weiterzugeben, schätzt und als hohen Wert ansieht.[51] Respekt und Anerkennung seitens des Vorgesetzten sind darüber hinaus förderlich, um eine vertrauensvolle Beziehung zwischen Mitarbeiter und Vorgesetzten aufzubauen, die weiterhin prosoziales Verhalten verstärkt.[52] Der Mitarbeiter reagiert mit einer höheren und längerfristigen Einsatzbereitschaft.[53] Damit sind nur einige der motivationalen Vorteile von individueller Unterstützung genannt.

25 Wie oben beschrieben gibt es vier für die transformationale Führung zentrale Verhaltensweisen. Die Ermutigung der Mitarbeiter zur Formulierung neuer Ideen (2) und die Artikulation einer gemeinsamen Vision (3) führen dazu, dass die Mitarbeiter mehr prosoziales Verhalten zeigen, indem sie eine gemeinsame Basis für

48 *Bruno S. Frey*, Motivation as a limit to pricing, in: Journal of Economic Psychology, 14. Jg. 1993, H. 4, S. 635–664.

49 *Jyotsna Bhatnagar*, Mediator analysis in the management of innovation in Indian knowledge workers: the role of perceived supervisor support, psychological contract, reward and recognition and turnover intention, in: The International Journal of Human Resource Management, 25. Jg. 2014, H. 10, S. 1395–1416; *Soumendu Biswas/Arup Varma/Aarti Ramaswami*, Linking distributive and procedural justice to employee engagement through social exchange: a field study in India, in: The International Journal of Human Resource Management, 24. Jg. 2013, H. 8, S. 1570–1587.

50 *Nicolai J. Foss/Dana B. Minbaeva/Torben Pedersen/Mia Reinholt*, Encouraging knowledge sharing among employees: How job design matters, in: Human Resource Management, 48. Jg. 2009, H. 6, S. 871–893.

51 *Quigley/Tesluk/Locke/Bartol* (Fn. 42), S. 83.

52 *Bård Kuvaas/Robert Buch/Anders Dysvik*, Perceived training intensity and knowledge sharing: Sharing for intrinsic and prosocial reasons, in: Human Resource Management, 51. Jg. 2012, H. 2, S. 167–187; *Jie Shen/Ningyu Tang/Brian D'Netto*, A multilevel analysis of the effects of HR diversity management on employee knowledge sharing: the case of Chinese employees, in: The International Journal of Human Resource Management, 25. Jg. 2014, H. 12, S. 1720–1738.

53 *Angel Cabrer/William C. Collins/Jesús F. Salgado*, Determinants of individual engagement in knowledge sharing, in: The International Journal of Human Resource Management, 17. Jg. 2006, H. 2, S. 245–264.

Zusammenarbeit schaffen.[54] Eine gemeinsame Vision umfasst die ‚kollektiven Ziele und Bestrebungen der Mitglieder einer Organisation'.[55] Eine gemeinsame Vision geht über spezifische Einzelaufgaben und Teilziele der Mitarbeiter und Einzelabteilungen hinaus. Sie erfasst stattdessen generalisierte Vorstellungen über mittelfristig Erreichbares. Einzelne Abteilungen innerhalb der Organisation haben ihre eigenen Aufgaben und Ziele, die sie unabhängig von anderen Abteilungen erreichen. Jedoch sollte eine gemeinsame Vision dazu beitragen, dass es eine organisationsübergreifende Leitlinie gibt, da dies eine Zusammenarbeit auch zwischen den Abteilungen oder sogar über die Grenzen einzelner Behörden hinaus ermöglicht.[56] Carmeli et al. zeigen, dass Führungskräfte als Vorbilder (4) solche gemeinsamen Visionen personifizieren und eine Zusammenarbeit zwischen Abteilungen stützen sollten.[57] Transformationale Führungskräfte kommunizieren diese Gemeinsamkeiten und geteilten Visionen. Sie ermutigen ihre Mitarbeiter häufiger zu kooperieren, so dass sie dazu motiviert werden, sich über ihr Eigeninteresse hinaus am Organisationserfolg zu beteiligen und sich auf die gemeinsame Vision zu fokussieren.[58] Zudem zeigt sich, dass die Kooperationsbereitschaft weiter gesteigert wird, wenn Führungskräfte eine offene Diskussionskultur mit ihren Mitarbeitern pflegen.[59] Dazu gehört, dass bei Fehlern der Mitarbeiter nicht Schuldzuweisungen stattfinden, sondern gemeinsam an neuen Ideen gearbeitet wird, was wiederum eine Kultur der Innovation fördert. Gagné sieht die transformationale Führung noch weitergehender als eine Form von Führung an, die hilft, dass Mitarbeiter Werte und Normen der Organisation verinnerlichen.[60] Solche Normen können entweder von einer Autorität aufgesetzt werden oder auf

54 *Chao-Min Chiu/Meng-Hsiang Hsu/Eric T. G. Wang*, Understanding knowledge sharing in virtual communities: An integration of social capital and social cognitive theories, in: Decision Support Systems, 42. Jg. 2006, H. 3, S. 1872–1888; *Meng-Hsiang Hsu/Chun-Ming Chang*, Examining interpersonal trust as a facilitator and uncertainty as an inhibitor of intra-organisational knowledge sharing, in: Information Systems Journal, 24. Jg. 2014, H. 2, S. 119–142, S. 124; *Abhishek Srivastava/Kathryn M. Bartol/Edwin A. Locke*, Empowering leadership in management teams: Effects on knowledge sharing, efficacy, and performance, in: Academy of Management Journal, 49. Jg. 2006, H. 6, S. 1239–1251.

55 *Wenpin Tsai/Sumantra Ghoshal*, Social capital and value creation: The role of intrafirm networks, in: Academy of Management Journal, 41. Jg. 1998, H. 4, S. 464–476, 467.

56 *Alfred Wong/Dean Tjosvold/Chunhong Liu*, Cross-Functional Team Organizational Citizenship Behavior in China: Shared Vision and Goal Interdependence Among Departments, in: Journal of Applied Social Psychology, 39. Jg. 2009, H. 12, S. 2879–2909.

57 *Carmeli/Gelbard/Reiter-Palmon* (Fn. 41).

58 *Srivastava/Bartol/Locke* (Fn. 58).

59 *Janine Nahapie/Sumantra Ghoshal*, Social Capital, Intellectual Capital, and the Organizational Advantage, in: Academy of Management Review, 23. Jg. 1998, H. 2, S. 242–266, S. 255; *Guoquan Chen/Dean Tjosvold/Nan Li/Yue Fu/Dawei Liu*, Knowledge management in Chinese organizations: collectivist values for open-minded discussions, in: The International Journal of Human Resource Management, 22. Jg. 2011, H. 16, S. 3393–3412.

60 *Marylène Gagné*, A model of knowledge-sharing motivation, in: Human Resource Management, 48. Jg. 2009, H. 4, S. 571–589; Georg von Krogh/Ikujiro Nonaka/Lise Rechsteiner, Leadership in Organizational Knowledge Creation: A Review and Framework, in: Journal of Management Studies, 49. Jg. 2012, H. 1, S. 240–277.

einem gemeinsamen Konsens basieren. Normen spielen eine wichtige Rolle insbesondere im Arbeitsalltag bei den Erwartungen, die ein Mitarbeiter gegenüber seinen Kollegen hat, oder den konkreten Arbeitsschritten, die ein Mitarbeiter im Arbeitsalltag durchführt.[61]

26 Zusammenfassend zeigt sich, dass die Führungskraft angesichts vertrackter Probleme nicht als Einzelperson in der Lage ist, intensives Detailwissen zu allen Sachbereichen zu besitzen und hierarchisch zu steuern. Insofern entlastet es die Führungskraft, wenn sie sich stärker auf die Urteilsfähigkeit und Problemlösungskapazität ihrer Mitarbeiter verlassen kann. Damit die Mitarbeiter sich innovativ und zielführend äußern, bedarf es jedoch eines bestimmten Umgangs und einer offenen Diskussionskultur. Dies ist der Kern der transformationalen Führung. Die oben genannten Anforderungen an diese Führungskräfte beziehen sich auf „weiche" Faktoren, wie etwa Kultur, gemeinsame Werte und Vertrauen. Dadurch hat die transformationale Führung den Vorteil, dass sie bei bestehenden Hierarchien und anderen Organisationsstrukturen angewandt werden kann. Führungskräfte in der öffentlichen Verwaltung sollten ein Vorbild sein, indem sie selber offen mit ihren Mitarbeitern kommunizieren und für Gespräche zur Verfügung stehen. Die Führungskraft sollte auf ihre Mitarbeiter hören und diese bei der Entscheidungsfindung mit einbeziehen. Sie sollte nicht versuchen, ihre Mitarbeiter zu überzeugen oder gar zu überstimmen, sondern gemeinsam mit ihnen zu einer Entscheidung kommen. Die Führungskräfte sollten eine gemeinsame Vision kommunizieren, die über die einzelnen Fachabteilungen hinausgeht und die Organisation als Ganzes verbindet. Dafür können etwa gemeinsame Leitlinien gefunden werden. Die Führungskräfte sollten ferner den Mitarbeitern aufzeigen, wie ihre Arbeit den gemeinsamen Leitlinien entspricht und warum sie bedeutsam ist. Insofern ist die transformationale Führung eine besondere Herausforderung, für die Führungskräfte geschult werden sollten. Es lohnt sich jedoch weiterhin zu prüfen, wie Organisationen mit vertrackten Problemen und zunehmenden Interdependenzen umgehen. Zu diesem Zweck sollen im nächsten Abschnitt agile Führungsansätze innovativer Unternehmen untersucht werden.

II. Agile Führung

27 In innovativen Unternehmen, wie Start-ups, sind Zusammenarbeit und Wissensaustausch vielfach als Erfolgsfaktoren identifiziert worden.[62] Dabei stehen immer wieder Teamarbeit, Wissensaustausch und Selbststeuerung im Vordergrund. In der Diskussion hat sich dafür insbesondere der Begriff der agilen Führung herausgebildet. Agilität in der Organisation und agile Führung sind Begriffe,

61 *Niklas Luhmann*, Normen in soziologischer Perspektive, in: Soziale Welt, 20. Jg. 1969, H. 1, S. 28–48.

62 *Carmen Camelo-Ordaz/Joaquín García-Cruz/Elena Sousa-Ginel/Ramón Valle-Cabrera*, The influence of human resource management on knowledge sharing and innovation in Spain: the mediating role of affective commitment, in: The International Journal of Human Resource Management, 22. Jg. 2011, H. 7, S. 1442–1463.

die seit 20 Jahren in den Organisationswissenschaften diskutiert werden.[63] Sie sind entstanden, als sich Organisationen mit komplexer werdenden Anforderungen von Kunden und dem Marktumfeld konfrontiert sahen, sodass dafür neue und sich schnell anpassende Organisationsformen notwendig wurden. Hier hat die Zunahme vertrackter Probleme organisationale Veränderungen ausgelöst. In der Literatur zu agiler Führung finden sich eine Reihe unterschiedlicher Herangehensweisen, wie etwa „Lean Management", „Rapid Prototyping"[64] sowie „Fraktale Unternehmen"[65]. Ihnen gemein ist die Ablösung von als starr angesehenen Organisationsstrukturen der klassischen Weberianischen Bürokratie durch sich anpassende, reflexive Strukturen der Selbststeuerung und der Teamarbeit.[66] Teams werden gebildet um sich mit einem spezifischen Thema oder Problem zu beschäftigen. Agile Teams können sich jedoch in Ihrem Verlauf noch verändern: Sie nehmen etwa neue Mitarbeiter hinzu, da sich während der Bearbeitung des Problems der Bedarf nach einer bestimmten Kompetenz herausstellt, welche zu Beginn noch nicht absehbar war. Es ändert sich nicht nur die Zusammensetzung des Teams, sondern auch die internen Prozesse, womöglich sogar die Spezifikation des Problems an sich. Insofern benötigen die Mitarbeiter in einem agilen Team eine gewisse Autonomie, selbständig zu arbeiten. Dies erfordert eine andere Führung. Die agile Führungskraft wird sich zunehmend darauf fokussieren, Hindernisse für die Kommunikation und Kooperation im Team zu entfernen und die Zusammenarbeit im Team positiv zu beeinflussen. Teamarbeit zeigt einen positiven Effekt auf die Schaffung einer gemeinsamen Gruppenidentität und eines Zusammengehörigkeitsgefühls, was wiederum die Bereitschaft der Mitarbeiter stärkt sich auszutauschen.[67] Dies entspricht den zuvor genannten Prinzipien der transformationalen Führung, welche eben diese Zusammenarbeit fördert, indem die Führungskraft als Vorbild agiert, eine gemeinsame Vision kommuniziert, zu neuen Ideen ermutigt und die Arbeitsbeiträge der Mitarbeiter wertschätzt.[68] Die Umstellung auf eine agile Führung ist jedoch selbst in der bereits erwähnten Soft-

---

63 *Hans-Jürgen Warnecke*, Komplexität und Agilität – Gedanken zur Zukunft produzierender Unternehmen, in: Günther Schuh/Hans-Peter Wiendahl (Hrsg.), Komplexität und Agilität. Steckt die Produktion in der Sackgasse?, Berlin et al. 1997.

64 *Günther Schuh/Hans-Peter Wiendahl* (Hrsg.), Komplexität und Agilität. Steckt die Produktion in der Sackgasse?, Berlin et al. 1997.

65 *Hans-Jürgen Warnecke*, Agilität im Wettbewerb erreichen – das Fraktale Unternehmen, in: Joachim Milberg/Günther Schuh (Hrsg.), Erfolg in Netzwerken, Berlin/Heidelberg 2002, S. 263–274.

66 *David W. Parker/Melanie Holesgrove/Raghhuvar Pathak*, Improving productivity with self-organised teams and agile leadership, in: International Journal of Productivity and Performance Management, 64. Jg. 2015, H. 1, S. 112–128.

67 *Elizabeth F. Cabrera/Angel Cabrera*, Fostering knowledge sharing through people management practices, in: The International Journal of Human Resource Management, 16. Jg. 2005, H. 5, S. 720–735; *Gagné* (Fn. 57).

68 *Ulrike Buchholz/Susanne Knorre*, Agilität als Erweiterung des Leadership-Konzepts. Transformational-agiler Stil und Führungskommunikation als integrierter Handlungsrahmen, in: dies. (Hrsg.), Interne Kommunikation in agilen Unternehmen: Eine Einführung, Wiesbaden 2017, S. 23–25.

wareentwicklung nicht immer ohne Hürden möglich.[69] Demnach sind agile Methoden in der Softwareentwicklung vor allem dann gewinnbringend, wenn ein vertracktes Problem mit sich verändernden Parametern vorliegt oder wenn das Ergebnis für einen Kunden sehr wichtig ist. Dementsprechend lässt sich festhalten, dass für eingegrenzte Probleme geringer Komplexität, die immer wieder in ähnlicher Form auftauchen, agile Methoden nicht die optimale Herangehensweisen darstellt. In solchen Fällen ist zu prüfen, ob diese Fälle mit verständlichen Handbüchern und fallweisen Entscheidungen zu bearbeiten sind, was sicherlich für einen Teil der Arbeit im öffentlichen Sektor weiterhin gilt.[70] Damit zeigt sich, dass es keine ‚Allheilmittel' gibt und keineswegs ein erfolgreiches Konzept einer Organisation immer auf eine andere übertragen werden kann. Stattdessen wird es ein kontinuierliches Nachjustieren von Organisationskonzepten geben müssen, die die Besonderheiten des öffentlichen Sektors miteinbeziehen und von denen die Organisationswissenschaft insgesamt lernen kann.

III. Digitale Führung – veränderte Anforderungen und empirische Belege

28 Welche besonderen Anforderungen sich an eine Personalführung stellen, die einen tiefgreifenden organisationellen Wandel hin zur Netzwerkverwaltung fördert und darüber hinaus anschlussfähig zum veränderten, „neuen" Arbeiten ist, ist im Folgenden zu beschreiben.

1. Neue Arbeit – neue Personalführung?

29 Mit dem Ausdruck „New Ways of Working" ist ein über die Digitalisierung verändertes Arbeiten bezeichnet. Inhaltlich bezieht sich dies insbesondere auf eine flexible wie autonome Arbeitsgestaltung, die sich vom hierarchisch geprägten Organisationsgefüge entkoppelt. Zentral ist häufig eine wissensintensive Zusammenarbeit, die über neue (soziale) Medien erfolgt. Spätestens seitdem sich das sogenannte Web 2.0 stark verbreitet hat, virtualisiert sich (zumindest teilweise) der nutzergetriebene Informationsaustausch in Freizeit und Arbeit und schwächt sich zugleich eine örtliche wie zeitliche Bindung ab.[71] Nicht zuletzt kann die Vernetzung über interaktive Online-Plattformen dabei helfen, flexibler auf die sich dynamisch entwickelnden Umfelder zu reagieren. Nahe liegt, dass sich die Personalführung von neuer zu traditioneller Arbeit unterscheidet, da sich Erwartungen an die Führung verändern. So geht es nunmehr darum, schnell mit verschiedenen

---

69 *Sridhar Nerur/RadhaKanta Mahapatra/George Mangalaraj*, Challenges of migrating to agile methodologies, in: Communications of the ACM, 48. Jg. 2005, H. 5, S. 72–78.

70 *Niklas Luhmann*, Lob der Routine, in: ders. (Hrsg.), Politische Planung. Aufsätze zur Soziologie von Politik und Verwaltung 1971, S. 113–142.

71 *Thomas Afflerbach/Katharina Marlen Gläsener*, New Ways of Working – Vertrauen und Selbstmanagement in einer digitlisierten Arbeitswelt, in: Bernhard Badura/Antje Ducki/Helmut Schröder/Joachim Klose/Markus Meyer (Hrsg.), Fehlzeiten-Report 2016, Unternehmenskultur und Gesundheit – Herausforderungen und Chancen. Zahlen, Daten, Analysen aus allen Branchen der Wirtschaft, Berlin, Heidelberg 2016, S. 171–182.

Personen (innerhalb und außerhalb des Unternehmens) zu kommunizieren, womit einerseits die Kontrolle über Informationen eingeschränkt wird und zugleich ein Handlungs- und Reaktionsdruck entsteht. Andererseits wird ermöglicht, sich mit den Mitarbeitern und Interessengruppen direkt auszutauschen und zusätzlich über eine mediale Präsenz Einfluss auszuüben.[72]

Inwiefern sich neue Anforderungen an eine Personalführung seitens des digitalen Arbeitens stellen, wurde intensiv in der Literatur zu virtuellen Teams untersucht. Dabei handelt es sich nicht nur um Mitarbeiter aus verschiedenen Ländern, die über elektronische Medien über die Zeitzonen und kulturelle Grenzen hinweg gemeinsame Ziele verfolgen. Vielmehr sind unterschiedliche Ausmaße an Virtualität und Verteiltheit vorzufinden, was etwa das (gelegentliche) Homeoffice nicht ausschließt. Führung in virtuellen Teams kann daher synonym neben E-Leadership auch als Führung auf Distanz oder Computer-mediated Leadership bezeichnet werden.[73] *30*

Verschiedene Autoren knüpfen besondere Herausforderungen an eine Zusammenarbeit in virtuellen Teams. So führt die verschiedenartige Distanz möglicherweise zu einer Entfremdung von der Organisation. Zugleich reduzieren informationsärmere Medien (wie beispielsweise Email) verschiedene Kontexte und nonverbale Informationen, sodass leichter Missverständnisse entstehen können. Gleiches gilt für die möglicherweise in ihrer kulturellen und organisationellen Prägung diverser zusammengesetzten Teams. Ein gegenseitiges Vertrauen lässt sich schwerer etablieren, wenn ein nur gelegentlicher, sachbezogener Kontakt besteht. Zudem ist eine Arbeitsteilung erschwert, wenn sich die Teammitglieder nicht ihrer Rollen und Aufgaben sowie der zu erreichenden Ziele bewusst sind und darüber kein gemeinsames Verständnis herrscht. Insgesamt lässt sich somit festhalten, dass sich über eine veränderte Kommunikation hinaus auch soziale Interaktionsprozesse von Präsenz- und virtuellen Teams unterscheiden.[74] *31*

---

72 *Petry* (Fn. 22), S. 39 ff.; *Peter M. Wald*, Virtuelle Führung, in: Reinhart Lang/Irma Rybnikova, Aktuelle Führungstheorien und -konzepte, Wiesbaden 2014, S. 355–386, 356 ff.

73 *Jessica Lipnack/Jeffrey Stamps*, Virtual teams: Reaching across space, time and organizations with technology, New York 1997; *Bernd Blessin/Alexander Wick*, Führen und führen lassen. Ansätze, Ergebnisse und Kritik der Führungsforschung, Konstanz, München 2014, S. 366 ff.

74 *Yehuda Baruch*, The status of research on teleworking and an agenda for future research, in: International Journal of Management Reviews, 3. Jg. 2001, H. 2, S. 113–129; *Kristi Lewis Tyran/Craig K. Tyran/Morgan Sheperd*, Exploring Emerging Leadership in Virtual Teams, in: Cristina B. Gibson/Susan G. Cohen (Hrsg.): Virtual Teams That Work, San Francisco 2003, S. 183–195; *Wayne F. Cascio/Stan Shurygailo*, E-Leadership and Virtual Teams, in: Organizational Dynamics, 31. Jg. 2003, H. 4, S. 362–376; *David J. Pauleen*, An Inductively Derived Model of Leader-Initiated Relationship Building with Virtual Team Members, in: Journal of Management Information Systems, 20. Jg. 2003, H. 3, S. 227–256; *Blaise J. Bergiel/Erich B. Bergiel/Phillip W. Balsmeier*, Nature of virtual teams: a summary of their advantages and disadvantages, in: Management Research News, 31. Jg. 2008, H. 2, S. 99–110.

32 Aufgabe von digitaler Führung ist es somit, mögliche Nachteile von virtuellen Teams abzufedern und insbesondere bei größeren Herausforderungen sowie in der Gründungsphase dafür zu sorgen, dass Rollen und Aufgaben verständlich sind sowie Ziele geteilt werden, was etwaigen Konflikten vorbeugt. Außerdem kann die Führungskraft dafür sorgen, dass mögliche technikbezogene Hürden der Kommunikation beseitigt oder vermindert werden. Geeignet erscheint gerade in der Eingliederungs- oder Gründungsphase, dass sich die Mitarbeiter persönlich treffen und kennenlernen, um nicht nur ein sachbezogenes, sondern – soweit möglich – ein emotionales Vertrauen zu fördern. Nicht zuletzt erfordert die relativ autonome Aufgabenerledigung, dass Führungskräfte eine offene und vertrauensstiftende Kommunikation sowie gegenseitige Unterstützung vorleben, womit sich das Teilen von Wissen als von gegenseitigem Vorteil herausstellen kann. Zugleich sind für ein Selbstmanagement geeignete Bedingungen zu schaffen, bei dem ein Teil der Führungsaufgaben (insbesondere hinsichtlich der aufgabenbezogenen Zielsetzung, Leistungskontrolle und Motivation) auf die Mitarbeiter übergeht. Ferner erscheint ein transformationales Führen von virtuellen Teams als besonders angemessen, da dieser mitarbeiterorientierte Führungsstil eine selbstorganisierte Arbeitsweise zu unterstützen hilft.[75]

33 In einigen Fällen erscheint eine agile, dezentrale oder geteilte Führung als zielführend: Insbesondere wenn standardisierte, vorhersehbare oder gut strukturierte Arbeitsanforderungen gestellt werden, gilt eine stabile, vertikale Führung als angemessen, zumal hier eine klar geregelte Verantwortungsdelegation zu effizienten Abläufen führt. Mitunter sollten sich situations- oder aufgabenbezogen unterschiedliche Führungsstile ausprägen, was als beidhändige (ambidextre) Führung bezeichnet wird.[76] Dementsprechend sollen Führungskräfte zwischen einem transaktionalen (aufgabenbezogenen) sowie transformationalen (beziehungsbezogenen) Stil variieren können. Letzterer ist vor allem bei komplexen und dynamischen Kontexten auszuüben.

2. Evidenzen digitaler Führung

34 Studien, welche die hier vorgestellten, theoriegeleiteten Annahmen empirisch untersuchen, sind für den öffentlichen Sektor kaum vorhanden. Zwar sind verschiedene Studien dazu veröffentlicht worden, wie sich ein Führungsverhalten und -stil (teils im Vergleich zum Privatsektor) gestaltet, wenngleich sich das Untersuchungsfeld nur selten auf Deutschland erstreckt. Jedoch fehlt eine Erhebung, welche einen digitalen Kontext berücksichtigt. Zu nennen ist die Frage, inwiefern dynamische Arbeitskontexte, in denen eine transformationale Führung bessere Arbeitsbedingungen und -ergebnisse bewirkt (etwa hinsichtlich Arbeitszufriedenheit und -motivation, -leistung, Rollenklarheit und wahrgenommene Über- oder

75 *Rui Huang/Surinder Kahai/Rebecca Jestice*, The contingent effects of leadership on team collaboration in virtual teams, in: Computers in Human Behavior 26, 2010. S. 1098–1110; *Afflerbach/Gläsener* (Fn. 71).

76 *Petry* (Fn. 22), S. 45 ff.

Unterforderung), sich über die Digitalisierung verstärken.[77] Näherungsweise lassen sich die Ergebnisse von internationalen, meist mit englischsprachigen Studenten unter experimentellen Bedingungen durchgeführte Studien heranziehen, die beinhalten, wie sich digitales Arbeiten und Führung beeinflussen.[78]

Einem Literaturüberblick zu virtuellen Teams, in dem die verschiedenen empirischen Ergebnisse vorhandener Studien zusammengefasst werden, ist zu entnehmen, dass ein Forschungskonsens vorzufinden ist: Übereinstimmend spielt bei erfolgreichen Teams eine Rolle, dass die Teammitglieder sich gegenseitig vertrauen, regelmäßig und effektiv kommunizieren und dabei zielgenau Medien einsetzen sowie soziale Beziehungen mittels neuer Medien aufbauen. Teils zeigen die Ergebnisse, dass sich die genannten Faktoren gegenseitig bedingen. Uneins sind sich die Autoren allerdings dahingehend, ob und inwiefern ein Führungsverhalten zu empfehlen ist, bei dem mitarbeiterorientiert (als Coach), verständnisbasiert (als Mentor), empathisch und auf eine gute Beziehung bedacht zu positiven Wirkungen führt. Überwiegend und insbesondere in einer Teambildungsphase wird dies bejaht und vor allem für virtuelle Teams bestätigt: Hier sind Mitarbeiter höher motiviert, zufriedener und leistungsstärker, wenn der persönliche Kontakt über reichhaltige Medien hergestellt ist und ein gegenseitiges Verständnis existiert. Mitunter erscheint eine dirigierende, kontrollierende oder sanktionierende Autorität angebracht. Dagegen befinden einige Autoren die transaktionale gegenüber der transformationalen Führung sogar als wirksamer: Wenn Mitarbeiter angesichts der Distanz selbstbestimmt ihre Arbeit gestalten, lassen sich klar definierte Ziele eher verhandeln und vermitteln sowie eine aufgaben- bzw. sachbezogene Kommunikation umsetzen. Diese darf wiederum nicht fehlen sowie unklar oder mehrdeutig bleiben.[79] *35*

Die Ergebnisse zur transformationalen Führung sind dementsprechend ebenso ambivalent wie die zum Vertrauen: Bei zunehmender Distanz lassen sie sich schwieriger etablieren, können aber mitunter umso wichtiger für den Teamerfolg sein. Beispielsweise zeigt sich, dass einige Eigenschaften der Führungskraft, welche üblicherweise einer transformationalen Führung zuträglich sind, in virtuellen Kontexten weniger bedeutsam sind. Dies deutet darauf hin, dass bei der Kommunikation über digitale Medien oftmals nonverbale Aspekte fehlen, über welche Persönlichkeitsmerkmale (Extrovertiertheit) transportiert werden. Demzufolge könnten auch solche Personen transformational führen, die beispielsweise weniger extrovertiert, dafür aber sprachlich begabt sind und sich zugleich im digitalen Raum gewählt und ideenreich ausdrücken können.[80] *36*

---

77 *Jon Aarum Andersen*, Public versus Private Managers: How Public and Private Managers Differ in Leadership Behavior, in: Public Administration Review, 70. Jg. 2010, H. 1, S. 131–141;

78 *Wald* (Fn. 72), S. 367 ff.

79 Ebd., S. 367 ff.

80 *Pierre A. Balthazard/David A. Waldman/John E. Warren*, Predictors of the emergence of transformational leadership in virtual decision teams, in: The Leadership Quarterly, 20. Jg. 2009, H. 1, S. 651–663.

D. Fazit und Ausblick

37 Dieser Beitrag hat gezeigt, wie sich angesichts einer weitreichenden Digitalisierung veränderte Rahmenbedingungen für die öffentliche Verwaltung ergeben. Möglich ist, eine Netzwerkverwaltung zu schaffen, in der Behörden ebenen- und ressortübergreifend zusammenarbeiten und für die Bürger Dienstleistungen aus einer Hand (als One-Stop-Shop) anbieten. Jedoch sind die Potenziale einer modularisierten, organisationsübergreifend aneinander gekoppelten und medienbruchfreien Kommunikation kaum ausgeschöpft und ein föderales E-Government wenig entwickelt. Zugleich durchdringt die Digitalisierung die Arbeitswelt: IT trägt dazu bei, örtliche, zeitliche sowie strukturelle Bindungen abzuschwächen. Dies lässt sich etwa an einer Telearbeit sowie dem Einsatz mobiler, digitaler Arbeitsmittel festmachen. Daneben drohen einzelne Berufsfelder durch Automatisierung überflüssig und Stellen im öffentlichen Dienst abgebaut zu werden. Diese Veränderungen greifen E-Government-Strategien von Bund und Ländern auf, die jedoch eine übergreifende IT-Steuerung erst ansatzweise erkennen lassen. Dies ist mithin dem föderalen E-Government als vertracktem Problem insofern geschuldet, als eine Vielzahl unterschiedlicher Perspektiven und mitunter konkurrierender Interessen von einer multidisziplinären Komplexität des Themas begleitet wird. Somit ist eine Führung gefragt, die sich mit der Digitalisierung auseinandersetzt, sich unzulänglicher Lösungsansätze bewusst ist und mit vertrackten Problemen umzugehen lernt. Dies wurde anhand der transformationalen sowie agilen Führung konkretisiert. Erstere bezeichnet einen Führungsstil, in dem die Führungskraft als Vorbild agiert, eine gemeinsame Vision kommuniziert, zu neuen Ideen ermutigt und die Arbeitsbeiträge der Mitarbeiter wertschätzt. Dies erhöht die Bereitschaft der Mitarbeiter, auch über Abteilungs- oder Organisationgrenzen hinweg zu kooperieren und Wissen auszutauschen. Agile Führungsansätze beziehen sich auf reflexive und sich selbst anpassende Organisationsformen, wie etwa der Teamarbeit und Selbststeuerung. Diese sind gerade unter den Bedingungen einer digitalen Organisationskultur anwendbar. Sie können Organisationen darauf ausrichten, auf die zunehmend dynamische und komplexe Umwelt schneller zu reagieren. In der digitalen Arbeitswelt sind virtuelle Teams zu nennen, die anschlussfähig für eine agile und transformationale Führung sind.

38 Ferner ist in diesem Beitrag auf Grenzen neuer Führungsansätze verwiesen. Eine agile und transformationale Führung mag zwar bei vertrackten Problemen und Interdependenzen als geeignet erscheinen. Bei wenig komplexen, wiederholt auftretenden und insofern berechenbaren Aufgaben, für die klare Zuständigkeiten vorzufinden sind, erscheint die klassische transaktionale und hierarchische Führung als vorteilhafter. Dementsprechend bedarf es in der Praxis einer Ambidextrie (Beidhändigkeit), wonach situations- und aufgabenbezogen unterschiedliche Führungsstile verwendet werden.

Teil VII
Akzeptanz und Visionen

Bürgerseitige Akzeptanz des E-Government

Andreas Mann

A. Akzeptanz als Grundlage für ein erfolgreiches E-Government

E-Government ist mittlerweile mehr als ein Schlagwort. Nicht nur in der Wissenschaft hat es sich als wachsendes Arbeits- und Forschungsfeld entwickelt,[1] sondern auch immer mehr Kommunen und staatliche Institutionen bieten Bürgern und Unternehmen digitale Dienstleistungen und Möglichkeiten zur elektronischen Abwicklung von Informations-, Kommunikations- und Transaktionsprozessen an. Ziel ist es einerseits, durch ort- und zeitunabhängige Verwaltungsdienste die Bürger-/Kundennähe zu vergrößern sowie eine größere Transparenz des administrativen Handelns und einen Ausbau der bürgerschaftlichen Partizipation am staatlichen Handeln (Stichwort e-democracy) zu schaffen.[2] Andererseits soll das Verwaltungshandeln öffentlicher Institutionen effizienter werden.[3] Inwieweit diese Ziele tatsächlich realisiert werden, hängt zum einen von der Implementierung digitaler Technologien (Web 2.0) und damit verbundener Prozesse in den Verwaltungen ab.[4] Zum anderen können die Effektivitäts- und Effizienzpotenziale des E-Government nur ausgeschöpft werden, wenn sie auch auf Akzeptanz bei der Bevölkerung und bei Unternehmen als Adressaten der elektronischen Angebote treffen. Doch gerade diese ist in Deutschland – gemessen an anderen Ländern wie Österreich oder Schweiz – bisher noch nicht sehr stark ausgeprägt. So zeigen die Ergebnisse des „eGovernment MONITOR“ aus 2017, der unter der Schirmherrschaft des Beauftragten der Bundesregierung für Informationstechnik herausgegeben wird, dass nur 41 % der Internetnutzer in Deutschland in 2017 auf E-Government-Angebote zurückgegriffen haben. Im selben Zeitraum waren es in Österreich 74 % und in der Schweiz 61 % der Internetnutzer, die bereits entsprechende digitale Behördenleistungen in Anspruch genommen haben.[5] Bei den genutzten E-Government-Leistungen in Deutschland handelt es sich zudem größtenteils um einfache Informationsleistungen, wie z.B. Informationen über Öffnungszeiten, Gebühren und fachliche Zuständigkeiten von kommunalen bzw. staatlichen Verwaltungen, die auf der Website nachgefragt werden. Damit 1

---

1 *Bernd W. Wirtz/Peter Daiser*, A meta-analysis of empirical e-government research and its future research implications, IRAS 82 (2016), S. 1–20 (DOI: 10.1177/00208523155 99046).

2 *Andreas Meier*, eDemocracy & eGovernment – Stages of a Democratic Knowledge Society, Berlin/Heidelberg 2012, S. 3.

3 *Wirtz/Daiser* (Fn. 1), S. 2.

4 *Po-Ling Sun/Cheng-Yuan Ku/Dong-Her Shin*, An implementation framework for E-Government 2.0, in: Telematics and Informatics 32 (2015), S. 504–520, 508 ff.

5 *Initiative D21 e. V./fortiss*, eGovernment MONITOR 2017, Berlin/München 2017, S. 10.

werden primär Leistungen auf der untersten Entwicklungsstufe des E-Government genutzt.[6] Auf der zweiten Stufe folgen Kommunikationsmöglichkeiten über webbasierte Kanäle, um beispielsweise Termine zu vereinbaren, sowie der Zugriff auf und das Downloading von Formularen. Diese Leistungen werden immerhin noch von 36 % der E-Government-Nutzer genutzt. Anders ist dies hingegen für die dritte Entwicklungsstufe der Online-Transaktionen, wie z.B. die digitale Antragsstellung, die bisher nur von rund 10 % der E-Government-Nutzer in Anspruch genommen,[7] gleichzeitig aber auch noch nicht flächendeckend von Kommunen und öffentlichen Institutionen angeboten wird.[8] Das gilt auch für die Integration der Bürger in administrative und politische Prozesse, wie z.B. Online-Befragungen und -Abstimmungen, als vierte Entwicklungsstufe. Dabei lassen sich gerade auf der Transaktions- und Integrationsebene des E-Government große Nutzenpotenziale für die Bürger und Kosteneinsparungsmöglichkeiten für die öffentliche Verwaltung realisieren, da Medienbrüche vermieden und die Daten direkt informationstechnisch verarbeitet werden können.[9]

2 Im vorliegenden Beitrag sollen Akzeptanzdeterminanten des E-Government, insbesondere bei Bürgern als Abnehmer von E-Government-Leistungen, untersucht und daraus Implikationen für eine Akzeptanzsteigerung abgeleitet werden. Hierzu werden zunächst der Begriff der Akzeptanz erläutert sowie einige Modelle der Akzeptanzentstehung und -wirkung kurz vorgestellt, bevor auf Grundlage dieser konzeptionellen Überlegungen relevante Anforderungen und Maßnahmen zur Akzeptanzschaffung bei Bürgern erörtert werden. Auf die anbieterseitige Akzeptanz von Mitarbeitern und Führungskräften in öffentlichen Institutionen zur Einführung von E-Government wird hingegen nicht näher eingegangen.[10]

B. Konzeptionelle Grundlagen der Akzeptanz

I. Akzeptanz – ein vielschichtiger Begriff

3 Grundsätzlich kann unter Akzeptanz eine Art Bestätigung, Zustimmung, Anerkennung oder Befürwortung von bestimmten Sachverhalten, Objekten oder Subjekten verstanden werden. Es handelt sich damit um das Ergebnis eines intra-in-

---

6 *Jungwoo Lee*, 10 year retrospect on stage models of e-Government: A qualitative metasynthesis, Government Information Quarterly 27 (2010), S. 220–230, 222–224.

7 *Initiative D21 e. V./fortiss* (Fn. 5), S. 12.

8 *McKinsey & Company*, E-Government in Deutschland – Eine Bürgerperspektive, o. O. 2015, S. 10 f.

9 *Sönke E. Schulz/Christian Hoffmann/Maximilian Tallich*, Anreizsysteme und Instrumente zur Nutzen- und Nutzersteigerung im e-Government, DV 45 (2012), S. 207–232, 211.

10 Siehe hierzu u.a. *Kyu-Nahm Jun/Christopher Weare*, Institutional Motivations in the Adoption of Innovations: The Case of E-Government, in: J-PART 3 (2011), S. 495–519; *Bernd W. Wirtz et al.*, E-Government Implementation: Theoretical Aspects and Empirical Evidence, in: Public Organization Review,17 (2017), Nr. 1, S. 101–120; *Hui Zhang/Xiaolin Xu/Jianying Xiao*, Diffusion of e-government: A literature review and directions for future directions, in: Government Information Quarterly 31 (2014), S. 631–636.

dividuellen psychologischen Vorgangs, der nicht beobachtbar ist und von verschiedenen Einflussgrößen abhängt.[11] Bezogen auf den vorliegenden Untersuchungsgegenstand kann die Akzeptanz des E-Government als die (positive) Bereitschaft von Bürgern zur Nutzung von Internettechnologien im Rahmen von Verwaltungsprozessen mit Kommunen oder staatlichen Institutionen bezeichnet werden, die aufgrund einer positiven Bewertung des E-Government-Angebots besteht.

Die Nutzungsbereitschaft stellt ein Einstellungskonstrukt dar, das die Grundlage für eine tatsächliche Nutzung bildet.[12] Man unterscheidet daher auch zwischen einer Einstellungsakzeptanz als der Intention, ein Einstellungsobjekt (E-Government) in konkreten Anwendungssituationen zu verwenden, und der Nutzungsakzeptanz, die sich auf die tatsächliche, aufgabenbezogene einmalige oder dauerhafte Verwendung bezieht.[13] Die Akzeptanz des E-Government umfasst dementsprechend eine aktive, ziel- und sachbezogene Nutzung des Internets, die auf positiven Einstellungen beruht und damit freiwillig erfolgt.[14] Die Akzeptanz des E-Government auf Seiten der Bürger ist also dann gegeben, wenn durch die Einstellungsakzeptanz ein positives Adoptionsverhalten zur Nutzung der elektronischen Verwaltungsangebote erfolgt. Die Einstellungsakzeptanz ist zwar eine notwendige, aber lange noch keine hinreichende Bedingung für die aktive Nutzung von E-Government-Angeboten durch Bürger, weil es zahlreiche soziale und situative Einflüsse geben kann, die eine Inanspruchnahme – trotz positiver Nutzungsintention – verhindern.[15] In verschiedenen empirischen Untersuchungen konnte lediglich ein mittelstarker Zusammenhang der Verhaltensintention und dem tatsächlichen Verhalten festgestellt werden.[16] Das gilt auch für die Nutzung von Informationstechnologien, wobei die Stärke der Einstellung gegenüber neuen Technologien hierbei als Moderatorgröße einen besonderen Einfluss auf die Beziehung der Nutzungsintention und der tatsächlichen Nutzung ausübt.[17] Je stärker 4

11 Vgl. auch *Klaus-Peter Wiedmann/Tobias Frenzel*, Akzeptanz im E-Commerce – Begriff, Modell, Implikationen, in: Klaus-Peter Wiedmann et al. (Hrsg.), Konsumentenverhalten im Internet – Konzepte, Erfahrungen, Methoden, Wiesbaden 2004, S. 99–117, 102 f.

12 *Rolf Weiber/Alexander Pohl*, Innovation und Marketing, Stuttgart 2017, S. 210.

13 Vgl. ähnlich *Andreas Mann/Jan Prein*, Akzeptanz mobiler Kundenkarten – Konzeptionelle Überlegungen und empirische Befunde, in: Hans. H. Bauer/Thorsten Dirks/Melchior D. Bryant (Hrsg.), Erfolgsfaktoren des Mobile Marketing, Berlin/Heidelberg 2008, S. 241–259, 246.

14 Vgl. ähnlich *Wiedmann/Frenzel* (Fn. 11), S. 104.

15 Ähnlich *Wiedmann/Frenzel* (Fn. 11), S. 104.

16 Vgl. insbesondere die Meta-Analyse von *Blair H. Sheppard/Jon Hartwick/Paul R. Warshaw*, The theory of reasoned action: a meta-analysis of past research with recommendations for modifications and future research, in: Journal of Consumer Research 15 (1988), S. 325–343, 336 f. sowie *Pierre Chandon/Vicki G. Morwitz/Werner J. Reinartz*, Do Intentions Really Predict Behavior? Self-Generated Validity Effects in Survey Research, in: Journal of Marketing 96 (2005), S. 1–14, 9 ff.

17 *Anol Bhattacherjee/Clive Sanford*, The intention–behaviour gap in technology usage: the moderating role of attitude strength, in: Behaviour & Information Technology 28 (2009), S. 389–401, 397.

die Einstellung ausgeprägt ist, desto größer ist die Kongruenz von (Nicht-) Handlungsintention und tatsächlicher (Nicht-) Handlung.[18]

5 Nach dem Drei-Komponenten-Ansatz bestehen Einstellungen aus einer kognitiven und einer emotionalen Bewertung des Einstellungsobjekts, die zu einer Handlungsbereitschaft (Konation) führen.[19] Die drei Komponenten müssen nicht gleichzeitig vorliegen, um eine Einstellung zu konstituieren. Es ist ebenso möglich, dass Einstellungen nur auf einer oder zwei der Komponenten basieren und somit beispielsweise eher affektiver oder eher kognitiver Natur sind.[20]

- Die kognitive Beurteilung basiert auf subjektivem „Wissen“ über ein Einstellungsobjekt bzw. Meinungen und Überzeugungen zu einem Einstellungsobjekt und seinen Eigenschaften.[21] Dieses „Wissen“ kann sowohl durch unmittelbare Erfahrungen im Umgang mit demselben Einstellungsobjekt oder ähnlichen Einstellungsobjekten gebildet werden als auch durch die Sammlung und Verarbeitung von Informationen aus verschiedenen Quellen (z.B. den kommunizierten Erfahrungen Dritter oder durch sozial vermittelte Lernprozesse) entstehen.[22] So kann der kognitive Bestandteil der Einstellung zum E-Government beispielsweise durch die Nutzung des Internets zum Online-Shopping ebenso beeinflusst werden wie durch die Kommunikation einer öffentlichen Institution über ihr elektronisches Angebot zur Abwicklung von Verwaltungsaktivitäten.
- Die affektive Komponente beschreibt die gefühlsmäßige Beurteilung eines Einstellungsobjektes und ist ebenfalls eine sehr subjektive Größe. Es handelt sich hierbei um die emotionale Einschätzung, ob ein Objekt (z.B. E-Government) grundsätzlich positiv oder negativ ist. Sie entsteht oft auf der Basis grundsätzlicher innerer Werte einer Person oder ebenfalls durch Lernprozesse,[23] wie z.B. Nutzungserfahrungen.[24] Häufig werden Einstellungsobjekte positiv beurteilt, wenn ein Individuum glaubt, dass es durch diese Objekte seine persönlichen Ziele (besser) erreichen kann.

---

18 Vgl. z.B. *Geoffrey Haddock/Gregory R. Maio*, Einstellungen, in: Klaus Jonas/Wolfgang Stroebe/Miles Hewstone (Hrsg.), Sozialpsychologie, 6. Aufl., Berlin/Heidelberg 2014, S. 197–229, 220.

19 *Haddock/Maio* (Fn. 18), S. 199 f.; *Volker Trommsdorff/Thorstern Teichert*, Konsumentenverhalten, 8. Aufl., Stuttgart 2011, S. 130; *Richard J. Gerrig*, Psychologie, 20. Aufl., Hallbergmoos 2015, S. 665.

20 *Alice H. Eagly/Shelly Chaiken*, The Psychology of Attitudes, Fort Worth 1993, S. 16; *Haddock/Maio* (Fn. 18), S. 206.

21 Vgl. *Elliot Aronson/Timothy D. Wilson/Robin M. Akert*, Sozialpsychologie, 8. Aufl., Hallbergmoos 2014, S. 218; *Haddock/Maio* (Fn. 18), S. 200.

22 *Lorenz Fischer/Günter Wiswede*, Grundlagen der Sozialpsychologie, 3. Aufl., München 2009, S. 300.

23 *Aronson/Wilson/Akert* (Fn. 21), S. 218 f.

24 *Haddock/Maio* (Fn. 18), S. 201.

- Die Konation ist – bei freier Entscheidung von Individuen – das Ergebnis der affektiven und kognitiven Bewertung.[25] Sie umfasst die Prädisposition einer Person, sich in einer bestimmten Art und Weise gegenüber dem Einstellungsobjekt (z.B. dem Angebot von elektronischen Verwaltungsvorgängen) in gegebenen (Entscheidungs-) Situationen relativ stabil, also dauerhaft positiv oder negativ, zu verhalten.[26] Insbesondere die konative Komponente verweist auf den Zusammenhang zwischen Einstellungen und Verhalten von Individuen und ist somit ein wichtiges Bindeglied zwischen der Einstellungs- und Nutzungsakzeptanz.

Im Allgemeinen wird von einer Konsistenz der Einstellungskomponenten sowie 6
von Einstellungen und Verhalten ausgegangen.[27] Durch dieses aufeinander abgestimmte Verhältnis von Denken, Fühlen und Handeln ist es daher grundsätzlich schwierig, bestehende Einstellungen bei Individuen zu verändern. Das gilt insbesondere für den kognitiven Bereich der Einstellungen. Während konsonante Informationen zu einer Unterstützung bzw. Festigung bestehender Einstellungen führen, werden inkonsistente Informationen, die der Einstellung einer Person widersprechen, beispielsweise als weniger bedeutend angesehen, hinsichtlich ihres Inhalts uminterpretiert oder durch die aktive Suche konsonanter Informationen überdeckt.[28] Zudem werden dissonanzfördernde Situationen, wie z.B. grundlegende Verhaltensänderungen, vermieden. Durch diese Verhaltensweisen werden psychische Spannungszustände (so genannte kognitive Dissonanzen), die durch inkonsistente kognitive Einstellungselemente entstehen, beseitigt. Je größer der Spannungszustand ist, desto stärker ist auch das Bedürfnis sie zu eliminieren.[29] Das gilt vor allem für Einstellungsobjekte, die für die Individuen eine besondere Bedeutung haben und mit denen sie sich deshalb stark auseinandersetzen. Bei diesen High-Involvement-Objekten sind die Einstellungen stark verankert und deshalb auch nur sehr schwer zu verändern.[30] Hinzu kommt, dass Beeinflussungen von Dritten zur Veränderung von Einstellungen schnell zu Reaktanz führen können, wenn sich die Individuen durch diese Aktivitäten in ihrer Entscheidungs- und Urteilsfreiheit beeinträchtigt fühlen. Im Ergebnis mündet diese Reaktanz dann häufig in einem Trotzverhalten, das zu einer Versteifung auf die bestehenden Einstellungen bei den Individuen führt.[31] Der Wechsel von der klassischen Abwicklung auf die elektronische Durchführung von Verwaltungsangelegenheiten kann aus Sicht der Bürger eine dissonanzfördernde Situation darstellen, die zu den genannten Verhaltensweisen führt.

---

25 *Trommsdorff/Teichert* (Fn. 19), S. 130.
26 *Werner Kroeber-Riel/Andrea Gröppel-Klein*, Konsumentenverhalten, 10. Aufl., München 2013, S. 234.
27 *Gerrig* (Fn. 19), S. 669; *Wolfgang Stroebe*, Strategien zur Einstellungs- und Verhaltensänderung, in: Klaus Jonas/Wolfgang Stroebe/Miles Hewstone (Hrsg.), Sozialpsychologie (Fn. 18), S. 231–268, 260.
28 *Fischer/Wiswede* (Fn. 22), S. 305; *Stroebe* (Fn. 27), S. 260.
29 *Fischer/Wiswede* (Fn. 22), S. 305.
30 *Trommsdorff/Teichert* (Fn. 19), S. 50.
31 Ähnlich auch *Stroebe* (Fn. 27), S. 264 f.

II. Konzepte zur Erklärung der Akzeptanzgenese und -wirkung

7 In der Wissenschaft findet man verschiedene Konzepte, theoretische Ansätze und Modelle, die sich mit Determinanten und Wirkungen der Akzeptanz von neuen Technologien, Produkten/Dienstleistungen und Prozessen beschäftigen. Hierzu gehören z.B. das Adoptionsmodell von Rogers, das *Technology Acceptance Model* (TAM) von Davis oder die *Unified Theory of Acceptance and Use of Technology* (UTAUT und UTAUT2) von Venkatesh et al. sowie die *Theory of Reasoned Action* (TRA) und *Theory of Planned Behavior* (TPB) von Ajzen bzw. Ajzen/Fishbein.

8 Das Adoptionsmodell von Rogers beschäftigt sich mit dem Prozess und den Determinanten der Übernahme von Innovationen durch Individuen.[32] Dabei steht der Entscheidungsprozess für die Nutzung einer Neuheit im Mittelpunkt der Betrachtung, der in fünf Phasen gegliedert ist:[33]

1. Bewusstsein (*Knowledge*): Das Individuum muss zunächst Kenntnis über die Existenz der Innovation erlangen. Dies kann geplant, also durch eine gezielte Suche nach Objekten (z.B. Produkten und Dienstleistungen), die bestimmte Eigenschaften aufweisen sollen, geschehen oder auch rein zufällig bzw. durch eine anbieterinduzierte Information (z.B. Werbung) erfolgen.
2. Meinungsbildung (*Persuasion*): Die erhaltenen Informationen lösen beim Individuum ein Interesse an der Neuheit und weitere Informationsbeschaffungsprozesse aus, die zu einer Einschätzung von Verwendungsmöglichkeiten, Vor- und Nachteilen sowie einer Präferenz für die Innovation führen. Zudem kommt eine stärkere emotionale Bewertung hinzu, die dann gemeinsam mit den kognitiven Überzeugungen auf die intentionale Einstellungskomponente einwirkt. Diese ist wiederum ein wichtiger Einflussfaktor auf die in der nächsten Stufe stattfindende Entscheidung, eine Innovation zu übernehmen (*Adoption*) oder zu verwerfen (*Rejection*).
3. Entscheidung (*Decision*): Bei einer positiven Bewertung kommt es in der Regel zur Entscheidung über eine Erprobung der Innovation.
4. Umsetzung (*Implementation*): Das Individuum testet die Innovation und bildet (erfahrungsbasierte) Einstellungen zu der Neuheit. Sie stellt gleichzeitig die erste Phase der Handlungsakzeptanz dar, die in der erstmaligen Nutzung der Innovation liegt.
5. Bestätigung (*Confirmation*): Das Individuum bewertet die Testanwendung. Kommt es dabei zu einer Bestätigung der Erwartungen, die mit der Nutzung verbunden waren, dann kann dies zu einer wiederholten bzw. dauerhaften Nutzung der Innovation durch das Individuum führen. Diese Bewertung ist somit ein kritischer Bereich, da erst ein positives Urteil in dieser Phase die vom Anbieter angestrebte Nutzungsakzeptanz bei den Abnehmern fördert.

---

32 *Everett M. Rogers*, The Diffusion of Innovation, 5. Aufl., New York 2003, S. 11.
33 *Rogers* (Fn. 32), S. 169.

Der dargestellte Adoptionsprozess ist lediglich als vereinfachtes und idealisiertes Modell zu verstehen. Zwischen den einzelnen Phasen kann es zu Rückkopplungen kommen. Eine Trennung zwischen einzelnen Phasen ist mitunter schwierig. Ebenso können einzelne Phasen übersprungen und mehrfach durchlaufen werden. Eine Ablehnung der Innovation ist dabei in jeder Phase möglich.[34] 9

Im *Technology Acceptance Model* (TAM) von Davis[35] wird die individuelle Einstellungsakzeptanz (*attitude towards using*) durch die von einem Individuum wahrgenommene Nützlichkeit (*usefulness*) und der wahrgenommenen Einfachheit der Benutzbarkeit (*ease of use*) der Technologie bestimmt.[36] Die wahrgenommene Nützlichkeit bezieht sich auf die eingeschätzte Wahrscheinlichkeit, dass die Nutzung der Technologie zu einer Steigerung der eigenen Leistungsfähigkeit bzw. zu einer Verbesserung der eigenen Leistungsergebnisse führt.[37] Die Einfachheit der Benutzbarkeit bezieht sich auf einen möglichst geringen zeitlichen oder mentalen Aufwand bei der Verwendung einer Technologie.[38] Die Einstellungsakzeptanz (*attitude towards using*) beeinflusst die Verwendungsintention (*behavioral intention to use*), die wiederum das tatsächliche Nutzungsverhalten (*actual use behavior*) determiniert. Zudem wird die Verwendungsintention auch direkt von der wahrgenommenen Nützlichkeit beeinflusst. 10

Das TAM wurde in zahlreichen empirischen Studien zur Adoption von technologischen Innovationen getestet und hat sich dabei gegenüber anderen Modellen als leistungsfähiger erwiesen.[39] Ein wesentlicher Vorteil des Models besteht vor allem in seiner Einfachheit.[40] Dennoch wurde das ursprüngliche Modell im Laufe der Zeit um verschiedene Faktoren – vor allem Determinanten der wahrgenommenen Nützlichkeit – erweitert[41] und schließlich zu einer *Unified Theory of Acceptance and Use of Technology* (UTAUT) ausgebaut, um es noch aussagekräf- 11

---

34 *Christian Kittl*, Kundenakzeptanz und Geschäftsrelevanz – Erfolgsfaktoren für Geschäftsmodelle in der digitalen Wirtschaft, Wiesbaden 2009, S. 37; *Weiber/Pohl* (Fn. 12), S. 181.

35 *Fred D. Davis*, Perceived Usefulness, Perceived Ease of Use, and User Acceptance of Information Technology, in: Management Information Systems (MIS) Quarterly 13 (1989), S. 319–340.

36 Siehe auch *Fred D. Davis/Richard P. Bagozzi/Paul R. Warshaw*, User Acceptance of Computer Technology – A Comparison of Two Theoretical Models, in: Management Science, 35 (1989), S. 982–1003, 985.

37 *Davis* (Fn. 35), S. 320.

38 *Davis/Bagozzi/Warshaw* (Fn. 36), S. 985.

39 *Younghwa Lee/Kenneth A. Kozar/Kai R. T. Larsen*, The Technology Acceptance Model: Past, Present, and Future, in: Communications of the Association for Information Systems 12 (2003), S. 752–780, 756 ff.

40 *Richard P. Bagozzi*, The Legacy of the Technology Acceptance Model and a Proposal for a Paradigm Shift, in: Journal of the Association of Information Systems 8 (2007), S. 244–254, 244.

41 *Viswanath Venkatesh/Fred D. Davis*, A Theoretical Extention of the Technology Acceptance Model: Four Longitudinal Field Studies, in: Management Science 46 (2000), S. 186–204, 187 ff.

tiger zu gestalten.[42] Dabei wurden die wahrgenommene Nützlichkeit und die Einfachheit der Nutzung von (neuen) Technologien in zwei größere Konstrukte (*performance expectancy und effort expectancy*) integriert, die weitere Einflussgrößen, wie z.B. wahrgenommene Vorteilhaftigkeit der neuen gegenüber der alten Technologie oder die wahrgenommene Komplexität der Technologie umfassen. Außerdem finden sich mit den Größen „sozialer Einfluss" (*social influence*) und „nutzungsfördernde Rahmenbedingungen" (*facilitating conditions*) zwei weitere Determinanten in der UTAUT, die einen direkten Einfluss auf die Nutzungsintention haben. Darüber hinaus gibt es weitere Moderatorgrößen, die einen Einfluss auf die Wirkungsbeziehungen zwischen den genannten Determinanten und der Nutzungsintention ausüben. Hierzu gehören das Alter, das Geschlecht, die Erfahrung und Nutzungsfreiheit.[43]

12 Das TAM und auch die UTAUT wurden ursprünglich zur Erklärung der Akzeptanz von neuen Technologien auf Seiten der Mitarbeiter entwickelt. Es ist zwar zu vermuten, dass die grundlegenden Einflussgrößen der beiden Ansätze auch für die bürgerseitige Akzeptanz des E-Government eine große Bedeutung haben, allerdings ist hier die Freiwilligkeit der Nutzung stärker ausgeprägt als bei der mitarbeiterseitigen Akzeptanz von neuen Technologien, deren Nutzung häufig von Führungskräften vorgegeben und erwartet wird.[44] Deshalb wurde die UTAUT für die Erklärung der kundenbezogenen Akzeptanz von neuen Technologien modifiziert. Bei dieser UTAUT2 kommt es durch die Berücksichtigung des abnehmerbezogenen Kontextes zu einigen Veränderungen bei den Determinanten der Nutzungsintention.[45] So werden die hedonistische Motivation (*hedonic motivation*), das wahrgenommene Preis-Leistungs-Verhältnis (*price value*) und die Gewohnheiten eines Individuums als zusätzliche Einflussgrößen in das Erklärungsmodell aufgenommen. Dafür entfällt die Moderatorvariable „Freiwilligkeit der Nutzung" (*voluntariness of use*), die nun durch die hedonistische Motivation abgedeckt wird. Hierunter wird die wahrgenommene Freude an der Nutzung einer (neuen) Technologie verstanden,[46] die durch eine freiwillige Technologie-Verwendung gefördert wird.[47]

---

42 *Viswanath Venkatesh et al.*, User Acceptance of Information Technology: Toward a Unified View, in: Management Informations Systems (MIS) Quarterly 27 (2003), S. 425–478, 446 ff.

43 *Venkatesh* et al. (Fn. 42), S. 447.

44 *Weiber/Pohl* (Fn. 12), S. 212.

45 *Viswanath Venkatesh/James Y. L. Thong/Xin Xu*, Consumer Acceptance and Use of Information Technology: Extending the Unified Theory of Acceptance und Use of Technology, in: Management Information Systems (MIS) Quarterly 36 (2012), S. 157–178, 160 ff.

46 *Susan A. Brown/Viswanath Venkatesh*, Model of Adoption of Technology in Households: A Baseline Model Test and Extention Incorporating Houshold Life Cycle, in: Management Information (MIS) Quarterly 29 (2003), S. 399–426, 406; *Venkatesh/Thong/Xu* (Fn. 45), S. 161.

47 *Weiber/Pohl* (Fn. 12), S. 213.

Sowohl bei UTAUT als auch bei UTAUT2 hat die subjektive Norm einen Einfluss auf die Nutzungsintention von (neuen) Technologien.[48] Sie wurde bereits in den 70er Jahren des letzten Jahrhunderts in der Theory of Reasoned Action (TRA) gemeinsam mit der Einstellung gegenüber einem Verhalten als alleinige Determinante für die Verhaltensintention angesehen, die wiederum das Verhalten beeinflusst.[49] Die Einstellung gegenüber einem Verhalten wird dabei durch die Einschätzung eines Individuums geprägt, dass seine Handlung zu einem bestimmten Ergebnis führt.[50] Die subjektive Norm bezieht sich auf die Vorstellungen eines Individuums, inwieweit sein Verhalten (z.B. Nutzung von E-Government) von relevanten Personen aus seinem sozialen Umfeld erwartet wird, verknüpft mit der Bereitschaft, diesem wahrgenommenen Wunsch der anderen Personen nachzukommen.[51] So können beispielsweise Bürger, die eigentlich keine positive Einstellung zum E-Government haben, es dennoch nutzen, weil es andere Mitglieder ihrer Bezugsgruppe ebenfalls tun bzw. weil dieses Verhalten in der sozialen Gruppe erwartet wird und eine Abweichung sanktioniert werden könnte (et vice versa). Soziale Verhaltensnormen können also individuelle Einstellungen überlagern und ihre Verhaltenswirkung moderieren.[52] 13

In der Weiterentwicklung der TRA zur *Theory of Planned Bahavior* (TPB) wurde die wahrgenommene Verhaltenskontrolle (*perceived behavioral control*) als zusätzliche Determinante der Verhaltensintention und auch des tatsächlichen Verhaltens aufgenommen. Die wahrgenommene Verhaltenskontrolle bezieht sich auf die individuelle Einschätzung über die Schwierigkeit, ein bestimmtes Verhalten realisieren zu können.[53] Je größer der eingeschätzte Schwierigkeitsgrad ist, desto geringer ist die Verhaltensintention (*et vice versa*). Dabei spielen die eingeschätzten Möglichkeiten und Kompetenzen zur Handlungsdurchführung eine besondere Rolle. Die TRA und die TPB haben in der wissenschaftlichen Forschung – nicht zuletzt wegen ihrer Einfachheit – eine große Akzeptanz erfahren. Entsprechend häufig wurden die beiden Theorien im Rahmen der Verhaltensforschung eingesetzt und getestet.[54] 14

---

48 *Venkatesh/Thong/Xu* (Fn. 45), S. 169.

49 *Icek Ajzen/Martin Fishbein*, The Prediction of Behavior from Attitudinal and Normative Variables, in: Journal of Experimental Social Psychology 6 (1970), S. 466–487, 466 f.; *Thomas J. Madden/Pam S. Ellen/Icek Ajzen*, A Comparison of the Theory of Planned Behavior and the Theory of Reasoned Action, in: Personality and Social Psychology Bulletin 18 (1992), S. 3–9, 3 f.

50 *Madden/Ellen/Ajzen* (Fn. 49), S. 3.

51 *Ajzen/Fishbein* (Fn. 49), S. 467; *Davis/Bagozzi/Warshaw* (Fn. 36), S. 984; *Eagly/Chaiken* (Fn. 20), S. 171.

52 *David G. Myers*, Psychologie, 3. Aufl., Berlin/Heidelberg 2014, S. 616; *Trommsdorff/Teichert* (Fn. 19), S. 166 f.

53 *Icek Ajzen*, The Theory of Planned Behavior, in: Organizational Behavior and Human Decision Processes 50 (1991), S. 179–211, 183; *Aronson/Wilson/Akert* (Fn. 21), S. 241; *Fischer/Wiswede* (Fn. 22), S. 330.

54 *Eagly/Chaiken* (Fn. 20), S. 175 f. sowie S. 188 f.

15 Trotz der großen Beliebtheit gab es jedoch auch Kritik an den beiden Theorien, die sich vor allem auf den sehr engen Geltungsbereich der Theorien bezieht.[55] TRA und TPB gelten im Wesentlichen für ein willentlich kontrolliertes Verhalten, bei dem das Verhalten über eine zuvor gebildete Intention ausgelöst wird. Impulsive oder habituelle Verhaltensweisen lassen sich hierdurch kaum erklären.[56] Da es sich beim E-Government immer noch für viele Bürger um ein innovatives und unvertrautes Konzept handelt, wird dessen Nutzung in der Regel nicht impulsiv erfolgen. Eine habituelle E-Government-Nutzung erfordert von den Bürgern zunächst eine Initialentscheidung für eine erstmalige Nutzung. Daher soll im Weiteren auf die Ideen der TPB, die auch die TRA umfasst, zurückgegriffen werden, zumal sie zu den am häufigsten empirisch belegten Theorien der sozialpsychologischen Theorien zur Erklärung von Einstellungs-Verhaltens-Zusammenhängen gilt.[57]

III. Ein integriertes Prozessmodell der Akzeptanzentwicklung

16 Die vorstehend skizzierten Ansätze liefern relevante Hinweise zur Erklärung grundlegender Einflussgrößen und Bestandteile der Akzeptanz von technischen Innovationen. Allerdings erscheint keines der Konzepte die bürgerseitige Akzeptanz des E-Government umfassend zu erklären, deshalb soll nachfolgend ein integratives Konzept vorgestellt werden, das sich aus den skizzierten Theorien und Modellen konstituiert und mutmaßlich über ein größeres Erklärungspotenzial verfügt als die einzelnen Ansätze. Dabei werden viele relevante Einflussgrößen und Ausprägungen der bürgerseitigen Akzeptanz des E-Government in dem Modell berücksichtigt.

17 Ausgangspunkt des Konzepts bildet – in Anlehnung an das Adoptionsmodell von Rogers – eine prozessuale Sichtweise, die auf den drei oben genannten Stufen (Einstellungsakzeptanz -> erstmalige Nutzungsakzeptanz -> dauerhafte Nutzungsakzeptanz) basiert. Die jeweiligen Stufen werden durch spezifische Determinanten beeinflusst, wie sie in den anderen vorgestellten Ansätzen diskutiert werden. Einige Determinanten, wie z.B. die Freiwilligkeit der Nutzung aus der UTAUT und das wahrgenommene Preis-Leistungs-Verhältnis aus der UTAUT2 fallen weg, da die Nutzung von E-Government-Angeboten in der Regel optional ist und keine spezifischen Kosten hierfür anfallen. Dafür kommen weitere Einflussgrößen, die sich in empirischen Studien zur Nutzung des E-Government als relevant herausgestellt haben, hinzu.[58] Hierzu gehört das wahrgenommene Risiko

---

55 *Constanze Rossmann*, Theory of Reasoned Action – Theory of Planned Behavior, Baden-Baden 2011, S. 103.

56 *Eagly/Chaiken* (Fn. 20), S. 189 f.; *Rossmann* (Fn. 55), S. 28 u. 103.

57 *Rossmann* (Fn. 55), S. 108.

58 *Nripendra P. Rana/Yogesh K. Dwivedi/Michael D. Williams*, A meta-analysis of existing research on citizen adoption of e-government, in: Information Systems Frontiers, Vol. 17 (2015), S. 547–563, 549 ff.; *Mahmud A. Shareef et al.*, e-Government Adoption Model (GAM): Differing service maturity levels, in: Government Information Quarterly 28 (2011), S. 17–35, 24 ff.

durch auftretende Nutzungsprobleme sowie Datenverlust oder -missbrauch beispielsweise durch Phishing unbefugter Dritter.[59] Risiko entsteht grundsätzlich bei Unsicherheit bzw. Ungewissheit bezüglich des Eintretens eines erwarteten und als bedeutsam eingeschätzten Ereignisses oder Ergebnisses.[60] Vor allem die negativ empfundenen Konsequenzen eines Handelns, dessen Eintritt ungewiss ist, werden als Risiko wahrgenommen. Eng verbunden mit dem wahrgenommenen Risiko ist Vertrauen. Hierbei handelt es sich um die Zuversicht bzw. die Hoffnung, dass ein Ereignis/Ergebnis trotz Unsicherheit wie gewünscht eintritt, weshalb ein Individuum zu einem Vertrauensgeber wird, der keine wesentlichen Informationsbeschaffungs- und Kontrollaktivitäten gegenüber einem Vertrauensnehmer übernimmt, um die Unsicherheit zu reduzieren.[61] Vertrauen ist also nur relevant, wenn ein Risiko besteht et vice versa.[62] Daher werden die beiden Größen in dem Akzeptanzmodell als eine Determinante betrachtet. Ebenso wurde die Kenntnis über das Vorhandensein des E-Government-Angebots als Einflussgröße im Modell aufgenommen. Sie bildet eine wesentliche Grundlage für die Entstehung von Einstellungen (kognitive Komponente). Es ist zwar durchaus möglich, dass eine Einstellungsakzeptanz ausschließlich auf Basis von rein emotionalen Vorstellungen entsteht, allerdings ist sie im Rahmen der Entstehung von Nutzen- und Aufwandserwartungen sowie für das wahrgenommene Risiko bzw. die Vertrauensgenese zumeist kognitiv geprägt.

In Abbildung 1 ist das grundlegende Modell der E-Government-Akzeptanz grafisch dargestellt, dessen Bestandteile nachfolgend vor dem Hintergrund empirischer Befunde der Akzeptanzforschung zu E-Government-Leistungen näher beschrieben werden. Dabei werden die Einflussgrößen in *18*

- objektbezogene (O),
- nutzerbezogene (N) und
- umweltbezogene (U)

Determinanten und Moderatorgrößen eingeteilt[63]

---

59 *Paul A. Pavlou*, Consumer Acceptance of Electronic Commerce: Integrating Trust and Risk with the Technology Acceptance Model, in: International Journal of Electronic Commerce 7 (2003), S. 101–134, 109 ff.; *Marie-Christine Roy et al.*, Factors influencing e-government use in non-urban areas, in: Electronic Commerce Research 15 (2015), S. 349–363, 355 ff.

60 *France Bélanger/Lemuria Carter*, Trust and risk in e-government adoption, in: Journal of Strategic Information Systems 17 (2008), S. 165–176, 168.

61 *Andreas Mann*, Dialogmarketing und Kundenvertrauen, in: Dieter Klumpp et al. (Hrsg.), Informationelles Vertrauen für die Informationsgesellschaft, Berlin/Heidelberg 2008, S. 329–346, 333; *Latifa Alzahrani/Wafi Al-Karaghouli/Vishanth Weerakkody*, Analysing the critical factors influencing trust in e-government adoption from citizens' perspective: A systematic review and a conceptual framework, in: International Business Review 26 (2017), S. 164–175, 165.

62 Vgl. u.a. *Bélanger/Carter* (Fn. 60), S. 166.

63 *Wiedmann/Frenzel* (Fn. 11), S. 107 ff.

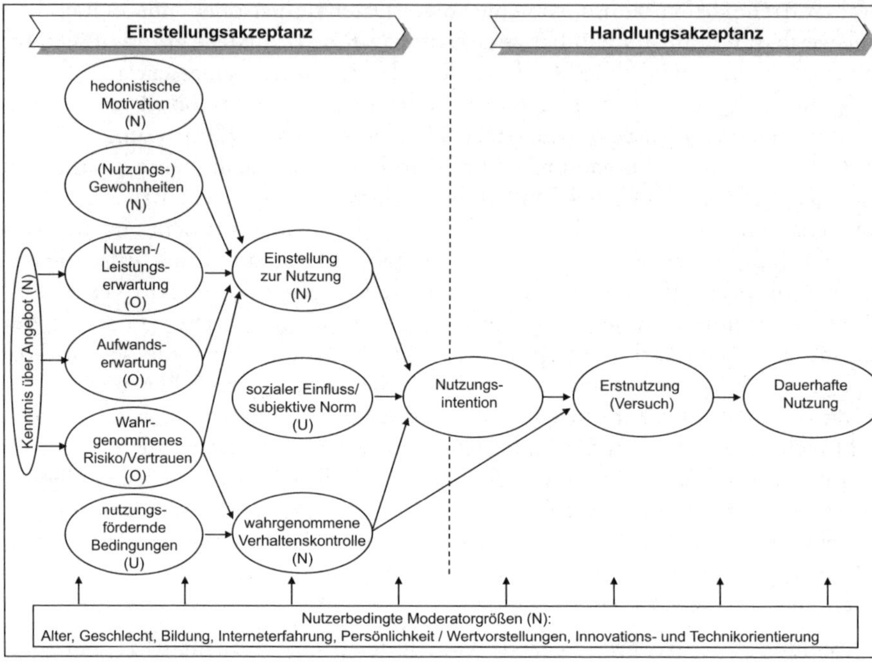

Abbildung 1: Integriertes Modell zur bürgerseitigen E-Government-Akzeptanz

1. Objektbezogene Akzeptanzdeterminanten

19 Die objektbezogenen Akzeptanzgrößen umfassen alle Merkmale einer (innovativen) Leistung (z.B. E-Government), die aus Sicht der Anwender (Bürger) einen Einfluss auf die Nutzungsbereitschaft und tatsächliche Verwendung haben.[64] Eine zentrale Größe hierbei ist der Wert bzw. *Netto-Nutzen* einer Leistung, der durch den Abgleich zwischen den Nutzen- und Aufwandserwartungen entsteht. Nur, wenn der erwartete Nutzen größer ist als der erwartete Aufwand, ist eine positive Einstellungswirkung und Nutzungsintention möglich.[65] Ob sich diese tatsächlich einstellt, hängt zudem von dem relativen Wertvorteil ab, den ein neues Angebot (E-Government) gegenüber den etablierten Leistungen (klassische Abwicklung von Verwaltungsaktivitäten) aus Sicht der Zielgruppe/Bürger hat.[66] In empirischen Studien wird der Einfluss des relativen Wertvorteils auf die Nutzungs-

64 *Davis/Bagozzi/Warshaw* (Fn. 36), S. 985; *Rogers* (Fn. 32), S. 229 ff.

65 *Philip Kotler/Kevin L. Keller/Marc O. Opresnik*, Marketing-Management, 14. Aufl., Hallbergmoos 2015, S. 160; *Heribert Meffert/Christoph Burmann/Manfred Kirchgeorg*, Marketing, 12. Aufl., Wiesbaden 2015, S. 17.

66 *Joep W. C. Arts/Ruud T. Frambach/Tammo H. A. Bijmolt*, Generalizations on consumer innovation adoption: A meta-analysis on drivers of intention and behavior, in: International Journal of Research in Marketing 28 (2011), S. 134–144, 135; *Davis/Bagozzi/Warshaw* (Fn. 36), S. 985.

bereitschaft von E-Government-Angeboten eindeutig nachgewiesen.[67] Je größer dieser wahrgenommen wird, desto eher sind die Bürger bereit, E-Government-Leistungen zu nutzen.

Bei der Nutzenbewertung des E-Government stehen vor allem der funktionale 20
und der psychologische Nutzen im Mittelpunkt. Der funktionale Nutzen besteht in der Leistungsfähigkeit der E-Government-Angebote zur Lösung von administrativen Aufgaben auf Seiten der Bürger bzw. zur Erreichung eines bestimmten Ziels (z.B. Beantragung eines Reisepasses). Der psychologische Nutzen umfasst hingegen die mentale Entlastung und Bequemlichkeit sowie die Freude und Zufriedenheit, die mit der Nutzung von E-Government-Angeboten verbunden ist. In diesem Sinne gibt es eine enge Verbindung zwischen dem psychischen Nutzen und den hedonistischen Motiven der E-Government-Nutzung.

Die akzeptanzrelevanten Aufwendungen erstrecken sich auf etwaige finanzielle 21
Ausgaben sowie auf sämtliche als nachteilig bewertete Aspekte einer Leistung. Hierzu gehören z.B. die physische und psychologische Mühe und die notwendige Zeit, die zur Beschaffung und Nutzung einer Leistung aufgewendet werden müssen.[68] Vor allem die Einfachheit der Nutzung (*ease of use*) führt zu einer Reduktion der Aufwandsbewertung des E-Government und kann somit zu einer Steigerung des Netto-Nutzens beitragen.

Die (relative) Netto-Nutzen-Bewertung hängt erheblich von der wahrgenomme- 22
nen Komplexität einer Innovation ab. Als Komplexität soll hier die Schwierigkeit einer Person bei der Einschätzung von zentralen nutzen- und aufwandsrelevanten Eigenschaften eines Leistungsangebots bezeichnet werden,[69] die sich aus der Unterschiedlichkeit und dem Neuartigkeitsgrad einer Innovation gegenüber etablierten Lösungsansätzen und Technologien ergibt. Dementsprechend wird es mit steigender Komplexität einer Innovation für die potenziellen Nutzer schwieriger und aufwendiger, die Vorteilhaftigkeit einer Innovation zu erkennen, wodurch die Nutzungsintention negativ beeinflusst wird.[70] Eng verbunden hiermit ist das *wahrgenommene Risiko*, das durch diese Beurteilungsunsicherheit besteht. Mit steigender wahrgenommener Komplexität einer Innovation steigt die Unsicherheit über die Nutzen- und Kostenabschätzung sowie das damit verbundene Risiko, dass die Nutzung einer Innovation mit unerwünschten negativen Folgen verbunden ist. Daraus entsteht tendenziell eine negative Einstellung gegenüber der Nutzung einer Innovation. Dabei kann sich das Risiko auf verschiedene Leistungsaspekte einer Innovation beziehen. Im Rahmen von Online-Aktivitäten werden insbesondere die Wahrung der Privatsphäre, rechtliche Probleme und die

---

67 *Lemuria Carter/Vishanth Weerakkody*, E-government adoption: A cultural comparison, in: Information Systems Frontiers 10 (2008), S. 473–482, 478 f.

68 *Kotler/Keller/Opresnik* (Fn. 65), S. 160.

69 *Rogers* (Fn. 32), S. 257, S. 109; *Herbert Kubicek*, Akzeptanzprobleme sicherer elektronischer Identitäten, DuD 35 (2011), S. 43–47, 45.

70 *Hans Corsten/Ralf Gössinger/Herfried Schneider*, Grundlagen des Technologie- und Innovationsmanagements, 2. Aufl., München 2016, S. 157.

unzureichende Sicherheit von Transaktionen sowie möglicher Missbrauch von Nutzerdaten als Risiken gesehen.[71] In Deutschland haben rund 1/3 der erwachsenen Internetnutzer entsprechende Datenschutzbedenken gegenüber E-Government-Angeboten.[72]

23 Zur Unsicherheitsreduktion können die potenziellen Nutzer verstärkt relevante und glaubhafte Informationen über die Innovation suchen, was gerade bei komplexen Neuheiten schwierig ist, und/oder auf die Leistungsfähigkeit der Innovation sowie des Anbieters vertrauen.[73] Empirische Studien belegen sowohl den negativen Einfluss des wahrgenommenen Risikos[74] als auch den positiven Einfluss von Vertrauen auf die Einstellungen von Bürgern zur Nutzung von E-Government-Leistungen[75] und deren Nutzungsbereitschaft.[76]

2. Nutzerbezogene Akzeptanzdeterminanten und Moderatorgrößen

24 Die nutzerbezogenen Variablen beziehen sich auf adaptionsrelevante Eigenschaften der (potenziellen) Nutzergruppe, an die sich das (neue) Leistungsangebot richtet. Hierzu gehören zum einen Mediatorgrößen wie die Einstellung zum Adaptionsverhalten und die wahrgenommene Verhaltenskontrolle, die zwar einen direkten Einfluss auf die Adoptionsintention haben, aber gleichzeitig durch andere Faktoren, wie z.B. eine hedonistische Motivation und die bisherigen Verhaltensgewohnheiten der Zielgruppenmitglieder, beeinflusst werden. Darüber hinaus gibt es nutzerbezogene Moderatorgrößen, die auf die Beziehungen zwischen den Mediatorgrößen und der Adoptionsintention oder zwischen den exogenen Determinanten und den Mediatorgrößen einwirken. Zu den nutzerbezogenen Moderatorvariablen gehören alle demografischen, sozio-ökonomischen, psychografischen und verhaltensbezogenen Variablen von Individuen, die ihre Adoptionsbereitschaft im Zusammenhang mit dem E-Government beeinflussen können.[77] Hierzu zählen insbesondere das Alter und das Geschlecht, der Bildungsabschluss, die persönlichen Wertvorstellungen sowie die Erfahrungen und Affinitäten der Internetnutzung einer Person.[78]

---

71 Vgl. *Kubicek* (Fn. 69), S. 45; *Christopher Reddick/Leonidas Anthopoulos*, Interactions with e-government, new digital media and traditional channel choices: citizen-initiated factors, in: Transforming Government: People, Process and Policy 8 (2014), S. 398–419, 404.

72 *Initiative D21 e. V./Institute for Public Information Management* (Fn. 5), S. 17.

73 *Weiber/Pohl* (Fn. 12), S. 168 ff.

74 Vgl. u.a. *Roy et al.* (Fn. 59), S. 356.

75 Vgl. u.a. *Rana/Dwivedi/Williams* (Fn. 58), S. 553; *Alzahrani/Al-Karaghouli/Weerakkody* (Fn. 61), S. 172.

76 *Bélanger/Carter* (Fn. 60), S. 172.

77 *Rogers* (Fn. 32), S. 288 ff.

78 Vgl. Ritu *Agarwal/Animesh Animesh/Kislaya Prasad*, Social Interactions and the „Digital Divide“: Explaining Variations in Internet Use, in: Information Systems Research 20 (2009), S. 277–294, 289; *Bélanger/Carter* (Fn. 60), S. 133 ff.; *Björn Niehaves/Ralf Plattfaut*, Internet adoption by the elderly: employing IS technology acceptance theories for understanding the age-related digital divide, in: European Journal of Information Systems 23 (2014), S. 708–726, 712 ff.

In verschiedenen Studien zur bürgerseitigen Adoption von E-Government-Leistungen wird der Einfluss der Einstellung zur E-Government-Nutzung und der Nutzungsbereitschaft bestätigt.[79] *Die Einstellung zur Nutzung* umfasst die positive und negative Bewertung einer Person bezüglich eines bestimmten Verhaltens (z.B. Inanspruchnahme von E-Government-Angeboten), die sich in kognitiven, affektiven und konativen Reaktionen niederschlägt. Hierbei spielen die Vorstellungen von einem Verhalten und den damit verbundenen Verhaltensergebnissen eine wichtige Rolle. Grundsätzlich kann man davon ausgehen, dass ein Individuum eine positive (negative) Einstellung gegenüber einem Verhalten (z.B. E-Government-Nutzung) hat, wenn es von positiven (negativen) Verhaltenskonsequenzen ausgeht.[80] Komplizierter wird es, wenn sowohl positive als auch negative Verhaltensergebnisse erwartet werden, die miteinander abgewogen werden müssen. Hier kommt es dann auf den jeweiligen Ausprägungsgrad der Konsequenzen und der jeweiligen Vorstellungsstärke an, die sich auf die wahrgenommene Eintrittswahrscheinlichkeit der Konsequenzen bezieht.[81] Ist der Ausprägungsgrad der wahrgenommenen positiven Konsequenzen sehr stark (z.B. eine schnelle und bequeme Beantragung eines Kinderbetreuungsplatzes über ein Online-Portal) und wird die Eintrittswahrscheinlichkeit hierfür als sehr groß eingeschätzt, dann wird die Einstellung zur E-Government-Nutzung positiv sein, wenn gleichzeitig die Eintrittswahrscheinlichkeit für besonders negativ bewertete Konsequenzen (z.B. Phishing von persönlichen Daten) als sehr gering eingeschätzt wird.[82] 25

Bisherige Verhaltensgewohnheiten können die Einstellung zur Nutzung des E-Government ebenfalls beeinflussen. Es handelt sich hierbei um zielgerichtete bzw. aufgabenbezogene Verhaltensweisen, die aufgrund von Lernprozessen entstanden sind und weitgehend automatisch und repetitiv ablaufen.[83] Gewohnheiten beeinflussen das zukünftige Verhalten und somit auch die Intention zur Nutzung neuer Technologien.[84] Problematisch wird dies für die Adoption von innovativen Leistungen, wenn diese nicht mit den etablierten Verhaltensmustern der Zielnutzer kompatibel sind und von denen ein Umlernen erfordern. Deshalb werden E-Government-Leistungen – wie empirische Studien zeigen – vor allem von Bürgern genutzt, die häufig das Internet verwenden und eine Vielzahl von Alltagsaktivitäten üblicherweise online abwickeln.[85] Darüber hinaus ist eine 26

79 Vgl. die Metastudie von *Rana/Dwivedi/Williams* (Fn. 58), S. 551 f.; *Sevgi Ozkan/Irfan E. Kanat*, e-Government adoption model based on theory of planned behavior: Empirical validation, in: Government Information Quarterly 28 (2011), S. 503–513, 509.

80 *Rossmann* (Fn. 55), S. 19.

81 *Ajzen* (Fn. 53), S. 191 f.

82 *Rossmann* (Fn. 55), S. 20.

83 *Moez Limayem/Sabine Gabriele Hirt/Christy M. K. Cheung*, How Habits Limit the Predictive Power of Intention: The Case of Information Systems Continuance, in: Management Information Systems (MIS) Quarterly, Vol. 31 (2007), S. 705–737, 709.

84 *Venkatesh/Thong/Xu* (Fn. 45), S. 161.

85 *Reddick/Anthopoulos* (Fn. 71) S. 413.

Kompatibilität mit den grundlegenden Wertvorstellungen der potenziellen Nutzer eine wichtige Kompatibilitätsfacette.[86]

27 Der Einfluss von *hedonistischen Motiven* auf die Nutzungsintention von innovativen Technologien wurde in verschiedenen Studien nachgewiesen, die sich allerdings auf die generelle Nutzung von Informationstechnologien beziehen.[87] Es kann jedoch auch bei der Nutzung von E-Government-Angeboten eine hedonistische Nutzungsmotivation vorliegen, die sich weniger auf die Verwaltungsleistung selbst erstreckt, die in der Regel rein funktionaler Natur sind, sondern eher auf den innovativen Charakter und die emotionale Gestaltung des Nutzungskanals.

28 Die *wahrgenommene Verhaltenskontrolle* wird ebenfalls von Vorstellungen eines Individuums beeinflusst, die sich darauf beziehen, inwieweit persönliche und/ oder umfeldbezogene Faktoren die Ausführung eines geplanten Verhaltens beeinflussen. Die Einschätzung der Verhaltenskontrolle hängt zum einen davon ab, inwieweit man davon ausgeht, dass ein bestimmter Einflussfaktor (z.B. Vorliegen einer WLAN-Verbindung) wirksam wird und wie stark dieser Faktor die Umsetzung des eigenen Verhaltens (z.B. Besuch einer kommunalen Website) begünstigt oder verhindert.[88] Die Vorstellungen über die Relevanz von Einflussfaktoren der wahrgenommenen Verhaltenskontrolle werden oft durch eigene Erfahrungen und durch Informationen von Dritten, wie z.B. Freunden und Bekannten, oder durch antizipierte Hindernisse und Probleme gebildet.[89] Der Einfluss der wahrgenommenen Verhaltenskontrolle auf die Nutzungsintention von E-Government-Leistungen lässt sich empirisch nachweisen.[90] Zu den wesentlichen Determinanten der wahrgenommenen Nutzungskontrolle gehören wiederum die Fähigkeiten der Bürger im Umgang mit dem Internet sowie die technischen Voraussetzungen zur E-Government-Nutzung.[91]

29 *Kenntnisse* über das E-Government-Angebot einer Institution sind selbstverständlich eine ganz wesentliche Ausgangsbedingung für die Akzeptanz. Hierbei geht es vor allem darum, dass einerseits die Verfügbarkeit der E-Government-Leistungen den potenziellen Nutzern bekannt ist, andererseits die mit den Leistungen verbundenen Vorteile nachvollziehbar dargestellt werden. In diesem Zusammenhang spielt die Informationsqualität eine wichtige Rolle, die als gegeben angesehen werden kann, wenn die offerierten Informationen den Informationsbedarf sinnvoll abdecken, indem sie relevant sind und in angemessenem Umfang vorliegen sowie

---

86 *Rogers* (Fn. 32), S. 241 ff.
87 Vgl. z.B. *Brown/Venkatesh* (Fn. 46), S. 411; *Venkatesh/Thong/Xu* (Fn. 45), S. 169.
88 *Ajzen* (Fn. 53), S. 196 f.; *Rossmann* (Fn. 55), S. 24.
89 *Ajzen* (Fn. 53), S. 196.
90 *Shin-Yuan Hung/Chia-Ming Chang/Shao-Rong Kuo*, User acceptance of mobile e-government services: An empirical study, in: Government Information Quarterly 30 (2013), S. 33–44, 39; *Ozkan/Kanat* (Fn. 79), S. 509.
91 Vgl. *Hung/Chang/Kuo* (Fn. 90), S. 39.

aktuell, verständlich und fehlerfrei sind.[92] Dies belegen auch empirische Ergebnisse, die den Einfluss der Informationsqualität sowohl auf die Nutzenbeurteilung von E-Government-Angeboten als auch auf die Vertrauenswürdigkeit der Verwaltungsorganisation feststellen.[93] Immerhin sind bei 57 % der erwachsenen Internetnutzern in Deutschland keine E-Government-Angebote bekannt.[94]

30 Folgende Einflüsse der nutzerbezogenen Moderatorgrößen auf das Beziehungsgeflecht von exogenen Determinanten, Mediatorgrößen und der Nutzungsintention lassen sich postulieren:

- Grundsätzlich kann man davon ausgehen, dass sich mit zunehmendem Alter bestimmte Verhaltensweisen habitualisieren und Einstellungen stabilisieren. Dadurch sind ältere Personen weniger motiviert, neue Verhaltensweisen zu erlernen, zumal dies in der Regel länger dauert als bei jüngeren Personen.[95] Hieraus folgt die Hypothese einer stärkeren Zurückhaltung bei der Adoption von Innovationen (E-Government) bei älteren Personen. Darüber hinaus haben vor allem ältere Personen oft aufgrund fehlender technischer Ausstattung keinen Zugang zu elektronischen Web-Angeboten. Bei den Internetnutzern in älteren Bevölkerungsgruppen wird – wie empirische Studien zeigen – die Bereitschaft zur E-Government-Nutzung im Wesentlichen durch die Leistungserwartung positiv beeinflusst.[96]
- Bezüglich des Geschlechts lässt sich in zahlreichen empirischen Studien eine unterschiedliche Risikobereitschaft bei Männern und Frauen feststellen.[97] Männer sind insgesamt risikofreudiger und deshalb auch eher bereit, Innovationen zu adoptieren, was auf eine Vorreiterrolle bei der Nutzung von E-Government-Leistungen schließen lässt. Dieser Effekt ist bei der Nutzung von E-Government-Angeboten in Deutschland, Österreich und der Schweiz erkennbar, wenngleich der Anteil der Männer an den E-Government-Nutzern nur leicht über dem Anteil der Frauen (Differenz = 5 %-Punkte) liegt.[98]

92 *Yang W. Lee et al.*, AIMQ: a methodology for information quality assessment, in: Information & Management 40 (2000), S. 133–146, 136.

93 *Hussain Alenezi/Ali Tarhini/Sujeet Kumar Sharma*, Development of quantitative model to investigate the strategic relationship between information quality and e-government benefits, in: Transforming Government: People, Process and Policy 9 (2015), S. 324–351, 339.

94 *Initiative D21 e. V./Institute for Public Information Management* (Fn. 5), S. 16.

95 *Sara J. Czaja/Chin Chin Lee*, The impact of aging on access to technology, in: Universal Access in the Information Society 5 (2007), S. 341–349, 344.

96 *Björn Niehaves/Ralf Plattfaut*, What Is the Issue with Internet Acceptance among Elderly Citizens? Theory Development and Policy Recommendations for Inclusive E-Government, in: Maria A. Wimmer et al. (Hrsg.), Electronic Government, Berlin/Heidelberg/New York 2010, S. 275–288, 282.

97 *Gary Charness/Uri Gneezy*, Strong Evidence for Gender Differences in Risk Taking, in: Journal of Economic Behavior & Organization 83 (2012), S. 50–58, 50 ff.; *Rachel Croson/Uri Gneezy*, Gender Differences in Preferences, in: Journal of Economic Literature 47 (2009), S. 448–474, 449 ff.

98 *Initiative D21 e. V./Institute for Public Information Management* (Fn. 5), S. 18.

- Bildung hat einen Einfluss auf die Komplexitätswahrnehmung von Innovationen und damit auf die Akzeptanz. Grundsätzlich wird mit zunehmender Bildung eine Neuheit weniger komplex wahrgenommen, wodurch dann auch eine bessere Einschätzung des relativen Vorteils von E-Government-Angeboten gegenüber klassischen Verwaltungsabläufen erfolgt. Man kann daher davon ausgehen, dass Personen mit höherer Bildung grundsätzlich eher bereit sind, E-Government zu nutzen. Diesen Zusammenhang belegen ebenfalls E-Government-Nutzerstudien recht eindeutig.[99]
- Wertvorstellungen sind als konsistentes Einstellungssystem mit normativem und übergeordnetem Charakter eine grundlegende Verhaltensdeterminante mit großer Reichweite.[100] Sie manifestieren sich u.a. darin, ob ein Individuum eher konservativ oder eher progressiv orientiert ist. Grundsätzlich werden progressiv eingestellte Personen eine Neuerung eher bzw. früher übernehmen als Individuen mit konservativer Ausrichtung.
- Personen, die bereits Erfahrungen mit der Nutzung des Internets, insbesondere im Rahmen von Online-Einkäufen haben, werden in der Regel auch E-Government-Angebote eher nutzen als Personen, die in der Nutzung von Online-Transaktionen unerfahren sind. Durch die Erfahrungen mit der Abwicklung von Aktivitäten im Internet erfolgt zumeist eine Beurteilungssicherheit hinsichtlich möglicher Nachteile neuer elektronischer Angebote. Zumindest kommt es bei intensiver Nutzung des Internets zu einem Systemvertrauen, das die Einstellungsakzeptanz fördert. In der Literatur finden sich empirische Befunde, die einen positiven Zusammenhang zwischen der allgemeinen Interneterfahrung und der E-Government-Nutzung belegen.[101] Vor allem die wahrgenommene Verhaltenskontrolle wird von den Interneterfahrungen und -kompetenzen der Bürger positiv beeinflusst.

3. Umweltbezogene Akzeptanzdeterminanten

31 Die umweltbezogenen Akzeptanzdeterminanten beziehen sich auf sämtliche Kontextfaktoren des technischen, ökonomischen, juristischen, politischen und sozialen Umsystems, dem die Individuen ausgesetzt sind.[102] Sie können je nach Ausprägung *nutzungsfördernde oder -hemmende Rahmenbedingungen* darstellen.

---

99 *Initiative D21 e.V./Institute for Public Information Management* (Fn. 5), S. 18; *John C. Thomas/Gregory Streib*, (The New Face of Government: Citizen-Initiated Contacts in the Era of E-Government, in: Journal of Public Administration Research and Theory 13 (2003), S. 83–102, 95 ff.

100 *Trommsdorff/Teichert* (Fn. 19), S. 152.

101 Vgl. u.a. *Mark Horst/Margôt Kuttschreuter/Jan M. Gutteling*, Perceived usefulness, personal experiences, risk perception and trust as determinants of adoption of e-government services in The Netherlands, in: Computers in Human Behavior 23 (2007), S. 1838–1852, 1844.

102 *Weiber/Pohl* (Fn. 12), S. 182.

Zu den technischen Rahmenbedingungen gehören z.B. die genutzte Übertragungstechnik (z.B. LTE) und die zur Verfügung stehende Hard- und Softwareausstattung der einzelnen Bürger. Bedeutsame ökonomische Umfeldgrößen können beispielsweise die Gebühren der Internet-Provider/Telekommunikationsdienstleister sein. Zu den Determinanten des juristischen Umsystems gehören u.a. datenschutzrechtliche Bestimmungen und medienrechtliche Entwicklungen. Einfluss durch das politische Umsystem kann u.a. durch Subventionen oder sonstiger Förderungen der Internettechnologie und des E-Government ausgelöst werden. Die Ergebnisse verschiedener Studien zur E-Government-Akzeptanz zeigen einen direkten Einfluss der technischen Ausstattung und Rahmenbedingungen auf die Nutzungsbereitschaft von E-Government-Leistungen bei den Bürgern.[103] Dieser Effekt ist vor allem in Regionen mit unzureichenden technischen Bandbreiten für die Datenübertragung zu finden. *32*

Eine besondere Bedeutung für die Handlungs-/Nutzungsintention haben darüber hinaus *soziale Normen*, also die subjektiv wahrgenommenen Erwartungen aus dem sozialen Umfeld, ein bestimmtes Verhalten umzusetzen oder zu unterlassen. Dabei bilden sowohl die subjektive Wahrnehmung, was andere Personen aus dem sozialen Umfeld meinen, als auch die Wahrnehmung, wie sich andere Personen aus Bezugsgruppen verhalten, die Grundlagen zur Ausbildung einer sozialen Norm.[104] Der Einfluss der sozialen Norm zur Adaption von E-Government-Leistungen durch Bürger konnte in verschiedenen Studien nachgewiesen werden.[105] *33*

C. Grundlegende Ansatzpunkte zur Steigerung der bürgerseitigen Akzeptanz des E-Government

Ausgehend von den skizzierten Determinanten der Akzeptanz von Innovationen sollen nachstehend einige ausgewählte Maßnahmenbereiche zur Förderung des bürgerseitigen E-Government-Adoptionsverhaltens vorgestellt werden, die in Abbildung 2 aufgeführt sind. Wie ersichtlich ist, bauen die Bereiche teilweise aufeinander auf. *34*

103 Vgl. z.B. *Johannes A. G. M. van Dijk/Oscar Peters/Wolfgang Ebbers*, Explaining the acceptance and use of government Internet services: A multivariate analysis of 2006 survey data in the Netherlands, in: Government Information Quarterly 25 (2008), S. 379–399, 387 ff.

104 *Rossmann* (Fn. 55), S. 18.

105 Vgl. u.a. *Rana/Dwivedi/Williams* (Fn. 58), S. 553; *Niehaves/Plattfaut* (Fn. 78), S. 719.

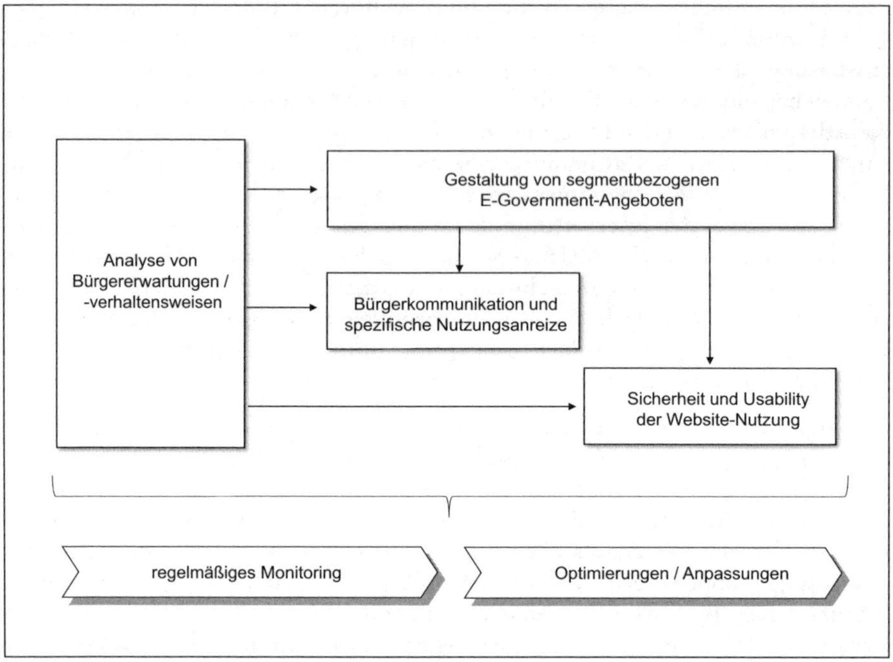

Abbildung 2: Generelle Ansatzpunkte zur Akzeptanzförderung von E-Government-Leistungen

I. Analyse von Bürgererwartungen und -verhaltensweisen als Grundlage segmentbezogener E-Government-Leistungen

35 Ausgangspunkt für eine Akzeptanzschaffung ist eine fundierte Situationsanalyse, in der die Erwartungen, Einstellungen und Verhaltensweisen der Bürger analysiert werden, um die Relevanz der im Modell erwähnten Akzeptanzfaktoren/-barrieren zu erkennen. Hierzu sind entsprechende Marktforschungsaktivitäten in Form von Befragungen oder Beobachtungen (z.B. durch Logfile-Analysen) nötig. Bei den Befragungen sind klassische Formen der Offline-Erhebung zu bevorzugen, um alle Bürger als Grundgesamtheit möglichst umfassend abzubilden. Bei Online-Befragungen besteht die Gefahr, dass bestimmte Gruppen der Bevölkerung aufgrund von fehlenden technischen Voraussetzungen oder Vorbehalten gegenüber elektronischen Befragungen (z.B. aus Datenschutzbedenken oder Angst vor Phishing und Computerviren) nicht an den Umfragen teilnehmen und somit ein verzerrtes Bild, beispielsweise über die E-Government-Nutzungspotenziale, entsteht. Dies ist in besonderem Maße bei Online-Befragungen auf der eigenen Website der Kommune oder Institutionen gegeben, da hier letztlich nur Bürger befragt werden, die bereits eine positive Einstellungsakzeptanz zum E-Government haben und daher die Website besuchen.

Grundsätzlich geht es darum, Informationen über Anforderungen beim Auf- und Ausbau eines E-Government-Angebots bzw. über die Stärken und Schwächen eines bestehenden Leistungsprogramms zu erhalten. Dabei ist es sinnvoll, die Daten segmentspezifisch zu erheben und auszuwerten. Hierzu sollten entsprechende demografische, sozio-ökonomische, verhaltens- und eventuell psychografische Merkmale der Probanden berücksichtigt werden, die zur Bildung und Beschreibung verschiedener Erwartungs- und Nutzergruppen in der Bevölkerung hilfreich sind. Zur Segmentbildung können beispielsweise die im integrierten Akzeptanzmodell aufgeführten Moderatorgrößen genutzt werden, da sie sich – wie oben beschrieben wurde – in empirischen Akzeptanzstudien als trennscharfe Kriterien zur Unterscheidung von unterschiedlichen Akzeptanzgruppen erwiesen haben. Neben dem empirischen Ansatz zur Bildung von Bürgersegmenten, bei dem Bürger mit ähnlichen Ausprägungen der erhobenen Merkmale zu Gruppen zusammengefasst werden, lassen sich Bürgersegmente auch auf der Grundlage von Plausibilitätsüberlegungen definieren. Allerdings kann die empirische Vorgehensweise gegenüber der Plausibilitätsmethode als valider angesehen werden.[106] *36*

Eine segmentspezifische Analyse erlaubt in der Regel eine effektivere Akzeptanzschaffung, weil Leistungsangebote und Kommunikationsmaßnahmen besser an die spezifischen Anforderungen der verschiedenen Bürgergruppen angepasst werden können. Durch diese sog. *Citizen-Centricity*, bei der nicht die internen Verwaltungsabläufe und sachlichen Zuständigkeiten, sondern die verschiedenen Anliegen der Bürger im Mittelpunkt der Leistungsgestaltung liegen, soll die Nutzenwahrnehmung bei den einzelnen Bürgergruppen erhöht und damit eine größere Akzeptanz der E-Government-Angebote erreicht werden.[107] Zielsetzung der *Citizen-Centricity* ist es unter anderem, die Anzahl der für den Bürger notwendigen Kontakte mit einer Behörde auf ein Minimum zu beschränken und im Idealfall ein *„one-stop-shop"* zu ermöglichen. Hierzu könnte eine Strukturierung der E-Government-Leistungen nach den verschiedenen Lebenslagen und -situationen der Bürger, die unterschiedliche Bedarfe an Verwaltungsdiensten aufweisen, beitragen.[108] Lebenslagen bezeichnen sozio-ökonomische, -kulturelle und -biologische Ereignisse und Rahmenbedingungen, durch die das Leben von Personen beeinflusst wird bzw. in die sie eingebunden sind.[109] Dabei kann es sich um kurzfristige oder auch längerfristige Situationen handeln, die einmalig oder wiederkehrend auftreten können und individuell unterschiedlich ausgeprägt sind. Dennoch gibt es typische Lebenslagen/-situationen, die zahlreiche Bürger betreffen und be- *37*

106 *Christian Homburg*, Marketingmanagement, 6. Aufl., Wiesbaden 2017, S. 490.

107 Vgl. z.B. *Yu-Che Chen*, Citizen-Centric E-Government Services: Understanding Integrated Citizen Service Information Systems, in: Social Science Computer Review 28 (2010), S. 427–442, 428.

108 *Lena-Sophie Müller*, Lebenslagen zur Strukturierung von Bürgerservices, in: Gerhard Schwabe (Hrsg.), Bürgerservices, Baden-Baden 2011, S. 71–91, 73 ff.

109 *Dietrich Engels*, Lebenslagen, in: Bernd Maelicke (Hrsg.), Lexikon der Sozialwissenschaft, Baden-Baden 2008, S. 643–646, 643.

stimmte Informationen, Handlungen und Verwaltungsleistungen erfordern.[110] Zu diesen Lebenslagen gehören z.B. Eheschließung, Geburt eines Kindes, Bau eines Hauses, Kinderbetreuung, Einschulung von Kindern, Pflege oder Tod eines Angehörigen.[111] Derartige Lebenslagen können als Segmentierungskriterium genutzt sowie für die Klassifizierung und Gestaltung des E-Government-Angebots herangezogen werden. Dabei gilt, dass die mit den Lebenslagen verbundenen Informations-, Interaktions- und Dienstleistungsbedarfe möglichst hinreichend abgedeckt werden, was auch eine überbehördliche Zusammenarbeit zwischen verschiedenen öffentlichen Institutionen auf kommunaler, Landes- und Bundesebene erfordert, um zumindest alle Informationen für die Lebenslage aus einer Hand zu erhalten.[112]

II. Gezielte Bürgerkommunikation und spezifische Nutzungsanreize zur Steigerung des Nutzenbewusstseins und Vertrauens

38 Die fehlende Kenntnis der Bürger über die E-Government-Angebote ist eine bedeutende Akzeptanzbarriere, weil sie – wie im integrierten Akzeptanzmodell dargestellt – auf wichtige Determinanten der Einstellung von Bürgern zur E-Government-Nutzung einen Einfluss hat.[113] Deshalb sollten öffentliche Institutionen ihre Bürger möglichst regelmäßig über ihre Online-Angebote informieren und hierfür geeignete Kommunikationsformen und -kanäle einsetzen. Zum Aufbau einer allgemeinen Bekanntheit des E-Government-Angebots bieten sich beispielsweise Werbe- und PR-Kampagnen in Massenmedien, wie z.B. regionale Tageszeitungen, Anzeigeblätter oder regionale Radiosender, an. Der Vorteil dieser Medien liegt darin, dass sie über eine große Reichweite verfügen, also von einem Großteil der Bevölkerung genutzt werden. Allerdings stößt eine differenzierte Ansprache verschiedener Bürgergruppen in Massenmedien schnell an Grenzen. Hierfür sind eher direkte Formen der kommunikativen Ansprache geeignet, wie z.B. Direct Mailings, die personalisiert werden können und bei der Integration von Responseelementen auch eine bessere Wirkungsmessung als Massenmedien ermöglichen. Im Rahmen der Direktansprache mittels Direct Mailings oder E-Mailings lassen sich in der Regel auch mehr Informationen übertragen. So können bei Direct Mailings zusätzlich zum Anschreiben beispielsweise Flyer, Folder und Prospekte versandt oder QR-Codes, die durch ein Scannen mittels mobiler Endgeräte eine Verbindung zu Online-Informationen erlauben, berücksichtigt werden. Das Aufdrucken eines QR-Codes auf Anzeigen oder die Beilage von Druckerzeugnissen als Supplements ist zwar auch beim Einsatz von Tageszeitungen oder kommunalen Anzeigenblätter und „Gemeindebriefen“ als Trägermedien möglich, allerdings erlauben Direktmedien eine besser zielgruppenbezogene Aussteuerung der Bürgeransprache. Hierdurch lassen sich Streuverluste vermeiden, die durch Kontakte mit

---

110 *Müller* (Fn. 108), S. 80.

111 *Sirko Hunnius/Tino Schuppan/Dirk Stocksmeier*, Lebenslagenorientiertes E-Government, VM 22 (2016), S. 187–193, 190.

112 *Müller* (Fn. 108), S. 82.

113 *Shareef* (Fn. 58), S. 32.

Personen entstehen, die nicht zu den anvisierten Zielgruppen gehören und dadurch zu wirkungslosen Kosten führen. Dafür benötigt man beim Einsatz von Massenmedien keine Kontaktinformationen (z.B. postalische Adresse, E-Mail-Adresse oder Telefonnummer), die oft erst (kostenpflichtig) beschafft werden müssen.

Neben der allgemeinen Bekanntmachung von E-Government-Leistungen zur Schaffung eines Bewusstseins für die Angebote, liegt ein weiterer Schwerpunkt der Kommunikation auf der Vermittlung eines leistungsbezogenen Wissens über die relativen Vorteile des E-Government gegenüber den klassischen Formen der Inanspruchnahme von Verwaltungsleistungen. Während die allgemeine Bekanntmachung auf der ersten Stufe des o.g. Diffusionsmodells von Rogers ansetzt, bezieht sich die Wissensvermittlung auf die zweite Stufe des Modells.[114] Dabei sollte auch die Kompatibilität des E-Government mit den existierenden Werten und Bedürfnissen der Bürger herausgestellt sowie gezielt auf eine Reduktion des wahrgenommene Risikos eingegangen werden, indem beispielsweise zielgruppenadäquate Testimonials und Meinungsführer in die Kommunikation einbezogen werden.[115] Testimonials können verschiedene Formen der Referenzgabe und Fürsprache umfassen. Neben Gutachten und Qualitätssiegeln sind auch (tatsächliche oder fiktive) Personen, die prominent sind (sog. Celebrities) und/oder als typische Vertreter einer sozialen Gruppe gelten, als Führsprecher geeignet. Meinungsführer (Opinion Leader/Influencer) sind Personen, die eine besondere Stellung in komplexen Kommunikations- und sozialen Netzwerken aufweisen und einen starken meinungsbildenden Einfluss hinsichtlich bestimmter Einzelthemen/-bereiche ausüben können.[116] Sie fungieren als Relaiskommunikatoren, die zu einer Verstärkung und Multiplikation der Kommunikationsmaßnahmen beitragen, wenn die Meinungsführer dem Kommunikationsobjekt (E-Government) positiv gegenüberstehen. Sind die Opinion Leader hingegen von den E-Government-Leistungen nicht überzeugt, dann können sie die Kommunikation und auch die Diffusion abschwächen oder sogar völlig blockieren. Deshalb ist es sinnvoll, im Rahmen der o.g. Situationsanalyse mögliche Meinungsführer zu identifizieren und diese als eigene Zielgruppe im Rahmen der Kommunikationspolitik zu betrachten. Für bestimmte Zielgruppen, die zumeist jüngere Bürger umfassen, bietet sich auch eine Social-Media-Präsenz zur Bekanntmachung von E-Government-Leistungen an, indem beispielsweise eine Facebook-Seite aufgebaut und mit aktuellen Informationen versehen wird.[117] 39

114 *Rogers* (Fn. 32), S. 169.

115 *Fee Steinhoff/Volker Trommsdorff*, Marktvorbereitung durch Kommunikation – Überwindung von Akzeptanzbarrieren radikaler Innovationen, in: Ansgar Zerfaß/Kathrin M. Möslein (Hrsg.), Kommunikation als Erfolgsfaktor im Innovationsmanagement, Wiesbaden 2009, S. 243–257, 248 f.

116 *Rogers* (Fn. 32), S. 27.

117 *Schulz/Hoffmann/Tallich* (Fn. 9), S. 230.

40 Information und Kommunikation können als Instrumente zum Auf- und Ausbau von Vertrauen angesehen werden, wenn sie dazu beitragen, dass Unsicherheiten auf Seiten der Bürger hinsichtlich der Nützlichkeit und negativer Konsequenzen bei der Nutzung von E-Government-Angeboten abgebaut werden.[118] Das gilt vor allem dann, wenn die Kommunikation nachvollziehbar und glaubwürdig ist. Hierzu ist es notwendig, dass die Aussagen zu den Vorzügen der Nutzung von E-Government von den Rezipienten/Bürgern auch verstanden werden, weil sie in ihrer Sprache und nicht im „Amtsdeutsch" getätigt werden. Außerdem sollten die Aussagen in sich schlüssig und widerspruchsfrei sein, um Irritationen zu vermeiden, die meist einen inkompetenten Eindruck vermitteln. Die Nutzung eines umfangreichen Wortschatzes bei Beschreibungen wird hingegen von den Rezipienten grundsätzlich als Kompetenz des Informationsanbieters gewertet und kann bei einer entsprechenden Anwendung im Rahmen der Beschreibung des E-Government-Angebots vertrauensfördernd wirken.[119] Außerdem fördern korrekte Informationen, die von den Rezipienten überprüfbar sind, deren Vertrauen. Gleiches gilt für Interaktionsmöglichkeiten, die es dem Rezipienten ermöglichen, Rückfragen zu stellen und weitere Informationen anzufordern, die seinen Kenntnisstand erhöhen und Unsicherheiten reduzieren. Das gilt vor allem dann, wenn sich die Antworten auf die spezifischen Informationsbedarfe der Anfrager beziehen. Hierdurch wird u.a. signalisiert, dass die Institution ein ernsthaftes Interesse an den Informationsbedürfnissen und wahrgenommenen E-Government-Nutzungsrisiken der Bürger hat, was vertrauenssteigernd wirkt.[120]

41 Neben der Information der Bürger über die (relative) Vorteilhaftigkeit von E-Government-Leistungen gegenüber der klassischen Inanspruchnahme von Verwaltungsleistungen können auch konkrete Anreize zur Veränderung von Verhaltensweisen bzw. zu einer positiven Einstellung gegenüber dem E-Government beitragen. Die Anreizgestaltung kann sowohl auf der Nutzen- als auch auf der Aufwandsseite der E-Government-Nutzung ansetzen. So lässt sich beispielsweise auf der Nutzenseite eine schnellere Abwicklung von Verwaltungsvorgängen, die online initiiert werden, anbieten, die über die reine Zustell-/Übertragungszeit von Informationen und Anträgen hinausgeht. Statt der angestrebten Drei-Tages-Planung für die Bekanntgabe eines Verwaltungsaktes, könnte für eine elektronische Abwicklung intern z.B. eine Ein-Tages-Abwicklung vorgesehen werden, wäh-

---

118 *Gerhard Schewe/Ann-Marie Nienaber*, Vertrauenskommunikation und Innovationsbarrieren – Theoretische Grundlagen, in: Ansgar Zerfaß/Kathrin M. Möslein (Hrsg.), Kommunikation als Erfolgsfaktor (Fn. 114), S. 227–241, 231; *Sabine Einwiller/Andreas Herrmann/Diana Ingenhoff*, Vertrauen durch Reputation – Grundmodell und empirische Befunde im E-Commerce, in: Marketing – Zeitschrift für Forschung und Praxis 27 (2005), S. 24–40, S. 33.

119 *Marcus Reimuth*, Vertrauen schaffen durch glaubwürdige Unternehmenskommunikation, Diss., Heinrich-Heine-Universität Düsseldorf 2006, S. 255 ff.

120 *Tanja Stetter/Andreas Mann*, Dialogkommunikation zur Förderung der Vertrauenswürdigkeit von Dienstleistungsunternehmen auf Absatzmärkten, in: Deutscher Dialogmarketing Verband e.V. (Hrsg.), Dialogmarketing Perspektiven 2013/2014, Wiesbaden 2014, S. 45–65, 52.

rend beispielsweise postalisch initiierte Verfahren bis zu drei Tage benötigen.[121] Außerdem kann ein erleichterter Zugang zu elektronischen Verwaltungsdienstleistungen über mobile Endgeräte zu einer größeren Akzeptanz beitragen. Das gilt vor allem für jüngere Bürger, die mobile Kommunikationsmöglichkeiten grundsätzlich stark nutzen. Hierzu können beispielsweise entsprechende Service-Apps entwickelt und zum kostenfreien Download angeboten werden. In empirischen Akzeptanzstudien lässt sich eine grundsätzliche Präferenz für die Nutzung von E-Government-Angeboten über mobile Endgeräte feststellen.[122]

Auf der Aufwandsseite könnte man geringere Verwaltungsgebühren von den Bürgern verlangen, wenn sie bei der Abwicklung von Verwaltungsvorgängen elektronische Kanäle nutzen statt einen persönlichen Kontakt vor Ort in der Verwaltung hierfür nutzen. Dabei sind selbstverständlich (verfassungs-)rechtliche Vorgaben zu berücksichtigen und eine persönliche Diskriminierung einzelner Bürger zu vermeiden. Allerdings können die Kosteneinsparungen, die über die elektronische Abwicklung aufgrund der Entlastung personalintensiver Prozesse erfolgen, in der Gebührenkalkulation nach dem Prinzip der Kostendeckung berücksichtigt werden.[123] *42*

III. Sicherheit und Usability bei der Websitenutzung gewährleisten

Ein Grund für die Zurückhaltung bei der Nutzung von E-Government-Angeboten liegt häufig nicht nur in der Unsicherheit über die (relative) Vorteilhaftigkeit des Online-Service, sondern ebenso in der als unzureichend wahrgenommenen Sicherheit sowie in der geringen Nutzerfreundlichkeit der Websites öffentlicher Institutionen, die häufig als kompliziert wahrgenommen werden.[124] Sicherheit ist für viele (potenzielle) E-Government-Nutzer – wie oben beschrieben – eine wesentliche Grundlage der Adoption dieser neuen Abwicklungsform, weil sie unmittelbar mit dem wahrgenommenen Risiko verbunden ist. Insbesondere die Weitergabe von persönlichen Daten führt zu einer erhöhten Risikowahrnehmung und einer geringeren Akzeptanz. Dabei spielt die Transparenz im Umgang mit den Daten eine große Rolle. Je größer die Transparenz für die Bürger ist, desto größer wird die Nachvollziehbarkeit für die Bürger und damit auch die Akzeptanz des E-Government. Daher sind beispielsweise Online- und auch Offline-Hilfestellungen, die eine Aufklärung weniger erfahrener Internetnutzer ermöglichen, durchaus sinnvoll. Ebenso können Trackingsysteme, die den Bürger über den Stand der Bearbeitung seiner Online-Anfragen und -Anträge informieren, zur Transparenz der Abwicklung beitragen. *43*

Unter *Usability* bezeichnet man im Schrifttum häufig das Ausmaß der Erreichung bestimmter Ziele, die mit der Nutzung eines Objektes im Rahmen eines bestimm- *44*

121 *Schulz/Hoffmann/Tallich* (Fn. 9), S. 225.

122 *Accenture*, Digital Government: Pathways to Delivering Public Services for the Future, o. O. 2014, S. 24.

123 *Schulz/Hoffmann/Tallich* (Fn. 9), S. 225.

124 *McKinsey & Company* (Fn. 8), S. 1.

ten Nutzungskontextes und vor dem Hintergrund eines bestimmten Ressourcenaufwands verbunden ist.[125] Es geht also im Wesentlichen um die Effektivität und die Effizienz der Nutzung eines Objekts. Die Effektivität bezieht sich auf den Umfang der Zielerreichung, während sich die Effizienz auf den Ressourcenaufwand der Nutzung erstreckt, der zur Erreichung des Nutzungsergebnisses erforderlich war. Bezogen auf die Website als technisches Instrument zur Erstellung und Transaktion von E-Government-Leistungen umfasst die *Usability* damit eine subjektive Bewertung der Nutzung einer Website nach Input-/Output-Dimensionen.

45 Neben dieser ergebnisorientierten Sicht, lässt sich *Usability* auch inhaltlich konzipieren.[126] Bestandteile der Usability sind in diesem Fall neben der Nützlichkeit (*Utility*) und der Einfachheit der Nutzung (*Ease of Use*) die ausgelöste Nutzungsfreude (*Joy of Use*). Die drei Bestandteile hängen unmittelbar mit den oben beschriebenen Nutzenerwartungen und den hedonistischen Motiven als wichtige Akzeptanzdeterminanten zusammen. Die Usability einer Website wird im Wesentlichen durch das Website-Design geprägt,[127] womit dessen Relevanz für die bürgerseitige Akzeptanzsteigerung des E-Government deutlich wird. Die Nützlichkeit der Website hängt ganz erheblich vom Umfang der online angebotenen Informations- und Dienstleistungen ab, die zur Lösung eines bestimmten (lebenslagenbezogenen) Problems der Bürger notwendig sind. Je umfassender das Angebot ist, desto größer ist die Wahrscheinlichkeit, dass der Unterstützungsbedarf bei den Bürgern gedeckt wird. Dies führt – wie empirische Befunde zeigen – wiederum zu einer erhöhten Nutzungsbereitschaft des E-Government-Angebots und zu einer Steigerung der Nutzerzufriedenheit.[128] Ein umfassendes E-Government-Angebot ist zwar einerseits ein wesentlicher Bestandteil der Nützlichkeit, es stellt aber gleichzeitig höhere Anforderungen an die Einfachheit der Nutzung, die u.a. mit einer intuitiven Navigation und einem schnellen Auffinden von relevanten Informationen sowie der raschen Inanspruchnahme von Dienstleistungen auf der Website, die lesbar und verständlich sein sollten, einhergehen.[129] Ebenso führt die Integration von verschiedenen Interaktionskanälen (wie z.B. E-Mail, Online-Help Button, Call me-Back-Button) in die Website, die eine schnelle Rückkopp-

125 Vgl. z.B. *Younghwa Lee/Kenneth A. Kozar*, Understanding of website usability: Specifying and measuring constructs and their relationships, in: Decision Support Systems 52 (2012), S. 450–463, 451.

126 Vgl. bspw. *Brian Shackel*, Usability – Context, framework, definition, design and evaluation, in: Interacting with Computers 12 (2009), S. 339–346, 340.

127 *Ying-Hueih Chen/I-Chieh Hsu/Chia-Chen Lin*, Website attributes that increase consumer purchase intention: A conjoint analysis, in: Journal of Business Research 63 (2010), S. 1007–1014, 1008.

128 *Bernd W. Wirtz/Oliver Tuna Kurtz*, Local e-government and user satisfaction with city portals – the citizens' service preference perspective, in: International Review on Public and Non-Profit Marketing 13 (2016), S. 265–287, 279.

129 *Lee/Kozar* (Fn. 125), S. 452.

lung zwischen Verwaltungsmitarbeitern und Bürgern fördert, zu einer Vereinfachung der Nutzung.[130]

Schließlich sollte der Besuch auf einer Website dem Besucher ein positives Gefühl vermitteln, indem sie angenehm und ansprechend gestaltet ist. Dies führt – wie empirische Studien zeigen – zu einer positiven Einstellung gegenüber der Seite[131] und auch zu einer höheren Sicherheitseinschätzung.[132] Das gilt gerade auch für Websites von öffentlichen Institutionen.[133] *46*

IV. Implementierung eines Akzeptanz-Controlling

Um sicherzustellen, dass die vorstehend skizzierten Maßnahmenbereiche wirkungsvoll umgesetzt werden, ist die Implementierung eines Akzeptanz-Controllings empfehlenswert, dessen Kern ein systematisches Monitoring der Nutzung angebotener E-Government-Leistungen bei verschiedenen Bürgergruppen ist. Außerdem gehört die Überprüfung der Erreichung von klar definierten Zielen zur Nutzungshäufigkeit einzelner Angebote dazu sowie – im Rahmen von Zielabweichungsanalysen – die Identifikation von Ursachen bei einer unzureichenden Zielerfüllung. Hierbei kann z.B. die Durchführung von sog. Funnel-Analysen hilfreich sein, in denen aufeinander aufbauende Teilstufen der Akzeptanzgenese als Wirkungshierarchie untergliedert und die Übergangs- bzw. Transferraten (Conversion Rates) von einer Stufe der Wirkungshierarchie auf die nächst höhere(n) ermittelt werden.[134] Mit Hilfe der Transferraten können mögliche Akzeptanzbarrieren erkannt und ganz gezielt adäquate Maßnahmen zur Akzeptanzsteigerung entwickelt werden. Dabei gilt: Je geringer die Transferraten sind, desto größer sind die Akzeptanzbarrieren. Daher ist eine Verbesserung der Transferrate durch entsprechende Maßnahmen anzustreben. Wird diese Analyse differenziert nach verschiedenen Bürger-/Zielgruppen durchgeführt, erhält man zugleich Hinweise darauf, welche Schwerpunkte beispielsweise bei der Kommunikation mit den einzelnen Bürgergruppen gebildet werden sollten, um einen Akzeptanzschub zu erreichen. *47*

In Abbildung 3 ist die Grobstruktur einer Funnel-Analyse mit Transferraten beispielhaft dargestellt. Wie aus dem fiktiven Beispiel ersichtlich ist, geht man z.B. auf Basis der o.g. Ist-Situations-Analyse davon aus, dass 60 % der Bürger im Segment 1 (Lebenslage „Kfz-Nutzung“) über die technischen Voraussetzung und mögliche Erfahrungen in der Nutzung von Online-Diensten verfügen und damit *48*

---

130 *Zhao Huang/Morad Benyoucef*, Usability and credibility of e-government websites, in: Government Information Quarterly 31 (2014), S. 584–595, 593.

131 *Angela V. Hausman/Jeffrey S. Siekpe*, The effect of web interface features on consumer online purchase intentions, in: Journal of Business Research 62 (2009), S. 5–32, 10.

132 *David Robins/Jason Holmes*, Aesthetics and credibility in web site design, in: Information Processing & Management 44 (2008), S. 386–399, 394.

133 *Huang/Benyoucef* (Fn. 130), S. 584.

134 *Andreas Mann*, Verfahren zum Controlling von Direktmarketing-Maßnahmen, in: Franz-Rudolf Esch/Tobias Langner/M. Bruhn (Hrsg.), Handbuch Controlling der Kommunikation, 2. Aufl., Wiesbaden 2016, S. 577–604, 591.

zu potenziellen Nutzern von E-Government-Leistungen gehören. 80 % dieser potenziellen Nutzer haben Kenntnis über das E-Government-Angebot der betrachteten Institution. 50 % der Kenner dieser Leistungen haben bereits die Website besucht. 40 % der Website-Besucher haben eine dort angebotene Verwaltungsleistung in Anspruch genommen. 80 % der Nutzer dieser Leistungen haben oder werden diese im nächsten Bedarfsfall wieder nutzen. Geht man von der Grundgesamtheit aller Bedarfsträger bzw. Mitglieder eines Bürgersegments aus, lässt sich die Durchdringungsrate des E-Government für jede Gruppe durch die Multiplikation der jeweiligen Transferraten ermitteln. Im Fall des Bürgersegments 1 (Lebenslage „Kfz-Nutzung") beträgt die Penetrationsrate 9,6 % = 100 % (Grundgesamtheit) · 60 % (Anteil potenzieller E-Government-Nutzer in der Grundgesamtheit) · 80 % (Bekanntheitsgrad bei den potenziellen Nutzern) · 50 % (Anteil der Interessenten bzw. Website-Besucher, die E-Government-Angebot kennen) · 40 % (Anteil der Nutzer von E-Government-Leistungen an den Website-Besuchern). Lediglich knapp jeder zehnte aller Bürger in dieser Lebenslage nimmt also die entsprechenden E-Government-Leistungen in Anspruch, was eine geringe Penetrationsrate ist. Ursächlich für die geringe Durchdringung sind neben dem relativ geringen Grundanteil an potenziellen Nutzern elektronischer Verwaltungsdienstleistungen (60 %) vor allem die geringe Interessenten-/Websitebesuchsrate (50 %) und die schwachen Erstnutzungsquote (40 %). Im Gegensatz dazu ist die Bekanntheit des E-Government-Angebots für die Lebenslage bei den potenziellen Nutzern recht stark ausgeprägt (80 %). Gleiches gilt für die wiederholte Nutzung der E-Government-Leistung bei den Erstnutzern (80 %). Anscheinend sind die Erstnutzer mit dem Angebot zufrieden, sodass es sich wohl kaum um ein Akzeptanzproblem auf der Ebene der Leistungsqualität handelt. Es scheint vielmehr ein Problem bei der Wahrnehmung des relativen Nutzenvorteils bzw. fehlender Anreize zu sein, die zur geringen Interessens- und Nutzungsrate führen.

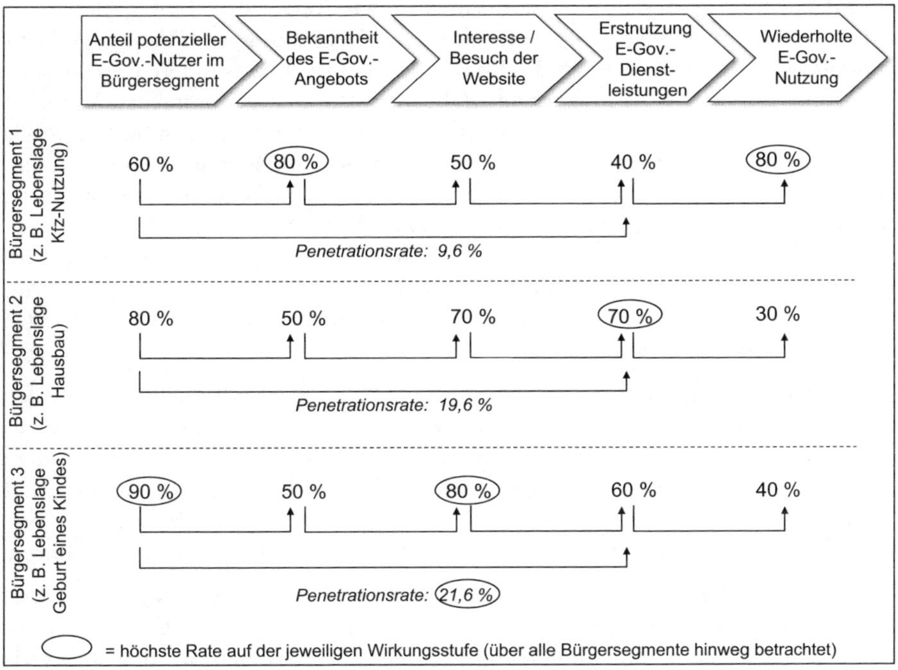

Abbildung 3: Funnel-Analyse zur differenzierten Akzeptanzbeurteilung und -förderung

Völlig anders gelagert ist der Fall beim Bürgersegment 3 (Lebenslage „Geburt eines Kindes") in dem Beispiel. Bei diesem Segment ist zwar die höchste Penetrationsrate (21,6 %) zu verzeichnen, die jedoch viel höher sein könnte, wenn die Bekanntheit der E-Government-Angebote in dieser Bürgergruppe größer wäre. Lediglich die Hälfte der potenziellen Nutzer hat überhaupt Kenntnis von den E-Government-Leistungen. Hier ist also eine Kommunikationskampagne zur Bekanntmachung der Leistungen bei der Bürgergruppe sinnvoll. Ebenso sollte man das Webdesign überprüfen, weil immer hin 80 % der Bürgergruppe, die das E-Government-Angebot kennen, bereits schon auf der Website waren, aber nur 60 % der Besucher auch tatsächlich eine elektronische Verwaltungsleistung in Anspruch genommen haben.

D. Fazit

Die Akzeptanz des E-Government bei den Bürgern ist eine wesentliche Voraus- 49
setzung für den Erfolg der Verwaltung 3.0. Die Überwindung der Adoptionsbarrieren bei den Bürgern hängt dabei ganz erheblich vom Akzeptanz-Marketing der Behörden ab. Dieses beginnt bereits mit der Ermittlung der Bürgererwartungen, -wünsche und auch -ängste. Diese Informationen liefern die Grundlage für eine

akzeptanzgerechte Gestaltung der E-Government-Aktivitäten. Unter Akzeptanz wurde in diesem Beitrag neben einer positiven Einstellung auch die aktive Nutzung des E-Government durch die Bürger bezeichnet. Insbesondere die Nutzung des E-Government wird in starkem Maße von den wahrgenommenen Vorteilen des E-Government gegenüber den klassischen Abwicklungsformen bestimmt. Da verschiedene Bürger unterschiedliche Erwartungen und Ziele sowie unterschiedliche Vorbehalte bzw. Probleme mit der E-Government-Nutzung verbinden, ist eine segmentspezifische Gestaltung der Online-Angebote zur Generierung spezifischer Nutzenwerte für die Anwender empfehlen. In den vorstehenden Ausführungen wurde in diesem Zusammenhang beispielhaft ein lebenslagenorientierter Segmentierungsansatz aufgeführt. Es sind aber auch andere Segmentierungen hierfür denkbar und nützlich.

50 Ein weiterer Erfolgsfaktor ist der frühzeitige Dialog mit Multiplikatoren aus den Kernzielgruppen. Hierdurch soll bereits während der Konzeption der E-Government-Angebote eine Einstellungsakzeptanz mit entsprechender Nutzungsabsicht ausgelöst werden. Zudem kann die Kommunikation mit Opinion Leadern auf Grund deren Einflussmöglichkeiten zu einer glaubwürdigen Überzeugung und Einstellungsakzeptanz zugunsten des E-Government in den Zielgruppen führen.

51 Die oben skizzierten Anforderungen bedingen eine ausgeprägte Bürgerorientierung der Behörden. Ehemalige „Amtsstuben“ müssen sich zu „Citizen-Service Centern“ entwickeln. Nur wenn dieser Quantensprung gelingt, werden auch viele E-Government-Angebote für die Bürger nützlich und akzeptabel sein. Hierzu sind die internen Prozesse im Rahmen des Citizen-Centricity-Ansatzes entsprechend zu gestalten. Ein Webauftritt wird nämlich schnell zum „Bürgerfrust“, wenn man zwar Online-Anfragen oder -Einreichungen zu jeder Uhrzeit an 365 Tagen im Jahr auslösen kann, diese dann aber aufgrund einer notwendigen Offline-Bearbeitung von den Verwaltungsmitarbeitern in den Kern-Sprech- und Öffnungszeiten abgearbeitet werden. Deshalb ist die dauerhafte bürgerseitige Nutzungsakzeptanz von E-Government-Angeboten unweigerlich mit verwaltungsinternen Auf- und Ablauforganisation verbunden und somit mehr als das Ergebnis eines Onlinekommunikations-Projekts.

Die Blockchain in der öffentlichen Verwaltung

Markus Kaulartz

Die derzeit viel diskutierten Blockchain-Technologien schicken sich an, ein neues Zeitalter der Informationstechnologie einzuläuten. In der Finanz- und Versicherungswirtschaft finden sich bereits heute zahlreiche Unternehmen, die Einsatzmöglichkeiten erproben. Der Beitrag führt in die technischen Grundlagen von Blockchains und Smart Contracts ein und gibt Einblicke in mögliche Anwendungsfelder in der öffentlichen Verwaltung. 1

Die Aufregung ist groß, seitdem sich herumgesprochen hat, dass die Blockchain-Technologie vergleichbar sein soll mit der Verbreitung des Internets in den Neunzigerjahren. Sie würde sich demnach in die Folge der regelmäßig auftretenden technischen, gar disruptiven Innovationen in der Welt der Informationstechnologie einreihen:[1] Großrechner (60er), Mikroprozessoren (70er), PC (80er), Internet (90er), Handys/Smart Phones/Social Media (2000er und 2010er). Daten, die nicht mehr zentral, sondern verteilt gespeichert und ggf. ausgeführt werden – wie Folgenreich dieser Systemwandel tatsächlich ist, mag erst in naher Zukunft bewertet werden können. Vorliegender Beitrag konzentriert sich darauf zu untersuchen, ob und inwieweit die Vorzüge der Blockchain-Technologie und der automatisierten Leistungsdurchführung auch für den öffentlichen Sektor eine Rolle spielen können. 2

A. Die Innovation hinter den Blockchain-Technologien

I. Verzicht auf zentrale Intermediäre

Eine Blockchain ist ein sogenannter **Distributed Ledger**, also eine verteilt gespeicherte Datenbank.[2] Diese Datenbank wird in identischer Form auf miteinander kommunizierenden Rechnern in einem Peer-to-Peer-Netzwerk verwaltet. Alle jemals getätigten Änderungen an dieser Datenbank, Transaktionen genannt, sind transparent und stets nachvollziehbar. Das Besondere an der Technologie ist, dass sie auf einen kontrollierenden, vertrauenswürdigen Intermediär verzichtet: Nicht 3

---

1 Vgl. *Walter Blocher*, The next big thing: Blockchain – Bitcoin – Smart Contracts, AnwBl. 2016, S. 612.

2 Ausführlich zu Technik der Blockchain vgl. *Markus Kaulartz*, Die Blockchain-Technologie, CR 2016, S. 474–480; *Franziska Boehm/Paulina Pesch*, Bitcoins: Rechtliche Herausforderungen einer virtuellen Währung, MMR 2014, S. 75–79; *Christian Engelhardt/Sascha Klein*, Bitcoins – Geschäfte mit Geld, das keines ist, MMR 2014, S. 355–360; *Christoph Sorge/Artus Krohn-Grimberghe*, Bitcoin: Eine erste Einordnung, DuD 2012, S. 479–484; *Arvind Narayanan/Joseph Bonneau/Edward Felten/Andrew Miller/Steven Goldfeder*, Bitcoin and Cryptocurrency Technologies, 2016, passim.

eine solche zentrale Stelle verantwortet die Integrität der Datenbank, sondern eine Mehrheit der teilnehmenden Rechner.[3] Die Rede ist von einem consensus Mechanismus. Die sogenannten **Miner** stellen Rechenleistungen zur Verfügung, um Änderungen an der verteilt gespeicherten Datenbank zu bestätigen. Als Gegenleistung erhalten sie je nach Blockchain-Implementierung etwa eine vordefinierte Menge einer **Kryptowährung** wie Bitcoins. Dieser Anreizmechanismus hält die Blockchain am Laufen.

4 Man kann sich dies wie in einer Schulklasse vorstellen, in welcher bisher der Lehrer die Anwesenheitsliste geführt hat. Dem Lehrer und der von ihm erstellten Anwesenheitsliste muss vertraut werden, um im Nachhinein die Anwesenheit der Schüler in einer bestimmten Unterrichtsstunde festzustellen. Die Blockchain-Technologie geht einen anderen Weg, bei dem im Bild jeder Schüler eine eigene Anwesenheitsliste führt und sie zudem noch in die Höhe hält, um sie von allen anderen Schüler kontrollieren und bestätigen zu lassen. Damit beim Betreten des Klassenzimmers durch einen weiteren Schüler die Anwesenheitsliste auch tatsächlich aktualisiert wird, erhalten die Schüler Anreize in Form von Belohnungen, um die Anwesenheitsliste andauernd zu pflegen.

5 Die Technologie schafft **Vertrauen**, obwohl sie vom Verzicht auf einen vertrauensvollen Intermediär lebt. Die Rede ist von „trustless trust". Es bedarf keines einzelnen Überwachers, der die Integrität der Datenbank kontrolliert. Zudem muss keinem Gegenüber, mit dem Daten ausgetauscht werden, vertraut werden, womit also auch Geschäfte mit anonymen Partnern möglich sind.

6 Bei genauerer Hinsicht ist ein Vertrauen allerdings weiterhin notwendig, allerdings nur in die Technologie und die angewandten kryptographischen Verfahren. Ruft man sich in Erinnerung, dass Software praktisch niemals fehlerfrei ist, so kann auch dieses Vertrauen nicht unbegrenzt sein. Es sollte aber geeignet sein, Bestechlichkeit und Willkür auszuschließen und zu mehr Transparenz, Nachvollziehbarkeit und reduzierten **Transaktionskosten** zu führen. Trotz dieser auf der Hand liegenden Vorteile mag es menschlich und verständlich sein, wenn eine Person ihr Erspartes der Hausbank und nicht einer für sie nachvollziehbarerweise kaum verständlichen Technologie anvertraut. Wie der geänderte Bezugspunkt des Vertrauens menschliche Entscheidungen beeinflusst, ist eine Frage, die bislang nicht abschließend erforscht ist.

7 Das dergestalt beschriebene Verfahren schafft etwas, was bislang nicht möglich war.[4] Wer heute eine Datei von einem Verkäufer erwirbt, bedürfte eines kontrollierenden Dritten, um sicher zu gehen, dass der Verkäufer die verkaufte Datei nach dem Versenden gelöscht hat – Daten lastet schließlich das Merkmal der Ubiquität an. Nur dadurch könnte ein Zustand erreicht werden, vergleichbar zu jenem, in welchem eine physische Sache an den Käufer übergeben worden ist. Die

---

3 So jedenfalls im Falle des Proof-of-Work-Verfahrens, auf welches sich vorliegende Darstellung beschränkt.

4 Vgl. zum Folgenden *Blocher* (Fn. 1), S. 612 ff.

oben beschriebene Blockchain-Technologie schafft genau dies in der digitalen Welt: Eine Transaktion des Verkäufers zum Käufer hat zur Folge, dass der Verkäufer sich der Verfügungsbefugnis entledigt, ohne dass es eines kontrollierenden Intermediärs bedürfte. Möglich ist dies einzig durch eine geschickte Mischung aus Verschlüsselung und digitaler Signatur. Damit ist es möglich, digitales Geld vergleichbar zu einem Geldschein zu übergeben und es in diesem Moment auch tatsächlich zu verlieren.

II. Beispiel Bitcoins

Bitcoins sind das derzeit prominenteste Beispiel von auf der Blockchain-Technologie-basierenden Cryptocurrencies. Bitcoins sind letztlich die Berechtigung, Transaktionen in einer Blockchain durchzuführen. Die ihnen zugrunde liegende Form der Blockchain geht auf ihren anonymen Schöpfer **Satoshi Nakamoto** zurück. Der Wert und die Verbreitung von Bitcoins sind in den letzten Jahren rasant gestiegen.[5] Wegen der (vermeintlichen) Anonymität beim Bezahlen mit Bitcoins[6] werden Bitcoins auch für kriminelle Geschäfte eingesetzt, was die Technologie zu Unrecht stigmatisiert. Blockchain-Implementierungen gehen heute weit über die damalige Bitcoin-Implementierung hinaus und schaffen Anwendungsbereiche, die mit Cryptocurrencies nur noch am Rande etwas gemeinsam haben. *8*

III. Transaktionen als Wesensmerkmal von Blockchains

Blockchain-gestützte Anwendungen leben von Transaktionen, die von einer Partei zu einer anderen gesandt werden. Die Funktionsweise dieser Transaktionen lassen sich gut am Beispiel einer Bitcoin-Blockchain erläutern. Bitcoin-Transaktionen werden auf der Grundlage eines asymmetrischen kryptographischen Verfahrens mit einem privaten und einem öffentlichen Schüssel verwaltet, wobei letzterer als eine Art Kontonummer fungiert.[7] Das eigene Konto entspricht einer Saldenansicht[8] aus allen zum eigenen öffentlichen Schlüssel durchgeführten Transaktionen, die noch nicht zu einem anderen Teilnehmer weitergeleitet wurden, sogenannte Unspent Transaction Output – UTXO.[9] Diese entsprechen im Beispiel den einem Nutzer zur Verfügung stehenden Bitcoins. *9*

Möchte ein Nutzer eine an ihn adressierte Transaktion einem anderen Nutzer zur Verfügung stellen, also auf dessen Konto überweisen, sendet er diese Transaktion *10*

---

5 Vgl. etwa https://blockchain.info/charts (zuletzt abgerufen am 12. 04. 2017).

6 Vgl. hierzu die Darstellung bei *Eduard Hofert*, Blockchain-Profiling, ZD 2017, S. 161–166.

7 Vgl. *Christoph Safferling/Christian Rückert*, Telekommunikationsüberwachung bei Bitcoins, MMR 2015, 788–794, 789. Genauer gesagt ist die „Kontonummer" der codierte Hashwert eines öffentlichen Schlüssels, vgl. *Andreas M. Antonopoulos*, Mastering Bitcoin, 2015, Chap. 4, http://chimera.labs.oreilly.com/books/1234000001802/index.html (zuletzt abgerufen am 12. 04. 2017).

8 Zur Terminologie vgl. *Sorge/Krohn-Grimberghe* (Fn. 2), S. 480.

9 Vgl. *Antonopoulos* (Fn. 7), Chap. 5, http://chimera.labs.oreilly.com/books/1234000001802/index.html (zuletzt abgerufen am 12. 04. 2017).

in Richtung der Kontonummer dieses Adressaten. Um darzulegen, dass ein Nutzer zu einer Weiterleitung an einen Anderen berechtigt ist, bedarf es seines privaten, nur ihm bekannten Schlüssels. Denn nur dieser passt zu dem öffentlichen Schlüssel seines eigenen Kontos und nur mit diesem kann eine korrekte, zur Weiterleitung üblicherweise erforderliche Signatur erstellt werden, die als Unterschrift fungiert.[10]

11 Gesagtes Verfahren ermöglicht, dass ein Nutzer einem anderen eine Transaktion zuleiten kann und der Adressat mithilfe asymmetrischer Verschlüsselungsverfahren prüfen kann, ob der Absender zum Versenden auch berechtigt war. Nur, wenn dies der Fall ist, kann die Transaktion auch valide sein. Problematisch ist, dass hiermit jedoch nur die Authentizität dargelegt ist. Der Adressat weiß indes nicht sicher, ob der Absender die Transaktion nicht auch zu einem Dritten durchgeführt hat (Double-spending-Problem).[11] Dies wäre dem Absender erst einmal nicht verwehrt, denn auch der Dritte würde aufgrund der beschriebenen kryptographischen Verfahren feststellen, dass der Absender zur Transaktion berechtigt ist. Eine Bank würde dieses Problem dadurch lösen, dass sie nur die zeitlich frühere Transaktion als valide qualifiziert. Die Blockchain-Technologie geht einen ganz anderen Weg.

IV. Miteinander verkettete Blöcke

12 Um auf eine solche zentrale Instanz indes zu verzichten, baut eine Blockchain auf Blöcke, in denen die in das P2P-Netzwerk gesandten Transaktionen gesammelt und gespeichert werden.[12] Eine Transaktion ist nur valide, wenn sie in solche Blöcke geschrieben wurde. Geschrieben werden kann sie dorthinein aber nur, wenn dieselbe Transaktion dort nicht bereits enthalten ist. Hierdurch wird sichergestellt, dass der Absender die Transaktion tatsächlich nur einmal durchführen kann. Blöcke werden regelmäßig (im Falle von Bitcoins etwa alle zehn Minuten[13]) durch das Peer-to-Peer-Netzwerk erstellt und miteinander verkettet – daher die Bezeichnung „Blockchain“. Die **Verkettung** geschieht dadurch, dass in jedem Block eine Art Fingerabdruck oder besser Quersumme (Hashwert) des vorangehenden Blocks gespeichert wird. Dies stellt sicher, dass kein Rechner des Netzwerkes einen Block fälschen und austauschen kann. Denn wenn sich auch nur ein Zeichen des Blocks ändert, so ändert sich auch der Hashwert desselben und die Kette würde gebrochen.[14] Hieraus folgt zugleich auch, dass eine Transaktion nicht rückgängig gemacht werden kann.

---

10 Vgl. *Safferling/Rückert* (Fn. 7), S. 790; *Boehm/Pesch* (Fn. 2), S. 76.

11 Vgl. *Gerald Spindler/Martin Bille*, Rechtsprobleme von Bitcoins als virtuelle Währung, WM 2014, S. 1357–1369; *Safferling/Rückert* (Fn. 7), S. 790.

12 Vgl. *Satoshi Nakamoto*, Bitcoin: A Peer-to-Peer Electronic Cash System, 2008, S. 3, https://bitcoin.org/bitcoin.pdf (zuletzt abgerufen am 12. 04. 2017).

13 Vgl. https://blockchain.info/de/charts/median-confirmation-time (zuletzt abgerufen am 12. 04. 2017).

14 Vgl. *Kaulartz* (Fn. 2), S. 475; *Sorge/Krohn-Grimberghe* (Fn. 2), S. 480.

Da alle Blöcke auf jedem beteiligten Rechner des P2P-Netzwerkes gespeichert sind, bedarf es keiner zentralen Instanz, welche die Blöcke verwaltet. Neue Blöcke entstehen vielmehr durch das sehr aufwendige und ressourcenfressende[15] Berechnen[16] von mathematischen Aufgaben durch die beteiligten Rechner, dem sog. **Mining.**[17] Mittlerweile gibt es natürlich viele Blockchain-Technologien, die im Detail stark voneinander abweichen.

V. Blockchain-Typen

Es wird zwischen vier Typen von Blockchains unterschieden,[18] nämlich Kombinationen aus folgen Merkmalen: *13*

Zum einen wird nach der Verwaltung der Blockchain gefragt:

- Permissionless – jedermann kann teilnehmen und neue Blöcke in die Blockchain schreiben. Beispiel: Bitcoin.
- Permissioned oder Consortium Blockchain[19] – nur zugelassene Rechner können Transaktionen überprüfen und neue Blöcke schreiben. Beispiel: Blockchain zwischen verschiedenen Banken.

Zum anderen ist maßgeblich, wer die Blockchain lesen und in die Blockchain schreiben darf:[20]

- Public – jedermann hat Zugriff auf die Blockchain. Beispiel: Bitcoin.
- Private – der Zugriff ist geregelt. Beispiel: Blockchain innerhalb eines Unternehmens.

Während einer public Blockchain damit eher eine Außenwirkung attestiert werden kann, weil sie transparent ist und einen Intermediär ersetzen kann, so ist eine private Blockchain nach innen gerichtet.[21] Der professionelle Einsatz einer Blockchain in oder zwischen Unternehmen rechtfertigt lediglich eine private, permissioned Blockchain. Dort jedoch, wo eine Blockchain in der Kommunikation zwischen mehreren, auch außenstehenden Parteien einen Intermediär ersetzen soll, *14*

---

15 So jedenfalls im Falle des Proof-of-Work-Verfahrens, auf welches sich vorliegende Darstellung beschränkt.

16 Vgl. *Christoph Jacobs/Christian Lange-Hausstein*, Blockchain und Smart Contracts: zivil- und aufsichtsrechtliche Bedingungen, ITRB 2017, S. 10 ff., 12.

17 Hierbei wird ein Wert gesucht, dessen Hashwert kleiner ist als ein vorgegebenes Ziel, vgl. *Antonopoulos* (Fn. 7), Chap. 2, 8, http://chimera.labs.oreilly.com/books/1234000001802/index.html (zuletzt abgerufen am 12. 04. 2017); *Sorge/Krohn-Grimberghe* (Fn. 2), S. 480; *Safferling/Rückert* (Fn. 7), S. 789.

18 Vgl. etwa *Gareth Peters/Panayi Efstathios*, Understanding Modern Banking Ledgers through Blockchain Technologies: Future of Transaction Processing and Smart Contracts on the Internet of Money, Banking Beyond Banks and Money, Springer International Publishing, 2016, Abschnitt 2.2.

19 Vgl. etwa *Vitalik Buterin*, On Public and Private Blockchains, 07. 08. 2015, https://blog.ethereum.org/2015/08/07/on-public-and-private-blockchains/ (zuletzt abgerufen am 12. 04. 2017).

20 Vgl. *Buterin* (Fn. 1); *Jacobs/Lange-Hausstein* (Fn. 16), S. 11.

21 Vgl. *BaFin Journal*, Distributed Ledger, Februar 2016, S. 30.

gegebenenfalls etwa im öffentlichen, staatlichen Bereich, kommt eine public, mitunter auch permissionless Blockchain in Betracht.

B. Charakteristika von Blockchains

15 Eine Blockchain ist zuvorderst **transparent**:[22] Die **verteilt gespeicherte** Datenbank mitsamt allen getätigten Transaktionen kann von allen Berechtigten eingesehen werden. Sie ist außerdem praktisch **nicht manipulierbar**, da sie auf kryptographischen Verfahren beruht und Transaktionen nur von jener Person durchgeführt werden können, die über den zu den jeweiligen Transaktionen passenden privaten Schlüssel verfügen. Zudem hat sie eine hohe **Ausfallsicherheit**, da alle Daten verteilt gespeichert werden und der Datenverlust auf einem einzelnen Rechner durch dieselben Datenbestände auf anderen Rechnern aufgefangen wird. Die Blockchain-Technologie ist ferner **nicht bestechlich**, da sie aufgrund der kryptographischen Eigenschaft vorgegebenen Regeln folgt, die nicht abänderbar sind. Schließlich ist die verteilt gespeicherte Datenbank **integer**, da einzelne Datensätze nicht geändert werden können. Im Gegensatz hierzu ist eine zentrale, Vertrauen schaffende Stelle stets der „single point of failure“ und Ziel möglicher Angriffe.

C. Anwendungsbeispiele in der öffentlichen Verwaltung

16 Der derzeitige Hype um die Blockchain-Technologie lässt täglich neue Anwendungsbereiche sprießen.[23] Im Kontext der öffentlichen Verwaltung erscheinen nachfolgende Beispiele umsetzbar und – nach weiterer technischer Entwicklung – für den Praxiseinsatz vielversprechend:

I. Register (Grundbuch, Handelsregister etc.)

17 Register, wie etwa das Grundbuch, verfolgen zuvorderst die Erfüllung des Publizitätsprinzips: Der öffentliche Glaube führt dazu, dass der Rechtsverkehr auf die Richtigkeit öffentlich geführter Register vertrauen darf. Aus diesem Grund besteht grundsätzlich auch eine Möglichkeit zur Einsichtnahme. Die Verwendung von Grundbüchern ist in den meisten Ländern überdies gesetzlich vorgeschrieben. Wie bei beweglichen Sachen, deren Eigentum durch deren Besitz vermutet wird (§ 1006 Abs. 1 BGB) sorgen auch Eintragungen im Grundbuch zu einer Vermutungswirkung ob ihres Bestehens (§ 891 Abs. 1 BGB).

---

22 Vgl. *Nikolas Guggenberger*, Datenschutz durch Blockchain – eine große Chance, ZD 2017, S. 49–50; *Paulina Pesch/Rainer Böhme*, Datenschutz trotz öffentlicher Blockchain?, DuD 2017, S. 93–98.

23 Vgl. zu weiteren Anwendungsbereichen etwa *Sue McLean/Simon Deane-Johns*, Demystifying Blockchain and Distributed Ledger Technology – Hype or Hero?, CRi 2016, S. 97–102; *UK Government Office for Science*, Distributed Ledger Technology: beyond block chain, 2016, passim, https://www.gov.uk/government/uploads/system/uploads/attachment_data/file/492972/gs-16-1-distributed-ledger-technology.pdf (zuletzt abgerufen am 12. 04. 2017).

Grundbücher wurden einst analog mittels sogenannter Grundbuchblätter geführt, die bei den Amtsgerichten verwahrt wurden, was effektiv sein mag, aber keinesfalls effizient. Die Digitalisierung führte mitunter zum elektronischen Grundbuch, das von den Berechtigten eingesehen bzw. geändert werden kann. Der mit dem Grundbuch verbundene öffentliche Glaube stellt allerdings hohe Erwartungen an die Integrität der Grundbucheinträge, denn fehlerhafte Informationen führen zu einer falschen Vermutung des Bestehens von Rechten. Vor diesem Hintergrund verwundert es nicht, dass es Staaten gibt, deren Grundbücher weder vollständig noch fälschungssicher sind, und dass auch im Übrigen mittels gefälschter Urkunden Grundbücher geändert werden.[24] Ganz besonders unter seinen fehlerhaften Grundbüchern leidet wohl der Staat Honduras, wo es Staatsbediensteten gar möglich sein soll, sich selbst in die Eigentümerrolle von Strandgrundstücken zu schreiben.[25] Es wurde daher häufig zitiert, als das US-Unternehmen Factom wissen ließ, dass es gemeinsam mit der Honduranischen Regierung ein Blockchain-basiertes Grundbuch entwickeln sollte. Auch wenn es dazu entweder wegen politischer Hindernisse[26] oder wegen Missverständnissen in der Presseberichterstattung[27] niemals kam, so dient die Geschichte doch als Beispiel für einen geeigneten Anwendungsfall, der stellvertretend für alle Arten von staatlich geführten Registern steht.[28] Eine permissioned Blockchain könnte etwa auf den jeweiligen Grundbuchämtern laufen mit der Folge, dass alle Daten auf jedem Amt verfügbar, aber nicht manipulierbar und damit fälschungssicher und insbesondere nachvollziehbar sind. Der US-Bundesstaat Vermont stellte in einer Untersuchung allerdings zutreffend fest, dass der fundamentale technologische Wechsel auf die Blockchain-Technologie zuvorderst in solchen Ländern Sinn macht, die unter starker Korruption leiden.[29] 18

Ein Handelsregister mittels der Blockchain zu verwalten erwog die Isle of Man.[30] 19

24 Vgl. etwa *Deloitte*, Blockchain applications in the public sector, 2017, https://www2.deloitte.com/content/dam/Deloitte/uk/Documents/Innovation/deloitte-uk-blockchain-app-in-public-sector.pdf (zuletzt abgerufen am 12.04.2017).

25 Vgl. *Reuters*, Honduras to build land title registry using bitcoin technology, 15.05.2015, http://in.reuters.com/article/usa-honduras-technology-idINKBN0O01V720150515 (zuletzt abgerufen am 12.04.2017).

26 Vgl. *Duncan Riley*, Factom's Blockchain Land Registry Tool trial stalls due to the politics of Honduras, 27.12.2015, http://siliconangle.com/blog/2015/12/27/factoms-blockchain-land-reigstry-tool-trial-stalls-due-to-the-politics-of-honduras/ (zuletzt abgerufen am 12.04.2017).

27 Vgl. *Pete Rizzo*, Blockchain Land Title Project ‚Stalls' in Honduras, 26.12.2015, http://www.coindesk.com/debate-factom-land-title-honduras/ (zuletzt abgerufen am 12.04.2017).

28 Vgl. auch *Jacobs/Lange-Hausstein* (Fn. 16), S. 10f.

29 Vgl. *James Condos/William H. Sorrell/Susan L. Donegan,* Blockchain Technology Opportunities and Risks, 2016, S. 31, http://legislature. vermont.gov/assets/Legislative-Reports/blockchain-technology-report-final.pdf (zuletzt abgerufen am 12.04.2017).

30 Vgl. *Grace Caffyn*, Isle of Man Trials First Government-Run Blockchain Project, 07.05.2015, http://www.coindesk.com/isle-of-man-trials-first-government-run-blockchain-project/ (zuletzt abgerufen am 12.04.2017).

II. Wahlen – E-Voting

20 Die Möglichkeit der Verifizierung der von einem beliebigen Ort abgegebenen Stimmen, die hohe Transparenz und damit einhergehend die effiziente Möglichkeit zum Auszählen der Stimmen in Echtzeit sowie schließlich die Fälschungssicherheit der Blockchain lassen die Technologie als ideales Werkzeug für Wahlen erscheinen. Entsprechende Überlegungen werden etwa in Australien angestellt.[31] Eine Herausforderung mag indes in der Erfüllung des **Grundsatzes der geheimen Wahl** liegen (hierzulande Art. 38 Abs. 1 Satz 1 GG). Die gängigen Blockchain-Implementierungen sind nämlich nur vordergründig anonym.[32] Eine Transaktion (hier: Stimmabgabe) ist stets an die ID des Wählers gekoppelt. Transaktionen können in aller Regel also zurückverfolgt werden, was wegen der Berechtigungsprüfung auch notwendig erscheint. Auch wenn sich hier sicherlich noch Mittel und Wege auftun werden, eine anonyme Stimmabgabe zu ermöglichen, so stellt sich dennoch die Frage nach den Vorzügen einer dezentralen Datenbank. Ausschlaggebend für die Nutzung der Blockchain dürfte eher die Manipulationssicherheit sein. Allerdings erscheint es bei heutigen Implementierungen noch nicht möglich, innerhalb eines Wahltages mehrere Millionen Transaktionen (also Stimmabgaben) zu verarbeiten (Skalierbarkeit).[33] In den meisten Rechtsordnungen dürfte der Einsatz der Blockchain für Wahlen im öffentlichen Sektor überdies gesetzgeberische Aktivitäten notwendig machen.

III. Identity Management – E-Identity

21 An unterschiedlichen Orten speichert der Staat unterschiedliche Daten seiner Bürger, angefangen von der Geburtsurkunde über Einwohnermelde- und Führerscheindaten bis hin zu Daten über das Lebensende. Miteinander verknüpft sind diese Daten in aller Regel nicht. Als erstes Land bietet nun Estland eine öffentliche, einzigartige und universale digitale ID an.[34] Unter dem Namen E-Residency soll es Bürgern ermöglicht werden, Behördengänge von zu Hause aus zu erledigen.[35] Eine **digitale Signatur** macht es möglich. Als Technologie soll eine Blockchain zum Einsatz kommen.[36, 37] Grund dürfte neben der Manipulationssi-

31 Vgl. *Australia Post*, Response to Electronic Voting Inquiry, 01. 07. 2016, http://www.parliament.vic.gov.au/images/stories/committees/emc/Inquiry_into_Electronic_Voting/Submissions/No_19_Australia_Post.pdf (zuletzt abgerufen am 12. 04. 2017).

32 Vgl. zu Teilaspekten etwa *Hofert* (Fn. 6), S. 163.

33 Vgl. *Australia Post* (Fn. 31).

34 Vgl. zu weiteren Anwendungsfällen in Estland etwa *UK Government Office for Science*, Distributed Ledger Technology: beyond block chain, 2016, S. 80 ff., https://www.gov.uk/government/uploads/system/uploads/attachment_data/file/492972/gs-16-1-distributed-ledger-technology.pdf (zuletzt abgerufen am 12. 04. 2017).

35 https://e-estonia.com/e-residents/about/ (zuletzt abgerufen am 12. 04. 2017).

36 Vgl. *Bitnation*, Estonia E-Residency Program & Bitnation DAO Public Notary Partnership, 27. 11. 2015, https://bitnation.co/blog/pressrelease-estonia-bitnation-public-notary-partnership/ (zuletzt abgerufen am 12. 04. 2017).

37 Vgl. auch die Überlegungen zu einem Service-Konto bei *Dieter Rehfeld*, Die Blockchain. Hat sie das Potenzial, Gesellschaft und Wirtschaft neu zu gestalten?, in: Benjamin Fadavian (Hrsg.), Transparente Staatstätigkeit, 2016, S. 36–42.

cherheit insbesondere die Transparenz und Nachvollziehbarkeit von Transaktionen sein.

Auch in Deutschland existiert die Idee einer solchen ID, die sogar zur qualifizierten elektronischen Signatur nach der eIDAS-Verordnung geeignet ist. Ungeachtet der Tatsache, dass diese Funktion des Personalausweises in der Praxis derzeit kaum genutzt wird, liegt der Unterschied zwischen beiden IDs in der Implementierung im Hintergrund, was für den Bürger freilich kaum wahrzunehmen ist. 22

IV. Verifizierung

Eine wichtige staatliche Aufgabe liegt in der Ausstellung von öffentlichen Urkunden. Auf die Echtheit einer Urkunde lässt sich häufig nur auf Grund einer Unterschrift, eines Stempels oder teils aufgrund von Hologrammen etc. schließen. Fälschungen sind mitunter aber schwer zu erkennen, nicht zuletzt weil Unterschriften und Stempel schnell nachgemacht sind. Als weiterer Anwendungsbereich der Blockchain wird vor diesem Hintergrund diskutiert, den **Hashwert** (wie gezeigt der Fingerabdruck oder die Quersumme) von Dokumenten in einer Blockchain zu speichern.[38] Ein Hashwert hat häufig eine Länge von 64 Zeichen, kryptographische Hashwerte sind praktisch einzigartig.[39] Wichtig dabei ist zu verstehen, dass der Hashwert von identischen Dokumenten ebenfalls identisch ist und vom Hashwert nicht auf das Dokument geschlossen werden kann. 23

Soll die Echtheit einer Urkunde nun überprüft werden, müsste nur nach ihrem Hashwert in einer Blockchain gesucht werden. Die Blockchain müsste staatlich verwaltet und dergestalt beschaffen sein, dass Jedermann Leserechte hat, aber nur staatliche Institutionen Schreibrechte haben. In der Praxis dürfte der Aufwand für den Anwender und damit auch die Hürde für die Akzeptanz darin liegen, den Hashwert einer Urkunde zu erstellen und diesen dann mittels Blockchain auf Echtheit zu prüfen. 24

Eine Blockchain wäre als Technologie zur Speicherung von Hashwerten freilich nicht zwingend. Der Vorteil zu einer zentralen, staatlich verwalteten Datenbank liegt in diesem Anwendungsfall neben dem verteilten Speichern aber darin, dass die Hashwerte nicht nachträglich verändert werden können. 25

In Singapur werden nach diesem Vorgehen Rechnungen in einer Blockchain abgelegt, um zu verhindern, dass ein zweites Mal gestellte, aber eigentlich bereits beglichene Rechnungen abermals beglichen werden. Durch solche Fehlbuchungen scheinen jedes Jahr hunderte Millionen Dollar verloren zu gehen.[40] Eine Bank kann dieses Problem naturgemäß nicht alleine lösen. Um alle Rechnungen nicht zentral speichern und hierzu zunächst eine Stelle schaffen zu müssen, entschied 26

38 Vgl. etwa http://www.proofofexistence.com (zuletzt abgerufen am 12.04.2017).
39 Vgl. *Kaulartz* (Fn. 2), S. 475.
40 Vgl. *Medha Basu*, Singapore Government builds blockchain system to protect banks, 07.06.2016, https://govinsider.asia/smart-gov/singapore-government-builds-blockchain-system-to-protect-banks/ (zuletzt abgerufen am 12.04.2017).

man sich für eine Blockchain, die gerade auf dezentrale Strukturen ausgelegt ist. Bevor nun eine Rechnung beglichen wird, kann in der Blockchain geprüft werden, ob dies nicht bereits geschehen ist.

V. Automatisiertes Verwaltungshandeln mittels Smart Contracts – RegTech

27 Einen komplexeren, aber für Juristen besonders attraktiven Anwendungsbereich stellen Smart Contracts zum automatisierten Verwaltungshandeln oder zur Verwendung als automatisierte Bedingungsprüfung dar.

1. Technischer Hintergrund und Definition

28 Bei Smart Contracts handelt es sich um einen der Hauptanwendungsfälle von Blockchains. Unter Smart Contracts sind letztlich Bedingungen zu verstehen, unter denen Transaktionen ausgeführt werden. Da diese Bedingungen in darauf ausgerichteten Blockchains (wie etwa der **Ethereum-Blockchain**[41]) beliebig komplex sein können, versteht man unter Smart Contracts Software, die rechtlich relevante Handlungen (insbesondere einen tatsächlichen Leistungsaustausch) in Abhängigkeit von digital prüfbaren Ereignissen steuert, kontrolliert und/oder dokumentiert, mit deren Hilfe aber unter Umständen auch dingliche und/oder schuldrechtliche Verträge geschlossen werden können.[42]

29 In aller Regel sind Smart Contracts indes keine Verträge im Rechtssinne, sondern führen nur vertraglich Vereinbartes aus.[43] Die Vertragsfreiheit erlaubt es zwar, dass zwei Parteien ihren Willen durch eine Programmiersprache ausdrücken und dadurch mittels programmierten Codes einen Vertrag schließen.[44] Jedenfalls heute aber mag der Wille einer Partei selten in Code (in der Regel sogar Objektcode) ausgedrückt werden. Abzuwarten bleibt, wie es sich verhält, wenn Smart Contracts zwischen Maschinen geschlossen werden, deren Erklärungen sich die Betreiber derselben zurechnen lassen müssen.

2. Charakteristika von Smart Contracts

30 Smart Contracts werden gerne als **selbstausführend**[45] bezeichnet, da sie Teil der Blockchain sind und – einmal in der Welt – nicht mehr aus ihr gelöscht werden können. Sie werden immer dann ausgeführt, wenn ein Nutzer sie mittels Transaktion anspricht. Da sie eine Leistung durchführen, indem sie eine Transaktion beim Eintritt vordefinierter Bedingungen versenden, werden sie auch als **selbstdurchsetzend**[46] bezeichnet. Gemeint ist damit, dass ihre Durchführung selbst bereits einen vollziehenden Akt darstellt und ein solcher nicht gesondert erforderlich ist. Anders ausgedrückt: Sind vertraglich vereinbarte Leistung und Gegen-

---

41 http://www.ethereum.org (zuletzt abgerufen am 12.04.2017).
42 Vgl. ausführlich *Kaulartz/Heckmann* (Fn. 42), S. 618 ff.
43 Vgl. zutreffend *Jacobs/Lange-Hausstein* (Fn. 16), S. 12.
44 Vgl. *Kaulartz/Heckmann* (Fn. 42), S. 621 ff.
45 Vgl. *Kaulartz/Heckmann* (Fn. 42), S. 619.
46 Vgl. *Kaulartz/Heckmann* (Fn. 42), S. 619.

leistung Gegenstand eines Smart Contracts, so ist die Gegenleistung garantiert und muss nicht vollstreckt werden. Grund ist, dass Smart Contracts im Gegensatz zu rechtlichen Verträgen nicht „gebrochen“ werden können.

3. Anwendungsfall

Als ein beispielhafter Anwendungsfall in der öffentlichen Verwaltung wäre die 31
Idee, dass ein Smart Contract etwa öffentliche Gelder automatisiert ausbezahlt, wenn die rechtlichen Voraussetzungen dargelegt sind. So könnte automatisiert die Höhe der BAFöG-Förderung ermittelt und das Geld an Studenten fließen, sobald die Software die vorgelegten Dokumente auf Vollständigkeit und inhaltliche Richtigkeit geprüft hat. Gewonnen wäre nicht nur ein hohes Maß an Transparenz, da die Bedingungen zur Auszahlung einer Förderung zum einen klar festgelegt und auch die Modalitäten der Auszahlung stets nachvollziehbar wären. Noch wichtiger wäre auch hier der deutlich geringere Verwaltungsaufwand, da von der Prüfung der Voraussetzung bis zur Auszahlung des Geldes nur Software zum Einsatz käme. Dies darf aber nicht darüber hinwegtäuschen, dass die initiale Erstellung der Smart Contracts sowie deren Pflege neuen und zudem schwer kalkulierbaren Aufwand mit sich bringt. Ferner wird man im Falle eines Widerspruchs und/oder einer Klage sowie bei Ermessensfragen derzeit um menschlichen Sachverstand kaum herumkommen.

4. Wertung

Die Möglichkeiten und Grenzen einer **automatisierten Verwaltung** müssen zu- 32
nächst abschließend erforscht werden. Verwaltung durch Software statt durch Menschen macht Ermessensentscheidungen praktisch unmöglich. Das sich an den Grundrechten orientierende Verwaltungshandeln lebt von unbestimmten Rechtsbegriffen, von Subsumtionen und von Einzelfallentscheidungen. In Form gegossene und universal prognostizierbare und damit programmierbare Entscheidungsfindungen sind ihm fremd. Der Anwendungsbereich von Smart Contracts ist damit – fernab von künftig funktionierender künstlicher Intelligenz – auf einfache Sachverhalte beschränkt. Vielleicht aber käme hierdurch dem in einigen Bundesländern abgeschafften verwaltungsrechtlichen Widerspruchsverfahren wieder eine verstärkte Bedeutung zu, wenn dies einen automatisiert geschaffenen Verwaltungsakt einer menschlichen Prüfung zuführt und den Bürokratieabbau trotzdem in der Annahme vorantreibt, dass die meisten solcher Verwaltungsakte in der Praxis nicht geprüft werden dürften.

D. Vor der Nutzung von Blockchains zu lösende Herausforderungen

Die Versprechen der Blockchain-Technologie und darauf aufbauend von Smart 33
Contracts sind vielversprechend: Fälschungssichere Transaktionen, dezentrale, transparente Speicher, Integrität von Daten. Hinzu kommt der fehlende Intermediär, der bei zentralen Datenbanken für den Datenbestand einstehen und dem Vertrauen geschenkt werden muss. Eine Blockchain hingegen bietet ein „trustless

trust", also ein Vertrauen dadurch, dass keine vertrauenswürdige Stelle vorgesehen ist. Einzig und allein der Kryptographie muss Vertrauen geschenkt werden. Zwar sind Verschlüsselungen grundsätzlich „knackbar", gerade im künftigen Zeitalter der **Quantencomputer**, aber der Rechenaufwand wäre bei einer Blockchain im Moment dermaßen hoch, dass im Regelfall trotzdem von einer signifikanten Steigerung an Sicherheit gesprochen werden kann. Durch die Verwendung von Hashwerten ist es überdies ausgeschlossen, bei einem Angriff ganze Datenbanken mit Klartextinformationen abzuziehen. Die Vergangenheit hat indes gezeigt, dass es etwa durch sogenannte **51 %-Attacken** möglich sein kann, eine Blockchain umzuschreiben. In solchen Fällen sichert eine Partei die Mehrheit der Rechenleistung und kann bestimmte **Konsensmechanismen**, welche manch einer Blockchain zu Grunde liegen, missbrauchen. Die Lösung solcher Probleme liegt in der Verwendung von Consortium Blockchains, also permissioned Blockchains, die etwa nur vom Staat betrieben werden, beispielsweise durch alle Grundbuchämter gemeinsam.[47]

34 Auch wenn die Blockchain zu einem **Bürokratieabbau** und zu Kostensenkungen führen kann, so darf nicht übersehen werden, dass die Technologie heute noch in den Kinderschuhen steckt. Vergleichbar mit der Entstehung des Internets, das mit seiner Client-Server-Struktur zentral und gerade nicht dezentral aufgebaut ist, wird es noch eines Reifeprozesses brauchen, bis kritische Dienste einzig und allein auf einer Blockchain laufen.

35 Daneben stellen sich **weitere Herausforderungen**:[48] Eine Blockchain in der öffentlichen Verwaltung sollte skalierbar und schnell sein, was heute häufig noch nicht der Fall ist. Auch sollte Nachhaltigkeit eine Rolle spielen, was sich mit dem teils hohen Energieverbrauch von Blockchains kaum vereinbaren lässt. Da Transaktionen nachvollziehbar und transparent gespeichert werden, bedarf es Lösungen zur Durchsetzung des unter Umständen einschlägigen Rechts auf Vergessen, außerdem müssen irrtümliche Fehlbuchungen korrigiert werden können. Mangels Standardisierungen ist das Migrieren von Datenbeständen zumindest heute schwer möglich. Schließlich ist es in jedem Einzelfall wichtig zu bestimmen, welche Daten datenschutzkonform in der Blockchain gespeichert werden oder wo eine Abwägung mit der Sensibilität der Information dazu führt, auf eine Speicherung zu verzichten.

36 Jedenfalls bedarf der Einsatz der Blockchain in der öffentlichen Verwaltung einer politischen Entscheidung für die Technologie. Da die öffentliche Verwaltung sich schon in der Vergangenheit mit digitalen Themen schwer tat, erscheint es für einen derart grundlegenden Systemwandel einiger Überzeugungsarbeit zu bedürfen. Gelingen könnte dies in den oben skizzierten Bereichen, in welchen eine Blockchain Probleme löst, die durch „herkömmliche" IT nur unzureichend oder

---

47 Eine weitere Lösung liegt in der Verwendung anderer Methoden zur Überprüfung der Transaktionen und Blöcke.

48 Vgl. ferner *McLean/Deane-Johns* (Fn. 13), S. 100 f.

mit besonders hohem Aufwand zu stemmen waren. Mitunter sind auch gesetzgeberische Aktivitäten angezeigt, etwa im Hinblick auf die Grundbuchordnung.

Die **Akzeptanz** der Bürger für die Nutzung einer Blockchain steht und fällt mit der Einfachheit der Bedienung (Nutzerfreundlichkeit). Auch wenn sie Behördengänge erspart und sogar die Unterschrift auf einem Schriftstück hinfällig wird, kam die qualifizierte elektronische Signatur des Personalausweises wegen des hohen Aufwands ihrer Einrichtung (Kartenlesegerät, Software etc.) bisher kaum zum Einsatz.[49] Vor diesem Hintergrund sind die Anforderungen an die Implementierung einer Blockchain erst recht nicht zu unterschätzen. Hierbei ist zudem zu berücksichtigen, dass der Einsatz von Software als Schnittstelle zur Blockchain naturgemäß wieder fehleranfällig ist, da hier die kryptographischen Vorzüge der Blockchain-Technologie nicht zum Tragen kommen.[50] Schneidet also etwa ein Angreifer den privaten Schlüssel eines Nutzers mit Hilfe eines Trojaners auf dessen Rechner mit, verfügt er über die Befähigung zur Unterschrift im Namen des besagten Nutzers. Ein Risiko, das vor dem Hintergrund der Rechtswirkungen von Blockchain-Transaktionen auf wenig Gegenliebe stoßen dürfte. Die Lösung könnte allerdings darin liegen, die Blockchain (zunächst) nur als Technologie im Hintergrund zu verwenden. Nutzten die Grundbuchämter dann etwa eine Blockchain zur Verwaltung von Rechten an Grundstücken, so wäre einer Manipulation und einem Missbrauch ebenfalls ein Stück weit vorgebeugt. *37*

Soll die Blockchain öffentlich betrieben werden, wie dies etwa bei Bitcoins der Fall ist, stellt sich die Frage nach dem **Anreiz** für die zur Verifizierung der Transaktionen notwendigen Miner. Bei der Bitcoin-Blockchain werden diese in Bitcoin bezahlt, was den Rechenaufwand kompensiert. Die Frage stellt sich nicht, wenn die Blockchain als private Blockchain implementiert wird, die etwa nur von der öffentlichen Hand betrieben wird.[51] In diesem Fall ändert sich an der nötigen Vertrauensstellung des Staates allerdings nichts. *38*

---

49 Vgl. etwa *Oliver Stiemerling*, Qualifizierte Elektronische Signatur mit dem neuen Personalausweis – Oder: QES mit nPA, ein Selbstversuch, 26.08.2014, http://www.cr-online.de/blog/2014/08/26/qualifizierte-elektronische-signatur-mit-dem-neuen-personalausweis-oder-qes-mit-npa-ein-selbstversuch/ (zuletzt abgerufen am 12.04.2017).

50 Vergleichbar ist dies etwa mit den Angriffen auf Anbieter von Bitcoin-Wallets. Diese Anbieter speicherten die privaten Schlüssel der Bitcoin-Nutzer. Da Angreifer sich hierauf vereinzelt Zugriff verschaffen konnten, konnten sie auch über die entsprechenden Bitcoins verfügen.

51 Die Frage stellt sich ferner nicht bei einem Wechsel auf andere Methoden zur Überprüfung der Transaktionen und Blöcke, etwa Proof of Stake. Näher hierzu etwa *Vitalik Buterin*, Proof of Stake: How I Learned to Love Weak Subjectivity, 25.11.2014, https://blog.ethereum.org/2014/11/25/proof-stake-learned-love-weak-subjectivity/ (zuletzt abgerufen am 12.04.2017).

E. Fazit

39 Entgegen aktueller Tendenzen in der Startup-Welt macht eine Blockchain nur dort Sinn, wo sie ein Problem löst. Wenig überzeugend ist es also, jedweder Kommunikation zwischen zwei Parteien auf einer Blockchain abzubilden, wenn sich hierfür bereits andere IT-Systeme bewährt haben. Der Einsatz einer Blockchain sollte wohlüberlegt dort erörtert werden, wo gesteigertes Vertrauen und gesteigerte Sicherheit zwischen den Beteiligten erforderlich sind und wo beides nicht durch den Einsatz eines zentralen Intermediärs geschaffen werden kann. Hier kann eine Blockchain Probleme lösen und damit auch für Akzeptanz sorgen.

40 Gleichzeitig sollte man sich – gerade im Bereich der öffentlichen Verwaltung – die umgekehrte Frage stellen, ob eine Blockchain tatsächlich das vielgepriesene Allheilmittel darstellt. Welche Änderungen würde man an einer Blockchain vornehmen, wenn sie bereits Jahrhunderte im Einsatz wäre, der Staat als Vertrauensgarant – aber erst heute als verlässliche Alternative – ins Spiel gebracht worden wäre? Würde man dann etwa fordern, Blockchains dergestalt zu regulieren, dass eine zentrale Stelle zwingend erforderlich ist, um regulierend eingreifen zu können? Oder würde man – bei einer public Blockchain – für mehr Datenschutz und Geheimhaltung plädieren? Gäbe es vielleicht die Forderung, das Territorialitätsprinzip zwingend zur Anwendung zu bringen und die Daten nicht weltweit verteilt zu speichern?

41 Fest steht: Durch ihre dezentrale Struktur bricht die Blockchain mit dem Client-Server-Prinzip des heutigen Internets. Dies befähigt sie, ein neues, digitales Zeitalter einzuläuten, und es darf gespannt verfolgt werden, ob und wie dies gelingt.

Ausgewählte Literatur

Abbühl, Anicee, Der Aufgabenwandel des Bundeskriminalamts, Stuttgart u.a. 2010.

Angenendt, Nicole/Boesche, Katharina Vera, Der energierechtliche Rahmen einer Implementierung von Smart Grids, RdE 2011, S. 117–127.

Agentur der Europäischen Union für Grundrechte/Europarat, Handbuch zum europäischen Datenschutzrecht, Luxemburg 2014.

Albers, Marion, Datenschutzbestimmungen der Polizei- und Nachrichtendienstgesetze des Bundes, in: Heinrich Amadeus Wolff/Stefan Brink (Hrsg.), Datenschutzrecht, Beck'scher Online-Kommentar, 25. Edition, München, Stand 5/2018.

Albers, Marion, Datenverarbeitung und Datenschutz als Aufgabe der grenzüberschreitenden Verwaltungskooperation. Am Beispiel der grenzüberschreitenden polizeilichen Zusammenarbeit, in: Uwe Kischel/Hinnerk Wißmann (Hrsg.), Grenzüberschreitende Verwaltungsaufgaben, Stuttgart u.a. 2017, S. 59–77.

Albers, Marion, Die Determination polizeilicher Tätigkeit in den Bereichen der Straftatenverhütung und der Verfolgungsvorsorge, Berlin 2001.

Albers, Marion, Informationelle Selbstbestimmung, Baden-Baden 2005.

Albers, Marion, Informationelle Selbstbestimmung als vielschichtiges Bündel von Rechtsbindungen und Rechtspositionen, in: Michael Friedewald/Jörn Lamla/Alexander Roßnagel (Hrsg.), Informationelle Selbstbestimmung im digitalen Wandel, Wiesbaden 2017, S. 11–31.

Albers, Marion, Umgang mit personenbezogenen Informationen und Daten, in: Wolfgang Hoffmann-Riem/Eberhard Schmidt-Aßmann/Andreas Voßkuhle (Hrsg.), Grundlagen des Verwaltungsrechts, Bd. 2, 2. Aufl., München 2012, § 22.

Albers, Marion, Zukunftsszenarien polizeilicher Überwachung, in: Heinrich-Böll-Stiftung Sachsen/Johannes Lichdi (Hrsg.), Digitale Schwellen. Privatheit und Freiheit in der digitalen Welt, Dresden 2015, S. 135–147.

Albers, Marion/Weinzierl, Ruth (Hrsg.), Menschenrechtliche Standards in der Sicherheitspolitik. Beiträge zur rechtsstaatsorientierten Evaluation von Sicherheitsgesetzen, Baden-Baden 2010.

Albrecht, Astrid, Biometrische Verfahren im Spannungsfeld von Authentizität im elektronischen Rechtsverkehr und Persönlichkeitsschutz, Baden-Baden 2003.

Albrecht, Florian/Schmid, Alexander, Das E-Government-Gesetz des Bundes, K & R 2013, S. 529–535.

Albrecht, Jan Philipp, Das neue EU-Datenschutzrecht – von der Richtlinie zur Verordnung. Überblick und Hintergründe zum finalen Text für die Datenschutz-Grundverordnung der EU nach der Einigung im Trilog, CR 2016, S. 88–98.

Albrecht, Jan Philipp/Janson, Nils J., Datenschutz und Meinungsfreiheit nach der Datenschutzgrundverordnung, CR 2016, S. 500–509.

Albrecht, Jan Philipp/Jotzo, Florian, Das neue Datenschutzrecht der EU. Grundlagen – Gesetzgebungsverfahren – Synopse, Baden-Baden 2017.

Appel, Ivo, Technische Standards und Software: Ermöglichung oder Präjudizierung von Entscheidung und Zusammenarbeit, in: Hermann Hill/Utz Schliesky (Hrsg.), Herausforderung e-Government, Baden-Baden 2009, S. 113–130.

Arbeitskreis Open Government Partnership Deutschland, Zivilgesellschaftliche Empfehlungen für den nationalen Aktionsplan Open Government Partnership – 23. März 2017 – Kompakte Zusammenstellung für die Bundesregierung, Berlin 2017, online: https://opengovpartnership.de/files/2017/03/170323_Zivilgesellschaftliche_Empfehlungen_NAP_OGP.pdf [31. 07. 2018].

Auer-Reinsdorff, Astrid/Conrad, Isabell (Hrsg.), Handbuch IT- und Datenschutzrecht, 2. Aufl., München 2016.

Auernhammer, Herbert (Hrsg.) = *Eßer, Martin/Kramer, Philipp/von Lewinski, Kai* (Hrsg.), Auernhammer – DSGVO BDSG. Datenschutz-Grundverordnung, Bundesdatenschutzgesetz und Nebengesetze. Kommentar, 6. Aufl., Köln 2018.

Bachmann, Peter/Pavlitschko, Martin, Akteneinsicht in elektronische Behördenakten, MMR 2004, S. 370–374.

Bäcker, Matthias, Big Data und Sicherheitsrecht, in: Wolfgang Hoffmann-Riem (Hrsg.) Big Data – Regulative Herausforderungen, Baden-Baden 2018, S. 167–172.

Bäcker, Matthias, Die Datenschutzrichtlinie für Polizei und Strafjustiz und das deutsche Eingriffsrecht, in: Hermann Hill/Dieter Kugelmann/Mario Martini (Hrsg.), Perspektiven der digitalen Lebenswelt, Baden-Baden 2017, S. 63–88.

Bäcker, Matthias/Hornung, Gerrit, EU-Richtlinie für die Datenverarbeitung bei Polizei und Justiz in Europa, ZD 2012, S. 147–152.

Bähr, Christian/Denkhaus, Wolfgang, Das Bayerische E-Government-Gesetz, BayVBl 2016, S. 1–10.

Bales, Stefan/von Schwanenflügel, Matthias, Die elektronische Gesundheitskarte. Rechtliche Fragen und zukünftige Herausforderungen, NJW 2012, S. 2475–2479.

Bauer, Hartmut, Partizipation durch Petition, DÖV 2014, S. 453–464.

Bauer, Rainer/Heckmann, Dirk/Ruge, Kai/Schallbruch, Martin/Schulz, Sönke E. (Hrsg.), Verwaltungsverfahrensgesetz und E-Government. Kommentar, 2. Aufl., Wiesbaden 2014.

Becker, Maximilian, Ein Recht auf datenerhebungsfreie Produkte, JZ 2017, S. 170–181.

Beckermann, Benedikt, E-Government-Gesetzgebung im Vergleich, VM 2018, S. 167–175.

Bedner, Mark/Ackermann, Tobias, Schutzziele der IT-Sicherheit, DuD 2010, S. 323–328.

Bender, Jens/Kügler, Dennis/Margraf, Marian/Naumann, Ingo, Das Sperrmanagement im neuen deutschen Personalausweis – Sperrmanagement ohne globale chipindividuelle Merkmale, DuD 2010, S. 295–298.

Bender, Jens/Kügler, Dennis/Margraf, Marian/Naumann, Ingo, Sicherheitsmechanismen für kontaktlose Chips im deutschen Personalausweis, DuD 2008, S. 173–177.

Bender, Gunnar/Taubken, Norbert, Unternehmerische Verantwortung in der Internet-Gesellschaft, in: Alexander Siedschlag/Alexander Bilgeri/Dorothea Lamatsch (Hrsg.), Kursbuch Internet und Politik, Band 1/2001, Opladen 2001, S. 47–55.

Benecke, Alexander/Wagner, Julian, Öffnungsklauseln in der Datenschutz-Grundverordnung und das deutsche BDSG – Grenzen und Gestaltungsspielräume für ein nationales Datenschutzrecht, DVBl 2016, S. 600–608.

Berger, Sven/Partsch, Christoph/Roth, Jürgen/Scheel, Christopher, Informationsfreiheitsgesetz – Gesetz zur Regelung des Zugangs zu Informationen des Bundes (IFG), Kommentar, Köln 2013.

Bergmann, Lutz/Möhrle, Roland/Herb, Armin, Datenschutzrecht. Kommentar (fortlaufende Loseblattsammlung), Stuttgart 2017.

Berlit, Uwe, Elektronische Verwaltungsakten und verwaltungsgerichtliche Kontrolle, NVwZ 2015, S. 197–200.

Berger, Ariane, Der automatisierte Verwaltungsakt. Zu den Anforderungen an eine automatisierte Verwaltungsentscheidung am Beispiel des § 35a VwVfG, NVwZ 2018, S. 1260–1264.

BertelsmannStiftung (Hrsg.), Digitale Transformation der Verwaltung, Gütersloh 2017.

Beyer-Katzenberger, Malte, Rechtsfragen des „Open Government Data“ – Aktuelle Entwicklungen und Rechtsprechung zur Weiterverwendung von Informationen des Staates, DÖV 2014, S. 144–152.

Bieler, Frank/Schwarting, Gunnar (Hrsg.), e-Government. Perspektiven – Probleme – Lösungsansätze, Berlin 2007.

Biemann, Jens, Streifenfahrten im Internet. Die verdachtsunabhängigen Ermittlungen der Polizei im virtuellen Raum. Düsseldorf 2013.

Blocher, Walter, The next big thing: Blockchain – Bitcoin – Smart Contracts, AnwBl. 2016, S. 612–618.

Boehm, Franziska/Pesch, Paulina, Bitcoins: Rechtliche Herausforderungen einer virtuellen Währung, MMR 2014, S. 75–79.

Borges, Georg/Meents, Jan Geert (Hrsg.), Cloud Computing. Rechtshandbuch, München 2016.

Bräuchle, Thomas, Datenschutzprinzipien in IKT-basierten kritischen Infrastrukturen, Baden-Baden 2017.

Bräutigam, Peter (Hrsg.), IT-Outsourcing und Cloud-Computing – Eine Darstellung aus rechtlicher, wirtschaftlicher und vertraglicher Sicht, 3. Aufl., Berlin 2013.

Braun, Christian, Elektronische Vergaben, VergabeR 2016, S. 179–188.

Braun Binder, Nadja, Ausschließlich automationsgestützt erlassene Steuerbescheide und Bekanntgabe durch Bereitstellung zum Datenabruf, DStZ 2016, S. 526–535.

Braun Binder, Nadja, Elektronische Bekanntgabe von Verwaltungsakten über Portale, NVwZ 2016, S. 342–347.

Braun Binder, Nadja, Quoren und Fristen bei der elektronischen Unterschriftensammlung (e-Collecting), ZSR 2014 I, S. 539–557.

Braun Binder, Nadja, Vollautomatisierte Verwaltungsverfahren im allgemeinen Verwaltungsverfahrensrecht, NVwZ 2016, S. 960–965.

Braun Binder, Nadja, Vollständig automatisierter Erlass eines Verwaltungsaktes und Bekanntgabe über Behördenportale, DÖV 2016, S. 891–898.

Breidenbach, Stephan/Glatz, Florian, Rechtshandbuch Legal Tech, München 2018.

Bretthauer, Sebastian, Intelligente Videoüberwachung – eine datenschutzrechtliche Analyse unter Berücksichtigung technischer Schutzmaßnahmen, Baden-Baden 2017.

Bretthauer, Sebastian, Smart Meter im Spannungsfeld zwischen Europäischer Datenschutzgrundverordnung und Messstellenbetriebsgesetz, EnWZ 2017, S. 56–61.

Britz, Gabriele, Grundrechtsschutz durch das Bundesverfassungsgericht und den Europäischen Gerichtshof, EuGRZ 2015, S. 275–281.

Brüggemeier, Martin/Röber, Manfred, Neue Modelle der Leistungserstellung durch E-Government – Perspektiven für das Public Management, dms 4 (2011), S. 387–380.

Borges, Georg, Der neue Personalausweis und der elektronische Identitätsnachweis, NJW 2010, S. 3334–3339.

Buchner, Benedikt, Grundsätze und Rechtmäßigkeit der Datenverarbeitung unter der DS-GVO, DuD 2016, S. 155–161.

Buchstein, Hubertus, Online-Wahlen und das Wahlgeheimnis, in: ders./Harald Neymanns (Hrsg.), Online-Wahlen, Opladen 2002, S. 51–70.

Bücking, Hans-Jörg (Hrsg.), Polizeiliche Videoüberwachung öffentlicher Räume, Berlin 2007.

Bürgi-Schmelz, Adelheid, Wirtschaftliche Auswirkungen von Open Government Data. Verfasst im Auftrag des Bundesarchivs, Bern 2013.

Buhl, Hans Ulrich/Löffler, Markus, Die Rolle der Wirtschaftsinformatik im E-Government, in: Wirtschaftsinformatik 53 (2012), S. 327–330.

Bull, Hans Peter, Die „völlig unabhängige" Aufsichtsbehörde, EuZW 2010, S. 488–494.

Bull, Hans Peter, Der „vollständig automatisiert erlassene" Verwaltungsakt – Zur Begriffsbildung und rechtlichen Einhegung von „E-Government", DVBl 2017, S. 409–417.

Bundesamt für Kartographie und Geodäsie, Informationsbroschüre Geoinformation und moderner Staat, online: http://www.geoportal-mv.de/land-mv/Geo PortalMV_prod/de/Service/_Downloads/Dokumente/broschuere_72_dpi.pdf [31. 07. 2018].

Bundesamt für Sicherheit in der Informationstechnik, Die Lage der IT-Sicherheit in Deutschland 2016.

Bundesamt für Sicherheit in der Informationstechnik, Eckpunktepapier – Sicherheitsempfehlungen für Cloud Computing Anbieter (Mindestsicherheitsanforderungen in der Informationssicherheit), Version mit Stand Februar 2012, online: https://www.bsi.bund.de/SharedDocs/Downloads/DE/BSI/Mindestanforderungen/Eckpunktepapier-Sicherheitsempfehlungen-CloudComputing-Anbieter.pdf?__blob=publicationFile [31. 07. 2018].

Bundesinstitut für Bau-, Stadt- und Raumforschung/Bundesministerium für Umwelt, Naturschutz, Bau und Reaktorsicherheit (Hrsg.), Smart City Charta – Digitale Transformation in den Kommunen nachhaltig gestalten, Bonn 2017, online: http://www.bbsr.bund.de/BBSR/DE/Veroeffentlichungen/Sonderveroeffentlichungen/2017/smart-city-charta.html [31. 07. 2018].

Bundesministerium des Innern, „Digitale Verwaltung 2020", https://www.bmi.bund.de/SharedDocs/Downloads/DE/Broschueren/2014/regierungsprogramm-digitale-verwaltung-2020.html?nn=3315468 [31. 07. 2018].

Bundesregierung, Digitale Agenda 2014 bis 2017, Berlin 2014, https://www.digitale-agenda.de/Content/DE/_Anlagen/2014/08/2014-08-20-digitale-agenda.pdf?__blob=publicationFile&v=6 [31. 07. 2018].

Bundesnetzagentur, Digitale Transformation in den Netzsektoren, Bonn 2017.

Bundesnetzagentur, „Smart Grids" und „Smart Markets" – Eckpunktepapier zu den Aspekten des sich verändernden Energieversorgungssystems, Bonn 2011.

Carr, Nicholas, The Big Switch – Der große Wandel, Cloud Computing und die Vernetzung der Welt von Edison bis Google, Heidelberg 2009.

Caspar, Johannes, Nutzung des Web 2.0 – zwischen Bürgernähe und Geschwätzigkeit? Einsatz von Web 2.0-Plattformen durch öffentliche Stellen am Beispiel der Polizei, ZD 2015, S. 12–17.

Council of Europe, Recommendation CM/Rec(2017)5 on standards for e-voting (Adopted by the Committee of Ministers on 14 June 2017 at the 1289th meeting of the Ministers' Deputies), online: https://search.coe.int/cm/Pages/result_details.aspx?ObjectID=090000168071c837 [31. 07. 2018].

Däubler, Wolfgang/Klebe, Thomas/Wedde, Peter/Weichert, Thilo, Bundesdatenschutzgesetz. Kompaktkommentar zum BDSG, Frankfurt am Main 2016.

Dalby, Jakob, Grundlagen der Strafverfolgung im Internet und in der Cloud. Möglichkeiten, Herausforderungen und Chancen, Münster 2015.

Dammann, Ulrich, Erfolge und Defizite der EU-Datenschutzgrundverordnung, Erwarteter Fortschritt, Schwächen und überraschende Innovationen, ZD 2016, S. 307–314.

D'Asaro, Fabio Aurelio/Di Gangi, Mattia Antonino/Perticone, Valerio/Tabacchi, Marco Elio, Computational Intelligence and Citizen Communication in the Smart City, Informatik Spektrum 40 (2017), S. 25–34.

Daum, Ralf, Integration von Informations- und Kommunikationstechnologien für bürgerorientierte Kommunalverwaltungen, Baden-Baden 2002.

Daum, Ralf, Open Innovation als Teil der Verwaltungsmodernisierung – Bindeglied zwischen New Public Management und Open Government, innovative Verwaltung 2012, Heft 10, S. 35–46.

Deckers, Sebastian/Fiethen, Lars, E-Steuer – Die Finanzverwaltung im elektronischen Zeitalter – Pflichten zur elektronischen Übermittlung, MMR 2013, S. 158–162.

Degen, Thomas A./Emmert, Ulrich, Elektronischer Rechtsverkehr, München 2016.

de Lange, Norbert, Geoinformatik in Theorie und Praxis, 3. Aufl., Heidelberg 2013.

Deloitte, Blockchain applications in the public sector, 2017, online: https://www2.deloitte.com/content/dam/Deloitte/uk/Documents/Innovation/deloitte-uk-blockchain-app-in-public-sector.pdf [31. 07. 2018].

Denkhaus, Wolfgang, E-Government-Gesetzgebung in Bund und Ländern, ZG 2016, S. 120–153.

Denkhaus, Wolfgang/Geiger, Klaus, Bayerisches E-Government-Gesetz. Kommentar, München 2016.

Deutscher Bundestag (Wissenschaftlicher Dienst), Öffentlichkeitsarbeit von Polizeibehörden in sozialen Medien [Gutachten], WD 3-3000-157/15.

Die Bundesbeauftragte für Datenschutz und die Informationsfreiheit, Stellungnahme der BfDI zum Entwurf eines Datenschutz-Anpassungs- und Umsetzungsgesetzes EU, Bonn, 31. 08. 2016.

Diller, Martin/Schuster, Friderike, Rechtsfragen der elektronischen Personalakte, DB 2008, S. 928–932.

Djeffal, Christian, Das Internet der Dinge und die öffentliche Verwaltung – Auf dem Weg zum automatisierten Smart Government?, DVBl 2017, S. 808–816

Dombert, Matthias/Räuker, Kaya, Am Beispiel der deutschen Sicherheitsarchitektur: Zum Grundrechtsschutz durch Organisation, DÖV 2014, S. 414–422.

Dreier, Thomas/Fischer, Veronika/van Raay, Anne/Spiecker gen. Döhmann, Indra (Hrsg.), Informationen der öffentlichen Hand – Zugang und Nutzung, Baden-Baden 2016.

Drewes, Alexander, Zum Begriff der Barrierefreiheit im Internet für behinderte Menschen – juristische Aspekte, JurPC Web-Dok. 252/2004, Abs. 1–31.

Duckstein, Ronny/Gramlich, Ludwig, Kommunale Homepages als „öffentliche Einrichtungen“?, SächsVBl. 2004, S. 121–128.

Eckert, Claudia, IT-Sicherheit: Konzepte – Verfahren – Protokolle, 9. Aufl., München 2014.

Eckert, Klaus-Peter/Flügge, Matthias/Gauch, Stephan, Open Data Analytics as a Service, Berlin 2014, S. 25–35.

Ehmann, Eugen, Das Bundesmeldegesetz – ein wichtiger Schritt in Richtung E-Government, jurisPR-ITR 20/2014, Anm. 2.

Ehmann, Eugen/Selmayr, Martin (Hrsg.), DS-GVO Datenschutz-Grundverordnung. Kommentar, 1. Aufl., München 2017.

Eifert, Martin, Electronic Government. Das Recht der elektronischen Verwaltung, Baden-Baden 2006.

Eifert, Martin, Rechenschaftspflichten für soziale Netzwerke und Suchmaschinen, NJW 2017, S. 1450–1454.

Eisel, Stephan, E-Petitionen beim Deutschen Bundestag. Sinnvolles Angebot mit begrenzter Reichweite, ZParl 2016, S. 867–877.

Eisenmenger, Florian, Die Grundrechtsrelevanz „virtueller Streifenfahrten“ – dargestellt am Beispiel ausgewählter Kommunikationsdienste des Internets, München 2017.

Emerson, Kirk/Nabatchi, Tina, Collaborative Governance Regimes, Washington D. C. 2015.

Engelhardt, Christian/Klein, Sascha, Bitcoins – Geschäfte mit Geld, das keines ist, MMR 2014, S. 355–360.

European Regulators' Group for Electricity and Gas (ERGEG), Conclusions Paper on Smart Grids, Brüssel 2010.

Europäische Agentur für Netz- und Informationssicherheit (ENISA), Security Framework for Governmental Clouds, February 2015, online: https://www.enisa.europa.eu/publications/security-framework-for-governmental -clouds [31. 07. 2018].

Europäische Kommission, Digitale Agenda für Europa, 2010, http://eur-lex.europa.eu/legal-content/DE/TXT/?uri=URISERV:si0016 [31. 07. 2018].

Europäische Kommission, COM(2012) 529 final v. 27. 09. 2012, Mitteilung der Kommission an das Europäische Parlament, den Rat, den Europäischen Wirtschafts- und Sozialausschuss und den Ausschuss der Regionen, Freisetzung des Cloud-Computing-Potenzials in Europa, online: http://eur-lex.europa.eu/LexUriServ/LexUriServ. do?uri=COM:2012:0529:FIN:DE:PDF [31. 07. 2018].

Europäische Kommission, Study on eGovernment and the Reduction of Administrative Burden, Final Report, Brüssel 2014.

Europäische Kommission, EU-eGovernment-Aktionsplan 2016–2020, COM(2016) 179 final, Beschleunigung der Digitalisierung der öffentlichen Verwaltung, Brüssel, 19. 04. 2016.

Europäische Kommission, Vorschlag für eine Verordnung des Europäischen Parlaments und des Rates über die Einrichtung eines zentralen digitalen Zugangstors zu Informationen, Verfahren, Hilfs- und Problemlösungsdiensten und zur Änderung der Verordnung (EU) Nr. 1024/2012, COM(2017) 256 final, Brüssel 02. 05. 2017.

Fachgruppe Verwaltungsinformatik, Memorandum zur Öffnung von Staat und Verwaltung (Open Government), VM 2012, S. 333–335.

Fasel, Daniel, Big Data für Smart Cities, Informatik Spektrum 40 (2017), S. 14–24.

Fehling, Michael, Freier Informationszugang zwischen öffentlichen und privaten Interessen, DVBl 2017, S. 79–88.

Finger, Matthias/Razaghi, Mohamad, Conceptualizing „Smart Cities", Informatik Spektrum 40 (2017), S. 6–16.

Fluck, Jürgen/Fischer, Kristian/Martini, Mario (Hrsg.), Informationsfreiheitsrecht IFG/UIG/VIG/IWG/GeoZG, 36. Aktualisierung (Stand: November 2017).

Franzen, Martin, Datenschutz-Grundverordnung und Arbeitsrecht, EuZA 2017, S. 313–351.

Franck, Johannes, Smart Grids und Datenschutz, Münster 2015.

Franzius, Claudio, Grundrechtsschutz in Europa, ZaöRV 2015, S. 383–412.

Freistaat Bayern: Masterplan Bayern Digital 2.0., [München] 2017, http://www.bayern.de/wp-content/uploads/2017/05/17-05-30-masterplan-bayern-digital_massnahmen_anlage-mrv_final.pdf [31. 07. 2018].

Fries, Martin, PayPal Law und Legal Tech – Was macht die Digitalisierung mit dem Privatrecht?, NJW 2016, S. 2860–2865.

Fromm, Jens/Welzel, Christian/Nentwig, Lutz/Weber, Mike et al., Bürokratieabbau durch Digitalisierung: Kosten und Nutzen von E-Government für Bürger und Verwaltung, Gutachten für den Nationalen Normenkontrollrat, Version 1.0 vom 16. 11. 2015.

Fuchs, Martin, Social-Media-Instrumente im Schatten von Facebook und Twitter, Best Practice-Beispiele aus deutschen Verwaltungen, in: Hermann Hill (Hrsg.), E-Transformation – Veränderung der Verwaltung durch digitale Medien, Baden-Baden 2014, S. 175–195.

Garstka, Hansjürgen, Terrorismusbekämpfung und Datenschutz – Zwei Themen im Konflikt, NJ 2002, S. 524–525.

Gazeas, Nikolaos, Übermittlung nachrichtendienstlicher Erkenntnisse an Strafverfolgungsbehörden, Berlin 2014.

Gehrmann, Mareike/Voigt, Paul, Die europäische NIS-Richtlinie – Neue Vorgaben für die Netz- und IT-Sicherheit, ZD 2016, S. 355–358.

Geiger, Jan, Datenschutzrecht, in: Stephan Weth/Maximilian Herberger/Michael Wächter (Hrsg.), Daten- und Persönlichkeitsschutz im Arbeitsverhältnis, München 2014, S. 28–46.

Geis, Ivo, Die elektronische Signatur: Eine internationale Architektur der Identifizierung im E-Commerce, MMR 2000, S. 667–674.

Geis, Ivo, Die neuen Überwachungstechniken im Kontext des digitalen Personalaktensystems, RDV 2008, S. 64–66.

Geisberger, Eva/Broy, Manfred, agendaCPS – Integrierte Forschungsagenda Cyber-Physical Systems, acatech Studie, acatech – Deutsche Akademie der Technikwissenschaften e.V., München/Garching 2012.

Gersdorf, Hubertus, Hate Speech in sozialen Netzwerken, MMR 2017, 439–447.

Gersdorf, Hubertus/Paal, Boris P., Beck'scher Online-Kommentar Informations- und Medienrecht, 19. Edition 2018.

Gitter, Rotraud/Meißner, Alexander/Spauschus, Philipp, Das neue IT-Sicherheitsgesetz – IT-Sicherheit zwischen Digitalisierung und digitaler Abhängigkeit, ZD 2015, S. 512–516.

Göbel, André/Ferrero-Calle, Carlos, Komplexität von Smart Cities: Ein nutzenstiftender Gestaltungsauftrag für die öffentliche Verwaltung, VM 2017, S. 213–218.

Gola, Peter, Die Digitalisierung der Personalakte und der Datenschutz, RDV 2008, S. 135–143.

Gola, Peter (Hrsg.), Datenschutz-Grundverordnung VO (EU) 2016/679. Kommentar, 1. Aufl., München 2017.

Gola, Peter/Klug, Christoph, Videoüberwachung gemäß § 6b BDSG – Anmerkungen zu einer verunglückten Gesetzeslage, RDV 2004, S. 65–74.

Gola, Peter/Klug, Christoph/Körffer, Barbara/Schomerus, Rudolf (Hrsg.), Bundesdatenschutzgesetz. Kommentar, 12. Aufl., München 2015.

Gola, Peter/Pötters, Stephan/Wronka, Georg, Handbuch Arbeitnehmerdatenschutz. Unter Berücksichtigung der Datenschutz-Grundverordnung, 7. Aufl., Heidelberg u.a. 2016.

Greve, Holger, Das neue Bundesdatenschutzgesetz, NVwZ 2017, S. 737–744.

Guckelberger, Annette, Der Übergang zur (ausschließlich) elektronischen Gesetzesverkündung, Baden-Baden 2009.

Guckelberger, Annette, Elektronische Akten und Akteneinsicht, in: Hermann Hill/Utz Schliesky (Hrsg.), Auf dem Weg zum Digitalen Staat – auch ein besserer Staat?, Baden-Baden 2015, S. 129–164.

Guckelberger, Annette, Vollständig automatisierte Verwaltungsakte, in: Samuel van Oostrom/Stephan Weth (Hrsg.), FS für Maximilian Herberger, Saarbrücken 2017, S. 397–414.

Guggenberger, Nikolas, Das Netzwerkdurchsetzungsgesetz in der Anwendung, NJW 2017, S. 2577–2582.

Guggenberger, Nikolas, Datenschutz durch Blockchain – eine große Chance, ZD 2017, S. 49–50.

Gusy, Christoph, Informationsfreiheit – Öffentlichkeitsarbeit – Transparenz, JZ 2014, S. 171–179.

Gusy, Christoph (Hrsg.), Evaluation von Sicherheitsgesetzen, Wiesbaden 2015.

Haase, Martin Sebastian, Datenschutzrechtliche Fragen des Personenbezugs, Tübingen 2015.

Habammer, Christoph/Denkhaus, Wolfgang, Das E-Government-Gesetz des Bundes. Inhalt und erste Bewertung – Gelungener Rechtsrahmen für die elektronische Verwaltung?, MMR 2013, S. 358–362.

Hanßmann, Anika, Möglichkeiten und Grenzen von Internetwahlen, Baden-Baden 2004.

Heckmann, Dirk, juris PraxisKommentar Internetrecht, 5. Auflage, 2017.

Heckmann, Dirk, Cloud Computing in der öffentlichen Verwaltung? Rechtliche Grenzen für eine Lockerung staatlicher Datenherrschaft, in: Hermann Hill/Utz Schliesky (Hrsg.), Innovationen im und durch Recht, 1. Aufl., Baden-Baden 2010, S. 97–111.

Heckmann, Dirk/Albrecht, Florian, Das Gesetz zur Förderung der elektronischen Verwaltung, ZRP 2013, S. 42–45.

Heidrich, Joerg/Wegener, Christoph, Sichere Datenwolken – Cloud Computing und Datenschutz, MMR 2010, S. 803–807.

Helbich, Julius, Rechtsfragen der „automatisierten" Ermessensausübung im Steuerrecht, DStR 2017, S. 574–579.

Held, Cornelius, Intelligente Videoüberwachung. Verfassungsrechtliche Vorgaben für den polizeilichen Einsatz, Berlin 2014.

Hennrich, Thorsten, Cloud Computing – Herausforderungen an den Rechtsrahmen für Datenschutz, Berlin 2016.

Herbst, Tobias, Was sind personenbezogene Daten?, NVwZ 2016, S. 902–906.

Hessische Landesregierung, Strategie Digitales Hessen, Wiesbaden 2016, online: https://www.digitalstrategie-hessen.de/img/Digitalstrategie_Hessen_2016_ver1.pdf [31. 07. 2018].

Hilber, Marc (Hrsg.), Handbuch Cloud Computing, Köln 2014.

Hill, Hermann/Kugelmann, Dieter/Martini, Mario (Hrsg.), Perspektiven der digitalen Lebenswelt, Baden-Baden 2017.

Hermann Hill/Mario Martini/Edgar Wagner (Hrsg.), Facebook, Google & Co. – Chancen und Risiken, Baden-Baden 2013.

Hill, Hermann/Schliesky, Utz (Hrsg.), Auf dem Weg zum Digitalen Staat – ein besserer Staat?, Baden-Baden 2015.

Hill, Hermann/Martini, Mario/Wagner, Edgar (Hrsg.), Digitale Lebenswelt gestalten, Baden-Baden 2015.

Hill, Hermann (Hrsg.), E-Transformation. Veränderung der Verwaltung durch digitale Medien, Baden-Baden 2014.

Hitzelberger-Kijima, Yukiko, Die elektronische Personalakte, öAT 2016, S. 87–90.

Höfler, Heiko, Die elektronische Vergabe öffentlicher Aufträge, NZBau 2000, S. 449–455.

Hoeren, Thomas/Sieber, Ulrich/Holznagel, Bernd (Hrsg.), Handbuch Multimedia-Recht. Rechtsfragen des elektronischen Rechtsverkehrs. Loseblattausgabe, München, Stand: 45. EL (Juli 2017).

Hofert, Eduard, Blockchain-Profiling, ZD 2017, S. 161–166.

Hoffmann, Anja, „Privacy Shield": Kein ausreichender Datenschutz im unsicheren Hafen USA: Eine Kritik der „Safe Harbour"-Nachfolgeregelung und der alternativen Transfermethoden, Saarbrücken 2016.

Hoffmann, Christian/Borchers, Kim Corinna, Das besondere elektronische Anwaltspostfach, CR 2014, S. 62–67.

Hoffmann-Riem, Wolfgang, Verhaltenssteuerung durch Algorithmen – Eine Herausforderung für das Recht, AöR 2017, S. 1–42.

Hogrebe, Frank/Kruse, Wilfried, Deutschland 4.0 – Industrie – Verwaltung – Standort – Wohlstand – Grundwerk zur „Verwaltung 4.0" als Partner von „Industrie 4.0" im Zeitalter des Internets der Dinge und Dienste, Frankfurt am Main 2014.

Hornung, Gerrit, Biometrische Systeme – Rechtsfragen eines Identifikationsmittels der Zukunft, KJ 2004, S. 344–360.

Hornung, Gerrit, Chancen und Risiken der Biometrie aus rechtlicher Sicht. Grundlagen und aktuelle Herausforderungen, Zeitschrift für Wett- und Glücksspielrecht 5/2015, Sonderbeilage, S. 8–14.

Hornung, Gerrit, Neue Pflichten für Betreiber kritischer Infrastrukturen: Das IT-Sicherheitsgesetz des Bundes, NJW 2015, S. 3334–3340.

Hornung, Gerrit/Hofmann, Kai, Ein „Recht auf Vergessenwerden"? Anspruch und Wirklichkeit eines neuen Datenschutzrechts, JZ 2013, S. 163–170.

Hornung, Gerrit/Müller-Terpitz, Ralf (Hrsg.), Rechtshandbuch Social Media, Heidelberg u.a. 2015.

Hüwe, Lukas-Julius, E-Government in der EU: Eine Analyse am Beispiel öffentlicher Ausschreibungen, in: Tobias Kollmann/Ina Kayser (Hrsg.), Digitale Strategien in der Europäischen Union. Rahmenbedingungen und Entwicklungsmöglichkeiten, Wiesbaden 2011, S. 77–100.

Hunnius, Sirko/Schuppan, Tino/Stocksmeier, Dirk, Lebenslagenorientiertes E-Government, VM 22 (2016), S. 187–193.

Ihwas, Saleh Ramadan, Strafverfolgung in Sozialen Netzwerken. Facebook & Co. als moderne Ermittlungswerkzeuge, Baden-Baden 2014.

Ingold, Albert, „Polizei 2.0": Grenzen der behördlichen Öffentlichkeitsarbeit in sozialen Netzwerken, VerwArch 108 (2017), S. 240–265.

Initiative D21/Institute for Public Information Management (Hrsg.), eGovernment Monitor 2016, Nutzung und Akzeptanz digitaler Verwaltungsangebote – Deutschland, Österreich und Schweiz im Vergleich, Berlin 2016.

IT-Planungsrat, Nationale E-Government-Strategie, Fortschreibung 2015, http://www.it-planungsrat.de/SharedDocs/Downloads/DE/NEGS/NEGS_Fortschreibung.pdf?__blob=publicationFile&v=4 [31.07.2018].

Jacobs, Christoph/Lange-Hausstein, Christian, Blockchain und Smart Contracts: zivil- und aufsichtsrechtliche Bedingungen, IT-Rechtsberater 2017, S. 39–42.

Jandt, Silke/Kieselmann, Olga/Wacker, Arno, Recht auf Vergessen im Internet. Diskrepanz zwischen rechtlicher Zielsetzung und technischer Realisierbarkeit?, DuD 2013, S. 235–241.

Jandt, Silke/Michalek, Tatami/Dietrich, Kai, Wie hoch ist der (Beweis-)Wert digitaler Dokumente? Ausblick Europa: Elektronische Signaturen auf Basis starker Kryptographie und deren Beweiswert entsprechend der neuen EU-Verordnung eIDAS-VO, DuD 2015, S. 687–691.

Jandt, Silke/Richter, Philipp/Roßnagel, Alexander, Die Zulässigkeit der Übertragung personenbezogener Daten in die USA im Kontext der NSA-Überwachung, DuD 2014, S. 545–551.

Janowsky, Dagmar von/Ludwig, Robert/Roschlaub, Robert/Streuff, Hartmut, Geodateninfrastrukturrecht, Wiesbaden 2009.

Jauch, Oliver, Das Hamburgische Transparenzgesetz (HmbTG) – Ein Paradigmenwechsel in der Informationsfreiheit, DVBl 2013, S. 16–24.

Johannes, Paul C./Roßnagel, Alexander, Der Rechtsrahmen für einen Selbstschutz der Grundrechte in der Digitalen Welt, Kassel 2016.

Jotzo, Florian, Gilt deutsches Datenschutzrecht auch für Google, Facebook & Co. bei grenzüberschreitendem Datenverkehr?, MMR 2009, S. 232–237.

Junk, Marco, Deutsches Vergabenetzwerk (DVNW), Online-Wissensplattform zum Vergaberecht, in: Hermann Hill (Hrsg.), Verwaltungskommunikation, Baden-Baden 2013, S. 105–112.

Kahl, Wolfgang, Europäische Behördenkooperationen – Typen und Formen von Verbundsystemen und Netzwerkstrukturen, in: Michael Holoubek/Michael Lang (Hrsg.), Verfahren der Zusammenarbeit von Verwaltungsbehörden in Europa, Wien 2012, S. 15–46.

Kammer, Matthias/Zapp, Alfred (Hrsg.), ISPRAT Dossier. Das E-Government-Gesetz des Bundes, [Hamburg] 2013.

Kampert, David, Datenschutz in sozialen Online-Netzwerken de lege lata und de lege ferenda, Hamburg 2016.

Karsten, Till, Datenschutz im Smart Grid & Smart Metering, Saarbrücken 2015.

Karsten, Till/Leonhardt, Andreas, Datenschutzrechtliche Anforderungen bei intelligenten Messsystemen, RDV 2016, S. 22–24.

Kaulartz, Markus/Heckmann, Jörn, Smart Contracts – Anwendungen der Blockchain-Technologie, CR 2016, S. 618–624.

Kaulartz, Markus, Die Blockchain-Technologie, CR 2016, S. 474–480.

Keppeler, Lutz Martin, Personenbezug und Transparenz im Smart Meter-Datenschutz zwischen europäischem und nationalem Recht, EnWZ 2016, S. 99–106.

KGSt, E-Government und Verwaltungsreform: auf dem Weg zur Netzwerkverwaltung, Köln 2005.

Kingreen, Thorsten/Kühling, Jürgen, Gesundheitsdatenschutzrecht, Baden-Baden 2015.

Kipker, Dennis-Kenji/Gärtner, Hauke, Verfassungsrechtliche Anforderungen an den Einsatz polizeilicher Body-Cams, NJW 2015, S. 296–301.

Kittl, Christian, Kundenakzeptanz und Geschäftsrelevanz – Erfolgsfaktoren für Geschäftsmodelle in der digitalen Wirtschaft, Wiesbaden 2009.

Klessmann, Jens/Löhe, Martin G./Müller, Lena-Sophie, Digitale Teilhabe, ein Papier des Kompetenzzentrum Öffentliche IT und des Fraunhofer-Institut für Offene Kommunikationssysteme FOKUS (Hrsg.), 1. Aufl., Berlin 2014.

Klinger, Peter Karl, Einsatz der eID-Funktion des neuen Personalausweises in kommunalen Prozessen, VM 2010, S. 327–331.

Knobloch, Tobias, Open-Data-Gesetz – was nun?, Es kommt auf die Eigenmotivation der Bundesverwaltung an, Behörden Spiegel, März 2017, S. 36.

König, Peter, Elektronisches Mahnverfahren in der Praxis. Online-Mahnverfahren · EGVP · Barcode · Elektronischer Rechtsverkehr, Münster 2009.

Kollmann, Tobias/Kayser, Ina (Hrsg.), Digitale Strategien in der Europäischen Union. Rahmenbedingungen und Entwicklungsmöglichkeiten, Wiesbaden 2011, S. 1–10.

Kompetenzzentrum Öffentliche IT/Fraunhofer FOKUS (Hrsg.), E-Government in Deutschland: Vom Abstieg zum Aufstieg, Berlin 2015.

Konferenz der Datenschutzbeauftragten des Bundes und der Länder, Orientierungshilfe „Soziale Netzwerke", online: https://www.baden-wuerttemberg.datenschutz.de/wp-content/uploads/2013/03/OH-Soziale-Netzwerke-2013-03.pdf [31. 07. 2018].

Kort, Michael, Rechte des Betriebsrats auf Daten der elektronischen Personalakte. Aufgabenerfüllung der Personalvertretung und Arbeitnehmerdatenschutz, ZD 2015, S. 3–6.

Krimmer, Robert, The Evolution of E-voting: Why Voting Technology is Used and How it Affects Democracy, Tallinn 2012.

Kröger, Detlef/Hoffmann, Dirk (Hrsg.), Rechts-Handbuch zum E-Government, Köln 2005.

Krönke, Christoph, Datenpaternalismus. Staatliche Interventionen im Online-Datenverkehr zwischen Privaten, dargestellt am Beispiel der Datenschutz-Grundverordnung, Der Staat 55 (2016), S. 319–351.

Krüger, Philipp-L., Datensouveränität und Digitalisierung, ZRP 2016, S. 190–192.

Kubicek, Herbert, Staatliche Beteiligungsangebote im Internet – ein Überblick, in: Kathrin Voss (Hrsg.), Internet und Partizipation: Bottom-up oder Top-down? Politische Beteiligungsmöglichkeiten im Internet, Wiesbaden 2014, S. 265–298.

Kubicek, Herbert/Lippa, Barbara/Westholm, Hilmar, Medienmix in der Bürgerbeteiligung: die Integration von Online-Elementen in Beteiligungsverfahren auf lokaler Ebene, Berlin 2009.

Küchler-Stahn, Nicole/Gelep, Adrian, Die elektronische Rechnungsverarbeitung in der öffentlichen Verwaltung, VM 2015, S. 96–102.

Kügler, Dennis, Risiko Reisepass? Schutz der biometrischen Daten im RF-Chip, c't 5/2005, S. 84–89.

Kühling, Jürgen/Buchner, Benedikt (Hrsg.), Datenschutz-Grundverordnung. Kommentar, 2. Aufl., München 2018.

Kühling, Jürgen/Martini, Mario, Die Datenschutz-Grundverordnung: Revolution oder Evolution im europäischen deutschen Datenschutzrecht?, EuZW 2016, S. 448–454.

Kühling, Jürgen/Martini, Mario/Heberlein, Johanna/Kühl, Benjamin/Nink, David/Weinzierl, Quirin/Wenzel, Michael, Die Datenschutz-Grundverordnung und das nationale Recht. Erste Überlegungen zum innerstaatlichen Regelungsbedarf, Münster 2016.

Kühling, Jürgen/Seidel, Christian/Sivridis, Anastasios, Datenschutzrecht, 3. Aufl., Heidelberg 2015.

Kugelmann, Dieter, Datenschutz bei Polizei und Justiz, DuD 2012, S. 581–583.

Kugelmann, Dieter, Entwicklungslinien eines grundrechtsgeprägten Sicherheitsverwaltungsrechts, DV 47 (2014), S. 25–55.

Kugelmann, Dieter, Europäische Polizeiliche Kooperation, in: Martin Böse (Hrsg.) Europäisches Strafrecht mit polizeilicher Zusammenarbeit, Enzyklopädie Europarecht Bd. 9, Baden-Baden 2013, S. 631–678.

Kummer, Klaus, GeoGovernment und Zusammenarbeit, in: ders./Josef Frankenberger (Hrsg.), Das deutsche Vermessungs- und Geoinformationswesen 2010, Berlin 2009, S. 109–148.

Ladeur, Karl-Heinz, Der Staat der „Gesellschaft der Netzwerke". Zur Notwendigkeit der Fortentwicklung des Paradigmas des „Gewährleistungsstaates", Der Staat 2009, S. 163–192.

Ladeur, Karl-Heinz, E-Voting – eine neue politische Institution für die Gesellschaft der Netzwerke? – Neues Leben für ein altes demokratisches Verfahren, in: Hanna Muralt Müller/Andreas Auer/Thomas Koller (Hrsg.), E-Voting, Tagungsband 2002 Informatik & Recht, Bern 2003, S. 337–365.

Lamminger, Ewald/Ulrich, Carsten/Schmieder, Philipp, Überschießende Signaturerfordernisse bei elektronischem Rechtsverkehr und elektronischer Aktenführung, NJW 2016, S. 3274–3277.

Landesregierung Nordrhein Westfalen: NRW 4.0., [Düsseldorf] 2016, online: https://www.land.nrw/sites/default/files/asset/document/digitaler_wandel_in_nrw_-_fortschrittsbericht_der_landesregierung.pdf [31. 07. 2018].

Landesregierung Schleswig-Holstein, Digitalisierungsprogramm, https://digitalisierung.schleswig-holstein.de/ [Kiel] [31.07.2018].

Lange, Knut Werner, Digitalisierung der Energiewirtschaft, EWeRK 2016, S. 165–168.

Lenk, Klaus, Die neuen Instrumente der weltweiten digitalen Governance, VM 2016, S. 227–240.

Lenski, Sophie-Charlotte, Flashmobs, Smartmobs, *Raids* – Sicherheitsrechtliche Antworten auf neue Formen von Kollektivität, VerwArch 103 (2012), S. 539–557.

Lepperhoff, Niels, Dokumentationspflichten in der DS-GVO, RDV 2016, S. 197–203.

Lewinski, Kai von, Die Matrix des Datenschutzes, Tübingen 2014.

Lewinski, Kai von, Rechte und Rechtspositionen an und in virtuellen Räumen – Recht an Adress- und Namensräumen, in: Hermann Hill/Utz Schliesky (Hrsg.), Die Vermessung des virtuellen Raums, Baden-Baden 2012, S. 177–192.

Lewinski, Kai von/Herrmann, Christoph, Cloud vs. Cloud – Datenschutz im Binnenmarkt – Verantwortlichkeit und Zuständigkeit bei grenzüberschreitender Datenverarbeitung, ZD 2016, S. 467–474.

Liesching, Marc, Die Durchsetzung von Verfassungs- und Europarecht gegen das NetzDG, MMR 2018, S. 26–30.

Limbach, Kathrin, E-Government in der Zollverwaltung der Europäischen Union, DVBl 2015, S. 547–554.

Lohmann, Beate/Werres, Stefan, Neue Vorgaben für die elektronische Rechnungsstellung bei öffentlichen Aufträgen, VM 2014, S. 199–206.

Lucke, Jörn von, Forschungsagenda Smart Government – Wie kann ein intelligent vernetztes Regierungs- und Verwaltungshandeln mit Hilfe von Wissenschaft und Forschung konkretisiert werden?, in: ders. (Hrsg.), Smart Government – Intelligent vernetztes Regierungs- und Verwaltungshandeln in Zeiten des Internets der Dinge und des Internets der Dienste, Bd. 16, Friedrichshafen 2016, S. 159–176.

Lucke, Jörn von, Open Government – Öffnung von Staat und Verwaltung, Gutachten für die Deutsche Telekom AG zur T-City Friedrichshafen, Version vom 09. 05. 2010, Deutsche Telekom Institute for Connected Cities, Zeppelin University gGmbH, Friedrichshafen/Bodensee 2010.

Lucke, Jörn von, Smart Government – Intelligent vernetztes Regierungs- und Verwaltungshandeln, in: Hermann Hill/Dieter Kugelmann/Mario Martini (Hrsg.), Perspektiven der digitalen Lebenswelt, Speyer 2017, S. 99–123.

Lucke, Jörn von/Schumacher, Florian, Erste Skizze zur Verwaltung 4.0: Neuartige Formen der Kooperation in der öffentlichen Verwaltung durch intelligente Objekte und cyberphysikalische Systeme, in: Erich Schweighofer/Franz Kummer/Walter Hötzendorfer (Hrsg.), Kooperation/Co-operation, Tagungsband des 18. Internationalen Rechtsinformatik Symposions IRIS 2015, Wien 2015, S. 219–226.

Lüdemann, Volker/Ortmann, Manuel Christian/Pokrant, Patrick, Datenschutz beim Smart Metering – Das geplante Messstellenbetriebsgesetz auf dem Prüfstand, RDV 2016, S. 125–133.

Maatsch, Asmus/Schnabel, Christoph, Das Hamburgische Transparenzgesetz – Kommentar, Berlin 2015.

Mann, A[ndreas]/Prein, J[an], Akzeptanz mobiler Kundenkarten – Konzeptionelle Überlegungen und empirische Befunde, in: Hans H. Bauer/Thorsten Dirks/Melchior D. Bryant (Hrsg.), Erfolgsfaktoren des Mobile Marketing, Berlin/Heidelberg 2008, S. 241–259.

Maisch, Michael Marc, Informationelle Selbstbestimmung in Netzwerken – Rechtsrahmen, Gefährdungslagen und Schutzkonzepte am Beispiel von Cloud Computing und Facebook, Berlin 2015.

Maisch, Michael Marc/Seidl, Alexander, Rechtliche Herausforderungen beim Cloud Computing in der öffentlichen Verwaltung, VBlBW 2012, S. 7–12.

Marsch, Nikolaus, Das europäische Datenschutzgrundrecht. Grundlagen – Dimensionen – Verflechtungen, Tübingen 2018.

Martini, Mario, Algorithmen als Herausforderung für die Rechtsordnung, JZ 2017, S. 1017–1025.

Martini, Mario, Transformation der Verwaltung durch Digitalisierung, DÖV 2017, S. 443–455.

Martini, Mario, Wie neugierig darf der Staat im Cyberspace sein?, Social Media Monitoring öffentlicher Stellen – Chancen und Grenzen, VerwArch 2016, S. 307–358.

Martini, Mario/Damm, Matthias, Auf dem Weg zum Open Government: Zum Regimewechsel im Geodatenrecht, DVBl 2013, S. 1–9.

Martini, Mario/Wiesner, Cornelius, Art. 91c Abs. 5 GG und das neue Zugangsregime zur digitalen Verwaltung – Quantensprung oder zu kurz gesprungen?, ZG 2017, S. 193–227.

McLean, Sue/Deane-Johns, Simon, Demystifying Blockchain and Distributed Ledger Technology – Hype or Hero?, CRi 2016, S. 97–102.

McKinsey & Company, E-Government in Deutschland – Eine Bürgerperspektive, o. O. 2015.

Meier, Andreas, eDemocracy & eGovernment – Stages of a Democratic Knowledge Society, Berlin/Heidelberg 2012.

Meijer, Albert, Co-Production in an Information Age, in: Victor Pestoff/Taco Brandsen/Bram Verschuere (Hrsg.), New Public Governance, the Third Sector and Co-Production, New York/London 2012, S. 192–208.

Mergel, Ines/Müller, Phillipp S./Parycek, Peter/Schulz, Sönke E., Praxishandbuch Soziale Medien in der öffentlichen Verwaltung, Wiesbaden 2013.

Metzger, Christian/Reitz, Thorsten/Villar, Juan, Cloud Computing – Chancen und Risiken aus technischer und unternehmerischer Sicht, 1. Aufl., München 2011.

Meuth, Lotte, Zulässigkeit von Identitätsfeststellungen mittels biometrischer Systeme durch öffentliche Stellen, Berlin 2006.

Michaelis, Daniel/Schildhauer, Thomas (Hrsg.), Social Media Handbuch, 3. Aufl., Baden-Baden 2015, S. 38–55.

Monreal, Manfred, Weiterverarbeitung nach einer Zweckänderung in der DS-GVO. Chancen nicht nur für das europäische Verständnis des Zweckbindungsgrundsatzes, ZD 2016, S. 507–512.

Müller, Hans-Peter, Das dynamische elektronische Verfahren, NZBau 2011, S. 72–75.

Müller, Lena-Sophie, Lebenslagen zur Strukturierung von Bürgerservices, in: Gerhard Schwabe (Hrsg.), Bürgerservices, Baden-Baden 2011, S. 71–91.

Müller, Martin/Ernst, Tobias, Elektronische Vergabe ante portas – Übersicht über aktuelle und zukünftige Rechtsfragen, NJW 2004, S. 1768–1773.

Müller-Teckhof Alexander, Gesetz zur Förderung des elektronischen Rechtsverkehrs mit den Gerichten – Harmonisierung der Formerfordernisse mit Möglichkeiten moderner Kommunikation, MMR 2014, S. 95–100.

Müller-Terpitz, Ralf/Rauchhaus, Alexandra, Das E-Government-Gesetz des Bundes – ein Schritt in Richtung „Verwaltung 2.0“, MMR 2013, S. 10–16.

Nakamoto, Satoshi, Bitcoin: A Peer-to-Peer Electronic Cash System, o. O. 2008, online: https://bitcoin.org/bitcoin.pdf [31. 07. 2018].

Nationaler Normenkontrollrat/Fromm, Jens/Welzel, Christian/Nentwig, Lutz/Weber, Mike, E-Government in Deutschland – Vom Abstieg zum Aufstieg, Fraunhofer Institut FOKUS, Berlin 2015, online: https://www.normenkontrollrat.bund.de/Webs/NKR/Content/DE/Download/2015_11_12_gutachten_egov_2015.pdf%3F__blob%3DpublicationFile%26v%3D1 [31. 07. 2018].

Neumann, Conrad, INSPIRE als Motor für das E-Government, in: Thomas Dreier/Veronika Fischer/Anne van Raay/Indra Spiecker gen. Döhmann (Hrsg.), Informationen der öffentlichen Hand – Zugang und Nutzung, Baden-Baden 2016, S. 361–378.

Niemann, Fabian/Hennrich, Thorsten, Kontrollen in den Wolken? – Auftragsdatenverarbeitung in Zeiten des Cloud Computings, CR 2010, S. 686–692.

Niemann, Fabian/Paul, Jörg-Alexander (Hrsg.), Rechtsfragen des Cloud Computing, 1. Aufl., Berlin/Boston 2014.

Oermann, Markus/Staben, Julian, Mittelbare Grundrechtseingriffe durch Abschreckung? Zur grundrechtlichen Bewertung polizeilicher „Online-Streifen“ und „Online-Ermittlungen“ in sozialen Netzwerken, Der Staat 52 (2013), S. 630–661.

Ohler, Christoph, Grundrechtliche Bindungen der Mitgliedstaaten nach Art. 51 GRCh, NVwZ 2013, S. 1433–1438.

Ollmann, Horst, Von der VOL zur UVgO, VergabeR 2016, S. 687–693.

Paal, Boris P./Pauly, Daniel A., Datenschutz-Grundverordnung. Kommentar, 2. Aufl., München 2018.

Parma, David, Rechtsgrundlagen für den Einsatz von Body-Cams, DÖV 2016, S. 809–819.

Partsch, Christoph H., Die neue Transparenzverordnung (EG) Nr. 1049/2001, NJW 2001, S. 3154–3158.

Peifer, Markus, Die Datenschutz-Grundverordnung aus Sicht der öffentlichen Verwaltung, PinG 2016, S. 222–227.

Pesch, Paulina/Böhme, Rainer, Datenschutz trotz öffentlicher Blockchain?, DuD 2017, S. 93–98.

Peters, Gareth/Efstathios, Panayi, Understanding Modern Banking Ledgers through Blockchain Technologies: Future of Transaction Processing and Smart Contracts on the Internet of Money, Banking Beyond Banks and Money, Cham 2016.

Petrlic, Ronald/Sorge, Christoph, Datenschutz, Wiesbaden 2017.

Petry, Thorsten (Hrsg.), Digital Leadership. Erfolgreiches Führen in Zeiten der Digital Economy, Berlin 2016.

Plath, Kai-Uwe (Hrsg.), BDSG/DSGVO. Kommentar zum BDSG und zur DSGVO sowie den Datenschutzbestimmungen von TMG und TKG, 2. Aufl., Köln 2016.

Prell, Lorenz, Das E-Government-Gesetz des Bundes, NVwZ 2013, S. 1514–1520.

Prell, Lorenz, E-Government: Paradigmenwechsel in Verwaltung und Verwaltungsrecht, NVwZ 2018, S. 1255–1259.

Probst, Peter Michael/Winters, Fabian, Die eVergabe nach der Vergaberechtsreform 2016, CR 2016, S. 349–355.

Raabe, Oliver/Lorenz, Mieke/Pallas, Frank/Weis, Eva/Malina, Alfred, 14 Thesen zum Datenschutz im Smart Grid, DuD 2011, S. 519–523.

Rademacher, Timo, Predictive Policing im deutschen Polizeirecht, AöR 142 (2017), S. 366–416.

Ramsauer, Ulrich/Frische, Tobias, Das E-Government-Gesetz, NVwZ 2013, S. 1505–1514.

Rath, Michael/Kuß, Christian/Maiworm, Christoph, Die neue Microsoft Cloud in Deutschland mit Datentreuhand als Schutzschild gegen NSA & Co.?, CR 2016, S. 98–103.

Rathgeber, Christian, Terrorismusbekämpfung durch Organisationsrecht, DVBl 2013, S. 1009–1016.

Reding, Viviane, E-Government – eine europäische Perspektive, in: Bernd Wirtz (Hrsg.), E-Government – Grundlagen, Instrumente, Strategien, Wiesbaden 2010, S. 431–447.

Rehfeld, Dieter, Die Blockchain. Hat sie das Potenzial, Gesellschaft und Wirtschaft neu zu gestalten?, in: Benjamin Fadavian (Hrsg.), Transparente Staatstätigkeit, Hamburg 2016, S. 25–42.

Reich, Andreas, Die Digitalisierung von Personalakten der Beamten der Länder und Kommunen und die sich daraus ergebende Sicherungspflicht von Dienststelle und Personalrat, PersV 2011, S. 58–62.

Reinermann, Heinrich/Fiedler, Herbert/Grimmer, Klaus/Lenk, Klaus (Hrsg.), Organisation informationstechnisch gestützter öffentlicher Verwaltung, Berlin/Heidelberg/New York 1981.

Reinhardt, Jörn, Konturen des europäischen Datenschutzgrundrechts. Zu Gehalt und horizontaler Wirkung von Art. 8 GRCh, AöR 142 (2017), S. 528–564.

Richter, Eike, Partizipation und Beteiligung als Elemente der Digitalen Stadt, in: Veith Mehde/Margrit Seckelmann (Hrsg.), Zustand der repräsentativen Demokratie, Tübingen 2017, S. 147–160.

Richter, Eike/Süssner-Job, Thomas, Öffentlich-rechtliche oder zivilrechtliche Ausgestaltung des Zugangs und der Weiterverwendung von staatlichen Informationen?, in: Thomas Dreier/Verena Fischer/Anne van Raay/Indra Spiecker genannt Döhmann (Hrsg.), Zugang und Verwertung öffentlicher Informationen, Baden-Baden 2016, S. 279–332.

Richter, Philipp, Big Data, Statistik und die Datenschutz-Grundverordnung, DuD 2016, S. 581–586.

Richter, Philipp, Wahlen im Internet rechtsgemäß gestalten, Baden-Baden 2012.

Ritter, Falko, De-Mail: Meilenstein in der Entwicklung der elektronischen Kommunikation?, VuR 2014, S. 334–342.

Rogall-Grothe, Cornelia, Der neue Personalausweis fördert das E-Government, DVP 2011, S. 2–3.

Roggan, Fredrik, Die Videoüberwachung von öffentlichen Plätzen – Oder: Immer mehr gefährliche Orte für Freiheitsrechte, NVwZ 2001, S. 134–141.

Roggan, Fredrik, Polizeiliche Bildaufnahmen zur Einsatzlenkung und -leitung bei Versammlungen. Legislativer Handlungsdruck bei Videografierungen im Gewährleistungsbereich von Art. 8 Abs. 1 GG, in: Martin H. W. Möllers/Robert Chr. van Ooyen (Hrsg.), Jahrbuch Öffentliche Sicherheit 2012/13, Frankfurt 2012, S. 267–275.

Roggenkamp, Jan-Dirk, Facebook-Fahndung – Gefällt mir? (Editorial), K & R 2013, S. 1.

Rosengarten, Carsten/Römer, Sebastian, Der „virtuelle verdeckte Ermittler" in sozialen Netzwerken und Internetboards, NJW 2012, S. 1764–1767.

Roßnagel, Alexander, Auf dem Weg zur elektronischen Verwaltung – Das E-Government-Gesetz, NJW 2013, S. 2710–2716.

Roßnagel, Alexander, Das De-Mail-Gesetz, NJW 2011, S. 1473–1478.

Roßnagel, Alexander, Datenschutzgesetzgebung für öffentliche Interessen und den Beschäftigungskontext, DuD 2017, S. 290–294.

Roßnagel, Alexander, Der Anwendungsvorrang der eIDAS-Verordnung: Welche Regelungen des deutschen Rechts sind weiterhin für elektronische Signaturen anwendbar?, MMR 2015, S. 359–364.

Roßnagel, Alexander (Hrsg.), Europäische Datenschutz-Grundverordnung – Vorrang des Unionsrechts – Anwendbarkeit des nationalen Rechts, Baden-Baden 2016.

Roßnagel, Alexander, Rechtsfragen eines Smart Data-Austauschs – Datengetriebene Kooperation in der Industrie, NJW 2017, S. 10–15.

Roßnagel, Alexander, Verfassungsrechtliche Grenzen polizeilicher Kfz-Kennzeichenerfassung, NJW 2008, S. 2547–2551.

Roßnagel, Alexander, Videoüberwachung im öffentlichen Raum?, ZRP 2013, S. 126.

Roßnagel, Alexander (Hrsg.), Beck'scher Kommentar zum Recht der Telemediendienste. Telemediengesetz, Jugendmedienschutz-Staatsvertrag (Auszug), Signaturgesetz, Signaturverordnung, Vorschriften zum elektronischen Rechts- und Geschäftsverkehr, München 2013.

Roßnagel, Alexander (Hrsg.), Europäische Datenschutz-Grundverordnung. Vorrang des Unionsrechts – Anwendbarkeit des nationalen Rechts, 1. Aufl., Baden-Baden 2017.

Roßnagel, Alexander/Desoi, Monika/Hornung, Gerrit, Gestufte Kontrolle bei Videoüberwachungsanlagen. Ein Drei-Stufen-Modell als Vorschlag zur grundrechtsschonenden Gestaltung, DuD 2011, S. 694–701.

Roßnagel, Alexander/Hornung, Gerrit/Schnabel, Christoph, Die Authentisierungsfunktion des elektronischen Personalausweises aus datenschutzrechtlicher Sicht, DuD 2008, S. 168–172.

Rüdiger, Thomas-Gabriel/Bayerl, Petra Saskia (Hrsg.), Digitale Polizeiarbeit. Herausforderungen und Chancen, Wiesbaden 2018.

Safferling, Christoph/Rückert, Christian, Telekommunikationsüberwachung bei Bitcoins, MMR 2015, S. 788–794.

Schäfer, Peter, Perspektiven der eVergabe, NZBau 2015, S. 131–140.

Schäfer-Stradowsky, Simon/Boldt, Benjamin, Energierechtliche Anmerkungen zum Smart Meter-Rollout, EnWZ 2015, S. 349–354.

Schallbruch, Martin, Grundgesetzänderung – mehr Macht für den Bund bei der IT? CR-online.de Blog vom 30.12.2016, online: http://www.cr-online.de/blog/2016/12/30/grundgesetzaenderung-mehr-macht-fuer-den-bund-bei-der-it/ [31.07.2018].

Schantz, Peter, Die Datenschutz-Grundverordnung – Beginn einer neuen Zeitrechnung im Datenschutzrecht, NJW 2016, S. 1841–1847.

Schedler, Kuno, eGovernment und neue Servicequalität der Verwaltung?, in: Michael Giesler/Daniel Spahni (Hrsg.), eGovernment – eine Standortbestimmung, Bern 2001, S. 33–51.

Scheuerer, Frank, Bürgermeister und Social Media, Wiesbaden 2014.

Schiffbauer, Björn, Steckbrief 2.0 – Fahndungen über das Internet als rechtliche Herausforderung, NJW 2014, S. 1052–1057.

Schliesky, Utz, Auswirkungen des E-Government auf Verfahrensrecht und kommunale Verwaltungsstrukturen, NVwZ 2003, S. 1322–1328.

Schliesky, Utz, Verantwortung im E-Government, in: ders./Sönke E. Schulz (Hrsg.), Transparenz, Partizipation, Kollaboration – Web 2.0 für die öffentliche Verwaltung, Kiel 2012, S. 1–10.

Schliesky, Utz (Hrsg.), Gesetz über Personalausweise und den elektronischen Identitätsnachweis. Kommentar, Kiel 2009.

Schliesky, Utz/Schulz Sönke E./Neidert, Anne, Bewertung der Richtlinienumsetzung in Deutschland: Der Einheitliche Ansprechpartner im Verwaltungs- und Organisationsrecht, in: Utz Schliesky (Hrsg.), Die Umsetzung der EU-Dienstleistungsrichtlinie in der deutschen Verwaltung – Teil III: Wissen, Information, Verantwortung, Kiel 2010, S. 249–308.

Schliesky, Utz/Hoffmann, Christian, Die Digitalisierung des Föderalismus, DÖV 2018, S. 193–198.

Schmidl, Michael, Aspekte des Rechts der IT-Sicherheit, NJW 2010, S. 476–481.

Schmidt, Bernd/Freund, Bernhard, Perspektiven der Auftragsverarbeitung – Wegfall der Privilegierung mit der DS-GVO?, ZD 2017, S. 14–18.

Schmitz, Heribert/Prell, Lorenz, Neues zum E-Government. Rechtsstaatliche Standards für E-Verwaltungsakt und E-Bekanntgabe im VwVfG, NVwZ 2016, S. 1273–1280.

Schoch, Friedrich, Amtliche Publikumsinformation zwischen staatlichem Schutzauftrag und Staatshaftung, Das Verbraucherinformationsrecht als Modell der amtlichen Publikumsinformation, NJW 2012, S. 2844–2850.

Schoch, Friedrich, Informationsfreiheitsgesetz. Kommentar, 2. Aufl., München 2016.

Schön, Stephanie, Ermittlungsmaßnahmen über das Internet. Analyse der Möglichkeiten und Grenzen in rechtlicher und tatsächlicher Hinsicht, Frankfurt am Main u.a. 2013.

Schöndorf-Haubold, Bettina, Das Recht der Zivilen Sicherheit an der Schnittstelle von nationaler, europäischer und internationaler Zuständigkeit, in: Christoph Gusy/Dieter Kugelmann/Thomas Würtenberger (Hrsg.), Rechtshandbuch Zivile Sicherheit, Berlin/Heidelberg 2015, S. 691–718.

Schulz, Sönke E., Aktuelle Entwicklungen im Informationszugangsrecht – erreicht „Open Data“ den Gesetzgeber? VerwArch 2013, S. 323–343.

Schulz, Sönke E., Cloud Computing in der öffentlichen Verwaltung. Chancen – Risiken – Modelle, MMR 2010, S. 75–80.

Schulz, Sönke E., Die Fortentwicklung der Schriftformäquivalente im Verwaltungsverfahrensrecht, DÖV 2013, S. 882–889.

Schulz, Sönke E., Einsatz von Social Media durch die öffentliche Verwaltung, in: Gerrit Hornung/Ralf Müller-Terpitz (Hrsg.), Rechtshandbuch Social Media, Heidelberg u.a. 2015, S. 429–486.

Schulz, Sönke E., Open Government Data in Deutschland – aktuelle Entwicklungen, in: Alexander Dix/Gregor Franßen/Michael Kloepfer/Peter Schaar/Friedrich Schoch/Andrea Voßhoff/Deutsche Gesellschaft für Informationsfreiheit (Hrsg.), Informationsfreiheit und Informationsrecht – Jahrbuch 2016, Berlin 2017, S. 197–224.

Schulz, Sönke E., Rechtsfragen des eID-Einsatzes im kommunalen Verwaltungsalltag, DVP 2011, S. 222–228.

Schulz, Sönke E./Brackmann, Franziska, De-Mail und alternative Dienste im Sozialverfahrens- und Abgabenrecht, DuD 2014, S. 186–191.

Schulz, Sönke E./Hoffmann, Christian, Grundrechtsrelevanz staatlicher Beobachtungen im Internet. Internetstreifen der Ermittlungsbehörden und das „Autorisierungskonzept des BVerfG", CR 2010, S. 131–136.

Schulz, Sönke E./Hoffmann, Christian, Soziale Medien in der öffentlichen Verwaltung – Darstellung, in: Praxis der Kommunalverwaltung, Bundesausgabe L 16, Loseblattsammlung, Ergänzungslieferung 10/2013.

Schulz, Sönke E./Tischer, Jakob, Recht auf Vielfalt – auch bei der elektronischen Behördenkommunikation? Ansprüche auf Tätigwerden des Verordnungsgebers dargestellt am Beispiel des § 3a Abs. 2 S. 4 Nr. 4 VwVfG, DV 47 (2014), S. 521–547.

Schuppan, Tino/Köhl, Stefanie, Verwaltung 4.0: Modernisierungsrelevant oder alter Wein in neuen Schläuchen?, VM 2016, S. 27–33.

Schwartmann, Rolf/Ohr, Sara, Recht der sozialen Medien, Heidelberg 2015.

Schweibenz, Werner, Rechtliche Rahmenbedingungen des barrierefreien Internet-Zugangs, Information – Wissenschaft & Praxis 56 (2005), S. 413–417.

Seckelmann, Margrit, Auf dem Weg zum Smart Grid – Vorteile und datenschutzrechtliche Probleme, in: Hermann Hill/Utz Schliesky (Hrsg.), Auf dem Weg zum digitalen Staat – auch ein besserer Staat?, Baden-Baden 2015, S. 241–264.

Seckelmann, Margrit, Body-Cams als „New Tools of Governance"?, in Jörn von Lucke und Klaus Lenk (Hrsg.), Verwaltung, Informationstechnik & Management – Festschrift für Heinrich Reinermann zum 80. Geburtstag, Baden-Baden 2017, S. 291–303.

Seckelmann, Margrit, Transparenz als Legitimationsinstrument: das Beispiel der Liquid Democracy, in: Veith Mehde/dies. (Hrsg.), Zukunft der repräsentativen Demokratie, Tübingen 2017, S. 163–175.

Seckelmann, Margrit, Wohin schwimmt die Demokratie?, „Liquid Democracy" auf dem Prüfstand, DÖV 2014, S. 1–10.

Seegebarth, Christian, Perspektiven aus der eIDAS-Verordnung, DuD 2014, S. 675–678.

Seer, Roman, Modernisierung des Besteuerungsverfahrens, StuW 2015, S. 315–330.

Senat der Freien und Hansestadt Hamburg, Die Digitalisierung der großen Stadt – Chancen für Wirtschaftskraft, Kommunikation und öffentliche Dienstleistungen, online: www.hamburg.de/digitale-stadt [31. 07. 2018].

Siegel, Thorsten, Auf dem Weg zum Portalverbund – Das neue Onlinezugangsgesetz des Bundes, DÖV 2018, S. 185–192.

Siegel, Thorsten, Automatisierung des Verwaltungsverfahrens – zugleich eine Anmerkung zu §§ 35a, 24 I 3, 41 IIa VwVfG, DVBl 2017, S. 24–28.

Siegel, Thorsten, Der virtuelle Verwaltungsakt, VerwArch 105 (2014), S. 241–261.

Siegel, Thorsten, Grundlagen und Grenzen polizeilicher Videoüberwachung, NVwZ 2012, S. 738–742.

Siegel, Thorsten, IT im Grundgesetz, NVwZ 2009, S. 1128–1131.

Siegel, Thorsten, „Spiel ohne Grenzen". Grundrechtliche Schranken der Videoüberwachung durch öffentliche Stellen und Private, VerwArch 102 (2011), S. 159–184.

Simitis, Spiros (Hrsg.), Bundesdatenschutzgesetz. Kommentar, 8. Aufl., Baden-Baden 2014.

Skrobotz, Jan, Das elektronische Verwaltungsverfahren, Berlin 2005.

Soiné, Michael, Personale verdeckte Ermittlungen in sozialen Netzwerken zur Strafverfolgung, NStZ 2014, S. 248–251.

Sommerfeld, Alisa, Verwaltungsnetzwerke am Beispiel des Gemeinsamen Terrorismusabwehrzentrums des Bundes und der Länder (GTAZ), Berlin 2015.

Sorge, Christoph, E-Akte, elektronischer Rechtsverkehr und Barrierefreiheit, NJW 2015, S. 2764–2767.

Sorge, Christoph, Sicherheit der Kommunikation zwischen Rechtsanwalt und Mandant, NJW-Beil. 2016, S. 100–102.

Sorge, Christoph/Gruschka, Nils/Lo Iacono, Luigi, Sicherheit in Kommunikationsnetzen, München 2013.

Sorge, Christoph/Krohn-Grimberghe, Artus, Bitcoin: Eine erste Einordnung, DuD 2012, S. 479–484.

Sosna, Sabine, EU-weite elektronische Identifizierung und Nutzung von Vertrauensdiensten – eIDAS-Verordnung, CR 2014, S. 825–832.

Spelge, Karin, Der Beschäftigtendatenschutz nach Wirksamwerden der Datenschutz-Grundverordnung (DS-GVO), DuD 40 (2016), S. 775–781.

Spiecker gen. Döhmann, Indra, Die Durchsetzung datenschutzrechtlicher Mindestanforderungen bei Facebook und anderen sozialen Netzwerken, K & R 2012, S. 717–725.

Spindler, Gerald, Der Regierungsentwurf zum Netzwerkdurchsetzungsgesetz – europarechtswidrig?, ZUM 2017, S. 473–487.

Spindler, Gerald, Selbstregulierung und Zertifizierungsverfahren nach der DS-GVO. Reichweite und Rechtsfolgen der genehmigten Verhaltensregeln, ZD 2016, S. 407–414.

Spindler, Gerald/Bille, Martin, Rechtsprobleme von Bitcoins als virtuelle Währung, WM 2014, S. 1357–1369.

Staack, Sabrina/Sparchholz, Karsten, Was für die digitale Akte gilt, AiB Nr. 2/ 2014, S. 50–52.

Stach, Heike, Mit Bürgerportalen für einfach sichere, vertrauliche und verbindliche elektronische Kommunikation, DuD 2008, S. 184–188.

Starke, Thomas, Auswirkungen des elektronischen Rechtsverkehrs auf Rechtsbehelfs- und Rechtsmittelbelehrungen, LKV 2010, S. 358–360.

Stegmüller, Martin, Vollautomatische Verwaltungsakte – eine kritische Sicht auf § 24 I 3 und § 35a VwVfG, NVwZ 2018, S. 353–358.

Stumpf, Gerrit Hellmuth, Hamburgs Transparenzgesetz – Eine „Blaupause“ für die moderne Informationsfreiheitsgesetzgebung?, VerwArch 2015, S. 499–527.

Sun, Po-Ling/Ku, Cheng-Yuan/Shin, Dong-Her, An implementation framework for E-Government 2.0, in: Telematics and Informatics 32 (2015), S. 504–520.

Taeger, Jürgen/Gabel, Detlev, Kommentar zum BDSG und zu den Datenschutzvorschriften des TKG und TMG, 2. Aufl., Frankfurt am Main 2013.

Tallinn Declaration on eGovernment, abrufbar unter: https://ec.europa.eu/digital-single-market/en/news/ministerial-declaration-egovernment-tallinn-declaration [31.07.2018].

Taraschka, Klaus, „Auslandsübermittlung“ personenbezogener Daten im Internet: Auswirkungen des Urteils des EuGH v. 06.11.2003 – Rs. C-101/01 – Bodil Lindqvist auf die Auslegung deutschen Rechts, CR 2004, S. 280–285.

The British Standards Institution, Smart city framework, Guide to etablishing strategies für smart cities and communities (PAS, 181), o. O. 2017, online: shop.bsigroup.com [31.07.2018].

Thormann, Martin, Der Bürgerhaushalt und die digitale Demokratie, DÖV 2013, S. 325–335.

Tiedemann, Michael, Die sekundärrechtliche Ausgestaltung der europäischen Bürgerinitiative durch die Verordnung (EU) Nr. 211/2011, NVwZ 2012, S. 80–85.

Tiemann, Jens et al., Vorhersagende Polizeiarbeit, in: Jens Fromm/Mike Weber (Hrsg.), ÖFIT-Trendschau: Öffentliche Informationstechnologie in der digitalisierten Gesellschaft. Berlin 2016, online: http://www.oeffentliche-it.de/-/vorhersagende-polizeiarbeit [31.07.2018].

Töpfer, Eric, Verheddert im Netz der DNA-Datenbanken. Prüm und die Mythen der Interoperabilität, in: Michael Plöse/Thomas Fritsche/Michael Kuhn/Sven Lüders, „Worüber reden wir eigentlich?“ – Festgabe für Rosemarie Will, Berlin, 2016, S. 809–826.

Treber, Jürgen, Virtuelle Justizkommunikation ante portas, NZA 2014, S. 450–455.

Troidl, Thomas, Verwaltungsprozess 2030 – Verfahren jetzt gestalten, NVwZ 2014, S. 1052–1058.

Trute, Hans-Heinrich, Grenzen des präventionsorientierten Polizeirechts in der Rechtsprechung des Bundesverfassungsgerichts, DV 42 (2009), S. 85–104.

UK Government Office for Science, Distributed Ledger Technology: beyond block chain, 2016, online: https://www.gov.uk/government/uploads/system/uploads/attachment_data/file/492972/gs-16-1-distributed-ledger-technology.pdf [31. 07. 2018].

Viefhues, Wolfram, Einführung des elektronischen Rechtsverkehrs – Kommunikation in Papierform mit den Gerichten ade!, NWB 2013, S. 3003–3008.

Viefhues, Wolfram, Rechtliche Grundlagen des beA und des elektronischen Rechtsverkehrs, NJW-Beil. 2016, S. 86–89.

Viefhues, Wolfram/Hoffmann, Helmut, ERVG: Gesetz zur Verhinderung des elektronischen Rechtsverkehrs?, MMR 2003, S. 71–76.

Voss, Kathrin, Internet & Partizipation – Einleitung, in: Kathrin Voss (Hrsg.), Internet und Partizipation: Bottom-up oder Top-down? Politische Beteiligungsmöglichkeiten im Internet, Wiesbaden 2014, S. 9–23.

Voßhoff, Andrea/Büttgen, Peter, Verschlüsselung tut Not, ZRP 2014, S. 232–234.

Wagenbauer, Rolf, Der Zugang zu EU-Dokumenten – Transparenz zum Anfassen, EuZW 2001, S. 680–685.

Wankmüller, Michael, Die elektronische Auftragsvergabe nach den neuen EU-Vergaberichtlinien, in: Lars Hettich/Daniel Soudry (Hrsg.), Das neue Vergaberecht. Eine systematische Darstellung der neuen EU-Vergaberichtlinien 2014, Köln 2014, S. 213–264.

Wanner-Laufer, Ulrich/Köbler, Ralf, Elektronischer Rechtsverkehr in der Praxis: Positives, Probleme und Perspektiven, AnwBl. 2013, S. 101–105.

Weber, Beatrix/Buschermöhle, Heinrich, Rechtssicherheit durch Technische Sicherheit: IT-Compliance als dauerhafter Prozess, CB 2016, S. 339–343.

Weber, Mike, Wissen sie denn nicht, was sie tun? Politische Steuerungsinformationen aus Big Data, in: Péter Horváth/Uwe Michel (Hrsg.), Controller Agenda 2017. Trends und Best Practices, Stuttgart 2014, S. 227–237.

Weber, Mike/Eckert, Klaus-Peter/Konzack, Roman, Public IOT – Das Internet der Dinge im öffentlichen Raum, Berlin 2016.

Weichert, Thilo, Datenschutzverstoß als Geschäftsmodell: Der Fall Facebook, DuD 2012, S. 716–721.

Weichert, Thilo, Rechtsfragen der Videoüberwachung, DuD 25 (2000), S. 662–669.

Weinhold, Robert/Johannes, Paul C., Europäischer Datenschutz in Strafverfolgung und Gefahrenabwehr – Die neue Datenschutz-Richtlinie im Bereich Polizei und Justiz sowie deren Konsequenzen für deutsche Gesetzgebung und Praxis, DVBl 2016, S. 1501–1506.

Weisser, Niclas-Frederic, Das Gemeinsame Terrorismusabwehrzentrum (GTAZ) – Rechtsprobleme, Rechtsform und Rechtsgrundlage, NVwZ 2011, S. 142–146.

Welti, Felix, Rechtliche Voraussetzungen von Barrierefreiheit, NVwZ 2012, S. 725–730.

Wengeler, Fritz, Intelligente Messsysteme und Zähler vor dem Pflicht-Roll-Out, EnZW 2014, S. 500–506.

Wewer, Göttrik, Darf der Staat Facebook und Twitter nutzen?, ZRP 2016, S. 23–26.

Wieddekind, Christina, Das dynamische elektronische Verfahren gem. § 101 Abs. 1 GWB, § 5 VOL/A-EG, VergabeR 2011, S. 412–418.

Wiedmann, Klaus-Peter/Frenzel, Tobias, Akzeptanz im E-Commerce – Begriff, Modell, Implikationen, in: Klaus-Peter Wiedmann et al. (Hrsg.), Konsumentenverhalten im Internet – Konzepte, Erfahrungen, Methoden, Wiesbaden 2004, S. 99–117.

Wiesemann, Hans Peter, Orientierungshilfe zum datenschutzgerechten Smart Metering – Ein Licht im Dunkeln?, ZD 2012, S. 447–451.

Will, Martin, Wahlcomputer und der verfassungsrechtliche Grundsatz der Öffentlichkeit der Wahl, NVwZ 2009, S. 700–702.

Willert, Christian, Outsourcing von IT-Dienstleistungen, in: Stephan Weth/Maximilian Herberger/Michael Wächter (Hrsg.), Daten- und Persönlichkeitsschutz im Arbeitsverhältnis, München 2014, S. 540–548.

Windoffer, Alexander/Groß, Johannes, Rechtliche Herausforderungen des „Smart Grid“, VerwArch 2012, S. 491–512.

Wirtz, Bernd W. (Hrsg.), E-Government, Grundlagen, Instrumente, Strategien, 1. Aufl., Wiesbaden 2010.

Wirtz, Bernd/Lütje, Sebastian/Schierz, Paul Gerhardt, Electronic Procurement in der öffentlichen Verwaltung, VM 2009, S. 207–221.

Wolff, Heinrich Amadeus, Der EU-Richtlinienentwurf zum Datenschutz in Polizei und Justiz – Gehalt und Auswirkungen auf das Strafprozess- und Polizeirecht, in: Dieter Kugelmann/Peter Rackow (Hrsg.), Prävention und Repression im Raum der Freiheit, der Sicherheit und des Rechts, Baden-Baden 2014, S. 61–94.

Wolff, Heinrich Amadeus/Brink, Stefan (Hrsg.), Beck'scher Online-Kommentar Datenschutzrecht, München (Stand: 23. Edition 2018).

Wrede, Ann-Karina/Kirsch, Marcus, Identifizierungsmöglichkeiten bei De-Mail-Nutzung. Darstellung tatsächlicher und rechtlich zulässiger Möglichkeiten, ZD 2013, S. 433–436.

Wybitul, Tim, EU-Datenschutz-Grundverordnung in der Praxis – Was ändert sich durch das neue Datenschutzrecht?, BB 2016, S. 1077–1081.

Zander, Jens, Body-Cams im Polizeieinsatz. Grundlagen und eine Meta-Evaluation zur Wirksamkeit, Frankfurt am Main 2016.

Jan Ziekow, Das Verwaltungsverfahrensrecht in der Digitalisierung der Verwaltung, NVwZ 2018, S. 1169–1172.

Ziekow, Jan/Katz, Dieter/Piesker, Axel/Willwacher, Hanna (Hrsg.), Die Rechtsextremismus-Datei in der polizeilichen und nachrichtendienstlichen Praxis. Ergebnisse der Evaluation nach Artikel 3 Absatz 2 des Gesetzes zur Verbesserung der Bekämpfung des Rechtsextremismus, Baden-Baden 2017.

Zilkens, Martin/Cavin, Adrian, Soziale Netzwerke im Umfeld kommunaler Aufgabenerfüllung. Datenschutzrechtliche Grenzen der Recherche und der eigenen Präsentation, ZD 2013, S. 603–608.

Zöller, Alexander, Verdachtslose Recherchen und Ermittlungen im Internet, GA 2000, S. 563–577.

Zöller, Mark A., Möglichkeiten und Grenzen polizeilicher Videoüberwachung, NVwZ 2005, S. 1235–1241.

Stichwortverzeichnis

Die fetten Zahlen beziehen sich auf die **Kapitel**,
die mageren auf die Randnummern.

F